金融商品取引法

神崎克郎
志谷匡史
川口恭弘

青林書院

『金融商品取引法』はしがき

金融商品取引法は、会社法とともに広義の株式会社法を形成する重要な法律である。
金融商品取引法がこのような地位を得るには、証券取引法の時代から長い年月が必要であった（後掲の「『証券取引法』はしがき」参照）。しかし、特に、近年、市場関係者はもとより、上場会社の幅広い範囲の関係者にとっても、その重要性が高まっている。

たとえば、企業買収が盛んとなり、それに利用される公開買付けの知識は企業経営に不可欠のものとなった。大量保有報告制度は大株主の動向を知る重要な手段である。開示書類の虚偽記載が問題となり、投資家によって民事責任が追及される場面が増えてきた。そこでは、開示主体の発行会社のみならず、それに関与した役員等の責任にも目が向けられるようになっている。開示書類の虚偽記載を防ぐため、財務報告の適正性を確保するための内部統制の有効性の検証が経営者に義務づけられた。内部者取引が発覚した場合の企業イメージの失墜は深刻で、会社全体としてその防止に努めなければならない。金融商品取引業者等と投資家との間の紛争は、デリバティブ取引の登場により商品内容の複雑さ・難解さが増し、深刻化しつつある。

金融商品取引法制は、法令によるものに限らない。それは金融商品取引所による自主規制によっても行われる。最近になって、独立役員の確保および第三者割当に関する特別の規制が定められた。これらの規制は、会社法の領域と重複する内容となっている。さらに、金融商品取引業協会の自主規制は、取引の公正性を確保する観点から、重要な役割を担っている。

証券取引法の研究は、限られた研究者のみが行っていた時代があった。その当時は、一部を除き、弁護士などの実務家が関心を寄せることはほとんどなかった。しかし、現在は、金融商品取引法の理解なくして、企業法務のみならず、会社経営も困難な時代となった。会社法と金融商品取引法が交錯する場面は、実務的にも学問的にも、最も重要な研究テーマの一つである。これに伴い、会社法研究者のみならず企業法務に携わる実務家の多くが金融商品取引法に注目するようになった。このことは、金融商品取引法の研究の発展に大いに寄与するものとなっている。

本書は、平成一八年に公刊された「証券取引法」（青林書院）の改訂版である。したがって、基本的に、前書の体系・立場を引き継いでいる。もっとも、前書刊行後、法律名が変わり、さらに、多くの新しい規制が付け加えられた。そのため、内容を大幅に書き換えるとともに、書名も「金融商品取引法」と改めた。

われわれは、神崎克郎著「証券取引法〔新版〕」（青林書院（現代法律学全集））を前書「証券取引法」（青林書院）に改訂する際に共同執筆者に加わった。かかる要請にあたって、神崎先生から与えられた指示は、「この一冊で、証券取引法（当時）のすべてが分かるようにすること」、「条文の記述・制度の紹介に留まらず、学問的刺激を与えるものにすること」であった。前者については、証券取引法の時代から法律が毎年のように改正されるようになり、関連する政令・内閣府令等はさらに詳細となった。金融商品取引法になっても、この傾向は続いている。このようななか、可能な限り、本書によって金融商品取引法の全容が解明されるように、努力したつもりである。後者については、頻繁な改正とともに学界および実務の関心も多方面かつ詳細な点に及んでいる。したがって、残念ながら、すべての論点に言及することは出来なかった。この点で、神崎先生との約束を十分に果たせていない。かかる限界は、我々の研究がそこまでしか及んでいないことを示すものである。不備な点は、今後の研究課題とし、その成果をもって、本書の改訂につなげたい。

最後に、今回の改訂の作業を行うにあたって、青林書院編集部の長島晴美氏、同編集部加藤朋子氏および校正者の岡本進氏に大変なご苦労をかけた。膨大な数と複雑な条文さらには文献等を丁寧に点検いただき、適切な助言をいただいた。このような助力がなければ、本書を世に送り出すことはとても叶わなかった。ここに記して、御礼を申し上げたい。

平成二四年一月

志谷匡史
川口恭弘

『証券取引法』はしがき

現行証券取引法が制定されて半世紀以上が経過した。この間、証券取引法およびその付属法令には幾度となく改正が加えられてきた。証券取引法の改正の歴史は、わが国経済の発展の歴史でもある。

証券取引法が制定された当時の証券市場は必ずしも一般国民のためのものではなかった。多くの人々が、証券取引法は、兜町および北浜の法律であると考えていた。その後、わが国経済の成長とともに、証券市場が飛躍的に発展し、時代は、銀行優位の間接金融から証券市場を中核とする直接金融へと移行する過程にある。企業が資金調達を行う上で、証券発行は不可欠の手段となった。余剰資金を運用する企業および経済発展の恩恵により豊かになった国民にとって、証券投資は資金運用の手段として極めて重要な地位を占めるに至った。証券の発行市場および流通市場の拡大とともに、証券会社の社会的地位は格段に向上した。証券取引法が諸法に分類された時代は終わりを告げ、それは、まぎれもなく株式会社法の重要な一部を占める法律になった。

証券取引法の運用においても変化が生じている。かつては、所管官庁であった大蔵省が、条文の解釈・運用において、独断的で絶対的な役割を果たしてきた。証券市場が未発達で、その規制に後見的な役割が必要であったわが国において、かかる手法は、過剰規制との批判はあるものの、一定の評価を与え得るものであった。しかし、現在では、事前規制的な保護行政は転換され、制裁を中心とした事後規制へと移行しようとしている。このような状況のもと、証券取引に関連する新たな手法が次々と考案され、その法的諸問題が実務および学界で盛んに論じられるようになった。四半世紀前の状況と比較してみても、隔世の感を否定できない。

口頭での行政指導などが廃止され、規制内容が条文等で規定されることになったものの、証券規制の内容は、依然として技術的で複雑である。証券取引の規制は、法律、政令、内閣府令さらに金融庁のガイドライン・監督指針によって実施される。加えて、証券取引所や日本証券業協会などの自主規制が法令による規制とともに車の両輪の役割を果たしている。これら広義の証券取引法を体系的に理解することは容易ではない。

本書は、昭和五五年に出版（昭和六二年に改訂）された「現代法律学全集」の「証券取引法」をもとにするものである。しかし、改訂版以降、大幅で根本的な改正が続けてなされたために、相当部分で書き直しもしくは書き下ろしを余儀なくされた。このことから、本書では、あえて第三版とはせずに、新しい書物として、その内容を世に問うことにした。本書の基本的な立場は、旧版のものと変わりはない。旧版と同様に、実務および学界にとって、証券取引法の適切な理解に役立つことになれば、この上にない幸せである。

なお、証券取引に限らず、各種の金融取引の顧客の保護を総合的に図るための立法が検討されているようである。もっとも、証券取引の規制の重要性や規制のあり方に根本的な変化が生じるとは考え難い。したがって、この点で、将来どのような立法がなされようとも、本書の学問的価値が損なわれるものではないと確信する。

本書の出版にあたっては、青林書院の大塚和光氏および長島晴美氏にお世話になった。紙面を借りて御礼を申し上げたい。

平成一七年一一月

神崎 克郎
志谷 匡史
川口 恭弘

執筆者紹介

神崎　克郎（かんざき　かつろう）

〈略歴〉1961 年　神戸大学法学部卒業
1974 年　神戸大学法学部助手，助教授を経て教授
1999 年　姫路独協大学法学部教授
2003 年　関西学院大学法学部教授
2004 年　関西学院大学法科大学院教授
法学博士（神戸大学）
神戸大学名誉教授
〈主著〉証券取引規制の研究（有斐閣，1968 年）
取締役制度論（中央経済社，1981 年）
商法Ⅱ（会社法）（青林書院，1991 年〔第 3 版〕）
証券取引の法理（商事法務研究会，1987 年）

志谷　匡史（したに　まさし）

神戸大学大学院法学研究科教授
〈略歴〉1982 年　神戸大学法学部卒業
1998 年　神戸商科大学商経学部助手，専任講師，助教授を経て教授
2001 年　姫路独協大学法学部教授
2004 年　神戸大学大学院法学研究科教授
博士（法学）（神戸大学）
〈主著〉マーケットメカニズムと取締役の経営責任（商事法務研究会，1995 年）
改正株式会社法Ⅰ・Ⅱ・Ⅲ・Ⅳ（共著，弘文堂，2002 年，2004 年，2005 年）
基礎から学べる会社法（共著，弘文堂，2010 年〔第 2 版〕）
基礎から学べる金融商品取引法（共著，弘文堂，2011 年）

川口　恭弘（かわぐち　やすひろ）

同志社大学法学部教授
〈略歴〉1983 年　神戸大学法学部卒業
1990 年　愛媛大学法文学部助手，専任講師を経て助教授
1999 年　神戸学院大学法学部助教授を経て教授
2000 年　同志社大学法学部教授
法学博士（神戸大学）
〈主著〉米国金融規制法の研究（東洋経済新報社，1989 年）
現代の金融機関と法（中央経済社，2010 年〔第 3 版〕）
日本の会社法（共著，商事法務，2011 年〔新訂第 10 版〕）

【法令名等略語】

法令名の表記は、本文中では原則として正式名称を用いた。もっとも、慣行的な略称（金融商品販売法、投資信託法など）を用いているものもある。また、本文中の内閣府令等の表記およびかっこ内での法令の引用には、以下の略語を使用した。

委任状勧誘府令	上場株式の議決権の代理行使の勧誘に関する内閣府令
外国債等開示府令	外国債等の発行者の内容等の開示に関する内閣府令
開示用電子情報処理組織府令	開示用電子情報処理組織による手続の特例等に関する内閣府令
外証府令	外国証券業者に関する内閣府令
外証法	外国証券業者に関する法律（外国証券業者法）
外証令	外国証券業者に関する法律施行令（外国証券業者法施行令）
外為法	外国為替及び外国貿易法
課徴金府令	金融商品取引法第六章の二の規定による課徴金に関する内閣府令
株式消却特例法	株式の消却の手続に関する商法の特例に関する法律
監査証明府令	財務諸表等の監査証明に関する内閣府令
企業内容等開示ガイドライン	企業内容等の開示に関する留意事項について
企業内容等開示府令	企業内容等の開示に関する内閣府令
協会府令	金融商品取引業協会等に関する内閣府令
金商法	金融商品取引法
金商令	金融商品取引法施行令
金商業等府令	金融商品取引業等に関する内閣府令
金先法	金融先物取引法
金販法	金融商品の販売等に関する法律（金融商品販売法）
金融機関府令	金融機関の証券業務に関する内閣府令

金融商品取引業者監督指針　金融商品取引業者等向けの総合的な監督指針
行為規制府令　証券会社の行為規制等に関する内閣府令
財務諸表等規則　財務諸表等の用語、様式及び作成方法に関する規則
資金決済法　資金決済に関する法律
資産流動化法　資産の流動化に関する法律
自社株買付府令　発行者による株券等の公開買付けの開示に関する内閣府令
指定紛争解決府令　金融商品取引法第五章の五の規定による指定紛争解決機関に関する内閣府令
社債等振替法　社債、株式等の振替に関する法律
出資法　出資の受入れ、預り金及び金利等の取締りに関する法律
証券情報等府令　証券情報等の提供又は公表に関する内閣府令
証券投資顧問業法　有価証券に係る投資顧問業法の規制等に関する法律
商先法　商品先物取引法
商取法　商品取引所法
商品ファンド法　商品投資に係る事業の規制に関する法律
商法特例法　株式会社の監査等に関する商法の特例に関する法律
信託兼営法　金融機関の信託業務の兼営等に関する法律
信用取引府令　金融商品取引法第百六十一条の二に規定する取引及びその保証金に関する内閣府令
清算機関府令　金融商品取引清算機関等に関する内閣府令
貸信法　貸付信託法
大量保有開示府令　株券等の大量保有の状況の開示に関する内閣府令
他社株買付府令　発行者以外の者による株券等の公開買付けの開示に関する内閣府令
宅建業法　宅地建物取引業法
担信法　担保付社債信託法
長銀法　長期信用銀行法
定義府令　金融商品取引法第二条に規定する定義に関する内閣府令
抵当証券業法　抵当証券業の規制等に関する法律

投顧規	有価証券に係る投資顧問業の規制等に関する法律施行規則（証券投資顧問業法施行規則）
投顧法	有価証券に係る投資顧問業の規制等に関する法律（証券投資顧問業法）
投顧令	有価証券に係る投資顧問業の規制等に関する法律施行令（証券投資顧問業法施行令）
投資事業有限責任組合法	投資事業有限責任組合契約に関する法律
投信規則	投資信託及び投資法人に関する法律施行規則（投資信託法施行規則）
投信財産計算規則	投資信託財産の計算に関する規則
投信法	投資信託及び投資法人に関する法律（投資信託法）
投信令	投資信託及び投資法人に関する法律施行令（投資信託法施行令）
特商法	特定商取引に関する法律（特定商取引法）
特定有価証券開示府令	特定有価証券の内容等の開示に関する府令
独禁法	私的独占の禁止及び公正取引の確保に関する法律（私独占禁止法）
取引所府令	金融商品取引所等に関する内閣府令
内部統制府令	財務計算に関する書類その他の情報の適正性を確保するための体制に関する内閣府令
保険業規則	保険業法施行規則
保護基金令	投資者保護基金に関する命令
有価証券規制府令	有価証券の取引等の規制に関する内閣府令
優先出資法	協同組織金融機関の優先出資に関する法律
連結財務諸表規則	連結財務諸表の用語、様式及び作成方法に関する規則
日証協・定款施行規則	定款の施行に関する規則
日証協・投資勧誘規則	協会員の投資、勧誘等に関する規則
日証協・法人関係情報規則	協会員における法人関係情報の管理態勢の整備に関する規則
日証協・有価証券寄託規則	有価証券の寄託の受入等に関する規則
日証協・反社会勢力関係遮断規則	反社会勢力との関係遮断に関する規則
日証協・従業員規則	協会員の従業員に関する規則
日証協・外務員資格登録規則	協会員の外務員の資格、登録等に関する規則

日証協・広告等規則　広告等の表示及び景品類の提供に関する規則
日証協・店頭有価証券規則　店頭有価証券に関する規則
日証協・グリーンシート銘柄規則　グリーンシート銘柄及びフェニックス銘柄に関する規則
日証協・有価証券引受規則　有価証券の引受け等に関する規則
日証協・公社債店頭規則　公社債の店頭販売の参考値等の発表及び売買値段に関する規則
日証協・外国証券規則　外国証券の取引に関する規則
日証協・海外証券先物取引規則　海外証券先物取引等に関する規則

大証・適時開示規則　上場有価証券の発行者の会社情報の適時開示に関する規則

関係法令等は、平成二三年一二月三一日現在のもの、および平成二三年の法改正に関連して改正された政令・内閣府令（平成二四年四月一日施行）に従った。

目次

第一章

総論

第一節　金融商品取引法の意義と規制方法

第一款　金融商品取引法の意義

一　金融商品取引法の概要

1　金融商品取引法の特徴

金融商品取引法は、国民経済の健全な発展と投資者の保護のために、有価証券の発行および流通などの証券取引ならびに金融商品・金融指標のデリバティブ取引を総合的に規制する法律である。それは、狭義には、昭和二三年に証券取引法として制定され（昭和二三年四月一三日法律二五号）、平成一八年に大改正がなされ、法律名も変更された金融商品取引法をさす。また、広義には、これに加えて、投資信託及び投資法人に関する法律（投資信託法）（昭和二六年六月四日法律一九八号）などの関係法律ならびにそれらの付属法令、さらには、自主規制団体が定める諸規則からなる一体としての規制基準を意味する。

金融商品取引法は、まず、証券取引などに関して、個々の経済主体間の私的利益の調整をはかっている。特に、投資者の保護のために多くの規制を定めている。この部分は、商法（明治三二年三月九日法律四八号）の商行為、会社法（平成一七年七月二六日法律八六号）の株式会社などに関する規定と法的性質を同じくするものであり、それらとは一般法と特別法の関係に立つ。すなわち、金融商品取引法のこれらの部分は、投資者が多数の者であること、あるいは取引が有価証券を対象とするものであることから、商法・会社法の特別規制を定めるものといえる(1)。

有価証券の発行者である株式会社の企業内容の開示を要請するものならびに株式会社の役員および主要株主の内部者取引の規制に関するものは、会社法の定める株式会社の規制と深く関連する。これらの規制が会社法と金融商品取引法とに分けて規定されているのは、会社法がすべての規模ないし種類の株式会社に適用される一般的な規制を定めているのに対し、[2]金融商品取引法は多数の投資者が関与する公開的な株式会社に適用される特別の規制、あるいは証券市場においてひろく取引される有価証券を発行している株式会社に適用される特別の規制を定めていることによる。したがって、金融商品取引法のこれらの規定は、会社法の株式会社に関する規定とともに、広義の株式会社法を形成しているものということができる。[3]換言すれば、公開的な株式会社に関しては、会社法の定める規制は、会社に関する規制の一部を形成するのみで、金融商品取引法の企業内容の開示および内部者取引についての規制をあわせることによってはじめて広義の会社法の全部を形成することになる。[4]

金融商品取引法は、このような個々の経済主体間の私的利益の調整をはかる規律のほかに、証券取引などに関する産業経済的な取締りを目的とする規律をも含んでいる。それらの規定は、銀行法（昭和五六年六月一日法律五九号）や保険業法（平成七年六月七日法律一〇五号）と同様に、業法としての性質を有している。[5]金融商品取引法の前身である証券取引法の制定前の規制が、証券会社や証券取引所の監督を中心とした証券市場の規制であったため、現在でも、これらの規制が金融商品取引法に定められている。[6]もっとも、そのような法的性質の異なった規定を含みながら、金融商品取引法は、国民経済の健全な発展と投資者の保護を目的として、証券取引などに関して規制をするものとして、統一的な一体性をもっている。

なお、証券取引などに関する規制は、金融商品取引法のような国家の法律によってのみならず、金融商品取引所および金融商品取引業協会による自主規制によっても行われる。金融商品取引法による規制は、それが当然に、国家権力による強制を伴うものである。また、これらの自主規制団体の規制自体も金融商品取引法の下で監督・規制される。したがって、金融商品取引法は、証券取引などに関する最も重要な規制であることに変わりはない。自主規制団体による規制は、金融商品取引法とともに、証券取引などに関する規制の車の両輪を構成するものである。さらには、金融商品取引法による規制の先導を務める役割も担っている。以上のことから、自主規制は、証券取引などに関する規制の検討に際して欠くことのできないものである。(7)

狭義の金融商品取引法の規制は、投資判断のための情報の開示を確保することを目的とする情報開示の規制、証券取引などに関与する機関の規律を内容とする金融商品取引業者等の規制、さらに、取引の公正の確保を目的とする規制に大別される。

（1）商法・会社法との関係は、証券取引法時代に盛んに議論された。鈴木竹雄「証券取引法と株式会社法」株式会社法講座一巻三六七頁（昭和三〇年）は、株式会社法と特に密接に関連する、情報開示制度、相場操縦規制、監査制度、委任状勧誘規制に焦点を絞って検討を加えている。一方で、鈴木竹雄＝河本一郎・証券取引法〔新版〕四四頁（昭和五九年）は、投資者の保護という目的を出発点として、証券取引法全般にわたって株式会社法との関係を論じていた。なお、平成一七年に、会社法制の現代化に伴い、会社に関する法規制を商法から独立させ、会社法が制定された。新しい会社法制の下でも、会社法と金融商品取引法は一般法と特別法の関係に立つことになる。神田秀樹・会社法〔第一三版〕（平成二三年）一一六頁は、金融商品取引法は、株式や社債が有価証券化されていることを前提として（会社法は多数の者からの資金調達を可能にするために株式・社債を有価証券化する規定、有価証券化された株式・社債の譲渡・権利行使の方法等に関する規定を定めている）、その発行市場と流通市場における合理的な規整を行い、さらに、資金提供者間の利害調整についても会社法の規整を前提とした上で、情報開示規制と不公正取引の規制の二大柱の規制によって投資者の保護をはかるとともに、資本市場の健全性を確保し、その発展を促す目的があるとしている。

（2）商法の関係法律であった株式会社の監査等に関する商法の特例に関する法律（商法特例法）（昭和四九年四月二日法律二二号）は、株式会社の資本金規模または負債総額規模に応じて、株主総会の運営、監査役の構成および権限ならびに会計の監査につき異なった規制を定めていた。すなわち、商法特例法は、株主および会社債権者（それが社債権者であるか否かを問うことなく）の保護の観点から株主総会の運営および会計の監査等について特別の規制をしていた。したがって、合弁会社に典型的に見られるような閉鎖会社であっても、資本金が五億円以上または負債総額が二〇〇億円以上の会社（大会社）は、一律に厳しい規制に服するのに対し、多数の投資者が関与する公開的な会社であっても、資本金が五億円未満かつ負債総額が二〇〇億円未満であるときは、商法上、比較的緩やかな規制に服することになっていた。

会社法の制定に伴い、商法特例法は廃止された。会社法でも、商法特例法上の大会社の概念を基本的に受け継ぎ、特別の規制を定めている。もっとも、閉鎖的な会社（公開会社以外の会社）については、従来の大会社に対する規制が緩和されている（たとえば、監査役会の設置は義務づけられない）。いずれにせよ、会社法制定後も、金融商品取引法は、多数の投資者の存在を前提として投資者保護を目的とした特別の規制を定めていることに変わりはない。

なお、会社法では、「公開会社」との用語が使用されている。同法にいう公開会社は、「その発行する全部又は一部の株式の内容として譲渡による当該株式の取得について株式会社の承認を要する旨の定款の定めを設けていない株式会社」と定義される（会社法二条五号）。これは、いわゆる譲渡制限会社以外の会社を公開会社と規定するものであり、その株式が市場に上場されているかどうかとは無関係な概念である。

（3）　金融商品取引法が保護の対象としている投資者は、投資判断を行おうとしている者である。この点で、証券保有前の者を含むため、会社法が保護の対象としている株主より範囲が広い。一方で、株主であっても、投資判断に直面していない者は投資者ではない。すべての株主が投資者に含まれるわけではない。このように、投資者と株主の範囲が一致しないために生じうる利益の調整については、黒沼悦郎・証券市場の機能と不公正取引の規制三三頁（平成一四年）参照。

（4）　企業内容の開示および内部者取引の規制が商法・会社法の規制と並んで、広義の会社法を形成するものであることを指摘するものとして、鈴木・前掲注（1）三六七頁。矢沢惇「アメリカにおける会社法と証券取引法の交渉」商事法務研究四九号二九頁、龍田節「株式会社の委任状制度─投資者保護の観点から」インベストメント二一巻一号四頁、渋谷光子「商法の規制と証券取引法の規制」証券研究五七巻二二五頁参照。

近年、金融商品取引法と会社法の二重規制を整理し、上場会社等（有価証券報告書提出会社）は、原則として、一本の法律で規制すべきとの提案がなされている。そこでは、会社法における大会社概念に代えて、公開会社概念を中核とする「公開会社法」を会社法の特例として定めることが提案されている。日本取締役協会・金融資本市場委員会・早稲田大学グローバルＣＯＥ〈企業法制と法創造〉総合研究所「公開会社法要綱案第一一案（平成二二年一月一〇日補正）」参照。

（5）　証券取引法の制定前に存在していた取引所法（明治二六年三月四日法律五号）、有価証券業取締法（昭和一三年三月二九日法律三二号）、有価証券引受業法（昭和一三年三月三一日法律五四号）ならびに有価証券割賦販売業法（大正七年四月一日法律二九号）は、証券取引に関する規制を定めるものであったが、それらは、産業警察的な取締りを主たる目的とするものであって、基本的に業法であった。

（6）　この点で、金融商品取引法は株式会社法とは直接に関係しないものと考えられることがないではない。しかし、本文で述べるように、金融商品取引法の主要な部分は、商法・会社法の定める株式会社に関する規制と同一の性質を有するものであり、それらとともに広義の株式会社法を形成するものというべきである。なお、商品取引所および商品取引員の監督を中心に商品先物市場の規制をはかることを目的とする商品取引所法（昭和二五年八月五日法律二三九号）は、規制の沿革として取引所法をもちながら、株式会社法とは直接の関係を有しないものであった。なお、商品取引所法は、平成二一年の改正（平成二一年七月一〇日法律七四号）で、その名称を商品先物取引法に改められている。同時に、商品取引員は商品先物取引業者と改められている。

（7）　神崎克郎「証券取引の自主規制」堀口退官・現代会社法・証券取引法の展開五一三頁以下（平成五年）参照。

2　情報開示の規制

多数の投資者によって取引される有価証券については、国が事前にその内容および取引の条件を審査し、国民経済の健全な発展と投資者の保護に適当と考えるものについてのみ、その取引を認めることも考えられる。もっとも、そのような規制には多大な行政的負担が伴うとともに、有価証券の発行や取引あるいはそれによる資金調達や資金運用に行政的統制の危険がつきまとう。金融商品取引法における情報開示の規制は、そのような状況に対処して、多数の投資者により取引される有価証券については、投資判断に必要な情報を投資者に開示させ、開示の完全性、正確性は国がチェックするが、有価証券の投資価値の判断自体は開示された情報にもとづいて投資者自身に行わせようとするものである。[1]このように、有価証券の取引は、開示された情報を基礎に投資者がその判断と責任において行うという投資者の自己責任の原則が基礎となる。それは、投資者が開示された情報を基礎に合理的な投資判断をして行動することを前提としている。したがって、投資者が投機熱にうかされているときは、情報開示の規制は、国民経済の健全な発展および投資者の保護のために十分な機能を発揮することができないことを歴史は示している。[2]

（1）　証券取引に関する規制として、国が有価証券の価値を事前にチェックし、一般投資者に不適当と判断するときはそのような有価証券を多数の投資者に取得させる取引を禁止する規制主義（regulatory philosophy）と、有価証券の投資判断に必要な情報を関係者に開示させ、その開示が完全かつ正確に行われているか否かは国がチェックするが、有価証券の投資価値自体は投資者の判断に委ねる開示主義（disclosure philosophy）がある。アメリカの一九三三年証券法（Securities Act of 1933）および一九三四年証券取引所法（Securities and Exchange Act of 1934）、そしてわが国の金融商品取引法は、開示主義の立場に立つ。

（2）　多数の投資者の投機熱は、株式の新規公開ブーム等に際してとりわけ多く見られる。昭和三七年から三八年にかけての株式の新規公開ブームでは、多くの投資者が株式の投資判断のための情報を十分に調査することなく、新規公開株式を求めて、証券会社の店頭に列を作った。その際の公開会社の中には、株式を新規に公開した直後に倒産したものもあった。また、昭和六〇年代後半には、いわゆる「バブル経済」のなか、大量の株式、転換社債、新株引受権付社債が発行された。株価が上昇するなか、低コストで資金調達が可能となった企業は、余剰資金で他の企業の発行する株式等への投資を行い、このことが、さらなる株価の上昇をもたらした。株価は、平成二年から下落傾向をたどり、企業のみならず、一般投資家も多額の含み損を抱えることとなった。

3　取引業者の規制

有価証券の取引および金融商品・金融指標のデリバティブ取引に関与する業者の規制は、行政的な監督を主要な規制の手段とする。また、この領域においては、法令による国家的な規制のみならず、自主規制機関による規制が、公正な市場の維持と投資者の保護のために重要な役割を果たすことが期待される。

取引業者の規制は、金融商品取引業者の規制、登録金融機関および金融商品仲介業者の規制に分けることができる。

金融商品取引業者の規制は、金融商品取引業を業として行う企業の開業や開業後の業務および財産状態を規制しようとするものである。開業規制については、その取引業者につき、国が事前にチェックをし、国民経済の健全な発展と投資者の保護に適当なものについてのみ、取引に関与することを認めることが基本的な内容であった。これは事前の予防的規制の性質を有している。しかし、近年、証券業の免許制から登録制への移行に見られるように、参入規制を緩やかにした上で、違法行為や不適切な行為を事後的に取り締まる方向に規制方法が移行する傾向にある。一般投資者の取引は、そのほとんどが金融商品取引業者を通じて行われるため、投資者の保護のために金融商品取引業者の営業および財産状態が健全であることの重要性はきわめて大きい。投資者と直接に接する金融商品取引業者の外務員については、外務員登録を要求するなど特別の規制が定められている。

銀行等の金融機関も公共債に関するものなど、金融商品取引業に属する一定の業務を営むことができる。金融商品取引法は、これらの金融機関（登録金融機関）と金融商品取引業者を合わせて、「金融商品取引業者等」（金商法三四条参照）として、同様の行為規制に服するものとしている（金商法三六条以下参照）。

金融商品取引業者の店舗数は限られており、広範な地域でのサービスの提供が難しい。そこで、金融商品仲介業者を利用して有価証券等の販売等を行うことが認められている。金融商品仲介業者は、投資者と直接に接する者であることから、投資者保護のために規制を及ぼすことが必要となる。金融商品仲介業者が投資勧誘を行う場合は、外務員登録が必要となる。また、不正な取引により投資者に損害を与えた場合には、金融商品仲介業者を利用する金融商品取引業者（所属金融商品取引業者）に責任を課するものとしている。

ところで、投資信託・投資法人は、有価証券への分散投資と専門家による運用を介して、一般投資者による証券投資を容易にする制度である。そこでは、多数の投資者がそれに関与し、運用資金が膨大なものとなることから、市場の公正の確保と投資者の保護をはかるため、その規制を行うことはきわめて重要である。投資信託・投資法人を規制する法律として、投資信託法がある。同法は、投資信託と投資法人の仕組みを規律するものである。投資信託・投資法人制度に固有の行為規制は存在するものの、関連する業者は金融商品取引法の定める規制の適用を受けることに留意が必要である。(1)

なお、投資顧問業者は、投資者に対し、有価証券の価値もしくはその価値の分析にもとづく投資判断などに関して助言を行いまたは投資者のために有価証券の投資などを行うものであるから、市場の公正の確保と投資者の保護のためにその規制を行うことは重要である。金融商品取引法では、これらの業務は、金融商品取引業のうち、投資助言業

務・投資運用業務と位置づけられ、同法上の規制が適用される。(2)

(1)　平成一八年改正前の投資信託法では、投資信託委託業者の受益者や投資法人に対する忠実義務・善管注意義務など種々の行為規制が定められていた。証券取引法の金融商品取引法への改組にあたって、これらの業者は投資運用業を行う金融商品取引業者として、金融商品取引法上の行為規制が適用されることとなった。したがって、投資信託法では、これらと重複する規定が削除された。

(2)　平成一八年の改正前までは、証券投資顧問業者の規制は、有価証券に係る投資顧問業の規制等に関する法律（証券投資顧問業法）が定めていた。同年の改正で、同法は廃止され、投資顧問業者の規制は金融商品取引法に組み込まれることとなった。

4　金融商品取引所および金融商品取引業協会の規制

金融商品取引所に対する規制は、有価証券などの組織的な市場を開設する金融商品取引所の設立および組織を規律し、その市場での取引ならびにその市場に関する金融商品取引所の自主規制を十分に行わせようとするものである。金融商品取引所が開設する金融商品市場は、有価証券の主要な市場であり、その市場の管理、運営が公正に行われることは、国民経済の健全な発展と投資者保護のためにきわめて重要である。

金融商品取引業協会の規制は、金融商品取引業者の自主規制団体である金融商品取引業協会の金融商品取引業者に対する自主規制を十分に行わせようとするものである。金融商品取引所の自主規制は、会員または取引参加者の市場における取引およびその受託に関するものについて行われる。これに対して、一般的な自主規制は金融商品取引業協会によるものが中心となる。

5　証券取引などの規制

有価証券の取引および金融商品・金融指標のデリバティブ取引の規制は、取引そのものを規制するもので、取引の対象である有価証券や金融商品・金融指標の特質に応じて特別に取引の規制を行う。それは、基本的には、公正取引の規制の性質を有するものである。すなわち、証券取引などの規制は、有価証券などの不公正な取引を禁止し、一般的に不公正となる取引の予防的な規制を行うものである。もっとも、近年は、不公正取引の防止の手段としても、事前予防的な規制から、事後的な制裁による規制へと移行する傾向にある。かかる事後的な規制を十分に行うためには、証券取引などを監視する機関が不可欠である。この点、わが国では、金融庁の下に、証券取引等監視委員会が設置されている。

証券取引などの規制は、投資勧誘の規制、内部者取引の規制および相場操縦の規制に分けることができる。

投資勧誘の規制は、投資者に対する有価証券などの不当な投資勧誘を規制するものである。一般投資者の取引には、金融商品取引業者の投資助言を契機にするものがあることから、投資者の保護のためには、それらの投資勧誘または投資助言が不公正なものとなることがないよう規制する必要性はきわめて大きい。なお、金融商品取引業者の投資勧誘については、金融商品取引業協会の自主規制が、法令による規制を補充して、投資者の保護のために重要な機能を発揮していることに留意しなければならない。

金融商品取引業者の投資勧誘規制は、不実の表示による投資勧誘を禁止し、投資者の意向と実情に適合しない投資勧誘を規制し、投資者の自己責任を妨げる約束による投資勧誘を禁止することなどからなっている。

内部者取引の規制は、金融商品市場の公正性と健全性を確保し、金融商品市場に対する投資者の信頼を保持するために、投資判断に影響を及ぼす未公表の情報を有する者が、その特別の地位のゆえに入手した情報にもとづき取引を行うことを規制するものである。内部者取引は、取引における当事者間の不公平を生じさせるのみならず、金融商品市場の公正さに対する一般投資者の信頼を傷つけるものであることから、国民経済の健全な発展および投資者の保護のために規制されなければならない。

相場操縦の規制は、自由で公正な金融商品市場を維持することを目的とする。人為的な操作のない自由で公正な金融商品市場を維持することは、投資者の保護のために必要であるのみならず、金融商品市場を通じての資金の効率的な配分を確保することによって国民経済の健全な発展をはかるためにも重要である。

二　金融商品取引法の目的

1　目的規定

金融商品取引法は、その目的を、「企業内容等の開示の制度を整備するとともに、金融商品取引業を行う者に関し必要な事項を定め、金融商品取引所の適切な運営を確保すること等により、有価証券の発行及び金融商品等の取引等を公正にし、有価証券の流通を円滑にするほか、資本市場の機能の十全な発揮による金融商品等の公正な価格形成等を図り、もって、国民経済の健全な発展及び投資者の保護に資すること」と定めている（金商法一条）。

金融商品取引法の規制の直接かつ具体的な目的は、有価証券の発行および金融商品等の取引等を公正にし、有価証券の流通を円滑にするほか、資本市場の機能の十全な発揮による金融商品等の公正な価格形成等をはかることである。そのような規制の究極かつ実質的な目的は、国民経済の健全な発展および投資者の保護をはかることにある。すなわち、同法の規制の究極の目的は、国民経済の健全な発展および投資者の保護をはかることであるが、その目的を、有価証券の発行および金融商品等の取引等を公正にすること、有価証券の流通を円滑にすること、さらに、資本市場の機能の十全な発揮による金融商品等の公正な価格形成等をはかることによって実現しようとしている(1)。

金融商品取引法は、有価証券の発行市場および流通市場の双方を規制する。同法は、これらの双方の市場における取引を公正にし、その円滑化をはかることにより、有価証券を通じての企業の資金調達および有価証券による国民の資金運用を総合的に規制するものである(2)。

平成一八年改正前の証券取引法では、直接かつ具体的な目的を「有価証券の発行及びその他の取引を公正ならしめ、且つ、有価証券の流通を円滑ならしめること」と定めていた。金融商品取引法は、有価証券の取引のみならず、金融商品や金融指標のデリバティブ取引も規制の対象とする。したがって、「金融商品等の取引等を公正にし」という文言が使用されている。さらに、金融商品取引法では、資本市場の機能の十全な発揮による金融商品等の公正な価格形成等をはかることを直接かつ具体的な目的としている。これは、証券取引法が制定された当時と比較して資本市場が大きく発展していることを踏まえて、金融商品取引法がいわゆる市場法としての性格も有することを明確化するために規定されたものである。(3)

なお、金融商品取引法一条では、「企業内容等の開示の制度を整備するとともに、金融商品取引業を行う者に関し必要な事項を定め、金融商品取引所の適切な運営を確保すること等により」同条規定の目的の実現をはかる旨が定められている。これは金融商品取引法の規制の概要を述べるものである。このような規定は証券取引法の目的規定には存在しなかった。もっとも、これらの規制内容は証券取引法の時代から存在していたものであり、金融商品取引法になって新たに定められたものではない。

金融商品取引法の究極の規制目的である国民経済の健全な発展と投資者の保護に関し、両者が相矛盾し、相対立するように金融商品取引法が運営、解釈されてはならない。両者がともに達成されるべき金融商品取引法の目的であり、必ずしも、その一方が他方の手段となるものでもない。

この点に関して、証券取引法の時代から、同法の究極の目的は、投資者の保護であり、投資者の保護がはかられればその結果として国民の証券投資が盛んとなり、証券市場における産業資金の調達がはかられて、国民経済の適切な運営が達成されるとの見解が有力に主張されていた。(4)(5)この見解によると、金融商品取引法においても、その直接の目的は投資者の保護にあり、国民経済の健全な発展はそれから得られる間接の効果に過ぎないこととなる。しかし、金融商品取引法の究極の目的を投資者の保護に限定し、国民経済の健全な発展をその間接の効果に過ぎないものとして、同法の目的を一方的に制限することは妥当でない。金融商品市場を通じての効率的な資源配分を確保することはきわめて重要な国家利益である。それを確保するためには、公正な市場制度を確立し、維持することが望ましい。確かに、金融商品市場は投資者なくして成立しない。もっとも、効率的な資源配分を確保するという目的は、投資者の保護の目的からのみで当然に導き出せるものではない。金融商品取引法が現実に規定している金融商品取引業者や金融商品取引所の監督に関する規定、あるいは証券業（有価証券関連業）と金融業の分離に関する規定などは、投資者の保護の目的のみに奉仕するものではなく、また、そのような目的のみを視点において運用され、解釈されてはならないものである。(6)

また、証券取引法の目的規定に関して、同法の目的は、公正な価格形成の維持を通じた証券市場機能の確保にあり、その目的規定は、公正な証券市場の存在が有する公共財としての機能が国民経済の適切な運営に結びつくものであることを謳ったものであるとの見解が主張されてきた。(7) そこでは、従来、投資者保護の名で語られていた証券取引法上の規定は、証券市場の成立条件として理論上要請されるものといわれる。公正な証券市場の存在がわが国の経済にとって不可欠であり、証券取引法がそのために重大な役割を果たしてきたという点は、本書の立場と変わりはない。(8) もっとも、投資者の保護に関する規定の意義をどのように考えるかについては決定的な違いがある。本書の立場は、これを株式会社法の特別規定と位置づけているのに対して、前記の立場は、証券市場での公正な価格形成に重要な意義を見出している。(9)(10)

なお、証券取引法においては、公正な価格形成を通じた効率的な資源配分は、同法上の究極の目的である「国民経済の適切な運営」の一内容を構成するものと解することができた。金融商品取引法では、究極の目的である「国民経済の健全な発展」とは別に、「資本市場の機能の十全な発揮による金融商品等の公正な価格形成等」を究極の目的を達成するための直接の目的として規定している。(11) したがって、それは、目的規定のなかで、「国民経済の健全な発展」と「投資者の保護」の両者を達成するものとして位置づけられている。

投資信託法は、広義の金融商品取引法に属するものであるが、別個の法律として規定されている。同法は、その目的を、「投資信託又は投資法人を用いて投資者以外の者が投資者の資金を主として有価証券等に対する投資として集合して運用し、その成果を投資者に分配する制度を確立し、これらを用いた資金の運用が適正に行われることを確保するとともに、この制度に基づいて発行される各種の証券の購入者等の保護を図ることにより、投資者による有価証券等に対する投資を容易にし、もって国民経済の健全な発展に資すること」と定めている（投信法一条）。同法では、投資信託および投資法人制度を確立するとともに、この制度の下、各種の投資者の保護をはかることを目的とする。これにより、投資者による投資が容易になり、それが、国民経済の健全な発展に寄与するものとされている。(12) 投資信託の受益証券、投資法人の投資証券・投資法人債券は、金融商品取引法上の有価証券である（金商法二条一項一〇号・一一号）。さらに、信託財産を有価証券に対する投資として運用することも予定されている。このため、投資信託および投資法人に関して狭義の金融商品取引法の規制が行われるのであり、その規制が前述の目的を有することは当然である。

（1）　証券取引法一条は、「この法律は、国民経済の適切な運営及び投資者の保護に資するため、有価証券の発行及び売買その他の取引を公正ならしめ、且つ、有価証券の流通を円滑ならしめることを目的とする。」と定めていた。証券取引法では、究極の目的である「国民経済の適切な運営及び投資者の保護」を最初に掲げ、「そのため」と続けて、「直接の目的」である「有価証券の発行及び売買その他の取引……」を掲げているのに対して、金融商品取引法では、最初に「有価証券の発行及び金融商品等の取引等を公正にし……」という直接の目的を定め、「もって」究極の目的である「国民経済の健全な発展及び投資者の保護」を達成するという形に改められている。これらの規定の仕方に実質的な違いはない。近年の立法では、まず、「直接の目的」を掲げ、「もって」「究極の目的」を実現すると規定している立法が多い。金融商品取引法でもこれらに倣い、目的規定の構造を修正したものと考えられる。証券取引法研究会「目的規定・定義規定（その一）」金融商品取引法の検討〔Ⅰ〕（別冊商事法務三〇八号）一四頁（川口報告）（平成一九年）。

（2）　証券取引法の目的に関して、山下元利・改正証券取引法解説一一頁（昭和二三年）。

（3）　小島宗一郎＝松本圭介＝中西健太郎＝酒井敦史「金融商品取引法の目的・定義規定」商事法務一七七二号一八頁。

（4）　鈴木竹雄「証券取引法と株式会社法」株式会社法講座一巻三五三頁（昭和三〇年）、石塚一正・改正証券取引法要論一二頁（昭和四一年）、鈴木竹雄＝河本一郎・証券取引法〔新版〕四二頁（昭和五九年）、堀口亘・最新証券取引法〔新訂第四版〕三頁（平成

一五年）、河本一郎＝大武泰南・証券取引法読本〔第七版〕四頁（平成一七年）。龍田節・証券取引法Ⅰ二九頁（平成六年）は、どちらの考え方をとっても、具体的な問題の解決は大きく変わらないとした上で、証券取引に対面する姿勢としては、投資者保護を同法の固有目的と考えるべきとする。また、他の法律においても、「公共の福祉に寄与する」ことを究極の目的に掲げる法律が多いことを指摘する。なお、河本一郎「証券取引法の目的」法学教室一五一号六五頁は、「国家経済」とか「国民経済」という言葉は、そのときの政治によって都合よく使われるおそれがあるので、これに第一次的目的としての意義を与えるべきではないとする。

（5）証券取引法から金融商品取引法へと改組された後にも、前記の投資者保護を重視する見解に変化は見られない。河本一郎＝大武泰南・金融商品取引法読本〔第二版〕五頁（平成二三年）参照。なお、金融商品取引法の目的規定の下では、「国民経済の健全な発展」は目的達成の結果として「資する」ものであり、それ自体が目的となるものではないとする見解が述べられている。松尾直彦「金融商品取引法制の制定過程における主要論点と今後の課題〔Ⅲ・完〕」商事法務一八二五号三〇頁。同説では、投資者保護については、国民経済の発展と同様に、文言上は「資する」と規定されているものの、立法趣旨から、これは金融商品取引法の目的であると考えられるとする。その上で、投資者保護を金融商品取引法の目的と解することは、金融庁の任務として「有価証券の投資者……の保護を図る」ことが定められていること（金融庁設置法三条）とも整合的であるとする。なお、松尾説では、投資者保護とともに市場機能の確保が金融商品取引法の目的であるとしている。

（6）たとえば、証券業と金融業の分離が投資者の保護の目的から規制されているものではなく、その運用や解釈さらには立法論がそれ以外の重要な要素を考慮して行われなければならないことについて、龍田節「銀行と証券」アメリカ法一九七五—一号三頁以下参照。なお、森田章・投資者保護の法理二一頁（平成二年）も、業際規制の規定を投資者保護という大義名分からのみ正当化することは行き過ぎとする。

（7）上村達男「証券取引法の目的と体系」企業会計五三巻四号一三五頁。

（8）上村・前掲注（7）一三四頁は、本書の立場（神崎克郎・証券取引法〔新版〕昭和六二年）を批判し、証券市場が有する国民経済的意義に対する視点をまったく欠いていると述べている。しかし、本書では、一貫して、証券取引法は、投資者の保護のみを目的とするのではなく、国民経済の発展も重要な要素であると主張してきた。証券取引法の中核に存在する証券取引所の意義が、投資者の保護の観点から説明がつかないという批判は、まさに、本書で指摘してきたものである。

（9）上村教授は、証券取引法一条が「国民経済の発展」とともに「投資者の保護」をその目的として謳っている点について、それは、証券取引法が制定された際に、大衆が参加する市場にあってはなすべきことが飛躍的に増大することを強調する趣旨のもの（上村・前掲注（7）一三五頁）、あるいは、大衆参加状況における市場の成立条件整備のありかたをわかりやすく表現したもの（上村達男「証券取引法第一条論に関する覚書」堀口退官・現代会社法・証券取引法の展開三一二頁（平成五年））と説明される。「国民経済の適切な運営」について、マーケットメカニズムが機能することによる公益との視点で明確に述べられているのに比べて、同じ目的規定のなかで、しかも並列的に書かれている「投資者の保護」の意義については、曖昧な表現にとどめ置かれている。なお、上村達男「金融商品取引法―目的規定の意義を中心に」法律のひろば五九巻一一号五二頁は、金融商品取引法の目的規定で、「資本市場の機能の十全な発揮による公正な価格形成等」が規定されたことにつき、目的規定の市場法的解釈を明確に示した点で画期的な意義を有するものと評価する。他方で、かかる目的が、有価証券の発行および金融商品等の取引等を公正にすること、有価証券の流通を円滑にすることと並列的に配置されていることにつき、資本市場の機能の十全な発揮による公正な価格形成等をはかることが高次の目的であることの理解を妨げると批判している。金融商品取引法上の目的規定の分析については、証券取引法研究会・前掲注（1）二四頁以下（川口報告）参照。

一方、黒沼教授は、国民経済の発展は効率的な資源配分を達成することにより実現されるとの立場に立ちながら、それを達成する市場は、同時に投資者保護を達成する市場ともなり、国民経済の適切な運営も投資者の保護も内容的に同一であるとされている。その概要はつぎのとおりである。効率的な市場では、市場価格はその会社の利用すべきすべての情報を反映しているので、市場価格を受け入れる投資者は市場の効率性によって完全に保護される。そこで、市場が効率的であることが投資者の保護につながる。これには、市場価格が正しい情報を反映するようにつとめることが重要で（情報効率性）、そのために、開示制度を制度的に保障し、不実表示に対する民事・刑事の責任を法定している。また、内部者取引や相場操縦を禁止するのは、不公正な取引がなされることで投資者が証券投資から手を引く、いわゆる取引コストを低くするためのものであり、これを通じて、市場の効率性（取引効率性）を達成しようとしている。黒沼悦郎・証券市場の機能と不公正取引の規制一一頁（平成一四年）。山下友信＝神田秀樹編・金融商品取引法概説八頁（平成二二年）も、国民経済の健全な発展と投資者保護は表裏一体の目的で、その間に矛盾はないとする。岸田教授も、両者は必ずしも論理的に対立するものではなく、結局は、どちらの目的を重視するかの相違に過ぎないとしている。岸田雅雄・金融商品取引法一一頁（平成二二年）。

（10）　委任状勧誘府令で定める委任状勧誘に関する規制の内容は、従来からの投資者の保護の概念からの説明が合理的なように思われる。

（11）　金融商品取引法では、「国民経済の適切な運営」が「国民経済の健全な発展」と文言が改められている。もっとも、その意義について両者に差は存在しない。過去の法律では「適切な運営」とするものがあったが、今日では、「健全な発展」とするものが多い。

（12）　証券投資信託法が昭和二六年に国会に出されたときの提案理由として、「長期産業資金調達に資するため証券投資信託制度を確立し、証券投資信託の受益者の保護を図ることにより、一般投資者による証券投資を容易にする必要がある」といわれた。すなわち、日本経済における資本蓄積の要請に応じる一方策として証券投資信託制度を導入することが同法の立法当時における究極の目的であった。

2　投資者の保護

資本主義社会における経済の民主的運営は、広範な国民の企業所有を基礎にして行われる。国民の企業所有は、一般投資者の有価証券への投資およびその取引を基礎とする。(1) 有価証券の価値は、それを発行する企業の内容に依存する。しかし、一般投資者は、そのような企業内容を知らないのが普通である。そこで、有価証券を発行する企業についての特別の開示を要請することなく一般投資者が証券投資あるいは証券取引を行うときは、合理的な投資や取引をすることができない。あるいは詐欺的な行為の犠牲になる危険性がきわめて高いといえる。さらに、有価証券の市場価格は、種々の要因によって激しく変動するものであるために、それについて相場操縦的な行為が行われる危険がある。

一般投資者の証券投資あるいは証券取引は、金融商品取引業者などの専門家の勧誘や助言によって行われることも多い。一般投資者とそれらの専門家の間には、証券投資あるいは証券取引についての知識、経験に大きな隔たりがある。一般投資者がそれらの専門家の勧誘や助言における表示を簡単に信頼する傾向があることは否定できない。そのような場面において、一般投資者とそれらの専門家との関係で生じる問題を一般の民商法の原則だけで処理するときは、一般投資者の利益が不当に侵害される危険性が大きい。同様の保護の必要性は、金融商品・金融指標のデリバティブ取引を行う者にも妥当する。

そこで、資本主義社会における経済の民主的運営の基礎をなす証券投資や証券取引などが公正に行われることを確保し、さらに、投資者がこれらの取引に関して不当な損害を受けないようにするために、投資者の保護のための特別の規制が必要とされる。

金融商品取引法は、有価証券を発行する者に企業内容の開示を強制し、金融商品市場に関与する取引業者の業務および財産状態を規制する。さらに、金融商品市場における不正な行為を一般的に禁止する。これらによって、一般投資者が自己の判断と責任において、公平かつ公正に取引することを実現しようとしている。(2)

投資には、投資危険が当然に伴うものであり、投資者がその自由な判断と責任で行った投資の結果について、金融商品取引法は、一定の利益を保証しあるいは損失を補てんすることはない。金融商品取引法は、投資者が自由な判断と責任で、公平かつ公正な取引を行う機会を確保するために、投資者の自由な判断と責任による取引を妨げる不当な行為を排除することを目的とする。その意味で、金融商品取引法における投資者の保護は、銀行法において配慮される元本の払戻しおよび利息の支払いを保証する預金者の保護とは、本質的にその性質を異にする。(3)

(1)　証券取引法は、昭和二〇年代前半におけるわが国の重大な政策課題であった、経済の民主化あるいは経済の民主的運営の要請にこたえる立法の一つとして制定された。経済の民主化は企業所有の民主化によって達成されなければならないところ、そのためには証券投資の大衆化が必要であり、証券投資の大衆化をはかるために投資者の保護を目的とする証券取引法が制定された。この間の事情については、山下元利・改正証券取引法解説一頁（昭和二三年）、岡村峻・改正証券取引法解説九頁（昭和二三年）参照。

(2)　わが国の証券取引法の制定に際して模範となったアメリカの一九三三年証券法の法案を連邦議会に提出した際、ルーズベルト大統領は、法案の上程理由として、つぎのように述べている。

「多くの州の法律にもかかわらず、公衆は、過去において、有価証券の売付けをする多くの個人および会社の側の取引倫理に合致しない不誠実な慣行によって多大の損害を被ってきた。もちろん、連邦政府は、新規に発行される有価証券がその価値が将来も維持されあるいはそれが表章する財産が将来利益をもたらすという意味で健全であることを承認しまたは保証するものと解される行動をとることができないし、またとるべきではない。しかし、われわれには、州際通商を通じて売り付けられる新規有価証券のすべての発行に完全な公開と情報が伴い、その発行に関するいかなる重要なことがらも買付けをする公衆に明らかにされないでおかれないように強制する義務がある。この本案は、古くからの買主注意せよの原則に、『売主もまた注意せよ』という原則を付加するものである。それは、売主に完全な真実を語る義務を課すものである。それは、有価証券の誠実な取引を促進し、それによって公衆の信頼を回復するものでなければならない。私が言及しているこの立法の目的は、誠実な営業に最小限の干渉をすることによって公衆を保護することである。」(S. Rep. No. 47, at 6-7, and H. Rep. No. 85, at 1-2, 73d Cong. 1st Session (1933))。

アメリカの一九三三年証券法は、一九二九年のウォール街の大恐慌によって多数の投資者が莫大な損害を被ったことに対処して、投資者の証券市場に対する信頼を回復することを目的として、ニューディール政策の一環として制定されたものである。なお、大恐慌の直前においては、証券市場で大掛かりな詐欺的な行為や相場操縦的な行為が行われていた。その様子は、ペコラ・レポートとよばれる連邦議会の報告書が詳細に明らかにしている。U. S. Senate, Committee on Banking & Currency, Stock Exchange Practice, Hearing 72d Congress and 73d Congress, Stock Exchange Practice: Report (1934)(呉天降「合衆国上院銀行通貨委員会『証券取引所調査報告書』に関する一考察」証券研究三六巻三五三頁以下参照)。また、当時行われていた不正または不健全な行為については、V. Carosso, Investment Banking in America (1970)(「アメリカの投資銀行(上・下)」証券研究五五巻・五六巻)が詳しい。

(3)　預金者を特に厚く保護するのは、銀行制度に対する預金者の信頼を確保するためである。証券投資と異なり、預金は投資目的というよりは、金銭の保管または決済のためになされることが多い。預金者には、投資物件を保有したことのない一般個人が多数含まれる。預金契約においても、預金者は銀行が破綻した場合のリスクを負担することが原則である。それは、自己責任が要求されるべき取引である。すなわち、一定の情報開示を受けて、預金が払い戻されないリスクを自ら判断しなければならない。しかし、これを徹底すると、預金が減り、赤字主体に融通する金銭が不足するという事態が懸念される。そこで、銀行法では、銀行の健全性を維持するための特別の規制がなされる。さらに、零細な預金者にとって、銀行をリスクで選別することは事実上困難である。これらの預金者を保護するために、一〇〇〇万円まで、預金元金と利息を保護するための預金保険制度が存在している。銀行法の規制の意義については、シンポジウム「銀行監督法」金融法研究二〇号三八頁以下(川口報告)参照。

なお、預金商品でも、投機性の高いものが存在する。このような商品の勧誘や販売については、金融商品取引法の行為規制が銀行法で準用されている(銀行法一三条の四・五二条の四五の二)。

3　国民経済の健全な発展

国民経済の健全な発展を確保することも、金融商品取引法で特別の規制をする重要な目的である。資本主義社会における市場制度は、資源の効率的な配分を可能にすることによって、国民経済の適切な運営に重要な寄与をすることができる。たとえば、金融商品市場は、有価証券に関する取引を通じての資源の効率的な配分をもたらすものである。そこでは、資金の余剰主体（黒字主体）にその運用の手段を提供することとともに、資金の不足主体（赤字主体）の資金需要を充足することを可能とする。(1) また、市場の価格形成機能は、企業の資金調達コストを決定する。将来的に成長が見込まれる企業は、低コストで資金調達ができる。(2) これらのことにより、金融商品市場を通じて、限りある金融資源の適正な配分がはかられる。

独占禁止法（昭和二二年四月一四日法律五四号）が「国民経済の民主的で健全な発達を促進すること」をその目的の一つとし（独禁法一条）、商品先物取引法（昭和二五年八月五日法律二三九号）が「国民経済の健全な発展……に資すること」をその目的として掲げているのは（商先法一条）、金融商品取引法と同様に、それらの法律が、市場が有する資源の効率的配分を高める機能を十分に発揮させることの必要性にもとづくものである。(3)

金融商品市場が、企業の資金調達の場として、また、国民の資金運用の場として機能し、有価証券を通じての資源の効率的な配分を可能にするためには、投資者が有価証券について合理的な投資判断ができることが必要である。また、金融商品市場が相場操縦的あるいは詐欺的な行為によって不当な影響を受けないことも必要である。金融商品市場に参加する取引業者について合理的な規制が加えられることが必要である。金融商品取引法は、投資者が有価証券について合理的な投資判断をするのに必要な企業内容の開示を強制し、金融商品市場における相場操縦的あるいは詐欺的な行為を禁止し、さらに、金融商品市場に参加する取引業者に合理的な規制を加えることによって、金融商品市場での有価証券を通じた効率的な資源配分を高めることにより、国民経済の健全な発展をはかろうとするものである。(4)(5)

（1）　金融は、文字どおり、資「金」の「融」通を意味する。証券市場を通じた資金調達の構造は直接金融とよばれることがある。これに対して、銀行を介した資金調達の構造は間接金融とよばれる。

（2）　将来的に成長が見込まれる企業は高く評価され、その持分証券にも高い価格がつく。一方で、そうでない企業の証券には、安い価格しかつかない。前者の企業が発行する証券には投資者の需要は多いものの、後者の企業では、その需要は通常は多くない。時価発行を行う場合に、前者の企業では、後者の企業に比べて、低コストの資金調達が可能である。

（3）石塚一正・改正証券取引法要論一二頁（昭和四一年）は、証券取引法が国民経済の適切な運営をはかることを投資者の保護をはかることと並べてその目的に掲げているが、それには特別の意味がなく、戦後制定された経済法にしばしば見られた慣用的用語に過ぎないとの見解があることを示唆している。もっとも、同書は、証券市場における産業資金の調達を円滑にすることによって国民経済の適切な運営をはかることが証券取引法の終局の目的であると述べている。

（4）アメリカの一九七五年証券諸法改正法案についての議会の提案説明書の一部は、証券取引の規制の目的に関してつぎのように述べている。

「合衆国の証券市場は、本国および世界の経済の成長ならびに健全性について不可欠のものである。将来必要とされる膨大な額の投資資金を調達し、その資金を競争関係にあるユーザーに適切に配分することを確保するためには、この市場が公正かつ効率的に機能し続けなければならない。われわれの国内的ならびに国際的な経済の変動の速度および大きさは、以前になかったような証券市場の検証を必要としている。……この法案において構想されている全国市場制度のすみやかな達成は、より大きな投資者の保護をもたらし、弱まりつつある投資者の信頼をつなぎとめるためのみならず、わが国が将来、強力で、有効で、効率的な資金調達および資金配分の制度を維持するためにも必要である。」（Legislative History of Securities Act Amendments of 1975, H. R. Report No. 94, 94th Cong. 1st Sess. at 91（1975））.

（5）金融商品取引法は、デリバティブ取引をはじめとして様々な金融商品取引を広く規制対象としている。これらの取引のなかには、企業の資金調達と直接関係のないものも含まれる。しかし、企業の資金調達手段である有価証券の取引については、依然として資源の効率的配分が法の目的であるといえる。近藤光男＝吉原和志＝黒沼悦郎・金融商品取引法入門〔第二版〕七頁（平成二三年）。

第二款　金融商品取引の規制方法

一　法令による規制

1　規制の意義

金融商品取引法およびその関係法令は、有価証券の取引および金融商品・金融指標のデリバティブ取引の規制に関して詳細な規定を定めている。その遵守は、主として、行政当局による監督および私人による救済請求によって担保される(1)。行政当局による監督は、国民経済の健全な発展および全体としての投資者の保護を目的として行われる。これに対して、私人の救済請求は、直接には、金融商品取引法違反によって損害を被った投資者個人の救済を目的として行われる。しかし、そのような救済請求にも、それが実効的に追求されるときは、取引に関与する者に十分の注意と配慮をもって金融商品取引法を遵守させる予防的な機能の発揮を期待することができる(2)。また、行政当局による監督が、法令違反に対する事後的な処分として行われるときは、私人による救済請求を容易にするものとして、投資者の保護に重要な役割を果たすこととなる。

(1)　金融商品取引法の目的は、行政当局による監督および私人による救済請求のほか、法令違反についての刑事訴追によっても確保される。金融商品取引法、投資信託法は、両罰規定を含めて、詳細な罰則規定を定めている。

(2)　私人の私的救済が、取引に関与する者に法令を遵守させる予防的機能を有することについては、Douglas-Bates, The Federal Securities Act of 1933, 43 Yale L. J. 171, 173 (1933) を参照。

2　行政的な監督

行政当局による監督は、有価証券の取引および金融商品・金融指標のデリバティブ取引の国家的規制の主要な方法である。それは、一方では、事前の予防的な措置として行われ、他方では、法令違反に対する事後の矯正あるいは制裁の措置として行われる。

行政当局の監督は、情報開示の規制に関しては、情報開示の完全性および正確性の審査を通じて行われる。取引に携わる業者規制に関しては、それらに対する開業規制さらに財務の健全性に関する規制、違法な投資勧誘・証券取引の規制などを通じてなされる。

金融商品取引法では、規制の名宛人の多くは内閣総理大臣と定められている。もっとも、政令で定めるものを除き、金融庁長官に権限が委任される（金商法一九四条の七第一項）。金融庁長官が内閣総理大臣から委任された権限のうち、取引の公正の確保にかかる規定として政令に定める規定に関するものは証券取引等監視委員会に再委任される（金商法一九四条の七第二項柱書本文）。さらに、金融庁長官は、政令で定めるところにより、各種の報告徴求・調査権限を証券取引等監視委員会に委任することができる（金商法一九四条の七第三項）。

証券取引等監視委員会は、調査および検査の結果、取引の公正の確保または投資者の保護その他の公益を確保するために必要と認められる行政処分を内閣総理大臣および金融庁長官に勧告することができる（金融庁設置法二〇条一項）。

証券取引等監視委員会は、犯則事件を調査するため必要があるとき、犯則嫌疑者等もしくは参考人に対して出頭を求め、犯則嫌疑者等に対して質問し、犯則嫌疑者等が所持しもしくは置き去った物件を検査し、または犯則嫌疑者等が任意に提出しもしくは置き去った物件を領置することができる（金商法二一〇条）。かかる犯則事件の調査は、証券取引等監視委員会に独自に認められた権限である。証券取引等監視委員会は、犯則事件の調査により犯則の心証を得たときは、告発しなければならない（金商法二二六条）。

裁判所は、緊急の必要があり、かつ公益および投資者保護のため必要かつ適当であると認めるときは、内閣総理大臣または内閣総理大臣および財務大臣の申立てにより、金融商品取引法または同法にもとづく命令に違反する行為を行い、または行おうとする者に対して、その行為の禁止または停止を命じることができる（金商法一九二条一項）。[1]

ところで、アメリカの証券取引委員会のスタッフは、連邦証券諸法およびそれらにもとづく規則に関する事項について、個別の問い合わせに対して回答を行っている。この意見をノー・アクション・レター（no action letter）という。これは、非公式の証券取引委員会スタッフの意見であり、法的拘束力はない[(2)]。わが国でも、金融庁が所管する法令について、「法令適用事前確認手続」の運用が実施されている[(3)]。法令適用事前確認手続は、「民間企業等が、実現しようとする自己の事業活動に係る具体的行為に関して、当該行為が特定の法令の規定の適用対象となるかどうかを、あらかじめ当該規定を所管する行政機関に確認」するためのものである[(4)]。したがって、わが国の制度は、アメリカの証券取引委員会のスタッフの非公式の回答とは異なるものとして制度設計されている[(5)]。

なお、平成一六年の改正で、違法行為に対する課徴金制度が導入された。課徴金の納付制度は、違法行為によって得た利益を国が剥奪し、その行為を行った者がそれを保持しえないようにすることにより、社会的公正を確保するとともに、違法行為の抑制をはかり、違法行為の禁止規定の実効性を確保するために採られる行政措置である。違法行為の反社会性、反道徳性に着目して、これに対する制裁として科される刑事罰とは、その趣旨、目的等を異にする。

(1)　緊急停止命令については、本書一七五頁参照。

(2)　もっとも、実例または先例の少ない分野においては、事実上の法源となっている。近藤光男＝川口恭弘＝上嶌一高＝楠本くに代・金融サービスと投資者保護法七七頁（平成一三年）。アメリカにおけるノー・アクション・レターについては、常岡孝好「ノー・アクション・レターの法的性質（Ⅰ）～（Ⅳ・完）」商事法務一五七八号二頁・一五八〇号二八頁・一五八一号三三頁・一五八五号二九頁・一五八六号三三頁・一五八七号三六頁参照。

(3)　平成一二年一二月一日の閣議決定「経済構造の変革と創造のための行動計画」において、「ＩＴ革命の到来等の中で、民間企業の事業活動が迅速かつ公平に行われることを視野に入れて、行政処分を行う行政機関がその行政処分に関する法令解釈を迅速に明確化する手続を、我が国の法令体系に適合した形で導入を図ることとし、その検討に着手するとともに、一定の分野において平成一三年度（二〇〇一年度）から実施する。」とされた。これを踏まえて、平成一三年三月二七日に、「行政機関による法令適用事前確認手続の導入について」が閣議決定され、ノー・アクション・レター制度の指針が明らかにされた。なお、具体的実施方法等については、この指針の範囲内で、各府省（外局を含む）において「細則」を定め、これを公表するものとされた。金融庁は、この閣議決定を受けて、金融庁が所管する法令について、「法令適用事前確認手続」を導入するために、細則を策定し、平成一三年七月一六日より手続の運用が開始された。

金融庁の法令適用事前確認手続の対象は、金融庁が所管する法律およびこれにもとづく政府令である。その上で、①当該条項が申請に対する処分の根拠を定めるものであって、当該条項に違反する行為が罰則の対象となる場合、②当該条項が届出等行政機関に対し一定の事項を通知する行為の根拠を定めるものであって、当該条項に違反する行為が罰則の対象となる場合、③当該条項が不利益処分の根拠を定めるものである場合に範囲が限られる。③の不利益処分は行政手続法二条四号に定めるものをいう。そこでは、「行政庁が、法令に基づき、特定の者を名あて人として、直接に、これに義務を課し、又はその権利を制限する処分をいう。」と定められている。もっとも、行政手続法では、「事実上の行為」は適用から除外する旨を定めている。したがって、立入検査およびその前提となる行為については、手続の対象外になると考えられる。また、金融庁の回答は、照会者から提示された事実のみを前提に、現時点での見解を示すものであり、事実が異なる場合、関係法令が変更された場合などには考えが異なるものとなることがある。

照会を受けた課室の長は、照会書面が窓口に到達してから、原則として、三〇日以内に照会者に対する回答をしなければならない。もっとも、①高度な金融技術等にかかる照会で慎重な判断を要する場合、原則六〇日以内、②担当部局の事務処理能力を超える多数の照会により業務に著しい支障が生じるおそれがある場合、三〇日を超える合理的な期間内、③他府省との共管法令にかかる照会の場合、原則六〇日以内とされている。回答方式は、書面による。ただし、照会者が口頭で回答することに同意する場合は、この限りでない。

（4）　金融庁における法令適用事前確認手続に関する細則前文。

（5）　法令適用事前確認手続は、行政当局が行政処分を行うかどうかの判断を明らかにするものであり、金融商品取引法に定める罰則の適用の有無を判断するものではない（細則により、すべての回答には、その回答が、「もとより、捜査機関の判断や罰則の適用を含めた司法判断を拘束しうるものではない。」と書かれることとなっている。かかる注意書きが存在しなくても、捜査当局等の司法判断を拘束しないことには変わりはない）。もっとも、アメリカにおいては、行政当局は規制の専門家であることから、非公式のノー・アクション・レターにおける条文解釈についても、裁判所等が事実上、その解釈を尊重する傾向があるといわれている。近藤他・前掲注（1）七七頁。

3　私的な救済請求

私人による金融商品取引法違反を理由とする救済請求は、金融商品取引法の目的を達成する主要な方法の一つである。私人による救済請求は、取引に関して侵害を受けた投資者の個別的な救済を目的とするものである。それは、同時に、取引に関与する者に十分の注意と配慮の下に金融商品取引法が定める規制を遵守させる一般予防的な効果も発揮することができる。(1) 金融商品取引法は、虚偽の情報開示、相場操縦などに、明文で私人による救済請求を認めている（金商法一六条・一七条・一八条・二一条・二一条の二・二二条・二四条の四・二四条の五第五項・一六〇条・一六四条など）。

一方で、行政処分の対象となる違反行為について私法上の効果は金融商品取引法では定められていない。(2) 刑事罰が定められている違法行為については、公序良俗（民法九〇条）に違反するものとして契約の効力を否定することが多いと考えられる。しかし、それ以外の場合、投資者の保護の必要性と取引の安全性などを比較考慮し、事案ごとに個別に検討がなされることとなる。契約の効果が否定されない場合でも、要件を満たせば、不法行為責任（民法七〇九条）および使用者責任（民法七一五条）の追及が可能である。(3)

(1)　河本一郎「証券取引法の基本問題―民事責任を中心として」神戸法学雑誌二一巻三・四号二二七頁、志村治美「証券取引法上の民事責任」河本還暦・証券取引法大系五五八頁（昭和六一年）、黒沼悦郎「証券市場における情報開示に基づく民事責任（一）～（五）」法学協会雑誌一〇五巻一二号一〇五頁・一〇六巻一号七四頁・二号三七頁・五号五五頁・七号六五頁参照。なお、私人の救済請求がそのような予防的効果を発揮するためには、金融商品取引法の違反によって私人の利益が害されるときは、その救済の請求が容易に行われ、取引に関与する者が金融商品取引法の違反が経済的に引き合わないものであることを一般的に周知する状況が存在することが必要である。金融商品取引法に違反した者が私人の救済請求を実際上容易に回避することができる状況の下においては、このような一般予防的効果は十分に期待できない。

(2)　平成二三年の改正で、無登録業者が非上場の株券等の売付け等を行った場合に、原則として、その売買契約を無効とする規定が定められた（金商法一七一条の二第一項）。かかる改正は、近年、無登録業者が電話勧誘等で、「未公開株等を上場間近で必ず儲かる」などといった虚偽の勧誘によって、高齢者等に対して高額な価額で販売するといった被害が多発していたことが背景にある。澤飯敦＝出原正弘「資本市場及び金融業の基盤強化のための金融商品取引法等の一部を改正する法律の概要」商事法務一九三五号一一頁。業者規制違反があった場合の取引の効果を金融商品取引法が規定した例はなく、その意味で、本改正は異例のものとして注目される。

(3)　たとえば、リスクの高い有価証券を、金融商品取引業者（外務員）が顧客に販売する際に、金融商品取引業者の側で、その商品性について十分に説明をすることが必要と解される。このような説明を欠いた場合、不法行為による損害賠償を求めることができる。もっとも、投資者の側で、説明義務の存在、説明の欠如と損害との因果関係などを立証する必要がある。この点について、金融商品販売法は、説明義務を法定し（金販法三条）、さらに、右の因果関係を推定する規定（金販法六条一項）を置くことで、投資者の立証責任を緩和している。なお、消費者契約法では、虚偽表示等による勧誘で、その虚偽表示等が事実であると誤認をした個人投資家に、契約の取消しを認めている（消費者契約法四条一項）。また、平成一八年の金融商品販売法の改正で、金融商品販売業者等の断定的判断の提供が禁止され、違反の場合には、説明義務違反と同様に、立証責任を転換する規定が置かれている（金販法四条・六条）。

二　自主規制

1　規制の意義

有価証券の取引および金融商品・金融指標のデリバティブ取引の自主規制は、金融商品取引所および金融商品取引業協会によって行われる。それは、行政的な監督の下に、国家からの規制権限の委託を受けて、それぞれの自主規制機関のイニシアティブで取引に関する規制を行うものである(1)。

自主規制は、複雑かつ変動する金融商品市場の状況に応じて、それに精通した機関が規制を行うもので、金融商品市場において新しく規制を必要とする事項について迅速かつ的確に対処をすることができる。しかし、金融商品市場の自主規制には、いくつかの欠点が伴う。金融商品市場の自主規制が有する欠陥の第一は、自主規制の本質から生じるものである。すなわち、自主規制は自主規制団体がその構成員に対して自ら課する規制であるために、規制の熱心さの欠如が考えられる。それは、構成員の行動を厳しく規制するための規則を制定する上でも、また制定された規則の遵守を注意深く監視する上でも、さらには、規制の違反に対し適切な制裁を課す上でも考えられるところである。

金融商品市場の自主規制が有する欠陥の第二は、それがより効果的な国家による直接の規制を阻止する口実として利用される危険があることである。金融商品市場の自主規制は、内閣総理大臣、金融庁などによる直接の行政的監督とその対象を等しくしている。そのような直接の行政的監督を阻止しあるいは回避するために自主規制が口実として利用され、しかも、それが実効的に遂行されないときは、金融商品取引法の目的が実際上十分に達せられないこととなる。

金融商品市場の自主規制が有する欠陥の第三は、それが自主規制機関の構成員に対し取引の規制目的を実現するために必要でない競争制限的な制約を課することによって、その機関の構成員の利益を推進するために利用される危険性があることである。自主規制機関の競争制限的な制約は、その機関の構成員と取引をする投資者から自由競争がもたらす利益を奪うものである。そのような制約も、取引の正当な規制目的を推進するために必要な場合は許容されるべきである。しかし、機関の構成員の利益を推進し、あるいは既得権益を擁護するために利用されるときは排除されなければならない(2)。この点で、金融商品取引法の規制目的の実現と独占禁止法制との調整が慎重に検討されるべきこととなる。

自主規制は、狭義には、自主規制機関の構成メンバーが自らを規律するという意味で使用される。証券業者が売買を行う場所として会員組織の証券取引所を設立し、自らの手で証券取引の規制を行ったことが自主規制の起源である。もっとも、その後、自主規制は法律に根拠を置くことが一般的となり、それは、国家による監督を受けるものとして行われている。さらに、株式会社組織の金融商品取引所が認められるに至って、株式会社金融商品取引所の規制では、規制される者が規制を自ら行うという意味は失われている(3)。もっとも、市場の開設者が市場に参加する関係者に関するルールを定めて執行するという意味においては、取引所は自主規制機関であるといえる(4)。このような広義の意味において、金融商品取引所が上場会社を規律する規制も自主規制の一つであると位置づけできる(5)。

(1) 金融商品市場の自主規制は、金融商品取引業界が政府の監督と無関係に自らを規制するものではない。それは、政府の監督の下での金融商品取引業界による金融商品市場の規制である。自主規制のあり方については、神崎克郎「証券取引の自主規制」堀口退官・現代会社法・証券取引法の展開三一三頁以下（平成五年）参照。

(2) 自主規制においては、法令による規制と同様の規制を定めるものも多い。かかる規制に違反した場合には二重の制裁が課せられるという問題もある。規制領域の自主規制機関の調査能力の限界もあり、自主規制機関による制裁が、国家によるものの後追いでなされることも少なくない。さらに、たとえば金融商品取引所と金融商品取引業協会といった自主規制機関の間でも二重に制裁がなされている。規制の効率化という観点から、規制権限の配分を検討する必要がある。川口恭弘「証券市場の監視システム」ジュリスト一二三五号二六頁。なお、公的規制と自主規制の関係、自主規制機関間における役割分担については、証券取引所の自主規制に関する研究会「中間報告書」（平成一六年六月）参照。

さらに、自主規制の間で利益の衝突が発生する場面が考えられる。アメリカでは、ＥＣＮ（Electronic Communications Network）が、全米証券業協会自動気配表示システム（National Association of Securities Dealers Automated Quotations、以下「ＮＡＳＤＡＱ」という）上場証券の三〇パーセントを超えるシェアを獲得するに至っている。ＥＮＣは、証券業者として全米証券業協会（National Association of Securities Dealers、以下「ＮＡＳＤ」という）に加入することが求められる。ＮＡＳＤはＮＡＳＤＡＱとの関係が深いことから、ＮＡＳＤＡＱと競合関係にあるＥＣＮは、ＮＡＳＤから、ＮＡＳＤＡＱとの競争上不利な規制を受ける危険性が問題とされている。General Accounting Office (GAO) Competition and Multiple Regulators Heighten Concerns about Self-Regulation (March, 2002).

(3) 証券会社（金融商品取引業者）は、取引所において売買を行うことを目的として取引参加者契約を結ぶものとなった。

(4) 近藤光男＝吉原和志＝黒沼悦郎・金融商品取引法入門〔第二版〕（平成二三年）四四九頁。

(5) 近年、金融商品取引所が、有価証券上場規程等を改正し、上場会社に一定のコーポレート・ガバナンスの枠組みを整備することを求める動きがある。たとえば、東京証券取引所は、一般株主の利益保護のため、最低一名以上の独立役員を置くことを求めている（東証・有価証券上場規程四三六条の二第一項）。また、上場会社が行う第三者割当てについて、既存の株主の持株比率が三〇〇パーセントを超えて希釈化される場合、株主・投資者の利益を侵害するおそれが少ないと認められる場合を除き、上場廃止にすること、さらに、既存株主の持株比率が二五％以上の場合は、第三者委員会などの経営者から一定程度独立した者による意見の聴取等を求めることを定めている（東証・有価証券上場規程施行規則六〇一条一三項六号、同・有価証券上場規程四三二条）。一般株主は上場会社にとって不可欠の存在であり、その利益は、株主共同の利益とも言い換えることができ、上場会社の利益と一致するのが通常であって、一般株主の利益に配慮して会社経営が行われることは、上場会社がその事業目的の遂行と企業価値の持続的な向上を目指す上できわめて重要であること、また、一般株主の利益が適切に保護されることは、証券市場を通じた資金調達機能等が適切に発揮されるための条件であり、株式の上場制度の根幹をなすものであることなどを理由に、これらの規制が導入された（株式会社東京証券取引所上場制度整備懇談会「独立役員に期待される役割」（平成二二年三月三一日）参照）。上場会社のコーポレート・ガバナンスの強化は、上場会社の品質保証を金融商品取引所が行うものといえ、金融商品取引所の自主規制の目的にかなうものと評価することもできる。他方で、株主保護は本来会社法の保護法益であり、必要があれば、前述の規制は会社法において規律されるべきものでもある。近年の金融商品取引所による自主規制の動きは、金融商品取引法上の規制が会社法分野に進出している顕著な例ということができる。

2　自主規制の行政的監督

先に述べた欠陥を除去しながら、自主規制が金融商品取引法の規制目的を実現するように運用されるために、行政的な監督が必要となる。金融商品市場の自主規制に対する行政的な監督は、自主規制機関の規則そのものに対するものとその規則の運用に対するものによって行われる。

自主規制機関の規則そのものに対する行政的な監督は、内閣総理大臣による規則の制定または改正についての裁可と規則の変更命令によって確保される。

金融商品取引所の定款、業務規程および受託契約準則については、内閣総理大臣は、市場開設の免許の付与にあたって、それらが法令に適合し、かつ取引所金融商品市場における有価証券の売買および市場デリバティブ取引を公正かつ円滑にし、投資者を保護するために十分であることを確認しなければならない（金商法八二条一項一号）。金融商品取引所が定款、業務規程または受託契約準則を変更しようとするときは、内閣総理大臣の認可が必要である（金商法一四九条一項）。さらに、内閣総理大臣は、金融商品取引所の定款、業務規程、受託契約準則その他の規則もしくは取引の慣行または業務の運営もしくは財産の状況に関し、公益または投資者保護のため必要かつ適当であると認めるときは、その必要の限度において、その変更その他監督上必要な措置をとるべきことを命ずることができる（金商法一五三条）(1)。

金融商品取引法の下、二種類の金融商品取引業協会がある。平成一八年の改正前、自主規制機関として、業法にその法人の設立根拠があるもの(2)と、平成一八年改正前民法三四条の規定による公益法人として設立され、業法による要件を満たすことにより自主規制機関となるもの(3)があった。金融商品取引法では、これらの各業法にもとづく各協会の性格の相違を考慮して、前者を認可金融商品取引業協会、後者を公益法人金融商品取引業協会（認定金融商品取引業協会）と位置づけた(4)。

認可金融商品取引業協会の定款その他の規則については、内閣総理大臣は、金融商品取引業協会の認可にあたって、それが法令に適合し、かつ有価証券の売買その他の取引およびデリバティブ取引等を公正かつ円滑にし、ならびに金融商品取引業を健全に発展させるとともに、投資者を保護するために十分であることを確認しなければならない（金商法六七条の四第一項一号）。認可金融商品取引業協会は、定款を変更しようとするときは、内閣総理大臣の認可を受けなければならない（金商法六七条の八第二項）。内閣総理大臣は、認可金融商品取引業協会の定款その他の規則もしくは取引の慣行などについて、当該協会に対し、公益または投資者保護のため必要かつ適当であると認めるとき、その必要の限度において、定款その他の規則または取引の慣行の変更その他監督上必要な措置をとることを命ずることができる（金商法七三条）。

認定金融商品取引業協会は業務規程を定め、内閣総理大臣の認可を受けなければならない（金商法七九条の三第一項前段一号）。これを変更する場合も同様の認可が必要である（金商法七九条の三第一項後段）。認定金融商品取引業協会の規則の変更命令を直接規定するものはなく、内閣総理大臣は、業務の運営に関し改善が必要であると認めるとき、必要な限度において、その改善に必要な措置をとるべきことを命じることができるとされているのみである（金商法七九条の六第一項）。

つぎに、自主規制機関の規則の運用に対する行政的な監督は、自主規制機関がその規則を実施することを怠る場合に、自主規制機関に対しその規則の実施を命令しまたは自主規制機関に制裁を課すことによって行われる。このうち、自主規制機関に対する規則実施の命令は、個別的な事案に応じてより容易に行われるのに対して、自主規制違反に対する制裁処分は、その効果が大きく及ぶことから実際上行われにくい。

金融商品取引所の規則については、金融商品取引所が違反者に必要な措置をすることを怠ったとき、内閣総理大臣は、免許の取消し、一年以内の期間を定めてその業務の全部または一部の停止を命じ、その業務の変更もしくはその業務の一部の禁止を命じ、その役員の解任を命じ、または定款その他の規則に定める必要な措置をすることを命じることができる（金商法一五二条一項一号）。認可金融商品取引業協会の規則についても、内閣総理大臣は、金融商品取引業協会がその適切な実施を怠る場合、設立の取消し、一年以内の期間を定めてその業務の全部もしくは一部の停止を命じ、その役員の解任を命じ、または定款その他の規則に定める必要な措置をすることを命じることができる（金商法七四条一項）。

一方で、認定金融商品取引業協会については、内閣総理大臣は、その業務の運営が金融商品取引法もしくは同法にもとづく命令またはこれらにもとづく処分に違反していると認めるとき、その認定を取り消し、または六か月以内の期間を定めてその業務の全部もしくは一部の停止を命じることができると定めるのみで（金商法七九条の六第二項）、協会の規則違反の場合の処分権限は規定されていない。

このように、自主規制機関の行政的な監督は、金融商品取引所および認可金融商品取引業協会と認可金融商品取引業協会とで相違が生じている。前者は金融商品市場の運営という公的な役割を担っているため、このような違いが生じているとも考えられる(5)。

(1)　アメリカにおいても、自主規制機関の存在を前提として、これらの活動の監督を証券取引委員会に委ねる仕組みがとられている。証券取引所、証券業協会は、第一次的にそれぞれの会員等に対して規制権限を有するものの、証券取引委員会には、これらの自主規制機関の監督機関として、自主規制の有効性を高めるための措置が留保されている。かかる証券取引委員会の権限は、「ビロードの手袋をした鋼鉄の手」(iron hand within velvet grove) と呼ばれている。

このような証券取引委員会の立場については、後に証券取引委員会委員長に就任したダグラス判事のつぎの言葉が有名である。「それは取引所に主導権を与えるもので、政府は脇役になるというものである。政府はいわば扉の背後にあり、銃身に油を塗り、磨き、弾を込めて、いつでも発射できる準備ができているが、決してそれが使用されることのないように願って銃を構えている。」

(2)　証券取引法にもとづく証券業協会があった。

(3)　金融先物取引法にもとづく金融先物取引業協会、投資信託法にもとづく投資信託協会、証券投資顧問業法にもとづく証券投資顧問業協会などがあった。証券取引法の金融商品取引法への改組に伴い、金融先物取引法と証券投資顧問業法は廃止され、投資信託法における投資信託協会の規定も削除され、各協会の規制は金融商品取引法に委ねられることとなった。

(4)　平成一八年、第一六四回通常国会において、公益法人改革として、民法上の公益法人制度を廃止して、新たに、一般的な非営利法人制度として、準則主義による「一般法人」の設立が可能となった。一般社団法人及び一般財団法人に関する法律(平成一八年法律四八号)。これと同時に、公益法人認定制度が創設された。公益社団法人及び公益財団法人の認定等に関する法律(平成一八年法律四九号)。これらの法律の施行日(平成二〇年一二月一日)に、「公益法人金融商品取引業協会」の名称は、「認定金融商品取引業協会」と変更された(証券取引法等改正法四条参照)。金融庁管轄の認可金融商品取引業協会として日本証券業協会、同管轄の認定金融商品取引業者として、社団法人投資信託協会、社団法人日本証券投資顧問業協会、社団法人金融先物取引業協会、社団法人日本商品投資販売業協会がある。

(5)　アメリカにおいては、店頭取引における公正の確保と投資者の保護をはかる目的でNASDが存在している(NASDについては、D・L・ラトナー＝T・L・ハーゼン・〔最新〕米国証券規制法概説(野村證券株式会社法務部訳(神崎克郎＝川口恭弘監訳)一六八頁以下(平成一五年)参照)。NASDは、約五二〇〇の証券業者、約六七万人の登録業者を監督する自主規制機関である。さらに、NASDAQという市場を運営する機関でもあった。一九九五年九月に、ラドマン元上院議員を委員長とする外部専門家による特別委員会(ラドマン委員会)の報告書が出され、証券業者の自主規制機関であるNASDが、同時にNASDAQ市場という大規模証券市場の運営主体となっている実態に疑問が投げかけられた。その後、NASDは、NASDAQ市場運営会社を分社化し、さらに、同市場における自主規制業務を子会社であるNASDR (NASD Regulation) に外部委託した。

ところで、金融商品取引所の自主規制は公益目的で行われる。一方で、わが国では株式会社組織の金融商品取引所が認められ、かかる形態の取引所は、営利を目的に業務を営まなければならない。自主規制は市場取引の品質保証の役割を果たしていることから、営利追求のために自主規制を歪める行為は、市場からの投資者の離反を招く結果をもたらす。適切な自主規制は、投資者の信頼を得ることにつながり、結果として、金融商品取引所に利益をもたらすことになるはずである。したがって長期的に見れば、株式会社としての営利性と自主規制機関としての役割は相反するものとはいえない。一方で、日常的に、投資者からの信頼を得るためには、適切な自主規制がなされる体制を目に見える形で行うことが有用である。適切な自主規制がなされるために、自主規制業務を行う部門の独立性の確保など自主規制業務の遂行体制の整備が必要となる。

金融商品取引法では、株式会社形態の金融商品取引所における自主規制機能が他の業務から独立して遂行されることを確保するために、自主規制委員会にかかる制度（金商法一〇五条の四以下）および自主規制法人にかかる制度（金商法一〇二条の二以下）が整備された。

3　自主規制と競争制限

金融商品市場の自主規制は、市場における競争を制限する効果をもたらすことがある。すなわち、それは、自主規制機関の構成員間の競争を制限し、あるいは、構成員とそれと競合する市場参加者との競争を制限する効果を生ぜしめる危険性がある。そして、そのような競争制限は、自主規制機関の構成員またはそれと競合する市場参加者と取引をする投資者から、金融商品市場における公正な競争がもたらす利益を奪うこととなる。

金融商品市場での公正な競争がもたらす利益を投資者が享受できることは、重要な国家政策である。金融商品取引法の規制目的である国民経済の健全な発展と投資者の保護をはかることも重要な国家政策である。金融商品取引法のこのような規制目的は、国家の直接的な規制によっても、あるいは自主規制によってもはかられる。もっとも、自主規制によってその目的を実現するときは、それが競争制限的な効果をもつことがある。この場合に、自主規制が独占禁止法に違反するものであるかどうかが問題となる。

平成一二年改正前の独占禁止法二二条は、事業者団体が特定の事業についての特別の法律またはその法律にもとづく命令によって行う行為について同法の規定を適用しないものとしていた。私的独占の禁止及び公正取引の確保に関する法律の適用除外制度の整備等に関する法律（適用除外法）二条二号へは、証券取引法にもとづいて設立された団体について独占禁止法八条の事業者団体に関する規定を適用しないものと定めていた。[1] しかし、それらは、自主規制団体が行うあらゆる行為を独占禁止法の適用除外としているものと解するべきではなく、自主規制団体の行為が、競争制限的な行為を伴いながらも、独占禁止法八条の適用を免れるのは、それが国民経済の適切な運営と投資者の保護をはかるために必要かつ適切な場合に限られると解されてきた。[2]

その後、証券取引所の定款に定める上場証券の売買についての取引所集中義務や、受託契約準則に定める固定手数料体系といった競争制限的な自主規制のあり方が問題とされるようになった。[3] 固定手数料は平成一〇年一月より完全に自由化され、取引所集中義務は、同年一二月に廃止された。さらに、証券取引所の会員定数も新規参入を抑制するものとして議論の対象となり、各証券取引所はかかる参入制限を撤廃した。加えて、独占禁止法の適用除外についても重要な改正がなされた。すなわち、平成一一年の改正で、適用除外法にもとづく適用除外は協同組織の団体にかかるもののほかは原則として廃止するものとされ、証券取引法にもとづく団体については、独占禁止法の適用を受けるものとなった。金融商品取引法の下でも、その立場に変更はなく、金融商品取引所は同様の扱いを受けることとなる。

(1)　証券取引法と独占禁止法の関係については、根岸哲「証券取引法と独占禁止法」河本還暦・証券取引法大系六五頁以下（昭和六一年）参照。

(2)　アメリカの連邦最高裁判所は、証券取引所が独占禁止法の完全な適用除外を受けることができるか否かが問題となった事件において、証券規制と独禁法規制との調整に関してつぎのように述べた。
「証券取引所法は、独占禁止法またはその問題についての他のいかなる制定法からの明文の適用除外も有していない。このことは、独占禁止法のあらゆる適用除外は、明文外の問題として認められなければならないことを意味するが、『明文外の適用除外は例外的であるというのが解釈の基本的原則である』。適用除外は、証券取引所法を機能させるのに必要な場合にのみ、しかしその場合にも必要最小限の範囲でのみ、認められるものと解されるべきである。このことが、二つの制定法の目的を調和させる指針となる原理である。」(Silver v. New York Stock Exchange, 373 U. S. 341, 357 (1963))。

また、同様の問題が争われた事件において、アメリカの連邦控訴裁判所は、つぎのように述べた。

「合衆国の投資大衆が取引所規則の媒介を通じて競争の利益を奪われることになるには、取引所の独占禁止法からの適用除外が証券取引所法の下での取引所の責任の遂行に必要であることが立証されなければならない。要するに、その適用除外は、真の必要性の立証にもとづかなければならない。本件についてこれを適用すると、払戻しを禁止する規則を独占禁止法の攻撃にさらすときは、証券取引所法の目的が阻害されるかそれが実質的に有効でなくなることが証明されなければならない。『そうでなければ、議会が認めている競争の利益が不必要に犠牲にされてしまうことになる。』」(Thill Securities Corp. v. New York Stock Exchange, 433 F. 2d 264, 269-270 (7th. 1970))。

なお、アメリカにおける証券取引の自主規制と競争制限規制については、龍田節「アメリカ法における証券取引と競争制限」法学論叢八八巻一・二・三号八五頁以下、および Smythe, Government Supervised Self-regulation in the Securities Industry and the Antitrust Laws, Suggestions for an Accommodation, 62 North Carolina L. rev. 475 (1984) 参照。

(3) 証券取引審議会総合部会・市場ワーキング・パーティー報告書「信頼できる効率的な取引の枠組み」(平成九年五月一六日)。

第二節 証券取引法および金融商品取引法の発展

第一款 証券取引法の制定

一 証券取引法前史

1 株式取引条例

わが国の証券取引規制の歴史は、明治七年に制定された株式取引条例(明治七年一〇月一三日太政官布告一〇七号)にさかのぼる。株式取引条例は、フランス人ボアソナードの意見にもとづき、ロンドン株式取引所の規約を模倣して制定されたもので、つぎのような内容を有するものであった。

① 株式取引所の設立は、大蔵省の許可を要する。

② 株式取引所は、株式会社組織とし、株主は、株式取引所で取引をする取引人とそれ以外の者からなる。

③ 取引人は、自己取引と委託取引の両方を行うことができ、身元保証金五〇〇円を株式取引所に払い込むことを要する。

④ 株式取引所における売買取引は、定期取引と取引当日に転売・買戻しによって相殺する現場取引の二種類とし、定期取引においては決済期日に限って転売・買戻しによる差金決済を認める。

⑤ 売買証拠金は、当日相場の二五パーセントとする。

この株式取引条例は、明治五年に公債が発行されてその売買が行われるようになり、また同年に国立銀行条例が制定され、株式会社形態の銀行が設立されるようになったことに対応して、有価証券の流通機構を確立するために制定された。しかし、投機抑制の基本理念の上に立ったこの条例は、関係業者の強い反対にあい、その下での株式取引所の設立をみなかった。

2　株式取引所条例

明治政府は、明治一〇年に多額の公債を発行したことから、その流通市場を確立するため、株式取引所を早急に開設する必要を感じ、明治一一年、当時の取引の実情にあった株式取引所条例（明治一一年五月四日太政官布告八号）を制定した。株式取引所条例は、徳川時代に米穀の投機取引として発達した帳合米制度を大幅に採り入れて明治九年に制定された米商会所条例と大筋において同じ内容のものであり、つぎのような内容を骨子とした。

① 株式取引所の設立は、大蔵省の許可を要する。

② 株式取引所は、株式会社組織とする。
③ 株式取引所で売買取引をする仲買人に株主以外の者も認め、その身元保証金は、一〇〇円とする。
④ 株式取引所における売買取引は、定期取引と現場取引の二種類とし、定期取引においては、決済期日には現物の受渡しを要するが、決済期日前の転売・買戻しによる差金決済が認められる。
⑤ 売買証拠金は、約定金額の五パーセント以上とし、相場の変動によって追証拠金等を差し入れることを要する。

株式取引所条例の下で、明治一一年五月に東京株式取引所が、同年六月に大阪株式取引所が設立された。その後、明治一三年に横浜株式取引所、明治一五年に神戸株式取引所、明治一七年に京都株式取引所、そして明治一九年に名古屋株式取引所が設立された。しかし、これらの株式取引所では、それらが株式会社形態で組織されていたために営利本位の運営が行われた。また、その売買取引制度が米穀の投機取引として発達した帳合米制度を大幅に採り入れていたため、投機的な取引が行われた。

3　取引所条例

取引所組織の改善と実物取引本位の取引制度を確立するために、政府は、明治二〇年に取引所条例（明治二〇年五月四日勅令一一号）を制定した。いわゆるブールス条例と呼ばれる取引所条例は、取引所制度の抜本的改革を目指すもので、つぎのような内容のものであった。

① 取引所は、すべて会員組織とする。
② 取引所で取引を行う取引員は、自己取引のみを行う会員と委託取引のみを行う仲買人からなる。
③ 実物取引の振興をはかるため、直取引を創設し、定期取引における転売・買戻しを制限する。
④ 旧条例にもとづいて設立された株式取引所および米商会所は、それぞれの営業満期をもって廃止する。

取引所条例にもとづき、明治二〇年に高岡取引所その他多くの会員組織の取引所が設立された。しかし、それらの多くは未開業のまま任意解散をし、会員組織のものとして開業した証券取引所は存在しなかった。他方、株式取引所条例または米商会所条例にもとづいて設立されていた株式取引所または米商会所は、取引所条例の急激な改革に反対し、営業年限延長の申請をくりかえすことによって、その空文化をはかった。そのようなことから、取引所条例は、取引所制度の改革を実現することに役立つことなく、明治二六年の取引所法の施行とともに廃止された。

4　取引所法

明治二〇年に制定された取引所条例は取引所制度の改革に実際上機能することができなかったが、政府および既設の取引所は、取引所制度改革の必要を感じ、欧米に調査員を派遣して取引所制度の調査研究にあたらせた。このような調査研究を基礎に、明治二六年、取引所法（明治二六年三月四日法律五号）が制定された。

取引所法は、証券取引所および商品取引所を規制する法律であり、その施行とともに従来存在した米商会所条例、株式取引所条例および取引所条例は廃止された。取引所法は、昭和一八年に日本証券取引所法が制定されるまで証券取引所を規制する法律として実施されたもので、証券取引法の施行前におけるわが国の証券取引を規制した基本法である。制定当初の取引所法の主要な内容は、つぎのようなものであった。

① 証券取引所の設立は、農商務大臣の免許を必要とし、同種の物件を売買取引する取引所は、一地区一か所に限り設立することができる。

② 証券取引所は株式会社組織または会員組織のいずれかとして設立するものとし、株式会社組織の取引所の資本金は三万円以上であることを要する。

③ 取引所で取引を行う取引員は、株式会社組織の取引所では仲買人、会員組織の取引所では会員および仲買人である。仲買人は、自己取引および委託取引を行うことができ、会員は、自己取引のみを行うことができる。

④　取引所における売買取引は、実物取引である直取引および延取引ならびに定期取引の三種類とし、定期取引においては、決済期日前の転売・買戻しによって差金決済をすることができる。

その後、取引所法は、大正三年と大正一一年に相当大幅な改正を受けた。大正三年の改正では、取引所の役員または仲買人が他の取引所の役員または仲買人を兼務することが禁止され、仲買人の支店または出張所の設置に農商務大臣の認可が必要とされ、呑行為が禁止されるとともに、取引所が公定相場および売買高を公表することが義務づけられた。また、大正一一年の改正では、取引所における売買取引を実物取引と清算取引に大別し、短期清算取引が創設され、株式会社組織の取引所の自治的組織として取引員からなる商議員会を設置することとされ、取引所類似施設が禁止された。

このような取引所法の下での証券取引は、東京株式取引所の株式への売買取引の集中にみられたような投機取引が圧倒的な割合を占めており、その当時にも一部の企業の株式の公開がみられたが、有価証券の発行市場と直結したものではなかった。なお、実物取引の振興をはかるために取引所法によって新設された直取引も、実際上は、差金決済によって処理されていた。

5　日本証券取引所法

長期間にわたり試みられながら、実現しなかった取引所制度の改革は、昭和一八年三月一一日に日本証券取引所法（昭和一八年三月一一日法律四四号）の制定により、戦時経済の下での国家政策の推進の一環として実現することになった。同法にもとづいて大蔵大臣に対する諮問機関としての有価証券取引委員会が設置された。その答申にもとづき多くの勅令および省令が制定されて証券取引所制度の改革の具体的内容がきまっていった。有価証券取引委員会が答申した証券取引所制度の改革の主要内容は、つぎのようなものであった。

①　証券取引所は、営団の性格を有する特殊法人とし、その資本金二億円のうち、五〇〇〇万円を限度に政府が出

資をし、役員の任免は政府が行い、役職員はすべて公務員とみなす。

② 証券取引所における売買取引は、実物取引および清算取引の二種類とし、東京および大阪以外の市場における清算取引ならびに債券市場における清算取引を廃止する。実物取引については、受渡期限の履行、場外取引の市場導入、実物金融制度の拡充などをはかる。

③ 有価証券の上場および上場廃止は、実物および清算の両銘柄とも主務大臣の認可を必要とし、主務大臣は必要と認めるときは、有価証券の上場または上場廃止を命ずることができる。証券取引所は、必要があるときは、有価証券の発行会社より業務および財産の状況に関して報告を求めることができる。

④ 証券取引所における取引員の資格は、株式会社に限り、個人取引員の制度を廃止する。取引員は、株式の実物取引および清算取引を扱う第一種取引員、株式の実物取引を扱う第二種取引員および確定利付証券の実物取引を扱う第三種取引員の三種類とする。第一種取引員の払込資本金は一〇〇万円以上、第二種および第三種の取引員の払込資本金は五〇万円以上とする。取引員の免許に際し、資産内容等のほか人的要素を重視するとともに、その支配人および使用人に対する指導監督を強化する。取引員の業務運営の基礎を委託取引に置き、過当な自己取引を制限する。

⑤ 新しい証券取引所の設立とともに、既存の株式取引所は、新取引所に統合されてその支所となる。

このような改革指針の下に、昭和一八年六月三〇日に日本証券取引所が設立され、従来の株式取引所はその支所として統合された。日本証券取引所法の下での証券取引規制は、過当な投機取引の抑制と投資者の保護を大きなねらいとするものであって、戦時経済の崩壊とともに短命に終ったが、その内容は、後の証券取引法の規制に大きな影響を及ぼした。(1)

(1) 商品取引所については、証券取引所と異なり、取引所法が依然として第二次世界大戦後まで規制を行うものとなっていた。昭和二三年に証券取引法が制定されたことを契機として、取引所法は、その名称を「商品取引所法」と改められた。その後、昭和二五年に、新しい「商品取引所法」が制定され、旧法は廃止された。改正にあたり、新法は旧法の全面改正という形がとられたものの、実質的には、まったく新しい法律といってよい。

6　証券業者取締法

取引所法等の法令は、証券取引所の取引員について行政的な監督規制をするものとしていたが、証券取引所の市場外で有価証券に関する取引をすることを営業とする証券業者について別段の規制をしていなかった。しかし、証券取引が増大するにつれ、証券取引所の取引員以外の証券業者についても行政的な監督規制をする必要が生じてきた。そこで、証券業者を取り締まるための特別の法律が制定されることになった。

証券業者取締法として、まず、大正七年に有価証券割賦販売業法（大正七年四月一日法律二九号）が制定され、有価証券割賦販売業に大蔵大臣の免許を要するものとするとともに、それを営むための最低資本金等が定められた。その後、昭和一三年に有価証券業取締法（昭和一三年三月二九日法律三二号）および有価証券引受業法（昭和一三年三月三一日法律五四号）が制定され、それぞれ、有価証券業に商工大臣の免許を要することなどおよび有価証券の引受けまたは募集の営業に大蔵大臣の免許を要することが定められた。これによって、証券業を営むすべての業者が、証券取引所の取引員であるか否かにかかわらず、免許制の下で行政的な監督規制を受けることになった。

有価証券割賦販売業法、有価証券業取締法および有価証券引受業法は、昭和二三年に証券取引法の制定によって廃止されるまで、証券取引所の取引員以外の証券業者を規律する法律として、わが国の証券規制の一翼をになった。なお、昭和一六年に、有価証券外務員取締規則（昭和一六年七月四日商工省令六一号）が制定され、証券外務員の登録制が採用されるとともに、不公正行為の禁止が定められた。

二　証券取引法の制定

1　昭和二二年証券取引法

終戦による戦時経済の崩壊当時、唯一の証券取引所である日本証券取引所は、取引を停止したままであった。この間、証券取引所の関係者は市場の再開を強く希望した。しかし、当時わが国の統治権限をもっていた連合軍司令部は、昭和二〇年九月二五日付の「証券取引所に関する覚書」を政府に交付し、「株式取引所、商品取引所または類似の施設の開始または再開については、予めかかる施設の運営の計画を最高司令部に提出し、その承認を得るに非ざればこれを許可せざるものとする」ことを通告した。

その後、政府は、経済復興のため金融制度全般にわたる諸政策の確立が必要であると考え、大蔵省内に金融制度調査会を設け、総合的な対策についての答申を求めた。証券関係を担当した同調査会の第五部会は昭和二一年一月に会員組織の証券取引所の設置を骨子とする証券取引所制度改正要綱を答申した。大蔵省は、昭和二一年に入り取引所再開のための法令の整備に乗り出し、(1)同年五月に取引所法の改正案を連合軍司令部に提出した。しかし、連合軍司令部は同年五月一〇日「日本経済の現状はなお証券市場の再開を許さず」と表明して、この改正案を却下した。改正案は、取引所に関する規定だけを有し、そこでとりいれられた取引所委員会も形式的な存在に過ぎないというのが却下の理由であった。

そこで、大蔵省は、取引所法の改正を断念し、日本証券取引所法、有価証券業取締法、有価証券引受業法および有価証券割賦販売業法などを包摂した証券取引の規制に関するまったく新しい法律をアメリカの一九三三年証券法および一九三四年証券取引所法を参酌して作成する作業を進めた。このようにしてできあがった証券取引法案は、昭和二二年三月七日に連合軍司令部の承認を得たうえで国会に提出され、同年三月一八日にほぼ原案どおり可決されて、同月二八日に公布され、証券取引法（昭和二二年三月二八日法律二二号）として成立した。(2)

昭和二二年三月二八日に成立した証券取引法は、本文九二条、附則七条からなるわが最国初の証券取引規制についての総合的な法典であった。もっとも、その第五章の証券取引委員会に関する規定が同年七月二三日に施行されたのみで、ついに全面実施をみるに至らなかった。しかし、昭和二二年証券取引法は、従来の産業警察的な取締りを主目的とした法律から昭和二三年に制定された現行の証券取引法への橋渡しをした、歴史的に重要な意味を有するものである。昭和二二年証券取引法の重要な特徴は、つぎのような点にあった。

① 株式および社債の発行は、発行額面総額が二〇万円を超える場合、大蔵省への届出を要することにした。従来、株式または社債の発行については商法の一般規定が適用されるだけであったが、証券取引の規制として、届出制度を採用することにした。

② 証券業者は、従来、有価証券業取締法にもとづく有価証券業者、有価証券引受業法にもとづく有価証券引受業者および有価証券割賦販売業法にもとづく有価証券割賦販売業者に区別されていたのに対し、このような区別を廃止して証券業者に統合し、一定の純資産を有することを要件とした。なお、銀行または信託会社でも、証券業を営むものは証券業者として取り扱った。

③ 証券取引所を会員組織のものに限り、株式会社組織のものを認めないことにした。

④ 有価証券市場における売買取引に関する会員業者と投資者との争いについて簡易な手続による仲介制度を創設した。仲介制度においては、会員業者がその協定を履行しないときは、政府がその会員業者に対し有価証券市場における売買取引の停止を命じることができるものとした。

⑤ 証券行政の重要問題を審議する諮問機関として証券取引委員会を設けた。証券取引委員会に関する規定は、昭和二二年七月二三日より施行され、同日、三名の委員からなる証券取引委員会が設置された。

（1） 昭和二〇年九月二五日付の連合軍司令部の覚書によって、証券取引所の再開は法的整備ができあがるまでは延期されることになったが、昭和二〇年一二月から昭和二一年にかけて各地で証券取引所市場類似の市場が開設され、組織化された集団売買が始められたことから、証券取引所の再開のための法的整備が急がれた。

（2） 昭和二二年三月二八日にはこの証券取引法とともに日本証券取引所の解散等に関する法律（昭和二二年三月二八日法律二一号）が公布され、日本証券取引所は、同年四月一六日に解散した。

2 昭和二三年証券取引法

昭和二二年法律二二号として成立した証券取引法は、附則の一条で各規定の施行期日を勅令で定めるべきものとしていた。同法が多くの事項を政令等で定めるべきこととしていたところ、政令等の内容につき連合軍司令部の承認を得ることができなかった。これに代わり、連合軍司令部は、同法の全面的改正を政府に要求した。

昭和二二年証券取引法がその全般的な実施をみないまま、ほぼ全面的な改正を要求された理由として、つぎのような点が指摘されている(1)。

① 昭和二二年証券取引法は、あまりに多くの事項を政令委任事項として定めていた。

② 証券取引委員会を諮問機関的なものからアメリカの証券取引委員会のような証券行政を担当する独立の機関とする必要があると考えられた。

③ 証券業者および証券取引所を免許制の下においていたが、これにつき広く門戸を開放するため、その開業および設立に要件充足主義を採ることが望ましいとされた。

④ アメリカの一九三三年証券法および一九三四年証券取引所法に定められている重要な事項のいくつかを証券取引法に定めることが望ましいと考えられた。

政府は、すでに有価証券についての集団取引が組織的に行われていたことから、証券取引所の再開を早急に行う必要があると考え、連合軍司令部から示された証券取引法の改正要綱の内容にそって証券取引法の改正作業を進めた。

昭和二三年三月二三日その法案を国会に提出し、国会の審議を経て、同年四月一三日「証券取引法を改正する法律」

（昭和二三年四月一三日法律二五号）が成立した。それは、形式的には、昭和二二年証券取引法の改正であったが、改正は全般にわたっており、実質的には一つの新しい立法であった。(2) この法律の成立とともに、従前から存在した有価証券業取締法、有価証券引受業法および有価証券割賦販売業法は廃止された。

昭和二三年法律二五号として成立した証券取引法は、証券取引を規制する総合的な法典として、その後のわが国の証券取引を規律するものとなった。それは、アメリカの一九三三年証券法および一九三四年証券取引所法を模範として制定されたものである。従来のわが国の証券取引に関する法律と比較して革新的に新しい内容を定める法律であり、またそのために「法規が事実に先行する」内容のものでもあった。昭和二三年証券取引法は、本文二一〇条および附則九条からなっており、この立法の特徴はつぎのように要約することができる。

① 有価証券の募集または売出しは、券面額の総額が五〇〇万円を超えるときは、証券取引委員会に届け出てその効力が生じているのでなければすることができないものとした。したがって、有価証券の発行であっても、私募によるものについては、届出を免除した。それと同時に、届出を要する募集または売出しによって有価証券を取得させるためには目論見書の交付を強制した。

② 証券業者について、免許制を廃止し登録制を採用するとともに、財務規制につき一定額の純資産を有することを要件とすることに代えて、負債倍率を一定以下に制限してその支払能力および経理の堅実化をはかった。また、証券業者の顧客に対する信用供与について一定の制限を設けた。

③ 銀行、信託会社などの金融機関が証券業を営むことを原則として禁止した。(3)

④ 証券業者の自主規制をはかる機関としての証券業協会につき登録制度を設けた。

⑤ 証券取引所につき免許制を廃止して登録制を採用した。証券取引所の設立につき、従前の地区に関する制限を廃止し、同一都市に複数の証券取引所を設立しまたは隣接の都市に証券取引所を設立することを可能にした。

⑥ 有価証券の上場は、発行者の申請にもとづいて行うことを原則とし、他の証券取引所に登録されているものお

よび有価証券の募集もしくは売出しの届出が効力を生じているものに限り、発行者の申請によらずに行えるものとした。上場証券の発行者が上場有価証券報告書を提出するなどの義務を課されることになったことにも対応するものである。

⑦　相場操縦につき取締規定を設け、その違反者が損害賠償の責任を負うべきものとした。

⑧　内部者取引を防止するため、会社の役員および主要株主による株式の保有および異動の状況を証券取引委員会に報告させることにし、それらの者が六か月の期間内に会社の発行にかかる株式につき、買付けおよび売付けをして利益を得たときは、その利益を会社に提供させることにした。

⑨　証券取引法の規定にもとづき、提出される財務諸表について証券取引委員会が定める基準および手続に従って行われる計理士による監査証明制度が導入された。

⑩　議決権の代理行使の勧誘につき証券取引委員会が規則を定めうるものとした。

⑪　証券取引委員会を従前の審議機関から独立の行政機関に改め、証券行政を行わせるとともに、その実施に必要な規則を制定する権限を与えた。

（1）　岡村峻・改正証券取引法解説四頁（昭和二三年）。なお、証券取引法研究会「証券取引法制定の経緯」インベストメント一四巻六号二九頁参照。

（2）　昭和二二年証券取引法の規定のうち、昭和二三年の改正によって変更を受けなかったものは二〇か条に満たず、また、昭和二三年の改正によって証券取引法は昭和二二年証券取引法の規定の二倍以上の規定を有することとなった。

（3）　金融機関の証券業務を禁止する規定については、国会で議論が集中し、当初の改正案に修正が加えられて法律となったが、その施行も六か月の猶予期間を置いて昭和二三年一一月七日に行われた。

3　証券取引三原則

証券取引法そのものではないものの、わが国の証券取引のありように重要な影響を与えたものに、連合軍司令部が証券取引所の再開のために示した証券取引三原則がある。

連合軍司令部は、昭和二〇年九月二五日付の証券取引所に関する覚書で、証券取引所の再開はその法的整備につき連合軍司令部の承認があるまで延期することを明らかにしていた。しかし、昭和二四年二月一日大蔵大臣に交付した覚書により、政府が取引所の再開に関する法制その他の準備を完了し、実施に関する方策を文書で連合軍司令部に提出するならば上記の覚書の撤回を考慮することを明らかにした。そこで、証券業界は、証券取引所の具体的な設立準備にとりかかった。昭和二四年四月一日に、東京、大阪および名古屋の証券取引所が設立された。しかし、証券取引所の市場開設は必ずしも順調に進まなかった。連合軍司令部が同年四月二〇日、証券取引委員会に証券取引三原則を呈示し、それを市場開設の要件としたためである。証券取引三原則は、つぎの内容からなっていた。

① 証券取引所の会員による上場証券についてのすべての取引は、取引所において行われなければならない。

② 証券取引所におけるすべての取引は、行われた時間の順序に従って記録されなければならない。

③ 先物取引は、行ってはならない。

第一の原則は、従来、自由に行われていた証券取引所会員の上場証券についての店頭での仕切売買を禁止して、すべての取引を証券取引所市場に集中させようとするものである。上場証券についての公正な価格形成と投資者の保護をはかることを目的とする。第二の原則は、会員証券業者の売買伝票に売買注文の受託時間と売買成立時間を正しく記録させることにより、証券業者の不正または過誤を防止し、投資者の保護をはかることを目的とする。第三の原則は、従来、証券取引所での売買取引の圧倒的割合を占めていた清算取引を禁止し(1)、実物取引一本とし、取引の健全化をはかることを目的とする(2)。

これらの原則のうち、第三のものは、多くの証券業者に大変な衝撃を与えた。しかし、取引所市場の開設を強く望んでいた関係者は、これを受諾することにした。政府は、昭和二四年五月六日に東京、大阪、名古屋の三証券取引所の市場開設許可の申請書を連合軍司令部に提出した。これを受けて、連合軍司令部は、同年五月一四日から証券取引所の市場開設を許可した、これらの証券取引所は、同年五月一六日から市場取引を開始した。

それ以来、証券取引三原則は、証券取引法そのものには規定されていないものの、わが国の証券取引を規制する重要な原則として機能した。(3)

(1)　清算取引は、売買取引の売り方が買い方に売付代金を支払うことを猶予し、また、買い方は売り方に株券を引き渡すことを猶予して、一定の期日までに反対売買を行って清算を行うものである。

(2)　従前の清算取引がもたらした過当な投機が新しい証券取引法の下での証券取引に合致しないものと考えられたことによる。

(3)　先物取引を行ってはならないとする第三の原則に対しては、その後しばしば証券業者の側から清算取引復活論が主張された。しかし、証券市場への仮需給の導入は、証券金融会社を作り、それを通じて行う信用取引によってはかり、あるいは信用取引制度を改善することとして、この原則は維持され続けた。すなわち、仮需要の導入のため、建前では現物決済としながら、現物は融資や貸株でまかなうなど、顧客にとっては清算取引とほぼ同じ効果がある信用取引が実施された。河本一郎＝大武泰南・金融商品取引法読本〔第二版〕三五六頁（平成二三年）。

4　証券投資信託法

わが国の証券投資信託は、昭和一二年七月一七日に、藤本ビルブローカー証券が結成した藤本有価証券投資組合をもってその最初のものとする。これは、イギリスのユニット・トラストに範をとったもので、民法上の組合の形態をとり、一口五〇〇円出資の組合員を募集して、出資金一〇万円を単位として組合を結成し、その出資金を証券投資で運用するものであった。このような組合は、その後三年間に一二七個結成されたが、信託業法上の合同運用信託に類似していると批判されて、昭和一七年七月五日を最終回として、募集が中止された。

一方で、昭和一六年一一月一九日に、信託契約を基礎にしたわが国最初の証券投資信託が野村証券によって募集された。これは、野村証券を委託者とし、野村信託を受託者としたもので、同じくイギリスのユニット・トラストに範をとったものである。[1] 昭和一七年九月からは、藤本証券、山一証券、小池証券、川島屋証券および共同証券が信託会社一九社の共同出資による日本投資信託を受託者として証券投資信託の募集を開始した。

これらの証券投資信託においては、信託期間は三年または五年で、期中解約は認められず、償還時に当初の元本に損失が生じたときは、その二割を委託者が補償し、当初の元本に利益が生じたときはその一割が委託者の収益となるものとされていた。なお、受益証券はすべてが記名式であった。

これらの証券投資信託は、信託業法の下で運営されたというほかは、特別の法規制に服するものではなく、多くの制度的な欠陥を伴うものであった。しかし、昭和二六年の証券投資信託法の下での証券投資信託の再発足の基盤となった。

証券投資信託の規制の立法作業は、証券取引法の制定直後から始められた。そして、昭和二三年七月二二日には、大蔵省の証券取引委員会が中心となって、アメリカの一九四〇年投資会社法を模範とした証券投資会社法案が立案された。

そこでは、投資会社は、有価証券から生じる収益の獲得およびその元本の保全をはかることを目的として、資金を有価証券に投ずることを主たる営業とするもの、と定義され、会社型の第一種投資会社と契約型の第二種投資会社からなるものとされていた。株式資本により調達された資金をもって有価証券に投資することを主たる営業とするものが第一種投資会社であり、委託者として受託者と投資信託契約を締結し、その投資信託契約にもとづいて発行される受益証券の所有者の計算で有価証券に投資することを主たる営業とするものが第二種投資会社であった。しかし、この法案については、連合軍が証券投資信託の復活は時期尚早であるとして承認を与えなかったため、立消えとなった。

その後、昭和二四年五月に証券取引所での取引が再開されたが、昭和二三年一二月に発令された経済安定九原則によるデフレ政策によって昭和二四年以降経済不況が深刻化した。他方では大量の株式発行や証券処理調整協議会による本格的な株式放出がなされ、昭和二四年には株式の極度な供給過剰の状態が現出した。このようなことから、昭和二四年一二月には株式市場は恐慌相場の状況を呈した。そのような中で、証券市場対策の一環として、証券投資信託の復活が検討され、そのための法的な整備として証券投資信託法の制定作業が進められた。

証券投資信託法案は、大蔵省によって立案が行われ、連合軍司令部から、将来は証券投資信託委託会社を証券会社から分離することならびに証券投資信託についてのディスクロージャーを徹底することの前提の下に黙認が得られた。そこで、昭和二六年五月一七日に議員立法の形で証券投資信託法案が国会に上程され、同年六月四日に法律一九八号として成立した。

証券投資信託法の成立のこのような経緯は、証券投資信託法案が国会に提出された際の、つぎのような提案理由の説明によくあらわれている。

「長期産業資金調達に資するため、証券投資信託の制度を確立し、証券投資信託の受益者の保護をはかることにより、一般投資者による証券投資を容易にする必要がある。」

すなわち、一般投資者の有する退蔵資金ないし浮動資金を吸収して固定化することにより、長期産業資金の調達を円滑にし、あわせて証券市場の発達に資することが、証券投資信託法の制定の大きな目的であった(2)。もっとも、このような公共的な目的は、貸付信託と異なって、法律自体の中に明定されず、また、その後の証券投資信託の解釈、運用において大きな地位を占めることにはならなかった(3)。

昭和二六年六月四日法律一九八号として成立した証券投資信託法は、本文三八条および附則七項からなる、証券投資信託について包括的な規制をする法律であった。その内容は、つぎの点に要約される。

①　証券投資信託の委託者は、資本の額が五〇〇〇万円以上の株式会社で、証券取引委員会に登録を受けたものでなければならない。委託者について登録制度が採用されていた結果、登録申請者が同法九条に定める登録拒否事由に該当するものでないときは、証券投資信託の委託者となることができたのであって、昭和二三年制定当初の

証券取引法の下での証券業者についてと同様に、証券投資信託の委託者についても、門戸が広く開かれていた。

② 委託者は、信託契約を締結するには、証券取引委員会の承認を受けた証券投資信託約款にもとづかなければならず、証券取引委員会は、信託約款の内容が法令に違反しもしくは公益もしくは投資者保護のために適当でないときまたは信託約款を記載した書類に不実の表示があるときは、その承認を拒否しなければならない。信託契約が証券取引委員会の事前承認を受けた信託約款にもとづくことを要請して、信託契約について証券取引委員会が内容上の監督をなしうることにした。なお、昭和一〇年代後半の証券投資信託では、組入れ証券について厳格な制限があり、委託者が受益者に対し一定の損失補償をするものとしていたが、そのような制度は廃止された。

③ 委託者は、証券投資信託の信託財産をもって有価証券の引受けをしもしくは信託財産として有する金銭の貸付けをし、または有価証券市場を通ずることなく自己もしくはその取締役もしくは主要株主が有する有価証券を信託財産をもって取得しもしくは信託財産として有する有価証券をこれらの者に売却をしもしくは貸し付ける指図をしてはならない。信託財産の運用について、受益者の保護に欠けるおそれがある一定の行為の指図を禁止したのである。信託財産として有する金銭をコールローンとして運用することの指図も禁止されていた反面、委託者が運用する信託財産間の有価証券の売買や信託財産をもって一定の有価証券に集中投資することの指図については特別の制限がなかった。

④ 証券投資信託の分割された受益権は受益証券をもって表示しなければならず、受益証券は原則として無記名式とする。昭和一〇年代の後半に販売された証券投資信託の受益証券は記名式であったが、証券投資信託法の下での受益証券が無記名式とされたことは、証券投資信託が昭和二六年以降多額の余剰資金を吸収するのに大きく寄与した(4)。

⑤ 証券投資信託の受益証券の募集または売出しについては証券取引法の定める届出制度が適用されるが、その届出のための有価証券届出書には、委託者および受託者である会社の目的、商号、資本の額、役員の氏名および住

所、引受人の名称および住所、ならびに募集または売出しの条件などを記載することを要する。証券投資信託の受益証券の募集または売出しについては、昭和二三年制定の証券取引法は、同法の定める届出制度の適用があるものとしていたが、証券投資信託法は、証券投資信託の受益証券に関する有価証券届出書の記載事項につき、証券投資信託の特質に応じて特別の記載事項を法定した。(5)

(1)　昭和一六年一一月に発足した本格的な証券投資信託は、浮動株式の吸収による株式市場の安定化および生産拡充資金の調達という国家的要請に対応して始められたものであって、大蔵省もそのような要請にかんがみて、証券引受会社の投資信託兼営を認めた。

(2)　原秀三「証券投資信託法の解説」財政経済弘報二六四号一頁参照。

(3)　証券投資信託法より一年遅れて成立した貸付信託法一条は、つぎのように述べて、長期資金の調達がその立法の目的であることを明定している。

「この法律は、貸付信託の受益権を受益証券に化体するとともに、受益者の保護を図ることにより、一般投資者による投資を容易にし、もって国民経済の健全な発展に必要な分野に対する長期資金の円滑な供給に資することを目的とする。」

なお、近藤道夫「貸付信託法解説」財政経済弘報一三一〇号一頁は、貸付信託法の制定が長期信用銀行制度の確立や無記名定期預金制度の実施とともに、電源開発の資金や緊急産業に必要な長期資金の円滑な供給を確保するために行われたものであると述べている。

(4)　証券投資信託法の制定当時は、昭和二四年八月二六日に発表されたシャウプ使節団の税制改革勧告書大綱によって定期預金について無記名式が許されなかったので、無記名式の受益証券については、脱税を誘発するおそれがないかという批判がなされた。

(5)　証券投資信託の受益証券に関する募集または売出しの届出制度は、昭和二八年八月一日に成立した証券取引法の一部を改正する法律によって廃止された。受益者の保護は証券投資信託法によって十分にはかられているというのがその理由であった。

5　証券投資顧問業法

わが国の証券投資顧問業は、昭和三〇年代の後半にはすでに証券会社の兼業業務として営まれ、昭和四〇年代の後半には証券会社系の専業の投資顧問会社あるいは信託銀行等によって相当広範に営まれてきた。しかし、昭和五〇年代の前半までは、証券投資顧問業について特別の規制をしなければならないような事情は存在しなかった。昭和五五年の誠備事件および昭和五九年の投資ジャーナル事件は、わが国においても証券投資顧問業について特別の規制が必要であることを示した。(1)

誠備事件では、投資顧問業者が多数の投資者を会員として、それらの会員の自己資金および借入金を集め、それらの会員をして発行済株式総数の比較的少ない特定の会社の株式を集中的に買付けさせて、その株価を異常に高騰させた。その際、投資顧問業者は、その会員を何種類かに分け、ある種類の会員にまず特定の会社の株式の買付けを助言し、しかる後に他の種類の会員に同一の会社の株式の買付けを助言し、その助言にもとづく買付けによって株価が上昇した段階で先の種類の会員にその買付株式を売り付けることを助言していた。この事件では、投資顧問業者が株式の買付けを助言した特定の会社の株価が異常に高騰することによって証券市場が混乱させられるとともに、その後のかかる会社の株価の急落により投資者が多大の損害を被った。(2)

大蔵省は、この事件を契機として、昭和五六年に証券会社の健全性の準則等に関する省令を改正して、証券会社が、不特定かつ多数の投資者を勧誘して有価証券の売買取引についての委任を受けている者で法令に準拠して証券業を営む者以外の者から、当該投資者の計算において行う取引であることを知りながら、あらかじめ当該投資者の意思を確認することなく有価証券の受託をしている場合には証券取引法にもとづく是正命令を発しうることとした。さらに、この事件では、投資顧問業者の会員による特定銘柄の株式の購入が証券会社の斡旋による借入金をもって行われたことにかんがみ、大蔵省証券局は、昭和五六年五月一一日の通達において、証券会社に対して、「有価証券の売買その他の取引に関連して、証券会社が顧客の資金又は有価証券の借入れにつき保証、斡旋等の便宜を供与することについては、これが過大となれば過度の投機的取引を助長し又は証券会社の財務基盤を損なうおそれがあるので、慎重を期すること」を要請した。(3)

また、投資ジャーナル事件では、投資顧問業者が「必ず儲かる」、「確実な情報が入る」等の表示をして多数の顧客を集め、その顧客から金銭や有価証券の預託を受けた上で、顧客に株式の売買の助言をしてその助言にもとづく売買の注文を証券会社に取り次いでこれを執行させることとしていた。しかし、実際には、顧客から預託を受けた金銭および有価証券ならびに顧客の計算による売買取引の結果、顧客のものとなっている金銭および有価証券の相当のものを投資顧問業者が横領をしていた。なお、この事件においては、投資顧問業者が「一〇倍融資」等といって、顧客に対して有価証券の買付代金を融資することによって顧客を集めることが行われた。

この事件では、投資顧問業者が顧客から株式の売買注文を受け、これを証券会社に取り次いでいることが有価証券市場における売買取引の委託の取次ぎを営むものに該当し、証券業の無免許営業を行うものであるとして摘発された(4)。その後、この事件を契機として、証券投資顧問業法が制定されることとなった(5)。

昭和六一年五月二七日法律七四号として成立した証券投資顧問業法は、本文六一条および附則六条からなる証券投資顧問業についてのわが国における最初の包括的な法律である(6)。この法律の下での政省令として、昭和六一年一〇月二八日に有価証券に係る投資顧問業の規制等に関する法律施行令が、そして昭和六一年一〇月三一日に投資顧問業者保証金規則および有価証券に係る投資顧問業の規制等に関する法律施行規則が定められた。

証券投資顧問業法の内容は、つぎの点に要約される。

① 証券投資顧問業を営もうとする者は、大蔵大臣の登録を受けなければならない。証券投資顧問業者について登録制度が採用された結果、一定の客観的な登録拒否事由に該当しない者は、広く登録を受けて証券投資顧問業を営むことができる。なお、個人でも証券投資顧問業を営むことができ、その財務要件としては、営業保証金の供託を要求されるだけで、それ以上の要求はない。

② 投資顧問業者が投資一任業務を行おうとするときは、その業務の内容および方法を定めて大蔵大臣の認可を受けなければならない。投資一任業務の認可は、認可を受けようとする者が株式会社であり、かつ、その営もうとする業務を健全に遂行するに足りる財産的基礎を有し、当該業務の収支の見込みが良好なものであり、その者の

人的構成に照らして業務を公正かつ的確に遂行することができる知識および経験を有し、十分の社会的信用を有することが必要である。

③　新聞、雑誌、書籍等、不特定多数の者に販売することを目的として発行されるもので、不特定多数の者により随時に購入可能な文書により助言をする投資情報出版業は、投資顧問業に該当することなく、したがって、証券投資顧問業法の下で登録等の規制を受けない。かかる投資情報出版業については、投資者の保護に関しては、証券取引法の詐欺的行為または相場操縦的な行為を禁止する規定が適用されるのみである。

④　投資顧問契約の締結および履行については、投資者の保護のためにディスクロージャーが要求される。すなわち、投資顧問業者の状況については、登録申請書の記載事項が投資顧問業者登録簿に記載されて公衆の縦覧に供されるほか、投資顧問契約の締結にあたっては、投資顧問業者の状況および契約の内容等を記載した書面が契約の締結前および契約の締結後遅滞なく顧客に交付すべきものとされ、また、投資顧問業者は、投資顧問契約を締結している顧客に対し六か月に一回以上、投資顧問業者自体の有価証券の売買等につき記載した書面を顧客に交付すべきものとされる。なお、投資顧問契約を締結した顧客は、契約の締結後に投資顧問業者から交付された書面の受領後一〇日以内において、書面により投資顧問契約を解除することが認められる。

⑤　投資顧問業者は、その行う投資顧問業に関して、顧客を相手方としまたは顧客のために証券取引行為を行い、顧客から金銭または有価証券の預託を受け、顧客に対し金銭または有価証券を貸し付けることを禁止される。ただし、投資一任業務を行う場合は、顧客のために証券取引行為を行うことの禁止は解かれる。なお、投資顧問業者は、顧客のため忠実に投資顧問業務を行わなければならないものとされるほか、特にスキャルピングを禁止される。

⑥　投資顧問業者は、投資者の保護をはかるとともに投資顧問業の健全な発展に資することを目的として証券投資顧問業協会という公益法人を設立することができる。証券投資顧問業協会は、顧客等から会員の営む業務に関す

る苦情について解決の申出があったときはその解決に努めなければならないとともに、大蔵大臣が証券投資顧問業法の円滑な実施をはかるために資料の提出等を求めたときはこれに協力しなければならない。

(1)　大蔵省証券局長「証券会社の兼業の承認について」(昭和四二年一〇月九日蔵証一八七九号)は、有価証券に関する投資顧問業務を証券会社の兼業承認の対象となる業務にあげている。しかし、証券会社は、有価証券の自己売買業務または受託売買業務に関連して、独立に報酬を徴することなく(対価は売買金額または委託手数料額に含まれる)顧客に対して投資助言を行っていることから、そのような業務との関連を明確にするために、昭和四〇年代の後半から投資顧問業務については専門の会社を設立して、これをして行わせるようにした。

(2)　神崎克郎「投資顧問の規制―誠備事件の提起した問題」証券取引法の法理四四六頁以下(昭和六二年)参照。

(3)　大蔵省証券局長「証券会社の業務及び管理面において遵守すべき事項について」(昭和五六年五月一一日蔵証五八六号)。なお、誠備事件においては、証券会社の外務員が投資顧問業者の実質的な運営にあたっていたことから、この通達は、「証券会社の営業に従事する役職員が、業として証券投資に関する情報を提供する者又は不特定かつ多数の投資者を勧誘し共同して証券投資を行う者の重要な業務に実質的に従事することは、証券会社の営業を適正に遂行していく上で支障を生じるおそれがあるので、厳に慎しむこと」を要請した。

(4)　鈴木竹雄＝河本一郎・証券取引法〔新版〕三二七頁(昭和五九年)は、投資顧問業者が顧客の売買注文を証券会社に取り次ぐことは、それを「サービスとして」行い、「そのこと自体から報酬を得ていない限り」、証券業を営むことに該当しないとしている。しかし、投資顧問業者が、営業の一環として、投資助言にもとづく顧客の売買注文を証券会社に取り次いでいる場合には、売買注文の取次ぎの個数に応じて投資顧問業者の報酬が定められていなくても、その報酬はかかる売買注文の取次ぎの対価を含むものであって、売買注文の取次ぎは、投資顧問業者の営業外で、単なる「サービスとして」行われるものと解すべきではない。

(5)　後述するように、昭和六一年五月二七日に成立した証券投資顧問業法は、投資顧問業者の顧客からの金銭または有価証券の預託および顧客に対する金銭または有価証券の貸付け等を禁止しているが、かかる禁止は、投資ジャーナル事件にみられた弊害に対処するためである。

(6)　証券取引審議会は、投資顧問業務等に関する特別部会を設置して、投資顧問業につき法律制定の可否を含めて検討することにした。特別部会における審議の結果にもとづき、証券取引審議会は、昭和六〇年一一月二五日に「証券投資顧問業の在り方について」

と題する報告書をまとめて大蔵大臣に提出し、その中で、有価証券にかかる投資顧問業に関し速やかに法的整備を行うべきことを提言した。

報告書の基本的な考え方は、報告書自体、つぎの三点にあると述べている。

① 投資家被害の防止にあたっては予防的措置が何ものにも優る。

② 投資顧問業の規制および健全な業務展開をはかるにあたって必要な諸措置を総点検した結果、要所となるべき措置は限られている。金銭等の保管の禁止、開示義務の徹底、投資一任業務の認可制など規制の要点を絞った方が効率的に対応することができる。

③ 投資顧問業については、投資家保護を念頭に置きつつ、投資顧問業者の間での競争原理や投資家の自己責任原則を根底に据えて考えるべきであり、そのような観点から過度にわたる規制は避けるべきである。

第二款　証券取引法の改正

一　「占領法規の行過ぎ是正」から規制の充実へ

1　昭和二八年の改正

昭和二三年に制定された証券取引法によって新しく導入された制度の多くは、わが国ではまったく新規のもので、昭和二〇年代においては、機能的に働く基盤が十分に整備されていなかった。他方、当時においては、個人金融資産が微々たるもので、投資者の保護を大きく要求するほどの広範な一般投資者の証券投資もみられなかった。そのようなことから、証券取引法の定める制度の中には、本来意図された機能を発揮する機会を与えられぬまま、企業関係者によって、過酷で行過ぎたものと感じられるものがあった(1)。そこで、「占領法規の行過ぎ是正」を目的として(2)、証券取引法の大改正が行われた(3)。

まず、昭和二七年の改正により、証券取引委員会が廃止されてその権限および所管事務の全部が大蔵大臣および大蔵省本省へ移されるとともに、(4)証券取引の重要問題を審議する機関として証券取引審議会を大蔵省の付属機関として設置することとされた。証券取引委員会の廃止は、連合軍司令部の統治時代にアメリカの制度にならって多数設けられた行政委員会の廃止の一環をなすものであった。

つづいて、「占領法規の行過ぎ是正」(5)のための大幅な改正が昭和二八年になされた。まず、有価証券の募集または売出しの届出制度を簡素化するとともに、有価証券届出書の虚偽記載による損害賠償責任を負う者を届出者である発行会社に限るものとした。つづいて、証券業者の登録要件を強化し、その監督規定を整備するとともに、証券業者が顧客と行う一定の取引につき、保証金規制を行うことができるものとした。証券取引所の設立を従来の登録主義から免許主義に変更するとともに、その監督規定を整備した。また、有価証券の証券取引所への上場に関する登録制度を廃止した。そして、証券取引所上場株式の発行会社の役員および主要株主の当該会社の株式の保有およびその異動の状況の報告制度を廃止した。(6)これらの改正の中には、投資者保護の観点からは、後退的な性質を有するものも少なくなかった。

その後も、昭和四〇年の第二回目の大幅な改正までに、昭和二九年の改正により、株式または証券投資信託もしくは貸付信託の受益証券の募集または売出しに際して、それらの有価証券を一定価格以上で買い戻す旨またはそれらの有価証券について一定金額以上の配当が行われる旨を表示することが禁止され、昭和三〇年の改正により証券金融会社の免許規制が定められるなど、重要な改正が行われた。

不実の表示による損害の賠償責任について、昭和二三年制定当初の証券取引法は、不実の表示のある目論見書その他の表示を使用して有価証券を取得させた者の責任と、(7)有価証券届出書に重要な虚偽記載がある場合の有価証券の発行者、有価証券届出書に署名または記名捺印した者、有価証券の発行者の役員候補者としてその氏名がその同意を得て有価証券届出書に記載された者、技術者・鑑定人その他の専門家で有価証券届出書の作成に関して使用される資料、報告もしくは鑑定を提供しまたは有価証券届出書の記載の一部が真実であることを保証したものとしてその氏名がその者の同意を得て有価証券届出書に記載された者、引受人、ならびにそれらの者を支配する者の責任について規定していた。[8]昭和二八年の証券取引法の改正は、右の損害賠償責任のうち、有価証券届出書の虚偽記載に関して有価証券の発行者以外の者の責任についての規定を削除した。[9]

ところで、昭和二八年には、昭和二六年に制定された証券投資信託法について重要な改正がなされている。そこでは、証券投資信託の委託会社について登録制を廃止して、免許制を採用した。委託会社について登録制にかえて免許制を採用したのは、資力、信用、経験、能力等の薄弱な者が委託会社になることを抑制するとともに、証券市場の状況等を十分に勘案して新規の委託会社の参入を認めるためである。さらに、委託会社が証券投資信託法に違反し、その資産内容が不良となり、その指図が適正を欠くため信託財産に重大な損失を生ぜしめた場合は、大蔵大臣が新たな信託契約の締結を禁止するなど適切な命令を発しうることにした。

また、証券投資信託の委託会社の常務に従事する取締役が他の会社の常務に従事しまたは事業を営むには大蔵大臣の承認を要するものとした。銀行法および保険業法は、それぞれ、銀行または保険会社の取締役が他の会社の常務に従事するときは主務大臣の認可を要するものと定めていたが、改正法は、それらにならって、委託会社の常務に従事する取締役に専念義務を課し、兼職を制限しようとした。このほか、証券投資信託の委託会社が信託財産として有する金銭をコールローンに運用する指図をすることができるものとする改正などが行われた。

（1）　昭和二三年に制定された証券取引法がその当時のわが国の実情に適合しないものであることは、その制定当時から十分に認識されていたところであり、それが将来のわが国経済の民主的なあり方の理想を示すものとして、それをわが国の実情に適合させるように、実情そのものを改善していくことが立法当初においては望まれていた。山下元利・改正証券取引法解説七頁（昭和二三年）。

（2）　小田寛＝三輪力＝角政也・改正証券取引法・証券投資信託法解説五頁（昭和二九年）。

（3）　これ以前においても、昭和二五年の改正により、法人である証券業者の最低資本金制度の創設、証券記事の規制、証券取引委員会の充実強化などを定める重要な証券取引法の改正が行われた。

（4）　証券取引委員会は、証券取引法の制定当初は大蔵大臣の所管に属する独立的な行政官庁であったが、昭和二四年六月から大蔵省の外局となり、その人事と予算は大蔵省の権限下に置かれ、その規則の制定も大蔵省の理財局などが関与して行っていた。証券取引法研究会「証取法制定の経緯」インベストメント一四巻七号三八頁参照。

（5）　昭和二三年に制定された証券取引法は、五〇〇万円以下の募集・売出しの場合には、届出を免除していた。昭和二八年の改正では、届出の免除金額が引き上げられ、五〇〇〇万円未満の募集および一〇〇〇万円未満の売出しについて届出が免除されることとなった。なお、有価証券届出書の審査を行っていた大蔵省は、審査方針の一大転換をはかった。大蔵省は、従来、有価証券届出書の審査において、その作成の啓蒙、指導の観点から、原則として、草案の事前審査をして事務処理の適正をはかる草案審査制を採用していた。昭和四〇年九月三〇日に明らかにした「有価証券届出書および有価証券報告書の当面の審査事務について」と題する事務連絡で、大蔵省理財局は、有価証券届出書等の審査を啓蒙指導ではなく、粉飾の発見を目的として行うこととして、有価証券届出書の草案審査の廃止を決めた。大蔵省理財局の昭和四〇年九月三〇日の前記事務連絡は、草案審査を廃止した理由として、つぎの三点をあげる。

①　届出書の作成責任は会社にあるにもかかわらず、草案審査に寄りかかり、ややもすると会社がその責任の自覚に欠けるうらみが認められる。

②　会社が、公認会計士の指示よりも大蔵省の草案審査に頼る傾向を招き、結果的に、職業的専門家としての公認会計士の知識の活用が必ずしも十分とは認められない。

③　草案審査においては、付随的に発見される比較的軽微な不備事項についても、その修正を要請していたため、形式的にすぎるという誤解を招いている。

（6）　証券取引法は会社役員や大株主による短期売買差益を会社に返還する旨を定めているが、内部者の持分異動報告義務を定める規定が削除されたため、その実効性が大きく削減されることとなった。なお、昭和六三年の改正で、かかる報告義務があらためて規定されることとなった（金商法一六三条参照）。

（7）　昭和二三年制定当初の証券取引法においては、有価証券届出書には、発起人または役員の全員が署名または記名捺印しなければならないものとされていた。

（8）　昭和二三年制定当初の証券取引法は、その二一条で、有価証券の発行者、その役員、専門家または引受人の「株式を実質的に有する等の方法によってその者を支配する者」の損害賠償責任を定めていたが、同条は、同時に「支配する者が、その支配を受ける者が賠償の責に任ずべき原因となる事実があることを知らず、且つ、知らなかったことに十分な理由があったことを証明したときは、この限りでない」としていた。

（9）　昭和二八年の証券取引法の改正で、有価証券の発行者の役員等の有価証券届出書の虚偽記載についての証券取引法の規定は削除されたが、それによって、有価証券届出書の虚偽記載についての損害賠償責任が法律上解消したことを意味しない。小田他・前掲注（2）五三頁は、会社の第三者に対する責任を定める商法の規定に言及してそのことを述べている。

2　昭和四〇年と昭和四二年の改正

昭和四〇年に重要な改正がなされた。昭和三〇年代におけるわが国の高度経済成長による証券市場の好況と個人金融資産の急激な増加により、一般投資家の証券投資は飛躍的に増大した。その後に生じた昭和三〇年代末の少なからぬ数の証券業者の経営破綻および証券業者と顧客との間の多数の証券事故に対処して、証券業者に関する法制の整備がはかられた。(1)

まず、証券業の開業につき、登録制を廃して免許制を採用するとともに、免許を業務別に与えることにした。証券業者の証券取引に関する一定の不公正行為を禁止し、財務の健全性を確保するために準備金の積立てに関する特別の規定を設け、業務または財産の状況が不健全となるおそれがある場合、大蔵大臣が是正命令を発することができるものとした。また、証券外務員につき、届出制を改め登録制を採用するとともに、その権限を法定して、証券外務員を通じて取引をする投資者を保護することにした。

なお、昭和四〇年の改正に関連して、証券取引法施行令（昭和四〇年九月三〇日政令三二一号）、証券会社に関する省令（昭和四〇年九月三〇日大蔵省令五二号）および証券会社の健全性の準則等に関する省令（昭和四〇年一一月五日大蔵省令六〇号）が制定された。このうち、最後のものはまったく新規のものであったが、前二者は、従前の政令または省令を廃止し、それにかえて制定されたものである。(2)

昭和三九年から昭和四〇年にかけての経済不況は、公開会社を含む多数の会社の倒産をもたらした。その過程で、山陽特殊製鋼を含む少なからぬ会社による粉飾決算の事実が明らかになった。(3) このことを契機として、証券取引法が定める企業内容開示制度を充実するための諸方策がとられることとなった。(4)

昭和四二年には、証券投資信託法において重要な改正がなされた。

第一に、委託会社の行為準則として、証券投資信託の受益者に対する忠実義務を定めた。委託会社と受益者との関係については委任関係が存在すると解釈されてきたが、委託会社の受益者に対する忠実義務については必ずしも明確でなかった。(5) 第二に、委託会社またはその取締役もしくは主要株主と信託財産との間の取引の指図について、それが有価証券市場におけるものであっても禁止されることとなった。第三に、委託会社が運用の指図を行う信託財産相互間の取引について大蔵省令で定める指図をすることができないものとした。第四は、委託会社が同一の発行者の同一種類の有価証券を大蔵省令に定める割合を超えてその運用の指図を行う信託財産に組み入れる指図はできないこととした。そして、第五に、委託会社の信託財産として有する有価証券にかかる議決権その他の権利の行使の指図義務を法定した。これを受けて、大蔵大臣は、証券投資信託の委託会社の行為準則に関する省令（昭和四二年九月三〇日大蔵省令六〇号）を制定した。

改正前から、証券投資信託の自主規制を行う機関として証券投資信託協会が存在していた。しかし、その活動状況は必ずしも満足すべきものでなかった。そこで、これを証券投資信託法上の機関として、その自主規制に法的な基礎を与えるとともに、その活動自体を大蔵大臣が監督することにした。

（1）　昭和四〇年の改正は、証券取引審議会報告「証券業者の免許制等の問題について」（昭和三九年一二月二二日）にもとづく立法であった。この答申は、証券業者についての免許制の採用、証券業者の業務および財産についての規制の強化、有価証券外務員の登録制の採用に加えて、証券業協会への加入強制を提言していたが、最後の点は改正法にもりこまれなかった。

（2）これらは、証券会社に関する内閣府令（平成一〇年一一月二四日総理府・大蔵省令三二号）および証券会社の行為規制等に関する内閣府令（昭和四〇年一一月五日大蔵省令六〇号）に受け継がれた。その後、証券取引法が金融商品取引法に改組される際、内閣府令の整理がなされ、現在では、業者規制は、金商業等府令が規定している。

（3）神戸地判昭和五三年一二月二六日商事法務八二九号二五頁は、山陽特殊製鋼が昭和三七年四月から昭和三九年五月までの五事業年度について大蔵大臣に提出した有価証券報告書に、売上げの水増しおよび売上原価等の過小記載等によって七一億円強の利益の過大表示をしていたとして、同社の取締役、監査役および同社の財務諸表に監査証明をした公認会計士等に対し、有価証券報告書虚偽記載の罪等で有罪の判決を下した。本書五八〇頁参照。神崎克郎「粉飾決算と開示制度の充実」証券取引の法理二四〇頁（昭和六二年）参照。

（4）大蔵省は、有価証券報告書の審査が二次的なものであった方針をあらため、有価証券報告書の重点審査を行う措置を明らかにした。粉飾決算は、その後もあとを絶たなかったことから、大蔵省証券局は、昭和四三年二月二九日の「当面の審査事務の運営について」と題する通達（蔵証四五〇号）で、粉飾決算の一掃および未然防止をはかるため、有価証券報告書の重点審査を強化し、虚偽記載を行った会社および虚偽証明をした公認会計士に対し、厳正な措置をとることとした。財務諸表の監査証明の公正化をはかるため、昭和四一年六月の公認会計士法改正により、監査法人制度の創設、公認会計士協会の特殊法人化ならびに公認会計士および監査法人の公認会計士協会への強制加入等の措置がとられた。また、大蔵省証券局は、これより先、昭和四一年五月三〇日の「厳正な監査の実施について」と題する通達（蔵証一六五四号）において、公認会計士の監査が職業的専門家としての正当な注意をもち、かつ自主独立の精神に徹して厳正に行われることを要請した。

大蔵省理財局は、その後も公認会計士監査の強化について重ねて日本公認会計士協会に対して要請してきた。大蔵省証券局「公認会計士監査の充実強化について」（昭和四三年二月二九日蔵証四四九号）では、公認会計士監査の水準の向上と組織的監査の推進を要請し、大蔵省証券局「公認会計士監査の質的向上について」（昭和四四年二月六日蔵証二六七六号）では、公認会計士監査の充実強化のための公認会計士協会の自律的機能の強化および監査法人の監査体制の確立、強化を要請した。

なお、証券取引所は、有価証券上場規程の改正により、企業内容開示制度の充実のための努力をした。証券取引所は、昭和四五年二月一日の有価証券上場規程の改正によって、会社が最近二事業年度の決算に関する財務諸表に虚偽記載を行っていないこと等を株式新規上場の要件とし、会社が決算に関する財務諸表に影響の重大な虚偽記載を行っていることを上場廃止の要件とする等の措置をとった。

（5）昭和四二年の証券投資信託法の改正の際に、委託会社の行為準則の一般規定として、委託会社の善管注意義務を定めることが検討されたが、問題の核心が委託会社の利害関係取引の指図の禁止にあることから善管注意義務に代えて忠実義務が明定された。戸田嘉徳「改正証券投資信託法および省令の解説」別冊商事法務研究六号八頁参照。

3　昭和四六年の改正

証券取引法のディスクロージャー制度に関する規定は、昭和二八年以来改正が行われていなかった。その後、証券流通市場の規模の大幅拡大、企業の長期資金調達のための証券発行の多様化、証券市場の国際化などの現象が生じ、これに十分に対処するため法制度の整備改善をはかる必要が生じた。昭和四六年の改正は、まず、有価証券の募集または売出しに際して必要とされる届出の効力発生前に、仮目論見書を利用して勧誘を行うことを認めた(1)。届出の免除が、発行価額・売出価額の総額一億円未満に引き上げられ、企業の開示負担の軽減がはかられた。

また、継続開示を行うべき会社の範囲を拡大し、上場証券だけでなく、店頭登録をしている有価証券発行会社等にも有価証券報告書の提出を義務づけた。これによって、流通市場での投資者の保護が整備されることとなった。さらに、継続開示書類の種類の充実がはかられた。すなわち、有価証券報告書の提出会社で、一年を事業年度とするものは、事業年度の前半六か月の企業内容を開示する半期報告書を大蔵大臣に提出すべきものとした(2)(3)。

投資者の保護のためには、企業に重要な事実が発生した場合、有価証券報告書や半期報告書の提出を待たずに、情報が開示されることが適当である。そこで、昭和四六年の改正では、あらたに、一定の事実が発生した場合、臨時報告書の提出を求め、適時開示の充実がはかられることとなった。

昭和四六年の改正では、有価証券の公開買付けに関する規定を定めた。そこでは、第一に、大蔵大臣への届出を基礎とする公開買付けについての情報の開示を要求し、第二に、公開買付けの条件および方法を法定することで、取引内容に関する実質的な規制を設けることにした。公開買付けに関する重要な情報の適正な開示と投資者の公平な取扱いを確保するための改正であった。

昭和四六年の改正当時から、欧米諸国では、公開買付けが公開会社の支配権の取得の手段としてよく利用されていた。また、資本取引の規制緩和も予想された。そこで、投資者の保護の観点から、特別の規制を設けることとした。

有価証券の公開買付けの規制は、二つの側面からなされた。一つは、大蔵大臣への届出を基礎とする情報の開示であり、他は、公開買付けの条件および方法を法定することで、取引内容を実質的に制限することであった。有価証券の公開買付の届出等に関する省令（昭和四六年六月九日大蔵省令三八号）によって、開示事項を詳細に定めることとした。また、証券取引法施行令を改正して、取引の条件および方法を詳細に規定した。

公開買付けは、原則として、公開買付届出書を大蔵大臣に提出した後一〇日を経過して、その効力が生じた後でなければすることができないものとされた。この待機期間中に、大蔵大臣が公開買付届出書を審査し、届出の効力発生後に、公開買付届出書の公衆縦覧、公開買付届出書の記載事項の重要部分の公告および公開買付届出書の記載事項を記載した説明書の交付を通じて情報開示がなされることとなった。有価証券の募集・売出しと異なり、公開買付けが大蔵大臣への届出の後直ちに行いうるものとされなかったのは、公開買付けがわが国では新規の取引であり、かつ、違法な公開買付けが行われても、アメリカのように機動的に裁判所の差止命令の発動を求めうるか問題であると考えられたことによる(4)。

安定操作については、従来の新株発行による資金調達が株主割当・額面発行によることが多かったことおよび規制そのものが実情にそぐわない面があったことからその制度がほとんど利用されなかった。しかし、株式の時価発行、時価転換社債の発行の増加に伴い安定操作を行う必要が増加するため、安定操作規制を改善した。そこでは、規制の中心部分を証券取引法施行令で定めるとともに、安定操作取引の届出等に関する省令（昭和四六年六月一四日大蔵省令四三号）で、安定操作届出書の記載事項等を定めることにした。

昭和四六年には、外国証券業者に関する法律（昭和四六年三月三日法律五号）を制定し、外国証券業者のわが国での支店活動を認めるとともに、その行動についてわが国の証券会社と平等の規制を及ぼすことにした。資本取引の国際化および証券業の自由化の趨勢に照らした制度の改正であった。

不実の表示にもとづく損害の賠償責任に関する証券取引法の規定は、昭和四六年に大幅に改正されて現在に至っている。すなわち、不実の表示のある目論見書その他の表示を使用して有価証券を取得させた者の責任についての規定は、昭和二三年の証券取引法の制定当初のままに維持されたが、その他の不実の表示による損害の賠償責任について、昭和四六年の改正は、大幅な規定の整備、充実をはかった。

第一に、有価証券届出書に重大な虚偽記載があるときは、有価証券の発行者のみならず、有価証券届出書の提出時の発行者の役員、有価証券の売出人、有価証券届出書に不実の監査証明をした公認会計士または監査法人、および元引受証券会社も募集・売出しに応じて有価証券を取得した者に対して損害賠償の責任を負うとともに、これらの者のうち、有価証券届出書の提出時の発行者の役員および有価証券届出書に不実の監査証明をした公認会計士または監査法人は、募集・売出しによらずにその発行者が発行する有価証券を取得した者に対しても損害賠償の責任を負うべきものとした。

第二に、有価証券の発行者が作成すべき目論見書に重要な虚偽記載があるときは、有価証券の発行者、発行者の目論見書作成時の役員および売出人は、募集・売出しに応じ目論見書の交付を受けて有価証券を取得した者に対して損害賠償の責任を負うべきものとした。

第三に、有価証券報告書に重大な虚偽記載があるときは、有価証券の発行者の有価証券報告書の提出時の役員および有価証券報告書に不実の監査証明をした公認会計士または監査法人が、その発行者の有価証券の取得者に対して損害賠償の責任を負うべきものとした(5)。

(1)　昭和二三年に制定された証券取引法は、発行者が有価証券に関して、証券取引委員会に届出をし、かつその効力が発生した後でなければ、募集・売出しを行うことができないものとしていた。届出の効力は、原則として、証券取引委員会がこれを受理した後三〇日経過後に発生するものとされていた。したがって、有価証券の取得の申込みの勧誘、売付けの申込みは、証券取引委員会が募集・売出しの届出受理後三〇日を経過した後でなければすることができなかった。また、届出の効力発生までは有価証券届出書の公衆縦覧もなされなかった。有価証券の募集・売出しを行う際には、届出書と同一の内容を記載した目論見書の作成が発行者に義務づけられた。

（2）昭和四九年の商法の改正で、株主名簿の閉鎖期間が従来の二か月以内から三か月以内に伸長されるとともに、中間配当制度が商法に導入されたことから、わが国の公開会社の多くが従来の六か月決算から一年決算に移行した。昭和四六年の改正によって半期報告書による企業内容の継続開示の制度が設けられていたことは、わが国の多くの公開会社の一年決算への移行にあたっても、開示内容の後退を比較的小さなものにとどめるのに重要な機能を発揮した。

（3）もっとも、当初、経理の状況欄に記載する要約財務諸表の作成基準を明確に定めず、またそれについての公認会計士または監査法人による監査を要求していなかった。しかし、大蔵省は、昭和五二年八月三〇日に中間財務諸表等の用語、様式及び作成方法に関する規則（昭和五二年八月三〇日大蔵省令三八号）の制定、有価証券募集届出省令および財務諸表等の監査証明令の改正等によって、半期報告書の経理の状況欄には中間財務諸表を記載しそれについて公認会計士または監査法人の監査を要するものと定めるとともに、その制度を昭和五二年九月の中間決算から適用することにした。なお、この中間財務諸表制度の実施に関して、大蔵省証券局は、昭和五二年九月六日、中間財務諸表の取扱通達（蔵証一二三一号）等の通達を公表した。有価証券届出書または有価証券報告書の重大な虚偽記載は、昭和四〇年以降、少なからぬ数の会社について発覚し、それによって多数の投資者が大きな損害を被った。昭和四六年の改正は、そのような事実を背景に、虚偽記載を防止する予防的効果をも目的として、有価証券の発行会社以外の者の損害賠償責任を明確にした。渡辺豊樹＝奥村光夫＝長谷場義久＝松川隆志＝田中誠二・改正証券取引法の解説六一頁（昭和四六年）参照。

（4）なお、有価証券の公開買付けと同様の企業の支配権取得の手段として利用される委任状勧誘に関しては、かつての委任状勧誘規則は、委任状資料の大蔵大臣への事前届出を要求していたが、昭和三〇年の同規則の改正によって、この制度は廃止された。

（5）昭和四六年の改正は、不実の表示についての損害賠償の責任に関する規制を整備、拡充したが、企業内容の継続的開示のための半期報告書および臨時報告書ならびに委任状参考書類の虚偽記載についてはなんらの規定もしなかった。また、同改正は、新たに公開買付けについて詳細な規制をしたが、そこで要求される公開買付届出書および説明書等の虚偽記載についての損害賠償の責任についてはなんらの規定も設けなかった。さらに、法律によって要請されている開示手段以外における不実の表示、たとえば、有価証券の売買に関して不実の表示をすることにかかる損害賠償の責任については、不実の表示によって有価証券を取得させることによる損害賠償責任は、昭和二三年の証券取引法の制定以来規定が置かれているが、有価証券を売付けさせることをも含む一般的な有価証券の取引に関する不実の表示による損害賠償の責任の規定は追加されなかった。

二　業際問題と証券取引の健全性の確保

1　昭和五六年と昭和六〇年の改正

金融機関の公共債にかかる証券業務について、昭和五六年に重要な改正がなされた。昭和五〇年代に入り、公共債、とりわけ国債の大量発行に伴って公共債の発行市場および流通市場の規模が飛躍的に拡大した。その発行残高の累増に伴って公共債の価格変動が公共債を多量に保有する機関投資家等に大きな影響を与えることとなり、公共債の価格変動についてのリスク・ヘッジの必要性が増大した。昭和五六年の改正は、大量の公共債を抱え、かつ、全国に多数の店舗網を有する金融機関をして公共債にかかる証券業を営みうるものとして、公共債の一層の消化・流通を促進しようとした。そこでは、銀行、信託会社その他政令で定める金融機関（以下、単に「金融機関」という）が公共債にかかる証券業務を営もうとするときは、売出しの目的をもたない引受けの場合を除き、大蔵大臣の認可を受けなければならないものとした。さらに、金融機関の公共債にかかる証券業務について投資者の保護のための行為規制をすることとした。このように、昭和五六年改正は、金融機関の公共債についての証券業務を正面から規定した。また、金融機関が証券業務を営むことができるように、銀行法等の改正も行われた。

昭和六〇年の改正は、公共債の先物取引を許容することによって公共債を大量に抱える金融機関にその価格変動についてのリスク・ヘッジの道を正面から開いた。すなわち、昭和六〇年の改正は、証券取引所が公共債にかかる先物取引につき標準物を設定し、かつ、会員以外の証券会社および政令で定める外国証券会社ならびに認可を受けた金融機関のうち大蔵省令で定める業務を行う者に公共債にかかる先物取引についての有価証券市場における取引資格を与えることができるものとして、証券取引所における公共債にかかる先物取引についての法的整備をはかった。

2　昭和六二年と六三年の改正

昭和四六年の改正以降、開示制度は大きな変更を受けることはなかった。しかし、金利動向、為替相場および株式市場で短期的に大きな変動が見られるようになり、機動的な資金調達の必要性が大きく増大することとなった。企業内容の開示制度は、昭和六二年から昭和六三年にかけ、二つの方向で、大きな改正を受けた。第一は、企業の機動的・弾力的な資金調達を可能にするために、発行開示の手続を簡素化するものである。(1) 第二は、企業経営の多角化や国際化に対応して、開示内容の充実をはかるものである。(2) これらは、証券取引法、募集届出省令および同取扱通達の改正によって行われた。

発行開示の手続の簡素化に関して、特に、企業情報については、継続開示に重点を移すという基本的な方針が採用された。昭和六三年に、一定の継続開示会社に、組込方式による有価証券届出書の作成を認めた。また、一定の継続開示会社等で有価証券届出書に、「事業内容の概要及び主要な経営指標の推移を的確にかつ簡明に説明した資料」がとじ込まれている場合は、待機期間が一五日に短縮された。昭和六三年の改正では、かかる組込方式に加えて、参照方式による有価証券届出書の作成を認めた。これにより、一定の基準を満たす発行会社については、有価証券届出書の企業情報部分の記載の省略を可能として、それに代えて、直近の継続開示書類を参照すべき旨の記載だけで足りることとされた。加えて、参照方式を利用することが認められる会社については、一定の期間、発行予定額を記載した発行登録書を提出しておくことにより、発行のたびに有価証券届出書を提出することを不要とする、いわゆる「発行登録制度」が導入された。待機期間は原則として一五日に短縮されることとなった。(3)

昭和六三年の改正では、届出の免除金額が、一億円未満から五億円未満に引き上げられた。担保付普通社債についての発行開示の要請も行われるようになった。(4) 開示内容の充実としては、昭和六二年の改正で、資金収支の状況を事業活動に伴う収支と資金調達活動に伴う収支に明確に区分し、資金収支表によって開示することとした。[5]連結情報の開示としては、連結財務諸表に加えて、「企業集団の状況に関する重要な事項及び業績の概要」を開示するものとされた。[6]

一方で、わが国の証券市場の大衆化、国際化が進展するなかで、その健全な発展を確保するため、市場の公正性と透明性を高め、投資者の保護を一層徹底することが必要となった。そこで、昭和六三年の改正により、内部者取引の規制の整備が行われた。[7]それまでも、不公正な証券取引を一般的に規制する規定は存在していた（当時の証取法五八条）。しかし、刑事制裁を伴う規定としては、構成要件が漠然としており、内部者取引に適用された例はなかった。そこで、昭和六三年に、内部者（会社関係者、情報受領者）や内部情報（重要情報）などの定義を詳細に定める改正が行われた。なお、証券取引法の改正と同時に、金融先物市場の整備のための金融先物取引法（昭和六三年五月三一日法律七七号）が制定された。

（1）　証券取引審議会報告「社債発行市場の在り方について」（昭和六一年一二月一二日）は、第三部「ディスクロージャー制度の改善」において、つぎのように述べていた。「企業の証券形態による資金調達の活発化・多様化が進展し、更に海外からの資金需要も高まってきている状況の中で、内外の発行者から、機動的・弾力的な資金調達が可能となるよう、ディスクロージャー制度に関する手続、特に発行開示手続についてその簡素化を要望する声が強まってきている。また、国内市場の活性化を図る観点からも見直しの必要が高まっている。他方、企業経営においても多角化・国際化が進むなど種々の変化が生じてきていることから、そうした企業実態を適切に反映した有益な投資情報の提供を確保するために開示内容の充実についても検討する必要がある。」昭和六二年および昭和六三年の企業内容開示制度の改善は、証券取引審議会のかかる認識にもとづく制度改善の提言を実現するものである。

（2）　昭和六三年の改正で、証券取引法第二章の章題が、「有価証券の募集又は売出しの届出」から「企業内容等の開示」に改められたことに対応して、「有価証券の募集又は売出しの届出等に関する省令」は、「企業内容等の開示に関する省令」と名称を改められた。

（3）　昭和五八年の募集届出省令の取扱通達の改正以来、一定の継続開示会社等については、募集・売出しに使用される仮目論見書および目論見書が、「写真、表、グラフ等を活用して、読みやすく、かつ、わかりやすいものとなっている」場合、待機期間が二三日に短縮されるものとなっていた。

（4）証券市場の実態に即して、「当分の間」認められていた発行開示の適用除外を廃止した。

（5）昭和六二年改正前の募集届出省令は、有価証券報告書等において、会社は、「経理の状況」の一部として、「最近の資金繰り実績」を開示すべきものとしていたが、かかる資金繰り情報の開示につき、企業会計審議会第一部会小委員会の中間報告「証券取引法にもとづくディスクロージャー制度における財務情報の充実について」（昭和六一年一〇月三一日）は、「資金の範囲が現預金に限定されていることから企業の財務活動の実態が十分に反映されていないこと、表示の面では、企業活動の態様ごとの区分表示が行われていないために資金の調達及び運用状況を的確に把握することが困難であること、更にはその作成方法についても明確な指針が示されていないため、企業間の比較可能性等が十分に確保できないこと」等の問題があるとしていた。

（6）有価証券届出書および有価証券報告書の添付書類である連結財務諸表は、従来、「当分の間」、目論見書を交付する日の前まで、または事業年度終了後四か月以内に提出すればよいとされていたが、昭和六二年の募集届出省令の改正により、かかる特別取扱いは廃止された。

（7）証券取引審議会報告「内部者取引の規制の在り方について」（昭和六三年二月二五日）参照。

3　平成二年の改正

証券取引にかかる先物取引について、有価証券市場の価格変動に対するリスク管理機能の一層の拡充のため、株価指数先物取引やオプション取引を可能とする必要がある。そのため、平成二年の改正で、証券先物市場の整備のための法的措置を講じた。

平成二年の改正は、株式公開買付制度の見直しを行うとともに、株券大量保有に関する開示制度を証券取引法において要請することにした。公開買付けの手続が義務づけられる買付け後の株券等の所有割合は一〇パーセントから五パーセントへと引き下げられた。平成二年改正前においては、一定の要件を満たす公開買付けは証券取引法の規制に服するものとされていたが、公開会社の支配権変動をもたらす組織的な証券市場外での株式等の取引も公開買付けによらなければならないものとはされていなかった。これに対し、平成二年の改正は、一定の支配権の変動を生じさせる組織的な証券市場外での株式等の買付けは公開買付けによらなければならないものとして、強制的公開買付制度を採用した。

また、前述のように、有価証券の公開買付けには事前届出制を採用し、公開買付届出書の提出だけでは勧誘を認めず、届出の効力発生によってはじめて勧誘を可能としていた。アメリカの連邦証券規制の下で公開買付けを規制するウィリアムズ法でも、法案段階では、五日前の事前届出を要求していた。しかし、そのような事前届出は公開買付者に不当な負担を課すものであり、その間の公開買付けのニュースの漏洩は公開買付者に極度の不利益をもたらすとして、法案審議の過程で事前届出制は排除された。わが国においても、公開買付者に不当な負担やその情報漏洩の危険まで負わせて、公開買付けに事前届出を要求すべき合理的な理由はなかった。そこで、平成二年の改正で、かかる事前届出制は廃止され、現行法のように、公開買付届出書の提出を行った段階で、勧誘が可能となった。(1)

また、平成二年の改正前においては、公開買付けは公開買付代理人によって行うことが強制されており、証券会社が公開買付代理人となった。公開買付代理人の介入を強制する理由として、投資者の側からみて公開買付けに関する勧誘を行う証券会社が買付けの事務を取り扱うことが株式売買の実情に即して便利であること、公開買付けが市場における株式の円滑な流通と公正な価格形成に与える影響を考えると、証券取引所および証券業協会の自主規制の対象となる証券会社が関与するのが望ましいこと、および公開買付けがまったく新しい制度であってこれに対しすべてを法令で律し切ることに困難な面もあるので、投資者の保護に万全を期するために大蔵省の指導下にある証券会社間の自主規制によるところが大きいことが指摘されていた。(2)しかし、証券会社の介入を強制することは、公開買付人にその費用負担を強制するものであり、かつ、わが国の社会経済風土の中では有価証券の発行会社に敵対的な公開買付けを実際上行いにくくする効果を生じさせる弊害をもたらす危険があった。そのため、平成二年の改正で、かかる公開買付代理人制度は廃止された。

なお、平成二年の改正により、継続開示書類のうち、それまでの不実記載について民事責任の規定がなかった半期報告書および臨時報告書についても、有価証券報告書と同様に、損害賠償責任が定められることとなった。

（1）　証券取引法の改正にあたり、衆議院大蔵委員会においてつぎのような付帯決議がなされている。「政府は、つぎの事項について、十分配慮すべきである。一　今後も、企業会計、株券等の大量保有状況、取引実態等有価証券取引を行うに際して、重要な情報の公開制度の拡充を図ること。二　内部者取引等有価証券に係る不正取引の規制に当たっては、行政当局、証券取引所等関係者において具体的な規制内容について周知、明確化させることを含め未然防止体制の整備に万全を期するとともに、不正取引の監視体制の充実に努めること。なお、今後の取引の状況も踏まえ、罰則のあり方も含めて規制のあり方について常に検討を加えること。」（平成二年五月三一日）。参議院大蔵委員会でも同様の決議がなされている。

（2）　龍田節「委任状規制・株式公開買付・内部者取引」ルイ・ロス＝矢沢惇監修・アメリカと日本の証券取引法（下）五二五頁（昭和五〇年）参照。

4　平成三年と平成四年の改正

平成三年の改正では、証券会社による損失補てんを禁止し、これに対して刑事罰を科すとともに、損失補てんの温床となるおそれの強い、取引一任勘定取引を法律上原則として禁止することにした。これは、平成三年六月、多数の証券会社が大口顧客に対し、広範かつ組織的に損失補てんを行っていたことが発覚し、証券市場に対する投資者の信頼が大きく傷つけられることとなったことから、その信頼の回復をはかるため、急遽なされた改正であった(1)。

平成四年の改正は、証券取引等の公正を確保するための証券取引法等の一部を改正する法律（平成四年六月五日法律七三号）によって行われた。そこでは、さらに、証券取引の公正確保のため広範な内容の改正を行った。証券業務の規制として、誠実・公正の原則が法律上明記された。大量推奨販売を禁止し、適合性原則を法令化した。不公正取引規制の整備として、相場操縦の禁止および内部者取引の禁止などの規定を店頭売買証券にも適用するものとした。また、法人に対する罰金刑を引き上げ、証券業協会を証券取引法上の認可法人とし、自主規制機関の機能強化をはかった。

さらに、証券市場での取引の公正の確保をはかり、市場に対する投資者の信頼を保持するために、証券取引等監視委員会が設置されたことが重要である。証券取引等監視委員会は、損失補てん、飛ばし、大量推奨販売などの、証券不祥事が発覚したことを背景に、証券会社を監視すべき大蔵省の対応に問題があったことを契機として設立された(2)。同委員会は、八条委員会として、当初、大蔵省の外局として設置された(3)。

(1)　神崎克郎「損失補塡の再発防止」資本市場七三号一六頁参照。
(2)　川口恭弘・現代の金融機関と法〔第三版〕一二二頁（平成二二年）。
(3)　証券取引等監視委員会の設置については、証券取引法研究会「平成四年証券取引法の改正について(2)—証券取引等監視委員会と自主規制機関の機能強化（1）」インベストメント四六巻二号八九頁以下参照。なお、現在では、証券取引等監視委員会は金融庁の外局として設置されているが、それには、内閣府設置法にもとづく審議会等の位置づけが与えられている（内閣府設置法五四条参照）。

三　金融制度改革と商法改正

1　平成四年の改正

平成四年の改正は、金融制度及び証券取引制度の改革のための関係法律の整備等に関する法律（平成四年六月二六日法律八七号）によっても行われた。平成四年の改正では、証券の金融化に対応できるよう、有価証券の定義を改正し、コマーシャル・ペーパー、外国貸付債権信託受益証券および住宅ローン債権信託受益権が証券取引法上の有価証券となった。

さらに、「流通性その他の事情を勘案し、公益又は投資者の保護を確保することが必要と認められるものとして政令で定める証券又は証書」と定めることで、政令指定の基準を明確にした(1)。

平成四年の改正は、金融機関による証券業務について大きな改正を行った。すなわち、金融機関本体での証券業務の範囲が拡大された。そこでは、コマーシャル・ペーパー、証券化関連商品にかかる業務および私募の取扱業務を証券業と規定した上で、それらを金融機関に認めた。また、金融機関に証券業務を営む子会社の保有を可能にするとともに、金融機関の証券子会社の業務遂行に伴う弊害防止をはかるために、いわゆるファイアー・ウォールを定めた。

ディスクロージャー制度については、公募概念が見直された。そこでは、人数基準が明確化され、五〇名以上の者に対する勧誘を規制対象とした。さらに、適格機関投資家のみを対象とする取得の勧誘の場合、その数が五〇名以上となっても当然に届出を必要としないものとした。少人数向けに発行されるためディスクロージャーが免除される証券（少人数免除発行証券）が多数の者に譲渡されること、適格機関投資家向けの証券（プロ免除発行証券）が適格機関投資家以外の者に譲渡されることにより募集に関して要求される開示義務が回避されることを防止するために、転売制限が設けられた。また、発行を分割することで脱法行為がなされないように、勧誘対象者の算定にあたって期間を通算する改正がなされた。

上場証券、店頭登録証券および公募証券以外の有価証券であっても、多数の投資者に保有されることになった場合には、その有価証券についての情報開示を行わせることが投資者保護のために有用である。そこで、平成四年の改正では、一定の証券について、その所有者が一定数以上となった場合に、その発行者に継続開示義務を課することにした（いわゆる「外形基準」の導入）。ここにいう一定数は五〇〇名と定められた。もっとも、この開示義務は、資本金額五億円未満である場合、所有者が三〇〇名未満に減少した場合については、その事業年度について免除されることとなっていた。また、継続開示を行っていない会社がはじめて公募を行い届出をする場合、遅滞なく、有価証券報告書の提出を行うことが定められた。

開示の内容についてはつぎのような改正がなされた。配当政策の開示、主要な経営指標等の推移等の開示、臨時報告書等の提出実績の開示、企業集団の研究開発活動の状況の開示などを新たに要求した。連結決算の対象となる子会社の範囲を拡大し、セグメント情報開示を充実させるなど、連結情報の開示の範囲を拡大した。

(1)　平成五年には、協同組織金融機関の優先出資に関する法律（優先出資法）（平成五年五月一二日法律四四号）にもとづく優先出資証券が証券取引法上の有価証券と規定されたことに伴い、そのディスクロージャーに関する改正が証券取引法施行令で行われた。

2　平成六年と平成九年の改正

商法において、自己株式の取得規制が緩和されたことを受けて、平成六年に証券取引法が改正された(1)。そこでは、会社による自己株式の取得状況が投資者の投資判断に影響を与えるとの認識から、自己株券買付状況報告書制度を創設し、三か月ごとに提出・開示することとした。また、会社が自己株式を取得することを決定したことを重要事実として、内部者取引規制が強化された。

このほか、会社が公開買付けにより自己株式を取得するための法整備がなされた。商法の改正においては、利益による株式の消却のために行う自己株式の取得について、市場を通じた取得に加えて、公開買付けの手続を用いた取得も容認した。これは、すべての株主に均等に会社への売却機会を与えるためである。また、取引の透明性を確保し、投資者に対して公平かつ適切に取得にかかる情報を開示できるといった利点もある。それまでの、公開買付けは、発行会社以外の者が、支配権の取得等を目的に行うものであった。商法の改正により、発行者が自ら発行した株券等について公開買付けを行うこととなる。そこで、かかる状況に対応できるように、証券取引法が改正された。自己株式の公開買付けは、「発行者である会社による上場株券等の公開買付け」（現行法では「発行者による上場株券等の公開買付け」）として、別に規定が置かれることとなった。

平成九年には、大蔵省による証券会社等の監督機能が金融監督庁に移管されたことを受けて、改正がなされた(2)。証券取引等監視委員会は、金融監督庁の下に置かれることとなった(3)。また、証券取引法の罰則が強化された。証券取引法上最も重い罰則が、五年以下の懲役、五〇〇万円以下の罰金と改められた。さらに、内部者取引規制に違反する行為については、三年以下の懲役、三〇〇万円以下の罰金と罰則が強化された。これらの改正は、裁量的で不透明な証券行政と決別し、ルールにもとづく、事後的な監視体制へ移行するためになされたものである。

（1）平成六年改正前の商法では、会社は原則として、自己株式の取得が禁止されていた。その理由として、会社株式の相場操縦に自己株式の取得が利用されること、また、会社が内部情報をもとに自己株式を売買する危険性があることなどが指摘されてきた。平成六年の商法改正で、使用人に譲渡するための自己株式取得、定時総会の決議にもとづく利益消却のための自己株式取得が認められたことに対応し、証券取引法の改正がなされた。

（2）金融監督庁設置法（平成九年六月一六日法律一〇一号）、金融監督庁設置法の施行に伴う関係法律の整備に関する法律（平成九年六月一六日法律一〇二号）による。

（3）汚職事件が発覚し、大蔵官僚の大量処分がなされた。また、住宅金融専門会社の破たん処理、ニューヨークを舞台にした都市銀行の巨額損失事件などで大蔵省の対応の不備も指摘された。川口恭弘・現代の金融機関と法〔第三版〕一二三頁（平成二二年）。

3　平成一三年の改正

平成六年以降、自己株式の取得については、徐々に規制が緩和されてきたものの、原則は、取得が禁止されていた(1)。平成一三年の商法改正で、定時株主総会の決議を経れば、自己株式の取得を行うことができることとなった。また、保有する自己株式を処分することも自由となった。そこで、平成一三年の改正で、自己株券買付状況報告書の提出期間を、三か月に一度から、一か月に一度とする改正がなされた。これは、これまで以上に、自己株式の買受けおよび処分が頻繁になされることとなると予想され、投資者にかかる情報を開示する必要性が高まったという認識にもとづく改正である。さらに、自己株式の買受けについて、相場操縦の危険性を排除するために、会社が買付けを行う上で、遵守すべき手続を内閣府令に委ねる改正もなされている。

(1) 平成九年には、取締役に譲渡するための自己株式の取得が認められ、株式の消却の手続に関する商法の特例に関する法律（株式消却特例法）（平成九年五月二一日法律五五号）の制定で、公開会社について、定款にもとづく取締役会の決議で利益による自己株式の取得が可能となった。さらに、平成一〇年の株式消却特例法の改正で、定款にもとづく取締役会決議での資本準備金による自己株式の取得が認められた。なお、株式消却特例法は平成一三年の改正で廃止された。これにより、自己株式を取得するには定時株主総会の決議が必要となった。その後、実務界からの要請により平成一五年の商法改正で、定款にもとづく取締役会の決議による自己株式の取得が行えるようになった。

四　金融システムの改革

1　平成一〇年の改正

金融システム改革のための関係法律の整備に関する法律（平成一〇年六月一五日法律一〇七号）による平成一〇年の証券取引法の改正で、証券取引制度は大きく改正された。

まず、ディスクロージャー制度については、有価証券の募集または売出しについての届出義務を免除される基準について、発行価額または売出し価額を五億円未満から一億円未満に引き下げた。これは、通信技術の発展により、容易に広範にわたる投資勧誘が可能になったこと、いわゆるベンチャー企業の資金調達の必要性が高まったことなどを背景としている。もっとも、かかる少額募集等の場合における有価証券届出書の記載内容は簡略化されている。また、有価証券報告書の記載内容も簡略化されている。

平成一〇年の改正では、証券投資法人の投資証券、外国投資証券、カバード・ワラントおよび預託証券が証券取引法上の有価証券とされたことで、情報開示に関する制度が整備された。また、従来適用除外とされてきた国内投資信託について、証券取引法の開示義務が課せられることとなった。これにより、投資信託の受益証券を販売する際に、目論見書の交付が必要となった。

企業活動が多角化・国際化するなかで、投資者が企業の実態をより正確に把握できるように有価証券報告書等の記載事項について、当該会社および子会社等で構成される企業集団（連結）ベースで行うことが求められることとなった。そのため、平成一〇年の改正では、有価証券報告書および半期報告書の記載事項が連結ベースに移行し、さらに、臨時報告書の連結ベースの提出事由が新設された。

平成一〇年の改正で証券業の参入規制が緩和された。すなわち、昭和四〇年の改正以来免許制が採用されていたものを、再び登録制に変更した。証券取引における市場原理にもとづく競争を促進するために、参入規制をより自由化することが望まれたためである。また、従来の事前予防型の監督から、事後的な監督へと監督体制が移行したことも、参入規制緩和の理由である。

独占禁止法が改正され、純粋持株会社が解禁された。これにより金融持株会社の創設が可能となった。そこで、証券取引法の改正やその他の関係法律の改正で、持株会社が証券会社、銀行、保険会社を子会社として保有することができるように、法律の整備がなされた。

また、証券会社が証券業以外の業務を営むことを禁止し、証券業に専念することを義務づけてきたことを改め、証券業の専業制を廃止し、証券会社に広く兼業を認めることにした。証券会社は証券業、証券業に付随する業務だけでなく、届出により法定他業を営めることとなった。さらに、その他の業務についても、行政当局の承認を受けて営むことができる。かかる承認申請に対しては、参入業務が公益に反する場合や投資者保護に支障が生じると認められる場合以外は、承認を拒絶できない。したがって、この改正によって、事実上、証券業が他の業種に解禁されたものといえる。また、証券業の範囲が拡大され、新しい業務として、有価証券店頭デリバティブ取引および私設取引システム（PTS）が導入された。私設取引システムは、証券取引所の会員である証券会社に、上場有価証券の売買を市場外で執行することを禁止してきた姿勢を改めたこと（取引所集中義務の撤廃）により可能となった。取引所集中義務は、上場有価証券の需給を取引所有価証券市場に集約することで、市場に厚みを与え、公正な価格形成を確保することが目的であった。しかし、大口注文やバスケット注文の執行を円滑に行うことを目的として、かかる規制は撤廃された。

証券投資者の保護のためにも制度改正がなされた。証券会社が保有する顧客資産の分別保管を徹底させ、さらに、証券会社が破綻した場合に、分別して保管すべき顧客資産の返却を容易にするために投資者保護基金制度を設けた。また、不公正取引規制も整備された。内部者取引や相場操縦などの不公正な取引によって得た財産またはその対価として得た財産についての没収規定が新設された。さらに、不公正取引、風説の流布、相場操縦等の違反に関する罰則を加重した。両罰規定の罰則も加重している。

投資信託制度が大きく改正された。（証券）投資信託委託業を免許制から認可制へと変更した。証券業や証券投資顧問業などの兼業も可能となった。さらに、（証券）投資法人制度が創設されたことが重要である。投資法人の導入は投資者の資産運用にあたっての選択肢を拡大した。また、投資法人では投資者である投資主によるガバナンスが期待される。銀行本体での投資信託商品の窓口販売を解禁したのは、販売チャンネルの拡大で、投資信託を広く浸透させるためのものである。なお、投資信託約款には事前承認が必要とされていたものが届出制に改められた。

企業が保有する不動産や指名債権をその企業から分離し、これを裏づけとして資金調達を行うことを資産流動化という。これらの資産は、その性質から流動化は前提とされておらず、譲渡を行うためには法律上様々な制約を受ける。平成一〇年、特定目的会社による特定資産の流動化に関する法律が制定され、特定目的会社を利用した証券発行による資金調達の道を開いた。

2　平成一二年の改正

平成一二年には、証券取引法だけでなく、金融先物取引法、資産流動化に関する法律、証券投資信託法の改正など、広い範囲で改正がなされた。また、金融商品販売法や消費者契約法が制定されたことも注目される。(1)

平成一二年の証券取引法改正では、それまで紙媒体で行われてきた有価証券届出書の提出、公衆縦覧といった手続をオンラインで行うための法整備が実現した(2)。加えて、同様に紙媒体で行うものとされてきた目論見書の交付も、一定の条件の下、オンライン等で交付することが認められた。

証券取引制度についての改正としては、証券取引所の組織として、従来の会員組織のものに加えて、株式会社組織のものが認められた。免許の対象が証券取引所の開設であったものが、取引所有価証券市場の開設の免許となった。なお、投資信託制度について、不動産を含めた幅広い資産に投資を行えるように改正がなされた。法律の名称も、投資信託及び投資法人に関する法律と改められた。特定目的会社の投資対象も、不動産、指名金銭債権から財産権一般に拡大し、従来の会社型のものに加えて、信託型のものを創設した。法律の名称も、資産の流動化に関する法律と改められた。

（1）　金融商品の販売等に関する法律（金融商品販売法）（平成一二年五月三一日法律一〇一号）は、「金融商品販売業者等が金融商品の販売等に際し顧客に対して説明をすべき事項及び金融商品販売業者等が顧客に対して当該事項について説明をしなかったこと等により当該顧客に損害が生じた場合における金融商品販売業者等の損害賠償の責任並びに金融商品販売業者等が行う金融商品の販売等に係る勧誘の適正の確保のための措置について定めることにより、顧客の保護を図り、もって国民経済の健全な発展に資すること」（金販法一条）を目的として制定された。同法は、預金契約、保険契約などに加えて、有価証券を取得させる行為を規制対象とする（金販法二条参照）。したがって、証券会社は、前記の金融商品販売業者に含まれ、同法の適用を受ける。また、消費者契約法（平成一二年五月一二日法律六一号）は、「消費者と事業者との間の情報の質及び量並びに交渉力の格差にかんがみ、事業者の一定の行為により消費者が誤認し、又は困惑した場合について契約の申込みまたはその承諾の意思表示を取り消すことができることとするとともに、事業者の損害賠償の責任を免除する条項その他の消費者の利益を不当に害することとなる条項の全部又は一部を無効とすることにより、消費者の利益の擁護を図り、もって国民生活の安定向上と国民経済の健全な発展に寄与すること」（消費者契約法一条）を目的として制定された（現行法の目的規定には、「消費者の被害の発生又は拡大を防止するため適格消費者団体が事業者等に対し差止請求をすること」も定められている）。同法の規制対象である「消費者契約」は、消費者と事業者との間の契約をいう（消費者契約法二条三項）。「消費者」は、個人（事業としてまたは事業のために契約の当事者となる場合におけるものを除く）であり、「事業者」は、法人その他の団体および事業としてまたは事業のために契約の当事者となる場合における個人である（消費者契約法二条一項・二項）。したがって、一般個人投資家と証券会社との間の契約について適用が考えられる。

（2）　平成九年の証券取引審議会報告書「証券市場の総合的改革―豊かで多様な二一世紀の実現のために」（平成九年六月一三日）は、「ディスクロージャー情報へのアクセスを容易にし、市場に関連する各種の情報産業・情報サービスを育成するとの観点からは、ディスクロージャーの電子化、インターネットによる情報の提供などを実施すべきである。」と提言した。金融審議会第一部会の「中間整理（第二次）」においても、「政府において検討が進められている有価証券報告書等の開示書類の電子化は、投資家等の企業情報への容易かつ迅速なアクセスを可能とすること等を通じて、証券市場の活性化、効率化等に資するものと考えられ、その実現のための早期の法制化を期待する。」と述べている。これらを受けて、平成一二年の通常国会において証券取引法及び金融先物取引法の一部を改正する法律（平成一二年五月三一日法律九六号）が成立し、その中で、有価証券報告書等の提出・受理という一連の手続をオンラインで行うこととする等、情報開示制度の電子化について、証券取引法に規定が定められることとなった。このほか、規制緩和推進三か年計画（改定）（平成一一年三月三〇日閣議決定）、経済新生対策（平成一一年一一月一一日経済対策閣僚会議）においても、開示書類の電子化に対して積極的な意見が述べられている。

五　証券市場の構造改革

1　平成一五年の改正

平成一五年の改正は、金融審議会第一部会報告「証券市場の改革促進」（平成一四年一二月一六日）の公表を受けて行われた(1)。平成一五年の改正では、証券市場の構造改革を促進する必要性から、有価証券の販売経路の拡充・多様化を行うために証券仲介業制度を創設した。これにより、銀行等の金融機関以外の者は、内閣総理大臣の登録を受けて、証券仲介業を営むことができることとなった。また、証券会社について、主要株主（原則、総株主または総出資者の議決権の一〇〇分の二〇以上を保有している者）は、議決権保有割合、保有の目的等を記載した届出書を内閣総理大臣に提出しなければならないこととなった。銀行については、主要株主ルールが存在していたが、平成一五年の改正では、それを証券会社にも及ぼすこととした。金融庁が証券会社の主要株主を把握することで、証券会社に対する信頼性を向上させることを目的とする。(2)

さらに、証券取引所については、国際競争力の強化と取引の流動性の向上をはかる観点から、持株会社制度を認めることとした。さらに、外国の取引参加者が国内に支店を設けることなく取引所取引に参加できる制度の整備がはかられた。そのために、証券取引法、外国証券業者に関する法律、金融先物取引法その他の関係法律の整備等がなされた。(3)

さらに、コーポレート・ガバナンスに関する改正が内閣府令で行われた。すなわち、企業内容等開示府令の改正で、有価証券報告書等における「コーポレート・ガバナンスに関する情報」、「リスクに関する情報」および「経営者による財務、経営成績の分析」についての開示の充実が要請されることとなった。加えて、有価証券報告書等の記載内容の適正性に関する代表取締役の確認書が、当該有価証券報告書等の添付書類とされた。(4)

なお、さらに、平成一五年には、ディスクロージャー制度について、証券取引法施行令を改正した。そこでは、有価証券の募集に該当するかどうかの判定基準である「勧誘の相手方の人数」の計算において、適格機関投資家を除外すること（少人数私募における五〇名カウントから「適格機関投資家」を除外する）、プロ私募（適格機関投資家のみを相手方として行う有価証券の取得の申込みの勧誘で適格機関投資家以外の者に譲渡されるおそれが少ない場合）の対象となる有価証券にエクイティ関連商品を加える（エクイティ関連商品に「プロ私募」を適用する）こととした。また、公開買付制度については、著しく少数の者からの株券等の買付け等であっても、その会社の総株主の議決権の三分の一を超える議決権を所有することとなる場合には、公開買付制度が強制されているところ、担保権の実行による株券等の買付け等について、その適用除外とする改正がなされた。さらに、上場株式の議決権の代理行使の勧誘に関する規則を廃止し、議決権の代理行使の勧誘手続については証券取引法施行令に規定されることとなった。

このほか、内閣府令の改正で、適格機関投資家に、短資会社、ベンチャー・キャピタル会社等を加える改正や、発行登録制度の利用適格要件の緩和が行われている。

平成一〇年の改正で、投資顧問業者の専業義務が廃止され、証券業や投資信託委託業の兼営が可能となった。証券会社は投資一任業務を行えることとなり、資産分散に関するアドバイス、投資顧問会社の紹介または投資信託の選択、注文の執行、証券の保護預かり、定期的な報告などのサービスを包みこんで提供する、いわゆる「ラップ口座」の提供が可能となった。しかし、一任勘定取引を行った銘柄について、自己売買を行ったものがあれば、その詳細を一任勘定の顧客に知らせることが要求されており、かかる煩雑な通知が、ラップ口座を積極的に売り込む弊害になっていると指摘された。そこで、平成一五年の証券投資顧問業法の改正で、内閣総理大臣の承認を得ることを条件に顧客への通知義務を緩和した。

（1）　平成一四年八月六日に公表された「証券市場の改革促進プログラム」をふまえ、金融審議会金融分科会第一部会の下に、「市場仲介者のあり方に関するワーキング・グループ」、「取引所のあり方に関するワーキング・グループ」および「ディスクロージャー・ワーキング・グループ」が設置された。「証券市場の改革促進プログラム」は、①誰もが投資しやすい市場の整備、②投資家の信頼が得られる市場の確立、③効率的で競争力のある市場の構築という三つの柱に沿って、発行体である企業、市場仲介者、市場開設者、投資家に関する制度についての包括的な取組みを定めていた。

（2）　金融審議会第一部会報告「証券市場の改革促進」は、「投資家の証券市場へのアクセスを一層容易にするため、……投資家保護に十分配意しつつ、証券会社の代理店制度（仮称）を導入することが適当である。」と述べている。また、「証券会社、投資信託委託業者、投資顧問業者等が、今後とも国民と証券市場とをつなぐ中核的な存在でありつづけるためには、国民からの十分な信頼を確保する必要がある。」とした上で、「経営に影響力を有する主要な株主に関しても、最低限の資質が確保できるように、行政がその適格性をチェックできる制度を整備するべきである。」としている。

（3）　金融審議会第一部会報告・前掲注（2）は、「我が国の投資家や資金調達者が市場の持つポテンシャルと利便性を十分に享受できるようにするとともに、わが国の取引所が金融証券取引のグローバル化に伴う市場間競争に適切に対応できるようにしていく必要がある。」としている。

（4）　金融審議会第一部会報告・前掲注（2）は、「投資家の信頼が得られる市場を確保する観点から、企業の事業や財務に関する情報の開示に関し、開示すべき情報の充実・強化を図るとともに、企業活動の活性化を通じた経済の活性化を図るという観点から開示規則の整備を行うべきである。」と述べている。その上で、「ディスクロージャーは、資金調達者たる企業と資金供給者たる投資家とをつなぐ情報の架橋である。最近の米国における不正会計事件の教訓をも踏まえると、投資家保護と市場への信頼性の向上を図る観点から、監査の質と実効性の確保とともに、ディスクロージャーの充実・強化を図る必要がある。」としている。

2　平成一六年の改正

金融審議会金融分科会第一部会は、「市場機能を中核とする金融システムに向けて」（平成一五年一二月二四日）と題する報告書を取りまとめ[1]、同報告書における提言を受けて、平成一六年に改正が行われた。

有価証券の定義については、投資事業有限責任組合にもとづく権利、同契約に類似する組合契約にもとづく権利等を有価証券とみなして、証券取引法の規制を及ぼすことにした。また、私設取引システムについて、従来の取引所との差別化の方針を改め、取引所との市場間競争を目指す方針に転換された。そのために、競争条件のイコールフィッティングを確保する必要があり、取引所取引原則を見直し、証券会社の最良執行義務を導入するとともに、私設取引システムに取引所と同じオークションによる価格決定方法が認められた。

投資者への直接開示として利用される目論見書に関しては、投資信託について、効率的に有益な情報が提供されるように制度の改善がなされた。そこでは、目論見書を、必ず交付が必要なものと、交付請求があった場合に交付が要求されるものに区分した。また、目論見書の交付を不要とすることに同意した者には、その交付を要しないものとすることができることとなった。証券取引法における情報開示書類の虚偽記載のよる損害賠償の規定が整備された。すなわち、虚偽記載等の公表日前後の平均価額の差額を一定の範囲内で損害額と推定するものとして、立証の困難が緩和された。

平成一六年の改正では、①虚偽記載のある開示書類により有価証券の募集等を行った者、②風説を流布しまたは偽計を用いて有価証券の売買等を行った者、③相場を操縦する一連の有価証券の売買等を行った者、④未公表の重要事実を知りつつ有価証券の売買等を行った会社関係者に対する課徴金の納付を命じる制度を導入した。(2) 課徴金制度の導入により、必要な調査を行うための報告徴求・検査等の権限が法定され、さらに、課徴金納付命令のための審判手続が規定された。

このほか、銀行等の金融機関に対する証券仲介業を認める改正がなされた。わが国では、証券取引法六五条により銀行業と証券業の分離が定められていた。平成一五年の改正における証券仲介業制度の創設においては、銀行等の金融機関による参入を認めないものとしていた。平成一六年の改正では、顧客の利便性、証券市場への新たな顧客層（投資経験のない銀行顧客層）の開拓などを理由として、銀行等の金融機関に証券仲介業を認めることとした。これにより、証券取引法六五条の意義は大きく変容することとなった。なお、銀行等の金融機関による証券仲介業への参入は、金融機関であるがゆえに必要となる有効な弊害防止措置を条件に認められることとなった。

(1)　「取引所のあり方に関するワーキング・グループ」では、ビッグバン改革以降の市場間競争の実情を踏まえ、日本の現実に即した制度的枠組みの見直しを提言し、「ディスクロージャー・ワーキング・グループ」では、市場入門商品としての投資信託の目論見書を投資家のニーズに応じて提供する仕組みなどの改革を提言した。部会本体では、①市場への信頼を確立するための、新たなツールの導入による市場監視機能の強化と、強化された機能を有効に担っていくための自主規制を含めた監視体制、②投資サービスの経済効果に応じた投資家保護のあり方、③市場機能を中核とする金融システムへ再構築していくための、国民意識の改革に向けた投資教育のあり方、④銀行・証券の連携強化方策が検討された。

(2)　金融審議会金融分科会第一部会報告「市場機能を中核とする金融システムに向けて」は、「違反行為に対する金銭的負担として、罰金額を大幅に引き上げるという考え方もあるが、他の刑事罰との均衡を考慮する必要性や、刑事罰そのものの謙抑主義的運用にかんがみれば、証券取引法の不公正取引規制違反、ディスクロージャー規制違反、証券会社などの行為規制違反を対象とした新たな課徴金制度を設けるべきである。」と述べた。

3　平成一七年の改正

わが国の証券取引法は、上場会社の株券等について、取引所市場外で、買付け後の所有割合が三分の一を超える量の買付けを行う場合には、公開買付けの手続を要求していた。かかる手続は、買付者に買付価格等をあらかじめ提示することを義務づけることで、株主の間に持株の売却の機会を平等に与えるためのものである。もっとも、証券取引所のシステムを利用した立会時間外の取引（立会外取引または時間外取引）を通じて、大口の投資者の間で、ネットワークでの相対交渉による取引が行われてきた。このような立会時間外の取引は、機関投資家などが大量の株券等を売買する上で有益なものであった。しかし、かかる制度を利用して支配権の取得を目的とする買付けがなされたことを契機として、制度の見直しが行われることとなり、立会外取引のうち、相対取引に類似する取引（取引所有価証券市場における競売売買の方法以外の方法による有価証券の売買等として内閣総理大臣が定めるもの）については、買付け後の株券等保有割合が三分の一を超える場合には、公開買付けの規制が適用されることとなった。

さらに、上場会社等の親会社等の規制が強化された。証券取引法は、継続開示会社について様々な情報開示を要求しているものの、その親会社等の情報はきわめて限定されたものしか開示されていなかった。上場会社等の投資者にとって、その会社の親会社の状況は投資判断において重要な情報となる。そこで、平成一七年の改正によって、親会社等状況報告書制度が導入された。すなわち、上場会社の親会社等で有価証券報告書を提出していないものは、親会社等の事業年度ごとに、その親会社等の株式の所有者に関する事項その他の事項を記載した報告書を内閣総理大臣に提出しなければならなくなった。

また、わが国の証券市場に上場している外国会社等は、日本語による有価証券報告書を作成し、内閣総理大臣に提出しなければならなかった。この点に関して、外国会社等の開示コストを軽減するための改正がなされた。かかる改正によって、外国会社等は、本国等において適切な開示基準に基づいて英語による開示がなされている場合には、日本語による要約その他の補足書類を添付することを条件に、英語による有価証券報告書等の提出が可能となった。これは、外国会社等のわが国証券市場への上場コストを軽減することで、わが国証券市場の国際競争力を高めるための改正である。

ところで、前述のように、平成一六年の改正で、虚偽記載のある発行開示書類を提出した者等について課徴金納付命令の制度が導入された。平成一七年には、金融庁が提出した証券取引法改正法案に国会が修正を加える形で、有価証券報告書等の虚偽記載についても課徴金納付命令の対象とする規定が置かれることになった。

平成一七年に、会社法制の現代化を目的として、商法関連の法律の大改正がなされた。そこでは、それまでの商法第二編会社、有限会社法、商法特例法などの各法律が会社法という一つの法典として再編成された。会社法の制定に伴い、会社法の施行に伴う関係法律の整備等に関する法律（平成一七年七月二六日法律八七号）において証券取引法等の改正がなされた。たとえば、会社法では、合同会社という新しい会社形態が認められた。これに伴い、合同会社の社員権その他これに類するものが証券取引法上の有価証券と定められた。会社法では、機関設計が柔軟に行えるような改正がなされた。また、取締役と共同して計算書類などを作成する会計参与制度が設けられた。これら機関に関する改正にあわせて、証券取引法の関連規定が改められている。

このほか、有限責任事業組合契約に関する法律（平成一七年五月六日法律四〇号）が制定されたことに関連して、同法にいう有限責任事業組合契約で公益または投資者保護を確保することが必要と認められるものとして政令で定めるものが、証券取引法上の有価証券と規定された。

第三款　金融商品取引法への改正

一　投資サービス法に向けての検討

わが国では、二一世紀を支える金融の新しい枠組みとして、幅広い金融サービスに対して整合的に対応しうる「日本版金融サービス法」に関する議論・検討が行われてきた。[1] 平成一七年一二月には、金融審議会金融分科会第一部会報告「投資サービス法（仮称）に向けて」（平成一七年一二月二二日）がとりまとめられた。同報告では、①利用者保護ルールの徹底と利用者保護の向上、②「貯蓄から投資」に向けての市場機能の確保、③金融・資本市場の国際化への対応の必要性が指摘された。

①については、幅広い金融商品について包括的・横断的な利用者保護の枠組みを整備することによって、既存の利用者保護法制の対象となっていない「隙間」を埋めるとともに、それまでの縦割り業法を見直し、同じ経済的機能を有する金融商品には同じルールを適用すること、一般投資家を念頭に置いた規制を特定投資家（プロ）を顧客とする場面で緩和するなど、規制の柔構造化をはかることが提言された。②については、企業開示やコーポレート・ガバナンス、公開買付制度、自主規制機能のあり方などについての問題提起に応え、これらに対応する資本市場におけるルールの再検討を行うことやルールの実効性を確保するためのエンフォースメントの強化に向けた検討を行うことが急務であるとしている。また、③については、金融・資本市場のグローバル化が一層進展するなか、国際市場としてわが国市場の魅力を高めるために市場法制の整備やエンフォースメントの強化を軸とするインフラ整備を急ぐことが求められるとし、さらに、国際的対応の観点からも、わが国において幅広い金融商品を対象とする枠組みの構築が急務とされた。

同報告を受けて、平成一八年六月七日、第一六四回国会（通常国会）において、「証券取引法等の一部を改正する法律」（平成一八年法律六五号）と「証券取引法等の一部を改正する法律の施行に伴う関係法律の整備等に関する法律」（平成一八年法律六六号）が可決成立した（同年六月一四日公布）。証券取引法等の改正は、その内容により三段階に分けて行われた。

（1）平成一〇年六月には「新しい金融の流れに関する懇談会」の「論点整理」が出され、平成一一年七月には、金融審議会第一部会「中間整理（第一次）」、同年一二月に「中間整理（第二次）」が取りまとめられた。さらに、平成一二年六月には、金融審議会答申「二一世紀を支える金融の新しい枠組みについて」が出され、利用者保護とイノベーションの促進をはかるため、機能別・横断的なルールとして「日本版金融サービス法」が必要であるとしていた。審議会等の動向については、三井秀範＝池田唯一監修、松尾直彦編著・一問一答金融商品取引法〔改訂版〕六頁（平成二〇年）参照。

二　段階的な施行

1　平成一八年施行の改正

有価証券届出書等の虚偽記載、風説の流布・偽計、相場操縦行為等に対する法定刑を引き上げる改正は平成一八年七月四日に施行された。(1)そこでは、これらの法定刑を、五年以下の懲役もしくは五〇〇万円以下の罰金またはこれらの併科から、一〇年以下の懲役もしくは一〇〇〇万円以下の罰金またはそれらの併科に引き上げられた。両罰規定においても、法人罰則が五億円以下から七億円以下に引き上げられた。また、内部者取引規制に違反した場合の罰則を、三年以下の懲役もしくは三〇〇万円以下の罰金またはこれらの併科から五年以下の懲役もしくは五〇〇万円以下の罰金またはこれらの併科、両罰規定も三億円以下の罰金から五億円以下の罰金に引き上げられた。これらの改正は、上場企業をめぐる一連の不正事件を受け、投資者保護の徹底、公正かつ透明な証券取引の確保および証券取引に対する国民の信頼を確保するためになされたものである。(2)また、いわゆる「見せ玉」(3)について、証券会社が行った場合を新たに刑事罰および課徴金の対象とし、顧客が行った場合も、従来の刑事罰に加えて、課徴金の対象とすることとなった。(4)「見せ玉」への対応も平成一八年七月四日に施行された。

つづいて、公開買付制度および大量保有報告書制度の整備がなされた。(5)これらの規定は、平成一八年一二月一三日（一部の規定については平成一九年一月一日）に施行された。そこでは、まず、公開買付制度の整備については、公開買付規制の適用範囲が明確化された。取引所有価証券市場内外の取引を組み合わせて、一定期間内に一定割合を超える買付けをすることで、株券等の所有割合が三分の一を超える場合に公開買付けを強制することとなった。また、買付者が競合する場合の公開買付けの義務化、買付条件の変更の柔軟化が実現した。これらは、企業買収において証券取引法の不備を利用した取引がなされ、それに対応するために改正が行われたものである。さらに、従来任意であった意見表明報告書の提出を義務化する改正、対象者の請求にもとづく公開買付期間の延長の許容、公開買付け後における株券等の所有割合が一定以上となる場合の応募株券等の全部買付義務が規定された。

また、大量保有報告書の整備として、機関投資家などに認められる特例報告制度に関する改正がなされた。そこでは、三か月ごとと緩和されていた報告頻度が二週間ごとに期間短縮された。また、特例報告は、「発行者である会社の事業活動を支配することを保有の目的としない」ものについてのみ認められていた。もっとも、かかる目的の異議が明確でなく、一部の投資ファンドによる制度の悪用が指摘されていた。この点、改正では、あらたに「重要提案行為等」を行うことを保有目的とする場合には、特例報告を認めないこととし、重要提案行為等の内容を政令で明確に規定することとなった。なお、大量保有報告書・変更報告書の提出を開示用電子情報処理組織（ＥＤＩＮＥＴ）で行うことを強制する改正もなされている。

（１）改正内容は証券取引法等の一部を改正する法律一条に規定されている。このほか、有価証券届出書の届出者等に対する資料提出命令等の規定が新設され、さらに、証券取引等監視委員会の犯則調査に関して、裁判官の許可状の交付を受けて、法令の規定にもとづき通信事務を取り扱う者が保管・所持する郵便物等に対する差押えができる旨が明確化された。

（２）三井秀範＝池田唯一監修、松尾直彦編著・一問一答金融商品取引法〔改訂版〕三〇頁（平成二〇年）。

（３）相場操縦の一手法として株価を誘導するために、約定する意思がないにもかかわらず、市場に注文を出して売買を申し込み、約定する前に取り消す行為をいう

（４）従前は、「見せ玉」等売買の申込行為による相場操縦行為が刑事罰の対象とされていたに過ぎなかった。証券取引等監視委員会

が平成一七年一一月二九日に行った建議を踏まえて、①顧客による「見せ玉」等売買の申込行為による相場操縦行為を課徴金の納付命令の対象とするとともに、②証券会社の自己の計算による「見せ玉」等売買の申込行為による相場操縦行為を刑事罰および課徴金の対象する改正がなされた。

(5) 改正内容は証券取引法等の一部を改正する法律二条に規定されている。金融審議会に公開買付けに関するワーキング・グループが設置され、公開買付制度等の見直しについて検討がなされた(平成一七年一二月に報告が取りまとめられている)。公開買付けや大量保有報告書制度の改正はかかる検討内容が反映されたものとなっている。

2 平成一九年施行の改正

平成一九年九月三〇日、証券取引法を改組し、金融商品取引法とする旨の改正法が施行された(1)。この改正は、金融商品取引に関する包括的・横断的な法制を実現するための大改正である。これには、広範囲にわたる法整備が必要であるものの、従来の証券取引法の章立て等の基本的骨格を変更する必要がないと判断され、形式上、証券取引法を一部改正する方式が採用された(2)。証券取引法等の一部を改正する法律と同時に制定された整備法では、外国証券業者に関する法律、証券投資顧問業法、抵当証券業の規制等に関する法律、金融先物取引法が廃止され、規制内容が金融商品取引法に統合された。さらに、八九本の法律が改正されている(3)。

金融商品取引法では、その基礎概念である有価証券の定義が整備された。すなわち、既存の利用者保護法制の対象となっていない「隙間」を埋める観点から、「集団投資スキーム」の包括的定義規定を定めた。また、信託受益権一般を同法上の有価証券とする改正がなされている。さらに、幅広い原資産(金融商品)や参照指標(金融指標)を対象とするデリバティブ取引が規制の対象となった。また、同じ経済的性質を有する金融商品には同じ利用者保護ルールを適用するという考えのものと、投資性の強い預金、保険などについて、銀行法、保険業法などで、金融商品取引法の定める行為規制を準用することで、規制の同一性をはかる横断的法制が整備された(4)。

証券取引法の下で証券業とされていたものが金融商品取引業と改められた。これとともに、有価証券関連以外のものを含むデリバティブ取引などを業として行うこと、投資助言・代理業、投資運用業および有価証券等管理業が新たに金融商品取引業の対象に追加された。他方で、「特定投資家」という概念を定め、特定投資家が契約締結や勧誘の相手方であるとき業者の行為規制の一部を免除する法制が創設された。一定の要件を満たす場合、特定投資家から特定投資家以外の投資者への移行、特定投資家以外の投資者から特定投資家への移行が認められる。

なお、従来、各業法で規定されていた自主規制機関（証券業協会、金融先物取引業協会、投資信託協会、証券投資顧問業協会など）について、法律上の機能の差を踏まえ、認可金融商品取引業協会および公益法人金融商品取引業協会として規定することとなった(5)。自主規制機関以外の民間団体が投資者保護をはかるために自主的に行う苦情解決・あっせん業務を行政が認定し、その業務の信頼性を高める制度として、認定投資者保護団体の制度が整備された。

証券取引法上の証券取引所に関する規定と金融先物取引法上の金融先物取引所に関する規定が統合され、金融商品取引所に関する規定として整備された。金融商品取引所は、取引所取引の公正性・透明性を向上させる観点から、自主規制業務を適切に行うことが求められる。自主規制業務の遂行の独立性を確保するため、自主規制法人と自主規制委員会（株式会社金融商品取引所に限る）の制度が設けられた。

上場会社については、自主規制によって四半期報告書制度および有価証券報告書等の記載内容が適正であることを確認した旨を記載した確認書の提出制度が実施されてきた。金融商品取引法では、これらの制度を法律上のものとして整備した。また、適正な財務・企業情報の開示を確保するため、会社の経営者および最高財務担当者が財務報告にかかる内部統制の有効性を評価する内部統制報告書制度が創設された。かかる報告書は公認会計士・監査法人の監査対象となる。

なお、投資信託法が一部改正され、投資信託委託業および投資法人資産運用業の認可制度が廃止され、これらの業務が金融商品取引法上の金融商品取引業に統合された。これとともに、投資信託法が定める行為規制は、金融商品取引法と重複する部分が削除され、同法固有の行為規制のみが維持されている。

金融審議会での議論の過程で、金融商品販売法の規制を金融商品取引法に一本化することが検討されたが、最終的には、証券取引法の改組後も、金融商品販売法は独立の法律として維持されることとなった。これは、たとえば、両法律で、同じく説明義務違反が規定されているものの、金融商品販売法では業者が違反すれば損害賠償責任を負うという民事上の効果が発生するものであるのに対して、金融商品取引法では違反すれば行政処分の対象となりうるという違反の効果の相違があることによる。(6) なお、平成一八年の整備法により、金融商品販売法上、重要な点で改正が加えられている。すなわち、「元本欠損が生ずるおそれ」に加えて、「当初元本を上回る損失が生ずるおそれ」についても説明義務が規定され、さらに、説明の対象に「取引の仕組み」が追加された。説明を尽くしたかどうかの判断基準として、顧客の知識、経験、財産の状況および投資目的に照らして、顧客に理解されるために必要な方法および程度によることが求められた点も注意を要する。なお、この改正で、金融商品販売法で断定的判断の提供の禁止が規定され、違反した場合の民事責任が定められることとなった。

(1)　改正内容は証券取引法等の一部を改正する法律三条に規定されている。既述の金融審議会第一部会では、投資性の強い金融商品・サービスを対象とする法律という意味で「投資サービス法（仮称）」という名称が用いられていた。もっとも、「投資」という用語は、「直接投資」や「設備投資」などのように、実物投資を意味する場合もあること、わが国の市場に関する基本法とも位置づけされる法律の題名については、可能な限り、外来語の片かな表記を用いるのではなく、日本語を使用することが望ましいと考えられることを理由として、「投資サービス法」ではなく、「金融商品取引法」の名称が用いられた。三井秀範＝池田唯一監修、松尾直彦編著・一問一答金融商品取引法〔改訂版〕四二頁（平成二〇年）。

(2)　三井他監修・前掲注（1）四一頁。

(3)　証券取引法施行令（昭和四〇年政令三二一号）は金融商品取引法施行令と名称が改められ、内容についても改正が加えられている（証券取引法等の一部を改正する法律及び証券取引法等の一部を改正する法律の施行に伴う関係法律の整備等に関する法律の施行に伴う関係政令の整備等に関する政令（平成一九年政令二三三号）。そこでは、四本の政令が廃止され、関連する八八本の政令が改正された。

また、内閣府令についても整理がなされている。証券会社の行為規制等に関する内閣府令（昭和四〇年大蔵令六〇号）、証券会社に関する内閣府令（平成一〇年総理府・大蔵令三二号）、金融機関の証券業務に関する内閣府令（平成一〇年総理府・大蔵令三五号）、証券会社の分別保管に関する内閣府令（平成一〇年総理府・大蔵令三六号）、証券会社の自己資本規制に関する内閣府令（平成一三年内閣令二三号）、証券仲介業者に関する内閣府令（平成一六年内閣令一号）などが廃止され、新たに、金融商品取引業者等に関する内閣府令（金商業等府令）（平成一九年内閣令五二号）が新設された。また、店頭売買有価証券市場等に関する内閣府令（平成四年大蔵令四四号）、取扱有価証券に関する内閣府令（平成一七年内閣令七号）が廃止され、金融商品取引業協会等に関する内閣府令（協会府令）（平成一九年内閣令五三号）が新設された。さらに、証券取引所及び証券取引所持株会社に関する内閣府令（昭和二八年大蔵令七六号）、外国証券取引所に関する内閣府令（平成一六年内閣令二号）、証券先物取引等に関する内閣府令（昭和六〇年大蔵令五〇号）が廃止され、金融商品取引所等に関する内閣府令（取引所府令）（平成一九年内閣令五四号）が新設された。加えて、会社関係者等の特定有価証券等の取引規制に関する内閣府令（平成元年大蔵令一〇号）、上場等株券の発行者である会社が行う上場等株券の売買等に関する内閣府令（平成一三年内閣令七二号）、上場会社等の役員及び主要株主の当該上場会社等の特定有価証券等の売買に関する内閣府令（昭和六三年大蔵令四〇号）、安定操作取引の届出等に関する内閣府令（昭和四六年大蔵令四三号）などが廃止され、有価証券の取引等の規制に関する内閣府令（有価証券規制府令）（平成一九年内閣令五九号）が新設された。

なお、証券取引法第二条に規定する定義に関する内閣府令（平成五年大蔵令一四号）は、金融商品取引法第二条に規定する定義に関する内閣府令（定義府令）となり、企業内容等の開示に関する内閣府令（企業内容等開示府令）（昭和四八年大蔵令五号）、投資信託及び投資法人に関する法律施行規則（投資信託法施行規則）（平成一二年総理府令一二九号）、銀行法施行規則（昭和五七年大蔵令一〇号）なども改正されている。

（4）　金融審議会金融分科会第一部会報告「投資サービス法（仮称）に向けて」では、「これまでの審議において包括的・横断的な規制を提供することについて概ね合意が得られている『投資性のある金融商品』について早期の法制化に取り組むことが適用」としていた。金融商品取引法は、この点で、金融商品全般を対象とするより包括的な「金融サービス法」としてではなく、投資性の高い商品について横断的な規制を行う「投資サービス法」と位置づけされるものとなった。金融商品取引法では、預金・保険・信託等について、直接の規制の対象とはせずに、投資性のある商品（政令指定）について金融商品取引法上の行為規制を準用するものとされた。この点で、金融商品取引法の行為規制と同等の規制が横断的に適用されるものとはなっている。もっとも、金融商品取引法に直接規定される場合と異なり、行為規制に違反した場合の行政処分は銀行法や保険業法など各業法を根拠に行われることとなる。さらに、商品先物取引については、金融商品取引法の対象であるデリバティブ取引と同様に投資性の強い性格を有するものの、農産物や鉱物の生産や流通において発生する価格変動リスクに対する保障機能を担う等の役割も果たしていることから、現物取引の生産・流通をめぐる政策と密接に関連するものとして、引き続き、商品取引所法（現在の商品先物取引法）において規制されるものとされた。澤飯敦＝堀弘＝酒井敦史「行為規制」商事法務一七七七号二五頁。また、不動産特定共同事業についても、投資性の強い金融商品・サービスとしての性格を有する一方、従来の不動産特定共同事業法において課せられている不動産に固有の規制も引続き必要であることから、不動産特定共同事業による規制の枠組みが維持された。澤飯他・前掲二五頁。もっとも、同じ経済的性質を有する金融商品には同じルールを適用するとの基本方針から、商品取引所法や不動産特定共同事業法の改正で、金融商品取引法の行為規制と同等の規制が定められている。銀行法や保険業法などと異なり、そこでは、金融商品取引の規定を準用するという形ではなく、あらたに同様の規定を法改正で規定することで、規制の同等性の確保が図られた。銀行法や保険業法の所管官庁は、金融商品取引法と同じく金融庁である。これに対して、商品取引所法のそれは農林水産省と経済産業省（共管）、不動産特定共同事業法のそれは国土交通省と金融庁（共管）であり、かかる違いが法整備のあり方に影響を与えているように思われる。

（5）　その後、公益法人制度の改革により、公益法人金融商品取引所は、認定金融商品取引所とその名称が改められている。

（6）　松尾直彦監修、池田和世著・逐条解説新金融商品販売法二二頁（平成二〇年）。この点については、金融商品取引法上、すでに開示義務違反、相場操縦規制違反について損害賠償責任規定があることから、同法の規定に違反した場合に、行政処分のほか損害賠償責任などの民事効を定めることは立法論的に可能ではないかとする見解がある。川口恭弘「金融商品取引業者等の行為規制」ジュリスト一三六八号三七頁。なお、大崎貞和・解説金融商品取引法〔第三版〕九一頁（平成一九年）は、「金融商品販売法が預金や保険などを含む幅広い対象をカバーしているのに対し、金融商品取引法の適用対象は、従来の証券取引法よりは拡大されはしたものの、投資性の高い投資商品のみに限られている。また、他の業法によって投資者保護のルールがすでに設けられている場合にまでは拡張されないこととなった。その結果、金融商品販売法にいう金融商品販売業者は、新法の金融商品取引業者と重なり合ってはいるものの、全く同一というわけではない。そこで、金融商品取引法の制定後も金融商品販売法は独立の法律として残されることになった。」としている。

第四款　金融商品取引法の改正

一　経済のグローバル化と市場の競争力強化

1　平成二〇年の改正

経済のグローバル化が進展するなかで、世界の主要な金融センター間における競争が激しくなっている。このような状況の下、わが国の金融・資本市場の魅力を向上させ、その競争力を高める必要があると認識されるようなった。[1] 金融庁は、「金融・資本市場競争力強化プラン」（平成一九年一二月二一日）を策定・公表した。[2] 平成二〇年、当該プランを実現するため、①多様な資産運用・調達機会の提供、②多様で質の高い金融サービスの提供、③公正・透明で信頼性のある市場の構築を内容とする改正が実施された。

①として、直接の市場参加者を特定投資家（プロ投資家）に限定した取引所市場の創設が可能となった。そこでは、プロ向け市場において取引される有価証券（特定投資家向け有価証券）について、公衆縦覧型の開示規制を免除するとともに、取引所自主規制による柔軟な情報提供の枠組みが設けられた。[3] さらに、上場投資信託（ETF（Exchange Traded Fund））について、金などの商品先物の指数に連動する投資信託（商品ETF）を創設するなど、その多様化を可能とするための制度が整備された。

②として、銀行・証券会社・保険会社間のファイアー・ウォール規制が見直され、役職員等の兼職規制等の緩和が行われた。これに伴い、利益相反による弊害防止の実効性を確保する観点から、各金融機関において適正な情報管理と適切な内部管理体制の整備を義務づけることとなった。なお、多様な顧客ニーズ等に対応するため、銀行・保険会社本体において排出量取引、投資助言業務を認めるなどの業務範囲を拡大する改正がなされている。

③として。課徴金制度の見直しがなされた。具体的には、内部者取引等の不公正取引、開示書類の虚偽記載に関する課徴金の算定方法が見直され、金額水準が引き上げられた。また、あらたに、開示書類の不提出等を課徴金の対象とするなど、その適用範囲が拡大された。なお、金融商品取引法の違反行為について、裁判所に差止命令を申し立て

る権限を、金融庁長官は証券取引等監視委員会に委任できる旨の改正がなされている。

（1）　金融審議会は、金融分科会の下に「我が国金融・資本市場の国際化に関するスタディグループ」を設置し、競争力強化に向けた課題について審議を行った。その審議の成果は、「中間論点整理（第一次）」（平成一九年六月一三日）としてとりまとめられた。さらに、経済財政諮問会議でも議論が開始され、金融・資本市場ワーキンググループは、「真に競争力のある金融・資本市場の構築に向けて」（平成一九年四月二〇日）を公表した。その後、金融審議会金融分科会第一部会報告「我が国金融・資本市場の競争力強化に向けて」（平成一九年一二月一八日）、同第二部会報告「銀行・保険会社グループの業務範囲規制のあり方等について」（平成一九年一二月一八日）が公表された。なお、課徴金の見直しについては、第一部会の下に「法制ワーキング・グループ」が設置され、専門的な観点から検討が行われた。その成果は、「課徴金制度のあり方について」（平成一九年一二月一八日）としてとりまとめられた。

（2）　同プランは、①信頼と活力のある市場の構築、②金融サービス業の活力と競争を促すビジネス環境の整備、③より良い規制環境（ベター・レギュレーション）の実現、④市場をめぐる周辺環境の整備の四つの柱から構成され、市場競争力のための政策を包括的に盛り込んだ政策パッケージである。池田唯一他・逐条解説・二〇〇八年金融商品取引法改正一九頁（平成二〇年）。

（3）　東京証券取引所は、ロンドン証券取引所と合弁で、ＴＯＫＹＯ ＡＩＭ取引所を創設し（株式会社東京証券取引所グループの子会社として）、平成二一年六月一日より、プロ向け市場を開設した。

２　平成二一年の改正

アメリカの有力投資銀行の破綻を契機として、国際的な金融・資本市場が大混乱するなか、世界各国で金融システムの安定化のための方策が模索・決定された[1]。わが国でも、金融危機の再発防止をはかるほか、多様化・複雑化する金融商品・金融サービスについて利用者が安心して取引できる環境整備が重要な課題となった。

金融審議会金融分科会第一部会では、格付会社の規制の見直し、金融商品取引所と商品取引所との相互乗り入れ、開示制度の見直しについて審議がなされた。その成果は、「信頼と活力のある市場の構築に向けて」（平成二〇年一二月一七日）として取りまとめられた。また、開示制度の見直しについて、第一部会の下に、ディスクロージャー・ワーキング・グループが設置され、「開示諸制度の見直しについて」（平成二〇年一二月一七日）と題する報告書を公表した。さらに、金融審議会金融分科会第一部会・第二部会の合同会合で、金融分野における裁判外紛争解決制度（金融ＡＤＲ）のあり方について審議がなされた。これらを踏まえて、平成二一年、信頼と活力のある金融・資本市場の構築に必要な制度整備を包括的に盛り込んだ改正がなされることとなった。(2)

まず、市場の公正性・透明性を確保するため、信用格付業者に対する規制が設けられた。そこでは、格付会社について登録を可能とする制度を設け、無登録業者による格付けについては、金融商品取引業者等が、無登録業者による格付けである旨等を説明することなく、金融商品取引契約の締結の勧誘をすることを禁止した。かかる規制によって、格付会社の登録が促進されるものと考えられる。登録を受けた格付会社には、利益相反防止体制の整備等が義務づけられる。

また、利用者保護の充実をはかるため、金融分野における裁判外紛争解決制度（金融ＡＤＲ）が創設された。金融ＡＤＲは、金融取引におけるトラブルの迅速な解決をはかる裁判外の簡易な解決手段としてその活用が期待される。さらに、有価証券店頭デリバティブについては、主として金融機関間で行われる取引であることを踏まえ、顧客から預託を受けた金銭等の分別管理は要求されていなかった。この点について、有価証券店頭デリバティブ取引でも主として個人の顧客を相手とする取引も見られるようになったため、投資者保護に支障がないと認められるものを除き、顧客からの預託財産にかかる金融商品取引業者の分別管理義務の対象に加えられた。

なお、金融商品取引法上の特定投資家制度では、特定投資家と一般投資家との間の移行が、一定の範囲で認められ、規制の柔軟化がはかられている。平成二一年改正までは、特定投資家から一般投資家への移行について、一年ごとに移行手続が必要であり、さらに、移行後一年が経過すれば、再び申請をするのでなければ、特定投資家に戻るものとされていた。この点については、顧客の意思の確認の徹底や迅速な取引の妨げになるとの批判があった。そこで、平成二一年の改正では、特定投資家から一般投資家への移行の効果は、顧客の申出があるまで有効とすることにした。これにより、一般投資家への移行の効果は無期限となり、顧客が申出を行い、業者が承諾をすることにより、特定投資家に戻ることができるものとなった。また、改正前までは、一般投資家から特定投資家へ移行した場合、期限日までの一年間、一般投資家に戻ることはできなかった。この点について、改正では、一般投資家から特定投資家への移行の効果は引き続き一年とするものの、投資家保護の観点から、それ以前であっても、申出により一般投資家に戻ることができることとした。

これらに加えて、公正で利便性の高い市場基盤を整備するための改正がなされた。まず、金融商品取引所と商品取引所の相互乗り入れを可能とする立法がなされた(3)。これにより、今後、金融商品取引所と商品取引所の統合が進む可能性がある。また、有価証券の「売出し」の定義が見直された。すなわち、売出しの定義から、「均一の条件」が削除されるとともに、有価証券の売出しにかかる開示規制を、法定開示、簡易の情報提供、開示免除の三種類とする改正がなされている。

(1)　二〇〇八年九月、アメリカの有力投資銀行であったリーマン・ブラザーズが、破産法一一条の適用を申請し、破綻した。当時、アメリカでは、支払能力の劣る債務者を対象とした高金利の住宅担保貸付（サブプライム・ローン）が証券化され、住宅バブルの崩壊とともに、当該証券を組み込んだ金融商品に対する信頼が失墜した。いわゆる、リーマン・ショックを発端として、アメリカ経済は大混乱に陥った。アメリカでは、金融危機に緊急に対応するため、金融機関を公的資金で救済するための法律（緊急経済安定化法）が、紆余曲折を経て、連邦議会を通過した。アメリカのみならず、世界各国で、金融危機に対応するための緊急立法が成立した。

(2)　池田唯一他・逐条解説・二〇〇九年金融商品取引法の改正四頁（平成二一年）。

(3)　金融商品取引所が商品市場を開設することや商品取引所を子会社とすること、商品取引所が金融商品市場を開設することや金融商品取引所を子会社とすること等を可能とする枠組みが整備された。

二　金融・資本市場の基盤の強化

1　平成二二年の改正

金融庁は、「金融・資本市場に係る制度整備について」（平成二二年一月二一日）を公表した。そこで盛り込まれた法令に関する内容は、店頭デリバティブ取引等の決済の安定性・透明性の向上、グループ規制・監督の強化、その他投資家保護のための措置に分けられる。平成二二年、右の規制を実現するための改正がなされた。

世界的な金融危機を受け、店頭デリバティブ取引やヘッジ・ファンドなどの規制強化が議論された。改正法では、店頭デリバティブ取引等の決済の安定性・透明性を向上させるため、取引規模が多額で、清算集中による決済リスクの減少がわが国市場の安定に必要と考えられる一定の取引について、国内清算機関、国内清算機関と外国清算機関等の連携による方式または外国清算機関のいずれかにおいて清算することを義務づけた。清算機関は、危機の伝播を遮断する役割を担うシステム上重要なインフラであり、リスク管理能力の向上をはかる観点から、最低資本金規制が導入され、さらに、特定の大株主による不当な影響力を排除するため主要株主規制が規定された。なお、わが国市場における決済リスクの縮減を確実かつ速やかに達成する観点からは、清算機関集中をはかる際には国内清算機関への集中を義務づけることが望ましい(1)。もっとも、わが国の金融機関の多くが国境を越えて金融取引を行っているという実態を考慮して、一定の要件の下で、外国清算機関の参入を可能とする制度とされた。加えて、監督当局による取引実態の把握を可能とするため、金融商品取引業者等や清算機関について、取引情報保存・報告制度を創設することとされた。

金融商品取引法は、金融商品取引業者（第一種金融商品取引業者・投資運用業者）の主要株主規制を定め、一定の基準（適格性）を満たした主要株主（原則として二〇パーセント以上の議決権を有する者）について、届出義務を課している。もっとも、監督官庁には、主要株主に対する監督権限は付与されていなかった。この点について、主要株主が金融商品取引業者の適切な業務運営を妨げる行為を行うことを防止するため、特に、議決権の過半数を保有する株主に対して、金融商品取引業者の業務運営・財産状況の改善に必要な措置を求めることができる権限を監督官庁に認めることで、主要株主規制を強化した。また、従来は、金融商品取引業者に対する規制は、単体ベースのものが基本となっていた。しかし、組織の巨大化・グループ化が進むなか、グループ・ベースでの強固で包括的なリスク管理を徹底させることが必要と認識されるようなった。(2) そこで、一定規模以上の業者については、連結自己資本規制等、連結ベースの規制・監督の制度を導入することとなった。

このほか、投資者保護のための措置として、金融商品取引業者全般に対する監督当局による破産手続開始の申立権の整備、信託業の免許取消し等の際の監督当局による新受託者選任等の申立権の整備、裁判所の緊急停止命令に違反した場合の両罰規定が整備された。

(1)　寺田達史他・逐条解説・二〇一〇年金融商品取引法改正八頁（平成二二年）。
(2)　寺田他・前掲注（1）一三頁。

2　平成二三年の改正

平成二三年に、資本市場及び金融業の基盤強化のための金融商品取引法等の一部を改正する法律（平成二三年五月二五日法律四九号）が成立、公布された。わが国では、少子高齢化が進展し、経済の低成長が続くなか、家計部門に適切な投資機会を提供し、企業等に多様な資金調達手段を確保することを通じて、金融がこれまで以上に実態経済を支えることが求められている。他方で、わが国は、一四〇〇兆円を超える家計部門の金融資産、高度な人材・技術等を有し、成長著しいアジア経済圏に隣接しており、このような好条件を活かし、わが国の金融業が成長産業として発展し、付加価値を高めることが求められている。かかる認識の下、(1) 資本市場と金融業の基盤強化を図るための改正がなされた。

このような目的をもった改正法は、①多様で円滑な資金供給の実現、②国民資産を有効活用できる資産運用機会の提供、③市場の信頼性の確保の三つの柱からなる。

①として、金融商品取引法改正に関連するものは、いわゆるライツ・オファリングにかかる開示制度等の整備があげられる。ライツ・オファリングは、株主全員に新株予約権を無償で割り当てるもので、公募増資、第三者割当増資と並ぶ企業の増資方法の一つである。平成二三年の改正では、ライツ・オファリングの積極的活用を実現するため、金融商品取引法上の規制を緩和している。すなわち、割り当てられる新株予約権が金融商品取引所に上場されているまたは上場が予定されている場合で、当該新株予約権にかかる有価証券届出書等の提出がなされた旨などが、その提出後遅滞なく日刊新聞紙に掲載される場合には、目論見書の作成・交付を不要とした。さらに、いわゆるコミットメント型ライツ・オファリング（株主等が権利行使をしなかった新株予約権を発行者が取得した上で証券会社に売却し、当該証券会社が権利行使を行い、株式を取得するスキーム）を想定して、「引受人」の定義が拡大された(2)。

②として、外国会社等による英文開示について、対象とする開示書類の範囲を有価証券届出書等の発行開示書類および臨時報告書に拡大した。従来は、英文開示の対象範囲は、有価証券報告書等の継続開示書類に限られていたが、外国会社等の日本国内での上場を促進するため、その対象を広げるものとされた。さらに、投資運用業の立ち上げを促進するため、顧客がプロ等に限定される場合は、投資運用業の登録要件（最低資本金等）の一部を緩和する改正がなされている。

③として、無登録業者による未公開株等の売付けがなされた場合、その売買契約を無効とする規定が新設された。これは、未公開株等を上場間近というような虚偽の情報を用いて勧誘を行う事例が多発したことを受けて、被害者救済のために設けられたルールである。このほか、無登録業者による公告・勧誘行為の禁止、および無登録業者に対する罰則の引上げがなされた。

(1)　澤飯敦＝出原正弘「資本市場及び金融業の基盤強化のための金融商品取引法等の一部を改正する法律の概要」商事法務一九三五号四頁。

(2)　金融商品取引法関連以外の改正として、中小企業等に新たな資金調達手法を提供するために、コミットメントライン（特定融資枠契約）の借主の範囲が拡大され（特定融資枠契約に関する法律の改正）、また、中小企業等がワンストップサービスを享受できるように、銀行・保険会社等金融機関本体によるファイナンス・リースの提供が解禁された（銀行法・保険業法の改正）。

第三節　金融商品取引法の基礎概念——有価証券とデリバティブ取引

第一款　金融商品取引法上の有価証券とデリバティブ取引の意義

一　投資証券としての有価証券

金融商品取引法は、「有価証券の発行及び金融商品等の取引等を公正にし、有価証券の流通を円滑にする」ことを目的とする法律である（金商法一条参照）。このように、金融商品取引法は、有価証券を中心的な基礎概念とする法律である。証券取引法も有価証券に関する法律であり、有価証券を中心的な基礎概念とする法律であった(1)。金融商品取引法は、さらに、デリバティブ取引をその中心的な基礎概念として規定している。証券取引法でも、有価証券に関するデリバティブ取引が規制の対象とされていた。金融商品取引法は、これに加え、金融先物取引も規制対象とし、さらに、有価証券以外の金融商品および有価証券指数以外の金融指標についてのデリバティブ取引も規制の対象としている。[2]

金融商品取引法の基礎概念をなす有価証券は、企業経営に対する投資上の地位として把握された投資証券を意味し、民商法上の有価証券とは必ずしも一致しない。民商法上の有価証券は、権利の流通の側面から把握された流通証券を意味する。民商法上の有価証券の意義については、それが、財産的価値を有する私権を表章する証券で、権利の移転に証券を要するものと解するか[3]、あるいは、財産的価値を有する私権を表章する証券で、権利の移転および行使に証券を要するものと解するか[4]について見解の対立がある。しかし、権利の流通を容易にするために権利を証券に化体したものとして把握することについては見解が一致している。したがって、民商法上の有価証券は、株券や社債券などの投資証券のみならず、手形や小切手などの金銭証券および貨物引換証や倉庫証券などの物品証券をも含むものである。

これに対し、企業経営に対する投資に関する規制を目的とする金融商品取引法においては、有価証券は、企業経営に対する投資上の地位として把握された投資証券を意味する。投資証券の性質を有しないものは、民商法上の有価証券であっても、金融商品取引法上の有価証券ではない。したがって、商業手形、小切手、貨物引換証および倉庫証券などは、金融商品取引法上の有価証券ではない。一方で、投資証券の性質を有するものは民商法上の有価証券でないものでも、金融商品取引法上の有価証券である[5]。

なお、金融商品取引法は「金融商品」の定義を定めている（金商法二条二四項）。有価証券はかかる金融商品の定義に含まれる（金商法二条二四項一号）。もっとも、同法上の「金融商品」の概念はデリバティブ取引を定義するための技術的概念であり、金融商品取引法は金融商品の取引に適用されるわけではない点に注意が必要である[6]。

（1）証券取引法上の有価証券の概念が有する意味とその内容についての優れた分析として、竹内昭夫「証券取引法上の有価証券」河本還暦・証券取引法大系一一頁以下（昭和六一年）参照。

（2）　金融審議会金融分科会第一部会「中間整理」（平成一六年七月七日）では、「今後とも金融イノベーションが進むなか、新たな金融商品が登場しても、これを購入する利用者の保護に欠けることがなく、新たな商品にどのような規制が適用されるかを事前に明確にすべきである。」としていた。さらに、このような利用者保護を前提に、「活力ある金融市場を構築すべく、現在の縦割り業法を見直し、幅広い金融商品を対象とした法制を目指すことが必要である。」として、「法律上の投資家保護策が講じられていない、各種法人・組合などへの出資持分、スワップなどを含むデリバティブ取引、流通性のある金銭債権などの権利や取引、証券取引法以外の法律による投資家（利用者）保護の対象となっている、デリバティブ取引、抵当証券、信託受益権、投資性を有する保険・預金など、といった可能な限り幅広い金融商品を対象とすべきである。」と提言していた。また、「デリバティブ取引についても、原資産を問わず、規制の対象とすべき」とされた。かかる中間報告を受け、同第一部会報告「投資サービス法（仮称）に向けて」（平成一七年一二月二二日）「別紙2・各金融商品の取扱いに関する整理」では、「デリバティブ取引」について、「金利・通貨スワップ、クレジット・デリバティブ、天候デリバティブなども含め幅広く投資サービス業の対象範囲に含めることが適当と考えられる。」とされた。このような議論を受けて、金融商品取引法では、広くデリバティブ取引を規制の対象に置くこととした。

（3）　本間喜一「有価証券の概念に就て」青山還暦・商法及保険の研究一頁（昭和六年）、石井照久「有価証券理論の反省」竹田古稀・商法の諸問題四四一頁（昭和二七年）。

（4）　鈴木竹雄「手形法の基礎理論」手形法・小切手法講座一巻七頁（昭和三九年）。なお、西原寛一「有価証券の概念と証券の流通性」神戸法学雑誌四巻三・四号二七頁参照。

（5）　証券取引法の時代から、同法上の有価証券の意義としてこのように考えられてきた。金融商品取引法への改組の際の議論でも、かかる立場がより明確にされている。すなわち、金融審議会金融分科会第一部会「中間整理」・前掲注（2）は、規制の対象とすべき金融商品について、①金銭の出資、金銭等の償還の可能性をもち、②資産や指標などに関連して、③より高いリターン（経済的効用）を期待してリスクをとるものといった基準を設定した。金融審議会金融分科会第一部会報告・前掲注（2）は、これらの基準は、いわゆる「投資性」の有無の判断基準として、規制対象とする投資商品の範囲についての具体的な検討にあたって基礎となるべきものとしている。その上で、③の「リスク」と「リターン」の意義について、「『リスク』の意義については、現行の金融商品販売法の説明義務の対象を参考に、金利、通貨の価格、有価証券市場における相場その他の指標に係る変動により元本欠損が生ずるおそれ（いわゆる市場リスク）、金融商品販売者その他の者（例えば発行者）の業務又は財産の状況の変化により元本欠損が生ずるおそれ（いわゆる信用リスク）のいずれかのリスクがあることを中心に整理することが考えられる。また、『リターン』の意義については、経済的効用の向上（の可能性）と広範に捉えることが望ましいが、利用者の投資商品への典型的な期待が『金銭的収益（プラスのキャッシュフロー）』であると考えられることなどを勘案すると、『金銭的収益』への期待を中心として整理することが考えられる。」としている。

（6）黒沼悦郎・金融商品取引法入門〔第四版〕三三頁（平成二三年）。

二　有価証券・デリバティブ取引概念の機能

1　規制の適用範囲の決定

有価証券およびデリバティブ取引の概念は、金融商品取引法の適用範囲を定めるものである。金融商品取引法の有価証券またはデリバティブ取引とされることにより、つぎのような効果が発生する。

まず、金融商品取引法上の有価証券に該当すれば、その発行者などに発行開示および継続開示が要請される（金商法四条一項・五条一項・一五条・二四条一項、金商令三条・三条の六第二項）(1)。さらに、公開買付けを行う場合（金商法二七条の二以下）、保有割合が五パーセントを超える場合（金商法二七条の二三）、一定の開示義務を負う(2)。

つぎに、金融商品取引法の有価証券の取引およびデリバティブ取引については、同法が定める不公正取引の禁止規定の適用がある。金融商品取引法は、有価証券の売買その他の取引またはデリバティブ取引等についての不公正取引を一般的に禁止する（金商法一五七条）。また、有価証券の取引やデリバティブ取引についての風説の流布、偽計・暴行・脅迫等を行うことも禁止する（金商法一五八条）。さらに、有価証券の売買、デリバティブ取引について相場操縦および内部者取引について禁止規定がある（金商法一五九条・一六六条）(3)。

有価証券およびデリバティブ取引の定義は、金融商品取引法が規制の対象とする金融商品取引業の範囲を決定する。金融商品取引法に定める金融商品取引業の定義は、有価証券に関する業務およびデリバティブ取引に関する業務として定められている（金商法二条八項各号）。金融商品取引業を行うには内閣総理大臣への登録が必要である（金商法二九条）。金融商品取引法に定める有価証券またはデリバティブ取引に該当すれば、それについての業務を行うには参入規制が課せられる。金融商品取引所は内閣総理大臣の免許を受けて金融商品市場を開設する金融商品会員制法人または株式会社である（金商法二条一六項）。金融商品市場は、有価証券の売買または市場デリバティブ取引を行う市場である（金商法二条一四項）。したがって、有価証券およびデリバティブ取引の概念は金融商品取引所に関する規定の適用範囲も画定することとなる。

（1）　金融商品取引法三条は、一定の有価証券について、同法の定める企業内容等の開示規制を適用除外する旨を定めている。

（2）　公開買付けの開示が要求される有価証券は、有価証券報告書を提出しなければならない会社が発行するもので、その種類は、①株券、新株予約権証券、新株予約権付社債券、②外国の者の発行する証券または証書で①の有価証券の性質を有するもの、③投資証券等、④有価証券信託受益権証券で、受託有価証券が①から③までの有価証券であるもの、⑤預託証券で、①から③の有価証券にかかる権利を表示するものに限られる（金商法二七条の二第一項、金商令六条一項）。また、大量保有の開示を要求される有価証券の種類についても同様のものが定められているものの、それは金融商品取引所に上場されているものおよび店頭売買有価証券に限られる（金商法二七条の二三第一項、金商令一四条の四第一項）。

（3）　内部者取引規制、相場操縦規制においては、適用される有価証券は上場会社等が発行するもの等に限定される。また、相場操縦規制においては、市場デリバティブ取引と金融商品取引所が上場する金融商品・金融指標にかかる店頭デリバティブ取引が規制対象となる。

2　業務分野の区分

わが国の金融商品取引法は、銀行などの金融機関が、有価証券関連業または投資運用業を行うことを禁止している（金商法三三条一項）。ここにいう有価証券関連業は、有価証券の売買、その媒介・取次ぎ・代理、取引所金融商品市場・外国金融商品市場における有価証券売買の委託の媒介・取次ぎ・代理といった有価証券に関連する取引のほか、市場デリバティブ取引および店頭デリバティブ取引のうち、有価証券や有価証券に関連する数値等に関するものをいう（金商法二八条八項）。金融商品取引法においては、ある投資商品が有価証券に該当すれば、それに関する業務は金融商品取引業として、金融商品取引業者に認めるものの、銀行などの金融機関は、この規制によって当該業務から排除されることとなる。有価証券の概念が、金融商品取引業者と銀行などの金融機関との業務分野を区分する機能を果たしてきた。(1)

かつては、このような分離規定には手を触れないとの方針が貫かれていた。(2) しかし、このような方針は転換された。(3) すなわち、禁止の例外を定める金融商品取引法三三条二項を改正することで、銀行などの金融機関が行うことのできる業務の範囲が拡大されるようになった。これによって、特定の金融商品が有価証券に該当しても、銀行などの金融機関が行うことができる道が開かれるようになった。ただし、業際規制は大きく変容したとはいえ、そのためには、金融商品取引法の改正で個別の有価証券関連業を銀行などの金融機関に認めていくことが必要である。この場合、有価証券の定義が銀行などの金融機関と金融商品取引業者の業務範囲を決定するという、いわゆる「ワンセット規制」方式は、緩められたとはいえ、依然として、わが国の金融商品取引法の大きな特色として残されているといえる。(4)

(1)　証券取引法の時代、分離規定は六五条に規定されていた。そこでは、銀行などの金融機関が、証券取引法二条八項各号に掲げる行為を営業とすることを禁止していた。二条八項は証券業の定義を定めるものであり、したがって、銀行などの金融機関は、証券取引法六五条一項によって、原則として、証券業を行うことができないものとされていた。金融商品取引法二条八項は金融商品取引業を定義する。金融商品取引業は証券取引法上の証券業より広い概念として定義されている。したがって、銀行などの金融機関に金融商品取引業を禁止する方法は、従来の証券業の範囲を超えて禁止業務を拡大することになる。そのため、金融商品取引法は、従来の証券業に該当する概念として有価証券関連業を定め、銀行などの金融機関に当該業務を禁止するものとした。

(2)　コマーシャル・ペーパー（CP）については、銀行による取扱いを認めるために、それを証券取引法上の有価証券としないこともあった（証券会社の兼業規制を緩和した）。

(3)　業際問題のゆえに、特定の投資商品が証券取引法の定める投資者保護のための規定の適用を受けなくなることは問題であった。平成四年の改正で、投資者保護のために、有価証券の範囲を拡大し、それとともに、証券取引法六五条の適用除外を認めていくように方針の転換がはかられた。

（4）　証券取引法上の有価証券概念が、投資信託法などにそのまま使われており、このことが、証券取引法上の有価証券概念の拡大に対する重大な制約要因となっているとの指摘があった。神田秀樹「有価証券の概念」法学教室一五二号八八頁。

第二款　金融商品取引法上の有価証券

一　有価証券の定義

1　有価証券の限定的列挙

金融商品取引法二条一項は、一号から二一号まで、有価証券とされるものを具体的に列挙している。そこで定められるものには、さらに内閣府令で対象が限定されるものがある（金商法二条一項一五号・一八号）。これらは、本来有価証券という証券または証書に表示されるべきものである。また、同条二項は、一項で有価証券に表示されるべき権利（有価証券表示権利）について、有価証券が発行されていない場合においても、有価証券とみなすとしている。その上で、さらに、証券または証書に表示されるべき権利以外の権利であっても有価証券とみなして金融商品取引法を適用するものとして、二条二項一号から七号のものを定めている。金融商品取引法二条一項二一号と同条二項七号は、それぞれ、有価証券の範囲の拡大を可能とするものであるが、その内容は具体的に政令で規定されることとなっている。

このように、わが国の金融商品取引法では、基本的に、有価証券は限定的に列挙されている。(1) これに対して、アメリカでは、あらゆる形式の公衆からの企業による資金調達をその適用範囲にとり込むために雑品入れ条項によって有価証券が定義されている。(2) すなわち、アメリカの一九三三年証券法および一九三四年証券取引所法では、投資契約を含めて多数の種類の有価証券を列挙した上で、その他「一般に有価証券として知られているあらゆる権利または証書」を有価証券としている。(3)

(1)　ある投資上の権利が、金融商品取引法で限定的に列挙された有価証券に該当するかどうかは、その権利の名称によることなくその実質を探求して決定されなければならない。なお、金融商品取引法二条二項五号では、後述するように、集団投資スキーム持分について包括条項を設けている点に留意が必要である。

(2)　アメリカの一九三三年証券法の制定を審議した下院の議事録には、「『有価証券』という用語は、十分に広義にまた一般的な用語として定義されており、その定義には、われわれの実業界で有価証券の通常の概念に入る多くの型の証書が含まれるようになっている。」と説明されている (H. R. Rep. No. 85, 73d Cong. 1st Session. 11 (1933))。

(3)　一九三三年証券法二条a項一号は、「証券」(securities) の定義として、つぎのものを定めている。

「ノート (note)、株式 (stock)、自己株式 (treasury stock)、担保付社債 (bond)、無担保社債 (debenture)、債務証書、利益分配契約における権利または参加権を表示する証書、担保信託証書 (collateral-trust certificate)、会社設立前の証書または引受証書、譲渡可能な持分証書、投資契約 (investment contract)、議決権信託証書、証券預託証書、石油・ガス・その他の鉱業権の分割しえない割合的権利、証券・預金証書・証券の集合もしくは指標に対するプット・コール・ストラドル・その他の権利、国法証券取引所に上場されている外国通貨に関するプット・コール・ストラドル・その他の権利、一般に『証券』として知られている権利または商品 (instrument)、以上のものについての権利証書 (certificate of interest) または参加を表示する証書、これらのものに対する仮証書、これらのものの領収書もしくは保証証書、これらのものを引き受けるもしくは買い取るためのワラントもしくは権利」

一九三四年証券取引所法三条a項一〇号も同様の定義を定めている。連邦最高裁判所は、これらの定義を「実質上同一のもの」として扱うとしている。Tcherepnin v. Knight, 389 U. S. 332, 335 (1967).

2　幅広い有価証券概念

投資契約のような内容の広い概念を認めず、雑品入れ条項を使用することなく、有価証券を限定的に列挙して定義する枠組みの下では、変則的な形態による企業経営に対する投資は規制の適用外に置かれる可能性が高い。すなわち、変則的な形態による企業経営に対する投資については、投資の有利性および危険性を判断するための情報開示は要求されず、その取引に関する不公正取引の禁止規制は適用されないおそれがある。

しかし、株式や社債、あるいは投資信託や貸付信託のような制度的に十分に確立した形態による企業経営に対する投資についてのみ投資判断のための情報の開示を要求し、特別の不公正取引の禁止規定を適用することとして、変則的な形態による企業経営に対する投資に関してはこのような規制を及ぼさないことにすることが合理的な立法態度であるかについては疑問なしとしない(1)。金融商品取引法が企業経営に対する投資についての総合的な法律であることから考えて、このような変則的な形態による投資にも同法の規制を及ぼすようにすべきである。このような観点から、それを可能ならしめるように有価証券を広く定義することが合理的である。

わが国では、平成三年六月の証券取引審議会報告「証券取引に係る基本的制度の在り方について」が、証券取引法に定める「有価証券」の定義の再検討の方向を示し、そのなかで、投資者の保護の観点から、包括条項を設けることを提案した。すなわち、「有価証券」の定義として、「①投資者が資金を拠出し、資金の受領者（以下、『管理運用者』という。）が当該資金をもとに事業の経営または資産の運用を行うこと、②拠出された資金が、他の投資者により拠出された資金とともに、管理運用者により、一括して管理または運用されること、③投資者は、当該契約等にもとづき、管理運用者から資金の管理または運用に伴う果実の分配を受けることができること、④当該契約等にもとづく投資者の地位または権利が譲渡可能であること」といった要件のいずれにも該当する「契約または仕組み」で、「当事者の一方の地位または権利を表章する証券または証書」といったものを「有価証券」の定義として定めるべきとした(2)。

しかし、このような包括的な「有価証券」概念は、平成四年の改正では採用されなかった。すなわち、ディスクロージャー違反、無免許営業等の罰則との関係で、証券取引法上の有価証券であるかどうか一般人にもわかることが必要である等困難な問題があることを理由として、包括的な定義は法案には盛り込まれなかった(3)。

その後、いわゆる金融システム改革法が実施され、金融機関による証券関連商品の販売、金融の証券化に伴い様々な金融商品が取引されるようになり、証券取引法上の「有価証券」の定義の再検討が必要となった。証券取引審議会は、平成九年六月に「証券市場の総合的改革――豊かで多様な二一世紀の実現のために」という報告書を明らかにした。ここで注目されることは、投資者の保護のために、証券取引法上の「有価証券」の範囲を拡大することについて、「現行の証券取引法の体系が、投資性と市場性を兼ね備えた商品に対する適切な規制の方法として、公衆縦覧型のディスクロージャー制度と市場における高度な公正取引の確保を中心として構築されていることから、現行の証券取引法の体系のまま、その適用範囲を性格の異なる金融商品にまで拡大していくことは適当でない。」として、包括的な「有価証券」概念を提言した平成三年の報告書より後退した表現を用いていることである。同審議会のワーキング・グループ（投資対象ワーキング・パーティ）報告書「魅力ある投資対象」では、「抽象的な文言による包括的な有価証券定義は、カバレッジの点では優れたものになり得るとも考えられるが、定義規定の明確性及び証券取引法の規制内容に適した商品に限定するという点で困難な問題がある。今後は、定義規定の明確性を保ちつつ、より広範な商品を包含できる規定振りを検討するとともに、個別商品の指定を機動的に行っていくことが適当と考えられる。」としている。(4)

平成四年の改正では、政令指定による有価証券の定義として、「流通性その他の事情を勘案し、公益又は投資者の保護を確保することが必要と認められるものとして政令で定める証券又は証書」（証取法二条一項一一号）、「流通の状況が前項の有価証券に準ずるものと認められ、かつ、同項の有価証券と同様の経済的性質を有することその他の事情を勘案し、公益又は投資者保護のため必要かつ適当と認められるものとして政令で定める金銭債権」（証取法二条二項三号）と定めた。(5) これにより、証券取引法の対象となる有価証券がどのような性質を有するものかが明らかにされた。(6)

法律で具体的に有価証券となるものを列挙することに加えて、政令指定による有価証券を追加する形式は、新しい投資商品に対して機動的な対応を可能にするとして、かかる改正を評価する見解もある。(7) もっとも、包括条項と異なり、政令で指定しなければ、その投資商品は金融商品取引法上の有価証券とはならない。[8] このような規制方法が、十分に包括的な条項を定め、投資者保護に資するものであるか否かの評価は、機動的で妥当な政令指定が行われるかどうかで決まる。[9][10]

金融商品取引法では、集団投資スキーム持分に関する定義で包括条項が導入された。すなわち、民法上の組合契約、商法上の匿名組合契約、投資事業有限責任組合契約、有限責任事業組合契約にもとづく権利、社団法人の社員権その他の権利のうち、当該権利を有する者が出資・拠出した金銭を充てて行う事業から生じる収益の配当・財産の分配を受ける権利を有価証券とみなしている（金商法二条二項五号）。「その他の権利」と規定していることから、①出資者が金銭等を出資・拠出し、②出資・拠出された金銭等で事業を行い、③当該事業から生じる収益の配当・当該事業の財産の分配を受けることができる権利が、法形式のいかんにかかわらず、金融商品取引法の規制下に置かれることとなる。[11]

証券取引法時代に包括条項を導入することに関して示された既述の懸念について、その後、状況に変化が見られたのかどうかが興味深い。包括条項が定義規定としての明確性に欠けるという点については、大きな変化はないと思われる。もっとも、法令適用事前確認手続（いわゆる日本版ノー・アクション・レター）制度が創設され、法の適用の有無については以前より予測可能性が高まっている。また、証券取引法は、投資性と市場性を兼ね備えた商品に対する規制を定める法であることが、幅広い有価証券概念を導入する障害になっているという指摘に関しては、金融商品取引法では、みなし有価証券の定義において「流通性」が不要となったことなど、[12] 必ずしも、同法は「投資性」と「市場性」を兼ね備えた商品についてのみの立法ではなくなった点にも留意が必要である。いずれにせよ、投資者保護のためには、包括条項を定め、規制を広範にかけていくことが望ましく、立法の方向性は支持できる。

（1）竹内昭夫「ネズミ講の法的規制—証券取引法と出資受入法」商事法務研究五六四号二〇頁は、保全経済会事件にみられたような匿名組合形式を利用した出資およびネズミ講における出資の規制に関してつぎのように述べている。「現行法は不正規の投資・金融機構の規制について、はなはだ不備だということになる。立法技術的に証券取引法の適用範囲を拡大する方法をとるか、それとも証券取引法がとっている開示と厳重な責任という法律技術をとりいれた単行法を整備するかについては、検討の余地もあろう。しかし、株券や社債券のような、いわば素性のはっきりした投資対象についてきびしい規制をしながら、いかがわしい仕組みについては、全額返すという約束を禁ずるにとどまるのは、いかにも均衡を欠く。このような甘い態度をとり続けたのでは、今後も、ネズミ講に類するものが、手を変え品を変えて次々と出てくるに違いない。」

（２）　ここで掲げられた「有価証券」の定義は、アメリカ判例法を参考に考え出されたものといえる。アメリカ法が定める「証券」の定義のなかで、最も重要なものの一つが「投資契約」である。その意義について、アメリカ判例法では、ハウイ事件がリーディングケースとなっている。SEC v. W. J. Howey Co., 328 U. S. 293 (1946). この事件では、果樹園の管理契約と、果物の販売を請け負い、それによる利益を投資者に還元する契約が「投資契約」に該当するかどうかが争われたものであった。そこでは、①もっぱら発起人または第三者の努力による利益を期待して、②共同事業に対して、③金銭の出資を行うことという要件を明らかにした。この事件については、竹内昭夫「証券取引法上の有価証券」河本還暦・証券取引法大系三一頁以下（昭和六一年）、森田章・投資者保護の法理九頁（平成二年）参照。

（３）　大蔵省内証券取引制度問題研究会編・すべてが分かる金融制度改革一四頁（平成五年）。包括的な定義を採用すると、大蔵省以外の官庁が所管していた商品について、大蔵省が管轄する証券取引法の規制の範囲に取り込まれることに他の省庁が反対したという指摘もあった。河本一郎＝大武泰南・証券取引法読本〔第六版〕三四頁（平成一六年）。

（４）　なお、証券取引審議会報告書は、これらに加えて、「今後、金融システムの全般的な改革において仲介者や投資商品・サービスの多様化が進んでいく中で、市場性の低い商品まで含め、様々な投資商品と金融サービスについてどのような投資家保護を図っていくべきかについての検討が必要となる。こうした観点からは、現在証券取引法の枠外にある投資商品と金融サービスをもカバーし得るよう、すべての市場参加者に横断的なルールを適用する新たな立法（いわゆる金融サービス法）等も視野に入れた検討が行われるべきである。」と述べている。この部分の提言が、後の、金融商品販売法の制定への道筋を示したものと評価できる。近藤光男＝川口恭弘＝上嶌一高＝楠本くに代・金融サービスと投資者保護法一三二頁（平成一三年）。

（５）　平成四年改正前の証券取引法二条一項九号では、「政令で定める証券または証書」と定められているに過ぎなかった。

（６）　みなし有価証券の政令指定について、金融商品取引法では、「前項に規定する有価証券及び前各号に掲げる権利と同様の経済的性質を有することその他の事情を勘案し、有価証券とみなすことにより公益又は投資者の保護を確保することが必要かつ適当と認められるものとして政令で定める権利」と規定されている（金商法二条二項七号）。そこでは、証券取引法上の定義と比較して、「流通性」の要件が削除されている。

（7）　神田秀樹「有価証券概念の拡大」商事法務一二九四号二三頁。

（8）　将来どのような新しい金融商品が登場するかは予想できない。そのため、政令指定の有価証券では、投資者保護が後追いになるという問題もある。竹内・前掲注（1）四八頁は、「わが国の証券取引法が、アメリカの証券二法のような『証券』の定義の仕方をしていれば、古くは保全経済会事件から始まり、ネズミ講、マルチ、豊田商事のような、いわばトロール漁法的に一網打尽を目ざす利殖がらみの詐欺に対して、一つひとつ遅ればせの後追い立法をしなくても、まず、証券取引法で差止命令をかけ、その刑事責任を追及するという形で抑えることができたはずである」と述べている。

（9）　平成四年の改正前においても、政令指定で有価証券の追加をすることができた。しかし、実際に政令指定を受けた例はわずかに過ぎなかった。これについては、ある投資商品を政令指定で有価証券とした場合、それに関する業務は証券業となり、証券会社は本業として営むことができる反面、銀行などの金融機関は証券取引法六五条によって営むことができなくなるといった、いわゆる業際問題が影響していた。もっとも、このような有価証券概念によって金融機関の業務範囲が確定するといった構造は、証券取引法六五条の改正で緩和されてきた。この点で政令指定を行う大きな障害は取り除かれたといえる。

（10）　平成一二年に制定された金融商品販売法は、金融商品販売業者等が金融商品の販売等に際し、顧客に対する説明義務違反があった場合に、顧客に対する損害賠償責任を規定するものである。勧誘段階における規制の必要性は、情報の非対称性が存在する投資物件一般に共通のものである。そのため、規制の対象となる「金融商品」の範囲が問題となる。金融審議会第一部会の「中間整理」（第二次）（平成一一年一二月）によると、「何が金融商品であるかについては様々な見方があり、金融商品の範囲を明確に画せる具体的かつ包括的な定義を置き、それに基づき、違反行為への賠償責任をも含んだ説明義務に関する包括的な法体系を導入することは、現状では困難ではないかと考えられる。」として、包括的定義を定めることは、将来の検討課題としている。その上で、規制の対象となる「金融商品の販売」について定義を置き、各業法の規定を前提としたものを列挙している。金融商品取引法に関しては、「有価証券」を取得させる行為、市場デリバティブ取引・外国市場デリバティブ取引・店頭デリバティブ取引またはこれらの取引の取次ぎなどが定められている（金販法二条一項五号・六号・八号・九号）。また、同法では、列挙事項と同様の機能や類似するものを規制対象とするために、政令指定により、対象の拡大を行うことを可能としている（金販法二条一項一一号）。ここでも、迅速かつ合理的な政令指定が、新しい金融商品に対する投資者保護について決定的な役割を果たすこととなる。近藤他・前掲注（4）一三五頁。

(11) もっとも、これらの要件を満たす権利であっても、金融商品取引法上の適用対象とすることが必ずしも必要ではないと考えられるものについて、定義規定において、適用除外とする旨が規定されている。

(12) 前掲注（6）参照。

二　有価証券の具体的内容

1　国債証券と地方債証券

① 国債証券

国債証券（金商法二条一項一号）は、国に対する債権でそれについて証券が発行されるものである。国債については、無記名証券を発行するのが原則であるが、債権者の請求によって日本銀行に登録するときは、登録国債として、これに対して証券が発行されない（国債ニ関スル法律二条二項）。国債は、その募集が国内で行われるか国外で行われるかによって、内国債と外国債にわけられる。内国債は、償還期間が一年を超えるか否かによって長期国債と短期国債にわけられる。国債については、企業内容等の開示制度の適用がない（金商法三条一号）。金融機関による有価証券関連業の禁止も妥当しない（金商法三三条二項一号）[1]。なお、金融商品取引所が定款の定めるところにより、国債にかかる先物取引につき、その取引の円滑化に資するため、取引の対象として、利率、償還期限その他の条件を標準化して設定する標準物も国債とみなされる（金商法一一八条一項）。

② 地方債証券

地方債証券（金商法二条一項二号）は、地方公共団体に対する債権でそれについて証券が発行されるものである。地方債については、記名証券または無記名証券を発行するのが原則である[2]。振替地方債については、証券を発行することができない（社債等振替法一一三条・六七条一項）。地方債は、その発行形態によって、公募債、縁故債、交付債などに分けられる。地方債については、企業内容等の開示制度の適用がない（金商法三条一号）[3]。金融機関による有価証券関連業の禁止も妥当しない（金商法三三条二項一号）。

(1)　国債も金融商品取引法上の有価証券であることから、その取引については、金融商品取引法に定める不公正取引を禁止する規定が適用される。国債を取得後、市場で売却するとき、額面金額より相当低い価額でしか売却できない場合に、そのことを知らない者にそれを告げずに国債を取得させる行為は、金融商品取引法一五七条に違反するものである。また、国債についての市場価格の維持は、安定操作に関する規則に従ってのみ合法的に行うことができる。

(2)　地方公共団体は、募集の方法によって発行する場合で、地方債証券を記名式または無記名式に限ったときには、地方債証券申込証にその旨を記載しなければならない（地方財政法施行令二四条一項一〇号）。地方公共団体は、地方債権者の請求があったときは、その記名式の地方債証券を無記名式とし、または、無記名式の地方債証券を記名式としなければならない（地方財政法施行令三三条本文）。ただし、前述のように、あらかじめ記名式または無記名式に限ることとしたときは、この限りではない（地方財政法施行令三三条ただし書）。

(3)　国債についてのディスクロージャーが免除されることは、債務不履行の危険性がきわめて少ないことから説明が可能である。一方、地方債の発行者である地方公共団体にも、当然に同様の免除を認めるべきかどうかは、立法論的に検討に値する問題である。アメリカでは、証券取引委員会が、一九八九年に、一九三四年証券取引所法・規則一五Ｃ二―一二を定め、地方債証券の引受人が発行者から開示書類を入手して、それを購入予定者に利用させることを求めている。黒沼悦郎・アメリカ証券取引法〔第二版〕四九頁（平成一六年）。

２　特　殊　債

特別の法律により法人が発行する債券（特殊債）（金商法二条一項三号）は、金融債、政府保証債および政府保証のない特殊債に大別される。

金融債は、金融機関がそれぞれの業法にもとづき発行する債券である。株式会社の社債に相当する。長期信用銀行、商工組合中央金庫、全国信用金庫連合会、農林中央金庫などが金融債を発行してきた。長期信用銀行は、長期資金の貸出しの原資として、金融債の発行が認められてきた(1)。わが国では、普通銀行は短期金融機関としての位置づけがなされており、高度成長時代に、企業の旺盛な長期の資金需要をまかなうことはできなかった。(2) 企業も、知名度や信用面で、自己の名前で社債を発行することが困難であった。そこで、長期信用銀行は、自らの名前で大量に債券の発行を行い、これによって得た資金を企業に貸し付けるという機能を果たしてきた。(3) もっとも、長短金融の分離政策が改められるようになった現在では、長期信用銀行の機能は大きく失われている。(4) 金融債は金融商品取引法上の有価証券であり、また、銀行の社債と同様の性質を有するものの、(5) 企業内容の開示規制の適用が免除される（金商法三条二号）。

政府保証債は、特殊法人または特殊会社が発行する債券で、政府が国会の議決を経てその元利金の支払いを保証しているものである。かつて、道路債券（日本道路公団）、首都高速道路債券（首都高速道路公団）など公団が発行するもの、住宅金融公庫債券（住宅金融公庫）、国民生活債券（国民生活金融公庫）など公庫が発行するものがあった。(6) また、特殊な株式会社が発行するものとして、関西国際空港債券（関西国際空港株式会社）、がある。(7) 預金保険機構債券（預金保険機構）についても政府保証がなされている。

政府または地方公共団体は、会社その他の法人の債務について、保証契約を締結することはできないのが原則である（法人に対する政府の財政援助の制限に関する法律三条本文）。もっとも、財務大臣（地方公共団体のする保証契約にあっては総務大臣）の指定する会社その他の法人の債務については、保証が認められる（同法同条ただし書）。特殊法人や特殊会社の各根拠法において、国会の議決を経た範囲内で、債券について政府が保証することができる旨が定められている。(8)

政府保証のない特殊債には、放送法によって発行される放送債券（日本放送協会）がある。(9)

これらの特殊債についても、企業内容等の開示制度の適用がない（金商法三条二号）。また、特殊債のうちの政府保証債には、金融機関による有価証券関連業の禁止は妥当しない（金商法三三条二項一号）。

（1）長期信用銀行は、「預金の受入れに代え第八条に規定する長期銀行債を発行して設備資金又は長期運転資金に関する貸付けをすることを主たる業務として営」む金融機関である（長銀法四条一項参照）。

（2）　普通預金は預金者の要求があれば、払戻しをする必要があり、長期貸付けの原資としては不適当である。また、定期預金の受入れも長期のものは認められていなかった。

（3）　川口恭弘「業務分野規制の新展開」新しい金融システムと法〔別冊ジュリスト〕一〇二頁（平成一二年）。

（4）　普通銀行は長期の定期預金を扱うようになった。また、金融債と競合するとの理由から、行政指導で抑制されていた普通銀行の社債の発行も行われるようになった。これらについては、証券取引法研究会「金融機関と社債(1)」インベストメント五三巻三号九二頁（川口報告）参照。なお、わが国には、日本興業銀行、日本長期信用銀行、日本債券信用銀行の三行の長期信用銀行があった。日本興業銀行は二〇〇〇年に第一勧業銀行および富士銀行との経営統合（みずほグループ）の際に解散した。日本長期信用銀行と日本債券信用銀行は、一九九〇年代後半、経営破たんし、それぞれ新生銀行とあおぞら銀行に業務が引き継がれた。新生銀行は二〇〇四年、あおぞら銀行は二〇〇六年に普通銀行に転換した。これらにより、現在は、長期信用銀行法にもとづく銀行は存在しない。

（5）　金融債には発行限度があるのに対して（長銀法八条は、資本および準備金の合計額の三〇倍に相当する金額を発行限度と定めている）、会社法上の社債には発行限度がない。また、金融債に関する消滅時効として、民事上の債権よりも長い時効が定められている（長銀法一二条は、元本について一五年、利子については五年の時効を定めている）。金融債と社債の違いについては、証券取引法研究会・前掲注（4）八七頁以下参照。

（6）　なお、住宅金融公庫債券については、現在でも、貸付債権担保住宅金融支援機構債券（独立法人住宅金融支援機構）として発行が続いている。

（7）　日本政策投資銀行債券（日本政策投資銀行）は政府保証債として発行されていたが、平成二〇年度下期からは政府保証なしの社債となった。

（8）　たとえば、独立行政法人住宅金融支援機構法二〇条、関西国際空港株式会社法九条、預金保険法四二条の二を参照。

（9）　放送法八〇条一項は、日本放送協会が、「放送設備の建設又は改修の資金に充てるため、放送債券を発行することができる。」と定めているのみで、政府保証の規定はない。

3　社　債　券

社債券は、会社が会社法または担保付社債信託法によって発行する会社に対する債権でそれにつき証券が発行されるものである。社債発行会社は、社債券を発行する旨の定めがある社債を発行した日以降遅滞なく、当該社債にかかる社債券を発行しなければならない（会社法六九六条）。社債券は金融商品取引法上の有価証券である（金商法二条一項五号）。社債の発行決議において、社債全部について社債等振替法の規定の適用を受けることを定めた社債（振替社債）については、社債券は発行されない（社債等振替法六七条一項）。このような社債も、金融商品取引法上は、有価証券となる（金商法二条二項前段）。

社債は、無担保社債と担保付社債に大別され、担保付社債は、さらに、物上担保付社債と一般担保付社債とに分けられる。物上担保付社債は、担保付社債信託法により発行される社債で、元利金の支払いについて特定の物上担保が付されるものである。一般担保付社債は、特定の担保を付さず社債権者に会社の全財産につき優先弁済を受ける権利を与えたものである。相互会社が発行する社債券もここにいう社債券に含まれる。(1)

特殊な社債として、新株予約権付社債がある。新株予約権は、これを有する者が、会社に対して権利を行使したときに、会社から新株の発行を受ける（または、これに代えて会社の有する自己株式の移転を受ける）ことができる権利である。平成一二年の商法改正前までは、新株発行手続において発行される株式を引き受ける権利と、新株発行手続とは別に発行・付与され、その発行・付与を受けた者が権利を行使することによって新株が発行されるものを、同じく新株引受権とよんでいた。法改正によって後者は新株予約権と改められた。新株予約権付社債は、新株予約権と社債とが結合したものである。さらに、社債権者に株式への転換権が認められた転換社債があった。現行法では、社債の発行価額と新株予約権の行使に際して払込みをすべき金額を同一にし、新株予約権を行使するときに社債の全額の償還に代えて新株予約権の行使に際してなされる払込みがあったものとすれば、かつての転換社債と同様の社債とすることができる。(2)

（1）　保険相互会社の社債発行については、保険会社の資産が利用者である保険契約者などからの預かり資産としての性格を有することから、外部資金を取り入れて、そのリスクが保険契約者などのための資産に及ぶことは好ましくないとの考えにもとづいて、それを制限する考えが採られていた。しかし、平成四年の保険審議会答申「新しい保険事業の在り方」では、「今日の保険事業には、事業の効率化、収益性の確保が強く要請されているとともに、増大する流動性リスクへの対応を図る必要性が高まっていること等から、ソルベンシー・マージン基準の導入等により総合的なリスク管理体制を整備しつつ、資金調達について弾力的に考えることが必要になっている」として外部資金の調達の必要性を明らかにした。平成四年の保険業法の制定で、保険相互会社の社債発行に関する規定が整備された。証券取引法研究会「金融機関と社債(2)」インベストメント五三巻四号五七頁。保険業法六一条以下に募集社債についての規定が定められている。

(2)　発行時に特定の対象株式銘柄が設定され、その銘柄の株価が特定日などに、あらかじめ定められた水準を上回った場合に、現金で償還され、その水準を下回った場合に、対象銘柄の株式で償還される社債は他社株転換条件付社債（ＥＢ）とよばれている。そこでは、対象銘柄の株価が一定の水準を下回ったときに、社債の購入者が株式を買い取る旨のオプション契約が組み込まれている。川口恭弘・現代の金融機関と法〔第三版〕二七一頁（平成二二年）。新株予約権付社債では、予約権を行使すれば、その社債を発行する会社の株式が発行される。これに対して、他社株転換条件付社債では、社債の発行会社と異なる会社が発行する株式が償還に利用される点で違いがある。また、新株予約権付社債では、予約権の行使による株式取得の権利が社債権者に留保されている。一方で、他社株転換条件付社債では、株価が下がった場合に必ず株式による償還に応じなければならない。このように株価下落のリスクの移転が行われるために、社債には高い金利が付けられるのが通常である。他社株転換条件付社債については、志谷匡史「他社株券償還特約付社債に係る法的諸問題」商事法務一六一四号二二頁、中島史郎＝寺田昌弘＝安部健介「他社株関連証券の発行関係者の開示責任（上・下）」商事法務一六一〇号四頁・一六一一号一四頁参照。

4　株券とその他の出資証券

①　株券または新株予約権証券

株式は株式会社に対する株主の持分である。[1] 株式に対して発行される株券は、金融商品取引法上の有価証券である（金商法二条一項九号）。会社法では、株式会社は、その株式にかかる株券を発行する旨を定款で定めることができる（会社法二一四条）。すなわち、定款の定めがない場合には、株券は発行されない。株券が発行されない場合でも、当該株式は、金融商品取引法上の有価証券となる（金商法二条二項前段）。譲渡制限付株式にかかる株券も、金融商品取引法上の有価証券に該当する。(2) その権利者（新株予約者）が行使すると、会社から新株の発行（または自己株式の移転）を受けることができる権利を新株予約権という。この権利を表章する新株予約権証券も金融商品取引法上の有価証券と規定されている（金商法二条一項九号）。

② 特殊法人に対する出資証券

このほか、出資証券の性格を有するもので、金融商品取引法の有価証券と規定されているものに、特別の法律により設立された法人に対する出資証券（金商法二条一項六号）および優先出資法に規定する優先出資証券（金商法二条一項七号）がある。前者として、日本銀行法によって設立された日本銀行に対する出資がある。

優先出資法は、協同組織金融機関の経営の健全性を確保するために、全国レベルの協同組織金融機関（農林中央金庫や商工組合中央金庫など）について、普通出資を補完するものとして、優先出資制度を設けている。この優先出資によって、不特定多数の者からの出資の受入れが可能となった。かかる優先出資証券は金融商品取引法上の有価証券となる。

(1) かつて、証券界において、会社の新株発行にあたって、株式の払込期日前から、株式の引受けの際に会社から交付される株式申込証拠金領収証を具体的な引渡物件とする売買がひろく行われたことがある。そして、この場合の売買の対象が何であるかについて、判例、学説の間で意見が分かれていた。名古屋高判昭和三一年二月二三日下民集七巻二号四一九頁は、それが証券取引法上の有価証券に該当しないと判示した。しかし、鈴木竹雄＝河本一郎・証券取引法〔新版〕六〇頁（昭和五九年）、小田寛「証券取引法の法律上の諸問題」ジュリスト六三号一八頁などは、これを株券ないし株式と解していた。龍田節「発行日取引の構造」インベストメント一五巻二号四頁、堀口亘「申込証拠金領収証と証券取引法二条」証券・商品取引判例百選〔別冊ジュリスト二〇号〕六五頁（昭和四三年）参照。

(2) 譲渡制限の付された株式についても、その流通取引について金融商品取引法の定める不公正取引の禁止が適用されるべきであるのみならず、企業内容等の開示制度の適用が排除されるべき合理的な理由は存在しない。したがって、譲渡制限の付された株式は、金融商品取引所の上場適格が認められないとしても、これを金融商品取引法上の有価証券から除外すべき理由はない。

5 信託に関する証券

① 投資信託または外国投資信託の受益証券

投資信託は、投資者以外の者が投資者の資金を主として有価証券等に対する投資として集合して運用し、その成果を投資者に分配する制度である（投信法一条）。投資信託には、委託者指図型投資信託と委託者非指図型投資信託がある（投信法二条三項）。委託者指図型投資信託は、信託財産を委託者の指図にもとづいて、主として有価証券、不動産その他の資産に対する投資として運用することを目的とする信託で、その受益権を分割して複数の者に取得させることを目的とするものである（投信法二条一項）。また、委託者非指図型投資信託は、一個の信託約款にもとづいて、受託者が複数の委託者との間に締結する信託契約により受け入れた金銭を、合同して、委託者の指図にもとづかず、主として特定資産に対する投資として運用することを目的とする信託である（投信法二条二項）。

委託者指図型投資信託の受益権は、均等に分割し、その分割された受益権は、受益証券をもって表示しなければならない（投信法六条一項）。受益証券は、受益者の請求により記名式とする場合を除いて、無記名式で発行される（投信法六条四項）。また、委託者非指図型投資信託の受益権も、受益証券をもって表示されなければならない（投信法五〇条一項）。受益証券は、原則として、無記名式で発行される（投信法五〇条三項）。

委託者指図型投資信託と委託者非指図型投資信託の受益証券は、受益者がその信託財産の運用から生じる収益の分配を受け、その信託財産の償還を受ける権利であり、金融商品取引法上の有価証券である（金商法二条一項一〇号）。外国投資信託は、外国において外国の法令にもとづいて設定された信託で投資信託に類するものをいう（投信法二条二二項）。外国投資信託の受益証券も同様に金融商品取引法上の有価証券となる（金商法二条一項一〇号）。

投資信託の受益証券の取引については、金融機関の有価証券関連業を禁止する金融商品取引法三三条一項の規制は適用されない（金商取法三三条二項二号）。

② 投資信託法に規定する投資証券もしくは投資法人債券または外国投資証券

投資法人は、資産を主として特定資産に対する投資として運用することを目的とする社団である（投信法二条一二項）。投資法人は無額面の投資口を発行する（投信法七六条）。投資口は、均等の割合的単位に細分化された投資法人の社員の地位である（投信法二条一四項）。投資法人の社員を投資主という（投信法二条一六項）。投資主は、投資口を譲渡することができる（投信法七八条一項）。投資口を譲渡するには、投資証券を交付しなければならない（投信法七八条三項）。投資法人の投資証券は金融商品取引法上の有価証券である（金商法二条一項一一号）。

投資法人は、投資法人債を募集することができる（投信法一三九条の二第一項）。投資法人の柔軟な資金調達を認めるために、平成一三年の改正で認められた。投資法人債を表示する証券が投資法人債券で（投信法二条一七項）、金融商品取引法上の有価証券となる（金商法二条一項一一号）。なお、投資法人債の募集は、投資主の請求により、投資口の払戻しをしない旨を規約に定めた投資法人が、規約に定める額を限度として行うことができる（投信法一三九条の二第一項）。

外国投資信託法人は、外国の法令に準拠して設立された法人たる社団または権利能力のない社団で、投資証券または投資法人債券に類する証券を発行するものである（投信法二条二三項）。外国投資証券は、金融商品取引法上の有価証券と規定されているが（金商法二条一項一一号）、外国投資法人債券は、有価証券とは規定されていない。

③　貸付信託の受益証券

貸付信託は、一個の信託約款にもとづいて、受託者が多数の委託者との間に締結する信託契約により受け入れた金銭を、主として貸付けまたは手形割引の方法により、合同して運用する金銭信託であって、当該信託契約にかかる受益権を受益証券によって表示するものである（貸信法二条一項）。貸付信託の受益者は、その信託財産の運用から生じる収益の分配を受け、その信託財産の償還を受ける権利を有する。貸付信託の受益権は、受益証券によって表示される（貸信法二条二項）。

貸付信託の受益証券は金融商品取引法上の有価証券である（金商法二条一項一二号）(1)。もっとも、それは、昭和二三年の証券取引法の制定当初においては、同法上の有価証券とされておらず、昭和二七年に貸付信託法（昭和二七年六月一四日法律一九五号）が制定された際に、当時の証券取引法二条一項九号にもとづいて、政令で証券取引法上の有価証券に指定された経緯がある。貸付信託の受益者の保護については、特別法として貸付信託法が規定をしている。このように、貸付信託の受益証券については、貸付信託法で受益者の保護のための特別の規制がはかられるところから、金融商品取引法では、企業内容等の開示制度の適用を免除している（金商法三条二号）。

④　発行信託の受益証券

平成一八年に信託法の改正が行われた。同改正で、信託の受益権の有価証券化が広く可能となった[2]。信託法の受益証券を発行することができるものを受益証券発行信託という（信託法一八五条一項）。金融商品取引法では、信託法に規定する受益証券発行信託の受益証券を同法における有価証券と規定した（金商法二条一項一四号）。なお、受益証券の発行が予定されていない信託の受益権も、後述するように、金融商品取引法の下で有価証券とみなされる（金商法二条二項一号）。

(1)　貸付信託の受益権は、昭和二七年の貸付信託法の制定によって貸付信託が制度的に確立された際に、政令によって証券取引法上の有価証券に指定された。昭和二八年の証券取引法の改正にあたって、それが（証券）投資信託の受益権と類似の法的性質を有することから、それと並んで、証券取引法自体によって同法上の有価証券とされた。かかる立場は金融商品取引法に引き継がれている。

(2)　信託行為において、一または二以上の受益権を表示する証券を発行する旨を定めることができる（信託法一八五条一項）。受益証券発行信託の受託者は遅滞なく、受益権の内容、受益者の氏名（名称）・住所、受益権の取得日などを記載した受益権原簿を作成しなければならない（信託法一八六条）。受益証券発行信託の受益権の譲渡は、受益証券の交付により効力が発生する（信託法一九四条）。その譲渡は、受託権原簿に記載・記録するのでなければ受託者に対抗できない（信託法一九五条一項）。

6　証券化に関する証券

① 資産の流動化に関する法律に規定する証券

資産の流動化に関する法律（資産流動化法）（平成一〇年六月一五日法律一〇五号）は、資産の流動化の方法として、特定目的会社および特定目的信託の制度を定めている。特定目的会社は資産対応証券を発行することおよび借入れによって得られる金銭をもって資産を取得する。資産の流動化は、資産対応証券を投資者に発行することによって行われる。特定目的会社は、資産対応証券として、優先出資、特定社債および特定約束手形を発行できる（資産流動化法二条一一項）。

優先出資は、特定目的会社に対する出資である。優先出資をした者は、特定目的会社の利益の配当または残余財産の分配を、特定目的会社に対して、特定出資をした者に先立って受ける権利を有している（資産流動化法二条五項）。ここにいう特定出資も、特定目的会社に対する出資であるが、これは、特定目的会社を設立する発起人が、特定目的会社の設立の際に払込みを行った出資である（資産流動化法二条六項）。一方で、特定社債は、特定目的会社が資産の流動化のために発行する社債である（資産流動化法二条七項）[1]。また、特定約束手形は、特定目的会社が発行する、金融商品取引法二条一項一五号に掲げる約束手形（コマーシャル・ペーパー）である[2]。

特定目的会社は、資産の管理および処分によって得られる金銭をもって、特定社債または特定約束手形についての債務の履行を行い、優先出資についての利益配当および消却のための取得または残余財産の分配を行う（資産流動化法二条二項一号）。

優先出資証券は、優先出資について特定目的会社が発行する出資証券である（資産流動化法二条九項）。特定社債券は、特定社債について特定目的会社が発行する債券である（資産流動化法二条九項）。これらが、特定約束手形とともに、金融商品取引法上の有価証券となる（金商法二条一項一三号・一五号）。新優先出資引受権を表示する証券も有価証券となる（金融法二条一項八号）。

平成一二年の法改正で、特定目的会社を利用して流動化ができる特定資産の範囲が拡大された。平成一〇年の法律制定当初は、①指名金銭債権、②不動産、③これらを信託する信託の受益権に限定されていたが、同改正で、その限定が排除された（資産流動化法二条一項）。投資者の選択肢が拡大するとともに、金融商品取引法による保護の必要性も大きくなったといえる。

資産流動化法は、特定目的信託を用いた資産の流動化を行う制度を定めている。信託会社または信託業務を営む銀行その他の金融機関が、資産の保有者から資産の信託を受けて、受益証券を投資者に発行し、受益証券の債務の履行を行う（資産流動化法二条二項）。受益証券は、特定目的信託にかかる信託契約にもとづく信託の受益権を表示する（資産流動化法二条一五項・二三四条一項）。特定目的信託の受益証券は金融商品取引法上の有価証券となる（金商法二条一項一三号）。

② 法人が事業に必要な資金を調達するために発行する約束手形

企業の資金調達の方法が、いわゆる間接金融から直接金融に移行する状況は金融の証券化といわれる。特に短期の資金調達の方法として、コマーシャル・ペーパー（ＣＰ）の発行がなされる。金融商品取引法は、コマーシャル・ペーパーの法的性格を約束手形とした上で、それを同法の有価証券としている。すなわち、法人が事業に必要な資金を調達するために発行する約束手形のうち、内閣府令で定めるものが有価証券となる（金商法二条一項一五号）。その上で、定義府令二条は、金融商品取引法の有価証券となる約束手形を、当該法人の委任によりその支払いを行う金融機関[(3)]が交付した「ＣＰ」の文字が印刷された用紙を使用して発行するものと定めている[(4)]。したがって、銀行の統一手形用紙であっても、「ＣＰ」の文字が印刷されていない約束手形を大量に発行した場合には、金融商品取引法上の有価証券とはならない[(5)]。

平成四年の証券取引法の改正以前には、コマーシャル・ペーパーは約束手形とされていたものの、証券取引法上の有価証券ではなかった。また、どのような約束手形がコマーシャル・ペーパーになるのかについても定義は特に存在しなかった[(6)]。しかし、コマーシャル・ペーパーが証券取引法上の有価証券と規定されると、それについての業務は証券業となる。証券業の免許（現行法上は登録）を受けずに、コマーシャル・ペーパーの仲介業務を行った場合、無免許営業となり、それに対しては刑事罰が科せられる。したがって、証券取引法で規制を受けるコマーシャル・ペーパーがなにを指すのかについて明確な定義が必要とされ、内閣府令で定義が定められた(7)。この立場は金融商品取引法でも変わらない。

③　抵当証券

抵当証券は、土地や建物など不動産と担保とした貸付債権を証券化したものである。抵当証券法（昭和六年法律一五号）が抵当証券の発行手続などについて規定を定めている(8)。抵当証券の販売については、抵当証券業の規制等に関する法律（昭和六二年一二月一五日法律一一四号）が存在していた(9)。証券取引法の時代には、抵当証券は同法上の有価証券と規定されず、投資者保護のための規制は、抵当証券業の規制等に関する法律が規定していた(10)。

証券取引法が金融商品取引法に改組される際、抵当証券業の規制等に関する法律が廃止された。金融商品取引法では、抵当証券を同法上の有価証券と規定している（金商法二条一項一六号）(11)。したがって、抵当証券の販売などの取引については、金融商品取引法の定める行為規制が適用されることとなる。抵当証券の販売業務は、金融商品取引法では抵当証券の自己募集となる（金商法二条八項七号ハ・ニ）。そのため、第二種金融商品取引業（または登録金融機関）としての登録が要求される（金商法二八条二項一号・三三条の二第四号）(12)。

（1）　特定社債の募集を行う場合には、特定社債管理者の設置が必要である（資産流動化法一二六条本文）。特定社債管理者は、株式会社の社債管理者に相当するもので、社債権者の利益を守るために設置が強制される。会社法は、各社債の金額が一億円以上である場合その他社債権者の保護に欠けるおそれがないものとして法務省令で定める場合には、社債管理者の設置を強制していない（会社法七〇二条ただし書）。大口社債を取得できる投資者、さらに、私募での取得者は機関投資家であり、自己の利益を守ることができることを理由とする。資産流動化法でも、発行額が一億円以上である場合に、特定社債管理者の設置を任意としている（資産流動化法一二六条ただし書）。特定目的会社は、株式会社と比較して、容易に設立・運営が可能であり、特定目的会社を多数設立し、投資者を四九名以下に分割することで、意図的に特定社債管理者の設置を免れることが懸念されている。

（2）特定目的会社は、①その発行の目的が、特定資産を取得するために必要な資金を調達するものであること、③資産流動化計画において発行の限度額が定められていること、③投資者の保護のために必要なものとして内閣府令で定める要件の三つの要件をすべて満たす場合に、特定短期社債を発行することができる（資産流動化法一四八条）。

（3）①銀行、②信用金庫および信用金庫連合会ならびに労働金庫および労働金庫連合会、③農林中央金庫および商工組合中央金庫、④信用協同組合および信用協同組合連合会ならびに業として預金または貯金の受入れをすることができる農業協同組合、農業協同組合連合会、漁業協同組合、漁業協同組合連合会、水産加工業協同組合および水産加工業協同組合連合会が定められている。

（4）アメリカでは、ノート（note）が証券諸法上の「証券」（securities）とされていることから、コマーシャル・ペーパーは「証券」に該当するとされている。その上で、一九三三年証券法三条a項三号では、「短期の取引によって生じまたはその代金が短期の取引のために用いられるものであって、かつ発行の際にその満期が猶予日を除き九か月を超えずまたは満期の更新が同様に制限されているもの」を登録免除として、他方、一九三四年証券取引所法は三条a項一〇号ただし書は、「満期が猶予日を除いて九か月を超えずまたはその満期の更新が同様に制限されているもの」について、「証券」の定義から除外している。

（5）一般企業がわが国の規制に従順に従っていることを前提にして、このような仕組みが成り立っているといわれた。証券取引法研究会「平成四年証券取引法の改正について⒄—有価証券の定義」インベストメント四八巻一号五七頁（河本）。

（6）昭和六二年一一月二日の大蔵省銀行局長通達（蔵銀二八二五号）では、「『ＣＰ』とは、優良企業が機関投資家等から無担保で短期の資金調達を行うための手段として国内で発行する約束手形をいう」としていた。

（7）証券取引法研究会・前掲注（5）五三頁（洲崎報告）。

（8）土地、建物または地上権を目的とする抵当権を有する者が登記を管轄する登記所に抵当証券の交付を申請できる（抵当証券法一条一項）。抵当証券が発行された場合、抵当権および債権の処分は抵当証券をもって行われる（抵当証券法一四条一項）。

（9）抵当証券の販売を業として行うには内閣総理大臣の登録が必要とされていた（平成一八年改正前抵当証券業法三条）。

（10）標識の表示規制、名板貸しの禁止、広告の規制、契約締結前の書面交付義務、契約締結時の書面交付義務、禁止行為などが定められていた。

（11）金融審議会金融分科会第一部会報告「投資サービス法（仮称）に向けて」（平成一七年一二月二二日）における、①金銭の出資、金銭等の償還の可能性をもち、②資産や指標などに関連して、③より高いリターン（経済的効用）を期待してリスクをとるものという基準に合致することから、有価証券として規定することで金融商品取引法の規制の対象とされることとなった。小島宗一郎＝

松本圭介＝中西健太郎＝酒井敦史「金融商品取引法の目的・定義規定」商事法務一七七二号一九頁。

(12)　第三者が発行した抵当証券の販売については、第一種金融商品取引業（または登録金融機関）の登録が必要となる（金商法二八条一項一号・三三条の二第二号・三三条二項一号）。

7　外国証券

外国または外国の者の発行するもので、本国において証券取引規制の関係で「有価証券」とされていても、当然に、わが国の金融商品取引法上の有価証券になるものではない。他方、外国または外国の者の発行するもので、わが国またはわが国の者の発行する有価証券の性質を有するものは、たとえ本国で証券取引規制の関係で「有価証券」とされないものも、金融商品取引法上は有価証券である（金商法二条一項一七号）。(1)

外国の者の発行する証券または証書で、銀行業を営む者その他の金銭の貸付けを業として行う者の貸付債権を信託する信託の受益権またはこれに類する権利を表示するもののうち、内閣府令で定めるものも金融商品取引法上の有価証券となる（金商法二条一項一八号）。内閣府令では、金融商品取引法と同様の定義を定めるのみで、特に対象を限定していない（定義府令三条）。(2)「これに類する権利」とあるのは、信託の受益権に類する権利を意味し、信託制度が各国で異なるために、このような用語が使われている。(3)

カード・ローン債権、自動車ローン等商品購入等のための消費者への貸付けにより発生するローン債権、住宅等不動産購入にかかる不動産抵当権付貸付債権（モーゲージ）、モーゲージ対象住宅等を担保とするその他の貸付債権（ホーム・エクイティ・ローン）、一般事業法人に対する貸付債権などを信託した信託受益証券がこれに該当する。(4)

このように、金融商品取引法は、外国の者の発行するもので、銀行業を営む者等の貸付債権を信託する信託の受益権といった限定された範囲のものを特に有価証券として定めている。これは、この規定が定められた平成四年当時、国内においては、同種のものが、証券に表示されるべき権利になっていないと立法者が考え、すでに権利として存在していた外国の者によるもののみを、別建てで定めたためである。(5)国内の者の発行するもので、経済的実体を同じく

するものが登場した場合には、金融商品取引法二条一項二一号の政令指定で対処することとなる。(6)

(1)　金融商品証券取引法二条一項一七号は、「外国又は外国の者の発行する証券又は証書で第一号から第九号まで又は第一二号から前号までに掲げる証券又は証書の性質を有するもの」を有価証券と定めている。一〇号に定める投資信託の受益証券と一一号に定める投資法人の投資証券は含まれない。この点については、一〇号と一一号では、外国投資信託の受益証券と外国投資証券を直接に有価証券と規定しているためと考えられる。なお、証券取引法では、「外国法人の発行する証券又は証書」と規定されていた（証取法二条一項一〇号）。金融商品取引法では、「外国又は外国の者の発行する証券又は証書」と規定されており、法人以外の者の発行する証券・証書も規制に含まれるものとなっている。

(2)　法案の成立の後、海外の商品事情を調査した結果、法律で規定する要件を満たす商品はきわめて多岐にわたっており、貸付債権の種類などを限定する合理性がないと判断されたためといわれている。河本一郎＝関要監修・逐条解説証券取引法〔三訂版〕二一頁（平成二〇年）。

(3)　河本＝関監修・前掲注（2）二一頁。

(4)　河本＝関監修・前掲注（2）二一頁。

(5)　龍田節・証券取引法Ⅰ八四頁（平成六年）。

(6)　神田秀樹「有価証券概念の拡大」商事法務一二九四号一九頁。同論文では、証券取引法が民商法上新たに有価証券を作り出すことを示唆する法律となることは妥当でないという配慮があったとしている。

8　その他の列挙証券

金融商品取引法上では、オプションを表示する証券または証書も金融商品取引法上の有価証券となる（金商法二条一項一九号）。かかる証券・証書は、一般に、カバード・ワラントとよばれている。ここにいうオプションは、金融商品市場を開設する者の定める基準および方法に従い行う金融商品取引法二条二一項三号に掲げる取引にかかる権利、外国金融商品市場において行う取引であって同法二条二一項三号に掲げる取引と類似の取引にかかる権利または金融商品取引市場および外国金融商品市場によらないで行う同法二条二一項三号もしくは四号にかかげる取引にかかる権利をいう。証券取引法では、有価証券オプション取引・有価証券店頭オプション取引における権利を表示する証券または証書が有価証券と定められていた（証取法二条一項一〇号の二）。金融商品取引法は、原資産を有価証券に限定することなく、同法上のオプション取引の権利を表示する証券・証書を有価証券と規定している。

新株予約権（ワラント）がオプションの原資産となる株式等の発行会社が発行する有価証券であるのに対して、カバード・ワラントは、原資産となる株券等の発行者以外の第三者が発行するという点で異なる。(1)

有価証券の預託を受けた者が当該有価証券の発行された国以外の国において発行する証券または証書で、預託された有価証券にかかる権利を表示するものが金融商品取引法上の有価証券となる（金商法二条一項二〇号）。預託証券（Depositary Receipt）は、株式等の国外における流通を円滑にする目的で、当該株式等の発行地に所在する保管機関が原株式等を保管し、国外にある預託機関が原株式等に代わる預託証券を発行し、当該預託機関が預託証券の保有者に代わって、配当の受領、議決権行使等を行うものである。(2)

（1）　カバード・ワラントが誕生した背景と諸外国の事情については、吉川真裕「カバード・ワラント―隠れたる成長商品」証券経済研究二五号一頁以下参照。

（2）　神崎克郎監修・日興證券法務部編「有価証券に関する定義規定等」商事法務一五二八号三一頁。

9　政令指定の有価証券

以上に述べてきたものに加えて、金融商品取引法は政令指定による有価証券を定めている（金商法二条一項二一号）。流通性その他の事情を勘案し、公益または投資者の保護を確保することが必要と認められる場合に政令で有価証券と指定される。「流通性」とは、投資者間を直接転々流通する可能性があることを意味する。「その他の事情」は、他法令等により投資者保護がはかられているか否かといった事情をいう。(1)平成四年改正前の証券取引法では、「その他政令で定める証券または証書」と定めるに過ぎなかった。現行法では、右のように、新しい金融商品を政令指定により

金融商品取引法上の有価証券とするための基準が明確にされている。(2)

金融商品取引法施行令は、金融商品取引法二条一項二一号に規定する政令で定める証券または証書として、①譲渡性預金（払戻しについて期限の定めがある預金で、指名債権でないもの）の預金証書のうち、外国法人が発行するもの（いわゆる海外ＣＤ）、②学校法人等（私立学校法三条に規定する学校法人および同法六四条四項に規定する法人）が行う割当てにより発生する当該学校法人等を債務者とする金銭債権（指名債権でないものに限る）であって、当該学校法人等の名称その他の内閣府令で定める事項を表示する証券または証書(3)（いわゆる学校債）を定めている（金商令一条）。(4)

（1）　河本一郎＝関要監修・逐条解説証券取引法〔三訂版〕二二頁（平成二〇年）。

（2）　昭和二八年の証券取引法の改正前においては、貸付信託の受益権が政令で有価証券と指定されていた。政令で有価証券を指定する制度は、新しい事態の進展に応じて金融商品取引法の適用範囲を拡張することを可能にする。ただ、それは、政令による指定という特別の対応を必要とするために、貸付信託の受益権のように、法律によってそれが創設される場合には適切に対応することができるが、実務の中から発生した事態に対しては、必ずしも迅速に対応することができないことが懸念される。その点が、アメリカの一九三三年証券法や一九三四年証券取引所法のように有価証券を抽象的な文言をも含めて広く定義する規制態度と、これを政令で指定することを可能にする規制態度との大きな相違といえる。

（3）　①学校法人等の名称、②金銭債権の額、③金銭債権の償還の方法・期限、④金銭債権の利息、支払方法・期限を表示することが求められる（定義府令四条）。

（4）　金融審議会金融分科会第一部会「中間報告」（平成一七年七月七日）「別紙・投資サービス法の対象範囲についての考え方」では、金銭消費貸借による貸付にかかる債権を規制対象とすべきとして、その具体例として、組合債、学校債、病院債、ＡＢＬ（アセットバック・ローン）、シンジケートローンを挙げていた。同第一部会報告「投資サービス法（仮称）に向けて」（平成一七年一二月二二日）「別紙２・各金融商品の取扱いに関する整理」では、「より多数の一般投資家に対して発行される事例があるといった実態に鑑み、特に投資性が強い学校債について政令指定に向けた検討を進めることが適当と考えられる。医療機関債の取扱いについては、引き続き検討を行うことが適当と考えられる。」としていた。このようなことから、政令では、学校債のみが政令指定されている。もっとも、医療機関債（病院債）と比較して学校債がより投資性が強い理由は定かではない。なお、シンジケートローンおよびABLについては、同報告書は、「現状、資金の出し手の太宗が融資を業とする金融機関であるとの実態や、条件や開示内容について個々に交渉を行う余地があることなどから、法制的にも通常の相対の貸付けと切り分けて規定することが困難であり、今回の法改正においては投資サービス法による規制対象とはしないが、今後とも参加者の広がりや取引の実情などについて注視し、引き続き検討を行うべきものと考えられる。」としていた。

10　有価証券とみなされる権利

これまでに述べてきた有価証券は、権利が証券または証書に表章されているものであった。これに加えて、金融商品取引法および内閣府令に定める有価証券に表示されるべき権利（有価証券表示権利）で、これについて有価証券が発行されていない場合にも有価証券とみなされる（金商法二条二項前段）。権利が証券に化体している場合とそうでない場合とで、金融商品取引法上の保護に違いを設けることは合理的ではないためである。

一連の立法や商法・会社法の改正により、証券の発行が義務づけられていた権利について、ペーパレス化（無券面化）が実現し、右のみなし有価証券の意義が大きくなった。まず、コマーシャル・ペーパーについては、すでに述べたような立法の沿革により、それが約束手形とされたことで、券面の作成と受渡しにコストがかかるといった問題が生じていた。このような状況に対応するために、平成一三年に「短期社債等の振替に関する法律」（平成一三年六月二七日法律七五号）が制定され、コマーシャル・ペーパーのペーパレス化が実現した。その後、平成一四年には、社債、国債、地方債等についてもペーパレス化が行われ、右の法律も、「社債等の振替に関する法律」と改められた。平成一六年には、商法で株券不発行制度が導入されるとともに、社債等の振替に関する法律は、「社債、株式等の振替に関する法律」（社債等振替法）に名称が変更された。(1)

社債等振替法では、コマーシャル・ペーパーは「短期社債」と位置づけされる。すなわち、①各社債の金額が一億円を下回らないこと、②元本の償還について、社債の総額の払込みのあった日から一年未満の日とする確定期限の定めがあり、かつ、分割払いの定めがないこと、③利息の支払期限を、②の元本の償還期限と同じ日とする旨の定めがあること、④担保付社債信託法の規定により担保が付されるものでないことというすべての要件に該当する社債が「短期社債」となる[2]（社債等振替法六六条）。また、短期社債を含めて、発行決議において、当該決議にもとづき発行する社債の全部について社債等振替法の規定の適用を受けることとする旨を定めた社債（「振替社債」という）についての権利の帰属は、振替口座簿の記載または記録により定まる（社債等振替法六六条）。振替社債については、社債券は発行されない（社債等振替法六七条一項）。したがって、振替社債は、金融商品取引法上は、二条二項前段のみなし有価証券と位置づけされることとなる。

一方、平成一六年、株式についても、株券の不発行制度の導入に向けての商法等改正が行われた。会社は、定款で、株券を発行しない旨の定めをすることが認められた[3]。株式の譲渡制限を定める会社では、株主の請求がない限り、株券を発行することを要しないとされた[4]。平成一七年に制定された会社法では、株式会社は、その株式について株券を発行する旨を定款で定めることができることとなった（会社法二一四条）。したがって、かかる定款の規定がない場合、株式会社は株券を発行しない。このような株券を発行しない会社の株式は、金融商品取引法上、みなし有価証券となる[5]。

平成一九年の改正で、電子記録債権[6]のうち、流通性その他の事情を勘案し、社債券その他の金融商品取引法二条一項に掲げる有価証券とみなすことが必要と認められるものとして政令で定めるもの（特定電子記録債権）が、金融商品取引法上の有価証券とみなされることとなった（金商法二条二項後段）。金銭債権を活用して資金調達をしようとする場合、従来は、法形式としては、売掛債権等の指名債権の譲渡・質入れは、債務者からの手形の振出しを受けて、これを譲渡・質入れする方法がとられてきた。もっとも、指名債権の譲渡・質入れについては、同一の債権が二重に譲渡されるリスク等があり、手形を譲渡・質入れする方法は、手形の盗難・紛失のリスク等がある。電子記録債権の発生・譲渡は、磁気ディスク等をもって作成される記録原簿に、電子債権記録機関が当事者の請求を受けて電子記録をすることをその要件とする。このような形で債権の存在と帰属を可視化することで、二重譲渡のリスクを排除し、さらに、手形の作成・交付に関するコストを回避することができる。(7) 金融商品取引法では、これらの電子記録債権のうち、政令指定により、同法上の有価証券と見なすことを可能としている。(8)

さらに、証券または証書に表示されるべき権利以外の権利であっても、以下のものが有価証券とみなされ、金融商品取引法の適用を受ける。

① 信託の受益権

証券取引法は、銀行その他政令で定める者の貸付債権を信託する信託の受益権のうち、政令で定めるものを有価証券とみなすと規定していた（証取法二条二項一号）。そこでは、信託財産が銀行などの貸付債権に限定され、さらに、その信託の受益権についても、政令で定めるものが有価証券と規定されていた。(9)(10)
金融商品取引法では、信託の受益権一般が有価証券とみなされることとなった（金商法二条二項一号）。(11) 外国の者に対する権利で同様の権利の性質を有するものも有価証券とみなされる（金商法二条二項二号）。銀行などの金融機関の貸付債権の信託受益権のみを金融商品取引法上の有価証券とみなす合理的な理由は見当たらない。平成一七年に信託業法の改正が行われ、信託業務の担い手が拡大されたことも、みなし有価証券の範囲の拡大に影響したものと考えられる。信託の受益権が有価証券とみなされることにより、信託会社の行う信託の引受けは、新たに発行される有価証券を取得させる行為となり、金融商品取引法上の有価証券の自己募集となる。もっとも、当該行為は、信託業法における規制対象とされているため、重ねて金融商品取引法の規制対象とはされていない。(12) なお、信託会社の行う信託の引受けのうち投資性の強いものについては、規制の横断化をはかる観点から、信託業法で、金融商品取引法の定める行為規制を準用するものとされている（信託業法二四条の二）。

② 合名会社もしくは合資会社の社員権または合同会社の社員権

会社法にいう「会社」には、株式会社、合名会社、合資会社または合同会社がある（会社法二条一号）。既述のように、株式会社の社員権を表章する株式は金融商品取引法の有価証券である（金商法二条一項九号・二項前段）。さらに、合名会社、合資会社、合同会社の社員権も有価証券とみなされる（金商法二条二項三号）。外国法人の社員権で同様の権利の性質を有するものも有価証券とみなされる（金商法二条二項四号）。会社法では、これらの三つの会社は持分会社として規定されている（会社法五七五条一項参照）[13]。

株式会社の株式と異なり、持分会社の社員権は証券や証書に表示することは予定されていない。また、持分会社の社員権の譲渡には制約があり、その流動性は高くない[14]。この点を考慮して、金融商品取引法では、持分会社の社員権をみなし有価証券と規定している[15]。合同会社の社員権はすべて有価証券とみなされる。これに対して、合名会社と合資会社の社員権は、政令で定めるものに限り有価証券とみなされる[16]。

③　集団投資スキーム持分

民法六六七条一項に規定する組合契約、商法五三五条に規定する匿名組合契約、投資事業有限責任組合契約、有限責任事業組合契約にもとづく権利、社団法人の社員権その他の権利のうち、当該権利を有する者（出資者）が出資または拠出した金銭を充てて行う事業[17]（出資対象事業）から生ずる収益の配当または当該出資対象事業にかかる財産の分配を受けることができる権利が有価証券とみなされる[18]（金商法二条二項五号）[19]。外国の法令にもとづく権利であって、同様の権利に類するものも有価証券とみなされる（金商法二条二項六号）。

投資事業有限責任組合契約は、株式会社の株式、社債、事業会社に対する金銭債権、事業者の保有する工業所有権・著作権などの取得・保有という事業を営むための契約である（投資事業有限責任組合法三条一項参照）。平成一六年の証券取引法改正によってあらたに同法上の有価証券と規定された。平成一〇年に制定された投資事業有限責任組合法（当初の法律名は、中小企業等投資事業有限責任組合契約に関する法律）は、有限責任組合員の存在する、投資に必要な情報開示を充実させた組合（投資事業有限責任組合）の創設を認めた。投資事業有限責任組合法は、ベンチャー企業などの中小企業等に対する投資を促進するための法律として制定された[20]。平成一六年、かかる中小企業等に対する資金供給の円滑化の目的は変更され、組合の投資対象が公開会社を含む事業会社全般に拡大された[21]。

投資事業有限責任組合法の改正により、流動性の低い中小未公開企業の株式等を投資対象としていた場合に比して、投資に関する専門的知識を有しない一般の投資家に対する投資事業有限責任組合への投資勧誘が盛んになることが想定された(22)。また、投資事業有限責任組合の機能を活用することにより、一般的な投資信託やＳＰＣ（特定目的会社）に類似する商品を組成することができ、これらの組合型投資スキームについても投資信託やＳＰＣなどの有価証券法制と同等の投資者保護の仕組みを整備する必要性があると考えられた(23)。以上のことから、平成一六年の証券取引法の改正で、投資事業有限責任組合契約にもとづく権利等が同法上のみなし有価証券とされることになった(24)。

平成一七年に有限責任事業組合契約に関する法律が制定された。同法は、内部的な意思決定や損益分配の規律を柔軟に設定できるという特色を有する民法上の組合を基礎としつつ、出資者全員の有限責任を認める組織（有限責任事業組合）（日本版のＬＬＰ（Limited Liability Partnership））を創設するものである(25)。有限責任事業組合は組合員全員が業務執行に自ら直接携わる義務があるため、出資のみを行う投資者から資金を募って投資事業を営む、いわゆる集団的投資スキームとして利用することはできない。もっとも、組合契約の設計次第では、自ら業務を執行する組合員であっても、例外的に投資家保護ルールを適用することが必要になると想定され(26)、これらの権利も有価証券とみなすことになった。

金融商品取引法では、これらの権利のみならず「その他の権利」という用語を使用し、法形式のいかんにかかわらず、包括的に集団投資スキームを規制するものとしている(27)。

集団投資スキーム持分の定義では、社団法人の社員権が含まれる旨が定められている。既述のように、持分会社の社員権は有価証券とみなされる（金商法二条二項三号）。合資会社または合名会社の社員権については、政令で定めるもののしか有価証券とみなされない。そこで、政令指定を受けなかった社員権が集団投資スキーム持分として有価証券とみなされることになるかどうかが問題となる(28)。政令指定の制度を設けながら、政令指定を受けなかったものを包括条項を適用して規制の対象とすることは、政令指定の制度意義を失わせることになる(29)。そのため、ここにいう社団法人

の社員権は、合名会社や合資会社の社員権以外の社団法人の社員権を意味すると解すべきである。(30)

金融商品取引法は、このように集団投資スキーム持分について包括的な定義を定める一方で、同法の適用対象とすることにより投資者保護をはかる必要性が類型的に低いと考えられる権利を、法律上、当該定義から除外するものとしている。(31)

第一に、出資者の全員が出資対象事業に関与する場合として政令で定める場合における当該出資者の権利が適用除外となる（金商法二条二項五号イ）。金融商品取引法で規制の対象とすべき権利は、他人に金銭の出資や拠出を行い、その運用を委ねるものが対象となる。このような場面で、出資者である投資者の保護が求められる。以上のことから、出資者全員が出資対象事業に関与する場合には、その事業は出資者自身の事業であり、当該出資者を投資者として保護する必要性が低いと考えられる。(32)もっとも、「関与」の意義については、出資者が出資金や拠出金の運用について、自らの権利を守ることができるかどうかという観点から、実質的に判断されなければならない。政令では、①出資対象事業にかかる業務執行がすべての出資者の同意を得て行われるものであること(33)および②出資者のすべてが、出資対象事業に常時従事すること、(34)または、特に専門的な能力であって出資対象事業の継続の上で欠くことができないものを発揮して当該出資事業に従事することのいずれかに該当する場合に、適用除外となる旨が規定されている（金商令一条の三の二）。(35)

第二に、出資者がその出資・拠出した額を超えて収益の配当出資対象事業にかかる財産の分配を受けることがないことを内容とする当該出資者の権利が適用除外となる（金商法二条二項五号ロ）。出資者が出資・拠出した額を超えて収益の配当や財産の分配を受けることができない場合は、その出資・拠出は投資としての性格を有さないので、集団投資スキーム持分の定義から除外されている。(36)

第三に、保険業法二条一項に規定する保険業を行う者が保険者となる保険契約、農業協同組合法一〇条一項一〇号に規定する事業を行う同法五条に規定する組合と締結した共済契約、消費生活協同組合法にもとづく共済契約、水産業協同組合法にもとづく共済契約、中小企業等協同組合法九条の二第七項に規定する共済事業を行う同法三条に規定する組合と締結した共済契約または不動産特定共同事業法二条三項に規定する不動産特定共同事業組合契約にもとづく権利が適用除外となる（金商法二条二項五号ハ）。変額保険・年金や外貨建て保険は、運用状況や為替の変動により、解約返戻金、満期保険金などが大きく変動する可能性がある。また、制度共済についても、これらと同じ商品性をもつものが提供される場合に、同様の可能性がある。したがって、これらの契約について、投資性の強い商品として規制の対象とすることが適当である。(37) もっとも、これらの権利については、保険業法などの法律で、個別に投資者保護のための規制を行っている。(38) このことから、金融商品取引法上の規制を適用する必要性が低いと考えられ、集団投資スキーム持分から除外されている。(39)

為替変動により元本の欠損が生じる可能性がある点では、外貨預金は外貨建て保険と変わりはない。また、預金のなかで投資性の強いものについて、金融商品取引法の行為規制が銀行法などで準用されている点も、保険商品と変わりはない。これにもかかわらず、預金・貯金については、集団投資スキーム持分の定義から除外する規定は存在しない。この点については、立法担当者は、預金債権は、集団投資スキーム持分そのものに該当しない（したがって、適用除外とする必要性がない）と考えたと解するしかない。(40)

第四に、このほか、当該権利を有価証券とみなさなくても、公益または出資者の保護のため支障を生ずることがないと認められるものとして政令で定める権利が適用除外となる（金商法二条二項五号ニ）。政令では、(i)保険業法二条一項各号に掲げる事業にかかる契約にもとづく権利、(ii)本邦の法令にもとづいて設立された法人に対する出資・拠出にかかる権利、(41) (iii)分収林特別措置法二条三項に規定する分収林契約にもとづく権利、(42) (iv)公認会計士等のみを当事者とする組合契約等（民法六六七条一項に規定する組合契約その他の継続的な契約をいう）にもとづく権利で、当該権利にかかる出資対象事業がもっぱら公認会計士等の業務を行う事業であるもの、(43) (v)株券の発行者である会社の役員・従業員その他の内閣府令で定める者（役員等）(44) が当該会社の他の役員等と共同して当該会社の株券の買付けを、一定の計画に従い、個別の投資判断にもとづかず、継続的に行うことを約する契約（いわゆる持株会）のうち、内閣府令で定める要件[45]に該当するものにもとづく権利[46]、(vi)(i)から(v)に準ずるものとして内閣府令で定めるもの[47]が規定されている（金商令一条の三の三）。

④　政令指定

①から③のほか、金融商品取引法二条一項に規定する有価証券および①から③の権利と同様の経済的性質を有することその他の事情を勘案し、有価証券とみなすことにより公益または投資者の保護を確保することが必要かつ適当と認められるものとして政令で定める権利が有価証券とみなされる（金商法二条二項七号）。金融商品取引法二条一項二一号で、証券または証書に権利が化体するものについて、政令指定で金融商品取引法上の有価証券としていることに対応して、権利が証券または証書と結合しないものについても、同様に政令指定で有価証券とみなすことができるように定めたものである。

なお、証券取引法でも同様の規定が存在していた。もっとも、そこでは、「流通の状況が前項の有価証券に準ずるもの」という「流通性」の要件が存在していた。金融商品取引法では、かかる要件が削除された。したがって、流通性に乏しいものであっても、投資性がある限り、金融商品取引法上の有価証券とみなすことができることとなった[48]。また、証券取引法では、「政令で定める金銭債権」と、規制の対象が金銭債権に限定されていた。権利とせずに金銭債権と限定したことについては、証券取引法の対象となる有価証券は、利息、配当等の金銭の給付を目的としたものであるため、その趣旨をより明確にしたためとの説明がある[49]。しかし、みなし有価証券とすることができるものを金銭債権に限定することは、政令指定の幅を狭め、投資者保護の観点から、適切ではない[50]。金融商品取引法では、前述のように、政令指定の対象を「金銭債権」から「権利」に拡大している。

④に該当するみなし有価証券として、学校法人等に対する貸付けにかかる債権が政令指定されている（金商令一条の三の四）[51]。

(1)　社債等振替法の適用を受ける社債等とは、①社債（新株予約権付社債を除く）、②国債、③地方債、④投資信託法に規定する投資法人債、⑤保険業法に規定する相互会社の社債、⑥資産流動化法に規定する特定社債、⑦特別の法律により法人の発行する債券に表示されるべき権利、⑧投資信託法に規定する投資信託または外国投資信託の受益権、⑨貸付信託法に規定する貸付信託の受益権、⑩資産流動化法に規定する特定目的信託の受益権、⑪外国または外国法人の発行する債券に表示されるべき権利をいう（社債等振替法二条）。

(2)　コマーシャル・ペーパー（CP）は、証券取引法上約束手形の形式がとられていた。約束手形では、券面がなければ権利が発生せず（設券証券性）、権利の内容が確定しない（文言証券性）。一方で、コマーシャル・ペーパーは、企業が事業に必要な資金を調達するために発行する有価証券であるという点で社債と異なるところはなく、社債引受契約があれば、社債券はなくても社債が成立することに照らすと、社債券はなくとも社債のペーパレス化は理論的に可能である。小池信行「第一五一回国会民事関係主要立法について」民事法情報一八〇号一四頁。このため、社債等振替法では、コマーシャル・ペーパーは、社債の一つとして位置づけされている。①から⑤の要件は、コマーシャル・ペーパーの商品性を踏襲するためのものである。なお、社債等振替法は、従来のコマーシャル・ペーパーと同じ商品を、短期社債として無券面化できることとすることにより、資金調達の選択肢を増やすものであり、約束手形形式のコマーシャル・ペーパーは、今後も存続する。

(3)　株券は株式の移転を容易にするためのものである。しかし、会社にとって、その経費等の負担が大きく、さらに、むしろ、株券の存在が、株式市場で、迅速かつ大量の取引を決済する際の障害になっているとも指摘されていた。また、上場会社については、株券の交付による譲渡は少なく、多くの投資者は、株券保管振替制度の利用によって、株券の交付なしに株式の譲渡を行っているという現実もあった。そのため、平成一五年の商法改正で、会社は、定款で、株券を発行しない旨の定めをすることができるものとされた。

(4)　譲渡制限株式発行会社の場合には、株式の移転はほとんどなく、株券を発行する必要性が少なく、実際にも、株券を発行していない会社が多い。譲渡制限株式発行会社の大半が小規模会社であることから、それに株券廃止の定款変更の手続をとることを強制することは、負担が大きすぎると判断された。そこで、譲渡制限株式発行会社に限り、株主の請求がない限り、株券の発行をすることを要しない旨が定められた。

(5)　株券発行前の株式もみなし有価証券となる。龍田節・証券取引法Ⅰ八四頁（平成六年）。平成一三年の商法改正では、単元株制度が創設された。単元未満株式で、それについて株券が発行されないものも（会社法一八九条三項参照）、金融商品取引法上の有価証券となる。

(6)　電子記録債権法にいう電子記録債権をいう。同法二条一項は、電子記録債権を「その発生又は譲渡についてこの法律の規定による電子記録を要件とする金銭債権をいう。」と規定している。

(7)　始関正光＝高橋康文・一問一答電子記録債権法七頁（平成二〇年）。

(8)　もっとも、現段階（平成二三年一二月三〇日時点）で、政令指定は行われていない。

(9)　平成一八年改正前協同組織金融機関の優先出資に関する法律二条一項に規定する協同組織金融機関（①農林中央金庫、②商工組合中央金庫、③信用協同組合および信用協同組合連合会、④信用金庫および信用金庫連合会、⑤労働金庫および労働金庫連合会、⑥農業協同組合（信用事業を行うものに限る）および農業協同組合連合会（信用事業を行うものに限る）、⑦漁業協同組合（信用事業を行うものに限る）、漁業協同組合連合会（信用事業を行うものに限る）、水産加工業協同組合（信用事業を行うものに限る）および水産加工業協同組合連合会（信用事業を行うものに限る）が列挙されていた）、証券取引法施行令一条の九に掲げる金融機関（①保険会社、②無尽会社、③証券金融会社、④主としてコール資金の貸付けまたはその貸借の媒介を業として行う者のうち金融庁長官の指定するものが列挙されていた）、貸金業規制法施行令一条四号に掲げる者（主として住宅（住宅の用に供する土地および土地の上に存する権利を含む）の取得に必要な長期資金の貸付けを業として行う者で金融庁長官の指定するものが定められ、具体的には、住宅金融専門会社（いわゆる住専）が指定されていた）およびその他内閣府令で定める者（金融の円滑を図ることを目的に金融機関の健全かつ適切な運営に資するため、金融機関が共同で出資した不動産担保付債券の買収会社であって金融庁長官が指定したものと定められていた（平成一八年改正前定義府令二条の二）。これにもとづき、株式会社共同債権買取機構が指定されていた。証券取引法第二条に規定する定義に関する内閣府令第二条の二の規定にもとづき、不動産担保付債権の買取会社を指定する件（平成一〇年一一月三〇日大蔵省告示五二六号）と規定されていた（平成一八年改正前証取令一条の二）。

(10)　平成四年改正の証券取引法の下での証券取引法施行令一条の三では、「住宅等の取得に必要な資金の貸付けの契約に基づく金銭債権を信託する信託の受益権」と、住宅ローン債権の信託の受益権に限定されていた。その後、住宅ローン債権に限らず、金融機関が保有する貸付債権についての受益権が証券取引法上の有価証券とみなされた。

(11)　金融審議会金融分科会第一部会報告「投資サービス法（仮称）に向けて」（平成一七年一二月二二日）における、①金銭の出資、金銭等の償還の可能性をもち、②資産や指標などに関連して、③より高いリターン（経済的効用）を期待してリスクをとるものという基準に合致することから、有価証券とみなすことで金融商品取引法の規制の対象とされることとなった。小島宗一郎＝松本圭介＝中西健太郎＝酒井敦史「金融商品取引法の目的・定義規定」商事法務一七七二号二〇頁。

(12) 小島他・前掲注 (11) 二〇頁。信託受益権の自己募集は、金融商品取引業とはならない (金商法二条八項七号参照)。

(13) 合名会社は、会社の債務につき、会社債権者に対して直接連帯して無限責任を負う社員 (無限責任社員) のみからなる会社である (会社法五七六条二項)。合資会社は、出資の価額を限度として責任を負う社員 (有限責任社員) と無限責任社員からなる会社である (会社法五七六条三項)。合同会社は、有限責任社員からなる会社である (会社法五七六条四項)。持分会社の特徴は、内部関係の規律については原則として定款自治が認められ、その設計が自由であること、機関について株式会社のような規制がないこと、社員の議決権は原則として一人一議決権であること、持分の譲渡には原則として他の社員全員の承諾が必要であるが、投下資本の回収方法としては、出資の払戻しや退社による持分の払戻しが比較的自由であることなどにある。神田秀樹・会社法〔第一三版〕二八六頁 (平成二三年)。

(14) 社員権である持分を譲渡するには、原則として他の社員全員の承諾が必要である (会社法五八五条一項)。持分会社では社員相互間の信頼関係が重視されているためである。また、社員の氏名または名称および住所が定款記載事項である (会社法五七六条一項四号)。そのため、社員の変動には定款の変更が必要である。定款の変更は原則として総社員の同意が必要である (会社法六三七条)。合名会社と合資会社については、社員の変動は登記事項でもある (会社法九一二条五号・九一三条五号)。

(15) 平成一七年の会社法の制定に伴い、整備法で証券取引法の改正がなされ、「合同会社の社員権その他これに類するものとして政令で定める権利」および「外国法人の社員権で前号の権利の性質を有するもの」が有価証券とみなされる旨が規定された (証取法二条二項六号・七号)。金融商品取引法では本文のように規定が改められている。

(16) 金融審議会金融分科会第一部会報告・前掲注 (8)「別紙2・各金融商品の取扱いに関する整理」では、「合名会社及び合資会社は、社員自らが業務執行に参加することを念頭においた制度となっており、現実に、大多数の場合において相互に人的信頼関係のある少人数の者の共同企業に用いられているとの実態がある。このため、一部の社員あるいは役員などが他の社員から広範な裁量を付与されるような場合にはあたらず、合名会社及び合資会社の社員権を一律に投資商品とすることは、必ずしも適当でないと考えられる。」としていた。政令では、①その社員のすべてが株式会社か合同会社のいずれかに該当する合名会社の社員権、②その無限責任社員のすべてが株式会社か合同会社のいずれかに該当する合資会社の社員権と定めている (金商令一条の二)。

(17) 金銭に類するものとして政令で定めるものが含まれる。政令では、①有価証券、②為替手形、③約束手形、④信託の受益権、集団投資スキーム持分に掲げる権利を有する者から出資・拠出を受けた金銭の全部を充てて取得した物品 (内閣府令 (定義府令五条) で定めるものに限る) が定められている (金商令一条の三)。④について、内閣府令は、競争用馬を規定している (定義府令五条)。内閣府令で定める物品については、集団投資スキーム持分は金銭出資が原則であり、現物出資はあくまで例外であるものの、競争馬ファンドは、出資・拠出の対象とされている実態があり、特に、規制の必要性が高いと判断された。松下美帆＝酒井敦史＝舘大輔「金融商品取引法の対象商品・取引」商事法務一八〇九号二一頁。

(18) 花水康「集団投資スキームの規制」商事法務一七七八号一七頁は、「事業」は、一定の目的をもって反復継続して行われる同種の行為を意味しており、「投資」を含む概念であり、投資事業有限責任組合法三条一項各号に規定する事業を一切行わないファンドであっても、集団投資スキームに該当しうるとしている。

(19) 金融審議会金融分科会第一部会報告・前掲注(11)は、規制の対象とする金融商品の要素として、①金銭の出資、金銭等の償還の可能性をもち、②資産や指標などに関連して、③より高いリターン（経済的効用）を期待してリスクをとるものを挙げており、かかる要素によりこのような基準が設定された。花水・前掲注(18)一七頁。

(20) 制定当時の投資事業有限責任組合法一条は、「この法律は、中小企業等に対する投資事業を行うための組合契約であって、無限責任組合員と有限責任組合員との別を約するものに関する制度を確立することにより、円滑な資金供給を通じた中小企業等の自己資本の充実を促進し、その健全な成長発展を図り、もって我が国の経済活力の向上に資することを目的とする。」と定めていた。なお、証券取引所上場会社、店頭登録会社は、同法による投資対象とならない旨が明記されていた。

(21) 注(20)で述べた目的規定（一条）も、「この法律は、事業者に対する投資事業を行うための組合契約であって、無限責任組合員と有限責任組合員との別を約するものに関する制度を確立することにより、事業者への円滑な資金供給を促進し、その健全な成長発展を図り、もって我が国の経済活力の向上に資することを目的とする。」と改められた。また、法律の名称自体も、「投資事業有限責任組合契約に関する法律」となった。

(22) 篠原倫太郎「投資事業有限責任組合法の改正の概要」商事法務一六九八号一七頁。

(23) 金融審議会金融分科会第一部会報告「市場機能を中核とする金融システムに向けて」（平成一五年一二月二四日）。

(24) 有限責任事業組合と前述の合同会社とは、社員・組合員の責任が有限であり、内部関係について組合的規律が適用される点で類似する。しかし、合同会社は法人格を有するのに対して、有限責任事業組合は法人格を有さない。さらに、合同会社では、必ずしもすべての社員が業務執行を担当する必要がないのに対し、有限責任事業組合では、すべての組合員が何らかの形で事業執行に携わることが要求されるなどの違いがある。また、株式会社との組織変更の可否などについての相違点が存在する。

(25) 法改正以前においても、投資事業有限責任組合法は、業務執行者である無限責任組合員に財務諸表等の作成と備置き等を要求していた（八条）。これは、中小企業への投資は、一般的にリスクの高い投資と考えられるため、投資者が自己責任の原則にもとづき投資を行う前提として詳細な組合の業務内容や財産状況に関する情報を開示することを求めたものとされる。通商産業省中小企業庁振興課編・投資事業有限責任組合法四六頁（平成一〇年）。しかしながら、投資の販売ルールは存在しなかった。さらに、投資事業有限責任組合員の数は一〇〇名を超えてはならないと定められていた（投資事業有限責任組合法三条四項、投資事業有限責任組合法施行令一一条）。もっとも、勧誘者の数が限定されていることは、開示規制の適用除外または緩和を認める要素になるものの、投資勧誘規制、不公正取引規制などの適用を免除する根拠にならない。川口恭弘「証券取引法における有価証券の範囲・目論見書制度の見直し」商事法務一七〇九号五頁。

(26)　篠原倫太郎「有限責任事業組合契約に関する法律の概要」商事法務一七三五号一五頁。

(27)　金融審議会金融分科会第一部会「中間整理」（平成一七年七月七日）の「別紙・投資サービス法の対象範囲についての考え方」は、規制対象とすべき「投資（金融）商品」として、集団投資スキーム持分と単独投資持分を挙げていた。前者は出資者が複数のもので、後者は出資者が単独のものとして、両者が区別されていた。金融商品取引法二条二項五号の規定は、集団投資スキーム持分といわれるが、その規定内容は、かならずしも複数の出資者がある場合に限定されておらず、単独投資持分も含むものとして規定されている。三井秀範＝池田唯一監修、松尾直彦編著・一問一答金融商品取引法〔改訂版〕一〇五頁（平成二〇年）。したがって、匿名組合員が一名で、その単独の組合員が拠出した資金を営業主が運用し、収益を組合員に分配する契約の持分も金融商品取引法では有価証券とみなされる。

(28)　黒沼悦郎「金融商品取引法の適用範囲と開示制度」金融法務事情一七七九号一二頁。

(29)　すべての社団法人の社員権が金融商品取引法二条二項五号で有価証券とみなされるならば、同条二項三号をあえて規定する必要はない。

(30)　会社法制定前の商法では、商法上の会社は社団であると規定されていた（平成一七年改正前商法五二条）。会社法では、同法上の会社を社団とする規定は置かれなかった。もっとも、現行会社法の下でも、同法上の会社は「社団法人」と解されている。江頭憲治郎・株式会社法〔第四版〕二四頁（平成二三年）。

(31)　三井＝池田監修・前掲注（27）九三頁。

(32)　花水・前掲注（18）一八頁。同論文は、一人でも関与しない者がいる場合には、当該権利全体が提供除外の要件に該当しないこととなるとする。

(33)　かかる同意には、出資者の権利にかかる契約その他の法律行為においてすべての出資者の同意を要しない旨の定めをする場合において、当該出資対象事業にかかる業務執行の決定についてすべての出資者が同意するか否かの意思を表示することを要することを含む。

(34) 証券取引法の時代には、有限責任事業組合契約にもとづく権利のうち有価証券に該当しないものを政令が定めていた（平成一八年改正前証取法二条二項四号、証取令一条の三の三）。そこでは、「当該組合の事業のために欠くことができない専門的能力を発揮して」という文言が使用されていた。金融商品取引法施行令の規定は、これを参考にしたものであるが、要件の該当性は投資者保護の観点から実質的に判断されるべきものと考えられ、その趣旨が明確になるように、規定が改正されている。松下他・前掲注(17)二三頁。

(35) 三井＝池田監修・前掲注(27)九六頁では、一般投資家が証券投資の知識の学習および証券投資を目的として各自の出資を行い、民法上の組合を設立して会員による定期的な会合を通じた学習および投資銘柄の選定と投資を行う、いわゆる「投資クラブ」がこれに該当する例として挙げられている。

(36) 花水・前掲注(18)一八頁。三井＝池田監修・前掲注(27)九六頁では、NPOその他、主として公益事業に対する出資・融資を行うことを目的とする匿名組合等によるファンドなど、いわゆるNPOバンクがこれに該当する例として挙げられている。金融審議会金融分科会第一部会報告・前掲注(11)の「別紙1・各金融商品の具体的範囲に関する整理」では、NPOバンクについて、「特に開示規制の適用となる場合における監査費用などにより活動が困難になるとの意見があり、投資サービス法においては、米国の例も参考に、契約などにおいて出資額を上回る配当・残余財産の分配などを禁止している場合は、金銭的収益としてのリターンを期待していないことから、『投資性』がない又は小さいとして、規制の対象から除外することが適当と考えられる。」としていた。

(37) 金融審議会金融分科会第一部会報告・前掲注(11)の「別紙1・各金融商品の具体的範囲に関する整理」。

(38) 投資性の高いと判断された契約について、金融商品取引法上の行為規制が準用されている（保険業法三〇〇条の二、保険業法施行令四四条の二～四四条の六）。

(39) 花水・前掲注(18)一八頁。

(40) 預金・貯金における元利金の支払いを求める権利が、収益の配当や事業にかかる財産の分配を受けることができる権利に形式上該当しないと解されたのかもしれない。この点について、黒沼・前掲注(28)一〇頁は、確定利息の支払いと元本の返済が約されていることは投資商品性を否定する理由にならないとした上で、預金債権などが常に集団投資スキーム持分にあたらないと解すべきではないとする。なお、集団投資スキーム持分に該当するとした上で適用除外とする場合と、本来、集団投資スキーム持分に該当しないとする場合とで、結論的には、金融商品取引法の適用面において違いは生じない。

(41) 財団法人・社団法人であれば民法、宗教法人であれば宗教法人法、学校法人であれば学校法人法に監督規定が存在することから、金融商品取引法の規制を及ぼす必要がないと考えられた。もっとも、有限責任中間法人については、その根拠法である中間法人法に行政機関による監督規定が整備されていないなどの理由から、適用除外の対象とされず、有限責任中間法人の基金拠出に際して、基金拠出者に基金拠出額を上回る残余財産の分配が行われないように契約などで手当されるようなものであれば、集団投資スキーム持分から除外されることもありうるとされた。松下他・前掲注（17）二三頁。なお、平成一八年六月二日をもって中間法人法は廃止された。

（42）分収林特別措置法に規定する分収林契約については、都道府県知事による監督規定が整備されていることが理由である。松下他・前掲注（17）二四頁。

（43）公認会計士、弁護士、司法書士、土地家屋調査士、行政書士、税理士、不動産鑑定士、社会保険労務士、弁理士が規定されている。これらの者は、法令において強制加入団体の会則を遵守すべき義務があり、当該強制団体の監督が行われる。不動産鑑定士については、強制加入団体が存在しないものの、監督官庁による一定の監督が及ぶことから、不動産鑑定士が業務を行うための組合等の持分についても適用除外としている。松下他・前掲注（17）二四頁。

（44）会社またはその被支配会社等の役員（相談役、顧問その他いかなる名称を有する者であるかを問わず、当該会社またはその被支配会社等に対し役員と同等以上の支配力を有するものと認められる者を含む）または従業員と規定されている（定義府令六条一項）。ここにいう被支配会社等とは、会社が他の会社の総株主等の議決権の一〇〇分の五〇を超える議決権を保有する場合における当該会社（被支配会社）または被支配会社が他の会社の総株主等の議決権の一〇〇分の五〇を超える議決権を保有する場合における当該他の会社を意味する（定義府令六条三項）。

（45）各役員等の一回あたりの拠出額が一〇〇万円に満たないことが要件として規定されている（定義府令六条二項）。

（46）従業員持株会は、一定の計画にもとづいて個別の投資判断にもとづかずに株券の買付けを行うものであり、業務執行者の裁量性が低いことや、従業員の福利厚生に資する社会的実態があることなどの理由から、、証券取引法の時代から有価証券の定義から除外されていた。金融商品取引法でも、同様の視点から、集団投資スキーム持分から除外することとしている。松下他・前掲注（17）二四頁。

（47）①株券の発行者である会社の関係会社の従業員が当該関係会社の他の従業員と共同して当該会社の株券の買付けを、一定の計画に従い、個別の投資判断にもとづかず、継続的に行うことを約する契約（各従業員の一回当たりの拠出金額が一〇〇万円に満たないものに限る）にもとづく権利、②株券の発行者である会社の取引関係者（当該会社の指定する当該会社と取引関係にある者をいう）が当該会社の他の取引関係者と共同して当該会社の株券の買付け（金融商品取引業者に媒介、取次ぎまたは代理の申込みをして行うものに限る）を、一定の計画に従い、個別の投資判断にもとづかず、継続的に行うことを約する契約（各取引関係者の一回当たりの拠出金額が一〇〇万円に満たないものに限る）にもとづく権利が規定されている（定義府令七条一項）。なお、ここにいう「関係会社」とは、(i)会社が他の会社の総株主等の議決権の一〇〇分の二五以上の議決権を保有する場合における当該他の会社、(ii)会社に対する前事業年度における他の会社の売上高が当該他の会社の売上高の総額の一〇〇分の五〇以上である場合における当該他の会社、(iii)会社からの前事業年度における他の会社の仕入高が当該他の会社の仕入高の総額の一〇〇分の五〇以上である場合における当該他の会社をいう（定義府令七条二項）。

(48)　小島他・前掲注（11）二〇頁は、「投資性があっても流通性のない金融商品の取引は相対取引であって民商法（取引ルール）による規律に委ねれば足りるという考え方もあり得るが、投資性のある金融商品が業として販売・勧誘される場合には、単に相対取引が多数行われることとは異なる経済的実態があり、公益または投資者保護の必要性があると考えられる。」としている。金融商品取引法二条二項前段に規定される有価証券表示権利は必ずしも流動性が低いとはいえない（振替制度が整備された後の振替株式は、株券の発行された株式よりはるかに流動性が高い）。このことと、金融商品取引法二条二項七号の政令指定要件から流通性の要件が削除されたことを併せ考えると、金融商品取引法は、流通性の高い権利（二条一項の有価証券と二条二項前段の権利）と流通性の低い権利（二条二項各号の権利）の区分を適用対象となる有価証券の基本的区分としているといえる。黒沼・前掲注（25）一〇頁。

(49)　松田広光「改正証券取引法案の主要条文解説」資本市場八四号一七頁。

(50)　龍田・前掲注（5）八八頁。神田秀樹「有価証券概念の拡大」商事法務一二九四号二二頁は、土地信託の受益権が金銭債権にあたるか否かの争いを生じうると述べている。立法担当者は、法形式上は信託の受益権であっても、その受益権が金銭の給付を目的としていれば、金銭債権にあたるとしているのではないかという指摘もあった。証券取引法研究会「平成四年証券取引法の改正について⒄—有価証券の定義」インベストメント四八巻一号七四頁（洲崎報告）。

(51)　①当該貸付けにかかる利率、弁済期その他内閣府令で定める事項（内閣府令で追加する事項は定められていない（定義府令八条一項参照）が同一で、複数の者が行うものであること、②当該貸付けの全部または一部が、(i)当該貸付けを受ける学校法人等の設置する学校に在学する者その他利害関係者として内閣府令で定める者（利害関係者）（学校の在学生の父母その他これらに準ずる者で授業料その他在学に必要な費用を負担する者、学校の卒業生、学校法人等の役員・評議員および職員）（定義府令八条二項）以外の者が行う貸付けであること、(ii)当該貸付けにかかる債権の利害関係者以外の者に対する譲渡が禁止されていないことのいずれかに該当すること、および③当該貸付けの全部または一部が、(i)銀行その他の法令の規定により当該貸付けを業として行うことができる者（銀行等）以外の者が行う貸付けであること、(ii)当該貸付けにかかる債権の銀行等以外の者に対する譲渡が禁止されていないことのいずれかに該当すること、のすべてに該当するものに限られる（金商令一条の三の四）。

第三款　金融商品取引法上のデリバティブ取引

一　デリバティブ取引の定義

1　デリバティブ取引の限定的列挙

金融商品取引法は、投資性のある商品やサービスを規制対象とする法律である。「投資性」の基準は、①金銭等の出資、金銭等の償還の可能性をもち、②資産や指標などに関連して、③より高いリターンを期待してリスクをとるものである[1]。かかる基準は、有価証券についての取引のみならず、デリバティブ取引にもあてはまるため、金融商品取引法の規制対象とされている。デリバティブ取引は、原資産それ自体を取引するのではなく、その売買権利や交換権を取引するもので、派生取引などとよばれる取引である。

証券取引法の下でも、デリバティブ取引について規制を定めていた。そこでは、有価証券先物取引（証取法二条二〇項）、有価証券指数等先物取引（証取法二条二一項）、有価証券オプション取引（証取法二条二二項）、外国市場証券先物取引（証取法二条二三項）、有価証券先渡取引（証取法二条二四項）、有価証券店頭指数等先渡取引（証取法二条二五項）、有価証券店頭オプション取引（証取法二条二六項）、有価証券店頭指数等スワップ取引（証取法二条二七項）などが規定されていた。また、金融先物取引法では、金融先物取引が規制の対象となっていた。そこでは、金利や通貨の先物取引などが規制されていた。金融商品取引法は、証券取引法下の有価証券に関するデリバティブ取引と金融先物取引法下の金利や通貨に関するデリバティブ取引を統合して規制し、さらに、従来規制の対象となっていなかったデリバティブ取引も規制対象に追加している。

金融商品取引法におけるデリバティブ取引は、「市場デリバティブ取引」、「店頭デリバティブ取引」および「外国市場デリバティブ」に分けられる（金商法二条二〇項）。市場デリバティブ取引は、金融商品市場において、金融商品市場を開設する者の定める基準および方法に従い行うデリバティブ取引である（金商法二条二一項）。店頭デリバティブ取引は、金融商品市場および外国金融商品市場によらないで行うデリバティブ取引である（金商法二条二二項）。また、外国市場デリバティブ取引は、外国金融商品市場において行う取引であって、市場デリバティブ取引と類似の取引をいう（金商法二条二三項）。金融商品取引法では、このように、デリバティブ取引を、取引所のルールによるものと、それ以外の相対によるものとの区別が採用されている。(2)

店頭デリバティブ取引については、その内容等を勘案し、公益または投資者の保護のために支障を生ずることがないと認められるものとして政令で定めるものは定義から除外される（金商法二条二二項括弧書）。金融商品市場外または外国金融市場外で行われる取引は多岐にわたり、その中には、金融商品取引法上の広範な店頭デリバティブ取引の定義に該当するものの、店頭デリバティブ取引としての規制（第一種金融商品取引業としての規制）を及ぼす必要のないものが含まれることから、政令による除外を認めている。(3)

市場デリバティブ取引として、先物取引、指標先物取引、オプション取引、スワップ取引、クレジット・デリバティブ取引がある。また、店頭デリバティブ取引として、先渡取引、指標先渡取引、オプション取引、指標オプション取引、スワップ取引、クレジット・デリバティブ取引がある。

先物取引は、金融商品市場において、金融商品市場を開設する者の定める方法に従い、売買の当事者が将来の一定の時期において金融商品およびその対価の授受を約する売買であって、当該売買の目的となっている金融商品の転売または買戻しをしたときは差金の授受によって決済することができる取引である（金商法二条二一項一号）。先物取引は、取引条件が定型化される取引所取引であることに特徴がある。また、期限日前にいつでも反対売買することによって差金決済が可能である。先物取引に参加する者は、契約額に応じて定められる証拠金の差入れを金融商品取引所に行わなければならない。金融商品取引所は、証拠金の預託と引換えに、取引当事者の信用リスクを肩代わりする。

したがって、取引者は相手方の信用リスクを調べるコストを削減できる。また、一定額の証拠金で取引が可能なため（レバレッジ効果）、投機取引に利用することもできる。

先物取引には、価格変動リスクを移転する機能がある。すなわち、リスク・ヘッジの手段として利用される。株式（現物）を保有している者が株価の値下りリスクを回避しようとする場合は、先物市場で売建玉をもつことで、値下りリスクを回避できる。株価が値下りをした時点で、買い戻すことによって得られる利益によって、保有する株式の値下りをカバーすることができる。このような取引を「売りヘッジ」とよんでいる。他方で、株価が値上りすると予想したものの、購入資金が後日になるというような場合、先物市場で買建玉をもつことで、将来の株式取得コストを確定することができる。株価が値上りした時点で、転売することにより得られる利益によって、高くなった買付価格をカバーすることができる。このような取引を「買いヘッジ」とよんでいる。

先渡取引は、売買の当事者が将来の一定の時期において金融商品およびその対価の授受を約する売買であって、当該売買の目的となっている金融商品の売戻しまたは買戻しその他政令で定める行為をしたときは差金の授受によって決済することができる取引である（金商法二条二二項一号）。先物取引と先渡取引は、ともに、目的物の引渡しと対価の支払いを一定期間猶予する取引である。先物取引と先渡取引は、金融商品市場において行われるか否かによる区別といえる。

指標先物取引は、金融商品市場において、金融商品市場を開設する者の定める方法に従い、当事者があらかじめ金融指標として約定する数値（約定数値）と将来の一定の時期における現実の当該金融指標の数値（現実数値）の差にもとづいて算出される金銭の授受を約する取引である（金商法二条二一項二号）。指標先渡取引は、金融商品市場および外国金融商品市場によらないで、約定数値と現実数値の差にもとづいて算出される金銭の授受を約する取引またはこれに類似する取引である（金商法二条二二項二号）。指標先物取引と指標先渡取引も対価の支払いを一定期間猶予する取引である。もっとも、金融商品という原資産を取引対象とするのではなく、金融指標という数値を取引対象とするため、差金決済のみが行われる。指数先物取引が金融商品市場で行われるものであるのに対して、指標先渡取引が金融商品市場外で行われる点は、既述の先物取引と先渡取引の区別と同様である。

オプション取引は、当事者の一方の意思表示により当事者間において、金融商品の売買などの取引を成立させることができる権利を相手方が当事者の一方に付与し、当事者の一方がこれに対して対価を支払うことを約する取引（またはこれに類似する取引）である（金商法二条二一項三号・二二項三号）。オプションは、目的物を買うことのできる権利あるいは売ることのできる権利である。買う権利をコール・オプション、売る権利をプット・オプションという。オプション契約では、当事者の一方が相手方にプレミアム（オプション代金）を支払うことによってオプションを取得する。オプションは権利であるので、その取得者は、それを行使せず放棄することができる。一方、オプションの付与者は、オプションが行使された場合には、それに従わなければならない。先物取引では、期日には、必ず決済を行わなければならない。これに対して、オプション取引では、取得者は、相場の予想が的中しなかった場合には、オプションを放棄できるため、リスクを限定することができる。

指標オプション取引は、金融指標を取引対象とするオプション取引である。(4) 金融商品市場で行われるものであっても、それ以外で行われるものであっても金融商品取引法上の規制に服する点はオプション取引と同様である。

スワップ取引は、当事者が元本として定めた金額について当事者の一方が相手方と取り決めた金融商品の利率等または金融指標の約定した期間における変化率にもとづいて金銭を支払い、相手方が当事者の一方と取り決めた金融商品の利率等または金融指標の約定した期間における変化率にもとづいて金銭を支払うことを相互に約する取引である（金商法二条二一項四号・二二項五号）。金利や為替の相場についての先行きに異なる見通しをもっている当事者の間で、金利や通貨の支払いを交換（スワップ）する取引が行われる。たとえば、先行き金利が下落すると予想しているものの、高い固定金利を支払わなければならない者と、金利は上昇すると予想するものの、変動金利を支払わなければならない者との間で、お互いの金利の支払いを交換する取引が行われる。円建ての金利の支払いと外貨建ての金利の支

払いを交換する取引も行われている。(5)

クレジット・デリバティブ取引は、当事者の一方が金銭を支払い、これに対して当事者があらかじめ定めた一定の事由が発生した場合において相手方が金銭を支払うことを約する取引（またはこれに類似する取引）である（金商法二条二一項五号・二二項六号）。ここにいう一定の事由として、①法人の信用状態にかかる事由その他これに類似するものとして政令で定めるもの（信用事由）、②当事者がその発生に影響を及ぼすことが不可能または著しく困難な事由であって、当該当事者その他の事業者の事業活動に重大な影響を与えるものとして政令で定めるもの（災害事由）が規定されている（金商法二条二一項五号・二二項六号）。

政令は、①について、法人でない者の信用状態にかかる事由その他これに類似するものとして内閣府令で定める事由と規定している（金商令一条の一三）。内閣府令では、「債務者の経営再建又は支援を図ることを目的として行われる金利の減免、利息の支払猶予、元本の返済猶予、債権放棄その他の債務者に有利になる取決め」が規定されている（定義府令二〇条）。(6)

また、②について、政令は、(i)暴風、豪雨、豪雪、洪水、高潮、地震、津波、噴火その他の異常な自然現象、(ii)戦争、革命、内乱、暴動、騒乱その他これらに準ずるものとして内閣府令で定める事由を規定している（金商令一条の一四）。内閣府令は、外国政府、外国の地方公共団体その他これらに準ずる者により実施される「為替取引の制限又は禁止」、「私人の債務の支払の猶予又は免除について講ずる措置」および「その債務に係る債務不履行宣言」を規定している（定義府令二一条）。外国政府などがその信用状態とは必ずしも関係なく、政治的な理由などによって、これらの行為を行うことが考えられ、実務上、保障の対象とするニーズが存在すると考えられる。(7)

これまで述べてきたデリバティブ取引は、「市場リスク」を売買するものであるのに対して、クレジット・デリバティブは「信用リスク」を売買する点に特徴がある。

このほか、機動的にデリバティブ取引を金融商品取引法の規制に置くことを可能とするため政令による指定が可能である。市場デリバティブ取引については、「前各号に掲げる取引に類似する取引であって、政令で定めるもの」（金商法二条二一項六号）と規定されている。これに対して、店頭デリバティブ取引については、「前各号に掲げるもののほか、これらと同様の経済的性質を有する取引であって、公益又は投資者の保護を確保することが必要と認められるものとして政令で定める取引」（金商法二条二二項七号）と規定されており、政令指定の要件が絞られている。

市場デリバティブ取引は、金融商品市場開設者が基準や方法を定める関係から、実務界で、突然に新しいデリバティブ取引が生み出される可能性は少ない。これに対して、相対取引である店頭デリバティブ取引については、常に実務で新たな手法が考え出される可能性があり、政令指定の要件をあらかじめ明示することが必要と考えられたのではないかと思われる。この点で、店頭デリバティブ取引の政令指定の規定は、有価証券の政令指定の規定と整合的である。

（1）本書一〇八頁注（5）参照。

（2）既述のように、証券取引法において、有価証券に関するデリバティブ取引が規制の対象とされていた。そこでも、有価証券市場において行われる取引（有価証券先物取引（平成一八年改正前証取法二条二〇項）、有価証券指数等先物取引（平成一八年改正前証取法二条二一項）、有価証券オプション取引（平成一八年改正前証取法二条二二項））、外国有価証券市場において行われる取引（外国市場証券先物取引（平成一八年改正前証取法二条二三項）、有価証券市場および外国有価証券市場によらないで行われる取引（有価証券先渡取引（平成一八年改正前証取法二条二四項）、有価証券店頭指数等先渡取引（平成一八年改正前証取法二条二五項）、有価証券店頭オプション取引（平成一八年改正前証取法二条二六項）、有価証券店頭指数等スワップ取引（平成一八年改正前証取法二条二七項））がそれぞれ規定されていた。

（3）松下美帆＝酒井敦史＝舘大輔「金融商品取引法の対象商品・取引」商事法務一八〇九号三〇頁。政令では、①預貯金等に組み込まれた通貨売買のオプション取引、②保険・共済契約・債務保証契約・損害担保契約が規定されている（金商令一条の一五）。①は、金融先物取引法、同法施行令の規定（金先法二条四項、金先令一条）を引き継ぐものである。たとえば、預金のうち、円貨で預入れが行われるが、為替変動に応じて外貨で払戻しがなされることのある商品などは、通貨売買のオプション取引（銀行などがオプション権を有するもの）を組み込んだものといえる。松下他・右掲三〇頁。なお、このような通貨売買のオプション取引については、金融商品取引法の規制は直接に適用されないものの、「特定預金等」として金融商品取引法の行為規制が準用される（銀行法一三条の四、銀行法施行規則一四条の一一の四第三号など）ことに留意が必要である。また、②については、実際に生じた損害をてん補するものであり、実需を超えた投機的な取引として行われることは通常考えにくいこと、また、そのうちの一部については、保険業法による規制も及んでいることなどから、金融商品取引法上の店頭デリバティブ取引としての規制を及ぼす必要はないと考えられた。松下他・右掲三〇頁。

（4）　金融商品市場において行われる取引については、金融商品取引法二条二一項三号ロ括弧書で規定され、金融商品市場によらない取引については、同法二条二二項四号に規定されている。なお、後者について、当事者の一方の意思表示により当事者間において当該意思表示を行う場合の金融指標としてあらかじめ約定する数値と現に当該意思表示を行った時期における現実の当該金融指標の数値の差にもとづいて算出される金銭を授受することとなる取引を成立させることができる権利を相手方が当事者の一方に付与し、当事者の一方がこれに対して対価を支払うことを約する取引またはこれに類似する取引と規定されている（金商法二条二二項四号）。

（5）　金融商品取引法のスワップ取引の定義によると、「当事者が元本として定めた金額について」、「当事者の一方が相手方と取り決めた金融商品の利率等または金融指標の約定した期間における変化率に基づいて金銭を支払い」、「相手方が当事者の一方と取り決めた金融商品の利率等または金融指標の約定した期間における変化率に基づいて金銭を支払うことを相互に約する取引」と定められている。したがって、利率と別の金融指標と交換することも含まれる。金利の支払いと株価の下落率に基づく金銭の支払いを交換する取引も規制の対象となる。たとえば、X株を保有するA（株価変動リスクを負う）は、「今後、金利は上がらない、保有しているX株式の株価は下がる」と考え、他方、変動金利で金銭を借りているBは、「金利は上がる、X株式の株価も上がる」と考えている場合、Aは、Bの変動金利の支払いを行う約束をし、Bは株価下落率に基づく金銭の支払いを行う約束で、契約を結ぶことが考えられる。これにより、Aは、株価の変動リスクに代わって、金利の変動リスクを引き受け、Bは、金利の変動リスクに代わって、株価の変動リスクを引き受けることとなる。三浦章生＝安保智勇＝藤井康弘・金融商品取引法と金融実務三九頁（平成一八年）。

（6）　いわゆるリストラクチャリングが想定されている。このようなリストラクチャリングについては、「（法人や法人でない者の）信用状態に係る事由」に該当すると認定できない場合にも、実務上はクレジット・デリバティブ取引における支払事由とすることにより保障の対象とするニーズが存在すると考えられることから、事業を行う者における当該事業の経営の根幹にかかわる事由として追加された。松下他・前掲注（3）二七頁。

（7）　松下他・前掲注（3）二八頁。

2　デリバティブ取引と賭博罪

既述のように、金融商品取引法では、有価証券の定義において、「集団投資スキーム」について、いわゆる雑品入れとしての「包括条項」が規定されている。[1] これに対して、デリバティブ取引の定義においては、このような包括条項が設けられず、政令で追加指定を可能にするにとどまっている。

デリバティブ取引について包括条項が規定されなかった点について、「デリバティブ取引の内容は多様であり、仮に現在実際に行われているもののみならず、今後行われる可能性があるものまで対象に含めることができるような包括定義を設けようとすれば、その規定内容は極端に抽象的なものにならざるを得ないが、これは規制の透明性・予見可能性の観点から問題と考えられる。」と説明されている。[2] 規制の透明性や予見可能性に欠ける点は、包括条項一般に妥当する問題であり、デリバティブ取引に特有のものではない。

また、立法担当者の説明では、「デリバティブ取引の定義については、賭博罪にかかる違法性阻却の範囲を画するものでもあるため、罪刑法定主義の観点から明確性が特に強く要請されることにも留意する必要がある。」との記述がある。[3]

刑法一八五条にいう「賭博」には定義が存在しない。一般には、偶然の勝敗により、財産上の利益の得喪を争うことを意味すると解されている。[4] デリバティブ取引は、将来の金融商品の価値や金融指標の動向といった不確実な出来事の結果に賭けるという点で、賭博の要素を有しているものである。

この点について、市場デリバティブ取引は、金融商品取引法の目的にかなった取引所のルールにもとづくものであり、公的に、厳重で公正な規制の下で行われることから、これを賭博と考える見解はないと思われる。もっとも、明白なルールが存在しない、相対取引である店頭デリバティブ取引についてはさらなる議論が必要である。

賭博の違法性については、様々な見解が存在する。古典的には、賭博は、「国民の射幸心を助長し、怠惰な弊風を生じさせ、健康で文化的な社会の基礎をなす勤労の美風を損なう」といった点が問題視されてきた。(5) 店頭デリバティブ取引は、合理的な経済活動の必要性から生まれたものであるとしても、場面によっては、国民の射幸心を助長する取引になることも否定できない。

賭博罪については、取引につき社会的相当性が認められなければ違法性阻却が認められない。確かに、法令上の個別列挙の規定は、立法府が社会的相当性を認めたものといえる。この点で、違法性が阻却されるといってよい。(6) 金融商品取引法は、法律の規定をもって、同法のルール制定権限を内閣（政令）に委ねている。その意味で、政令指定は法律の個別規定と同等と評価できる。もっとも、これは金融商品取引法の適用場面においていえることであり、同様のことが刑法の適用場面で妥当するとは限らないのではないかとの疑問も生じる。しかし、政令による指定が、公の立場から、射幸心が十分に抑制される取引であることを具体的に政府が保証していると考えれば、違法性が阻却される可能性が高いといえる。

他方で、包括規定の場合、賭博罪の適用に関して、包括条項に該当する取引について、すべて違法性を阻却されることにはならないように思われる。この場合は、個別の取引ごとに、賭博罪を禁止する保護法益の観点から、すなわち、射幸心をあおるものであるかどうか、さらに、社会的有用性の有無などで個別に違法性が判断されることになる。(7)

なお、金融商品取引法二〇二条一項は、取引所金融市場によらないで、取引所金融市場における相場（取引所金融商品市場における金融商品の価格または利子率等にもとづき算出される金融指標を含む）により差金の授受を目的とする行為をした者は、一年以下の懲役もしくは一〇〇万円以下の罰金に処し、またはこれを併科すると定めている。この規定は、差金授受を目的とする取引は一種の賭博であり、同様の行為が取引所において行われる限りにおいて合法であるが、市場外で行う場合に違法とすることを明確にするためのものである。(8) さらに、その上で、金融商品取引業者、登録金融機関が、一方の当事者となる店頭デリバティブ取引およびそれらが媒介、取次ぎ、代理を行う店頭デリバティブ取引については、前述の刑事罰の適用を除外すると規定している（金商法二〇二条二項）。店頭デリバティブ取引については、その有用性も否定できない。他方で、金融商品取引業者および登録金融機関が行う一定の取引については、前述の弊害が発生する危険性が低いと考えられ、このような規定が置かれている。(9)

（1）本書一四〇頁参照。

（2）小島宗一郎＝松本圭介＝中西健太郎＝酒井敦史「金融商品取引法の目的・定義規定」商事法務一七七二号二三頁。

（3）小島他・前掲注（2）二三頁。

（4）大谷實・刑法講義各論〔新版第二版〕五〇四頁（平成一九年）。大判昭和一〇年三月二八日刑集一四巻三四六頁。

（5）最判昭和二五年一一月二五日刑集四巻一一号二三八〇頁参照。

（6）証券取引法研究会「定義規定（その二）」金融商品取引法の検討〔Ⅰ〕〔別冊商事法務三〇八号〕五九頁（川口・池田）（平成一九年）。なお、同書五九頁（洲崎）は、保険会社などが販売している天候デリバティブは、リスク・ヘッジが必要な業者に売られているものであって、一般人に同様のもの（明日の天気を予想して金銭を支払う約束など）を行えば、賭博罪にあたると解せざるをえないとして、法律に書いてあることで、当然に賭博罪にあたらないということにはならないとする。

（7）証券取引法研究会・前掲注（6）五一頁・六〇頁（川口）。

（8）河本一郎＝関要監修・逐条解説証券取引法〔三訂版〕一五五八頁（平成二〇年）。なお、金融商品取引法二〇一条に抵触する行為を常習として行えば、刑法一八六条（常習賭博罪、三年以下の懲役）にも抵触することとなる。この場合、刑法五四条一項前段の観念的競合により、刑が重い刑法一八六条により処罰されることとなる。金融商品取引法二〇二条一項ただし書（刑法一八六条の規定の適用を妨げない）は、このようなケースを想定したものである。河本＝関監修・右掲一五六〇頁。

（9）河本＝関監修・前掲注（8）一五六一頁。

二　金融商品と金融指標

1　金融商品

金融商品取引法では金融商品と金融指標について定義を定めている（金商法二条二四項・二五項）。金融商品と金融指標は、金融商品取引法の規制対象となるデリバティブ取引の原資産と参照指標であり、その範囲を定める重要な概念である。

金融商品取引法は、金融商品の定義として、①有価証券、②預金契約にもとづく債権その他の権利または当該権利を表示する証券もしくは証書であって政令で定めるもの、③通貨、④①ないし③以外に、同一の種類のものが多数存在し、価格の変動が著しい資産であって、当該資産にかかるデリバティブ取引（デリバティブ取引に類似する取引を含む）について投資者の保護を確保することが必要と認められるものとして政令で定めるもの、⑤①もしくは②または④のうち、内閣府令で定めるものについて、金融商品取引所が、市場デリバティブ取引を円滑にするため、利率、償還期限その他の条件を標準化して設定した標準物を定めている（金商法二条二四項）。

①に関して、有価証券の定義は金融商品取引法二条一項および二項に規定されている(1)。証券取引法においても、有価証券に関するデリバティブ取引が規制の対象となっていたことは既述のとおりである。

②は、金融先物取引法において、デリバティブ取引の原資産として規定されていたものである。政令では、①外為法六条一項七号に規定する支払手段(2)、②同項一一号に規定する証券(3)および③同項一三号に規定する債権(4)を定めている（金商令一条の一七）(5)。

③の通貨を金融商品とすることで、外国通貨の売買を、一定の証拠金を担保に、その何十倍もの取引金額で行う、いわゆる外国為替証拠金取引が金融商品取引法で規制されることとなる。通貨に関するデリバティブ取引も、金融先物取引法において規制されていた（金先法二条八項参照）。

④は、政令指定で、金融商品の範囲を拡大することができるとするものである。対象は、「同一の種類のものが多数存在し、価格の変動が著しい資産」であることが必要である(6)(7)。ここでは、商品先物取引法（改正前の商品取引所法）

二条一項に規定する商品が除外されていることが注目される。(8) 金融商品取引法二条二四項四号では、政令指定をしない限り、金融商品とはならない。したがって、商品先物取引を金融商品取引法の適用を及ぼさないようにするためであれば、政令指定を行わないだけで足りる。現行法の規定では、政令指定できる対象として商品先物取引を明文で除外しているため、法律の改正を行わない限り、商品先物取引を金融商品取引法の規制に置くことができない仕組みとされている。(9) なお、商品先物取引については、金融商品取引法の適用は及ばないものの、金融商品取引法が定める行為規制と同等のものが商品先物取引法で規定され（商先法二一三条の二・二一四条二号・二二〇条の二など）、この点で、横断的な規制自体は実現している。(10)

国債は、発行時期により流通量が異なり、また、市場金利に応じて利率などが変動する。そのため、国債の先物取引では、取引の円滑化のため、利率、償還期限その他の条件を標準化したもの（標準物）が取引の対象とされている。かかる標準物が⑤として金融商品と定められている。金融商品取引所は、定款の定めるところにより、市場デリバティブ取引のため、この標準物を設定することができる旨が規定されている（金商法一一八条一項）。

(1)　本書一一九頁以下参照。

(2)　(i)銀行券、政府紙幣、小額紙幣および硬貨、(ii)小切手（旅行小切手を含む）、為替手形、郵便為替および信用状、(iii)証票、電子機器その他の物に電磁的方法（電子的方法、磁気的方法その他の人の知覚によって認識することができない方法をいう）により入力されている財産的価値であって、不特定または多数の者相互間での支払いのために使用することができるもの（その使用の状況が通貨のそれと近似しているものとして政令で定めるものに限る）、(iv)(i)または(ii)に準ずるものとして政令で定めるものが該当する。

(3)　券面が発行されていると否とを問わず、公債、社債、株式、出資の持分、公債または株式に関する権利を与える証書、債券、国庫証券、抵当証券、利潤証券、利札、配当金受領証、利札引換券その他これらに類する証券または証書として政令で定めるものが該当する。

(4)　定期預金、当座預金、特別当座預金、通知預金、保険証券および当座勘定残高ならびに貸借、入札その他により生ずる金銭債権で、外為法六条一項七号から一二号までに掲げられていないものが該当する。

（5）　金融先物取引法では、外為法六条一項七号に規定する支払手段（為替手形および約束手形に限る）、同項一一号に規定する証券（出資の持分、抵当証券、利潤証券、利札および利札引換券ならびに外国為替令二条二項に規定する財務省令で定める譲渡性預金の預金証書その他の証券または証書に該当する証券および証書に限る）および同法六条一項一三号に規定する債権（定期預金、保険証券および貸借（同項一〇号に規定する貴金属および同項一五号に規定する貨物の貸借を除く）により生ずる金銭債権に限る）が政令指定されていた（金先法二条八項二号、金先令三条）。そこでは、「支払手段」、「証券」、「債権」の範囲をさらに限定する形で規定されていたが、金融商品取引法施行令では、できるだけ幅広いデリバティブ取引を規制対象とする観点や、規定の平易化をはかる観点から、かかる限定がなされていない。松下美帆＝酒井敦史＝舘大輔「金融商品取引法の対象商品・取引」商事法務一八〇九号二八頁。

（6）　平成二三年九月三〇日の段階で、政令指定はなされていない。

（7）　いわゆる排出量取引について、金融商品取引法における位置づけを明確化するにあたって、政令で「金融商品」として追加指定することも考えられたが、排出量については、その法的性格がまだ必ずしも明確とはいえないこと等から、今後の課題とされた。松下他・前掲注（5）二八頁。もっとも、排出量取引が金融取引に近い側面を有していることから、金融商品取引業者（第一種金融商品取引業または投資運用業を行う者）の業務範囲として明確に位置づけがなされている。すなわち、①算定割当量そのものの取引およびその媒介・取次ぎ・代理ならびに②算定割当量のデリバティブ取引およびその媒介・取次ぎ・代理を行うには届出が必要となる（金商法三五条二項七号、金商業等府令六八条一六号・一七号）。なお、排出量の取引等については、銀行・保険会社の子会社に認められていた。平成二〇年の改正で、銀行・保険会社の本体での業務が解禁された（銀行法一一条四号、保険業法九九条二項四号）。さらに、同年の改正では、排出量取引に関する市場の開設業務を金融商品取引所の兼業業務として認める改正等もなされている（金商法八七条の二等）。

（8）　小島宗一郎＝松本圭介＝中西健太郎＝酒井敦史「金融商品取引法の目的・定義規定」商事法務一七七二号二三頁は、「商品先物取引は、農産物や鉱業等の現物取引の生産・流通をめぐる政策と密接に関連するものとして、商品取引所法により規制されている」ことを理由としている。

（9）　同様のことは、金融指標の定義にもあてはまる（金商法二条二五項三号参照）。

（10）　なお、商品ファンドについては、金融商品取引法で規制されることになっている。すでに述べたように、金融商品取引法二条二項五号では、いわゆる集団投資スキームを有価証券とする旨を定めている。また、信託型ファンドについても、信託の受益が広く有価証券と定義されている。証券取引法では、商品投資契約（商品投資にかかる事業の規制に関する法律（商品ファンド法）二条二項二号）にもとづく権利が、法の適用除外とされていた（平成一八年改正前証取法二条二項三号括弧書）。金融商品取引法では、このような適用除外規定は存在しない。

２　金融指標

デリバティブ取引の基礎概念である「金融指標」についても定義が定められている（金商法二条二五項）。そこでは、①金融商品の価格または金融商品の利率等、②気象庁その他の者が発表する気象の観測の成果にかかる数値、③その変動に影響を及ぼすことが不可能もしくは著しく困難であって、事業者の事業活動に重大な影響を与える指標または社会経済の状況に関する統計の数値について投資者の保護を確保することが必要と認められるものとして政令で定めるもの、④①ないし③にもとづいて算出した数値が規定されている。

①は、金融先物取引法においてデリバティブ取引の参照指標とされていたものを、金融商品取引法でも引き継ぐものである。

②について、気象観測結果にかかる数値は、これまでに、一般的に、理解されていた金融指標といえるかは議論のあるところである。天候デリバティブ取引を規制下に置くために設けられた規定である。

天候デリバティブは、天候不順や異常気象などによって被る損害をヘッジするために利用される取引である。[1] 天候デリバティブは、将来予想が難しい事態に備えて、リスクを回避するための取引であり、保険に類似するものといえる。そのため、天候デリバティブは、地震デリバティブなどとともに、保険デリバティブとよばれている。[2]

金融商品取引法の下では、②の気象観測数値が金融指標と定義され、同指標に関する指標先物取引（金商法二条二一項二号）または指標先渡取引（金商法二条二二項二号）が規制の対象となる。

③について、金融商品取引法施行令は、(i)気象庁その他の者が発表する地象、地動、地球磁気、地球電気および水象の観測の成果にかかる数値、[3] (ii)統計法二条四項に規定する基幹統計の数値、同条七項に規定する一般統計調査[4]の結

果にかかる数値ならびに同法二四条一項および二五条の規定による届出のあった統計調査[5]の結果にかかる数値その他これらに準ずるものとして内閣府令で定める数値、(iii)(i)(ii)に相当する外国の統計の数値、および(iv)行政機関が法令の規定に基づき……内閣府令で定める数値（金商令一条の一八）[6]を定めている。(i)は、気象観測数値（前述②）以外の観測数値であっても、事業者の事業活動に重大な影響を与える一方、このコントロールが不可能または著しく困難であり、その変動についてリスク・ヘッジをする実務上のニーズが存在することから規定された[7]。

（1）　たとえば、当事者の一方が一定期間内に気温が一定の数値を超過した日数に応じて相手方に対して金銭を支払うことを約し、あらかじめその対価として相手方から手数料を受領する取引等がこれに該当する。小島宗一郎＝松本圭介＝中西健太郎＝酒井敦史「金融商品取引法の目的・定義規定」商事法務一七七二号二二頁。

（2）　保険デリバティブでは、実際の損害よりも高額の金銭の支払いを受ける可能性があり、この点で、利得禁止原則が適用される保険との相違点が見られる。この点についての批判は、山下友信・保険法二四頁（平成一七年）参照。監督法上は明確に区別されている。保険デリバティブ取引は、保険業法において、保険会社の本業ではなく付随業務として規定されている（保険業法九八条一項八号、保険業規則五二条の三第一項二号など）。

（3）　ここいう「基幹統計」とは、①国勢統計（統計法五条一項）、②国民経済計算（統計法六条一項）、③行政機関が作成しまたは作成すべき統計であって、（イ）全国的な政策を企画立案し、またはこれを実施する上において特に重要な統計、（ロ）民間における意思決定または研究活動のために広く利用されると見込まれる統計、（ハ）国際条約または国際機関が作成する計画において作成が求められている統計その他国際比較を行う上において特に重要な統計のいずれかに該当するもので、総務大臣が指定するものをいう（統計法二条四項）。国民経済統計は、国際連合の定める国民経済計算の体系に関する基準に準拠し、国民経済計算の作成基準を定め、これに基づき、毎年少なくとも一回、作成しなければならないものである（統計法六条一項）。かかる指標の一つとして国内総生産（GDP）がある。

（4）　行政機関が行う統計調査のうち基幹統計調査以外のものをいう。

（5）　地方公共団体または独立行政法人等が行う統計調査をいう。これらの調査を行うためには、総務大臣への届出が必要である。

（6）　平成一八年の改正では、「国際連合の定める基準に準拠して内閣府が作成する国民経済統計に係る数値、統計法三条一項に規定する指定統計調査及び同法一四条に規定する届出統計調査の結果に係る数値」と規定されていた。平成一九年、従前の統計法を全部改正する形で、新しい統計法が制定された。そこでは、公的統計の体系的整備がはかられ、国勢統計、国民経済計算および行政機関が作成する統計のうち重要なものとして総務大臣が指定する統計を「基幹統計」と位置づけた。かかる改正に合わせて、金融商品取引法施行令の規定も本文のように改められている。改正前の規定について、松下美帆＝酒井敦史＝舘大輔「金融商品取引法の対象商品・取引」商事法務一八〇九号二九頁参照。

（7）松下他・前掲注（6）二九頁。これにより、地震デリバティブや津波デリバティブといった商品内容を組成することが可能となる。同二九頁。

第四節　有価証券の取引等の監視機関

第一款　内閣総理大臣・金融庁

一　権　　限

1　権限の委任

わが国の証券市場の規制および監督は、かつては、大蔵省による一元的な証券行政により行われていた。そこでは、事前予防型の保護行政が中心であった。現在では、かかる事前規制からの転換がはかられ、制裁を主体とする事後規制へと移行している[(1)]。

金融商品取引法では、規制の名宛人の多くは内閣総理大臣と定められている。もっとも、政令で定めるものを除き、それらの権限は、金融庁長官に委任される（金商法一九四条の七第一項）。(2) さらに、金融庁長官は、これらの権限のうち、取引・行為の公正の確保にかかるものについて、証券取引等監視委員会に委任するものとされる（金商法一九四条の七第二項）。(3) この場合でも、報告または資料の提出を命じる権限は、金融庁長官が自ら行うことを妨げない（金商法一九四条の七第二項ただし書）。さらに、金融庁長官は、政令で定めるところにより、各種の報告徴求・調査権限を証券取引等監視委員会に委任することができる（金商法一九四条の七第三項）。(4)

金融庁長官は、政令で定めるところにより、内閣総理大臣から委任された権限の一部を財務局長または財務支局長に委任することができる（金商法一九四条の七第六項）。また、右の金融庁長官から証券取引等監視委員会に委任された権限の一部を、政令で定めるところにより、財務局長または財務支局長に委任することができる（金商法一九四条の七第七項）。証券取引等監視委員会から財務局長または財務支局長に委任された権限に関する事務については、証券取引等監視委員会が財務局長または財務支局長を指揮・監督する（金商法一九四条の七第八項）。

（1）　証券取引法の解釈運用については、大蔵省証券局が証券局長名で多数の通達を発表していた。さらに、口頭での行政指導も行われていたといわれている。このような体制は、柔軟に法律の運用を行うという点で優れていた。しかし、同時に、不透明な部分も否定できず、過度の裁量行政が行われる危険もあった。その後、金融庁は、証券会社などの監督について事務ガイドラインを定めた。もっとも、金融庁は、日常の監督事務を遂行するため、各種規制の基本的な考え方、監督上の着眼点と留意すべき事項、具体的な監督手法について、従来の事務ガイドラインの内容を踏まえ、体系的に整理を行い、「証券会社向けの総合的な監督指針」を策定した。同監督指針の策定・公表に伴い、事務ガイドライン（証券会社）は廃止された。金融商品取引法の施行に伴い、同指針は、「金融商品取引業者等向けの総合的監督指針」に改められている。

（2）　政令では、金融庁長官に委任される権限から除かれる権限として、以下のものを定めている（金商令三七条の二）。

①　認可金融商品取引業協会の設立認可とその取消し（金商法六七条の二第二項・六七条の六・七四条一項）

②　投資者保護基金の設立認可とその取消し（金商法七九条の三一第二項・七九条の七六）

③　金融商品市場の開設免許とその取消し（金商法八〇条一項・一四八条・一五二条一項一号）

④　金融商品取引所持株会社の設立認可とその取消し（金商法一〇六条の一〇第一項・三項ただし書・一〇六条の二六・一〇六条の二八第一項）
⑤　閣議の決定を経て行う、取引所金融商品市場における売買の停止（金商法一五二条一項二号）
⑥　海外端末の国内設置の認可とその取消し（金商法一五五条一項・一五五条の六・一五五条の一〇第一項）
⑦　金融商品債務引受業の免許とその取消し（金商法一五六条の二・一五六条の一七）
⑧　金融商品取引所による金融商品債務引受業等の承認とその取消し（金商法一五六条の一九第一項・一五六条の二〇第一項）
⑨　外国金融商品取引清算機関の免許とその取消し（金商法一五六条の二〇の二・一五六条の二〇の一四）
⑩　金融商品取引清算機関と他の金融商品取引清算機関等との連携の認可とその取消し（金商法一五六条の二〇の一六第一項・一五六条の二〇の二二）
⑪　証券金融会社の免許とその取消し（金商法一五六条の二四第一項・一四八条・一五六条の三二第一項）
⑫　内閣総理大臣による財務大臣への通知（金商法一九四条の四第一項一〇号・一一号・一五号・一九号・二三号・二五号・二八号、三一号〜三三号・三五号・三六号・三八号の二・三八号の三・三八号の六・三八号の七・三九号・四〇号）
⑬　内閣総理大臣による商品市場管轄大臣への事前通知（金商法一九四条の六の二第一号・三号）

（3）　金融庁設置法四条は、金融庁の所掌事務を列挙している。

（4）　金融審議会金融分科会第一部会報告「市場機能を中核とする金融システムに向けて」（平成一五年一二月二四日）は、検査の役割分担は「監視委員会誕生の経緯を反映したもの」であること、および、「ビッグバン改革（分別管理の義務づけによる投資家保護）を経て行政として証券会社の財務などを直接把握する必要性は相対的に低下している」という認識にもとづき、「行政の検査体制は、金融庁に所要の役割を留保しつつ、基本的には監視委員会に一元化し、あわせてその陣容を強化すべきである。」と述べた。平成一六年の改正は、右報告を受けて証券取引法一九四条の六第三項（金商法一九四条の七第三項）を追加した。

政令では、検査の効率性を高め、金融商品取引業者の事務負担を軽減するため、金融庁長官が行っている財務の健全性等に関する検査について、原則として、証券取引等監視委員会に委任することとなった（金商令三八条の二第二項本文）。もっとも、公益または投資者保護のため緊急の必要があると認められる場合および検査の効率的な実施に特に資すると認められる場合における検査の権限は、金融庁長官が自ら行うことを妨げられない（金商令三八条の二第二項ただし書）。このように金融庁長官に権限が留保されている理由として、証券取引法の時代、伊佐浩明「証券会社等に対する検査の一元化に伴う関係政令整備の概要」商事法務一七三八号二六頁は、「①証券会社等から証券業の廃止等の届出がなされた場合等においては、投資者保護の観点から当該証券会社に対して立入検査を行い、顧客資産の分別保管状況や財務状況等を確認し、法令違反等があれば速やかに業務停止命令や資産の保全命令等の行政処分を行う必要がある。このような場合、金融庁長官は委員会に対し検査の実施を要請することとなるが、例外的なケースから、何らかの事情で金融庁からの検査要請に対応できない事態も想定される。②金融のコングロマリット化の進展に伴い、たとえば、証券会社がその関係するグループ内の銀行・信託銀行等が組成した会計上・法令上不適切な商品を販売したり、逆に証券会社が組成した同様の商品をグループ内の銀行・信託銀行等が販売するような場合には、その取引の全容を解明するために、当該証券会社を含めてグループ内の金融機関に検査を行い、一体的な実態把握を行った上で銀行法、証券取引法上の問題点の指摘を行うことが必要となっている。」と述べている。

また、前述の金融審議会金融分科会第一部報告では、「ディスクロージャー制度における届出書などの受理・審査・提出会社に対する検査や訂正命令といった業務の遂行体制についても、広い意味での市場監視体制の一環として、今回の措置と整合性をとりつつ所要の見直しを行うことが望ましい。」としていた。平成一六年の改正で、ディスクロージャー検査についても、政令で定めるところにより、証券取引等監視委員会に委任することができるものとなった（金商法一九四条の七第三項）。これを受けて、有価証券届出書・発行登録書の効力発生後の検査等の権限は、証券取引等監視委員会に委任される（金商令三八条の二第一項本文）。金融庁長官にも権限が留保されている（金商令三八条の二第一項ただし書）。なお、有価証券届出書・発行登録書の効力発生前の検査等は、限られた時間内で、投資者保護を万全に期する必要性から、金融庁長官が行うものとされている（金商令三八条の二第一項ただし書）。

2　行政的監督(1)

情報開示に関する監督として、提出された文書の完全性および正確性についての審査が行われる。有価証券届出書、目論見書などの審査においては、不完全または不正確な記載があるときは、内閣総理大臣は、その訂正を命じることができる（金商法九条・一〇条参照）。有価証券報告書、有価証券報告書の記載内容に関する確認書、内部統制報告書、四半期報告書、半期報告書、臨時報告書に同様の記載がある場合でも、その訂正を命じることができる（金商法二四条の二第一項・二四条の四の三第一項・二四条の四の五第一項・二四条の四の八第二項・二四条の五第五項）。

金融商品取引機関に関する行政的な監督は、それらの機関に対する参入規制等の運用を通じてなされる。金融商品取引業を行うには内閣総理大臣の登録を受けなければならない（金商法二九条）。また、特定の金融商品取引業については、内閣総理大臣の認可が必要である（金商法三〇条）。金融商品取引業者が法令もしくはそれにもとづいて行う行政官庁の処分に違反するなど一定の事由に該当することとなったときは、内閣総理大臣は、金融商品取引法二九条の登録を取り消し、同法三〇条の認可を取り消し、六か月以内の期間を定めて、業務の全部または一部の停止を命じることができる（金商法五二条一項）。登録金融機関に対して同様の処分を行うことができる（金商法五二条の二第一項）。また、金融商品取引業者または登録金融機関の役員の解任を命じることもできる（金商法五二条二項・五二条の二第二項）。

内閣総理大臣は、金融商品取引業者の業務の運営または財産の状況に関し、公益または投資者保護のため必要かつ適当であると認めるときは、その必要の限度において、当該金融商品取引業者に対して、業務の方法の変更その他業務の運営または財産の状況の改善に必要な措置をとることを命じることができる（金商法五一条）(2)。登録金融機関にも同様の業務改善命令を行う権限が規定されているが（金商法五一条の二）、財産の状況の改善に必要な措置をとることを命じることはできない。

さらに、内閣総理大臣は、金融商品取引業者（第一種金融商品取引業者）が法定の自己資本規制比率（一二〇パーセント）を下回っている場合、公益または投資者保護のため必要かつ適当であると認めるときは、その必要の限度において、業務の方法を命じ、財産の供託その他監督上の必要な事項を命じることができる（金商法五三条一項）。自己資本規制比率が一〇〇パーセントを下回ったときは、三か月以内の期間を定めて、業務の全部または一部の停止を命じることもできるが（金商法五三条二項）、業務の停止命令にもかかわらず、自己資本規制比率が回復する見込みがないと認められるときは、金融商品取引業者の登録を取り消すことができる（金商法五三条三項）。

金融商品取引業の登録を行う場合、その者の主要株主が一定の要件に該当すれば、登録は拒否される（金商法二九条の四第一項五号ニ・ホ参照）。内閣総理大臣は、金融商品取引業者の主要株主が、かかる登録拒否事由に該当する場合は、その主要株主に対し、三か月以内の期間を定めて、当該金融商品取引業者の主要株主でなくなるための措置その他必要な措置をとることを命じることができる（金商法三二条の二）。

金融商品取引業者等の役職員が、金融商品取引業者等のために、有価証券の売買などの勧誘を行うには外務員登録を受けなければならない（金商法六四条一項）。登録を受けた者以外の者に外務員の職務を行わせることが禁止される（金商法六四条二項）。登録を受けた外務員が、金融商品取引業またはこれに付随する業務に関し法令違反をしたとき、その他外務員の職務に関して著しく不適当な行為をしたと認められるときなど一定の事由に該当することとなったときは、内閣総理大臣は、その登録を取り消し、または二年以内の期間を定めてその職務の停止を命じることができる（金商法六四条の五第一項）。内閣総理大臣は、金融商品仲介業者の登録の取消し、業務の停止についても権限を有している（金商法六六条の二〇）。

金融商品市場を開設するには内閣総理大臣の免許を要する（金商法八〇条一項）。金融商品取引所は、定款、業務規程または受託契約準則を変更しようとするときは、内閣総理大臣の認可を受けなければならない（金商法一四九条一項）。金融商品取引所が法令、法令にもとづく行政官庁の処分もしくは定款その他の規則に違反したとき、上場証券の発行者に対する処分を怠ったときには、金融商品市場の開設免許の取消し、一年以内の期間を定めて、その業務の全部もしくは一部の停止、その業務の変更もしくはその業務の一部の禁止、その役員の解任、または定款その他の規則に定める必要な措置をとることが命じられる（金商法一五二条一項一号）。金融商品取引所の行為またはその開設する取引所金融商品市場における有価証券の売買もしくはデリバティブ取引の状況が公益または投資者保護のため有害であると認めるときは、一〇日以内の期間を定めて、取引所金融商品市場における有価証券の売買またはデリバティブ取引の全部もしくは一部の停止、または閣議の決定を経て、三か月以内の期間を定めてその業務の全部もしくは一部の停止が命じられる（金商法一五二条一項二号）。内閣総理大臣には、金融商品取引所に対する業務改善命令を出す権限もある（金商法一五三条）。このほか、金融商品取引所の主要株主、金融商品取引所持株会社、金融商品取引所持株会社の主要株主に対する処分権限も規定されている（金商法一〇六条の七第一項・一〇六条の二一第一項・一〇六条の二八第一項)。

外国金融商品市場を開設する者は、内閣総理大臣の認可を受けて、端末を国内に設置することができる(金商法一五五条一項)。法令違反等一定の事由が発生した場合、かかる認可を取り消し、六か月以内の期間を定めて、外国市場取引の全部もしくは一部の停止、または外国市場取引にかかる業務の変更もしくは一部の禁止が命じられる(金商法一五五条の一〇第一項)。金融商品清算機関および証券金融会社の監督についても規定が置かれている(金商法一五六条の一七・一五六条の三二)。

認可金融商品取引業協会の設立には内閣総理大臣の認可が必要である(金商法六七条の二第二項)。内閣総理大臣は、認可金融商品取引業協会の定款その他の規則の変更を命じることができる(金商法七三条)。認可金融商品取引業協会が法令などに違反したときは、内閣総理大臣はその設立の認可の取消し、または一年以内の期間を定めて、業務の全部または一部の停止、その役員の解任、または定款その他の規則に定める必要な措置をすることを命じることができる(金商法七四条一項)。内閣総理大臣は、認定金融商品取引業協会の認定と(金商法七八条一項参照)、認定の取消し、業務の停止を行う権限を有している(金商法七九条の六第二項)。

平成一六年の改正で、違法行為に対する課徴金制度が導入された。虚偽記載のある発行開示書類により有価証券の募集等を行った者、風説の流布・偽計を用いて有価証券の売買等を行った者、相場を操縦する一連の有価証券の売買等を行った者、未公表の重要事実を知りつつ有価証券の売買等を行った会社関係者に対しては、違法行為による経済的利得を基準として算出される課徴金が科せられる。平成一七年には継続開示書類の虚偽記載にも課徴金納付命令が下せることになった。さらに、平成二〇年の改正で、開示書類の不提出などについても課徴金の納付命令の対象となった。課徴金の納付制度は、社会的公正を確保するとともに、違法行為の抑制をはかり、違法行為の禁止規定の実効性を確保するために採られる行政措置である。違法行為の反社会性、反道徳性に着目して、これに対する制裁として科される刑事罰とは、その趣旨、目的等を異にすると説明されてきた(3)。

課徴金制度が導入された背景には、わが国においては、証券取引法違反に対する民事訴訟による責任追及が低調であることに加えて、それ以外の制裁手段としては刑事罰および行政処分しかなく、しかもそれらについても必ずしも最適なエンフォースメントを可能ならしめているとはいえない実情があった(4)。

内閣総理大臣は、課徴金納付命令の対象となる事実があると認めるときは、当該事実にかかる事件について審判手続開始の決定をしなければならない（金商法一七八条一項）(5)。内閣総理大臣は、審判手続を経た後、審判官が提出した決定案にもとづいて（金商法一八五条の七第一七項）、所定の課徴金を国庫に納付することを命ずる旨の決定、課徴金納付命令の基礎となる事実がないと認める旨の決定を行わなければならない（金商法一八五条の七第一項〜六項）(6)。

法令違反の行為がなされた場合またはなされる危険性がある場合、事後的な行政処分や罰則の適用だけでは、公益または投資者保護のためには十分ではない。何人であれ、事前にその行為を禁止しまたはすでに行われている行為を停止できるようにすることが有用である。この点について、金融商品取引法一九二条一項は、裁判所は、緊急の必要があり、かつ、公益および投資者保護のため必要かつ適当であると認めるときは、内閣総理大臣または内閣総理大臣および財務大臣の申立てにより、金融商品取引法またはそれにもとづく命令に違反する行為を行い、または行おうとする者に対して、その行為の禁止または停止を命じることができると定めている。この規定は、アメリカの差止命令の制度にならいわが国で定められたものである。しかし、近年まで、この規定が利用された例はなかった。差止命令が法令違反の防止に大きな役割を果たしているアメリカとこの点で対照をなしていた(7)。行政指導による事前予防型の監督行政においては、裁判所への差止命令は不要であったとも考えられる。事後的な監督体制となった現在、裁判所による差止命令の積極的な活用が検討されなければならない(8)。

平成二〇年の改正前においては、裁判所の差止命令の申立手続（金商法一九二条）およびその前提となる調査のために所定の処分を行う権限（金商法一八七条）は金融庁長官が行うものとされていた。もっとも、日常、市場の監視を行っている証券取引等監視委員会に対して、直接この申立て等を行う選択肢を与えることは、違反行為に迅速に対応する観点から有用と考えられる。(9)このような考えにもとづき、平成二〇年の改正で、これらの権限を証券取引等監視委員会に委任するものとされた（金商法一九四条の七第四項二号）。(10)ただし、金融庁長官が自らその権限を行使することは妨げられない。

平成二二年一一月一七日に、証券取引等監視委員会は、金融商品取引業の登録を受けずに業として新規発行の株式・新株予約権の取得勧誘を行ったことについて、今後も、同様の違反行為がなされる蓋然性が高いとして、緊急停止命令の申立てを東京地方裁判所に行った。同裁判所は、同月二六日、当該申出を認め、はじめて、緊急停止命令を発令した。その後も、無届の有価証券の募集・私募、無登録の第二種金融商品取引業・投資運用業を行った者に対して、緊急停止命令が出されている。

内閣総理大臣は、金融商品取引業者等、取引所許可業者または許可外国証券業者をを監督するにあたって、業務の運営についての金融商品取引業者、取引所取引許可業者または許可外国証券業者の自主的な努力を尊重するように配慮が求められている（金商法六五条の六）。(11)

（1）　1で述べたように、規制の名宛人は内閣総理大臣であるものの、その権限は、法令に従い、金融庁長官、証券取引等監視委員会または財務局長・財務支局長に委任される。

（2）　監督上の処分（登録の取消し、認可の取消し、業務の停止）は、金融商品取引法五二条に列挙された事由に該当する場合に行うことができる。証券取引法は、一定の事由を列挙し、それらの事由に該当する場合に、監督上の処分のほか、業務の方法の変更を命じ、その他監督上必要な事項を命じることができると定めていた（平成一八年改正前証取法五六条一項）。金融商品取引法では、五二条に列挙された事項に該当しない場合でも、内閣総理大臣が公益または投資者保護のため必要かつ適当であると認める場合には、その必要の限度において、業務改善命令を下すことができる。

（3）　根岸哲＝舟田正之・独占禁止法概説〔第四版〕三四三頁（平成二二年）。

（4）　金融審議会金融分科会第一部会報告「市場機能を中核とする金融システムに向けて」（平成一五年一二月二四日）は、「ひと口に違反行為といっても、現実には悪質性の度合いは千差万別である。刑事罰は対象者に与える影響が極めて大きいため抑制的に運用する必要があり、刑事罰を科すに至らない程度の違反行為は、結果として放置されることになってしまう。一方、証券会社などに対する業務停止などの行政処分も違反行為に無関係な顧客の利便性を損う面があり、行政処分に値する違反行為に限定すべきだが、行政処分しかツールがないために、違反行為の実情に見合った抑止力として不十分と感じさせるケースもみられる。さまざまな違反行為の程度や態様に応じ、最適な手段によるエンフォースメントを可能にするためには、金銭的負担を課す制度（以下「課徴金制度」という。）や違反行為そのものへの差止・是正命令など、ツールの多様化を図る必要がある。」と述べていた。

さらに、同報告は、「違反行為に対する金銭的負担として、罰金額を大幅に引き上げるという考え方もあるが、他の刑事罰との均衡を考慮する必要性や、刑事罰そのものの謙抑主義的運用にかんがみれば、証券取引法の不公正取引規制違反、ディスクロージャー規制違反、証券会社などの行為規制違反を対象とした新たな課徴金制度を設けるべきである。課徴金の水準としては、ルール破りは割りに合わないという規律を確立し、規制の実効性を担保するため、少なくとも違反行為による利得の吐き出しは必要であるが、違反行為が市場への信頼を傷つけるという社会的損失をもたらしていることをも考慮し、抑止のために十分な水準となるよう検討すべきである。」と述べていた。

（5）内閣総理大臣は、違反被疑事件の審査の結果、はじめから違反行為が認められなかった場合には、当然に審判手続を開始することなく、事件を打ち切ることになる。さらに、一定の期間経過後には、審判手続開始の決定をすることはできない（金商法一七八条三項〜二七項）。

審判手続は、原則として三人の審判官をもって構成する合議体が行う（金商法一八〇条一項本文。簡易な事件であると判断される場合には、一人の審判官が審判手続を行うことが許されている（金商法一八〇条一項ただし書））。審判官の指定は、内閣総理大臣が行う（金商法一八〇条二項）。金融庁設置法二五条は、審判手続の一部を行わせるため、金融庁に審判官五人以内を置くこと、および、審判官は、金融庁の職員のうちから、審判手続を行うについて必要な法律および金融に関する知識経験を有し、かつ、公正な判断をすることができると認められる者について、金融庁長官が任命するものとしている。審判は原則として公開で行われる（金商法一八二条）。合議体で審判手続が行われる場合には、審判官のうち一人を審判長として指定しなければならない（金商法一八〇条三項）。被審人は、審判に際して、弁護士、弁護士法人または内閣総理大臣の承認を得た適当な者を代理人として選任することができ（金商法一八一条一項）、審判手続開始決定書の謄本の送達を受けたときは、これに対する答弁書を、遅滞なく、審判官に提出しなければならない（金商法一八三条一項）。被審人は、審判の期日に出頭して、課徴金納付命令の不当性について意見を述べることができ（金商法一八四条一項）、審判に際し、自己の主張を立証する証拠書類または証拠物を提出することができ（金商法一八五条の三第一項前段）、審判官に対して、参考人を審問し（金商法一八五条一項）、被審人自らの審問を求め（金商法一八五条の二）、書類その他の物件の所持人に対し当該物件の提出を命じ（金商法一八五条の三第二項）、学識経験者に鑑定を命じ（金商法一八五条の四第一項）、もしくは事件関係人の営業所その他必要な場所に立ち入って物件を検査することを請求することができる（金商法一八五条の五）。また、審判官が出頭を命じた参考人および鑑定人を質問することができる（金商法一八五条一項・一八五条の四第二項）。審判官は、審判手続を経た後、審判事件についての決定案を作成し、内閣総理大臣に提出しなければならない（金商法一八五条の六）。

（6）　内閣総理大臣は、審判手続を経た後、課徴金納付命令の基礎となる事実のいずれかがあると認めるときであっても、同一事件につき、被審人に対し、財産の没収または財産の価額の追徴（金商法一九八条の二）の確定裁判があるときは、本来納付すべき課徴金の額に代えて、当該額から当該裁判において没収を命じられた財産に相当する額または当該裁判において追徴を命じられた財産の価額に相当する額（当該裁判において財産没収および財産の価額の追徴両者を命じられた場合にはそれらの合計額）を控除した額の課徴金を国庫に納付することを命じる旨の決定をしなければならない（金商法一八五条の七第五項本文）。しかも、内閣総理大臣が課徴金納付命令の決定の後、当該決定にかかる納付期限前に同一事件について当該決定を受けた者に対し公訴の提起があったときは、内閣総理大臣は、当該事件についての裁判が確定するまでの間、当該決定の効力を停止しなければならない（金商法一八五条の八第一項本文）。決定の効力停止中に、当該決定を受けた者に対し、財産没収または追徴の確定裁判があったときは、内閣総理大臣は、変更処分にかかる文書の謄本が送達されるまでの間、当該決定の効力を停止しなければならない（金商法一八五条の八第二項）。さらに、内閣総理大臣は、課徴金納付命令の決定の後、同一事件について、当該決定を受けた者に対し、財産没収または追徴の確定判決があったときは、課徴金の額を、本来の課徴金額から当該裁判において没収を命じられた財産に相当する額または当該裁判において追徴を命じられた財産の価額に相当する額（当該裁判において財産没収および財産の価額の追徴両者を命じられた場合にはそれらの合計額）を控除した額に変更しなければならない（金商法一八五条の八第七項）。

課徴金納付命令の制度が違法行為により不当に利得された経済的利益の剝奪を目的とする制度であることを前提とするとき、同様の法的効果をねらいとする財産没収・追徴の制度との間に、比例原則による調整がなされるべきである。金融商品取引法一八五条の七および一八五条の八の規定は、そのような要請に応えるべく定められた。もっとも、損害賠償や自主規制機関による過怠金の負担との間の調整は、なお未解決の課題として残されている。

平成一七年の改正で、継続開示書類の虚偽記載について課徴金制度が導入された。そこでは、課徴金の性格が行政上の制裁とされた。そこで、同様に制裁の効果を有する刑事罰との間に調整規定が設けられた。この点について、本書五八四頁参照。

（7）　緊急停止命令の申立ては、アメリカの証券取引委員会によるインジャンクション（injunction）（差止命令）の申立ての制度にならってわが国に導入されたものである。アメリカでは、この制度は証券取引の規制の主要なものの一つとして盛んに利用されている。インジャンクションには、本案判決前に下される暫定的差止命令（temporary or preliminary injunction）と本案審理後の判決として下される終局的差止命令（permanent injunction）とがある。一九三四年証券取引所法二一条d項は、一九三四年証券取引所法、同法にもとづく規則・レギュレーション、自主規制機関の規則違反について、証券取引委員会が連邦地方裁判所にインジャンクションの申立てをする権限を与えている。一九三三年証券法、投資会社法、投資顧問法にも同様の規定がある。黒沼悦郎・アメリカ証券取引法〔第二版〕二三二頁（平成一六年）。インジャンクションを求める訴訟では、差止めに付随して、利益の吐き出し（disgorgement）、不正行為の防止や過去の違法な行為を調査するための社内調査委員会の設置などを裁判所が命じることが多い。これを付随的救済（ancillary relief）という。インジャンクションはこのような付随的救済を求めるためになされるといっても過言ではない。

なお、アメリカでは、証券業者（ブローカー・ディーラー）などに対して、証券取引委員会が行政手続のみで、現在および将来の違反行為をやめさせることができる制度（排除命令（cease and desist order））が認められている。一九三四年証券取引所法二一C条。インジャンクションと同様に、その他の証券諸法にも規定がある。証券取引委員会のかかる権限は、一九九一年証券執行救済・ペニーストック改革法（Securities Enforcement Remedies and Penny Stock Reform Act）による法改正で導入された。証券取引委員会がインジャンクションを求めて訴訟を提起した場合または排除命令のための審判を開始した場合、多くは、責任を肯定も否定もしないまま、和解で問題が解決される。その理由としては、審判や裁判で敗れた場合、別途損害賠償を求める訴えが提起される可能性が高いことや、特にインジャンクションについては、付随的救済を裁判所が命じることを違反者が回避しようとすることなどが考えられる。近藤光男＝川口恭弘＝上嶌一高＝楠本くに代・金融サービスと投資者保護法八四頁（平成一三年）。

（8）　金融審議会金融分科会第一部会報告・前掲注（4）は、「日本における違反行為の実情を精査しつつ、米国のような行政判断による差止・是正命令制度の導入についても、検討すべきである。」と述べていた。

（9）　池田唯一他・逐条解説二〇〇八年金融商品取引法改正四〇八頁（平成二〇年）。

（10）　平成二一年の改正で、裁判所への差止命令の申立て手続および申立てに必要な調査のために所定の処分を行う権限について、証券取引等監視委員会から各財務局長に委任できるように規定が改正された（金商法一九四条の七第七項）。

（11）　監督官庁による高圧的な監督を防止する趣旨で、平成四年の改正で定められた。

二　設置法

内閣府には、外局として、委員会と庁を置くことができる（内閣府設置法四九条一項）。委員会は合議制の機関であり、その意思決定は構成員の自由な審議にもとづいてなされる。これに対して、庁などの独任制の機関は、上級の行政機関の指揮命令にもとづいて意思決定がなされる。

金融庁は、内閣府の外局として設置されている（内閣府設置法四九条三項、金融庁設置法二条一項）(1)。内閣府の任務として、金融の適切な機能の確保をはかることが挙げられている（内閣府設置法三条二項）。かかる任務を掌るものとして金融庁が設置されている(2)(3)。金融庁は、わが国の金融の機能の安定を確保し、預金者、保険契約者、有価証券の投資者その他これらに準ずる者の保護をはかるとともに、金融の円滑をはかることを任務とする（金融庁設置法三条）(4)。金融庁の長は、金融庁長官と定められている（金融庁設置法二条二項）。

金融庁には総務企画局、検査局および監督局が置かれている（金融庁組織規則一条～一〇条の二）。総務企画局は、金融庁の総合的な調整、金融制度に関する企画・立案を担当する。検査局は証券会社をはじめとする金融機関の検査を行う。監督局の証券課が証券会社等の監督を担う。

（1）　金融庁の前身である金融監督庁の創設の際、連立与党の「大蔵省改革についての報告」では、公正取引委員会のような国家行政組織法第三条委員会として独立した機構を設置することが基本であるとされていた。もっとも、その三か月後に出された「金融行政機構等の改革について」では、「金融検査監督庁」（仮称）という国家行政組織法三条にもとづく庁として提案されることとなっていた。委員会ではなく、庁として設置されることになった事情については、「金融機関の検査・監督というのは、経済や国民生活に重大な影響を及ぼすことのないよう、預金者保護、信用秩序の維持および金融の円滑等を図ることを目的とするものであり、議院内閣制のもとで内閣が国家、ひいては国民に対して明確な責任を負うべき性格のものであることから、内閣から独立性の高い合議制機関である行政委員会に（権限を）付与することにはなじまない」と述べられている。片山一夫「金融行政機構改革について」

ファイナンス一九九七年七月号一五頁。独立性の高い委員会を新設することに強い抵抗がある官僚組織に配慮して、大蔵省から金融機関の検査・監督部門を切り離すことと、委員会ではなく庁として新規機関を設置することがセットで改革が実現されたとする見解について、証券取引法研究会「金融監督庁」インベストメント五二巻一号六八頁（川口）参照。

（2）内閣府設置法四九条三項は、内閣府の外局である庁の設置等は別の法律で定めるものとし、同法六四条は、別の法律にもとづき内閣府に設置される庁の一つとして、金融庁設置法にもとづく金融庁を挙げている。

（3）汚職事件を契機として、大蔵省への世論の批判が高まり、金融機関の監督と業界の保護・育成の役割を分離することで、より市場原理にもとづいた監督体制を整備するため、平成九年六月に、大蔵省金融庁の前身である金融監督庁が総理府の外局として設置された。金融監督庁が総理府の外局として設置されることとなった理由は必ずしも明らかでない。大蔵省からの検査・監督部門の分離を目的になされた改革であるため、大蔵省の外局として設置することには批判があった。設置場所は多種の事務を処理する総理府しかなかったといえる。川口恭弘・現代の金融機関と法〔第三版〕一三一頁（平成二二年）。その後、平成一一年四月に、金融危機に対応するために金融再生委員会が設置され、金融監督庁は金融再生委員会の下に置かれるようになった。さらに、平成一二年七月に、金融監督庁と大蔵省金融企画局が統合され、金融庁が創設された。金融庁は、金融再生委員会の下に置かれたが、平成一三年一月に金融再生委員会は廃止され、金融庁は内閣府の外局として置かれることとなった。

（4）内閣府は、金融庁設置法四条に規定する事務をつかさどることになっている（内閣府設置法四条三項六〇号）。

第二款　証券取引等監視委員会

一　権　限

証券取引等監視委員会は、金融商品取引法、投資信託法、資産流動化法、社債等振替法および犯罪による収益の移転防止に関する法律の規定により、その権限に属する事項を処理する機関である（金融庁設置法八条）。金融庁長官が内閣総理大臣から委任された権限のうち、取引の公正の確保にかかる規定として政令に定める規定に関するものは証券取引等監視委員会に再委任される（金商法一九四条の七第二項本文）[1]。さらに、金融庁長官は、政令で定めるところにより、各種の報告徴求・調査権限を証券取引等監視委員会に委任することができる（金商法一九四条の七第三項）。これにより、取引の公正の確保以外の金融商品取引法上の行政目的でも、各種の報告・調査を証券取引等監視委員会が行うことができる。

証券取引等監視委員会は、調査および検査の結果、取引の公正の確保または投資者の保護その他の公益を確保するために必要と認められる行政処分を内閣総理大臣および金融庁長官に勧告することができる（金融庁設置法二〇条一項）。証券取引等監視委員会は、直接に行政処分を行う権限を有さない[2]。かつては、証券取引等監視委員会から行政処分の勧告を受けた内閣総理大臣および金融庁長官は、かかる勧告を尊重しなければならない旨が法定されていた（金融再生委員会設置法二九条二項参照）。現行法では、このような規定は削除されている。もっとも、証券取引等監視委員会から行政処分の勧告をした場合には、内閣総理大臣および金融庁長官に対して、当該勧告にもとづいてなされた措置について報告を求めることができる（金融庁設置法二〇条二項）。特段の合理的な理由がある場合を除き、事実上は、勧告に従った行政処分がなされるものと思われる[3]。

証券取引等監視委員会は、実地調査でしか判明しない制度の不備を知ることができる。そこで、検査等の結果にもとづき、必要があると認めるときは、金融商品取引の公正を確保するため、または投資者の保護その他の公益を確保するために必要と認められる施策について、内閣総理大臣、金融庁長官または財務大臣に建議することができる（金融庁設置法二一条）[4]。

つぎに、証券取引等監視委員会は、犯則事件を調査するため必要があるとき、犯則嫌疑者等もしくは参考人に対して出頭を求め、犯則嫌疑者等に対して質問し、犯則嫌疑者等が所持しもしくは置き去った物件を検査し、または犯則嫌疑者等が任意に提出しもしくは置き去った物件を領置することができる（金商法二一〇条）[5]。かかる犯則事件の調査は、証券取引等監視委員会に独自に認められた権限である。

ここにいう犯則事件とは、金融商品取引法第八章罰則に掲げられた罪のうち、有価証券の売買その他の取引またはデリバティブ取引等の公正を害するものとして政令に定めるものにかかる事件をいう。金融商品取引法施行令四五条は、つぎのものと定めている。

①　金融商品取引法一九七条の罪

重要事項に虚偽記載のある有価証券届出書（訂正届出書）・発行登録書（訂正発行登録書）・発行登録追補書類・有価証券報告書（訂正報告書）等の提出（金商法一九七条一項一号）、重要事項につき虚偽記載のある公開買付開始公告の実施（金商法一九七条一項二号）、重要事項に虚偽記載のある公開買付届出書（訂正届出書）・公開買付撤回届出書・公開買付報告書（訂正報告書）等の提出（金商法一九七条一項三号）、発行会社による重要事実の不公表・虚偽の公表（金商法一九七条一項四号）、虚偽の特定証券情報の提供または公表（金商法一九七条一項四号の二）不公正取引の禁止（金商法一五七条）・風説の流布・偽計・暴行・脅迫等の禁止（金商法一五八条）・相場操縦の禁止（金商法一五九条）の違反（金商法一九七条一項五号）、相場操縦後の相場により有価証券取引等を行う行為（金商法一九七条二項）が該当する。

②　金融商品取引法一九七条の二第一号から一〇号の三まで、一〇号の七または一三号の罪

募集・売出し等の届出受理前の勧誘・取扱い（金商法一九七条の二第一号）、重要事項に虚偽記載のある有価証券届出書・有価証券報告書等の写しの提出・送付等（金商法一九七条の二第二号）、届出効力発生前の取引制限違反（金商法一九七条の二第三号）、公開買付開始公告の不実施（金商法一九七条の二第四号）、有価証券届出書・有価証券報告書等の不提出（金商法一九七条の二第五号）、重要事項に虚偽記載のある書類の提出（金商法一九七条の二第六号）、重要事項に虚偽記載のある書類の写しの公衆縦覧（金商法一九七条の二第七号）、重要事項に虚偽記載のある公開買付説明書等の交付（金商法一九七条の二第八号）、違法な公開買付けの撤回等の公告（金商法一九七条の二第九号）、公開買付期間中の重要事実の通知懈怠・虚偽通知（金商法一九七条の二第一〇号）、特定証券情報が提供・公表されていない特定勧誘等・その取扱い（金商法一九七条の二第一〇号の二）、発行者情報の提供・公表義務の違反（金商法一九七条の二第一〇号の三）、特定投資家向け有価

証券の売買等の制限に対する違反（金商法一九七条の二第一〇号の七）、内部者取引規制違反（金商法一九七条の二第一三号）が該当する。

③　金融商品取引法一九八条の三の罪

損失保証・損失補てんの禁止違反が該当する。

④　金融商品取引法二〇〇条一号から一二号の二まで、一四号、一五号、二〇号または二一号の罪

有価証券届出書類等の写しの不提出・不送付（金商法二〇〇条一号）、訂正届出書の不提出（金商法二〇〇条二号）、目論見書の交付義務違反（金商法二〇〇条三号）、訂正発行登録書の不提出（金商法二〇〇条四号）、訂正報告書・半期報告書・臨時報告書・親会社等状況報告書・自己株券買付状況報告書の不提出（金商法二〇〇条五号）、有価証券届出書・有価証券報告書等の写しの公衆縦覧懈怠（金商法二〇〇条六号）、公開買付開始公告等の懈怠（金商法二〇〇条七号）、公開買付届出書の訂正届出書等の不提出（金商法二〇〇条八号）、公開買付説明書等の不交付（金商法二〇〇条九号）、意見表明報告書または対質問回答報告書の不提出（金商法二〇〇条一〇号）、重要事項に虚偽記載のある書類の写しの送付（金商法二〇〇条一一号）、訂正報告書の不提出（金商法二〇〇条一二号）、訂正特定証券情報の不提出等（金商法二〇〇条一二号の二）、顧客による損失保証・損失補てんの要求等（金商法二〇〇条一四号）、虚偽記載のある証券事故確認申請書の提出（金商法二〇〇条一五号）、虚偽の文書の作成・頒布（金商法二〇〇条二〇号）、有利買付け・一定配当等の表示（金商法二〇〇条二一号）が該当する。

⑤　金融商品取引法二〇一条二号の罪

金融商品取引業者、外国証券業者の認可業務および金融商品取引所の自主規制法人への業務委託金融商品取引清算機関の兼業業務の承認に付された条件違反が該当する。

⑥　金融商品取引法二〇五条一号から四号まで、六号の二から六号の四まで、一一号、一二号、一四号または一八号から二〇号までの罪

特定募集等の場合の有価証券通知書の不提出等（金商法二〇五条一号）、意見表明報告書の訂正報告書の不提出（金商法二〇五条二号）、意見表明報告書等の写しの不送付（金商法二〇五条三号）、公開買付届出書等の違法な表示（金商法二〇五条四号）、虚偽の外国証券情報の提供等（金商法二〇五条六号の二）、外国証券情報の未提供による外国証券売出し（金商法二〇五条六号の三）、外国証券情報の未提供等（金商法二〇五条六号の三）、誇大広告（金商法二〇五条一一号）、契約締結前の書面の不交付・虚偽記載のある書面の交付（金商法二〇五条一二号）、運用報告書の不交付・虚偽記載のある報告書の交付（金商法二〇五条一四号）、自己計算・過当取引の制限違反（金商法二〇五条一八号）、役員・主要株主の株式売買報告書の不提出・虚偽記載のある報告書の提出（金商法二〇五条一九号）、役員・主要株主の違法な空売り等または対価を受けて行う証券記事等の制限違反（金商法二〇五条二〇号）が該当する。

証券取引等監視委員会の職員は、犯則事件の調査について、官公署または公私の団体に照会して必要な事項の報告を求めることができる（金商法二一〇条二項）。証券取引等監視委員会の職員は、犯則事件を調査するため必要があるときは、証券取引等監視委員会の所在地を管轄する地方裁判所または簡易裁判所の裁判官があらかじめ発する許可状により、臨検、捜索または差押えをすることができる（金商法二一一条一項）。急速を要する場合には、臨検すべき場所等を管轄する地方裁判所等の許可状で臨検、捜索または差押えをすることができる（金商法二一一条二項）。裁判官の許可状を請求するには、犯則事件の存在が認められる資料を提供しなければならない（金商法二一一条三項）。金融商品取引法は、犯則事件調査権の行使に際しての手続について、国税犯則取締法と同様の規定を設けている（金商法二一〇条〜二二五条）。証券取引等監視委員会は、犯則事件の調査により犯則の心証を得たときは、告発しなければならない（金商法二二六条）[6]。

（1）　金融商品取引業者・登録金融機関などの財産に関し参考となるべき報告または資料の徴取および検査を行う権限、金融商品取引業協会・金融商品取引所等の業務または財産に関する報告の聴取および検査をする権限などが定められている。金融商品取引法施行令三八条が詳細を定めている。もっとも、報告・資料の提出を命じる権限は、金融庁長官が自ら行うことを妨げない（金商法一九四条の七第二項ただし書）。

（2）　業者に参入規制が定められている分野では、参入基準を満たさなくなった者には、最終的に退出を命じなければならない。かつてのわが国の証券行政では、かかる最終的処分に至らないように、予防的な手段として、業者の経営についての不健全な行為を監督官庁が監視してきた。この監視の目的のために、業者に対する報告・資料の徴取や検査が認められていたといえる。このような証券会社に対する事前予防型の手厚い監督行政においては、行政処分を武器に利用することが効果的であった。河本一郎「証券取引等監視委員会の設置および自主規制機関の機能強化」商事法務一二九四号八頁。もっとも、平成一〇年の改正で、証券業は免許制から登録制に改められ、取引に関する行政処分は事後的な監督規制としてのみ位置づけられることとなった。すなわち、行政処分は懲戒的な目的をもってなされる。以上のことから、日常の違法取引に対する行政処分の権限を金融庁長官のみが行うこととする必要性は薄れている。免許制の下でも証券取引等監視委員会が処分権限をもちうるかどうかの議論について、齋藤誠「証券取引等監視委員会・管見—行政法の視点から」筑波法政一八号三一二頁以下参照。

（3）　行政処分を行うためには、聴聞を行わなければならない（金商法五七条二項参照）。聴聞の段階で、処分対象者は意見を述べることができる。かかる意見が認められずに、行政処分が行われた場合は、行政訴訟に持ち込まれる場合がありうるが、これまでのところ、そのような例はないとされる。資本市場研究委員会「資本市場の活性化に関する研究会—最近の証券取引等監視委員会の活動状況について」資本市場二〇三号一三五頁。金融審議会金融分科会第一部会報告「市場機能を中核とする金融システムに向けて」（平成一五年一二月二四日）は、「監督部門から独立した客観的事実認定を担保する上で、コーチとアンパイアの分離の枠組みは依然有効であり、課徴金や差止・是正命令といった新たなツールの導入に際しても、証券取引等監視委員会が事実認定した上で、監督部門に適切なサンクションの発動を促すという役割分担は維持することが望ましい。」と述べている。

なお、証券取引等監視委員会による勧告件数は、証券会社等に対する行政処分等に関する勧告は、平成四年度から平成一二年度までは、合計で一八八件であったものが、平成一三年以降、二六件、三〇件、二六件、一七件、二九件、二八件、二八件、一八件、二一件、一六件となっている。また、課徴金納付命令に関する勧告は、平成一七年度以降、九件、一四件、三一件、三二件、五三件、三八件となっている（以上、証券取引等監視委員会ホームページより）。創設当初、組織の弱体等を理由に、監視機能の発揮を疑問視するものもあった。現在では、証券取引等監視委員会は、付与された権限内で、わが国における証券取引の監視機関としての役割を十分に果たしていると評価できる。

（4）　証券取引等監視委員会は、平成一七年一二月一九日、金融庁長官に対して、いわゆる「見せ玉」について建議を行った。見せ玉は、相場操縦の一手法として、市場の株価を誘導するために、約定させる意思がないにもかかわらず、市場に注文を出して売買を申し込み、約定する前に取り消す行為である。証券取引等監視委員会は、顧客による「見せ玉」等売買の申込み行為を課徴金の対象とすること、証券会社の自己の計算における「見せ玉」等売買の申込み行為を刑事罰および課徴金の対象とすることを建議した。かかる建議を受けて、平成一八年、証券取引法（金融商品取引法）が改正された（金商法一七四条一項・一五九条二項一号・三項）。

（5）証券取引等監視委員会の犯則調査の過程において、通信事務を行う者が保管、所持している郵便物等の差押えが必要となる場面がある。金融商品取引法では、証券取引等監視委員会の職員は、犯則調査をするため必要があるときは、許可状の交付を受けて、犯則嫌疑者から発し、または犯則嫌疑者に対して発した郵便物、信書便物もしくは電信についての書類で法令の規定にもとづき通信事務を取り扱う者が保管し、または所持するものを差し押さえることができるものとしている（金商法二一一条の二第一項）。また、前記に該当しない郵便物、信書便物または電信についての書類で法令の規定にもとづき通信事務を取り扱う者が保管し、または所持するものについては、犯則事件に関係があると認めるものについては、犯則事件に関係があると認めるに足りる状況があるものに限り、許可状の交付を受けて、これを差し押さえることができる（金商法二一一条の二第二項）。関税法では、犯則調査に関する規定中、一定の差押え規定に加えて郵便物等の差押え規定（関税法一二二条）が存在する。また、独占禁止法でも、同様の規定が設けられている（独禁法一〇三条）。平成一八年の改正で金融商品取引法上も郵便物等の差押えができることが明確にされた。

（6）公正取引委員会は、独占禁止法の規定に違反する犯罪があると思料するときは検事総長に告発しなければならない（独禁法七四条二項）。もっとも、これは訓示規定であり、告発するかどうかについて公正取引委員会に裁量があると解されている。課徴金など他の措置で解決が可能なときには、告発という最終手段に訴えることを強制する必要がないとの理由による。証券取引等監視委員会の告発義務について、公正取引委員会の場合と同様に考えるべきかどうかは慎重な検討を要する。公正取引委員会と異なり、証券取引等監視委員会は金融商品取引業者等に対する直接の行政処分の権限を有さない。なお、平成四年度から平成二一年度にかけて、証券取引等監視委員会は一三四件の告発を行った。その内訳は、有価証券報告書等の虚偽記載が三〇件、風説の流布・偽計が一六件、相場操縦・相場固定が二〇件、内部者取引が六一件、損失補てんが七件であった（証券取引等監視委員会ホームページより）。

二　組　織

証券取引等監視委員会は平成四年の証券取引等の公正を確保するための証券取引法等の一部を改正する法律によっ

て創設された(1)。証券取引等監視委員会は、現在では、金融庁の下に設置されている（金融庁設置法六条）(2)。

国の行政組織のために置かれる行政機関として委員会がある（国家行政組織法三条二項）。これを三条委員会という。三条委員会の設置については、事務の性質が政治的中立性、専門的技術性をもっており、このような性質をもつ行政事務について、専門家または各種利害の公平な代表者を参加させ、公正かつ慎重な判断にもとづき処理させることが目的とされる。一方で、国の行政組織（府、省、委員会（三条委員会））に、重要事項に関する調査審議、不服審査その他学識経験を有する者などで処理することが適当な事務を掌らせるための合議制の機関を置くことができる（国家行政組織法八条）。ここで組織される委員会を八条委員会という。証券取引等監視委員会は、当初、国家行政組織法上の八条委員会として設置された(3)。中央省庁再編後は、内閣府設置法に基づく審議会等の位置づけが与えられている(4)。

証券取引等監視委員会は、委員長および委員二名をもって組織される（金融庁設置法一〇条）。委員会は委員長が招集し、委員会の議事は、出席した委員長または委員のうち、二名以上の賛成をもって決せられる（金融庁設置法一八条）。委員長および委員は、独立してその職権を行わねばならない（金融庁設置法九条）。ここで、内閣総理大臣または金融庁長官の指揮監督の下に従属しないことが明らかにされている。さらに、委員長および委員の独立性を保障する趣旨から、委員長および委員は、委員会により、心身の故障のため職務の執行ができないと認められた場合または職務上の義務違反その他委員長もしくは委員たるに適しない非行があると認められた場合を除いて、在任中、その意に反して罷免されることはない（金融庁設置法一四条）。

委員長および委員は、両議院の同意を得て、内閣総理大臣が任命する（金融庁設置法一二条一項）。委員長および委員の任期は三年である（金融庁設置法一三条一項）。再任は妨げられない（金融庁設置法一三条二項）。委員長または委員の任期が満了し、または欠員が生じた場合において、国会の閉会または衆議院の解散のために両議院の同意を得ることができないときは、内閣総理大臣が、委員長または委員を任命することができる（金融庁設置法一二条二項）。その場合は、任命後最初の国会において両議院の事後の承認を得なければならない（金融庁設置法一二条三項）。委員会の事務を

処理させるため、委員会には事務局が置かれる（金融庁設置法一九条）。(5)

（1）　わが国の証券行政は、旧大蔵省が担っていた。一九八〇年代後半から九〇年代にかけて、損失補てん、飛ばし、株価操作まがいの大量推奨販売など、多くの証券不祥事が発覚したことを契機に、当事者である証券会社の営業体質が非難されただけでなく、証券会社を監視すべき大蔵省の対応にも問題があったことが指摘された。証券業の免許制の下、大蔵省は証券会社を保護育成すべき立場にあった。一方で、証券会社の業務を監督すべき役割を担っていた。ボール・ゲームに喩えて、コーチを兼ねているアンパイアが、ルールの適正な運用および公正な判定を下すことができるのかといった点が問題とされるようになった。そこで、証券市場を監視する機関として、証券取引等監視委員会が創設された。川口恭弘・現代の金融機関と法〔第三版〕一一二頁（平成二二年）。

イギリスの証券市場の監督機関である金融サービス機構（Financial Service Authority）は非営利の会社組織で営まれる。必要な資金は、規制を受ける業者が負担する。一方で、アメリカの証券取引委員会は、独立した政府機関として設置されている。これらの相違は、機関が設置された事情によるものと考えられる。イギリスでは、従来から自主規制が尊重され、政府の介入を嫌う傾向があった。このような背景から金融サービス機構の前身であるＳＩＢも民間の機関として創設され、その形態が金融サービス機構にそのまま使用された。証券取引委員会は、一九三〇年代初めの証券市場の混乱期に政府主導で創設された。わが国の監視委員会が行政機関として設置された背景もアメリカに類似する。川口恭弘「証券市場の監視システム」ジュリスト一一三五号二四頁。

（2）　当初、証券取引等監視委員会は旧大蔵省の外局として設置された。その後、金融監督庁の設置に伴い、金融監督庁の下に置かれた。平成一二年七月に、金融監督庁と大蔵省金融企画局が統合され、金融庁が創設された。

（3）　証券取引等監視委員会についても、独立してその職権を行うことが明記され（金融庁設置法九条）、委員長や委員の身分が保障されている（金融庁設置法一四条）。したがって、独立性の点では、公正取引委員会などと比較して差は存在しない。もっとも、公正取引委員会は、独占禁止法違反に対する排除措置や、違法な共同行為に対して課徴金の納付を命じる行政処分を行う権限がある（独禁法七条・八条の二・一七条の二・二〇条・七条の二・八条の三）。これに対して、証券取引等監視委員会には、かかる準司法的権限を有しない。なお、公正取引委員会は、国家行政組織法上の三条委員会として設置されたが、中央省庁再編後、内閣府設置法四九条一項の下、内閣府に設置される委員会という位置づけとなっている。

（4）　内閣府設置法五四条は、「委員会及び庁には、法律の定める所掌事務の範囲内で、法律又は政令の定めるところにより、重要事項に関する調査審議、不服審査その他学識経験を有する者等の合議により処理することが適当な事務をつかさどらせるための合議制の機関を置くことができる。」と定めている。

(5) 証券取引等監視委員会の下には、総務課のほか、日常的な市場監視を行う市場分析審査課、金融商品取引業者等に関する検査を行う証券検査課・証券検査監理官、課徴金調査・開示検査を行う課徴金・開示検査課および犯則事件の調査を行う特別調査課がある。これらに加えて、地方組織の財務局等に検査等を担当する職員が配置されている。平成四年の証券取引等監視委員会発足時には八四名の定員であった。その当時、二〇〇〇名以上のスタッフを擁するアメリカの証券取引委員会と比較して、マンパワーの点で、限界を指摘する見解もあった。その後、事前予防型の保護行政から、制裁を伴う事後的な監視へと行政の役割が変化し、市場の番人としての証券取引等監視委員会の役割がさらに重要視されることとなった。このような状況の下、漸次、定員増が図られ、平成二二年度には、予算定員は三八四名と、発足から約二〇年で、その数は、四・五倍に増員されている(財務局監視官の定員も一一八名から三一三名に増員されている)。アメリカの証券取引委員会には、五つの部局(Divisions)、一六の事務局(Office)があり、これに一一の地方事務所(regional office)を加え、三六四二名のスタッフ体制で運営されている(証券取引委員会・二〇〇九年度年次報告より)。もっとも、わが国で監視すべき第一種金融商品取引業者(登録金融機関を含む)および投資運用業者の数は一五〇社に過ぎない(財務局等が行うものはこのうち一一〇社)。監視対象の業者数にかんがみると、わが国の監視体制がアメリカに比して著しく劣るものとまではいえない。川口恭弘「証券取引等監視委員会の意義と課題」金融法務事情一九〇〇号一二頁。なお、業者規制は、日本証券業協会および各金融商品取引所の自主規制によっても行われており、証券取引等監視委員会による規制とともに、車の両輪の役割を果たしている。

第二章

情報開示の規制

第一節　情報開示の意義

第一款　情報開示の要請と方法

一　情報開示の要請

投資判断に必要な情報開示の要請は、金融商品取引法の中核をなす最も重要なものである。それは、有価証券の発行者その他の者に、投資判断のために必要な情報を開示させ、投資自体は、投資者の自由な判断と責任において行わせようとするものである。そこでは、有価証券の取引等の監督機関は、有価証券に関する投資判断に必要な情報が完全かつ正確に開示されているかどうかを審査するものの、有価証券の価値自体につき一定の判定をなし、取引を許容または拒否することはない(1)。

投資者が有価証券について合理的な投資判断をするためには、基礎となる十分な情報を有していることが必要である。有価証券の発行者の大株主や主要取引銀行のように、経済的な地位のゆえに会社から重要な情報を入手できる者にとっては、法律による情報開示の要請は特に必要ではない。しかし、一般投資者は、有価証券の投資判断に必要な情報を、発行者その他の者から入手する経済的な力を有しない。金融商品取引法は、一般投資者が有価証券について合理的な投資判断をすることができるように、有価証券の発行者その他の者に対し、有価証券に関する投資判断に必要な重要情報の開示を要求する(2)。

金融商品取引法が要請する情報開示は、有価証券についての投資判断資料の提供を目的とする。情報開示は、投資者による個別銘柄の有価証券の相対的な投資価値の判断を可能にし、金融商品市場を通じての資源の効率的な配分を高めるのに役立つ。(3)(4) 金融商品取引法は、有価証券とデリバティブ取引を基礎概念とする法律である。同法上の情報開示規制は、有価証券についての規制として存在し、これにより、企業の資金調達を円滑にし、効率的な資源配分を可能にする。(5)

さらに、投資者は、有価証券の投資判断に必要かつ十分な情報を有するときは、それに関する取引の詐欺的な行為から自己を守ることができる。そのため、投資判断資料の提供としての情報開示には、投資者を詐欺的な行為から保護する効果も有する。

投資者に対する情報開示は、有価証券の発行者の企業行動を社会的な批判に耐えうる公正なものにする重要な機能を有する。アメリカ連邦最高裁判所長官であったブランダイスは、その著書のなかで、情報開示の有する機能についてつぎのように述べている。(6)

「公表は、社会上ならびに産業上の病弊を矯正する手段としてまさに推奨される。太陽は、最も有効な消毒剤であり、電光は、最も有能な警察官である。」

もっとも、金融商品取引法が要求する情報開示は、投資者に対し、有価証券についての投資判断資料を提供することを主たる目的とするものである。したがって、それを離れて、有価証券の発行者の企業行動を公正にすること自体を直接の目的とするものではないことに留意をする必要がある。企業行動の公正化に有益であっても、投資者の投資判断に重要でないものは、金融商品取引法により開示を要求されるものではない。(7)

(1)　金融商品取引所は、企業の純資産や純利益等について一定の基準（上場基準）を定め、その基準に合致した企業の有価証券についてのみ上場を許容することによって、その市場で取引される有価証券について、その価値にもとづく選別をしている。しかし、その場合でも、上場を許容された有価証券については、情報開示の完全性および正確性の観点から自主規制を行っており、それ以上に、有価証券の価値の維持についての特別の規制をしていない。

（2）金融商品取引法上の情報開示は法が強制する制度である。わが国の開示規制は、アメリカの制度を継受したものである。アメリカでは、効率的資本市場仮説（efficient capital market hypothesis）を前提として、強制開示制度を批判する見解が主張されている。効率的資本市場仮説は、証券の価格には、関連する有用な情報はすべて反映済みであると仮定するものである。かかる市場（効率的市場という）では、いずれの投資者も、過小評価あるいは過大評価されている証券の銘柄を見つけ出すことは不可能となる。そうであるとすれば、開示に多大なコストをかける意義は見出せないこととなる。これに対しては、開示制度は、新しい情報を提供するものでないとしても、価格に反映される情報が真実のものであることについての制度的保障の役割を果たしているという反論がある。後に開示制度にもとづき真の情報を開示しなければならないことになるので、それよりも前に虚偽の情報を公表することはできなくなる。強制開示制度に関する議論については、江頭憲治郎「企業内容の継続開示」河本還暦・証券取引法大系一九四頁（昭和六一年）、黒沼悦郎・アメリカ証券取引法〔第二版〕一七頁（平成一六年）参照。

なお、グッド・ニュースの開示は、資金調達コストを引き下げる効果があることから、会社は、それを積極的に開示しようとする。この点に関連して、会社が情報を開示しない場合は、会社がバッド・ニュースを抱えていることを意味し、結果的にバッド・ニュースも開示されることになるとの見解もある。確かに、たとえば、会社で不正取引が行われ、その結果大きな損失が発生したという場面で、かかる不正取引の事実が一般に知られているならば、会社に事実の詳細等を積極的に開示するインセンティブが働く（噂等により市場が過剰に反応する危険性を防止する必要がある）。しかし、不正取引の事実がまったく知られていない状況においては、投資者は、会社が情報を隠しているということさえ知らないため、会社には情報を開示するインセンティブが存在しない。この点については松村敏弘「ディスクロージャー問題」会社法の経済学三六五頁（平成一〇年）参照。

（3）発行市場では、同一のリスクであれば、より高い収益が期待できる企業に資金が集まる。また、同一の収益予想であれば、より低いリスクの企業に資金が集まる。流通市場は、市場価格を形成することで、資金の供給者にかかる評価のための情報を提供する。これらによって、効率的な資金の配分が可能となる。市場における価格形成のためには、それが十分な情報の提供を受けて決定されることが必要である。黒沼悦郎「証券市場における情報開示に基づく民事責任（一）」法学協会雑誌一〇五巻一二号一六一七頁。

（4）情報開示の方法を企業の任意に委ねた場合、投資者が、同一の基準で、複数の企業を比較することは困難となる。法による強制開示は、開示方法を標準化するという点においても意義を認めることができる。近藤光男＝吉原和志＝黒沼悦郎・金融商品引法〔第二版〕一〇四頁（平成二三年）。

（5）黒沼悦郎・金融商品取引入門〔第四版〕五二頁（平成二三年）は、たとえば、天候デリバティブに関して、ある者を発行者に見立てて、その者に気象情報の開示を強制することも、不可能ではないとした上で、しかし、デリバティブ取引は企業の資金調達や資源の効率的配分と直接の関係がないので、デリバティブ取引に情報開示規制を適用するとすれば、それは有価証券に関する情報開示とまったく意味が異なるものとなるとする。

（6）Brandeis, Other People's Money and How to Use it 92 (1914). また、アメリカの一九三三年証券法の法案起草に重大な影響力をおよぼしたフランクファーターは、一九三三年証券法の制定直後に、同法が要求する情報開示の機能に関してつぎのように述べている。
「特恵リストにある人々および同類の人々がボーナスならびに過当な手数料および報酬を受けていることは、それを知っている人々の間では公然の秘密であるが、それを知っている人々は多くない。そのような取引についての情報を公開することは、その発生を大きく抑制することになり、その種の取引を思い留まらせる効果を有する。内々には安全に行われた多くの慣行も、人前ではその正当性を失うことになる。したがって、新しく定立された社会的基準は、新しい営業慣行として徐々に確立されていくことになる。」Frankfurter, The Federal Securities Act II, Fortune, August 1933 at 53, 55.

（7）そのことは、投資者に対して有価証券の投資判断に必要な情報を提供すること以外の目的をもって情報の開示が要請されるべきでないことを意味しない。金融商品取引法が要請する情報開示の要求は、そのような目的をもつことを意味するにすぎない。神崎克郎「ディスクロージャーの機能と有効性」取締役制度論三八頁（昭和五六年）参照。

二　情報開示の有効基準

1　完全・正確な情報開示

有価証券の投資判断資料の提供としての情報開示が有効であるためには、有価証券の投資判断に必要な情報が投資者に対して完全に開示されなければならない。有価証券の投資判断に必要な情報は、発行者に都合のよいもののみならず、都合の悪いものも開示される必要がある。

しかし、有価証券に関するあらゆる情報を開示することは実際上不可能である。また、たとえそれが開示されても、投資者はその分量の膨大さのために、それを有効に利用することができない。完全な情報の開示は、有価証券に関するあらゆる情報の開示を要求するものではない。それは、有価証券の投資判断に必要な「重要な」情報の完全な開示を要求するものである。何が有価証券の投資判断に必要な「重要な」情報であるかは、抽象的、機械的に判定することはできず、具体的な事案に応じて実質的に判定されなければならない。

情報開示が有効であるためには、その内容が正確でなければならない。内容が正確であることは、表示された内容がそれ自体正確であるのみならず、投資者に誤解を生ぜしめないために、必要な重要事実の表示を欠いていないことをも必要とする。金融商品取引法が不実表示の禁止に関連して、「虚偽のことを告げる行為」と並べて「虚偽の表示をし、又は重要な事項につき誤解を生ぜしめるべき表示をする行為」を禁止の対象としている（金商法三八条七号、金商業等府令一一七条二号）のは、そのような理由による。金融商品取引法の規制において、投資者に誤解を生ぜしめないために、必要な重要事実の表示の欠如を厳格に取り締まることは、情報開示の実効性を確保する上できわめて重要である。(1)

（1）　神崎克郎「証券取引における誤解を生ぜしめるべき表示」姫路法学三三号一五頁参照。

2　迅速・頻繁な情報開示

有価証券の投資判断資料の提供としての情報開示が有効であるためには、それが迅速に行われることが必要である。迅速な情報開示は、投資者が有価証券について合理的な投資判断をする機会を与える。重要情報の迅速な開示は、有価証券の投資判断に影響をおよぼす重要な情報を有する内部者が、それを利用して不当な取引を行うことを事前に阻止するためにも有効に機能する。その意味で、金融商品取引所および金融商品取引業協会が、自主規制により、有価証券の投資判断に影響をおよぼす重要な情報の適時開示ならびに決算に関する迅速な発表を要請してきたことは、情報開示の充実のために高く評価されなければならない。(1)

情報開示の有効性は、継続的な企業内容の開示においては、その頻度に大きく左右される。有価証券の投資価値の基礎をなす発行者の企業内容は、それをとりまく社会・経済環境の変動に応じて大きく変わる可能性がある。流通市場における投資者に対する投資判断資料の提供としての継続的な企業内容の開示が有効であるためには、企業内容の変動をより速やかにあきらかにするように頻繁な情報の開示が必要とされる。昭和四六年の改正によって、それまでの有価証券報告書による企業内容の継続的開示に加えて、半期報告書による開示が要求されるようになった。さらに、平成一八年の改正で、四半期報告書による四半期ごとの企業内容の継続的開示が実施されることとなった。(2)

（1）　神崎克郎「証券取引所の開示政策の発展」証券取引の法理三〇九頁（昭和六二年）参照。

（2）　証券取引審議会「株主構成の変化と資本市場のあり方について」（昭和五一年）は、四半期報告書制度の立法化についてつぎのように述べていた。

「昭和四六年から半期報告書制度が導入されたが、この制度をさらに四半期報告書制度へ発展させてはどうかという意見がある。これは、現行の臨時報告書制度のあり方とも関連するが、我が国の場合いま直ちに検討に着手することは時期尚早のきらいがあるので、当面は半期報告書制度の定着を図るのが適当であろう。」

また、企業会計審議会第一部会小委員会中間報告「証券取引法に基づくディスクロージャー制度における財務情報の充実について」（昭和六一年一〇月三一日）は、つぎのように述べている。

「企業の経営活動は、外国為替相場の短期的な変動や商品のライフサイクルの短期化等企業をとりまく環境の急激な変化により強い影響を受けるようになってきている。このような状況の変化の下で、投資者に対し有用な情報を提供していくためには、タイムリー・ディスクロージャーを一層充実させる観点から、米国等で既に定着している四半期報告制度を導入すべきかどうかについて検討する必要があるものと考えられる。」

その後、頻繁な情報開示が益々強く要請されるようになり、特に、新興企業向けの市場であるマザーズ（東京証券取引所）、ヘラクレス（当時）（大阪証券取引所）等で、四半期報告書制度の導入が行われた。また、一般上場企業に対する四半期報告書制度の導入については、平成一四年六月二五日付で閣議決定された政府の「経済活性化戦略」で、「四半期開示に向けた取組みを強化するとの観点から、取引所等に対し、その進め方等を明らかにする行動計画の策定を、六月中に要請する」との内容が盛り込まれ、さらに、金融庁「証券市場の改革促進プログラム」（平成一四年八月六日）は、「『四半期財務・業績情報』の開示の充実に向けて、開示内容の比較可能性や正確性を確保するための実務要領を整備するよう、取引所等に要請する」とした。これを受けて、各証券取引所は、平成一五年一月、上場関係規則の改正を行い、平成一五年四月以降開始する事業年度から、四半期の「業績の概況」（売上高等）の開示を義務づけた。さらに、平成一六年四月以降開始する事業年度から、「業績の概況」に代えて、四半期の「財務・業績の概況」（売上高、営業利益、経常利益、四半期（当期）純利益、総資産および株主資本の額等）の開示が求められた。このように四半期開示は自主規制によるものが先行していた。自主規制による四半期報告書制度が上場企業に定着してきたことが、立法による同制度の導入を容易にした大きな理由といえる。

3　利用の容易な情報開示

有価証券の投資判断のための資料の提供としての情報開示が有効であるためには、それが投資者に容易に利用されるものであることが必要である。情報開示の投資者による利用の容易性の検討にあたっては、情報開示がどのような投資者を対象とするのかについて考察する必要がある。機関投資家や証券アナリスト等の専門的な知識・経験を有する者に対する情報開示は、詳細で専門的な内容を有するものであっても、十分に利用される。これに対して、一般投資者に対する情報開示は、その内容が理解の容易なものであり、かつ、容易に接近しうるものでなければ、実際上投資者によって十分に利用されない。一般投資者に対する情報開示は、簡潔かつ明解な内容のものが、投資者の手許に直接に届けられる方式で開示されることが必要である(1)。

情報開示は、従来は、書面を通じて行われていた。書面による開示は、労力および費用にかんがみ、情報を開示した書面を一定の場所に備え置いて投資者の閲覧に供する方法が主体となり、これを投資者に直接に交付して行う場合は限定されざるをえなかった。しかし、近年のコンピューターを中心とする情報技術の進展は、事態を一変させようとしている。

コンピューターを中心とする情報・通信技術は、集中処理装置の電子ファイルに記録された情報を遠隔地の投資者の家庭または事務所に置かれた情報端末装置に伝達することを可能にする。したがってこれを活用するときは、有価証券の投資判断のための情報を投資者の手許に直接に伝達する方式でこれを開示することがきわめて容易かつ低コストで行いうるようになる。コンピューターを中心とする情報技術は、情報の収集、蓄積、分析および検索等を容易かつ低コストで行うことを可能ならしめることから、一般投資者に容易に理解できるように加工された情報開示の推進にも大きく寄与することになる。平成一二年の改正で導入されることとなった電子情報処理組織による開示手続は、開示制度を大きく変えるものとなった。(2)

(1)　投資者への直接の情報開示として目論見書がある。もっとも、目論見書の記載内容は、必ずしも一般投資家にわかりやすいものとはいいがたい。アメリカでは、一九九八年一〇月一日、証券取引委員会が、いわゆる「明白英語の原則」(plain-English principle)を適用することを明らかにした(SEC規則四二一)。そこでは、目論見書の表紙、要約、リスク要因項目が、明白な英語で書かれることが要求される。近藤光男＝川口恭弘＝上嶌一高＝楠本くに代・金融サービスと投資者保護法八三頁(平成一三年)。

わが国では、金融審議会金融分科会第一部会のディスクロージャー・ワーキング・グループが、平成一三年に、「投資信託目論見書の記載内容の改善についての考え方」(平成一三年一一月二九日)を公表し、その中で、①わかりやすい表現・表記の使用、②記載事項の配列等の工夫・見直し、③グラフや図表の使用などの対応を行うことが有益であるとしている。投資信託協会は、個人投資者にとってみやすく理解しやすい目論見書の作成を目的として、「目論見書の作成に当ってのガイドライン」(平成一四年三月一五日)を公表してきた。

投資信託証券に関する目論見書には、交付が義務づけられるもの(交付目論見書)と請求があった場合に交付するもの(請求目論見書)とがある(金商法二条一〇項参照)。交付目論見書には、「投資者の投資判断に極めて重要な影響を及ぼすもの」として内閣府令で定めるものを記載しなければならない(金商法一三条二項一号イ参照)。金融審議会金融分科会第一部会報告「信頼と活力ある市場の構築に向けて」(平成二〇年一二月一七日)は、交付目論見書について、「投資判断に重要な情報が投資者に理解できるよう、分かりやすく簡潔に記載されたものとすることにより、投資者が利用しやすいものとすることが適当である。」としていた。これを受けて、平成二一年の内閣府令の改正で、投資信託受益証券の交付目論見書の記載内容を大幅に簡素化する改正が行われた(交付目論見書の様式が新設された)(特定有価証券開示府令第二五号様式・二五号の二様式)。

（2）金融庁のHPで利用可能なEDINETは、投資者による情報へのアクセスを格段に容易にした。

第二款　情報開示の方法

一　開示の方法

1　発行市場での開示

有価証券の募集・売出しを行う場合、有価証券の発行者は、内閣総理大臣に、有価証券届出書の提出をしなければならない。有価証券届出書には、有価証券の内容（証券情報）および発行者の情報（企業情報）が記載される。企業情報が継続開示を通じて投資者に提供され、周知性が十分であると認められる有価証券については、機動的な資金調達を可能にするために、有価証券届出書に代わって、発行登録書を内閣総理大臣に提出しておくことができる。発行登録の効力が発生している場合、発行登録追補書類を内閣総理大臣に提出することで、当該有価証券を取得させ、または売り付けることができる。

有価証券届出書の提出後、有価証券の投資勧誘が可能となる。また、発行登録期間中も、発行しようとする有価証券の投資勧誘が可能である。そのため、この段階において、投資者に対して、発行にかかる有価証券および発行者についての情報開示がなされなければならない。したがって、これらの書類は、一定の場所に備え置いて、一定期間、公衆縦覧に供することを要する（間接開示）。さらに、発行者、売出人、引受人等は、届出の必要な有価証券を募集・売出しによって取得させ、または売り付ける場合には、原則として、有価証券届出書や発行登録追補書類に記載すべき事項などを記載した目論見書を作成し、あらかじめ、または同時に投資者に交付しなければならない（直接開示）。

このように、有価証券の募集または売出しに関しては、有価証券届出書の公衆縦覧および目論見書の交付による情報の開示が要求される。有価証券届出書および目論見書による特別の開示の必要性およびその程度は、有価証券の発行者の企業内容に関する情報開示の状況および募集または売出しに関する引受人および販売業者の販売圧力の程度に応じて同じではない。有価証券報告書等による企業内容の継続開示が行われておらず、かつ既存の流通市場が存在しない新規公開企業の有価証券の募集または売出しに関しては、有価証券届出書および目論見書による特別の開示の必要性はきわめて大きい。

2　流通市場での開示

既発行証券の買付けまたは売付けを行おうとする投資者にとって、流通市場での開示は投資判断に有用な情報となる。流通市場での開示としては、発行者の情報（企業情報）を定期的に開示するものと、臨時的に開示するものとがある。定期的な開示書類として、有価証券報告書、半期報告書、四半期報告書、親会社等状況報告書および自己株券買付状況報告書などがある。臨時的な開示書類としては、一定の事実が発生した場合に提出が要求される臨時報告書がある。さらに、発行済株式総数の五パーセントを超えて株式を保有することとなった者は、大量保有報告書を内閣総理大臣に提出する必要がある。これらの書類は、内閣総理大臣が受理した後、公衆縦覧に供される。

金融商品取引所に上場された株式について、議決権の代理行使の勧誘をするには、勧誘と同時またはそれに先立って、委任状参考書類を勧誘の相手方に提供しなければならない。さらに、有価証券を金融商品取引所に上場している会社は、その有価証券の投資判断に影響をおよぼす重要な事由が発生したときは、それを一般投資者に対して、遅滞なく正確かつ公平に発表することが要求される（適時開示）。

このような開示は、有価証券の流通市場における取引の大きさにかんがみて、投資判断のための情報の開示の中心をなすものであり、その規制もかかる開示に重点を置いて行われるべきである。

公開買付者は、公開買付けにかかる情報を記載した公開買付届出書を内閣総理大臣に提出しなければならない。また、公開買付者は、公開買付開始の公告を日刊新聞紙に掲載することを要する。公開買付者は、公開買付説明書を作成し、買付けに先立ち、または買付けと同時に、株券等の売付けを行おうとする者に交付しなければならない。公開買付けは、有価証券の募集・売出しの逆の取引である。募集・売出しの場合に生じる販売圧力に対応する購入圧力が投資者に加えられる可能性がある。さらに、公開買付けの取引による企業の支配権変動の可能性およびその内容は投資者の投資判断に必要な重要な情報となる。したがって、この場合には、流通市場で有価証券を売却するか否かの投資判断を必要とする一般の取引の場合と異なった特別の開示が必要とされる。

二　開示機能の確保

右のような開示が十分にその機能を発揮することを確保するために、金融商品取引法はつぎの定めを置いている。まず、開示される情報は、完全・正確でなければならない。これについては、開示書類の提出を受けた内閣総理大臣による審査が行われる。内閣総理大臣は、書類提出者に対する報告または資料の提出命令および検査の権限を有している。公認会計士等に対して、報告または資料の提出を命じることもできる。内閣総理大臣は、提出された書類・訂正書類に重要な事項について虚偽の記載がある場合などには、その訂正を命じることができる。

有価証券届出書については、内閣総理大臣の審査の後、記載内容が真実であり、かつ正確であると判断された場合に、届出の効力が発生する。届出の効力が発生しなければ、有価証券を募集・売出しによって取得させることはできない。また、有価証券届出書等に記載される財務諸表・連結財務諸表・中間財務諸表、中間連結財務諸表については、公認会計士または監査法人の監査証明を受けることを要する。職業的専門家による監査を受けることで、開示についての真実性・正確性を担保し、開示に対する投資者の信頼を高めることを目的としている。

また、平成一八年の改正で、内部統制報告書制度および確認書制度が創設された。前者は、財務報告に関する情報の適正性を確保するため、会社の代表者および最高財務担当者が、財務情報の作成に至る社内の内部統制の有効性を評価し、その結果を開示するものである。財務報告の内容自体を事後的にチェックするだけでなく、それが出来上がるまでのプロセスを検証することで、より適正な財務報告を実現することを目的としている。後者は、財務情報に限らず、有価証券報告書、半期報告書・四半期報告書の記載事項の正確性を会社の代表者などに確認させる制度である。これらの記載事項を経営者自らが確認し、その旨を記載した確認書を有価証券報告書などとともに提出することを義務づけることで、有価証券報告書などの記載事項の適正性をより高めることが目的である。

なお、有価証券届出書等に重要な事項について虚偽の記載があった場合には、損害賠償の責任が法定されているほか、罰則または課徴金が科せられることとなる。

第二節　有価証券の発行開示

第一款　募集・売出しの届出

一　募集・売出しの意義

1　募集・売出しの定義

有価証券の発行開示を要するか否かを決定する最も重要な概念は、募集および売出しである。有価証券の発行および売付けは、原則として、それが募集・売出しに該当する場合に、有価証券届出書および目論見書による特別の情報開示が必要とされる。有価証券の発行および売付けが、募集・売出しの方法によらないときは、それがいかに投機的な性質を有する有価証券についてのものであり、それがいかに多額のものであっても、金融商品取引法が定める特別の情報開示を必要としない。

募集・売出しの概念は、対象となる有価証券が金融商品取引法二条一項に掲げる有価証券または同条二項前段で有価証券とみなされる有価証券表示権利もしくは特定電子記録債権にかかるものである場合（以下では、「第一項有価証券」という）と同条二項後段で有価証券とみなされる同項各号に掲げる権利にかかるもの（以下では、「第二項有価証券」という）である場合とで異なる。

第一項有価証券に該当する有価証券を新たに発行する場合、それが、「多数の者」を相手方として、「取得の申込みの勧誘」（取得勧誘）が行われれば募集となる（金商法二条三項一号）(1)。「多数の者」のなかに、適格機関投資家が含まれるときは、その有価証券の取得者である適格機関投資家から適格機関投資家以外の者に譲渡されるおそれが少ないものとして政令で定める場合に該当すれば、当該適格機関投資家の数は「多数の者」の算定において除外される。また、「多数の者」を相手方とする勧誘の場合であっても、適格機関投資家のみを相手方とする場合または特定投資家のみを相手方とする場合も、一定の要件を満たせば募集とならない（金商法二条三項二号イ・ロ）。

適格機関投資家は、有価証券に対する投資にかかる専門的知識および経験を有する者として内閣府令で定めるものをいう（金商法二条三項一号）。内閣府令は、適格機関投資家として、金融商品取引業者、銀行等の金融機関、有価証券の保有残高が一定額以上の法人または個人などを規定している（定義府令一〇条一項）(2)。他方、特定投資家は、適格機関投資家、国、日本銀行、投資者保護基金その他の内閣府令で定める法人をいう（金商法二条三一項）。内閣府令は、特定投資家として、資本金の額が五億円以上であると見込まれる株式会社などを規定している（定義府令二三条）(3)。適格機関投資家および特定投資家は、いずれも有価証券に関する専門家であるものの、右のように、特定投資家は、適格機関投資家を含むものと定義されている。適格機関投資家は、企業内容等の開示規制上の概念として平成四年の改正で定められた。特定投資家は、金融商品取引業等の行為規制に関する概念として平成一八年の改正で定められた。[4]平成二〇年の改正で、特定投資家は、既述のように、企業内容等の開示規制上の制度としても位置づけられることとなった。

勧誘が適格機関投資家のみを相手方とする場合、当該有価証券がその取得者から適格機関投資家以外の者に譲渡されるおそれがあるときは、募集として規制を受ける（金商法二条三項二号イ）。[5]また、適格機関投資家以外の特定投資家を相手方とする場合でも、当該有価証券がその取得者から特定投資家以外の者に譲渡されるおそれがあるときは、募集として規制を受ける（金商法二条三項二号ロ(2)）。[6]特定投資家のみを相手方とするときには、取得勧誘の相手方が、国、日本銀行および適格機関投資家以外の者である場合には、金融商品取引業者等（金融商品取引業者および登録金融機関）が顧客からの委託によりまたは自己のために当該取得勧誘を行う場合に限り、募集の定義から除外される（金商法二条三項二号ロ(1)）。したがって、たとえば、資本金の額が五億円以上であると見込まれる株式会社で、適格機関投資家でないものを相手方とする場合、その取得者から特定投資家等以外のものに譲渡されるおそれが少なく、かつ金融商品取引業者等が、顧客からの委託によりまたは自己のために当該取得勧誘を行う場合に限り、募集とならないこととなる。

なお、「多数の者」を相手方とする勧誘以外の場合でも、当該有価証券がその取得者から多数の者に譲渡されるおそれがある場合には募集に該当する（金商法二条三項二号ハ）。

第二項有価証券に該当する有価証券を新たに発行する場合、その取得勧誘に応じることにより「相当程度多数の者」が当該取得勧誘にかかる有価証券を所有することとなる場合として政令で定める場合に募集となる（金商法二条三項三号）。第一項有価証券と異なり、第二項有価証券では、有価証券を所有することとなる人数が基準とされている。

他方、有価証券の売出しは、「既に発行された有価証券」の「売付けの申込み又はその買付けの申込みの勧誘」（売付け勧誘等）である（金商法二条四項）。売出しの定義も、対象となる有価証券が第一項有価証券である場合と第二項有価証券である場合とで異なる。第一項有価証券については、「多数の者」を相手方として、「売付け勧誘等」が行われれば売出しとなる（金商法二条四項一号）。「多数の者」のなかに、適格機関投資家が含まれるときは、その有価証券の取得者である適格機関投資家から適格機関投資家以外の者に譲渡されるおそれが少ないものとして政令で定める場合に該当すれば、当該適格機関投資家の数は「多数の者」の算定において除外される。また、「多数の者」を相手方とする勧誘の場合であっても、適格機関投資家のみを相手方とする場合または特定投資家のみを相手方とする場合も、一定の要件を満たせば売出しとならない（金商法二条四項二号イ・ロ）。

勧誘が適格機関投資家のみを相手方とする場合、当該有価証券がその取得者から適格機関投資家以外の者に譲渡されるおそれがあるときは、売出しとして規制を受ける（金商法二条四項二号イ）。また、適格機関投資家以外の特定投資家を相手方とする場合でも、当該有価証券がその取得者から特定投資家以外の者に譲渡されるおそれがあるときも、売出しとして規制を受ける（金商法二条四項二号ロ(2)）。特定投資家のみを相手方とするときには、売付け勧誘等の相手方が、国、日本銀行および適格機関投資家以外の者である場合には、金融商品取引業者等（金融商品取引業者および登録金融機関）が顧客からの委託によりまたは自己のために当該取得勧誘を行う場合に限り、売出しの定義から除外される（金商法二条四項二号ロ(1)）。

第二項有価証券については、その売付け勧誘等に応じることにより、その有価証券を「相当程度多数の者」が所有することとなる場合として政令で定める場合に売出しとなる（金商法二条四項三号）。

新たに発行される有価証券の取得の申込みの勧誘であって、有価証券の募集に該当しないものは私募という。私募には、多数の者に譲渡されるおそれが少ない場合（少人数私募）と適格機関投資家・特定投資家以外の者に譲渡されるおそれが少ない場合（プロ私募）とがある。平成二一年の改正前まで私募は募集に対する概念として定められており、私募に相当する売出しに対する概念は、一部の例外を除き、金融商品取引法上存在しなかった。(7) しかし、既発行有価証券についても、その相手方となる投資家の情報収集能力、分析能力等は変わるものではなく、同年の改正で、売出しについても、私募に相当する制度（私売出し）が創設された(8)。

これまで見てきたように、募集と売出しの定義は、対象となる有価証券が新規発行のものか既発行のものかといった違いのほかは、ほぼ同様のものとして規定されている(9)。

平成二一年改正前までは、売出し定義は、第一項有価証券については、「均一の条件で、多数の者を相手方として行う場合として政令で定める場合」で、①当該売付け勧誘等が特定投資家のみを相手方として行われること、②当該売付け勧誘等の相手方が国、日本銀行および適格機関投資家以外の者である場合にあっては、金融商品取引業者等が顧客からの委託により自己のために当該売付け勧誘等を行うこと、③当該有価証券がその取得者から特定投資家等以外の者に譲渡されるおそれが少ないものとして政令で定める場合に該当することという三要件のすべてに該当する場合を除くものと規定されていた（平成二一年改正前金商法二条四項一号）。平成二一年の改正で、売出しの定義から「均一の条件」という要件が削除され、規定の内容も募集と同様のものが定められた。

かつては、売出しのみならず、募集の定義にも「均一の条件」が存在していた。これに対して、証券取引審議会ディスクロージャー小委員会報告「ディスクロージャー制度の見直しについて」（平成三年四月二六日）は、「販売価格等の条件を小刻みに変更して販売していけば、短期間のうちに不特定且つ多数の者に販売しても公募に該当しないこととなるという問題がある。」と指摘した。これを受けて、平成四年の改正では、「募集」の定義から、「均一の条件」の文言を削除した。しかし、同改正にあたっても、「売出し」の定義については、「均一の条件」という要件を維持した。これについては、前述の報告書では、「『均一の条件』をはずした場合、証券取引所を通じて行う取引等、証券会社が日常的に行う既発行証券の取得等の勧誘についても開示義務が課せられ、市場における証券の円滑な流通が阻害されることになる可能性がある」と述べていた。

もっとも、平成一八年の改正で、取引所金融商品市場における有価証券の売買およびこれに準ずる取引その他政令で定める有価証券の取引にかかるものは、有価証券の売出しの定義に該当しない旨が規定された（金商法二条四項柱書き)。政令では、取引所金融商品市場における有価証券の取引のほか、私設取引システム(PTS)(金商法二条八項一〇号)による取引が規定されている(金商令一条の七の三第三号)。これらの取引では、投資者は基本的に十分な投資情報の入手が可能であり、売出しに該当しないとの取扱いをしても投資者保護に欠けることがないと判断された(10)。取引所金融商品市場における有価証券の売買などが売出しの定義から除外されることが明確にされた以上、先の理由により、売出しの定義で「均一の条件」を維持する必要性はなくなっていた(11)。

平成二一年の改正で、売出しの定義において、「均一の条件」が削除された。売出しに関する開示規制の必要性は、「均一の条件」といった形式的な基準で判断するのではなく、市場においてすでに流通しており、その有価証券や発行体に関する情報が広く提供されている有価証券について、業者の販売勧誘が、流通市場と顧客との間を取り次いでいるとみることができるかどうかで判断するという姿勢に改められた(12)。

(1)　勧誘行為を伴わない発行は募集ではない。勧誘行為を伴わない株式発行の例としてはつぎのものがある。企業内容等開示ガイドライン二―四。①会社の新設に際し、会社法二五条の規定により株式の全部を発起人引受けにより発行する場合、②金融商品取引法二条三項二号イ、ロまたはハに該当する場合、③準備金の資本組入れまたは剰余金処分による資本組入れに伴い株式を発行する場合、④取得請求権付株式について当該株主による取得請求により有価証券を発行する場合、⑤取得条項付株式について取得事由が生じたことまたは全部取得条項付株式についてその全部を取得する旨の株主総会の決議があったことにより有価証券を発行する場合、⑥会社法一八五条の規定による株式無償割当てにより株式を発行する場合、⑦取得条項付新株予約権証券または新株予約権付社債券に付されている取得条項付新株予約権について取得事由が生じたことにより有価証券が発行される場合、⑧新株予約権証券または新株予約権付社債に付されている新株予約権の行使により株式を発行する場合、⑨株式の分割により株式を発行する場合、⑩株式の併合により株式を発行する場合。

(2)　適格機関投資家については、本書二二三頁参照。

(3)　特定投資家については、本書二三四、八四四頁参照。

(4)　金融審議会金融分科会第一部会報告「我が国金融・資本市場の競争力強化に向けて」(平成一九年一二月一八日)は、「我が国においても、プロ投資家を対象とした自由度の高い取引の場を設けることにより、我が国金融・資本市場の活性化、国際競争力の強化を図っていくことが喫緊の課題となっている」との問題意識から、「情報収集能力・分析能力が十分に備わっているプロの投資家については、自己責任を基本とすることが可能であり、一般投資家とプロの投資家を区別した上で、プロに限定した自由度の高い効率的な取引の場を早急に整備するべきである。」と述べている。その上で、プロに限定した取引の場の枠組みとして、①現行のプロ私募（適格機関投資家が対象）を活用した枠組みと②取引参加者を特定投資家まで拡大した場合の枠組みの二通りの枠組みが検討された。平成二〇年の改正にあたっては、②の枠組みが採用された。

（5）当該有価証券がその取得者である適格機関投資家から適格機関投資家以外の者に譲渡されるおそれが少ないものとして政令で定める場合に該当すれば募集の定義から外れると規定されている。

（6）当該有価証券がその取得者から特定投資家等（特定投資家または非居住者）以外の者に譲渡されるおそれが少ないものとして政令で定める場合に該当すれば募集の定義から外れると規定されている。

（7）谷口義幸「『有価証券の売出し』定義の見直し等」商事法務一八七二号四六頁。

（8）既発行有価証券に関して、適格機関投資家向け私売出しおよび少人数私売出しが規定されることになった。なお、新規発行有価証券に関する特定投資家向け私募は、平成二〇年の改正で創設されている（金商法二条三項二号ロ）。同年の改正で、既発行有価証券について特定投資家向け私売出しも規定されている。この段階で、適格機関投資家向け私売出しや少人数私売出しが規定されなかった理由は定かではない。しかし、いずれにせよ、平成二一年の改正でこれらが規定され，現行法の下では，募集・私募制度と同様のものとして売出し・私売出し制度が整備されている。

（9）平成四年改正前では、募集の定義を、「不特定且つ多数の者に対し均一の条件で、あらたに発行される有価証券の取得の申込みを勧誘すること」（平成四年改正前二条三項）、売出しの定義を、「不特定且つ多数の者に対し均一の条件で、既に発行された有価証券の売付けの申込みをし、又はその買付けの申込みを勧誘すること」（平成四年改正前二条四項）と定めていた。両者において「均一の条件」が要件となっていた。かかる定義の下では、その取引が新規発行の有価証券を対象とするか既発行の有価証券を対象とするかが、募集と売出しの相違点といえた。もっとも、その後、募集の定義から「均一の条件」が削除された。また、昭和四六年改正前の証券取引法およびその下での大蔵省令は、有価証券の募集の場合は、券面額の総額が五〇〇〇万円未満のとき、有価証券の売出しの場合は、券面額の総額が一〇〇〇万円未満のとき、届出の少額免除を認めるものとし、募集と売出しとで違いを認めていた。その後の法改正で、届出の少額免除に関して、募集と売出しの区別は撤廃された。

（10）谷口義幸＝野村昭文「企業内容等開示制度の整備」商事法務一七七三号四五頁。黒沼悦郎「ディスクロージャーに関する一省察」江頭還暦・企業法の理論（下）所収六二三頁（平成一九年）は、市場取引などを売出しの適用除外とする立法は、継続開示がすでに行われていることから発行開示が不要と解するのではなく、販売圧力が生じないことに求めるべきであり、したがって、適用除外とする範囲は売付数量と買付数量の差が極度に開かない場合に限定すべきとする。

(11)　証券取引法研究会「開示規制の適用範囲」金融商品取引法の検討［Ｉ］〔別冊商事法務三〇八号〕七四頁（加藤報告）（平成一八年）。

(12)　谷口・前掲注（7）三八頁。他方で、販売勧誘される有価証券や発行体の情報等に関し、一度に大量の有価証券が売りさばかれて販売圧力が生じうる場合のように、販売サイドと投資者の間の情報格差の是正のために発行開示を要する状況には法定開示を要求することとなる。

売出しの要件に「均一の条件」が付されていることの実務上の弊害として、売出しを行う証券化商品等の外国有価証券について、日本国内にもその発行国内にも流通市場が存在せず、また、一般投資者がその外国有価証券に関する投資リスク等の投資情報を入手することが困難な場合には、本来、法定開示により一般投資者に投資リスク等の投資情報が開示される必要があるものの、「均一の条件」という形式的な要件を満たさなければ法定開示を逃れることができるという解釈により、勧誘する相手方四九名ごとに売出価格をわずかに変えて勧誘を行い、「売出し」には該当しないものとして、法定開示を免れるという運用ができるとの指摘があった。谷口・前掲注（7）三八頁。

なお、カバード・ワラントは金融商品取引法上の有価証券である（金商法二条一項一九号）。たとえば、日経二二五を対象とするオプションを表章する市場価格連動商品で、買付けおよび売却可能価格が日経二二五に連動するものされている場合、それを五〇名以上に勧誘すれば、売出しとして届出義務が発生するかが論じられたことがある。日経二二五という刻々変動する指数に連動する価格で売買することが、売出しの要件である「均一の条件」に該当するかどうかが問題となった。この点について、平成四年の改正において、募集の要件として、「均一の条件」をなくし、売出しの要件としてそれを残したことは、既発行証券の市場での取引を妨げないようにすることが目的であったことを強調して、右の取引は「均一の条件」に該当しないと解する立場があった。証券取引法研究会「カバードワラントについて（その2）」インベストメント五三巻六号四六頁（河本）。これに対して、「均一の条件」に該当すると解する見解もある。同右三二頁（川口）、四六頁（龍田）。これは、開示を要求する趣旨が、業者からの販売圧力を懸念することにあり、同様の圧力がかかる場合には、売出しとしての届出を要求すべきという考えによる。

2　被勧誘者の数

第一項有価証券の取得・買付けの勧誘が募集・売出しに該当するためには、それが「多数の者」に対してなされることが必要である。多額の有価証券の取得・買付けの勧誘が、少数の者に対しなされる場合、被勧誘者は、一般に、有価証券の投資判断に必要な情報を請求できる強力な取引上の地位を有すると考えられる。これに対して、多数の者に対して勧誘が行われる場合、被勧誘者は、有価証券の投資判断に必要な情報を有せず、これを要求する取引上の地位にないのが通常である。このような場合には、金融商品取引法において投資者の保護のために特別の情報開示を要求する必要がある。

勧誘の相手方が「多数」であるとは、勧誘の対象者が五〇名以上の場合を意味する（金商令一条の五・一条の八）。かつて、募集・売出しの定義で「不特定かつ多数の者」を要件としていた時代があった。もっとも、この要件の解釈にあたっては、「多数」の用語に重点が置かれ、「特定」の者を対象として勧誘がなされる場合であっても、それが「多数」にわたるときは、「不特定かつ多数」の者を対象とする勧誘に該当すると解されていた。(1)勧誘の相手方が多数であるときは、それが株主、従業員または取引先という特定範囲の者に限られる場合であっても、それらの者は、通常、有価証券の投資判断に必要な情報を有しておらず、かつ、それを取得する取引上の地位を有さないので、有価証券の募集・売出しの届出を基礎とする特別の情報開示を要求する必要がある。(2)平成四年の改正で、「不特定」という要件が削除され、現行法の規定に改められた。

会社が報酬の一形態として新株予約権を役員・従業員に付与する場合（ストック・オプションの場合）に、特別の措置が規定されている。新株予約権が付与される役員等は、一般的に自社の情報を把握しており、または容易に把握することができる。そのため、平成一七年の改正前の証券取引法では、これらの者の数は、一定の要件の下、有価証券の募集・売出しに該当するか否かを判定する「取得の申込み等の勧誘の相手方の人数」の計算から控除することとされていた（平成一七年改正前証取令一条の四第三項・一条の八第二項）。

金融商品取引法は、有価証券の募集または売出しの相手方が、有価証券届出書記載の事項に関する情報をすでに取得しまたは容易に取得することができる場合として政令で定める場合に、募集・売出しの届出を要しないものと定めている（金商法四条一項一号）。その上で、届出を要しない場合として、新株予約権証券および金融商品取引法二条一項一七号に掲げる有価証券のうち新株予約権証券の性質を有するもので内閣府令で定める条件が付されているもの(3)の発行者である会社が、当該会社または当該会社に関係する会社として内閣府令で定めるもの(4)の取締役、会計参与、監査役、執行役または使用人を相手方として、当該新株予約権証券等の取得勧誘または売付け勧誘等を行う場合を定めている（金商令二条の一二）。金融商品取引法の下では、これらの場合も募集・売出しに該当するとした上で、明文で届出が不要な場合と規定することになった(5)。

平成一八年の改正前まで、証券取引法では、勧誘の相手方となる適格機関投資家の数が二五〇名以下である場合に限り、当該適格機関投資家の数は、有価証券の募集に該当するか否かを判定する「勧誘の相手方の人数」の計算においては算入されない旨の定めがあった（平成一八年改正前証取令一条の四第二項）。他方で、有価証券の売出しに該当するかどうかについても、有価証券の募集と同様に、「多数の者」を基準として判定されることから、募集の場合と同じく、勧誘の相手方の人数の計算から、適格機関投資家の数を除外することも考えられたが、有価証券の売出しは、すでに発行された有価証券の売付けの申込み等の勧誘であり、転売制限を付することが困難であることを理由に、算定基準として適格機関投資家の数を除外する立法は行われなかった(6)。

金融商品取引法では、有価証券の募集に該当するか否かの判定にあたり、勧誘の相手方の数から除外する適格機関投資家の数の制限は撤廃された。したがって、その数の多寡にかかわりなく、適格機関投資家の数は、その適格機関投資家から適格機関投資家以外の者に譲渡されるおそれが少ないものとして政令で定める場合に該当すれば、勧誘の相手方の数から除外される（金商法二条三項一号）(7)。加えて、売出しの定義においても、募集の場合と同様に、適格機関投資家の数は、その投資家から適格機関投資家以外の者に譲渡されるおそれが少ないものとして政令で定める場合に該当すれば、勧誘の相手方から除外されている（金商法二条四項一号）。

つぎに、有価証券の取得または買付けの勧誘を少数の者に対してのみ行い、それに応じて少数の者のみが有価証券の取得または買付けを行う場合、つねに募集・売出しがないといえるかが問題である。すなわち、少数の被勧誘者が投資目的でなく、転売の目的で有価証券を取得しまたは買い付け、それを他に転売する結果、有価証券の最終の取得者が多数にわたることが考えられる。この場合、被勧誘者の一人が多数の者に買付けの勧誘をするならば、その段階で売出しがあるとして、有価証券の発行開示を要求することができる。しかし、個々の被勧誘者の転売をそれぞれ別個に観察するとき、転売に関する勧誘が多数の者に対してなされたものと認められないが、最初の段階の勧誘から一体として観察したときは、多数の者に対する勧誘と認められる場合がある。

たとえば、甲がＡないしＥの五名に対し有価証券の取得を勧誘し、勧誘に応じ有価証券を取得したＡないしＥのうち、ＡないしＣがそれぞれ二〇名の者に有価証券の取得を勧誘し、それに応じて六〇名の者が有価証券を取得した場合などが考えられる。この場合、甲がＡないしＣの転売目的を知っているときは、甲の勧誘自体が多数の者に対する勧誘を構成すると解すべきである。甲は、転売目的で有価証券を取得しまたは買い付けるＡないしＣを利用することにより、募集・売出しの届出の義務を免れるべきではないからである。これに対し、甲が転売目的を知らないときは、募集・売出しの届出を要することなく、甲はその勧誘を行うことができる。ただし、ＡないしＣが意を通じて転売のための勧誘をするときは、ＡないしＣの勧誘を一体と考え、その段階で売出しがあると解すべきである。

なお、金融商品取引法は、転売によって募集の規制が回避されることを防止するため、過去六か月以内に発行された同種の新規発行証券について、勧誘の相手方を合算し、その合計が五〇名以上となれば、募集になると定めている（金商法二条三項二号ハ、金商令一条の六）。また、過去一か月内に発行された同種の既発行証券について、勧誘の相手方を合算し、その合計が五〇名以上となれば、売出しになる（金商法二条四項二号ハ、金商令一条の八の三）。既発行証券の売付けを行う場合において、勧誘の相手方の人数を五〇名未満に分けて行うことにより開示規制を潜脱する弊害は新規発行証券の場合と異ならない。そのため、平成二一年の改正で、売出しの定義において右の通算規定が設けられた。もっとも、既発行証券の販売局面における実務を踏まえ、通算期間は一か月と規定された(8)。

金融商品取引法では、第一項有価証券に関する募集・売出しの要件としての「多数の者」は被勧誘者を対象とする。勧誘に応じて有価証券を取得しまたは買い付ける者を対象とするものではない。したがって、五〇名以上の者に対し勧誘が行われたところ、それに応じて五〇名未満の者が有価証券を取得しまたは買い付けたに過ぎない場合でも、なお、募集・売出しの要件に該当することとなる。もっとも、被勧誘者の数を実際上算定することは困難なことが多い。さらに、勧誘を受けただけで有価証券を取得しなかった者は特別の情報開示を受けなかったことによって利益を侵害されることにならない点にも留意が必要である。以上のことから、有価証券の現実の取得者の数を問題とする立法は検討に値すると思われる(9)。

第一項有価証券に関する少人数私募・少人数私売出しは、勧誘者の数が、「四九名以下」の場合に認められる。既発行証券について、特に、それが、海外発行証券であり、譲渡制限が付されずに海外で上場され、広く流通している証券を国内に持ち込む場合、勧誘者の数を把握することは容易ではない。すなわち、金融商品取引業者等が市場で買い付けた海外証券を国内で別々に独立して販売するときには、各金融商品取引業者等の側で全体の勧誘数を把握することができないため、仮に各社で四九名以下の勧誘者枠を守ったとしても、全体として、相当数の勧誘につき情報開示がなされないまま販売が行われるということが考えられる。

このようなものに対処するため、海外で発行され、海外で上場され広く流通している証券を国内に持ち込む金融商品取引業者等に当該銘柄にかかる国内の所有者数についての通知義務を課し、当該銘柄の国内所有者の数が一〇〇〇名に達した時点で、私売出しを認めないとする制度が採用されている(10)。

なお、第二項有価証券の取得・買付けの勧誘が募集・売出しに該当するためには、その取得勧誘に応じることで「相当程度多数の者」が当該取得勧誘にかかる有価証券を所有することとなることが必要である（金商法二条三項三号・

四項二号)。そこでは、「相当程度多数の者」が基準となり、さらに、それは所有者数を基準として判断される。第二項有価証券は、集団投資スキーム持分などを例に、その組成において、投資者の需要等を踏まえながらその内容を確定させていく方法等がとられることが多い。そのため、いつの時点で行為が「取得の申込みの勧誘」にあたるかを判断することが困難であるため、勧誘の相手方の数ではなく、勧誘に応じることによる「所有者の数」を基準として募集・売出しの判定を行うものとされた(11)。金融商品取引法施行令は、売付け勧誘等により所有することとなった人数が五〇〇名以上の場合に、「相当程度多数の者」に該当するとしている(金商令一条の八の五)(12)。

(1)　証券取引法の施行後間もない時期、証券取引法の運用を担当していた証券取引委員会は、「有価証券の募集または売出しに関する規定の施行について」と題する通達(昭和二三年六月三〇日証取一〇号)で、株主、従業員その他の者に新株引受権を与える方法によって新株を発行する場合も募集に該当することをあきらかにした。しかし、「特定の者に向ってなされる(勧誘)、例えば旧株式の所有者に新株式を割当て又は償還未済の社債と交換して新な社債を交付するようなもの、或は会社の従業員に割当てるようなものは、募集でない」との見解も表明されていた。岡村唆・改正証券取引法解説一八頁(昭和二三年)、吉田昂「有価証券届出制度の改善について」商事法務研究八五号四頁、松元亘「有価証券届出制度の若干の問題」一橋法学研究三号一四〇頁。その後、大蔵省証券局が昭和四六年九月六日に発表した有価証券の募集届出の取扱通達(蔵証一二七二号)は、つぎのように述べるに至った。「あらたに発行される有価証券の取得の申込みを勧誘する場合であってその対象者の数が五〇名程度以上の場合には法第二条第三項に規定する『募集』に該当するので、会社が増資に際し、株主、従業員、得意先その他一定の範囲の者に対して新株引受権を与える方法によって発行する場合にもその数が五〇名程度以上の場合には募集に該当する。」

(2)　鈴木竹雄「証券取引法と株式会社法」株式会社法講座一巻三六六頁(昭和三〇年)、矢沢惇「目論見書制度の改正問題」商事法務研究八一号四頁、龍田節「証券取引の法的規制」現代の経済構造と法四九九頁(昭和五〇年)。

(3)　当該有価証券の譲渡が禁止される旨の制限が付されていることが規定されている(企業内容等開示府令二条一項)。

(4)　新株予約権証券の発行会社が他の会社の発行済株式の総数を所有する場合における当該他の会社が定められている(企業内容等開示府令二条二項一号)。

(5)　会社が取締役等に当該取締役等以外の者を含めた者を対象として新株予約権証券を付与する場合には、金融商品取引法施行令二条の一二に定める場合に該当しないものとして取り扱われる（企業内容等開示ガイドライン四―二）。なお、発行会社が有価証券報告書提出会社である場合、新株予約権証券の発行価額または売出価額の総額が一億円以上であるものにつき、取締役会の決議等または株主総会の決議があった場合には、臨時報告書の提出が必要となる（企業内容等開示府令一九条二項二号の二）。

（6）　金融審議会金融分科会第一部会「ディスクロージャー・ワーキング・グループ報告」（平成一四年一二月）（以下、「WG報告①」という）。

（7）　証券取引法上の規制は、たとえば、有価証券を適格機関投資家以外の者に譲渡しようとする場合の届出義務が規定されていない等、適格機関投資家のみに勧誘を行う場合（いわゆる「プロ私募」）に比べて、転売制限が徹底されていないと指摘されていた。谷口義幸＝野村昭文「企業内容等開示制度の整備」商事法務一七七三号四四頁。

（8）　金融審議会金融分科会第一部会「ディクロージャー・ワーキング・グループ報告―開示諸制度の見直しについて」（平成二〇年一二月一七日）（以下、「WG報告②」という）では、「既発行有価証券の取引実務において、例えば、既発行有価証券を四九人に勧誘して販売した後、ほどなくして購入のキャンセルが発生したために当該キャンセル分を別の投資家に勧誘して販売することなどは実務的には行われているとの指摘があり、このような取引にも対応できるようにしておくことが適当である。」としていた。

（9）　アメリカ法律協会の連邦証券法典は、アメリカの一九三三年証券法の下での公募概念が被勧誘者の数を問題としてきたのに対して、公募の定義にあたって、有価証券の現実の取得者を問題とするように態度を変更している。なお、証券取引法研究会「開示規制の適用範囲」金融商品取引法の検討〔Ⅰ〕（別冊商事法務三〇八号）六八頁（加藤報告）（平成一九年）は、投資判断のなかには、証券を取得しないという判断も含まれるのであり、証券を取得しなかった投資者が、有価証券届出書による情報開示を受けなかったことにより利益を侵害されなかったとは必ずしもいえないとする。

（10）　金融審議会金融分科会第一部会WG報告②は、「発行段階における転売制限とは異なり、例えば、複数の金融商品取引業者等が別々に独立して同一の有価証券を販売する可能性があることなどを踏まえると、法定開示がされないまま一般投資家への転売がされることを防ぐための工夫が必要である。」と述べ、「具体的には、日本証券業協会に少人数私売出しに係る銘柄の登録・公示制度を設け、海外で発行され、海外で上場され広く流通している証券を国内に持ち込む金融商品取引業者等に当該銘柄に係る国内の所有者数についての通知義務を課し、当該銘柄の国内の所有者数が、例えば一〇〇〇人に達した時点で、当該銘柄の更なる国内への持込みを禁じることを含め、投資情報の適切な提供の観点および実務を踏まえ、適切な措置を講ずることが適当である。」としていた。

平成二一年の改正で、以下の要件を満たす場合に、少人数私売出しに該当するものとされた（金商令一条の八の四第四号）。

①　金融商品取引業者等（認可金融商品取引業協会の会員に限る）が譲渡制限のない海外発行証券の売付け等勧誘等を行った場合には、当該海外発行証券の銘柄、当該売付け勧誘等により当該海外発行証券を取得し、かつ「現に所有する者の数として内閣府令で定めるところにより算出した数」（所有者数）その他内閣府令で定める事項を認可金融商品取引業協会の規則の定めるところにより当該認可金融商品取引業協会に報告することとされていること。

②　①に規定する報告を受けた認可金融商品取引業協会は、当該認可金融商品取引業協会の規則の定めるところにより、譲渡制限のない海外発行証券の銘柄ごとの所有者数の総数を算出し、公表することとされていること。

③　①の譲渡制限のない海外発行証券の銘柄ごとの所有者数の総数が一〇〇〇を超えないものであること。

①の認可金融商品取引業協会に報告すべき事項は、所有者数のほか、発行者の名称および本店所在地、当該譲渡制限のない海外発行証券が定義府令一〇条の二第一項各号に掲げる有価証券（同一種類の有価証券等）に該当する場合の当該有価証券の区分に応じ、当該各号に定める事項、当該譲渡制限のない海外発行証券を識別するために必要な事項として認可金融商品取引業協会が定める事項と規定されている（定義府令一三条の七第一〇項）。

一〇〇〇名という数については、その根拠は必ずしも明らかではない。この点については、大証金融商品取引法研究会「公正で利便性の高い市場基盤の整備（二〇〇九年改正）」（川口報告）参照。

(11)　三井秀範＝池田唯一監修、松尾直彦編著・一問一答金融商品取引法〔改訂版〕一二六頁（平成二〇年）。黒沼悦郎「金融商品取引法の適用範囲と開示制度」金融法務事情一七七九号一五頁は、ファンド組成段階の交渉が勧誘行為に該当することとなると、被勧誘者の数がたやすく人数基準を超えてしまい、ファンド組成の交渉が、禁止されている有価証券届出書提出前の勧誘に該当してしまうという不都合が生じるとしている。

(12)　五〇〇名という数については、有価証券報告書の提出義務者の要件として、株券等の所有者数が一定以上の場合（外形基準）が定められており、その数が当時五〇〇名であったことと平仄を合せたものといわれている。大崎貞和・解説金融商品取引法〔第三版〕二九頁（平成一九年）。この点については、黒沼悦郎「ディスクロージャーに関する一省察」江頭還暦・企業法の理論（下）所収六一〇頁（平成一九年）は、一斉に有価証券の販売が勧誘され販売圧力が生じる発行時の開示と、有価証券売買のために情報を必要とする投資者が存在することが開示制度の存在理由とされる継続開示とでは、開示を強制する根拠が異なるとして、法改正の考え方を疑問視する。また、桜井健夫＝上柳敏郎＝石戸谷豊・新・金融商品取引法ハンドブック〔第三版〕二一〇頁（平成二三年）は、五〇〇名以上では、多くの集団投資被害が対象外となるので、有価証券投資事業権利等に開示制度の適用があるとした意義が薄れるとする。

発行開示を義務づけるのは、証券の発行に際して、情報の非対称性やセールス・プレッシャーが生じることによる。第二項有価証券を取得するのは通常プロであり、上記の弊害が生じないとも考えられる。もっとも、第一項有価証券の場合でもプロを相手に勧誘がなされることもある。このこととの対比で、第二項有価証券の場合も、勧誘者を基準としつつ、第一項有価証券と同様に適格機関投資家などを算定基準から除外するという方法もありえたのではないかと思われる。金融商品取引法研究会「開示制度Ⅰ」金融商品取引法研究会研究記録二三号一六頁（川口）。また、フォンド組成での交渉が仕組み上必要であれば、「募集」の定義のなかで、このような交渉を「取得勧誘」から除外するという立法も考えられる。黒沼悦郎「金融商品取引法の適用範囲と開示制度」金融法務事情一七七九号一六頁。もっとも、このような行為を除外する定義を設けることが技術上、難しいと判断されたのかもしれない。

３　取引の勧誘行為

金融商品取引法は、募集については、有価証券の「取得の申込みの勧誘」と定め（金商法二条三項）、売出しについては、有価証券の「売付けの申込み又はその買付けの申込みの勧誘」と定めている（金商法二条四項）。ここにいう取得と買付けは同義のものと考えられる。募集において有価証券の「取得」という用語を使用しているのは、新たに発行される有価証券には「買付け」という用語が馴染まないためである[1]。売出しには「売付けの申込み」の勧誘が規定されているものの、募集にはそのような用語は存在しない。

募集の定義で、「申込みの勧誘」と定めているのは、株式や社債などの発行が、申込書を利用して、投資者からの申込みによってなされることが通常であったためと解される。売出しの場合、特に、「申込み」に意味は見出せない。募集の要件としての新規発行有価証券の「取得」が、有償のものであれば、それが金銭を対価としないものを含むことは、「取得」という用語の通常の用法から、当然に導きだせることである[2]。

一方で、売出しの要件としての既発行有価証券の「買付け」が、金銭を対価としない有償の取引を含むものかは、必ずしも明確ではない。金融商品取引法二七条の二第一項は、有価証券の公開買付けの定義に関して、有価証券の買付けが他の有価証券との交換を含むことを明確にしている。売出しの定義に関しては、金融商品取引法は、「買付け」が金銭を対価としない交換を含むことを明示していない。しかし、有価証券の投資判断のための資料の提供を目的とする募集・売出しの届出制度による特別の情報開示の必要性は、有価証券の対価が金銭であるか金銭以外の財産であるかによって異ならない。したがって、売出しの要件としての「買付け」は、金銭を対価としない有償の取得をも含むと解すべきである。(3)

有価証券の取得・買付けの勧誘は、文書によるほか口頭の表示によってもよく、また特定の者に対してするほか広告の方法によって行ってもよい。この点について、企業内容等開示ガイドライン四―一では、つぎのように述べている。

「有価証券の募集又は売出し……に関する文書（新株割当通知書及び株式申込証を含む。）を頒布すること、株主等に対する増資説明会において口頭による説明をすること及び新聞、雑誌、立看板、テレビ、ラジオ、インターネット等により有価証券の募集又は売出しに係る広告をすることは、『有価証券の募集又は売出し』行為に該当する」。

なお、有価証券の取得・買付けの取引に直接言及する言葉を使用しない場合でも、投資者による有価証券の取得・買付けを促進することとなる行為を行うことは、募集・売出しの要件としての勧誘に該当するものと考えられる。

募集の定義では、新たに発行される有価証券の取得の申込みの勧誘には、これに類するものとして内閣府令で定めるもの（取得勧誘類似行為）を含むものとして規定されている（金商法二条三項柱書）。取得勧誘類似行為を含む取得の申込みの勧誘を「取得勧誘」という。内閣府令では、株券について、その発行者が会社法一九九条一項の規定に基づいて行う当該株券の売付けの申込みまたは買付の申込みの勧誘が規定されている（定義府令九条一号）。会社法一九九条一項は、会社が自己株式を処分する際の手続を定めるものである。会社法では、株式の新規発行と自己株式の処分とを同一の規制に服せしめている（両者をあわせて募集株式の発行等という）。自己株式は既発行有価証券であるものの、金融商品取引法においても、その取得の勧誘につき、新規発行のものと同様の扱いをすることとしている。(4)(5) なお、これに関連して、売出しの定義において、既発行証券の売付けの申込みまたはその買付けの申込みの勧誘から、取得勧誘類似行為に該当するものその他内閣府令で定めるものを除いたものが売出しとなる旨、規定が整備されている（金商法二条四項柱書）。取得勧誘類似行為を除外したものを「売付け勧誘等」という。(6)

（1）証券取引法研究会「平成四年証券取引法改正について⒅―募集・売出しの定義」インベストメント四八巻二号五四頁（黒沼）。

（2）有価証券の取得が公開買付けによって行われる場合には、有価証券を取得する者は、公開買付けの規制の一環として特別の情報開示を受けることがある。すなわち、他の有価証券との交換による公開買付けが行われる場合、その公開買付けが金融商品取引法の届出を要するときは、公開買付けの交換のために提供される有価証券の取得に関しては、投資者は、「公開買付者の状況」の開示を通じて、特別の投資判断資料の提供を受ける。しかし、そのような情報の開示は、公開買付けが有価証券報告書の提出義務を負う会社の有価証券について行われ、しかも公開買付者がその会社の発行済株式総数の五パーセント超の株式を保有することになる場合にのみ要求される。このような要件は、有価証券の取得に関して、募集・売出しの届出制度による特別の開示が必要であるかどうかとはまったく関係がない。

（3）アメリカの一九三三年証券法は、発行市場の開示の基礎をなす「売付け」（sale）がすべての有償の処分行為を意味するものと定義している。なお、新株の発行のうち、準備金の資本組入れによる株式分割および株式併合による場合に募集が成立しないのは、それらの場合の株式の取得が無償のものであって、取得者に投資判断資料の提供を要しないためである。

（4）平成二一年改正前の企業内容等開示ガイドライン二―四は、「会社が会社法第一九九条の規定により自己の株式を処分する場合で、均一の条件で、五〇名以上の者を相手方として売付け勧誘等を行うときは、『有価証券の売出し』に該当することに留意する。」としていた。売出しは、すでに発行された有価証券の売付けの申込みまたは買付けの勧誘であり、募集は、新たに発行される有価証券の取得の申込みの勧誘である。自己株式は、一度発行した株式を自らが取得するものであることから、それは既発行証券とみることができる。しかし、一方で、その処分については、会社法上、募集株式の発行と同様の規制を義務づけられるために、自己株式を新規発行証券と同視すべきかどうかが問題となる。既存の株主に対して与える影響が募集株式の発行と変わりはないので、その限りにおいて会社法で新株発行の規制が準用されているに過ぎず、金融商品取引法上は、既発行証券の処分と解すれば足りるとの見解が述べられていた。証券取引法研究会「金庫株と証券取引法改正・ディスクロージャー規制」金庫株解禁に伴う商法・証券取引法〔別冊商事法務二五一号〕（以下、「証券取引法研究会①」という）四八頁（河本、伊藤）（平成一四年）。従来は、売出人は発行会社以外の者が行うことが予定されていたものの、金庫株の解禁で、発行会社が売出人となる場合が加わった。前掲・証券取引法研究会①四八頁（龍田）。自己株式を少数の者に勧誘する場合、売出しと構成しても、有価証券通知書は提出しなければならない。その意味で、募集の場合と情報の質に大きな差は存在しないともいえる。もっとも、後者の場合には待機期間が要請されるのに対して、前者の場合はそのような要請はないという違いがある。証券取引法研究会「金庫株と証券取引法改正―相場操縦規制」金庫株解禁に伴う商法・証券取引法〔別冊商事法務二五一号〕（以下、「証券取引法研究会②」という）五八頁（川口、黒沼）。なお、自己株式を消却して新たに新株を発行する場合と、これを消却せずに保有しておいて売却する場合とで、経済実態に差がない以上、同じ規制に服せしめるべきであり、さらに、売出しの場合には、有価証券届出書において手取金の使途の開示が要求されないこととなり、重要な情報が投資者に開示されなくなる等の理由から、均一の条件で、多数を対象になされるものは、売出しではなく、募集と解すべきとの見解もあった。前掲・証券取引法研究会②五五頁（黒沼）。

(5)　このほか、特定目的信託の受益証券について、信託の原委託者が当該有価証券を譲渡するために行う売付けの申込みまたはその買付けの申込みの勧誘、受益証券発行信託の受益証券で、信託行為の効力が生じるときにおける受益者が委託者であるものについて、信託の委託者が当該有価証券を譲渡するために行う当該有価証券の売付けの申込みまたは買付けの申込みの勧誘等が規定されている（定義府令九条二号以下）。

(6)　平成二一年の改正にあたって、発行されて間もない有価証券についての売付けの勧誘について「取得勧誘類似行為」に含めて規制することが検討された。金融審議会金融分科会第一部会「ディクロージャー・ワーキング・グループ報告―開示諸制度の見直しについて」（平成二〇年一二月一七日）では、「発行に近接して販売が行われる場合には、流通価格や発行者等に関する情報が十分にあるとは限らず、情報の非対称性が存在する可能性がある。また、そもそも発行に近接して行われる勧誘については、法定発行開示を行い、又は私募手続に則って行うことが開示規制の趣旨に適るものと考えられる。したがって、例えば発行後三か月以内といった発行に近接して行われる売出しについては、法定発行開示の対象とすることが適当である。」としていた。このように発行後三か月以内といった発行に近接して行われる売出しについては、募集と同様の開示義務を求める方向性が示されていたものの、内閣府令の改正にあたって、かかる規定は設けられなかった。その理由について、金融庁のパブコメに対する回答（「有価証券の売出し」に係る開示規制の見直し関連（定義府令）4）は、「募集に係る開示規制と売出しに係る開示規制は、結果的に同様のものとなることから、これに関する規定を設けない」こととしたとされている。かかる理由づけに対する批判として、大証金融商品取引法研究会「公正で利便性の高い市場基盤の整備（二〇〇九年改正）」（川口報告）参照。

4　適格機関投資家向けの勧誘

有価証券の取得・買付けの申込みの勧誘を行う場合、その相手方が市場に精通した投資者であるときには、必ずしも、詳細なディスクロージャーを要求する必要はない。このことから、金融商品取引法上のディスクロージャーの免除について、勧誘対象者が資産運用にかかる専門的知識や経験を有するものであるかどうかという属性を考慮した基準が定められている。(1)

多数の者を相手方として行う場合であっても、適格機関投資家のみを相手方とする場合は、募集または売出しには該当しない（金商法二条三項二号イ・四項二号イ）。募集や売出しにおける勧誘の相手方の人数基準の算定において、適格機関投資家の数が控除されることは既述のとおりである。

適格機関投資家は有価証券に対する投資にかかる専門的知識および経験を有する者で、その範囲については、つぎのものが定められている（定義府令一〇条一項）。(2)

① 金融商品取引業者（第一種金融商品取引業者（有価証券関連業に該当するものに限る）または投資運用業を行う者）
② 投資信託法二条一二項に規定する投資法人
③ 投資信託法二条二三項に規定する外国投資法人
④ 銀行
⑤ 保険会社
⑥ 保険業法二条七項に規定する外国保険会社等
⑦ 信用金庫および信用金庫連合会ならびに労働金庫および労働金庫連合会
⑧ 農林中央金庫および株式会社商工組合中央金庫
⑨ 金融庁長官に届出を行った信用協同組合および信用協同組合連合会ならびに業として預金もしくは貯金の受入れまたは共済に関する施設の事業をすることができる農業協同組合連合会および共済水産業協同組合連合会(3)
⑩ 株式会社企業再生支援機構

⑪ 財政融資資金の管理および運用をする者
⑫ 年金積立金管理運用独立行政法人
⑬ 株式会社日本政策金融公庫および沖縄振興開発金融公庫
⑭ 株式会社日本政策投資銀行
⑮ 業として預金または貯金の受入れをすることができる農業協同組合および漁業協同組合連合会(4)
⑯ 金融商品取引法施行令一条の九第五号に掲げる者(5)
⑰ 銀行法施行規則一七条の三第二項一二号に掲げる業務を行う株式会社(6)のうち、当該業務を行う旨が定款において定められ、かつ、届出時における資本金の額が五億円以上であるものとして、金融庁長官に届出を行った者
⑱ 投資事業有限責任組合法二条二項に規定する投資事業有限責任組合
⑲ 厚生年金基金および企業年金基金のうち金融庁長官に届出を行った者ならびに企業年金連合会(7)
⑳ 都市再生特別措置法二九条一項二号に掲げる業務を行うものとして同項の承認を受けた者
㉑ 信託業法二条二項に規定する信託会社のうち金融庁長官に届出を行った者
㉒ 信託業法二条六項に規定する外国信託会社のうち金融庁長官に届出を行った者
㉓ 届出日の直近日の保有有価証券の残高が一〇億円以上で、金融庁長官に届出を行った法人(8)(9)
㉔ 資産流動化法二条三項に規定する特定目的会社で、金融庁長官に届出を行った者
㉕ 届出日の直近日の保有有価証券の残高が一〇億円以上、金融商品取引業者等に口座を開設した日から起算して一年を経過し、金融庁長官に届出を行った個人(10)(11)
㉖ 外国の法令に準拠して外国において、第一種金融商品取引業、投資運用業、銀行業、保険業、信託業を営むもので、金融庁長官に届出を行った者(12)
㉗ 外国の政府、外国の政府機関、外国の地方公共団体、外国の中央銀行および日本が加盟している国際機関のう

ち金融庁長官に届出を行った者

㉘　外国の法令に準拠して設立された厚生年金基金または企業年金基金に類するもので、金融庁長官に届出を行った者

⑨、⑰、⑲、㉑から㉘において金融庁長官に届出を行おうとするものは、その旨を記載した書面を、提出することを要する（定義府令一〇条三項）(13)。届出を行ったことにより適格機関投資家となる期間は、当該届出が行われた月の翌々日の初日から二年を経過する日までとなる（定義府令一〇条五項）(14)。

なお、勧誘の相手方がつぎのようなものである場合には、形式上は適格機関投資家であるものの、実質的には勧誘の相手方が一般投資家であると考えられ、適格機関投資家には該当しないものとして取り扱われる（企業内容等開示ガイドライン二―五）(15)。

①　信託にかかる一般投資者（適格機関投資家以外の者）との契約等、一般投資者に有価証券が交付される可能性のある信託の契約にもとづいて、有価証券を取得しまたは買い付けようとする信託銀行

②　一般投資者との投資一任契約にもとづいて、有価証券を取得しまたは買い付けようとする金融商品取引業者（金融商品取引法二八条四項に規定する投資運用業を行う者に限る）

③　一般投資者による有価証券の取得または買付けにかかる注文を取り次ぐために、自己の名において有価証券を取得しまたは買い付けようとする金融商品取引業者（金融商品取引法二八条一項に規定する第一種金融商品取引業者（同条八項に規定する有価証券関連業に該当するものに限る）を行う者に限る）

④　組合等（投資事業有限責任組合を除く）の組合員に現物配当されることを目的として、特定の有価証券の取得のみのために組成された組合等の業務執行組合員等

⑤　投資事業有限責任組合の適格機関投資家以外の組合員に現物配当することを目的として、特定の有価証券の取得のみのために組成された投資事業有限責任組合

⑥　特定目的会社

有価証券の発行の際に、その取得の申込みの勧誘を受けたときに適格機関投資家であったものの、その後、適格機関投資家ではなくなった場合[16]、その有価証券の売付けの申込みや買付けの申込みの勧誘を行う際には、適格機関投資家に該当する者とみなして、金融商品取引法四条二項が適用される（定義府令一〇条二項）。

適格機関投資家のみを相手方とする勧誘には届出は要求されない。しかし、適格機関投資家からの転売で適格機関投資家以外の者に有価証券が譲渡される場合にまでディスクロージャーを免除することは適切ではない。したがって、金融商品取引法は、適格機関投資家以外の者に譲渡されるおそれが少ない場合に限り、届出を不要としている。すなわち、新たに発行される有価証券の取得の申込みの勧誘を、適格機関投資家のみを相手方として行う場合で、当該有価証券がその取得者から適格機関投資家以外の者に譲渡されるおそれが少ないものとして政令で定める場合に募集とならない（金商法二条三項二号イ）。

適格機関投資家以外の者に譲渡されるおそれが少ない場合は、対象となる有価証券が株券等のエクイティ関連商品の場合と、それ以外の有価証券とで異なる。

株券等[17]については、その発行者が、当該株券等と同一の内容[18]を表示した株券等であって、①上場証券、②店頭売買証券、③募集・売出しの届出をした証券（公募証券）、④所有者が一〇〇〇名以上である証券のいずれかに該当するものをすでに発行している者でないことが要件となる（金商令一条の四第一号イ・一条の七の四第一号イ）。すでに発行する株式が公開され、広く投資者の間で流通しているものについては、転売規制の実効性を担保できないため、私募・私売出しは認められない。

また、当該株券等と同一種類の有価証券として内閣府令で定めるもの（定義府令一〇条の二第一項参照）が特定投資家向け有価証券である場合には、私募・私売出しは認められない（金商令一条の四第一号ロ・一条の七の四第一号ロ）。特定投資家向け取得勧誘により発行されたこと等により特定投資家向け有価証券に該当することとなる有価証券については、これと同一種類の有価証券についても特定投資家向け有価証券となる（金商法四条三項三号）。特定投資家向け有価証券と同一種類の有価証券について適格機関投資家向けの私募・私売出しを認めると、これによって発行された有価証券は、適格機関投資家向け私募・私売出しで発行されたにもかかわらず、発行と同時に特定投資家向け有価証券となる。この点の技術的な不都合を改善するため、かかる規定が置かれた(19)。

さらに、当該株券等に私募・私売出しが認められるには、当該株券等を取得した者がその株券等を適格機関投資家以外の者に譲渡を行わない旨を定めた譲渡契約を締結することを取得の条件として、取得勧誘・売付け勧誘等（組織再編成発行手続・組織再編成交付手続）が行われることが必要である（金商令一条の四第一号ハ・一条の七の四第一号ハ）。株式会社は、その発行する株式について、定款の定めで、譲渡による当該株式の取得について当該会社の承認を要するとすることができる（会社法一〇七条一項一号・二項一号・一〇八条一項四号・二項四号）。しかし、定款において、適格機関投資家以外の者への譲渡を承認しないと定めることができるか疑問があり、転売規制としての効力は必ずしも十分ではない(20)。

右の①から④に該当しない株券等（非公開株券等）については、譲渡禁止の契約締結を取得の条件としてその申込みの勧誘がなされる場合には、私募・私売出しが認められることになる。適格機関投資家向けの有価証券を適格機関投資家以外の投資者に転売する場合には、有価証券届出書の提出および目論見書の交付が義務づけられる。有価証券届出書を提出せずに、適格投資家以外の投資者に対して勧誘を行った場合には、罰則の適用があり、この点で、譲渡契約の遵守を確保しようとしている(21)。

新株予約権等について、株券等と類似した要件が定められている（金商令一条の四第二号・一条の七の四第二号）。株券等・新株予約権証券等以外の有価証券についても、(i)当該有価証券の発行者が、当該有価証券と同一種類の有価証券として内閣府令で定めるものであって、右の①から④のいずれかに該当するものをすでに発行しているものでないこと（非公開株券等であること）、(ii)当該有価証券と同一種類の有価証券として内閣府令で定めるものが特定投資家向け有価証券でないこと、(iii)内閣府令で定める要件に該当する場合に、私募・私売出しが認められる（金商令一条の四第三号・一条の七の四第三号）。(iii)の内閣府令で定める要件として、(イ)当該有価証券に転売制限が付されている旨が当該有価証券に記載され、当該有価証券の取得者に当該有価証券が交付されること、(ロ)当該有価証券の取得者に交付される当該有価証券に関する情報を記載した書面において、当該有価証券に転売制限が付されている旨の記載がされていること、(ハ)社債等振替法の規定により加入者が当該有価証券に転売制限が付されていることを知ることができるようにする措置がとられていること、のいずれかの要件に該当することが定められている（定義府令一一条二項一号・一三条の四第二項一号）(23)。

ところで、証券取引法では、勧誘の相手方となる適格機関投資家の数が二五〇名以下である場合に限り、当該適格機関投資家の数は、有価証券の募集に該当するか否かを判定する「勧誘の相手方の人数」の計算においては算入されないものとされていた（平成一七年改正前証取令一条の四第二項）。適格機関投資家のみへの勧誘についてディスクロージャーを免除する立法は平成四年の改正でなされた。その時点で、適格機関投資家の投資能力を考慮して規制を緩和するのであれば、少人数私募の人数計算において、五〇名の算定から、適格機関投資家を除くという方法もありえた。しかし、投資勧誘の対象者の多くが適格機関投資家でありながら、その一部に一般投資家が含まれる場合、一般投資家にさらに強い販売圧力がかかることが懸念された(24)。平成一五年の改正の際、右の販売圧力を考慮して、勧誘の相手方となる適格機関投資家の数が二五〇名以下である場合に限定した(25)。

金融商品取引法では、既述のように、適格機関投資家の数は「多数の者」を算定する際に除外するものとしている。適格機関投資家の数を算定基準から除外するためには、適格機関投資家から適格機関投資家以外に譲渡されることがないようにしなければならない。このことは、適格機関投資家のみが勧誘されるプロ私募・プロ私売出しの場合も同様であり、前述のような転売規制が定められている。有価証券の募集に該当するか否かの判定にあたり、勧誘の相手方の数から除外する適格機関投資家の数の制限を撤廃する一方で、プロ私募・プロ私売出しの場合と同様の転売規制が課せられている（金商法二条三項一号）。

なお、このような転売制限については、投資者の側で、その規制を知らないまま有価証券を取得することも考えられる。そこで、転売規制の実効性を確保するために、開示を免除された有価証券の取得の申込みの勧誘またはこれにかかる有価証券の売付けの申込みもしくはその買付けの申込みの勧誘にあたっては、原則として、勧誘者は、被勧誘者に対して、その有価証券が届出の免除を受けて発行されたものであることおよび有価証券に付された転売制限の内容を告知する義務が定められている（金商法二三条の一三第一項）。この場合には、あらかじめまたは同時に相手方に対して告知すべき事項を記載した書面を交付することを要する（金商法二三条の一三第二項）。ただし、その有価証券について開示が行われている場合、発行価額の総額が一億円未満である場合には告知の必要はない（金商法二三条の一三第一項ただし書）。

既述のように、第一項有価証券について、適格機関投資家のみを相手方として行う場合で、当該有価証券がその取得者から適格機関投資家以外の者に譲渡されるおそれが少ない場合には、募集・売出しにはならず、届出は不要である（金商法二条三項二号イ・四項二号イ）。もっとも、このような場合でも、当該有価証券について、適格機関投資家が適格機関投資家以外の者に対して有価証券交付勧誘等を行う場合は届出を要する（金商法四条二項一号・三号）。組織再編成発行手続・組織再編成交付手続についても同様である（金商法四条二項五号・六号）。

他方で、多数の者を相手方として勧誘を行う場合に募集・売出しについての届出が必要である（金商法二条三項一号・四項一号・四条一項）。もっとも、「多数の者」の数を算定する際、適格機関投資家の数は含まれない。このように多数の者から適格機関投資家を除くことにより多数の者への勧誘に該当しなくなった場合で、これらの取得者から多数の者に譲渡されるおそれが少ない場合は募集・売出しにはならない。かかる場合でも、多数の者から除かれた適格機関投資家が適格機関投資家以外の者に対して行う有価証券交付勧誘等は、届出を行っているものでなければ行うことができない（金商法四条二項二号・四号）。

（1）　適格機関投資家制度を導入した際、その範囲は、証券会社等に限定されていた。この点について、有価証券への投資能力を実質的に判断して規定を設けることは難しいため、業務の関係から、証券投資について専門的な知識・経験を有するであろう者を絞り込むという方法が採られたとの説明があった。証券取引法研究会「平成四年証券取引法の改正について⒆—募集・売出しの定義（2）」インベストメント四八巻三号二七頁（神崎）。転売規制の実効性を確保するために、監督官庁の目の届く範囲に適格機関投資家を限定したとする見解もある。証券取引法研究会・右掲二七頁（河本）。もっとも、その後、適格機関投資家の範囲が拡大され、現在では、保有有価証券残高が一定額以上の個人や法人も適格機関投資家となることができる。

（2）　⑮以外の者については、金融庁長官が指定する者が除かれる。証券法制研究会編・逐条解説証券取引法一八頁（平成七年）は、転売規制に違反し、適格機関投資家向け証券を一般投資者にディスクロージャーなくして譲渡したような場合、金融庁長官の指定により、適格機関投資家の範囲から外されるとしている。

（3）　平成一九年の内閣府令の改正で、金融庁長官に届出を行った者のみが適格機関投資家とされることとなった。銀行や信用金庫にはそのような規定は存在しない。

（4）　金融庁長官が指定する者に限られる（定義府令一〇条一項ただし書）。「金融商品取引法第二条に規定する内閣府令第四条第一項ただし書の規定により適格機関投資家に該当する者を指定する件」（平成五年三月三一日大告六九号）が個々の者を適格機関投資家に指定している。

（5）　主としてコール資金の貸付けまたはその貸借の媒介を業として行う者のうち金融庁長官の指定するもので、いわゆる短資会社が該当する。金融商品取引法三三条の二により登録を受けたものに限られる。

（6）　(i)株式にかかる配当を受け取りまたは株式にかかる売却益を得ることを目的として当該会社の発行する株式を取得すること、(ii)当該会社の発行する社債（短期社債を除く）を取得すること、(iii)(i)または(ii)に掲げる行為を行うことを目的とする組合契約（民法六六七条一項）または投資事業有限責任組合契約（投資事業有限責任組合法三条一項）に規定する契約を締結すること、といった行為により他の株式会社に対しその事業に必要な資金を供給する業務を行う株式会社が該当する。

（7）　厚生年金基金については、最近事業年度にかかる年金経理にかかる貸借対照表における流動資産の金額および固定資産の金額の合計額から流動負債の金額、支払備金の金額および過剰積立金残高の金額の合計額を控除した額が一〇〇億円以上であるものに限られる。企業年金基金については、最近事業年度にかかる年金経理にかかる貸借対照表における流動資産の金額および固定資産の合計額から流動資産の金額および支払備金の金額の合計額を控除した額が一〇〇億円以上であるものに限られる。

(8) 証券取引法では、有価証券報告書を提出している者で、届出を行おうとする日におけるその者の有価証券報告書に記載された最近事業年度および当該事業年度の直前事業年度にかかる貸借対照表における有価証券の金額および投資有価証券の金額の合計額が一〇〇億円以上であるもののうち、金融庁長官に届出を行った者が適格機関投資家とされていた。平成一五年の改正で、基準となる投資有価証券の金額は五〇〇億円から一〇〇億円に引き下げられた。平成一九年の改正でその基準はさらに一〇億円以上となった。なお、適格機関投資家になるためには、既述のように、証券取引法の下では、適格機関投資家となる事業会社は有価証券報告書提出会社に限られていた。投資家としての適格性を判断する上で有価証券報告書の提出会社でなければならない理由は定かではなかった。証券取引法研究会「平成一五年の証券取引法等の改正Ⅰ―私募・公開買付けに係るディスクロージャー制度」平成一五年の証券取引法等の改正〔別冊商事法務二七五号〕九頁（川口）（平成一六年）。この点について、監督官庁側で適格機関投資家に何らかの監督が及ぶものについて規定したとの見解もあった。証券取引法研究会・右掲九頁（黒沼）。金融商品取引法の下での適格機関投資家制度では、有価証券残高の金額のみが問題とされている。

(9) 組合契約を締結して組合の業務の執行を委任された組合員、匿名組合契約を締結した営業者もしくは有限責任事業組合契約を締結して組合の重要な業務の執行の決定に関与し、かつ、当該業務を自ら執行する組合員または外国の法令にもとづくこれらに類する者（業務執行組合員等）として取引を行うもので、その組合契約、匿名組合契約もしくは有限責任事業組合契約にもとづく出資対象事業にかかる有価証券残高または外国の法令にもとづくこれらの契約に類する契約にかかる有価証券残高が一〇億円以上であること、さらに、当該届出を行うことについて、当該組合契約によって成立する組合の他のすべての組合員、当該匿名組合契約のすべての匿名組合員もしくは当該有限責任事業組合契約によって成立する組合の他のすべての組合員または外国の法令にもとづくこれらに類する者の同意を得ている場合にも、適格機関投資家となる（定義府令一〇条一項二三号ロ）。

(10) 組合などで業務執行組合員等の要件として前掲注（9）と同様のものが定められている（定義府令一〇条二四号ロ）。

(11) アメリカでは、一九三三年証券法の下における証券取引委員会規則五〇一で、募集についての規制の適用を除外する「適格投資家」（accredited investors）がつぎのように定義されている。①銀行、保険会社、投資会社または従業員福利プラン、②企業育成会社、③慈善または教育機関で、資産五〇〇万ドルを超えるもの、④発行者の取締役、役員またはゼネラル・パートナー、⑤一〇〇万ドルを超える資産を有する個人、⑥年収が二〇万ドルを超える個人（もしくは、配偶者とあわせて三〇万ドルを超える者）および⑦投資に関する知識・経験がある者（sophisticated person）が運用する五〇〇万ドルを超える資産がある信託。D・L・ラトナー＝T・L・ハーゼン〔野村證券株式会社法務部訳（神崎克郎＝川口恭弘監訳）〕・最新米国証券規制法概説五二頁（平成一五年）。わが国では、平成一五年に、ベンチャーキャピタル会社等を適格機関投資家の範囲に含める改正がなされたが、個人投資家をそれに含めることは、時期尚早として、見送られた。平成一九年の改正で、一定の要件を満たす個人も適格機関投資家とされることとなった。

(12) 適格機関投資家と認められるには、当該届出の時の資本もしくは出資の額または基金の総額が、第一種金融商品取引業、投資運用業は五〇〇〇万円以上、保険業は一〇億円以上、銀行業は二〇億円以上、信託業は一億円以上であることを要する。

(13) 金融庁長官は、届出者の商号、名称または氏名、本店もしくは主たる事務所の所在地または住所および適格機関投資家に該当する期間等を官報に公告する（定義府令一〇条八項）。

(14) 平成一六年の内閣府令の改正で、期間が一年から二年に延長された。

(15) 結果的に一般投資者が当該有価証券を取得することになるため、間接的に一般投資者を相手方として勧誘しているものと考えられていることにある。清水一夫「ディスクロージャー制度の改正に関する解説〔1〕」商事法務一三二四号一七頁。機関投資家が専門的な知識と経験を有していることを理由としてディスクロージャーを強制しないという趣旨からすれば、一般投資家が専門家である投資顧問に資金運用を委ねる場合も、適格機関投資家と考えるべきと思われる。この点について、龍田節・証券取引法Ⅰ一〇五頁（平成六年）参照。

(16) 適格機関投資家には、①金融庁長官が指定する者を除き、原則として適格機関投資家となるもの、②金融庁長官が指定した者に限り、適格機関投資家となるもの、③有価証券での運用実績があり、金融庁長官に届出を行った場合に、適格機関投資家となるものがある。適格機関投資家でなくなる場合とは、①は、金融庁長官による指定を受けた場合、②は、指定を解除された場合、③は、有効期間を経過した場合が該当する。

(17) 株券には、金商法二条一項一七号に掲げる有価証券で株券の性質を有するものならびに優先出資法に規定する優先出資証券および資産流動化法に規定する優先出資証券ならびに金商法二条一項一七号に掲げる有価証券でこれらの性質を有するものならびに投資信託法に規定する投資証券および外国投資証券で投資証券に類する証券を含む。株券と金商法二条一項一七号に掲げる有価証券で同項六号に掲げる有価証券の性質を有するものを「株券等」という。

(18) 発行者が株式（優先出資法に規定する優先出資および資産流動化法に規定する優先出資を含む）もしくは出資にかかる剰余金の配当、残余財産の分配、利益を用いて行う出資の消却または優先出資法一五条一項（二号にかかる部分に限る）の規定による優先出資の消却についての内容に限られる（金商令一条の四第一号）。

(19) 谷口義幸＝齊藤将彦＝宮下央＝八木俊則「プロ向け市場に関する政府令の概要」商事法務一八五六号六六頁。

(20) この点を考慮して、定款による譲渡制限のみでは、適格機関投資家以外の者に譲渡されるおそれが少ない場合として十分でないと判断され、平成一五年の改正前までは、エクイティ関連商品については、私募自体が認められなかった。しかし、ベンチャー企業、中小企業等の円滑な事業資金調達のためには、機関投資家による投資を促進することが重要であり、株券等のエクイティ関連商品にも、私募の手法を適用することが必要と考えられ、結局、適格機関投資家以外への譲渡を行わない旨を定めた契約を締結することを条件に、私募が認められた。河本一郎＝関要監修・逐条解説証券取引法〔三訂版〕三一頁（平成二〇年）。なお、龍田・前掲注（15）一〇八頁は、従来、大型の私募が行われたのは主に債券であったこと、適格機関投資家を金融機関に限定した状況で、多くの株式が金融機関に集中することがよくないという政策の表れとして株式の除外を理解することもできるとしていた。もっとも、後者については、現行法では、適格機関投資家の範囲が事業会社にまで拡大されている。

(21)　金融審議会第一部会・ディスクロージャー・ワーキング・グループ報告（平成一四年一二月一六日）。

(22)　新株予約権証券および新株予約権、新優先出資引受権または資産流動化法に規定する優先出資証券に転換する権利が付されている有価証券ならびに金商法二条一項一七号に掲げる有価証券のうちこれらの有価証券の性質を有するものをいう（金商令一条の四第二号）。

(23)　このほか、有価証券信託受益証券、カバード・ワラント、預託証券、転換債券については、個別の要件が規定されている（定義府令一一条二項二号・一三条の四第二項二号）。

(24)　証券取引法研究会・前掲注（1）二五頁（河本）・二六頁（黒沼）。

(25)　政令を改正する際のパブリック・コメントのなかで、二五〇名以下との人数制限が不要ではないかという意見が出されていた。これに対して、金融庁の回答は、「勧誘の相手方の人数から除外する『適格機関投資家』については、勧誘全体の相手方の人数の規模の観点から、一般投資家の保護を図るため、『適格機関投資家』の数に上限を設けることとした」、さらに「『適格機関投資家』の上限としては、適格機関投資家の数、プロ私募により発行されている債券等の発行実績等を踏まえ、適格機関投資家が取得した有価証券に係る転売制限（適格機関投資家以外の者への譲渡禁止）の実効性、制度としての使いやすさ等をも勘案し、『二五〇名以下』とすることが適切である」としていた。この点に関連して、一般投資家保護のためには、これらの者に特別の情報開示を要求すべきとの見解が述べられている。金融審議会第一部会・ディスクロージャー・ワーキング・グループ報告は「適格機関投資家以外の投資家は一般的に情報獲得能力は低いと考えられることから、これらの投資家に対しては、目論見書の交付以外の方法により、有価証券および発行者に係る情報を提供すべきではないかとの指摘があるが、その必要性は認められるものの、従来の『少人数私募』においてもこのような情報提供は求められておらず、また、発行者の負担を軽減する観点からは、このような情報提供を求めないことが適切であると考えられる」と述べている。この点については、証券取引法研究会・前掲注（8）五頁・八頁以下参照。

(26)　有価証券の転売規制を定める金融商品取引法施行令一条の四は、「法二条第三項第一号に規定する譲渡されるおそれが少ないものとして政令で定める場合……は、次の各号に掲げる有価証券の区分に応じ、当該各号に定める場合とする。」として、両者に同じ転売規制を設ける旨を規定している。

5　特定投資家向けの勧誘

平成二〇年の改正で、わが国の金融・資本市場における企業の資金調達の多様性等を高めることを目的として、いわゆるプロ向け市場が創設された。同市場は、直接の市場参加者をプロ投資家に限定するもので、これにより、自由度の高い新たな取引所市場の枠組みが構築された。

金融商品取引法では、平成一八年の改正で、「特定投資家」制度が設けられた。これは、投資家を特定投資家と一般投資家に区分し、特定投資家と取引する場合には、金融商品取引業者等の行為規制を一部免除するものである。(1)

特定投資家として、つぎのものが定められている（金商法二条三一項、定義府令二三条）。

①　適格機関投資家
②　国
③　日本銀行
④　特別の法律により特別の設立行為をもって設立された法人
⑤　投資者保護基金
⑥　預金保険機構
⑦　農水産業協同組合貯金保険機構
⑧　特定目的会社
⑨　金融商品取引所に上場されている株券の発行者である会社
⑩　取引の状況その他の事情から合理的に判断して資本金の額が五億円以上であると見込まれる株式会社

⑪　金融商品取引業者または特例業務届出者である法人
⑫　外国法人

特定投資家は、金融商品取引業者等の行為規制上の概念として定められた。平成二〇年のプロ向け市場の創設にあたって、同市場に参加できるプロ投資家の範囲を特定投資家とする旨が規定された（金商法一一六七条の二参照）。特定投資家は、金融商品取引法上、金融取引における適切なリスク管理を行うことができるプロ投資家と位置づけされており、従来の厳格な法定開示規制にもとづき情報の非対称性を克服させなくても、自己責任において投資判断を行うことが可能と考えられた(2)。同じくプロ投資家として位置づけされる適格機関投資家は、保有有価証券の残高が一〇億円以上の法人または個人を含むものとして規定されている（定義府令一〇条一項二三号・二四号）。これらの者は、投資運用にかかる専門的知識および経験があると推認される(3)。他方で、特定投資家の定義においては、金融商品取引所の上場会社および資本金の額が五億円以上の株式会社が規定されている。これらの会社のなかには、投資に関する専門家といえないものも存在する。これらの特定投資家が一般投資家としての取扱いを受けたいと考える場合は、所定の手続を経て、一般投資家へ移行することができる（金商法三四条の二参照）。

特定投資家は、有価証券に関する取引に関する情報収集能力や分析能力を備えており、一般投資家と比較して、情報開示の必要性は低い。そこで、平成二〇年の改正で、適格機関投資家以外にも、特定投資家に該当する者を相手方とする場合に、発行開示義務の免除が拡大された。

第一項有価証券に関する取得勧誘・売付け等勧誘が多数の者を相手方として行われる場合には原則として募集・売出しとなる（金商法二条三項一号・四項一号）。もっとも、特定投資家のみを相手方とする場合には、多数の場合を相手方とする場合でも募集・売出しに該当しない（金商法二条三項一号括弧書・四項一号括弧書）。さらに、適格機関投資家以外の特定投資家のみを相手方として行う場合で、①当該取得勧誘・売付け等勧誘が、国、日本銀行および適格機関投資家以外の者である場合にあっては、金融商品取引業者等が顧客からの委託によりまたは自己のために当該取得勧誘を行うこと、②当該有価証券がその取得者から特定投資家等以外の者に譲渡されるおそれが少ないものとして政令で定める場合に該当するときは、募集・売出しとはならない（金商法二条三項二号ロ・四項二号ロ）。

特定投資家から特定投資家以外に譲渡されるおそれが少ないものとしては、有価証券の区分ごとに定めがある。株券等については、当該有価証券と同一種類の有価証券として内閣府令で定めるものが、①上場証券、②店頭売買証券、③募集・売出しの届出をした証券（公募証券）、④所有者が一〇〇〇名以上である証券のいずれかに該当する有価証券でないことが必要である（金商令一条の五の二第二項一号イ・一条の八の二第一号イ）。特定投資家向け有価証券は特定投資家等のみの間で取引される。同一種類の有価証券が流通市場で取引されている状況では、プロ市場における取引と区別することが困難となる。この点で、特定投資家向け取得勧誘・特定投資家向け売付け等を認めることは適切ではない(4)。

さらに、特定投資家取得勧誘については、当該株券等の発行者と取得者との間および取得勧誘を行う者と取得者との間において、特定投資家向け売付勧誘等については、売付け勧誘等を行う者と買付者との間で、有価証券を特定投資家等以外の者に譲渡を行わない旨その他の内閣府令で定める事項を定めた譲渡契約を締結することを取得の条件として勧誘が行われることも要件となる（金商令一条の五の二第二項一号ロ・一条の八の二第一号ロ）。特定投資家取得勧誘においては、株券等の発行者が契約の当事者となる点に留意が必要である。譲渡契約の具体的な方法は規定されていない。立案担当者によると、たとえば、取得者が特定投資家等以外に譲渡しないことを確約する旨の書面を発行者および勧誘者に提出することにより契約を締結する方法や、勧誘者が発行者を代理して契約を締結する方法等が提示されている(5)。

プロ向け銘柄については、公衆縦覧による情報開示がなされず、また、プロ以外の相手への売付け勧誘等が禁止される。そこで、これらの情報を勧誘先に告知することにより、投資家が不測の阻害を被ることを防止する必要がある。特定投資家向け取得勧誘・特定投資家向け売付け勧誘等を行う場合、これらの勧誘につき届出が行われていないことその他内閣府令で定める事項を告知しなければならない（金商法二三条の一三第三項本文）。(6) 当該行為にかかる有価証券に関し開示が行われている場合は、告知は不要となる（金商法二三条の一三第三項ただし書）。有価証券の売付け勧誘等および組織再編成交付手続を併せて有価証券交付勧誘等という（金商法四条二項参照）。特定投資家向け有価証券の有価証券交付勧誘等であって、特定投資家向け売付け勧誘等および特定投資家等取得有価証券一般勧誘のいずれにも該当しないものについては、当該特定投資家向け有価証券に関して開示が行われている場合に該当しないことその他の内閣府令で定める事項を告知しなければならない（金商法二三条の一三第三項二号）。(7)

告知の方法は、取引所金融商品市場において行う取引またはこれに密接に関連する取引にかかる売付け勧誘等を行う場合は、当該取引所金融商品市場を開設する金融商品取引所を介して行う方法その他の当該金融商品取引所の定める規則において定める方法によって行う（企業内容等開示府令一四条の一四の二第一項一号、外国債等開示府令一一条の一三の二第一項一号、特定有価証券開示府令一九条の二第一項一号）。(8)

特定投資家向け取得勧誘等を行う場合の告知義務は、適格機関投資家向け取得勧誘等の制度を参考にして、平成二〇年の改正で導入された。前述のように適格機関投資家向け勧誘等の告知制度では、発行価額の総額が一億円未満である場合は適用されない（企業内容等開示府令一四条の一四第二項）。しかし、特定投資家向け取得勧誘等にかかる通知義務については、このような発行価額の総額による適用除外は認められない（規定がない）。これは、取得勧誘・売付け勧誘等の手段を経ることなく、プロ向け市場に上場されることにより、法令上の「特定投資家向け有価証券」に該当することになるものが想定され、このような場合には発行価額の総額を基準とすることが困難であると考えられたことによる。(9)

特定投資家向け取得勧誘・特定投資家向け売付け勧誘等は、発行者が、当該勧誘にかかる有価証券および発行者に関する情報（特定証券情報）を提供し、または公表していなければ、これをすることができない（金商法二七条の三一第一項）。また、特定投資家向け有価証券の発行者等は、一定の場合に、当該発行者に関する情報（発行者情報）を当該特定投資家向け有価証券の所有者に対して提供し、または公表しなければならない（金商法二七条の三二第一項・二項）。

特定証券情報について、特定上場有価証券等（金商法二条三三項参照）または発行者が特定取引所金融商品市場（金商法二条三二項参照）に上場しようとする有価証券については、当該特定上場有価証券等を上場し、または上場しようとする特定取引所金融商品市場を開設する金融商品取引所の定める規則（特定取引所規則）において定める情報が提供・公表されなければならない（証券情報等府令二条一項一号）。特定証券情報には、①当該情報が特定証券情報である旨、②当該有価証券に関する事項、③当該有価証券の発行者が発行者である当該有価証券以外の有価証券に関する事項、④当該有価証券の発行者の事業および経理に関する事項が含まれていなければならない（証券情報等府令二条二項一号）(10)(11)。特定上場有価証券等については、特定取引所規則において定める公表の方法により提供・公表がなされなければならない（証券情報等府令三条一号）(12)。

発行者情報についても、特定上場有価証券等については、特定取引所規則において定める情報が提供・公表されなければならない（証券情報等府令七条二項一号）。発行者情報には、①当該情報が発行者情報である旨、②当該有価証券の発行者が発行者である当該有価証券以外の有価証券に関する事項、③当該有価証券の発行者の事業および経理に関する事項が含まれなければならない（証券情報等府令七条三項一号）(13)(14)。発行者情報を提供・公表すべき発行者は、特定上場有価証券等については、特定取引所規則において定める公表の方法に従って行う必要がある（証券情報等府令七条一項一号）(15)。

①有価証券の取得勧誘の相手方が特定投資家のみであるときで、当該相手方が国、日本銀行および適格機関投資家以外である場合にあっては、金融商品取引業者等が顧客からの委託によりまたは自己のために当該取得を行うことならびに取得者から特定投資家以外の者に譲渡されるおそれが少ないことという要件を満たす場合に（特定投資家向け取得勧誘）、募集の定義から除外される（金商法二条三項二号ロ）。このような形で発行された有価証券に関して特定投資家以外のものに取得の勧誘がなされる場合には、開示規制を及ぼす必要がある。そのため、特定投資家向け取得勧誘が

なされた有価証券について、売付け勧誘等または組織再編成交付手続（有価証券交付勧誘等）がなされる場合、金融商品取引業者等に委託して、特定投資家等に対して行うもの以外は（特定投資家等取得有価証券一般勧誘）、発行者は勧誘に際して内閣総理大臣に届出をする必要がある（金商法四条三項一号）。この規制は、国、日本銀行および適格機関投資家に対して行うものその他政令で定める場合は適用されない。

②その売付け勧誘等が特定投資家向け売付け勧誘等であった有価証券、③①②のいずれかの有価証券の発行者が発行する有価証券であって、①②の有価証券と同一種類の有価証券として内閣府令で定めるもの、④特定上場有価証券その他流通状況がこれに準ずるものとして政令で定める有価証券についても、同じ規制が適用される（金商法四条三項二号〜四号）。

なお、これらの規制は、特定投資家向け有価証券に開示が行われている場合、特定投資家等取得有価証券一般勧誘に関して届出が行われなくても公益または投資者保護に欠けることがないものとして内閣府令で定める場合には適用されない（金商法四条三項ただし書）。

（1）　特定投資家については、本書八四四頁参照。
（2）　池田唯一他・逐条解説・二〇〇八年金融商品取引法改正四八頁（平成二〇年）。
（3）　なお、有価証券の保有残高が基準を上回る場合に自動的に適格機関投資家となるわけではない点に注意が必要である。有価証券の保有残高が一〇億円以上であっても、金融庁長官に届出を行った場合にのみ適格機関投資家となる。したがって、適格機関投資家としての扱いを好まない場合は、金融庁長官への届出を行わなければよい。
（4）　谷口義幸＝齊藤将彦＝宮下央＝八木俊則「プロ向け市場に関する政府令の概要」商事法務一八五六号六五頁。
（5）　谷口他・前掲注（4）六六頁。
（6）　内閣府令では、①当該特定投資家向け取得勧誘・当該特定投資家向け売付け勧誘等に関し、金融商品取引法四条一項から三項までの規定による届出が行われてないこと、②当該特定投資家向け取得勧誘・当該特定投資家向け売付け勧誘等にかかる有価証券が特定投資家向け有価証券に該当しまたは該当することとなること、③当該特定投資家向け取得勧誘・当該特定投資家向け売付け勧誘等に、それぞれ金融商品取引法施行令一条の五の二第二項一号ロもしくは二号ロもしくは定義府令一一条一号ロまたは金融商品取引法施行令一条の八の二第一号ロもしくは二号ロもしくは定義府令一三条の六第一号ロに規定する条件が付されている場合には、その内容、④当該特定投資家向け取得勧誘・当該特定投資家向け売付け勧誘等にかかる有価証券の有価証券交付勧誘等について、金融商品取引法四条三項、五項および六項の適用があること、⑤金融商品取引法二七条の三一第二項の規定により、当該特定投資家向け取得勧誘・当該特定投資家向け売付け勧誘等にかかる特定証券等情報もしくは当該特定投資家向け取得勧誘・当該特定投資家向け売付け勧誘等にかかる有価証券についてすでに行われた特定投資家向け取得勧誘もしくは特定投資家向け売付け勧誘等にかかる特定証券等情報が公表されている場合、同法二七条の三二第一項から三項までの規定により発行者等情報が公表されている場合には、その旨および公表の方法、⑥当該有価証券の所有者に対して、金融商品取引法二七条の三二第一項から三項までの規定による発行者等情報の提供または公表が行われることが規定されている（企業内容等開示府令一四条の一四の二第二項）。

(7)　内閣府令では、①当該有価証券交付勧誘等にかかる有価証券が特定投資家向け有価証券に該当すること、②当該特定投資家向け有価証券に関して開示が行われている場合に該当しないこと、③当該有価証券交付勧誘等が企業内容等開示府令二条の七第一項各号に掲げる場合に該当するものとして行われる場合には、その旨、④当該特定投資家向け有価証券の有価証券交付勧誘等について、金融商品取引法四条三項、五項および六項の適用があること、⑤金融商品取引法二七条の三一第二項の規定により当該有価証券交付勧誘等にかかる有価証券についてすでに行われた特定投資家向け取得勧誘もしくは特定投資家向け売付け勧誘等にかかる特定証券等情報が公表されている場合または同法二七条の三二第一項から三項までの規定により発行者等情報が公表されている場合には、その旨および公表の方法、⑥当該有価証券の所有者に対して、金融商品取引法二七条の三二第一項から三項までの規定により発行者等情報の提供または公表が行われることが規定されている（企業内容等開示府令一四条の一四の二第三項）。

(8)　東京証券取引所の子会社ＴＯＫＹＯ ＡＩＭは、平成二一年五月に、取引所免許を取得し、同年六月一日、プロ向け市場を開設した。同取引所の受託契約準則では、「金融商品取引所の定める規則において定める方法は、取引所に委託することにより、取引所がこの準則の別添として『告知事項』を定めて公表する方法とする。」とし（同・受託契約準則五条一項）、①本市場において特定投資家向け有価証券の売付け勧誘等に該当する売付注文の発注を行う取引参加者、②自らの顧客から、本市場における特定投資家向け有価証券の買付注文を受託する取引参加者は、取引所に対して、告知事項を定めて公表することを委託したものとみなすと定めている（同・受託契約準則五条二項）。「告知事項（別添）」としてつぎのものが明らかにされている。

「1．株式会社ＴＯＫＹＯ ＡＩＭ取引所（以下「取引所」といいます。）が運営するＴＯＫＹＯ ＡＩＭ市場又はＴＯＫＹＯ ＰＲＯ－ＢＯＮＤ Ｍａｒｋｅｔ（以下「本市場」といいます。）に上場されている有価証券（他の取引所金融商品市場に重複して上場されている等の理由により、その発行者が当該銘柄に関して有価証券報告書の提出義務を負っているものを除きます。以下、本告知事項において同様です。）は、法第四条第三項に規定する特定投資家向け有価証券（いわゆるプロ向け銘柄）に該当します。

2．本市場に上場されている有価証券に関しては、法第四条第七項第一号並びに開示府令第六条各号、特定有価証券等開示府令第七条各号及び外国債等開示府令第三条の二各号に掲げる開示が行われている場合のいずれにも該当しません。

3．貴社／貴殿が法第二条第三項第二号ロ⑵に規定する特定投資家等に該当しない場合であって、本市場に上場されている有価証券に係る売付注文の相手方になろうとする場合には、開示府令第二条の七第一項各号、特定有価証券等開示府令第四条の四又は外国債等開示府令第一条の七をご確認いただき、貴社／貴殿がこれらに規定する場合のいずれに該当するのかをご確認ください。

4．本市場に上場されている有価証券の有価証券交付勧誘等については、法第四条第三項、第五項及び第六項の適用があります。

5．本市場に上場されている有価証券については、特定証券等情報又は発行者等情報が公表されている場合があります。それらの詳細は以下のとおりです。

⑴　本市場に上場されている有価証券については、法第二七条の三一第二項の規定により、当該有価証券について既に行われた特定投資家向け取得勧誘又は特定投資家向け売付け勧誘等に係る特定証券等情報が公表されている場合があります（公表の有無を確認する方法については、下記⑶をご参照ください。）。

⑵　本市場に上場されている有価証券については、法第二七条の三二第一項から第三項までの規定により、発行者等情報が公表されている場合があります（公表の有無を確認する方法については、下記⑶をご参照ください。）。

⑶　各銘柄に関する特定証券等情報及び発行者等情報の公表の有無については、取引所のホームページ（http://www.tokyo-aim.com/）において確認することができます。

⑷　各銘柄に関する特定証券等情報及び発行者等情報は、取引所が定めるＴＯＫＹＯ　ＡＩＭ有価証券上場規程第九条および第二四条、又はＴＯＫＹＯ　ＰＲＯ‐ＢＯＮＤ　Ｍａｒｋｅｔ上場規程第七条及び第一五条に従い、以下に掲げるすべての方法によって公表されます。なお、これらのホームページアドレスの変更については、取引所のホームページにおいて、変更後のホームページアドレスをご確認ください。

(a)　取引所のホームページに掲載する方法

取引所のホームページアドレス http://www.tokyo-aim.com/

(b)　当該有価証券の発行者のホームページに掲載する方法
各有価証券の発行者のホームページアドレスについては、取引所のホームページにおいて確認することができます。
(c)　適時開示情報閲覧サービスに掲載する方法
同サービスのホームページアドレス http://www.tse.or.jp/listing/disclosure/index.html
6.　本市場に上場されている有価証券（債券等を除く。）の所有者に対しては、当該有価証券の発行者が有価証券報告書提出会社である場合を除き、法第二七条の三二及び取引所が定めるTOKYO　AIM上場規程第二四条の規定により、当該有価証券の発行者の事業年度終了後三か月及び中間会計期間の終了後三か月以内に、発行者等情報の公表が行われます。また、本市場に上場されている債権等（法第三条各号に規定する有価証券を除きます。）の所有者に対しては、当該有価証券の発行者が有価証券報告書提出会社である場合を除き、法第二七条の三二及び取引所が定めるTOKYO　PRO-BOND　Market上場規定第一五条の規定により、当該有価証券の発行者の事業年度終了後三か月以内に、発行者等情報の公表が行われます。」

(9)　池田他・前掲注（2）一七四頁。

(10)　特定有価証券である場合には、①当該情報が特定証券情報である旨、②当該有価証券に関する事項、③当該有価証券にかかるファンド、管理資産その他これに準ずる財産または資産の内容および運用に関する事項、④運用資産等の運用を行う者に関する事項が含まれていることが必要である（証券情報等府令二条二項二号）。

(11)　TOKYO　AIM証券取引所の有価証券上場規程では、特定証券情報を、証券情報等府令二条二項一号イからニまでに掲げる事項に関する情報その他の別記「第三号様式」に掲げる事項に関する情報と定めている（同・有価証券上場規程施行規則四条四項）。

(12)　右の施行規則によれば、特定取引所規則において定める公表の方法は、①当取引所のウエッブサイトへの掲載、②新規上場申請者のウエッブサイトへの掲載をすべて継続して行う方法と規定されている（同・有価証券上場規程施行規則五条）。

(13)　特定有価証券については、①当該情報が発行者情報である旨、②運用資産等の内容および運用に関する事項、③運用資産等の運用を行う者に関する事項が含まれなければならない（証券情報等府令七条三項二号）。

(14)　TOKYO　AIM証券取引所の有価証券上場規程では、発行者情報を、証券情報等府令七条三項一号イからハまでに掲げる事項に関する情報その他の別記「第五号様式」に掲げる事項に関する情報とすると定めている（同・有価証券上場規程施行規則一三条一項）。

(15)　右の施行規則では、この公表の方法は、同規則五条一項各号に掲げる方法をすべて継続して行う方法と定めている（同・有価証券上場規程施行規則一三条三項）。

6　少人数向けの勧誘

第一項有価証券に関して、新規に発行されるものの取得の申込みの勧誘またはすでに発行されたものの売付けの申込みもしくは買付けの申込みの勧誘で、その勧誘の相手方の人数が五〇名未満の場合は、届出は不要である。しかし、かかる少人数の取得者から多数の者に譲渡されるならば、届出規制を及ぼす必要がある。そのため、勧誘の相手方の人数が五〇名未満の場合で、当該有価証券がその取得者から多数の者に譲渡されるおそれが少ないものとして政令で定める場合のみが募集・売出しとならないと定められている（金商法二条三項二号ハ・四項二号ハ）。

届出が不要な少人数向け勧誘が認められる要件のうち、すべての有価証券に共通のものとして、当該取得勧誘が特定投資家のみを相手方とし、かつ、五〇名以上を相手方として行う場合でないことが規定されている（金商令一条の七第一号・一条の八の四第一号）。このほかの要件は、金融商品取引法上の有価証券の性質により異なる。

株券等[1]については、その発行者が、当該株券等と同一の内容を表示した株券等[2]であって、①上場証券、②店頭売買証券、③募集・売出しの届出をした証券（公募証券）、④所有者が一〇〇〇名以上である証券のいずれかに該当するものをすでに発行している者でないことが要件となる（金商令一条の七第二号イ(1)・一条の八の四第三号イ(1)）。①から④に該当する株券等は、流通性が高く、勧誘対象者が五〇名未満であったとしても、多数に転売される可能性が高いためである[3]。このことから、株券等については、それが公開されている以上、私募は認められないこととなる[4]。さらに、当該株券等と同一種類の有価証券として内閣府令で定めるものが特定投資家向け有価証券でないことも必要である（金商令一条の七第二号イ(2)・一条の八の四第三号イ(2)）。このように、取得勧誘・売付け等勧誘において少人数向け勧誘に該当する要件は、取得勧誘・売付け等勧誘において適格機関投資家以外の者・特定投資家等以外の者に譲渡されるおそれが少ない場合の要件（金商令一条の四第一号イ・ロ・一条の五の二第二項一号イ・一条の七の四第一号イ・ロ・一条の八の二第一号イ）と同様のものが規定されている。

新株予約権証券等[5]についても、株券等と類似した要件が定められている（金商令一条の七第二号ロ・一条の八の四第三号ロ）。株券等・新株予約権証券等以外の有価証券についても、(i)当該有価証券の発行者が、当該有価証券と同一種類の有価証券として内閣府令で定めるものであって、右の①から④のいずれかに該当するものをすでに発行しているものでないこと（非公開株券等であること）、(ii)当該有価証券と同一種類の有価証券として内閣府令で定めるものが特定投資家向け有価証券でないこと、(iii)内閣府令で定める要件に該当する場合に、私募・私売出しが認められる（金商令一条の七第二号ハ・一条の八の四第三号ハ）。[6]

(iii)の内閣府令で定める要件として、(イ)当該有価証券に転売制限が付されている旨が当該有価証券に記載され、当該有価証券の取得者に当該有価証券が交付されること、(ロ)当該有価証券の取得者に交付される当該有価証券に関する情報を記載した書面において、当該有価証券に転売制限が付されている旨の記載がされていること、(ハ)社債等振替法の規定により加入者が当該有価証券に転売制限が付されていることを知ることができるようにする措置がとられていること、のいずれかの要件に該当することが定められている（定義府令一三条三項一号・一三条の七第三項）。[7]

新しく発行される有価証券の取得の申込みの勧誘を分割し、一回あたりの相手方の人数を五〇名未満とすることによって、届出義務を免れる行為を防止する必要がある。そのため相手方が五〇名未満であり、それから多数の者に譲渡されるおそれがない場合であっても、当該有価証券が発行される日以前六か月以内に、同一種類[8]の他の有価証券が発行されており、当該同一種類の有価証券にかかる勧誘対象者と合算すると五〇名以上となる場合には、募集に該当し、届出が必要となる（金商法二条三項二号ハ括弧書、金商令一条の六）。

この場合、届出が必要な行為は、勧誘対象者が五〇名以上となる場面での勧誘である。一回目の勧誘が三〇名に対してなされ、二回目の勧誘が二五名に対してなされる場合、二回目の勧誘に際して届出が必要となる。これについては、分割発行により規制を回避させることが好ましくないという趣旨からは、両者ともに募集に該当するとして発行開示の規制をかけることが合理的である。一回目の発行時点では将来の発行の際の被勧誘者数を予測することは難しく、この段階で開示を求めることは困難との理由により、二回目の発行についてのみ開示規制を課したものと考えられる[9]。しかし、両者ともに募集の一部を構成しているのであり、本来的には、第一回の発行に際して将来の発行分も合算して開示を行わせることが適切と思われる。発行開示を要請されるのは有価証券の発行者であり、かかる発行者にとって、六か月以内の同種の有価証券の発行についての予測は可能であり、特別の困難に直面することは考えにくい[10]。

有価証券の買付けの申込みの勧誘の人数を分割することで届出義務を免れる行為は、すでに発行した有価証券を売り付ける場合にも考えられる。そのため、当該有価証券の売付け勧誘等が行われる日以前一か月以内に、当該有価証券と同一種類の有価証券として内閣府令で定める有価証券（同種の既発行証券）[11]の売付け勧誘等が行われており、当該有価証券の売付け勧誘等を行う相手方の人数と当該一か月以内に売付け勧誘等が行われた同種の既発行証券の売付け勧誘等を行った相手方の人数との合計が五〇名以上となる場合には売出しに該当し、届出が必要となる（金商法二条四項二号ハ括弧書、金商令一条の八の三）。

有価証券の売出しに関する通算規定は、平成二一年の改正で定められた。同改正で、売出しの定義も変更され、「均一の条件」によることが要件とされなくなった（金商法二条四項参照）。そのため、募集の場合と同様に、売出しについても、勧誘の相手方の人数を少数に分けて行うといった開示規制の潜脱を防止する必要が生じることとなった。もっとも、募集の場合は、通算期間は六か月であるのに対して、売出しの場合は、それは一か月と定められている。この点については、新規発行有価証券の場合は、私募を装って募集規制を潜脱することを防止する観点から通算規定の必要性が高いものの、既発行有価証券の場合には、取引の態様は様々であり、規制の潜脱防止の必要性を考慮しつつも、販売局面における実務を踏まえて、一か月という期間が規定された[12]。

なお、少人数向け勧誘を行う者は、被勧誘者に対して、その有価証券が届出の免除を受けて発行されたものであることおよび有価証券に付された転売制限の内容を告知する義務が定められている[13]（金商法二三条の一三第四項、企業内容等開示府令一四条の一五第一項、外国債等開示府令一一条の一四第一項、特定有価証券開示府令二〇条一項）。この場合には、あらかじめまたは同時に相手方に対して告知すべき事項を記載した書面を交付することを要する（金商法二三条の一三第五項）。ただし、その有価証券について開示が行われている場合、発行価額の総額が一億円未満である場合には告知の必要はない（金商法二三条の一三第四項ただし書、企業内容等開示府令一四条の一五第二項、外国債等開示府令一一条の一四第二項、特定有価証券開示府令二〇条二項）。

（1）株券には、金融商品取引法二条一項一七号に掲げる有価証券で株券の性質を有するものならびに優先出資法に規定する優先出資証券および資産流動化法に規定する優先出資証券ならびに金融商品取引法二条一項一七号に掲げる有価証券でこれらの性質を有するものならびに投資信託及び投資法人に関する法律に規定する投資証券および外国投資証券で投資証券に類する証券を含む。株券と金融商品取引法二条一項一七号に掲げる有価証券で同項六号に掲げる有価証券の性質を有するものを「株券等」という（金商令一条の四第一号）。

（2）株式（優先出資法に規定する優先出資および資産流動化法に規定する優先出資を含む）もしくは出資にかかる剰余金の配当、残余財産の分配、利益を用いて行う出資の消却または優先出資法一五条一項（二号にかかる部分に限る）の規定による優先出資の消却についての内容に限られる。

（3）黒沼悦郎「ディスクロージャーに関する一省察」江頭還暦・企業法の理論（下）所収六一七頁（平成一九年）は、①の場合には、多くの者に取得される可能性は高いものの、③④の場合に、新規発行された株券が流通し多数の者に取得される可能性は高くないとする。

（4）新株予約権付社債の場合、新株予約権の請求により発行される株券が、①から④の要件に該当しない場合（公開会社でない場合）のほか、新株予約権のみを分離して譲渡することができるものについては、その方式が、記名式で発行される旨の定めがされており、一括して他の者に譲渡する場合以外の譲渡が禁止される旨の制限（転売制限）が付されていることが有価証券に記載されていることに加えて、①枚数または単位の枚数が五〇未満であること（枚数制限）、②当該有価証券に表示されている単位未満に分割できない旨の制限が付され（分割禁止）、③②の制限が付されている旨が当該有価証券に記載されている（分割禁止の記載）場合に、少人数向け勧誘に該当する（金商令一条の七第二号ロ、定義府令一三条二項一号）。

なお、会社が第三者割当てにより募集株式の発行を行う場合、通常、それに先立ち、証券の取得に関する交渉が行われる。この交渉過程が「募集」に該当するかが問題となる。この問題については、本書三一九頁参照。

(5)　新株予約権証券および新株予約権、新優先出資引受権または資産流動化法に規定する優先出資証券に転換する権利が付されている有価証券ならびに金商法二条一項一七号に掲げる有価証券のうちこれらの有価証券の性質を有するものをいう（金商令一条の四第二号）。

(6)　譲渡制限のない海外発行証券の売付け勧誘等を行う場合に私売出しが認められるためには、①金融商品取引業者等が当該譲渡制限のない海外発行証券の売付け勧誘等を行った場合には、当該譲渡制限のない海外発行証券の銘柄、当該売付け勧誘等により当該譲渡制限のない海外発行証券を取得し、かつ、現に所有する者の数として内閣府令で定めるところにより算出した数（所有者数）その他内閣府令で定める事項を認可金融商品取引業協会の規則の定めるところにより当該認可金融商品取引業協会に報告することとされていること、②①の報告を受けた認可金融商品取引業協会は、当該認可金融商品取引業協会の規則の定めるところにより、譲渡制限のない海外発行証券の銘柄ごとの所有者の総数を算出し、公表することとされていること、③①の譲渡制限のない海外発行証券の銘柄ごとの所有者数の総数が一〇〇〇を超えないものであることという要件すべてを満たす必要がある（金商令一条の八の四第四号）。

(7)　このほか、有価証券信託受益証券、カバード・ワラント、預託証券、転換債券については、個別の要件が規定されている（定義府令一三条二項二号ハ・一三条の七第三項二号）。

(8)　同一種類の他の有価証券は、当該有価証券と発行者が同一のもので、その内容は、有価証券の区分に応じ、詳細に規定が定められている（定義府令一二条）。たとえば、社債券については、償還期限および利率、株券については、利益配当等の内容が同一である有価証券をいう。

(9)　最初から五〇名以上の者に勧誘するつもりであったことの立証が難しい場面が考えられ、五〇名になるとの未必の故意の立証は要求せずに、期間通算によって五〇名になったときに枠をはめることにしたのではないかとの見解がある。証券取引法研究会「平成四年証券取引法の改正について⒅―募集・売出しの定義（1）」インベストメント四八巻二号七二頁（川濱）。

(10)　証券取引法研究会・前掲注（9）六七頁（黒沼）・七〇頁（神崎）。

(11)　当該有価証券と同一種類の有価証券として内閣府令で定める他の有価証券は、当該有価証券と発行者が同一で、定義府令一〇条の二第一項各号に掲げる有価証券の区分に応じ、当該各号に定める事項が同一である有価証券となる（定義府令一〇条の二第二項）。なお、①その売付け勧誘等の際にその売付け勧誘等が金融商品取引法二条四項二号イに該当するものであった有価証券、②その売付け勧誘等の際にその売付け勧誘等が金融商品取引法施行令二条の一二に規定する場合に該当するものであった有価証券、③

その売付け勧誘等の際にその売付け勧誘等が有価証券の売出しに該当し、かつ、当該有価証券の売出しに関し金融商品取引法四条一項の規定による届出または二三条の八第一項に規定する発行登録追補書類の提出が行われた有価証券、④その売付け勧誘等の際にその売付け勧誘等が金融商品取引法二七条の三二の二第一項に規定する外国証券売出しに該当し、かつ、同項の規定により外国証券情報の提供または公表が行われた有価証券については適用が除外される（金商令一条の八の三）。

(12)　金融審議会金融分科会第一部会「ディスクロージャー・ワーキンググループ報告─開示諸制度の見直しについて」（平成二〇年一二月一七日）では、既発行有価証券の取引実務においては、たとえば、既発行有価証券を四九名に勧誘した後、ほどなくして購入のキャンセルが発生したため当該キャンセル分を別の投資家に勧誘して販売することなどが実務として行われているとの指摘もあり、このような取引にも対応できるようにしておくことが適当であるとしていた。同報告では、通算期間を「一か月程度」とすることが提案されている。

(13)　①当該有価証券に譲渡に関する制限が付されている場合（定義府令一三条一項・一三条の七第一項参照）、当該制限の内容、②①のほか、当該有価証券が定義府令一三条二項もしくは三項または一三条の七第二項もしくは三項に定める要件を満たしている場合、当該要件のうち当該有価証券の所有者の権利を制限するものの内容が規定されている（企業内容等開示府令一四条の一五第一項）。なお、特定有価証券については、当該特定有価証券が特定有価証券開示府令一条五号または五号の二に掲げる特定有価証券である場合、当該特定有価証券が金融商品取引法二条二項各号に掲げる権利であることの告知が要求される（特定有価証券開示府令二〇条一項三号）。

二　組織再編成の手続

発行開示は、個々の投資者がその個別的な判断にもとづいて有価証券の取得・買付けを行う場合に限られるか、それとも投資者が会社の行為として行う場合にも要求されるかが問題となる。たとえば、会社の合併によって消滅会社の株主が存続会社または新設会社の株式を取得するのは、個々の投資者の個別的な投資決定によってではなく、株主総会決議による会社の行為として行われる。このような場面で、届出による情報開示が必要となるかが問題となる。

アメリカの一九三三年証券法の下で、一九七二年までは、売買が存在しないという「ノー・セール理論」によって、この場合には、公募はなく、したがって一九三三年証券法にもとづく特別の開示は必要ではないとされてきた[1]。しかし、これに対しては、「会社の行為」によって有価証券の取得が行われることを理由に、公募が成立しないとするのは、「許容しがたい形式主義」であると批判され[2]、一九七三年からは、合併などの場合にも同法の下での公募が成立するものとされた[3]。

わが国でも、アメリカの動向を参考に、組織再編成の際に届出による情報開示を義務づけるべきとの見解が述べられてきた[4]。もっとも、証券取引法の下では、合併などの会社法上の組織再編行為に新株を発行することおよび自己株式を交付することは募集・売出しに該当しないものとして取り扱われてきた[5]。

金融商品取引法では、有価証券の募集・売出しの定義とは別に、特定組織再編成発行手続および特定組織再編成交付手続について定義を設け、これらを有価証券の募集・売出しに含めることで、開示規制の対象としている（金商法四条参照）。このように、金融商品取引法では、組織再編行為の手続を情報開示の対象としたものの、それは、募集・売出しとは別の定義を設ける形で行われた。このような立法の態度は、これらの行為が募集・売出しに該当しないとする従来からの行政当局の解釈が影響していると考えられる[6]。

組織再編成とは、合併、会社分割、株式交換その他会社の組織に関する行為で政令で定めるものをいう（金商法二条の二第一項）。政令では、株式移転が規定されている（金商令二条）。組織再編成発行手続は、組織再編により新たに有価証券が発行される場合における当該組織再編成にかかる書面等の備置き[7]その他政令で定める行為をいう（金商法二条の二第二項）。このうち、特定組織再編成発行手続は、第一項有価証券にかかるものである場合には、①組織再編成による吸収合併消滅会社または株式交換完全子会社となる会社その他政令で定める会社[8]が発行者である株券（新株予約権証券その他政令で定める有価証券[9]を含む）の所有者（組織再編成対象会社株主等）が多数の者であるとして政令で定める場合（組織再編成対象会社株主等が適格機関投資家のみである場合を除く）、②①のほか、(i)組織再編成対象会社株主等が適格機関投資家のみである場合であって、当該組織再編成発行手続にかかる有価証券がその取得者から適格機関投資家以外の者に譲渡されるおそれが少ないものとして政令で定める場合、(ii)①および(i)に掲げる場合以外の場合であって、当該組織再編成発行手続にかかる有価証券が多数の者に所有されるおそれが少ないものとして政令で定める場合のいずれにも該当しないものをいい、第二項有価証券にかかるものである場合、組織再編成対象会社株主等が相当程度多数の者である場合として政令で定める場合に該当するものをいう（金商法二条の二第四項）。これらの内容から明らかなように、特定組織再編成発行手続は、有価証券の募集の定義に対応するものとして定義されている。[10]

組織再編成交付手続は、組織再編成により、すでに発行された有価証券が交付される場合における当該組織再編成にかかる書面等の備置きその他政令で定める行為をいう（金商法二条の二第三項）。特定組織再編成交付手続は、第一項有価証券にかかるものである場合、①組織再編成対象会社株主等が多数の者であるとして政令で定める場合（組織再編成対象会社株主等が適格機関投資家のみである場合を除く）、②①のほか、(i)組織再編成対象会社株主等が適格機関投資家のみである場合であって、当該組織再編成交付手続にかかる有価証券がその取得者から適格機関投資家以外の者に譲渡されるおそれが少ないものとして政令で定める場合、(ii)①および(i)に掲げる場合以外の場合であって、当該組織再編成交付手続にかかる有価証券が多数の者に所有されるおそれが少ないものとして政令で定める場合のいずれにも該当しないものをいい、第二項有価証券にかかるものである場合、組織再編成対象会社株主等が相当程度多数の者である場合として政令で定める場合に該当するものをいう（金商法二条の二第五項）。このように、特定組織再編成交付手続は、有価証券の売出しの定義に対応するものとして定義されている。[11][12]

特定組織再編成発行手続・特定組織再編成交付手続に開示規制を及ぼすことにしたことについては、「企業の合併、買収等の件数が増加している最近の企業の組織再編成を巡る動向を踏まえ、組織再編成に関する情報開示の充実を図る観点」からの改正と説明されている。[13] かつての商法上の情報開示、委任状勧誘規則の下での情報開示の内容は、きわめて貧弱で、この点で、有価証券届出書や目論見書による情報提供が不可欠であった。[14] もっとも、その後、会社法の下での情報開示の内容は格段に進歩している。[15] このことから、現在では、会社法上の開示項目が少ないことを理由に、金融商品取引法上の開示を要求する必要はなくなっている。また、取引所の自主規制や臨時報告書制度によっても組織再編成に関する情報開示が充実していることにも留意が必要である。

金融商品取引法では、組織再編成対象会社が発行者である証券について「開示が行われている場合」で、組織再編成に伴い発行される証券について「開示が行われていない場合」に届出が要求される（金商法四条一項二号イ・ロ）。すなわち、開示証券を保有している株主等に、非開示証券が発行・交付される場合に届出が必要となる。有価証券の届出を行った発行者には、その後の継続開示義務が発生する（金商法二四条一項三号）。組織再編成に際しての届出義務は、開示証券を所有していた株主等が、組織再編成により非開示証券を取得することとなる場合に、当該証券について継続開示を義務づけるものとして定められている。(16)

なお、金融商品取引法では、「組織再編成」の対象会社は、「吸収合併消滅会社」「株式交換完全子会社」のほか、「政令で定める会社」と規定されている。政令では、「新設合併消滅会社」「吸収分割会社」「新設分割会社」および「株式移転完全子会社」が定められていた（平成二一年改正前金商令二条の二参照）。そのため、規定上は、「物的分割」を行う場合だけにも開示が要求されると考えられていた。すなわち、上場会社である分割会社が吸収分割を行い、承継会社が分割会社に非開示証券を発行するとき、その証券が第一項有価証券で、分割会社の株主の数が五〇名以上であれば、「特定組織再編成」の定義にあてはまるため、一定の免除要件に該当しない限り、届出義務が発生することになる。

物的分割では、吸収分割会社または新設分割会社のみが株券等を取得する。このような場合、いわば、私募に相当する取引といえ、届出を義務づけることが適切であるかどうか検討の余地があった。(17)物的分割では、分割会社の株主は分割会社の株式をそのまま保有しており、承継会社の株式を取得するという投資判断に直面しているわけではない。会社財産の大きな変更を承認するかといった決断に迫られていることは事実である。しかし、同じく株主総会の決議が必要な事業譲渡の場合にはかかる開示は強制されない。また、承継会社の発行する株券等が非開示証券であっても、それを保有するのは分割会社であり、分割会社の株主にその点での不利益はない。通常の証券取引において、会社が投資として非開示証券を保有することもありうるが、このような場合に、発行会社に開示を要求する制度にはなっていない。

平成二一年の改正前まで、「吸収分割会社」および「新設分割会社」については、会社法が規定するものというほか、特に限定はなかった。平成二一年の改正で、「吸収分割会社」につき、吸収分割契約において、会社法七五八条八号ロまたは七六〇条七号ロに掲げる事項があるものを締結したものその他これに準ずるものとして内閣府令で定めるものに限る旨、「新設分割会社」につき、新設分割計画において、会社法七六三条一二号ロまたは七六五条一項八号ロに掲げる事項を定めたものその他これに準ずるものとして内閣府令で定めるものに限る旨が規定された（金商令二条の二）。これらの会社法の規定は、会社分割に際して、分割の効力発生日または新設分割会社成立の日に、剰余金の配当がなされる場合で、その配当財産が、吸収分割承継会社または新設分割設立会社の株式のみである場合を定めるものである。これにより、物的分割のみを行う場合には、金融商品取引法上の開示規制が及ばないことが明らかとなった。

分割会社が発行・交付を受けた承継会社の株式を、現物配当として分割会社の株主に交付する場合（すなわち、人的分割を行う場合）、分割会社が開示会社であり、承継会社が非開示会社であるときは、未開示の有価証券の「売出し」として、有価証券届出書の提出が要求される(18)。

ところで、人的分割を当初から予定している場合、吸収分割契約または新設分割計画にその旨を記載することを要する（会社法七五八条八号・七六〇条七号・七六三条一二号・七六五条一項八号）。かかる契約・計画の承認事項は株主総会の決議事項であり、書面投票がなされる会社では株主総会参考書類が交付される。会社法の開示負担と金融商品取引法上の開示負担を調整するため、組織再編にあたって、金融商品取引法で間接開示である届出は義務づけるものの、直接開示である目論見書の作成・交付を免除するものとされた。もっとも、先の人的分割に際しての届出は組織再編

成に関するものではないことから、目論見書の作成や交付は免除されず、開示負担の調整は行われない。(19)

(1)　一九三三年証券法五条は、「証券」(securities)の「売付け」(sale)等を行う場合に届出を義務づけている。アメリカの証券取引委員会は当初、組織再編(reorganization or recapitalization)においてなされる証券の交付は、株主総会の決議といった会社の行為にもとづくものであり、そこには「売付け」が存在せず、したがって、届出の義務はないという立場をとっていた。

(2)　L. Loss, Securities Regulation 522 (2nd ed. 1961). 株主総会の承認決議において委任状勧誘がなされる場合、一定の情報が株主に開示される。しかし、連邦証券諸法の適用を受けない会社であれば委任状勧誘がなされない。さらには、州によっては、組織再編に株主総会の承認決議を要件としないところもあり、これらの場合には、株主に十分な情報の提供がなされないこととなる。加えて、「ノー・セール理論」を逆手にとって、閉鎖会社が、証券取引委員会への登録を行わずに、幅広く証券を発行する事例も見られるようになった。典型的な例をあげると、閉鎖会社が公開会社に株式を発行し、その株式が公開会社の株主に配当として広く割り当てられることで、届出をすることなく、閉鎖会社は多くの株主に株式を発行できることとなる。Kim, A Study on Rule 145 of the Securities Act of 1933: How to Provide Clarity and Predict Ability in Rule 145 Transactions, 40 Alron L.Rev. 131 (2007).

(3)　証券取引委員会規則一四五号は、従来のノー・セール理論によっていた証券取引委員会規則一三三号を廃止した。現在では、規則一四五にもとづき、「S—四様式」での届出が義務づけられている。D・L・ラトナー＝T・L・ハーゼン〔野村證券株式会社法務部訳(神崎克郎＝川口恭弘監訳)〕・〔最新〕米国証券規制法概説五八頁(平成一五年)。なお、証券取引委員会は、前述のスピン・オフ取引に関して、届出義務の適用除外要件を明確にしている(SEC Staff Legal Bulletin No.4 (Sept. 16, 1997))。それによると、以下の条件を満たす場合には届出が義務づけられない。

①　親会社の株主がスピン・オフされた株式に関して対価を支払っていないこと
②　親会社の株主に当該株式が比例配分方式でスピン・オフされたこと
③　親会社はその株主および流通市場双方に十分な情報を提供していること
④　スピン・オフ取引に関して親会社は正当な業務目的を有していること
⑤　規則一四四において制限を受ける株式を親会社がスピン・オフする場合は、当該証券を一年間は保有すること

(4)　神崎克郎「合併決議に関する情報開示の充実」西原追悼・企業と法(上)二一四頁(昭和五二年)参照。

(5)　金融庁の企業内容等開示ガイドライン二—四(平成一九年改正前)は、募集に該当しない有価証券の発行として、合併、株式交

換または株式移転により株式を発行する場合などを挙げていた。

(6)　組織再編行為上の手続についても、募集・売出しの定義に含めるべきであったとの批判がある。黒沼悦郎「金融商品取引法の適用範囲と開示制度」金融法務事情一七七九号一七頁。証券取引法研究会「開示規制の適用範囲」金融商品取引法の検討〔Ｉ〕〔別冊商事法務三〇八号〕七九頁（加藤報告）（平成一九年）。募集・売出しは有価証券の取得の「勧誘」であるため、組織再編行為には勧誘行為が存在しないと判断されているとも考えられる。この点については、黒沼悦郎「新会社法と証券市場法制との関係」法律時報七八巻五号二七頁は、株主総会の決議にあたって、議決権行使の勧誘が行われるのが通常であることから、有価証券の取得についても、勧誘行為の存在を認めることができるとする。

(7)　会社法七八二条一項の規定による書面（吸収合併契約、吸収分割契約、株式交換契約の内容等を記載した書面）またはこれらを記録した電磁的記録の備置きをいう。

(8)　新設合併消滅会社、吸収分割会社、新設分割会社および株式移転完全子会社となる会社が規定されている（金商令二条の二）。

(9)　新株予約権証券、新株予約権付社債券、有価証券信託受益証券のうち受託有価証券が株券であるもの、金融商品取引法二条一項二〇号に掲げる有価証券で株券または第一号もしくは第二号に掲げる有価証券の権利を表示するものが規定されている（金商令二条の三）。

(10)　「多数の者」「相当程度多数の者」について、募集の定義におけるものと同様のものが政令で規定されている（金商令二条の四・二条の五）。また、適格機関投資家以外の者に譲渡されるおそれが少ない場合、少人数向け勧誘に該当する場合についても、同じ内容が政令で定められている（金商令一条の四・一条の七参照）。

(11)　特定組織再編成発行手続の場合と同様に、「多数の者」「相当程度多数の者」について、売出しの定義におけるものと同様のものが規定されている（金商令二条の六・二条の七）。平成二一年改正前金融商品取引法二条の二第五項は、「特定組織再編成交付手続」の定義を、第一号有価証券について、「組織再編成対象会社株主等が多数の者である場合として政令で定める場合」、第二項有価証券について、「組織再編成対象会社株主等が相当程度多数の者である場合として政令で定める場合」と規定していた。平成二一年の改正で、「特定組織再編成発行手続」の規定（金商法二条の二第四項）に対応する形で、「特定組織再編成交付手続」の定義も現行法のように改正された。

(12)　募集・売出しの定義と同様に、第一項有価証券と第二項有価証券に分けて、定義が定められたことについては、組織再編行為では、第二項有価証券について勧誘行為を特定することが困難であるという理由はあてはまらないとの批判がある。証券取引法研究会・前掲注（6）七八頁（加藤報告）。

(13)　谷口義幸＝野村昭文「企業内容等開示制度の整備」商事法務一七七三号四五頁。
(14)　神崎・前掲注(4)二一四頁参照。
(15)　間接開示として、会社法上は、①株主総会のための「事前備置書面」の備置き、②金融商品取引法上は、「有価証券届出書」の提出と「公衆縦覧」が定められている。①と②とでは、組織再編成に関する契約・計画の内容や割当株式数の算定根拠など、共通の開示項目が多くみられる。また、①では、株式の割当てに関連して、その「相当性に関する事項」を記載しなければならず、その点で、②よりも開示情報が充実しているともいえる。なお、直接開示として、会社法上は、③「株主総会参考書類」の交付、④金融商品取引法上は、「目論見書」の交付が必要である。④については、組織再編成の場合には、交付が義務づけられない。すなわち、前述のように、金融商品取引法四条一項によると、「特定組織再編成発行手続」や「特定組織再編成交付手続」は、第二章「企業内容等の開示」の規定において、「募集」「売出し」の概念に含まれることとなるが、一三条および一五条二項から六項までは、別の取扱いにすることが明記されている。これらの規定は目論見書に関するものであり、したがって、特定組織再編成の手続において、届出は要求されるものの、目論見書の作成および交付は不要となる。

金融商品取引法上の開示制度の整備に関して、会社法上の合併対価の柔軟化の実現に伴い、合併当事会社以外の会社の株式（たとえば、親会社株式）について、その発行者に関する情報開示を行わせることが投資者保護の観点から有用である。金融商品取引法上は、届出義務者を発行会社とした上で、その企業情報を詳細に開示させるとともに、組織再編成当事会社が提出会社以外の会社であって、継続開示会社に該当しない場合には、その会社の情報も記載させることとしている（企業内容等開示府令第二号の六様式・記載上の注意(2)）。もっとも、この点について、会社法上の開示内容も整備されている。会社法では、組織再編成当事会社が書類作成者であるものの、会社法施行規則一八二条四項二号は、組織再編成の際に、存続会社以外の法人等の株式・持分を利用する場合に、その法人についての詳細な事項の開示を要求している。
(16)　立案担当者は、「①組織再編成に関する情報は投資者にとって重要な投資情報であると考えられ、②会社法において組織再編成における対価の柔軟化が認められ（いわゆる三角合併が可能となり）、たとえば、合併において、開示会社であった消滅会社の株主に対し、存続会社以外の非開示会社の株券が対価として交付される場合、従来の取扱いでは、対価として交付される株券の発行会社は存続会社でないために開示義務を承継せず、当該消滅会社の株主は対価として交付された株券の発行会社に関する情報等を入手することができないこととなるため、組織再編成の対価として交付される有価証券の発行者に当該有価証券やその発行会社に関する情報の開示を義務づけることにした」と述べている。谷口義幸＝峯岸健太郎「開示制度に係る政令・内閣府令等の概要〔下〕」商事法務一八一一号三三頁。株主等に発行・交付される証券につき、継続開示を要求することが立法目的であれば、届出義務を介した継続開示義務を課す方法以外に、届出義務を要求せず、いわゆる外形基準に活用によって継続開示義務のみを要求する立法も考えられる。川口恭弘「組織再編成・集団投資スキーム持分等の開示制度」金融商品取引法制の現代的課題四〇頁（平成二二年）。

(17)　神田秀樹＝黒沼悦郎＝静正樹＝鶯地貴継＝武井一浩「座談会・会社法と金融商品取引法の交錯と今後の課題（中）」商事法務一八二二号一六頁。政令案に対する金融庁のパブリック・コメントでも、この点の疑問が提起されていた。これに対しては、「『承継会社等』の株券等が『分割会社』のみに割り当てられる場合であっても、当該会社分割により発行・交付される有価証券の発行者（承継会社等）が『分割会社』の連結決算の対象となるとは限らず、これらの会社について『分割会社』の株主や市場等に提供されるべき情報が開示されないおそれがあると考えます。」として、届出による開示義務を維持する旨の回答がなされていた。

なお、物的分割の場合の株主は分割会社のみである。そこで、金融商品取引法二四条一項ただし書後段によって、事業年度末の株主数が二五名未満ということで当局の承認を受ければ、その申請後五年間、事業年度末の株主名簿などを提出することを条件として、継続開示義務の中断が認められる（金商令四条二項三号・三項、企業内容等開示府令一六条）。そのため、金融商品取引法二四条一項ただし書の前段により、五年間の事業年度末の所有者数が三〇〇名未満であれば、継続開示義務免除の承認が受けられる（金商令三条の六第一項）。このような申請を行うことで、継続開示のコストを抑えることができる。峯岸健太郎「金融商品取引法施行後の組織再編成に係る開示規制」商事法務一八一九号二一頁。

(18)　政令案に対する金融庁のパブリック・コメントでは、「分割会社が交付を受けた承継会社・設立会社の株式に関して開示が行われている場合に該当しない場合には、未開示の有価証券の売出しとして有価証券届出書の提出・目論見書の作成及び交付が必要になることがあり得るものと考えられます。」と回答されている。この点については、株式による現物配当には、勧誘行為がなく、勧誘行為を前提とする「売出し」に該当しないのではないかとの見解もある。金融商品取引法研究会「開示制度Ｉ」金融商品取引法研究会研究記録二三号三五頁（太田、川口）。

(19)　組織再編成の際に、目論見書の作成・交付が要求されないのは、一般的な勧誘行為がないためと整理されている。金融商品取引法研究会・前掲注（18）二〇頁（谷口）。もっとも、人的分割においても、同様の意味での勧誘行為は予定されていない。以上の点で、開示負担の調整について、立法による解決が望まれる。川口・前掲注（16）四六頁。

三　届出の免除

1　免除証券

国債証券（金商法二条一項一号）、地方債証券（金商法二条一項二号）、特別の法律により発行する債券（特殊債）（金商法二条一項三号）、特別の法律により設立された法人の発行する出資証券（特殊法人に対する出資証券）（金商法二条一項六号）、貸付信託の受益証券（金商法二条一項一二号）、政府が元本の償還および利息の支払いについて保証している社債券（政府保証債）については、金融商品取引法第二章（企業内容等の開示）の規定は適用されない（金商法三条一号・二号・四号）。したがって、これらの有価証券の募集・売出しについては、有価証券届出書の提出による特別の情報開示を必要としない。

国債証券、地方債証券、政府保証債については、債務不履行の懸念がないことからディスクロージャーが免除される(1)。特殊債および特殊法人に対する出資証券については、それぞれ特別法の規制が定められ、国の関与がある(2)。貸付信託の受益証券の募集に関する特別の開示は、貸付信託法の下、貸付信託にかかる信託契約の締結に関する公告によって行われる(3)(4)。特殊債、特殊法人に対する出資証券、貸付信託の受益証券については、企業内容等の開示を行わせることが公益または投資者保護のための必要かつ適当なものとして政令で定めるものが除かれる(5)。

金融商品取引法では、さらに、みなし有価証券（金商法二条二項後段に規定される同項各号に掲げる権利）についても開示規制の適用が免除される。これらの権利は、有価証券の券面が発行されないこと等から、一般的に流動性が乏しく、その情報を公衆縦覧により広く開示する必要性が低いと考えられた(6)。もっとも、集団投資スキーム持分（金商法二条二項五号）については、当該権利にかかる出資対象事業が主として有価証券に対する投資を行う事業であるものとして政令で定めるものには適用除外は認められない。政令では、集団投資スキーム持分の権利を有する者が出資または拠出した金銭その他の財産の価額の合計額が五〇パーセントを超える額を充てて有価証券に対する投資を行う出資対象事業にかかる権利が定められている（金商令二条の九第一項）(7)。

主として有価証券に対する投資を事業とする集団投資スキーム権利について適用除外としなかったのは、それについての情報が、ファンドの直接の投資者はもとより、証券市場における他の投資者の投資判断にとっても重要な情報であることによる。[8] もっとも、この点については、ディスクロージャー制度は、投資型ファンドの投資対象となる有価証券の発行者やその有価証券への投資する者の利益をはかるための制度ではないとの批判がある。[9] 他方で、投資型ファンドについても、投資者には直接十分な情報の開示がなされていることから、公衆縦覧型の情報開示をさらに要求する合理性に欠けるとの見解も述べられている。[10]

これらの有価証券以外のもので、政令で定めるものについてもディスクロージャーが免除される（金商法三条五号）。政令では、金融商品取引法二条一項一七号に掲げる有価証券のうち、日本国の加盟する条約により設立された機関が発行する債券で、当該条約によりその本邦内における募集・売出しにつき日本国政府の同意を要するものが規定されている（金商令二条の一一）。[11] 外国証券については、投資者保護のために、募集・売出しの届出制度を定める金融商品取引法第二章の規定が適用されるのが原則である。もっとも、外国証券であっても、わが国が加盟する条約により設立された機関が発行するものについては、その運営等に日本政府が参加している。さらに、その債券の募集・売出しについて、日本政府が同意を要するものであれば、元本または利払いの確保について、政府が十分に調査し、監視する機能を果たしうることから、ディスクロージャー規定の適用除外を認めても、投資者の保護に欠けることがないと考えられている。[12]

（1） 地方債の発行者である地方公共団体に、当然にディスクロージャーの免除を認めるべきかどうかについては、本書一一〇頁注（3）参照。

（2） 特殊債の代表例としての金融債がある。長期信用銀行法は、長期信用銀行が債券を発行する際に、その金額および条件を内閣総理大臣に届け出ることを要求している（長銀法一〇条一項）。このような行政当局の監督があることおよび機動的に発行する必要があることを理由として、開示規制の適用が免除されているものと考えられる。証券取引法研究会「金融機関と社債(1)」インベストメント五三巻三号九一頁（川口）。

（3） 貸付信託にかかる信託契約の締結に関する公告は、信託会社等の商号または名称、信託の目的、信託契約の取扱期間、各受益証券の券面金額、収益の計算の時期、および元本の償還期限を、信託約款で定める日刊新聞紙に掲載して行う（貸付信託法七条）。この公告は、通例、「貸付信託募集公告」の表題の下に行われている。

（4）平成一〇年の改正前までは、証券投資信託の受益証券についても開示義務が免除されていた。しかし、現行法では、投資信託の受益証券、投資法人の投資証券は、金融商品取引法三条が定める免除規定の適用を受けない。したがって、このような有価証券について募集を行う際には、有価証券届出書、有価証券報告書、半期報告書、臨時報告書等の提出と公衆縦覧および目論見書の交付が必要である。

（5）当該有価証券の仕組みが複雑である等の理由により、投資者保護の観点からディスクロージャーが必要となるような有価証券が出てくることに配慮した規定である。河本一郎＝関要監修・逐条解説証券取引法〔三訂版〕六〇頁（平成二〇年）。金融商品取引法の下では、医療法に規定する社会医療法人債券が規定されている（金商令二条の八）。社会医療法人債と社債との類似点については、川口恭弘「医療法人と株式会社」同志社法学三三二号─Ⅱ八八七頁参照。

（6）谷口義幸＝野村昭文「企業内容等開示制度の整備」商事法務一七七三号四〇頁。

（7）金融商品取引法二条二項各号に規定するみなし有価証券で、五号以外の権利については、有価証券に投資を行う事業であるものに類する権利として政令で定めるものについて情報開示が要求されることとなる（金商法三条三号ロ）。金融商品取引法施行令二条の一〇第一項が詳細を規定している。なお、これら以外でも、政令で定めることにより、適用除外となる（金商法三条三号ハ）。金融商品取引法施行令は、同政令一条の三の四に規定する債権を指定している（金商令二条の一〇第二項）。金融商品取引法施行令一条の三の四は、金融商品取引法二条二項七号に規定する有価証券（政令指定によるみなし有価証券）を定めるもので、そこでは、学校法人等に対する貸付けにかかる債権が指定されている。

（8）谷口＝野村・前掲注（6）四三頁。

（9）黒沼悦郎「金融商品取引法の適用範囲と開示制度」金融法務事情一七七九号一四頁。また、投資者保護の必要性は、投資ファンド型の出資者も事業型ファンドの出資者も変わりがないとの見解も述べられている。中村聡「金融商品取引法と実務上の課題」商事法務一七九一号二三頁。

（10）証券取引法研究会「開示規制の適用範囲」金融商品取引法の検討〔別冊商事法務三〇八号〕七六頁（加藤報告）（平成一九年）は、発行開示に限っての話として、有価証券の募集・売出しの定義を被勧誘者数ではなく、取得者数とした根拠が、投資者がファンドの組成段階から関与していることにあれば、ファンド組成に関し、ある程度の情報開示を受けているはずとする。なお、大崎貞和・解説金融商品取引法〔第三版〕三一頁（平成一九年）は、投資運用業者一般に対して運用報告書の交付義務が課せられることから（金商法四二条の七）、ある投資ファンドの販売が募集に該当せず、発行開示、継続開示の義務が生じないとしても、ファンド保有者には投資判断に必要な情報が提供されることになるとする。

有価証券への投資を事業とする者については、証券取引法時代から、開示の対象となっていたことに留意が必要である。すなわち、投資事業有限責任組合に対する権利などについては、従来から、金融商品取引法上の「有価証券」と規定され、発行開示や継続開示が要求されてきた。川口恭弘「組織再編成・集団投資スキーム持分等の開示制度」金融商品取引法制の現代的課題五一頁（平成二二年）。

(11) 国際復興開発銀行（世界銀行）が発行する債券（国際復興開発銀行協定（昭和二七年条約一四号））、アジア開発銀行が発行する債券（国際通貨基金及び国際復興開発銀行への加盟に伴う措置に関する法律（昭和二七年法律一九一号））などが該当する。

(12) 河本＝関監修・前掲注（5）六二頁。

2 届出免除金額

発行価額・売出価額の総額が一億円未満の有価証券の募集・売出しで内閣府令で定めるものは届出をすることを要しない（金商法四条一項五号）(1)。発行価額・売出価額の総額が少額であるときは、募集・売出しの届出制度による特別の情報開示を要求する必要性が少ないことおよびそのような場合に有価証券の発行者に届出制度による特別の情報開示の負担を課すことが妥当でないことによる(2)。

発行・売出し価額の総額が一億円未満であっても、つぎの場合には、募集・売出しの届出義務が免除されない。

① 新株予約権証券の募集・売出しの場合

新株予約権証券の発行価額または売出価額の総額に、当該新株予約権証券にかかる新株予約権の行使に際して払い込むべき金額の合計額を合算した金額が一億円以上となる場合、当該募集・売出しには届出が必要となる（企業内容等開示府令二条四項一号）。

② 一年間通算して一億円以上となる募集・売出しの場合

有価証券の発行価額・売出価額の総額に、その募集・売出開始前一年内に行われた募集・売出し(3)にかかる同一種類の有価証券の発行価額・売出価額の総額を合算した金額が一億円以上となる場合には届出が必要である（企業内容等開示府令二条四項二号）（4）。ただし、届出のなされた募集・売出しおよびそれ以前に行われた募集・売出しにかかる有価証券の発行価額・売出価額の総額は通算されない（5）。発行登録追補書類を提出したものおよびそれ以前に行われたものも通算されない。

この場合の通算は、募集と募集、売出しと売出しのみならず、募集と売出しの間にも行われ、売出しと売出しとの通算は、それらが同一人によって行われたか否かを問わない（6）。届出は、以前の募集・売出しにかかる有価証券の発行価額・売出価額と通算して一億円以上となる発行価額・売出価額の総額にかかる募集・売出しについてのみ要求され、以前の募集・売出しにつき遡って届出が必要であったことにはならない。新株予約権付社債は、新株予約権の行使によって発行される株券と同一種類の有価証券とみなされる（企業内容等開示府令二条四項二号）。新株予約権付社債については、新株予約権の行使により発行する株券の発行価額の総額が問題となる（7）。

③ 勧誘対象者を期間通算することにより募集・売出しに該当することとなる場合

有価証券の発行される日以前六か月以内に、その有価証券と同一種類のものが発行されており、その有価証券の取得の申込みの勧誘を行う相手方の人数と当該六か月以内に発行された同種の新規発行証券の取得の申込みの勧誘を行った相手方の人数との合計が五〇名以上となる場合には、募集に該当する（金商令一条の六）。したがって、人数が五〇名以上となる場面で届出を要する。この場合の有価証券の発行価額の総額が一億円未満であっても、その有価証券の発行される日以前六か月以内に発行された同種の新規発行証券の発行価額の総額を合算した金額が一億円以上となる場合、当該募集にあたって届出が必要とされる（企業内容等開示府令二条四項三号）（8）。

また、売出しが行われる日以前一か月内に売付け勧誘等が行われた同種の既発行証券の売出価額の総額を合算した金額が一億円以上となる場合、当該売出しについて届出を要する（企業内容等開示府令二条四項三号の二）（9）。

④ 同一種類の有価証券の募集・売出しが並行して行われる場合

並行して行われる同一種類の有価証券の二組以上の募集・売出しにかかる有価証券の発行価額・売出価額の総額の合計額が一億円以上となる場合に届出が必要である。並行して行われる有価証券の募集・売出しの総額がそれぞれ一億円未満である場合、合計額が一億円以上となれば、それぞれの募集・売出しで届出が必要となる（企業内容等開示府令二条四項四号）[11]。並行して行われる有価証券の募集・売出しの一組の発行価額・売出価額の総額が一億円以上であるときは、その募集・売出しについて届出を要することは当然である。さらに、並行して行われる募集・売出しの一組に届出を要するものがあるか否かにかかわらず、それらの発行価額・売出価額の総額の合計額が一億円以上となる場合、そのすべての募集・売出しについて届出が必要とされる（企業内容等開示府令二条四項五号）[12]。①に規定する募集・売出しと並行として行われる募集・売出しにかかる有価証券と同一の種類の有価証券の募集・売出しの場合も同様の扱いとなる[13]。

なお、②により届出を要するものとされる募集・売出しと並行して、その募集・売出しにかかる有価証券と同一種類の有価証券について募集・売出しが行われる場合にも届出が必要である（企業内容等開示府令二条四項三号）。並行して行われる募集・売出しにかかるそれぞれの有価証券の発行・売出し価額の総額が一億円未満であり、かつ、それらの合計額が一億円未満であっても、それぞれの募集・売出しについて届出が必要とされる[14]。

⑤　届出等の効力の停止処分等を受けた者の行う募集・売出しの場合

内閣総理大臣による、届出の効力の停止の処分（金商法一〇条一項）または届出の効力発生までの期間を延長する処分、発行登録の効力の停止の処分もしくは期間の延長の処分（金商法一一条一項）を受けた届出者が、その処分を受けている期間内に新たな有価証券の募集・売出しを行う場合、届出は免除されない（企業内容等開示府令二条四項六号）。発行登録の効力の停止の処分（金商法二三条の一〇第三項によるもの）、または発行登録の効力の停止の処分、届出の効力の停止の処分もしくは期間の延長の処分（金商法二三条の一一第一項によるもの）を受けた登録者が、その処分を受けている期間内に新たに行う有価証券の募集・売出しについても届出が必要となる（企業内容等開示府令二条四項七号）。

届出・登録の効力停止または届出・登録の効力発生期間の延長の処分を受けた募集・売出しにかかる有価証券と新たに募集・売出しを行う有価証券が同一種類のものであるか否かを問わない。この場合の少額の募集・売出しの届出義務は、内閣総理大臣の処分を受けた届出者が募集・売出しを行うことのゆえに課される。したがって、届出者が他の発行者の有価証券について少額売出しを行う場合にも届出を要するものとされるとともに、届出者以外の者が届出者の有価証券について少額売出しを行う場合、当然に届出を要することにはならない(15)。

⑥　公開直前の株式の募集・売出しの場合

金融商品取引所に発行株式を上場しようとする会社または認可金融商品取引業協会に発行株式を店頭売買有価証券として登録しようとする会社(16)で、継続開示会社でないものが行う、当該金融商品取引所または認可金融商品取引業協会の規則による発行株式の募集・売出しの際には届出が必要である（企業内容等開示府令二条四項八号）。発行価額・売出価額の総額が一億円未満であっても、届出義務がある。

かかる公開直前の株式を募集または売り出す場合、公開後に多くの投資者の間で流通することが予想される。その一方で、公開前には発行会社の証券情報や企業情報が投資者に十分開示されているとは限らない。そこで、発行価額・売出価額が一億円未満であっても、投資者の保護のために、開示義務を要求している。

(1)　届出前に発行価額や売出価額が決定していないことが通常である。したがって、当該有価証券の募集・売出しの開始時において合理的に見込まれる発行価額や売出価額で判断せざるをえない。かかる金額が、時価の騰貴等によって一億円を超えると見込まれることになったときは、届出をしなければそのとき以降の募集・売出しをすることができなくなる。企業内容等開示ガイドライン四—一五。

(2)　昭和二八年以来、募集については有価証券の券面額の総額が五〇〇〇万円未満のとき、売出しについては、有価証券の券面額の総額が一〇〇〇万円未満のときは、原則として届出を要しないものとされていた。しかし、昭和四六年の改正においては、株式の時価発行等にかんがみ、券面額を基準とすることは妥当でないこと、募集と売出しとで少額免除の金額を異にすべき合理性がないこと、および昭和二八年以来の経済状況および貨幣価値の変動を考慮すべきことから、少額免除の基準が大きく改められ、発行価額または売出価額の総額が一億円以上の場合に届出が必要となった。その後、昭和六三年に基準額が一億円から五億円に引き上げられたが、平成一〇年の改正で、再びそれは一億円に引き下げられた。平成一〇年の改正で、基準額が引き下げられたのは、①インターネットの普及など情報・通信技術の発展により、容易に広範囲にわたって投資の勧誘をすることが可能になったこと、②ベンチャー企業の資金ニーズ等に対応するため、少額公募市場を育成するとともに、投資者の保護をはかるために発行開示規制の適用範囲を拡大することが必要になったことを理由とする。茶谷栄治「金融システム改革のための関係法律の整備等に関する法律の解説」商事法務一五〇三号一八頁。吉原和志「少額募集等にかかる開示制度の整備ほか」金融システム改革と証券取引制度三頁注３（平成一二年）は、基準の改訂は、大幅引下げというより、バブル期のエクイティ・ファイナンス最盛期に引き上げられた基準を従前の水準に戻したものともみることができると指摘する。

(3) 過去一年以内に募集・売出しを開始（有価証券通知書を提出した日の翌日をもって開始した日とみなす）したものおよび過去一年以内に募集・売出しの払込期日または受渡期日が到来したものをいい、起算の始期は当該募集・売出しを開始する日の前日とする。企業内容等開示ガイドライン四―六。

(4) 平成一六年の内閣府令の改正で、期間が二年から一年に改正された。①平成X年四月に四〇〇〇万円の募集をした場合、②平成X年五月に三〇〇〇万円の募集をしても届出は不要であるが、③平成X＋一年二月に五〇〇〇万円の募集をする際には、③について有価証券届出書を提出する必要がある。

(5) 注（4）の例で、④平成X年三月に二億円の募集を行い、それについて届出を済ませている場合には、④については、一年以内であっても、合算を行わない。なお、通算の対象とされるすでに完了した募集・売出しにかかる有価証券の発行価額・売出価額は、募集については実際に発行された有価証券の発行価額の総額、売出しについては実際に売り付けられた有価証券の売出価額の総額によるものとする。企業内容等開示ガイドライン四―八。

(6) 注（4）の例で、③が募集ではなく、売出しであっても、③について届出義務が生じることとなる。もっとも、田中誠二＝堀口亘・全訂コンメンタール証券取引法六八頁（平成二年）は、通算制度は、有価証券の発行者または売出人が募集・売出しを分割して発行開示を回避するのを防止することを目的とするものであることから、募集と売出しの間、異なる売出人による複数の売出し間で通算するものとするのは合理性を欠くと述べる。

(7) ①平成X＋二年二月に募集する新株予約権付社債の発行価額の総額は七〇〇〇万円であったが、これに付与されている新株予約権の行使により発行される株式の発行価額の総額と、②平成X年四月に募集が行われた株式の発行価額の総額を合算した金額が一億円となる場合には、①について届出が必要となる。なお、企業内容等開示ガイドライン四―五参照。

(8)　①平成X年四月に二〇名を対象として四〇〇〇万円の発行、②平成X年六月に二〇名を対象として三〇〇〇万円の発行、③平成X年八月に二〇名を対象として五〇〇〇万円の発行を行った場合、③の段階で、勧誘対象者が五〇名を超える。当該発行価額は一億円未満であるが、①②と合わせて発行価額の総額が一億円を超えることになるので、③について届出が必要となる。なお、通算の対象とされる六か月以内に発行された新規発行証券の発行価額の総額は、実際に発行された有価証券の発行価額の総額による。企業内容等開示ガイドライン四―九。

(9)　売出しについての通算規定は平成二一年の内閣府令の改正で導入された。通算の対象とされる一か月以内に売付け勧誘等が行われた既発行証券の売出価額の総額は、実際に売り付けた有価証券の売出価額の総額によるものとする。企業内容等開示ガイドライン四―一〇。

(10)　募集・売出しが「並行して」なされる場合とは、払込期日または受渡期日がおおむね同じであることをいう。企業内容等開示ガイドライン四―一一。

(11)　①平成X年一〇月に、三〇〇〇万円の株主割当てを行い、②並行して、八〇〇〇万円の公募増資をした場合、①②の両者について届出が必要となる。

(12)　①平成X年一〇月に、三億円の募集を行い、②並行して、五〇〇〇万円の売出しを行う場合、①に加えて、②についても届出が必要となる。

(13)　①に規定する募集・売出しと並行して行われるこれらの募集・売出しとは、発行価額・売出価額の総額が一億円未満である二以上の募集または売出しが並行して行われ、かつ、その合計額が一億円未満であって、そのいずれかの募集・売出しが①の通算規定により有価証券届出書または発行登録追補書類の提出を要することとされる場合における、当該他の募集・売出しをいう。企業内容等開示ガイドライン四―一二。

(14)　届出をすることなく、平成X年四月に五〇〇〇万円の新株の募集を行った場合、平成X＋一年一〇月に、①五〇〇〇万円と②一〇〇〇万円の二組の新株の募集を行う場合、①②の募集についてともに届出をしなければならない。

(15)　届出の効力停止または効力発生期間の延長の行政処分を受けた場合の少額募集・売出しに届出を要求する理由が有価証券届出書の重大な虚偽記載等によって証券市場が不安定な状況の下で募集・売出しが行われることを防止することにある（渡辺豊樹＝奥村光夫＝長谷場義久＝松田隆志＝田中誠二・改正証券取引法の解説二一二頁（昭和四六年））とすれば、届出者の有価証券の売出しはそれが届出者以外の者によって行われることのゆえに届出を要しないものとし、届出者が行うことのゆえに届出者以外の発行者の有価証券の売出しについて届出を要しないものとすることの合理性に問題がある。一種の制裁と考えるべきである。龍田節・証券取引法I一一七頁（平成六年）。

(16) すでに他の金融商品取引所に発行株式が上場されている会社またはいずれかの認可金融商品取引業協会に発行株式が店頭売買有価証券として登録されている会社を除く（企業内容等開示府令二条四項八号）。

3　投資者がすでに情報を取得している場合の募集・売出し

発行企業の情報がすでに投資者に提供されていると判断される状況では、その情報を新たに開示する意義は少ない。金融商品取引法では、以下の場合に、届出を不要としている。

まず、有価証券の募集・売出しの相手方が、届出で開示される当該有価証券にかかる情報（金商法五条一項各号に掲げる事項に関する情報）をすでに取得しまたは容易に取得することができる場合として政令で定める場合における当該有価証券の募集・売出しについては届出は必要ない（金商法四条一項一号）。情報を容易に取得することができる場合として、政令では、新株予約権証券（金商法二条一項一七号に掲げる有価証券のうち新株予約権証券の性質を有するもので内閣府令で定める条件が付されているものを含む（新株予約権証券等））の発行者である会社が、当該会社または当該会社に関係するものとして内閣府令で定めるものの取締役、会計参与、監査役、執行役または使用人を相手方として、当該新株予約権証券等の取得勧誘または売付け勧誘等を行う場合を規定している（金商令二条の一二）[1]。

つぎに、金融商品取引法では、企業の合併などの組織再編において株式等の発行また既発行の株式等の交付について、それぞれ、組織再編成発行手続または組織再編成交付手続として、有価証券の募集・売出しと同様の開示規制を課すものとしている[2]。もっとも、有価証券の募集・売出しにかかる組織再編成発行手続または組織再編成交付手続を行う場合、組織再編成対象会社（吸収合併消滅会社、株式交換完全子会社等）が発行者である株券（新株予約権証券その他政令で定める有価証券を含む）に関して、すでに開示が行われている場合に該当しない場合、当該有価証券の募集・売出しには届出は必要ない（金商法四条一項二号イ）。すなわち、組織再編成発行手続または組織再編成交付手続を行う場合、組織再編成対象会社の株券等につき、開示が行われていたにもかかわらず、組織再編成発行手続または組織再編成交付手続により発行・交付される有価証券について開示が行われていないときは、組織再編成発行手続または組織再編成交付手続により発行・交付される有価証券の発行者に開示義務が発生する。また、組織再編成発行手続にかかる新たに発行される有価証券または組織再編成交付手続にかかるすでに発行された有価証券に関して開示が行われている場合、同様に届出を要さない（金商法四条一項二号ロ）。

ここにいう「開示が行われている場合」とは、つぎの場合をいう。

① 当該有価証券についてすでに行われた募集・売出しに関する届出、すでに行われた適格機関投資家取得有価証券の一般向け勧誘・特定投資家等取得有価証券一般勧誘に関する届出が効力を生じている場合（金商法四条七項一号）

② 当該有価証券と同一の発行にかかる有価証券についてすでに行われた売出しまたは有価証券と同種[3]の有価証券についてすでに行われた募集・売出しに関する届出が効力を生じている場合（金商法四条七項二号、企業内容等開示府令六条一号）

③ 当該有価証券またはそれと同種の有価証券についてすでに行われた発行登録の効力が生じており、かつ、その発行登録にかかる有価証券のいずれかの募集・売出しについて発行登録追補書類が提出されている場合（金商法四条七項二号、企業内容等開示府令六条二号）

④ 当該有価証券が上場または店頭登録され、上場または店頭登録された日の属する事業年度の直前事業年度にかかる有価証券報告書が提出されている場合（金商法四条七項二号、企業内容等開示府令六条三号）

⑤ 当該有価証券が外形基準[4]に該当し、該当することとなった事業年度以降のいずれかの事業年度にかかる有価証券報告書が提出されている場合（金商法四条七項二号、企業内容等開示府令六条四号）

これらの場合には、有価証券に関する届出義務が免除される。もっとも、売出価額の総額が一億円以上であるときは、目論見書の交付がなされなければならない（金商法一三条一項）。

また、その有価証券に関して開示が行われている場合における当該有価証券の売出しについても開示を要しない（金商法四条一項三号）。このように、募集の届出を行った会社が発行する既発行証券の売出しを行う場合には届出は不要となる。一方で、会社が再び募集により新株を発行するには届出を要する。このような違いは、継続的に投資情報が開示されているという理由のみでは説明がつかない。(5)

(1) この規定は、平成一八年の改正で導入された。この点については、本書二一三頁参照。
(2) 本書二四八頁以下参照。
(3) 定義府令一二条各号に、有価証券の区分に応じ、詳細な規定がある。
(4) 所有者の数が一〇〇〇名以上である有価証券の発行者は有価証券報告書の提出義務がある。（金商法二四条一項四号、金商令三条の六第四項）。
(5) 近藤光男＝吉原和志＝黒沼悦郎・金融商品取引法入門〔第二版〕一三〇頁（平成二三年）は、募集による新株発行は資金調達のために行われ、手取金の使途などの開示が要求される。かかる開示内容の違いを考慮に入れる必要があるとする。

4　外国有価証券の売出し

外国ですでに発行された有価証券またはこれに準ずるものとして政令で定める有価証券の売出しを行う場合、「有価証券」の「売出し」として、原則として有価証券届出書の提出が必要である。もっとも、このような有価証券の売出しを、金融商品取引業者等が行う場合で、国内における当該有価証券にかかる売買価格に関する情報を容易に取得することができることその他政令で定める要件を満たす場合には、届出が免除される（金商法四条一項ただし書四号）。外国有価証券について、国内外で十分な投資情報が周知されている流通市場がある場合、投資家が投資判断に必要な情報を入手することが可能であり、発行者に法定開示を認める必要性は低い。(1) もっとも、投資家保護の観点から、情報開示をまったく不要とすることは適当ではない。そのため、かかる場合でも、簡易な情報提供として「外国証券情報」の提供・公表が金融商品取引業者等に義務づけられる（金商法二七条の三二の二第一項）。

届出義務が免除される有価証券は、外国ですでに発行された有価証券またはこれに準ずるものとして政令で定める有価証券である。政令では、「国内で既に発行された有価証券でその発行の際にその有価証券発行勧誘等……が国内で行われなかったもの」が規定されている（金商令二条の一二の二）。外国有価証券の売出しに際して届出が免除されるのは、価格情報や「外国証券情報」の提供・公表が投資家に確実に行われることを確保するとともに、当該有価証券の売買が円滑に行われることを確保するため、(2)売出しを行う者が金融商品取引業者等である場合に限られる。

さらに、届出が免除されるためには、「国内における当該有価証券に係る売買価格に関する情報を容易に取得することができることその他政令で定める要件」（金商法四条一項ただし書四号）を満たす必要がある。政令では、①外国国債・外国地方債、②外国特殊法人債、③海外発行債券、④海外発行株券、⑤海外発行受益証券・海外発行投資証券といった有価証券の種類ごとに詳細な要件が規定されている。(3)

海外有価証券の売出しに関する届出義務の緩和は、平成二一年の改正で行われた。同改正では、「売出し」の定義から「均一の条件」という要件を削除した（金商法二条四項参照）。これによって、金商法上の開示規制の適用の有無の判断が、「均一の条件」という形式的な基準によるのでなく、発行者や証券等にかかる情報や流通市場が不十分であることなどから、販売勧誘にあたり販売サイドと投資者の間に情報格差があり、その是正が必要とされるか（プライマリー的な経済実態を有するものか）あるいは流通市場と顧客との間の取次的な経済実態を有するか（セカンダリー的なものか）といった投資者保護の必要性という実質的基準により決せられる方針に転換された。(4)かかる方針に従い、外国有価証券について、流通市場の有無、当該有価証券に関する情報の周知性、投資者による当該情報の取得容易性等を考慮して、一定の要件を満たすものについて、届出を免除するものとした。前記の政令では、海外有価証券が海外金融商品取引所で上場されていること（または、外国において継続して売買されていること）、当該有価証券にかかる売買価格に関する情報および発行者に関する情報がインターネットの利用その他の方法により容易に取得することができることなどが要件として規定されている。

届出が免除される外国有価証券の売出しについても、簡素な情報提供（外国証券情報の提供・公表）が求められる（金商法二七条三二の二第一項本文）。もっとも、流通性その他の事情を勘案し、公益または投資者保護に欠けることがないものと認められる場合として内閣府令で定める場合は、かかる簡素の情報提供も免除される（金商法二七条の三二の二第一項ただし書）。内閣府令では、(i)当該有価証券の発行者の他の有価証券について有価証券報告書が提出されており、かつ、当該有価証券の証券情報を提供・公表する場合、(ii)当該有価証券にかかる特定証券情報・発行者情報が公表されており、当該有価証券の証券情報を提供・公表する場合、(iii)当該有価証券が上記の①②に該当するものであって（②については、外国政府保証債に限る）、当該有価証券の売買にかかる業務が二以上の金融商品取引業者等によって継続して行われている場合、(iv)売出しの相手が適格機関投資家である場合が規定されている（証券情報等開示府令一三条）。これにより、上記①②に該当する外国有価証券（②については外国政府保証債に限る）について、独立した二以上の金融商品取引業者等が継続して業務を行っているという要件を満たせば、簡素な情報開示義務も免除される。なお、簡素な外国証券情報の提供・公表は、売付けを行う金融取引業者等に課せられるものである。もっとも、右の二以上の金融商品取引業者等が継続して当該外国有価証券についての業務を行っていることを金融取引業者等が確認することは困難である。この点、内閣府令では、簡素な情報提供・公表が認められる場合を、継続売買等を「認可金融商品取引業協会（金融庁長官が指定する一の認可金融商品取引業協会に限る。）の規則で定めるところにより、確認することができる場合」（証券情報等開示府令一三条三号）と規定している。外国有価証券については、金融商品取引業者等は、情報を認可金融商品取引業協会に通知し、同協会において、当該有価証券の売買の状況等を金融商品取引業者等が確認することができる制度となっている。

（1）谷口義幸「『有価証券の売出し』定義の見直し等」商事法務一八七二号四二頁。同様のことは、外国有価証券に限らず、国内有価証券にも妥当する。現行法では、国内有価証券について、「開示が行われている場合」に該当すれば、届出義務が免除される。平成二一年改正前まで、外国の既発行有価証券については、一括譲渡以外の譲渡を行わないことを約することを条件等として、かつ五〇名未満の者に対して売付けを行う場合に、法定開示が免除されていた（平成二一年改正前金商法二三条の一四）。しかし、このような勧誘は、同年の改正で導入された「少人数私売出し」または「外国証券売出し」に該当することとなるため、右の規定は削除された。

（2）谷口・前掲注（1）四三頁。

（3）①　外国国債・外国地方債は、金融商品取引法二条一七号に掲げる有価証券のうち同項一号・二号に掲げる有価証券の性質を有するものをいう。これらの有価証券については、つぎに掲げるすべての要件に該当することが必要である（金商令二条の一二の三第一号・二号）。

イ　国内における当該外国国債・当該外国地方債にかかる売買価格に関する情報をインターネットの利用その他の方法により容易に取得することができること

ロ　当該外国国債・当該外国地方債または当該外国国債・当該外国地方債の発行者が発行する他の外国国債・外国地方債の売買が外国において継続して行われていること

ハ　当該外国国債・当該外国地方債の発行者の財政に関する情報その他の発行者に関する情報（日本語または英語で記載されたものに限る）が当該発行者その他これに準ずる者により公表されており、かつ、国内においてインターネットの利用その他の方法により当該情報を容易に取得することができること（当該発行者が金商法二七条において準用する同法二四条第一項の規定により有価証券報告書を提出している場合を除く）

②　外国特殊法人債は、金融商品取引法二条一七号に掲げる有価証券のうち同項三号に掲げる有価証券の性質を有するものをいう。これらの有価証券については、つぎに掲げるすべての要件に該当することが必要である（金商令二条の一二の三第三号）。

イ　国内における当該外国特殊法人債にかかる売買価格に関する情報をインターネットの利用その他の方法により容易に取得することができること

ロ　当該外国特殊法人債または当該外国特殊法人債の発行者が発行する他の外国特殊法人債の売買が外国において継続して行われていること

ハ　当該外国特殊法人債の発行者の経理に関する情報その他の発行者に関する情報（日本語または英語で記載されたものに限り、

かつ、発行者の経理に関する情報にあっては、公益または投資者保護のため金融庁長官が適当であると認める基準に従って作成された情報に限る。③ハにおいて同じ）が当該発行者その他これに準ずる者により公表されており、かつ、国内においてインターネットの利用その他の方法により当該情報を容易に取得することができること（当該発行者が金商法二四条一項（同法二七条において準用する場合を含む）の規定により有価証券報告書を提出している場合を除く）

③　海外発行債券は、金融商品取引法二条一項五号から七号に掲げる有価証券（債券等）および同法二条一項一七号に掲げる有価証券のうち債券等の性質を有するものをいう。これらの有価証券については、つぎに掲げるすべての要件に該当することが必要である（金商令二条の一二の三第六号）。

イ　国内における当該海外発行債券にかかる売買価格に関する情報をインターネットの利用その他の方法により容易に取得することができること

ロ　当該海外発行債券が指定外国金融商品取引所に上場されていること、または当該海外発行債券の売買が外国において継続して行われていること（当該海外発行債券の発行者の総株主等の議決権の過半数を自己または他人の名義をもって所有する会社（金融商品取引所または指定外国金融商品取引所に上場されている株券の発行者に限る）（「親会社」）が当該海外発行債券の元本の償還および利息の支払いについて保証している場合を除く）

ハ　当該海外発行債券が指定外国金融商品取引所に上場されている場合にあっては当該指定外国金融商品取引所の定める規則、それ以外の場合にあっては当該海外発行債券の売買が継続して行われている外国の法令にもとづき、当該海外発行債券の発行者の経理に関する情報その他の発行者に関する情報（ロ括弧書に規定する場合に該当する場合であって、親会社が金融商品取引法二四条一項（同法二七条において準用する場合を含む）の規定により有価証券報告書を提出しているとき、または当該親会社の株券が上場されている指定外国金融商品取引所の定める規則に基づき、当該親会社の経理に関する情報その他の当該親会社に関する情報（日本語または英語で記載されたものに限る）が当該親会社により公表されており、かつ、国内においてインターネットの利用その他の方法により当該情報を容易に取得することができるときは、当該海外発行債券について保証を受けている旨、当該保証を行っている親会社の名称および発行者の事業の内容その他の内閣府令で定める情報）が発行者により公表されており、かつ、国内においてインターネットの利用その他の方法により当該情報を容易に取得することができること（当該発行者が金融商品取引法二四条一項（同法二七条において準用する場合を含む）の規定により有価証券報告書を提出している場合を除く）

なお、海外発行転換可能社債券（社債券で、あらかじめ一定の条件に該当する場合において当該社債券の発行者以外の者が発行する株券に転換されるものおよび金融商品取引法二条一項一七号に掲げる有価証券のうち当該社債券の性質を有するもの）、海外発行新株予約権債券（新株予約権証券および金融商品取引法二条一項一七号に掲げる有価証券のうち新株予約権付債券の性質を有するもの）については、別の要件が定められている（金商令二条の一二の三第四号・五号）。

④　海外発行株券は、株券および金融商品取引法二条一項一七号に掲げる有価証券のうち株券の性質を有するものをいう。これらの有価証券については、つぎに掲げるすべての要件に該当することが必要である（金商令二条の一二の三第七号）。

イ　国内における当該海外発行株券にかかる売買価格に関する情報をインターネットの利用その他の方法により容易に取得することができること

ロ　当該海外発行株券が指定外国金融商品取引所に上場されていること

ハ　当該海外発行株券が上場されている指定外国金融商品取引所の定める規則にもとづき、当該海外発行株券の発行者の経理に関する情報その他の発行者に関する情報（日本語または英語で記載されたものに限る）が発行者により公表されており、かつ、国内においてインターネットの利用その他の方法により当該情報を容易に取得することができること（当該発行者が金融商品取引法二四条一項（同法二七条において準用する場合を含む）の規定により有価証券報告書を提出している場合を除く）

⑤　海外発行受益証券・海外発行投資証券は、金融商品取引法二条一項一〇号に掲げる外国投資信託の受益証券のうち投資信託法施行令一二条二号に掲げる投資信託の受益証券に類するものおよび同項一一号に掲げる外国投資証券をいう。これらの有価証券については、つぎに掲げるすべての要件に該当することが必要である（金商令二条の一二の三第八号）。

イ　国内における当該海外発行受益証券または海外発行投資証券（以下「当該海外発行受益証券等」という）にかかる売買価格に関する情報をインターネットの利用その他の方法により容易に取得することができること

ロ　当該海外発行受益証券等が指定外国金融商品取引所に上場されていること

ハ　当該海外発行受益証券等が上場されている指定外国金融商品取引所の定める規則にもとづき、当該海外発行受益証券等に関する情報（日本語または英語で記載されたものに限る）が当該海外発行受益証券等の発行者により公表されており、かつ、国内においてインターネットの利用その他の方法により当該情報を容易に取得することができること（当該発行者が金融商品取引法二四条五項において準用する同条一項（これらの規定を同法二七条において準用する場合を含む）の規定により有価証券報告書を提出している場合を除く）

このほか、つぎの有価証券について規定が置かれている。

金融商品取引法二条一項一九号に掲げる有価証券（権利表示証券）については、つぎに掲げるすべての要件に該当する必要がある（金商令二条の一二の三第九号）。

イ　当該権利表示証券が次に掲げるすべての要件に該当する株券等（株券、金融商品取引法二条一項一一号に掲げる有価証券（投資信託法に規定する投資法人債券および外国投資証券で投資法人債券に類する証券を除く）および同項二〇号に掲げる有価証券で株券または投資証券にかかる権利を表示するものをいう）または社債券等（社債券および同項一七号に掲げる有価証券のうち社債券の性質を有するものをいう）にかかる同条二二項三号または四号に掲げる取引にかかる権利を表示するものであること

(i)　当該株券等もしくは当該社債券等が金融商品取引所もしくは指定外国金融商品取引所に上場されていること、または当該社債券等の売買が外国において継続して行われていること

(ii)　当該株券等もしくは当該社債券等が上場されている指定外国金融商品取引所の定める規則または当該社債券等の売買が継続して行われている外国の法令にもとづき、当該株券等または当該社債券等の発行者の経理に関する情報その他の発行者に関する情報（日本語または英語で記載されたものに限る）が発行者により公表されており、かつ、国内においてインターネットの利用その他の方法により当該情報を容易に取得することができること（当該発行者が金融商品取引法二四条一項（同法二七条において準用する場合を含む）の規定により有価証券報告書を提出している場合を除く）

ロ　当該権利表示証券に表示された権利を行使することによって将来の一定の時期において当該権利にかかる取引が成立することをあらかじめ約するものであって、当該取引について差金の授受によって決済が行われるものであること

ハ　国内における当該権利表示証券にかかる売買価格に関する情報をインターネットの利用その他の方法により容易に取得することができること

さらに、金融商品取引法二条一項二〇号に掲げる有価証券については、つぎに掲げるすべての要件に該当することが必要である（金商令二条の一二の三第一〇号）。

イ　当該有価証券が株券にかかる権利を表示するものであること

ロ　国内における当該有価証券にかかる売買価格に関する情報をインターネットの利用その他の方法により容易に取得することができること

ハ　当該有価証券が指定外国金融商品取引所に上場されていること

ニ　当該有価証券が上場されている指定外国金融商品取引所の定める規則にもとづき、当該有価証券の発行者の経理に関する情報その他の発行者に関する情報（日本語または英語で記載されたものに限る）が発行者により公表されており、かつ、国内に

おいてインターネットの利用その他の方法により当該情報を容易に取得することができること（当該発行者が金融商品取引法二四条一項（同法二七条において準用する場合を含む）の規定により有価証券報告書を提出している場合を除く）

（4）谷口・前掲注（1）三九頁参照。

四　有価証券通知書の提出義務

有価証券届出書の提出が義務づけられていない募集・売出しを行う場合でも、それが「特定募集等」に該当すれば、有価証券通知書を内閣総理大臣に提出することが義務づけられる（金商法四条六項本文）。

特定募集等は、①その有価証券に関して開示が行われている場合における当該有価証券の売出し（金商法四条一項三号）、発行価額・売出価額が一億円未満の有価証券の募集・売出しで内閣府令で定めるもの（金商法四条一項五号）、③届出が免除される適格機関投資家取得有価証券一般勧誘（金商法四条二項ただし書）および④届出が免除される特定投資家等取得有価証券一般勧誘（金商法四条三項ただし書）のうち、有価証券の売出しに該当するもの、もしくは売出しに該当せず、かつ、開示が行われている場合に該当しないものをいう（金商法四条五項参照）。

もっとも、開示が行われている有価証券の売出し（金商法四条一項三号）については、売出価額の総額が一億円以上の場合に、有価証券通知書の提出をしなければならない（金商法四条六項本文・ただし書）。さらに、発行価額・売出価額の総額が一億円未満の募集・売出し（金商法四条一項五号）については、発行価額・売出価額が一〇〇〇万円を超える場合に、有価証券通知書の提出が義務づけられる（金商法四条六項本文・ただし書、企業内容等開示府令四条五項）。[1]

適格機関投資家向けの有価証券について所有者が一般投資者向けに勧誘をする場合（適格機関投資家取得有価証券一般勧誘）には届出が必要である（金商法四条二項）。[2] 特定投資家向けの有価証券について所有者が一般投資者向けに勧誘する場合（特定投資家等取得有価証券一般勧誘）にも届出を要する（金商法四条三項）。売出しに該当しない場合でも、また、売出価額の総額が一億円以上でない場合でも届出が義務づけられる。[3] もっとも、当該有価証券について開示が行われている場合、その他内閣府令で定めるやむをえない理由による勧誘が行われるなどの場合は、例外的に届出義務が免除される（金商法四条二項ただし書・三項ただし書）。この例外的に届出が免除されるもののうち、有価証券の売出しに該当する場合には、有価証券通知書の提出を行わなければならない。ただし、売出価額の総額が一億円以上の場合に限られる（金商法四条六項ただし書）。

有価証券通知書は、内国会社の場合は、第一号様式、外国会社の場合は第六号様式によって作成し、財務局長等に提出しなければならない（企業内容等開示府令四条一項）[4]。そこでは、①新規発行（売出し）有価証券の情報[5]、②有価証券の募集（売出し）の方法および条件[6]、③有価証券の引受けの概要[7]、④過去一年以内における募集・売出しの状況[8]を記載しなければならない。

有価証券通知書には、①定款、②当該有価証券の発行につき取締役会もしくは株主総会の決議があった場合における当該取締役会もしくは株主総会の議事録の写しまたは優先出資法六条一項に規定する行政庁の認可を受けたことを証する書面[9]、③当該有価証券の募集または売出しに際し、目論見書が使用された場合における当該目論見書を添付しなければならない（企業内容等開示府令四条二項一号）。発行者が外国会社であるときは、これらに加えて、有価証券の募集・売出しの適法性に関する法律専門家の法律意見書および外為法二一条一項または二項の規定による許可を必要とする場合の許可を受けたことを証する書面を添付することを要する（企業内容等開示府令四条二項二号）。

有価証券通知書は、募集・売出しの届出のために内閣総理大臣に提出される有価証券届出書と異なり、公衆の縦覧に供されない。さらに、目論見書のような投資者に直接交付される情報開示のための文書を作成する基礎とならない。それは、有価証券の募集・売出しに関する特別の情報開示の手段として提出が要求されるものではなく、届出を要する有価証券の募集・売出しが届出なしに行われることを規制する行政的な監督のために、提出を要求されるものである[10]。

証券取引法では、有価証券報告書の提出義務を負わない会社が、発行価額の総額が一億円以上の株式を募集によらないで発行する場合、発行会社は有価証券通知書を提出しなければならないものとされていた（平成一九年改正前企業内容等開示府令六条）。この点については、法律上の根拠が不明瞭との批判があった。(11) 金融商品取引法の下での内閣府令では、かかる規定は削除されている。

（1）　募集・売出しの対象となる有価証券が新株予約権証券の場合には、新株予約権にかかる発行価額・売出価額の総額で有価証券通知書の提出の有無が決まる。特定募集等（新株予約権にかかる発行価額・売出価額の総額が一億円未満である新株予約権証券の募集・売出し（開示が行われている新株予約権証券の売出しは除く）である場合）にかかる新株予約権証券の発行価額・売出価額の総額が、一〇〇〇万円から当該新株予約権証券にかかる新株予約権の行使に際して払い込むべき金額の合計額を控除した額を超える場合に有価証券通知書の提出が必要である（企業内容等開示府令四条五項）。

（2）　適格機関投資家向け証券については、適格機関投資家以外の者への譲渡が禁止される旨の制限が付されている（金商令一条の四参照）。しかし、適格機関投資家向け証券が一般投資家に転売されることがまったくないわけではなく、この場合の投資家保護のために、ディスクロージャーが要請される。かかる転売が売出しに該当しない場合にも届出が必要である。適格機関投資家向け証券の一般投資者向け勧誘を届出なしに行った場合、刑事制裁がある（金商法一九七条の二第一号）。

（3）　勧誘対象者が一名であっても届出が必要とされている。一度に勧誘対象とする一般投資者が少人数であっても、こうした勧誘が当該有価証券を所有する多数の適格機関投資家により行われる場合、短期間で大量に一般投資家に譲渡されることとなり、ディスクロージャーによる一般投資家の保護が確保できなくなる。河本一郎＝関要監修・逐条解説証券取引法〔三訂版〕六六頁（平成二〇年）。

（4）　特定有価証券開示府令の下では、①内国投資信託受益証券は「第一号様式」、②外国投資信託受益権証券は「第一号の二様式」、③内国投資証券は「第一号の三様式」、④外国投資証券は「第二号様式」、⑤内国資産流動化証券は「第二号の二様式」、⑥外国資産流動化証券は「第二号の三様式」、⑦内国資産信託流動化受益証券は「第二号の四様式」、⑧外国資産信託流動化受益証券は「第二号の五様式」、⑨内国信託受益証券、内国信託社債券および内国信託受益権は「第三号様式」、⑩外国信託受益証券、外国信託社債券、外国信託受益権および外国貸付債権信託受益証券は「第三号の二様式」⑪内国抵当証券は「第三号の三様式」、⑫外国抵当証券は「第三号の四様式」、⑬内国有価証券投資事業権利等は「第三号の五様式」、⑭外国有価証券投資事業権利等は「第三号の六様式」、⑮特定有価証券信託受益証券は、当該特定有価証券信託受益証券にかかる受託有価証券につき、①から⑫の有価証券の区分に応じそれぞれに定める様式、⑯特定預託証券は、当該特定特定預託証券に表示される権利にかかる特定有価証券につき、①から⑫の有価証券の区分に応じそれぞれに定める様式で作成することを要する（特定有価証券開示府令五条一項）。

（5）有価証券の銘柄、種類、発行（売出）数、発行（売出）価額の総額、資本組入額の総額を記載する。

（6）募集の場合は、株式（株式の株主割当て、株式のその他の者に対する割当て、株式の一般募集、発起人の引受株式）、新株予約権証券、社債、コマーシャル・ペーパー、カバードワラント、預託証券・有価証券信託受益証券の区分ごとに、発行（売出）数、発行（売出）価格、資本組入額、申込期間、払込期日を記載する。売出しの場合は、株式、社債・コマーシャル・ペーパー、カバードワラント、預託証券・有価証券信託受益証券の区分ごとに、発行（売出）数、発行（売出）価額、申込期間、払込期日を記載する。

（7）引受人の氏名または名称、住所、引受株式数、引受けの条件を記載する。

（8）銘柄、種類、発行（売出）価格、発行（売出）数、発行（売出）価額の総額を、募集と売出しの場合に分けて記載する。

（9）発起人全員の同意があった場合には、当該同意があったことを知るに足りる書面が要求される。

（10）有価証券通知書は、少額募集・売出しのための簡易届出制度のためのものではない。これに対し、アメリカの一九三三年証券法の下では、少額募集による登録免除が認められる場合、有価証券の発行者は、原則として、通知書を証券取引委員会に届け出ることを要し、有価証券を募集により取得させるためには、目論見書の交付は必要でないが、簡単な情報開示文書である募集案内書を有価証券の取得者に交付しなければならない。したがって、その通知書は、簡易登録のためのものである。この点につき、神崎克郎「開示制度の適用範囲」L・ロス＝矢沢惇監修・アメリカと日本の証券取引法（上）一七七頁（昭和五〇年）参照。

（11）近藤光男＝吉原和志＝黒沼悦郎・証券取引法入門〔新訂第二版〕一二六頁（平成一五年）。なお、有価証券報告書の提出義務を負う会社は、募集によらないで発行価額の総額が一億円以上の有価証券を発行する場合には、臨時報告書の提出が要求されている（金商法二四条の五第四項、企業内容等開示府令一九条二項二号）。

五　届出の手続

1　届出義務者

有価証券の募集・売出しの届出は、有価証券の発行者が行う（金商法四条一項）。売出しの届出も売出人ではなく、売出しにかかる有価証券の発行者が行う。開示の内容が有価証券の発行者の企業内容を中心とするところから、有価証券の発行者のみがこれを効果的に行うことができることによる。[1]

多額の有価証券を有する者は、その発行者が売出しの届出を行わない限り、届出を要する売出しによってその有価証券を処分することができない。届出を要する売出しをしようとする者は、当然に、有価証券の発行者に対し、売出しの届出を請求する権利を有しない。[2] 発行者における地位または発行者との関係で、発行者に対し売出しの届出を請求する経済的な力を有しない者が、発行者から多額の有価証券を取得し、将来それを売出しの方法で処分する予定があるときは、有価証券を取得する際、発行者との間で将来における売出しの届出義務を約定しておくことが必要である。[3]

（1） 有価証券の届出を要する「発行者」は、有価証券を発行し、または発行しようとする者をいう（金商法二条五項）。この場合、内閣府令で定める有価証券について内閣府令で定める者が発行者となる。内閣府令では、特定目的信託の受益証券、受益証券発行信託の受益証券および抵当証券ならびに外国または外国の者の発行する証券・証書で右の有価証券の性質を有するもの、預託証券について、それぞれ発行者に該当するものが定められている（定義府令一四条一項・二項）。また、証券または証書に表示されるべき権利以外の権利で金融商品取引法二条二項の規定により有価証券とみなされるものについては、権利の種類ごとに内閣府令で定める者が内閣府令で定める時に当該権利を有価証券として発行するものとみなされる（金商法二条五項）。内閣府令では、それぞれについて詳細な定めを置いている（定義府令一四条三項・四項参照）。

（2） アメリカ法律協会の連邦証券法典は、流通市場で有価証券を取得した、または、発行者から有価証券を取得したがその際に発行者の登録義務を約定しなかった、あるいは発行者に対して登録を要求する適切な交渉力を有しない有価証券の所有者が、その有価証券を分売することができるように、有価証券の発行者に登録を請求する「請求による登録」（registration on demand）の制度を定めている。もっとも、連邦証券法典は、有価証券を取得した者の利益とその発行者の正当な利益との調和をはかるため、登録を請求する権利を明示的に放棄した者、または、前者がそのような放棄をしていることを知って有価証券を取得した者は、発行者に対して登録を請求することができないものとしている。The American Law Institute, Federal Securities Code 254（1980）参照。

（3）　岡村峻・改正証券取引法解説三三頁（昭和二三年）は、私募の方法で発行された有価証券を取得した者が、後日、発行者から届出を拒絶された場合には売出しをすることができないが、「これは、売出しをする者が当該有価証券を取得する際に届出がなされていないものであることを承知の上で取得したものであるから、仕方がない」と述べる。昭和四六年の証券取引法の改正前においては、有価証券の発行開示の基礎となる募集・売出しの届出は、「有価証券」の届出であって、「募集・売出し」の届出でなかった。したがって、募集に関して届出がなされた有価証券を後日その取得者が売出しをするには、もはや届出は不要であった。これに対して、現行金融商品取引法の下では、届出は募集・売出しについてのそれであり、募集の届出がなされた有価証券の取得者が後日売出しをするには、原則として、さらに売出しの届出が必要である。

2　届出時期

有価証券の届出は、それが受理された日から一五日を経過した日に、その効力が生じる（金商法八条一項）。有価証券を募集・売出しによって取得させ、または売り付ける場合には、当該届出の効力が生じていなければならない（金商法一五条一項）。そのため、有価証券の募集・売出しの届出の時期は、この待機期間を考慮して決定される必要がある。すなわち、取得または売付けの開始時期の一五日前までに、届出日を設定することとなる。

ところで、株式の募集・売出しが、一定の日（割当日）において株主名簿に記載されている株主に対して株主割当ての方式によって行われることがある。新株の割当てを時価より低い価格で行う場合、その基礎となる株式について、流通市場において、いわゆる権利落ち現象が生じる。株主は、権利落ち日以降、払込みを行い、新株を取得しなければ、権利落ち分だけ損害を被ることとなる。そこで、株主とすれば、募集・売出しに応じて株式を取得しまたは買い付けるべきか否かの実質的な投資決定を権利落ち現象が生じる前に行う必要がある。このことを考慮して、投資決定のための投資判断資料の提供としての情報の開示は、時間的余裕をもって行われることが必要である。

有価証券の募集・売出し(1)が、一定の日において株主名簿（優先出資法に規定する優先出資者名簿を含む）に記載されている株主（優先出資法に規定する優先出資者を含む）に対して行われる場合、つぎに定めるものについて、権利落ち現象が生じない場合を除き、募集・売出しの届出は、その日の二五日前までになされなければならない(2)（金商法四条四項、企業内容等開示府令三条）[3]。

① 株券（優先出資証券を含む。以下同じ）、新株予約権証券、新株予約権付社債券以外の有価証券
② 時価または時価に近い一定の価格により発行する株券
③ 時価または時価に近い一定の価格により発行し、または移転する株券を取得することとなる新株予約権が付与されている新株予約権付社債券
④ 有価証券を金融商品取引所に上場している会社等以外の会社の発行する有価証券[4]
⑤ 会社法二七七条に規定する新株予約権無償割当てにかかる新株予約権証券であって、取引所金融商品市場において売買を行うこととなっているもの

（1） 取得の申込みの勧誘が適格機関投資家のみを相手方として行われる場合で、取得者から適格機関投資家以外の者に譲渡されるおそれが少ない場合であった有価証券の売出しで、適格機関投資家のみを相手方とするものは除き、適格機関投資家取得有価証券一般勧誘（有価証券の売出しに該当するものを除く）および特定組織再編成交付手続を含む（金商法四条四項括弧書）。

（2） その日の前日から起算して、二五日前の日の前日までに届出をしなければならないことをいう。企業内容等開示ガイドライン四―一九。

（3） 株主のための熟慮期間として、「権利落ち日から割当日までの期間」（四営業日）およびその間における休日を考慮して一〇日間が確保されている。これを効力発生までの待機期間である一五日に加えて、届出を二五日前までに行うこととされた。企業財務制度研究会編著・証券取引法における新「ディスクロージャー制度」詳解四四頁（平成一三年）。

（4） この場合、理論的には権利落ち現象が発生する場合があるが、実際上、組織的な流通市場が存在しないので、権利落ち現象は具体的に問題になることがほとんどない。

3　届出先

募集・売出しの届出は、内閣府令で定めるところにより、有価証券届出書を内閣総理大臣に提出して行う（金商法

五条一項)(1)。有価証券届出書には、定款その他の書類で公益または投資者保護のため必要かつ適当なものとして内閣府令で定める書類を添付しなければならない(金商法五条一〇項)。有価証券を金融商品取引所に上場しまたは認可金融商品取引業協会に店頭登録した発行者は、募集・売出しの届出をしたときは、遅滞なく、有価証券届出書およびその添付書類の写しを、それらの金融商品取引所または認可金融商品取引業協会に提出しなければならない(金商法六条、金商令三条)。

有価証券届出書およびその添付書類は、内閣総理大臣が受理した日から五年の期間が経過する日まで、関東財務局および当該書類の提出会社の本店または主たる事務所(2)の所在地を管轄する財務局(3)に備え置き、公衆の縦覧に供される(金商法二五条一項、企業内容等開示府令二一条)。

募集・売出しの届出をした有価証券の発行者は、有価証券届出書およびその添付書類を提出した日から、有価証券届出書およびその添付書類の写しを、その本店または主たる事務所および主要な支店(4)に備え置いて、公衆の縦覧に供しなければならない(金商法二五条二項、企業内容等開示府令二二条一項)。また、有価証券届出書およびその添付書類の写しの提出を受けた金融商品取引所または認可金融商品取引業協会は、その写しの提出があった日から、それぞれ五年の期間が経過するまで、それらの書類を事務所に備え置いて、公衆の縦覧に供しなければならない(金商法二五条三項、企業内容等開示府令二三条)。ただし、有価証券の発行者が有価証券届出書またはその添付書類の一部につき、事業上の秘密の保持の必要により、公衆の縦覧に供しないことを内閣総理大臣に申請し、内閣総理大臣の承認をえた場合は、その部分については公衆の縦覧に供しない(金商法二五条四項)。

(1)　①内国会社で、資本金の額、基金の総額または出資の総額(会社等の成立前に提出しようとするときは、成立後の資本金の額、基金の総額または出資の総額)が五〇億円未満の会社、または②その発行する有価証券で金融商品取引所に上場されているものがない会社の場合は、その本店または主たる事務所の所在地を管轄する財務局長に提出しなければならない(金商法一九四条の七第一項・六項、金商令三九条二項、企業内容等開示府令二〇条一項）。それ以外の会社（①資本金の額が五〇億円以上の内国上場会社または②外国会社）の場合は、関東財務局長に提出しなければならない（企業内容等開示府令二〇条二項）。

（２）外国会社は、有価証券の募集・売出しに関して、有価証券届出書を提出する場合には、日本国内に住所を有する者であって、当該募集・売出しの届出に関する一切の行為につき、当該外国会社を代理する権限を有するものを定めなければならない（企業内容等開示府令七条一項）。有価証券届出書の提出会社が外国会社である場合は、当該代理人の所在地を管轄する財務局で公衆縦覧に供される（企業内容等開示府令二二条一項）。

（３）当該所在地が福岡財務支局の管轄区域内にある場合にあっては、福岡財務支局となる。

（４）主要な支店とは、提出会社の最近事業年度の末日においてその所在する都道府県に居住する当該提出会社の株主の総数が当該提出会社の株主の総数の一〇〇分の五を超える場合における支店をいい、主要な支店が同一の都道府県内に二以上ある場合には、そのいずれか一とし、その本店と同一の都道府県に所在する支店を除く（企業内容等開示府令二二条二項）。

4　有価証券届出書の記載方式

有価証券届出書には、発行者が会社である場合、有価証券の募集・売出しに関する事項（証券情報）と有価証券の発行会社の企業内容に関する事項（企業情報）を記載することを要する（金商法五条一項）(1)。証券情報は、募集・売出しの取引に特有の事項であり、企業情報は、募集・売出しの取引とは独立の発行会社に関する事項である(2)。

証券情報については、すべての会社が提出する有価証券届出書において、これを直接記載しなければならない。それには、①募集要項(3)、②売出要項(4)、③第三者割当ての場合の特記事項(5)および④その他の記載事項(6)がある。

企業情報については、会社の商号、会社の属する企業集団および会社の経理の状況その他事業の内容に関する重要な事項その他の公益または投資者保護のための必要かつ適当なものとして内閣府令で定める事項が記載されなければならない（金商法五条一項二号）。会社の態様に応じ、完全開示方式、組込方式または参照方式によって記載することとなる。

完全開示方式は、基本的な方式で、他の方式が利用できない場合に使用される。発行会社の企業内容に関して記載すべき事項は、有価証券届出書にすべて直接記載すべきものとする方式である。そこでは、すべての会社につき、企業情報として、①企業の概況[7]、②事業の状況[8]、③設備の状況[9]、④提出会社の状況[10]、⑤経理の状況、⑥提出会社の株式事務の概要、⑦提出会社の参考情報の記載が要求される。継続開示をしていない会社は、「特別情報」として、最近の財務諸表を記載しなければならない[11]。新規公開会社は、「株式公開情報」として、特別利害関係者等の株式等の移動状況、第三者割当て等の概況および株主の状況の記載が追加して要求される[12]。

発行価額・売出価額の総額が、一億円以上の有価証券の募集・売出しを行う場合には、内閣総理大臣に対する届出が必要である[13]。もっとも、一億円以上の発行価額・売出価額であっても、発行者が負担するコストを考慮して、一定の要件を満たす発行者が、五億円までの募集・売出しを行う際[14]には、有価証券届出書等における開示内容に特例が認められている[15]（金商法五条二項）。

組込方式は、一年以上継続して有価証券報告書を提出している者[16]が利用できる（金商法五条三項、企業内容等開示府令九条の三第一項、特定有価証券開示府令一一条の二第一項）[17]。株式移転により設立された完全親会社（持株会社）が有価証券届出書を提出する場合、完全子会社となった会社のうち、株式移転の日の前日において参照方式の利用適格要件を満たした会社（適格完全子会社）が株式移転の日前に提出した直近の有価証券報告書の提出日から完全親会社の有価証券届出書の提出日までの期間が一年以上であればよい（企業内容等開示府令九条の三第三項）[18]。完全子会社の継続開示期間を加味して継続開示基準を設けることで、株式移転による持株会社設立後でも、容易にディスクロージャーの簡素化をできるようにしたものである。

組込方式は、追完情報は直接記載し、組込情報は一定の書類の写しを有価証券届出書にとじ込むことによって、発行会社の企業内容に関し、記載すべき事項を記載したものとみなす方式である（金商法五条三項）。追完情報として、組込書類である最近事業年度の有価証券報告書の提出後、有価証券届出書提出日までの間において、自発的訂正届出書の提出要件に該当することとなった場合（金商法七条一項前段、企業内容等開示府令一一条一号・二号）、臨時報告書の提出要件となった場合、（企業内容等開示府令一九条二項）、その他財政状態および経営成績に重要な影響を及ぼす事象が生じた場合、それらの内容を記載することを要する。(19) 組込情報に関して、①直近の有価証券報告書およびその添付書類、②①の提出後に提出される四半期報告書または半期報告書、③①および②の訂正報告書の写しをとじ込むことを要する（金商法五条三項）。

参照方式は、参照情報として、直近の有価証券報告書およびその添付書類、その提出後に出される四半期報告書または半期報告書および臨時報告書ならびにそれらの訂正報告書を参照すべき旨ならびにこれらの書類の写しを縦覧に供している場所を記載するのみで、発行会社の企業内容に関し記載すべき事項を記載したものとみなす方式である（金商法五条四項）。

参照方式は、一年以上継続して有価証券報告書を提出しており、届出者にかかる企業情報がすでに公衆に広範に提供されているものとして、その発行者がすでに発行した有価証券の取引所金融商品市場における取引状況等に関してつぎの基準（周知性要件）を満たす者が利用できる（金商法五条四項、企業内容等開示府令九条の四、特定有価証券開示府令一一条の三）。(20)

届出会社が発行する株券が、日本国内の金融商品取引所に上場または認可金融商品取引業協会に登録されている場合は、①平均売買金額と平均時価総額が一〇〇億円以上、(21) ②平均時価総額が二五〇億円以上、(22) ③有価証券届出書の提出日以前五年間にその募集・売出しにかかる有価証券届出書または発行登録追補書類を提出することにより発行し、または交付された社債券の券面総額または振替社債の総額が一〇〇億円以上であること、(23) ④法令により優先弁済を受ける権利を保証されている社債券をすでに発行していること、のいずれかに該当する場合に参照方式が認められる（金商法五条四項二号、企業内容等開示府令九条の四第五項一号）。金融商品取引所に上場または認可金融商品取引業協会に登録する株券を発行していない会社は、右の③の場合に限り、参照方式により有価証券届出書の提出が認められる（金商法五条四項二号、企業内容等開示府令九条の四第五項四号）。株式移転により完全子会社となった会社のうち、株式移転の日の前日において参照方式の適格要件を満たしている会社（適格完全子会社）が、株式移転の日前に提出した直近の有価証券報告書の提出日から、完全親会社の有価証券届出書の提出日までの期間が一年以上であれば、株式移転で完全親会社となった有価証券届出書について参照方式を利用できる（企業内容等開示府令九条の四第四項）(24)。

コマーシャル・ペーパーの募集・売出しの届出に参照方式を利用するためには、わが国において、発行者が当該有価証券届出書の提出日以前五年間にその募集・売出しにかかる有価証券届出書または発行追補書類を提出することにより発行し、または交付されたコマーシャル・ペーパーの発行価額・売出価額の総額が一〇〇億円以上であることが必要である（企業内容等開示府令九条の五）(25)。

組込方式と参照方式は、発行開示と継続開示の統合・調整の観点から採用されたものであり、発行開示の手続の簡素化に役立つ。参照方式では、有価証券届出書に発行会社の企業内容に関する事項は、実質的に記載されない。また、組込方式では、有価証券届出書における発行会社の企業内容の主たる部分の記載は、組込資料にとって代わられる。参照方式は、最も簡素化された記載方式であり、組込方式は、参照方式と完全開示方式の中間に位置するものである。

有価証券届出書の記載事項は、有価証券届出書の提出時にすべて記載することを原則とする。しかし、募集・売出しに関する事項でいまだ確定していないものについては、提出時にこれを記載することができない。そこで、たとえば、株式の時価発行において発行価格の決定前に募集を行う必要がある場合、発行価格、資本組入額、申込証拠金、申込取扱場所、主たる元引受金融商品取引業者以外の引受人の氏名または名称および住所ならびに引受株式数および引受けの条件を記載しないで有価証券届出書を提出することができる（金商法五条一項ただし書、企業内容等開示府令九条一号）。この場合、有価証券届出書に記載しなかったものにつき、その内容が決定したときは、有価証券届出書の提出者は、訂正届出書を提出しなければならない（金商法七条一項、企業内容等開示府令一一条）(26)。

特定有価証券の発行者が提出する有価証券届出書の記載内容は、特定有価証券の種類によって異なる（特定有価証券開示府令一〇条）[27]。内国投資証券・外国投資証券、特定内国資産流動化証券・特定外国資産流動化証券の発行者で、有価証券報告書を一年以上継続して提出している者は、組込方式を利用することができる（特定有価証券開示府令一一条の二）[28]。また、これらの証券については参照方式の利用も可能である[29]。投資証券についての参照方式の利用基準としては、①平均売買金額と平均時価総額が一〇〇億円以上、②平均時価総額が二五〇億円以上、③当該有価証券届出書の提出日以前五年間において、当該者がわが国においてその募集・売出しにかかる有価証券届出書または発行登録追補書類を提出することにより発行し、または交付された内国投資証券、または外国投資証券の発行価額・売出価額の総額が一〇〇億円以上であることが定められている（特定有価証券開示府令一一条の三第四項）[30]。

なお、平成二三年の改正で、有価証券届出書を提出しなければならない会社に、英文での開示が認められた。すなわち、有価証券届出書を提出しなければならない外国会社は、公益または投資者保護に欠けることがないものとして内閣府令で定める場合には、有価証券届出書の提出に代えて、有価証券の募集・売出しにかかる事項を記載した書類および外国において開示が行われている参照書類または有価証券届出書に類する書類であって英語で記載されているものを提出できることとなった[31]。

有価証券届出書の記載内容には証券情報と発行者情報とがある。証券情報については、日本語により作成されなければならない。これは、かかる情報は、投資者の投資判断に直接的に影響を及ぼす情報であると考えられたためである[32]。これに対して、発行者情報については、参照書類等が外国の市場において適正に開示されていることを条件として英語で記載されたものを提出することができる[33]。したがって、有価証券届出書を提出しなければならない外国会社等は、用語、様式および作成方法に照らし、金融庁長官が公益または投資者保護に欠けることのないものとして認めるときは（企業内容等開示府令九条の六）[34]、有価証券届出書に代えて、①証券情報を日本語で記載した書類、②外国において開示が行われているⅰ参照書類に類する書類またはⅱ有価証券届出書に類する書類であって英語で記載されたもの（発行者情報書類）を提出することができる（金商法五条六項）（①および②の書類を「外国会社届出書」という）（金商法五条八項)。②の書類には、公益または投資者のため必要かつ適当なものとして内閣府令で定めるものの要約の日本語による翻訳文、当該書類に記載されていない事項のうち公益または投資者保護のため必要かつ適当なものとして内閣府令で定めるもの、[36] その他内閣府令で定めるもの[37]（補足書類）を添付しなければならない（金商法五条七項）。外国会社届出書およびその補足書類を提出した場合には、当該外国会社届出書およびその補足書類は有価証券届出書とみなし、これらの提出が有価証券届出書の提出とみなして、金融商品取引法令の規定が適用される（金商法五条八項）。なお、この場合も、公益または投資者保護のために必要かつ適当なものとして内閣府令で定めるもの[38]を添付しなければならない（金商法五条一〇項）。

内閣総理大臣は、外国会社届出書を提出した外国会社が、外国会社届出書を提出することができる場合に該当しないと認めるときは、その旨を当該届出書外国会社に通知しなければならない（金商法五条九項）。[39] 外国会社届出書を提出することができないにもかかわらず、外国会社届出書を提出した場合、当該提出は、有価証券届出書を提出したものとは認められない。したがって、このような外国会社届出書の提出をもって、有価証券の募集・売出しを行うことは許されない。[40][41]

（1）　有価証券届出書を提出しようとする発行者は、つぎの区分に応じ、企業内容等開示府令に定める各様式により有価証券届出書三通を作成し、財務局長等に提出しなければならない（企業内容等開示府令八条一項）。
①　発行者が内国会社である場合（②③の場合を除く）　第二号様式
②　発行者が内国会社であって、金融商品取引法五条二項の規定による有価証券届出書を提出しようとする場合　第二号の五様式
③　発行者が内国会社であって、特定組織再編成発行手続もしくは特定組織再編成交付手続を行う場合または金融商品取引法二七条の四第一項の場合において有価証券届出書を提出しようとする場合　第二号の六様式
④　発行者が外国会社である場合（⑤の場合を除く）　第七号様式

⑤　発行者が外国会社であって特定組織再編成発行手続もしくは特定組織再編成交付手続を行う場合または金融商品取引法二七条の四第一項の場合において有価証券届出書を提出しようとする場合　第七号の四様式

有価証券届出書の記載の内容は、当初は、その項目が昭和二三年六月三〇日に制定された証券取引委員会規則一〇号に定める様式により列挙され、その詳細が証券取引委員会の発表した取扱通達によって定められていた。経理の状況の開示については、大まかな指示が与えられるのみで、その記載については多くの疑義があった。そのため、証券取引委員会は、昭和二五年九月に財務諸表規則（昭和二五年九月二八日証券取引委員会規則一八号）を制定し、昭和二六年二月にその取扱要領を発表して、これらの書類に含まれる財務諸表の作成基準を明確にした。有価証券届出書の記載事項については、昭和二八年八月に制定された有価証券の募集又は売出しの届出等に関する省令（昭和二八年八月二七日大蔵省令七四号）（募集届出省令）によって、記載項目および記載上の注意が様式の中で詳細に定められ、その方式は、企業内容等の開示に関する内閣府令に継承されている。

なお、企業内容等開示府令第二号様式、第二号の五様式は、主として監査役を設置する会社について示したものであり、委員会設置会社については、これに準じて記載するものとされている。同様式・記載上の注意⑴一般的事項f参照。

（2）　組織再編成発行手続または特定組織再編成交付手続を行う場合に要求される企業内容等開示府令第二号の六様式では、証券情報と企業情報とともに、組織再編成（公開買付け）に関する情報の記載項目がある。そこでは、組織再編成（公開買付け）の概要として、①組織再編成（公開買付け）の目的等、②組織再編成（公開買付け）の当事会社の概要、③組織再編成（公開買付け）にかかる契約、④組織再編成（公開買付け）にかかる割当ての内容およびその算定根拠、⑤組織再編成対象会社の発行有価証券と組織再編成によって発行（交付）される有価証券との相違、⑥有価証券をもって対価とする公開買付けの発行（交付）条件に関する事項、⑦組織再編成対象会社の発行する証券保有者の有する権利、⑧組織再編成に関する手続（公開買付けに関する手続）の記載が要求される。各項目について、同様式・記載上の注意が詳細を規定している。

①について、組織再編成の目的（経営統合、関係会社化による経営参加等）および理由を具体的にわかりやすく記載することを要する。当該組織再編成後に、組織再編成当事会社の企業集団の再編、解散、重要な財産の処分・譲受け、多額の借財、代表取締役等の選定・解職、役員の構成の変更、配当・資本政策に関する重要な変更、その他提出会社の企業集団の経営方針に関して重要な変更を加え、または重大な影響を及ぼす行為を予定している場合には、その内容も記載しなければならない。また、組織再編成の効力発生後、提出会社の企業集団の概要および当該企業集団における組織再編成対象会社と提出会社の企業集団の関係（資本関係、役員の兼任関係、取引関係等）について、図表を用いる等して、具体的に、かつ、わかりやすく記載することが求められる。

②について、組織再編成当事会社が提出会社以外の会社であって、継続開示会社に該当しない場合には、当該組織再編成当事会

社について、商号、本店の所在地、代表者の氏名、資本金または出資の額、純資産の額、総資産の額、事業の内容、および大株主（持株数の割合の多い五名）ならびに最近三年間に終了した各事業年度の売上高、営業利益、経常利益および純利益についてわかりやすく記載することが求められる。また、提出会社との関係（資本関係、役員の兼任関係、取引関係等）も具体的に記載する必要がある。組織再編成当事会社が提出会社以外の会社であって、継続開示会社に該当する場合には、当該組織再編成当事会社が提出した書類およびその提出年月日を記載することで足りる。

③について、組織再編成にかかる契約の内容の概要をわかりやすく説明するとともに、その契約の内容が記載されなければならない。

④について、組織再編成対象会社の有価証券の所有者に割り当てられる有価証券の種類および数または算定方法（組織再編成にかかる割当ての内容）および組織再編成にかかる割当ての内容の算定根拠を具体的に記載しなければならない。組織再編成当事会社が、組織再編成にかかる有価証券の割当ての内容を決定する際に第三者の意見を聴取した場合には、当該第三者の名称、意見の概要および当該意見を踏まえて割当ての内容を決定するに至った経緯を記載することを要する。

⑤について、組織再編成対象会社が発行者である有価証券に関する権利と「証券情報」（第一部）に記載される有価証券に関する権利との間の重要な相違事項（たとえば、有価証券にかかる配当、残余財産の分配、有価証券の買受けおよび議決権を行使することができる事項等）について、具体的に、かつ、わかりやすく記載することを要する。

⑥について、発行（売出）価格、その他の発行（交付）条件の合理性に関する考え方を具体的に記載しなければならない。また、当該発行（交付）条件により募集（売出し）を行う理由および判断の過程を具体的に記載することを要する。

⑦について、組織再編成対象会社の発行する証券保有者が、組織再編成に関して有する権利（有価証券の買取請求権、議決権の行使方法、組織再編成によって発行（交付）される有価証券の受取方法）について、当該権利行使の方法等についてわかりやすく記載しなければならない。

⑧について、組織再編成に関する手続（備置きされる書類の種類・概要、当該書類の閲覧方法、株主総会等の組織再編成にかかる手続の方法、日程、組織再編成対象会社が発行者である有価証券の所有者が当該組織再編成行為に関して有価証券の買取請求権の行使方法等を、具体的に、かつ、わかりやすく記載しなければならない。

（3）　企業内容等開示府令第二号様式（第一部）では、新株発行を行う場合は、①新規発行株式、②株式募集の方法および条件、③株式の引受け、④新規発行による手取金の使途の各項目について記載する必要がある（注（4）以下の記載事項も、第二号様式による）。①の欄には、株式の種類、発行数および内容を記載する。欄外には、新株発行を決議した取締役会もしくは株主総会の決議年月日等を記載する。企業内容等開示府令第二号様式・記載上の注意(8)e。②の欄には、募集の方法、募集の条件、申込取扱場所、払込取扱場所を記載する。募集の方法には、株主割当て、その他の者に対する割当て、一般募集に区別して、発行数、発行価額の総額、資本組入額の総額を記載する。募集の条件には、発行価格、資本組入額、申込株数・単位、申込期間、申込証拠金、払込期日を記載する。③の欄には、引受人の氏名または名称、住所、引受株式数、引受けの条件を記載する。これを記載しないで有価証券届出書を提出する場合は、その決定予定時期を注記することとなる。企業内容等開示府令第二号様式・記載上の注意(11)c。④の欄の「新規発行による手取金の額」には、払込金額の総額、発行諸費用の概算額、差引手取概算額を記載する。「手取金の使途」の欄には、新規発行による手取金の使途を、設備資金、運転資金、借入金返済、有価証券の取得、関係会社に対する出資または融資等に区分し、その内容および金額を具体的に記載する。企業内容等開示府令第二号様式・記載上の注意(20)。

社債を新規に発行する場合、募集要項として、①新規発行社債、②社債の引受けおよび社債管理の委託、③新規発行による手取金の使途の各項目について記載する必要がある。なお、新株予約権付社債を新規に発行する場合は、それぞれに関する事項を記載する必要がある。①の欄には、銘柄、記名・無記名の別、券面総額または振替社債の総額、各社債の金額、発行価額の総額、発行価格、利率、利払日、利息支払の方法、償還期限、償還の方法、募集の方法、申込証拠金、申込期間、申込取扱場所、払込期日、振替機関、担保の種類、担保の目的物、担保の順位、先順位の担保をつけた債権の金額、担保の目的物に関し担保権者に対抗する権利、担保付社債信託法上の受託会社、担保の保証、財務上の特約、取得格付を記載する。発行価格を記載しないで有価証券届出書を提出する場合は、発行価額の総額は、届出書提出日現在における見込み額を記載し、その旨を注記する。企業内容等開示府令第二号様式・記載上の注意(13)j。②の欄には、「社債の引受け」について、引受人の氏名または名称および住所、引受金額、引受けの条件を記載し、「社債管理の委託」について、社債管理者の名称および住所、委託の条件を記載する。これらを記載しないで有価証券届出書を提出する場合は、これらの決定予定時期を注記する。企業内容等開示府令第二号様式・記載上の注意(15)f。③の欄の記載は、右の株式を新規に発行する場合の③と同様である。

さらに、転換価格修正条項付転換社債型新株予約権付社債（MSCB）および行使価格修正条項付新株予約権（MSワラント）（以下、MSCB等という）の発行に関して特別の開示規制がある。新株予約権付社債の発行に際しては、新株予約権の目的となる株式の種類、新株予約権の目的となる株式の数等とともに、「当該行使価額修正条項付新株予約権付社債券等の特質」を記載しなければならない。新株予約権証券を新規に発行する場合にも、同様の記載欄がある。行使価額修正条項付新株予約権付社債券等とは、取得請求権付株券、新株予約権証券または新株予約権付社債券であって、権利行使により割り当てられる株式または権利行使に際して支払われるべき金銭等の価額が当該有価証券の発行後の株価を基準として決定または修正されるものと定義される（企業内容等開示府令一九条八項）。このような有価証券を発行する場合、①株価の下落により割当株式数が増加し、または資金調達額が減少するものである場合は、その旨、②行使価額等の修正の基準・頻度、③行使価額等の下限、割当株式数の上限および資金調達額の下限（これらが定められていない場合にはその旨およびその理由）、④提出会社の決定による繰上償還または全部取得の可否を、わかりやすく、かつ、簡潔に記載することが求められる。企業内容等開示ガイドライン五―七―二。右では、「分かりやすく、かつ、簡潔に」記載することが求められる。具体的な記載の仕方として、たとえば、修正の基準および頻度については、「修正の基準：○○証券取引所の終値（五連続取引日平均）の九〇パーセント、修正の頻度：一か月に一回」といった程度の簡潔な形で記載することが望ましいとされている。谷口義幸＝宮下央＝小田望未「第三者割当に係る開示の充実等のための内閣府令等の改正」商事法務一八八八号一〇頁。また、MSCB等の発行により資金調達をしようとする理由として、①検討の経緯、②発行済株式総数の増加が株主に及ぼす影響、③他の資金調達方法と比較した場合における当該MSCB等の発行による資金調達のデメリット・メリットの記載が必要である。企業内容等開示府令第二号様式・記載上の注意(8)d(a)、企業内容等開示ガイドライン五―七―四。

MSCB等は取締役会決議によって発行されるが、支配比率の希釈化や支配権の移動等により、株主の権利を損なうおそれに加えて、所有者に株式への転換・売却のインセンティブを与える性質の商品であり、適正な相場形成という流通市場の機能を損ないかねないとの問題点が指摘されていた。金融審議会金融分科会第一部会・ディスクロージャー・ワーキング・グループ報告「開示諸制度の見直しについて」（平成二〇年一二月一七日）。以上のことから、平成二一年一二月の内閣府令の改正で右のように開示の充実がはかられた。

このほか、コマーシャル・ペーパー、カバードワラント、預託証券、有価証券信託受益証券を新規に発行する場合にも特別の開示が求められる。

（4）有価証券の売出しを行う場合は、売出要項として、①売出有価証券、②売出しの条件を記載する必要がある。①の欄には、売出株式の場合、種類、売出数、売出価額の総額、売出しにかかる株式の所有者の住所および氏名または名称、売出新株予約権証券の場合、売出数、売出価額の総額、売出しにかかる新株予約権証券の所有者の住所および氏名または名称、売出社債の場合、銘柄、売出券面額の総額、売出価額の総額、売出しにかかる社債の所有者の住所および氏名または名称、売出コマーシャル・ペーパーの場合、支払期日、売出券面額の総額、売出価額の総額、売出しにかかるコマーシャル・ペーパーの所有者の住所および氏名または名称を記載する。②の欄には、売出価格、申込期間、申込単位、申込証拠金、申込受付場所、売出しの委託を受けた者の住所および氏名または名称、売出しの委託契約の内容を記載する。

（5）わが国では、会社法上の公開会社（会社法二条五号）では、株式の発行は取締役会決議で行うことができる（会社法二〇一条一項・一九九条二項）。会社の定款には、発行予定株式総数が記載される（会社法三七条一項・一一三条）。取締役会は、定款に記載された発行予定株式総数の範囲で、機動的に資金調達をすることができる（授権資本制度）。株式の発行により、株主割当ての場合を除き、既存株主の持株比率に変化が生じる。特に、第三者割当てにより株式を発行する場合、経営者の判断によって、支配権が変動するとともに、既存株主の権利が大幅に希釈化される。金融審議会金融分科会・我が国金融・資本市場の国際化に関するスタディグループ報告「上場会社等のコーポレート・ガバナンスの強化に向けて」（平成二一年六月一七日）は、「我が国市場の公正性・透明性を確保し、投資者の信頼を確保するため、第三者割当増資について、一層の市場規律の強化が急務になっている。」とした上で、「上場会社等が第三者割当増資を行う場合、例えば、資金使途の詳細、割当予定先との資本関係、事業上の契約や取極め、割当予定先による増資予定会社株式の保有状況や保有方針の詳細など、当該増資をめぐる当該上場会社等、割当予定先や両者の関係に係る具体的な情報の開示を求めることが適当である。」と述べていた。平成二一年一二月の内閣府令の改正で、割当予定先の実態や大規模な第三者割当を行うことについての発行会社の考え方等も投資判断に重要な影響を及ぼす情報であると考えられることから（谷口他・前掲注（3）四頁）、有価証券届出書（発行登録追補書類）の「証券情報」に、「第3【第三者割当の場合の特記事項】」の欄を設けた。

「第三者割当の場合の特記事項」として、①割当予定先の状況、②株券等の譲渡制限、③発行条件に関する事項、④大規模な第三者割当てに関する事項、⑤第三者割当て後の大株主の状況、⑥大規模な第三者割当ての必要性、⑦株式併合等の予定の有無および内容、⑧その他参考となる事項を記載しなければならない。

①として、「割当予定先の概要」、「提出者と割当予定先との関係」、「割当予定先の選定理由」、「割り当てようとする株式の数」、「株券等の保有方針」、「払込に要する資金等の状況」、「割当予定先の実態」を記載する。企業内容等開示府令第二号様式・記載上の注意㉓―3）。「払込に要する資金等の状況」では、割当予定先が払込みに要する資金・財産を保有することを確認した結果およびその確認の方法を具体的に記載しなければならない。企業内容等開示府令第二号様式・記載上の注意㉓―3）f。これは、発行会社が巨額の資金調達を行うと公表しながらその払込みが履行されない事態となれば、発行市場における情報開示に対する投資者の信頼を損ない、市場に混乱をもたらすおそれがあるため、このような事態を未然に防止するために開示が要求されるものである。谷口他・前掲注（3）六頁。「割当予定先の実態」では、割当予定先の株券等について、株主として権利行使を行う権限もしくはその指図権限または投資権限を実質的に有する者が存在する場合は、その旨およびこれらの権限の内容を具体的に記載することが求められる。さらに、割当予定先が、「暴力若しくは威力を用い、又は詐欺その他の犯罪行為を行うことにより経済的利益を享受しようとする個人、法人その他の団体」（指定団体等）であるか否か、割当予定先が特定団体等と何らかの関係を有しているか否かに

ついて記載するとともに、その確認方法を具体的に記載することとされている点が注目される。

②として、第三者割当てにかかる株券等についてその譲渡制限をする場合は、その旨およびその内容を記載する。企業内容等開示府令第二号様式・記載上の注意(23)―4)。発行会社が割当株式等の譲渡を制限することを条件に割当予定先に割当株式等を割り当てることとする場合は、その制限の内容を記載することを要する。

③として、発行価格の算定根拠および発行条件の合理性に関する考え方を具体的に記載する。企業内容等開示府令第二号様式・記載上の注意(23)―5)a。なお、有利発行を行うには株主総会の特別決議を要する。株主総会においては、当該払込金額で発行する必要について理由を説明しなければならない（会社法一九九条三項）。さらに、発行会社が有利発行であると判断したものについては、有価証券届出書において、そのように判断した理由および判断の過程の記載が必要となる。企業内容等開示府令第二号様式・記載上の注意(23)―5)b。会社が有利発行でないと判断した場合は、その理由、判断の過程および当該発行にかかる適法性に関して監査役が表明する意見、当該判断の参考にした第三者による分析または意見その他の情報があれば、その内容を記載しなければならない。企業内容等開示府令第二号様式・記載上の注意(23)―5)b。

大規模な第三者割当てがなされる場合、投資者の投資判断に与える影響がより大きいことから、⑥で特別の開示が要求される。ここにいう大規模な第三者割当てには二つの類型がある。第一は、第三者割当てによる議決権の希釈率が二五パーセント以上となる場合である。企業内容等開示府令第二号様式・記載上の注意(23)―6)a。第二は、第三者割当てにより支配株主となる者が生じる場合である。記載上の注意(23)―6)b。二五パーセントの算定基準、支配株主の定義について詳細が定められている。大規模な第三者割当てにあたる場合は、その旨およびその理由を記載しなければならない。当該大規模な第三者割当てを行わなければならない理由および既存の株主への影響についての取締役会の判断内容についても具体的に記載することを要する。企業内容等開示府令第二号様式・記載上の注意(23)―8)a。さらに、大規模な第三者割当てを行うことについての判断の過程を具体的に記載しなければならない。企業内容等開示府令第二号様式・記載上の注意(23)―8)b。これには、経営者から独立した者からの意見徴収、株主総会決議における株主の意思の確認その他取締役会の判断の妥当性を担保する措置を講じた場合、その旨および内容が含まれる。

(6)　工場、製品等の写真、図面その他特に目論見書に記載しようとする事項がある場合には、その旨および目論見書の記載箇所を示すこととされる。企業内容等開示府令第二号様式・記載上の注意(24)。

(7)　主要な経営指標等の推移、沿革、事業の内容、関係会社の状況、従業員の状況を記載することを要する。

(8)　業績等の概要、生産、受注および販売の状況、対処すべき課題、事業等のリスク、経営上の重要な契約等、研究開発活動、財政状態および経営成績の分析を記載する。

平成一五年の改正で、「事業等のリスク」と「財政状態および経営成績の分析」の項目が追加された。金融審議会第一部会報告「証券市場の改革促進」（平成一四年一二月一六日）は、「投資家の信頼が得られる市場を確保する観点から、企業の事業や財務に関する情報の開示に関し、開示すべき情報の充実・強化を図るとともに、企業活動の活性化を通じた経済の活性化を図るという観点から開示規則の整備を行うべきである。ディスクロージャーは、資金調達者たる企業と資金供給者たる投資家をつなぐ情報の架橋である。最近の米国における不正会計事件の教訓をも踏まえると、投資家保護と市場への信頼性の向上を図る観点から、監査の質と実効性を確保するとともに、ディスクロージャーの充実・強化を図る必要がある。具体的には、企業統治（コーポレート・ガバナンス）の実体を積極的にディスクローズすることにより企業統治の強化への取り組みを市場に明らかにするとともに、企業に関する情報が投資家に対し、正確に、具体的に、かつ、分かりやすく開示されることが重要である。」と述べた。その上で、具体的な制度整備として、事業内容、財務内容等の情報に加え、国際的にもその強化が求められているコーポレート・ガバナンスに関する「ガバナンス関連情報」（内部統制システム、リスク管理体制、役員報酬等）、「リスク情報」（経営者による財務・経営成績の分析（ＭＤ＆Ａ）、経営成績に重要な影響を与える要因についての分析等）についての開示の充実をすべきであると提言した。

事業等のリスクは、届出書に記載した事業の状況、経理の状況等に関する事項のうち、財政状態、経営成績およびキャッシュ・フローの状況の異常な変動、特定の取引先・製品・技術等への依存、特有の法的規制・取引慣行・経営方針、重要な訴訟事件等の発生、役員・大株主・関係会社等に関する重要事項等、投資者の判断に重要な影響を及ぼす可能性のある事項を一括して具体的に、わかりやすく、かつ、簡潔に記載することが要求される。企業内容等開示府令第二号様式・記載上の注意(33)ａ。将来に関する事項を掲載する場合には、当該事項は届出書提出日現在において判断したものである旨を記載することを要する。企業内容等開示府令第二号様式・記載上の注意(33)ｃ。

経営者による財務・経営成績の分析は、届出書に記載した事業の状況、経理の状況等に関して投資者が適正な判断を行うことができるよう、提出会社の代表者による財政状態および経営成績に関する分析・検討内容（たとえば、経営成績に重要な影響を与える要因についての分析、資本の財源および資金の流動性にかかる情報）を具体的に、かつ、わかりやすく記載することが求められる。企業内容等開示府令第二号様式・記載上の注意(36)ａ。

(9)　設備投資等の概要、主要な設備の状況、設備の新設・除却等の計画を記載する。

(10)　株式等の状況（株式の総数等、新株予約権等の状況、ライツプランの内容、発行済株式総数・資本金等の推移、所有者別状況、大株主の状況、議決権の状況、ストック・オプション制度の内容）、自己株式の取得等の状況、配当政策、株価の推移、役員の状況、コーポレート・ガバナンスの状況を記載する。コーポレート・ガバナンスの状況は平成一五年の改正で追加された項目である。この点については、本書三七〇頁参照。

(11)　最近五事業年度（六か月を一事業年度とする会社にあっては、一〇営業年度）の貸借対照表、損益計算書、株主資本等変動計算書およびキャッシュ・フロー計算書のうち、第二部に掲げたもの以外のものを、第二部の記載に準じて掲げることが要求される。企業内容等開示府令第二号様式・記載上の注意(83)。

(12)　金融商品取引所の上場または認可金融商品取引業協会に店頭登録しようとする会社（内国会社に限る）が、当該金融商品取引所または認可金融商品取引業協会の規則により、発行株式の募集・売出しを行うため、有価証券届出書を提出する場合には、第二号の四様式で作成することを要する（企業内容等開示府令八条二項一号）。証券情報、企業情報、特別情報および株式公開情報からなる。株式公開情報としては、特別利害関係者等の株式等の移動状況、第三者割当て等の概況、株主の状況を記載する。なお、当該募集・売出しが特定組織再編成発行手続・特定組織再編成交付手続に該当する場合には第二号の七様式による届出を要する（企業内容等開示府令八条二項二号）。

(13)　つぎのいずれにも該当しない発行者に特例が認められる（金商法五条二項）。

①　金融商品取引所に上場されている有価証券、店頭登録されている有価証券、外形基準に該当する有価証券の発行者

②　①以外で、過去に、特例による有価証券届出書以外の有価証券届出書（企業内容等開示府令二号様式から二号の四様式まで）を提出した者

③　①②以外で、すでに、少額募集等にかかる特例による有価証券報告書、四半期報告書、半期報告書以外の有価証券報告書、四半期報告書、半期報告書を提出している者

過去に本則による有価証券届出書、有価証券報告書等を提出した場合には、それ以降は、特例による有価証券届出書の提出が認められないこととなる。

(14)　少額募集等という。これは、内国会社が行う有価証券の募集・売出しのうち、つぎに掲げるもの以外のものが該当する（企業内容等開示府令九条の二）。

①　募集・売出しにかかる有価証券が新株予約権証券である場合で、当該新株予約権証券の発行価額・売出価額の総額に、当該新株予約権証券にかかる新株予約権の行使に際して払い込むべき金額の合計額を合算した金額が五億円以上となる場合における、当該募集・売出し

②　募集・売出しにかかる有価証券の発行価額・売出価額の総額に、当該募集・売出しを開始する日前一年以内に行われた募集・

売出しにかかる当該有価証券と同一の種類の有価証券の発行価額・売出価額の総額を合算した金額が五億円以上となる場合における当該募集・売出し

③　勧誘対象者の期間通算（六か月）（金商令一条の六）で募集に該当することとなる有価証券の発行価額の総額に、当該有価証券の発行される日以前六か月以内に発行された同種の新規発行証券の発行価額の総額を合算した金額が五億円以上となる場合における当該募集

④　勧誘対象者の期間通算（一か月）（金商令一条の八の三）で売出しに該当することとなる有価証券の売出価額の総額に、当該有価証券の売付け勧誘等が行われる日以前一か月以内に売付け勧誘等が行われた同種の既発行証券の売出価額の総額を合算した金額が五億円以上となる場合における当該売出し

⑤　同一の種類の有価証券で、その発行価額・売出価額の総額が、五億円未満である二組以上の募集・売出しが並行して行われ（少額募集等が並行して行われ）、かつ、これらの募集・売出しにかかる有価証券の発行価額・売出価額の総額の合計額が五億円以上となる場合におけるそれぞれの募集・売出し

⑥　発行価額・売出価額の総額が五億円以上である有価証券の募集・売出し、または①の募集・売出しと並行して行われることとなるこれらの募集・売出しにかかる有価証券と同一の種類の有価証券の募集・売出し

発行価額・売出価額の総額が五億円以上の募集・売出しであるにもかかわらず、これを分割することで、本則による有価証券届出書の提出を回避することが考えられる。そのため、金額についてはこのような通算する規定が定められている。

(15)　昭和六三年の改正で、開示義務が課せられる要件である発行価額・売出価額の総額の基準は五億円に引き上げられた。その後、投資者保護の観点から、発行価額・売出価額の総額が五億円未満である少額の募集・売出しについても開示を要求することが適当とされ、平成一〇年の改正で、基準金額は一億円に引き下げられた。これに対応して、少額募集の際の発行者のコスト負担の軽減が図られている。企業内容等開示府令では、第二号の五様式で作成すべきものとされる（企業内容等開示府令八条一項二号）。構成は、第二号様式とほぼ同様である。企業情報については、連結財務諸表等の記載は要求されず、発行会社の個別情報を記載すれば足りる。

(16)　一年間継続して有価証券報告書を提出している者とは、つぎのいずれかに該当する者であって、当該有価証券届出書提出日前一年の応当日以降、当該有価証券届出書提出日までの間において適正に継続開示義務を履行しているものをいう。①応当日において有価証券報告書を提出している者、②企業内容等開示府令一六条の二の規定に該当することにより、応当日において有価証券報告書を提出していない者で、以後当該有価証券届出書提出日までに有価証券報告書を提出した者（企業内容等開示ガイドライン五―

二六)。企業内容等開示府令一六条の二は、新規公開会社が初めて有価証券届出書を提出する場合に、当該有価証券届出書に直前事業年度にかかる財務諸表が記載されているときは、直前事業年度にかかる有価証券報告書の提出義務を免除するものである。したがって、②については、応当日には有価証券報告書が提出されていないものの、応当日以降、今回の有価証券届出書提出日までに有価証券報告書が提出されていれば、組込方式が認められることとなる。

(17)　企業内容等開示府令では、内国会社にあっては、第二号の二様式、外国会社にあっては、第七号の二様式によって作成することとされる(企業内容等開示府令九条の三第四項)。また、特定有価証券開示府令では、内国投資証券の発行者にあっては第七号の三様式、外国投資証券の発行者(外国会社報告書を提出した者以外の者)にあっては第八号様式により作成することとされる(特定有価証券開示府令一一条の二第二項)。一年以上継続して有価証券報告書を提出している会社にあっては、組込方式で有価証券届出書を作成することが「できる」のであり、原則にかえり、完全記載方式によって有価証券報告書を作成することを妨げない。

(18)　①株式移転の日の前日において適格完全子会社の数がその完全子会社の数の三分の二以上であること、②株式移転の日の前日において、その適格完全子会社の株主の数の合計数がその当該完全子会社の株主の数の合計数の三分の二以上であることが要求される(企業内容等開示府令九条の三第三項)。

(19)　企業内容等開示府令第二号の二様式・記載上の注意(2)。さらに、同・記載上の注意(2)に追完情報の内容が定められている。

(20)　企業内容等の開示に関する内閣府令では、内国会社にあっては第二号の三様式、外国会社にあっては第七号の三様式により有価証券届出書を作成することができるとしている(企業内容等開示府令九条の四第一項)。特定有価証券開示府令では、内国投資証券の発行者にあっては第七号の三様式、外国投資証券の発行者にあっては第八号様式により作成することができるとしている(特定有価証券開示府令一一条の三第四項)。参照方式で有価証券届出書が作成される場合、有価証券報告書には、証券情報として募集要項または売出要項およびその他の記載事項が記載された後に、発行会社の企業内容に関する事項が参照情報として数行だけの記載が付加される。

周知性要件は、簡略化された情報開示の下で、投資者を保護するためには、発行者に関する情報が流通市場において周知されていることが必要と考えられたものである。しかし、現在では、投資家は、ＥＤＩＮＥＴを通じて情報を容易に入手することが可能となっており、参照方式の利用について、周知性要件を課す必要は必ずしもないのではないかとも考えられる。この点について、発行登録制度の利用適格に関する周知性要件に関するものであるが、金融審議会金融分科会第一部会・ディスクロージャー・ワーキング・グループ報告・前掲注(3)は、「大量の証券が一時に発行・販売される局面において、流通市場を通じて発行者に関する情報が予め周知されているという『周知性』の要件は、短期間で投資判断を行う投資家に対してその投資判断を補強する材料を提供し、ひいては投資判断を得やすい環境を提供するのではないかとも考えられ、このような補完的な投資情報の提供という意味において、今日的な有用性を見い出すことができるとの意見が大勢であった。」としている。

(21)　売買金額・時価総額の算定は、届出書提出日前六か月のいずれかの日を算定基準として、つぎの計算による（企業内容等開示府令九条の四第五項一号）。

①　上場日・店頭登録日以降三年六か月以上が経過している場合
売買金額は、算定基準日前三年間の売買金額の合計を三で除した額。

時価総額は、算定基準日、前年応当日、前々年応当日の時価総額の合計を三で除した額。

②　上場日・店頭登録日以降二年六月以上三年六か月未満が経過している場合
売買金額は、算定基準日前二年間の売買金額の合計を二で除した額。
時価総額は、算定基準日、前年応当日の時価総額の合計を二で除した額。

③　上場日・店頭登録日以降二年六か月以上が経過していない場合
売買金額は、算定基準日前一年間の売買金額合計。
時価総額は、算定基準日の時価総額。

(22)　上場・店頭登録日以降二年以上三年未満が経過している会社については、二年平均時価総額、上場・店頭登録日以降二年六か月以上が経過していない会社については、算定基準日の時価総額が二五〇億円であることを要する（企業内容等開示府令九条の四第五項一号ハ）。

(23)　平成二一年一二月の改正前までは、参照方式が認められる要件として、金融庁長官が指定した格付機関により、すでに発行した社債券に一定以上の格付け（特定格付け）が付与され、かつ他の指定格付機関によりすでに発行した社債券または届出をしようとする社債券に特定格付けが付与されていることが規定されていた。

平成二一年一二月の改正で、格付要件に代えて、過去の社債発行の実績を考慮するものとされた。参照方式を利用できる者は、発行登録制度の適用がある（金商法二三条の三第一項）。金融審議会金融分科会第一部会・ディスクロージャー・ワーキング・グループ報告・前掲注（3）は、発行登録制度の利用適格要件について、格付要件が定められていることに関して、「格付情報を信用リスクに係る意見表明の一つとして発信し市場機能の強化に資するという格付本来の位置付けに立ち戻る観点から、当該要件は撤廃されるべきである。国際的にも、格付への過度な依存が今般の金融市場の混乱の一要因となったことから、かかる状況を是正するため、格付の公的利用のあり方について検証を行うとの方向で合意がなされたところであり、格付要件の撤廃は、このような国際的合意に沿ったものとなる。」としていた。

(24)　①当該株式移転の日の前日において適格完全子会社の数がその完全子会社の数の三分の二以上であること、②株式移転の日の前日において、その適格完全子会社の株主の数の合計数がその完全子会社の株主の数の合計数の三分の二以上であることが要求される（企業内容等開示府令九条の四第四項・九条の三第三項）。

(25)　平成二一年一二月改正前まで、指定格付機関による格付けを付与されていることが要件となっていたが、株式などと同様に、格付けの有無で参照方式の利用の有無を判断することは妥当ではないことから、本文のように、過去の実績によるものに変更された。

(26)　上場会社が公募増資を行う場合、つぎのプロセスを経ることが実務慣行となっている。齊藤将彦＝三宅朋佳「公募増資時の空売り規制に関する金融商品取引法施行令等の改正の概要」商事法務一九四四号三八頁。

①　新株発行に関する取締役会決議を行った日、有価証券届出書を提出し、プレスリリースを行う。その際、具体的な発行価格は記載せず、その決定方法として、ブックビルディングにより特定の期間（三日程度）の間に決定する旨を記載する。

②　有価証券届出書に記載した特定の期間の初日の大引け後に発行価格を決定する。発行価格は市場価格から三パーセントディスカウントした値となることが多い。価格が決定されるとそれを記載した訂正届出書を提出し、プレスリリースを行う。

③　価格決定日の翌日から数日間の申込期間を経て払込みが行われる。

このような仕組みを利用した空売りの弊害については、本書一三五八頁参照。

(27)　①内国投資信託受益証券は、特定有価証券開示府令の定める第四号様式、②外国投資信託受益証券は、同第四号の二様式、③内国投資証券は、同第四号の三様式、④外国投資証券は、同第四号の四様式、⑤内国資産流動化証券は、同第五号の二様式、⑥外国資産流動化証券は、同第五号の三様式、⑦内国資産信託流動化受益証券は、同第五号の四様式、⑧外国資産信託流動化受益証券は、同第五号の五様式、⑨内国信託受益証券、内国信託社債券および内国信託受益権は、同第六号様式、⑩外国信託受益証券、外国信託社債券、外国信託受益権および外国貸付債権信託受益証券は第六号の二様式、⑪内国抵当証券は、同第六号の三様式、⑫外国抵当証券は、第六号の四様式、⑬内国有価証券投資事業権利等は、同第六号の五様式、⑭外国有価証券投資事業権利等は、第六号の六様式、⑮特定有価証券信託受益証券は、当該特定有価証券信託受益証券にかかる受託有価証券につき、①から⑫までに掲げる有価証券の区分に応じて定める様式、⑯特定預託証券は、当該特定預託証券に表示される権利にかかる特定有価証券につき、①から⑫に掲げる有価証券の区分に応じて定める様式による（特定有価証券開示府令一〇条一項）。平成一八年の改正で、有価証券の定義が改正されたことにもとづき、内閣府令でも開示様式が整備されている。

(28)　①内国投資証券は、特定有価証券開示府令の定める第四号の三の二様式、②外国投資証券は、同第四号の四の二様式、③特定内国資産流動化証券は、同第五号の二の二様式、④特定外国資産流動化証券は、同第五号の三の二様式によって、組込方式による有価証券届出書を作成することができる（特定有価証券開示府令一一条の二第三項）。

(29)　①内国投資証券は、特定有価証券開示府令の定める第四号の三の三様式、②外国投資証券は、同第五号様式、③特定内国資産流動化証券は、同第五号の二の三様式、④特定外国資産流動化証券は、同第五号の三の三様式によって、参照方式による有価証券届出書を作成することができる（特定有価証券開示府令一一条の三第一項）。

(30)　平成二二年一二月の改正前まで、金融庁長官が指定した格付機関により、すでに発行した投資証券に一定以上の格付け（特定格付け）が付与され、かつ他の指定格付機関によりすでに発行した投資証券または届出をしようとする投資証券に特定格付けが付与されていることとされていた。社債の場合と同様に（前掲注（23）参照）、同年同月の改正で、本文のように、改正がなされた。また、特定内国資産流動化証券および特定外国資産流動化証券の有価証券届出書についての組込方式・参照方式も、同改正によって導入された。

(31)　英文開示は、平成一七年一二月一日から、外国株価指数連動型上場投資信託（外国ＥＴＦ）にかかる有価証券報告書、半期報告書およびこれらの訂正報告書に認められた。さらに、平成二〇年六月一日から、外国会社等が発行者であるすべての有価証券についての有価証券報告書、四半期報告書・半期報告書、内部統制報告書、確認書および親会社等状況報告書（ならびにこれらの訂正報告書）に認められた。

金融庁・開示制度ワーキング・グループ報告「英文開示の範囲拡大について」（平成二二年一二月一七日）は、発行開示における英文開示ついて、つぎのように述べていた。

①　英文開示の対象範囲が継続開示書類に限られていることから、わが国において資金調達等を行う外国会社等は、有価証券の募集または売出しを行うために日本語による有価証券届出書を作成しなければならないが、この日本語による有価証券届出書をベースとすることにより、大きなコストをかけることなく日本語による有価証券報告書等の作成が可能となり、あえて英文開示を行う必要性は小さい旨の指摘がある。

②　こうした指摘を踏まえ、英文開示の対象範囲を有価証券届出書等の発行開示書類および臨時報告書に拡大し、発行開示書類と継続開示書類を一体として英文開示の対象とすることで、英文開示全体として利便性を向上させることが適当である。

(32)　谷口義幸「開示制度等の見直し（下）―英文開示の範囲拡大、発行登録追補目論見書の交付義務の特例」商事法務一九三七号三〇頁。

(33)　外国の法令、外国金融商品市場を開設する者（外国金融商品取引所）その他の内閣府令で定める者の規則にもとづいて当該外国において公衆の縦覧に供されていることをいう（金商法五条六項二号）。

(34)　当該届出書提出外国会社が直近に提出した有価証券報告書（添付書類を含む）および当該有価証券報告書の提出後に提出された四半期報告書または半期報告書ならびにこれらの訂正報告書をいう（金商法五条四項）。

(35)　第七号様式にあっては、(i)「第二部　企業情報」の「第3　事業の状況」の「4　事業等のリスク」、(iii)「第二部　企業情報」のうち、(i)および(ii)以外の項目であって、届出書提出外国会社が公益または投資者保護のため必要かつ適当なものと認める項目、第七号の四様式にあっては、(i)「第三部　発行者情報」の「第2　企業の概況」の「1　主要な経営指標等の推移」および「3　事業の内容」、(ii)「第三部　発行者情報」の「第3　事業の状況」の「4　事業等のリスク」、(iii)「第二部　組織再編成（公開買付け）に関する情報」および「第三部　発行者情報」のうち、(i)および(ii)以外の項目であって、届出書提出外国会社が公益または投資者保護のため必要かつ適当なものと認める項目が定められている（企業内容等開示府令九条の七第二項）。

(36)　有価証券届出書に記載すべき事項（第七号様式にあっては「第一部　証券情報」、第七号の四様式にあっては「第一部　証券情報」および「第二部　組織再編成（公開買付け）に関する情報」に記載すべき事項を除く）（注（35）参照）であって、当該書類に記載されていない事項（不記載事項）のうち、日本語または英語によって記載したもの（当該事項を英語によって記載したものである場合は、当該事項の要約の日本語による翻訳文を添付すること）とされている（企業内容等開示府令九条の七第三項）。外国債開示府令六条の五第三項、特定有価証券開示府令一一条の五第三項参照。

(37)　有価証券届出書に記載すべき事項のうち外国会社届出書に記載されてない事項（不記載事項）（注（36）参照）を日本語または英語によって記載したもの、発行者情報と当該事項に相当する外国会社届出書の記載事項との対照表が規定されている（企業内容等開示府令九条の七第四項）。

(38)　有価証券の発行についての取締役会の決議または株主総会の決議の議事録などが規定されている（企業内容等開示府令一〇条）。

(39)　たとえば、発行者情報書類が外国で開示されていても、それが投資者保護に欠けることとなる作成基準により作成された場合などがこれに該当するとされている。谷口・前掲注（32）三三頁。

(40)　英文開示による有価証券報告書（外国会社報告書）を提出することができない外国会社が外国会社報告書を提出した場合には、内閣総理大臣はその旨を通知し（金商法二四条一二項）、当該通知を受けた外国会社は、内閣府令に定める様式に従った日本語による有価証券報告書を提出しなければならない（金商法二四条一三項）。これに対して、英文による有価証券届出書（外国会社届出書）を提出することができない外国会社は、あらためて内閣府令に定める様式に従った日本語による有価証券届出書を提出しなければ、有価証券の募集・売出しを行うことができない。そのため、発行開示については、内閣総理大臣からの通知のみが規定されている。谷口・前掲注（32）三二頁。

（41）なお、平成二三年の改正で、有価証券届出書にライツ・オファリングの場合における新株予約権証券の引受けに関する記載事項が規定された（企業内容等開示府令第二号様式・記載上の注意⑿q）。そこでは、コミットメントの内容（引受けの態様、引受証券会社が発行会社から新株予約権証券を取得する際の対価の金額等）、コミットメントを行う引受証券会社の株式等保有状況（株券等保有割合が五パーセントを超えるとき）の記載が求められている。

5 添付書類

有価証券届出書の添付書類は、有価証券届出書がいかなる方式によって作成されるかによって異なる。

有価証券届出書が完全記載方式で作成される場合、有価証券届出書につぎの書類を添付することを要する[1]（金商法五条一〇項、企業内容等開示府令一〇条一項一号）（第二号様式により作成した有価証券届出書の添付書類）。

① 定款

② 当該有価証券の発行につき発行を決議した取締役会の議事録等もしくは株主総会の議事録の写しまたは行政庁の認可を受けたことを証する書面（発起人全員の同意があったことを知るに足る書面）

③ 発行会社の資本金の額の変更につき、行政庁の許可等を必要とする場合における当該許可等があったことを知るに足る書面

④ 当該有価証券が社債、社会医療法人債、学校債券もしくは学校貸付債権またはコマーシャル・ペーパーであって、保証が付されている場合は、当該保証を行っている会社の定款および当該保証を決議した取締役会の議事録等または株主総会の議事録の写しその他の当該保証を行うための手続がとられたことを証する書面ならびに当該保証の内容を記載した書面

⑤ 当該有価証券がカバード・ワラントであって、それに表示されるオプションにかかる契約が締結されている場

合は、その契約書の写し

⑥　当該有価証券が有価証券信託受益証券である場合には、当該有価証券信託受益証券の発行に関して締結された信託契約その他主要な契約の写し

⑦　当該有価証券が預託証券である場合には、その発行に際して締結された預託契約その他主要な契約の契約書の写し

有価証券届出書が組込方式で作成される場合にも、右の①ないし⑦の書類を有価証券届出書に添付しなければならない（金商法五条一〇項、企業内容等開示府令一〇条一項二号）(2)。①の定款については、これが添付書類として提出することとされている有価証券報告書に含まれていない部分のみを添付すれば足りる（金商法五条一〇項、企業内容等開示府令一〇条一項二号イ括弧書）(3)。

有価証券届出書が参照方式で作成される場合、右の①ないし⑦の書類に加えて、つぎの書類を有価証券届出書に添付しなければならない（金商法五条一〇項、企業内容等開示府令一〇条一項三号）(4)。もっとも、①の定款については、組込方式の場合と同様に、有価証券報告書に含まれていない部分のみ添付すれば足りる（企業内容等開示府令一〇条一項三号イ括弧書）。

⑧　有価証券届出書の提出者が参照方式利用適格を満たしていることを示す書面(5)

⑨　有価証券届出書の参照書類として記載された有価証券報告書の提出日後に記載することができるようになった重要な事実の内容を記載した書類（その事実が参照書類に記載されている場合を除く）(6)

⑩　事業内容の概要および主要な経営指標の推移を的確かつ簡明に説明した書面

⑩の業業内容の概要および主要な経営指標等の推移を的確かつ簡明に説明した情報は、有価証券届出書が参照方式で作成される場合、届出書類に発行会社の企業内容として包括的に記載される唯一の情報であり、目論見書に記載すべきものとされている（金商法一三条三項、企業内容等開示府令一三条一項一号ハ）。

（1）　発行者が内国会社で、特定組織再編成発行手続または特定組織再編成交付手続を行うためには、企業内容等開示府令第二号の六様式で有価証券届出書の提出を行う必要がある（企業内容等開示府令八条一項三号）。この場合、第二号様式による有価証券届出書の添付種類に加えて、提出会社が組織再編成を行う会社以外の会社である場合には、当該会社の定款が添付書類となる（企業内容等開示府令一〇条一項三号の四）。

（2）　さらに、株式移転による設立された持株会社（完全親会社）が組込方式の利用を認められる場合、株式移転にかかる情報として、(i)有価証券届出書の提出者の完全子会社および適格完全子会社の名称、住所、代表者の氏名、資本金および事業の内容、(ii)株式移転の日の前日における提出者の完全子会社および適格完全子会社の株主数、(iii)株式移転の目的、(iv)株式移転の方法および株式移転にかかる適格完全子会社の株主総会の決議の内容を記載した書面を添付しなければならない（企業内容等開示府令一〇条一項二号ハ）。

（3）　有価証券報告書の添付書類として提出が要求される定款は、当該報告書の提出日前五年以内にすでに定款が添付書類として提出されている場合には、先に提出された定款と異なる部分のみを提出すれば足りる（企業内容等開示府令一七条一項ただし書）。そのため、定款が先に提出された定款と同一の内容である場合には、有価証券報告書に添付書類として定款を提出する必要がない。この場合には、「有価証券報告書に含まれていない場合」に該当し、したがって、有価証券届出書については、定款の添付が必要となる。企業財務制度研究会編著・証券取引法における新「ディスクロージャー制度」詳解六六頁（平成一三年）。

（4）　さらに、株式移転により設立された持株会社（完全親会社）が参照方式の利用を認められる場合、株式移転にかかる情報として、(i)有価証券届出書の提出者の完全子会社および適格完全子会社の名称、住所、代表者の氏名、資本金および事業の内容、(ii)株式移転の日の前日における提出者の完全子会社および適格完全子会社の株主数、(iii)株式移転の目的、(iv)株式移転の方法および株式移転にかかる適格完全子会社の株主総会の決議の内容を記載した書面を添付しなければならない（企業内容等開示府令一〇条一項二号ハ(4)）。

（5）　企業内容等開示ガイドライン五―三〇は、参照方式の利用適格要件を満たしていることを示す書面の様式を、上場会社（店頭登録会社はこれに準ずる）とそれ以外の会社に分けて規定している。

（6）　ハイライト情報とよばれる。企業内容等開示府令第二号様式・記載上の注意(25)に規定されている事項が示されている場合をいう。企業内容等開示ガイドライン五―三一。たとえば、最近五連結会計年度にかかる主要な経営指標等（売上高、経常利益金額・当期純損失金額、当期純利益金額・当期純損失金額、純資産額、一株あたり純資産額、一株あたり当期純利益金額・当期純損失金額、潜在株式調整後一株あたり当期純利益金額、自己資本比率、自己資本利益率、株価収益率、営業活動によるキャッシュ・フロー、投資活動によるキャッシュ・フロー、財務活動によるキャッシュ・フロー、現金・現金同等物の期末残高、従業員数）の推移、提出会社の最近五事業年度にかかる主要な経営指標等（売上高、経常利益金額・経常損失額、当期純利益金額・当期純損失金額、持分法を適用した場合の投資利益・投資損失の金額、資本金、発行済株式総数、純資産額、総資産額、一株あたりの純資産額、一株あたりの配当額、一株あたりの当期純利益金額・当期純損失金額、潜在株式調整後一株あたりの当期純利益金額、自己資本比率、自己資本利益率、株価収益率、配当性向、営業活動によるキャッシュ・フロー、投資活動によるキャッシュ・フロー、財務活動によるキャッシュ・フロー、現金・現金同等物の期末残高、従業員数）の推移などが例示されている。

6　有価証券届出書の訂正

有価証券届出書および添付書類は、募集・売出しの届出が効力を生ずる日現在において、有価証券の投資判断に必要な重要事実が記載されていなければならない。そこで、有価証券届出書および添付書類が、募集・売出しの届出が効力を生ずる日現在において[1]、有価証券の投資判断に必要な重要事実を正確かつ十分に記載していないときは、有価証券届出書または添付書類の記載の訂正を要することになる。有価証券届出書または添付書類の記載の訂正は、訂正届出書の提出によって行われる[2]。

届出の効力が発生する前には、有価証券届出書の提出者は、つぎの場合、訂正届出書を提出しなければならない。

① 有価証券届出書または添付書類に記載すべき事項に重要な変更があった場合（金商法七条一項前段）[3]。

② 有価証券届出書の提出日前に発生した有価証券届出書または添付書類に記載すべき重要な事実で、これらの書類の提出時に、その内容を記載することができなかったものが、記載することができる状態になった場合（金商法七条一項前段、企業内容等開示府令一一条一号）[4]。

③ 当該有価証券届出書または添付書類に記載すべき事項に関し重要な事実が発生した場合（金商法七条一項前段、企業内容等開示府令一一条二号）[5]。

④ 発行価額等の記載を省略して有価証券届出書を提出した場合に、当該有価証券届出書に記載しなかったものに

ついて、その内容が決定した場合（金商法七条一項前段、企業内容等開示府令一一条三号）。[6]

以上の事由がない場合においても、届出者が届出書類のうちに訂正を必要とするものがあると認めたときにも、訂正報告書の提出が義務づけられる（金商法七条一項後段）。たとえば、届出の効力が生じた後、申込みが確定するときまでに、「新規発行による手取金の使途」、「事業等のリスク」、「財政状態および経営成績の分析」、「重要な設備の新設、拡充、改修、除去または売却等の計画」等について投資判断に重要な影響を及ぼすような変更があった場合など、一定の事由が発生した場合には、訂正届出書の提出が要求される。[7]さらに、算式表示方式により有価証券届出書を提出した場合に、最低発行価額が決定したときも訂正届出書の提出を行わなければならない。[8]または、算式表示方式では、発行価格または売出価格が決定したとき、確定した発行価格または売出価格ならびに当該発行価格等にもとづく募集（売出）金額、発行（売出）価額の総額等の関連事項を届出目論見書に記載することになるので、効力発生の直前に提出される訂正届出書に当該確定した発行価格または売出価格等を記載できない場合には、すみやかに訂正届出書を提出することが必要とされている。[9]

訂正届出書の提出は、有価証券届出書の提出者が自発的にこれを行うことを原則とする（金商法七条一項）。訂正届出書を提出しない場合は、有価証券届出書に記載すべき重要な事項の記載が不十分であり、または重要な事項の記載が欠けているものとして、内閣総理大臣は、訂正命令を発することができる（金商法九条一項・一〇条一項）。内閣総理大臣は、つぎの場合、有価証券届出書の提出者に対し、訂正届出書の提出を命じることができる。

① 有価証券届出書、添付書類または訂正届出書に形式上の不備がある場合（金商法九条一項）
② 有価証券届出書、添付書類または訂正届出書に記載すべき事項の記載が不十分である場合（金商法九条一項）
③ 有価証券届出書、添付書類または訂正届出書の重要な事項につき、虚偽の記載がある場合（金商法一〇条一項）
④ 有価証券届出書、添付書類または訂正届出書に記載すべき重要な事項もしくは誤解を生ぜしめないために必要な重要事実の記載が欠けている場合（金商法一〇条一項）

①および②の場合、届出の効力発生日の前に限って、訂正届出書の提出命令を発することを原則とするが、効力発生日以降に自発的に提出された訂正届出書（金商法七条一項参照）に関しては、届出の効力発生後といえどもこれを行うことができる（金商法九条五項）[10]。これに対して、③および④の場合、届出の効力発生の前後を問うことなく、内閣総理大臣は訂正届出書の提出を命じることができる[11]。

（1）アメリカの一九三三年証券法の下での登録届出書については、登録の効力発生日現在の事実を開示すべきだと解されているが、アメリカの証券取引委員会は、早い時期の審決である Charles A. Howard, 1 SEC 6, 10（1934）の中で、具体的な例をひいてつぎのように述べている。

「登録届出書に登録者が五〇〇エーカーの森林を所有している旨の記載があり、登録届出書の効力発生後の山火事でこの森林のうち二五〇エーカーが焼失したと仮定しよう。登録者の行った表示は、登録届出書の効力発生時の真実を反映するものであって、効力停止命令を発する根拠を与えない。……他方、登録者が五〇〇エーカーを所有しているという表示が誤った調査によるものであって、登録届出書の効力発生後の二回目の正確な調査で登録者が二五〇エーカーだけを所有していたことがあきらかになったと仮定しよう。この場合、表示は、登録届出書が効力を生じた時現在で不実であって、登録届出書に適切な訂正がなされないかぎり、委員会は停止命令の手続をとることができるのである。」

（2）訂正届出書の場合にも、有価証券届出書と同様に、写しの金融商品取引所または認可金融商品取引業協会への提出、それの財務局等での公衆縦覧、写しの発行者の本店および主要な支店ならびに金融商品取引所または認可金融商品取引業協会での公衆縦覧が必要となる（金商法一二条・二五条・二条七項）。

（3）企業内容等開示ガイドライン七—一は、つぎのものを例示している。

①　発行数または券面総数に変更があった場合

②　新規発行による手取金の使途、事業等のリスク、財政状態および経営成績の分析、重要な設備の新設・拡充・改修・除去・売却等の計画等について、投資判断に重要な影響を及ぼすような変更があった場合

（4）企業内容等開示ガイドライン七—三は、つぎのものを例示している。

①　最近連結会計年度のつぎの連結会計年度の連結財務諸表が作成され、当該連結財務諸表が公表された場合

② 最近連結会計年度の連結会計年度の連結財務諸表が作成され監査証明を受けた場合
③ 最近連結会計年度のつぎの連結会計年度における四半期連結会計期間にかかる四半期連結財務諸表が作成され、当該四半期連結財務諸表（その概要を含む）が公表された場合
④ 最近連結会計年度のつぎの連結会計年度における四半期連結会計期間にかかる四半期連結財務諸表が作成され監査証明を受けた場合
⑤ 最近連結会計年度のつぎの連結会計年度にかかる中間連結財務諸表が作成され、当該中間連結財務諸表が公表された場合
⑥ 最近連結会計年度のつぎの連結会計年度にかかる中間連結財務諸表が作成され監査証明を受けた場合
⑦ 最近事業年度のつぎの事業年度の決算案が取締役会において承認された場合
⑧ 最近事業年度のつぎの事業年度の貸借対照表および損益計算書が、会社法四三九条の規定により確定した場合
⑨ 最近事業年度のつぎの事業年度の決算が確定し監査証明を受けた場合
⑩ 最近事業年度のつぎの事業年度における四半期会計期間にかかる四半期財務諸表が作成され、当該四半期財務諸表（その概要を含む）が公表された場合
⑪ 最近事業年度のつぎの事業年度における四半期会計期間にかかる四半期財務諸表が作成され監査証明を受けた場合
⑫ 最近事業年度のつぎの事業年度にかかる中間財務諸表が作成され、当該中間財務諸表が公表された場合
⑬ 最近事業年度のつぎの事業年度にかかる中間財務諸表が作成され監査証明を受けた場合
⑭ 係争中の重要な訴訟事件が解決した場合
⑮ 「提出会社の保証会社等の情報」に記載されているまたは記録されるべき書類と同種の書類が新たに提出された場合（ただし、継続開示会社に該当しない会社のときには、当該書類が新たに作成された場合）
⑯ 会社法一五五条に掲げる自己株式の取得を行った場合
⑰ デリバティブ取引その他の取引（企業内容等開示府令一九条九項）にかかる取決め等があることを知ったとき

（5） 企業内容等開示ガイドライン七―六は、たとえば、提出会社について親会社または特定子会社の異動、代表取締役の異動等または提出会社もしくは連結子会社について重要な災害の発生、重要な訴訟事件の提起、会社の合併、重要な事業の譲渡または譲受け、多額の取立て不能債権等の発生等があったことを例示している。

（6） 時価または時価に近い一定の価格により株券を募集する場合の発行価格、引受株式数または引受けの条件等を決定した場合等が該当する（企業内容等開示府令九条の各号参照）。

（7）　企業内容等開示ガイドライン七―七では、さらに、前掲注（4）に記載する事由が発生したとき（①から⑭）に加えて、「提出会社について親会社又は特定子会社の異動、主要株主の異動、代表取締役の異動等又は提出会社若しくは連結子会社について重要な災害の発生、重要な訴訟事件の提起、会社の合併、株式交換、株式移転、重要な事業の譲渡または譲受け、多額の取立不能債権等の発生等があった場合」、「有価証券届出書の記載事項中『経理の状況』につき、開示府令第二号様式記載上の注意(74)の各号の一に該当することとなった場合」、「『提出会社の保証会社等の情報』に記載されている、または記載されるべき書類と同種の書類が新たに提出された場合」に訂正届出書提出義務が発生するとしている。ライツ・オファリングにおいて、有価証券届出書の効力発生後に継続開示書類が提出される場合、あらかじめ有価証券届出書に当該継続開示書類の提出の時期等が記載されていれば、訂正届出書の提出は不要である。なお、同ガイドライン七―七では、金融商品取引法四条四項に規定する「有価証券の募集又は売出しが一定の日において株主名簿に記載されている株主に対して行われる場合」でやむをえない事情があるときは、これによらないことができるものとしている。

（8）　企業内容等開示ガイドライン七―五。

（9）　企業内容等開示ガイドライン七―八。

（10）　企業内容開示等ガイドライン九―一は、まずは、提出者等に対し、ヒアリング等を通じて、必要と考えられる自発的な訂正届出書の提出を求め、その提出がなされない場合、必要に応じて、報告を求め（金商法二六条）、訂正命令の発出の検討を行うとしている。

（11）　企業内容等開示ガイドライン一〇―一は、処分等を行う場合には、以下のとおり取り扱うとしている。

①　金融商品取引法一〇条一項の適用にあたっては、投資者の投資判断に影響を与えると考えられる事項について、影響度を個別に検討し判断するものとする。

投資者の投資判断に影響を与えると考えられる事項については、たとえば、提出者の連結財務諸表等の貸借対照表の資産・負債の総額、純資産合計や損益計算書の当期純利益等が一定以上変動する場合のほか、提出者の事業実施等に不可欠な資産計上の誤りや提出者の株主の状況または発行有価証券の流動性の誤り等についても対象となりうるので、機械的・画一的な検討を行わないよう留意する。

なお、重要な事項の判断については、単に記載上の注意等により定められている記載事項の有無により判断することのないよう留意する。

②　有価証券届出書に重要な事項について虚偽の記載があり、または記載すべき重要な事項もしくは誤解を生じさせないために

必要な重要な事実の記載が欠けていること（虚偽記載等）がある可能性が判明した場合は、深度あるヒアリングを行うことや、必要に応じて報告（金商法二六条参照）を求めることを通じて、事実関係の把握に努めることとする。

なお、連結財務諸表等にかかる虚偽記載等がある可能性が判明した場合は、当連結財務諸表等に監査証明を行った公認会計士・監査法人に対しても、深度あるヒアリング、もしくは必要に応じて、報告（金商法二六条・一九三条の二第六項）を求めることとする。

その結果、虚偽記載等があることが判明した場合は、速やかに自発的な訂正届出書を提出することを求めることとし、適正な訂正届出書の提出がなされないと認められた場合もしくは公益または投資者保護上必要と考えられる場合等には、速やかに訂正届出書の提出命令の手続に入ることとする

③　訂正届出書の提出命令を行おうとする場合、金融商品取引法八条一項の期間が経過するまでに、必要と考えられる訂正が行われない可能性がある等、必要かつ適当と認められる場合には、効力の停止命令を併せて行うことを検討するものとする。

④　金融商品取引法一〇条三項に定める停止命令の解除の決定については、深度あるヒアリングを行うことや、必要に応じて報告（金商法二六条）を求めることを通じて、訂正届出書の内容のほか、提出者の財務処理体制ならびに内部統制の状況等についても、十分把握した上で総合的に判断するものとする。

7　届出の効力発生

募集・売出しの届出は、内閣総理大臣が有価証券届出書を受理した日から一五日を経過した日に効力を生じるのを原則とする（金商法八条一項）。ただし、発行価格その他の事項の記載のない有価証券届出書を提出した場合、記載の欠如した事項を補充する訂正届出書を内閣総理大臣が受理するまでは一五日の期間が開始せず、また、この期間内に自発的な訂正届出書が提出された場合、訂正届出書が受理された日から一五日の期間が開始する（金商法八条一項・二項）。内閣総理大臣が有価証券届出書を受理した日から効力発生日までの期間を、一般的に、待機期間という。待機期間は、募集・売出しがなされる有価証券に関する証券情報や発行者情報を周知させる期間であり、投資者が慎重な投資判断を行うための熟慮の期間でもある。

届出が一五日の期間経過後に効力を生ずるとの原則には、つぎの二つの例外がある。例外の第一は、届出の効力発

生前に訂正届出書の提出命令が発せられた場合で、訂正届出書を受理した日から内閣総理大臣の指定する期間を経過した日に届出の効力が生ずる（金商法九条三項・四項・一〇条三項）。例外の第二は、内閣総理大臣が有価証券届出書、訂正届出書または添付書類の内容が公衆に容易に理解されると認め、または発行会社の企業内容等に関する状況がすでに公衆に広範に提供されていると認めて、特に短い期間を指定した場合で、この場合にはその期間が経過した日に届出の効力が生ずる（金商法八条三項・九条四項・一〇条三項）(1)。

発行会社の企業内容に関する情報がすでに広範に提供されていると認める場合として、有価証券届出書が組込方式または参照方式によって作成することができる場合が挙げられる(2)。組込方式または参照方式の利用適格が認められる限り、有価証券届出書が組込方式または参照方式によって作成されるか否かは問わない。ただし、参照方式の利用適格者が有価証券届出書を完全記載方式または組込方式によって作成する場合（企業内容等開示府令第二号の三様式または第七号の三様式以外の様式により作成する場合）、待機期間の短縮の取扱いを受けるためには、有価証券届出書に参照方式の利用適格の要件を満たしていることを示す書類を添付することを要する(3)。これらの場合、内閣総理大臣が有価証券届出書を受理した日から、おおむね七日を経過した日に届出の効力が発生する(4)。

さらに、訂正届出書の提出があった場合または届出をした株式の募集をした結果生じた失権株を当該募集と並行して再募集するための届出があった場合には、金融商品取引法八条三項により、おおむね一日を経過した日にその届出の効力が発生する（中一日の効力発生）(5)。もっとも、発行価格・売出価格または利率が未定であるものであって、当初届出書の証券情報に関する事項にかかる訂正届出書の提出につき、つぎにかかげる場合には、当該訂正届出書の提出日またはその翌日にその届出の効力を生じさせることができる（即日・翌日の効力発生）(6)。

① 当該有価証券の取得等の申込みの勧誘時において、発行価格等にかかる仮条件を投資者に提示し、当該有価証券にかかる投資者の需要状況を把握した上で発行を行う場合（ブックビルディングの場合）

② 企業内容等開示府令二号の四様式により有価証券届出書を提出して、募集・売出しを行う場合（株式新規公開の

場合）

株式の発行数または社債の券面総額の変更などで、中一日または即日・翌日の効力発生の取扱いが適当でないと認められる場合には、おおむね中三日で効力が発生する取扱いがなされる(7)。

届出の効力が発生した後でも、内閣総理大臣は、その効力の停止を命ずることができる場合がある。

有価証券届出書、添付書類または訂正届出書のうちに、重要な事項につき虚偽の記載があり、または記載すべき重要な事項もしくは誤解を生ぜしめないために必要な重要な事実の記載を欠いているため、届出の効力発生後に訂正届出書の提出を命ずる場合、内閣総理大臣は、届出の効力停止を命ずることができる（金商法一〇条一項）。届出の効力停止命令があった場合、内閣総理大臣の提出命令にかかる訂正届出書が提出され、かつ、内閣総理大臣がこれを適当と認めたときは、内閣総理大臣は、停止命令を解除する（金商法一〇条四項）。

有価証券届出書、添付書類または訂正届出書のうちに、重要な事項につき虚偽の記載がある場合、公益または投資者のため必要と認めるときは、内閣総理大臣は、公益または投資者保護のため相当と認められる期間、届出の効力を停止することができる（金商法一一条一項）(8)。この場合、有価証券届出書の重要事項についての虚偽の記載につき、提出された訂正届出書の内容が適当であり、かつ、有価証券を募集・売出しにより取得させ、または売り付けても、公益または投資者保護のため支障がないと認めるときは、内閣総理大臣は、届出の効力停止命令を解除することができる（金商法一一条二項）。

有価証券届出書、添付書類または訂正届出書の重要な事項についての虚偽記載を理由に、効力停止命令が発せられても、前者の場合は、虚偽記載を是正する訂正届出書が提出され、それが適当と認められれば、直ちに停止命令が解除されるが、後者の場合、虚偽記載を是正する訂正届出書が提出されても、募集・売出しにより有価証券を取得させまたは売り付けても「公益または投資者保護のため支障がない」と認められない限り、停止命令は解除されない。

(1)　有価証券届出書の受理日から一五日に満たない期間を経過した日に、届出の効力が発生するように取り扱うこととした場合には、原則として、当該届出者の提出者等から、当該届出書提出時または提出以前に当初届出書の内容および期間短縮の必要性について、申出があることを条件とする。訂正届出書も同様である。企業内容等開示ガイドライン八―一。待機期間の短縮の通知は、効力発生通知書を有価証券届出者に交付することによって行う。
(2)　企業内容等開示ガイドライン八―二①②。組込方式および参照方式については本書二八四・二八五頁以下参照。
(3)　企業内容等開示ガイドライン八―二②。
(4)　企業内容等開示ガイドライン八―二③。第三者割当てにかかる有価証券届出書が、C個別ガイドラインⅢ「株券等発行に係る第三者割当」の記載に関する取扱いガイドラインの審査対象に該当する場合は、期間の短縮は、原則として認められない。企業内容等開示ガイドライン八―二④。なお、届出者が、企業内容等開示府令二号の六様式、二号の七様式または七号の四様式により作成した届出書を提出する場合には、金融商品取引法八条三項の規定により、当初届出書を提出した日の翌日にその効力が発生するよう取り扱うことが認められる。もっとも、届出者が当該取扱いについて、申出がない場合または当該取扱いが適当でないと認められる場合はこの限りでない。企業内容等開示ガイドライン八―二⑤。
(5)　企業内容等開示ガイドライン八―三イ。ただし、たとえば、届出書がC個別ガイドラインⅢ「株券等発行に係る第三者割当」の記載に関する取扱いガイドラインの審査対象に該当する有価証券届出書であって、当該第三者割当てに関する事項が大幅に変更される等、当該取扱いが適当でないと認められる場合は、この限りでない。
(6)　企業内容等開示ガイドライン八―三ロ本文。
(7)　企業内容等開示ガイドライン八―三ハ。市場価格に重大な影響を与えるような発行数の増減など、投資者保護の観点から投資判断に重要な影響を与えるような場合が考えられる。企業財務制度研究会編著・証券取引法における新「ディスクロージャー制度」の詳解一一〇頁（平成一三年）。
(8)　この場合、内閣総理大臣は、有価証券届出書の提出者が有価証券届出書を提出した日から一年以内に提出する有価証券届出書、発行登録書または発行登録追補書類にかかる届出または登録の効力停止を命じ、届出または登録の効力発生期間を延長することもできる（金商法一一条一項）。

8　届出の撤回

有価証券の募集・売出しの届出をした者には、届出の撤回を認める必要がある。募集・売出しの届出をした発行者は、原則として、その後、有価証券報告書の提出によって企業内容の継続的開示をなすことを要する（金商法二四条一項三号）。届出を要する募集・売出しが行われる予定で届出をしたところ、募集・売出しの一部を削減し、または、有価証券の市場価格が下落し、そのために発行・売出価額の総額が少なくなったため、届出をする必要がなかったことになった場合には、届出者がその後に行う企業内容の継続的開示の義務を免れるため、届出の撤回をすることが考えられる。

他方、届出の撤回を自由に認めると、公益または投資者の保護に反する結果をもたらす危険がある。有価証券届出書は、内閣総理大臣がこれを受理した後直ちに公衆の縦覧に供される（金商法二五条一項一号）。有価証券の募集・売出し、すなわち、有価証券を取得させまたは売り付けする勧誘は、届出の後、直ちにこれを行うことができる（金商法四条一項）。有価証券届出書に重要な虚偽記載があり、証券市場が有価証券について誤った投資判断をする危険があるときは、たとえ少額であっても募集・売出しをその間阻止することが必要である。金融商品取引法四条一項および企業内容等開示府令二条四項六号が、届出の効力停止の処分または届出の効力発生期間を延長する処分を受けた届出者の行う募集・売出は少額のものでも届出の免除をしないのはそのためである。

届出者に募集・売出しの撤回を自由に認めるときは、有価証券届出書の重要な虚偽記載が発覚して、内閣総理大臣が届出の効力停止または届出の効力発生期間の延長の処分をしようとする場合、届出者は、届出の撤回をしてかかる処分を回避し、届出を要しない程度の金額について自由に募集・売出しをすることによって、右の法規制の目的を潜脱することができる。(1)(2) このような事態を防止するためには、届出の撤回が内閣総理大臣の承認を得てのみ行われることが必要である。

（1）　有価証券届出書の提出日以降、当該有価証券届出書による募集・売出しにかかる有価証券の発行価額・売出価額の総額が、届出を要しない金額に減少した場合、または、有価証券の募集・売出しもしくは発行を取りやめようとする場合には、届出者は、遅滞なく、当該有価証券届出書を取り下げる旨を記載した「届出の取下げ願い」を財務局長または福岡財務支局長に提出するものとされる。企業内容等開示ガイドライン四―一三。この届出の取下げ願いの提出があったときは、当該届出の取下げの願いがあった日に、有価証券通知書の提出があったものとみなされる。この場合には、発行されまたは売り付けられた有価証券は、金融商品取引法二四条一項三号に規定する有価証券には該当しないものとして取り扱われる。企業内容等開示ガイドライン四―一四。

（2）　アメリカの一九三三年証券法の下で登録者に登録撤回の権利が認められるかどうかについて、一九六三年にJones v. SEC, 293 U. S. 1 (1936) 事件で争われ、最高裁判所はこれを肯定した。もっとも、これに対しては、カードーゾ判事は、「違反行為をした登録者が（虚偽記載）の発覚におよび急遽撤回することにより調査に肩透かしをすることを許すことは、犯罪に免責を与え、虚偽と責任回避を勇気づけ、狡知にたけた破廉恥漢に（虚偽記載）発見のかけをさせることである」との強い反対意見を述べた。その後、一九三三年証券法が一九五四年に改正され、登録の効力発生前の勧誘が認められ、最近五年以内の効力停止命令を受けた有価証券の発行者に登録の少額免除が許されなくなったことから、この判決の意味は大きく減殺され、現在では、登録者に登録撤回の自由は存在しないと解されている。この点について、神崎克郎「開示制度と証券発行の規制」L・ロス＝矢沢惇監修・アメリカと日本の証券取引法（上）八三～八五頁（昭和五〇年）参照。

第二款　募集・売出しの取引

一　取引の勧誘

1　勧誘の時期

届出を要する有価証券の募集・売出しは、発行登録が行われる場合を除き、内閣総理大臣への届出の後においてのみ行うことができる（金商法四条一項）。募集・売出しの届出は、勧誘行為を解禁するものである。有価証券届出書は、提出の受理後直ちに財務局等で公衆縦覧に供される（金商法二五条一項一号）。勧誘行為は、有価証券届出書が公衆縦覧に供されることとなった時から許容される。

有価証券の募集・売出しをその届出後においてのみ許容し、募集・売出しにより有価証券を取得させまたは売付けさせる行為を届出の効力発生後においてのみ許容する（金商法一五条一項参照）のは、有価証券届出書の公衆縦覧によって有価証券の投資判断に必要な重要な情報が完全に開示されるまで勧誘行為を認めないという趣旨である。投資者が十分の投資熟慮をすることができるようになるまで、投資者が有価証券を取得しまたは買い付ける投資決定によって拘束されないようにすることを目的とする。

2　勧誘行為の規制——ガン・ジャンピング問題

有価証券の取得・買付けの勧誘は、特定の有価証券についての投資者の関心を高め、その取得・買付けを促進することとなる行為である。勧誘行為となるためには、有価証券の発行・売出価格等の取引の条件を表示することが必要でないのみならず、有価証券の募集・売出しに言及していることも必要ではない(1)。金融商品取引法は、有価証券の発行・売出価格等の取引の条件が未定の状態でも、募集・売出しの届出を認めて、勧誘行為を行いうるものとしている（金商法五条一項ただし書）。また、有価証券の募集・売出し自体に言及しなくても、特定の有価証券についての投資者の関心を高め、その取得・買付けを促進する効果のある行為は、有価証券届出書の公衆縦覧によって有価証券の投資判断に必要な重要な情報が完全に開示されてから行われる必要があり、金融商品取引法にいう勧誘に該当するものと解される。

以上のことから、届出が免除されない有価証券を、募集・売出しの届出を必要とする金額にわたって取得・買付けさせることを促進する行為は、それが募集・売出しに言及しあるいは取得・買付けの条件を表示して行われるか否かを問うことなく、募集・売出しの届出後においてのみ適法にすることができる。

このような勧誘行為の募集・売出しの届出前の制限は、流通市場で取引される有価証券の投資判断に必要な情報の開示を不当に制限し、有価証券の発行者の正当な事業活動を不当に抑制するものであってはならない。流通市場で取引される有価証券の発行者がその有価証券の投資判断に必要な情報を一般に公表することは、奨励されるべきである。金融商品取引法は、一定の公開企業に対し、有価証券報告書、半期報告書・四半期報告書および臨時報告書などによる企業内容の継続開示を要求しており、金融商品取引所は、上場会社に対して、有価証券の投資判断に影響をおよぼす重要な事態が生じたときは、そのことを一般投資者に対して遅滞なく、正確かつ公平に発表する適時開示を要求している。

流通市場で取引される有価証券の発行者が、有価証券の投資判断に必要な情報を一般に公表することは、投資者の保護と公正な証券市場の維持のために望ましいことである。また、金融商品取引業者が投資勧誘のために流通市場で取引されている特定の有価証券の投資判断に必要な情報を投資者に提供することは、一般には、正当な営業活動として許容される。有価証券の発行者が、営業促進のために自己が提供する商品またはサービスについて広告、宣伝を行うことも、それ自体は、正当な営業活動として許容される。このような行為は、たまたま、それに関係する発行者の有価証券について募集・売出しが予定されている場合にも、その届出がないことのゆえに制限されてはならない。

しかし、他方では、有価証券の募集・売出しにかかる勧誘行為が、形式上は上記の行為のヴェールを被って、募集・売出しの届出前から行われることは、金融商品取引法に違反するものとして禁止されなければならない(2)。有価証券の発行者の流通市場で取引される有価証券についての適切な投資判断資料の提供および適正な営業活動ならびに金融商品取引業者の正当な情報提供活動と、募集・売出しの届出前における勧誘の禁止との調整は、つぎの点に求められるべきである。

第一に、届出を要する募集・売出しが予定されている有価証券の発行者は、届出前にも、金融商品取引法または金融商品取引所もしくは認可金融商品取引業協会の要請によって要求される情報の開示のほか、従来、比較的定期的に行っていた事業報告の送付等による情報の公開および通常行ってきた程度および頻度の商品またはサービスについての広告、宣伝を行うことができる。これに対して、会社の事業内容、その商品またはサービスについての特別の発表または従来行ってきた程度もしくは頻度を超えた大がかりな広報活動は、有価証券の発行者が直接に行うと間接に行うとを問わず、勧誘行為に該当するものとして、募集・売出しの届出後においてのみ行うことができる。

第二に、金融商品取引業者は、有価証券の募集・売出しに関して引受人となるよう有価証券の発行者・売出人から交渉を受けている場合にも、従来、比較的定期的に刊行してきた多くの有価証券に関する情報を記載した文書に他の有価証券に関するものに比較して特に詳細でない情報をその有価証券に関して表示して投資者に提供することは募集・売出しの届出の前にも行うことができる。これに対して、従来、比較的定期的に刊行してこなかった文書に引受予定の有価証券に関する情報を記載し、多くの有価証券に関する情報を記載しない文書に引受予定の有価証券に関する情報を記載し、あるいは引受予定の有価証券に関して特に詳細なもしくは目立つ形式の情報を記載して、投資者に提供することは、有価証券の取得・買付けの勧誘に該当し、募集・売出しの届出後でなければすることができない。(3)(4)

ところで、会社が株式等の第三者割当てを行う場合、通常、引受人に証券の取得を勧誘する行為が存在する。そのため、この交渉過程が「募集」に該当するかという問題が生じる。上場株券の場合、転売規制をかけることが困難という理由で、少人数私募が認められない。(5) そのため常に募集の届出を行う必要がある。このことから、第三者割当ての交渉がなされるときに、それが勧誘に該当すれば、その段階で届出を行わなければならないこととなる。

当該交渉が有価証券の取得の申込みの勧誘であるとするならば、届出前の勧誘として禁止の対象になる。同様の問題は、ファンドの組成段階の勧誘にも生じるが、第三者割当ての場合は、発行に関する重要事項の大枠がすでに決定しており、証券取得の勧誘の側面がより強い。(6) しかし、従来の実務では、第三者割当ての交渉において届出はなされたものはない。(7)

第三者割当ては、本来的に、私募取引であり、公衆縦覧型の開示制度の適用は不要なはずである。また、取引の相手方は情報が必要であればそれを要求する経済的な立場にあるのが通常であろう。さらに、販売において生じるセールス・プレッシャーも考えにくい。(8) 以上のことから、金融商品取引法の開示を要求する理由は見あたらず、(9) 同法上の

「募集」「売出し」の定義に含まれないと解するべきと思われる。(10)

平成二一年一二月の企業内容等開示ガイドライン二―一二の改正で、「第三者割当(11)を行う場合であって、割当予定先が限定され、当該割当予定先から当該第三者割当に係る有価証券が直ちに転売されるおそれが少ない場合（例えば、資本提携を行う場合、親会社が子会社株式を引き受ける場合等）に該当するときは、割当予定先を選定し、または当該割当予定先の概況を把握することを目的とした届出前の割当予定先に対する調査、当該第三者割当の内容等に関する割当予定先との協議その他これに類する行為は有価証券の取得勧誘または売付勧誘等に該当しないことに留意する。」と定めた。

（1）　アメリカの一九三三年証券法の下での登録届出前の勧誘の禁止に関して、アメリカの証券取引委員会は、Cerk M. Loeb, Rhodes & Co., 38 S. E. C. 843 ,850（1959）においてつぎのように述べている。「法律は、発行者、引受人および証券業者が、明示的に募集の用語を使用しないでも、公衆の気持を動かして特定の有価証券についての公衆の関心を高める公表努力により登録届出書の提出前に公衆に対する販売活動を始めることを禁止している。」

（2）　アメリカの証券取引委員会は、一九三三年証券法の下での登録届出前の勧誘禁止に関して、一九五七年一〇月八日に「登録届出書の効力発生の前後における情報の公表」と題する通牒（Securities Act Release No. 3844）を発表したが、その中で募集が行われる有価証券の発行者による製品広告や有価証券の募集に関して引受人となる証券業者によるその発行者についての調査文書の頒布など多数の事例をあげて一九三三年証券法違反の可能性を検討している。これについては、神崎克郎「証券分売における投資勧誘表示の規制―ガン・ジャンピング問題」神戸法学雑誌一九巻三・四号三三八～三四六頁参照。

（3）　アメリカの一九三三年証券法の下における登録届出前の勧誘禁止と流通市場で取引される有価証券についての情報開示の許容性との調整は、Securities and Exchange Commission, Disclosure to Investors: A Reappaisal of Federal Administrative Policies under the '33 and '34 Acts 127-148（1967）において詳細に論じられている。

（4）　企業内容等開示ガイドライン四―一は、有価証券の募集・売出しに関する文書を頒布すること、株主等に対する増資説明会において口頭による説明をすることおよび新聞、雑誌、立看板、テレビ、ラジオ、インターネット等により有価証券の募集・売出しにかかる広告を行うことは「有価証券の募集・売出し」に該当するので、届出後でなければ行うことができないとしている。

（5）　本書二四三頁参照。

（6）　黒沼悦郎「ディスクロージャーに関する一省察」江頭還暦・企業法の理論（下）六一〇頁（平成一九年）。

（7）　金融商品取引法研究会「開示制度Ⅰ」金融商品取引法研究会研究記録二三号二三頁（太田）。従前の実務では、第三者割当てに関する有価証券届出書の提出以前に割当予定先と行う協議が金融商品取引法上問題がないと整理するため、割当予定先との事前協議は、「勧誘の準備行為」であり、勧誘それ自体と区別するという解釈がなされることがあった。また、割当予定先との協議において、新規に発行する有価証券の種類についての説明、すなわち普通株式であると特定することや、優先株式の詳しい内容についての言及を避けることにより「特定の有価証券」を前提にした話はしていないという整理もなされていた。江畠秀樹「第三者割当増資に関する開示規制と勧誘概念」商事法務一八九一号一九頁。

（8）　川口恭弘「組織再編成・集団投資スキーム持分等の開示制度」金融商品取引法制の現代的課題四八頁（平成二二年）。

（9）　中村聡＝鈴木克昌＝峯岸健太郎＝根本敏光＝齋藤尚雄・金融商品取引法―資本市場と開示編〔第二版〕一三六頁（平成二三年）は、第三者割当てによる事前交渉の前に有価証券届出書の提出を求めるとした場合、①第三者割当ての成否が不明の段階で資金調達計画の開示が行われることとなり、発行会社の株価についての予測のできない株価変動をもたらす、②右①の結果、第三者割当てについて適正なValuation・Pricingが行われることが妨げられ案件の成立を著しく困難とする、③第三者割当ての成否が不明の段階で開示し、結局第三者割当てが実施されなかった場合（特に発行会社の財政状態が悪化している中で行われる第三者割当ての場合）、風説の流布と同様の状況が発生するといった弊害が生じるとする。

（10）　川口・前掲注（8）四九頁。鈴木竹雄＝河本一郎・証券取引法〔新版〕一二二頁（昭和五九年）は、株式発行の予備的交渉は、投資者保護のための規制を及ぼす必要性のないことから、「取得の申込みの勧誘」等に該当しないとしていた。なお、江畠・前掲注（7）二〇頁は、募集に該当しないとしても、臨時報告書における開示等で、投資家の保護をはかることができるとする。このほか、第一項有価証券の場合も第二項有価証券と同様に、勧誘者を基準とするのではなく、取得者を基準とすることで問題の解決をはかる道も示されている。金融商品取引法研究会・前掲注（7）二五頁（川口）。

（11）　企業内容等開示府令一九条二項一号ヲに規定する第三者割当てをいう。これは、株券、新株予約権証券および新株予約権付社債の募集・売出しが当該有価証券にかかる株式または新株予約権を特定の者に割り当てる方法によって行われる場合で、会社法二〇二条一項の規定による株式の割当ておよび同法二四一条一項または二七七条の規定による新株予約権の割当てによる方法、ならびに、①一定の要件に該当する場合において、当該有価証券の募集・売出しにかかる引受人が当該有価証券と同一の種類の有価証券を当該募集・売出しと同一の条件で売出しを行うこととされているときに、当該有価証券を当該引受人に割り当てる方法、②新株予約権（譲渡が禁止される旨の制限が付されているものに限る）を当該新株予約権にかかる新株予約権証券の発行者またはその関係者の役員、会計参与または使用人に割り当てる方法を除くものと規定されている。

3　勧誘表示の規制

金融商品取引法は、投資者が有価証券について合理的な投資判断をすることができるように、有価証券の発行者その他の者に対し、有価証券の投資判断に必要な重要情報の開示を要求する。発行開示として、有価証券の募集・売出しを行う場合、発行者は、内閣総理大臣に、有価証券届出書を提出しなければならない（金商法四条一項）が、有価証券届出書による開示方法は公衆縦覧であり（金商法二五条二項）、投資者に対する情報提供の点で十分とはいえない。そこで、金融商品取引法は、直接開示としての目論見書制度を定めている。すなわち、有価証券の発行者、売出人、引受人、金融商品取引業者、登録金融機関または金融商品仲介業者は、原則として、内閣府令で定める事項を記載した目論見書を、あらかじめまたは同時に交付するのでなければ、募集・売出しの届出を要する有価証券、すでに開示された有価証券を募集・売出しにより他に取得させまたは売り付けることができない（金商法一五条二項本文）。

有価証券を取得させまたは買い付けさせることの勧誘は、口頭の表示のみならず文書を利用して行ってもよい。また、それは、有価証券の発行者の事業内容を表示して行ってもよい。しかし、勧誘に際して、目論見書以外の文書、図画、音声その他の資料を使用する場合には、虚偽の表示または誤解を生じさせる表示をしてはならない（金商法一三条五項）[1]。金融商品取引業者またはその役員もしくは使用人は、金融商品取引契約の締結またはその勧誘に関し、顧客に対して虚偽のことを告げる行為が禁止される（金商法三八条一号）。または重要な事項につき誤解を生ぜしめるべき表示をする行為が禁止される（金商法三八条七号、金商業等府令一一七条二号）。投資勧誘において使用する資料において、虚偽の表示または誤解を生じさせる表示を行うことが禁止されるが、そこでは、誤解を生ぜしめるべき表示に「重要な事項につき」との限定は存在しない。

投資者に虚偽あるいは誤解を生じさせない限り、投資勧誘において、目論見書の記載内容と異なる表示が許される。[2] 一方で、目論見書の記載内容と矛盾しないものの、必要な記載を欠くために、投資者に誤解を生じさせる場合、そのような表示は禁止の対象となる。重要な事項について虚偽の表示もしくは誤解を生じるような表示があり、もしくは誤解を生じさせないために必要な事実の表示が欠けている資料を使用して有価証券を取得させた者には、損害賠償の責任が発生する（金商法一七条）[3]。

なお、届出を要するものであろうとそれ以外のものであろうと、つぎの行為が禁止される。

① 新たに発行される有価証券の取得の申込みの勧誘またはすでに発行された有価証券の売付けの申込みもしくはその買付けの申込みの勧誘のうち、不特定かつ多数の者に対するもの（有価証券の不特定多数者向け勧誘等）を行うに際し、不特定かつ多数の者に対して、これらの者が取得する有価証券を、自己または他人が、あらかじめ特定した価格もしくはそれを超える価格で買い付けまたは売り付けることを斡旋する表示またはそのような表示と誤認されるおそれのある表示を行うこと（金商法一七〇条）。

② 有価証券の不特定多数向け勧誘等を行う者、またはその役員、相談役、顧問、その他これに準ずる地位にある者もしくは代理人、使用人その他の従業員が、不特定かつ多数の者に対し、有価証券に関し一定の期間につき利益の配当、収益の分配その他の名称を問わず、一定額またはそれを超える額の供与が行われる旨の表示またはかかる表示と誤解されるおそれのある表示を行うこと（金商法一七一条本文）。ただし、表示の内容が予想にもとづくものである旨を明示しているときはこの限りではない（金商法一七一条ただし書）[4]。

（1）平成一六年の改正前、募集・売出しの届出が効力を生じる前に、投資勧誘において要約目論見書の使用が認められていた。要約目論見書の使用の有無にかかわらず、届出の効力発生後に、有価証券を取得させまたは売り付ける場合には、目論見書の使用が義務づけられていた。また、有価証券の募集・売出しに際して、目論見書に記載すべき内容と「異なる内容」の表示が禁止されていた（平成一六年改正前証取法一三条五項）。ここにいう表示には、テレビ、ラジオ、インターネット、口頭説明等による表示が含まれる。もっとも、目論見書とは別に、①当該有価証券の銘柄、②募集価格または売出価格、③募集総額または売出総額、④引受人の名称、⑤募集または売出しの取扱いをする者の名称、⑥目論見書の提供場所、⑦定款に記載された会社の目的についての表示をすることを許されていた（平成一六年改正前証取法一三条六項）。かかる表示は、「墓石広告」と呼ばれ、目論見書を投資者に対して提供する場所等を知らせるためのものであった。

平成一六年の改正後、目論見書以外の文書、図画、音声その他の表示は「資料」として整理した上で、かかる資料を使用する場合には、虚偽の表示または誤解を生じさせる表示が禁止される（金商法一三条五項）。同改正により、要約目論見書、墓石広告は、目論見書以外の資料に含まれることになるため、これらに関する前述の規定は削除された。

（2）平成一五年の改正前においては、投資信託証券の勧誘に際して提供される文書または表示が目論見書と「異なる内容」であるかどうかについて、当該文書または表示の全体を総合的に評価し、勧誘に際して提供される文書または表示に、①矛盾がある場合、②虚偽がある場合、③欠陥がある場合との観点から、投資者保護に欠けるものであるか否かにより判断するものとされ、その上で、要約目論見書に記載されている内容がすべて表示されない場合は、原則として、③に該当するものとされていた。投資信託協会「広告等に関するガイドライン」（平成一六年四月二八日）第2部Ⅱ3⑴作成上の留意事項イ総論参照。このような硬直的な規制は、投資者に有益な情報を提供するという観点から問題があり、現行法のような改正がなされた。

（3）アメリカにおいては、二〇〇三年一一月一五日から、投資信託の広告に関する証券取引委員会の新しいルールが施行された（新規則四八二）。アメリカにおいては、法定目論見書の記載事項を省略または要約した目論見書の利用が可能である。証券取引委員会はそれまで、その実質的な内容は法定目論見書記載の内容を含んでいなければならないとしてきた。証券取引委員会はかかる規制を撤廃した。Securities and Exchange Commission, Amendment to Investment Company Advertising Rules, 68 Federal Register 57760 (Oct. 6, 2003). 同規則の改正については、大原啓一＝野村亜紀子「米国における投資信託の広告規制の改正について」野村資本市場クォータリー七巻三号六三頁、高橋元＝漆畑春彦「米国の投信不正取引事件と制度改革」証券経済研究四六号五五頁参照。アメリカでは、多くの投資ファンドが一九九九年および二〇〇〇年に異常なまでに高い実績を経験した。かかる過去の実績を利用した派手な広告キャンペーンが問題視された。Securities and Exchange Commission, Investment Company Act Release No. 25575, 67 FR 36712 (May 17, 2002). レビット元証券取引委員会委員長は、過去の実績にもとづいて決定される格付けは、ファンドの将来の成績を知る指標とはなりにくいとした上で、「ちょうど前方の道を確認するためにバックミラーをのぞき込んでいるようなもの」との喩えを使用している。アーサー・レビット〔小川敏子訳〕・ウォール街の大罪七九頁（平成一五年）。アメリカにおける広告規制の見直しは、広告の自由化というよりは、むしろ、投資者に誤解を生じさせないために、必要事項の表示を義務づけることに主眼があると考えるべきである。川口恭弘「証券取引法における有価証券の範囲・目論見書制度の見直し」商事法務一七〇九号一三頁注四九。

(4)　表示の内容が予想にもとづくものであることを明示するときは、収益の分配についていかなる表示をしてもよいということではない。収益分配の予想表示も表示の当時の状況から判断して合理的な根拠のないものであるときは、誤解をもたらす表示として詐欺的な表示を禁止する規制に服さなければならないからである。

二　取引契約の締結

1　届出の効力発生前の取引禁止

有価証券の発行者、売出人、引受人[(1)]、金融商品取引業者、登録金融機関または金融商品仲介業者は、募集・売出しの届出を要する有価証券について、その届出が効力を生じているのでなければ、募集・売出しによりこれを他に取得させまたは買付けさせてはならない（金商法一五条一項）。募集・売出しの届出を要する有価証券について、募集・売出しの届出後は、効力発生前にも、取得させまたは売り付ける勧誘をすることができる。しかし、届出が効力を生ずるまでは、投資者は有価証券の取得・買付けの契約によって拘束されないのであり、それまでは、勧誘等によって提供される情報をもとに有価証券を取得しまたは買い付けるべきか否かの投資熟慮をすることができる。

有価証券を募集・売出しにより取得させまたは売り付けることの禁止は、募集・売出しの届出の効力発生前のみならず、効力発生後も内閣総理大臣によって届出の効力が停止されている期間妥当する。ただし、届出の効力発生後に届出の効力が停止されても、届出の効力停止前に行われた取引は、影響を受けない。

募集・売出しの届出が効力を生ずる前に、有価証券を投資者に取得させまたは売り付けることの禁止は、募集・売出しによる取引についてのみおよぶ。届出の効力が生じた後に届出の効力が停止されても、募集・売出しによるのでなければ、募集・売出しにつき届出を要する有価証券を適法に他に取得させまたは売り付けることができる。金融商品取引業者が募集・売出しにより取得しまたは買い付けた有価証券を届出の効力停止命令の発効中に他に処分する場合等がこれにあたる。

募集・売出しの届出を要する有価証券を、募集・売出しの届出が効力を生ずる前に、募集・売出しにより他に取得させまたは売り付けることができないとは、募集・売出しの届出が効力を生じていない限り、投資者が募集・売出しに応じて有価証券を取得しまたは買い付ける契約によって拘束されないことを意味している。有価証券の発行者、売出人、引受人または金融商品取引業者、登録金融機関、金融商品仲介業者は、届出の効力発生前の勧誘において、投資者との契約で、届出が効力を発生すれば、投資者が有価証券を取得しまたは買い付けることになることを約定できる。

以上の制限に違反して、有価証券を取得させまたは売り付けた者は、それにより有価証券を取得した者に対し、その違反により生じた損害を賠償しなければならない（金商法一六条）[2]。また、五年以下の懲役または五〇〇万円以下の罰金に処される（金商法一九七条の二第三号）。この制限に違反して行われた取引の効力については、判例[3]および多数説[4]は有効と解している。この点について、この制限を実効的に実施して募集・売出しの届出制度による投資者の保護をはかるために、有価証券を取得しまたは買付けをした者が有価証券を返還して支払った対価の返還を請求できるように無効と解すべきとの見解も有力に主張されている[5]。

（1）適格機関投資家向け証券の一般投資者向け勧誘（開示が行われている場合における有価証券にかかるものを除く）、特定投資家向等取得有価証券一般勧誘（開示が行われてる場合における有価証券にかかるものを除く）に際して、金融商品取引法二条六項各号のいずれかを行うものを含む。

（2）違反者の故意または過失を証明する必要はない。もっとも、違法行為と自己の損害との因果関係を証明しなければならない。

(3) 京都地判昭和二七年一二月一六日下民集三巻一二号一七七八頁、東京地判昭和二九年九月二〇日下民集五巻九号一五七二頁、東京地判昭和二九年一〇月四日下民集五巻一〇号一六六二頁、東京高判昭和三一年九月二六日下民集七巻九号二六二五頁、東京高判平成一二年一〇月二六日判例時報一七三四号一八頁。

(4) 西原寛一・商行為法二三〇頁（昭和三五年）、田中誠二＝堀口亘・全訂コンメンタール証券取引法一一四頁（平成二年）。

(5) 鈴木竹雄＝河本一郎・証券取引法〔新版〕一五六頁（昭和五九年）、黒沼悦郎「証券取引法一五条一項に違反する取引の効力」新証券・商品取引判例百選〔別冊ジュリスト一〇〇号〕一三一頁。清水俊彦「証券取引法一五条違反と民事的救済」判例タイムズ一〇五九号二二頁注(39)は、同じく証券取引法（金融商品取引法）上の規制として、いわゆる損失保証・損失補てんの禁止については、違反行為が公序良俗に違反し私法上も無効と解されている点に触れ、情報開示規定の重要性はこれに優るとも劣るものではないとしている。なお、アメリカの一九三三年証券法の下でも、登録届出の効力発生前の取引については有価証券の取得者に損害賠償の請求権を与えているが、その損害賠償額は、有価証券の取得者が有価証券の取得のために支払った額からその有価証券に関して受領した額を控除したものであって、実質的には取引を無効にするのと類似の救済を投資者に与えている。

2　目論見書の交付義務

有価証券の発行者、売出人、引受人、金融商品取引業者、登録金融機関または金融商品仲介業者は、内閣府令で定める金融商品取引法一三条二項一号に定める事項に関する内容を記載した目論見書をあらかじめまたは同時に交付するのでなければ、募集・売出しの届出を要する有価証券、すでに開示された有価証券を募集・売出しにより他に取得させまたは売り付けることができない（金商法一五条二項本文）。ただし、適格機関投資家に取得させ、または売り付ける場合には(1)この限りではない（金商法一五条二項ただし書一号）。また、その有価証券と同一の銘柄を保有する者またはその同居者がすでにその目論見書の交付を受けまたは確実に交付を受けると見込まれる者については、その目論見書の交付を受けないことについて同意した場合も目論見書の交付は不要となる（金商法一五条二項ただし書二号）(2)。これらの場合でも、目論見書の交付を求められた場合には、それを交付しなければならない(3)。

目論見書は、内閣府令で定める事項を完全に記載している限り、有価証券の発行者が作成したものであるか否かを問わない。

目論見書は、有価証券を取得させまたは売り付けるに先立ち、または売り付けるのと同時に交付すればよい。目論見書を交付すると同時に投資者が有価証券の取得・買付けの契約によって拘束されることとなっても、文言上はこの要件はみたされる。もっとも、そのような場合、目論見書は、投資者が有価証券を取得しまたは買い付けるべきか否かの投資判断のためには使用されず、せいぜい投資者が有価証券を取得しまたは買い付けたことが妥当であったのか否かの判断のためにのみ利用される。すなわち、目論見書は、投資者にとっての目論見の書（prospectus）としてではなく、回顧の書（retrospectus）として機能するのであり、かかる目論見書の使用は、金融商品取引法の目的にかんがみ妥当ではない(4)。

金融商品取引法は、投資者が有価証券を取得しまたは買い付けるまでに目論見書を交付することを要求するのみで、目論見書を交付した後に、有価証券を取得させまたは売り付ける行為をも行うことを要求していない。有価証券を取得させまたは売り付ける勧誘に際し、投資者が目論見書の交付を受けたときに、投資者が有価証券を取得しまたは買い付ける契約が効力を生じるものと約定することもできる。

目論見書の交付義務は、届出を要する募集・売出しに際してその全部を取得させまたは売り付けることができなかった場合の残部を、募集、売出しの届出が効力を生じた日から三か月を経過する日までに、募集・売出しによることなく、取得させまたは売り付ける場合にも妥当する（金商法一五条六項）。ただし、その有価証券が金融商品取引所に上場されているときは、目論見書の交付は必要でなく、また三か月の期間の算定にあたり、届出の効力停止命令が発せられた場合、その命令が効力を有する期間を控除する。

有価証券が要件に適合した目論見書を交付するのでなければ投資者に取得させまたは売り付けることができない「残部」に属するか否かは、すでに処分された有価証券の数量を基準に判断される。たとえば、一〇万株の株式の売出しに際し八万株が売出しによって処分され、引受金融商品取引業者の手元に二万株の株式が残った場合、二万株を売出しによらないで処分するためには、それが届出の効力発生後三か月の期間内になされる限り、途中でその引受金融商品取引業者の手元に流通市場から還流するものがあっても、目論見書の交付を必要とする。(5)

目論見書の記載事項は、①投資者の投資判断にきわめて重要な影響を及ぼす情報、②投資者の投資判断に重要な影響を及ぼす情報および③公衆縦覧部分に分類される。その上で、①については、すべての投資者に交付を義務づけ（以下、「交付目論見書」という）（金商法一五条二項本文・一三条二項一号）、②については、投資者からの請求があった場合に交付を義務づける（以下、「請求目論見書」という）ものとされる（金商法一五条三項・一三条二項二号）。(6)このような請求目論見書の利用可能な有価証券の範囲は政令で指定される（金商法一五条三項）。政令では、投資信託または外国投資信託の受益証券（金商法二条一項一〇号）および投資証券もしくは投資法人債券または外国投資証券（金商法二条一項一一号）が規定されている（金商令三条の二）。株券等その他の有価証券に関する目論見書については、いずれもが同等に投資判断を行う上で重要な情報とされ、請求目論見書の利用は認められない。(7)

金融商品取引法一五条二項の規定に違反して、有価証券を取得させた者は、これを取得した者に対し、その者が要件に適合した目論見書の交付を受けなかったことによって被った損害を賠償することを要する（金商法一六条）。(8)交付目論見書については、投資者からの交付請求がなければ、この範囲で、販売業者は交付目論見書の交付義務が免除される。交付目論見書の交付請求がなされたにもかかわらず、それを交付せず、投資信託証券を取得させた場合は、損害賠償の責任が発生する（金商法一六条）。損害賠償を請求するには投資者側で交付請求を行った旨の主張を行う必要がある。(9)

金融商品取引法一五条二項に違反した場合、一年以下の懲役または一〇〇万円以下の罰金、同条三項に違反した場合、六か月以下の懲役または五〇万円以下の罰金にそれぞれ処せられる（金商法二〇〇条三号・二〇五条一号）。

なお、ブックビルディング方式等による募集・売出しで、発行価格等を記載しないで有価証券届出書を提出した場合、目論見書においてもその記載は不要となる（金商法一三条二項ただし書）。有価証券届出書についての訂正届出書が提出された場合には、その内容を記載した目論見書をあらかじめまたは同時に交付しなければならない（金商法一五条四項）。発行価格等については、有価証券届出書に記載しなかったものについては、内容が確定した段階で訂正届出書の提出を要する（企業内容等開示府令一一条）。もっとも、目論見書については、発行価格等を記載しないで交付した目論見書に発行価格等を公表する旨および公表の方法が記載され、かつ、その公表の方法によりその価格等が公表された場合には、訂正目論見書の交付を要しない（金商法一五条五項）。ここにいう公表の方法として、①国内において時事に関する事項を総合して報道する日刊新聞紙ならびに国内において産業および経済に関する事項を全般的に報道する日刊新聞紙（日刊新聞紙）のうち二つ以上に掲載する方法、②日刊新聞紙のうち一つ以上に掲載し、かつ、発行者または引受証券会社の使用する電子計算機に備えられたファイルに記録した事項を電気通信回線を通じて閲覧に供する方法が指定されている（企業内容等開示府令一四条の二第一項、特定有価証券開示府令一七条一項）。(10)(11)

目論見書は電子情報処理組織を利用する方法等によっても提供することができる（金商法二七条の三〇の九第一項）。このような場合は目論見書を交付したものとみなされる。このような電子交付を行うためには、電磁的方法または電話その他の方法により顧客の同意を得なければならない（企業内容等開示府令二三条の二第一項）。(12)

すでに開示が行われている場合（金商法四条七項参照）における有価証券の売出しについても、発行者は目論見書の作成が義務づけられる（金商法一三条一項）。もっとも、売出価額の総額が一億円未満であるものその他内閣府令で定める場合には、目論見書の作成は不要となる。平成二一年の改正で、引受人等以外の者が売出しを行う場合は、目論見書の交付が不要となった。(13)これは、現在、ＥＤＮＩＮＥＴを通じた情報開示が充実しており、国内において法定開示が行われている有価証券について個々の投資家による法定開示情報へのアクセスが容易であることによる。(14)引受人等は、発行者に関する未公表の情報を保有し、または、容易に取得することが可能な立場にあるため、情報の非対称性の問題を勘案し、(15)目論見書の交付義務が課せられている。

なお、平成二三年の改正で、いわゆるライツ・オファリングによる資金調達を行う場合について、目論見書の交付方法の弾力化が実現した(16)。

（1）目論見書を利用することが物理的に可能である範囲の者に目論見書の交付を不要とする趣旨からすると、同居する投資者であれば、夫婦、親子、兄弟を問う必要はない。また、親族関係がない場合でも、免除規定の適用をすべきと考えられる。川口恭弘「証券取引法における有価証券の範囲・目論見書制度の見直し」商事法務一七〇九号一二頁（注四二）。なお、アメリカでは、住居のアドレスのみならず、電子メールのアドレスも共用していれば交付義務の免除が認められる。アメリカの状況については、証券取引法研究会「目論見書制度の合理化」平成一六年の証券取引法等の改正〔別冊商事法務二九〇号〕三〇頁（石田報告）（平成一七年）参照。

（2）目論見書の交付を受けないことについての同意を確認する方法として、①その者が署名した当該同意の書面を保存する方法、②その者から電子情報処理組織により送信された当該同意の記載事項を保存する方法など、明確な方法によることが求められる。企業内容等開示ガイドライン一五―三。

目論見書の交付免除制度は、訂正目論見書にも適用される。そのため、投資判断に影響を与えるような重要な変更があった場合の投資者の保護が問題となる。この点については、企業内容等開示ガイドライン一五―二は、目論見書にかかる有価証券の発行者が当該有価証券にかかる新たに作成した目論見書の記載内容と当該交付しなかった目論見書の記載内容とを比較し、重要な事項に変更があると判断したときは、改めて、新たに作成した目論見書の交付を要することに留意するとしている。

（3）金融審議会金融分科会第一部会報告「市場機能を中核とする金融システムに向けて」（平成一五年一二月二四日）は、「市場入門商品である投資信託の目論見書については、まず、投資家のニーズに応じた情報入手を容易にするために、有価証券届出書の記載内容を……三部構成とすることが適切である。これは、現行の目論見書に記載される情報を削除ないし簡略化するものではなく、すべての投資家に必要な情報と、投資家によって必要なより詳細な情報を区分するものであり、追加情報部分も法定目論見書として民事責任に関する証券取引法の規定が適用される。」としていた。投資者にわかりやすい目論見書にすることが目的であれば、開示情報の記載の工夫で足りる。目論見書作成のコスト削減も制度改正の理由と考えられる。川口・前掲注（1）七頁は、コスト削減の効果を疑問視している。この点についての議論については、証券取引法研究会・前掲注（1）三九頁参照。なお、実務では、交付目論見書に請求目論見書を合本して作成する例が見られている。

（4）一九四八年イギリス会社法は、目論見書の発行日と有価証券を取得・買い付けさせる日との間に最低二日の期間を置くことを要求することによって、投資者に目論見書による最低二日の投資熟慮期間を確保させせようとしている。類似の配慮は、アメリカ法律協会の連邦証券法典が継続開示をしていない発行者の有価証券の募集について行っている。この点については、The American Law Institute, Federal Securities Code 60-261, 91-92 (1980) および神崎克郎「有価証券届出制度の再検討」インベストメント二一巻四号三六頁参照。

(5) 募集・売出しによらない取引における目論見書の交付の要否は、数量の観点から判断して「残部」の有価証券の処分に関するか否かによって判断される。したがって、「残部」を抱えた引受金融商品取引業者が引き受けた数量の有価証券を処分し終るまでは、たまたまある取引において引き渡される有価証券が流通市場から還流したものであっても、なお「残部」の処分としてその取引に目論見書の交付を必要とする。

(6) 平成一六年の改正によって導入された。かかる改正に応じて、目論見書の定義も改正され、「有価証券の募集若しくは売出し……のためにその相手方に提供する当該有価証券の発行者の事業その他の内閣府令で定める事項に関する説明を記載した文書」から、「有価証券の募集若しくは売出し……のために当該有価証券の発行者の事業その他の事項に関する説明を記載する文書であって、相手方に交付し、又は相手方から交付の請求があった場合交付するもの」と改められている(金商法二条一〇項)。

(7) 金融審議会金融分科会第一部会報告「市場機能を中核とする金融システムに向けて」(平成一五年一二月二四日)。

(8) 東京高判平成一二年一〇月二六日判例時報一七三四号一八頁は、外国投資銀行の発行する円建外債(サムライ債)を購入した際に、目論見書の交付を受けず、その結果、当該投資銀行の破綻により投資額と同額の損害を被ったとして訴えの提起がなされた事例において、目論見書の不交付と社債発行会社が倒産したことにより顧客が被った損害との間に因果関係が認められないとして、証券会社に対する損害賠償請求を認めなかった。

(9) 交付請求の方法について規定は存在せず、どのような立証で足りるかが問題となる。金融審議会金融分科会第一部会・ディスクロージャー・ワーキング・グループ報告(平成一五年一二月二四日)では、交付請求を行った投資者は、「交付請求を行った日時」、「販売会社側の担当者名」等を記録しておくことにより、交付請求を行った旨を主張することができるとしている。交付目論見書には、請求目論見書が投資者の請求により交付される旨および請求を行った場合にはその旨の記録をしておくべきである旨を記載することが求められている(特定有価証券開示府令一五条の二第一項一号ハ)。

(10) この場合、有価証券を募集・売出しにより取得させ、または売り付けようとする期間が経過するまでの間、閲覧可能な状態を維持する必要がある(企業内容等開示府令一四条の二第二項)。

(11) この特例は、発行価格等の情報を記載した訂正目論見書が申込期間内に投資者の手元に届かなかったことにより投資者が投資機会を失う場合が多く、また、その一方で、販売証券会社はできるだけ早く訂正目論見書を投資者に交付するために過度のコスト負担を強いられているとの指摘があり、これを避けるため設けられたものである。谷口義幸「開示制度等の見直し〔下〕―英文開示の範囲拡大、発行登録追補目論見書の交付義務の特例」商事法務一九三七号三五頁。なお、平成二三年の改正で、発行登録を利用する場合にも、同様の特例が定められた（金商法二三条の一二第七項）。

(12) 金融審議会金融分科会第一部会・ディスクロージャー・ワーキング・グループ報告「開示諸制度の見直しについて」（平成二〇年一二月一七日）は、「顧客の承諾について、顧客の意思を確実に確認することを確保しつつ、より機動的に、かつ顧客の利便性を高め、併せて、販売会社の管理上の負担を軽減し、電子交付を利用しやすくするため、承諾の方法として、電話により承諾を得ることを認めることが適当である。この場合、電話の内容を録音するなどの方法により、事後に承諾があったことを確認できることが必要であると考えられる。」としていた。この提言に従い、電話による確認が認められることとなった。

(13) 内閣府令では、売出しにかかる引受人のほか、有価証券発行者、発行者の子会社または主要株主、発行者の役員または発起人、発行者の子会社の役員または発起人などが規定されている（企業内容等開示府令一一条の四）。かかる改正は平成二一年に行われた。

(14) 谷口義幸「『有価証券の売出し』定義の見直し等」商事法務一八七二号四七頁。

(15) 谷口・前掲注（14）四八頁。

(16) ライツ・オファリングは、株主全員に新株予約権を無償で割り当てる増資手法であるため、従来、原則として、それを行うには投資者に対する目論見書の交付が必要とされてきた（新株予約権の取得勧誘に該当）。企業内容等開示ガイドライン二―三・一五―六。しかし、株主全員に対して目論見書を交付することは、特に株主数が多い企業にとっては、ライツ・オファリングによる資金調達の選択肢が奪われているとの指摘があった。他方で、会社法二七七条の規定する新株予約権無償割当ては、株主に自動的に新株予約権を割り当てるものであるため、この際に交付される目論見書は、新株予約権を取得するか否かの投資判断のための情報ではなく、割り当てられた新株予約権を行使するか否かの判断に利用されることとなり、本来の目論見書の趣旨と異なる形で利用されている。野崎彰＝有吉尚哉＝齋藤将彦＝滝琢磨「開示制度等の見直し〔上〕」商事法務一九三六号二八頁。金融庁・開示ワーキング・グループ報告「新株予約権無償割当てによる増資（いわゆる「ライツ・オファリング」）に係る制度整備について」（平成二三年一月一九日）は、「一般の有価証券の募集では、当該有価証券を取得する意思を有する投資者が当該有価証券を取得できるとは限らないため、投資者に対し、投資判断のための情報を適切に提供する要請は強い。これに対して、ライツ・オファリングでは、株主全員にその持分割合に応じて新株予約権が割り当てられ、追加出資を望む株主は新株予約権を行使することにより確実に株式を取得できる。このため、株主に対して新株予約権の行使について強い誘引が行われる場面でも、株主が新株予約権の行使を急ぐような圧力が生じる可能性は、一般の募集と比べて高くないとの考え方がある。」としている。

以上のことから、平成二三年の改正で、ライツ・オファリングのうち、新株予約権が金融商品取引所に上場されている場合においては、書面による目論見書に代えて、有価証券届出書等の提出後、遅滞なく、有価証券届出書等を提出した旨その他内閣府令で定める事項の情報を日刊新聞紙に掲載することで足りるものとされた（金商法一五条二項三号・一三条一項ただし書）。上場新株予約権に限定されたのは、投資者は市場価格で新株予約権を売却することが可能であること、上場証券として、一定の情報が流通しており、他に比べて、投資者保護の必要性が低いことを理由とする。日刊新聞紙に記載すべき事項として、有価証券届出書の提出日、EDINETのウェブページのアドレスおよび発行者の連絡先が規定されている（企業内容等開示府令一一条の五）右の場合、目論見書の交付は不要となるため、その前提としての目論見書作成義務も免除される（金商法一三条一項ただし書）。

なお、日本の会社の株主がアメリカにも存在する場合、ライツ・オファリングがアメリカ法上公募として取り扱われる可能性がある。この場合、連邦証券取引委員会への登録や継続開示義務が発生し、発行会社に対して著しい負担が生じることとなる。この問題を回避するには、アメリカ居住株主による新株予約権の行使を制限することなどが考えられるが、このような措置が株主平等原則に反しないかどうかが議論されている。金融庁・開示ワーキング・グループ法制専門研究会報告「ライツ・オファリングにおける外国証券規制への対応と株主平等原則の関係について」（平成二三年九月一六日）参照。

なお、外国会社は英文で有価証券届出書を提出した場合、目論見書においても英文開示が認められる（企業内容等開示府令一二条二号参照）。

3　目論見書の記載事項

届出を要する募集・売出しに関して使用される目論見書に記載すべき事項は法定されている。

交付目論見書には、有価証券届出書記載事項のうち、「投資者の投資判断に極めて重要な影響を及ぼすもの」として内閣府令で定めるものを記載しなければならない（金商法一三条二項一号イ(1)）。具体的記載内容は、有価証券届出書がいかなる形式で作成されるかにより異なる。いずれの場合でも、有価証券の発行者がその事業上の秘密の保持の必要により、開示書類の一部について、公衆の縦覧に供しないことを内閣総理大臣に申請し、承認された場合、当該部分についての記載は不要である（企業内容等開示府令一二条一項ただし書）(1)。

有価証券届出書が完全記載方式で作成される場合、有価証券届出書に記載すべき「証券情報」、「企業情報」、「提出会社の保証会社等の情報」が目論見書に記載される（企業内容等開示府令一二条一号イ（二号様式一部から三部までに掲げる事項））。有価証券届出書に記載することを要する特別情報は、記載を要しない。

有価証券届出書が組込方式で作成される場合、有価証券届出書に記載すべき「証券情報」、「公開買付けに関する情報」、「追完情報」、「組込情報」、「提出会社の保証会社等の情報」、「特別情報」が目論見書に記載される（企業内容等開示府令一二条一号ロ（二号の二様式一部から六部までに掲げる事項））。

有価証券届出書が参照方式で作成される場合、有価証券届出書に記載すべき「証券情報」、「公開買付けに関する情報」、「参照情報」、「提出会社の保証会社等の情報」、「特別情報」が目論見書に記載される（企業内容等開示府令一二条一号ハ（二号の三様式第一部から第五部までに掲げる事項））。

このような有価証券届出書記載事項のほか、内閣府令で定めるものも目論見書に記載することを要する（金商法一三条二項一号イ(2)）。これには、①有価証券の募集・売出しに関し届出の効力が生じている旨、②有価証券が外国通貨をもって表示されるものである場合には、外国為替相場の変動により影響を受けることがある旨が該当する（企業内容等開示府令一三条一項一号イロ）。さらに、参照方式の場合、目論見書には、③(i)有価証券届出書の添付書類に記載すべき事項のうち、有価証券届出書の提出者が参照方式の利用適格の要件を満たしていることを示す書面、(ii)有価証券届出書で参照すべき旨記載された有価証券報告書の提出後、提出前に発生した重要な事実で、書類提出時には内容を記載することができなかったものにつき、記載することができる状態になったこと、または、重要な事実が発生したことを記載することを要する（企業内容等開示府令一三条一項一号ハ）。③の事項は、目論見書の参照情報のつぎに、①②の事項は、目論見書の表紙その他見やすい箇所に記載しなければならない（企業内容等開示府令一三条二項）。

すでに開示された有価証券について売出しがなされる場合も目論見書の交付が必要である（金商法一三条一項）。かかる目論見書でも、右と同様の記載事項が法定されている（金商法一三条二項一号ロ(2)）。

（1）　有価証券の発行価格の決定前に募集する必要がある場合等には、有価証券届出書の募集・売出し条項には、発行価格その他内閣府令で定める事項を記載せずに有価証券届出書を提出することができる（金商法五条一項ただし書）。この場合の目論見書については、同様に発行価格等を記載することを要しない（金商法一三条二項ただし書）。

（2）　募集・売出しに際して、有価証券届出書の効力発生前に仮目論見書が利用されることがある（企業内容等開示府令一条一六号）。もっとも、仮目論見書の記載事項も法定されている（企業内容等開示府令一三条一項二号・一四条一項二号）。仮目論見書は、届出の効力発生後、募集・売出しに関し届出が効力を生じた旨を記載した書類をはさみ込む等により、目論見書として使用することができるものとされている。企業内容等開示ガイドライン一三―三。

4　特定有価証券に関する目論見書の記載事項

特定有価証券の目論見書についても、交付目論見書の記載事項が法定されている。交付目論見書には、有価証券届出書記載事項のうち、「投資者の投資判断に極めて重要な影響を及ぼすもの」として内閣府令で定めるものを記載しなければならない（金商法一三条二項一号イ(1)）。具体的記載内容は、有価証券の種類およびそれらがいかなる形式で作成されるかにより異なる。[1]いずれの場合でも、有価証券の発行者がその事業上の秘密の保持の必要により、開示書類の一部について、公衆の縦覧に供しないことを内閣総理大臣に申請し、承認された場合、当該部分についての記載は不要である（特定有価証券開示府令一五条ただし書）。[2]

有価証券届出書の記載事項のほか、内閣府令で定めるものも目論見書に記載することを要する（金商法一三条二項一号イ(2)）。これには、①当該届出目論見書にかかる有価証券（内国投資信託受益証券および外国投資信託受益証券）の募集・売出しに関し、届出が行われている場合には、当該届出をした日および当該届出の効力の発生の有無を確認する方法、②募集・売出しに関し届出が行われている場合、届出の効力が生じている旨、③請求目論見書が投資者の請求により交付される旨および請求を行った場合その旨を記録しておくべきである旨、④特定有価証券が外国通貨をもって表示されるものである場合には、外国為替相場の変動により影響を受けることがある旨、⑤特定有価証券が外国貸付債権信託受益証券または内国信託受益証券のうち外国貸付信託受益証券に類する性質を有するものである場合であって元本の保証が行われていない場合には、その旨、さらに、参照方式の場合、⑥(i)有価証券届出書の添付書類に記載すべき事項のうち、有価証券届出書の提出者が参照方式の利用適格の要件を満たしていることを示す書面、(ii)有価証券届出書で参照すべき旨記載された有価証券報告書の提出後、提出前に発生した重要な事実で、書類提出時には内容を記載することができなかったものにつき、記載することができる状態になったこと、または、重要な事実が発生したことを記載することを要する（特定有価証券開示府令一五条の二第一項一号）[3]。⑤の事項は、目論見書の参照情報のつぎに、その他の事項は、目論見書の表紙その他見やすい箇所に記載しなければならない（特定有価証券開示府令一五条の二第二項）。

内国投資信託受益証券、外国投資信託受益証券、内国投資証券および外国投資証券については、請求目論見書の利用が可能である（金商法一五条三項、金商令三条の二）。請求目論見書には「投資者の投資判断に重要な影響を及ぼすもの」として内閣府令で定めるものを記載しなければならない（金商法一三条二項二号イ(1)）[4]。

（1）以下の記載事項が法定されている（特定有価証券開示府令一五条）。

①　内国投資信託受益証券　第二五号様式により記載すべき事項

②　外国投資信託受益証券　第二五の二様式により記載すべき事項

③　内国投資証券　(i)第四号の三様式第一部および第二部に掲げる事項、(ii)第四号の三の二様式第一部から第四部までに掲げる事項、(iii)第四号の三の三様式第一部から第三部までに掲げる事項

④　外国投資証券　(i)第四号の四様式第一部および第二部に掲げる事項、(ii)第四号の四の二様式第一部から第四部までに掲げる事項、(iii)第五号様式第一部から第四部までに掲げる事項、(iv)外国公社届出書および補足書類の記載事項のうち、(i)に定める事項に相当する事項

⑤　内国資産流動化証券　第五号の二様式第一部から第三部までに掲げる事項
⑥　外国資産流動化証券　(i)第五号の三様式第一部から第三部までに掲げる事項、(ii)外国公社届出書および補足書類の記載事項のうち、(i)に定める事項に相当する事項
⑦　内国資産信託流動化受益証券　第五号の四様式第一部から第三部までに掲げる事項
⑧　外国資産信託流動化受益証券　(i)第五号の五様式第一部から第三部までに掲げる事項、(ii)外国公社届出書および補足書類の記載事項のうち、(i)に定める事項に相当する事項
⑨　内国信託受益証券、内国信託社債券および内国信託受益権　第六号様式第一部から第三部までに掲げる事項
⑩　外国信託受益証券、外国信託社債券、外国信託受益権および外国貸付債権信託受益証券　(i)第六号の二様式第一部から第三部までに掲げる事項、(ii)外国公社届出書および補足書類の記載事項のうち、(i)に定める事項に相当する事項
⑪　内国抵当証券　第六号の三様式第一部から第二部までに掲げる事項
⑫　外国抵当証券　(i)第六号の四様式第一部から第二部までに掲げる事項、(ii)外国公社届出書および補足書類の記載事項のうち、(i)に定める事項に相当する事項
⑬　内国有価証券投資事業権利等　第六号の五様式第一部および第二部に掲げる事項
⑭　外国有価証券投資事業権利等　(i)第六号の六様式第一部から三部までに掲げる事項、(ii)外国公社届出書および補足書類の記載事項のうち、(i)に定める事項に相当する事項
⑮　特定有価証券信託受益証券　当該特定有価証券信託受益証券にかかる受託有価証券につき、①から⑫に掲げる有価証券の区分に応じそこに掲げる事項
⑯　特定預託証券　当該特定預託証券に表示される権利にかかる特定有価証券につき、①から⑫に掲げる特定有価証券の区分に応じそこに掲げる事項

平成二一年の改正まで、①について、第四号様式第一部および第二部に掲げる事項、②について、「第四号の二様式第一部および第二部に掲げる事項」を記載するものとしていた。第四号および第四号の二は、有価証券届出書の記載事項を定めるものである。そのため、特定有価証券開示府令では、この点で、目論見書の記載内容について、有価証券届出書の記載様式を引用する形式をとりつつ、多数の項目の記載を要求していた。金融審議会金融分科会第一部会・ディスクロージャー・ワーキング・グループ報告「開示諸制度の見直しについて」(平成二〇年一二月一七日)は、「投資信託証券の目論見書について、投資家にとって投資情報として特に重要であると考えられる情報を読みやすく、利用しやすい形で提供する観点から、交付目論見書の記載項目、記載方法等の形

式面について標準化・統一化を図るとともに、その具体的な記載内容についての見直しを行うことが適当である。」としていた。これを受けて、新たに、第二五号様式および第二五号の二様式が作成された。

第二五号様式では、「1基本情報」と「2追加的情報」の記載が求められる。「1基本情報」として、ファンドの名称、委託会社等の情報、ファンドの目的・特色、投資リスク、運用実績、手続・手数料等の記載が必要である。目論見書の記載にあたっては、ファンドの特色等を考慮して、投資者がファンドの内容を容易に、かつ、正確に理解できるよう、簡潔に、かつ、わかりやすく記載することが求められる。さらに、投資者が容易に理解できるよう、グラフ、図表等による表示が許される。さらに、適切な分量および文字の大きさにする必要もある。これに加えて、紙面で作成する場合は、適切な紙面の大きさとしなければならない。特定有価証券開示府令第二五号様式・記載上の注意(1)。「2追加的情報」としては、記載上の注意では、「この目論見書に係る内国投資信託受益証券についての有価証券届出書に記載された事項のうち、投資者の投資判断に極めて重要な影響を及ぼす事項がある場合には、『追加的記載事項』と明記して記載すること。」とするにとどまる。特定有価証券開示府令第二五号様式・記載上の注意(7)。金融審議会金融分科会第一部会・ディクロージャー・ワーキング・グループ報告「開示諸制度の見直しについて」（平成二〇年一二月一七日）は、「追加的に投資家に開示すべき事項としては、①ファンド・オブ・ファンズの元ファンドの投資対象やその割合の情報、②証券化商品の裏付け資産の情報、③複雑な仕組みを持つファンドの構造、仕組みの情報などが考えられる。」とした上で、「ファンドには様々な種類、仕組みを有するものがあり、追加的記載事項として記載を求める事項を法令においてすべて規定することは困難である。一方、ファンドの種類、仕組みに応じた記載事項をある程度示さなければ、必要な情報が記載されないおそれもあり、また、新しい投資信託ができた場合でも機動的に対応する必要があると考えられる。このような観点に立って、法令において記載事項を定めるとともに、実際の記載方法等については、個別の商品内容に応じて投資家に分かりやすいものとするため、今後、投資家の意見を踏まえつつ、細目的・実務的に取扱いを検討していくこととするのが相当である。」としていた。

(2)　有価証券の発行価格の決定前に募集する必要がある場合等には、有価証券届出書の募集・売出し条項には、発行価格その他内閣府令で定める事項を記載せずに有価証券届出書を提出することができる（金商法五条一項ただし書）。この場合の目論見書については、同様に発行価格等を記載することを要しない（金商法一三条二項ただし書）。

(3)　内国投資証券については「投資法人の目的及び基本的性格並びに主要な経営指標等の推移を的確かつ簡明に説明した書面」についても記載を要する（特定有価証券開示府令一二条一項三号ホ）。

(4)　内国投資信託受益証券については、第四号様式で作成される有価証券届出書の記載事項、外国投資信託受益証券については、第四号の二様式で作成される有価証券届出書の記載事項が規定されている（特定有価証券開示府令一六条一号・二号）。平成二一年改正前までは、第四号様式による記載事項は、第二部「ファンドの状況」と第三部「ファンドの詳細情報」に分かれていた（平成二一年改正前特定有価証券開示府令一五条一号・一六条一号）。「交付目論見書で前者、請求目論見書で後者の開示を求めていた（平成二一年改正前特定有価証券開示府令一五条一号・一六条一号）。「ファンド情報」としては、「ファンドの性格」（ファンドの性格、投資方針、投資リスク、手数料等および税金、運用状況、手続等の概要、管理および運営の概要）、財務ハイライト状況、内国投資信託受益証券事務の概要およびファンドの詳細情報の項目が記載されていた。平成二一年の改正で定められた第二五号様式では、記載項目が整理され、さらに、改正前と同様に記載が要求されるものでも（第四号様式で記載が要求される項目）、投資判断にきわめて重要な影響を及ぼすものに限って記載するものとされるなど、記載事項が限定されている。他方で、改正後の第四号様式は、従前の第三部「ファンドの詳細情報」で記載項目とされていたものを、第二部「ファンド情報」に組み入れた。その上で、請求目論見書には、これらの記載事項をすべて記載することとしている。

第三款　発行登録

一　発行登録の手続

1　発行登録の意義

募集・売出しの届出制度の下では、有価証券の募集・売出しは、原則として、有価証券届出書を提出してその届出をするのでなければ行うことができない（金商法四条一項・五条一項）。これにより有価証券を取得させまたは売り付けるには、届出が効力を生じていることが必要である（金商法一五条一項）。しかし、個々の募集・売出しのたびごとに、有価証券届出書を提出してその届出をし、効力の発生を待たなければ、募集・売出しにより有価証券を取得させまたは売り付けることができないとすれば、機動的な資金調達が妨げられる(1)。

発行登録制度は、届出の効力発生後二年ないし一年の期間内に予定している募集・売出しにつき、あらかじめ発行登録書を提出して発行登録をし、その効力を発生させておけば、その期間内は、いつでも発行登録追補書類を提出して、直ちに募集・売出しにかかる有価証券を取得させまたは売り付けることができるものである（金商法二三条の三・二三条の八第一項）。そこでは、募集・売出しのたびごとに届出をし、その効力発生を待つ必要がない。それは、有価証券の機動的な発行を最大限に可能にする、最も簡素化された発行開示の方法である(2)。

発行登録制度では、後述のように、発行開示は、発行登録書および発行登録追補書類の公衆縦覧ならびに目論見書の投資者への交付によって行われる。これらの書類では発行会社の企業内容に関する情報は、ほとんど開示されない。しかも、発行登録追補書類の提出後は、直ちに、募集・売出しにより有価証券を取得させまたは売り付けることが可能になるため、募集・売出時における投資者の投資熟慮期間が著しく短い。そこで、発行登録制度は、継続開示が十分に行われ、かつ、投資者の投資関心が大きい会社、すなわち、有価証券届出書において参照方式の利用が可能な会社（金商法五条四項）に限って利用が認められる（金商法二三条の三第一項）(3)。発行登録にかかる有価証券の発行予定期間は、発行登録をしようとする者の選択により、発行登録の効力が生じた日から起算して一年間または二年間である（金商法二三条の六第一項、企業内容等開示府令一四条の六）(4)。

（1）募集・売出しの届出制度の下でも、有価証券届出書が参照方式で作成される場合、有価証券届出書の作成に多大の時間を必要とせず、また、募集・売出しの届出後は早期にその効力が生ずるものとされている。そこで、有価証券届出書が完全記載方式で作成される場合と比較して、機動的な資金調達は相当にはかられる。しかし、その場合にも、個々の募集・売出しのたびごとに有価証券届出書を作成して届出をする必要があり、また届出の効力発生を待つ必要がある。

（2）証券取引審議会報告「社債発行市場の在り方について」（昭和六一年一二月一二日）は、発行登録制度についてつぎのように述べている。「(発行）登録制度は、発行者による機動的・弾力的な資金調達という要請に手続面から応えるものであり、わが国資本市場の活性化・国際化に大きく資するものと期待される。したがって、証券会社において迅速な引受けに応じた審査体制や手法を整備する一方、利用適格要件、開示内容の在り方、更には後述する附則四項問題等について必要な検討を行うために、今後若干の準備期間を経た後早期に証券取引法改正により措置することが適当である。」

（3）株式移転により設立された持株会社（完全親会社）について、株式移転の日の前日において利用適格要件を満たしていた完全子会社（適格完全子会社）のすべての完全子会社に占める割合が一定以上（会社数または総株主数が三分の二以上）である場合は、適格完全子会社の直近の有価証券報告書の提出日から持株会社が発行登録書を提出しようとする日までの間、持株会社と適格完全子会社が適正に有価証券報告書等を提出している場合には、発行登録制度の利用適格要件のうちの継続開示要件を満たしているものとすることができる（企業内容等開示府令九条の三第三項・九条の四第四項）。

（4）　財務計画査定にあたっての企業側の便宜が考慮され、選択制が採用された。河本一郎＝関要監修・逐条解説証券取引法〔第三版〕一九〇頁（平成二〇年）。コマーシャル・ペーパーの募集・売出しの登録の場合には一年間とされる（企業内容等開示府令一四条の六ただし書）。これは、短期格付けが通常、将来一年間に関して付されるために、一年に限定されたものである。

２　発行登録書の提出

有価証券の募集・売出しに関し、発行登録を行う会社は、発行登録書を内閣総理大臣に提出して、募集・売出しを登録をすることができる（金商法二三条の三第一項本文）。発行登録は、発行価額・売出価額の総額（発行予定額または発行残高の上限）を定めて行うことを要する。(1) 発行予定額は一億円以上であることが必要である。適格機関投資家向け勧誘に該当するものであった有価証券の売出し、特定投資家向け有価証券の売出しおよび少人数向け勧誘に該当するものであった有価証券の売出しを予定している場合は、発行登録は認められない（金商法二三条の三第一項ただし書）。

発行登録は、有価証券の種類ごとに行われる。そのため、株式と新株予約権付社債の募集に関し、一つの発行登録をすることはできない。(2) 発行登録は、募集または売出しに関して行われるのであり、募集と売出しに関し一つの発行登録をすることもできない。(3)

発行登録書(4)には、募集・売出しを行う有価証券の種類、発行予定期間、発行予定額または発行残高の上限(5)、引受けを予定する金融商品取引業者または登録金融機関のうち主たるものの名称のほか、(6)証券情報および参照情報(7)を記載すべきものとされる（金商法二三条の三第一項、企業内容等開示府令一四条の三）。(8) 有価証券について引受けを予定する金融商品取引業者のうち主たるものの名称を除いては、記載事項の全部または一部の記載を省略することができる。(9) 金融商品取引業者は、発行登録書、添付書類などにおいて虚偽記載があった場合に損害賠償責任が法定されている（金商法二三条の一二第五項・二一条一項四号）。引受けを予定する金融商品取引業者のうち主たるものの名称を省略することを許さないのは、あらゆる有価証券発行を引き受ける金融商品取引業者が確定しているとすれば、それを開示することは、発行登録制度の下で発行される有価証券に投資をしようとする者にとって、有用性の高い情報と考えられたことによる。[10]

発行登録書には、発行会社の定款[11]、発行登録制度の利用適格要件を満たしていることを示す書面、発行登録書で参照書類とされた有価証券報告書の提出日以降に生じた重要な事実の内容を記載した書類、事業内容の概要および主要な経営指標等の推移を的確かつ簡明に説明した書面を記載した書類を添付しなければならない（金商法二三条の三第二項、企業内容等開示府令一四条の四）。投資証券に関しても発行登録書の添付書類が法定されている。[12]

発行登録をした者は、遅滞なく、発行登録書および添付書類の写しをその有価証券が上場されている金融商品取引所に提出しなければならない（金商法二三条の一二第一項・六条）。発行登録書および添付書類またはそれらの写しは、それぞれ、財務局等または金融商品取引所で、提出後発行登録が効力を失うまで、公衆の縦覧に供される（金商法二五条一項三号・三項）。発行登録をした者は、発行登録書および添付書類の写しを発行登録後それが効力を失うまで、本店および主要な支店で公衆の縦覧に供しなければならない（金商法二五条二項）。

（1）　発行予定額・発行残高の上限の増額はすることができない（金商法二三条の四、企業内容等開示府令一四条の五第三項一号）。発行予定額を増加させる必要がある場合、すでに行った発行登録を取り下げ、増額した発行予定額にかかる募集・売出しに関し、新たな発行登録をすることができる。

（2）　二年間の期間内に株式の募集と新株予約権付社債の募集を予定する場合、株式および新株予約権付社債の募集のそれぞれに関し、発行登録をすることができる。ただし、株式および新株予約権付社債の発行価額の総額がそれぞれ一億円未満であれば、それを合算した金額が一億円以上となっても、それぞれの募集につき、ともに発行登録をすることができない。

（3）二年または一年の期間内に複数の売出人にかかる売出金額の総額が一億円以上となる売出しが予定される場合にも、その売出しに関し一つの発行登録を行いうるものと解される。すなわち、たとえば、二年の期間内に、甲の所有する株式につき、売出価額の総額が七〇〇〇万円の売出しが予定され、乙の所有する株式につき、売出価額の総額が五〇〇〇万円の売出しが予定されている場合、甲、乙それぞれが所有する株式の売出価額の総額は一億円未満であるが、それを合算すれば一億円以上となるので、発行登録が可能となる。

（4）社債券、優先出資法にもとづく優先出資証券、株券・新株予約権証券、カバード・ワラント、預託証券については、企業内容等開示府令に定める第一一号様式、コマーシャル・ペーパーについては、同第一一号の二様式による発行登録書を三通作成し、財務局長等に提出しなければならない（企業内容等開示府令一四条の三第一項）。

（5）発行会社が金融商品取引業者等と間で、条件の異なる社債を反復継続して発行する（MTN（Mrdium-term Note）を取り決めることがある。発行会社は、発行登録書に「発行残高の上限」を記載し、償還等により発行残高が減少した場合には発行可能額の増額を認める方式（プログラム・アマウント方式）を利用することができる。MTNプラグラムについては、中村聡＝鈴木克昌＝峯岸健太郎＝根本敏光＝齋藤尚雄・金融商品取引法―資本市場と開示編〔第二版〕二四四頁（平成二三年）参照。平成二一年の改正で、「発行予定額」に「発行残高の上限」が加えられた。これによって、有価証券の発行を発行残高で管理することが可能となった。たとえば、発行済みの有価証券が償還されても、発行予定額であれば、その額に変化はないものの、発行残高であれば、償還部分について、発行枠が拡大することとなる。

（6）発行登録書の証券情報について、募集要項として、新規発行株式、株式募集の方法および条件、株式の引受け、新規発行新株予約証券、新規発行社債、社債の引受けおよび社債管理の委託、新規発行による手取金の使途、売出要項として、売出有価証券、売出しの条件という項目に分けて記載しなければならない。

（7）参照情報として、発行会社の企業内容に関する事項につき直近の参照書類を参照すべき旨および参照書類の写しを縦覧に供している場所を記載することとなっている。発行会社の企業内容に関する事項に関しては、参照方式によって記載すべきことは、金融商品取引法自体の要請である（金商法二三条の三第二項）。

（8）平成一六年の改正で内国投資証券および外国投資証券についても発行登録制度の利用が認められた。内国投資証券については、特定有価証券開示府令に定める第一五号様式、外国投資証券については、同第一六号様式による発行登録書三通の作成と、関東財務局への提出が義務づけられる（特定有価証券開示府令一八条一項一号・二号）。第一五号様式では、発行登録の対象となる投資証券にかかる投資法人の名称、投資証券の形態（投資証券、投資法人債券の別等）、発行予定期間、発行予定額などに加えて、証券情報と参照情報が記載される。さらに、平成二一年の改正で、資産流動化法上の特定目的会社および外国の特定目的会社についても、機動的な資金調達を可能とするため、発行登録が認められた。特定内国資産流動化証券については、第一五号の二様式による発行登録書、特定外国資産流動化証券については、第一六号の二様式による発行登録書を三通作成し、巻頭財務局長に提出することができる（特定有価証券開示府令一八条一項三号・四号）。ここにいう特定内国資産流動化証券は、資産流動化法に規定する特定社債券（金商法二条一項四号）および同法に規定する優先出資証券または新優先出資引受権を表示する証券（金商法二条一項八号）をいう（特定有価証券開示府令一条三号ロ）。特定外国資産流動化証券は、外国または外国の者が発行する証券・証書で、右の有価証券の性質を有するものをいう（特定有価証券開示府令一条三号ニ）。

(9) 企業内容等開示府令第一一号様式・記載上の注意(8)。元引受契約を締結する予定の金融商品取引業者または登録金融機関のうち事務幹事会社を予定しているものをいう。予定しているものがないときは、記載を要しない。企業内容等開示ガイドライン二三の三―一。

(10) 河本一郎＝関要監修・逐条解説証券取引法〔第三版〕一八三頁（平成二〇年）。

(11) 発行登録書の参照書類に含まれていない場合に限る。

(12) 内国投資証券に関する発行登録書（特定有価証券開示府令第一五号様式）には、①規約、②参照方式の利用適格を示す書面、③発行登録書において参照すべき旨が記載された有価証券報告書の提出日以降に、(i)提出日前に発生した重要な事実で、書類提出時にはその内容を記載することができなかったものについて記載することができる状態になったこと、(ii)記載すべき重要な事実が発生したこと、というこれら(i)または(ii)の事情が発生した場合におけるその重要な事実の内容を記載した書類、④投資法人の目的および基本的性格ならびに主要な経営指標等の推移を的確かつ簡明に説明した書面を添付することを要する（特定有価証券開示府令一八条の二第一項一号）。外国投資証券に関する発行登録書（第一六号様式）については、右の①から④に加えて、⑤発行者の代表者が発行登録に関し正当な権限を有する者であることを証する書面、⑥発行者が日本国内に住所を有する者に、発行登録に関する一切の行為につき、発行者を代理する権限を付与したことを証する書面、⑦発行登録が適法であることについての法律専門家の法律意見書の添付が要求される（特定有価証券開示府令一八条の二第一項二号）。これらの書類が日本語以外の言語で書かれているときは、その日本語による翻訳文を付さなければならない（特定有価証券開示府令一八条の二第三項）。

3　発行登録追補書類の提出

発行登録により、あらかじめその募集・売出しが登録されている有価証券については、発行登録がその効力を生じており、かつ、募集・売出しごとにその発行価額・売出価額の総額、発行条件・売出条件等を記載した発行登録追補書類を内閣総理大臣に提出すれば、その有価証券を募集・売出しにより取得させ、売り付けることができる（金商法二三条の八第一項）。社債等振替法にいう振替社債等のうち、短期社債については、発行登録がその効力を生じていれば、募集・売出しにより取得させ、売り付けることができる（金商法二三条の八第二項）。[1]

発行登録追補書類は、発行登録にかかる個々の募集・売出しに関して情報を開示するもので、発行登録書に記載された募集・売出しにかかる有価証券の種類、発行予定期間および発行予定額のほか、その発行登録追補書類にかかる募集・売出しの金額、発行登録にかかる従前の募集・売出しの実績を記載し、証券情報として募集・売出しの詳細な内容および参照情報を記載すべきものとなっている（金商法二三条の八第一項、企業内容等開示府令一四条の八）。[2]

発行登録追補書類は、発行登録にかかる個々の募集・売出しによって有価証券を取得させまたは売り付ける前ならば、いつ提出してもよいのが原則である。しかし、募集・売出しが一定の日に株主名簿上の株主である者に対し、株主割当てまたは株主優先募集の方法で行われ、その基礎となる株式につき流通市場でいわゆる権利落ち現象が生じる場合、募集・売出しに応じて有価証券を取得しまたは買い付けるべきか否かの投資決定は権利落ち現象の前に行われることから、発行登録追補書類にはその一定の日の一〇日前までに提出すべきものとされる（金商法二三条の八第三項）。これは、権利落ち日から割当日までの期間およびそれにかかる休日を勘案して、株主の熟慮期間として定められたものである。もっとも、時価または時価に近い一定の価格により発行する株券等についての発行登録追補書類についてはこの限りではない（金商法二三条の八第三項、企業内容等開示府令一四条の一〇）。[3]

発行登録追補書類には、つぎの書類を添付することを要する（金商法二三条の八第五項、企業内容等開示府令一四条の一二）。

① 取締役会もしくは株主総会の議事録の写しまたは主務大臣の認可を受けたことを称する書面

② 資本金の額の変更についての行政庁の許可、認可または承認を必要とする場合におけるその許可、認可または

承認があったことを知るに足る書面

③　発行登録追補書類において参照すべき旨記載された有価証券報告書の提出日以降に生じた重要な事実の内容を記載した書類(4)

④　事業内容の概要および主要な経営指標等の推移を的確かつ簡明に説明した書面

⑤　(i)有価証券が社債等またはコマーシャル・ペーパーであって、保証が付されている場合には、その書面、(ii)有価証券がカバード・ワラントであって、そのカバード・ワラントに表示されるオプションにかかる契約が締結されている場合には、その契約書の写し、(iii)有価証券が有価証券信託受益証券である場合には、有価証券信託受益証券の発行に関して締結された信託契約その他主要な契約の契約書の写し、(iv)有価証券が預託証券である場合は、預託証券の発行に際して締結された預託契約その他主要な契約の契約書の写し

投資証券に関する登録追補書類の内容についても法定されている（金商法二三条の八第五項、特定有価証券開示府令一八条の九）。(5)

発行登録追補書類にかかる募集・売出しについての発行登録書に添付されている書類と同一内容のものについては添付の必要はない（企業内容等開示府令一四条の一二第一項括弧書）。

(1)　株券、優先出資法に規定する優先出資証券、社債券、カバード・ワラントおよび預託証券については、企業内容等開示府令の定める第一二号様式、コマーシャル・ペーパーについては同第一二号の二様式、外国会社にあっては同第一五号様式による（企業内容等開示府令一四条の八）。内国投資証券については、特定有価証券開示府令の定める第二一号様式、外国投資証券については、同第二二号様式、特定内国資産流動化証券については、同第二一号の二様式、特定外国資産流動化証券については、同第二二号の二様式による（特定有価証券開示府令一八条の六）。

(2)　内国投資証券については、投資法人の名称、投資証券の形態などに加えて、今回の募集（売出し）金額、これまでの募集（売出し）の実績、残額（発行予定額・実績合計額・減額総額）を記載し、さらに、証券情報および参照情報が記載される。

（3）　外国会社については、さらに、代表者が当該発行登録追補書類の提出に関して正当な権限を有するものであることを証する書面、当該会社が、日本国内に住所を有する者に、発行登録追補書類の提出に関する一切の行為について、当該外国会社を代理する権限を付与したことを証する書面、発行登録追補書類の提出が適法であることについての法律専門家の法律意見書等の添付が要求される（企業内容等開示府令一四条の一二第一項二号）。この場合、日本語以外の記述であれば、その日本語による翻訳文を付すことを要する（企業内容等開示府令一四条の一二第二項）。

（4）　①提出日前に発生した有価証券報告書に記載すべき重要な事実で、当該書類を提出するときにはその内容を記載することができなかったものにつき、記載することができる状態になった場合、または、②有価証券報告書に記載すべき事項に関し重要な事実が発生した場合に記載を要する。

（5）　内国投資証券に関する発行登録追補書類（第二一号様式）には、①有価証券の発行につき役員会の決議または投資主総会の決議があった場合におけるその役員会の議事録の写しまたはその投資主総会の議事録の写し、②重要な事実の内容を記載した書類、③投資法人の概況について的確かつ簡明に説明した書面を添付することを要する（特定有価証券開示府令一八条の九第一項一号）、外国投資証券に関する発行登録追補書類（第二二号様式）には、右①から③に加えて、④発行登録追補書類に記載された発行者の代表者が発行登録追補書類の提出に関し正当な権限を有する者であることを証する書面、⑤発行者が日本国内に住所を有する者に、発行登録に関する一切の行為につき、発行者を代理する権限を付与したことを証する書面、⑥発行登録が適法であることについての法律専門家の法律意見書の添付が要求される（特定有価証券開示府令一八条の九第一項二号）。これらの書類が日本語以外の言語で書かれているときは、その日本語による翻訳文を付さなければならない（特定有価証券開示府令一八条の九第二項）。

特定内国資産流動化証券に関する発行登録追補書類（第二一号の二様式）、特定外国資産流動化証券に関する発行登録追補書類（第二二号の二様式）についても、添付書類が法定されている（特定有価証券開示府令一八条の九第一項三号・四号）。

4　発行登録書の訂正

発行登録をした者は、つぎの場合、発行登録書の記載を訂正するため、訂正発行登録書を内閣総理大臣に提出することを要する（金商法二三条の四、企業内容等開示府令一四条の五第一項）。

①　発行登録書に参照書類とされている書類と同種の書類があらたに提出された場合

②　発行予定額のうちの未発行分の一部を発行予定期間内に発行する見込みがなくなった場合（1）

③　発行残高の上限を減額しなければならない事情が生じたこと

④　引受けを予定する金融商品取引業者のうちの主たるものに異動があった場合[2]

⑤　発行登録の効力発生予定日に変更があった場合

このほか、発行登録者が、発行登録書または添付書類のうちに訂正を必要とするものがあると認めた場合にも[3]訂正発行登録書の提出が義務づけられる（金商法二三条の四）。

もっとも、発行登録書または添付書類に記載された事項を変更するための訂正は、発行予定額・発行残高の上限の増額、発行予定期間の変更[4]または有価証券の種類の変更についてはこれを行うことができない（金商法二三条の四、企業内容等開示府令一四条の五第三項）[5]。

投資証券の発行登録に関する訂正発行登録書の提出事由も法定されている[6]。

以上の事由による訂正に加えて、内閣総理大臣は、発行登録書、発行登録書にかかる参照書類、添付書類または訂正発行登録書につぎの瑕疵がある場合、それらの書類の提出者に対し、訂正発行登録書の提出を命じることができる。

①　形式上の不備がある場合または記載すべき重要な事項の記載が不十分である場合（金商法二三条の九第一項）

②　重要な事項につき虚偽の記載がある場合または記載すべき重要事項または誤解を生ぜしめないために必要な重要な事実の記載を欠く場合（金商法二三条の一〇第一項）

なお、発行登録追補書類、発行登録追補書類にかかる参照書類およびその添付書類に関しては、②の瑕疵がある場合に限り、内閣総理大臣は、訂正発行登録書の提出を命じることができる（金商法二三条の一〇第一項）。これらの書類については、①の瑕疵があるのみでは、訂正発行登録書の提出を命じることができない（金商法二三条の九第一項）。

発行登録した者は、訂正発行登録書を提出した場合も、遅滞なく、その写しを、その有価証券が上場されている金融商品取引所に提出することを要する（金商法二三条の一二第一項・六条）。訂正発行登録書またはその写しは、それぞれ、提出後、発行登録が効力を失うまで、財務局等または金融商品取引所に備え置かれ、公衆の縦覧に供される（金商法二五条一項三号・三項）。発行登録した者は、訂正発行登録書を提出したときは、その日から発行登録が効力を失うまで、訂正発行登録書の写しを、本店および主要な支店に備え置いて、公衆の縦覧に供しなければならない（金商法二五条二項）。

発行登録を行う場合にも、目論見書の交付義務がある（金商法二三条の一二第二項・一三条一項）。発行登録制度に関する目論見書には、発行登録目論見書、発行登録仮目論見書および発行登録追補目論見書がある（企業内容等開示府令一条一六号の二〜一六号の四）。

発行登録の効力発生後、発行登録追補書類が提出されるまでの間の勧誘行為には発行登録目論見書が使用される。発行登録書または訂正発行目論見書の提出後に、発行登録目論見書が交付される。発行登録追補書類が提出された後、有価証券を取得させまたは売り付ける際には発行登録追補目論見書の交付が義務づけられる。

ところで、発行条件決定時の発行登録追補目論見書の交付義務が免除される場面がある。すなわち、発行条件のうち発行価格その他内閣府令で定める事項（発行価格等）以外の記載事項ならびに発行価格等を公表する旨および公表の方法を記載した書類をあらかじめ交付し、かつ、当該書類に記載された方法によって発行価格等が公表されたときは、当該書類は法定目論見書（金商法一三条一項）とみなされ、あらためて発行登録追補目論見書の交付は不要となる（金商法二三条の一二第七項）。これは、発行価格等を記載した発行登録追補目論見書の交付が間に合わないことで、投資者が投資機会を喪失することを回避するためのものである。

(7)(8)(9)

（1）　たとえば、発行登録期間中に生産計画、設備投資計画、資金計画等に著しく大きな変更があったことにより、発行予定額を減額しなければならない事情が生じた場合をいう。企業内容等開示ガイドライン二三の四―一。

（2）　発行登録書の提出時に未定であった、引受けを予定する証券会社のうち主たるものが、その後、発行登録期間中に決定された場合には、その決定にかかる訂正発行登録書の提出を要しない。企業内容等開示ガイドライン二三の四―二。

（3）新規発行による手取金の使途の変更による訂正等が考えられる。

（4）発行予定期間の変更の禁止は、発行登録書に記載されていた一年の発行予定期間を二年に延長する変更に関して意味を有する。発行登録書において、発行予定期間を二年としていたところ、発行登録の効力発生日から一年以内に発行価額・売出価額の全額につき、募集・売出しが完了することになっても、発行登録をした者は、発行予定期間の変更の禁止の故に、特別の影響を受けることがないからである。

（5）つぎの理由から訂正を禁止される。河本一郎＝関要監修・逐条解説証券取引法〔第三版〕一八六頁（平成二〇年）。

①　発行登録は将来の発行限度額をあらかじめ投資者に開示する制度であるが、発行予定額の増額等はこうした枠そのものの変更であり、部分的な修正・補完をはかる趣旨から設けられている訂正という制度になじまないこと

②　発行登録は投資者に一定の予測を与えるものであることを勘案すれば、制度の明瞭性の観点からも、前記の基本的な事項の変更に際しては改めて発行登録書の提出を求めることが適切であること

③　こうした基本的要素に対して訂正を認めると、当初発行登録内容の頻繁な変更が可能となり、制度の基本が崩れるおそれも出てくること

（6）①記載された発行予定額のうち未発行分の一部を発行予定期間内に発行する見込みがなくなった場合、②記載された発行残高の上限を減額しなければならない事情が生じた場合、③記載された引受けを予定する金融商品取引業者のうち主たるものに異動があった場合、④記載された発行登録の効力発生予定日に変更があった場合に、訂正発行登録書（内国投資証券の場合には第一七号様式、外国投資証券の場合には第一八号様式）の提出が必要である（特定有価証券開示府令一八条の三）。発行予定額の増額、発行予定期間の変更、有価証券の種類の変更については訂正を行うことができない。

（7）株券の場合、発行価格、資本組入額、申込証拠金、申込取扱場所、引受人の氏名または名称およびその住所、引受株式数および引受けの条件が規定されている（企業内容等開示府令九条一号）。このほか、有価証券の種類によって詳細が規定されている（企業内容等開示府令九条二号以下参照）。

（8）日刊新聞紙のうち二以上に掲載する方法、②日刊新聞紙のうち一以上に掲載し、かつ発行者または販売金融商品取引業者のウエッブサイトに掲載する方法または③発行者および販売金融商品取引業者のウエッブサイトに掲載する方法が規定されている（企業内容等開示府令一四条の二第一項）。

（9）有価証券届出書における開示制度では、同様の手当てがなされていた。すなわち、有価証券届出書に発行価格等を公表する旨お

よび公表方法が記載され、かつ、当該公表の方法によって発行価格等が公表された場合には、訂正届出書の提出がなされたときでも訂正目論見書の交付は要しない（金商法一五条五項）。

5　発行登録の効力発生

発行登録は、発行登録書または発行登録をした者が自発的に提出した訂正発行登録書を内閣総理大臣が受理した日から一五日を経過した日に効力を生ずるのを原則とする（金商法二三条の五第一項・八条）(1)。ただし、発行登録が効力を生ずる日の前に内閣総理大臣が訂正発行登録書の提出を命じた場合、発行登録書または発行登録をした者が自発的に提出した訂正発行登録書を内閣総理大臣が受理した日から内閣総理大臣が指定する期間を経過した日に、発行登録が効力を生ずる（金商法二三条の九第二項・三項・二三条の一〇第二項）。

発行登録が効力を生ずる日の前に内閣総理大臣が訂正発行登録書の提出を命じ、内閣総理大臣が指定する期間内に自発的な訂正発行登録書が提出された場合で、その訂正発行登録書の内容が公衆に容易に理解されると認められ、または発行会社の企業内容に関する事項に関する情報がすでに公衆に広範に提供されている場合、内閣総理大臣は、前に指定した期間よりも短い期間を指定することができ、発行登録はその期間が経過した日に効力を生ずる（金商法二三条の九第四項・二三条の一〇第二項）(2)。

発行登録が効力を生じた後、訂正発行登録書が提出された場合、内閣総理大臣は、必要と認めるときは、発行登録の効力停止を命ずることができる（金商法二三条の五第二項・二三条の一〇第三項）。効力停止命令は、自発的な訂正発行登録書が提出された場合は、一五日を超えない範囲で期間を指定して行われ（金商法二三条の五第二項）、訂正発行登録書の提出命令が発せられる場合は、期間を指定せずに行われる。後者の場合、提出命令に応じて訂正発行登録書が提出され、内閣総理大臣がこれを適当と認めたときに、停止命令が解除される（金商法二三条の一〇第四項）。効力停止期間中は、発行登録追補書類の提出ができないため、募集・売出しより有価証券を取得させ、売り付けることはできない。

自発的な訂正発行登録書が提出された場合に、効力停止命令において指定される効力停止期間は、別段の取扱いが適当である場合を除き、つぎのとおりとされている。(3)

① 参照書類と同種の書類として新たに有価証券報告書が提出されたことによる訂正　提出日を含めておおむね二日（電子開示システムを使用しないときはおおむね四日）

② 参照書類と同種の書類として新たに四半期報告書または半期報告書が提出されたことによる訂正　提出日を含めておおむね一日（電子開示システムを使用しないときはおおむね三日）

③ 参照書類と同種の書類として新たに臨時報告書が提出されたことによる訂正　提出日を含めておおむね一日（電子開示システムを使用しないときはおおむね二日）

④ 参照書類と同種の書類として新たに訂正報告書が提出されたことによる訂正　提出日を含めておおむね一日（電子開示システムを使用しないときはおおむね二日）

⑤ 発行を予定している有価証券にかかる仮条件を記載した訂正発行登録書が提出されたことによる訂正　提出日を含めて一日

⑥ それ以外の事由により訂正発行登録書が提出されたことによる訂正　提出日を含めておおむね一日（電子開示システムを使用しないときはおおむね二日）

発行登録書およびその添付書類、訂正発行登録書または発行登録追補書類およびその添付書類ならびにそれらにかかる参照書類の重要な事項につき虚偽の記載がある場合、(4)内閣総理大臣は、公益および投資者保護のため必要かつ適当であると認めるときは、当該発行登録書およびその添付書類、当該訂正発行登録書もしくは当該発行登録追補書類およびその添付書類（発行登録書類等）または当該発行登録書類等の提出者がこれを提出した日から一年以内に提出する有価証券届出書もしくは発行登録書もしくは発行登録追補書類について、これらの書類の提出者に対して、公益または投資者保護のため相当と認められる期間、当該発行登録の効力、当該発行登録書類等にかかる発行登録の効力、当該有価証券届出書にかかる届出の効力もしくは当該発行登録書もしくは当該発行登録追補書類にかかる発行登録の効力の停止を命じ、または、効力発生期間を延長することができる（金商法二三条の一一第一項前段）。この場合には、聴聞を行う必要がある（金商法二三条の一一第一項後段）。

内閣総理大臣の処分は、重要な事項につき虚偽記載のある発行登録書等にかかる発行登録に関してのみならず、その提出者が一年以内に提出する有価証券届出書にかかる募集・売出しの届出および発行登録書もしくは発行登録追補書類にかかる発行登録に関しても行うことができる。かかる処分があった場合、内閣総理大臣は、提出された訂正発行登録書の内容が適当で、かつ、提出者の発行する有価証券を募集・売出しにより取得させまたは売り付けても、公益または投資者保護に支障がないと認めるときに、その処分を解除することができる（金商法二三条の一一第二項）。

（1）　発行登録をした者が待機期間短縮の申出をした場合に限り七日を経過して発行登録の効力が生じる。そうでなければ一五日を経過した日に発行登録の効力が生じる。企業内容等開示ガイドライン二三の五―一・八―二。

（2）　この期間内に自発的な訂正発行登録書の提出があった場合、内閣総理大臣がそれを受理した日から期間が開始する（金商法二三条の九第五項・三項・二三条の一〇第二項）。

（3）　企業内容等開示ガイドライン二三の五―三。

（4）　重要事項に虚偽の記載がある場合に限り、この処分をすることができる。重要な事実の記載を欠くに過ぎない場合、かかる処分をすることができない。

6　発行登録の取下げ

発行登録は、発行登録書に記載された発行予定期間を経過した日に効力を失うのを原則とする（金商法二三条の六第二項）。ただし、発行登録をした者は、発行予定期間の経過前においても、有価証券の募集・売出しの予定が消滅したとき等においては、任意に発行登録の取下げをして、その効力を失わせることができる。(1)発行予定期間の経過前に発行予定額の全額の有価証券の募集・売出しが終了したときは、それ以降、発行登録の意味が事実上失われる。そこで、発行登録をした者は、かかる場合、発行登録を取り下げるべきものとされる（金商法二三条の七第一項）。

発行登録の取下げは、発行登録取下届出書を内閣総理大臣に提出して行う（金商法二三条の七第一項）。(2)発行登録取下届出書を内閣総理大臣が受理した時に発行登録は効力を失う（金商法二三条の七第二項）。

発行登録がなされると、それが効力を失うまで、発行登録書およびその添付書類、訂正発行登録書ならびに発行登録追補書類およびその添付書類の写しが発行登録した者の有価証券が上場されている金融商品取引所に備え置かれて公衆の縦覧に供される（金商法二五条三項）。発行登録が発行予定期間の経過前に失効するときは、発行登録書等の写しの公衆縦覧に関し、そのことを金融商品取引所に知らしめる必要がある。そこで、発行登録をした者は、発行登録取下届出書を内閣総理大臣に提出したときは、発行登録取下届出書の写しを、遅滞なく、その有価証券が上場されている金融商品取引所に提出しなければならない。(3)

（1）　企業内容等開示ガイドライン二三の七―一は、発行登録者は、金融商品取引法二三条の七第一項に定めるとき以外であっても、発行登録取下届出書を財務局長等に提出することにより、当該発行登録を任意に取り下げることができるとしている。
（2）　金融商品取引法二三条の七は、発行予定期間経過前の発行予定金額全額の募集・売出し終了後による発行登録の取下げに関し、その手続と効果を規定する。発行登録の任意取下げの場合の手続と効果についても同様に解してよいであろう。
（3）　企業内容等開示ガイドライン二三の七―三参照。

二　募集・売出しの取引

1　取引の勧誘

発行登録が行われると、発行登録にかかる有価証券の募集・売出しにつき、内閣総理大臣への届出を要求する金融商品取引法四条一項の規定は適用されない（金商法二三条の三第三項）。発行登録が機動的な資金調達を可能にする方策であるといわれることの一つの意味は、発行登録にかかる募集・売出しについては、個々の募集・売出しのための発行開示に関し届出をすることなく、直ちに勧誘行為をすることができることにある(1)。発行登録が行われると、発行登録にかかる有価証券の募集・売出しは、発行登録書に記載された発行予定額の範囲内では、発行価額・売出価額の総額が、最近二年間に行われた募集・売出しの発行価額・売出価額の総額と通算して一億円以上となる場合であっても、内閣総理大臣への届出をすることなく行うことができる。

発行登録の下での個々の募集・売出し、すなわち有価証券を取得させまたは売り付ける勧誘は、発行登録の効力発生前、したがって、個々の募集・売出しにかかる発行登録追補書類の提出前においても行うことができる。

発行登録にかかる募集・売出しのために、目論見書以外の文書、図画、音声その他の資料を使用する場合には、虚偽の表示または誤解を生じさせる表示をしてはならない（金商法二三条の一二第二項・一三条五項）。

発行登録の効力が発生する日前には、発行登録仮目論見書の使用ができる。発行登録の効力発生後、発行登録追補書類が提出されるまでの発行登録書にもとづく勧誘について使用される目論見書が、発行登録目論見書である。なお、発行登録追補書類提出後に、有価証券を取得させ、または売り付けるためには発行登録追補目論見書が使用される。

発行登録目論見書または発行登録仮目論見書には、発行登録書およびその提出日以降に提出されたすべての訂正発行登録書に記載すべき事項が記載される(2)。発行登録追補目論見書は、発行登録書、その提出以降に提出されたすべての訂正発行登録書および発行登録追補書類に記載すべき事項が記載される(3)。

発行登録目論見書には、発行登録書に記載される募集・売出しにかかる有価証券の種類、発行予定期間、発行予定額、証券情報および参照情報に加えて、つぎの特記事項が記載される(4)(金商法二三条の一二第二項・一三条二項、企業内容等開示府令一四条の一三第一項一号、特定有価証券開示府令一八条の一〇第一項一号)。

① 有価証券の募集・売出しに関し発行登録が効力を生じている旨

② 目論見書に記載された内容につき訂正がある旨および参照すべき旨記載された参照情報が新たに差し替わることがある旨

③ 有価証券を取得させまたは売り付ける場合、発行登録追補目論見書を交付する旨

④ 有価証券が外国通貨で表示されるものである場合、外国為替相場の変動により影響を受けることがある旨

⑤ 発行登録書の提出者が発行登録制度の利用適格要件を満たしていること

⑥ 重要な事実の内容(5)

⑦ 事業内容の概要および主要な経営指標等の推移の的確かつ簡明な説明

発行登録仮目論見書では、特記事項として、右の③ないし⑦の事項を記載するほか、有価証券の募集・売出しに関し発行登録が効力を生じていない旨ならびに仮目論見書に記載された内容につき、訂正が行われることがある旨および参照すべき旨記載された参照情報が新たに差し替わることがある旨が記載される(金商法二三条の一二第二項・一三条二項、企業内容等開示府令一四条の一三第一項二号、特定有価証券開示府令一八条の一〇第一項二号)。

発行登録追補目論見書には、特記事項として、右の④ないし⑦の事項および発行登録追補書類で参照すべき旨記載された有価証券報告書の提出日以降に生じた重要な事実の内容を記載する(金商法二三条の一二第二項・一三条二項、企業内容等開示府令一四条の一三第一項三号、特定有価証券開示府令一八条の一〇第一項三号)。

発行登録目論見書および発行登録仮目論見書は、個々の募集・売出しに関する記載を欠くのに対して、発行登録追

補目論見書は、個々の募集・売出しに関する発行登録の下での従前の募集・売出しの実績および当該募集・売出しの詳細な内容の記載を含む(6)。三種の目論見書は、有価証券の発行会社の企業内容に関する事項に関しては、ともに参照情報ならびに事業内容の概要および経営指標等の推移の的確かつ簡明な説明を含み、ほとんど同じ内容の情報となっている(7)。

(1) 発行登録は、それにかかる発行予定額の範囲内で行われる個々の募集・売出しを一括して解禁するものであることから、一括登録という言葉で呼ばれたことがあった。証券取引審議会報告「社債発行市場の在り方について」(昭和六一年一二月一二日)参照。
(2) 企業内容等開示ガイドライン二三の一二―一①。
(3) 企業内容等開示ガイドライン二三の一二―一②。
(4) ⑤から⑦までに相当する事項については、参照情報のつぎに、それ以外の事項は、目論見書の表示またはその他の見やすい箇所に記載しなければならない(企業内容等開示府令一四条の一三第二項、特定有価証券開示府令一八条の一〇第二項)。
(5) 発行登録書または訂正発行登録書で参照すべき旨記載された直近の有価証券報告書のうち、直近のものの提出日以降に生じたものに限る。①提出日前に発生した有価証券報告書に記載すべき重要な事実で、当該書類を提出するときにはその内容を記載することができなかったものにつき、記載することができる状態になったこと、②有価証券報告書に記載すべき事項に関し重要な事実が発生した場合に記載を要する。
(6) 発行登録にかかる個々の募集・売出しにかかる証券情報は、個々の募集・売出しの内容が決まる前に提出される発行登録書に記載されず、したがって、発行登録目論見書および発行登録仮目論見書に記載されない。個々の募集・売出しの内容が決まった後に提出される発行登録追補書類、したがって、発行登録追補目論見書で補充される。
(7) 発行登録にかかる募集・売出しに関して使用される目論見書に実際に記載される発行会社の企業内容に関する情報は、いわゆる企業ハイライトといわれる「事業内容の概要および主要な経営指標等の推移の的確かつ簡明な説明」が主要なものである。なお、発行登録者の作成する発行登録目論見書、発行登録仮目論見書または発行登録追補目論見書の記載にあたっては、発行登録者の企業情報について、発行登録書、訂正発行登録書または発行登録追補書類における参照書類に記載された内容を記載することができる。もっとも、この場合、これらの書類に記載されたすべての内容を記載することを要する。企業内容等開示ガイドライン二三の

2　取引契約の締結

発行登録をした者、有価証券の売出人、引受人、金融商品取引業者または登録金融機関が、発行登録にかかる募集・売出しにより取得させまたは売り付けるには、募集・売出しごとの発行価額・売出価額の総額が少ないため少額免除が認められる場合を除いて、発行登録が効力を生じており、その募集・売出しごとに発行登録追補書類が内閣総理大臣に提出されていなければならない（金商法二三条の八第一項）。それとともに、あらかじめまたは同時に発行登録追補目論見書を交付しなければならない（金商法二三条の一二第三項・一五条二項）。

募集・売出しに際し、その全部を取得させることができなかった残部で金融商品取引所に上場されていないものを、発行登録が効力を生じておりかつ発行登録追補書類が提出されてから三か月を経過する日までに募集・売出しによることなく取得させまた売り付ける場合にも、取得させまたは売り付けるまでに、発行登録追補目論見書を交付することを要する（金商法二三条の一二第三項・一五条六項）。

募集・売出しの届出制度の下では、募集・売出金額が少額である場合、発行開示のための募集・売出しの届出および目論見書の交付が免除される（金商法四条一項ただし書・一五条二項・一項）。発行登録にかかる募集・売出しにおいても、募集・売出し金額が少額にとどまるときは、同様に発行開示の免除が認められるのが合理的である。

発行登録にかかる募集・売出しについても、その募集・売出しの発行価額・売出価額の総額が最近二年以内に行われた届出または発行登録追補書類の提出を要しなかった募集・売出しの発行価額・売出価額の総額を通算して一億円未満の場合、発行登録の効力発生および発行登録追補書類の提出を待つことなく、かつ、発行登録追補目論見書の交付を要せず、有価証券を取得させまたは売り付けることができる（金商法二三条の八第一項ただし書・二三条の一二第三項）。

(1)

(2)

これらの規制の適用を除外される募集・売出しに関し目論見書または仮目論見書が使用される場合、目論見書または仮目論見書に、これらの規制の適用を受けないものである旨を記載することを要する（金商法二三条の八第四項・四条五項）。これらの規制の適用を除外される募集・売出しの発行価額・売出価額の総額が一〇〇万円を超えるときは、有価証券の発行者は発行登録通知書を内閣総理大臣に提出することを要する（金商法二三条の八第四項・四条六項）。

（1）　通算の対象となるものは、一年以内に行われた、発行登録にかかる募集・売出しで発行登録追補書類の提出を要しなかったもののみならず、発行登録にかかるもので届出を要しなかった募集・売出しを含む。このように解することが、金融商品取引法二三条の八第一項ただし書および企業内容等開示府令一四条の九の文言ならびに少額免除の趣旨に合致する。たとえば、発行登録で届出を要することなく発行価額の総額が七〇〇〇万円の有価証券の募集が行われてから六か月後に発行価額の総額が五〇〇〇万円の有価証券の募集が行われる場合、後者の募集については、それが発行登録にかかるものでないときは届出が必要とされる（金商法四条一項ただし書、企業内容等開示府令二条）が、それが発行登録にかかるものであるときは、発行登録追補書類の提出を要するものとするのが規制の均衡の上から必要である。

（2）　金融商品取引法二三条の一二第三項は、同法一五条二項および六項の規定を「発行登録を行った有価証券の募集又は売出し」について準用すると定めている。この文言からは、発行登録にかかる募集・売出しについては、金融商品取引法二三条の八第一項ただし書により、発行登録追補書類の提出を要しない発行価額・売出価額の総額が少額にとどまる場合にも、目論見書の交付強制に関する金融商品取引法一五条二項および六項の規定が準用されているようである。しかし、発行登録にかかる募集・売出しを、この点で、発行登録にかかるものでない募集・売出しと異なって規制すべき合理的理由はない。

第三節　企業内容の継続開示

第一款　報告書による継続開示

一　報告書の提出義務者

有価証券の投資判断のための資料の提供としての情報開示は、流通市場における投資者に対しても要請される。既発行の有価証券の投資者の保護をはかるため、企業内容を継続的に開示することが求められる。発行開示においては、情報開示の義務者は、取引の当事者であるかその関係者である。これに対して、企業内容の継続開示は、特定の具体的な取引に関連するものではなく、情報開示の義務者も、証券取引の当事者ではない。

企業内容の継続開示は、有価証券の発行者による報告書の提出によって行われる。報告書の提出は、つぎの有価証券の発行者について要求される（金商法二四条一項、金商令三条・三条の六第四項）(1)。

① 金融商品取引所に上場されている有価証券

② 認可金融商品取引業協会に店頭登録されている有価証券

③ 右以外の募集・売出しにつき有価証券届出書または発行登録追補書類を提出した有価証券

④ 右以外で、当該事業年度または事業年度開始の日前四年以内に開始した事業年度のいずれか末日において所有者が一〇〇〇名以上の有価証券(2)

有価証券の金融商品取引所への上場は発行者の申請にもとづいて行われ(3)、有価証券の募集・売出しの届出はその発行者によって行われる。これらのことはすべて有価証券の発行者の意思に反し行われることはない。有価証券の発行者は、報告書の提出による企業内容の継続開示を回避することを欲するときは、有価証券の金融商品取引所への上場または認可金融商品取引業協会への店頭登録および募集・売出しの届出を拒否することによって、その意図を実現することができる。

しかし、報告書の提出による企業内容の継続開示の必要は、有価証券の発行者がそれを欲するか否かによってではなく、それを必要とする投資者が存在するかどうか、それを必要とする投資関心が流通市場に存在するかどうかによって決まるべきものである。(4) したがって、報告書の提出義務は、有価証券の発行者の意思に依存する基準ではなく、それを必要とする客観的な基準によって要請されるべきである。この要請から④に該当する発行者は、有価証券報告書の提出が義務づけられる。(5) この要件は、いわゆる「外形基準」とよばれるものである。(6) もっとも、当該事業年度末における資本金の額が五億円未満の会社および当該事業年度の末日における株券等の所有者数が三〇〇名未満の会社は、当該事業年度にかかる有価証券報告書の提出を要しない（金商法二四条一項ただし書、金商令三条の六第一項）。(7)

さらに、③または④の有価証券の発行者については、それが清算中である場合、相当の期間事業を休止している場合、③について、募集・売出しにつき届出を要した有価証券の所有者の数が著しく少数である場合は、(8) 内閣総理大臣の承認を得て報告書の提出義務を免れることができる（金商法二四条一項ただし書、金商令四条二項）。ここにいう有価証券の所有者の数が著しく少数である場合とは、その有価証券の所有者の数が二五名以下である場合をいう（企業内容等開示府令一六条二項）。企業内容の継続開示は、流通性があると考えられる有価証券について、投資者保護のために要求されるものである。③または④の場合で、右のように、有価証券の流通性が失われたときには、開示義務が免除される。

ところで、③の有価証券について、所有者数が二五名未満である場合には、内閣総理大臣の承認を受けて、有価証券報告書の提出義務が免除される。もっとも、特に、株券については、償還期限が存在しないことなどから、その株主数を二五名未満とすることは極めて困難であり、継続開示を行うために重いコスト負担を強いているとの指摘があった。(9) 平成一八年の改正では、株券その他の有価証券について、(10) その発行者である会社のうち、上場会社または店頭登録会社以外の会社であって、当該事業年度を含む前五事業年度のすべての末日における当該有価証券の所有者数が三〇〇未満である場合において、有価証券報告書を提出しなくても公益または投資者保護に欠けることがないものとして内閣総理大臣の承認を受けたときは、継続開示義務が免除されることとなった（金商法二四条一項ただし書、金商令三条の五第二項）。

報告書の提出義務を免れるための内閣総理大臣の承認を得るには、有価証券の発行者が承認申請書に定款、株主名簿の写し等を添付して金融庁長官に提出しなければならず、金融庁長官は、発行者が毎事業年度経過後三か月以内に株主名簿の写しその他内閣府令で定める書類を金融庁長官に提出することを条件に、この承認を行うものとされている（金商令四条一項・三項）。(11)

（1）　なお、後述するように、有価証券の発行者は、金融商品取引法において、継続開示として、様々な報告書の開示が求められる。そのなかには、四半期報告者や内部統制報告書などのように、①と②に掲げる有価証券の発行者にのみ開示が要求されるものもある（金商法二四条の四の七第一項・二四条の四の四第一項参照）。

（2）　株券、金融商品取引法二条二項でみなし有価証券とみなされる有価証券投資事業権利等その他の政令で定める有価証券に限られる。政令では、株券、有価証券信託受益証券で受託有価証券が株券であるものおよび金融商品取引法二条一項二〇号に掲げる有価証券で株券にかかる権利を表示するものが定められている（金商法二四条一項四号、金商令三条の六第三項）。平成二〇年の改正まで、所有者の数が五〇〇名以上の場合に有価証券報告書の提出が義務づけられていた。同年の改正で、一〇〇〇名以上に改められている。これは、同年の改正でプロ向け市場が創設され、相当程度の流動性が生じること、さらに、制度導入後、十数年間の有価証券報告書提出会社の実態等にかんがみて、人数基準の引き上げがなされた。金融審議会金融分科会第一部会報告「我が国金融・資本市場の競争力強化に向けて」（平成一九年一二月一八日）参照。

（3）　金融商品取引所の上場規程は、株券等の新規上場は、当該株券等の発行者の申請により行うものとすると定めている（東証・有価証券上場規程二〇一条参照）。

（4）　証券取引審議会報告「企業内容等開示制度等の整備改善について」（昭和四五年一二月一四日）は、報告書の提出による継続的開示の基準についてつぎのように述べている。「証券取引所上場証券や証券業協会登録証券以外にも、現に流通している有価証券があることは事実であり、これらの有価証券の発行会社も、本来は有価証券報告書を提出する必要があると考えられる。問題は、有価証券の流通性の有無を判断する基準をどこに求めるかにある。この点については、資本金の額と株主数を基準にするという考え方もあるが、外形基準には流通性のない有価証券も含まれることになるという難点がある。」結局、昭和四六年の証券取引法の改正では外形基準の導入は見送られた。

（5）　平成四年の改正で導入された。

アメリカの一九三四年証券取引所法は、一九六四年の改正前においては、国法証券取引所に登録された有価証券の発行者および一九三三年証券法にもとづいて有価証券の募集のために登録届出書を証券取引委員会に提出した一定の発行者のみが報告書の提出による企業内容の継続開示の義務を負うものとしていた。このような立法態度について、一九六三年に発表された証券取引委員会の証券市場特別調査報告は、それが投資者の保護のためにもまた証券市場を通じての資源の効率的配分のためにも適切なものでないとして、持分証券の名簿上の所有者が三〇〇名以上である発行者は、その有価証券が国法証券取引所に登録されていない場合にも報告書の提出による継続開示の義務を負うものとされるべきであると勧告した。この勧告を受けて行われた一九六四年の改正によって、一九三四年証券取引所法上、総資産が一〇〇万ドルを超え、かつ、ある種類の持分証券の名簿上の所有者が五〇〇名以上の発行者は、その有価証券が国法証券取引所に登録されていないものであっても報告書の提出による企業内容の継続的開示の義務を負うべきものとした（その後、基準数値は五〇〇万ドルに引き上げられた）。

この改正についてアメリカ議会の上院の議事録はつぎのように述べている。「取引所市場の投資者に効果的な保護をもたらしている総合的な開示制度が店頭市場にも適用されるべきではないという説得力のある理由は存在しない。店頭市場で取引される有価証券の性質の中には、基本的な情報の開示を少なくてもよいとするものは存在しない。反対に、店頭市場が広く知られて基礎の確立した会社の有価証券のみならずよく知られておらず基礎の十分に確立していない会社の有価証券を含んでいるために、投資者による正確な情報の必要性は、取引所市場の有価証券よりもより大きくないとしても、少なくとも同程度に大きい……。加えて、取引所市場と店頭市場の開示要件の相違は、それ自体が二つの市場間の有価証券の配分につき好ましくない人為的な要素となっている……。公衆は、暗闇で買付けや売付けを求められるべきでない。」

この言葉は、平成四年改正前のわが国の証券取引法の下でも妥当するものであった。

（6）　所有者の数は、内閣府令で定める区分に応じて、所定の方法により算定される（企業内容等開示府令一六条の三）。たとえば、株券については、株券にかかる権利の内容（剰余金の配当、残余財産の分配、株式の買受けおよび株主総会において議決権を行使することができる事項についての内容をいう）が同一である株券ごとに、その株主名簿に記載・記録された株主の数により算定する（企業内容等開示府令一六条の三第一号イ）。これに、受託有価証券が株券である有価証券信託受益証券にかかる受益権名簿に記載・記録された受益者の数および株券にかかる権利を表示する預託証券の所有者の名簿に記載された当該有価証券の所有者の数が合算される（企業内容等開示府令一六条の三第一号ロ）。普通株と優先株を発行している場合には、それぞれの株券の所有者数は合算されない。企業内容等開示ガイドライン二四―六。なお、従業員持株会の名義で株主名簿に登録されている場合は、所有者の数の算定にあたって、当該持株会は一人の株主として取り扱われる。

(7)　アメリカの場合、継続開示義務を負う発行者の規模は総資産を基準に定められているのに対して、わが国では、資本金が基準となる。資本金の額という発行者の意思で決定される基準を採用することは、発行者の意思にかかわらない客観的基準により開示義務を課すという本来の趣旨と合致しないものの、この点については、法的安定性を重視した結果という評価がある。江頭憲治郎「ディスクロージャー制度の整備」商事法務一二九五号七頁。

(8)　募集・売出しに届出を要した有価証券の所有者数を問題にしているので、それと同種類の有価証券で届出を要する募集・売出しによることなく流通市場に持ち込まれたものの所有者数を考慮しないように見える。しかし、ある種類の有価証券の所有者のうち、いずれの者が募集・売出しに届出を要した有価証券の所有者であり、いずれの者がそうでないかを判別することはきわめて困難である。しかも、たとえその判別が可能であるとしても、募集・売出しに届出を要した有価証券の所有者の数のみを基準に報告書の提出義務の免除を認めることは、報告書による継続開示が有価証券届出書による発行開示のアフター・ケアであるという説明をする以外に合理的理由は考えられない。たとえば、募集・売出しに届出を要した有価証券の所有者の数が二〇名であり、届出を要する募集・売出しによることなく流通市場に持ち込まれた同種類の有価証券の所有者の数が二八〇名の場合には報告書の提出による継続開示は必要ではないが、募集・売出しに届出を要した有価証券の所有者の数が三〇名でありその他に同種類の有価証券の所有者が存在しない場合にも報告書の提出による継続開示は必要であるとする実質的理由は存在しない。

(9)　谷口義幸＝野村昭文「企業内容等開示制度の整備」商事法務一七七三号四四頁。

(10)　政令で定める有価証券は株券のみが規定されている（金商令三条の五第一項）。

(11)　報告書の提出免除の承認を受けた会社は、申請後四年間、毎事業年度経過後三か月間以内に株主名簿の写しと当該事業年度にかかる計算書類で株主総会で報告したもの、または、その承認を受けたものを金融庁に提出することを要する（金商令四条三項、企業内容等開示府令一六条四項・五項）。承認を受けることにより有価証券報告書の提出を要しないこととなった会社は、承認基準に該当しなくなった場合、同報告書を提出しなければならない。かかる義務が生じることとなったか否かの判断を行政当局が行うために右の書類の提出が要求されている。

二　報告書の種類

1　有価証券報告書

報告書の提出義務を負う有価証券の発行者は、事業年度ごとに、各事業年度の経過後三か月以内に有価証券報告書を内閣総理大臣に提出しなければならない（金商法二四条一項本文・五項）(1)。報告書の提出義務を負っていなかった有価証券の発行者が、その有価証券の金融商品取引所への上場または認可金融商品取引業協会への店頭登録によって報告書の提出義務の要件をみたすことになったとき(2)は、その日の属する事業年度の直前事業年度にかかる有価証券報告書を遅滞なく提出しなければならない（金商法二四条三項）。

有価証券報告書には、発行者が会社である場合、当該会社の商号、当該会社の属する企業集団、当該会社の経理の状況その他事業の内容に関する重要な事項その他公益または投資者保護のため必要かつ適当なものとして内閣府令で定める事項を記載することを要する（金商法二四条一項、企業内容等開示府令一五条）(3)。

有価証券報告書にはつぎの書類を添付しなければならない（金商法二四条六項、企業内容等開示府令一七条一項一号）。

① 定款(4)

② 定時株主総会に報告しまたはその承認を受けた計算書類(5)

③ その募集・売出しについて金融商品引法四条一項もしくは二項本文または同法二三条の八第一項本文の適用を受けた社債またはコマーシャル・ペーパーについて保証が付されている場合、(イ)当該保証を行っている会社の定款および当該保証を決議した取締役会または株主総会の議事録の写しその他の当該保証を行うための手続がとられたことを証する書面、(ロ)当該保証の内容を記載した書面

④ カバード・ワラントであり、当該カバード・ワラントに表示されるオプションにかかる契約が締結されている場合には、その契約書の写し

⑤　有価証券信託受益証券である場合は、当該有価証券信託受益証券の発行に関して締結された信託契約その他主要な契約の写し

⑥　預託証券である場合は、当該預託証券の発行に際して締結された預託契約その他の主要な契約の契約書の写し

特定有価証券の発行者が提出する有価証券報告書の記載内容および添付書類は、特定有価証券の種類ごとに定められている（金商法二四条五項・一項、特定有価証券開示府令二二条・二七条）。(6)

有価証券の発行者は、その有価証券が金融商品取引所に上場されまたは認可金融商品取引業協会に店頭登録されているときは、有価証券報告書またはその添付書類を内閣総理大臣に提出した場合、遅滞なく、その写しを金融商品取引所または認可金融商品取引業協会に提出しなければならないとともに（金商法二四条七項・六条）、その写しをその本店および主要な支店に備え置いて公衆の縦覧に供しなければならない（金商法二五条二項）。有価証券報告書および添付書類は、内閣総理大臣が受理した日から財務局等に備え置かれて公衆の縦覧に供され（金商法二五条一項四号）、金融商品取引所または認可金融商品取引業協会に提出された写しは、金融商品取引所または認可金融商品取引業協会に備え置いて公衆の縦覧に供される（金商法二五条三項）。

有価証券報告書または添付書類に訂正を要するものがある場合、提出者は訂正報告書を内閣総理大臣に提出しなければならない（金商法二四条の二第一項・七条一項）。訂正報告書を提出する必要があるかどうかは、有価証券報告書の提出日現在の状況について判断し、その後の事情の変更は考慮しない。(7)内閣総理大臣は、有価証券報告書または添付書類に形式上の不備、重要な記載事項の記載不十分、重要な事項の虚偽記載または誤解をもたらさないために必要な重要な事実の記載の欠如があるときは、提出者に通知し、職員に聴聞を行わせた後、理由を示して訂正報告書の提出を命ずることができる（金商法二四条の二第一項・九条一項・一〇条一項）。(8)

内閣総理大臣は、有価証券報告書または訂正報告書に重大な虚偽記載があるときは、その提出者が自発的に提出した訂正報告書を提出した日または訂正報告書の提出命令を受けた日から一年以内に提出する有価証券報告書につい

て、その者に通知し、職員に聴聞を行わせた後、理由を示して届出の効力が発生するまでの期間を延長させることができる（金商法二四条の三・一一条）。

有価証券報告書の提出者は、重要なものについて訂正報告書を提出したときは、自発的なものであると内閣総理大臣の提出命令にもとづくものであるとを問うことなく、政令で定めるところにより、その旨を公告しなければならない（金商法二四条の二第二項）。公告は、①電子公告（開示用電子情報処理組織を使用する方法により不特定多数の者が公告すべき内容である情報の提供を受けることができる状態に置く措置をとる方法）（ＥＤＩＮＥＴ）または②時事に関する事項を掲載する日刊新聞紙に掲載する方法のいずれかの方法により、遅滞なく行うことを要する（金商令四条の二の四第一項）。電子公告を利用する場合、訂正の対象となった有価証券報告書およびその添付書類を提出した日から五年を経過する日までの間、継続して電子公告による公告を行わなければならない（金商令四条の二の四第二項）。訂正報告書に関する電子公告は、平成一七年の改正で実現した。

内閣総理大臣は、有価証券報告書の訂正にかかる書類の提出命令を発する場合は、その開示書類の全部または一部を公衆縦覧に供しないものとすることができる（金商法二五条六項）。この場合、開示書類を公衆縦覧させている発行者、金融商品取引所・認可金融商品取引業協会に対して、書類の全部または一部を公衆縦覧に供しないこととした旨を通知する（金商法二五条七項）。かかる通知を受けた後、発行者等は開示書類の公衆縦覧の義務を免除される（金商法二五条八項）。有価証券報告書の内容に訂正が必要な場合に、元の報告書の内容の開示を継続することは適当でない場合がある。そのため、平成二〇年の改正で、報告書の全部または一部の公衆縦覧を中止する制度が導入された。

従来、わが国の有価証券市場に上場している外国会社は、毎年、日本語で作成した有価証券報告書を提出する必要があった[9]。平成一七年、わが国の証券市場の国際競争力を高めることを目的として、上場外国会社の開示コストの負担を軽減するために、英語での有価証券報告書の提出を認める改正がなされた。すなわち、有価証券報告書を提出しなければならない外国会社は、用語、様式および作成方法に照らし、金融庁長官が、公益または投資者保護に欠けることがないものとして認める場合には（企業内容等開示府令一七条の二第一項）、有価証券報告書およびその添付書類に代えて、外国において開示が行われている有価証券報告書等に類する書類であって英語で記載されたもの（外国会社報告書）を提出することができる（金商法二四条八項）。外国会社報告書には、当該外国会社報告書に記載されている事項のうち公益または投資者保護のため必要かつ適当なものとして内閣府令で定めるものの要約の日本語による翻訳文、当該外国会社報告書に記載されていない事項のうち公益または投資者保護のため必要かつ適当なものとして内閣府令で定めるものを記載した書類その他内閣府令で定めるもの（補足書類）を添付しなければならない（金商法二四条九項）。かかる外国会社報告書および補足書類を提出した場合は、それらを有価証券報告書とみなし、これらの提出を有価証券報告書等を提出したものとみなして、金融商品取引法または同法にもとづく命令の規定を適用する（金商法二四条一一項）。[10][11][12][13]

有価証券に関して求められる情報開示は、有価証券の性質によって異なる。株券、社債券などは、発行会社の信用力が投資判断で重要な要素となる。これに対して、発行者の保有する資産をその価値の裏づけとする有価証券（資産金融型証券）については、発行者自体の情報は必ずしも重要ではない。このような有価証券については、有価証券の性質に応じた情報の開示が求められる。金融商品取引法は、「その投資者の投資判断に重要な影響を及ぼす情報がその発行者が行う資産の運用その他これに類似する事業に関する情報である有価証券として政令で定めるもの」を「特定有価証券」と定義し（金商法五条一項参照）、特別の開示内容を定めている。

有価証券報告書に関しては、特定有価証券にかかる有価証券報告書を提出しなければならない会社は、投資者保護に欠けることがないものとして内閣総理大臣の承認を受けた場合、①法令や金融商品取引所の規則にもとづいて作成された書面で、有価証券報告書に記載すべき事項の一部が記載されたもの（報告書代替書面）と、②当該報告書代替書面に記載された事項が記載されていない有価証券報告書とをあわせて提出することできる（金商法二四条一四項）[14]。この場合、報告書代替書面は有価証券報告書の一部とみなされ、金融商品取引法令が適用される（金商法二四条一五項）[15]。

（1）有価証券報告書の記載事項も、有価証券届出書と同じく、当初は、その項目が、昭和二三年六月三〇日に制定された証券取引委員会規則一〇号に定める様式により列挙され、その詳細が証券取引委員会の発表した取扱通達によって定められていた。その後、昭和二八年八月に制定された有価証券の募集又は売出しの届出等に関する省令によって、記載項目および記載上の注意が様式のなかで詳細に定められた。かかる方式は、現行の「企業内容等の開示に関する内閣府令」に引き継がれている。

（2）報告書の提出義務のなかった有価証券の発行者が、有価証券につき届出を要する募集・売出しが行われたことにより報告書の提出義務を負うに至った場合、報告者の提出義務を負うに至った時の属する事業年度に関するものから有価証券報告書を提出すればよい（金商法二四条三項、企業内容等開示府令一六条の二参照）。この場合、その事業年度の有価証券報告書が提出されるまで、募集・売出しのための有価証券届出書が流通市場の開示のためにも機能を果たすこととなる。

（3）企業内容等開示府令一五条一号は、内国会社が提出する有価証券報告書は、①上場会社または店頭登録会社、②有価証券届出書または発行登録追補書類を提出した会社、③外形基準に該当する会社（①②を除く）、④有価証券届出書を提出することで、新たに提出義務会社となった会社（②を除く）は第三号様式、少額募集等による特例による有価証券届出書（企業内容等開示府令第二号の五様式）を提出した会社で、少額募集等にかかる特例による有価証券報告書を提出しようとする会社は第三号の二様式、募集・売出しを行わないで上場または店頭公開し、あらたに提出義務者となった会社は第四号様式により作成することとしている。なお、第三号様式により作成される有価証券報告書は、「第一部　企業情報」、「第二部　提出会社の保証会社等の情報」から構成される。その記載内容は、第二号様式で作成される有価証券届出書の「第二部　企業情報」、「第三部　提出会社等の保証会社等の情報」とほぼ同様である。

　第三号様式では、「第一部　企業情報」として、①企業の概況、②事業の状況、③設備の状況、④提出会社の状況、⑤経理の状況、⑥提出会社の株式事務の概要、⑦提出会社の参考情報（親会社等の情報等）の記載が求められる。④では、「コーポレート・ガナバンスの状況等」を記載する。平成一五年の内閣府令の改正で、この項目が開示項目として追加された。さらに、平成二二年二月の改正で、開示内容が拡充されている。

　第一に、提出会社の企業統治の体制の概要および当該体制を採用する理由を具体的に記載しなければならない。また、その他の提出会社の企業統治に関する事項（たとえば、内部統制システムの整備の状況、リスク管理体制の整備の状況）について、具体的に、かつ、わかりやすく記載することが求められる。社外取締役等と責任限定契約を締結したときは、その契約内容の概要が記載される。企業内容等開示府令第三号様式・記載上の注意(37)が準用する第二号様式・記載上の注意(57)a(a)。

第二に、内部監査および監査役（監査委員会）監査の組織、人員および手続ならびに内部監査、監査（監査委員会）監査および会計監査の相互連携について、具体的に、かつ、わかりやすく記載しなければならない。企業内容等開示府令第三号様式・記載上の注意(37)が準用する第二号様式・記載上の注意(57)ａ(b)。

第三に、社外取締役・社外監査役（社外役員）の員数および社外役員と提出会社との人的関係、資本的関係または取引関係その他の利害関係について、具体的に、かつ、わかりやすく記載しなければならない。企業内容等開示府令第三号様式・記載上の注意(37)が準用する第二号様式・記載上の注意(57)ａ(c)。

第四に、役員の報酬等について、役員ごとに、役員報酬等の種類別（基本報酬、ストック・オプション、賞与、退職慰労金の区分ごと）の額を記載しなければならない。もっとも、開示の対象となる役員は、連結報酬等の額が一億円以上である者に限られる。また、取締役、監査役または執行役ごと（社外役員がいるときは、社外役員以外と社外役員に区分する）の報酬等の種類別の総額および対象となる役員の員数を記載する。使用人兼務役員がいる場合は、使用人給与のうち重要なものがあれば、その総額、対象となる役員の員数およびその内容を記載する。企業内容等開示府令第三号様式・記載上の注意(37)が準用する第二号様式・記載上の注意(57)ａ(d)。役員報酬の開示は、従来からも、「役員報酬の内容（社内役員と社外役員に区分した内容）を記載するものとされていた。右のような詳細な個別開示は、平成二二年の改正で実現した。この点について、金融審議会金融分科会・我が国金融・資本市場の国際化に関するスタディグループ報告「上場会社等のコーポレート・ガバナンスの強化に向けて」（平成二一年六月一七日）は、「役員報酬については、経営者のインセンティブ構造等の観点から株主や投資者にとって重要な情報であると考えられる。また、非常に高額な報酬やストックオプションが経営者の経営姿勢を過度に短期的なものとするおそれなどの指摘もあり、役員報酬の決定に係る説明責任の強化を図っていくことが重要な課題となる。」としていた。一億円という基準は、わが国と比較して高額な役員報酬が支払われていると考えられるアメリカにおける上場企業のＣＥＯの報酬等を考慮したものと説明されている。すなわち、アメリカにおける上場企業役三四〇〇社のＣＥＯの報酬額の中央値は約一九〇万ドル、最頻値は四〇万ドルから六〇万ドルの付近との調査があり、一億円前後に最も多くの企業が分布しているという状況等を考慮して、一億円という基準が設けられた。谷口義幸「上場会社のコーポレート・ガバナンスに関する開示の充実等のための内閣府令等の改正」商事法務一八九八号二三頁。もっとも、開示が必要とされる理由は、その会社の業績や規模に比して高額な報酬が支払われているかどうかを投資者が判断できるようにすることに求められるべきであり、一律に、一億円の基準を適用することには合理的なものとはいえない。

第五に、株式の保有状況の開示が求められる。株式の保有にかかる目的を積極的に開示することが、投資判断上、有用であると考えられ（谷口・右掲論文二四頁）、平成二二年の改正で詳細な開示が求められることとなった。開示項目は、保有目的が純投資目的以外のものであるか、純投資目的のものであるかによって異なる。前者では、銘柄数および貸借対照表計上額の合計額を記載するとともに、①銘柄別による有価証券の最近事業年度の貸借対照表計上額が提出会社の最近事業年度の資本金額の一〇〇分の一を超える場合、②銘柄別による有価証券の最近事業年度の前事業年度の貸借対照表計上額が提出会社の当該前事業年度の資本金額の一〇〇分の一を超える場合、③提出会社における最近事業年度の貸借対照表計上額の大きい順の三〇銘柄に該当する場合は、銘柄、株式数、貸借対照表計上額を記載するとともに、当該銘柄ごとに保有目的を具体的に記載することが求められる。企業内容等開示府令第三号様式の記載上の注意(37)が準用する第二号様式・記載上の注意(57)a(e)(i)(ii)。後者では、上場株式・非上場株式に区分し、その区分ごとに、当該事業年度および前事業年度における貸借対照表計上額の合計額ならびに当該事業年度における受取配当額、売却損益および評価損益のそれぞれの合計額を記載する。企業内容等開示府令第三号様式の記載上の注意(37)が準用する第二号様式・記載上の注意(57)a(e)(i)(iii)。

提出会社が持株会社の場合、特別の開示が要求される。企業内容等開示府令第三号様式の記載上の注意(37)が準用する第二号様式・記載上の注意記載上の注意(57)a(e)(iv)。

(4)　五年以内に有価証券報告書の添付書類として提出されたものと同一の内容のものである場合、添付することを要しない。③④⑤についても同様の旨が定められている（企業内容等開示府令一七条一項ただし書）。

(5)　有価証券報告書は、事業年度ごとに、各事業年度の経過後三か月以内に提出することが要求される（金商法二四条一項本文）。平成二二年の改正前まで、有価証券報告書の添付書類として、「定時総会に報告したもの又は承認を受けたもの」のみが規定されていた。したがって、株主総会終了後でなければ、有価証券報告書の提出ができなかった。さらに、内部統制報告書は有価証券報告書の提出と併せて提出することが義務づけられている（金商法二四条の四の四第一項）。以上のことから、決算に関する定時株主総会では、有価証券報告書や内部統制報告書は提出されておらず、その内容についても、株主総会の報告や役員の説明義務の対象となり得なかった。平成二一年の改正で、有価証券報告書の添付書類として要求される計算書類および事業報告は、「有価証券報告書を定時総会前に提出する場合には、定時株主総会に報告しようとするもの又はその承認を受けようとするもの」（企業内容等開示府令一七条一項一号ロ）でもよいこととなった。これにより、株主総会開催前であっても、有価証券報告書や内部統制報告書を提出することが可能になった。なお、有価証券報告書を定時総会開催前に提出するには、有価証券報告書の作成日程を早める必要がある。さらに、有価証券報告書に記載され財務諸表等の監査日程も繰り上げることが求められる。有価証券報告書の定時総会前の提出を行うか否かは発行会社に委ねられる。

(6)　①内国投資信託受益証券は特定有価証券開示府令の定める第七号様式、②外国投資信託受益証券は同第七号の二様式、③内国投資証券は同第七号の三様式、④外国投資証券は同第八号様式、⑤内国資産流動化証券は同第八号の二様式、⑥外国資産流動化証券は同第八号の三様式、⑦内国資産信託流動化受益証券は同第八号の四様式、⑧外国資産信託流動化受益証券は同第八号の五様式、⑨内国信託受益証券、内国信託社債券および内国信託受益権は同第九号様式、⑩外国信託受益証券、外国信託社債券、外国信託受益権および外国貸付債権信託受益権証券は同第九号の二様式、⑪内国抵当証券は同第九号の三様式、⑫外国抵当証券は同第九号の四様式、⑬内国有価証券投資事業権利等は同第九号の五様式、⑭外国有価証券投資事業権利等は同第九号の六様式、⑮特定有価証券信託受益証券は、当該特定有価証券信託受益証券にかかる受託有価証券につき、①から⑫までに掲げる有価証券の区分に応じそれぞれに定める様式、⑯特定預託証券は、当該特定預託証券に表示される権利にかかる特定有価証券につき、①から⑫までに掲げる有価証券の区分に応じてそれぞれに定める様式による。

(7)　企業内容等開示府令は、有価証券報告書の記載事項の多くを有価証券報告書にかかる事業年度末現在の状態で記載すべきものとしている。そのような事項について訂正を要するか否かは、その事業年度末現在の状況で判断するのは当然である。しかし、有価証券報告書の記載事項の若干のものは、事業年度末から報告書提出時までの状況をも反映すべきものとしている。それらの事項については、有価証券報告書の提出時を基準に訂正の要否が判断されなければならない。

(8)　形式上の不備または重要な記載事項の記載の不十分を理由として訂正報告書の提出命令が出されて、それに応じて訂正報告書が提出された場合は公告を要しないところ（金商法二四条の二第二項は九条を準用していない）、自発的に訂正報告書が提出された場合にも、訂正理由が形式上の不備または重要な記載事項の記載不十分のときは、同様に公告を要しないものと解すべきである。

(9)　東京証券取引所の上場外国会社数は、昭和四八年末には六社であったものの、昭和六〇年六月末には二一社、平成二年末には一二五社に増加した。しかし、平成七年末には七七社、平成一二年六月末には四一社と減少し、平成一七年六月末には二七社となり、平成二三年一二月時点で、一一社となっている。平成一七年には、ＩＢＭ、ペプシコ、モトローラといった著名企業が上場廃止を申請した。外国企業の上場廃止が続いているのは、上場維持の費用に比べて売買高が低迷していることなどが理由とされる。

(10)　企業内容等開示府令の「第八号様式」および同「第九号様式」のうち、(i)「第一部　企業情報」の「第2　企業の概況」の「1　主要な経営指標等の推移」および「3　事業の内容」、(ii)「第一部　企業情報」の「第3　事業の状況の」の「4　事業等のリスク」に相当する事項が規定されている（企業内容等開示府令一七条の三第二項）。

(11)　企業内容等開示府令第八号様式または同第九号様式による有価証券報告書に記載すべき事項（発行者情報）であって、当該外国会社報告書に記載されていない事項（不記載事項）のうち、日本語または英語によって記載したもの（当該事項を英語によって記載したものである場合は、当該事項の要約の日本語による翻訳文を添付すること）とされている（企業内容等開示府令一七条の三第三項)。

(12)　有価証券報告書に記載すべき事項のうち外国会社報告書に記載されてない事項(不記載事項)(注(11)参照)(第二項に定める)を日本語または英語によって記載したもの、発行者情報と当該事項に相当する外国会社届出書の記載事項との対照表が規定されている(企業内容等開示府令一七条の三第四項)。

(13)　改正法の規定は、施行日以降に提出される一定の外国投資信託の受益証券にかかる有価証券報告書等から適用され、その他の有価証券報告書等については施行日から平成二一年三月三一日までの範囲内において政令で定める日から適用される。

(14)　特定有価証券については、①その内容、発行形態、取引形態が多様であり、機械的に一律の開示規制を課しても、投資者にとってわかりづらい場合がある、②特定有価証券に関し、金融商品取引法を含めた法令等にもとづいて提出される報告書等のなかには、その記載内容が重複するものがあるとの指摘を踏まえ、投資者にとってわかりやすい情報提供の仕組みとすることとともに、発行者の負担を軽減する観点から、特定有価証券にかかる開示規制の適用について、柔軟な対応を可能とする改正がなされた。谷口義幸＝野村昭文「企業内容等開示制度の整備」商事法務一七七三号三九頁。

(15)　報告書代替書面を提出しようとする特定有価証券の発行者は、報告書代替書面三通を作成し、読み替えて適用する有価証券報告書(原有価証券報告書)と併せて関東財務局長に提出しなければならない(特定有価証券開示府令二七条の四の二第一項)。報告書代替書面の提出の承認を受けようとする場合は、承認を必要とする理由、報告書代替書面の作成の根拠となる法令の条項または金融商品取引所の規則の規定などを記載した承認申請書を金融庁長官に提出することを要する(特定有価証券開示府令二七条の四の二第二項)。なお、報告書代価書面制度は、半期報告書制度、臨時報告書制度にも導入されている(金商法二四条の五第一三項・一四項・二〇項・二一項)。

2　半期報告書および四半期報告書

報告書の提出義務を負う有価証券の発行者が一年決算を採用するものであるときは、後述する四半期報告書の提出を義務づけられる会社を除き、事業年度ごとに、事業年度開始日後六か月間の発行者の企業内容を記載した半期報告書を、その期間経過後三か月以内に内閣総理大臣に提出しなければならない(金商法二四条の五第一項)[(1)]。半期報告書は、有価証券報告書制度を補完するためのもので、流通市場において、より適時の情報開示を行うことで投資者の保護をはかっている。

半期報告書には、発行者が会社である場合、会社の概況、事業および営業の状況、設備の状況ならびに経理の状況を記載することを要する（金商法二四条の五第一項、企業内容等開示府令一八条一項）。(2)特定有価証券の発行者の半期報告書の記載内容は、特定有価証券の種類に区分して法定されている（特定有価証券開示府令二八条）(3)。

企業を取り巻く経営環境の変化は激しく、これに伴い企業業績も短期間に一層大きく変化している。このような状況の下では、より短期の企業情報が開示されるべきである。半期報告書は、可及的に最新の企業内容を定期的に開示することを目的に、昭和四六年の改正で導入された。この目的をよりよく実現するためには、四半期ごとの企業内容を開示する制度が望ましい。そのため、平成一八年の改正で、四半期報告書制度が法定された。すなわち、有価証券報告書を提出しなければならない会社のうち、金融商品取引所に上場されている有価証券または認可金融商品取引業協会に店頭登録されている有価証券の発行者は、事業年度を三か月ごとに区分した各期間経過後四五日以内に、四半期報告書を内閣総理大臣に提出しなければならない（金商法二四条の四の七第一項、金商令四条の二の一〇）。(4)有価証券報告書および半期報告書の提出期限は、それぞれ事業年度終了後三か月以内、半期終了後三か月以内とされているが、四半期報告書については、その適時性、迅速性を重視し、四半期終了後四五日以内に提出するものとされた。(5)なお、第4四半期は、四半期報告書の提出義務はない（金商法二四条の四の七第一項、金商令四条の二の一〇第二項）。

四半期報告書の提出が義務づけられる会社は、上場会社および店頭登録会社である。(6)有価証券報告書および半期報告書の提出が義務づけられる会社よりも範囲は狭い。この点については、四半期開示は、企業業績等にかかる情報をより適時に提供することを趣旨とするものであり、その情報は、市場において流通し、頻繁に値づけが行われる有価証券ほど、重要性が高いものであると考えられたことによる。(7)なお、有価証券報告書を提出しなければならない会社で、四半期報告書の提出が義務づけられない会社も、任意に四半期報告書を提出することを妨げられない（金商法二四条の四の七第二項）。四半期報告書を提出しなければならない会社は半期報告書の提出義務がない（金商法二四条の五第一項）。任意に四半期報告書を提出した場合も半期報告書制度は適用されない（金商法二四条の五第一項）。

四半期報告書には、提出会社の属する企業集団の経理の状況その他の公益または投資者保護のために必要かつ適当なものとして内閣府令で定める事項が記載されなければならない（金商法二四条の四の七第一項）。(8)(9) 四半期報告書の記載内容は、基本的に半期報告書の記載項目の枠組みが用いられている。もっとも、財務情報については、連結財務情報のみの開示が要求されている。(10)

単体かつ半期ベースで自己資本比率にかかる規制を受ける特定の事業（特定事業）を行う会社については、これらの記載事項に加えて、特別の事項を四半期報告書に記載することを要する（金商法二四条の四の七第一項）。特定事業は、①銀行法に定める銀行業、②銀行法に定める銀行持株会社の業務にかかる事業、③保険業法に定める保険業および少額短期保険業、④保険業法に定める保険持株会社および少額短期保険持株会社の業務、⑤信用金庫法に定める全国を地区とする信用金庫連合会（信金中央金庫）の業務にかかる事業が定められている（企業内容等開示府令一七条の一五第二項）。これらの特定事業を行う会社については、四半期報告書の記載事項に加えて単体ベースの財務情報の開示が求められる。(11) 単体の半期ベースで自己資本比率にかかる規制等を受ける会社については、このような情報も投資者の投資情報として重要であると考えられたことによる。(12) この場合の第2四半期にかかる四半期報告書の提出期限は、第2四半期終了後六〇日以内となる。(13)

半期報告書を提出しなければならない外国会社および四半期報告書を提出しなければならない会社は、公益または投資者保護に欠けることがないものとして内閣府令で定める場合には、有価証券報告書の場合と同様に、半期報告書または四半期報告書に代えて、外国において開示が行われている半期報告書または四半期報告書に類する書類であって英語で記載されたもの（外国会社半期報告書・外国会社四半期報告書）を提出することができる（金商法二四条の五第七項・二四条の四の七第六項）。外国会社半期報告書には、要約の日本語による翻訳文、内閣府令で定める補足書類を添付しなければならない（金商法二四条の五第八項・二四条の四の七第七項）。外国会社半期報告書または外国会社四半期報告書およびこれらの補足書類を提出した場合、当該書類は半期報告書または四半期報告書とみなされ、金融商品取引法令の規定が適用される（金商法二四条の五第九項・二四条の四の七第八項）。

有価証券の発行者は、有価証券が金融商品取引所に上場されまたは認可金融商品取引業協会に店頭登録されているときは、半期報告書または四半期報告書を提出した場合、遅滞なくその写しをその金融商品取引所または認可金融商品取引業協会へ提出しなければならない（金商法二四条の五第六項・二四条の四の七第五項・六条）。また、その写しを本店または主要な支店に備え置いて公衆の縦覧に供しなければならない（金商法二五条二項）。半期報告書および四半期報告書は、内閣総理大臣が受理した日から財務局等に備え置いて公衆の縦覧に供され（金商法二五条一項七号・八号）、金融商品取引所または認可金融商品取引業協会に提出されたそれらの写しは、金融商品取引所または金融商品取引業協会に備え置かれて公衆の縦覧に供される（金商法二五条三項）。

半期報告書、四半期報告書またはその添付書類に訂正を要するものがある場合、提出者は、訂正報告書を内閣総理大臣に提出しなければならず（金商法二四条の五第五項・七条）、内閣総理大臣は、提出者に通知し、その職員をして聴聞を行わせた後、理由を示して訂正報告書の提出を命ずることができる（金商法二四条の五第五項・九条一項・一〇条一項）。

半期報告書および四半期報告書については、有価証券報告書と異なり、それに重大な虚偽記載があっても、内閣総理大臣は、その提出者が一定の期間内に提出する有価証券届出書にかかる募集・売出しの効力発生日までの期間を延長する処分をすることができない。提出者は、重要な事項についての訂正報告書を提出しても、政令で定める方法による公告を要しない。

（1）　報告書の提出義務を負う発行者が、定款に規定する事業年度を変更した場合、その変更した最初の事業年度の期間が六か月を超えるときは、その事業年度に関して半期報告書を提出しなければならないのを原則とするところ、半期報告書の提出期限内に最初の事業年度の末日が到来するときは、その事業年度に関し、半期報告書の提出を要しない。企業内容等開示ガイドライン二四の五一一。また、一年決算の発行者が、あらたに報告書の提出義務を負うこととなった場合、提出義務を負うこととなった日が、事業年度開始の日から六か月以内に属するときのみ、その事業年度に関して半期報告書の提出を要する。企業内容等開示ガイドライン二四の五―三。

(2) 企業内容等開示府令一八条一項は、内国会社の場合、企業内容等開示府令第五号様式、少額募集等にかかる特例による有価証券届出書（同第二号の五様式）を提出した内国会社で、少額募集等にかかる特例による半期報告書を提出しようとする会社の場合、同第五号の二様式にもとづき作成するものとしている。第五号様式により作成される半期報告書は、「第一部　企業情報」、「第二部　提出会社の保証会社等の情報」から構成される。有価証券報告書の記載内容に準じて記載する事項が多くみられる。

(3) ①内国投資信託受益証券は、特定有価証券開示府令が定める第一〇号様式、②外国投資信託受益証券は同第一〇号の二様式、③内国投資証券は同第一〇号の三様式、④外国投資証券は同第一一号様式、⑤内国資産流動化証券は同第一一号の二様式、⑥外国資産流動化証券は同第一一号の三様式、⑦内国資産信託流動化受益証券は同第一一号の四様式、⑧外国資産信託流動化受益証券は同第一一号の五様式、⑨内国信託受益証券、内国信託社債券および内国信託受益権は同第一二号様式、⑩外国信託受益証券、外国信託社債券、外国信託受益権および外国貸付債権信託受益証券は同第一二号の二様式、⑪内国抵当証券は同第一二号の三様式、⑫外国抵当証券は同第一二号の四様式、⑬内国有価証券投資事業権利等は同第一二号の五様式、⑭外国有価証券投資事業権利等は同第一二号の六様式、⑮特定有価証券信託受益証券は、当該特定有価証券信託受益証券にかかる受託有価証券につき、①から⑫までに掲げる有価証券の区分に応じそれぞれに定める様式、⑯特定預託証券は、当該特定預託証券に表示される権利にかかる特定有価証券につき、①から⑫までに掲げる有価証券の区分に応じてそれぞれに定める様式による。

(4) 定款に規定する事業年度を変更した場合において、その変更した最初の事業年度の期間が三か月を超える場合には、四半期報告書の提出が求められる。ただし、当該四半期報告書の提出期限内に最初の事業年度の末日が到来する場合には、四半期報告書の提出をしないことができる。企業内容等開示ガイドライン二四の四の七―一。

(5) 金融審議会金融分科会第一部会・ディスクロージャー・ワーキング・グループ報告「今後の開示制度のあり方について」（平成一七年六月二八日）。四半期報告制度を先行させていた東京証券取引所における平均開示所要日数は三六・一日であり、また、アメリカでは、提出期限が四半期終了後四五日以内とされている（一定の要件を満たす会社は三五日まで提出期限が短縮される）ことなどを踏まえ、四五日という期限が定められた。

(6) 金融商品取引所に有価証券を上場していない会社で、その事業年度が三か月を超えるものを発行するものが、その有価証券を上場することとなった場合には、①その日が事業年度開始の日から三か月以内の日であるときは、当該事業年度の最初の四半期会計

（第1四半期会計期間という）にかかる四半期報告書、②その日が事業年度開始の日から六か月以内の日であるとき（①の場合を除く）、第1四半期会計期間の翌四半期会計期間（第2四半期会計期間）にかかる四半期報告書、③その日が事業年度開始の日から九か月以内の日であるとき（①および②の場合を除く）、第2四半期会計期間の翌四半期会計期間にかかる四半期報告書の提出を要する。企業内容等開示ガイドライン二四の四の七―三。

（7）金融審議会金融分科会第一部会・ディスクロージャー・ワーキング・グループ報告・前掲注（5）。もっとも、外形基準による継続開示が規定された趣旨からすると、四半期報告を上場会社などに限定することは妥当ではない。四半期報告書制度は、証券取引所の自主規制で先行して行われてきた。平成一六年一〇月～一二月の四半期において、東京証券取引所の上場会社の八七・九パーセントが当該開示を開始していた。このような実情から、有価証券の発行企業のコスト負担を勘案し、すでに導入済みの会社を基準に対象企業が設定されたとも考えられる。

（8）内国会社である場合は、企業内容等開示府令が定める第四号の三様式、外国会社である場合は、同第九号の三様式にしたがって四半期報告書を作成する（企業内容等開示府令一七条の一五第一項）。最初に提出する四半期報告書については、企業内容等開示府令第四号の三様式または第九号の三様式・記載上の注意において前年同四半期との対比の記載を求められる事項であっても、当該対比は要しない。企業内容等開示ガイドライン二四の四の七―六。なお、特定有価証券にかかる有価証券報告書を提出しなければならない会社のうち政令で定めるものについては、四半期報告書にかかる規定が準用・適用される（金商法二四条の四の七第三項）。

（9）四半期で開示される財務情報について、投資者の信頼性を高めるためには、公認会計士または監査法人による保証が不可欠である。他方で、他の開示書類と同様の監査手続を要求すれば、監査に時間を要することとなり、四半期報告書に求められる適時性、迅速性を確保することが困難になる。金融審議会金融分科会第一部会・ディスクロージャー・ワーキング・グループ報告・前掲注（5）は、「米国においては、四半期財務諸表について、積極的に四半期財務諸表の適正性を証明する監査ではなく、四半期財務諸表に誤りは認められないといった形での保証手続（『レビュー』）が導入されており、我が国においてもその導入を図っていくことが適切である。このため、四半期財務諸表についてのレビュー手続に係る保証基準の整備が図られるべきである。」と述べていた。これを受けて、平成一九年の改正で、四半期連結財務諸表または四半期財務諸表に関する監査証明はそれを実施した公認会計士または監査法人が作成する四半期レビュー報告書により行うものとされた（監査証明府令三条）。四半期レビュー報告書には、①四半期レビューの対象、②実施した四半期レビューの概要、③四半期レビューの対象となった四半期財務諸表等が、一般に公正妥当と認められる四半期会計期間の財政状態、経営成績およびキャッシュ・フローの状況を適正に表示していないと信じさせる事項が すべての重要な点において認められなかったかどうかについての意見、④追記情報、⑤公認会計士法二五条二項の規定により明示すべき利害関係を記載することを要する（監査証明府令四条）。①から④について内閣府令で詳細が規定されている。加えて、従来から規定のある監査概要書および中間監査概要書に加え、四半期レビュー概要書があらたに、提出資料とされている（監査証明府令五条（監査証明府令第四号様式による））。財務諸表や中間財務諸表の監査や中間監査では、「この財務情報は適正である」といった積極的な文言で証明がなされるが、四半期レビューでは、「こうした情報が適正でないとは認められなかった」といった消極的な形での証明となる。四半期レビューの手続だけみれば簡便なものとなるものの、年度の監査を組み合わせることで、従来は年二回監査人によるチェックがなされていたものを、年四回のチェックが可能となるため、不正等を発見する機会が増大する効果が期待されている。池田唯一「わが国企業開示制度・TOB制度等の新しい姿」証券レビュー四七巻一号一〇頁。

(10)「経理の状況」は、四半期連結財務諸表のみの記載が要求される。企業内容等開示府令第四号の三様式第一部「第4経理の状況」。このほか、半期報告書の記載項目である「業績等の概要」「研究開発活動」を「財政状態および経営成績の分析」の中でまとめて記載すること（記載上の注意(a)）、「主要な設備の状況」「設備の新設、除去等の計画等」を「設備の状況」に集約すること（企業内容等開示府令第四号の三様式・記載上の注意(12)）、さらに、「大株主の状況」については、基本的に第2四半期報告書においてのみ記載すること（記載上の注意(15)）など、記載に工夫がなされている。これらは、四半期報告の迅速性・適時性の要請等を踏まえたものである。谷口義幸＝野村昭文＝柳川俊成「開示制度に係る政令・内閣府令の概要〔上〕」商事法務一八一〇号三一頁。

(11)　四半期報告書の提出会社が特定事業会社である場合は、第2四半期報告書において、中間連結財務諸表に加えて、中間財務諸表を記載しなければならない。企業内容等開示府令第四号の三様式・記載上の注意(30)。特定事業会社の第1・第3四半期報告書については、原則として、他の会社と同様の記載内容となる。

(12)　谷口他・前掲注（10）三二頁。

(13)　①事業年度における最初の四半期間のつぎの四半期は六〇日、②その他の四半期間は四五日と定められている（金商令四条の二の一〇第四項）。

3　内部統制報告書および有価証券報告書等の記載内容にかかる確認書

内部統制システムは、業務を適正かつ効率的に行うために、企業内において構築される体制・プロセスである。内部統制は、市場経済社会において、企業法制が形づくるシステム全体が成立するための前提であり、さらに、同時に企業が事業目的の達成にかかるリスクを軽減し、持続的に発展していくためにも不可欠なものである。(1)

このように内部統制システムは、本来、企業のリスク管理を含めた企業内部の経営プロセスの一部を構成するものである。(2) わが国では、有価証券報告書の虚偽記載の事例が続発した。また、アメリカでは一連の企業不祥事の後、いわゆる企業改革法が制定され、財務報告に関する規制が強化された。(3) このような状況において、虚偽の財務報告がなされないための企業内部のシステムを構築することが求められることとなり、平成一八年の改正で、内部統制報告書制度が創設された。(4)(5)

有価証券報告書を提出しなければならない会社のうち、金融商品取引所に上場されている有価証券の発行者その他政令で定めるものは、事業年度ごとに、その会社の属する企業集団およびその会社にかかる財務計算に関する書類その他の情報の適正性を確保するために必要なものとして内閣府令で定める体制について、内閣府令で定めるところにより評価した報告書（内部統制報告書）を有価証券報告書と併せて内閣総理大臣に提出しなければならない（金商法二四条の四の四第一項）。政令によると、金融商品取引所に上場されている有価証券および店頭売買有価証券（①株券、②優先出資証券、③外国または外国の者が発行する証券・証書で①②の性質を有するもの、④有価証券信託受益証券で、受託有価証券が、①②③の有価証券であるもの、⑤預託証券で、①②③の有価証券権利を表示するもの）の発行者である会社につき内部統制報告書の提出が必要となる（金商令四条の二の七第一項）。有価証券報告書を提出しなければならない会社で、内部統制報告書の提出義務もある会社以外の会社は、内部統制報告書を任意に提出することができる（金商法二四条の四の四第二項）。(6)

内部統制報告書は提出会社の事業年度の末日を基準日として作成される（内部統制府令五条一項）。(7) 内部統制報告書には、①財務報告にかかる内部統制の基本的枠組みに関する事項、②評価の範囲、基準日および評価手続に関する事項、(8) ③評価結果に関する事項、(9) ④付記事項、(10) ⑤特記事項を記載することを要する。内部統制報告書には、会社の代表者および最高財務責任者（会社が定めた場合）の役職氏名が記載される。その際、書面で内部統制報告書を提出する場合には、自署し、かつ、自己の印を押印することが求められる。(11)

経営者が作成する内部統制報告書は、会社と特別の利害関係のない公認会計士または監査法人の監査証明を受けなければならない（金商法一九三条の二第二項本文）。監査証明を受けなくても公益または投資者保護に欠けることがないものとして内閣府令で定めるところにより内閣総理大臣の承認を受けた場合は、この限りではない（金商法一九三条の二第二項ただし書）。内部統制報告書の監査証明は、内部統制監査報告書により行われる（内部統制府令一条二項）。内部統制監査報告書には、①内部統制監査の対象、(12)②経営者の責任、(13)③内部統制監査を実施した公認会計士または監査法人の責任、(14)④内部統制報告書が、一般に公正妥当と認められる財務報告にかかる内部統制の評価の基準に準拠して、財務報告にかかる内部統制の評価結果について、すべての重要な点において適正に表示しているかどうかについての意見、(15)⑤追記情報、(16)⑥公認会計士法二五条二項の規定により明示すべき利害関係を簡潔明瞭に記載しなければならない（内部統制府令六条一項）。さらに、作成した公認会計士または監査法人の代表者が作成の年月日を付して自署し、かつ、自己の印を押さなければならない（内部統制府令六条一項）。(17)

外国会社でわが国の金融商品取引所に上場しているものが、アメリカ証券取引委員会に登録している場合、その内部統制報告書の作成にあたっては、アメリカ式連結財務諸表を提出することについて、金融庁長官が公益または投資者保護に欠けることがないものと認めるときは、金融庁長官が必要と認めて指示する事項を除き、アメリカにおける用語、様式および作成方法によることができる（内部統制府令一二条一項）。ただし、わが国の書式に準拠して作成する場合との主要な相違点などを開示しなければならない（内部統制府令一三条二号）。

なお、企業会計審議会は、「財務報告に係る内部統制の評価及び監査の基準並びに財務報告に係る内部統制の評価及び監査に関する実施基準の設定について（意見書）」（平成一九年二月一五日）を公表した。これは、金融商品取引法の求める内部統制報告書に限定することなく、幅広い視点から、内部統制の考え方を示したもので、内部統制の実務は、これに沿った形で進められた。(18)さらに、平成二三年三月には、同審議会内部統制部会は、「財務報告に係る内部統制の評価及び監査の基準並びに財務報告に係る内部統制の評価及び監査に関する実施基準の改訂について（意見書）」を公表した。これにより、同審議会が策定した内部統制の基準・実施基準の更なる簡素化・明確化が行われた。(19)

つぎに、内部統制報告書を提出しなければならない会社は、内閣府令で定めるところにより、その有価証券報告書の記載内容が金融商品取引法令にもとづき適正であることを確認した旨を記載した確認書を、当該有価証券報告書と併せて内閣総理大臣に提出しなければならない（金商法二四条の四の二第一項、金商令四条の二の五第一項）。

平成一八年改正前の証券取引法では、かかる確認書を有価証券届出書の添付書類と位置づけ、それを任意のものとしていた（平成一八年改正前証取法五条五項、平成一八年改正前企業内容等開示府令一〇条一項一号ト）。[20] また、各証券取引所は、平成一七年一月以降に終了する事業年度にかかる有価証券報告書について同様の確認書の提出を上場会社に求めていた。[21] 金融商品取引法は、これらの確認書制度を法律上の義務とした。[22] なお、有価証券報告書の提出を行わなければならない会社で、確認書の提出を義務づけられない会社も、任意に確認書の提出を行うことができる（金商法二四条の四の二第二項）。

確認書制度は、有効な内部統制の構築を前提として、有価証券報告書に記載された内容の適正性について経営者自らが確認し、その旨を記載した確認書を有価証券報告書に添付することを義務づけることで、有価証券報告書の適正性をより高めることを目的としたものである。[23][24]

確認書に記載する「有価証券報告書の記載内容の適正性に関する事項」には、①確認した有価証券報告書の事業年度（確認した有価証券報告書が訂正報告書である場合は、その旨の記載）、②代表者および最高財務責任者（会社が定めている場合に限る）が有価証券報告書の記載内容が金融商品取引法令にもとづき適正であることを確認した旨、[25] ③確認を行った記載内容の範囲が限定されている場合には、その旨およびその理由を記載することを要する。その上で、有価証券報告書等を提出する会社の代表者および最高財務責任者の署名が求められる。[26]

確認書は、有価証券報告書のみならず、半期報告書および四半期報告書の提出の際にも要求される（企業内容等開示府令一七条の一〇第三項・四項）。確認書は、提出日から、五年間、公衆縦覧に供される（金商法二五条一項五号・三項）。

確認書を提出しなかった経営者は、三〇万円以下の過料に処せられる（金商法二〇八条二号）。有価証券報告書に虚偽記載があることを知りつつ、その内容が適正である旨を記載した確認書を提出した場合は、虚偽記載のある有価証券報告書を提出した場合の罰則の適用があることから（構成要件が基本的に重なることから）、虚偽記載のある確認書の提出について罰則規定は設けられていない[27]。

（1）リスク管理・内部統制に関する研究会（経済産業省）報告書「リスク新時代の内部統制」（平成一五年六月）。

（2）内部統制について、その後の各国の動向に影響を与えたものが、一九九二年のトレッドウェイ委員会組織委員会（COSO（Committee of Sponsoring Organization of the Treadway Commission））による「内部統制―統合的枠組み（Internal Control-Integrated Framework）」と題する報告書（以下、「COSOレポート」という）である。翻訳書として、トレッドウェイ委員会組織委員会〔鳥羽至英＝八田進二＝高田敏文訳〕・内部統制の統合的枠組み・理論編（平成八年）がある。

COSOレポートによると、内部統制は、①業務の有効性と効率性、②財務報告の信頼性、③関連法規の遵守という目的の達成に関して合理的な保証を提供することを意図した、事業体の取締役会、経営者およびその他の構成員によって遂行されるプロセスである。

ここで留意すべきことは、内部統制が経営者に期待するのは、「合理的な保証」であり、「絶対的な保証」ではないことである。企業活動は人間によって行われることから、ここに内部統制の限界がある。すなわち、意思決定において判断を誤る可能性は否定できず、また、規制の手続の確立にあたっては、費用と便益との比較考量が必要となる。さらに、内部統制の担当者の単純な誤りや誤解によって、一時的に正常に働かなくなる場面も考えられる。内部統制を意図的に破ることを事前に防止することは不可能である。その上、内部統制を規律すべき経営者がそれを無視することがありうる。

内部統制は、「統制環境」、「リスク管理」、「情報と伝達」、「統制活動」および「モニタリング」という五つの要素から構成される。「統制環境」は、経営者や従業員の職務に対する誠実な姿勢や行動、経営者や管理者によって与えられる組織構造や職務分掌、取締役会による取締役や従業員に対するチェック体制等の要素から構成される。これらの統制環境の要素は、企業の気風や組織文化を決定するものであり、会社のその他の内部統制の基礎となるべきものである。「リスク評価」は、企業目的の達成に関連するリスクを識別し分析することである。この評価を基礎に、リスクをいかに管理すべきかの決定がなされる。これが「統制活動」となる。そこでは、評価されたリスクに対処するためのルールを策定する。また、これらの内部統制の構成要素を連携させるために「情報と伝達」がスムーズになされる必要がある。以上のように一体として構成される内部統制をモニタリングし、内部統制が有効に機能しているかどうかを監視するのが、内部統制の最後の構成要素である「モニタリング」となる。モニタリングは、会社内で日常的に行われる内部監査体制と監査役や会計監査人という独立的監視体制の組み合わせによって実施される。

以上のように、COSOレポートでは、内部統制を構成する五つの要素を通じて、①業務の有効性と効率性、②財務報告の信頼性、③関連法規の遵守といった三つの目的を達成しようとしている。

COSOレポートで明らかにされた内部統制のフレームワークは、各国の関連ルールの策定に用いられ、さらに、多数の企業の内部統制システムの構築に寄与するものとなっている。

なお、二〇〇四年九月、COSOは、新たに、「企業リスク管理—統合的枠組み（Enterprise Risk Management- Integrated Framework）」を公表した（COSOレポート2）。これは、企業に影響を与える可能性のある潜在的な事象を識別し、そのリスクをリスク許容度の範囲内に収めることを目的とする。これは、企業の目標を、①戦略（Strategic）、②業務（Operations）、③報告（Reporting）、④遵守（コンプライアンス）（Compliance）に分類し、これを達成するために、「内部環境」、「目標設定」、「事業の特定」、「リスク評価」、「リスク対応」、「統制活動」、「情報と伝達」、「モニタリング」という八つの要素によって実現しようとするものである。COSOレポート2によると、COSOレポートで示された「内部統制」は、COSOレポート2にいう「企業リスク管理」に包含される概念となり、必要不可欠な一部を構成する。したがって、「企業リスク管理」は「内部統制」よりも広い概念として規定されており、リスク全体に焦点をあてている。たとえば、「内部統制」における統制環境は内部統制に影響を与えるものに限定されていたが、「企業リスク管理」にいう内部環境は企業のリスク文化の形成全体に影響を与えるものとして位置づけられている。このほか、各要素について内容が拡張されている。

COSOレポート2が公表されたのは、企業改革法を超えた内部管理体制の整備の必要性を指摘するためである。企業改革法では、財務報告や開示に関する内部統制の充実がはかられているものの、COSOレポートによると、企業改革法の要請を実現しても、事業の成功が保証されるものではなく、さらなるリスク・マネージメントが要求される。したがって、企業改革法によって要請される報告の完全性を前提条件として、さらに、つぎのステップとしてのリスク管理が求められている。

（3）　米国では、エンロン事件などの企業不祥事の後、二〇〇二年七月にサーベンス＝オクスレー法（SOX法）（企業改革法）が制定された。同法四〇四条は、年次報告書に、適切な内部統制体制および財務報告の手続を確立および維持する経営者の責任を明記し、財務報告にかかる発行者の内部統制体制および手続の有効性につき、発行者の直近の会計年度が終了した時点における評価（assesment）を記載した内部統制報告書を含めるように義務づけた。これに加えて、発行者のために監査報告を作成または発行する各登録公認会計事務所は、前記の経営者による評価を証明（attest）および報告（report）するものとされた。

（4）金融審議会第一部会に設置されたディスクロージャー・ワーキング・グループの報告「ディスクロージャー制度の信頼性確保に向けて」（平成一六年一二月一四日）は、「証券取引法において、有価証券報告書は投資者に企業情報を開示する基本的かつ最も重要な開示書類であり、有価証券報告書の開示内容について不適正な事例が相次いでいる最近の事態は、投資者の証券市場に対する信頼を揺るがしかねない重大な事態であると認識している。最近の事例を見ると、ディスクロージャーの信頼性を確保するための内部統制が有効に機能していなかったのではないかといったことがうかがわれ、また、日本公認会計士協会による調査においても、会計監査について、現状では、内部統制の評価等に費やされる時間が海外に比べて少ないとのデータが報告されている。このような状況を踏まえると、ディスクロージャーの信頼性を確保するため、内部統制の強化を図る方策が真剣に検討されるべきである。」とした。同報告では、「米国の手法については、内部統制の有効性評価に当たっての事務コストが、とりわけ事務プロセスの文書化に関して多大である、あるいは、米国流のコーポレート・ガバナンスの基準に基づくものであり、日本には必ずしも馴染まないといった指摘がある一方、我が国においても、内部統制を構築し有効に機能させる責任が経営者にあることは明らかであり、実効性を失わせない形でできる限りタイムリーでコストのかからないようにする等の工夫はあるにせよ、その有効性は否定できないとの指摘がある。」と述べている。

（5）平成一七年に制定された会社法では、大会社は、取締役会決議で、取締役の職務の執行が法令および定款に適合することを確保するための体制その他株式会社の業務を適正に確保するために必要なものとして法務省令で定める体制の整備を定めることが必要となった（会社法三六二条四項六号）。会社法施行規則一〇〇条一項は、①取締役の職務の執行にかかる情報の保存および管理に関する体制、②損失の危険の管理に関する規程その他の体制、③取締役の職務の執行が効率的に行われることを確保するための体制、④使用人の職務の執行が法令および定款に適合することを確保するための体制、⑤当該会社ならびに親会社および子会社からなる企業集団における業務の適正を確保するための体制を規定している。これらを指して、会社法上の内部統制システムと呼ばれることがある。金融商品取引法上の内部統制は財務報告の適正性を確保するためのものである。これに対して、会社法上の内部統制システムは、これに限らず、業務の適正を確保するための体制全般に及ぶ。会社法に規定する内部統制システムは取締役等の善管注意義務を具体化したものと解され、金融商品取引法上の内部統制と必ずしもその目的と同じくするものではない。神田秀樹・会社法〔第一三版〕一九八頁（平成二一年）。もっとも、財務報告は、企業の業務全体にかかる財務情報を集約したものであり、業務の適正性と密接不可分の関係にある。実務上は、財務情報にかかる内部統制について、会社法上の内部統制システムと関連づけて、社内の体制を整備することが合理的で効率的である。金融商品取引法上に内部統制は、会社全体の内部統制のうち、とりわけ財務報告の適正化の部分について、より詳細な手続を定めるものといえる。池田唯一「わが国企業開示制度・TOB制度等の新しい姿」

証券レビュー四七巻一号四〇頁、池永朝昭「金融商品取引法の内部統制と法令遵守体制の関係」商事法務一七九六号二六頁。

(6) 内部統制府令四条は、内国会社は内部統制府令第一号様式、外国会社は同第二号様式により内部統制報告書を作成すべきものとしている。

(7) a代表者および最高財務責任者（会社が定めている場合）が、財務報告にかかる内部統制の整備および運用の責任を有している旨、b財務報告にかかる内部統制を整備および運用する際に準拠した基準の名称、c財務報告にかかる内部統制により財務報告の虚偽の記載を完全には防止または発見することができない可能性がある旨を記載する（内部統制府令第一号様式・記載上の注意(6)）。

(8) a財務報告にかかる内部統制の評価が行われた基準日、b財務報告にかかる内部統制の評価にあたり、一般に公正妥当と認められる財務報告にかかる内部統制の評価の基準に準拠した旨、c財務報告にかかる内部統制の評価手続の概要、d財務報告にかかる内部統制の評価の範囲を記載する。内部統制府令第一号様式・記載上の注意(7)。なお、財務報告にかかる内部統制の評価範囲および当該評価範囲を決定した手順、方法等を簡潔に記載することとされている。やむをえない事情により、財務報告にかかる内部統制の一部の範囲について十分な評価手続が実施できなかった場合には、その範囲およびその理由を記載しなければならない。

(9) 財務報告にかかる内部統制の評価結果は、a財務報告にかかる内部統制は有効である旨、b評価手続の一部が実施できなかったが、財務報告にかかる内部統制は有効である旨ならびに実施できなかった評価手続およびその理由、c開示すべき重要な不備があり、財務報告にかかる内部統制は有効でない旨ならびにその開示すべき重要な不備の内容およびそれが期末日までに是正されなかった理由、d重要な評価手続が実施できなかったため、財務報告にかかる内部統制の評価結果を表明できない旨ならびに実施できなかった評価手続およびその理由という区分に応じて記載するものとされている。内部統制府令第一号様式・記載上の注意(8)。なお、上場会社で、内部統制の開示すべき重要な不備がある旨または内部統制の評価結果を表明できない旨を記載する内部統制報告書の提出を行うことについての決定を行った場合には、直ちに、その内容を適時開示しなければならない（東証・有価証券上場規程四〇二条一号ａｍ）。

(10) a財務報告にかかる内部統制の有効性の評価に重要な影響を及ぼす後発事象、b事業年度の末日後に開示すべき重要な不備を是正するために実施された措置がある場合には、その内容を記載するものとされている。内部統制府令第一号様式・記載上の注意(9)。

(11) 内部統制府令第一号様式・記載上の注意(3)(4)。

(12) 内部統制監査の対象となった内部統制報告書の範囲、について記載することを要する（内部統制府令六条二項）。

(13) 経営者の責任は、①財務報告にかかる内部統制の整備および運用ならびに内部統制報告書の作成の責任は経営者にあること、②財務報告にかかる内部統制により財務報告の虚偽の記載を完全には防止または発見できない可能性があること、について記載する

（内部統制府令六条三項）。

(14)　内部統制監査を実施した公認会計士または監査法人の責任は、①内部統制監査を実施した公認会計士または監査法人の責任は、独立の立場から内部統制報告書に対する意見を表明することにあること、②内部統制監査にあたって、公認会計士または監査法人が一般に公正妥当と認められる財務報告にかかる内部統制の監査の基準に準拠して監査を実施したこと、③財務報告にかかる内部統制監査の基準は、公認会計士または監査法人に内部統制報告書には重要な虚偽表示がないことについて、合理的な保証を得ることを求めていること、④内部統制監査は、内部統制報告書における財務報告にかかる内部統制の評価結果に関して監査証拠を得るための手続を含むこと、⑤内部統制監査は、経営者が決定した評価範囲、評価手続および評価結果を含め、全体としての内部統制報告書の表示を検討していること、⑥内部統制監査の監査手続の選択および適用は、公認会計士または監査法人の判断によること、⑦内部統制監査の結果として入手した監査証拠が意見表明の基礎を与える十分かつ適切なものであること、について記載する（内部統制府令六条四項）。

(15)　意見は、つぎの区分に応じつぎの事項を記載することを要する（内部統制府令六条五項）。①無限定適正意見の場合、内部統制監査の対象となった内部統制報告書が、一般に公正妥当と認められる財務報告にかかる内部統制の評価の基準に準拠して、財務報告にかかる内部統制の評価について、すべての重要な点において適正に表示していると認められる旨、②除外事項を付した限定付適正意見の場合、内部統制監査の対象となった内部統制報告書が、除外事項を除き、一般に公正妥当と認められる財務報告にかかる内部統制の評価の基準に準拠して、財務報告にかかる内部統制について、すべての重要な点において適正に表示していると認められる旨ならびに除外した不適切な事項および当該除外事項が財務諸表監査に及ぼす影響または、実施できなかった重要な監査手続等および当該事実が財務諸表監査に及ぼす影響、③不適正意見の場合、内部統制監査の対象となった内部統制報告書が、不適正である旨およびその理由ならびに財務諸表監査に及ぼす影響を記載する。なお、上場会社について、内部統制監査報告書に、「不適正意見」「意見の不表明」が記載された場合、適時開示（金融商品取引所による）を行わなければならない（東証・有価証券上場規程四〇二条二号ｖの2）。

(16)　①内部統制報告書に財務報告にかかる内部統制に開示されるべき重要な不備の内容およびそれが是正されない理由を記載している場合は、当該開示すべき重要な不備がある旨および当該開示すべき重要な不備が財務諸表監査に及ぼす影響、②①の場合において、当該事業年度の末日後に、開示すべき重要な不備を是正するために実施された措置がある場合には、その内容、③財務報告にかかる内部統制の有効性の評価に重要な影響を及ぼす後発事象、④内部統制報告書において、経営者の評価手続の一部が実施できなかったことについて、やむをえない事情によると認められるとして無限定適正意見を表明する場合において、十分な評価手続を実施できなかった範囲およびその理由、その他の内部統制監査を実施した公認会計士または監査法人が説明または強調することが適当であると判断した事項について記載するものとされている（内部統制府令六条六項）。

(17)　内部統制監査報告書が監査法人の作成するものであるときは、当該監査法人の代表者のほか、当該監査証明にかかる業務を執行した社員（業務執行社員）が、自署し、かつ、自己の印を押さなければならない。ただし、指定証明（公認会計士法三四条の一〇の四第二項に規定するもの）であるときは、当該指定証明にかかる指定社員である業務執行社員が作成の年月日を付して自署し、かつ、自己の印を押さなければならない。なお、重要事項について虚偽の記載のある内部統制報告書を提出した場合および内部統制報告書を提出しなかった場合には、個人には対しては、五年以下の懲役もしくは五〇〇万円以下の罰金またはこれらが併科され、法人に対しては、五億円以下の罰金が科せられる（金商法一九七条の二第五号・二〇七条一項二号）。

(18)　同意見書では、内部統制の「基本的枠組み」は、企業等の四つの目的（①業務の有効性および効率性、②財務報告の信頼性、③事業活動に関わる法令等の遵守、④資産の保全）の達成のために企業内のすべての者によって遂行されるプロセスであり、六つの基本的要素（①統制環境、②リスクの評価と対応、③統制活動、④情報と伝達、⑤モニタリング、⑥ＩＴへの対応）から構成されるとする。既述のＣＯＳＯ報告書が示した内部統制の基本的枠組みを基礎としつつ、わが国の実情を反映して、ＣＯＳＯ報告書の三つの目的と五つの構成要素にそれぞれ一つずつ加え、四つの目的と六つの基本的要素としている。そこでは、内部統制の目的について、わが国では、資産の取得、使用および処分が正当な手続および承認の下に行われることが重要であることから、独立した一つの目的とされている。基本的構成要素についても、ＣＯＳＯ報告書公表後のＩＴ環境の飛躍的進展が見られたことから、ＩＴへの対応を付け加えている。

また、「財務報告にかかる内部統制の評価および報告」については、経営者は、連結ベースでの財務報告全体に重要な影響を及ぼす内部統制（全社的な内部統制）について評価を行い、その結果を踏まえて、業務プロセスにかかる内部統制について評価するものとされている。これは、適切な統制が全社的に機能しているかどうかについて、心証を得た上で、それにもとづき、財務報告にかかる重大な虚偽記載につながるリスクに着目して業務プロセスにかかる内部統制を評価するという、トップダウン型のリスク重視のアプローチを採用するものである。

「財務報告にかかる内部統制の監査」については、経営者により決定された評価範囲の妥当性を検討した上で、経営者が評価を行った全社的な評価および全社的な評価にもとづく業務プロセスにかかる内部統制の評価について検討するものとされる。そこでの公認会計士等による内部統制の有効性の評価は、「監査」の水準とされる。しかし、それが過剰なコスト負担となることを回避するため、つぎの方策が講じられる。たとえば、内部統制の不備は、財務報告に与える影響に応じて、「重要な欠陥」と「不備」の二つに区分される。米国では、「重要な欠陥」「重大な不備」「軽微な不備」の三つに区分しており、財務報告への影響などについての評価手続はより複雑なものとなっている。つぎに、監査人は、経営者が実施した内部統制の評価について監査を実施する。米国では、直接に監査人が報告を行う制度（ダイレクト・レポーティング）を採用している。これに対して、わが国では、ダイレクト・レポーティングを採用せず、したがって、監査人は、経営者の評価結果を監査するための監査手続の実施とその証拠等の入手を行うこととなる。ダイレクト・レポーティングを採用しなかったことについては、戸田暁「内部統制報告制度―監査人による『ダイレクト・レポーティングの不採用』を巡って」金融商品取引法制の現代的課題一二九頁以下（平成二二年）参照。また、内部統制監査につき、財務諸表監査と同一の監査人が行うことを許容した。これにより、内部統制監査で得られた監査証拠および財務諸表監査で得られた監査証拠を相互利用することが可能となる。さらに、内部統制監査報告書については、財務諸表監査報告書と併せて記載することが原則とされている。米国では、内部統制報告制度の実施を行うために多額の費用がかかるとの非難が強まっている。この点については、大崎貞和・解説金融商品取引法〔第三版〕一五〇頁注14（平成一九年）参照。

(19)　内部統制報告に関しては、上場企業から、監査人が画一的な手法を強制し、企業独自の内部統制の手法を尊重せず、各企業が構築した手法を機能させられないといった意見が出されていた。これを踏まえ、企業会計審議会内部統制部会の意見書では、「監査人は、内部統制の基準・実施基準等の内容や趣旨を踏まえ、経営者による会社の状況等を考慮した内部統制の評価の方法等を適切に理解・尊重した上で内部統制監査を実施する必要があり、各監査人の定めている監査の手続や手法と異なることをもって、経営者に対し、画一的にその手法等を強制することのないように留意する。」ことが実施基準上、明記された。

また、内部統制の効率的な運用手法を確立するために、①全社的な内部統制の評価範囲の明確化、全社的な内部統制の評価方法の簡素化、③業務プロセスにかかる内部統制の整備および運用状況について、評価範囲のさらなる絞り込み、④業務プロセスにかかる内部統制の評価の簡素化、⑤サンプリングの合理化・簡素化、持分法適用となる関連会社にかかる評価・監査方法の明確化の各項目について、改訂がなされた。加えて、「重要な欠陥」判断基準等の明確化、中堅・中小上場企業に対する簡素化・明確化も行われた。

なお、右意見書で、「重要な欠陥」の用語の見直しがなされたことが注目される。期末日において、会社に「重要な欠陥」が存在する場合、経営者は、内部統制報告書において、その内容およびそれが是正されない理由を記載しなければならない。これは、投資者等に対して、有価証券報告書に記載された財務報告の内容を利用する際に留意すべき事項として、財務報告にかかる内部統制について「今後改善を要する重要な課題」があることを開示するものである。しかし、「重要な欠陥」という用語を使用することで、企業自体に「欠陥」があるとの誤解を招くという指摘もあり、本意見書では、これを「開示すべき重要な不備」とした。内閣府令においても、「重要な欠陥」は「開示すべき重要な不備」に改められている。

(20) 確認書の添付書類としての提出は任意であったため、確認書の様式、記載内容等は定められていなかった。もっとも、企業内容等開示ガイドライン（平成一八年改正前五―二九―二）では、①記載内容が適正であることを確認した旨、②確認を行った記載内容の範囲が限定されている場合にはその旨およびその理由、③確認を行うにあたり、財務諸表が適正に作成されるシステムが機能していたかを確認した旨およびその内容、④確認について特記すべき事項を記載し、確認を行った代表者がその役職を表示して自署し、かつ、自己の印を押印することを求めていた。谷口義幸「ディスクロージャー制度の整備に伴う証券取引法施行令等の改正の概要（上）」商事法務一六六二号五三頁は、代表者がその役職を表示して自署し、かつ、自己の印を押印することから、EDINETを使用して提出する場合には、確認書をPDFファイル化して添付することが望ましいとしていた。

(21) 東京証券取引所「会社情報等に対する信頼性向上のための有価証券上場規程等の一部改正について」（東証上場六二号）。そこでは、有価証券報告書などについて「不実記載がないと認識している旨およびその理由」の記載が求められた。なお、金融商品取引所は、適時開示に関する宣誓書の提出も求めている。これは、「投資者への会社情報の適時適切な提供などについて真摯な姿勢で臨む」ことを宣誓するもので、これには、「会社情報の適時開示にかかる社内体制の状況」について記載した書面（適時開示体制概要書）を添付する必要がある。かかる宣誓書は、新規上場時、代表者が変わったとき、提出から五年が経過したときに提出するものとされている。宣誓事項について違反があった場合は上場廃止の対象となる。

(22) 代表者の確認書制度は、金融機関（銀行）に対する規制として先行していた。金融庁は、財務諸表の正確性に関する経営者の宣言について、主要銀行に対して平成一五年三月期決算から実施を要請していた。また、金融審議会第一部会・ディスクロージャー・ワーキング・グループ報告（平成一四年一二月一六日）は、「有価証券報告書等の記載内容の適正性の確保については、外部監査人による監査により確保されているので十分ではないかとの意見があるが、最近の米国における不正会計事件がグローバルな市場にもたらしたダメージの中、企業の事業内容と財務内容の適正性に対する信認については、内部監査、監査役（監査委員会）監査とともに外部監査人による監査を通じ、市場における評価として醸成されていくものであり、経営者が自らの事業内容と財務内容に対する市場の信頼性の向上を積極的に図っていくことは、今日における企業の経営者としての重要な責務の一つであると考えられる。」とした。

(23) 谷口義幸＝野村昭文「企業内容等開示制度の整備」商事法務一七七三号四二頁。

(24) 確認書は、内国会社にあっては企業内容等開示府令第四号の二様式、外国会社にあっては、同第九号の二様式によって作成しなければならない（企業内容開示府令一七条の一〇第一項）。外国会社が提出する確認書には、①確認書に記載された当該外国会社の代表者が当該確認書の提出に関し正当な権限を有する者であることを証する書面、②当該確認書が、本邦内に住所を有する者に、当該確認書の提出に関する一切の行為につき当該外国会社を代理する権限を付与したことを証する書面を添付しなければならない。この場合に、添付書類が日本語でない場合は、その訳文を付さなければならない（企業内容等開示府令一七条の一〇第二項）。

(25) 企業内容等開示府令第四号の二様式・記載上の注意⑹。

(26) 企業内容等開示府令第四号の二様式・記載上の注意⑶⑷。

(27) 谷口＝野村・前掲注（23）四三頁。会社の経営者には、虚偽記載の有価証券報告書を提出した場合に罰則の適用があることに加えて、当該会社の有価証券を取得した者に対する民事責任も発生する（金商法二四条の四・二二条）。これらの刑事上および民事上の責任に加えて、確認書が有価証券報告書の記載事項の適正性の確保にどれほどの効果を有するか疑問を提起する見解もある。川口恭弘「金融商品取引法における内部統制報告書制度・確認書制度」月刊監査役五三二号三三～四四頁。この点について、確認書を書面で提出する場合、代表者および最高財務責任者の自署が必要となることから、経営者に虚偽記載があった場合の責任をより身近に感じさせる効果は期待できるかもしれない。また、虚偽記載のある有価証券報告書を提出した場合の民事責任は、記載が虚偽であることを知らず、かつ、相当な注意を用いたにもかかわらず知ることができなかったことを証明した場合には発生しない（金商法二二条二項・二一条二項一号）。確認書を提出した役員についてはかかる免責が認められる余地はないと考えられる。

4　臨時報告書

有価証券報告書の提出義務を負う有価証券の発行者は、つぎの場合、臨時報告書を、遅滞なく、内閣総理大臣に提出しなければならない（金商法二四条の五第四項）[1]。

① 提出会社が発行者である有価証券[2]についての募集[3]または売出し[4]のうち発行価額または売出価額の総額が一億円以上であるものが、外国において開始された場合（企業内容等開示府令一九条二項一号）

② 募集によらないで取得される提出会社が発行者である有価証券または外国で行われる五〇名未満を相手方とする募集により取得される提出会社が発行者である有価証券で、その取得にかかる発行価額の総額が一億円以上のものにつき、取締役会等もしくは株主総会の決議または行政庁の認可があった場合（企業内容等開示府令一九条二項二号）

③　金融商品取引法四条一項一号[5]の規定により募集または売出しの届出を要しないこととなる新株予約権証券の取得勧誘または売付け勧誘等のうち、発行価額または売出価額の総額が一億円以上であるものにつき、取締役会の決議等または株主総会決議があった場合（企業内容等開示府令一九条二項二号の二）

④　提出会社の親会社[6]または提出会社の特定子会社の異動[7]があった場合（企業内容等開示府令一九条二項三号）

ここにいう特定子会社とは、つぎにかかげる特定関係のいずれか一つ以上に該当する子会社をいう（企業内容等開示府令一九条一〇項）

(i)　報告書の提出会社の最近事業年度に対応する期間に、報告書の提出会社に対する売上高または仕入高の総額が報告書の提出会社の仕入高または売上高の総額の一〇パーセント[8]以上である場合（売上高・仕入高基準）

(ii)　報告書の提出会社の最近事業年度の末日またはそれ以前に終了した子会社の直近の事業年度の末日において純資産額が報告書の提出会社の純資産の総額の三〇パーセント以上に相当する場合（純資産額基準）

(iii)　資本または出資の額が報告書の提出会社の資本の額の一〇パーセント以上に相当する場合（資本金基準）

⑤　提出会社の主要株主の異動[9]があった場合（企業内容等開示府令一九条二項四号）

「主要株主」とは、報告書の提出会社の総株主の議決権の一〇パーセント以上にあたる株式を直接または間接に所有する者をいう（金商法一六三条一項）[10]

⑥　提出会社に重要な災害が発生し、それがやんだ場合で[11]、当該重要な災害による被害が報告書提出会社の事業に著しい影響を及ぼす[12]と認められる場合（企業内容等開示府令一九条二項五号）

「重要な災害」とは、災害による被害を受けた資産[13]の帳簿価額が、報告書の提出会社の最近事業年度の末日における純資産額の三パーセント以上に相当する災害をいう。

⑦　提出会社に対し訴訟が提起された場合、または解決した場合（企業内容等開示府令一九条二項六号）

訴訟の損害賠償請求金額が、会社の最近事業年度の末日における純資産額の一五パーセント以上に相当する額である場合、または会社に対する訴訟が解決し(14)、それによる損害賠償支払金額が、会社の最近事業年度の末日における純資産額の三パーセント以上に相当する額である場合に限られる。

⑧　提出会社が完全親会社となる株式交換または提出会社が完全子会社となる株式交換が行われることが、当該提出会社の業務執行を決定する機関により決定された場合(15)（企業内容等開示府令一九条二項六号の二）

報告書の提出会社が完全親会社となるもので、完全子会社となる会社の最近事業年度の末日における資産の額が、提出会社の最近事業年度の末日における純資産額の一〇パーセント以上に相当する場合、または完全子会社となる会社の最近事業年度の売上高が提出会社の最近事業年度の売上高の三パーセント以上に相当する場合に限られる。報告書の提出会社が完全子会社となる株式交換の場合は、金額の多少に関係なく、契約が締結されたときに、臨時報告書の提出が必要である。

⑨　株式移転が行われることが、提出会社の業務執行を決定する機関により決定された場合（企業内容等開示府令一九条二項六号の三）

⑩　吸収分割が行われることが、提出会社の業務執行を決定する機関により決定された場合（企業内容等開示府令一九条二項七号）

報告書の提出会社の資産の額が、最近の事業年度の末日における純資産額の一〇パーセント以上減少しもしくは増加することが見込まれる吸収分割、または提出会社の売上高の三パーセント以上減少しもしくは増加することが見込まれる吸収分割に限られる。

⑪　新設分割が行われることが、提出会社の業務執行を決定する機関により決定された場合（企業内容等開示府令一九条二項七号の二）

報告書の提出会社の資産の額が、最近の事業年度の末日における純資産額の一〇パーセント以上減少することが見込まれる新設分割、または提出会社の売上高の三パーセント以上減少することが見込まれる吸収分割に限られる。

⑫　吸収合併が行われることが、提出会社の業務執行を決定する機関により決定された場合（企業内容等開示府令一九条二項七号の三）

報告書の提出会社の資産の額が、最近の事業年度の末日における純資産額の一〇パーセント以上増加することが見込まれる吸収合併、もしくは提出会社の売上高の三パーセント以上増加することが見込まれる吸収合併、または提出会社が消滅することとなる吸収合併に限られる。

⑬　新設合併が行われることが、提出会社の業務執行を決定する機関により決定された場合（企業内容等開示府令一九条二項七号の四）

⑭　事業の譲渡もしくは譲受けが行われることが、当該提出会社の業務執行を決定する機関により決定された場合（企業内容等開示府令一九条二項八号）

報告書の提出会社の資産の額が最近事業年度の末日における純資産額の三〇パーセント以上減少し、また増加することが見込まれる事業の譲渡または譲受け、または、提出会社の売上高が当該提出会社の最近事業年度の売上高の一〇パーセント以上減少しもしくは増加することが見込まれる事業の譲渡もしくは譲受けにかかる契約が締結された場合に限られる。

⑮　代表取締役の異動[16][17]があった場合（企業内容等開示府令一九条二項九号）

定時総会等の終了後、有価証券報告書提出時までに異動があり、その内容が有価証券報告書に記載されている場合を除く。

⑯　株主総会において決議事項が決議された場合（企業内容等開示府令一九条二項九号の二）

報告書の提出会社が上場会社等（金商法二四条一項一号・二号に掲げる有価証券に該当する株券の発行者）である場合に限られる。株主総会における議決権行使結果の投資家に対する開示は、上場会社のガバナンス上重要であると考えられ[18]、平成二二年二月の内閣府令の改正で規定された[19]。

⑰　有価証券報告書を当該有価証券報告書にかかる事業年度の定時株主総会に提出した場合で、当該株主総会において、当該有価証券報告書に記載した株主総会の決議事項が修正され、または否決されたとき[20]（企業内容等開示府令一九条二項九号の三）

⑱　監査公認会計士等の異動が業務執行を決定する機関により決定された場合または監査公認会計士等の異動があった場合（企業内容等開示府令一九条二項九号の四）

上場会社の財務計算に関する書類については、公認会計士または監査法人の監査を要する（金商法一九三条の二第一項）（財務書類監査公認会計士等という）。また、内部統制報告書についても監査が必要である（金商法一九三条の二第二項）（内部統制監査公認会計士等という）。財務書類監査公認会計士等および内部統制監査公認会計士等を併せて監査公認会計士等という。監査公認会計士等の異動[21]について臨時報告書で開示が必要となる。

⑲　民事再生法の規定による再生手続開始の申立て、会社更生法の規定による更生手続開始の申立て、破産法の規定による破産手続開始の申立てまたはこれらに準ずる事実があった場合（企業内容等開示府令一九条二項一〇号）

⑳　多額の取立不能債権または取立遅延債権が発生した場合（企業内容等開示府令一九条二項一一号）

手形・小切手の不渡り、破産手続開始の申立て等またはこれらに準ずる事実があり、提出会社の最近事業年度の末日における純資産額の三パーセント以上に相当する額の債務者等に対する売掛金、貸付金、その他の債権[22]について取立不能または取立遅延のおそれが生じた場合に限られる。

㉑　提出会社の財政状態、経営成績およびキャッシュ・フローの状況に著しい影響を与える事象が発生した場合[23]（企業内容等開示府令一九条二項一二号）

臨時報告書の提出が要求されるのは、財務諸表等規則八条の四に規定する「重要な後発事象」に相当する事象であって、当該事実の損益に与える影響額が、提出会社の最近事業年度の末日における純資産額の三パーセント以上かつ最近五事業年度における当期純利益の平均額の二〇パーセント以上の額になる事象である。[24]

これまで述べてきた臨時報告書の提出事由は、会社に関するものでその会社に個別に発生するものであった。これに加えて、金融商品取引法は、連結ベースでの臨時報告書の提出事由を定めている。一つの事象が個別ベースと連結ベースの双方に該当するときは、一つの報告書の提出で足りるものの、そのなかで、それぞれの記載が必要となる。[25]

連結ベースでの臨時報告書の提出事由はつぎのとおりである。

① 連結子会社に重要な災害が発生し、それがやんだ場合で、当該重要な災害による被害が当該連結会社の事業に著しい影響を及ぼすと認められる場合（企業内容等開示府令一九条二項一三号）

「重要な災害」とは、連結子会社の資産で災害による被害を受けたものの帳簿価額が当該連結会社にかかる最近連結会計年度の末日における連結財務諸表における純資産額（以下、「連結純資産額」という。）の三パーセント以上に相当する額である災害とされている。

② 連結子会社に対し一定の訴訟が提起された場合または解決した場合（企業内容等開示府令一九条二項一四号）[26]

連結子会社に対し訴訟が提起され、その損害賠償請求金額が、当該連結会社にかかる最近連結会計年度の末日における連結純資産額の一五パーセント以上に相当する額である場合または連結子会社に対する訴訟が解決し、当該訴訟の解決による損害賠償支払金額が、当該連結会社に係る最近連結会計年度の末日における連結純資産額の三パーセント以上に相当する額である場合に臨時報告書の提出が必要である。

③ 連結子会社の株式交換が行われることが、提出会社または当該連結子会社の業務執行を決定する機関により決定された場合（企業内容等開示府令一九条二項一四号の二）

当該連結会社の資産の額が、当該連結会社の最近連結会計年度の末日における連結純資産額が三〇パーセント以上減少しもしくは増加することが見込まれる連結子会社の株式交換、または、当該連結会社の売上高が、当該連結会社の最近連結会計年度の売上高の一〇パーセント以上減少し、もしくは増加することが見込まれる連結子会社の株式交換に限られる。

④　連結子会社の株式移転が行われることが、提出会社または当該連結子会社の業務執行を決定する機関により決定された場合（企業内容等開示府令一九条二項一四号の三）

当該連結会社の資産の額が、当該連結会社の最近連結会計年度の末日における連結純資産額が三〇パーセント以上減少しもしくは増加することが見込まれる連結子会社の株式移転、または、当該連結会社の売上高が、当該連結会社の最近連結会計年度の売上高の一〇パーセント以上減少しもしくは増加することが見込まれる連結子会社の株式移転に限られる。

⑤　連結子会社の吸収分割が行われることが、提出会社または当該連結子会社の業務執行を決定する機関により決定された場合（企業内容等開示府令一九条二項一五号）

当該連結会社の資産の額が、当該連結会社の最近連結会計年度の末日における連結純資産額が三〇パーセント以上減少しもしくは増加することが見込まれる連結子会社の吸収分割、または、当該連結会社の売上高が、当該連結会社の最近連結会計年度の売上高の一〇パーセント以上減少しもしくは増加することが見込まれる連結子会社の吸収分割に限られる。

⑥　連結子会社の新設分割が行われることが、提出会社または当該連結子会社の業務執行を決定する機関により決定された場合（企業内容等開示府令一九条二項一五号の二）

当該連結会社の資産の額が、当該連結会社の最近連結会計年度の末日における連結純資産額の三〇パーセント以上減少しもしくは増加することが見込まれる連結子会社の新設分割、または当該連結会社の売上高が、当該連結会社の最近連結会計年度の売上高の一〇パーセント以上減少しもしくは増加することが見込まれる連結子会社の新設分割に限られる。

⑦　連結子会社の吸収合併が行われることが、提出会社または当該連結子会社の業務執行を決定する機関により決

定された場合（企業内容等開示府令一九条二項一五号の三）

当該連結会社の資産の額が、当該連結会社の最近連結会計年度の末日における連結純資産額の三〇パーセント以上減少しもしくは増加することが見込まれる連結子会社の吸収合併、または当該連結会社の売上高が、当該連結会社の最近連結会計年度の売上高の一〇パーセント以上減少しもしくは増加することが見込まれる場合に限られる。

⑧　連結子会社の新設合併が行われることが、提出会社または当該連結子会社の業務執行を決定する機関により決定された場合（企業内容等開示府令一九条二項一五号の四）

当該連結会社の資産の額が、当該連結会社の最近連結会計年度の末日における連結純資産額の三〇パーセント以上減少しもしくは増加することが見込まれる連結子会社の新設合併、または当該連結会社の売上高が、当該連結会社の最近連結会計年度の売上高の一〇パーセント以上減少しもしくは増加することが見込まれる場合に限られる。

⑨　連結子会社の事業の譲渡もしくは譲受けが行われることが、提出会社または当該連結子会社の業務執行を決定する機関により決定された場合（企業内容等開示府令一九条二項一六号）

当該連結会社の資産の額が、当該連結会社の最近連結会計年度の末日における連結純資産額の三〇パーセント以上減少しもしくは増加することが見込まれる連結子会社の事業の譲渡もしくは譲受け、または当該連結会社の売上高が、当該連結会社の最近連結会計年度の売上高の一〇パーセント以上減少しもしくは増加することが見込まれる場合に限られる。

⑩　連結子会社にかかる破産手続開始の申立て等があった場合（企業内容等開示府令一九条二項一七号）

当該連結子会社にかかる最近事業年度の末日における純資産額または債務超過額が当該連結会社にかかる最近連結会計年度の末日における連結純資産額の三パーセント以上に相当する額である場合に限られる。

⑪　連結子会社に多額の取立不能債権または取立遅延債権が発生した場合（企業内容等開示府令一九条二項一八号）
手形・小切手の不渡り、破産手続開始の申立て等またはこれらに準ずる事実があり、当該連結会社の最近事業年度の末日における純資産額の三パーセント以上に相当する額の債務者等に対する売掛金、貸付金、その他の債権について取立不能または取立遅延のおそれが生じた場合に限られる。

⑫　連結子会社の財政状態および経営成績に著しい影響を与える事象が発生した場合（企業内容等開示府令一九条二項一九号）
「連結会社の財政状態及び経営成績に著しい影響を与える事象」とは、連結財務諸表規則一四条の二に規定する「重要な後発事象」に相当する事象であって、当該事象の連結損益に与える影響額(27)が、当該連結会社の最近連結会計年度の末日における連結純資産額の三パーセント以上かつ最近五連結会計年度に係る連結財務諸表における当期純利益の平均額の二〇パーセント以上に相当する額になる事象をいう。

特定有価証券の発行者が臨時報告書を提出すべき場合も内閣府令に規定されている（特定有価証券開示府令二九条）(28)。

有価証券の発行者は、有価証券が金融商品取引所に上場されまたは認可金融商品取引業協会に店頭登録されているときは、臨時報告書を提出した場合、遅滞なくその写しをその金融商品取引所または認可金融商品取引業協会へ提出しなければならない（金商法二四条の五第六項・六条）。また、その写しを本店または主要な支店に備え置いて公衆の縦覧に供しなければならない（金商法二五条二項）。臨時報告書は、内閣総理大臣が受理した日から財務局等に備え置いて公衆の縦覧に供され（金商法二五条一項一〇号）、金融商品取引所または認可金融商品取引業協会に提出されたそれらの写しは、金融商品取引所または金融商品取引業協会に備え置かれて公衆の縦覧に供される（金商法二五条三項）。

臨時報告書またはその添付書類に訂正を要するものがある場合、提出者は、訂正報告書を内閣総理大臣に提出しなければならず（金商法二四条の五第五項・七条一項）、内閣総理大臣は、提出者に通知し、その職員をして聴聞を行わせた後、理由を示して訂正報告書の提出を命ずることができる（金商法二四条の五第五項・九条一項・一〇条一項）。

臨時報告書は、不定期に提出されるもので、一般投資者において、それが提出されたか否か、いつ提出されたかを容易に知ることができず、十分な利用が期待できない。さらに、それにより開示すべき事項の迅速な公表は、適時開示政策が十分に実施されるときは、その方法によって相当程度に期待できる。以上のことから、適時の情報を開示する手段としての臨時報告書制度の意義を再検討する余地がある。(29)

なお、有価証券報告書を提出しなければならない外国会社等（報告書提出会社）が、臨時報告書を提出する際、公益または投資者保護に欠けることがないものとして内閣府令で定める場合には、日本語による臨時報告書に代えて、臨時報告書に記載すべき内容が英語で記載されたもの（外国会社臨時報告書）を提出することができる（金商法二四条の五第一五項）。報告書提出会社が外国会社臨時報告書を提出した場合、外国会社の臨時報告書を臨時報告書とみなし、その提出を臨時報告書の提出とみなして、金融商品取引法令の規定が適用される（金商法二四条の五第一六項）。

英文開示は、有価証券届出書や有価証券報告書等においても許容される。(30)これらの場合、その情報が外国ですでに開示されているか否かが英文開示を許容するかどうかの基準となる。これに対して、外国会社臨時報告書の許容は、このような要件の下でなされることは妥当ではない。英文開示は、外国会社の開示コストの削減のために認められるものである。他方で、投資者の日本の投資者の保護も考慮に入れなければならない。以上のことを考慮して、英文開示を許容する要件を定める内閣府令（公益または投資者保護に欠けることのないもの）では、臨時報告書の提出理由は日本語での記載を求め、開示内容は英語による記載を求めると規定されている（企業内容等開示府令一九条の二の二）。(31)

内閣総理大臣は、外国会社臨時報告書を提出した報告書提出外国会社が外国会社臨時報告書を提出することができる場合に該当しないと認めるときは、その旨を当該報告書提出会社に通知しなければならない（金商法二四条の五第一七項）。通知を受けた報告書提出外国会社は、遅滞なく、日本語による臨時報告書を提出することを要する（金商法二四条の五第一八項）。

(1)　内国会社にあっては企業内容等開示府令第五号の三様式、外国会社にあっては同第一〇号の二様式によって作成することを要する（企業内容等開示府令一九条二項）。
(2)　新株予約権付社債券以外の社債券、社会医療法人債券、学校債券、学校貸付債権、コマーシャル・ペーパー、外国譲渡性預金証書、有価証券信託受益証券、預託証券およびカバード・ワラントを除く。以下同じ（企業内容等開示府令一九条二項）。
(3)　五〇名未満の者を相手方として行うものを除く（企業内容等開示府令一九条二項）。
(4)　売出しが行われる日以前一か月以内に行われた同種の既発行証券の売付け勧誘等の相手方が五〇名未満の者である場合を除き、当該有価証券の所有者が企業内容等開示府令四条四項一号・二号に掲げる者であった場合に限る（企業内容等開示府令一九条二項）。
(5)　金融商品取引法施行令二条の一二に規定する場合に限る。
(6)　親会社とは、報告書の提出会社の議決権の過半数を実質的に所有している会社であり（企業内容等開示府令一条二六号、財務諸表等規則八条三項）、子会社とは、報告書の提出会社が議決権の過半数を実質的に所有している会社をいう（企業内容等開示府令一条二七号、財務諸表等規則八条三項）。平成一〇年の財務諸表等規則の改正で、親会社および子会社の判定基準として、議決権の所有割合以外の要素を考慮する、いわゆる「支配力基準」が導入された。
(7)　臨時報告書提出会社の親会社であった会社が親会社でなくなること、もしくは親会社でなかったものが親会社になること、または特定子会社であった会社が子会社でなくなること、もしくは子会社でなかったものが特定子会社になることをいう。企業内容等開示府令一九条二項三号。
(8)　一〇パーセントの計算は、当該子会社の有価証券報告書提出会社に対する売上高が当該提出会社の仕入高の総額のうちに占める割合または当該子会社の当該提出会社からの仕入高が当該提出会社の売上高の総額のうちに占める割合による。企業内容等開示ガイドライン二四の五―一七。
(9)　主要株主であった者が主要株主でなくなることまたは主要株主でなかった者が主要株主になることをいう。企業内容等開示府令一九条二項四号。したがって、一五パーセントの株式を保有する者が二〇パーセントの保有者となった場合には、主要株主であることに変わりはないため、臨時報告書の提出は不要である。
(10)　①信託業を営む者が信託財産として所有する株式、②有価証券関連業を行う者が引受けまたは売出しを行う業務により取得した株式、③証券金融会社がその業務により所有する株式、④株券の保管および振替を業とする者がその業務により保管する株式については、主要株主に該当するか否かを判定する所有株式には含めない取扱いがなされる。企業内容等開示ガイドライン二四の五―一九。

(11)「災害」は、地震、台風、浸水、火事、火薬類の爆発、航空機の墜落、船舶の沈没等による災害をいい、「それがやんだ場合」とは、災害が引き続き発生するおそれがなくなり、その復旧に着手できる状態になったときをいう。企業内容等開示ガイドライン二四の五―二〇。なお、臨時報告書は、災害がやんだときから遅滞なく提出することを要するが、その場合、災害が発生したというだけの報告ではあまり意味がないため、早期に被災資産とその帳簿価額の調査を行い、少なくとも概算額が判明した段階で遅滞なく提出し、その後概算額と実際の被災金額にかなりの差が生じたような場合には、訂正報告書を提出するという方法が一般的に行われている。企業財務制度研究会編著・証券取引法における新「ディスクロージャー制度」詳解一七四頁（平成一三年）。

(12) 災害により生産設備なり販売設備が被災したため、生産休止等を余儀なくされ、生産活動、販売活動に著しい影響を及ぼす災害をいう。したがって、現在稼働していない、休止中の生産設備に災害を受けたような場合には、一般的には「事業に著しい影響を及ぼすと認められるもの」にはあたらない。企業財務制度研究会・前掲注（11）一七四頁。

(13) その資産が商品・製品等であるときはその被災部分のほか被災部分と一体となって機能している資産の部分を含むものの、その判定にあたっては、被災の状況等を考慮して合理的に決定すべきものとされる。企業内容等開示ガイドライン二四の五―二一。

(14) 訴訟の解決には、判決のほか和解、示談等による解決が含まれ、損害賠償支払金額には、判決による賠償支払金額のほか、和解、示談等により支払うこととなった金額が含まれることとされている。企業内容等開示ガイドライン二四の五―二二。

(15) これらの契約が締結されることが確実に見込まれ、かつ、その旨が公表された場合を含む（以下、⑦⑧⑨も同様）。なお、公表時点で未確定事項がある場合には、その事項について未定のままいったん臨時報告書を提出し、当該未確定事項について決定があり次第、臨時報告書の訂正報告書を提出するという方法が一般的に行われている。企業財務制度研究会・前掲注（11）一七六頁。

(16) 優先出資法に規定する協同組織金融機関を代表すべき役員を含む。委員会等設置会社の場合は代表執行役、医療法人および学校法人等である場合は理事長となる（企業内容等開示府令一九条二項九号）。

(17) 提出会社の代表取締役であった者が代表取締役でなくなること、または代表取締役でなかった者が代表取締役になることをいう。取締役会の決議の日をもって異動の日とするのが適当である（企業内容等開示府令一九条二項九号）。

(18) 谷口義幸「上場会社のコーポレート・ガバナンスに関する開示の充実等のための内閣府令等の改正」商事法務一八九八号二六頁。株主総会の採決方法について会社法上の定めはない。定款等に別段の定めがない限り、討議の過程を通じて議案に対する各株主の賛否の態度が明白になり、議案の成立に必要な議決権数を有する株主が決議に賛成することが明らかであれば、採決行為がなくても決議は成立すると考えられてきた。江頭憲治郎・株式会社法〔第四版〕三三七頁（平成二三年）。実務では、拍手などを利用し、「賛成多数により……」として具体的に賛成・反対の個数が報告されないことが一般的であった。株主総会の議事録にも、大多数は、「過半数の賛成により」（普通決議の場合）、「三分の二以上の賛成により」（特別決議の場合）承認可決された旨を記載するにとどまっていた。

(19) ①決議事項の内容、②決議事項に対する賛成・反対および棄権の意思の表示にかかる議決権の数、決議事項が可決されるための要件ならびに当該決議の結果、③②の議決権の数に株主総会に出席した議決権の数の一部を参入しなかった場合には、その理由を記載する。臨時報告書では、すべての株主の議決権行使の結果を集計・開示することまで求められているのではない。書面投票採用会社で、議決権行使書によって前日までに議案の成立が判明している場合は、当日分の議決権を計算しない取扱いも許容される。三井秀範＝永池正孝＝牧野達也＝石井裕介「座談会・上場会社の新しいコーポレート・ガバナンス開示と株主総会対応〔上〕」商事法務一八九八号一六頁（永池・三井発言）。もっとも、③により、その理由を開示することが求められる。

(20) 決議事項には、定時総会直後に開催が予定されている取締役会決議事項を記載することができる。企業内容等開示ガイドライン二四の五―一三。

(21) 財務書類監査公認会計士等であった者が財務書類監査公認会計士等でなくなること、財務書類監査公認会計士等でなかった者が財務書類監査公認会計士等になること、内部統制監査公認会計士等であった者が内部統制監査公認会計士等でなくなること、内部統制監査公認会計士等でなかった者が内部統制監査公認会計士等になることをいう（企業内容等開示府令一九条二項九号の四）。

(22) 保証債務の履行による求償権（保証債務の履行額を損失として処理するため資産として計上されないものを含む）が含まれることとされている。企業内容等開示ガイドライン二四の五―二四。

(23) 報告書の提出が要求される典型的事例としては、重要な資産の譲渡、債券等の先物取引にかかる多額の損失の発生、会社の再建計画等に伴う特別退職給与の支払、多額の債務免除益の発生等が考えられる。企業財務制度研究会・前掲注（11）一八一頁。

(24) 金額基準としては、基本的には重要な災害が発生した場合の提出基準に準じた「純資産額基準」が採用されているが、個々の提出事由が特定されていないため、業種、業態によっては平均的な業種、業態に比べて純資産額の規模が小さいという事情もありうることを考慮して「利益基準」が加えられている。金額基準を満たすことが明らかであるような場合には、正確な金額が未確定であっても、いったん、臨時報告書を提出しておき、後日、その金額が確定した時点で臨時報告書の訂正報告書を提出するというような方法が一般的に行われている。企業財務制度研究会・前掲注（11）一八一頁。

(25) たとえば、提出会社と連結子会社に共通の取引先が倒産し、多額の取立不能債権が発生した場合などが考えられる。企業財務制度研究会・前掲注（11）一八一頁。

(26) 連結子会社は、連結財務諸表規則二条四号に規定する連結子会社をいう（企業内容等開示府令一条二一号の三）。連結会社は、連結財務諸表規則二条五号に規定する連結会社をいう（企業内容等開示府令一条二一号の四）。

(27)　経常利益、税金等調整前当期純損益等の主要な損益項目に与える影響額をいう。ただし、正確に算出することが困難な場合には、適当な方法による概算額とすることができることとされている。企業内容等開示ガイドライン二四の五―二五。

(28)　特定有価証券開示府令二九条ではつぎの場合に区分に応じて、それぞれの事項を記載した臨時報告書の提出を求めている。

①　当該発行者の発行する特定有価証券と同一の種類の特定有価証券の募集（均一の条件で五〇名以上の者を相手方として行うものに限る。以下において同じ）または売出しを本邦以外の地域において行う場合　「当該特定有価証券の名称」、「発行数又は売出数」、「発行価格又は売出価格」、「発行価額の総額又は売出価額の総額」、「引受人又は売出しをする者の氏名又は名称」、「募集又は売出しをする地域」、「発行年月日又は受渡し年月日」

②　主要な関係法人の異動があった場合　「当該主要な関係法人の名称」、「資本金の額及び関係業務の概要」、「当該異動の年月日」

③　発行者が発行する投資信託証券にかかるファンドの運用に関する基本方針、投資制限もしくは利子もしくは配当の分配方針、発行者が発行する資産流動化証券にかかる管理資産の状況もしくは資産流動化に関する計画または当該発行者が発行する資産信託流動化受益証券に係る特定信託財産の状況もしくは資産流動化に関する計画について、重要な変更があった場合　「変更の内容についての概要」、「当該変更の年月日」

④　特定有価証券開示府令二三条ただし書の規定により、六か月ごとに有価証券報告書が提出されている場合において、その特定有価証券にかかる信託の計算期間（三か月に満たない場合は三か月）が到来した場合　「当該特定有価証券に係る信託財産又は特定信託財産の計算に関する書類」

④について、平成一六年の改正で、発行者の事務負担の一層の軽減を図るため、計算期間が三か月未満である場合には、三か月ごとの信託財産の計算に関する書類を記載した臨時報告書の提出で足りることとした。

(29)　本書（前版）では、臨時報告書制度を廃止するとともに、半期報告書に代えて四半期報告書制度を採用し、四半期報告書によって、最新の企業内容の定期的開示を要求することを提案していた。神崎克郎＝志谷匡史＝川口恭弘・証券取引法二六八頁（平成一八年）。金融商品取引法では、四半期報告書制度が導入された。もっとも、開示項目は、臨時報告書で求められる事項と一致していないことから、四半期報告書は臨時報告書に代わるものとはなっていない。四半期報告書は四半期ごとに提出されるものであることから、臨時報告書よりも開示頻度が低い。この点で、自主規制で行われる適時開示が臨時報告書制度に代わるものとして重要な役割を果たしている。

(30)　有価証券届出書については、本書二八七頁、有価証券報告書については、本書三六八頁参照。

（31）臨時報告書を提出する理由が日本語で記載されている場合その他報告書提出外国会社が臨時報告書に代えて外国会社臨時報告書を提出することを、金融庁長官が公益または投資者保護に欠けることがないものとして認める場合に許容される。

5　親会社等状況報告書

上場会社などに親会社が存在する場合、その親会社に関する情報は、子会社である上場会社等への投資判断に重要な影響を及ぼす。しかし、当該親会社が継続開示会社でない限り、投資者はそれに関する情報を入手することが困難である。そこで、平成一七年の改正で、親会社等状況報告書制度が導入され、親会社にかかる情報開示の充実が図られることとなった(1)。

有価証券報告書を提出しなければならない会社（金融商品取引所に上場されている有価証券または認可金融商品取引業協会に店頭登録されている有価証券を発行しているものに限られる）の有価証券の議決権の過半数を所有している会社その他の当該有価証券報告書を提出しなければならない会社と密接な関係を有するものとして政令で定めるもの（親会社等）(2)は、内閣府令で定めるところにより、当該親会社等の事業年度ごとに、当該親会社等の株式を所有する者に関する事項その他の公益または投資者保護のため必要かつ適当なものとして内閣府令で定める事項を記載した報告書（親会社等状況報告書）(3)を、当該事業年度経過後三か月以内に内閣総理大臣に提出しなければならない（金商法二四条の七第一項）。当該親会社が継続開示会社である場合は、親会社等状況報告書の提出は不要である（金商法二四条の七第一項）。訂正届出書に関する規定（金商法七条・九条一項・一〇条一項）は、親会社等状況報告書について準用される（金商法二四条の七第三項）。

親会社等状況報告書を提出しなければならないのは有価証券報告書提出会社の親会社等である(4)。ここにいう「親会社等」は、有価証券報告書を提出しなければならない会社の議決権の過半数を所有している会社その他の当該有価証券報告書を提出しなければならない会社と密接な関係を有するものとして政令で定めるものである。政令では、「密接な関係を有する会社」として、①提出子会社の総株主等の議決権の過半数を自己または他人の名義をもって所有する会社、②会社と当該会社が総株主等の議決権の過半数を自己または他人をもって所有する法人等が合せて提出子会社の総株主数の議決権の過半数を自己または他人の名義をもって所有する場合の当該会社を定めている（金商令四条の四第一項）。したがって、提出会社の株式の過半数を直接または間接に保有する会社が親会社等となる。

親会社等でなかった会社が親会社等に該当することになったときは、その日の属する事業年度の直前事業年度にかかる親会社等状況報告書を、遅滞なく内閣総理大臣に提出しなければならない（金商法二四条の七第二項）。親会社等状況報告書およびその訂正報告書は、内閣総理大臣が受理した日から五年間、公衆の縦覧に供しなければならない（金商法二五条一項一二号）。

親会社等状況報告書・その訂正報告書を提出した親会社等は、遅滞なく、その書類の写しを当該親会社等の子会社に送付するとともに、これらの書類の写しを、金融商品取引所または認可金融商品取引業協会に提出しなければならない（金商法二四条の七第四項）。親会社等が親会社等状況報告書を提出した場合、子会社である証券発行者は、これらの書類の写しを、発行者の本店および主要な支店に備え置き、同期間、公衆縦覧に供しなければならない（金商法二五条二項）。親会社等が外国会社である場合は、親会社等状況報告書に記載すべき事項を記載した英語での書類の提出が認められる（金商法二四条の七第五項・六項）。

なお、金融商品取引所は自主規制で、上場会社の親会社等が非上場会社である場合、その親会社等の会社情報（発生事実や決定事実）の適時開示を上場会社に要求してきた。もっとも、平成七年以前に上場した会社については、開示は任意とされていた(5)。平成一七年の規則改正で、かかる適用除外が廃止され、すべての上場会社に開示が求められることとなった(6)。

わが国では、上場会社のうち、親会社が存在するものも相当多数存在する（いわゆる、「子会社上場」）(7)。これまで、わが国では、親会社出身の役員や従業員などを社外取締役や社外監査役として選任する例が多く、これらの役員が、子会社または子会社の少数株主のために十分な監視機能を果たしうるかが問題とされてきた(8)。平成二一年一二月の改正で、東京証券取引所は、有価証券上場規程の「企業行動規範」（第二編第四章第四節）のなかで、上場国内株券の発行者は、一般株主保護のため、独立役員を一名以上確保しなければならないとした（東証・有価証券上場規程四三六条の二第一項）(9)。ここにいう、独立役員は、一般株主と利益相反が生じるおそれのない社外取締役または社外監査役をいう。上場会社は、独立役員に関する事項を記載した独立役員届出書を提出しなければならない（東証・有価証券上場規程四三六条の二第二項、有価証券上場規程施行規則四三六条の二第一項一号）(10)。独立役員届出書では、独立役員として指定する者が、つぎの要件に該当する場合には、それを踏まえて、なお、当該役員を一般株主と利益相反の生じるおそれがないと判断し、独立役員として指定した理由を記載しなければならない（東証・有価証券上場規程施行規則二一一条四項五号括弧書・二二六条四項五号括弧書）(11)。

① 上場会社の親会社または兄弟会社の業務執行者等(12)（業務執行者または過去に業務執行者であった者をいう）
② 上場会社を主要な取引先とする者もしくはその業務執行者等または上場会社の主要な取引先もしくはその業務執行者等
③ 上場会社から役員報酬以外に多額の金銭その他の財産を得ているコンサルタント、会計専門家、法律専門家(13)
④ 上場会社の主要株主(14)
⑤ ①から④までに掲げる者または上場会社もしくはその子会社の業務執行者等(15)の近親者

（1） それまでの有価証券報告書においても、「関係会社の情報」および「関連当事者との取引」として親会社の情報は、一定程度開示されていた。しかし、これらの情報は、主に、有価証券報告書提出会社とその親会社との間の人的、取引関係等に関するものであり、開示される親会社の情報は限られたものであった。金融審議会金融分科会第一部会報告「ディスクロージャー制度の信頼確保に向けて」（平成一六年一二月二四日）。

（2） 親会社等が外国会社である場合は、公益または投資者保護のため必要かつ適当なものとして内閣府令で定める期間内に提出を行う（企業内容等開示府令一九条の六第一項・四項）。

(3)　提出すべき会社が内国親会社等である場合は企業内容等開示府令第五号の四様式、それが外国親会社等である場合は同第一〇号の三様式による作成することを要する（企業内容等開示府令一九条の五第二項）。親会社等状況報告書は「提出会社の状況」と「会社法の規程に基づく計算書類等」の記載からなる。「提出会社の状況」には、①株式等の状況（所有者別状況、大株主の状況）、②役員の状況が記載される。有価証券報告書、有価証券届出書様式の「提出会社の参考情報」に「提出会社の親会社等の情報」欄には、金融商品取引法二四条の七第一項に規定する親会社等の会社名等および当該親会社等がない場合にはその旨を記載することを要する（企業内容等開示府令第二号様式・記載上の注意(76)、同第三号様式・記載上の注意(56)参照）。

(4)　金融審議会金融分科会第一部会・前掲注（1）は、子会社に親会社の情報開示を求めても、親会社の協力を得られない場合があるとの指摘があったことを踏まえて、①親会社の協力を得られない場合、その旨およびその理由を有価証券報告書で明示させる、②金融商品取引所の上場規則で親会社の協力を求める、③法律で親会社の協力を求めるという三つの方法が示されていた。重要な事項につき虚偽の記載のある親会社等状況報告書を提出した者に対しては、五年以下の懲役もしくは五〇〇万円以下の罰金またはそれらが併科される（金商法一九七条の二第六号）。親会社等状況報告書またはその訂正報告書を提出しない者には、一年以下の懲役もしくは一〇〇万円以下の罰金またはそれらが併科される（金商法二〇〇条五号）。

(5)　西武鉄道の有価証券報告書に記載された「大株主の状況」に虚偽記載があり、西武鉄道が上場廃止になった事件があった。西武鉄道は、平成七年以前からの上場会社であり、当時、親会社であるコクドについての情報は開示されなかった。

(6)　金融商品取引所は、上場会社に対してその親会社等の情報を適時開示することを求めていた（東証・平成二一年改正前有価証券上場規程四〇六条参照）。ここにいう「親会社等」は、財務諸表等規則八条三項に規定する親会社、上場会社が他の会社の関連会社（財務諸表等規則八条八項に規定する関連会社）である場合の当該他の会社をいう（東証・有価証券上場規程二条二号・一九号参照）。平成二一年一二月三〇日、同規程が改正され、非上場会社等の情報の開示にかかる規定を削除するとともに、支配株主等に関する事項の開示にかかる規定において、上場会社は、非上場の親会社等を有している場合において、当該非上場の親会社等の決算の内容が定まったときに、直ちにその内容を開示しなければならない旨が追加された（同規程四一一条二項）。

(7)　子会社上場には、親会社も上場企業である場合と、親会社は非上場会社である場合がある。東京証券取引所・コーポレート・ガバナンス白書二〇〇九によれば、東京証券取引所上場会社のうち親会社を有する会社は一二・六パーセントであり、そのうち、八五・七パーセント（全体の一〇・八パーセント）が親会社も上場会社であった。親会社の多くが上場会社である最大の理由は、平成八年一月一日まで、親会社等が東証上場会社であることが子会社の新規上場の要件とされていたことによる。親子上場の問題を法と経済学の観点から分析するものとして、宍戸善一＝新田敬祐＝宮島英昭「親子上場をめぐる議論に対する問題提起〔上・中・

下)」商事法務一八九八号三八頁以下、一八九九号四頁以下、一九〇〇号三五頁以下参照。

(8)　わが国の監査役会設置会社では、監査役の半数以上は社外監査役でなければならない（会社法三三五条三項）。また、委員会設置会社でも、各種委員会の過半数は社外取締役でなければならない（会社法四〇〇条三項）。これらの社外監査役・社外取締役の定義では、当該会社または子会社の役員・使用人でなかった者と規定されていることから（会社法二条一六号・一五号）、親会社やメインバンクなど主要な取引先も、「社外性」を満たすことになっている。

(9)　企業行動規範の「遵守すべき事項」に掲げられていることから、独立役員として指定されたものが、一般株主と利益相反の生じるおそれがある立場と認められる場合、企業行動基規範違反として、公表措置（東証・有価証券上場規程五〇八条一項）などの措置がとられることとなる。なお、大阪証券取引所でも、同様の独立役員届出制度を設けている（大証・企業行動規範に関する規則の取扱いについて参照）。

(10)　平成二三年七月二九日時点で上場している内国会社が、同日までに提出した届出書によると、独立役員のうち、社外取締役は二五・四パーセント、社外監査役は七四・六パーセントであった。東京証券取引所「独立役員届出書の集計結果の更新について」（平成二三年八月一六日）。なお、上場会社は、コーポレート・ガバナンスに関する基本的な考え方などを記載した「コーポレート・ガバナンスに関する報告書」を提出しなければならない。独立役員の確保の状況については、当該報告書でも開示する必要がある（東証・有価証券上場規程施行規則二一一条四項五号・二二六条四項五号）。

(11)　東京証券取引所・前掲注（7）によると、左の要件に該当しながら、独立役員として指定したものは、全体の六・一パーセントであった。このうち、大半は、主要な取引先またはその業務執行者であった。当該規制により、親会社からの社外取締役・社外監査役の派遣問題は緩和されたといえる。なお、独立役員を強制することに疑問を提起するものに、大証金融商品取引法研究会報告「公開会社法・総論」二六頁（川口・河本）参照。

(12)　業務執行者または過去に業務執行者であった者をいう。

(13)　当該財産を得ている者が法人、組合等の団体である場合は、当該団体に所属する者および当該団体に過去の所属していた者をいう。

(14)　当該主要株主が法人である場合には、当該法人の業務執行者等をいう。

(15)　重要でない者は除かれる。

三　自己株券買付けの開示

1　自己株券買付状況報告書

わが国では、平成六年の商法改正まで、原則として、自己株式の取得が禁止されていた。平成六年に、自己株式の取得規制が緩和されるとともに、証券取引法での開示規制が要求されるようになった(1)。証券取引審議会・公正取引特別部会報告「自己株式取得等の規制緩和に伴う証券取引制度の整備について」（平成六年六月二一日）では、「会社がいかなる自己株式の取得・消却等を計画しているか、また、実際に取得・消却等を行っているかということは、当該会社の株主のみならず、一般の投資者の投資判断に与える影響が大きい」と述べている。これを受けて、同年の改正で証券取引法二四条の六が新設され、自己株式の買付けの状況およびその他公益または投資者保護のため必要かつ適当なものとして内閣府令で定める事項を記載した報告書の提出が義務づけられることとなった。この報告書が自己株券買付状況報告書とよばれるものである。

金融商品取引所に上場されている株券、店頭売買有価証券に該当する株券、有価証券信託受益証券で、受託有価証券が金融商品取引所に上場されている株券または店頭売買有価証券に該当する株券であるもの、金融商品取引所に上場されている株券または店頭売買有価証券に該当する株券にかかる権利を表示する預託証券（以下、上場株券等という）の発行者である会社は、自己株式の取得を行うにつき、株主総会の決議があった場合または取締役会の決議があった場合、それらの決議があった株主総会または取締役会の終結した日の属する月からその各月ごとに、自己株券買付状況報告書を内閣総理大臣に提出することを要する（金商法二四条の六第一項、金商令四条の三第一項・二項）(2)。買付けを行わなかった場合にも提出をしなければならない(3)。

自己株券買付状況報告書のうちに、重要な事項について虚偽の記載があり、または記載すべき重要な事項もしくは誤解を生じさせないために必要な重要な事実の記載が欠けている場合、訂正報告書を提出しなければならない（金商

法二四条の六第二項・七条一項・九条一項・一〇条一項）。

自己株券買付状況報告書およびその訂正報告書は、内閣総理大臣が受理した日から、一年間、財務局等に備え置き、公衆の縦覧に供される（金商法二五条一項一一号）。また、その写しは、報告書を提出した発行会社の本店および主要な支店、金融商品取引所または認可金融商品取引業協会の事務所にそれぞれ備え置き、一年間、公衆の縦覧に供される（金商法二五条二項・三項）。

自己株券買付状況報告書の記載事項は、商法改正により自己株式の取得規制が緩和されるたびに変更されてきた。平成一三年の商法改正で、原則として自己株式の取得とその処分が自由化された(4)。これに伴い、現行法においては、自己株式の取得状況、処理状況、保有状況に分けて開示が要求されている（企業内容等開示府令一九条の三）(5)。

(1)　平成六年の商法改正で、使用人に譲渡するための自己株式取得および定時総会決議にもとづく利益消却のための自己株式取得が認められた。

(2)　平成一三年の改正前は、自己株式の取得に関する株主総会や取締役会の決議があった日から三か月ごとに区分した各期間ごとに、報告書の提出を義務づけていた。平成六年の制度創設にあたっては、開示のコストと適時開示の要請という利益考慮の結果、かかる四半期での開示となった。平成一三年の商法改正で、いわゆる金庫株制度が導入され、自己株式の出し入れがより頻繁に行われるようになるであろうことから、適時開示の要請をより重視し、報告書を提出する期間が短くなったと考えられる。証券取引法研究会「金庫株と証券取引法改正・ディスクロージャー規制」金庫株解禁に伴う商法・証券取引法〔別冊商事法務二五一号〕四五頁（川口）（平成一四年）。

(3)　自己株券の買付けが複数年にわたることも考えられ、買付けを行う期間が特定できないため、このように定められている。企業財務制度研究会編著・証券取引法における新「ディスクロージャー制度」詳解二一一頁（平成一三年）。

(4)　平成九年には、ストック・オプション制度の導入のため、取締役に譲渡するための自己株式の取得が認められた。さらに、株式消却特例法の制定で、公開会社に限り、定款にもとづく取締役会決議による利益による自己株式取得が認められた。加えて、平成一〇年の株式消却特例法の改正で、定款にもとづく取締役会の決議による資本準備金による自己株式の取得が可能となった。平成一一年には、土地の再評価に関する法律の改正が行われ、公開会社について、定款にもとづく取締役会決議による土地の再評価差額金による自己株式の取得が認められた。平成一三年の商法改正で、取得目的にかかわらず、定時総会の決議で、自己株式を買受けすることが認められることとなった。さらに、平成一五年の改正では、取締役会の決議で自己株式の買受けをすることができることとなった。これは、先の、株式消却特例法の内容を復活させたものであり、実務界からの要請で実現した。

(5)　自己株券買付状況報告書の記載事項は、企業内容等開示府令第一七号様式に従って作成することが要請されている。「取得状況」として、株主総会決議による取得の状況、取締役会決議による取得の状況に分けて、決議の状況（株式数と価額の総額）、報告月における取得自己株式（株式数と価額の総額）、報告月末現在の累計取得自己株式（株式数と価額の総額）、自己株式取得の進捗状況（パーセント）（株式数と価額の総額）を記載しなければならない。「処理状況」として、①引き受ける者の募集を行った取得自己株式、②消却の処分を行った取得自己株式、③合併、株式交換、会社分割にかかる移転を行った取得自己株式、④その他に分けて、報告月における処分株式と処分価額の総額を記載する。「保有状況」については、発行済株式総数および保有自己株式数を記載することとなっている。

2　開示の意義

自己株券買付状況報告書では、会社が取得できる株式数とその取得価額の総額が開示される。自己株式を取得する計画があるという事実は、その株式の需要増加を示す情報といわれる(1)。もっとも、会社は株主総会決議を受けていても、実際に取得しないこともありうる。そのため、これのみでは、必ずしも投資判断についての重要情報になるとはいいがたい(2)。

同報告書では、さらに、実際に取得された自己株式の情報が開示される(3)(4)。自己株式を大量に買付けすれば、市場での需給関係に変化が生じる。しかし、自己株式の取得のために内部留保を流出させていることに注意が必要である(5)。一方で、保有株式の消却を行った場合、発行済株式総数が減少し、たとえば一株あたりの利益などの投資判断の指標となる数字に変動を来たす。もっとも、これによっても株価の上昇が見込めるか疑問がある(6)。

自己株式の処理としては、それを売却する方法がある。しかし、その影響は、売却益が入るという点で、他社株を売却した場合と特に変わる点がない。代用株式として使用した場合も、新たに株式を発行した場合と同じ経済的効果があるに過ぎない。

なお、自己株券買付状況報告書での開示は一か月に一度の割合で要求される。自己株式の取得状況や処理状況についての情報が投資者にとって有用なものであるとしても、適時開示という側面からは、遅れた情報であるために、投資者保護のために十分な効果を有するものとはいえない。(7)

自己株式の取得については、その弊害として内部者取引や相場操縦などの不正な証券取引がなされることが懸念される。そこで、自己株券買付けの状況を報告させる制度は、これらの不正行為の未然防止に役立つことが考えられる。(8)会社に自己株式の保有状況を開示させることにより、間接的に、不正な証券取引がなされることを予防することが期待される。

(1)　龍田節・証券取引法I四四頁（平成六年）。会社が自己株式を買い付けている事実は、自社の株価が会社が妥当と考える水準より低いことを市場に伝える効果（シグナリング効果）があるといわれた。この点について、龍田節「自己株式に関する開示」金融システム改革と証券取引制度四四頁注44（平成一二年）は、発行会社の相場観によって株価が動かされるのであれば、メリットではなく、デメリットと評価すべきと述べる。株価が過小評価されているかどうかについて客観的に経営者が認識できるかという根本的な問題がある。

(2)　平成一三年の商法改正前においては、自己株式の取得は、その取得目的を決議し、さらに、その目的にしたがって取得した株式の処分がなされることとなっていた。そのため、株主総会での決議という事実は、自己株式の取得を前提とするものであり、その意味で、現行法の下より、投資判断に影響を与えるといえるものであった。

(3)　自己株式の取得規制の緩和論のなかには、これにより株価の上昇を見込めるというものがあった。しかし、学界からは、理論的にこれを否定する見解が有力に主張された。結局、金庫株制度の導入にあたっては、株価の上昇という点を強調する立場は影をひそめ、それに代わって、代用株に活用できるといったような利点が前面に押し出されることとなった。

(4)　社内にあった現金を流出させて株式を保有するため、資産の内容が変わり、それが会社の財務状況に影響を与えるということも考えられる。MM理論では、一定の仮定の下では、資本構成を変えても企業の価値を増大させることはできないと考えられている。また、現金に代えて株式を保有することは、自己株式に限らず、他の会社株式についても生じる。後者の場合に、特に情報の開示は要求されていない。また、合併で承継した株式、買取請求権行使により買い受けた株式については保有状況の開示は求められない。財務情報の開示という点を強調するならば、子会社からの買受けについても、自己株券買付状況報告書の提出を求めるべきであるが、現行法では提出事由とはされていない（記載事項ではある）。前田雅弘「会社法の大改正と証券規制への影響」近年の証券規制を巡る諸問題一〇三頁（平成一六年）は、財務情報の開示という面からみた場合、定時総会等にもとづく買受けと、子会社からの買受けや株式買取請求権行使による買受けなどとを区別する理由を説明することは難しいとする。

（5）　配当と内部留保は裏腹の関係にある。配当を増やせば内部留保は減少する。配当を増やせば、内部留保が減少した分だけ株価は下落すると考えられる。したがって、株価と配当額の和は一定となる。同様のことは、一般論として、自己株式の買受けについても妥当する。自己株式取得の経済的意義については、藤田友敬「自己株式取得と会社法（上）」商事法務一六一五号四頁参照。

（6）　たしかに、発行済株式総数が減少すれば、利益が一定であれば、一株あたりの利益は増加する。しかし、この場合、現金の流出による会社財産の縮小が生じていることに留意をしなければならない。そのため、かならずしも、一株あたりの利益が上昇するとは限らない。本来的に、株式消却と株価形成とは中立的関係にある。

（7）　金融商品取引所の適時開示規制で、投資家は、自己株式の買受状況を毎日把握することができる。証券取引法研究会「金庫株と証券取引法改正―ディスクロージャー規制」金庫株解禁に伴う商法・証券取引法〔別冊商事法務二五一号〕五一頁（川口・大島）（平成一四年）。

（8）　アメリカでは、同様の観点から、一九三四年証券取引所法を一九六八年に改正し、一三条e項(1)号を定めて、証券取引委員会にこれに関する規則の制定権限を認めた。それは、買付けの理由、資金の出所、買付け数量、買付け価額、買付け方法などの情報開示を証券取引委員会が発行会社に要求できるというものである。この規定にもとづき、証券取引委員会は、一九八〇年に規則提案を行ったものの、特に、自己株式の保有に関する特別の開示規則を制定しなかった。証券取引委員会によると、会社の経営者が自己株式の売買を相場操縦に利用した例は多く見られないこと、過剰な開示要求は会社や株主等に負担を負わせることになることなどを理由として挙げている。証券取引法研究会・前掲注（7）四五頁。

第二款　金融商品取引所の適時開示政策

一　適時開示政策の意義と変遷

金融商品取引所は、上場証券につき、公正な価格形成を確保するとともに、投資者が合理的な投資判断をすることができるようにするため、上場会社に対して、その有価証券の投資判断に影響を与える重要な会社情報を、一般投資者に、遅滞なく、正確かつ公平に発表することを要求する。そのような情報が存在しまたは存在する疑いがあるにもかかわらず、それが投資者に周知されず、または明確にされていないときは、その有価証券の売買取引を停止する。かかる政策を適時開示政策、あるいはタイムリー・ディスクロージャー政策という。適時開示政策は、重要な会社情報の迅速な公表とその情報の投資者による周知前の売買取引の停止とにより、一方では、投資者に対する合理的な投資判断資料の提供を確保し、他方では、重要な会社情報を有する内部者による内部者取引を未然に防止する重要な機能を発揮するものである(1)。

金融商品取引所の適時開示政策は、証券取引所および証券業協会の時代から、自主規制機関の開示政策の一環として発展してきたものである。証券取引所は、上場証券の市場価格がその発行者に関する噂等によって大きく変動したような場合、発行者に対し、その噂等に関する説明を公表することを個別的に要求してきた。そして、昭和四九年六月に、「会社情報の適時開示に関する要請について」と題する上場会社あての通達で、一般投資者が投資判断を行うにあたって影響を受けることが予想される重要な会社情報の開示について、上場会社に対して一般的な要請をすることにより、重要な会社情報の適時開示に関する明確な基準を明らかにした。

証券取引所は、また、市場管理の一環として、上場証券の価格の変動その他売買状況に異常があると認める場合またはそのおそれがあると認める場合、売買取引の制限または一時停止の措置をとるものとしてきた。昭和五二年の後半から、この措置を適時開示政策の一環として利用するようになり、昭和五三年一月、業務規程の全面改正に際し、このことを規則の上で明確にした(2)。

その後、会社情報の適時開示の要請の規則化がはかられることとなった。たとえば、東京証券取引所では、「上場有価証券の発行者の通告等に関する規則」に会社情報の適時開示に関する章を設け、上場有価証券の発行者が最低限遵守すべき適時開示にかかる要件、方法等を規定することにした。これに伴い、規則の名称は、「上場有価証券の発行者の会社情報の適時開示等に関する規則」に改められた。さらに、東京証券取引所は、平成一九年に制定された有価証券上場規程において、「会社情報の適時開示等」の節を設け、前述の規則を上場規程に盛り組む改正を行っている(3)(4)。

一方で、日本証券業協会は、店頭登録会社に対し、経営および財務の内容に関する重要な情報を適時に一般に公開するよう要請していた。店頭市場（ＪＡＳＤＡＱ市場）が、日本証券業協会の子会社である株式会社ジャスダックにより運営されるようになり、その適時開示については、日本証券業協会の規則が定めることとなった(5)。その後、平成一六年一二月、ジャスダックが金融商品取引所の免許を取得し、株式会社ジャスダック金融商品取引所となったことにより、店頭登録株式に関する日本証券業協会の規則は廃止された。なお、店頭市場の株式会社化の後も、日本証券業協会は、グリーンシート銘柄の店頭取引を規制している。日本証券業協会「グリーンシート銘柄及びフェニックス銘柄に関する規則」（公正習慣規則二号）一六条は、一定事項が発生した場合は（「グリーンシート銘柄及びフェニックス銘柄の発行会社等における会社情報等の本協会への報告に関する細則」に規定）、その情報を遅滞なく報告するように発行会社に要求している。

（1）　証券取引の適時開示政策が内部者取引の予防に重要な機能を発揮することについては、神崎克郎「適時開示政策の充実」証券取引の法理二六〇頁（昭和六二年）参照。なお、証券取引審議会報告「株主構成の変化と資本市場のあり方について」（昭和五一年五月一一日）は、「タイムリー・ディスクロージャーの遅れは内部者取引の発生につながりやすいので、内部者取引規制の強化によって、タイムリー・ディスクロージャーの意義を実質的に確保していくことが望ましい」と述べている。

（2）金融商品取引所の適時開示政策の発展については、神崎克郎「証券取引所の開示政策の発展」証券取引の法理二八九頁（昭和六二年）参照。

（3）「第四章上場管理」の中に「第二節会社情報の適時開示等」（四〇二条以下）を設けている。東京証券取引所の会社情報の適時開示は、ＴＤｎｅｔ（東京証券取引所の適時開示情報伝達システム）を利用して行うものとしている（東証・有価証券上場規程四一四条）。

（4）大阪証券取引所は、「上場有価証券の発行者の会社情報の適時開示等に関する規則」（適時開示規則）で適時開示の規制を定めている。大阪証券取引所では、適時開示は、ＴＤｎｅｔ（適時開示情報システム）を利用して行うものとしている（大証・適時開示規則二条の五）

（5）昭和五八年一一月の株式店頭市場の機能拡充のための店頭売買関係の規則の改正により「今後益々店頭登録会社が増加するとともに、多数の投資者が店頭市場に参加してくることが期待される」ことから、昭和五九年二月の「会社情報の適時開示について」と題する店頭登録会社あての通達で、「経営に重大な影響を及ぼす事実が発生する等本協会の『店頭売買銘柄の登録及び値段の発表に関する規則に関する細則』第六条第一項第二号に掲げる臨時報告事項に該当することとなった場合は、直ちにその内容を（登録）申請証券会社を通じて本協会に報告するとともに、報道機関を通じて一般に公表すること」を要請した。

改正前の証券業協会「店頭有価証券の登録等に関する規則」（公正慣習規則一号）三〇条では、店頭売買有価証券の発行者の経営に重大な影響を与える事項等が生じた場合、証券会社は遅滞なく証券業協会に報告することを求めていた。情報の公開は、協会ほか、記者発表等の形でも行われることとなっていた。平成一三年の改正では、「店頭売買有価証券の登録会社における会社情報の適時開示等に関する規則」（公正慣習規則一号の三）が制定された。そのなかで、会社情報の適時開示等について、発行会社が遵守すべき最低限の要件、方法等が定められることとなった。開示義務を負う主体は、証券会社から発行会社に変更された。発行会社は証券会社を通じて、店頭市場を運営する（株）ジャスダックに情報を開示することが求められた。

二　会社情報の適時開示

1　開示が求められる会社情報

上場会社は、発行する上場証券について、一般投資者が投資判断を行うにあたって影響を受けることが予想される重要な事態が発生したときは、それに関する情報を、遅滞なく、正確かつ公平に、開示しなければならない。公表前の重要な会社情報が外部に漏洩したことを察知したときは、上場会社は、その情報を直ちに公表しなければならない。この開示要請は、上場証券の投資判断に影響をおよぼす重要な会社情報を、それが会社に好都合のものであるか不都合なものであるかを問うことなく、開示することを要求する。

開示の時期は、一般投資者の周知の問題もあり、当日の取引所有価証券市場の売買立会終了後に行われることが望ましいとされていた時代がある。立会時間中に会社情報について投資者への周知が必要であると取引所が認めた場合に、終日にわたって売買取引を停止することとされていた。しかし、投資者への情報伝達の迅速化が進み、投資者への周知に要する時間が短縮化されている。これらにより、迅速に売買取引の再開を行うことが可能な状況となった。売買取引が停止された場合に、売買取引の停止の原因となった会社情報が開示されたときは、その時点から一定時間（原則として九〇分）経過後には売買取引を再開する制度が導入された。そこで、この制度を契機として、現在では、上場会社の行うすべての会社情報の適時開示について、立会時間中であるか否かを問わず、情報の発生後、速やかに開示を行うように要請される。

適時開示の要請は、重要な会社情報を、投資者に対し、公平に公表することを要求する。上場会社は、一般に公表していない重要な会社情報を、特定の証券アナリストや一部の機関投資家にあきらかにすることは、この政策に違反する。証券アナリストや金融商品取引業者は、みずからその情報にもとづいて自己の証券取引をするものではないことを理由に、一般に公表されていない情報を選別的に自己にあきらかにすることを請求する地位を有するものではない。(1)

適時開示が求められる情報は、上場会社にかかる情報と連結子会社にかかる情報に区分される。(2)これらの情報には、会社の業務執行を決定する機関が決定した事実（決定事実）に関する情報、会社に発生した事実（発生事実）に関する情報が含まれる。(3) また、上場会社は、売上高、営業利益、経常利益もしくは純利益または当該会社が属する企業集団の売上高、営業利益、経常利益もしくは純利益について、公表がされた直近の予想値に比較して当該上場会社が新たに算出した予想値または当該事業年度もしくは当該連結会計年度の決算において差異が生じた場合は、直ちにその内容を開示しなければならない。(4)

このように、適時開示規則での開示項目は、内部者取引規制で定める重要事実を含むものとなっている。これは、内部者取引が問題となりうる重要事実が発生したとき、それを適時開示させることによって、内部者取引の弊害が発生することを防止しようと考えたことによるものと思われる。(5)

適時開示の要請は、上場証券の投資判断に影響をおよぼす重要な会社情報が発生した場合に、その情報について、つねに、直ちに、適切な開示措置を講じることが義務づけられる。現行の適時開示規制では、上場会社に重要情報が生じた場合には、それが漏洩していなくても、会社に秘密にしておく利益があるような情報でも、それを直ちに開示しなければならない。内部者取引規制では、内部者取引の発生を社内で防止できれば、会社は重要事実を公表する必要はない。重要情報が公表された後に、内部者による取引を可能にしているものに過ぎない。これに対して、適時開示規制の下では、開示の対象情報となれば、内部者取引の有無にかかわらず、当該情報を開示しなければならない。(6) この点から、内部者取引規制の対象情報と適時開示規制の対象情報とを形式的に一致させることには疑問がある。(7)

なお、上場会社は、重要な会社情報を開示する場合、あらかじめ、その開示にかかる内容を金融商品取引所に説明することが求められる。(8) 会社情報が公表される場合は、上場証券の市場価格がそれによって大きく影響されることが多いことから、金融商品取引所が市場管理の上で、開示内容をできるだけ早く知ることが有益であることによる。(9)(10)

（1）アメリカでは、多くの会社が、アナリスト等に情報を優先的に開示し、彼らに情報を市場に流させることによって、情報を一般に広く開示するという方法をとっていた。このような方法は、特定のアナリストに情報の優位性を提供し、そのアナリストは情報が広く一般に公表される前にその情報によって利益を上げることを許容していた。D・L・ラトナー＝T・L・ハーゼン〔野村證券株式会社法務部訳（神崎克郎＝川口恭弘監訳）〕・〔最新〕米国証券規制法概説一三六頁（平成一五年）。二〇〇〇年に、証券取引委員会は、レギュレーションFDを制定し、会社がアナリストやその他の者に優先的に情報を開示することを禁止した。そこでは、発行会社またはその証券に関する重要な未公開情報を一定の者に開示した場合には同時に、意図的でなく開示した場合は迅速に、当該情報を公表しなければならいと定めている。ここにいう「一定の者」には、証券業者（ブローカー・ディーラー）、投資顧問、機関投資家のファンドマネージャー、投資会社、証券保有者であってその情報にもとづいて取引を行うことが合理的に予想される者等が規定されている。

(2)　東証・有価証券上場規程四〇二条および四〇三条、大証・適時開示規則二条参照。

(3)　適時開示において開示すべき内容については、①決定事実を決定した理由または発生事実が発生した経緯、②決定事実または発生事実の概要、③決定事実または発生事実に関する今後の見通し、④その他、取引所が投資判断上重要と認める事項を開示しなければならない（東証・有価証券上場規程施行規則四〇二条の二第一項）。実務上、その詳細は、「会社情報適時開示ガイドブック」により決められるという運用がなされてきた。伊藤昌夫「有価証券上場規程等の一部改正の概要」商事法務一八八八号二二頁。

(4)　東証・有価証券上場規程四〇五条参照。このほか、上場会社が親会社等を有している場合にあっては、当該親会社等に関する情報の開示も求められる（東証・有価証券上場規程四一一条、大証・適時開示規則二条八項参照）。

(5)　「内部者取引の未然防止の徹底について」（平成七年三月二四日）（東京証券取引所理事長から上場会社代表者あて）では、つぎのように述べている。「投資者の投資判断に著しい影響を及ぼす重要な会社情報について他に漏れたり不正に利用されることのないよう、社内規則の整備及びその適切な運用に努められるとともに、こうした重要な会社情報の適時、適切な開示について今後も積極的に対応していただくよう重ねてお願い申し上げます。」

(6)　従前は、典型的な事例として、合併などをあげ、その決定の事実を必ずしもただちに公表する必要はないと解釈してきた。証券取引法研究会「取引所・証券業協会によるディスクロージャー規制」インベストメント五三巻三号五八頁（神崎）。

(7)　証券取引法研究会・前掲注（6）五五頁（黒沼）参照。なお、近年、取引所の適時開示項目が拡充され、内部者取引規制における重要事実以外のものも開示項目とされるものが増えている。

(8)　東証・有価証券上場規程四一三条、大証・適時開示規則二条の四参照。

(9)　MSCB（第三者割当てその他五〇名に満たない者を相手方とする募集により発行する新株予約権付社債券、新株予約権証券または取得請求権付株券であって、これらに付与または表章される新株予約権または取得請求権の行使に際して払込みをなすべき一株あたりの額が、六か月間に一回を超える頻度で、当該新株予約権等の行使により交付される上場株券等の価格を基準として修正が行われる旨の発行条件が付されているものいう（東証・有価証券上場規程施行規則四一一条））を発行している上場会社は、毎月初めに、前月におけるＭＳＣＢの転換または行使の状況を開示しなければならない（東証・有価証券上場規程四一〇条一項）。ＭＳＣＢ等を発行している会社は、月初からＭＳＣＢ等の転換累計もしくは行使累計または同月中における開示後の転換累計もしくは行使累計が当該ＭＳＣＢ等の発行総額の一〇パーセント以上となった場合には、直ちに当該転換または行使の状況を開示しなければならない（東証・有価証券上場規程四一〇条二項）。

ＭＳＣＢ（Moving Strike Convertible Bond）は、一般的に、転換社債型新株予約権付社債の株式への転換価額について、発行会社の株価が変動した場合に随時修正がなされるものである。ＭＳＣＢについては、①調達資金による企業価値の向上が見込まれない、あるいは企業価値の向上について十分に説明しない企業が利用することによる株式の希薄化（一株あたりの価値の低下）および株価の下落が既存株主の利益を損ねている、②それを買い受けた投資家が、買受け後にとる投資行動（ヘッジのために空売り等）によって、発行後の株価下落を招いているといった批判があった。かかる状況を踏まえ、日本証券業協会は、平成一九年五月に、販売業者の規制を中心として「会員におけるＭＳＣＢ等の取扱いに関する規則」を制定した。横田裕「ＭＳＣＢ等の取扱いに関する理事会決議の概要」商事法務一八〇五号四頁参照。同規則の制定に関連して、日本証券業協会は、企業がＭＳＣＢを発行するにあたっては、当該企業自らが、既存株主に与える影響を十分に考慮した上で、適切な商品設計および十分な情報開示を行うことが必要不可欠との認識に立ち、取引所に対して、取引所から上場会社への要請または必要な範囲で義務化を要請した。これを受けて、東京証券取引所は、平成一九年六月に、「ＭＳＣＢ等の発行及び開示並びに第三者割当増資等の開示に関する要請」を行い、さらに、上場規程においても、右記の開示義務を規定した。木村芳彦「上場制度総合整備プログラム二〇〇七に基づく上場規則の改正」商事法務一八一六号三〇頁。

なお、同規程では、ＭＳＣＢ等を発行する場合には、ＭＳＣＢ等を買い受けようとする者によるＭＳＣＢ等の転換または行使を制限するよう施行規則で定める措置を講じるものとしている（東証・有価証券上場規程四三四条一項）。有価証券上場規程施行規則四三六条がその詳細を規定している。

(10)　このほか、上場会社は、事業年度もしくは四半期累計期間または連結会計年度もしくは四半期累計期間にかかる決算の内容が定まった場合は、直ちにその内容を開示しなければならない（東証・有価証券上場規程四〇四条）（いわゆる、決算短信（サマリー情報）または四半期決算短信（サマリー情報））。

2　照会事項に対する開示

上場会社は、金融商品取引所が、当該上場会社の会社情報に関して必要と認めて照会を行った場合、直ちに、これに応じて正確に回答することが要請される(1)。金融商品取引所が、照会にかかる事実について開示することが必要かつ適当であると認めた場合、上場会社は、遅滞なくその内容を開示しなければならない(2)。有価証券の市場価格は、その発行者に関する噂等によって大きく影響を受けることが多い。そのような場合に投資者が合理的な投資判断をし、公正な価格形成が行われるようにするため、その噂が真実であるかどうか、その噂等に関する正確な内容がいかなるものであるかが明確にされる必要がある。適時開示の要請は、そのような必要に応じるために、金融商品取引所が照会した場合の上場会社の回答を要求する。

金融商品取引所による上場会社に対する照会は、報道機関による報道、売買立会場内における風説または外部からの通報等によって入手した情報の真偽等についてなされる。さらに、上場会社に関する真偽の明確でない重要な情報を入手する場合のみならず、上場証券に異常な売買取引が認められる場合にも、上場会社に対し、真偽の明確でない情報の真偽または異常な売買取引をもたらす重要な会社情報の存否を照会し、情報の真偽または異常な取引にかかる重要な情報の迅速な開示を要求することができる。

(1)　東証・有価証券上場規程四一五条一項、大証・適時開示規則三条一項参照。
(2)　東証・有価証券上場規程四一五条二項、大証・適時開示規則三条二項参照。

3　適時開示の確保

発行会社に開示事由が存在しているにもかかわらず、要請される適時開示を適正に行わなかった場合、改善の必要性が高いと認められるときは、金融商品取引所は、その経過および改善措置を記載した改善報告書の提出を求める(1)。

提出された改善報告書は公衆縦覧に供される(2)。

発行会社が改善報告書の提出の求めに応じない場合、改善報告書に記載された改善措置が守られないため規則違反を繰り返す場合など、その改善の見込みがないと判断されたときには、上場契約について重大な違反を行ったものとして、上場廃止の理由となる(3)。

有価証券報告書など法定開示書類の虚偽記載があった場合、提出会社やその役員などは、これにより生じた損害を有価証券の取得者に賠償する責任を負う（金商法二一条の二第一項等）。金融商品取引所が要請する適時開示に虚偽のものがあった場合には、金融商品取引法上の民事責任の規定は直接には適用されない。しかし、適時開示がなされる情報は、投資者の投資判断に重要な影響を与える点では、法定開示と異ならない。したがって、この場合にも、投資者の被った損害について不法行為による損害賠償責任が発生する(4)。

（1）　東証・有価証券上場規程五〇二条一項、大証・有価証券上場規程一四条の二第一項参照。

（2）　東証・有価証券上場規程五〇二条四項、大証・有価証券上場規程一四条の二第四項参照。

（3）　東証・有価証券上場規程六〇一条一二号では、「上場会社が上場契約に関する重大な違反を行ったとして施行規則で定める場合」上場を廃止するものと定めている。この点について同取引所・有価証券上場規程施行規則六〇一条一〇項は、①上場会社が、改善報告書等の提出を速やかに行わない場合において、取引所が相当の期間を設けて新たに提出期限を定め、上場会社に対して通知したにもかかわらず、なお当該同意する旨の書面または当該改善報告書を当該提出期限までに提出しないとき、②取引所が、改善報告書の提出を求めたにもかかわらず、会社情報の開示の状況等が改善される見込みがないと認める場合、③特設注意市場銘柄に指定されている上場株券等の発行者である上場会社が、当該指定から三年を経過した場合で、かつ、当該内部管理体制等に引き続き問題があると当取引所が認めるとき、④取引所が、内部管理体制確認書の提出を求めたにもかかわらず、内部管理体制の状況等が改善される見込みがないと認める場合、⑤上場会社が上場契約について重大な違反を行ったと当取引所が認める場合を定めている。大証・株券上場廃止基準二条一項一二号参照。なお、適時開示規制に違反した場合には、上場契約違約金の支払いが命じられることもある（東証・有価証券上場規程五〇九条一項）。上場廃止措置が対象会社に与える影響は大きい。違反行為が認められるとして、制裁として発動するには適当でない場面もある。そこで、平成二〇年七月に、東京証券取引所において、有価証券上場規程に違反した場合等の制裁として、上場契約違約金制度が導入された。上場契約違約金制度の性格と意義については、大証金融商品取引法研究会「大証における上場関連業務」（川口・川本）参照。

（4）　東京地判平成二一年五月二一日判例時報二〇四七号三六頁は、適時開示で虚偽の情報が公表された事例について、不法行為による損害賠償責任を認めた。情報の公表主体である会社については、代表取締役が注意義務を怠って虚偽の公表をさせたことを理由に会社法三五〇条に基づき不法行為責任を認めた。さらに、会社の取締役でもあり、親会社の代表取締役であった者について、取締役として配慮すべき義務を怠ったとして不法行為責任を認めたことに加えて、かかる不法行為が親会社の代表者としての「職務を行うことについて」なされたと判断して、会社法三五〇条に基づき、親会社の不法行為責任をも肯定したことが注目される。

三　売買取引の停止

金融商品取引所は、適時開示政策の一環として、つぎの場合、その上場証券の取引所市場での売買取引を一時停止するものとしている。(1)

第一に、上場証券またはその発行者に関し、投資者の投資判断に重大な影響を与えるおそれがあると認められる情報が生じている場合で、その情報の内容が不明確である場合または金融商品取引所がその情報の内容を一般投資者に周知させる必要があると認める場合、売買取引が停止される。(2) 上場証券の投資判断に必要な重要な情報の内容が不明確であるときは、その情報の適時開示によって投資者が合理的な投資判断ができるようになるまで売買取引を停止することが投資者の保護および上場証券についての公正な価格形成を確保するために必要である。上場証券の投資判断に必要な重要な情報の内容が投資者に周知されていない場合にも、証券取引における投資者間の公平を確保し、公正な証券取引が行われることを確保するために、金融商品取引所は上場証券の売買取引を停止する必要がある。

第二には、上場証券の売買取引の状況が異常であると認める場合またはそのおそれがあると認める場合、その他売買管理において売買取引を継続して行わせることが適当でないと認める場合にも、売買取引が停止される。上場証券の異常な売買取引は、その上場証券についての重要な情報または噂にもとづくことが多い。したがって、上場証券について異常な売買取引が認められる場合、金融商品取引所としては、一方では、上場会社に対し、その取引の背景をなす重要な会社情報の存否およびその内容を照会し、それが存在するときは、その開示を要求することが必要であるとともに、他方では、その間の売買取引を停止し、投資者が不当な不利益を受けないようにすることが必要である。(3) また、売買取引の状況に一般的には異常が認められない場合にも、内部者取引の疑いがあるようなときは、同様にその上場証券についての売買取引を停止する必要がある。これらの場合には、金融商品取引所が必要と認める期間、その上場証券の売買取引が停止される。

第三に、売買システムの稼働に支障が生じた場合、有価証券の売買にかかる取引所の施設に支障が生じた場合等において売買を継続して行わせることが困難であると認める場合も、売買の停止をすることができる。(4) このほか、売買の取消しを行う可能性があることを周知させる必要があると認める場合、債券・転換社債型新株予約権社債券について抽選償還が行われる場合で、取引所が必要があると認める場合も、売買を停止することができる。

(1)　東証・業務規程二九条、大証・業務規程二七条参照。
(2)　アメリカン証券取引所の会社指針は、異常な売買取引と重要な会社情報との関連についてつぎのように述べている。American Stock Exchange Inc.. Company Guide. 403 (4) (1979).「価格変動、取引活動またはその両者についての異常な取引状況が、それをもたらすであろう一般に利用されうるあきらかな情報がないのに生じた場合、それは、その会社に関する未公表の重要な情報または真実もしくは虚偽の噂もしくは記事をもとに行動している者の取引をうかがわせるものである。もちろん、きわめてしばしば、異常な取引状況は、内部者取引または噂もしくは記事にさかのぼることができない。しかし、取引状況そのものは投資者に誤解をもたらすものであり、投資者はある会社の株価の急激かつかなりの変動が会社の営業または見通しの対応する変更を反映しているに違いないと考えがちである。同様に、異常な取引高は、大きな価格変動を伴わない場合にも、会社状況の現実の動きとは関係のない噂をひろげさせ、過当な投機的取引活動をひきおこしがちである。」

（3）　このほか、①債券または転換社債型新株予約権付社債について抽選償還が行われる場合で、取引所が必要であると認める場合、②有価証券またはその発行者等に関し、投資者の投資判断に重大な影響を与えるおそれがあると認められる情報が生じている場合で、当該情報の内容が不明確である場合また取引所が当該情報の内容を周知させる必要があると認める場合、③売買の状況に異常があると認める場合またはそのおそれがあると認める場合その他売買管理上売買を継続して行わせることが適当でないと認める場合、④売買システムの稼働に支障が生じた場合、有価証券の売買にかかる取引所の施設に支障が生じた場合等において売買を継続して行わせることが困難であると認める場合、⑤売買の取消しを行う可能性があることを周知させる必要があると認める場合が規定されている（東証・業務規程二九条）。

（4）　金融商品取引業者（取引参加者）から金融商品取引所へ誤った注文が出されることがある（いわゆる誤発注）。誤発注は、基本的に取引参加者の責任で処理する問題であるものの、それにより大量の注文が成立し、長期にわたって当該売買にかかる決済が行われなくなる可能性が高く、市場が混乱するおそれがある。そこで、金融商品取引所は、このような場合に、成立した売買を取り消すことができる旨を定めている。取り消された売買は、初めから成立しなかったものとみなされる。取引参加者および顧客は、売買の取消しによって損害を受けることがあっても、誤発注を行った取引参加者および取引所に対して損害賠償を請求することができない（故意・重過失がある場合を除く）。東証・業務規程一三条等参照。この取消ルールは、平成一九年九月三〇日より施行されている。平成一七年一二月、新規公開株であるジェイコム株について、「六一万円で一株売り」とすべき注文を「一円で六一万株売り」と誤った発注がなされ、注文の取消しがなされない間に約四〇〇億円の損害が発注者である証券会社に発生した事件があった。このルールは、かかる事件を契機として定められた。なお、東京地判平成二一年一二月四日判例時報二〇七二号五四頁は、右の事件において、東京証券取引所は、発行済株式総数の三倍を超える取引に膨れ上がった時点で売買の停止措置を講じる義務があったにもかかわらず、漫然と見逃した点に重過失があったとして、一〇七億円の賠償を命じる判決を下した。

第三款　委任状勧誘の規制

一　委任状勧誘規制の意義

金融商品取引法は、金融商品取引所に上場されている株式の発行会社の株式について議決権の代理行使を勧誘するには、政令の定めるところに従わなければならないものとしている（金商法一九四条）。(1) これを受けて金融商品取引法施行令三六条の二以下が、金融商品取引所上場会社の株式(2)についての委任状の勧誘規制を定めている。(3) 委任状勧誘に関する規制は、金融商品取引所に上場された株式の発行会社の株式についての委任状の勧誘(4)(5)に関して適用されるが、つぎの場合には、その適用が除外される（金商令三六条の六第一項）。

① 株式の発行会社またはその役員でない者が、一〇人未満の者に対して勧誘をする場合

被勧誘者の数が著しく少ない場合にまで委任状勧誘規制を及ぼすことは勧誘者に過度の負担を強いることになるため、かかる適用除外が定められている。(6)

② 新聞広告を通じて行う勧誘で、その広告に、発行会社の名称、広告の理由、株主総会の目的である事項および委任状用紙その他の書類を提供する場所のみを表示する場合

このような広告の実質は勧誘への橋渡しに過ぎず、委任状勧誘規制を及ぼす必要に乏しい。(7) なお、広告に記載された場所に赴いた株主に対して勧誘が行われる場合は当然に委任状勧誘規制が適用される。

③ 他人名義で株式を所有する者が、その他人に対して、その株式につき委任状を勧誘する場合

これは、実質上の株主が議決権を行使するために必要な形式を整えるためのものであり、このような場合は、本来、委任状勧誘規制の対象とすべきではない。(8) 基準日において名義書換えが未了であった者が株式譲渡人に対

して代理行使の勧誘を行う場合を想定した規定といえる。(9)

委任状勧誘の規制は、基本的には、つぎの内容からなる。

第一に、委任状の勧誘者は、被勧誘者に対し、勧誘と同時またはこれに先立ち、委任状の用紙および代理権の授与に関し参考となるべき事項として内閣府令で定めるものを記載した書類（参考書類）を交付しなければならない（金商令三六条の二第一項）。委任状の勧誘者は、重要な事項について虚偽の記載・記録があり、または重要事項に誤解を生じさせないために必要な重要な事実の記載・記録が欠けている委任状の用紙、参考書類その他の書類等を利用して、議決権の代理行使を勧誘することが禁止される（金商令三六条の四）。(10)同一の株主総会に関し、すでに被勧誘者に提供された他の参考書類・書面投票交付書類に記載された内容は、その記載箇所を明瞭に示すことにより、新たな参考書類から省略することができる（委任状勧誘府令一条二項）。また、参考書類に記載すべき事項がすでに公告されているときは、その公告が掲載されている官報または新聞紙を明瞭に示すことにより、参考書類から省略することができる（委任状勧誘府令一条三項）。

株式の発行会社によりまたは発行会社のため委任状が勧誘された場合、株主は、適正な費用の前払いをした上、書面により参考書類の交付を会社に請求することができる（金商令三六条の五第一項）。これは、会社が一部の株主を相手方として議決権の代理行使の勧誘を行う場合、勧誘を受けなかった株主にも勧誘を受けた株主と同一の情報にアクセスする手段を付与し、また、株主が会社に対抗して委任状の獲得をはかる場合において、その情報を利用して効果的な議決権の代理行使の勧誘を行えるように措置することが必要と考えられたことによる。(11)

第二に、勧誘者が被勧誘者に提供する委任状用紙は、株主総会の議案ごとに、被勧誘者が賛否を明記することができるものでなければならない（委任状勧誘府令四三条本文）。(12)被勧誘者が勧誘者の意向に賛成の場合に委任状を勧誘者に返送することを予定して、被勧誘者が議案について賛否を記載する方式をとらない委任状用紙を使用することは許されない。(13)もっとも、別途、棄権の欄を設けることは妨げられない（委任状勧誘府令四三条ただし書）。

第三に、勧誘者は、参考書類および委任状用紙を株主に交付する場合、それらの書類の写しを金融庁長官に提出しなければならない（金商令三六条の三）。参考書類および委任状用紙は、それが適法に作成されているかどうかが審査される。ただし、募集・売出しの届出の場合と異なって、参考書類に重要な事項の虚偽記載または誤解を生ぜしめる記載があっても、委任状勧誘の停止命令を発することができず、また有価証券届出書や有価証券報告書の場合と異なり、参考書類については、訂正命令を発することができない。[14][15]

参考書類に重大な事項について虚偽記載がある場合、または誤解を生ぜしめないために必要な重要な事実の記載が欠けている場合、行政当局のとりうる方法は、勧誘者に対して訂正参考書類の被勧誘者への提供を勧告し、それがいれられないときは、裁判所に対して、その参考書類による勧誘またはそれにもとづく委任状の行使を禁止する命令を申し立てることである（金商法一九二条一項）。

委任状勧誘の規制は、直接には、株主が委任状を通じて議決権を行使する場合に、議決権行使の判断に必要な重要な情報にもとづいて合理的な議決権の行使をなしうることができるようにするものである。それは同時に、参考書類によって、投資者に有価証券の投資判断に有益な情報の提供を行わせる機能を有する。株主総会の決議事項は、会社の事業または財政状態に重要な意義を有する事項であり、その判断のために必要な重要な情報は、同時に、会社の発行にかかる有価証券の投資判断にきわめて有益なものである。参考書類による情報の開示は、参考書類が委任状の被勧誘者に直接提供されるため、報告書による情報の開示に比較して、はるかに利用の容易なものである。したがって、委任状勧誘の規制は、企業内容の継続開示の規制としても、重要な意義を有する。[16][17]

（1）　委任状勧誘に関する規制に違反した場合、三〇万円以下の罰金に処せられる（金商法二〇五条の二の三第二号）。この場合に、違法な委任状勧誘にもとづく議決権行使による株主総会決議が瑕疵を帯びるかが問題となる。委任状勧誘規制については、議決権の勧誘に際して守るべき方式を定めた規定であること、議決権の代理行使の勧誘は株主総会の決議の前段階の事実行為であって株主総会の決議の方法とはいえないことなどを理由として、会社法八三一条一項一号にいう「法令」に該当せず、かつ決議の方法の「著しい不公正」にも該当しないとした裁判例がある（東京地判平成一七年七月七日判例時報一九一五号一五〇頁）。この判決には反対が多い。江頭憲治郎・株式会社法〔第四版〕三二四頁注（11）（平成二一年）は、少なくとも、上場会社が書面投票に代えて行った委任状勧誘が委任状勧誘規制に違反している場合にはこのように考えるべきではないとする。浜田道代「委任状と書面投票」河本還暦・証券取引法大系二五五頁（昭和六一年）は、委任状勧誘規則に違反してなされる委任契約は、会社法上当然に無効と解する（ただし、その勧誘が一部株主のみを対象としたものであり、決議の成否に影響がないような場合には決議取消原因とならないとする）。また、委任状に記載されたものと反対の方向で議決権を行使した場合（たとえば、「否」の委任状を「賛成」として議決権を行使した場合）、学説には争いがあるが、無権代理として当該議決権行使は無効であるとの立場が有力である。龍田節「株式会社の委任状制度―投資者保護の視点から」インベストメント二一巻一号三一頁。もっとも、このような委任状による議決権行使が株主総会決議の取消原因となるかについては見解が分かれている。今井宏・議決権代理行使の勧誘三一〇頁（昭和四六年）は、その議決権行使の無効の結果として決議がその成立に必要な多数の賛成を失うこととなる場合に、はじめてそのことを理由として決議取消しの訴えを提起することができるとする。河本一郎・現代会社法〔新訂第九版〕（平成一六年）も同旨。

（2）　金融商品取引法が定める委任状勧誘の規制は、金融商品取引所上場会社の株式についての委任状の勧誘のみを規制の対象とする。しかし、この規制を上場会社の株式に限定すべき合理的理由は存在しない。議決権の行使の判断資料を提供することの必要性は、会社の株式が金融商品取引所に上場されているか否かによってではなく、会社の公開性、すなわち、一般株主の会社経営への距離によって決められるべきである。この点につき、神崎克郎「委任状規制の再検討」証券研究五〇巻一二一頁以下、龍田節「株主総会と委任状の機能」証券研究五七巻一四六頁参照。

なお、外国会社の発行する株式がわが国の金融商品取引所に上場されている場合に金融商品取引法上の委任状勧誘規制を及ぼすべきかどうかという点については、金融法委員会「外国会社と委任状勧誘規制」商事法務一九四一号四三頁参照。

（3）　平成一五年四月一日より、議決権の代理行使の勧誘について定めていた「上場株式の議決権の代理行使の勧誘に関する規則」（昭和二三年七月三〇日証券取引委員会規則一三号）（委任状勧誘規則）の内容が証券取引法施行令（現在の金融商品取引法施行令）および「上場株式の議決権の代理行使の勧誘に関する内閣府令」に移行し、同規則は廃止された。株主総会の議決権行使に関する委任状勧誘規制は会社法と密接に関係するものである。このような規制が証券取引規制として導入されることとなったのは、第二次世界大戦後、わが国が同規制を連邦証券規制で行ってきたアメリカ法を継受したことによる。浜田・前掲注（1）二四九頁。

（4）　委任状勧誘の規制は、委任状の「勧誘」を規制するものである。したがって、委任状の勧誘が行われない場合、その規制は働かない。証券取引委員会は、委任状規則の施行当初の「上場株式の議決権の代理行使の勧誘に関する規則の運用について」と題する通達（昭和二四年六月七日証取三〇二号）で、この点につき、規則は、「『勧誘』を取り締るのであるから、各会社とも勧誘をする必要のない議案即ち特別決議を要しない議案についてまで勧誘しようとしている場合には、勧誘そのものが必要でないことにつき注意を与えること」と述べている。しかし、議決権の行使の判断に必要な情報を提供することをその主要な機能とすることにかんがみるときは、委任状勧誘の規制は、委任状の規制として、委任状の勧誘が行われるか否かにかかわりなく、参考書類の株主への送付を強制すべきである。この点につき、神崎・前掲注（2）一一八頁以下参照。なお、昭和五六年の法改正によって導入された、書面投票制度を採用する会社における参考書類の招集通知への添付義務は、実質的にこの問題を解決した。

（5）　ここにいう「勧誘」について定義は存在しない。アメリカでは一九三四年証券取引所法にもとづく規則一四a—二が「勧誘」について規定を定めている。そこでは、「委任状用紙を伴っているかどうか、またはそれに含まれているかどうかに関わらず、委任を求めること、委任、委任の保留もしくは委任の撤回を求めること、または、委任の獲得、保留もしくは撤回を招くように合理的に計算された状況のもと、証券保有者に委任状用紙を提供もしくはその他のコミュニケーションを図ること」と定義されている。このようにアメリカ法では、勧誘の範囲を広く定めているが、具体的なコミュニケーションが勧誘に該当するかどうかは、当事者の素性、目的・内容、時期・状況などを総合的に考慮して決定される。志谷匡史「委任状『勧誘行為』の意義」商事法務一三三〇号四四頁。わが国で具体的にどのような行為が勧誘に該当するかの検討については、太田洋「委任状勧誘に関する実務上の諸問題」証券・会社法制の潮流二一七頁（平成一九年）参照。

（6）　アメリカの一九三四年証券取引所法にもとづく規則一四a—2でも、一〇名以下の株主に対する勧誘を適用除外としている。ところで、わが国では、書面投票制度を採用する会社であっても、株主総会当日の動議に対応するため、大株主から包括的委任状を取得することが行われている（二〇一〇年度の株主総会では、書面投票制度適用会社のうち、八七〇社（回答会社全体の四六・六パーセント）が包括委任状の提出を受けていた。商事法務研究会編・株主総会白書（二〇一〇年版）商事法務一九一六号六三頁）。この場合、実務上、この適用除外規定の要件に該当するように、提出される委任状の数が一〇通未満となるように配慮されているといわれている（右の調査でも、大株主から包括委任状の提出を受けた会社のうち、一〇通以上委任状の提出を受けた会社は七一社にとどまっている）。もっとも、株主が自発的に包括的委任状を提出しているのであれば、「勧誘」がなく、委任状勧誘規制の適用はないともいえる。また、手続的動議に対して委任状の取得を勧誘する行為に委任状勧誘規制を適用することについて必要性と実用性に乏しいとする見解が述べられている。太田・前掲注（5）二四二頁。

（7）　龍田・前掲注（1）一九頁。なお、①に規定する場合における被勧誘者の人数の計算については、③に該当する場合における被勧誘者を除くものとされる（金商令三六条の六第二項）。

(8) 龍田・前掲注（1）一九頁。

(9) 太田・前掲注（5）二三五頁。

(10) 議案ごとに被勧誘者が賛否を記載する欄は設けられているものの、委任状用紙において、株主提案にかかる議案や会社提案にかかる議案について、「原案に対して修正案が提出された場合および原案の取扱いについて株主総会の運営に関する動議はいずれも白紙委任とします」との文言を記載することが許されるか否かが問題とされている。太田洋「株主提案と委任状勧誘に関する実務上の諸問題」商事法務一八〇一号三六頁は、会社が委任状勧誘者である場合で、会社が当初提出議案を修正したときは、原案には賛成であるが合理的に考えて修正案には反対の意思を有すると考えられる株主（被勧誘者）の議決権についても当該修正案への賛否が勧誘者に一任されることとなるなど（会社が、期末配当を一株あたり一〇〇円とする旨の剰余金処分議案につき、配当金を一株あたり五〇円に引き下げる修正動議を提出するような場合が想定されている）（提案者が委任状勧誘者である場合についても同様の問題が生じる）、きわめて不当な結果を招くことになるとする。

(11) 一松旬「委任状勧誘制度の整備の概要」商事法務一六六二号五七頁。この点について、会社が一部の株主にのみ委任状勧誘を行っている場合、対抗者がその事実を知る手段が設けられていないことから、その実効性に疑問が提起されている。寺田昌弘＝寺崎大介＝松田洋志「委任状争奪戦に向けての委任状勧誘規制の問題点」商事法務一八〇二号三八頁。

(12) この点について、複数の議案の決議が予定されているときに、その一部について委任状勧誘を行うことができるかが論じられている。株主側で特定の議案にのみ反対する場合に、すべての議案について賛否を記載した委任状を作成・交付する必要があるかが問題となる。一部の議案についてのみ議決権の代理行使がなされ、他の議案について議決権行使書などを通じて議決権の行使がなされた場合、決議の採決に集計に混乱を生じる危険性がある。証券取引法研究会「委任状勧誘に関する実務上の諸問題」証券取引法研究会研究記録一〇号三二頁（神作）。また、昭和五六年の商法改正で書面投票制度が導入された際、議決権を行使できる株主全員に対して委任状用紙を添付して勧誘を行う場合に限り、書面投票制度の強制適用の例外が認められることとなったことから、委任状を勧誘する場合には、全議案について勧誘を行わなければならないと解する見解もある。これに対して、議決権の代理行使は民法の原則（平成一八年改正前民法六五条二項参照）により当然に許されると解する見解がある。太田・前掲注（5）二三二頁。また、会社提案または対抗提案にかかる委任状勧誘が会社による議決権行使書面の送付より前になされる場合は、株主は対案の存在を知らないまま当該委任状勧誘に応じてしまう可能性があり、このことが委任状勧誘規制を定めた趣旨に反するとの批判に対して、この見解は、私法上、委任の撤回は自由であり、その後、対案の存在を知った場合に改めて判断を行う機会が付与されていることを理由に、委任状勧誘規制の趣旨に反するとまでいえないとしている。さらに、寺田他・前掲注（11）四一頁は、招集通知受領前においては、対抗者は、すべての議案を知りうる方法がないことから、仮に一部議案についてのみ委任状勧誘ができないとすると、事実上招集通知受領前の委任状勧誘ができなくなり、会社が招集通知の発送を限界まで遅らせたほうが有利となることから、対抗者にとってきわめて不都合であると指摘する。なお、会社の招集通知を受領してから委任状勧誘を行うことはきわめて困難であることを指摘して、「株主が、自らの提案に賛成するとともに会社提案に反対することを内容とする議決権代理行使の勧誘をするためには、常に会社提案についても賛否を記載する欄を設けた委任状を作成しなければならないと解することは、株主に対する議決権代理行使の勧誘について会社と株主の公平を著しく害する結果となるといわざるを得ない」として、このような委任状であっても、代理権授与の効力に影響しないとした判決がある（東京地判平成一九年一二月六日商事法務一八二〇号三二頁（モリテックス事件））。

（13）　最初から、「賛」または「否」の欄に○等を記入した委任状用紙を同封することは許されない。なお、委任状勧誘に際して、委任状サンプルを同封する実務が行われている。株主に誤解を与えない形でのサンプル送付は可能である。

（14）　委任状の用紙または参考書類の交付に代えて、被勧誘者の承諾を得て、電子情報処理組織を使用する方法等により提供することができる（金商令三六条の二第二項）。昭和二三年制定当初の委任状規則六条は、勧誘者が参考書類および委任状用紙の仮案をそれらの確定したものを株主に送付する最初の日の一〇日前までに証券取引委員会に提出すべきものとして、証券取引委員会が参考書類および委任状用紙について事前審査をするものとしていた。しかし、仮案の事前提出制度には実務界から強い抵抗が示され、昭和二五年六月の規則の改正により廃止された。

（15）　書類受理の権限は、勧誘者の住所を管轄する財務局長等に委任される（金商令四三条の一一）。

（16）　昭和五六年の商法特例法の改正は、同法上の大会社で議決権を有する株主の数が一〇〇〇人以上のものにあっては書面投票制度を導入し、それとともに、株主総会の招集通知に、議決権の行使について参考となるべき事項として法務省令で定める事項を記載した書類を添付しなければならないものとした。さらに、平成一三年の商法改正において、その他の会社も、取締役会の決議で、書面投票を採用することが可能となった。したがって、これらの商法改正により、金融商品取引法の下での委任状勧誘の規制は、企業内容の継続開示そのものに関しては、その重要性を大きく減殺させたというべきである。

（17）　古くは、白木屋、平成一四年には、東京スタイルの株主総会で、多数派工作としていわゆる委任状合戦が繰り広げられたことはよく知られている。平成一九年、東京鋼鉄と大阪製鉄の統合提案が、反対株主による委任状勧誘が功を奏して否決されるに至って、にわかに委任状勧誘制度が注目されるに至った。楽天とＴＢＳの攻防では、有力上場企業同士の間でわが国初の委任状合戦が展開された。株主総会という限られた場面ではあるものの、委任状勧誘が、会社の支配権争奪における重要な手段となりうることが改めて認識されることとなった。

現金を対価とする公開買付けは金銭的なコストを必要とする。委任状勧誘でも、委任状用紙および参考書類の作成・交付や株主の調査などにコストがかかる。アメリカでは、委任状勧誘専門会社が存在し、その利用に相当の費用がかかるといわれている。なお、委任状の争奪にあたり、金銭のやり取りが行われることもある。委任状の勧誘で、会社が株主に財産上の利益を供与することは違法な利益供与に該当し、刑事制裁の対象となる。特定の株主のみに利益を供与すれば、株主平等の原則に違反する可能性もある。

ところで、公開買付けは、会社経営者に、株主に見放されないように（公開買付けに応じることのないように）、緊張感をもって経営にあたらせる効果があり、この点で、企業価値を高めることに役立つものである。もっとも、公開買付けは、つぎのような矛盾を抱える制度であることも知られている。たとえば、公開買付けの対象となった会社の株主にとって、現経営陣より買付者の経営能力を高く評価する場合には、将来の企業価値の向上を見込んで、保有株式の売却を行わないことが合理的な選択である。株主が公開買付けに応じなければ、経営者の交代が望ましい買収提案であっても、それが実現しない結果に終わってしまう。多くの者が自分だけ利益を得ようと考えて行動した結果、その利益を逃すといった、いわゆる、「ただ乗り」の弊害が発生する。他方で、二段階公開買付けなど、強圧的買収を仕掛けられた場合、株主が劣悪な状況に取り残される危険性を回避するため、不本意ながらも公開買付けに応じることも考えられる。この場合は、企業価値を低下させる買収が成功することとなる。金融商品取引法では、このような強圧的買収に対して一定の配慮をしたものの、強圧的買収が根絶されるわけではない。これに対して、委任状勧誘では、株主は、現経営陣より勧誘者の提案が望ましいと判断した場合、委任状勧誘に応じることで、株主の意思に合致した目的を達成することができる。情報開示が十分な状況の下では、自らの意思に反した議決権行使を強制されることもない。また、公開買付けでは、株主は、株主として残るか、株主としての地位を放棄するかの選択に迫られる。買付価格が高ければ、買付者が誰であろうと、あるいは、会社の将来のことを考慮することなく、買付者に株式が売却される可能性がある。これに対して、委任状の勧誘では、株主としての地位を維持することを前提とした判断が要求される。そのため、将来の企業価値を十分に考慮した意思表示が期待できる。他方で、株主総会決議における議決権は、基準日時点において株主名簿に記載された株主によって行使される。そのため、基準日以降に株式を売却した者も議決権を行使することが可能であり、このような名簿上の株主については、企業価値を考慮した意思表示がなされるとはいいがたい。

敵対的企業買収への防衛策の導入や発動の是非について、株主の意思を問う場面が増加している。会社法では取締役の解任決議は株主総会の普通決議で行うことができる。今後、個々の事案で、委任状勧誘がなされ、個人株主の動向が大きく経営を左右することも考えられる。もっとも、経営権の争奪場面では、現経営陣と比べて、委任状の勧誘者は不利な立場にあることも事実である。会社は会社の費用で委任状の勧誘を行うことができるのに対して、反対株主は、自らの費用で行わなければならない。株主提案を行う株主は、提案理由などを株主総会の参考書類に記載することができる（会社法施行規則九三条一項）。しかし、株主は、委任状の勧誘を受けたときに、勧誘者自身のことを十分に知らないことが多い。合併など、争点が明確である場合は別として、取締役などの選任議案では、現経営陣に顕著な落ち度がない限り、一般株主は反対株主による委任状の勧誘に応じようとしない。川口恭弘「委任状勧誘と公開買付け」ＭＡＲＲ一五五号一〇頁。

二　参考書類の記載内容

1　法定記載事項

委任状の勧誘者が被勧誘者に提供する参考書類は、委任状勧誘府令に定めるところにより、作成しなければならない（金商令三六条の二第一項）。もっとも、参考書類には、内閣府令に定める事項を記載するだけでは、必ずしも十分ではない(1)。金融商品取引法施行令三六条の四は、重要な事項について虚偽の記載・記録のある参考書類を利用して勧誘することを禁止するのみならず、誤解をもたらさないために必要な重要な事実の記載・記録が欠けている参考書類を利用して委任状を勧誘することをも禁止しているからである。参考書類には、内閣府令で具体的に定める事項について正確な記載をするとともに、その他被勧誘者が誤解をしないために必要な重要な事実を記載しなければならない。被勧誘者が誤解をしないために必要な重要な事実が何であるかは、個々の事案に応じ個別的に判断されなければならない(2)。

参考書類には、委任状が株式の発行会社またはその役員によって勧誘されるときは、その旨、議案および監査役が株主総会に報告すべき調査の結果があるときはその結果と概要を記載しなければならない（委任状勧誘府令一条一項一号）。委任状がその他の者によって勧誘されるときは、議案ならびに勧誘者の氏名または名称および住所を参考書類に記載することを要する（委任状勧誘府令一条一項二号）。

（1）　証券取引委員会「上場株式の議決権の代理行使の勧誘に関する規則の運用について」（昭和二四年六月七日証取三〇二号）は、「参考書類の記載事項は、（一二）条の定めるところに従い必要、且つ、最小限の記載にて足ることとしその他は勧誘者の原案を尊重し画一的な様式その他を強いないようにする」と述べており、委任状規則の運用は、従来このような考え方の下に行われてきた。

（2）　アメリカの一九三四年証券取引所法の下の証券取引委員会規則一四条(a)項は、委任状説明書には、誤解をもたらさないために必要な重要な事実を記載しなければならないとしている。この点について、Mills v. Electric Auto-Life Co., 403 F. 2d 429 (7th Cir. 1968) は、会社の合併決議に関する委任状説明書に、会社の取締役会が、株式所有を通じて合併の相手方会社の実質的な支配下にあることを記載しなかったことは、この規則の違反を構成するものであると判示し、Gerstle v. gamble-Skogmo, Inc. 478 F. 2d 1281 (2d Cir. 1975) は、会社の合併決議に関する委任状説明書に合併の相手方会社が会社の合併後に会社の重要な資産を売却する意図を有していたことおよびその市場価格を記載しなかったのと同じくこの規則の違反を構成するものであると判示した。これらの点につき、神崎克郎「合併手続における情報開示―米国の委任状規制の運用」大隅古稀・企業法の研究一九二頁以下（昭和五二年）参照。もっとも、この点に関して、TSC Industries v. Northway, Inc. 423 U. S. 820 (1976) は、これらの判決よりもこの規則を若干厳格に解しているように見える。この判決については、川内克忠「判例解説」アメリカ法一九七八－一号一三二頁参照。なお、Virginia Bankshares, Inc. v. Sandberg, 501 U.S. 1083 (1991) は、取締役の推奨理由等の表示が、信念、意見または理由の表明に過ぎない場合であっても、虚偽または誤解を生じるものになっていることが客観的証拠によって証明されているときは、前記規則に違反することを明らかにした。本判決については、黒沼悦郎「委任状説明書における重要事実と因果関係の立証」新・アメリカ商事判例研究二九九頁（平成一九年）参照。

2　会社提案における個別記載事項

議案が株式の発行会社の取締役の提出にかかるものであって、当該会社により、または当該会社のために当該株式について議決権の代理行使の勧誘が行われるときは、参考書類にはつぎの議案ごとに、以下の個別記載が要求される。(1)

①　役員等の選任・解任決議

委任状の勧誘が行われる議案が取締役の選任であるときは、参考書類には、候補者の氏名、生年月日、略歴および就任の承諾を得ていないときは、その旨を記載しなければならない（委任状勧誘府令二条一項）。発行会社が会社法上の公開会社であるときは、さらに、(i)候補者が有する当該会社の株式数、(ii)他の法人等を代表する者であるときは、その事実、(iii)候補者と当該会社との間に特別の利害関係があるときは、その事実の概要、(iv)候補者が現に当該会社の取締役であるときは、当該会社における地位および担当を記載しなければならない（委任状勧誘府令二条二項）。[2] 発行会社が公開会社であるか否かにかかわらず、候補者が社外取締役の候補者であるときは、当該候補者について詳細な開示を要求する。[3][4]

委任状の勧誘が行われる議案が監査役の選任であるときについても、参考書類の記載事項が定められている。参考書類には、取締役の場合と同じく、候補者の氏名、生年月日および略歴および就任の承諾を得ていないときは、その旨を記載しなければならない（委任状勧誘府令四条一項）。監査役の選任の場合は、さらに、候補者と当該会社との間に特別の利害関係があるときは、その事実の概要、議案が監査役の請求（会社法三四三条二項参照）により提出されたものであるときは、その旨、監査役の意見があるときは、その意見の内容の概要を記載することを要する（委任状勧誘府令四条一項）。候補者と会社との間の利害関係の開示は、取締役の選任では公開会社について要求されている。しかし、監査役の選任では、監査業務という性格上、会社との利害関係は重要であることから、すべての会社に開示が要求されるものとなっている。発行会社が公開会社であるときは、(i)候補者が有する当該会社の株式数、(ii)他の法人等を代表する者であるときは、その事実、(iii)候補者が現に当該会社の監査役であるときは、当該会社における地位および担当を記載しなければならない（委任状勧誘府令四条二項）。[5]

取締役または監査役の解任が株主総会の議案である場合の参考書類には、その取締役または監査役の氏名および解任の理由を記載すべきものとされている（委任状勧誘府令六条・八条）。監査役の解任については、監査役が意見を述べることができる（会社法三四五条四項）。監査役が意見を述べる場合には、その要旨も記載される（委任状勧誘府令八条三号）(6)。

会計監査人の選任に関する議案を株主総会に提出する場合、候補者が公認会計士であるときは、その氏名、事務所の所在場所、生年月日および略歴、候補者が監査法人であるときは、その名称、主たる事務所の所在場所および沿革の記載を要する（委任状勧誘府令五条一号）。会計参与の選任に関する議案においても、候補者が公認会計士または税理士である場合、その氏名、事務所の所在場所、生年月日および略歴、候補者が監査法人または税理士法人である場合、その名称、主たる事務所の所在場所および沿革の記載を要する（委任状勧誘府令三条一号）。いずれの場合も、会計監査人（会計参与）の意見があるときは、その意見の概要を記載しなければならない（委任状勧誘五条四号・三条三号）。会計監査人または会計参与を解任する議案を株主総会に提出する場合、その解任の理由を記載することを要する（委任状勧誘府令九条二号・七条二号）。会計監査人の不再任に関する議案の場合にも、その理由を記載しなければならない（委任状勧誘府令九条二号）。会計監査人（会計参与）が意見を述べるときは、その意見の内容の概要をも記載しなければならない（委任状勧誘府令九条四号・七条三号）。

②　計算書類の承認決議

株式の発行会社の取締役が計算関係書類(7)の承認に関する議案を提出する場合には、会計監査人の意見があるとき(8)は、その意見の内容を参考書類に記載することを要する（委任状勧誘府令一三条一号）。また、取締役会設置会社で、取締役会の意見があるときは、その意見の内容の概要の記載も必要となる（委任状勧誘府令一三条二号）。

③　役員の報酬決議

取締役または監査役の報酬に関する議案を株主総会に提出する場合、報酬額算定の基準または変更の理由を記載することを要する（委任状勧誘府令一〇条一項一号・二号・一二条一項一号・二号）。議案が取締役または監査役の報酬を総額をもって定めるものであるときは、取締役または監査役の員数をも記載しなければならない（委任状勧誘府令一〇条一項三号・一二条一項三号）。取締役または監査役の退職慰労金に関する議案の場合、さらに、退職する取締役または監査役の略歴を記載しなければならない（委任状勧誘府令一〇条一項四号・一二条一項四号）。監査役の報酬について監査役が意見を述べるときは、その意見の概要が記載される（委任状勧誘府令一二条一項五号）。議案が一定の基準に従い退職慰労金の額を決定することを取締役、監査役その他第三者に一任するものであるときは、その基準の内容をも記載しなければならない（委任状勧誘府令一〇条二項・一二条二項）。(9)

なお、役員等の会社に対する責任については、株主総会の特別決議により、その一部を免除することができる（会社法四二五条一項）。また、定款の定めがあれば、取締役会の決議により、同様の免除をすることができる（会社法四二六条一項）。さらに、社外役員については、責任限定契約を締結することができる（会社法四二七条一項）。このような責任の一部免除をした後に、対象となった役員等に対して退職慰労金その他法務省令で定める財産上の利益を与えるときは、株主総会の決議を受けなければならない（会社法四二五条四項・四二六条六項・四二七条五項）。この株主総会の決議に際して委任状勧誘がなされるときは、参考書類に、責任を免除しまたは責任を負わないとされた役員等が受ける退職慰労金等の内容を記載しなければならない（委任状勧誘府令一二条の二）。

④　企業結合等の承認決議

株式交換契約の承認に関する議案の場合、株式交換を行う理由、株式交換契約の内容の概要などを記載することを要する（委任状勧誘府令一六条）。株式移転計画の承認に関する議案の場合、株式移転を行う理由、株式移転計画の内容の概要などを記載することを要する（委任状勧誘府令一九条）。さらに、株式移転設立完全親会社の取締役となる者についての情報、また、株式移転設立完全親会社が会計参与設置会社、監査役設置会社、会計監査人設置会社である場合は、会計参与となる者、監査役となる者、会計監査人となる者についての情報を記載することが求められる（委任状勧誘府令一九条四号〜七号）。

会社分割については、新設分割契約の承認に関する議案については、新設分割を行う理由、新設分割計画の内容の概要など、吸収分割契約の承認に関する議案については、吸収分割を行う理由、吸収分割契約の内容の概要などを記載する（委任状勧誘府令一八条・一五条）。合併についても、吸収合併契約の承認に関する議案では、吸収合併を行う理由、吸収合併契約の内容の概要など、新設合併契約の承認に関する議案では、新設合併を行う理由、新設合併契約の内容の概要などを記載する（委任状勧誘府令一四条・一七条）。新設合併設立株式会社については、取締役となる者についての情報、新設合併設立会社が会計参与設置会社、監査役設置会社、会計監査人設置会社である場合は、その会計参与となる者、監査役となる者、会計監査人となる者についての情報を記載することが求められる（委任状勧誘府令一七条四号～七号）。

事業の全部または重要な一部の譲渡に関する議案の場合、当該行為を行う理由、事業譲渡等にかかる契約の内容の概要に加えて、当該契約にもとづき当該会社が受け取る対価または契約の相手方に交付する対価の算定の相当性に関する事項の概要を記載する必要がある（委任状勧誘府令二〇条）。

会社の合併は、経済的、実質的には、他の会社の株式を対価とする有価証券の公開買付けと近似している。金融商品取引法は、株式を対価とする公開買付けが届出を要する場合には、公開買付けの要項に加えて、交換の対象となる株式の発行会社の最近三年間の一株あたりの当期純損益、一株あたりの配当額および一株あたりの純資産額ならびに最近六か月間の月別の最高・最低株価および株式売買高その他を記載した説明書を公開買付けに応ずる投資者に交付すべきものとしている（金商法二七条の九第二項、他社株買付府令二四条（同・第二号様式））。これとの対比からすれば、会社の合併に関する参考書類においても、これらの情報を開示すべきと考えられる[10]。

なお、参考書類には、右に掲げた法定事項のほか、議決権の行使にかかる代理権の授与について参考となると認める事項を記載することができる（委任状勧誘府令一条五項）。

（1）　会社提案につき発行会社等以外が勧誘を行う場合の記載事項については、委任状勧誘府令二一条以下に規定がある。

（2）　候補者と会社との利害関係が参考書類に記載されることは、実際上は稀有のことである。この記載がほとんど行われない原因の一つは、記載を要する利害関係の意味が明確でないといわれることがある。しかし、最も重要な原因は、監督行政機関が、従来その厳格な実施のための行為をしてこなかったことによるものと考えられる。なお、この点については、神崎克郎「委任状規制とディスクロージャー」証券研究五七巻一七七頁・一七八頁参照。

（3）　発行会社が公開会社であって、かつ、他の会社の子会社であるときは、①候補者が現に他の会社の業務執行者であるときは、当該他の会社における地位および担当、②候補者が過去五年間に当該他の会社の業務執行者であったことを当該会社が知っているときは、当該他の会社における地位および担当を参考書類に記載する（委任状勧誘府令二条三項）。

（4）　①当該候補者が社外取締役候補者である旨、②当該候補者を社外取締役候補者とした理由、③当該候補者が現に当該会社の社外取締役である場合において当該候補者が最後に選任された後在任中に当該会社において法令・定款に違反する事実その他不当な業務の執行が行われた事実があるときは、その事実ならびに当該事実の発生の予防のために当該候補者が行った行為および当該事実の発生後の対応として行った行為の概要、④当該候補者が過去五年間に他の株式会社の取締役、執行役または監査役に就任していた場合において、その在任中に当該他の株式会社において法令・定款に違反する事実その他不当な業務の執行が行われた事実があることを当該会社が知っているときは、その事実、⑤当該候補者が過去に社外取締役または社外監査役となること以外の方法で会社の経営に関与していない者であるときは、当該経営に関与したことがない候補者であっても社外取締役としての職務を適切に遂行することができるものと勧誘者が判断した理由、⑥当該候補者が、(i)当該会社の特定関係事業者の業務執行者であること、(ii)当該会社または当該会社の特定関係事業者から多額の金銭その他の財産を受ける予定がありまたは過去二年間に受けていたこと、(iii)当該会社または当該会社の特定関係事業者の業務執行者の配偶者、三親等以内の親族その他これに準ずるものであること、(iv)過去五年間に当該会社の特定関係事業者の業務執行者となったことがあること、(v)過去二年間に合併、吸収分割、新設分割または事業の譲受けにより他の株式会社がその事業に関して有する権利義務を当該会社が承継または譲受けをした場合において、当該合併等の直前に当該会社の社外取締役または監査役でなく、かつ、当該他の株式会社の業務執行者であったこと、のいずれかに該当することを当該会社が知っているときは、その旨、⑦当該候補者が現に当該会社の社外取締役または監査役であるときは、これらの役員に就任してからの年数、⑧当該候補者と当該会社との間で責任限定契約を締結しているときまたは当該契約を締結する予定があるときには、その契約の内容の概要、⑨①から⑧に関する記載についての当該候補者の意見があるときは、その意見の内容を記載することを要する（委任状勧誘府令二条四項）。これらの記載事項は、会社が書面投票制度を採用する際に株主に交付することが要求される株主総会参考書類の記載事項と同様のものとなっている（会社法施行規則七四条参照）。

(5)　公開会社である場合で、他の会社の子会社であるときの開示事項、社外監査役候補者に関する開示事項については、取締役に準じたものが定められている（委任状勧誘府令四条三項・四項）。
(6)　解任の対象とされた監査役の意見の要旨を参考書類の記載事項とすることは、解任の理由として記載された内容が真実であるかどうか、それが実質的な解任の理由であるかどうかを株主が知るのに有益な資料を提供し、また不当な解任を阻止するのに重要な役割を果たす。神崎・前掲注（2）一七九頁以下参照。なお、監査役について、取締役からの不当な圧力により、辞任を余儀なくされる場合がある。この場合、解任ではなく、監査役の意思で職を辞したという形式的な面のみが強調されることは好ましくない。取締役からの不当な圧力から辞任を迫られることのないようにする手立てが必要である。平成一三年一二月の商法改正では、辞任した監査役は、その後最初に招集される株主総会に出席し、その旨と理由を述べることができるようにした。また、他の監査役は、株主総会において監査役の辞任について意見を述べることも可能となった。
(7)　①成立の日における貸借対照表、②各事業年度にかかる計算書類（貸借対照表、損益計算書、株主資本等変動計算書および個別注記表（会社法四三五条二項、会社計算規則五九条一項）およびその附属明細書、③臨時計算書類、④連結計算書類をいう（会社法施行規則二条三項一一号）。
(8)　計算書類等が法令・定款に適合するかどうかについて会計監査人が監査役と意見を異にするときは、会計監査人は、定時株主総会に出席して意見を述べることができる（会社法三九八条一項）。
(9)　もっとも、各株主が当該基準を知ることができるようにするための適切な措置を講じている場合は、この限りではない。会社法において、株主総会の招集通知に添付する参考書類に、一定の基準の内容を記載することを要求した上で、各株主が当該基準を知ることができるようにするための適切な措置を講じる場合には、この限りではないとしている（会社法施行規則八二条二項・八四条二項）。会社は、当該基準を記載した書面を本店に備え置いて株主の閲覧に供すること、当該基準を記録した電磁的記録を本店に備え置いて当該電磁的記録に記録された情報の内容を紙面または出力装置の映像面に表示したものを株主の閲覧に供することで、委任状勧誘規制および会社法施行規則の適用除外を受けることができる。
(10)　神崎・前掲注（2）一八四頁参照。

3　株主提案に関する個別記載事項

議案が株式の発行会社の株主の提出にかかるものであって、当該会社により、または当該会社のために当該株式について議決権の代理行使の勧誘が行われるときは、参考書類には、議案が株主の提出にかかるものである旨、議案に対する取締役（取締役会設置会社では取締役会）の意見があるときは、その意見の内容を記載しなければならない（委任状勧誘府令三九条一項三号・四号）。これに加えて、つぎのものを記載することが要求される（委任状勧誘府令三九条一項一号・二号）。

① 株主が会社に対して提案の理由を通知しているときは、その理由

この場合、提案理由が明らかに虚偽である場合またはもっぱら人の名誉を侵害し、もしくは侮辱する目的によるものと認められる場合には記載の必要はない。

② 議案が取締役、会計参与、監査役または会計監査人の選任に関するものである場合において、候補者に関する情報

この場合も、内容が明らかに虚偽である場合には、記載の必要はない。

二以上の株主から同一の趣旨の議案が提出されているときは、その議案およびこれに対する取締役（取締役会設置会社の場合は取締役会）の意見は、各別に記載することを要しない（委任状勧誘府令三九条二項）。ただし、この場合においては、二以上の株主から同一の趣旨の提案があった旨を記載しなければならない。

株主提案がなされ、当該会社によりまたは当該会社のために議決権の代理行使の勧誘がなされる場合以外の場合についても記載事項が法定されている（委任状勧誘府令四〇条）。そこでは、提案理由、(1) 議案が取締役、会計参与、監査役または会計監査人の選任に関するものであるときは、候補者に関する情報の記載が必要である。(2)

(1)　会社法では、株主提案の理由が、株主総会参考書類にその全部を記載することが適切でない程度の多数の文字、記号その他のものをもって構成されている場合には、その概要を記載することで足りる。さらに、会社がその全部を記載することが適切であるものとして定めた分量を超える場合にも、その概要を記載すればよいものとされている（会社法施行規則九三条一項）。このため、会社の費用負担で、株主総会参考書類に記載して、株主提案の理由を説明することには限界がある。株主提案を行う株主が、本気で

自己の提案の採択を望むのであれば、多くの場合、自身で費用を負担して委任状の勧誘等を行う必要がある。江頭憲治郎・株式会社法〔第四版〕三一三頁注（8）（平成二三年）。

（2）アメリカでは、株主が特定の者を取締役候補者として、その選任を目指すためには、自ら、委任状説明書を送付し委任状勧誘を行わなければならない。アメリカの連邦証券取引委員会（SEC）は、二〇一〇年八月に、議決権付株式の三パーセント以上を有する株主に対して、会社の委任状説明書を用いて取締役候補者に関する委任状を勧誘することを許容するルールを採択した（SEC規則一四a―一一）。当該ルールは、取締役選任議案に関する株主の負担の軽減を目的とするものであったが、アメリカ経済界などから強力な反対があった。SECは三対二という僅差で新ルールを採択したものの、二〇一一年七月、コロンビア特別区連邦控訴裁判所は、SECは、行政手続法が求める効率性、競争性および資本形成に対する影響を考慮しなかったとして、当該ルールを無効とした。

第四節　公開買付けの規制

第一款　公開買付けの意義

一　公開買付規制の意義

1　公開買付規制の目的

有価証券の公開買付けは、多数の投資者に対し、有価証券の買付けの申込みまたは売付けの申込みを勧誘し、有価証券市場外で有価証券を買い付けようとする取引である。多数の投資者に有価証券を取得させまたは売り付けようとする有価証券の募集または売出しの逆の取引といえる。公開買付けの開示の規制は、投資者に対し、公開買付けに応じて有価証券を提供すべきか否かの投資判断に必要な情報を得させようとするものである。

有価証券の公開買付けは、企業の支配権取得の目的に利用され、あるいは企業の支配権変動の効果を伴うことが多いことから、その規制について、特別の配慮を必要とする。[1] 公開買付けでは、対象者の支配・経営に重要な影響を及ぼす可能性が大きいことから、投資者保護のために情報開示が要請されるとともに、投資者の平等扱いの確保が強く求められる。[2][3]

公開買付けに関する規制は、金融商品取引法第二章の「企業内容等の開示」のなかで規定されている（第二章の二）。公開買付者は、公開買付けにあたり、公開買付開始公告および公開買付届出書の提出が義務づけられる（金商法二七条の三）。さらに、公開買付説明書等の作成および交付も要求される（金商法二七条の九）。このように、公開買付けは、企業買収時における株主等への情報開示の規制として重要な意義を有する。

公開買付けに関する規制は、昭和四六年の改正で導入された。これは、アメリカのウィリアムズ法に倣ったものであった。そこでは、公開買付けの届出を基礎とする公開買付けについての情報開示とともに、按分比例方式での買付け（公開買付けへの応募数が買付数を上回った場合）（金商法二七条の一三第五項）、別途買付けの禁止（金商法二七条の五）など、公開買付けの取引内容を実質的に規制する規定も定められている。その後、平成二年の改正で、イギリスの制度を参考に、株券等の所有割合が三分の一を超えることになる場合の買付等は、原則として、公開買付けを要するものとした（強制的公開買付制度の導入）（金商法二七条の二）。さらに、平成一七年、ニッポン放送の支配権をめぐる争いが生じ、これを契機に、公開買付制度のあり方に注目が集まるようになった。[4] 金融審議会第一部会の下に「公開買付制度等ワーキング・グループ」が設置され、同報告における提言を踏まえて、平成一八年の改正で、公開買付制度の大幅な見直しが行われた。

平成一八年の改正では、買付対象者による意見表明報告制度（金商法二七条の一〇）など、株主・投資者に対する情報開示の整備が行われた。さらに、そこでは、公開買付者が、買収防衛策の発動等により、著しく不合理な立場に立たされることを回避するために、公開買付けの撤回や買付条件等の変更が認められるようになった（金商法二七条の一一）。さらに、買付け等の後の株券等の所有割合が三分の二以上となる公開買付けについては、応募株券等をすべて買い付けることを義務づけた（全部買付義務）（金商法二七条の一三第四項）。また、公開買付けの実施期間中に、対象者株券等の三分の一超を有する他の株主がさらに株式を買い進める場合には、当該株主にも公開買付けが強制されることとなった（金商法二七条の二第一項五号）。

前述のように、公開買付けに関する規制は、「企業内容等の開示」（第二章）で規定されているものの、そこでの内容は、取引の公正性を確保する規律を含むもので、他の開示規制と質的に異なるものを含んでいる。また、取引の公正性の確保という点でも、多様なものが存在する。按分比例方式の買付けや別途買付けの禁止は、公開買付けの手続において、株主・投資者間の公平をはかるものである。これに対して、全部買付義務は、公開買付けの結果、手残り株を抱えることとなる少数株主の保護のためのものである。かかる規制は、会社法の規律と共通点がある。さらに、公開買付け期間中の対抗公開買付けの強制は、買収者間の公平をはかるためのものである。このような企業買収における公正な競争といった目的は、従来の公開買付けの規制には見当たらない異質のものである。(5)

(1)　会社の株式等の大量の取得または処分が行われた場合、いわゆる五パーセント・ルールによってその開示が要請される（金商法二七条の二三以下）。五パーセント・ルールによる株式等の大量取得および処分の開示は、株式等の大量の取得または処分の結果発生した株式等の保有状況を開示するものである。それは、株式等の大量の取得または処分の原因となる取引の段階で、その取引の相手方である投資者に対し、その取引に応ずべきか否かの投資判断資料を提供するものではない。有価証券の公開買付けが企業の支配権に重大な影響を及ぼす可能性があることから、特別の開示を必要とすることについては、神崎克郎「テンダ・オッファの法規制」証券取引の法理八二頁（昭和六二年）参照。

(2)　アメリカでは、株式の売却は、投資にもとづき利益を得る重要な手段であり、条件のよい支配株式取得の申込みに応じて、按分比例的に株式売却に参加しうるのは少数株主権の一つとする考えがある（機会均等の理論）。そこでは、株式売却についても、利益配当請求権や議決権のような会社に対する直接の権利と同様、株主間の平等を確保することが求められることとなる。前田雅弘「支配株式の譲渡と株式売却の機会均等（二・完）」法学論叢一一五巻六号五九頁。これに対して、黒沼悦郎「強制的公開買付制度の再検討」商事法務一六四一号五七頁は、一般株主の株式売却機会の確保が目的であれば、市場で当該株式を売却することができる限り、一般投資者に当該取引への参加を認める必要はないと述べる。もっとも、この場合でも、少数者からの株式の買付けにより局外株式が減少し、対象株式会社の株式が上場廃止に追い込まれるような場合には、一般投資者の株式売却機会を確保する必要が生じるとする。

なお、企業買収において、市場価格よりも高い価格で支配株式が売買される場合、その差額（支配権プレミアム）が売却者に支払われることになる。公開買付けは、支配株式の売却者に支払われる支配権プレミアムを少数株主に分配する制度ともいえる。公開買付けの経済的機能をめぐってアメリカで「法と経済学」の視点から盛んに論じられている。たとえば、公開買付制度は、非効率的な経営を行う経営者を制裁・更迭するという、経営者に対する監視機能を有し、このことが、株主の負担するエイジェンシー・コストを引き下げる効果をもたらすと主張されている。学説の紹介については、古山正明・企業買収と法制度一六七頁以下（平成一七年）参照。

（3）　欧州では、支配権が移転するような一定の議決権割合となる株式取得について公開買付けは強制されず、当該取得後に、公開買付けの実施が義務づけられる。そこでは、応募株券すべての買付義務があり、買付価格にも規制がある。本書五〇三頁参照。欧州では、支配権移転の場面で、少数株主が公平な価格で持株を売却する機会を確保するための制度として公開買付けが位置づけられている。三井秀範「欧州型の公開買付制度―わが国公開買付制度との比較の観点から」商事法務一九一〇号一九頁。

（4）　本書四五五、五〇一頁参照。

（5）　公開買付規制に違反した場合は、課徴金の賦課や刑事罰による制裁が科せられる。さらに、民事責任も規定されている。もっとも、規制に違反して取得された株券等に関する効力については議論がある。たとえば、三分の一を超える株券等を公開買付けによらずに取得した場合、その事実を知っている会社は株主名簿の名義書換を拒否できるか、株主総会における議決権の行使を拒否できるかが問題となる。この点の議論については、証券取引法研究会「平成一七年の証券取引法の改正Ⅰ『公開買付制度の改正』」平成一七年・一八年の証券取引法等の改正（別冊商事法務二九九号）一六頁以下（平成一八年）、池田唯一他・金融商品取引法セミナー（公開買付け・大量保有報告編）二九頁以下（平成二二年）参照。外国には、違反の場合の議決権の行使を拒否する制度が存在する。たとえば、ドイツでは、義務的公開買付けの規定に違反して公開買付けを実施しない場合、公開買付けを実施するまでの間、買付け者等の属する株式にかかる権利は存在しないものとされる。フランスでも、義務的公開買付けの規定に違反して閾値を超える議決権を取得した場合、買付者は、公開買付案を提出するまで超過分の議決権を有さないものとされる。松尾健一「フランスの企業結合形成過程に関する規制」商事法務一八三二号二八頁。外国法の取扱いについて、野崎彰＝有吉尚哉＝池田賢生「金融・資本市場の観点から重要と考えられる論点―会社法制関係」商事法務一九〇六号三八頁参照。わが国においても、議決権の停止といった立法的手当てを講じることは考慮に値する。もっとも、かかる立法を金融商品取引法で行う場合、会社法との接点はますますあいまいとなる。

２　強制的公開買付け

株券、新株予約権付社債券その他の有価証券で政令で定めるもの（以下、「株券等」という）について有価証券報告書を提出しなければならない発行者の株券等に関する、発行者以外の者による取引所金融商品市場外での買付け等は、一定割合を超える場合、公開買付けによらなければならない（金商法二七条の二第一項本文）。[1][2][3][4]

公開買付けは、不特定かつ多数の者に対して、公告により株券等の買付け等の申込みまたは売付け等の申込みの勧誘を行い、取引所金融商品市場外で株券等の買付け等を行うことをいう。[5]公開買付けでは、不特定かつ多数の者に対して勧誘が行われることとなる。ある取引が公開買付けであるかどうかを決定する基準としての「不特定かつ多数」の者の要件は、有価証券の募集・売出しの定義のための基準と同一の基準によって定まるものと解されてきた。[6]現行法の下では、有価証券の募集・売出しの定義は「多数の者」を基準とするが（金商法二条三項一号・二条四項一号参照）、そこでは、五〇名以上を意味するものとされている（金商令一条の五・一条の八）。

取引所市場で株券等を取得する場合、それがいかに多数の者に対して行われても有価証券の公開買付けに該当しない。取引所市場における株券等の売買取引は、それを開設する取引所の規則に服し、その監督の下に行われる。それは個性を有することなく、流通市場における一般の需要と供給の原則に従って執行される。したがって、取引所市場における株券等の取得の勧誘は、たとえそれが直近の市場価格より高い価格で買い付ける勧誘であり、その株券等の市場価格を高める効果を伴うものであっても、公開買付けに関して一般に必要とされる特別の規制を必要としない。[7]

もっとも、近年の改正で、公開買付けの規制として全部買付義務が導入された。これは、総議決権の三分の二を超える買付けを公開買付けで行う場合に、すべての応募株券等の買付けを要求するもので、公開買付け後の少数株主の保護のために規定されたものである。支配権取得のため、取引所市場で株券等を買い付ける方法をとる場合でも、同様の少数株主の保護の問題が生じる。さらに、公開買付けを行う場合、公開買付けの対象者が当該公開買付けについて意見を表明することが義務づけられる。意見表明に質問が記載されている場合には、公開買付者はそれに対する回答をしなければならない。これらの制度は、株主等がその株券等の売却をするか否かの判断を適切に行うために導入された。かかる情報提供による株主等の保護は、支配権獲得のために取引所市場で株券等を買い付ける場合にも妥当する。以上のことから、取引所市場における買い集めの場合にも、公開買付規制の一部の適用を検討する余地があると思われる(8)。

取引所取引以外で、株券等の所有割合が三分の一を超える取引には、原則として公開買付けを実施しなければならない。取引所が開設する有価証券市場での買付けであれば、買付け後の所有割合が三分の一を超える場合であっても、公開買付けによらずに取得することができる。もっとも、取引所市場における売買であっても、相対取引に類似する取引があり、このような取引については、買付け後の株券等の保有割合が三分の一を超える場合には、公開買付規制を適用することが望ましい(9)。そこで、平成一七年の改正で、公開買付制度の見直しが行われた(10)。すなわち、取引所金融商品市場における有価証券の売買等のうち、競売買の方法以外の方法による有価証券の売買等として内閣総理大臣が定めるもの（特定売買等という）について、公開買付規制を及ぼすものとした（金商法二七条の二第一項三号）。その上で、特定売買等による株券等の買付け等の後におけるその者の所有にかかる株券等の所有割合が、その者の特別関係者の株券等所有割合と合計して三分の一を超えない場合における特定売買等による当該株券等の買付け等を公開買付規制の適用除外とした（同号）。これにより、所有割合が三分の一を超えることとなる特定売買等による株券等の取得には公開買付けが強制されることとなった(11)。

さらに、取引所市場における取引が公開買付けの対象外とする原則を貫くことにより、公開買付規制の脱法を許すことがあってはならない。たとえば、市場内外の取引を組み合わせることにより、所有割合が三分の一を超える買付けが行われる場合も考えられる。同じことは、取引所市場外の買付けと新株の第三者割当てとを組み合わせる場合にもあてはまる。(12) そのため、平成一八年の改正により、三か月内に株券等の総数の一〇パーセントを超える取得を株券等の買付け等または新規発行取得（株券等の発行者が新たに発行する株券等の取得をいう）により行う場合であって、当該買付け等または新規発行取得後におけるその者の所有割合が、その者の特別関係者の株券等所有割合と合計して三分の一を超える場合における株券等の買付け等を公開買付規制の対象に含めることとした（金商法二七条の二第一項四号、金商令七条二項・三項）。この規定が適用される取引は、株券等の発行者の発行する株券の総数の五パーセントを超える株券等の買付け等を、特定売買等による株券等の買付け等または取引所金融商品市場外における株券等の買付け等（公開買付けによるものを除く）により行う場合の当該買付け等に限られる。

これは、市場内外における買付け等の取引を組み合わせた急速な買付けを規制対象とするものであり、①三か月の間に、②取引所市場外（立会外取引を含む）における買付け等が五パーセント超含まれるような株券等の取得であって、③全体として一〇パーセント超の株券等の取得を当該期間に行うような取引をすることで、④株券等所有割合が三分の一を超えるような場合に、当該取得に含まれる買付け等を公開買付規制の対象とするものである。

この規制は、過去三か月を通算して、一〇パーセントを超えることとなる場合の新たな買付けについて公開買付けを要求するものではないことに留意が必要である。この間の各取得行為はひとつの「かたまり」として把握され、全体として規制の対象となる。たとえば、四月一日に、AがB社株式を公開買付けによらずに市場外で六パーセント買い付け、所有割合を二〇パーセントから二六パーセントに上昇させ、その後、同社株を買い増して、三分の一超を取得する行為は、公開買付けによっても行うことができない。(13) この場合、Aは、七月一日まで公開買付けの開始を待たなければならない。(14) さらに、三分の一超となる買付けは、市場外での買付けは言うに及ばず、市場内での買付けであっても、新規発行による取得であっても許されない[15]。市場外での取引と新株発行による取得の組み合わせも規制の対象となるものの、新株発行のみによる取得については規制の対象とならない[16]。したがって、第三者割当てによって割当先が三分の一を超えることとなっても、公開買付規制は及ばない[17]。

(1)　上場株券等の発行者、店頭登録株券等の発行者、募集・売出しについて有価証券届出書を提出した株券等の発行者、外形基準(過去五事業年度末のいずれかの株主数が一〇〇〇名以上)に該当する発行者をいう(金商法二四条一項、金商令三条・三条の六第四項)。

(2)　①株券、新株予約権証券および新株予約権付社債券、②外国法人の発行する証券または証書で、①の有価証券の性質を有するもの、③投資証券等、④有価証券信託受託証券で、受託有価証券が①から③の有価証券であるもの、⑤金融商品取引法二条一項二〇号に掲げる有価証券で、①から③の有価証券にかかる権利を表示するものが規定されている(金商令六条一項)。①②および⑤は、株式または株式に転化する権利が付与されている有価証券である。公開買付けは、会社の支配また経営に重大な影響を及ぼすことがあるゆえに投資者保護に関する特別の規制を必要とする。したがって、会社の支配・経営に関係のない普通社債、コマーシャル・ペーパー等の買付けは規制の適用外である。無議決権株または無議決権株に転化する権利を付与された有価証券についても公開買付けの規制は問題とならない(金商令六条一項、他社株買付府令二条)。また、③投資証券等の買付けについても公開買付制度の適用がある。投資信託法にもとづく投資法人の発行する投資証券の性質は株券と同様であるため、平成一六年の法改正で、投資証券も公開買付制度の対象とされた。同改正前まで、「発行者である会社」という表現が用いられていた。発行者が会社でない投資証券にも公開買付制度が適用されることとなったため、それは、「発行者」に改められている。

なお、金融商品取引法は、有価証券報告書を提出しなければならない「発行者」の株券等について買付け等を行う場合を規制の対象としている。この点について、有価証券報告書の提出者が発行する株券等を保有している資産管理会社の株券等を買い付ける場合にも、公開買付規制を及ぼすべきかどうかが問題となる。公開買付規制を潜脱する目的で当該資産管理会社を設立・利用する場合は、脱法行為として公開買付規制違反とみなされるべきである。この点の議論は、池田唯一他・金融商品取引法セミナー(公開買付け・大量保有報告編)一一三頁以下(平成二二年)参照。なお、金融庁「株券等の公開買付けに関するQ＆A」(問一五)は、資産管理会社の状況(たとえば、当該資産管理会社が対象者の株券等以外の保有する財産の価値、当該資産管理会社の会社としての実態の有無等)によっては、当該資産管理会社の株式の取得が実質的に対象者の「株券等の買付け等」の一形態に過ぎないと認められる場合も考えられ、そのような場合に、対象者の既存株主等にその所有する株券等を売却する機会が与えられないとすれば、公開買付規制の趣旨に反するものと考えられるとしている。

(3) 社債を発行したことのみにより継続開示義務を負う会社の発行する株式にまで公開買付規制を及ぼす必要はないものと考えられ、平成一六年の改正で、公開買付制度の対象者となる有価証券の発行者の範囲が見直され、有価証券報告書を提出しなければならない会社のうち、株券等について有価証券報告書を提出しなければならない発行者と規定された。田原泰雄＝端本秀夫＝谷口義幸＝吉田修「証券取引法等の一部改正の概要」商事法務一七〇三号八頁。

(4) 合併や株式交換等の組織再編の際に、対価として株券等の取得が行われることがある。この場合は、通常、株券等の「買付け等」にはあたらず、公開買付けを行う必要はない。オプションの行使による株券等の買付け等について、金融商品取引法二七条の二第一項各号の要件を満たす場合は、通常、公開買付を行う必要がある。なお、コール・オプションの取得についても、「株券等の買付け等」に該当するため（金商法二七条の二第一項、金商令六条三項二号）、公開買付けを行う必要があるものの、プット・オプションの付与自体は「株券等の買付け等」に該当せず、公開買付けは必要ない。金融庁「株券等の公開買付けに関するQ＆A」（問一二・一三・一四）。

(5) 平成二年改正前では、不特定かつ多数の者に対する株券等の有価証券市場外における買付けの申込みまたは売付けの申込みの「勧誘」を公開買付けと定義していた。既述のように、公開買付けは、募集・売出しの逆の取引の性格を有する。そのため、勧誘行為を要件とする募集・売出しと同様に、公開買付けの定義でも勧誘行為を規定していたものと考えられる。募集では、取得の申込み勧誘が要件となるのに対して、公開買付けでは、売付け等の勧誘または買付け等の申込みの勧誘が要件となる（売出しでは売付けの申込みまたは買付けの申込みの勧誘が要件となる）。なお、平成二年の改正で、公開買付けの定義は、不特定かつ多数の者に対して勧誘を行い、有価証券市場外で「買付け等」を行うものと定義されることとなった（金商法二七条の二第六項）。

(6) かつての証券取引法の募集・売出しの定義では、「不特定かつ多数の者」に対する勧誘が要件となっていた。しかし、その解釈にあたって、「多数」の用語に重点が置かれていた。

(7) 金融審議会金融分科会第一部会・公開買付制度等ワーキング・グループ報告「公開買付制度等のあり方について」（平成一七年一二月二二日）は、「立会外取引以外の市場内取引は、基本的には、誰もが参加でき、取引の数量や価格が公表され、競争売買の手法によって価格形成が行われている。取引の態様によっては、立会外取引以外の市場内取引と市場外取引等との差が相対的となる場合もありうるが、一定の基準に基づき規制の線引きをすることが必要であり、立会外取引以外の市場内取引に公開買付規制を及ぼさないという現行制度には一定の合理性があると考えられる。」としていた。

(8) なお、株券等の大量保有報告制度は、取引所市場での取引について、公開買付けによる開示制度に代わる役割を役割を一定程度果たしている。

(9) 買付けをする者と売付けをする者があらかじめ合意をした上で、それぞれ買付けと売付けの注文を出して取引所市場で売買取引を成立させるいわゆるクロスによる取引に公開買付けの規制を及ぼすべきかどうかは、立法論的には検討を要する問題である。クロスにおいても、取引所市場における売買取引として価格優先の原則および時間優先の原則が問題となるため、これに公開買付規制が適用されないのは当然とする見解がある。河本一郎＝今井宏・鑑定意見会社法・証券取引法二三二頁（平成一七年）。たとえば、ある銘柄に一〇〇円で三〇〇〇株の売付け注文と九九円で三〇〇〇株の買付け注文が出ている場合、一〇〇円で一〇〇〇株のクロスをするには、先に市場に出ている一〇〇円の売付け注文三〇〇〇株を買い、その上でさらに一〇〇円で一〇〇〇株買いたいとの意思表示を行い、これに応じて一〇〇円で一〇〇〇株を売る者が出てこない場合に、自己のもっている一〇〇円での一〇〇〇株の売付け注文と買付け注文とを付け合せて売買を成立させることができる。

クロスを利用して有価証券の売買をしようとする者は、あらかじめその予定する売買の価格および数量、そしてときには売買取引をなすべき取引所市場における時間につき合意をなし、それを指示して同一の第一種金融商品取引業者に売買取引を委託する。その場合、市場における当該銘柄の有価証券の売買取引の状況のいかんによるものの、しばしば、予定の価格および数量でクロスの売買取引が成立し、クロスを利用して有価証券の売買をしようとした者はその目的を達成することができる。クロスのための売付け注文および買付け注文は競争売買にさらされるが、市場における売付けおよび買付けの注文全体に占めるクロスの注文の数が突出して多い場合、他の者の売付けおよび買付けの注文はクロス成立に大きな影響を及ぼさない。また、クロスを利用して有価証券の売買を成立させようとする者は、その目的を実現するために、しばしば、当該銘柄の有価証券について他の売付けおよび買付けの注文のない市場および時間帯を指定して売買取引を成立させるための委託をするが、その場合には、競争売買のルールの下でも、他の売付けおよび買付けの注文にほとんど影響されることなく、その目的を達成することができる。実質的に、多数の者が参加しない特定の者の間の相対取引での買付けを市場におけるものとして、公開買付けの適用外で許容することは妥当性を欠く。神崎克郎「公開買付制度の適用範囲―強制公開買付制度に関連して」河本古稀・現代企業と有価証券の法理一九九頁（平成六年）。

(10) 東京証券取引所は、大口取引やバスケット取引の増加とともに、取引を円滑に実施できるように、立会外売買取引制度を導入している（ToSTNeT―1）。これにより、立会時間外に競売買の価格を基準として一定範囲内の価格により取引を行うことが可能となった。取引時間は、①午前八時二〇分から午前九時、②午前一一時から午後〇時三〇分、③午後三時から午後四時三〇分で、大口取引については、参加者がスクリーン上で匿名により条件交渉を行うことができる。

平成一七年三月に、ライブドアがニッポン放送株式をかかる立会外取引を使って、公開買付けによらず、三分の一を超えて取得したことについて、これが取引所市場における買付けに該当するかどうかが問題となった。当時の証券取引法上、取引所市場は、「証券取引所の開設する有価証券市場をいう」と定めているに過ぎなかった（平成一八年改正前証取法二条一七項）。ToSTNeT取引は東京証券取引所のシステムを利用した取引である。これらのことから、立会外取引は、取引所市場外における買付け等に該当せず、したがって、公開買付けによる必要性が否定されると考えてよいかが問題となった。

ToSTNeT―1では、時間優先の原則が排除されるなど、取引所市場での取引において公開買付規制の適用が除外される理由として挙げられる公正性・透明性が担保されているとはいいがたいように思われる。しかし、ライブドアの経営権取得に対抗してニッポン放送がフジテレビに行った新株予約権の発行に対してライブドア側がその差止めの仮処分を求めた事件で、東京高決平成一七年三月二三日商事法務一七二八号四一頁は、「証券取引法は、その規制対象の明確化を図るため、その二条において定義規定を置き、『取引所有価証券市場』は『証券取引所の開設する有価証券市場』と定義しているところ（二条一七項）、ToSTNeT―1は、東京証券取引所が立会外取引を執行するためのシステムとして多数の投資家に対し有価証券の売買等をするための場として設けているものであるから、取引所有価証券市場に当たる。そうすると、本件ToSTNeT取引は、東京証券取引所が開設する、証券取引法上の取引所有価証券市場における取引であるから、取引所有価証券市場外における買付け等には該当せず、取引所有価証券市場外における買付け等の規制である証券取引法二七条の二に違反するとはいえない。」とした。高村隆司「ToSTNeT取引と公開買付」金融法務事情一七三三号一八頁は証券取引法違反とする。他方、森本滋「公開買付規制にかかる立法論的課題―強制公開買付制度を中心に」商事法務一七三六号一〇頁は、脱法の疑いがないわけではないとしつつも、現行法上、刑事規定と連動すること、また、法的安定性の要請にも配慮しなければならないことを理由として、公開買付規制違反とはいえないと述べる。なお、河本＝今井・前掲注（9）二三五頁は、自己株式の取得方法としてのToSTNeT―1の利用の可否を論じ、時間優先の原則が排除されている以上、平成一七年改正前の商法が要求する「証券取引所においてする取引」には該当せず、この点で、自己株式取得の方法としては推奨できないと述べている。

(11)　公開買付けにToSTNeT取引を用いることは実際上は不可能であり、この規制によって、株券等所有割合が三分の一を超えることとなるToSTNeT取引は行うことができないこととなる。

(12)　平成一七年九月に、MACアセットマネジメントが阪神電鉄の株式を大量に取得した際、取引所外において一〇名以下の著しく少数の者から公開買付けの対象とならない三分の一以下の買付けを行ったほか、市場内での買付けや転換社債型新株予約権付社債の転換、子会社株式との交換による株式取得といった様々な手段を駆使して、結果的に、公開買付けを行わないまま、四〇パーセントを超える株式を保有するに至った。このような事例により、従来の三分の一ルールの問題点が表面化した。

金融審議会金融分科会第一部会公開買付制度等ワーキング・グループ報告・前掲注（7）は、「いわゆる三分の一ルールについては、例えば、三二％までの株式を市場外で買い付け、その後、市場内で二％の株式を買い付ける、あるいは、新株の第三者割当を受ける、といった態様の取引を行うことにより、公開買付けによらずに三分の一超の株券等を所有するに至る者が出てくることが想定される」とした上で、「例えば一定期間に行われる一連の取引について取引所市場外での取引と、それと同時にまたは引き続いて行われる取引所内での取引あるいは第三者割当等とを合計すると株券等所有割合が三分の一を超えるような場合に、公開買付規制の対象となることが明確なものとなるよう」規定の整備を促した。

(13)　大来志郎「公開買付制度・大量保有報告制度」商事法務一七七四号四〇頁。

(14)　短期間での三分の一超の買付けができないことから、この規制は、スピード制限規制（正式には、「急速な買付け等の規制」）とよばれる。かかる規制は、合併等の組織再編の交渉方法に影響を与えるとの指摘がある。たとえば、市場外取引で一〇パーセント超を追加取得した上で、相手方に対して合併の交渉をしようとしていたところ、別の会社が友好的な公開買付けを実施した場合、対抗公開買付け行うことは、急速買付け規制によって制限を受けることになる。このように、一定程度の株式を取得した上で、組織再編行為を行うように交渉したい場合には、当初の株式取得の態様として、市場外買付け等を選択すると、後の行動に制約が生じることに留意が必要である。武井一浩＝野田昌毅「企業買収のスピード制限と実務上の留意点―改正証券取引法における新しい強制公開買付制度」商事法務一七九〇号九頁。

(15)　前述のように、金融審議会金融分科会第一部会公開買付制度等ワーキング・グループ報告・前掲注（7）では、市場外の取引と市場内の取引また新規発行取得の組み合わせを規制対象とすべきとしていた。しかし、改正法では、かかる提言内容を超えて、市場外と市場外の取引の組み合わせも規制の対象に含める内容となっている。黒沼悦郎「公開買付制度・大量保有報告制度の改正」法律のひろば五九巻一一号二二頁。

急速な買付け等の規制は、市場内外における買付け等の取引を組み合わせることで、公開買付規制の潜脱がなされることを防止するために設けられた。立案担当者によると、たとえば、三二パーセントまでの株式を市場外で買い付け、その後、市場内で二パーセントの株式を買い付けること、または新株の第三者割当てを受けることで、公開買付けによらず三分の一超の株券等の所有が可能になることを防止するため、これらの行為も公開買付規制の対象となることを明確化することにしたと説明されている。大来・前掲注（13）三九頁。さらに、急速な買付けを規制することで、その間に、買付者と対象者から株主に対する情報提供をさせるといった政策的意図を反映した側面もあると指摘されている。池田他・前掲注（2）四〇頁（池田）。さらに、一定の時間を確保することで、ホワイト・ナイトの出現など、株主にとって複数の選択肢が生じる余地も生まれるとの指摘がある。池田他・前掲注（2）四二頁（池田）。もっとも、急速買付けの規制についてのこのような理解は、強制的公開買付けの意義が支配権プレミアムの公正な分配にあるとする見解からは説明がつきにくいものといえる。池田他・前掲注（2）四五頁（藤田）。

(16)　ここにいう新規発行による取得には、組織再編行為において新たに発行される株券等の取得も含まれる。

(17)　金融審議会金融分科会第一部会公開買付制度等ワーキング・グループ報告・前掲注（7）は、株式の第三者割当て自体を三分の一ルールの対象とすることについて、「会社法上、有利発行や著しく不公正な方法による新株発行等の場合に、差止請求といった救済制度が設けられており、基本的には会社法上の問題として解決が図られていくものと考えられる」としていた。この点については、ワーキング・グループの立場は、金融商品取引法の規制を及ぼすか否かは今後の検討課題とするというものであり、必ずしも、規制外とする趣旨ではないという説明がなされている。池田他・前掲注（2）一三六頁（池田）。発行済株式総数の一定割合を超える新株発行について、有利発行でなくても株主総会決議を要求すべきとするものに、洲崎博史「不公正な新株発行とその規制（二・完）」民商法雑誌九四巻六号七三二頁。同様に、志谷匡史「企業買収規制のあり方」商事法務一九〇七号一一頁は、一定規模を超える第三者割当てを会社の基礎的変更とみて、株主総会決議を要求するとともに、株主の退出機会を付与するために株式買取請求権を付与すべきとする。

なお、大来・前掲注（13）三九頁は、発行会社が自己株式の処分を行ったことによる取得について、株券等の買付け等として公開買付けの規制を受けるとする。もっとも、自己株式の処分も新株発行も、会社法上は募集株式の発行であり、両者を区別することに批判がある。神田秀樹＝黒沼悦郎＝静正樹＝鶯地隆継＝武井一浩「座談会・会社法と金融商品取引法の交錯と今後の課題〔中〕」商事法務一八二二号四頁（武井・黒沼）。

3　買付先の数と保有割合

株券等の買付けによって所有することとなる株券等の所有割合[1]が、その者の特別関係者の所有割合と合計して、五パーセントを超える場合、公開買付けによる取得が義務づけられる（金商法二七条の二第一項一号）[2]。五パーセント以下の買付けに公開買付けの手続が不要とされたのは、そのような買付けは、会社等の支配に影響がないと考えられたことによる。

公開買付者の特別関係者には、形式的基準による特別関係者と実質的基準による特別関係者がある（金商法二七条の二第七項）。

形式的基準による特別関係者には、公開買付者が個人の場合には、①その者の親族（配偶者ならびに一親等内の血族および姻族）、②その者が法人等に対して当該法人等の総株主等の議決権の二〇パーセント以上の議決権にかかる株式または出資を、自己または他人の名義で所有する関係（特別資本関係）にある場合のその法人等およびその役員が該当する（金商法二七条の二第七項一号、金商令九条一項）。公開買付者が法人等の場合には、①その者の役員、②その者が他の法人等に対して特別資本関係を有する場合、当該他の法人等およびその役員、③その者に対して特別資本関係を有する個人および法人等ならびに当該法人等の役員を意味する（金商法二七条の二第七項一号、金商令九条二項）。(3)

実質的基準による特別関係者は、公開買付者との間で、共同して当該株券等を取得しもしくは譲渡し、もしくは当該株券等の発行者の株主としての議決権その他の権利を行使することまたは当該株券等の買付け等の後に相互に当該株券等を譲渡し、もしくは譲り受けることに合意をしているものをいう（金商法二七条の二第七項二号）。公開買付者との間で、この種の合意をした時点で特別関係者となる。

株券等の買付け等を行う者との間で共同して当該株券等を取得する合意をしている場合、これらの取得は一体として取り扱われる。(4) また、株券等の買付け等を行う者との間で共同して当該株券等の譲渡をする合意をしている場合も、当該株券等の取得の段階で公開買付規制が適用される。(5) さらに、株券等の買付け等を行う者との間で共同して当該株券等の発行者の株主としての議決権その他の権利を行使することに合意している場合も、実質基準の特別関係者となる。(6) なお、株券等の買付け等の後、「相互に」当該株券等を譲渡または譲り受けることを合意している場合も、規制の対象となる。これは、いわゆる公開買付けに対して応援買いを行う者を対象とするもので、共同意思の下に株券等を取得する場合と実質的な違いがなく、このような者も特別関係者として扱われることとなる。(7)

また、買付けの日前六〇日間の金融商品市場外で行った買付けの相手方の人数の合計が一〇名以下であり、買付け後の株券等の保有割合が、その者の特別関係者の所有割合と合計して、総株主の議決権の三分の一以下の場合も、公開買付けの開示は不要である（金商法二七条の二第一項二号、金商令六条の二第三項）。著しく少数の者からの株券等の買付けにおいては、市場に与える影響は小さいと考えられる。もっとも、買付けの相手方の人数が少ない場合でも、買い付けられる株式数が多い場合には、開示を要求することが適切である。したがって、少人数からの買付けであっても、保有割合が三分の一を超える場合には、公開買付けによらなければならない。(8)(9)

以上のことから、公開会社の株券等の金融商品市場外での買付けで、相手方が一〇名を超え、株券等の保有割合が五パーセントを超える場合には公開買付けの手続が必要であり、さらに、相手方の人数にかかわらず、所有割合が三分の一を超える結果となる場合もそれらの買付けは、公開買付けによらなければならないこととなる。

ところで、新株予約権を有する者が当該新株予約権を行使することにより行う株券等の買付け等、株券等の買付け等を行う者がその特別関係者から行う株券等の買付け等の場合には公開買付けによることを要しない（金商法二七条の二第一項ただし書）。(10)新株予約権を行使して、行使価額の払込みを対価として株券等を取得することは、株券等の買付け等に該当する。しかし、当該株券等にかかる潜在的議決権は、新株予約権を取得する段階で、すでに株券等所有割合の計算上考慮されていることから、新株予約権の行使による株券等の取得は公開買付規制の適用除外とされている。(11)同様に、つぎの場合も、適用除外が認められる。

① 株式の割当てを受ける権利を有する者等が権利を行使することにより行う株券等の買付け等（金商令六条の二第一項一号）

② 投資信託法施行令一二条一号・二号に掲げる投資信託の受益証券を有する者が当該受益権証券を同号イ・ハの交換により行う株券等の買付け等（金商令六条の二第一項二号・三号）(12)

③ 取得請求権付株式等の対価として受け取る株券等の買付等（金商令六条の二第一一号・一二号）取得請求権の行使等がなされた場合、株券等が発行者に取得された後、対価として別の有価証券等が交付されることとなる。転換にあたって交付される対価の取得は、公開買付規制の対象となる「買付け等」に該当することになる

が、取得請求権付株式等にかかる潜在的議決権については、転換前の株式を買い付ける時点ですでに株券等所有割合の計算上処理されていることから、転換にあたって対価として交付される株券等を受け取る行為は規制の対象から除外される。(13)

株券等の買付け等を行う者がその者の特別関係者から行う株券等の買付け等についても、適用除外が認められる。これは、ここにいう特別関係者は、形式的基準による特別関係者（金商法二七条の二第七項一号）のうち、株券等の買付け等を行う者と、株券等の買付け等を行う日前一年間継続して形式的基準による特別関係者の関係にあるものに限られる（金商法二七条の二第一項ただし書、他社株買付府令三条一項）。(14)

加えて、企業グループ内での著しく少数の者からの株券等の買付け等のうち、つぎにもの（兄弟会社・関係法人等からの買付け等）について、公開買付けの適用除外とされる。

④　特定買付け等を行う者に対して当該特定買付け等を行う者の総株主等の議決権の五〇パーセントを超える議決権にかかる株式または出資を所有する関係（特別支配関係という）にある法人等（親法人等という）が他の法人等に対して特別支配関係を有する場合における当該他の法人等からの特定買付け等（金商令六条の二第一項五号）(15)

⑤　特定買付け等を行う者と特定買付け等を行う者の親法人等その他内閣府令で定める者（関係法人等）(16)が合わせて他の発行者の総議決権の三分の一を超える議決権にかかる株式または投資口を所有する場合における当該関係法人等から行う当該他の発行者の株券等の特定買付け等（金商令六条の二第一項六号）

また、つぎのものが適用除外となる。

⑥　株券等の所有者が少数である場合として内閣府令で定める場合で、当該株券等にかかる特定買付け等を公開買付けによらないで行うことにつき、当該株券等の所有者すべてが同意している場合の当該買付け（金商令六条の二第一項七号）(17)

なお、これらのほか、実質的に強制的公開買付規制の趣旨に反しない買付け等として、以下のものが適用除外とされている。

⑦　株券等の買付け等を行う者とその者の特別関係者が合わせて発行者の総議決権の数の五〇パーセントを超えて所有している当該発行者の株券等の買付け等（買い増し）で、六〇日間に一〇人以下から行うもの（特定買付け等）。ただし、この場合には買い増し後の株券等所有割合が三分の二以上にならない場合に限られる（金商令六条の二第一項四号）(18)

⑧　担保権実行による株券等の特定買付け等（金商令六条の二第一項八号）(19)

⑨　事業の全部または一部の譲受けによる特定買付け等（金商令六条の二第一項九号）(20)

⑩　株券等の売出しに応じて行う買付け等（金商令六条の二第一項一〇号）（有価証券届出書または発行登録追補書類を提出しているものに限る）

⑪　株券等の発行者の役員または従業員が当該会社の他の役員または従業員と共同して当該発行者の株券等の買付け等を第一種金融商品取引業者に委託して行う場合であって（役員持株会・従業員持株会による買付け等）、当該買付け等が一定の計画に従い、個別の投資判断にもとづかず、継続的に行われる場合その他の内閣府令で定める場合における株券等の買付け等（金商令六条の二第一項一三号）

⑫　有価証券報告書を提出しなければならない発行者以外の発行者が発行する株券等の買付け等（金商令六条の二第一項一四号）

⑬　金融商品取引清算機関に対し株券等を引き渡す債務を負う清算参加者が、当該金融商品取引清算機関の業務方法書において履行すべき期限として定められる時までに当該債務を履行しなかつた場合に、当該業務方法書に定めるところにより行う株券等の買付け等（金商令六条の二第一項一五号）

（1）　株券等所有割合は、買付者が所有する株券等の議決権の数（分子）を、発行者の総議決権の数に新株予約権付社債その他政令で定める有価証券にかかる議決権の数を加算した数（分母）で除した割合となる（金商法二七条の二第八項一号）。特別関係者の株券等所有割合についても同様に計算される（金商法二七条の二第八項二号）。株券等所有割合を計算する際の分母には、潜在的に議決権が生じうる株式および潜在的に議決権が増加しうる株式が含まれる。具体的は、新株予約権付社債券、新株予約権証券、取得請求権付株式にかかる株券、取得条項付株式にかかる株券、外国法人の発行する証券・証書で上記の有価証券の性質を有するものが列挙されている（金商令九条の二）。潜在的株式等の数を算入する手法は平成一八年の改正で定められた。取得請求権付株式、取得条項付株式については、換算しうる中でもっとも議決権の数の多いものを使用する（他社株買付府令八条一項二号）。対象者が所有する自己株式には議決権がなく（会社法三〇八条二項）、分母・分子ともに議決権の数に含まれない。なお、相互保有株式であるために議決権のなくなる株式（たとえば、A会社がB会社の株式の二五パーセントを保有している場合、B会社が保有するA会社株式については議決権がない（会社法三〇八条一項））、相互保有の状態が解消されると議決権が復活するため、分母・分子ともに議決権の数に含まれる。

（2）　株券等の総株主の議決権に対する割合は、買付け等にかかる株券等ではなく、買付け後所有することとなる株券等について問題とされる。したがって、対象者の株券をまったく所有しない者が、総株主の議決権の四パーセントの株券を買い付ける場合、公開買付けの必要性は問題とならないが、対象者の株券を四パーセント所有する者が組織的な市場外でさらに総株主の議決権の三パーセントにあたる株券を買い付ける場合、公開買付けの必要性が問題となる。

なお、株券等所有割合を合算する特別関係者の範囲については軽微基準が存在する。すなわち、その所有する株券等の議決権の数が総株主の議決権の数の一〇〇〇分の一以下の特別関係者は除外される。ただし、除外される議決権の数の累積が一パーセント以上となる場合には除外は認められない（他社株買付府令三条二項一号）。平成一八年の改正前までは、議決権の数が二〇個以下の特別関係者が除外されるものとなっていた。同改正で、総株主の議決権の数に対する割合を基準とすることになった。

（3）　①個人（その親族）とその被支配法人等または法人等とその被支配法人等が合わせて他の法人等の総株主等の議決権の二〇パーセント以上の株式または出資を自己または他人の名義で所有する場合には、当該個人または法人等は、当該他の法人等に対して特別資本関係を有するものとみなされ（金商令九条三項）、②個人とその被支配法人等または法人等その被支配法人等が合わせて他の法人等の発行済株式総数の五〇パーセントを超える株式または出資を、自己または他人名義で所有する場合には、当該他の法人等は、当該個人または法人等の被支配法人等とみなして②の規定が適用される（金商令九条四項）。このため、②により、孫会社は買付者の被支配法人等とみなされた上で①が適用され、買付者は曾孫会社に対して特別資本関係を有しており、曾孫会社も買付者の特別関係者に該当することとなる。なお、曾孫会社が買付者の被支配法人等に該当するか否かを判断するに際しては、孫会社が買付者の被支配法人等であるとみなされることはなく（②自体を適用するに際して④によるみなしは行われない）、曾孫会社は買付者の被支配法人等には該当せず、その結果、曾孫会社が株式を所有するに過ぎない玄孫会社については、買付者との間で特別資本関係があることにはならず、形式的基準による特別関係者に該当しないこととなる。土本一郎＝宮下央『株券等の公開買付けに関するQ&A』の解説」商事法務一八七五号二〇頁。

法人等である買付者の総株主等の議決権の二〇パーセント以上を所有する個人は特別関係者となるが、その者（個人）の親族も、買付者の形式的基準による特別関係者に該当する（金商令九条二項三号・三項）。法人等である買付者の総株主等の議決権の一五パーセントしか保有しない個人は特別関係者にならないが、その者（個人）の親族が買付者の五パーセントを保有する場合、両者合せて二〇パーセント以上となるため、両名ともに形式基準による特別関係者となる（金商令九条二項三号・三項）。なお、組合が組合の事業活動として行う株券等の買付け等について公開買付けを行う必要がある場合、組合自体が公開買付者となり、当該組合の役員、当該組合が特別資本関係を有する法人等、当該組合に対して特別資本関係を有する者は特別関係者となる。金融庁「株券等の公開買付けに関するQ&A」（問二九・二八）。

（4）ドイツにおいては、共同行為となるためには、「公開買付者またはその子会社と当該第三者が、議決権行使に関し意思を疎通し、または、対象会社の経営方針に対しその他の方法で持続的かつ重大な変更を及ぼすことを目的として協働すること」を要するものとされている。池田唯一他・金融商品取引法セミナー（公開買付け・大量保有報告編）一六三頁（平成二二年）。わが国の規定では、行為の共同性のみを問題としている。わが国の強制的公開買付制度の下では、もともと、「三分の一」は株券等所有割合についてのみ問題とされ、保有目的を基準とした規制とはなってない。

（5）共同して譲渡をする合意をしている者から三分の一超の株券等所有割合を取得する段階ではなく、共同して譲渡をする合意をしている者が三分の一超を取得する段階で公開買付規制を及ぼすことに疑問が提起されている。池田他・前掲注（4）一六八頁（武井）。

（6）株主名簿の閲覧請求権の行使などが、「その他の権利を行使すること」に該当する可能性がある。池田他・前掲注（4）一八〇頁（三井）。

（7）内藤純一「新しい株式公開買付制度（上）」商事法務一二一九号六頁、池田唯一＝大来志郎＝町田行人・新しい公開買付制度と大量保有報告制度五二頁（平成一九年）。

（8）英国の制度を参考にして規制が定められた。もっとも英国では、基準は三〇パーセントとされている。また、EUでは、二〇〇四年四月二一日に、欧州議会の承認を得て、「公開買付けに関する指令」が採択された。そこでも、英国の制度を取り入れる形で、強制的公開買付制度を採用している。この点については、北村雅史「EUにおける公開買付規制」商事法務一七三二号四頁参照。なお、アメリカでは、このような強制的公開買付制度は採用されていない。

(9)　三分の一という割合は、株主総会の特別決議を阻止できる数であり、支配権の争奪において重要な情報となる。なお、六〇日間に金融商品市場外で行った当該株券等の買付け等の相手方の人数を加算する場合、相手方の人数の加算の対象となる買付け等から『公開買付け』による買付け等」が除かれる。

(10)　公開買付けを行う必要がない特別関係者からの買付等に該当するには、株券等の買付け等を行う者と、株券等の買付け等を行う日以前一年間継続して特別関係にあることが必要である（他社株買付府令三条一項）。この一年間の継続要件は、異なる類型の特別関係者である期間を通算することができる。たとえば、買付者の子会社であった者が、その後、買付者の孫会社となった場合にも、かかる要件は満たすと考えられる。金融庁・前掲注（3）（問二〇）。

(11)　すべての株主に等しく新株予約権を無償で割り当てる形での資金調達は、ライツ・オファリングといわれる。株主は新株予約権を行使することで保有株式の価値の希薄化を回避することができる。本制度は、発行される新株予約権が一定期間市場で売買可能となる点に意義がある。すなわち、追加出資を望まない株主は、新株予約権を市場で売却することで、一定の経済的利益を得ることができる。東京証券取引所の規則改正については、石塚洋之＝伊藤昌夫「新株予約権証券の上場制度を利用したライツ・イッシューの考察」商事法務一九〇二号一五頁以下参照。ライツ・オファリングには、株主が行使期間中に行使しなかった新株予約権を証券会社等が引き受け、これを行使するスキームがある（コミットメント型ライツ・オファリング）。かかるスキームでは、新株予約権の内容として、一定期間内に権利行使がない場合には、発行会社が金銭を対価として全部取得する旨の取得条項が付される。その上で、発行会社は、一定期間後、未行使の新株予約権を取得し、発行会社が取得した当該新株予約権を証券会社が市場外ですべて買い付けることとなる。右のように、新株予約権証券は公開買付規制の対象となる「株券等」に含まれるため、有償での買付け後の株券等所有割合が三分の一を超えることとなる場合は、本件買付けは、原則として、公開買付けの方法によらなければならないこととなる。この点について、実務上の工夫として、証券会社等の買付け後の株券等所有割合が三分の一以下となる限度に買付けの約束をとどめるなどの方策の検討が必要との指摘があった。鈴木克昌＝峯岸健太郎＝根本敏光＝前谷香介「ライツ・イッシューの実務上の諸問題（下）」商事法務一八九七号四七頁。また、株券等の所有割合の計算において、有価証券関連業を行う者が、売出しを行う業務により所有する株券等について除外される規定があり（他社株買付府令七条一項二号）、新株予約権を行使して入手した株式を売出しする場合についても、株券等所有割合の計算から除外されるべきとの見解が述べられていた。石塚＝伊藤・右掲論文四七頁。

新株予約権の買付者は、新株予約権の行使によって議決権付きの株券を取得することで、はじめて対象会社の支配権を得ることができる。しかし、金融商品取引法は、規制の実効性を高める観点から、新株予約権取得時に、株券等所有割合を判定して公開買付け規制を適用するものとしている。しかし、コミットメント型ライツ・オファリングでは、会社法二七七条の規定する新株予約権無償割当てにより、すべての株主に新株予約権が割り当てられ、証券会社の関与を通じて、すべての新株予約権が行使されることが確保されている。従前の規制では、各株主の株券等所有割合の計算上、新株予約権が割り当てられた段階で株券等所有割合が上昇するものの、同新株予約権の行使とともに、最終的には、株主の株券等所有割合は、新株予約権無償割当てがなされる前の割合に戻ることとなる。このような特性があるものについて、割当時点における株券等所有割合を基準に公開買付け規制を適用することは、投資者への情報提供等の観点から適当でない場合も考えられるとして、平成二三年の改正で、コミットメント型ライツ・オファリングについては、新株予約権の取得時ではなく、行使時を基準に、株券等所有割合を判定して公開買付け規制を適用することとなった。野崎彰＝有吉尚哉＝齋藤将彦＝滝琢磨「開示制度等の見直し（上）」商事法務一九三六号三一頁。

金融商品取引法では、新株予約権の取得については、取得時に株券等所有割合を判定して公開買付規制の適用を行うとともに、新株予約権を有する者が当該新株予約権を行使することにより行う株券等の買付け等については、規制が適用される「買付け等」から除外する旨が規定されている（金商法二七条の二第一項ただし書）。取得時に加えて行使時まで規制の対象とすることは過剰規制になることからかかる規定が定められている。平成二三年の改正で、新株予約権について、「会社法二七七条の規定により割り当てられるものであって、当該新株予約権が行使されることにが確保されることにより公開買付けによらないで取得されても投資者の保護のため支障を生ずることがないと認められるものとして内閣府令で定めるものを除く。」との規定が挿入された。内閣府令では、①株券等の買付け等を行う者が会社法二七七条に規定する新株予約権無償割当てにより取得したものであること、②新株予約権証券の発行の日から会社法二三六条一項四号に掲げる期間の末日までの期間が二か月を超えないこと、③新株予約権証券の募集に際し、引受けを行う一または二の金融商品取引業者が発行される新株予約権証券のすべてを取得して自己または第三者が当該新株予約権証券にかかる新株予約権を行使することを内容とする契約が発行者と当該金融商品取引業者との間で締結されていることが規定されている（他社株買付府令二条二の二）。これにより、行使されることが確保されている新株予約権については、その行使時までに株券等所有割合の計算の対象としないこととなり、取得時には公開買付規制の対象としないことが明らかになった。

なお、平成二三年の改正で金融商品取引法上の「引受人」の定義が改正された。すなわち、新株予約権の募集等に際し、新株予約権を取得した者が当該新株予約権の権利行使をしないときにその未行使分を取得して当該新株予約権を行使することを内容とする契約を締結する者が「引受人」の定義に追加された（金商法二条六項三号）。これは、コミットメント型ライツ・オファリングにおけるコミットメントを行う証券会社を引受人に含めるための改正である。金融商品取引法は、所有の態様その他の事情を勘案して内閣府令で定めるものについては、株券等所有割合の計算における株券等から除外する旨を定めている（金商法二七条の二第八項一号括弧書）。内閣府令では、有価証券関連業を行う者が引受けを行う業務により所有する株券等がこれに該当するものとしている（他社株買付府令七条一項二号）（新株予約権の取得日から六〇日の間、株券等所有割合の対象から除外される旨が規定されている）。前述のように、コミットメントを行う証券会社の行為が引受けと規定されたことにより、これによる取得行為については、公開買付規制の適用が及ばないものとなった。

(12)　信託約款において受益証券の所有者の請求により当該受益証券を当該投資信託財産に属する株券等を交換する旨が定められているもの（日経三〇〇株価指数連動型上場投資信託受益証券および株価指数連動型投資信託受益証券）の所有者がする当該交換による株券等の買付け等をいう。

(13)　大来志郎「公開買付制度の見直しに係る政令・内閣府令の一部改正の概要」商事法務一七八六号一一頁。

(14)　その者が当該株券等の発行者であって、当該株券等が、新株予約権証券および新株予約権付社債券等（他社株買付府令二条の三参照）に該当する場合を除く（他社株買付府令三条一項）。

(15)　特定買付け等が、新株予約権証券等である場合で、その発行者から行うものであるときは、適用除外が認められない（他社株買付府令二条の三第一項）。これにより、発行会社が一定の要件を満たす特別関係者等へ新株予約権等を譲渡する場合、公開買付規制が適用される。

(16)　①親法人等、②親法人等が他の法人等に対して特別支配関係を有する場合における当該他の法人等、③②の者が他の法人等に対して特別支配関係を有する場合における当該他の法人等、④親法人等に対して特別支配関係を有する法人等、⑤④の者に対して特別支配関係を有する法人等、⑥④の者が他の法人等に対して特別支配関係を有する場合における当該他の法人等、⑦特定買付け等を行う者が他の法人等に対して特別支配関係を有する場合における当該他の法人等、⑧特定買付け等を行う者が他の法人等に対して特別支配関係を有する場合における当該他の法人等、⑨⑧の者が他の法人等に対して特別支配関係を有する場合における当該他の法人等（他社株買付府令二条の四）。図表「関係法人等」の範囲参照。

(17)　「株券等の所有者が少数である場合」として内閣府令で定める場合は、当該株券等の所有者が二五名未満である場合と規定されている（他社株買付府令二条の五第一項）。東京高判平成二〇年七月九日金融・商事判例一二九七号二〇頁は、平成一八年改正前の証券取引法等についての解釈として、カネボウC種類株式（議決権付き）の所有者は二名であるものの、このほか普通株式に多数の所有者が存在していたことから、本適用除外規定を援用することはできないとした。すなわち、これによれば、右の「株券等」

図表　「関係法人等」の範囲

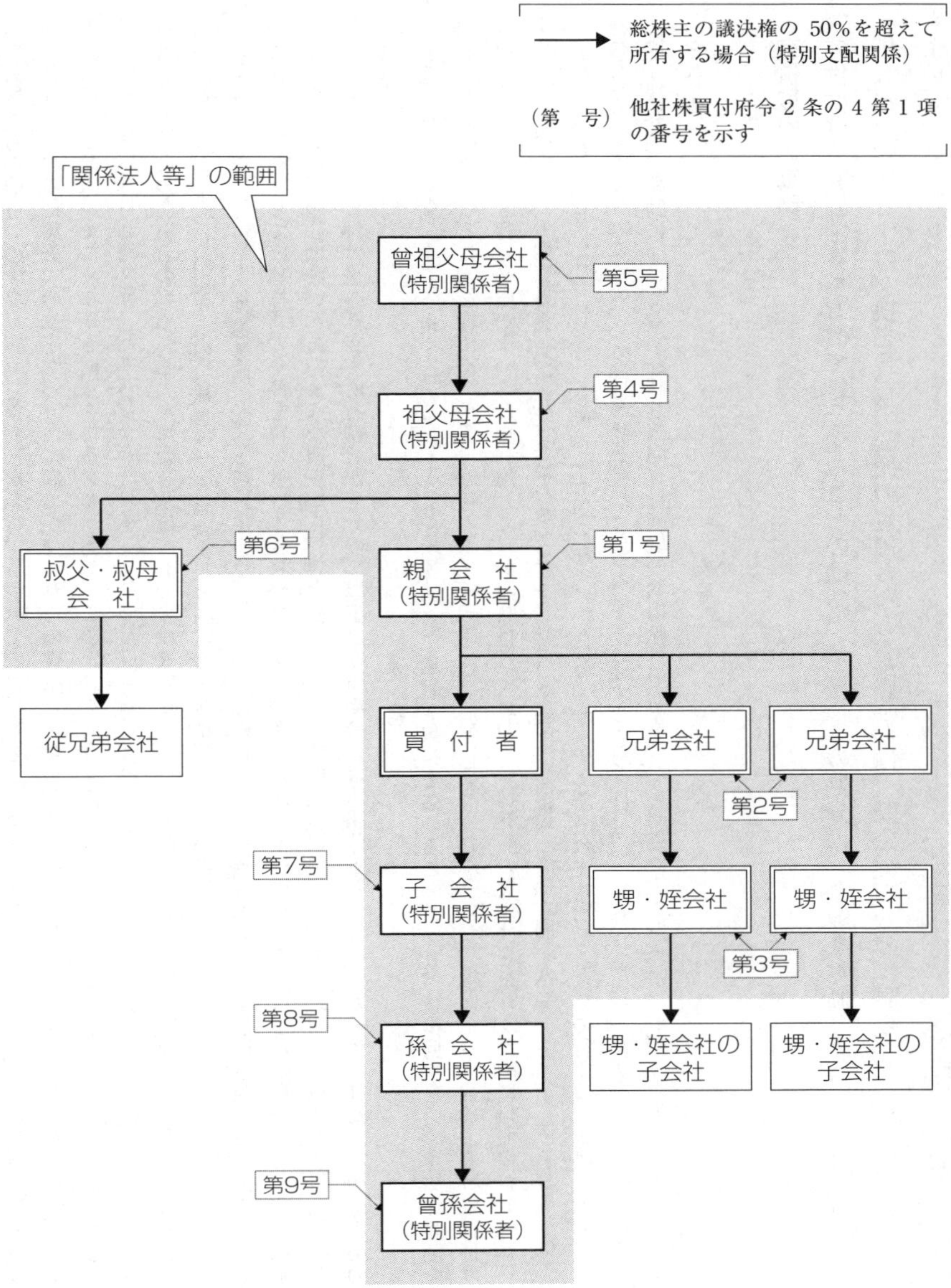

出典：池田唯一＝大来志郎＝町田行人編著・新しい公開買付制度と大量保有報告制度 43 頁（平成 19 年）。

は、買付け対象のもののみならず、対象会社が発行するすべての株券等を意味することとなる。したがって、適用除外を受けるには、買付け対象の種類株式の株主が二五名未満でかつこれらの株主全員から同意を得たことでは足りず、普通株式を含めた全株主の総数が二五名未満でこれらかも同意を得る必要がある。このような同意を得て取引を行うことは事実上不可能である。最判平成二二年一〇月二二日判例時報二〇九八号一五四頁は、「特定買付け等を行う者において買付けの対象としない他の種類の株券等があるとしても、その所有者の利害に重大な影響を及ぼすものではないとして、その同意は必要とされてなかったものと解するのが相当である。」と判示し、同規定上の「株券等」の意義を限定的に解する見解を明らかにした。

(18)　ある者が三分の二以上の株券等所有割合を取得する場合には、上場廃止などの可能性があり、少数株主の保護が求められる。この場合には原則として応募株式の全部を買い付ける義務が発生する。親会社が子会社の株式を買い付ける場合でも、右の株主保護が必要なことに変わりはない。このような観点から、親会社による子会社株式の買付けに関する公開買付規制の適用除外の範囲に上限が設けられ、買付け後の株券等所有割合が三分の二以上となる場合には適用除外とならないものとされた（金商令六条の二第一項四号）。

(19)　公開買付けを強制すると、担保権の実行とともに担保権者に過剰な負担を強いることとなり、債権回収という本来の目的を達成することが困難になることを理由に、平成一五年の改正で適用除外取引に加えられた。なお、担保権の実行による特定買付け等についで公開買付けを行う必要がないことを利用して、公開買付けを行わずに株券等の買付け等を行うために担保権を取得し、実行するような場合は、公開買付規制の脱法行為になると考えられる。金融庁・前掲注（3）（問一八）。

(20)　合併、会社分割等に伴う株券等の移動は「有償の譲受け」に該当しないと解されてきた。これらの行為は、組織再編成に伴い会社の行為としてなされるもので、公開買付規制により投資者を保護する必要性は低い。これらと同様の効果をもたらす「事業譲渡」に伴う株券等の移動についても、強制的公開買付制度の適用除外であることを明確にするために、平成一六年の改正で本規定が定められた。

4　有償取引の勧誘

公開買付けは、有価証券を有償で処分することの勧誘である。この処分は、金銭を対価とする売付けのみならず、他の有価証券を対価とする交換を含む。交換の対価となる有価証券は、既発行のものに限らず、新規発行のものであってもよい(1)。

わが国の会社が、自社の株券等を対価として、他の会社の株券等につき公開買付けを行う場合、公開買付けの対象となる会社の株券等を払込財産とする新規発行または自己株式の処分となり、現物出資規制の適用がある。現物出資については、原則として検査役の調査が必要であり（会社法二〇七条一項）[2]、有利発行となる場合には、株主総会の特別決議も必要となる（会社法一九九条二項・三項・二〇〇条一項・二項・三〇九条二項五号）[3]。

既発行の有価証券を対価とする公開買付けにおいて、交換の対価とされる有価証券について売出しが行われることになる。したがって、その総額が少額であるために届出が免除される場合を除いては、公開買付けの届出のほかに売出しの届出が必要となる。

（1）龍田節「証券取引の法的規制」現代の経済構造と法五一一頁（昭和五〇年）。

（2）募集株式の発行等の際の現物出資については、①現物出資者に対して割り当てる株式の総数が発行済株式総数の一〇分の一を超えないとき、②現物出資財産の価額の総額が五〇〇万円を超えないとき、③現物出資財産が市場価格のある有価証券であって、募集事項として定めた価額が市場価格として法務省令（会社法施行規則四三条）で定める方法により算定されるものを超えないとき、④現物出資財産につき募集事項として定めた価額が相当であることについて弁護士等の証明を受けたときには、検査役の調査は不要となる（会社法二〇七条九項）。

（3）さらに、募集株式決定後、株式の発行までに一定の期間があるため、この期間中に対象会社の株式の価格が下落すれば、株式発行時の対象会社の価額が募集事項に定めた価額に著しく不足する場合には、応募株主や買付者が不足価額のてん補責任を負うといった点も問題となっていた（会社法二一二条・二一三条）。これらの理由から、実務上、日本企業による自社株式を対価とする公開買付けは行われてこなかった。さらに、会社法上の規制に加え、わが国では、公開買付けに応募した対象会社の株主にかかる譲渡益課税の繰延措置がないことも株式対価の公開買付けの実効性に影響しているという意見があった。野崎彰＝有吉尚哉＝池田賢生「金融・資本市場の観点から重要と考えられる論点―会社法制関係」商事法務一九〇六号四〇頁。平成二三年改正の産業活力の再生及び産業活動の革新に関する特別措置法（産活法）では、会社法上の検査役選任、有利発行規制、公開買付けに応じた株主や買付者の不足価額てん補責任について、自社株公開買付けの場合に適用除外とする旨が定められた（産活法二一条の二第一項・二項）。

第二款　公開買付けの開示

一　公開買付開始公告

公開買付けを行う者は、①電子公告（開示用電子情報処理組織を使用する方法により不特定多数の者が公告すべき内容である情報の提供を受けることができる状態に置く措置をとる方法）（ＥＤＩＮＥＴ）または②時事に関する事項を掲載する月刊新聞紙もしくは産業および経済に関する事項を全般的に報道する日刊新聞紙への掲載のいずれかの方法で、公開買付開始公告をしなければならない（金商法二七条の三第一項、金商令九条の三第一項）。②新聞公告については、二社以上での掲載が必要であるもの、全国において時事に関する事項を掲載する日刊新聞紙による場合には一社以上に掲載することで足りる（他社株買付府令九条二項）。平成一七年の改正によって、①電子公告による開示が認められた。これらの公開買付開始公告は、公開買付けが行われることを投資者に広く知らせるものである。

公開買付開始公告には、①公開買付者の氏名または名称および住所または所在地、②公開買付けにより株券等の買付けを行う旨、③公開買付けの目的、④公開買付けの内容、[1]⑤対象者またはその役員との当該公開買付けに関する合意の有無、⑥公開買付届出書の写しを縦覧に供する場所ならびに⑦公開買付者が会社の場合、当該会社の目的、事業内容および資本の額、会社以外の法人その他の団体の場合、当該法人等の目的、事業の内容および出資もしくは寄付またはこれらに類するものの額、個人の場合、その職業を記載しなければならない（他社株買付府令一〇条）。公開買付けを行う者が公開買付けにかかる買付条件等を変更しようとする場合は、変更内容等を公開買付開始公告と同様の方法で公告しなければならない（金商法二七条の六第二項）[2]。

電子公告を行う場合には、ＥＤＩＮＥＴを使用するための届出を行い、公告を行う者の使用する入出力装置により識別番号および暗証番号を入力し、公告に記載すべき事項を入力する（他社株買付府令九条一項・二項、開示用電子情報処理組織府令一条）。電子公告を利用する者は、公告後遅滞なく、その公告を行った旨を、時事に関する事項を掲載する日刊新聞紙に掲載しなければならない（金商令九条の三第三項）。この場合、公告をした旨、電子公告アドレスその他必要な事項を全国において時事に関する事項を掲載する日刊新聞紙に掲載することを要する（他社株買付府令九条の二）。電子公告の場合、公開買付けの期間の末日まで、継続して電子公告をすることを要する（金商令九条の三第四項一号）(3)。

（1）　①対象者の名称、②買付け等を行う株券等の種類、③買付け等の期間、買付け等の価格および買付予定の株券等の数、④買付予定の株券等にかかる議決権の数が当該発行者の総議決権の数に占める割合、⑤公開買付けの公告を行う日における公開買付者の所有にかかる株券等の株券等所有割合および当該公告を行う日における特別関係者の株券等所有割合ならびにこれらの合計、⑥買付け等の後における公開買付者の所有にかかる株券等の株券等所有割合ならびに当該株券等所有割合および当該公告を行うに日における特別関係者の株券等所有割合の合計、⑦買付け等の申込みに対する承諾または売付け等の申込みの方法および場所、⑧買付け等の決済をする金融商品取引業者または銀行等の名称、決済の開始日、方法および場所ならびに株券等の返還方法、⑨その他買付け等の条件および方法を記載することを要する（他社株買付府令一〇条四号）。

（2）　公開買付け期間中に公開買付けにかかる買付条件等が変更された場合、その変更について応募投資者等に対する周知の機会を確保するため、その変更日から後公開買付期間を最低一〇日間確保することとし、当初の期間によってはそれに不足するときは公開買付け期間を延長すべきものとされる（金商法二七条の八第八項、他社株買付府令二二条二項本文）。ただし、買付条件等のうち、買付条件等の期間を延長する場合であって、他の買付条件等に変更がないときは、その期間は、当該延長する買付け等の期間となる（他社株買付府令二二条二項ただし書）。買付条件等のうち公開買付期間の延長は、買付価格の引上げ、買付予定株数の増加等とは異なり、応募株主の判断に影響を及ぼす変更とは考えられないことによる。

（3）　電気通信回線の故障その他の事由により電子公告ができない場合には、金融庁長官の承認を得るために必要な事項を記載した書面を提出しなければならない。この場合、電子公告の代替措置を、全国において時事に関する事項を掲載する日刊新聞紙に掲載する方法または金融庁長官が指定する方法にて行うことを要する（金商令九条の三第五項・四条の二の四第三項、他社株買付府令九条の三）。公告期間の中断が生じた場合、①電子公告をする者が善意で重大な過失がないこと、②公告の中断期間が公告期間の一〇分の一を超えないこと、③公告の中断を知った後すみやかにその旨・内容等を公告すれば、その中断は公告の効力に影響を及ぼさない旨が定められている（金商令九条の三第五項・四条の二の四第四項三号、他社株買付府令九条の四）。

二　公開買付届出書

1　公開買付届出書の提出

公開買付者は、公開買付開始の公告を行った日に、公開買付届出書およびその添付書類を内閣総理大臣に提出しなければならない（金商法二七条の三第二項）(1)。公開買付者その他政令で定める関係者（公開買付者等）は、公開買付開始公告が行われた日の翌日以降、公開買付届出書を内閣総理大臣に提出していなければ、売付けの申込みの勧誘、公開買付説明書の交付、買付け等の申込みの承諾を受け付けることまたは売付け等の申込みを受け付けること、さらに、応募株券の受入れを行うことができない（金商法二七条の三第三項、他社株買付府令一五条）。

公開買付届出書には、つぎのものを記載しなければならない(2)。

①　公開買付要項

対象者名、買付け等をする株券等の種類、買付け等の目的(3)、買付け等の期間・買付け等の価格・買付予定の株券等の数(4)、買付け等を行った後における株券等所有割合、株券等の取得に関する許可等、応募・契約の解除の方法、買付け等に要する資金等(5)、買付け等の対価とする有価証券の発行会社の状況(6)、決済の方法、その他買付け等の条件・方法が記載される(7)。

②　公開買付者の状況

会社の場合は、会社の概要(8)および経理の状況(9)、会社以外の団体の場合は、団体の沿革、目的・事業内容、出資・寄付の額、役員の役名、職名、氏名（生年月日）および職歴、個人の場合は、生年月日、本籍地、職歴(10)ならびに破産手続開始の決定の有無が記載される[11]。

③　公開買付者および特別関係者の株券等の所有および取引の状況

株券等の所有状況[12]、株券等の取引状況[13]、当該株券等に関して締結されている重要な契約[14]、届出書提出日以後に株券等の買付け等を行う旨の契約[15]が記載される。

④　公開買付者と対象者との取引等

公開買付者と対象者またはその役員との間の取引の有無および内容[16]、公開買付者と対象者またはその役員との間の合意の有無および内容[17]が記載される。

⑤　対象者の状況

最近三年間の損益状況等[18]、株価の状況[19]、株主の状況[20]、その他[21]が記載される。

右のうち、②公開買付者の状況および⑤対象者の状況については、当該者が継続開示会社である場合、基本的に有価証券報告書等の記載と同内容のものが記載されている。そのため、公開買付者または対象者が継続開示会社である場合は、公開買付届出書における公開買付者の状況または対象者の状況（「最近三年間の損益の状況等」「株主の状況」に限る）の記載に代えて、当該者が継続開示書類を提出した旨の記載をすることが許される[22]。かかる記載の簡略化が認められるためには、有価証券報告書等の該当箇所を記載した書面を公開買付届出書に添付すること、および、公開買付説明書において、公開買付者にかかる事業内容の概要および主要な経営指標等の推移の的確かつ簡明な説明や対象者にかかる主要な経営指標等の推移の的確かつ簡明な説明の記載をすることが求められる（他社株買付府令一三条一項一一号・一二号）[23]。

公開買付届出書には、つぎの書類を添付しなければならない（他社株買付府令一三条）[24]。

①　公開買付者が法人その他の団体である場合には、定款またはこれに準ずる書面

②　公開買付者が有価証券報告書を提出しなければならない会社以外の法人その他の団体である場合は、その設立

を知るに足る書面

③　公開買付者が個人である場合は、住民票の抄本またはこれに代わる書面

④　公開買付者が非居住者である場合は、その者が買付けにかかる書類の提出に関する一切の行為につき代理をする権限を付与したことを証する書面

⑤　公開買付者が、株券等の保管、買付け等の代金の支払い等の事務につき、金融商品取引業者または銀行等と締結した契約の契約書の写し

⑥　公開買付者を代理して公開買付けによる株券等の買付け等を行う者がいる場合には、代理につき締結した契約の契約書の写し

⑦　公開買付者の銀行等への預金の残高その他の公開買付けに要する資金の存在を示すに足りる書面

⑧　買付け等の価格の算定にあたり参考とした第三者による評価書、意見書その他これらに類するものがある場合は、その写し(25)

⑨　株券等の取得につき他の法令にもとづく行政庁の許可、認可または承認を必要とする場合は、許可、認可または承認があったことを知るに足る書面

⑩　公開買付開始公告の内容を記載した書面

これらの添付書類が日本語で記載したものでないときは、その訳文を付することを要する（他社株買付府令一三条二項）。

（1）　有価証券の公開買付制度は、昭和四六年の改正で導入された。この段階では、外資対策または産業政策的な観点から、大蔵大臣の許可制をとることも考えられた。しかし、証券取引法の規制として、そのような配慮をすることは妥当ではないこと、これを厳しくすると、秘密裏の買占めなど好ましくない手段がとられる危険があること、資本自由化の趨勢に照らして、外資対策的な規制

は国際的に問題があること、および産業政策上の権限を大蔵大臣に与えることに疑問がある上に明確に運用基準がないことなどから、そのような考えは立法に際して排斥された。渡辺豊樹＝奥村光夫＝長谷場義久＝松川隆志＝田中誠二・改正証券取引法の解説一三一頁（昭和四六年）。

（2）　他社株買付府令に定める第二号様式で記載することを要する（他社株買付府令一二条）。

（3）　支配権取得または経営参加を目的とする場合には、支配権取得または経営参加の方法および支配権取得後の経営方針または経営参加後の計画について具体的に記載しなければならない。組織再編、企業集団の再編、解散、重要な財産の処分または譲受け、多額の借財、代表取締役等の選定・解職、役員の構成の変更、配当・資本政策に関する重要な変更、その他対象者の経営方針に対して重大な変更を加え、または重大な影響を及ぼす行為を予定している場合には、その内容および必要性も記載することを要する。他社株買付府令第二号様式・記載上の注意(5)a。

公開買付けによる支配権の取得後の具体的な経営方針や経営参加後の具体的な計画等は、公開買付けによる株券等の取得後にその記載どおりに実行されなくても当然に虚偽の記載がなされたと解すべきでない。対象者に友好的な公開買付けの場合を除いては、公開買付者は、公開買付け前には対象者の営業および財産状態を細部にわたってまで完全に正確に把捉できず、公開買付けによる有価証券の取得後にはじめてこれを知ることになるが、その段階で当初の予定または計画が経済的に得策でないと考える場合にも、当初の予定または計画を変更すべきでないとするのは不当だからである。神崎克郎「テンダ・オッファの法規制」証券取引の法理九六頁（昭和六二年）参照。なお、株券等を取得した後、第三者に譲渡することを目的とする場合には、当該第三者に関する情報を記載するとともに、当該第三者と公開買付者との関係、譲受けの目的および届出日において所有する当該株券等の数を記載しなければならない。他社株買付府令第二号様式・記載上の注意(5)d。

純投資または政策投資を目的とする場合についても、株券等を取得した後の当該株券等の保有方針、売買方針および議決権の行使方針ならびにそれらの理由を記載し、長期的な資本提携を目的とする政策投資として買付け等を行う場合には、その必要性を具体的に記載しなければならない。また、買付けの後における、対象者の発行する株券等をさらに取得する予定の有無、その理由、内容、必要性や、対象者の発行する株券等が上場廃止となる見込みがある場合にはその旨および理由についても記載しなければならない。他社株買付府令第二号様式・記載上の注意(5)b・c・e。最後の点は、金融審議会金融分科会第一部会公開買付制度等ワーキング・グループ報告「公開買付制度等のあり方について」（平成一七年一二月二二日）が「非公開化取引については、手残り株を抱えた零細な株主に対して株主保護上の問題が生じ得る」と指摘したことによる。

（4）　買付け等の価格の欄には、有価証券等を対価とする場合には、当該有価証券等の種類および交換比率、有価証券等および金銭を対価とする場合には、当該有価証券等の種類、交換比率および金銭の額を記載することを要する。他社株買付府令第二号様式・記載上の注意(6)d。

「算定の基礎」の欄に、買付価格の算定根拠を具体的に記載しなければならない。買付価格が時価と異なるとき場合や買付者が最近行った取引の価格と異なっている場合は、その差額の内容も記載することを要する。また複数の種類の株券等を発行している会社を公開買付けの対象とするような場合、公開買付価格が実質的に均一であっても、種類ごとに価格の数字は異なりうることから、その差について説明しなければならない。他社株買付府令第二号様式・記載上の注意(6)e。

「算定の経緯」の欄に、算定の際に第三者の意見を聴取した場合に、その第三者の名称、意見の概要および当該意見を踏まえて買付価格を決定するに至った経緯を具体的に記載しなければならない。なお、前掲注（3）のワーキング・グループ報告は「MBO（経営陣による株式買取り）や親会社による子会社株式の買取りについては、経営陣等が買付者となり、株主との関係において経営陣等の利益相反が問題となることがあり得ることから、例えば公開買付価格の妥当性や利益相反を回避するためにとられている方策等について、よりきめ細かな開示が求められる」としていた。そのため、MBO等（対象者の役員、対象者の役員の依頼に基づき当該公開買付けを行う者であって対象者の役員と利益を共通にする者、対象者を子会社とする会社等の場合。他社株買付府令一三条一項八号）による買付けにおいては、買付け等の価格の算定にあたり、参考とした第三者による評価書等がある場合にはその写しの添付を行うほか（他社株買付府令一三条一項八号）、買付価格の公正性を担保するための措置を講じているときは、その具体的内容も記載しなければならない。他社株買付府令第二号様式・記載上の注意(6)f。池田唯一＝大来志郎＝町田行人編著・新しい公開買付制度と大量保有報告制度一〇九頁（平成一九年）は、たとえば、利害関係のない社外取締役等で構成される独立委員会を設置し、価格の決定に関与させる場合などが考えられるとする。実務的な対応としては、①利益相反関係のある取締役を特別利害関係人として取締役会決議から排除すること、②社外監査役を含む監査役全員から同意を得ること、③フィナンシャル・アドアイザーから評価書を取得すること、④法律事務所から手続の適正性に関して意見を聴取することなどが行われている。高原達広「経営陣主導での上場会社の非公開化における取締役の行動規範」商事法務一八〇五号一二頁。MBOの後、取締役・監査役がそのまま残存する場合、全員が特別利害関係人に該当する可能性がある。株主総会で取締役の報酬の総額を決議した上で、その配分を取締役会で決める場合、取締役全員が特別利害関係者となり議決権が排除されるかどうかが議論されてきた。取締役が議決権を排除されるのは、取締役は会社のために議決権を行使する義務があるところ、会社と取締役の利益が衝突する場面では、公正な議決権行使が期待できないことによる。報酬の決定は、総額が定まっている以上、会社と取締役の利益衝突は発生しないため、各取締役は特別利害関係者に該当しないと解される。しかし、MBOの場合、残存する取締役と会社との間には利益相反が存在すると考えられる。この点について、全員が利害関係者である以上、特別利害関係者は存在しないとの見解がある。証券取引法研究会「平成一八年公開買付制度の見直しに係る政令・内閣府令（1）」金融商品取引法の検討〔2〕〔別冊商事法務三二〇号〕九五頁（河本）（平成二〇年）。なお、公開買付け成立後における取締役としての報酬を約束した場合、公開買付届出書にその内容を具体的に記載することを要する（他社株開示府令第二号様式・記載上の注意(27)）。

（5）買付け等に要する資金に充当しうる預金または借入金等の記載が必要となる。具体的には、届出日前々日または前日の預金（種類・金額）、届出日前の借入金（借入先の業種・借入先の名称等・借入契約の内容・金額）、届出日以降の借入予定資金（借入先の業種・借入先の名称等・借入契約の内容・金額）、その他の資金調達方法（内容・金額）、買付け等に要する資金に充当しうる預金または借入金等の合計の開示が要求される。借入先が金融機関である場合で、借入金が買付け等の資金に充てることを明らかにせずに借り入れたものである場合には、当該借入金については、借入先の名称の記載は不要である。他社株買付府令第二号様式・記載上の注意(10)g。一方で、借入金が買付け等の資金に充てることを明らかにして借り入れられたものである場合は、当該借入先の名称を記載することを要する。買付けの資金源、資金借入契約の開示は、公開買付けに反対する者に、資金源の観点から圧力を加える不当な武器を与える危険がある。

（6）交換の対価である有価証券の発行会社の状況は、会社の名称、本店の所在地、代表者の役職氏名、資本金の額、会社の目的および事業の内容のほか、最近三年間の一株あたりの当期純損益・配当額・純資産額および最近の最高・最低株価・売買高等の記載を要求する。

（7）公開買付期間中に対象者が株式分割その他の政令で定める行為を行った場合には、買付け等の価格の引き下げを行うことがある旨の条件の有無および内容を記載するとともに、引き下げた場合の公告および公表の方法を記載しなければならない。他社株買付府令第二号様式・記載上の注意(13)c。

（8）会社の沿革、会社の目的および事業の内容、資本金の額および発行済株式の総数、大株主の状況ならびに役員の職歴および所有株式の数を記載することを要求する。

（9）経理の状況は、最近二事業年度の貸借対照表、損益計算書および株主資本等変動計算書からなる。公開買付者が有価証券報告書の提出者であって、連結財務諸表を作成している場合は、当該連結財務諸表を記載する。他社株買付府令第二号様式・記載上の注意(16)a(a)。

（10）個人の場合の職歴は、過去五年間の主要職業の開示を要求する。他社株買付府令第二号様式・記載上の注意(20)。

（11）破産手続開始の決定の有無も、過去五年間のものについて記載を要する。他社株買付府令第二号様式・記載上の注意(21)。

(12)　公開買付者およびその特別関係者の株券等の所有状況の記載を要求する。複数の者が共同して公開買付けを行う場合には、それぞれの者について記載が必要である。他社株買付府令第二号様式・記載上の注意(22)b。

(13)　公開買付者による届出日前六〇日間の対象者の株券等の取引状況等をあきらかにすることを要求する。

(14)　公開買付者およびその特別関係者の所有株券等に関する担保契約、売戻し契約、売買の予約その他の重要な契約または取決めがある場合には、当該契約または取決めの内容を記載することを要する。他社株買付府令第二号様式・記載上の注意(24)。

(15)　公開買付者およびその特別関係者が届出日前に株券等の買付け等の予約を行っている場合または株券等の売買取引にかかるオプションの取得および付与を行っている場合で、届出書提出日以後に買付け等を行うこととなる株券等がある場合には、当該契約の内容、相手方、当該契約にかかる株券等の種類および数ならびに買付け等を行う予定日（オプションの行使日）について記載することを要する。他社株買付府令第二号様式・記載上の注意(25)。

(16)　最近の三事業年度におけるものを記載する。他社株買付府令第二号様式・記載上の注意(26)。

(17)　公開買付者と対象者またはその役員との間の、公開買付けによる株券等の買付け等、買付け後の重要な資産の譲渡等に関する合意の有無およびその内容を記載するとともに、公開買付者が当該役員に利益の供与を約した場合には、その内容を記載することを要する。他社株買付府令第二号様式・記載上の注意(27)。公開買付者が対象者の役員、対象者の役員の依頼にもとづき公開買付けを行う者であって対象者の役員と利益を共通にする者または対象者を子会社とする会社その他の法人等である場合には、当該公開買付けの実施を決定するに至った意思決定の過程を具体的に記載することが求められる。利益相反を回避する措置を講じているときは、その具体的内容も記載しなければならない。

(18)　最近三事業年度の売上高、売上原価、販売費および一般管理費、営業外収益、営業外費用、当期純利益（損失）ならびに一株あたりの税引後当期損益、配当額および純資産額からなる。

(19)　届出日の属する月の前六か月間の月別および届出日の属する月の初日から届出日の前日までの最高および最低株価ならびに売買高の記載を要求する。他社株買付府令第二号様式・記載上の注意(30)。

(20)　所有者別の株式保有状況ならびに大株主および役員の株式保有状況からなる。

(21)　投資者が買付け等への応募の是非を判断するために必要とされるその他の情報を記載するものとされる。対象者につき最近の有価証券届出書または有価証券報告書に記載されていない重要な事実で公開買付者が知っているものの記載を要求する。他社株買付府令第二号様式・記載上の注意(34)。このような「その他」の記載事項があるにもかかわらず、これを記載しないときは、公開買付者は、公開買付の取引に関して内部者取引をしたものとして責任を追及される危険がある。

(22) 他社株買付府令第二号様式・記載上の注意(17)(32)。記載コストの削減を求める実務界の要請を受け、平成二三年の改正で、記載の簡略化が実現した。野崎彰＝池田賢生「規制・制度改革のための公開買付関連内閣府令の改正等の概要」商事法務一九三〇号二三頁。これにより、公開買付説明書の記載事項も簡略化できる。もっとも、公開買付説明書において、公開買付者にかかる事業内容の概要および主要な経営指標等の推移、対象者にかかる主要な経営指標等の推移についてそれぞれ的確かつ簡明な説明の記載をすることが求められる（他社株買付府令二四条一項二号・三号）。

(23) 公開買付けにおいて、株主等は、比較的短期間のうちに公開買付けに応募するかどうかの判断をしなければならない。そのため、株主等にとっての情報の一覧性を確保する必要があると考えられ、このような事項が規定された。野崎＝池田・前掲注（22）二三頁。

(24) このほか、継続開示会社で、公開買付届出書の記載事項を簡略化する場合には、それに相当する有価証券報告書等の箇所を記載した書面が添付書類となる（他社株買付府令一三条一項一一号・一二号）。

(25) 公開買付者が対象者の役員、対象者の役員の依頼にもとづき当該公開買付けを行う者であって対象者の役員と利益を共通にする者または対象者を子会社とする会社その他の法人である場合に限る（他社株買付府令一三条一項八号括弧書）。

2　公開買付届出書の審査

公開買付届出書の提出後、その記載の完全性および正確性についての審査が行われる。この審査に関して、内閣総理大臣は、公益または投資者の保護のため必要かつ適当であると認めるときは、公開買付者およびその関係者ならびに公開買付けにかかる有価証券の発行者またはその役員に対し、参考となるべき報告または資料の提出を命じ、またはその職員をして公開買付者およびその関係者の帳簿書類その他の物件を検査させることができる（金商法二七条の二二第一項）。

公開買付届出書を提出した日以降、当該公開買付期間の末日までの間において、買付条件等の変更その他公開買付届出書に記載すべき重要な変更その他当該公開買付届出書の内容を訂正すべき内閣府令で定める事情があるときは[1]、公開買付者は、直ちに、訂正届出書を提出しなければならない（金商法二七条の八第二項）。

内閣総理大臣は、つぎに掲げる事実があきらかであると認めるときは、公開買付者に対して、期限を指定して、訂正届出書の提出を命じることができる（金商法二七条の八第三項）。

①　公開買付届出書に形式上の不備があること

②　公開買付届出書に記載された買付条件等が金融商品取引法に定める規定に従っていないこと

③　訂正届出書に記載された買付条件等の変更が法令（金商法二七条の六第一項）の規定に違反していること

④　公開買付届出書に記載すべき事項の記載が不十分であること

これらの場合を除き、内閣総理大臣は、つぎに掲げる事実を発見した場合には、公開買付者に対して、期限を指定して訂正届出書の提出を命じることができる（金商法二七条の八第四項）。この場合には、聴聞を行うことを要する。

①　公開買付届出書に記載された重要な事項について虚偽の記載があること

②　公開買付届出書に記載すべき重要な事項または誤解を生じさせないために必要な重要な事実の記載が欠けていること

また、公開買付期間中、公開買付届出書に形式上の不備があり、記載された内容が事実と相違し、またはそれに記載すべき事項もしくは誤解を生じさせないために必要な事実の記載が不十分であり、もしくは欠けているため、または買付条件等の記載事項に重要な変更が生じたため、訂正届出書を提出する場合、または内閣総理大臣により訂正届出書の提出が命じられた場合[2]、公開買付者は、公開買付けの期間を延長し[3]、その旨を直ちに公告または公表しなければならない（金商法二七条の八第八項）[4]。

（1）　公開買付届出書または意見表明報告書（その訂正届出書または訂正報告書を含む）を提出した日前に発生した当該公開買付届出書等に記載すべき重要な事実で、当該公開買付届出書等を提出するときはその内容を記載することができなかったものにつき、記載することができる状態となったとき、ならびに公開買付届出書等に記載すべき事項に関し、重要な事実が発生したときが該当する（他社株買付府令二一条三項）。

（２）公開買付届出書に形式上の不備があることにより訂正届出書を提出する場合には、期間の延長は不要である（他社株買付府令二二条一項）。

（３）公開買付期間の末日の翌日から、訂正届出書を提出する日より起算して一〇日を経過した日までの期間とする（他社株買付府令二二条二項本文）。

（４）公開買付者は、延長しなければならない期間の末日までの間は、当該公開買付けにかかる株券等の受渡しその他の決済を行うことが禁止される（金商法二七条の八第九項）。

３　公開買付届出書の公衆縦覧

公開買付けを行う者は、公開買付開始公告をした日に、公開買付届出書を内閣総理大臣に提出し（金商法二七条の三第二項）、その後直ちに公開買付届出書の写しを対象者および公開買付けの対象となる株券等が上場もしくは店頭登録されている金融商品取引所もしくは認可金融商品取引業協会に送付しなければならない（金商法二七条の三第四項）。公開買付届出書およびその写しは、その受理後、それぞれ財務局または金融商品取引所もしくは認可金融商品取引業協会の事務所に備え置いて公衆の縦覧に供される（金商法二七条の一四第一項・三項）。公開買付届出書を提出した者は、右の公衆縦覧期間は、その写しを本店または主たる事務所に備え置き、公衆の縦覧に供しなければならない（金商法二七条の一四第二項）。

内閣総理大臣が、公開買付届出書の記載事項について訂正を命じるときは、書類の全部または一部を公衆縦覧に供しないものとすることができる（金商法二七条の一四第五項）。この場合、内閣総理大臣は、公開買付届出書の公衆縦覧を行っている書類の提出者、金融商品取引所・認可金融商品取引業協会に、書類の全部または一部を公衆縦覧に供しないものとしたことを通知する（金商法二七条の一四第六項）。かかる通知を受けた後は、これらの者は書類の開示義務を免れる（金商法二七条の一四第七項）。

公開買付けをする者、その特別関係者およびそれらの者の代理人は、公開買付開始公告が行われ、かつ公開買付届出書が提出されているのでなければ、その翌日以後、買付けの申込みまたは売付けの申込みの勧誘、公開買付説明書の交付、買付けの申込みの承諾受理または売付けの申込みの受理、応募株券等の受入れをしてはならない（金商法二七条の三第三項、他社株買付府令一五条）。

（1）　公開買付開始公告をした日が土曜日、日曜日または行政機関の休日に関する法律に定める休日であるときは、その日の翌日に公開買付届出書を提出することとなる（金商法二七条の三第二項ただし書）。
（2）　公開買付届出書を提出した日に他の者が当該公開買付けにかかる株式等につき公開買付届出書を提出しているときは、その者に対しても公開買付届出書の写しを送付しなければならない（金商法二七条の三第四項）。
（3）　公開買付者は、内閣総理大臣が公開買付届出書を受理した時から、公開買付届出書の写しをその本店および主たる事務所に備え置いて、公衆の縦覧に供しなければならない（金商法二七条の一四第二項）。

三　公開買付説明書

公開買付けをする者は、公開買付けにより株券等の買付けをする場合、あらかじめまたは買付けと同時に、公開買付説明書を、株券等の売付けを行う者に交付しなければならない（金商法二七条の九第二項、他社株買付府令二四条四項）。公開買付説明書には、公開買付届出書の記載事項(1)ならびに当該公開買付けが金融商品取引法二章の二第一節の規定の適用を受けるものである旨および当該公開買付説明書が金融商品取引法二七条の九の規定によるものである旨を記載すべきものとされている（金商法二七条の九第一項、他社株買付府令二四条一項・二項）。

有価証券の募集・売出しにおける目論見書の交付要請（金商法一五条二項）に対応するもので、公開買付けにおいて、これに応じて株券等を売り付けようとする者に対し、売付けの投資判断に必要な情報を記載した公開買付説明書を直接に交付させせようとするものである。

(1)　公開買付資金の借入元銀行等の名称および当該借入れにかかる契約書の写しを除く(他社株買付府令三三条四項)。

四　対象会社の意見表明報告書

平成一八年の改正前まで、公開買付けについて、対象者またはその役員が、投資者またはその株主に対し意見を表明するか否かは自由であった[1]。この場合でも、公開買付けの対象者が意見表明をしたときには、その意見・根拠などを内閣総理大臣に提出する必要があった(平成一八年改正前証取法二七条の一〇)。これは、投資判断資料の提出が目的ではなく、対象者が虚偽の情報を開示することを防止するための制度であった。

平成一八年の改正により、対象者による意見表明が義務づけられた。これは投資者への情報開示の充実の一環として制度化されたものである[2]。対象者は、公開買付開始公告が行われた日から一〇営業日以内に[3]、当該公開買付けに関する意見その他の内閣府令で定める事項を記載した書類(意見表明報告書)を内閣総理大臣に提出しなければならない(金商法二七条の一〇第一項、金商令一三条の二第一項)[4][5]。改正前は、意見表明報告書の提出主体は対象者またはその役員とされていた。改正後は、公開買付けの対象者のみが意見表明報告書を提出できる。

対象者が意見表明報告書を提出したときは、直ちに、当該報告書の写しを、他社株買付者に送付するとともに、金融商品取引所に上場されている株券等については当該金融商品取引所、店頭売買される株券等については認可金融商品取引業協会に送付しなければならない(金商法二七条の一〇第九項)。意見表明報告書またはその写しは、その受理後、財務局、その本店または主たる事務所、金融商品取引所もしくは認可金融商品取引業協会の事務所に備え置いて公衆の縦覧に供される(金商法二七条の一四第一項〜三項)。

意見表明報告書には、つぎの事項を記載することを要する(金商法二七条の一〇第一項、他社株買付府令二五条)。

①　公開買付者の氏名または名称および住所または所在地
②　公開買付けに関する意見の内容および根拠(6)
③　意見表明を決定した取締役会決議（委員会設置会社では、取締役会決議による委任にもとづく執行役の決定）または役員会（投資信託法一一二条に規定する委員会）の決議の内容(7)
④　対象者の役員が所有する公開買付けにかかる株券等の数および当該株券等にかかる議決権の数
⑤　公開買付者またはその特別関係者による利益供与の内容
⑥　会社の支配に関する基本方針にかかる対応方針(8)

公開買付けの対象者は、公開買付開始公告に記載された買付け等の期間が政令で定めた期間より短いときは、買付け期間を延長することを請求できる（金商法二七条の一〇第二項二号）。延長請求がなされた場合、買付期間は三〇営業日延長される（金商法二七条の一〇第三項、金商令九条の三第六項）。公開買付開始公告では、買付期間が延長されることがある旨を明示しなければならない（金商法二七条の三第一項後段）。意見表明報告書では、公開買付期間の延長請求およびその理由を記載する（金商法二七条の一〇第二項二号）。(9)かかる記載をした場合、延長後の買付期間が三〇営業日となる旨、延長後の期間の末日等を公告しなければならない（金商法二七条の一〇第四項、他社株買付府令二五条の二）。

対象者は、理由を示すことで、意見表明を留保することができる。意見表明を行うにつき、買付者に関する情報、経営権取得後の方針などに関して、十分な情報が提供されていない状況で、その旨を明らかにした上で、意見表明を留保することが考えられる。この点について、平成一八年の改正により、対象者の意見表明義務とともに対象者による公開買付者に対する質問の機会が与えられることとなったことが注目される。意見表明報告書には、当該公開買付けに関する意見のほか、公開買付者に対する質問を記載することができる（金商法二七条の一〇第二項一号）。(10)この趣旨は、対象者の意見表明義務と同様に株主・投資者が合理的な投資判断をするに必要な情報の提供にある。(11)対象者は、かかる質問権を行使し、回答を待った上で、買付けへの賛否を決定することとなる。

意見表明報告書の写しを送付された公開買付者は、当該意見表明報告書に質問が記載されている場合には、当該送付を受けた日から五営業日以内に[12]、内閣府令に定めるところにより、当該質問に対する回答（当該質問に回答する必要がないと認めた場合には、その理由）その他内閣府令で定める事項を記載した書類（対質問回答報告書）を内閣総理大臣に提出しなければならない（金商法二七条の一〇第一一項、金商令一三条の二第二項）。

公開買付者が対質問回答報告書を提出したときは、直ちに、当該報告書の写しを、対象者に送付するとともに、金融商品取引所に上場されている株券等については当該金融商品取引所、店頭売買される株券等については認可金融商品取引業協会に送付しなければならない（金商法二七条の一〇第一三項）。対質問回答報告書またはその写しは、その受理後、財務局、その本店または主たる事務所、金融商品取引所もしくは認可金融商品取引業協会の事務所に備え置いて公衆の縦覧に供される（金商法二七条の一四第一項～三項）。

対質問回答報告書には、つぎの事項を記載することを要する（金商法二七条の一〇第一一項、他社株買付府令二五条三項）。

①　質問に対する回答

②　質問に回答する必要がないと認めた場合には、その旨およびその理由

（1）　公開買付けについて対象者またはその役員がどのように考えているかは、投資者が公開買付けに応じるか否かを判断するのに重要な情報であるとして、対象者またはその役員の意見表明義務を法定する立法もあるが、平成一八年改正前の証券取引法はそのような立場をとらなかった。

（2）　金融審議会金融分科会公開買付制度等ワーキング・グループ報告「公開買付制度等のあり方について」（平成一七年一二月二二日）は、「公開買付けについて、その対象会社がいかなる意見を有しているかも、株主・投資者が的確な投資判断を行う上で重要な情報である。とりわけ、敵対的公開買付けの場面においては、公開買付者と対象会社との間で主張と反論が株主・投資者に見える形で展開されることにより、株主・投資者の投資判断の的確性をより高めることができるものと考えられる。現行制度上、対象会社による意見表明は任意とされているが、これらの点を踏まえて、対象会社による意見表明は義務化していくことが適当である。」

とされた。

（3）　その理由として、①当初設定された公開買付期間がもっとも短い場合（二〇営業日）であっても、その前半において対象者による延長請求権行使の有無が判明し、公開買付期間が確定することが望ましいこと、ならびに②公開買付者と対象者との間における金融商品取引法上の意見のやりとりについては、いわゆる敵対的な公開買付けであって公開買付期間が短い場合（三〇営業日）であっても、その前半で終了し（対質問回答報告書の提出期限は意見表明報告書を受理してから五営業日以内）、株主・投資者が公開買付けに対する応募の是非等を熟慮する時間が確保されることが望ましいと考えられることによる。大来志郎「公開買付制度の見直しに係る政令・内閣府令の一部改正の概要」商事法務一七八六号六頁。

（4）　他社株買付府令第四号様式による（他社株買付府令二五条二項）。

（5）　ＥＵの公開買付指令では、公開買付けの対象となった会社の取締役に中立義務を課している。さらに、公開買付期間中および買付者が議決権の七五パーセント以上を保有した後は、買収防衛策を無効にするルール（ブレイクスルー・ルール）を採用している。この点については、北村雅史「ＥＵにおける公開買付規制」商事法務一七三二号四頁参照。なお、ドイツでは、対象会社の取締役と監査役会が、公開買付けに対する意見表明を公表する義務がある。そこでは、買付条件などに加えて、公開買付けが成功した場合の、対象会社や労働者への影響などを対象とすることが要求されている。加藤貴仁「企業結合法の総合的研究⑶ドイツの企業結合形成過程に関する規制」商事法務一八三二号二〇頁。

（6）　意見の内容については、たとえば、「公開買付けに応募することを勧める」、「公開買付けに応募しないことを勧める」、「公開買付けに対し中立の立場をとる」、「意見表明を留保する」等わかりやすい記載が求められる。根拠については、意思決定に至った過程を具体的に記載する。また、意見の理由については、賛否・中立を表明している場合にはその理由を、意見を留保する場合にはその時点で意見表明できない理由および今後表明する予定の有無等を具体的に記載しなければならない。さらに、ＭＢＯ等において、対象者として利益相反を回避する措置を講じているときはその具体的内容の記載が必要である。他社株買付府令第四号様式・記載上の注意⑶。

（7）　対象会社内で公開買付けに賛同するか否かに関する意見が分かれた場合、取締役会の多数決で意思決定を行った上で、その多数意見にもとづき意見表明報告書を提出することとなる。その際の議論が「意思決定に至った過程」として記載される。内間裕＝森田多恵子「公開買付制度・大量保有報告制度の改正と実務への影響（中）」商事法務一七九一号五一頁。なお、取締役会議事録の添付までは求められていない。

（8）　財務および事業の方針の決定を支配する者のあり方に関する基本方針に照らして不適切な者によって会社の財務および事業の方

針の決定が支配されること防止するための取組み（いわゆる買収防衛策）等を行う予定の有無および予定がある場合にはその内容を具体的に記載しなければならない。他社株買付府令第四号様式・記載上の注意(6)。これによって、敵対的企業買収防衛策の発動の有無が明らかにされる。買収防衛策を発動する予定がある場合には、その内容を「具体的に」記載することが求められる。株主総会で防衛策を決議している場合は、その内容を記載することとなる。中村聡「金融商品取引法と実務上の課題」商事法務一七九一号二〇頁は、大株主や取引先株主に対する働きかけ、従業員や地域に対する働きかけなども含まれる余地があるとした上で、買収防衛策としてなるべく手の内を明かしたくないという会社側の事情と、株主・投資者が公開買付けに応じるか否かを判断するための十分な情報開示の必要性との間に緊張関係が生じると指摘する。

(9)　延長請求しない場合には、「該当事項なし」と記載する。他社株買付府令第四号様式・記載上の注意(8)。

(10)　質問がある場合にはその質問の内容を記載する。ない場合は、「該当事項なし」と記載する。他社株買付府令第四号様式・記載上の注意(7)。

(11)　金融審議会金融分科会公開買付制度等ワーキング・グループ報告・前掲注（2）は、「公開買付けの対象会社から公開買付者に対して質問する機会が付与されることは、公開買付者と対象会社の意見の対立点等がより鮮明になり、株主・投資者が投資判断を行う上で一層の便宜となることが考えられる。一方で、上場企業等の支配権を巡るやりとりである以上、公開買付者も対象会社も株主・投資者に対して説得的な情報を提供するインセンティブはすでに内在しており、現状でも公開買付者に対する対象会社からの質問は実務上広く行われている。対象会社からの質問について、法令上あまりにも詳細な制度とすることは、かえってその範囲内で公開買付者が回答すれば情報開示は十分との当事者の認識や場合によっては裁判所の判断等につながりかねず、結果として、情報の提供が行われにくくなることも考えられる。これらの点を踏まえ、質問機会の付与に係る法令上の手当てとしては、対象会社による意見表明に際して、公開買付者に対する質問がある場合に、当該意見表明報告書の中で、その点についての言及も行わせるといった最低限の枠組みを示すにとどめ、その余については、基本的に市場における当事者間の自主的な取組みに委ねていくことが適当である。」としている。

(12)　対質問回答報告書の提出期限について、「意見表明報告書の提出期限と合わせて、いわゆる敵対的な公開買付けであって公開買付期間が短い（三〇営業日）にも、その前半で証券（金融商品）取引法に基づく公開買付者と対象者のやりとりが終了することとされた。」と説明されている。大来・前掲注（3）七頁。

五　公開買付けの結果の公表

公開買付けを行った者は、公開買付期間の末日の翌日に、公開買付けの結果を公開買付開始公告において利用できる日刊新聞紙に公告しまたは公表しなければならない（金商法二七条の一三第一項、金商令九条の三第一項二号・九条の四）。かかる公告は電子公告で行うこともできる（金商令九条の三第一項一号）。公表は、①時事に関する事項を掲載する日刊新聞紙の販売を業とする新聞社、②①の新聞社に時事に関する事項を総合して伝達することを業とする通信社、③日本放送協会および一般放送事業者に対して公開する方法により行うことを要する（金商令九条の四）。さらに、公開買付報告書を内閣総理大臣に提出し、その写しを対象者および公開買付けにかかる株式等が上場もしくは店頭登録されている金融商品取引所もしくは認可金融商品取引業協会に送付しなければならない（金商法二七条の一三第二項・三項）[1]。

公開買付けの結果の公告または公表においては、つぎの事項を掲載しなければならない（他社株買付府令三〇条）。

① 公開買付者の氏名または名称および住所または所在地
② 対象者の名称、買付け等にかかる株券等の種類、公開買付期間
③ 公開買付届出書において、金商法二七条の一三第四項第一号にかかげる条件を付した場合[2]における、当該条件の成否
④ 応募株券等の数および買付け等を行う株券等の数
⑤ 決済の方法および開始日
⑥ 公開買付報告書の写しを縦覧に供する場所

また、公開買付報告書には、公開買付けの成否、公開買付けの結果の公告日および公告掲載新聞名、買付けを行った株式等の数、買付けを行った後の株式等所有割合ならびに按分比例方式により買付けを行う場合の計算等を記載しなければならない（他社株買付府令三一条）[3]。

公開買付報告書およびその写しは、その受理後、それぞれ財務局または公開買付けの対象である株式等が上場もしくは店頭登録されている金融商品取引所もしくは認可金融商品取引業協会の事務所に備え置いて公衆の縦覧に供される（金商法二七条の一四第一項・三項）。

公開買付けの成否およびその結果は、公開買付け後の対象株式等について投資者が合理的な投資判断をするための重要な情報であることから、公告もしくは公表および報告書の公衆縦覧の制度を通じて広く開示するものとされている。

（1）　ただし、公開買付けをする者において、公開買付けの撤回をするものとしてその公告を行った場合は、公開買付けの結果の公告もしくは公表ならびに公開買付報告書の提出を要しない（金商法二七条の一三第一項ただし書）。

（2）　応募株券等の総数が買付予定の株券等の数に満たないときは、応募株券等の全部の買付け等を行わないという条件を付けることがある。

（3）　他社株買付府令の第六号様式による。

第三款　公開買付けの取引

一　公開買付けの条件

1　買付条件の均一性

公開買付けによって株券等の買付けをする場合、買付け等の価格は、すべての応募投資者について均一にしなければならない（金商法二七条の二第三項、金商令八条三項本文）。買付条件は、買付価格に限らず、買付代金の支払時期その他の条件をも含む。有価証券との交換による公開買付けにあっては交換比率を均一にしなければならない(1)。もっとも、応募した投資者が複数の種類の対価を選択することができる場合、選択できる対価の種類がすべての応募投資者につき同一である場合に限って、それぞれの種類ごとにその種類の対価を選択した応募投資者について均一であれば、この要件は満たすものとされる（金商令八条三項ただし書）。

買付条件の均一性は、同一の公開買付けに応ずる投資者間の公平をはかることを目的とするものである(2)。買付価格の均一性については、買付価格の変更との関係で特に規定されている。公開買付者は、原則として買付価格を引き下げてはならない（金商法二七条の六第一項一号）(3)。もっとも、公開買付開始公告および公開買付届出書において公開買付期間中に対象者が株式（投資口）の分割、株主に対する株式または新株予約権の無償割当てを行ったときは内閣府令で定める基準に従い買付価格を引き下げることがある旨の条件をあらかじめ付して公開買付けを行う場合は、例外的に買付価格の引下げを行うことが許される（金商法二七条の六第一項一号括弧書、金商令一三条一項）。したがって、公開買付期間中に対象者が自社株につき一株を一〇株に分割する株式分割を行った場合には、買付者は、分割割合である一〇分の一を下限として買付価格の引き下げを行うことができる(4)。

買付価格を引き上げることはできるが（金商法二七条の六第二項参照）、均一価格での買付けの要請から、買付価格を引き上げた場合、その引上げ前に応募をした投資者からも引上げ後の価格で買付けをしなければならない(5)。

公開買付期間中、買付け等の対価の種類変更はできない（金商法二七条の六第一項四号、金商令一三条二項三号）(6)。公開買付けの一部を撤回することになるため、買付け等の期間の変更については、短縮は認められず、延長にも制限がある（金商法二七条の六第一項四号、金商令一三条二項二号）(7)。買付予定の株券等の数の減少も許されない（金商法二七条の六第一項二号）。買付予定の株券等の数を増やすことは条件付きで認められる（金商法二七条の六第一項四号、金商令一三条二項一号）。買付予定数を増加することの問題は、それにより、後述する撤回禁止の規制を回避することを可能にすることにある(8)。一方で、予定していた買付予定数を増加させる必要が生じた場合、公開買付者は、その公開買付けを利用して必要と考える数量の有価証券を買い付けることができず、増加分は、新規の公開買付けまたは公開買付け後の一般市場取引によって取得しなければならないこととするならば、公開買付者の機動的な対応をはばむ結果となり、妥当ではない。以上のことから、買付条件の撤回を同時に行い、応募株式をすべて買い付けることにする場合には、買付予定数の増加が認められる。さらに、公開買付開始公告後に、競合する公開買付けが開始された場合、競合する公開買付者が買付予定数を増加させた場合にも、当初の買付予定数を増加することができる。

(1)　交換にかかる差金として金銭を交付するときは、これも含まれる（金商令八条二項）。
(2)　公開買付けの対象会社の取締役が当該会社の株券等を所有する者である場合に、公開買付者が、当該取締役に対して、公開買付け成立後における取締役としての報酬を約束した場合、かかる報酬が公開買付けにおける株券等の対価としての性質を有すときには、「均一の条件」に反すると考えられる。金融庁「株券等の公開買付けに関するQ＆A」（第二四問）は、報酬が対価としての性質を有するか否かの判断にあたり、①従前の報酬と新たな「報酬」との相違（相違がある場合、その合理的理由の有無）、②報酬が支払われる時期（一時金として支払われるものか継続的に支払われるものかなど）および条件（公開買付けの成立のみを条件とするものか一定の業績の達成を条件とするものかなど）、③当該取締役が応募する株券等の数（当該取締役の応募の有無が公開買付けの成否に与える影響の大小）、④報酬額の計算の基準および根拠（当該取締役が応募する株券等の数を基準とするものであるかなど）の点に留意する必要があるとする。
(3)　応募株主に明らかに不利になる条件変更が認められるべきではない。買付価格の引下げによって、実質的に買付けの撤回を自由に認めるのと同じ結果が生じることを防止するためとする見解もある。黒沼悦郎「公開買付制度・大量保有報告制度の改正」法律のひろば五九巻一一号二六頁。
(4)　後述する公開買付けの撤回事由と比較して、買付価格の引下げが認められる事由が限定されている。この点を疑問視する見解として、黒沼・前掲注（3）二六頁参照。なお、ブルドックソースに対する敵対的公開買付けを実施していたスティール・パートナーズは、日本初の買収防衛策の発動に伴い、この規定に従って買付価格の引下げを行った。大崎貞和・解説金融商品取引法〔第三版〕一三三頁（平成一九年）。
(5)　早くに応募した株主は当初の低い価格に満足して買付けに応じたのであるから、これらの者にまで買付価格を上乗せする必要はないとの考えもありうる。しかし、後に価格が引き上げられることがわかっていれば、低い価格では応募しなかったはずであり、低い価格での買付けに合理性はない。龍田節・証券取引法Ⅰ一四七頁注六三（平成六年）。

（6）応募株主が選択することができる対価の種類として新たな対価の種類を追加することはできる。

（7）六〇営業日の期間を超えないことが原則となる。公開買付届出書、訂正届出書の形式不備以外の理由で訂正届出書を提出するときには期間の延長が必要となる（金商法二七条の八第八項）。延長すべき期間は一〇営業日と定められている（他社株買付府令二二条二項）。この場合は、公開買付期間が六〇営業日を超える場合がありうる。

（8）龍田・前掲注（5）一四七頁。

2　買付けの期間

公開買付けによる株券等の買付けは、買付けをする者が公開買付開始公告を行った日から、二〇営業日以上六〇営業日以内の期間を定め、その期間内に行わなければならない（金商法二七条の二第二項、金商令八条一項）。[1] 投資者が公開買付けに応じて株券等を売り付けるか否かの投資熟慮をするためには、公開買付けによる買付けが、公開買付開始公告からある程度の経過後までなされるものとすることが必要である。[2] また、公開買付けによってあまりに長期にわたり流通市場が影響を受けることを避ける必要もある。これらに配慮して、右のような期間が定められている。

競合する公開買付けが行われる場合、それらの間で対等の条件の下で競争することができるようにすることが望ましい。そのため、公開買付期間中に、対象者の株券等について、第三者による競合公開買付けが行われるときは、この期間を当該競合買付けの終了日まで延長することが認められている（金商法二七条の六第一項四号、金商令一三条二項二号ロ）。

公開買付けの対象者は、公開買付開始公告に記載された買付け等の期間が政令で定めた期間よりも短いときは、買付け期間を延長することを請求できる（金商法二七条の一〇第二項二号）。延長請求がなされた場合は、買付期間は三〇営業日延長される（金商法二七条の一〇第三項、金商令九条の三第六項）[3]。

（1）　金融審議会金融分科会公開買付制度等ワーキング・グループ報告「公開買付制度等のあり方について」（平成一七年一二月二二日）は、「現行制度上、実日数ベースで上限・下限が設定されている公開買付期間については、連休等が重なる時期の公開買付けにおいて、対象会社の経営陣が対抗提案等を行う時間的余裕が乏しくなり、株主・投資者への十分な情報提供や株主・投資者による十分な熟慮期間の確保等が阻害されるおそれがあることから、営業日ベースと改めることが適当である。」とした。

（2）　公開買付期間が相当長期に設定されても、応募株券等の総数が買付予定株券等の数を超えるときは、先着順で買付けがなされる場合、投資者には、実際上の、十分の投資熟慮の機会が確保されないおそれがある。後述するように、金融商品取引法は、応募株券等の総数が買付予定株券等の数を超えるときは按分比例方式によって買付けをしなければならないものとしており、このような要請とあわせて、公開買付期間が相当の期間にわたるものとされることは、投資者の投資熟慮機会の確保に役立つものとなる。

（3）　平成一八年の改正により、従来公開買付者が公開買付期間を選択していたことに対して、公開買付者への質問制度（金商法二七条の一〇第二項参照）に対応する形で対象者の側に買付期間の設定につき限定的な影響力を与えることとされた。すなわち、公開買付期間が買付者によって三〇営業日未満に設定された場合には、対象者が公開買付期間の延長を請求することができる（金商法二七条の一〇第二項二号、金商令九条の三第六項）。この延長請求が行使されると、公開買付期間は三〇営業日まで延長されることとなる（金商法二七条の一〇第三項、金商令九条の三第六項）。金融審議会金融分科会公開買付制度等ワーキング・グループ報告・前掲注（1）は、「公開買付者により公開買付期間が短く設定されたときには、とりわけ対象会社の経営陣が公開買付けに反対の場合等において、その経営陣が対抗提案等を株主・投資者に適切に提示し、これに基づいて株主・投資者が適切に熟慮、判断するための時間が十分に確保できない可能性がある」としていた。

延長請求が可能となる基準、延長請求後の公開買付期間について、「公開買付期間が公開買付者によって二〇営業日台に設定された場合には、対象者が対抗提案等を行い、株主・投資者に十分な情報提供等を行う時間的余裕が乏しくなる可能性があること、一方で、延長後の期間があまりに長期になると、公開買付者が公開買付期間を一義的には設定できるとの制度趣旨にもとることとなることから、延長の請求が可能となる基準および請求後の公開買付期間の双方について、六〇営業日という公開買付期間の上限の半分である三〇営業日とされた」と説明されている。大来志郎「公開買付制度の見直しに係る政令・内閣府令の一部改正の概要」商事法務一七八六号七頁。

3　買付けの撤回

公開買付けにかかる契約の解除権については、公開買付けに応じた投資者と公開買付者とでは異なった取扱いがなされる。すなわち、公開買付けに応じた投資者は、公開買付期間中においては、いつでも、当該公開買付けにかかる契約の解除をすることができる（金商法二七条の一二第一項）。これは、投資者が公開買付けに応じた後に、公開買付けに関する情報を十分に検討して、その判断を変更した場合に、その行為の撤回を可能ならしめようとするものである。同一の有価証券について競合する公開買付けがなされ、あるいは、有価証券の発行者またはその役員が公開買付を拒絶するよう強力な勧告をしたような場合に、この撤回権が行使されることが多いと考えられる。

一方、公開買付けは、対象となる株券等の市場価格に重要な影響を及ぼすものであることから、いったん公開買付けの開始公告がなされた後は、公開買付者による撤回を安易に認めるべきではない。そのため、公開買付者は、公開買付けにかかる有価証券の発行者等の事業もしくは財産に関する重要な変更その他の公開買付けの目的を達成するのに重大な支障となる事情がある場合に撤回する旨の条件を付して公開買付けをした場合または公開買付者に関し破産手続開始の決定その他の重要な事情の変更が生じた場合を除いては、その行為の撤回をすることができない（金商法二七条の一一）。公開買付けにかかる有価証券の発行者等の事業もしくは財産に関する重要な変更その他の公開買付けの目的を達成するのに重大な支障となる事情がある場合とは、対象者またはその子会社の業務執行を決定する機関が株式交換、株式移転、会社分割、合併、解散、破産手続開始などを行うことについての決定をしたことなどをいう（金商令一四条一項）。(1)(2) 撤回が認められる事由は、公開買付開始公告を行った日以後に公表されたものに限られる。(3)

政令指定されていないものの、有価証券の発行者が重大な粉飾決算をしており、公開買付けの途中でそれが発覚したような場合も、ここにいう「重大な支障となる事情」に該当すると解すべきである。(4)

（1）　軽微基準に該当する場合は、撤回は認められない（他社株買付府令二六条一項参照）。本文に掲げるもの以外に金融商品取引法施行令一四条一項が詳細の規定を定めている。対象会社の業務または財産に関する重要な変更等が生じた場合に加えて、子会社の業務または財産に関する重要な変更等が生じた場合にも撤回が認められる点が注目される。株券等の取得につき他の法令にもとづく行政庁の許可等を必要とする場合において、公開買付期間の末日の前日までに当該許可等を得られなかった場合にも公開買付けの撤回をすることができる（金商令一四条一項四号）。公開買付期間中に公開買付者が公正取引委員会から独占禁止法にもとづく排除措置命令の事前通知を受けた場合（独禁法四九条五項・一七条の二第一項参照）、たとえば、株式の全部または一部の処分や事業の一部の譲渡を命じるものであれば、通常、株券等の取得につき「許可等」を得ることができなかったものとして、公開買付けの撤回等を行うことができる。独占禁止法一〇条一項の規定に違反する疑いがある行為をする者として裁判所の緊急停止命令（独禁法七〇条の一三第一項参照）の申立てを受けた場合も、撤回等がある旨の条件を付していれば、同様に、通常、公開買付けの撤回等を行うことができると考えられる。金融庁「株券等の公開買付けに関するQ&A」（第七問）。

金融審議会金融分科会公開買付制度等ワーキング・グループ報告「公開買付制度等のあり方について」（平成一七年一二月二二日）は、「近時、いわゆる買収防衛策を導入する企業が増えつつあり、これらに関して公開買付けの撤回が一切認められないとすれば、公開買付者に不測の損害等を与える可能性があることから、現行認められている事由に加えて、一定の場合には撤回を認めることが適当である。」としていた。平成一八年の改正では、対象会社またはその子会社の業務執行を決定する機関が、株式分割、株式・新株予約権の無償割当て、新株発行等、自己株式の処分、既発行の株式への拒否権条項または取締役・監査役選任・解任権条項の付与、重要な財産の処分・譲渡、多額の借財を行う決定をしたことが撤回事由に加えられた。さらに、対象者の業務執行を決定する機関が、公開買付者の株券所有割合を一〇パーセント以上減少させることとなる新株発行その他の行為を行うことがある旨の決定をすでに行っており、かつ、当該決定の内容を公表している場合に当該決定を維持する旨の決定または公開買付開始公告をした日において、対象者もしくはその子会社が拒否権付種類株式もしくは種類投票株式について株券等を発行している場合に、当該異なる定めを変更しない旨の決定をしたことなども撤回事由と定められている。対象者の買収防衛策に関する方針は意見表明報告書に記載することが求められる（金商法二七条の一〇第一項、他社株買付府令二五条一項六号）。かかる記載によって撤回の可能性を判断することができる。大来志郎「公開買付制度の見直しに係る政令・内閣府令の一部改正の概要」商事法務一七八六号九頁。買収防衛策が維持される場合の撤回については、公開買付開始時点で撤回の可能性がある点にかんがみて、公開買付撤回届出書において買収防衛策の維持を回避するために公開買付者がどのような取組みを行ったかについて記載が求められることとなっている。他社株買付府令第五号様式・記載上の注意(5)。

（2）　公開買付者側の重要な事情の変更として死亡（個人の場合）、後見開始の審判を受けたこと（個人の場合）、解散、破産手続開始の決定・再生手続開始の決定または更生手続開始の決定を受けたこと、不渡り等があったこと等が挙げられる（金商令一四条二項）。

（3）　撤回が認められる事由に該当する事実が公開買付開始公告前に公表されていれば、公開買付における買付価格は、それを反映したものとなるはずである。そのため、公開買付の撤回は、公開買付開始公告以降に公表があったものに限定することで足りる。証券取引法研究会「平成一八年公開買付制度の見直しに係る政令・内閣府令（1）」金融商品取引法の検討〔2〕〔別冊商事法務三二〇号〕九九頁（小谷）（平成二〇年）参照。

（4）　公開買付者がたとえ公開買付けにおいて撤回をすることがある旨の条件を付している場合にも、有価証券の発行者等の業務および財産の状況その他事業の内容に関して単に自己が知らなかった重要な事実があきらかになったというだけでは、公開買付けの撤回をすることができないと解される。他方で、有価証券の発行者が内閣総理大臣に提出した有価証券報告書に重大な虚偽記載があった場合において、その虚偽記載の内容を前提として公開買付けを進めていたところ、公開買付けの終結前にその虚偽記載があきらかになったときにまで公開買付けを撤回しえないと解するのは不当である。

二　公開買付けの方法

1　買付数量と配分方法

公開買付者は、公開買付けにおいて、公開買付けの目的の達成に重大な支障が生じたときは公開買付けを撤回する旨の条件を付していた場合等のほか（金商二七条の一一第一項ただし書）、①応募株券等の総数が買付予定の株券等の数に満たないときは、応募株券等の全部の買付け等を行わないこと、または②応募株券等の総数が買付予定の株券等の数を超えるときは、その超える部分の全部または一部の買付け等をしないことを条件とする場合（公開買付者および特別関係者の株券等所有割合が政令で定める場合を下回る場合に限る）(1)を除いては、応募株券等のすべてについて、買付け等にかかる受渡しその他の決済を行わなければならない（金商法二七条の一三第四項）。これは、公開買付けに応じて株券等を提供する投資者の利益と公開買付者の利益を考慮して、公開買付者の買付数量を公開買付けの条件の中で合理的に明確にさせようとするものである。

公開買付者が右の②の条件を付した場合において、応募株券等の総数が買付予定の株券等の数を超えるときは、応募株主から按分比例にもとづいて計算した数の株券等にかかる受渡しその他の決済を行わなければならない（金商法二七条の一三第五項）。ここにいう按分比例方式は、応募株主の応募株券等の数に応募株券等の総数のうちに占める買付け等をする株券等の合計の割合を乗じる方法をいう（他社株買付府令三二条一項）[2]。このような按分比例によって買付株券等を配分する要請は、投資者間の公平を期するためのものである。また、投資者が公開買付けについて十分の熟慮をしてこれに応ずることができるようにするためにも役立つ[3]。

（1）公開買付届出書に、買付け等を行う当該株券等の数を上限として具体的な数を記載することを要する。
（2）この計算によって得た数に一株未満の端数があるときは、この端数を四捨五入する（他社株買付府令三二条一項）。一単元の株式の数を定めた会社の株券にあっては、一単元の株式数未満の端数を四捨五入する（他社株買付府令三二条三項）。
（3）提供された株券等の一部の買付けをするのに投資者間の公平をはかるだけならば、提供された株券等を時間的な順序に従って買い付けてもよい。しかし、そのような先着順によって買付けが行われる場合には、投資者の中には自己の株券等が買い付けられることを欲するあまり、十分な投資熟慮をすることなく公開買付けに応ずるものも出てくることになる。この場合、公開買付けに関する開示制度が実際上有効に機能しなくなる危険性がある。これに対して買付配分が按分比例の方法で指定されるときは、投資者は、開示情報を参考に、十分の投資熟慮をして、公開買付けに応ずるかどうかを決定することができる。神崎克郎「テンダ・オッファの法規制」証券取引の法理九八頁（昭和六二年）参照。

2　事務の代理

公開買付けによる株券等の買付け等を行う場合、株券等の保管、買付け等の代金の支払いなどの事務は、第一種金融商品取引業者または銀行等に行わせなければならない（金商法二七条の二第四項）[1]。このほか、按分比例方式により買付け等を行う株券等の数を確定させる事務も含まれる（金商令八条四項三号）。公開買付者自身がこれらの事務を行うことは許されない。

このように株券保管等の事務を第一種金融商品取引業者や銀行等に行わせるのは、株券等の保管や買付け等の代金の支払いを確実にさせることで投資者の利益を確保するためである。そのため、代理人は、このような事務を日常的に行う第一種金融商品取引業者や銀行等に限定される。さらに、公開買付者に按分比例の計算をさせる場合には、買い付ける株券等を恣意的に決定する危険性がある。第一種金融商品取引業者や銀行等は、政府の監督下にあり、これらの事務を正確かつ公平に行うことが期待される。一方で、公開買付者は、事務代理人に支払う費用の負担をしなければならない。

（1）　銀行、協同組織金融機関その他政令で定める金融機関（①株式会社商工組合中央金庫、②保険会社、③無尽会社、④証券金融会社、⑤短資会社が指定されている（金商令一条の九））をいう。

3　別途買付けの禁止

公開買付者およびその特別関係者ならびにそれらの者の代理人は、公開買付期間中、公開買付けにかかる株券等を公開買付けによらないで買い付けてはならない（金商法二七条の五本文）。金融商品取引法は、公開買付者の保有株券等の数と買付予定株券等の数をあきらかにして公開買付けを行うことにしている。そのため、これらの株券等の数に変動を生じるような別途買付けを一切行わずに公開買付けによって買い付けるよう義務づけるのが投資者に対する情報の開示の面で制度として簡明である。また、別途買付けにより大株主等から公開買付けの買付価格より高い価格で買い取ることを認めるのは、投資者を平等に取り扱う公開買付けの制度の趣旨に反する。(1)

もっとも、つぎの場合には、公開買付け中であっても、例外的に買付けが認められる（金商法二七条の五ただし書、金商令一二条）。

①　公開買付開始公告を行う前に締結した契約にもとづく場合で、公開買付届出書にその契約の存在および内容が

明らかにされているとき

② 特別関係者が、特別関係者に該当しない旨の申出を内閣総理大臣にした場合

公開買付けの規制では、公開買付者と緊密な関係者を特別関係者として、一定の場合に公開買付者と同様の扱いをしている。もっとも、このような特別関係者は形式的な基準で定まる。そこで、特別関係者に該当する者が、公開買付者の共同行為者でない旨の申出をすれば、[2] その者は公開買付期間中でも買付けが可能となる。

③ 公開買付けの事務を行う第一種金融商品取引業者等が、公開買付者およびその特別関係者以外の者の委託を受けて買付けをする場合

④ 公開買付けの事務を行う第一種金融商品取引業者等が、金融商品取引所または認可金融商品取引業協会の規則に従い、有価証券の流通の円滑化をはかるために買付けをする場合

過誤訂正等のための買付けおよび売買立会の始めの約定値段を定める売買を成立させるために金融商品取引所が必要と認める買付けなどが該当する。

⑤ 新株予約権を有する者が、その新株予約権を行使することにより買付け等をする場合

⑥ 公開買付けの適用除外となる買付け等[3]をする場合

⑦ 公開買付けの事務を行う第一種金融商品取引業者等が、その有する株券等の売買にかかるオプションを行使し、またはその付与していた株券等の売買にかかるオプションが行使されることにより買付けをする場合

⑧ 金融商品取引清算機関に対し株券等を引き渡す債務を負う清算参加者が、当該金融商品取引清算機関の業務方法書において履行すべき期限として定められる時までに当該債務を履行しなかった場合に、当該業務方法書に定めるところにより行う株券等の買付け等をする場合

⑨ その株券等が上場されている外国の金融商品取引所（金融商品取引所に類するもので外国の法令にもとづき設立されたものをいう）が所在する外国において、当該外国の法令の規定にもとづき海外公開買付け（公開買付けに類するもの

であって外国の法令にもとづいて不特定かつ多数の者に対して行われる株券等の買付け等の申込みまたは売付け等の申込みの勧誘をいう）により買付け等をする場合

⑩　株式買取請求にもとづき株券等にかかる買付け等をする場合

別途買付けの禁止に違反して買付けをした場合、一年以下の懲役もしくは一〇〇万円以下の罰金、またはこれらが併科される（金商法二〇〇条三号）。法人の場合、両罰規定により、一億円以下の罰金刑が定められている（金商法二〇七条五号）。さらに、公開買付者は、当該公開買付けに応じて株券等の売付け等をした者に対して、損害賠償の責任を負う（金商法二七条の一七第一項）。損害賠償額は、買付け等を行った際に公開買付者等が支払った価格と公開買付価格との差額に請求権者の応募株券等の数を乗じた額となる（金商法二七条の一七第二項）。

このように、公開買付けを実施している期間中に、買付者は公開買付けによらずに株券等を買い付けることはできない。もっとも、公開買付者による別途買付けが禁止されている期間中に、別の者が、対象会社の株券等を自由に買い付けることを許容することは公正性を欠く。そこで、他の者による公開買付期間中に、すでに三分の一を超えて対象会社の株券等を保有する者が、当該公開買付期間中に五パーセントを超える株券等の買付け等を行う場合には、公開買付けの手続によらなければならない（金商法二七条の二第一項五号、金商令七条五項・六項）[4]。

（1）　渡辺豊樹＝奥村光夫＝長谷場義久＝松川隆志＝田中誠二・改正証券取引法の解説一一六～一一七頁（昭和四六年）。

（2）　かかる申出をするには、他社株買付府令第三号様式による申出書（別途買付け禁止の特例を受けるための申請書）を作成し、関東財務局長に提出することを要する（他社株買付府令一八条）。そこでは、①本申出書にかかる公開買付けの内容、②公開買付者との関係、③共同行為者でないことの誓約、④公開買付者およびその特別関係者に対して株券等を譲渡しない旨およびこれらの者と共同して対象者の株主としての権利を行使しない旨の誓約、⑤公開買付者以外の者と共同して行う株券等の取得等の合意に関する事項などを記載する。

（3）　①株式の割当てを受ける権利を有する者が当該権利を行使することにより行う株券等の買付け（金商令六条の二第一項一号）、

②投資信託の受益証券を有する者が当該受益証券の交換により行う株券等の買付け等（金商令六条の二第一項二号・三号）、③発行者がその発行する全部または一部の株式の内容として株主が当該発行者に対し当該株式の取得を請求できる旨の定めを設けている場合（取得請求権付株式の場合）、当該株式の取得と引き換えに交付される株券等の買付け等（金商令六条の二第一項一一号）、発行者がその発行する全部または一部の株式または新株予約権の内容として、当該発行者が一定の事由が生じたことを条件として当該株式または新株予約権を取得することができる旨の定めを設けている場合（取得条項付株式・新株予約権の場合）、当該株式または新株予約権の取得と引き換えに交付される株券等の買付け等（金商令六条の二第一項一二号）が規定されている（金商令一二条四号）。

（4）　平成一七年二月のライブドアとフジサンケイグループによるニッポン放送の経営支配権をめぐる攻防では、先にニッポン放送の株主に対する公開買付けを開始していたフジテレビが、別途買付けの禁止規定によって市場での買付けを禁止されていたにもかかわらず、すでに三分の一超の株式を保有することとなっていたライブドアが、自由に市場を通じて株式を買い増したことが、競合する買付者間の公平性を損なうものとして批判の対象となった。大崎貞和・解説金融商品取引法〔第三版〕一三〇頁（平成一九年）。

金融審議会金融分科会公開買付制度等ワーキング・グループ報告「公開買付制度等のあり方について」（平成一七年一二月二二日）は、「近時、ある者が公開買付けを実施している期間中に、他の者が公開買付けによらずに取引所市場内で当該株券等を大量に買い進める事例が出現している。このように会社支配権に影響のある株式の買付けが競合するような場合には、買付者間のイコールフッティングを図るとともに、いずれの者によって会社を支配させる方が相当かを投資者が十分な情報の下で判断できるよう、当該他の者についても公開買付けを義務付けるべきであるとの指摘がある。これに対しては、①このような規制を導入すると、流通市場に売却される株式が限られたものとなり、流通市場が成立しなくなるのではないか、②公開買付期間中の競合者の出現に対しては、本来は公開買付価格の引上げ等によって対処していくべきであり、過剰規制とならないか、等の指摘があり、公開買付けを広く義務付けることには慎重であるべきであると考えられる。したがって、公開買付けを義務付けるとしても、例えば、ある者が公開買付けを実施している期間中に、株券等所有割合が既に三分の一超となっている別の者が更なる買付けを行う場合など、相当に厳格な要件の下に、公開買付けの義務付けを検討することが適当である。」とされた。三分の一を超える所有者にのみ公開買付けを強制するのは、過剰規制を回避するためと説明されている。大来志郎「公開買付制度・大量保有報告制度」商事法務一七七四号四二頁。

株券等の発行者が発行する株券等の上場がなされてる他の国の法令にもとづき公開買付け類似の手続を実施することは別途買付けの禁止の適用除外となる（金商令一二条七号・一四条の三の七第二号）。これ以外の外国における買付け等は別途買付に該当すると解される。大来志郎「公開買付制度の見直しに係る政令・内閣府令の一部改正の概要」商事法務一七八六号一〇頁。

4　全部買付義務と全部勧誘義務

既述のように、応募株券等の数の合計が買付予定数を超えるときには、按分比例方式でその超過分を買付けすることが求められる（金商法二七条の一三第四項二号・五項）。もっとも、この点について、特に、公開買付け後の少数株主の地位が不安定になることから、応募のあった株券等について、その全部を買い付けることを義務づける立法を採用する国もある。(1) 全部買付義務は、買付者の買収コストを増大させ、事実上、企業買収の可能性を減少させるおそれがある。他方で、公開買付け後の少数株主の保護の必要性も否定できない。これらの利益考量の結果、平成一八年の改正では、当該公開買付けの後における、公開買付者とその特別関係者の株券等所有割合の合計が三分の二以上となる場合には、按分比例方式を利用することは許されず、公開買付者は応募株券等を全部買い付けることが義務づけられた（金商二七条の一三第四項、金商令一四条の二の二）。(2)(3)

平成一八年の改正前では、公開買付け後に上場廃止の可能性があることを示唆して、株主に公開買付けに応じるように圧力をかける手法が問題とされていた。全部買付義務の法定には、このような強圧的公開買付けから株主を保護する機能は期待できない。全部買付義務は、公開買付けに応じた株主が按分比例での買付けで手残り株を所有する場面で株主の救済となるものの、公開買付けに応じなかった株主の株式を買い付ける義務として設計されていないためである。したがって、公開買付けに応じるかどうかの判断が要求される場面における強圧的な勧誘には効果を有さない。(4)

株式会社は二以上の内容の異なる種類の株券等を発行する場合がある。このような会社を対象とする公開買付けで買付け後における株券等所有割合が三分の二以上となる場合、対象者が発行するすべての種類の株券等について、買付け等の申込みまたは売付け等の申込みの勧誘を行わなければならない（全部勧誘義務）（金商法二七条の二第五項、金商令八条五項三号）。また、全部勧誘義務が課せられる場合には、別々の公開買付けを同時に行うことはできる。複数の種類の株券等に対する勧誘は、同一の公開買付けによって行わなければならない（他社株買付府令五条五項）。

（1）　二〇〇四年四月に欧州議会の承認を得て採択されたＥＵの「公開買付けに関する指令」では、支配権の獲得に結びつく株式取得について、対象会社の全株式についての公開買付義務（部分的買付けの禁止）が定められている。さらに、その買付価格についても、買付者は、最高価格提供義務がある。これらは、英国の規制（「公開買付けと合併に関するシティコード」にもとづく規制）をモデルにしたものといわれている。かかる制度では、企業買収にコストがかかる。この点について、北村雅史「ＥＵにおける公開買付規制」商事法務一七三二号八頁は、ヨーロッパ諸国の会社法では、敵対的買収の対象となった会社の取締役が行使できる防衛措置がアメリカなどに比べて限定されており、会社が企業買収に晒されるおそれは相対的に高くなっているため、この点でバランスがとられていると指摘する。

欧州では、支配権が移転するような議決権割合（英国では三〇パーセント以上）の株式取得自体には公開買付けによる必要はなく、当該割合に達する株式を取得した後に、他のすべての株式等を対象として公開買付けを行わなければならない。その際、応募のあったすべてについて買付義務が生じる。また、買付価格は、過去一定期間（英国は一年間）における最高取引価格以上でなければならない。これらの規制は、支配権移転の場面で、少数株主が公平な価格で売却する機会を確保するための制度として公開買付けを位置づけていることよる。三井秀範「欧州型の公開買付制度―わが国公開買付制度との比較の観点から」商事法務一九一〇号一八頁。これに対して、わが国では、株券等所有割合が三分の一超となる買付け自体に公開買付けが義務づけられる。また、株券等所有割合が三分の二以上となる場合に応募株券等につき全部買付義務が発生する。最低価格規制は存在しない。なお、アメリカでは、五パーセント超となる買付け自体に公開買付けが義務づけられるが、支配権移転が生じる場面での買付けに公開買付けは義務づけられない。したがって、全部買付義務は規定されてない。

（2）　金融審議会金融分科会公開買付制度等ワーキング・グループ報告「公開買付制度等のあり方について」（平成一七年一二月二二日）は、「全部買付義務を公開買付者に一律に課すことについては、買付けコストを増加させるとともに、買付けコストに係る公開買付者の予測を困難とする面があり、企業の事業再編行為等の円滑性の観点から、慎重に対応することが適当である。一方で、上場廃止等に至るような公開買付けの局面においては、手残り株を抱えることとなる零細な株主が著しく不安定な地位におかれる場合が想定される。このため、例えば公開買付け後における株券等所有割合が三分の二を超えるような場合については、会社法上、特別決議に対する買付者以外の株主からの拒否権が基本的になくなるなどの状態ともなることから、公開買付者に全部買付義務を課すことが適当である。」とされた。

（3）　対象者が複数の種類の株式を発行している場合に、ある種類の株券等について買い付ける予定がない場合は、公開買付けの手続の対象を限定することが考えられる。もっとも、ある者の株券等所有割合が三分の二以上となる場合には、零細な投資者を保護する観点から、議決権のあるすべての株券等の所有者に対して公開買付けを実施することが公開買付けの条件となる（金商令八条五項三号）（軽微基準が存在する（他社株買付府令五条三項））。この場合、同一の公開買付手続のなかで公開買付けを行う必要がある（他社株買付府令五条五項）。また、公開買付届出書では、価額の差異について説明が必要となる（他社株買付府令第二号様式・記載上の注意(6)e）。

（4）　黒沼悦郎「公開買付制度・大量保有報告書制度の改正」法律のひろば五九巻一一号二四頁は、公開買付けに応じなかった株主の保護を徹底するには、買付者に対する売付請求権を株主に付与する必要があるとする。

第四款　発行者による公開買付けに特有の規制

一　自己株式の取得と公開買付け

金融商品取引法では、会社が公開買付けにより自己株式を取得できるための制度を整備している。自己株式の公開買付けについては、「発行者以外の者による株券等の公開買付け」（金商法二章の二第一節）とは別に、「発行者による上場株券等の公開買付け」（金商法二章の二第二節）としての規定が定められている。

金融商品取引法においては、上場株券等を当該株券等の発行者が取引所市場外において買付け等を行う場合、つぎに該当するものについては、公開買付けによらなければならないと定めている（金商法二七条の二二の二第一項）。

①　会社法一五六条一項の規定による買付け等(1)

②　上場株券等の発行者が外国会社である買付け等のうち、多数の者が当該買付け等に関する事項を知りうる状態に置かれる方法により行われる買付け等

②にいう多数の者が公開買付けに関する事項を知りうる状態に置かれている方法により行われる買付け等とは、これらの事項を新聞もしくは雑誌に掲載し、または文書、放送、映画その他の方法を用いることにより多数の者に知らせて行う買付け等をいう（金商令一四条の三の二第二項）。

自己株式の公開買付けでも、発行者以外の者による公開買付けと同様に、公告を用いた手続等について適切な規定を設けて投資者への情報の開示と投資者間の公平をはかる必要があるという点で違いはない。したがって、自己株式の買付けについて、基本的にこれまで述べてきた公開買付けの規定が準用される（金商法二七条の二二の二第二項〜一二項）。一方で、自己株式の公開買付けは、会社支配権の獲得を目的とするものではない。そのため、自己株式の取得の場合には、株券等の所有割合についての規定（金商法二七条の二第八項）および特別関係者の規定（金商法二七条の二第七項）は準用されない。さらに、公開買付者と買付対象者が同一であることから、対象者に要求される意見表明報告書の提出は不要である（金商法二七条の一〇は準用されない）。

（1）　平成一七年の改正前の証券取引法では、①商法二一〇条一項の規定による買付け、②商法二一〇条ノ三第一項の規定による買付け、③商法二一三条一項の規定による株式の消却または償還株式の消却のための買付け等のうち、多数の者が買付け等に関する事項を知り得る状態に置かれる方法により行われる買付け等につき、公開買付けによらなければならないと定めていた（平成一七年改正前証取法二七条の二二の二第一項一号〜三号）。平成一七年に制定された会社法では、自己株式の取得手続は一五六条以下に規定が置かれ、内容が整備された。

二　業務等に関する重要情報の開示

投資者の投資判断に影響を与える重要な情報が会社に存在している場合、このような情報を開示せずに、公開買付けによって自己株式を買い付けることは、会社と投資者との間に著しい不平等をもたらすものといえる。たとえば、株価を上昇させるような情報が会社に存在していれば、投資者は提示された公開買付価格では買付けに応じない可能性が高い。そのため会社に未公表の重要事実があるときは、公開買付けによって自己株式を取得するには、公開買付届出書を提出する前に、その重要事実を公表することが義務づけられる（金商法二七条の二二の三第一項）。さらに、公開買付届出書を提出した後に、公開買付期間の末日までの間に、会社に重要事実が発生したときは、その重要事実を公表し、加えて、公開買付けにかかる上場株券等の買付け等の申込みに対する承諾または売付け等の申込みをした者および上場株券等の売付け等を行おうとする者に対して、公表の内容を通知しなければならない（金商法二七条の二二の三第二項）[1]。

ここにいう重要事実は、内部者取引規制における重要事実（金商法一六六条一項）と同様である（金商法二七条の二二の三第一項括弧書）。また、公表の概念も、内部者取引規制におけるもの（金商令三〇条）と同じである。なお、公開買付けに関連して未公表の重要情報が開示された場合、内部者取引規制一般も解禁されるべきである。したがって、これらの規定による公表がなされた後一二時間が経過したときは、金融商品取引法一六六条一項の公表がなされたものと見なされる（金商法二七条の二二の三第三項、金商令一四条の三の一二）。

自己株式の公開買付けによる取得に関して要求される重要情報の公表・通知をしなければならない場合に、それらの公表・通知をせず、または虚偽の公表・通知をした会社は、公開買付けに応じて上場株券等の売付け等を行った者に対して、これにより生じた損害の賠償をすることを要する（金商法二七条の二二の四第一項）。もっとも、①上場株券等の売付けを行った者が、会社に重要な事実が生じておりまたは公表・通知の内容が虚偽であることを知っていたとき、②会社が重要事実が生じていることまたは公表・通知の内容が虚偽であることを知らず、かつ、公開買付け当時に相当な注意を用いたにもかかわらず、それらを知ることできなかったことを証明したときは、責任を回避できる（金商法二七条の二二の四第一項ただし書）。会社の役員も、会社に重要事実が生じていることまたは公表・通知の内容が虚偽であることを知らず、かつ、公開買付け当時に相当の注意を用いたにもかかわらず、それらを知ることができなかったときは、会社との連帯債務を免れる（金商法二七条の二二の四第二項）。

（1）　通知は、当該通知が金融商品取引法二七条の二二の三第二項にもとづく通知である旨および当該通知にかかる公表の内容を記載した書面を交付することにより行わなければならない（自社株買付府令二四条一項）。

第五節　株券等の大量保有の状況に関する開示

第一款　株券等の大量保有の状況に関する開示の意義

一　規制の必要性

証券市場においては、種々の目的をもって、公開会社の株券等の大量の取得・保有がなされ、処分が行われる。公開会社の株券等の大量の取得、保有、処分に関する情報は、会社の支配権の変更や経営への影響の可能性を示すものである。株券等を大量に保有している者は、議決権等を通じて会社の支配権を変更することや、会社の経営に影響を及ぼすことができる立場にある。そこで、株券等の大量保有および大量処分に関する情報は、会社の支配権の変動や経営への影響の可能性を示すものとして、重要な投資情報である。(1)さらに、株券等の市場価格は、その需給関係によって決まる。そこで、株券等の需給関係に影響を及ぼす株券等の大量保有ならびに大量処分の元となる大量保有に関する情報は、株券等の需給関係にかかるものとしても、重要な投資情報といえる。(2)

以上のことから、金融商品取引法は、証券市場の公正性と透明性を高め、投資者保護の一層の徹底をはかるため、公開会社の株券等の大量の取得、保有、処分に関する情報の迅速な開示を要請している。(3)かかる大量保有報告制度は、一般に、五パーセント・ルールともよばれている。

(1)　証券取引審議会報告「株式等の大量の保有状況に関する情報の開示制度の在り方について」(平成元年五月三一日)は、つぎのように述べている。「株式等に対する投資者の投資活動は、基本的には会社を評価して行われるものであるので、その会社に関する情報は、投資者にできる限り開示される必要がある。この場合、経営に対する影響力も重要な投資情報であるので、株式等の大量の保有状況に関する情報については、迅速に投資者に開示されることが適切である。」

(2)　証券取引審議会報告・前掲注(1)は、また、つぎのように述べている。「安定株主が多く浮動株が少ないと言われている我が国証券市場において、特定者による株式等の買集めは、株式等の需給に大きな変動をもたらし、価格の急激な高騰の要因になる。さらに、買集めにより価格が高騰している場合において、肩代り等により買集めが終了し、その価格が急激に下落することになれば、こうした事情を知らない一般投資者は不当に不利益を被る恐れがある。この点から、株価変動の要因となる株式等の大量の取得・共有・放出に関する情報については、迅速に投資者に開示されることが必要である。」

(3)　アメリカにおいては、一九六八年に制定されたウィリアムズ法(Williams Act)によって一九三四年証券取引所法一三条d項が定められた。そこでは、同法一二条による登録会社その他の公開会社の発行する持分証券の五パーセントを超えて実質的に保有することになった者に、スケジュール一三Dによる報告書の提出を要請している。同報告書は、証券取引委員会、証券取引所および発行者に提出される。スケジュール一三Dによると、報告書では、保有者の略歴と身分証明、資金源、保有株式数、当該証券に関する契約、取得の目的などを開示しなければならない。報告書は持分証券を保有することとなった日から一〇日以内に提出する必要があり、さらに、その後、当初の開示事項について重要な変化があった場合には、速やかにその旨を開示しなければならない。証券取引委員会規則一三d・二では、その後の一パーセントごとの増加または処分があった場合は重要な変化が生じたものとして、開示を要求している。

二　規制の特徴

有価証券報告書では大株主の状況、臨時報告書では主要株主の異動が開示される。これらは、発行会社による開示である。これに対して、大量保有報告制度は、株券等を取得した者による開示である点に大きな違いがある。さらに、開示義務者は、実質的に株券等を保有する者である。(1) このことから、大量保有報告制度は、企業買収または株式買占めの対象となった会社の経営者に早期警戒措置をとる余裕を与える効果が認められる。(2) もっとも、前述のように、同制度は、経営に対する影響力、株券等の需給関係の変化に関する情報を迅速に投資者に開示することにより投資者保護をはかることを目的として定められたものであり、企業防衛、産業政策的な観点から、株券等の買集めを直接規制するために導入されたものではない。(3)

(1)　企業内容等開示府令第三号様式では、大株主の氏名または名称、住所、所有株式数、発行済株式総数に対する所有株式数の割合を記載することとしている。大株主は、所有株式数の多い順に一〇名程度について記載することを要する。同様式・記載上の注意(25)c。主要株主の異動があれば、その旨を注記する。同様式・記載上の注意(25)d。大株主には、他人名義のものを含むものの、名義書換えのないものについては、会社は他人名義を把握することは事実上困難である。

(2)　証券取引法研究会「証券取引法の改正について(19)株式等の大量の保有状況に関する情報の開示制度について（1）」インベストメント四四巻一号六五頁（河本）。アメリカにおいても、かかる開示制度において対象者の経営者が恩恵を受けることが一般的に知られている。J. D. Cox, R. W. Hillman, D. C. Langevoort, Securities Regulation, Case and Materials (second edition) 866 (1997).

（3）　証券取引審議会報告「株式等の大量保有状況に関する情報の開示制度の在り方について」（平成五年五月三一日）は、「企業防衛、産業政策的観点から、株式等の買集めを直接規制すべきとの意見もあるが、証券行政は、公正かつ円滑な証券取引を確保し、投資者保護に資することを目的とするものであると考えられるので、証券行政にこうした企業防衛、産業政策的視点を持ち込むことは適切ではない。」と述べている。

第二款　大量保有報告書

一　提出義務者

1　対象有価証券

株券、新株予約権付社債券その他政令で定める有価証券（以下、「株券関連有価証券」という）[(1)]で、金融商品取引所に上場されているものまたは店頭売買されているものの発行者である法人が発行する対象有価証券を発行済株式の五パーセントを超えて保有する者は、大量保有報告書を内閣総理大臣に提出しなければならない（金商法二七条の二三第一項本文、金商令一四条の四第二項）。ここにいう対象有価証券とは、①株券、②新株予約権証券および新株予約権付社債、③外国の者の発行する証券・証書で①②に掲げる有価証券の性質を有するもの、④投資証券等[(2)]、④外国の者が発行する①から③の有価証券の性質を有する証券または証書をいう（金商法二七条の二三第二項、金商令一四条の五の二）さらに、対象有価証券には、⑤カバード・ワラント、⑥有価証券信託受益証券で、①から④を受託有価証券とするもの、⑦①から④の有価証券にかかる権利を表示する預託証券、⑧他社株転換社債（いわゆるＥＢ）、⑨外国の者の発行する証券または証書で⑧の有価証券の性質を有するものが含まれる（金商法二七条の二三第一項、金商令一四条の四の二）。①については、議決権のある株式に限られる。②については、新株予約権の行使により議決権のある株式が発行・交付されるものに限られる(3)。したがって、株式に議決権がないものについては、大量に保有していても開示の要請はない。これは、開示規制が、株式保有により、会社の支配権に変動をもたらすことや経営に影響することに配慮して設けられたことによる。

投資者が保有する新株予約権付社債券自体が金融商品取引所に上場されていない場合でも、当該社債券を発行する会社が発行する株券が上場されていれば、新株予約権付社債券の保有について、開示義務が生じる。新株予約権を行使することで、上場されている株券を保有することが可能になるためである。

規制の対象となる対象有価証券を発行する会社の範囲は、公開買付けの規制が適用される会社の範囲よりも狭い。すなわち、過去に募集・売出しを行ったこと、外形基準を満たすことによって有価証券報告書の提出義務を負うこととなった会社の発行する有価証券は、規制の対象とはならない(4)(5)。

（1）　株券関連有価証券大量保有報告の対象となる有価証券には、①株券、新株予約権証券および新株予約権付社債券、②外国の者の発行する証券または証書で①の有価証券の性質を有するもの、③投資証券・外国投資証券で投資証券に類する証券、④有価証券信託受益証券で、受託有価証券が①から③に掲げる有価証券であるもの、⑤①から③の有価証券にかかる権利を表示する預託証券が含まれる（金商令一四条の四第一項）。

（2）　資産流動化法に規定する優先出資証券、投資信託法に規定する投資証券および外国投資証券で投資証券に類する証券をいう（金商令一条の四第一項一号）。投資証券等で取引所に上場されているものについては、議決権を有する有価証券で投資法人の支配権取得につながる有価証券であることから、平成一八年の改正で、新たに大量保有報告制度の適用対象とされた。これによって、上場投資証券等であるＲＥＩＴなどが規制の対象となる。

（3）　議決権のある株式には、議決権がすでに付与されている株式のほかに、議決権のない株式であっても、当該株式を発行する会社が当該株式の取得と引き換えに議決権のある株式を交付する旨の定款の定めのある株式も含まれる（大量保有開示府令三条の二）。この規定も平成一八年の改正で導入された。大量保有報告制度は、潜在的に議決権を有する有価証券についても、規制を及ぼすものとなっている。この観点から、相互保有株式（相互保有により議決権のない株式）および議決権制限株式についても、大量保有報告の対象となると解される。金融商品取引法研究会「大量保有報告制度」金融商品取引法研究会研究記録二二号一五頁（神作）、池田唯一＝大来志郎＝町田行人編著・新しい公開買付制度と大量保有報告制度一八二頁（平成一九年）。議決権のある株式を対価とする取得請求権または取得条項が付されている無議決権株式も、大量保有報告の対象となる「対象有価証券」に該当する。金融庁「株券等の大量保有報告に関するQ＆A」（問七）。なお、立法論として議決権が復活した段階で、議決権付株式の数として開示させることで十分ではないかという見解もある。金融商品取引法研究会・右掲三九頁（川口）。

新株予約権無償割当てによる資金調達（ライツ・オファリング）が行われた場合、新株予約権の取得時ではなく、その行使時の時点で株券所有割合の計算がなされる（大量保有開示府令五条一項一号）。この点、公開買付規制においても同様の取扱いが規定されている。本書四六五頁参照。

ところで、大量保有報告義務を負う保有者から発行者が除かれていないことから、発行者が自己株式を取得することにより、発行済株式総数の五パーセントを超えて株券等を保有する場合は、大量保有報告書の提出が必要となる。自己株式については議決権がない（会社法三〇八条二項）。それにもかかわらず、大量保有報告書の提出が必要な理由は、自己株式は、その処分により、議決権が復活するといった性格を有していることに加えて、発行会社が取得することで、議決権付株式の総数がその分減少し、支配権取得に必要な株券等の数に変動が生じることにある。

（4）　かつて公募した会社で、現在、上場しておらず、または店頭市場で売買されていない会社の株式を買い集めることは実際上難しい。証券取引法研究会「証券取引法の改正について⒇株式等の大量保有状況に関する情報の開示制度について（2）」インベストメント四一巻二号四八頁（龍田）。この点から、一般投資者に対する情報開示の必要性は少ないといわれる。同右（河本）。

（5）　公開買付規制における株券等所有割合は、議決権の数を基準として算定される（金商法二七条の二第八項）。これに対して、大量保有報告制度における株券等保有割合は、議決権の数ではなく、株券等の数を基準とする（金商法二三条の二三第四項）。支配権の移動の可能性を重視するのであれば、議決権を基準とした制度が望ましい。他方で、大量保有報告制度は、株券等の需給関係に関する情報を投資者に提供するものでもある。後者の点からは、株券等の数を基準とすべきである。なお、大量保有報告では、原則として五営業日以内に大量保有報告もしくは変更報告を行う必要がある。保有者が、迅速かつ正確に自己の議決権保有割合を知ることは難しく、この点で、株券等の数を基準とすることが望ましい。池田唯一他・金融商品取引法セミナー（公開買付け・大量保有報告編）二四〇頁（平成二二年）参照。

2　株券等の保有割合

大量保有報告書の提出を義務づけられるのは、金融商品取引所に上場されている株券等の保有割合が五パーセントを超える者（大量保有者）である（金商法二七条の二三第一項）。五パーセントの基準は、会社の支配関係や株価形成に大きな影響を及ぼす数字であること、(1) および諸外国において、おおむね五パーセントの保有の段階から報告義務を課していることから定められた。(2)(3)

ここにいう保有割合は、自己および共同保有者の保有株券等の総数を当該発行会社の発行済株式総数に自己および共同保有者の潜在株式数を加算した数で除して得た数をいう（金商法二七条の二三第四項）。(4)(5)

なお、発行済株式の五パーセントを超えて株式等を保有することとなっても、それが保有株式等の増加を伴うものではない場合、大量保有に関する開示は不要である。したがって、株券等の保有割合が五パーセントを超える場合であっても、つぎの場合には、大量保有報告書の提出は不要である（金商法二七条の二三第一項ただし書、大量保有開示府令三条）。(6)

① 保有株券等の総数に増加がない場合

② 新株予約権証券または新株予約権付社債券にかかる新株予約権の目的である株式の発行価格の調整のみによって保有株券等の総数が増加する場合

(1) 公開買付けにおける開示も、買付けの結果、所有割合が五パーセントを超えて所有することになる場合に要求される（金商法二七条の二第一項一号）。会社支配権に対する影響という点で、基準が一致している。

(2) イギリスでは、会社法で会社の株式の五パーセント以上を実質的に保有することとなった者が、五日以内にその旨を当該会社に届け出ることが定められていた。また、フランスでは、会社の株式の五パーセント、一〇パーセント、二〇パーセント、三分の一、五〇パーセント超を実質的に保有することになった者は、その旨を当該会社に一五日以内に届け出ることになっていた。証券取引審議会報告「株式等の大量保有状況に関する情報の開示制度の在り方について」（平成元年五月三一日）。証券取引法研究会「証券取引法の改正について⒆株式等の大量保有状況に関する情報の開示制度について（1）」インベストメント四一巻一号四六頁以下参照。

その後、EUでは、二〇〇四年にEU透明性指令が制定され、その中で、大量保有報告制度に相当する制度が定められることとなった。そこでは、株主の保有する議決権割合が、五、一〇、一五、二〇、二五、三〇、五〇、七五パーセントの各基準値に到達し、超過し、または下回る場合に、発行者に対して議決権割合を通知しなければならないものとされた（EU透明性指令九条一項）。イギリスは、透明性ルールの策定権限を付与された金融サービス機構（FSA）が、三パーセントを超える割合の議決権を保有した株主は、その後、一パーセントの変動があるたびに、その議決権割合を発行者に通知する規則を制定した（開示規制および透明性規則（Disclosure Riles and Transparency Rules）五・一・二）。さらに、ドイツでは、証券取引法を改正し、議決権の、三、五、一〇、一五、二〇、二五、三〇、五〇、七五パーセントに到達し、超過し、または下回るときに、連邦金融監督局に報告することを求めている（ドイツ証取法二一条一項）。このように、EU透明性指令の基準にかかわらず、イギリスやドイツでは、五パーセント基準ではなく、三パーセント基準を採用していることが注目される。ドイツの改正案理由書によると、三パーセントの議決権割合を採用するのは、ドイツの現状にかんがみると三パーセントの議決権割合であっても経済的には相当に大きな価値を有する上、これまでのドイツの経験にかんがみると、株主総会において三パーセントの議決権割合を保有していれば発行会社に対して相当大きな影響力を行使することが可能であるということが示されているからである、と説明されている。神作裕之「EUおよびドイツにおける大量保有報告制度―『共同行為』概念を中心として」金融商品取引法制の現代的課題一九八頁（平成二二年）。

(3)　アメリカにおいては、一九七〇年の改正までに、五パーセントを超える株式をすでに取得していた者は、新たに証券を取得するのでなければ、一九三四年証券取引所法一三条(d)項の開示規則に服する必要はなかった。しかし、一九七七年の法改正により、一三条(g)項が定められ、公開会社等の持分証券の五パーセントを超える実質上の所有者である者にスケジュール一三Gにより要求される情報を含む説明書の届出義務が課せられることとなった。わが国の大量保有報告書の提出は、保有割合が五パーセントを超えることとなった場合に要求されるものである。吉原和志「株式の大量取得・保有と開示制度―一九三四年証券取引所法一三条(d)項を参考として」竹内還暦・現代企業法の展開七三八頁（平成二年）は、動態的な開示義務に加えて、静態的な開示義務を包含した開示制度の検討を主張する。

(4)　株券等保有割合は、［①（保有者が保有する株式の数と保有者が保有する潜在株式を株式に換算した数の合計から信用取引により譲渡したことにより引渡義務があるものの数を控除した数）＋②（共同保有者が保有する株式の数に、共同保有者が保有する潜在株式を株式に換算した数）－③（保有者および共同保有者間で重複計上となっている株券等の数）］÷④（発行済株式総数に、保有者および共同保有者が保有する潜在株式を株式に換算した数）で算出される。なお、ここにいう潜在株式は、現在は株式ではないものの、権利行使等によって議決権のある株式に転換するものをいう。株式への換算方法は、たとえば、新株予約権証券については、新株予約権の目的である株式の数、新株予約権付社債券については、当該社債券に付されている新株予約権の目的である株式の数などが妥当する（大量保有開示府令五条）。③重複計上の控除については、本書五二三頁参照。④の発行済株式総数は、原則として、提出義務発生日の数を用いるものの、これがわからない場合は、直前期の有価証券報告書もしくは四半期報告書、または、直近の商業登記簿等に記載された数を用いることができる。大量保有開示府令第一号様式・記載上の注意⑿e。なお、発行会社が新株発行を行った場合、株券等保有割合の計算において分母となる発行済株式総数は、新株発行の払込期日（発行会社が払込みの期間を設けた場合には払込みが行われた日）から増加する。金融庁「株券等の大量保有報告に関するQ&A」（問一五）。

コミットメント型ライツ・オファリングでは、金融商品取引業者が未行使分の新株予約権を取得することが予定されている。この場合、新株予約権の取得日から五営業日の期間は、引受金融商品取引業者の株券等保有割合の算定の対象から除外される（大量保有開示府令四条二号）。

（5）　組織再編に際して株券等の保有割合が変動する場合、当該組織再編の効力が確定的に生じた日から保有株券等の数に算入する必要がある。たとえば、吸収合併においては、合併の効力発生日から、新設合併においては、新設会社の成立（合併登記）の日から、それぞれ保有株券等の数に算入することが求められる。金融庁・前掲注（4）（問一八）。

（6）　これらの場合には大量保有報告書を提出する必要はないが、その後取得・処分が行われた場合には、①②の要素も織り込んで計算された、当該取得・処分後の株券等保有割合にもとづいて大量保有報告書の提出の要否を検討する必要がある。池田唯一＝大来志郎＝町田行人編著・新しい公開買付制度と大量保有報告制度一八九頁（平成一九年）。

3　提出時期

大量保有報告書の提出義務の発生後、現実の提出までの間に株券等の追加取得または処分が行われ、大量保有報告書の提出時に現実の保有状況と大量保有報告書の開示内容が大きく異なるようでは、株券等の大量保有状況の開示制度として適正ではない[1]。金融商品取引法は、この点で、大量保有報告書の提出時期を、株券等を発行済株式の五パーセントを超えて保有することとなった日（報告義務発生日）の翌日から起算して五日以内とするとともに（金商法二七条の二三第一項本文）[2][3]、後述するように、変動報告書の提出時期に特別の措置を定めている。

（1）証券取引審議会報告「株式等の大量保有状況に関する情報の開示制度の在り方について」（平成元年五月三一日）はつぎのようにいう。「株式等の保有状況が届出基準に達した者は、その旨を迅速に行政当局等に届け出る必要があるが、この場合の届出期限については、届出書類の作成に通常要するであろう期間を考慮した上で、できるだけ速やかに提出されるような期限を設定することが適切である。また、届出基準に達した後、実際の届出が行われるまでの間は、投資者保護を徹底する見地から、届出義務者の株式等の買増し又は放出を何らかの形で制限することも検討する必要がある。」

（2）日曜日その他政令で定める休日の日数は算入しない。政令で定める休日は、「行政機関の休日」（行政機関の休日に関する法律一条一項各号）と定められている（金商令一四条の五）。具体的には、①日曜日および土曜日、②国民の祝日に関する法律に規定する休日、③一二月二九日から翌年一月三日までの日が定められている。

（3）公開買付けで株券等の買付け等が行われ、五パーセント超の株券等を保有することになる場合、公開買付者は、公開買付期間の末日を提出義務発生日として、同日から五営業日以内に大量保有報告書を提出する必要がある。また、公開買付けに応募することにより、保有割合が一パーセント以上変動する株主等は、公開買付期間の末日に応募株券等にかかる売買契約を締結したものとして、通常の売買契約における売主と同様に変更報告書を提出する必要がある。金融庁「株券等の大量保有報告に関するQ＆A」（問一七）。

4　公衆縦覧

内閣総理大臣は、大量保有報告書（変更報告書または訂正報告書）を受理した日から五年間、当該報告書を公衆縦覧に供しなければならない（金商法二七条の二八第一項）。株券等の大量保有者が、大量保有報告書（変更報告書または訂正報告書）を提出したときは、遅滞なく、金融商品取引所・認可金融商品取引業協会は、送付された報告書の写しを、事務所に備え置き、五年間、公衆縦覧に供しなければならない（金商法二七条の二八第二項）。

内閣総理大臣は、大量保有報告書（変更報告書または訂正報告書）の提出命令を発する場合は、その報告書の全部または一部を公衆縦覧に供しないものとすることができる（金商法二七条の二八第四項）。この場合、大量保有者、金融商品取引所・認可金融商品取引業協会に対して、報告書の全部または一部を公衆縦覧に供しないこととした旨を通知する

（金商法二七条の二八第五項）。かかる通知を受けた後、開示書類の公衆縦覧の義務が免除される（金商法二七条の二八第六項）。大量保有報告書等の内容に訂正が必要な場合に、元の報告書の内容の開示を継続することは適当でない場合がある。そのため、平成二〇年の改正で、報告書の全部または一部の公衆縦覧を中止する制度が導入された[1]。なお、投資者の誤った情報による誤解を回避するために、訂正命令を出したことを、その報告書とともに開示することは有益である。開示用電子情報処理組織（ＥＤＩＮＥＴ）を利用して公衆縦覧が行われている大量保有報告書について、内閣総理大臣は、公益または投資者保護のために必要かつ適当であると認めるときは、大量保有報告書等の訂正命令を発した旨その他の情報を、当該報告書に併せて、同情報処理組織で公衆の縦覧に供することができる（金商法二七条の三〇の七）。この規定も平成二〇年の改正で実現した。

（1）　平成二〇年一月、テラメントという会社が、ソニー、トヨタ自動車、フジテレビ、日本電信電話、三菱重工業、アステラス製薬の株式を過半数保有したとする大量保有報告書を提出した。この六件の大量保有報告書の記載は、金融商品取引法二七条の二九第一項において準用する同法一〇条一項にいう「重要な事項について虚偽の記載」に該当するものとして、同社に対して、上記大量保有報告書の訂正報告書の提出を命ずる行政処分がなされた（同社は資本金が一〇〇〇円の会社であり、右の株式をすべて取得するには合計で二〇兆円もの資金が必要であった）。大量保有報告書および変更報告書については、それを過少に報告することはあり得ても（平成一二年に東天紅株式について大量保有報告を怠ったとして刑事罰が科せられた事例がある）、過大に報告することは想定されていなかった。大量保有報告書および変更報告書については、ＥＤＩＮＥＴで開示する段階でその真偽を確認することができず、虚偽の情報が公衆縦覧される危険性があった。

二　大量保有報告書の記載内容

大量保有報告書には、株券等保有割合に関する事項、取得資金に関する事項、保有の目的その他の内閣府令で定める事項を記載しなければならない（金商法二七条の二三第一項、大量保有開示府令二条）[1]。大量保有報告書については、発行

者に関する事項のほか、提出者（大量保有者）に関するつぎの記載事項が定められている。(2)

①　提出者（大量保有者）の概要(3)
②　保有目的(4)

株式等の保有目的は、投資者において、株式等の大量保有が支配権の変動、会社経営への影響等に関連するものか否かの判断をするのに重要な情報である。

③　重要提案行為等(5)
④　提出者の保有株券等に関する内訳(6)
⑤　最近六〇日間における取得および処分の状況(7)

過去の取得・処分の状況は、株券等の買集め活動の公正確保の観点からも重要な意味を有する。

⑥　株券等に関する担保契約等重要な契約(8)
⑦　取得資金(9)

取得資金に関する事項は、株券等の取得目的および実質的な取得者等を客観的に判断するための重要な情報である。資金を提供することで、別の者に株券等を取得させた場合、その資金提供者が明らかにされることとなり、背後にいる真の株券等の取得者を投資者が知ることができることとなる。これによって、経営が揺さぶられる可能性、経営方針が変わる可能性といった投資判断に重要な情報が開示される(10)。

株券等の保有者が銀行などの金融機関に対して、株券等の取得資金として借り入れるものであることを明らかにして資金を借り入れたときで、その旨が大量保有報告書等に記載された場合、貸付けを行う金融機関の名称が開示される（金商法二七条の二八第三項、大量保有開示府令二二条）(11)(12)。

このほか、共同保有者に関する事項、提出者および共同保有者に関する総括表も記載事項となる。

（1）　大量保有開示府令に定める第一号様式により大量保有報告書を作成しなければならない（大量保有開示府令二条）。
（2）　発行者の名称、証券コード、上場・店頭の別、上場金融商品取引所を記載する。
（3）　個人・法人の別（法人の場合は、株式会社その他の記載を含む）、氏名または名称、住所または本店所在地、旧氏名または名称、旧住所または本店所在地を記載する。さらに、個人については、生年月日、職業、勤務先名称・住所、法人については、設立年月日、代表者氏名・代表者役職、事業内容を記載する必要がある。
（4）　純投資、政策投資、重要提案行為等を行うこと等の目的およびその内容について、できる限り具体的に記載することが要請される。大量保有開示府令第一号様式・記載上の注意⑽。
（5）　後述する特例報告によることが認められる者が、重要提案行為等を行うことを株券等の保有目的としている場合は、特例報告は認められず、第一号様式により一般報告を行う必要がある。その際、重要提案行為等を行う予定である旨を記載しなければならない。大量保有開示府令第一号様式・記載上の注意⑾。
（6）　①株券・投資証券等、②新株予約権証券、③新株予約権付社債、④対象有価証券カバードワラント、⑤株券預託証券、⑥株券関連預託証券、⑦株券信託受益証券、⑧株券関連信託受益証券、⑨対象有価証券償還社債、⑩他社株等転換株券、⑪合計の内訳を、ⅰ自己または他人の名義をもって所有するものの数、ⅱ金銭の信託契約その他の契約または法律の規定にもとづき、株主として議決権を行使することができる権限または議決権の行使について指図を行うことができる権限を有する株券であって、会社の事業活動を支配する目的をもって保有するものの数、ⅲ投資一任契約その他の契約または法律の規定にもとづき、投資をするのに必要な権限を有する株券等の数に分けて記載する。さらに、保有する株券等の数、保有潜在株式の数、発行済株式総数、提出者の株券等保有割合、直前の報告書に記載された株券等保有割合も記載を要する。
（7）　株券等の種類、数量、割合、市場内外取引の別、取得・処分の別、単価を記載する。
（8）　保有株券等に関する貸借契約、担保契約、売戻し契約、売り予約その他の重要な契約または取決めがある場合には、その契約の種類、契約の相手方、契約の対象となっている株券等の数量等、当該契約または取決めの内容を記載する必要がある。大量保有開示府令第一号様式・記載上の注意⒁。複数の者が組合を組織して、株券等への投資を行う場合、組合を保有者として大量保有報告書を提出するのではなく、組合の形態に応じて、金融商品取引法二七条の二三第三項各号に規定する者に該当する業務執行組合員等が株券等を保有するものとして提出する。池田唯一＝大来志郎＝町田行人編著・新しい公開買付制度と大量保有報告制度一七六頁（平成一九年）。この場合、組合の形態で株券等を保有している旨を、「当該株券等に関する担保権契約等の重要な契約」の欄に明記する必要がある。大量保有開示府令第一号様式・記載上の注意⑼a。

(9) 取得資金の内訳（自己資金額、借入金額計、その他）と合計、借入金の内訳（名称、業種、代表者氏名、所在地、借入目的、金額）、借入先の名称・代表者氏名・所在地を記載する。後日、当該借入金を返済した場合でも、それにより株券等を取得した際の資金の性質が変わるわけではないため、「取得資金の内訳」の欄を変更する必要はない。なお、取得した株券等を処分したことで変更報告書を提出する場合、「取得資金の内訳」の欄は、報告義務発生日に保有する株券等の取得資金を記載する必要から、当該処分した株券等のかかる取得資金は差し引いて記載する必要がある。この点について、取得した際の価格が一定ではない場合、先に取得したものから順番に処分したと仮定して差し引く方法のほか、処分前の一株あたりの取得価格（平均）を算出し、当該価格に処分した株券等の数を乗じた額を差し引く方法等、合理的な仮定の下に計算することが許される。金融庁「株券等の大量保有報告に関するQ&A」（問五）。

(10) 証券取引法研究会「証券取引法の改正について⑲株式等の大量保有状況に関する情報の開示制度について（1）」インベストメント四四巻一号六六頁（神崎）。

(11) それ以外の場合、たとえば、運転資金として借り入れた資金で株券等を買い集めた場合には、開示は要求されない。すべての場合に借入先を公表するものとするときは、金融機関の通常の融資業務に支障をもたらす危険がある。この点について、証券取引審議会報告「株式等の大量保有状況に関する情報の開示制度の在り方について」（平成元年五月三一日）はつぎのように述べている。「例えば免許を受けた金融機関が通常の業務の遂行として貸し付けた資金についてまで、その具体的な金融機関名を開示させる必要はないし、それを要求すると、通常の事業資金の貸付けにも支障を生じかねないという考え方もある。この点についてアメリカにおいては、銀行の通常の業務の遂行として貸し付けた場合、SECに対する銀行名の届出義務はあるものの、公衆に対する銀行名の開示は行わないことができるという特例規定が定められているところであり、我が国においても、このような例を参考にしつつ、適切な方策を講じるべきである。」なお、大量保有報告書の公衆縦覧から除かれる銀行等の名称は発行会社に送付する大量保有報告書の写しから削除することができる（金商法二七条の二八第三項）。

(12) 金融機関が買い集めた株券を担保にとっているような場合には、金融機関の名称が開示されることとなる。他方、一般の運転資金として金融機関から借り入れた資金が株券等の買集めに流用されたときは、金融機関名は開示されないものの、大量保有報告書の記載を通じて金融庁には把握される。河本一郎＝大武泰南・金融商品取引法読本一八〇頁（平成二〇年）。

三　実質保有と共同保有

1　実質保有者

株券等の五パーセントを超える保有は、株券等の実質保有および共同保有を基礎に把握される。ここにいう実質保有者は、つぎの者を含む。(1)

① 自己または他人の名義をもって株券等を所有する者（金商法二七条の二三第三項）

取引口座または株主名簿上の名義のいかんを問わず株券等を実質上所有する者である。株式を購入したが名義書換をしていないため前所有者の名義となっている場合を含むとともに、株式を売却したがいまだ名義書換がないため自己の名義となっているものを除く。

② 契約にもとづき株券等の引渡請求権を有する者等（金商法二七条の二三第三項、金商令一四条の六）

信用取引により買建てをしている者および株券等を消費貸借で貸し付けている者は引渡請求権を有する者である。また、株券等の売買の一方の予約によって、権利の行使により買主としての地位を取得する予約完結権を有する者または権利の行使により売買取引において買主としての地位を取得する売買取引にかかるオプションを取得している者もこの範疇に属する者として実質保有者とされる。

③ 金銭の信託契約その他の契約または法律の規定にもとづき、株主・投資主としての議決権を行使できる権利または議決権の行使についての指図を行うことができる権利を有する者(2)で会社の事業活動を支配する目的を有する者（金商法二七条の二三第三項一号）

会社の事業活動を支配する目的を有することは、主観的な判断によらざるをえないが、単に株券を大量に保有しているだけでは足りず、融資関係、人的関係、取引関係等を通じて、結果的に事業活動に影響を及ぼすと認められる場合には、これに該当する。(3)かかる者はそのような権限を有することを知った時からそれを知った株式につき実質保有者となったものとみなされる（金商法二七条の二三第三項ただし書）(4)。

④ 投資一任契約その他の契約または法律の規定にもとづき株券等に投資する権限を有する者（金商法二七条の二三

第三項二号）

投資一任契約にもとづき投資権限をもっている投資顧問業者、信託契約にもとづき運用指図権をもっている特定金銭信託の委託者、未成年者の親権者等がこの範疇の保有者に属する。

（1）　実質保有がこのように広範な概念であることから、同一の株式等について複数の者が保有者として計算されることがある。なお、複数の者が組合を組成して株券等への投資を行う場合、組合を保有者として大量保有報告書を提出するのではなく、組合の形態に応じて業務執行組合員等が株券等を保有するものとして提出する。形式的な業務執行組合員等と別に、当該株券等に関する処分権を有している者がいる場合は、当該者も保有者に含めなければならない。大量保有開示府令第一号様式・記載上の注意(9)a。

（2）　議決権またはその行使の指図権を有する者が同時に投資決定権を有している場合、その者は投資決定権を有する者として実質保有者とされる。すなわち、かかる者は、会社の事業活動を支配する目的を有しない場合でも実質保有者となる。

（3）　河本一郎＝関要監修・逐条解説証券取引法〔新訂版〕三四三頁（平成一四年）。

（4）　なお、株式について議決権またはその行使の指図権を有しているが投資決定権を有しない者は、現在、自己がどれだけの株式について議決権またはその行使の指図権を有するか当然には知りえないことから、株式の投資決定権をもつ者はこれらの者に対し、月一回以上、議決権のある株式の発行会社の名称、数、最近の取得・処分の状況等を記載した通知書を交付しなければならないものとされる（金商法二七条の二四、大量保有開示府令七条）。

２　共同保有者

複数の者がグループを形成して大量に株券等を買い集める場合、そのグループに属している各人が自己の保有分のみを開示することは意味がない。そこで、金融商品取引法は、共同保有者という概念で、このような場合にも開示規制を適用することとしている[1]。共同保有者は、実質共同保有者およびみなし共同保有者からなる。共同保有者の保有割合は、それが実質共同保有者にかかるか、みなし共同保有者にかかるかを問うことなく、他の共同保有者の保有分を合算して算出される（金商法二七条の二三第四項）。

実質共同保有者は、株券等の取得もしくは譲渡または議決権その他の株主の権利の行使を共同して行うことを合意している場合の合意の相手方である（金商法二七条の二三第五項）[2]。甲が四パーセントの株券等を保有し、共同保有者である乙が三パーセントの株券等を取得した場合、甲乙ともに、七パーセントの保有者として報告義務があることとなる[3]。

株券等の複数の保有者が、資本関係や特別な人的関係にある場合、これらの者で共同保有の合意がなされる蓋然性が高い。そこで、金融商品取引法は、みなし共同保有者という概念を定め、一定の場合には、共同保有の合意がなくても、共同保有者とみなして、報告義務を課している。具体的には、夫婦の関係、五〇パーセントを超える資本関係でつながる支配株主等と被支配会社の関係または被支配会社とその支配株主等の他の被支配会社（兄弟会社）の関係にある者はみなし共同保有者とされる（金商法二七条の二三第六項、金商令一四条の七第一項）。なお、その際、夫婦が合わせて五〇パーセントを超える出資を有する場合、その夫婦はそれぞれ被支配会社の支配株主等とみなされ（金商令一四条の七第二項）、支配株主等と被支配会社が合わせて他の会社の五〇パーセントを超える出資を有する場合、当該他の会社は当該支配株主等の被支配会社とみなされる（金商令一四条の七第三項）[4]。また、組合の財務および営業または事業の方針を決定する機関を支配している会社と当該組合の関係もみなし共同保有関係となる（金商令一四条の七第一項四号、大量保有開示府令五条の三）[5]。

平成一八年の改正前まで、共同保有者間で株券等の消費貸借が行われた場合、対象となった株券等について貸し手と借り手の双方について株券等の保有割合に算入される取扱いとなっていた[6]。同改正で、保有者および共同保有者の間で引渡請求権が存在するもの等は加算されないこととなった（金商法二七条の二三第四項、金商令一四条の六の二）[7]。

（1）証券取引審議会報告「株式等の大量の保有状況に関する状況の開示制度の在り方について」（平成元年五月三一日）は、「買集めが、グループで共同して行われる場合等の捉え方については、例えば公開買付制度のように厳密にその範囲を特定すれば、逆に、実質的な共同行為者であっても、形式上その範囲から外れる者を捉えることができなくなるという問題もある。一般的に、買占めの行為の場合、実質的買占め者が他人名義を用いたり名義を分散するケースや、あるいは形式上は独立している者が共同行為をとるケースも多いと考えられるので、実質に着眼した一般的な規制の仕方をすることが実際的であると考えるが、これに加えて、一定の関係者はこれを特定して客観的に捉える方法を併せ用いるなど、実効性のある適正な規制の在り方について検討を行う必要がある」と述べていた。

（2）共同保有者は、株券等の保有者について問題となるもので、株券等を保有していない者は、株券等の取得・譲渡または議決権その他の株主の権利を行使しても共同保有者とならない。なお、ここにいう共同保有の合意は、書面による場合のみに限られず、口頭の合意があった場合を含むと解される。池田唯一＝大来志郎＝町田行人編著・新しい公開買付制度と大量保有報告制度一七五頁（平成一九年）。ところで、委任状勧誘などで、株主総会の議決権行使に関する勧誘がなされた場合、勧誘者と勧誘に応じた株主との間、勧誘に応じた株主同士が大量保有報告規制における「保有者が他の保有者と共同して、当該会社の株主として議決権を行使することを合意している場合」に該当する可能性がある。該当すると解する場合、株主総会での動議対応に備えて、大株主から包括委任状を受けている者（たとえば、総務課長など）が大量保有者に該当するという問題、委任状が届くごとに変更報告書を提出しなければならないという問題が生じる。証券取引法研究会「委任状勧誘に関する実務上の諸問題―委任状争奪戦（proxy fight）の文脈を中心に」証券取引法研究会研究記録一〇号二五頁（太田）。この問題を解決するため、いつでも無条件でその撤回が可能であることから、「株主としての議決権行使その他の権利を行使することの合意」というまでに足りる法的拘束力が生じてないという解釈が示されている。証券取引法研究会・右掲二七頁（太田）、金融商品取引法研究会「大量保有報告制度」金融商品取引法研究会研究会記録二二号三二頁（前田）。他方、EU法を参考にして、「共同の合意」は、たとえば、発行者の経営に対し、長期的な共通の方針をとることまで相互に義務づける内容でなければならないなど、ある程度の継続的関係が必要で、株主総会で一回ごとに議決権行使の代理権を付与する程度の関係では、共同保有の要件を満たさないとする見解も述べられている。金融商品取引法研究会・右掲二七頁（神作）。共同保有者の意義については、神作裕之「EUおよびドイツにおける大量保有報告制度―『共同行為』概念を中心として」金融商品取引法制の現代的課題一八二頁（平成二二年）参照。

（3）同保有者は、別個に大量保有報告書を提出する必要がなく、共同して、連名で大量保有報告書を提出することができる。

（4）みなし共同保有者は、相互に、自己の保有にかかる株券等のほか、他の共同保有者の保有にかかる株券等についても、大量保有状況の報告に関して管理をしなければならない。しかし、零細な保有者にまでそのような管理を強要することは妥当でないことから、つぎの数以下の株券等を保有する者はみなし共同保有者から排除される（金商法二七条の二三第六項ただし書、大量保有開示府令六条）。

①　内国法人の発行する株券等　単体株券等保有割合が〇・一パーセントとなる株券等の数

②　外国法人の発行する株券等　発行済株式の総数の一パーセントに相当する数

もっとも、意図的に株券等の保有を分散させることで規制の潜脱をはかることを防止する必要がある。そこで、①の適用除外が認められる者の範囲は、除外された者の株券等保有割合の累計が一パーセント以下にとどまる場合に限られる（大量保有開示府令六条一号括弧書）。この場合、単体ベースの株券等保有割合が〇・一パーセント以下である者のうち、その割合が小さいものから順次除外が認められるものとされている。大来志郎「大量保有報告制度の見直しに係る政令・内閣府令の一部改正の概要」商事法務一七八六号一五頁。

（5）　子会社については資本関係によってみなし共同保有者に該当するか判断するのに対して、組合については、出資と支配の関係が必ずしも一致するものでないことから、資本関係ではなく、実質支配力基準（財務諸表等規則八条三項）を用いてみなし共同保有者に該当するかを判断することとしている。池田他・前掲注（2）二一六頁。

（6）　平成一八年改正前証券取引法二七条の二三第三項括弧書により「売買その他の契約に基づき株券等の引渡請求権を有する者」も保有者に含まれていた。したがって、貸株について、貸方は、引渡請求権を有する者としてその保有株券等に含められた。他方、借方は、処分をするまでは保有者としてその保有株券等に加えられた。以上により、貸手および借手の双方において、それぞれの株券の保有割合に算入されていた（平成一八年改正前証取法二七条の二三第四項）。たとえば、AとBとがX社株券等をそれぞれ七パーセント、六パーセントを保有していた状況で、AがBに二パーセント相当の株券等をBに貸した場合、Aは二パーセントについては所有権を失うものの、それに代わる引渡請求権を有しているため、依然として七パーセントの保有者となる。また、Bは借手として二パーセントについて所有権を取得するため、合計で八パーセントの所有者となる。このように、保有割合としては、全体として二パーセントが重複して計上されることとなっていた。右の例で、AとBとがX社株式の議決権について共同行使の約束をした場合、それぞれが共同保有者となり、Aの保有割合は、自己保有分七パーセント＋共同保有者分六パーセント＝一三パーセントとなり、Bの保有割合は、自己保有分八パーセント＋共同保有分七パーセント＝一五パーセントとなる。このように、二パーセントが重複計上される結果となっていた。証券取引法研究会「大量保有報告（五パーセントルール）から何がわかるか」平成一七年・一八年の証券取引法等の改正（別冊商事法務二九九号）一六九頁（河本）（平成一八年）。

（7）　金融審議会金融分科会第一部会公開買付制度等ワーキング・グループ報告「公開買付制度等のあり方について」（平成一七年一二月二二日）は、「報告期限・頻度の短縮等に伴い、大量保有報告書の提出義務の有無の判断に当たって、共同保有者間の重複計上をネットアウトして保有割合を算出することを認めるなど、透明性を損なう、あるいは新たな抜け穴となることなく合理化が可能なものについては、できる限りの合理化を図っていくことが適当である。」と述べている。

現行法では、注（5）の例については、ＡのＢに対する貸付分の二パーセントはＡの保有割合に加算されないため、Ａの保有割合は、自己保有分は五パーセントとなる。その結果、Ａの保有割合は、自己保有分五パーセント＋共同保有者分八パーセント＝一三パーセントとなる。Ｂの保有割合も自己保有分八パーセント＋共同保有分五パーセント＝一三パーセントとなる。

第三款　変更報告書

一　変更報告書の提出

株券等の大量保有状況の開示は、さらに、大量保有報告書を提出すべき者の株券等の保有状況その他重要な事項の変動を明らかにする変更報告書による開示によって行われる。大量保有者による株券等の保有状況等の変動は、会社の支配権やその経営に及ぼす可能性があり、投資者にとって重要な情報であると考えられる。

大量保有報告書を提出すべき者は、大量保有者となった日の後に、株券等の保有割合が一パーセント以上増加しまたは減少した場合その他大量保有報告書に記載すべき重要な事項の変更があった場合、変更内容を記載した変更報告書を内閣総理大臣に提出しなければならない（金商法二七条の二五第一項本文）[1]。さらに、その写しを当該株券等の発行者および当該株券等が上場されもしくは店頭登録されている金融商品取引所もしくは認可金融商品取引業協会に送付することを要する（金商法二七条の二七）[2]。

株券等保有割合が一パーセント以上増加または減少した場合でも、つぎの場合は変更報告書の提出は不要である。

① 保有株券等の総数に増加または減少が伴わない場合（金商法二七条の二五第一項本文括弧書）[3]

② 株券等保有割合が五パーセント以下となった旨の変更報告書を提出している場合（金商法二七条の二五第一項ただし書、大量保有開示府令九条一号）(4)

③ 新株予約権証券または新株予約権付社債券にかかる新株予約権の目的である株式の発行価格の調整のみによって保有株券等の総数が増加または減少する場合（金商法二七条の二五第一項ただし書、大量保有開示府令九条二号）(5)

株券等保有割合の増減のほか、大量保有報告書に記載すべき重要な事項の変更があった場合にも、変更報告書の提出が必要である（金商法二七条の二五第一項）。たとえば、保有目的を「純投資」としていた大量保有者が、その目的を「重要提案行為等を行うこと」へ変更した場合には、変更報告書の提出が義務づけられる。(6)

変更報告書は、報告すべき変更があった日から五営業日内に提出すべきことを原則とする（金商法二七条の二五第一項本文）。もっとも、大量保有報告書または変更報告書を提出する日の前日までに新たな変更報告書を提出しなければならない事由が生じた場合、その新たな変更報告書は、いまだ提出されていない大量保有報告書または変更報告書と同時に提出しなければならない（金商法二七条の二五第三項）。(7) これは、大量保有報告書または変更報告書の提出義務の発生後、その提出までの間に株券等の保有状況に大きな変更がある場合、そのような変更内容を明らかにすることなく、大量保有報告書または変更報告書の内容だけを明らかにすることは、株券等の大量保有の状況についての開示としては投資者保護上問題があることによる。(8)

なお、大量保有報告書または変更報告書を提出した者は、これらの書類に記載された内容が事実と相違し、または記載すべき重要な事項もしくは誤解を生じさせないために必要な重要な事実の記載が不十分であり、もしくは欠けていると認める場合は、適宜任意の書式に記載し、訂正報告書を提出することを要する（金商法二七条の二五第四項）。

（1）　大量保有開示府令第一号様式により作成することを要する（大量保有開示府令八条）。株券等の保有割合が五パーセント以下となった旨の変更報告書を提出している場合、保有株券等の総数の増減が新株予約権の権利行使価格の調整のみによる場合などには変更報告書の提出を要しない（金商法二七条の二五第一項ただし書、大量保有開示府令九条）。

（2）　変更報告書およびその写しは、それぞれ、それらが受理された日から五年間、財務局または金融商品取引所もしくは認可金融商品取引業協会の事務所に備え置かれて公衆の縦覧に供される（金商法二七条の二八第一項・二項）。

（3）　たとえば、第三者による新株予約権の行使や第三者割当てによる募集株式の発行が行われたことによる発行株式総数の変動に伴い株券等保有割合が増減する場合が該当する。池田唯一＝大来志郎＝町田行人編著・新しい公開買付制度と大量保有報告制度一九〇頁（平成一九年）。

（4）　その後、再び株券等保有割合が五パーセントを超えた場合には、新たに大量保有報告書の提出が必要となる（金商法二七条の二三第一項）。

（5）　①および③の場合、その後に保有株券等の総数の増加または減少を伴う株券等の取得・処分を行った場合は、保有株券等の総数の変動後の株券等保有割合と直近に提出した大量保有報告書または変更報告書に記載された株券等保有割合とを比較し、変更報告書の提出の要否を判断する必要がある。池田他編著・前掲注（3）一九一頁。

（6）　その変更に重要性が認められないものについては提出は不要である。変更報告書の提出が不要であるものが金融商品取引法施行令一四条の七の二に列挙されている。なお、純投資と重要提案行為等の区別は、実際上困難なことが多い。池田唯一他・金融商品取引法セミナー（公開買付け・大量保有報告編）二一七頁以下（平成二二年）参照。いずれにせよ、純投資を目的としながら、重要提案行為等を行う場合は、特例報告制度の利用は認められない。

（7）　たとえば、八月二日（月曜日）に、五パーセントの株券を取得して七パーセントの保有者となった者が八月五日（木曜日）に三パーセントの株券を買い増して一〇パーセントの保有者となった場合、三パーセントの買増しにかかる変更報告書は、買増し日の五営業日後である八月一二日（木曜日）ではなく、七パーセントの保有者となった日の五営業日後である八月九日（月曜日）までに大量保有報告書と同時に提出しなければならない。このような場合にも、変更報告書は、報告すべき変更が生じた日から五営業日内に提出すればよいものとした場合には、先の例では、八月九日に、大量保有報告書の提出者は既に一〇パーセントの株式を保有しているにもかかわらず、大量保有報告書のみによって七パーセントの株券保有の状態を開示することになり、開示事実と実態の間に大きな齟齬が生じることになる。

（8）　大量保有報告書または変動報告書の提出義務が発生した後、その提出までの間に株券の取得・処分が行われたことにより、それらの報告書の提出時における株券等の保有状況の実態とその開示との間の齟齬を解消する方策としては、それらの報告書の提出時まで株券等の取得・処分を禁止することも考えられるが、金融商品取引法はそのような方策をとらず、その間の株券等の取得・処分にかかる変更報告書の提出期限を早めることとした。

二　短期大量譲渡の開示

変更報告書は、五パーセントを超える株券等を保有する者が株券等の取得または譲渡をしてその保有割合に一パーセント以上の増減が生じた場合に、その内容を明らかにするものである。そこでは、株券等の保有状態の変更の事実が明らかにされるが、譲渡の相手方および対価は明らかにされない。しかし、大量の株式の肩代りのように、短期間に多くの株券等が譲渡される場合、株券等の価格に大きな変動が生じる可能性があり、投資者保護のために特別の配慮をする必要が生ずる。そこで、六〇日間に発行済株式総数の五パーセントを超え、かつ、保有株券等の過半数の株券等を譲渡した場合、変更報告書に譲渡の相手方および対価に関する事項も記載することが要請されている（金商法二七条の二五第二項、金商令一四条の八）。(1)(2)

このような短期大量譲渡についての特別の開示の要請は、短期大量譲渡が行われた場合に投資者に有意義な情報を提供するのみならず、大量株券の肩代り等の短期大量譲渡を抑制する効果を生じさせる。(3)(4)

（1）　大量保有開示府令第一号様式「第2　提出会社に関する事項」の「(5)　当該株券等の発行者の発行する株券等に関する最近の六〇日間の取得状況又は処分の状況」に代えて、同府令第二号様式により記載するものとされる（大量保有開示府令一〇条）。ただし、有価証券市場内における売買取引または店頭売買有価証券の店頭売買取引によって譲渡した場合で、譲渡の相手方を知ることができないときは、その旨を記載することで足りる。大量保有開示府令二号様式・記載上の注意f。

なお、ライツ・オファリングにおいて、引受金融商品取引業者が引き受けた募残の売出しを行うことが短期大量譲渡に該当する場合がある。この場合の大量保有報告書の記載事項の簡素化が図られている。大量保有開示府令二号様式・記載上の注意h。

（2）　平成一七年一〇月に、楽天が東京放送の株式の一五・五パーセントを取得し、同社に経営統合を提案していたところ、ＭＡＣアセットマネジメントが特例報告制度により、東京放送の株式の七・四五パーセントを取得した旨の大量保有報告書を、楽天による経営統合提案の後である一〇月一五日に提出し、さらに、同社株式の大部分を一〇月末までに売却したことについても、特例にもとづき一一月一五日に変更報告書を提出した。仮に、特例の適用がなければ、短期大量譲渡の場合の売却先の開示が必要であったが、特例報告については、かかる規制の適用がなく、右の開示はなされなかった。これらの情報開示の遅れと開示内容の不十分さが投資者の判断に悪影響を及ぼした。証券取引法研究会「公開買付制度の整備（その二）および大量保有報告制度の整備」平成一七年・一八年の証券取引法等の改正〔別冊商事法務二九九号〕（北村）（平成一八年）。この点の改正については、本書五三五頁参照。

（3）　大量に株券等を譲り受けた者は大量保有報告書を提出することになるが、この場合、譲渡人が誰であるかは開示されない。

（4）　大量に株券等を保有している者が結果的に保有割合がゼロとなるような譲渡をしても、短期大量譲渡の開示が要求されないことがある。①甲が九・二六パーセントの株券を取得したため大量保有報告書を提出した。②その後、四・八二パーセントを譲渡し、保有割合は四・四四パーセントとなった。この場合、変更報告書の提出は必要であるものの、減少割合が五パーセントに達していないため、短期大量譲渡に該当せず、したがって、譲渡先および対価を開示する必要がない。③その後の譲渡で保有割合がゼロパーセントになったとしても、この場合には、すでに、②の段階で、五パーセントを超える保有割合ではなかったので、変更報告書の提出は不要となる。この結果、九・二六パーセントの保有割合がゼロパーセントとなっても、法の適用において、短期大量譲渡による報告書の提出は不要となる。証券取引法研究会「証券取引法の改正について(29)—五パーセントのルールの政省令について（3）」インベストメント四五巻六号三三頁（河本）。

第四款　機関投資家の特例

一　特例報告制度の意義

1　特例報告の必要性

機関投資家による株券の保有は、企業の経営権の取得や株券の肩代りを目的としないものが多い。また、機関投資家は、日常の営業活動において継続・反復して株券等の売買を行っている。これらの者に取引のつど、株券等の保有状況に関して詳細な情報開示を求めることは適切さを欠く。そのため、機関投資家については、株券等の大量保有状況の開示を簡便な方式で要請するものとすることが妥当である。(1) また、国や地方公共団体は、公共的な政策目的から株券等を保有しており頻繁な保有状況の変動によって会社の経営や株券等の価格に影響を及ぼすことが考えられない。したがって、これらについても、株券等の大量保有状況の開示を簡便な方式で要請するものとすることが妥当である。

（1）証券取引審議会報告「株式等の大量の保有状況に関する状況の開示制度の在り方について」（平成元年五月三一日）は、つぎのように述べている。「機関投資家による株式の取得は、企業の経営権の取得や株式の肩代りを目的としないものが多いと考えられること……にかんがみ、機関投資家が純投資を行うような場合については、様式の簡略化や集計を月単位とする等、何らかの形で簡便な方式を導入することも検討に値する。」

2　報告の期限、頻度

簡易な方式による開示が認められる機関投資家は、金融商品取引業者のうち第一種金融商品取引業者・投資運用業者、銀行、信託会社、保険会社、農林中央金庫および株式会社商工組合中央金庫、外国の法令に準拠して外国で第一種金融商品取引業、投資運用業、銀行業、信託業または保険事業を営む者、銀行等保有株式取得機構および預金保険機構、ならびにこれらの者を共同保有者とする者（金融商品取引業者等以外の者）である（金商法二七条の二六第一項、大量保有開示府令一一条）。

これらの者が保有する株券等で、発行者の事業活動に重大な変更を加え、または重要な影響を及ぼす行為として政令で定めるもの（重要提案行為等）を行うことを保有の目的とせず、保有割合が一〇パーセントを超えず（大量保有開示府令一二条参照）、かつ、これらの機関投資家以外の共同保有者が一パーセントを超えないもの（大量保有開示府令一三条参照）(1) または国、地方公共団体およびこれらの者を共同保有者とする者（大量保有開示府令一四条参照）が保有する株券等についての保有状況の開示に関する大量保有報告書には、株券等保有割合がはじめて五パーセントを超えることとなった基準日における当該株券等の保有状況に関する事項を記載し、当該基準日から五営業日以内に、内閣総理大臣に提出することを要する（金商法二七条の二六第一項）。(2) ここにいう基準日は、政令で定めるところにより毎月二回以上設けられる日の組合せのうちから保有者が内閣府令で定めるところにより内閣総理大臣に届出をした日をいう（金商法二七条の二六第三項）。(3)大量保有報告書にかかる基準日の後の基準日における株券等の保有割合が、大量保有報告書に記載された株券等の保有割合より一パーセント以上増加または減少したときその他の大量保有報告書に記載すべき重要な事項に変更があったときは、当該後の基準日から五営業日以内に変更報告書を提出することを要する（金商法二七条の二六第二項一号）。基準日と基準日の間の保有割合に一パーセント以上の増減があっても、その時点で変更報告書の提出を要しない。また、変更報告書にかかる基準日の後の基準日における株券等保有割合が、当該変更報告書に記載された株券等保有割合より一パーセント以上増加しまたは減少した場合その他の当該大量保有報告書に記載すべき重要な事項の変更があった場合、当該後の基準日から五営業日以内に変更報告書の提出が必要となる（金商法二七条の二六第一項二号）。

特例報告の対象となる株券等保有割合は、原則として五パーセント超で一〇パーセント以下の場合である。国、地方公共団体および国、地方公共団体を共同保有者とする国、地方公共団体以外の者が保有する場合以外は、株券等保有割合が一〇パーセント超となった場合、特例報告は認められず、一般報告によらなければならない。なお、この場合、株券等保有割合が一〇パーセント超の状態から、一〇パーセント以下に保有割合が低下した場合には変更報告書の提出が必要であるが、この変更報告書については特例報告により行うことはできない（金商法二七条の二六第二項三号、大量保有開示府令一二条・一三条二号）。(4)

（1）機関投資家の保有する株券等についても、それが重要提案行為等の目的で行われ、保有割合が一〇パーセントを超え、またはこれらの機関投資家以外の共同保有者の保有割合が一パーセントを超えるときは、原則どおりの大量保有状況の開示が要求される。

（2）大量保有開示府令一五条により、第三号様式により作成することを要する。この場合には、短期大量譲渡に関する譲渡の相手方および対価に関する情報の開示は問題とならない。

（3）基準日として毎月二回以上設けられる日の組合せは、各月の第二月曜日および第四月曜日（第五月曜日がある場合にあっては、第二月曜日、第四月曜日および第五月曜日とする）、または各月の一五日および末日（これらの日が土曜日にあたるときはその前日とし、これらの日が日曜日にあたるときはその前々日とする）のいずれかとされる（金商令一四条の八の二第二項）。機関投資家は、基準日を届け出るときは、第四号様式により届出書二通を作成し、財務局長等に提出しなければならず、当該基準日を変更しようとするときには、第四号様式により届出書二通作成し、あらかじめ財務局長等に提出しなければならない（大量保有開示府令一八条）。平成一八年改正前は、原則として三月ごと一五日以内に報告すれば足りた。投資者に対して一層透明性が確保されるよう、特例報告はおおむね二週間ごと五営業日以内に行うように改正された。

（4）ニッポン放送の大株主であったＭＡＣアセットマネジメントの保有割合は、平成一七年一月五日時点で一八・五七パーセントであったものが、二月二八日時点で三・四パーセントに低下した。この時期、ライブドアによるニッポン放送の買収が問題となっていたが、ＭＡＣアセットマネジメントの変更報告書の提出時期に特例が適用されたため、その変動が明らかになったのは三月一五日になってからであった。ライブドアによる変更報告書は一般報告により行われたものの、右の株式保有の状況の開示の遅れは、一般投資家に混乱をもたらすものとなった。平成一八年の改正で、本文記載の規定に改められた。

二　特例報告が認められない場合

1　重要提案行為等の内容

機関投資家であっても、株券等の発行者の事業活動に重大な変更を加え、または重大な影響を及ぼす行為として政令で定めるもの（以下、重要提案行為等という）を行うことを保有の目的とする場合は、特例報告を利用することができない（金商法二七条の二六第一項）。この場合は、原則にかえって大量保有報告を提出しなければならない。(1)

重要提案行為は、発行者またはその子会社にかかるつぎに掲げる事項を、その株主総会・投資主総会または役員[2]に対して提案する行為である[3]（金商令一四条の八の二第一項、大量保有開示府令一六条）。

① 重要な財産の処分もしくは譲受け
② 多額の借財
③ 代表取締役の選定または解職
④ 役員の構成の重要な変更
⑤ 支配人その他の重要な使用人の選任または解任
⑥ 支店その他の重要な組織の設置、変更または廃止
⑦ 株式交換、株式移転、会社の分割または合併
⑧ 事業の全部もしくは一部の譲渡、譲受け、休止または廃止
⑨ 配当に関する方針の重要な変更
⑩ 資本金の増加または減少に関する方針の重要な変更
⑪ 取引所金融商品市場における上場の廃止または店頭売買有価証券市場における登録の取消し
⑫ 取引所金融商品市場における上場または店頭売買有価証券登録原簿への登録
⑬ 資本政策に関する重要な変更
⑭ 解散
⑮ 破産手続開始、再生手続開始または更生手続開始の申立て

右の列挙事項の多くには「重要な」「多額の」という用語が含まれていることから、軽微なものについては、たとえ、株主総会や役員に対して提案を行うものであっても重要提案行為等には該当しない[4]。また、発行者の事業活動に重大な変更を加えること、または重大な影響を及ぼすことを目的とする場合に重要提案行為等になる（金商法二七条の

二六第一項）[5]。

平成一八年改正前までは、「会社の事業活動を支配する目的」がある場合には、特例報告を認めないものとしていた。同年の改正で、「会社の事業活動を支配する目的」について、規定の明確化をはかるために、重要提案行為等を列挙する形で立法が行われた[6]。重要提案行為等は、事業活動の支配に関するものよりも広い概念となっている点に留意が必要である[7]。

（1）　金融審議会金融分科会公開買付制度等ワーキング・グループ報告「公開買付制度等のあり方について」（平成一七年一二月二二日）は、つぎのように述べていた。「特例報告制度は、日常の営業活動等において、反復継続的に株券等の売買を行っている機関投資家について、事務負担が過大とならないよう設けられた制度であるが、近時、一般投資者との公平性の確保、あるいは制度趣旨を歪めるような形での特例報告の利用を防止する等の観点から、特例報告のあり方について見直しを求める声がある。……①制度趣旨を歪めるような形での特例報告の利用を防止する等の観点から、現在、機関投資家に一般報告が義務付けられる要件として、『会社の事業活動に重大な変更を加え、あるいは重大な影響を及ぼすことを目的とするような場合』が規定されているが、事業活動に重大な変更を加え、あるいは重大な影響を及ぼすことを目的とするような場合に、機関投資家であっても的確に一般報告が提出されるよう、規定の整備等の余地がないか、更なる検討が進められるべきである。」

（2）　業務執行をする社員、取締役、執行役、会計参与、監査役またはこれらに準ずる者をいう。相談役、顧問その他いかなる名称を有するものであるかを問わない。また、法人に対して業務執行する社員、取締役、執行役、会計参与、監査役またはこれらに準ずる者と同等以上の支配力を有するものと認められる者も含まれる（金商令一四条の八の二第一項）。

（3）　大来志郎「大量保有報告制度の見直しに係る政令・内閣府令の一部改正の概要」商事法務一七八七号一二頁は、たとえば、アナリストやファンドマネージャーが取材の一環として純粋に質問するようなものは「提案」に該当する可能性は低いとする一方で、外形的に質問の形態をとりつつも、実質的には経営方針等を保有者の意図する方向に変更させることを企図している場合には、「提案」に該当するとする。

（4）　大来・前掲注（3）一二頁。

（5）　大来・前掲注（3）一二頁は、「当該発行者の主体的な経営方針にかかわりなく、他律的な影響力を行使する行為が該当するものと考えられる。」「たとえば、純粋に発行者から意見を求められた場合や発行者が主体的に設定した株主との対話の場面（決算来社報告、ＩＲ説明会等）での意見陳述については、この要件を満たす可能性低くなると考えられる。」と述べている。

（6）三井秀範＝池田唯一監修、松尾直彦編著・一問一答金融商品取引法〔改訂版〕二〇五頁（平成二〇年）。平成一七年九月一五日にＭＡＣアセットマネジメントが阪神電鉄の株式の一四・八九パーセントを取得し、さらに、九月二六日の報告で二六・六七パーセントの保有であることが明らかにされた。その後、平成一八年三月一日までに四五・七三パーセント株式を取得した。この間、同ファンドは「保有目的」を「投資一任契約に基づく純投資」としていたにもかかわらず、経営への大幅な関与となる提案を盛んに行っていたことが疑問視された。証券取引法研究会「公開買付制度の整備（その二）および大量保有報告制度の整備」平成一七年・一八年の証券取引法等の改正〔別冊商事法務二九九号〕一三〇頁（北村）（平成一八年）。

（7）この点について、重要提案行為等の定義を拡大すると、企業支配に至らない範囲でのコーポレート・ガバナンス向上、企業価値向上のための提案等を封じ込めることになることを懸念して、理念的に、企業支配目的につながるような行為に限定すべきとの見解が述べられている。証券取引法研究会・前掲注（6）一三一頁（北村）。事業活動を支配することの明確化であれば、「重要」という要件などを使って、重要提案行為等の内容を限定的に解釈する必要があるとの見解もある。証券取引法研究会「平成一八年公開買付制度の見直しに係る政令・内閣府令（2）・平成一八年大量保有報告制度の見直しに係る政令・内閣府令」金融商品取引法の検討〔2〕〔別冊商事法務三二〇号〕一二四頁（伊藤・龍田）（平成二〇年）。これに対して、条文上、支配目的に限定せず、会社支配への影響があることを投資者に知らせることが法の趣旨であり、むしろ広くとらえることが制度趣旨に合致するとの意見も述べられている。証券取引法研究会・前掲注（6）一四五頁（前田）。重要提案行為等は、事業活動に重大な変更を加え、または重大な影響を及ぼすことを目的とするものとして規定されている。このように、条文上からも、事業支配に限定されないことが明確にされているように思われる。かかる情報が大株主から提案された場合は、投資者にとって重要な情報といえる。証券取引法研究会・前掲〔別冊商事法務三二〇号〕一二四頁（川口）。なお、この制度は、重要提案行為等を行う場合には、特例による報告期間の延長が認められないという制度である。機関投資家は、提案行為を行うことが許されないわけではない点に留意が必要である。

2　重要提案行為等を行う場合の手続

機関投資家は、その株券等保有割合が五パーセントを超えることとなった日以後最初に到来する基準日の五営業日後までの期間内に重要提案行為等を行うときは、その五営業日前までに、大量保有報告書を内閣総理大臣に対して提出しなければならない（金商法二七条の二六第四項、金商令一四条の八の二第三項）。また、大量保有報告書または変更報告書を提出した後に株券等保有割合が一パーセント以上増加した場合であって、当該増加した日以後最初に到来する基準日の五営業日後までの期間内に重要提案行為等を行うときは、その五営業日前までに、変更報告書を提出することが義務づけられる（金商法二七条の二六第五項、金商令一四条の八の二第三項）。(1) したがって、重要提案行為等を行う場合には、仮に、重要提案行為等を行わず、特例報告によるものとされる場合における次回の報告書提出期限の五営業日前までに大量保有報告書・変更報告書の提出を行うことが必要となる。これは、重要提案行為等を行う際に、株券等保有割合が特例報告制度があるがために未だ開示されていない、または株券等保有割合に重要な増加があったことが特例報告制度があるがゆえに未だ開示されていないという状況を防止するための措置である。(2)

（1）　特例報告の際に使用する第三号様式ではなく、一般報告の際に使用する第一号様式を使用しなければならない（大量保有開示府令二条・八条）。なお、株券等保有割合が五パーセントを超え一〇パーセント以下である機関投資家が、重要提案行為等を行うことを株券等の保有目的とし、一般報告をする場合などは、提出する報告書に重要提案行為等を行う予定がある旨を記載しなければならない。

（2）　大来志郎「大量保有報告制度の見直しに係る政令・内閣府令の一部改正の概要」商事法務一七八七号一二頁。

第六節　電子情報処理組織による開示

第一款　電子開示の手続

一　電子開示の意義

1　電子開示手続の種類

有価証券報告書等の開示書類をオンラインで提出する場合に使用されるコンピュータ・システムを「開示用電子情報処理組織」とよぶ。ＥＤＩＮＥＴ（Electronic Disclosure for Investors' NETwork）と呼称される。これは、内閣府の使用にかかる電子計算機と有価証券報告書等の開示書類の提出手続を行う者が使用する入出力装置ならびに金融商品取引所および認可金融商品取引業協会の使用する入出力装置とを電気通信回線で接続したコンピュータ・システムをいう（金商法二七条の三〇の二）。

開示書類の提出手続は二つに分類される。第一は、①有価証券報告書、半期報告書、四半期報告書、臨時報告書およびこれらの書類にかかる秘密事項の非縦覧申請に関する手続、ならびに、②有価証券届出書、発行登録書、発行登録追補書類およびこれらの書類にかかる秘密事項の非縦覧申請、発行登録取下届出書、自己株券買付状況報告書、公開買付届出書、公開買付撤回届出書、意見表明報告書および公開買付報告書にかかる手続、大量保有報告書、訂正報告書、大量保有特例報告、これらの訂正報告書に関する手続で、法令上、「電子開示手続」とよばれている。第二は、③有価証券通知書、発行登録通知書、公開買付けに関する開示制度における別途買付禁止の特例を受けるための申出書に関する手続で、これは「任意電子開示手続」とよばれる。

電子開示手続は、すべてＥＤＩＮＥＴを使用して行わなければならない（金商法二七条の三〇の三第一項）。一方で、任意電子開示手続は、ＥＤＩＮＥＴを使用して行うことができる（金商法二七条の三〇の三第二項）。したがって、任意電子開示手続とされる手続は、紙媒体で行うことが可能である。

平成一七年の改正で、訂正報告書の提出公告および公開買付開始公告についても、電子公告の利用が認められた（金商令四条の二の四・九条の三）。さらに、平成一八年の法改正で、大量保有報告制度に関する手続が任意電子開示手続から電子開示手続に改められた(1)。これにより、大量保有報告書などの開示書類は電子開示によることが強制されることとなった。

有価証券報告書等の開示書類に記載される情報は、手続を行う者の入出力装置からオンラインで発信されたのみで手続が完了するわけではない。内閣府に備えられた電子計算機のファイルに書き込まれたときに、内閣府に到達し、手続が完了したものとみなされる（金商法二七条の三〇の三第三項）(2)。ＥＤＩＮＥＴを使用して電子開示手続または任意電子開示手続を行った場合は、紙媒体で行うことと規定されている金融商品取引法上の開示手続を行ったものとみなされる（金商法二七条の三〇の三第四項）。

電子開示を行う者は、金融庁長官が定める技術的基準に適合する入出力装置により入力して行うことを要する（金商令一四条の一〇第一項）(3)。電子開示を行う者は、あらかじめ金融庁長官に届け出なければならない（金商令一四条の一〇第二項）(4)。電子開示を行う場合、押印および署名については省略できる（開示用電子情報処理組織府令一条ただし書・四条ただし書）(5)。

（1）　証券取引法で電子開示手続が定められた際、株式を大量に保有する個人も存在することから、大量保有報告書の提出について電子開示手続を義務づけなかった。しかし、株式を大量に保有する個人であれば、電子開示のコストを負担できるとの判断から、平成一八年の法改正で、大量保有報告書などの提出について、電子開示手続によるものとされた。

（２）　金融商品取引法は、有価証券届出書等の提出に関して「受理」という用語を使用している。たとえば、有価証券届出書は、内閣総理大臣が「受理」した日から一五日を経過した日に、その効力が生じる（金商法八条参照）。電子開示手続では、書類が内閣府に到達したことをもって、「受理」と考える必要がある。この点の議論については、証券取引法研究会「電子開示システムについて」ＩＴ化の進展と商法・証券取引法の諸問題（別冊商事法務二六一号）八頁以下（平成一五年）参照。

（３）　電子開示を行う者の使用する入出力装置により識別番号および暗証番号を入力して、その入出力装置と内閣府の電子計算機とを電気通信回線を使用して接続し、かつ、入出力装置から入力できる方法で、文書記載事項を入力して行うことを要する（開示用電子情報処理組織府令一条）。

（４）　①電子開示を行う者は、電子開示システム登録届出書（第一号様式により作成する書面）を財務局長または福岡財務支局長に提出しなければならない（開示用電子情報処理組織府令二条一項）。②財務局長等は、①の提出があった場合、その旨および識別番号を登録届出者に通知する（開示用電子情報処理組織府令二条二項）。

（５）　有価証券報告書等の添付書類である公認会計士の監査報告書に関して、日本公認会計士協会が「電子開示制度により有価証券報告書等を提出する場合の監査上の留意点について」（平成一三年五月一四日）を明らかにしている。

「監査人は、監査対象である財務諸表等および監査報告書も電子データになることに留意する必要がある。電子データは、一般的に紙媒体による書類に比べて改変することが容易であるとともに、改変されているかどうかが判り難いという特性がある。このため、監査人は、監査対象とした財務諸表等が監査終了後に改変されていないかどうかを確かめることが困難になる。また、この電子開示制度においては、監査報告書に記載された事項を電子化したものを財務諸表等に添付することになるため、監査報告書とその対象となる財務諸表との一体性が損なわれる危険性が生じることとなる。……電子データであっても、電子署名の技術を用いれば上述のリスクを防止できるが、現段階では、監査報告書に関しては電子署名の技術は採用されていない。したがって、監査人は、金融庁に提出する最終の有価証券報告書等と同一のものを紙媒体によって入手し、これに綴り込まれた監査報告書に署名・捺印後、会社および監査人双方が保管するなどして、監査人が監査の対象とした財務諸表等および提出した監査報告書を確定する手続を行うことが必要である。なお、当面の間、監査報告書に記載された事項を電子データ化して金融庁に提出する場合は、欄外に（注）として監査報告書に記載された事項を入力したものである旨及び監査報告書の原本は財務諸表に添付される形で別途会社に保管されていることを注記するように会社に依頼することが適当である。」

２　電子開示を行うことができない場合

電子開示手続を行う者は、電気通信回線の故障その他の事由で、ＥＤＩＮＥＴを使用して開示手続を行うことができない場合には、磁気ディスクの提出によりその電子開示手続を行うことができる（金商法二七条の三〇の四第一項）。インターネットという媒体に代えて、磁気ディスクの提出を行う場合には、提出の際の電気通信回線の故障等の状況の確認を得るため、内閣総理大臣の事前の承認を受ける必要がある。任意電子開示手続を行う者も、同様の状況において、内閣総理大臣の承認を受けて、磁気ディスクの提出により開示手続を行うことができる（金商法二七条の三〇の四第二項）。内閣総理大臣は、このような手続が磁気ディスクの提出により行われたときは、その磁気ディスクに記録された事項を、直ちに、ファイルに記録しなければならず[1]、このファイルに記録された時に、内閣府に到達したものとみなされる（金商法二七条の三〇の四第三項）。磁気ディスクの提出により電子開示手続や任意電子開示手続が行われた場合は、紙媒体で行うことと規定されている金融商品取引法上の開示手続が行われたものとみなされる（金商法二七条の三〇の四第四項）。

電子開示手続について、内閣府の電子計算機の故障その他政令で定める事由[2]があると認められる場合は、内閣総理大臣の承認を受けて、例外的に紙媒体で手続を行うことが認められる（金商法二七条の三〇の五第一項一号）[3]。ＥＤＩＮＥＴで開示書類に関する情報を受理できない場合は、紙媒体での手続を認める必要があるからである。このほか、ＥＤＩＮＥＴを使用して電子開示手続を行うことが著しく困難であると認められるときも、内閣総理大臣の承認を受けて、紙媒体での開示を行うことができる（金商法二七条の三〇の五第一項二号）。これは、主として手続をする者の事情でＥＤＩＮＥＴを使用することができない場面を想定したもので、その是非は、ケース・バイ・ケースで判断される[4]。

有価証券報告書の訂正報告書にかかる公告または公開買付開始公告について電子公告を利用する者は、電子通信回線の故障等により電子公告による公告ができない場合は、金融庁長官の承認を得て、直ちに、日刊新聞紙等による方法により公告をしなければならない（金商令四条の二の四第三項・九条の三第五項）。電子公告期間中、公告の中断（不特定多数の者が提供を受けることができる状態に置かれた情報がその状態に置かれないこととなったことまたはその情報がその状態に置かれた後改変されたことをいう）が生じた場合、①公告の中断が生じたことについて公告者が善意でかつ重過失がないことまたは公告者に正当な事由があること、②公告の中断が生じた時間の合計が公告期間の一〇分の一を超えないこと、③公告の中断を知った後速やかにその旨、中断が生じた時間および公告の中断の内容を公告したこと、を条件に、公告の効力に影響を及ぼさない旨が定められている（金商令四条の二の四第四項・九条の三第五項）。

(1) ファイルへの記録の方法は、金融商品取引法二七条の三〇の二の内閣府の使用にかかる電子計算機の操作による（開示用電子情報処理組織府令五条）。
(2) 電力供給が断たれた場合その他の理由により、内閣府の電子計算機を稼動させることができないことが規定されている（金商令一四条の一一の二）。
(3) 電子開示手続の適用除外規定は、平成一二年の証券取引法の改正で追加された。
(4) 望月光弘「ディスクロージャー制度の電子化（上）」商事法務一五六六号二一頁。

二　金融商品取引所・認可金融商品取引業協会への通知と公衆縦覧

1　金融商品取引所・認可金融商品取引業協会への通知

金融商品取引法は、有価証券報告書、半期報告書、四半期報告書、臨時報告書および自己株券買付状況報告書ならびにこれらの訂正報告書、有価証券届出書および訂正届出書、発行登録書および訂正発行登録書、発行登録追補書類、公開買付届出書および訂正届出書、公開買付撤回届出書、意見表明報告書および公開買付報告書ならびにこれらの訂正届出書ならびに大量保有報告書および変更報告書ならびにこれらの訂正報告書を内閣総理大臣に提出した場合には、これらの書類の写しを、有価証券が上場されている金融商品取引所または店頭登録されている認可金融商品取引業協会に提出し、または送付しなければならないと定めている（金商法六条等参照）。有価証券報告書等がＥＤＩＮＥＴを通じて内閣総理大臣に提出された場合、それらの写しの提出または送付に代えて、書類に記載すべき事項を金融商品取引所または認可金融商品取引業協会に通知しなければならない（金商法二七条の三〇の六第一項）。

この通知は、ＥＤＩＮＥＴのファイルに記録されたときに、電子開示手続または任意電子開示手続を行った者から発せられたものとみなされ、記録後、通常その出力に要する時間が経過したときに、通知の相手方である金融商品取引所または認可金融商品取引業協会に到達したものと推定される（金商法二七条の三〇の六第二項）。電子開示手続または任意電子開示手続を行う者は、有価証券報告書等をＥＤＩＮＥＴを通じて内閣府に提出すれば、同時に、その写しの金融商品取引所または認可金融商品取引業協会への提出・送付を行ったこととなる。

２　公衆縦覧

有価証券報告書、半期報告書、四半期報告書、臨時報告書および自己株券買付状況報告書ならびにこれらの訂正報告書、有価証券届出書および訂正届出書、発行登録書および訂正発行登録書、発行登録追補書類、公開買付届出書および訂正届出書、公開買付撤回届出書、意見表明報告書および公開買付報告書ならびにこれらの訂正届出書ならびに大量保有報告書および変更報告書ならびにこれらの訂正報告書がＥＤＩＮＥＴを通じて内閣総理大臣に提出された場合、内閣総理大臣は、これらの書類に代えて、ファイルに記録されている事項[1]またはこれらの事項を記載した書類を公衆縦覧に供しなければならない（金商法二七条の三〇の七）。磁気ディスクの提出により開示手続がなされた場合も同様である。内閣総理大臣から権限を委譲された金融庁長官は、当該事項を財務局および福岡財務支局において、その使用にかかる電子計算機の入出力装置の映像面に表示して、公衆縦覧に供する（金商令一四条の一二[2]）。

開示書類について通知を受けた金融商品取引所や認可金融商品取引業協会は、公衆縦覧に供しなければならないものとされている書類の写しに代えて、通知された事項または当該事項を記載した書類を公衆縦覧に供しなければならない（金商法二七条の三〇の八）。金融商品取引所または認可金融商品取引業協会は、当該事項をその事務所において、その使用にかかる電子計算機の入出力装置の映像面に表示して、公衆縦覧に供する（金商令一四条の一三）。

（1）「内容」ではなく、「事項」を公衆縦覧に供するとしているのは、個々の「事項」をそれぞれすべて閲覧させる意味と考えられている。「内容」という表現を用いると、全体として包括的な意味合いは生ずるものの、一方で、「概要」または「概略」でも「内容」が示されているので、一部は省略してもよいという考え方を生ぜしめてしまうおそれがあるため、それを避けるために「事項」という表記にしたといわれる。石川庸一「証券取引法上の開示手続の電子化のための法令関係の措置について」企業会計五三巻七号六五頁。

（2）携帯型のパソコンを財務局に持ち込んで、その画面上に表示させた場合には、開示の要件を満たさない。占有主体が財務局であるパソコンで縦覧させる必要がある。石川・前掲注（1）六五頁。なお、パソコンの画面で表示できるようにすれば足り、それをプリントアウトしたものを縦覧させる必要はない。

第二款　電子情報処理組織による情報の提供

一　目論見書等の記載情報の提供

紙媒体で行われる目論見書および発行登録目論見書の交付に代えて、これらに記載された事項を電子情報処理組織を使用する方法によって提供することができる（金商法二七条の三〇の九第一項前段）。この場合においては、当該事項を提供した者は、当該目論見書等を交付したものとみなされる（金商法二七条の三〇の九第一項後段）。

目論見書提供者が電磁的方法で目論見書被提供者に目論見書を提供する場合は、電磁的方法および内容を示し、書面または電磁的方法による承諾を得る必要がある（金商法二七条の三〇の九第一項、企業内容等開示府令二三条の二第一項）。

目論見書の提供は、電子情報処理組織を使用する方法と、磁気ディスク、CD—ROM等を交付する方法とがある。電子情報処理組織を使用する場合には、つぎに掲げる方法で行わなければならない（企業内容等開示府令二三条の二第二項）。

①　目論見書提供者等(1)の使用にかかる電子計算機と目論見書被提供者等(2)の使用にかかる電子計算機とを接続する電気通信回線を通じて、目論見書に記載された事項を送信し、目論見書被提供者等の使用にかかる電子計算機に備えられた目論見書被提供者ファイルに記録する方法。(3)これにより、証券会社が目論見書のファイルを添付した電子メールを投資者に電子的に送付し、投資者がパソコンのハードディスクに保存するという形で目論見書記載情報の提供が可能になる。

②　目論見書提供者等の使用にかかる電子計算機に備えられたファイルに記録された記載事項を電気通信回線を通じて目論見書被提供者の閲覧に供し、目論見書被提供者等の使用にかかる電子計算機に備えられた当該目論見書被提供者の目論見書被提供者ファイルに当該記載事項を記録する方法。これにより、証券会社のホームページ上で投資者に目論見書のファイル（たとえばＰＤＦ形式のファイル）を閲覧させ、投資者のパソコンのハードディスクに保存する形での情報提供が認められる。

③　目論見書提供者等の使用にかかる電子計算機に備えられた目論見書被提供者ファイルに記録された記載事項を電気通信回路を通じて目論見書被提供者の閲覧に供する方法。これにより、顧客は証券会社のホームページにアクセスし、自らの専用ファイルに記録された情報を閲覧する形で情報提供ができる。

④　閲覧ファイルに記録された記載事項を電気通信回線を通じて、目論見書被提供者の閲覧に供する方法。閲覧ファイルは、目論見書提供者等の使用にかかる電子計算機に備えられたファイルであって、同時に、複数の目論見書被提供者の閲覧に供するため当該記載事項を記録させるファイルをいう。③と異なり、顧客ごとのファイルは作成されない。一般公衆が利用可能なファイルを証券会社のホームページに掲載する方法をとることが認められ

ている。

①、③および④の方法の場合、[4]情報が閲覧または記録できる状態にあることを目論見書被提供者に知らせる必要がある。そこで、目論見書提供者等は、記載事項を目論見書被提供者ファイルまたは閲覧ファイルに記録する旨または記録した旨を目論見書被提供者に通知しなければならない（企業内容等開示府令二三条の二第三項二号本文）。もっとも、この通知は、目論見書被提供者が当該記載事項を閲覧していたことを確認したときは不要となる（企業内容開示府令二三条の二第三項二号ただし書）。[5]

③および④の方式については、原則として、目論見書の提供があったときから五年間は、ファイルに記録された記載事項を消去または改変することが許されない（企業内容等開示府令二三条の二第三項四号イ）。もっとも、かかる措置は販売会社にとってコストがかかる。そこで、募集・売出しにより取得させまたは売り付けようとする期間が経過した後においては、目論見書被提供者から目論見書の閲覧請求があった場合、すみやかに、①記載事項を電子メールで送信する方法、②記載事項を磁気ディスク等で交付する方法、③記載事項を書面に出力しその書面を交付する方法で足りるものとされている（企業内容等開示府令二三条の二第三項四号ロ）。[6]

（1）　目論見書提供者または目論見書提供者との契約によりファイルを自己の管理する電子計算機に備え置き、これを目論見書被提供者もしくは目論見書提供者の用に供するものをいう。これにより、証券会社がファイルの管理等を他の業者に委託することが制度的に可能となる。

（2）　目論見書被提供者または目論見書被提供者との契約により目論見書被提供者ファイル（もっぱら当該目論見書被提供者の用に供せられるファイルをいう）を自己の管理する電子計算機に備え置く者をいう。

（3）　電磁的方法による提供を受ける旨の承諾または受けない旨の申出をする場合にあっては、目論見書提供者等の使用にかかる電子計算機に備えられたファイルにその旨を記録する方法。

（4）　ファイルが目論見書被提供者自身以外の使用にかかる電子計算機に記録される場合に限られる。

（5）　この点について、証券取引法研究会「インターネットを利用した証券取引―目論見書の電子交付」ＩＴ化の進展と商法・証券取引法の諸問題（別冊商事法務二六一号）二三頁（小柿）（平成一五年）は、たとえば④の方式において、あらかじめ目論見書を見たことを確認してから購入手続に進むようなウエッブサイトを構築しておけば、通知は不要となるとしている。もっとも、同二八頁（黒沼）は、実際に使われている例では、目論見書の画面を経由した形での申込みになっていないことから、これで確認があったとすることに疑問を提起している。

（6）　投信信託の受益証券等（特定有価証券）の目論見書についても、電子情報処理を使用する方法が認められ、その内容が詳細に規定されている（特定有価証券開示府令三二条の二参照）。

二　公開買付説明書等の記載情報の提供

発行会社以外の者が公開買付けにより他社の株券等を取得しようとする場合、公開買付届出書および訂正届出書、公開買付撤回届出書ならびに公開買付報告書および訂正報告書の写しを当該株券等の発行者会社に送付することを要する（金商法二七条の一三第三項等参照）。このような紙媒体での書類の送付に代えて、当該書類に記載すべき事項を、電子情報処理組織を使用する方法等で、提供することができる（金商法二七条の三〇の一一第一項前段）(1)。この場合において、当該書類の写しを送付したものとみなされる（金商法二七条の三〇の一一第一項後段）。公開買付者は、公開買付説明書を電子情報処理組織を使用する方法等で送付するとき、当該公開買付けが金融商品取引法二章の二第一節の規定の適用を受ける公開買付けである旨、当該公開買付説明書が金融商品取引法二七条の九の規定による公開買付説明書である旨が表示された画像を閲覧させることその他の方法により、これらの事項に関して注意を促すことが要求されている（他社株買付府令三三条の二第二項）。

発行会社が自己株式を公開買付けにより取得しようとする場合、写しの送付が義務づけられている公開買付届出書および訂正届出書も、電子情報処理組織を使用する方法等で送付することができる（金商法二七条の三〇の一一第二項）(2)。

このほか、発行者である会社以外の者による株券等の公開買付けに際して送付することとされている意見表明報告書および訂正報告書の写しの送付に代えて、また、株券等の大量保有の状況の関する開示制度における大量保有報告書および変更報告書ならびにこれらの訂正報告書の写しの送付に代えて、これらの書類に記載すべき事項を電子情報処理組織を利用する方法等で送付することが認められている(3)（金商法二七条の三〇の一一第四項）。

（1）①公開買付者の使用する電子計算機と株券等の発行者の使用する電子計算機とを接続する電気通信回線を通じて送信し、受信者の使用する電子計算機に備えられたファイルに記録する方法、②公開買付者の使用する電子計算機に備えられたファイルに記録された書類に記載すべき事項を電気通信回線を通じて株券等の発行者の閲覧に供し、発行者が使用する電子計算機に備えられたファイルに当該事項を記録する方法、または③磁気ディスク、CD—ROMその他の方法により一定の事項を確実に記録しておくことができるものをもって調製するファイルに書類に記載すべき事項を記録したものを交付する方法で行うことを要する（他社株買付府令三三条の三第二項）。

（2）公開買付届出書の写しの送付方法については、注（1）の方法が規定されている（他社株買付府令三三条の三、自社株買付府令二五条の三）。

（3）大量保有報告書の写しの送付についても、公開買付届出書等の送付と同様の方法が規定されている（大量保有開示府令二二条の三第二項）。

第七節　不実表示による責任

第一款　発行開示における民事責任

一　有価証券届出書・発行登録書の虚偽記載

1　発行者の責任

有価証券届出書または発行登録書に、重要な事項について虚偽の記載があり、または記載すべき重要な事項もしくは誤解を生じさせないために必要な重要な事実の記載が欠けているときは、その届出者である有価証券の発行者は、募集・売出しに応じて有価証券を取得した者に対して損害賠償の責任を負う（金商法一八条一項・二三条の一二第五項）。不実表示があった場合についての損害の賠償責任は、それが効果的に追及されるときは、現実に被害を被った者の救済のために有益であるのみならず、情報開示を行う者に対して、十分な注意と慎重な配慮の下に、正確で誤解をもたらさない開示を行わせる点で、予防的な機能を発揮することができる。

有価証券の取得者が有価証券を取得する際に虚偽記載を知っていたときは、この責任は生じない（金商法一八条一項ただし書・二三条の一二第五項）。悪意の取得者についてまで保護する必要はない。有価証券の取得者が虚偽記載を知っていたことは、有価証券の発行者において立証することを要する。有価証券の取得者が虚偽記載を知らない限り、その者が有価証券の取得のために有価証券届出書または発行登録書を閲覧したか否か、虚偽記載を信頼して有価証券を取得したか否かを問うことなく、有価証券の発行者は責任を負う[1][2]。

有価証券を取得した者に対する損害賠償の額は、有価証券の取得者が、①有価証券の取得について支払った額から、損害賠償の請求時[3]の有価証券の市場価額もしくは処分推定価額を控除した額、または②請求時までに有価証券の取得者が有価証券を処分しているときは、支払った額からその処分価額を控除した額である（金商法一九条一項・二三条の一二第五項）。もっとも、有価証券の発行者が、この額の全部または一部が有価証券届出書または発行登録書の虚偽記載によって生ずべき有価証券の値下り以外の事情によって生じたことを証明した場合は、その部分について損害賠償の責任を負わない（金商法一九条二項・二三条の一二第五項）[4]。

有価証券の発行者に対する損害賠償の請求権は、有価証券の取得者が虚偽記載を知った時または相当な注意をもって知ることができた時から、三年間これを行使しないときは消滅する（金商法二〇条前段・二三条の一二第五項）。有価証券の募集・売出しにかかる届出が効力を生じた時から七年間これを行使しないときも請求権は消滅する（金商法二〇条後段・二三条の一二第五項）(5)。前者は時効を定めたものであり、後者は除斥期間を定めたものであると解される。

有価証券を取得した者に対する損害賠償の責任は、前述のように、賠償額が法定されており、有価証券の発行者の過失の有無を問うことなく生ずる。それは、募集の場合のみならず売出しの場合にも妥当するものである。また、募集の場合、虚偽記載のある有価証券届出書または発行登録書による有価証券の発行を通じて取得した資金の返還を内容とするもので、その場合には、原状回復的な意味を有する(6)。

ところで、有価証券届出書または発行登録書に重大な虚偽記載がある場合、その影響を受けて証券の市場価格が歪められる危険性がある。そこで、募集・売出しに応じて有価証券を取得した者のみならず、有価証券届出書または発行登録書の届出者または提出者の有価証券を募集・売出しに応ずることなく取得した者も損害を被ることがある。有価証券の発行者自体については、募集・売出しによらないで有価証券を取得した者に対する損害賠償の責任を規定していない(7)。募集・売出しに応じて有価証券を取得した投資者以外の者との間には、有価証券の発行者は直接の取引関係に立たない。したがって、そのような者に対しては、有価証券の発行者は原状回復的な責任を負わない。

もっとも、そのことは、有価証券届出書または発行登録書の虚偽記載について、有価証券の発行者が募集・売出しによることなく有価証券を取得した者に対して、損害賠償の責任を負わないでよいことを意味しない。有価証券の発行者は、有価証券届出書または発行登録書の虚偽記載につき、一般不法行為の原則に従って、損害賠償の責任を負うものと解すべきである(8)。募集・売出しに応じて有価証券を取得した者でない場合に、発行者の経営危険から生じる不利益は負担すべきであっても、有価証券届出書または発行登録書の虚偽記載の危険まで負担することを要求すべきではない(9)。

（1）有価証券の取得者が直接に有価証券届出書を閲覧しなくても、虚偽記載のある有価証券届出書が公衆の縦覧に供されているときは、その有価証券の取得の投資決定に際して、間接的に有価証券届出書の虚偽記載の影響を受ける。有価証券の取得者が有価証券届出書の虚偽記載による損害賠償を請求するために、有価証券届出書を直接に閲覧したことまたは信頼したことを立証しなければならないとすることは、その賠償請求を実際上きわめて困難とするものである。さらに、この立場は、不実開示の抑制を未然に防止するという前述の民事責任規定の目的からも肯定できる。なお、金融商品取引法一八条は発行者の無過失責任を定めるものであるが、このことのゆえに、過失相殺が否定されるわけではない。弥永真生「企業買収と証券取引法（金融商品取引法）一八条・一九条」商事法務一八〇四号六頁。

（2）他社株転換条項付社債（いわゆるＥＢ）は、社債発行会社以外の会社が発行する株式により償還することができる旨の特約が付されている社債である。他社株転換条項付社債の投資者にとって、対象株式の発行会社の情報は、社債投資にあたって重要なものとなる。企業内容等開示府令は、継続開示会社の株式を対象とする他社株転換社債の有価証券届出書等の開示書類において、対象株式の発行者の情報について一定の情報開示を要求している。そこで、対象株式の発行者の継続開示書類中に重要な事項についての虚偽記載があった場合で、他社株転換条項付社債の投資者が損害を被ったときに、他社株転換条項付社債の発行者が責任を負うかどうかが問題となる。中島史郎＝寺田昌弘＝安部健介「他社株関連証券の発行関係者の開示責任（上）」商事法務一六一〇号九頁は、対象会社の継続開示書類の記載事項は他社株転換条項付社債の発行者が提出する有価証券届出書の一部を構成するものではなく、虚偽記載による責任を負わないとしている。このような場合に責任を負わせることになれば、発行者は対象会社の継続開示書類についての虚偽記載を調査することが必要となるが、かかる調査を要求することは適切とは思われない。

（3）損害賠償の請求時の有価証券の市場価額またはその時までに有価証券を処分したときはその処分価額が損害賠償額の算定の基礎となるので、その後に有価証券の市場価格がどうなるかは、賠償額の算定に影響をおよぼさない。したがって、損害賠償の請求に有価証券の市場価格が上昇し、上昇した価格で有価証券の取得者が有価証券を処分しても損害賠償額は減額されない。損害賠償の請求後に有価証券の市場価額が下落し、下落した価格で有価証券の取得者が有価証券を処分しても損害賠償額は増額されない。

（4）損害賠償の請求時までに有価証券の取得者が有価証券を処分している場合に、その処分価額が処分時の有価証券の市場価格より低いときは、その差額はここにいう損害賠償の責任を負わない額に該当する。しかし、有価証券の募集・売出し後に多数の有価証券の市場価格が一般的な経済状況の変動あるいは市場における需給関係の変動等によって下落した場合にも、その平均的な下落価格が直ちに有価証券届出書の虚偽記載以外によるものとして、損害賠償額を控除する額とはならないであろう。

(5) 平成一六年の改正で、それぞれの期間が、一年間から三年間、五年間から七年間へと延長された。

(6) 渡辺豊樹＝奥村光夫＝長谷場義久＝松川隆志＝田中誠二・改正証券取引法の解説六三頁（昭和四六年）参照。売出しについては、発行者がこのような意味での資金調達をしたわけではないので、無過失責任であることについて同様の説明をすることはできない。この点について、売出しの場合は、手取金を取得している売出人に売出し分についての無過失責任を課す一方で、発行者の責任は過失責任にすべきとの立法提案がなされている。黒沼悦郎＝永井智亮＝中村慎二＝石塚洋之「座談会・不適切開示をめぐる株価の下落と損害賠償責任（上）」商事法務一九〇六号一一頁（黒沼）。

(7) 募集・売出しに応ずることなく有価証券を取得した者には、流通市場の取引で取得した者と募集・売出しにかかる有価証券以外の有価証券を取得した者とがあるが、両者を損害賠償の請求に関して区別すべき理由はない。

(8) 龍田節「証券取引の法的規制」現代の経済構造と法五一六頁（昭和五〇年）。渡辺他・前掲注（6）七一頁、谷川久「民事責任」ルイ・ロス＝矢沢惇監修・アメリカと日本の証券取引法（下）六一三頁・六二一頁（昭和五〇年）は、有価証券の発行者が募集・売出しに応ずることなく有価証券を取得した者に対して一般不法行為に従っても損害賠償の責任を負わないと解している。

(9) 有価証券の取得者が有価証券の発行者から損害賠償を得ることは、ある投資者の保護のためにその発行者に出資している他の投資者が犠牲を払うことになるが、損害賠償が一般不法行為の原則に従う限り、そのことは不当ではない。神崎克郎「証券取引法上の民事責任」大森還暦・商法・保険法の諸問題二一九頁（昭和四七年）、志村治美「証券取引法上の民事責任」河本還暦・証券取引法大系五六五頁（昭和六一年）参照。

2　発行者の役員の責任

有価証券届出書または発行登録書に、重要な事項について虚偽の記載があり、または記載すべき重要な事項もしくは誤解を生じさせないために必要な重要な事実の記載が欠けているときは、それらの書類の提出時の有価証券の発行者の役員、すなわち取締役、執行役、会計参与、監査役またはこれに準ずべき者は、有価証券届出書または発行登録書にかかる有価証券の発行者の有価証券を取得した者に対して損害賠償の責任を負う（金商法二一条一項一号・二三条一項・二三条の一二第五項）。有価証券の発行者の役員は、有価証券届出書または発行登録書の虚偽記載について、募集・売出しに応じて有価証券を取得した者に対してのみならず、募集・売出しに応ずることなく有価証券を取得した者に対しても、損害賠償の責任を負う。有価証券の取得者が有価証券を取得する際に虚偽記載を知っていたときは、この責任は発生しない（金商法二一条一項ただし書・二二条一項・二三条の一二第五項）。有価証券の取得者が虚偽記載を知っていたことは、有価証券の発行者の役員が立証することを要する(1)。

有価証券の発行者の役員の有価証券の取得者に対する損害賠償の額は、有価証券届出書または発行登録書の虚偽記載によって生じた損害の額であり、その額は賠償請求をする有価証券の取得者において立証することを要する。この額は、有価証券の発行者の損害賠償責任と異なって、具体的に法定されていない。賠償額の算定にあたっては、前述の、有価証券の発行者の責任についての金融商品取引法一九条の規定が参考となる(2)。有価証券の発行者の役員に対する損害賠償請求権の行使期間についても金融商品取引法に特別の規定はない。不法行為による損害賠償の請求期間についての民法七二四条の規定が適用されるものと解される。

有価証券の発行者の役員は、有価証券届出書または発行登録書の虚偽記載を知らずかつ相当の注意を用いたにもかかわらず知ることができなかったことを証明するときは、この責任を免れることができる（金商法二一条二項一号・二二条二項・二三条の一二第五項）。発行会社の責任が無過失責任であるの対して、役員の責任については、立証責任が転換された過失責任となっている(3)。有価証券の発行者の役員が用いるべき相当の注意の具体的内容は、各役員の発行者における職務内容および地位に応じて異なる。有価証券届出書または発行登録書に重大な虚偽記載がある場合、発行者の業務を統轄している取締役社長、財務担当取締役または常務会の構成員である取締役は、実際上、相当の注意を用いたにもかかわらず有価証券届出書または発行登録書の虚偽記載を知ることができなかったことを証明することはきわめて困難であると考えられる。

それ以外の役員も、これらの役員に対して一般的に有価証券届出書または発行登録書の記載の正確性につき質問をし、その記載が正確である旨の返答を得ただけでは、相当の注意を用いたことにはならない(4)。役員が病気であること、遠隔の地に居住していること、多忙であること、あるいは有価証券届出書または発行登録書の記載内容を理解する能力を有しないこと等は、それらの者の責任を免除あるいは軽減する理由とはならない。(5) そうでなければ、有価証券の発行者の役員に対し、相当な注意と慎重な配慮をもって、有価証券届出書または発行登録書の完全かつ正確な記載をさせようとする法の趣旨は容易に潜脱されてしまうからである。

（1）金融商品取引法二一条一項の規定の仕方と二二条一項の規定の仕方の相違から、渡辺豊樹＝奥村光夫＝長谷場義久＝松川隆志＝田中誠二・改正証券取引法の解説七二頁（昭和四六年）、谷川久「民事責任」ルイ・ロス＝矢沢惇監修・アメリカと日本の証券取引法（下）六一四頁（昭和五〇年）、松土陽太郎＝熊谷直樹・企業内容開示制度解説二八〇頁（昭和五三年）は、募集・売出しに応じて有価証券を取得した者に対する損害賠償責任に関しては、役員の側で有価証券の取得者が虚偽記載を知っていたことを立証する責任を負うが、募集・売出しに応ずることなく有価証券を取得した者に対する損害賠償責任に関しては、有価証券の取得者の側で自己が虚偽記載を知らなかったことを立証する責任を負うと解している。しかし、そのように別異に解すべき合理的な理由はなく、立証責任の分配に関する一般原則に従って、いずれの場合も、役員が有価証券の取得者の虚偽記載についての悪意を立証してその責任を免れうるものと解すべきである。

（2）金融商品取引法一九条は、損害賠償請求時の有価証券の市場価格を基準に損害額を算定しているが、この場合は、原則にかえり、口頭弁論終結時の有価証券の市場価格を基礎に損害額を算定すべきである。

（3）不実表示があった場合に発行会社だけに責任を負わせるのでは、民事責任の抑止機能を十分に期待できない。近藤光男＝吉原和志＝黒沼悦郎・金融商品取引法入門一八三頁（平成二一年）は、無過失責任を課すには厳しすぎるという配慮が働いたとする。

（4）アメリカの一九三三年証券法の下での登録届出書の虚偽記載による有価証券の発行者の役員の損害賠償責任が問題となったEscott v. Barchris Construction Corp. 283 F. Supp. 643 (S.D.N.Y (1968)) 事件で、裁判所は、登録届出書提出の直前に発行者の取締役となった被告の抗弁に関して、被害が取締役就任前に信用調査機関から発行者の信用状態について調査報告をとりよせ、証券業者から発行者の事情をきき、発行者の株主宛年次報告書に眼を通し、取締役就任後に内部取締役から登録届出書の記載が正確である旨の確答を得ただけでは合理的な調査をしたことにはならないと判示した。なお、河本一郎「証券取引法の基本問題―民事責任を中心として」神戸法学雑誌二一巻三・四号二三八頁参照。

（5）神崎克郎「証券取引法上の民事責任」大森還暦・商法・保険法の諸問題二二四頁（昭和四七年）参照。

3　売出人の責任

有価証券届出書または発行登録書に、重要な事項について虚偽の記載があり、または記載すべき重要な事項もしくは誤解を生じさせないために必要な重要な事実の記載が欠けているときは、有価証券の売出人は、売出しに応じて有価証券を取得した者に対して損害賠償の責任を負う（金商法二一条一項二号・二三条の一二第五項）。ただし、有価証券の取得者が有価証券を取得する際に虚偽記載を知っていたときはその限りでない（金商法二一条一項ただし書・二三条の一二第五項）。売出人の損害賠償額は、有価証券届出書または発行登録書の虚偽記載により生じた損害の額であり、売出人は、虚偽記載を知らずかつ相当な注意を用いたにもかかわらず知ることができなかったことを立証すれば責任を免れる（金商法二一条二項一号・二三条の一二第五項）。有価証券の売出人は、募集・売出しに応じて有価証券を取得した者に対して、その者が有価証券届出書または発行登録書の虚偽記載によって被った損害を賠償する責任を負うが、この責任については発行者の役員と同様の免責と抗弁が認められている。

売出人は、有価証券届出書または発行登録書を作成するものではなく、発行者の役員のように有価証券届出書または発行登録書の作成者の機関としてその作成に関与しうるものでもない。支配株主のように、発行者に相当の影響力を行使できる立場が考慮されたものと考えられる。もっとも、昭和二三年制定当初の証券取引法は、有価証券届出書の虚偽記載につき、有価証券の発行者およびその役員ならびにそれらを支配する者等の損害賠償責任を定めていたものの、売出人の損害賠償の責任を規定していなかった。アメリカの一九三三年証券法も登録届出書の虚偽記載について、発行者を支配しない売出人の損害賠償責任を定めていない(1)。以上のことからも、有価証券届出書または発行登録書の作成に実際に関与せず、関与することができない売出人をも含めて、すべての売出人に有価証券届出書の虚偽記載の責任を課すことの立法的妥当性は検討の余地があった。

平成二一年の改正で、有価証券の売出しの定義の見直しがなされた(2)。これにより、有価証券の売出しの定義から、取引所金融商品市場における有価証券の売買およびこれに準ずる取引その他の政令で定める有価証券の取引にかかるものが除外された（金商法二条四項柱書）。政令では、譲渡制限のない有価証券の売買であって、当該有価証券の発行者である法人の主要株主または当該主要株主以外の者が所有するものの売買が規定されている（金商令一条の七の三第七号ハ）。(3) 売出しの定義から、主要株主以外の者による売付け勧誘等が除外されたのは、大量の有価証券の取得が勧誘されることによる販売圧力が生じる可能性がないことが理由と考えられる。このような売出しの定義の改正によって、主要株主以外の売出人は、有価証券届出書の提出や目論見書の作成が免除されることとなるが、その結果として、有価証券届出書や目論見書のの虚偽記載についても民事責任を負わないこととなる。(4)

（1）　アメリカ法律協会の連邦証券法典も、発行者または引受人を支配しない売出人（secondary distributor）は、登録届出書、募集説明書の内容を調査することができない故に、その虚偽記載については損害賠償責任を負うべきでないとの態度をとっている。American Law Institute, Federal Securities Code 709 (1980) 参照。

（2）　本書二〇八頁参照。

（3）　金融商品取引法一六三条一項に規定する主要株主（自己または他人の名義をもって総株主等の議決権の一〇パーセント以上の議決権を保有している株主）をいう。

（4）　売出しの定義の改正前においても、発行会社に対して支配的な力を行使できない売出人については、比較的容易に無過失の立証が認められ、したがって損害賠償の責任を免れうる場合が多いと考えられていた。龍田節「証券取引の法的規制」現代の経済構造と法五一七頁（昭和五〇年）、谷川久「民事責任」ルイ・ロス＝矢沢惇監修・アメリカと日本の証券取引法（下）六〇八頁（昭和五〇年）参照。

4　公認会計士・監査法人の責任

有価証券届出書または発行登録書に、重要な事項について虚偽の記載があり、または記載すべき重要な事項もしくは誤解を生じさせないために必要な重要な事実の記載が欠けているときは、有価証券届出書または発行登録書の財務書類に監査証明をした公認会計士または監査法人は、有価証券届出書または発行登録書にかかる有価証券の発行者の有価証券を取得した者に対して、損害賠償の責任を負う（金商法二一条一項三号・二二条一項・二三条の一二第五項）。有価証券の取得者が有価証券を取得する際に虚偽記載を知っていたときはその限りでない（金商法二一条一項ただし書・二三条一項・二三条の一二第五項）。損害賠償の額は、有価証券届出書または発行登録書の虚偽記載によって有価証券の取得者が被った損害の額である。

公認会計士または監査法人は、監査証明をしたことについて故意または過失がなかったことを立証したときはこの責任を免れる（金商法二一条二項二号・二二条二項・二三条の一二第五項）。公認会計士または監査法人の監査証明は、一般に公正妥当と認められる慣行に従って実施された監査の結果にもとづいて作成された監査報告書により行うことを要する（監査証明府令三条）。そのため、公認会計士または監査法人の監査証明に故意または過失がなかったといえるためには、一般に公正妥当と認められる慣行に従って実施された監査の結果が監査報告書に正確に記載されていることを要する。

公認会計士または監査法人が損害賠償の責任を負うのは、有価証券届出書または発行登録書の監査証明にかかる財務書類に虚偽の記載があるにもかかわらず虚偽の記載がないものとして監査証明をしたことによる。そのため、監査証明にかかる書類に虚偽記載がある場合に虚偽記載がないものとして監査証明をしなければこの責任は発生しない。また、監査証明にかかる財務書類以外の有価証券届出書または発行登録書に虚偽記載があっても、監査証明にかかる財務書類に虚偽記載がなければ、公認会計士または監査法人の損害賠償責任は発生しない。

5　元引受金融商品取引業者の責任

有価証券届出書または発行登録書に、重要な事項について虚偽の記載があり、または記載すべき重要な事項もしくは誤解を生じさせないために必要な重要な事実の記載が欠けているときは、募集にかかる有価証券の発行者または売出人と元引受契約を締結した金融商品取引業者または登録金融機関は、募集・売出しに応じて有価証券を取得した者に対して損害賠償の責任を負う（金商法二一条一項四号・二三条の一二第五項）。有価証券の取得者が有価証券を取得する際に虚偽記載を知っていたときはこの限りでない（金商法二一条一項ただし書・二三条の一二第五項）。損害賠償の額は、有価証券の取得者が有価証券届出書または発行登録書の虚偽記載によって被った額である。元引受契約とは、有価証券の募集・売出しに際して締結する契約で、①当該有価証券を取得させることを目的として、その全部または一部を発行者または所有者から取得することを内容とする契約、②当該有価証券の全部または一部につき、他に取得する者がいない場合に、その残部を発行者または所有者から取得することを内容とする契約または、③当該有価証券が新株予約権証券である場合において、当該新株予約権証券を取得した者が当該新株予約権証券の全部または一部につき新株予約権を行使しないときに当該行使しない新株予約権にかかる新株予約権証券を発行者または所有者から取得して自己または第三者が当該新株予約権を行使することを内容とする契約[1]のいずれかをいう（金商法二一条四項）。

　元引受金融商品取引業者は、公認会計士または監査法人の監査証明にかかる財務書類の虚偽記載については、それを知らなかったことを、それ以外の部分の虚偽記載については、それを知らずかつ相当な注意を用いたにもかかわらず知ることができなかったことを、それぞれ証明するときは責任を免れるものと規定されている（金商法二一条二項三号・二三条の一二第五項）。この規定からは、公認会計士または監査法人の監査証明にかかる財務書類の虚偽記載に関しては、元引受金融商品取引業者は、虚偽記載を知らなければ、知らないことにいかに不注意があっても損害賠償の責任を負わないようにもみえる[2]。そうであるとすれば、法的責任に関する限り[3]、元引受金融商品取引業者は、有価証券届出書または発行登録書のきわめて重要な部分である公認会計士または監査法人の監査証明にかかる財務書類についてはまったく調査をせず、発行者の表示をそのまま受け入れることが最も安全である。しかし、そのようなことは、募集・売出しに関与する者の相当な注意と慎重な配慮によって、完全かつ正確な有価証券届出書による開示をはかろうとする金融商品取引法の理念に反するものである[4]。

　虚偽記載のある目論見書を使用して有価証券を取得させた者は有価証券の取得者に損害賠償の責任を負う（金商法

一七条)。その者が虚偽記載を知らずかつ相当な注意を用いたにもかかわらず知ることができなかったことを証明した場合に限り免責される。有価証券届出書または発行登録書に虚偽記載がある場合、それを基礎に作成される目論見書にも通常は虚偽記載があることになる。しかし、元引受金融商品取引業者でない一般の金融証券取引業者は、この目論見書の使用者として損害賠償の責任を免れるためには、その虚偽記載が公認会計士または監査法人の監査証明にかかる財務書類にかかるか否かにかかわらず、虚偽記載を知らなかったことのみならず相当な注意を用いたにもかかわらず知ることができなかったことも証明しなければならない。

目論見書の使用者にすぎない一般の金融商品取引業者でさえ記載の正確性を調査する義務を負担する。これに対して元引受金融商品取引業者は、公認会計士または監査法人の監査証明にかかる財務書類については相当な注意を尽すべき義務を負うものではないとの解釈は論理的にも不条理である(5)。

(1)　③は平成二三年の改正で定められた。これにより、いわゆるコミットメント型ライツ・オファリングにおいて、行使されなかった新株予約権を金融商品取引業者が取得する行為は「元引受け」と位置づけられることとなり、有価証券届出書の虚偽記載等の関する損害賠償責任といった元引受契約に着目して設けられている規制が適用されることとなった。

(2)　渡辺豊樹＝奥村光夫＝長谷場義久＝松川隆志＝田中誠二・改正証券取引法の解説六九頁(昭和四六年)はそのように解し、その理由として、「財務諸表の監査は公認会計士の分野であるので、公認会計士の監査結果を信頼すれば……免責するのが相当と考えられ」ると述べている。

(3)　十分に調査もすることなく、財務書類に虚偽記載のある有価証券届出書にかかる有価証券の募集・売出しに関して元引受けをした金融商品取引業者の道義的な責任は残るが、そのような金融商品取引業者が、その後の引受業務に関して不利な状況に立つようには、証券界および一般投資者は必ずしも行動するとは限らない。

(4)　かつての大蔵省証券局は、「証券会社の引受業務の適正な運営について」(昭和四四年一一月六日蔵証二六七七号)と題する通達において、元引受証券会社に発行会社の財務状態の正確な把握に努めることを要請していた。すなわち、「幹事証券会社は、単に企業のための資金調達にとどまらず、証券市場および投資者全般に対する公共的責任を負担しているので……自ら企業の財務内容等を十分に把握し、必要かつ適切な措置を講ずることが肝要であ〔る〕」として、証券会社に、「増資の引受け、株式の公開等に当たっては、自ら十分な調査を行なうことはもちろん、要すれば当該発行会社を監査した公認会計士または監査法人からも監査内容、監査意見を形成するに至った経緯等について聴取する等各種の方法を総合的に講じて、会社の財務内容等について事前に的確に把握するとともに、必要に応じ当該会社に対し、適切な助言を行なうこと」が必要であるとした。また、「投資者本位の営業姿勢の徹底について」（昭和四九年一二月二日蔵証二二一一号）と題する通達では、「有価証券に引受に当たっては……審査能力の一層の充実に努め、特に、引受にかかる事前審査の内容を高めることにより、払込みに至るまでの企業動向についても的確な情報の把握に努める等、引受業務の充実を図るとともに、極力、公認会計士または監査法人による監査対象事業年度後の財務状況に関する調査報告を求めること」を要請した。

（5）　神崎克郎「証券取引法上の民事責任」大森還暦・商法・保険法の諸問題二三三頁（昭和四七年）、志村治美「証券取引法上の民事責任」河本還暦・証券取引法大系五六四頁（昭和六一年）参照。

二　目論見書の虚偽記載

1　発行者の責任

目論見書は、有価証券の募集・売出しに関して投資者に直接に交付される情報開示の文書であり、有価証券の発行開示の手段としてきわめて重要な機能を発揮する。有価証券の発行者が金融商品取引法の要請に従って作成した目論見書に、重要な事項について虚偽の記載があり、または記載すべき重要な事項もしくは誤解を生じさせないために必要な重要な事実の記載が欠けているときは、有価証券の発行者は、募集・売出しに応じその目論見書の交付を受けて有価証券を取得した者に対し、損害賠償の責任を負う（金商法一八条二項・二三条の一二第五項）。ただし、有価証券の取得者が、有価証券を取得する際に虚偽記載を知っているときはこの限りでない（金商法一八条二項・一八条一項ただし書・二三条の一二第五項）。

損害賠償の額は、有価証券届出書に虚偽記載がある場合と同じである（金商法一九条）。損害賠償の請求は、有価証券の取得者が虚偽記載を知った時もしくは相当な注意をもって知ることができた時から三年間または目論見書の交付を受けた時から七年間内に行う必要がある（金商法二〇条）。この責任は無過失責任である。

募集・売出しの完了後も財務局等に備え置かれて公衆の縦覧に供される有価証券届出書と異なって、目論見書は、募集・売出しに関してのみ使用されることが予定されているので、募集・売出しに応ずることなく発行者の有価証券を取得した者に対する損害賠償の責任は、この場合には、重要な問題とならない。

2　発行者の役員・売出人の責任

有価証券の発行者が金融商品取引法の要請に従って作成した目論見書に、重要な事項について虚偽の記載があり、または記載すべき重要な事項もしくは誤解を生じさせないために必要な重要な事実の記載が欠けているときは、有価証券の発行者の目論見書の作成時の役員および売出人は、募集・売出に応じ、その目論見書の交付を受けて有価証券を取得した者に対し、損害賠償の責任を負う（金商法二一条三項・二三条の一二第五項）。ただし、有価証券の取得者が、有価証券を取得する際に目論見書の虚偽記載を知っていたときはこの限りでない（金商法二一条三項・二一条一項ただし書・二三条の一二第五項）。損害賠償の額は、目論見書の虚偽記載によって有価証券の取得者が被った損害の額であり（金商法二一条三項・二一条一項・二三条の一二第五項）、それは、有価証券の取得者が立証することを要する。なお、損害賠償の請求は、民法七二四条の定める不法行為の一般原則に従って行われることを要する。

目論見書の虚偽記載に関しても、発行者の役員および売出人は、虚偽記載を知らずかつ相当な注意を用いたにもかかわらず知ることができなかったことを証明して損害賠償の責任を免れることができる（金商法二一条三項・二一条二項一号・二三条の一二第五項）。有価証券届出書の場合と同様に、売出人は、目論見書の作成者である有価証券の発行者の機関として目論見書の作成に関与するものでないので、虚偽記載を知っている場合を除いては、比較的容易にこの立証をすることによって責任を免れることができるものと考えられる。なお、平成二一年の改正で、売出人の定義が改

正され、その結果、主要株主以外の売出人は、目論見書の虚偽記載について民事責任を負わないものとなった。(1)

（1）　本書五五六頁参照。

3　目論見書の使用者の責任

重要な事項について虚偽の記載があり、または記載すべき重要な事項もしくは誤解を生じさせないために必要な重要な事実の記載が欠けている目論見書を利用して有価証券を取得させた者は、その表示が虚偽であることを知らずに有価証券を取得した者に対して、表示が虚偽であることによってその者が被った損害を賠償しなければならない（金商法一七条）。重要な事項について虚偽の記載があり、または記載すべき重要な事項もしくは誤解を生じさせないために必要な重要な事実の記載が欠けている資料を使用して有価証券を取得させた者も、同様の責任を負う（金商法一七条）。有価証券の取得者が表示が虚偽であることを知っていたことは、責任を免れようとする者において立証することを要するものと解される。(1)

虚偽の表示を利用して有価証券を取得させた者は、表示が虚偽であることを知らずかつ相当な注意を用いたにもかかわらず知ることができなかったことを証明してこの責任を免れることができる（金商法一七条ただし書・二二条の一二第五項）。責任を免れるためには、表示が虚偽であることを知らないのみならず、相当な注意を用いたにもかかわらずこれを知ることができなかったことを証明することを要するので、金融商品取引業者が業界でいわれている噂を利用して他の者に有価証券を取得させた場合に、その噂が事実と合致しないときは、その噂を自己が作り出したものでないというだけでは金融商品取引業者はそれによる責任を免れることができない。(2)

かかる責任は、不実の表示を使用して有価証券を取得させられた者に対する損害賠償に関するものであるが、その者が募集・売出しに応じて有価証券を取得したか否かを問題にしていない。したがって、募集・売出しに関しない取引において、虚偽の表示をして有価証券を取得させた者もこの規定によって責任を負う。しかも、取得させる有価証券は自己が所有していたものであることを要しないので、委託取引によって有価証券を取得させた場合でもよい。(3)(4)

(1)　松土陽太郎＝熊谷直樹・企業内容開示制度解説二七九頁（昭和五三年）、田中誠二＝堀口亘・コンメンタール証券取引法九五頁（昭和五三年）は、有価証券の取得者の側で表示が虚偽であることを知らなかったことを立証する責任があるものとしている。

(2)　有価証券の発行者の新製品開発や他の企業との業務提携などの噂は発行者に対して真偽を確認することが容易であるので、それをすることなく、有価証券の取引に利用する場合には、相当な注意を用いたものとは認められない。

(3)　金融商品取引業者が虚偽の表示を利用して有価証券の買付けを勧誘し、それに応じた投資者の買付委託を実行して投資者に有価証券を取得させる場合などがそれに該当する。

(4)　金融商品取引法一七条にいう「有価証券を取得させた者」が、発行者、募集・売出しを行う者、引受人、金融商品取引業者等に限られるかどうかが問題となる。この点について、最判平成二〇年二月一五日金融・商事判例一二八八号三六頁は、責任主体を発行者等に限定する文言が存在しないこと、さらに、「法は、何人も有価証券の募集または売出しのために法定の記載内容と異なる内容を記載した目論見書を使用し、または法定の記載内容を異なる内容の表示をしてはならないと定めていること（一三条五項）、重要な事項について虚偽の記載がありまたは重要な事実の記載が欠けている目論見書を作成した発行者の損害賠償責任については、法一七条とは別に法一八条二項に規定されていることなどに照らすと、法一七条に定める損害賠償責任の責任主体は、虚偽ある目論見書等を使用して有価証券を取得させたといえる者であれば足り、発行者等に限るとすることはできない。」と判示した。

第二款　その他の開示における民事責任

一　有価証券報告書等の虚偽記載

1　発行者の責任

有価証券報告書およびその添付書類ならびにこれらの訂正報告書のうちに、重要な事項について虚偽の記載があり、または記載すべき重要な事項もしくは誤解を生じさせないために必要な重要な事実の記載が欠けているときは、有価証券報告書の提出者は、公衆縦覧期間に有価証券を取得した者に対して、記載が虚偽であり、または欠けていることにより生じた損害を賠償しなければならない（金商法二一条の二第一項本文・二五条一項四号）。半期報告書、四半期報告書、臨時報告書、自己株券買付状況報告書およびこれらの訂正報告書について虚偽記載等があった場合にも同様の責任が発生する（金商法二一条の二第一項本文・二五条一項七号・八号・一〇号・一一号）。これらの責任は、発行開示における発行者の責任と同様に無過失責任である[1][2]。取得者がその取得の際、虚偽記載等を知っていたときには、この責任は発生しない（金商法二一条の二第一項ただし書）。

有価証券届出書の虚偽記載についての有価証券の発行者の損害賠償責任は、募集・売出しに応じて有価証券を取得した者に対して、その者が有価証券の取得について支払った金額を限度とするもので、原状回復的な性質を有するものである。前述の有価証券報告書等は、有価証券の発行者と投資者との間の直接の取引のためのものではないので、そのような原状回復的な責任を虚偽記載に関して有価証券の発行者が負うことはない。

しかし、投資者は、有価証券の発行者の経営危険に投資をするのでその負担を覚悟すべきことは当然であるが、有価証券報告書等の虚偽記載から生じる不利益をも覚悟すべき地位にはない。有価証券報告書等の虚偽記載によって損害を被ったときは、不法行為の一般原則に従って、有価証券の発行者からも損害賠償の救済を受けることができる。(3)(4)ここにいう損害は、加害行為がなかったと仮定した場合の財産状態と現実の財産状態の差額である。すなわち、「有価証券を取得したときの取得価額」と「虚偽記載がなかったと仮定した場合の当時の有価証券の価額」の差額が損害額となるはずである。(5)しかし、証券の価格は、様々な事象を織り込みつつ変動するものであり、後者の価額を原告が立証することはきわめて困難といえる。(6)

そこで、既述のように発行者の虚偽表示の関する民事責任を法定した上で、さらに、虚偽表示を行った発行者と投資者との間の実質的な立証負担のバランスをはかるための規定が置かれている。(7)すなわち、有価証券報告書等の虚偽記載の事実の公表がなされたときは、公表日前一年以内に有価証券を取得し、公表日に引き続きその有価証券を所有する者については、公表日前一か月間のその有価証券の市場価額（市場価額がないときは、処分推定価額）の平均額から公表日後一か月間のその有価証券の市場価額の平均額を控除した額が、その報告書の虚偽記載により生じた損害の額とすることができる（金商法二一条の二第二項）。

取得者が受けた損害額の全部または一部が、有価証券報告書等の虚偽記載以外による値下りによるものであることを証明したときは、その全部または一部について、損害賠償の責任を負わない（金商法二一条の二第四項）。さらに、取得者が受けた損害額の全部または一部が、有価証券報告書等の虚偽記載以外による値下りであることが認められるものの、その事情により生じた損害の性質上、その額を証明することがきわめて困難であるときは、裁判所は、口頭弁論の全趣旨および証拠調べの結果にもとづき、相当な額を、賠償の責任が発生しない損害額として認定することができる（金商法二一条の二第五項）。原告（投資者）と被告（発行者）の立証の公平の観点から、裁判所の裁量による賠償額の減額が認められている。(8)(9)

有価証券報告書等の虚偽記載についての損害賠償請求権は、それを知ったときまたは相当な注意をもって知ることができるときから二年間で消滅する（金商法二一条の三・二〇条）。また、当該報告書等が提出されたときから五年間、これを行わなかったときも同様とされる（金商法二一条の三・二〇条）。流通市場においては、発行市場と比較して、発行者の責任が広範囲になりうることに配慮して、時効期間をより短いものとしている。[10]

有価証券の発行者が責任を負う損害額は、①その有価証券を保有しているときは、取得者が支払った額から、損害賠償を請求する時における市場価額（市場価額がないときは、その時における処分推定価額）を控除した額、②その有価証券をすでに処分しているときは、取得者が支払った額から、処分価額を控除した額を限度とする（金商法二一条の二第一項・一九条一項）[11]。前述の推定額を超えて損害を被ったことを取得者が立証した場合には、この限度額を超えない範囲で、発行者は損害賠償責任を負う。

ここにいう、虚偽記載の事実の「公表」とは、有価証券報告書等の提出者または提出者の業務もしくは財産に関し、法令にもとづく権限を有する者により、有価証券報告書等の虚偽記載にかかる記載すべき重要な事項または誤解を生じさせないために必要な重要な事実について金融商品取引法二五条一項の規定による公衆縦覧その他の手段により、多数の者の知りうる状態に置く措置がとられたことをいう（金商法二一条の二第三項）。金融商品取引法二五条一項に定める各報告書の訂正報告書の提出・公衆縦覧には時間がかかるため、「公表」段階で、すでに市場が真実の情報を反映した価格を形成しているおそれがある[12]。その他の手段による「公表」が実際上大きな意味をもつ[13][14]。

なお、有価証券報告書等の虚偽記載を理由に損害賠償の請求をする有価証券の取得者は、有価証券を取得する前に有価証券報告書等を閲覧したことを立証する必要がないとともに、損害賠償の請求を受けた者は、有価証券の取得者が有価証券報告書を閲覧しなかったことを立証してもその責任を免れることができない。有価証券報告書が公衆の縦覧に供されているときは、市場は有価証券報告書の記載内容を基礎にその提出者の有価証券を評価するが、有価証券の取得者は、そのような市場の評価を前提として有価証券を取得するからである。

（1）　発行者自ら法定の開示書類に重要な虚偽記載を行うことの違法性は重大である上、開示書類は厳密な手続を経て作成するものであるにもかかわらず重要な虚偽記載がある場合には、請求者に発行者の故意・過失の立証を求めることなく、賠償責任を負担させることが適当であるとして、無過失責任が規定された。三井秀範編著・課徴金制度と民事賠償責任一五四頁（平成一七年）。もっとも、発行会社に過失がない場合もありうる。前越俊之「証券不実開示訴訟における『損害因果関係』」福岡大学法学論叢五三巻四号三九六頁注一〇四では、代表取締役が会社をあげて内部統制システムの確立に努めており、代表取締役のみならず他の役員等にも過失を認定できない場合を例に、無過失の抗弁を認める過失責任への法改正を提言する。

発行開示での虚偽記載の責任は現状回復の側面があり、この点で、無過失責任を問いやすい。これに対して、流通市場における虚偽記載については、同じような意味での利益が会社にあったわけではなく、この点で、同様に無過失責任を課すことに疑問を呈する見解がある。大証金融商品取引法研究会「上場会社・役員等の民事責任に関する問題点」二六頁（川口）。これに対して、虚偽記載により株価が下落しないことによって会社が様々な便益を得ているとの主張がなされている。同研究会二六頁（森本）。なお、発行者にも投資者にもどちらにも落ち度がないときに、有価証券報告書等の作成主体である会社に損失の負担をさせることが妥当との見解も述べられている。同研究会二二頁（前田）。

（2）　発行市場での虚偽記載の場合は、会社には、高値で販売した分の財産の増加が生じているため、かかる財産を、高値で買わされた株主に返還することに違和感はない。しかし、流通市場での虚偽記載の場合には、会社財産は増えず、会社が株主に対して損害賠償を支払うことは、一部の株主への会社財産（株主全体のもの）の移転になるとの批判がある。この点に関して、「一時的に役職員から取るべしという制度では被害者救済にならないのは明白でしたし、実務上、会社に対して損賠償を請求するという制度でなければ被害者救済は十分図られません。むしろ、一時的には会社に請求することとし、虚偽開示に加担した個々の役職員に対する責任追及については、その実態を把握し得る会社から個々の加担者に対して求償させることが現実的かつ妥当な解決になると考えられました。」との見解が述べられている。岩原紳作他「金融商品取引法セミナー（第一一回）民事責任（1）」ジュリスト一三九七号八一頁（三井）。責任を負う役職員から会社が支払った損害額の求償ができれば、特定株主に対する会社財産の移転の問題は回避できる。しかし、役職員が支払うことのできる金額には限界があることから、会社財産の回復は事実上困難といわざるをえない。

（3）　谷川久「民事責任」ルイ・ロス＝矢沢惇監修・アメリカと日本の証券取引法（下）六二一頁（昭和五〇年）は、現行法の下で、有価証券の発行者は有価証券報告書の虚偽記載につき損害賠償の責任を負わないと解するとともに、それが妥当な立法的立場に立つものであるとしている。その理由とするところは、有価証券報告書を信頼して有価証券を取得した者は有価証券の発行者と取引をした者ではないこと、有価証券（株式）の取得者は会社債権者より会社財産について劣後的地位に立つべきこと、有価証券報告書の虚偽記載の減少は発行者の役員の個人的責任を容易にすることによってはかるべきこと、にある。

（4）会社法三五〇条にもとづく責任追及も可能である。会社法三五〇条は、株式会社は、代表取締役その他の代表者がその職務を行うについて第三者に加えた損害を賠償する責任を負う旨を規定している。東京地判平成二一年五月二一日判例時報二〇四七号三六頁は、東京証券取引所の適時開示での虚偽情報の提供について、会社法三五〇条に基づき会社の不法行為責任を認めた。また、大分地判平成二〇年三月三日金融・商事判例一二九〇号五三頁は、平成一七年改正前商法二六一条三項・七八条二項、民法四四条一項（現在の会社法三五〇条に相当）にもとづき、虚偽の有価証券報告書の記載について会社の責任を肯定している。

（5）虚偽記載がなかったならば、そもそも有価証券を取得しなかったと考えられる場面では、取得者に現状回復的な救済を与えるべきである。そこでは、取得価格と現在の価格との差額が損害額となる。

（6）岡田大＝吉田修＝大和弘幸「市場監視機能の強化のための証券取引法改正の解説―課徴金制度の導入と民事責任規定の見直し」商事法務一七〇五号五三頁。破産会社の元従業員が在職中に従業員持株会制度を通じて破産会社の株式を取得したものの、破産宣告により持株が無価値となったため、破産会社の財務書類・有価証券報告書虚偽記載による不法行為にもとづく損害賠償請求権により破産債権を有することの確定を求めた事例で、破産会社が真実の財務内容を公表した場合、破産会社の株価は下落したと推認できるものの、公表により株価がどの程度下落したかは証拠上明らかでないとして、請求を退けた裁判例がある。東京地判平成一三年一二月二〇日金融・商事判例一一四七号三四頁。

（7）金融審議会金融分科会第一部会報告「市場機能を中核とする金融システムに向けて」（平成一五年一二月二四日）。本報告を受けて、平成一六年の改正で実現した。

（8）金融商品取引法二一条の二の改正施行前の虚偽記載の事例は、同規定の適用がないため、不法行為責任の有無が争点となる。この点については、西武鉄道の有価証券報告書の虚偽記載に関して、同社の株式を取得した投資家から提起された民事訴訟で多数の判決が出されている。東京証券取引所一部上場会社であった西武鉄道が平成一六年三月期に提出した有価証券報告書において、筆頭株主のコクドと傘下のプリンスホテルの株式保有比率を実際と異なって記載していたことが判明した。すなわち、同比率は約四九パーセントと記載されていたところ（コクド四八・七七パーセント、プリンスホテル〇・五二パーセント）、実際には両社が個人名義で実質的に保有していた分を合わせると八〇パーセント近くに及ぶことが分かり（コクド七六・三〇パーセント、プリンスホテル一・四四パーセント）、西武鉄道は、平成一六年一〇月一三日に有価証券報告書の訂正報告書を届け出た。訂正後、西武鉄道の一〇大株主の所有割合は九一・一九パーセントとなった（訂正前は、六二・七四パーセント）。有価証券報告書では、「大株主の状況」の記載が要求される。そこでは、所有株式数の多い順に一〇名程度について、氏名・名称、住所、所有株式数および発行済株式総数に対する所有株式数の割合が記載されなければならない（企業内容等開示府令第三号様式・記載上の注意㉕）。西武鉄道の記載は、この点での虚偽記載を行ったことになる。さらに、東京証券取引所の上場廃止基準では、少数特定者持株数（所有株式数の多い順に一〇名の株主が所有する株式数および役員ならびに当該上場会社が所有する株式の総数）が上場株式数の七五パーセント（当分の間八〇パーセント）超（猶予期間一年）、上場株式数の九〇パーセント（猶予期間なし）超の場合に、上場廃止となるべき旨を定めていた（当時の上場廃止基準二条一項二号）。さらに、上場会社が上場契約について重大な違反を行った場合にも上場廃止とすることができる（当時の上場廃止基準二条一項一二号）。東京証券取引所は、平成一六年一二月一七日に西武鉄道の上場廃止を決定した。

投資者の損害は、不法行為の一般原則により、虚偽記載がなかったならばあったであろう状態を想定して、その状態と現実の状態を比較して算出される（差額説）。もっとも、その損害額の算定については、下級審裁判所の見解は分かれていた。①東京地判平成二一年一月三〇日判例時報二〇三五号一四五頁、②東京地判平成二一年三月三一日判例時報二〇四二号一二七頁は、有価証券を取得したこと自体を損害として、取得価格と現在の価格の差額を損害とする（取得自体損害説）。これに対して、③東京地判平成一九年八月二八日判例タイムズ一二七八号二二一頁、④東京地判平成一九年一〇月一日判例タイムズ一二六三号三三一頁は、取得価格と虚偽記載がなかったならば生じていたであろう市場価格（想定価格）その差額を損害とする（取得時差額説）（もっとも、これらは、株式を保有し続けた株主が原告である事案で、その後の価格が上昇していることを理由に、請求が棄却されている）。また、⑤東京地判平成二〇年四月二四日判例時報二〇〇三号一〇頁、⑥東京地判平成二〇年四月二四日判例時報二〇〇三号一四七頁、⑦東京地判平成二一年一月三〇日金融・商事判例一三一六号三四頁は、虚偽記載の公表による価格下落を損害として、公表直前の株価と売却価額の差額が損害額であるとした（市場下落説）。

控訴審でも、立場は分かれていた。①の控訴審である⑧東京高判平成二二年三月二四日金融・商事判例一三四三号五九頁は、取得時差額説を採ることを明らかにした。もっとも、⑦の控訴審である⑨東京高判平成二一年二月二六日判例時報二〇四六号四〇頁、⑩東京高判平成二一年三月三一日金融・商事判例一三一六号二頁および②の控訴審である⑪東京高判平成二二年四月二二日金融・商事判例一三四三号四四頁は、市場下落説に立ちながら、虚偽記載に公表によって生じた市場価格の下落分の一部のみ（公表直前価格の約一五パーセント）を損害としている。そこでは、虚偽記載の公表による価格への影響は認められるものの、それは生じた株価変動のうちの一部にとどまるもので、しかも、その性質上損害の額を立証することがきわめて困難といえる場合にあたり、民事訴訟法二四八条を適用し、当該虚偽記載が公表された時点での株価の一五パーセント相当額とするのが相当であるとした。

これらの立場の違いは、虚偽記載がなされた時点を基準とするのか、現在の状況を基準とするのかにある。前者では、取得時差額説が基本となる。もっとも、虚偽記載がわかっていれば当然に株式を取得しなかったと考えられる状況の下では、取得自体損害説が妥当ということになる。取得自体損害説では、損害の認定は比較的容易であるものの、取得時差額説では、虚偽記載がなかったならば生じていたであろう市場価格（想定価格）を認定することは難しい。一方で、後者では、市場下落説が親和的である。市場下落説は、虚偽記載の公表による有価証券の価値下落を損害と考えるものであるが、前述のように、この場合でも、公表直前の市場価格と投資者の売却価格との差額とするものと、虚偽記載の公表によって生じた市場価格の下落分の一部のみ（公表直前の価格に約一五パーセントを乗じた額）が損害であるとするものとに分かれている。市場下落説に対しては、取得時に損害が生じたと考えないと、虚偽記載が発覚するよりも前に発行者が倒産して株価がゼロになってしまった場合に、投資者に賠償を与えることができなくなるとの批判がある。黒沼悦郎＝永井智亮＝中村慎二＝石塚洋之「座談会・不適切開示をめぐる株価の下落と損害賠償責任（下）」商事法務一九〇八号二〇頁。また、神田秀樹「上場株式の株価の下落と株主の損害」法曹時報六二巻三号六二五頁は、虚偽記載の公表による企業価値の毀損は、虚偽記載の発覚によって過大評価部分が減少した部分に限られず、同発覚によって経済的信用等が毀損された部分も観念できるとする。なお、いわゆるライブドア事件の判決の一つである東京高判平成二一年一二月一六日金融・商事判例一三三二号七頁は、原告は、いずれの説を証明することでも損害賠償を請求することができるとしていた。このほか、西武鉄道事件については、黒沼悦郎「西武鉄道事件判決の検討〔上中下〕」商事法務一八三八号四頁・一八三九号二〇頁・一八四〇号三九頁、井口直樹「西武鉄道事件東京地裁判決の検討」商事法務一八六一号四頁、石塚洋之「西武鉄道株主損害賠償請求訴訟東京高裁判決の検討〔上下〕」商事法務一八六八号四頁・一八六九号一七頁、川村正幸「有価証券報告書等の虚偽記載に起因する株価暴落により投資者が被った損害の額の算定方法」判例評論六一四号（判例時報二〇六六号）一八四頁参照。

このようななか、最判平成二三年九月一三日は、右の事件において、投資者は、虚偽記載がなければ西武鉄道株式を取得することはなかったとして、虚偽記載と相当因果関係にある損害の額は、投資者が、虚偽記載公表後、株式を取引所市場において処分した場合はその取得価額と処分価額の差額、株式を保有し続けているときはその取得価額と事実審の口頭弁論終結時の株式の市場価額との差額を基礎として、経済情勢、市場動向、会社の業績等当該虚偽記載に起因しない市場価額の下落分を右差額から控除して算定すべきとした（損害額についてさらに審理を尽くさせるため、原審に差し戻した）。

（9）　いわゆるライブドア事件において、東京地判平成二一年五月二一日判例時報二〇四七号三六頁は、虚偽記載以外の事情を考慮して、推定損害額から三分の二の減額を行った。同様の事案で、東京地判平成二〇年六月一三日判例時報二〇一三号二七頁は、三割の減額としたが、控訴審である東京高判平成二一年一二月一六日金融・商事判例一三三二号七頁では、一割の減額にとどまった。

右の東京地判平成二一年五月二一日判例時報二〇四七号三六頁では、東京証券取引所の適時開示における虚偽表示も問題となった。金融商品取引法上の損害推定規定は、法定書類に虚偽記載があった場合のものである。したがって、自主規制である適時開示違反に、かかる推定規定を適用することはできない。民事訴訟法二四八条は、損害の性質上その額を立証することがきわめて困難であるときは、裁判所が、口頭弁論の全趣旨および証拠調べの結果にもとづき、相当な損害額を認定することができると規定している。本判決は、この規定に従い、虚偽公表直前の株価から公表後一か月間の同株式の終値平均額への下落額のうち、約二割に相当する額を虚偽公表による損害額とした。控除割合を大きくしたのは（約八割）、虚偽公表の内容が投資判断に与える影響の違い、当該株式に株式分割が実施され、需給関係により株価高騰への期待が高まっていたことなどが理由である。なお、金融商品取引法では、「虚偽記載の公表日前一か月の平均株価」が損害額の推定の基準となるのに対して、本判決では、適時開示について「虚偽公表直前の株価」を基準としている。この点で、両者間で、裁判所が命じる損害額に違いが生じる可能性がある。

(10)　岡田他・前掲注（6）五二頁。

(11)　黒沼悦郎「証券取引法における民事責任規定の見直し」商事法務一七〇八号五頁は、責任限度額を法定したことについて、「有価証券報告書等に虚偽記載があった場合に、有価証券届出書に虚偽記載があった場合よりも多額の責任を発行者に負わせるのは不当であるとの発想によるものであろう」とした上で、発行開示における虚偽記載の責任と流通市場での虚偽記載による責任の性質の違い（原状回復的な考えと損害（差額）の賠償という考え）を理由に、立法を批判する。

(12)　市場価格が下落し、公衆縦覧前後の下落額がきわめて小さいものとなり、損害額の推定規定の意義を損なうことが懸念される。黒沼・前掲注（11）八頁。

(13)　内部者取引規制における「公表」の概念が参考となる。そこでは、複数の報道機関への情報の公開、証券取引所への通知が規定されている（金商令三〇条）。一般論として、誤った情報が訂正され、それにもとづく新しい価格が市場で形成される場合に推定規定を働かせるという趣旨からすると、このような価格の差を生み出すような情報の公表がこれに該当する。もっとも、いかなる内容の公表が「虚偽事実の公表」に該当するかは、事案ごとに検討するしかない。不適切な会計書類について過年度修正の必要性が主要日刊新聞で報じられた際に、当該事実を肯定するコメントが会社から出された場合、公表があったと考えてもよいものの、「調査中」「まだ事実は確認されていません。調査中です」とのコメントがあっただけでは、公表があったとは認定されにくい。岩原紳作他「金融商品取引セミナー（第一二回）民事責任（2）」ジュリスト一四〇一号七九頁（三井）。また、根拠のない情報が市場に流布しているだけでは、それを訂正し、正確な情報を開示する義務は会社には発生しない。近藤光男＝吉原和志＝黒沼悦郎・金融商品取引法入門二八二頁（平成二一年）。

(14)　いわゆるライブドア事件で、東京地判平成二一年五月二一日判例時報二〇四七号三六頁、東京地判平成二〇年六月一三日判例時報二〇一三号二七頁は、事件を捜査した検察官が公表の主体となることができ、さらに、検察官が報道機関に事実を伝え、多数の者が当該事実を知りうる状態になれば「公表」にあたるとしている。かかる立場に対しては、警察の捜査結果の公表は金融商品取引上の規制目的と必ずしも一致しないこと等を理由に、反対する見解が述べられている。弥永真生「金融商品取引法二一条の二にいう『公表』の意義」商事法務一八一四号四頁。また、条文では、公表の主体を書類の提出者とともに「提出者の業務若しくは財産に関し法令にもとづく権限を有する者」と規定しており（金商法二一条の二第三項）、この文言から、公表者を広く解することに疑問を提起する見解もある。近藤光男「ライブドア株主損害賠償訴訟判決の検討」商事法務一八四六号一三頁。公表主体を、金融商品取引法上の監督権限を有する者などに限定しなければ、推定規定の適用基準が曖昧となり、恣意的な解釈を生むことを懸念する見解もある。新谷勝「判批」金融・商事判例一三〇八号四頁。これらに対して、検察官が公表主体となりえないとすると、強制捜査が行われるような重大な虚偽記載のケースほど投資者保護に反する結果を招来するとして、本件判決の立場に賛成する見解も述べられている。黒沼悦郎「判批」金融・商事判例一三〇三号六頁は、開示書類の提出者に対して犯罪の強制捜査が行われている間は、提出者としては、関係書類が押収されているため虚偽記載等の事実を公表できない状況に置かれることがあり、このような場合に、検察官が公表主体になりえないとすると、強制捜査が行われるような重大な虚偽記載のケースほど、投資者保護に反する結果を招来するという矛盾に陥るとしている。公表日の前後の平均値の差額を損害推定額とする規定からは、公表日の確定が遅れるほど、損害推定額が減少することが考えられ、投資者保護の立場からは、公表の概念を広く捉えることが有益である。

２　発行者の役員等の責任

有価証券の発行者の有価証券報告書の提出時の役員および有価証券報告書の財務書類に監査証明をした公認会計士または監査法人が、有価証券の発行者の有価証券を取得した者に対して、虚偽記載によって生じた損害を賠償する責任を負う（金商法二四条の四・二二条一項）[1]。もっとも、有価証券の取得者が有価証券を取得する際に虚偽記載を知っていたときはこの責任は発生しない（金商法二四条の四・二二条一項）[2]。

有価証券の発行者の役員は、虚偽記載を知らずかつ相当な注意を用いたにもかかわらず知ることができなかったことを証明し[3]、財務書類に監査証明をした公認会計士または監査法人は、監査証明をしたことについて故意または過失がなかったことを証明して、それぞれ責任を免れることができる（金商法二四条の四・二二条二項）[4]。公認会計士または監査法人の監査証明に故意または過失がなかったといえるためには、一般に公正妥当と認められる慣行に従って実施された監査の結果が監査報告書に正確に記載されていることを要する。

半期報告書、四半期報告書、臨時報告書および自己株券買付状況報告書についても、虚偽記載等につき、有価証券報告書の場合と同様の責任が規定されている（金商法二四条の四の七第四項、二四条の五第五項・二四条の六第二項・二二条）。

（1）　有価証券届出書の作成を組込方式で作成する場合、組み込まれた有価証券報告書記載の情報は有価証券届出書、目論見書の内容となるため、それに不実表示があれば、発行開示に関する民事責任が適用される。有価証券届出書の作成を参照方式で作成する場合も、同様に扱われる（金商法二三条の二参照）。金融商品取引法二四条の四における役員の責任に関する消滅時効については明文の規定はない。通説は、この責任を不法行為責任と考え、民法七二四条により、損害および加害を知ったときから三年、行為の時から二〇年の時効に服すると解している。金融商品取引法二四条の四は、二二条を準用しているため、発行開示書類における不実記載についても同様に解される。立案担当者や学説の見解については、河本一郎＝今井宏・鑑定意見会社法・証券取引法二一〇頁以下（平成一七年）参照。なお、当該規定は会社法四二九条に近い法定責任であるため時効を一〇年と解する見解も主張されている。この点の議論については、証券取引法研究会「証券取引法における民事責任の消滅時効期間の問題」平成一六年の証券取引法等の改正〔別冊商事法務二九〇号〕六六頁以下（平成一七年）参照）。

（2）　有価証券の取得者が有価証券報告書の虚偽記載を知っていたことは、賠償責任を免れようとする者の側で立証しなければならない。ただし、渡辺豊樹＝奥村光夫＝長谷場義久＝松川隆志＝田中誠二・改正証券取引法の解説七二頁（昭和四六年）、谷川久「民事責任」ルイ・ロス＝矢沢惇監修・アメリカと日本の証券取引法（下）六二二頁（昭和五〇年）は反対。なお、請求権者が有価証券を「取得した者」に限定されている点について批判がある。山下友信＝神田秀樹編・金融商品取引法概説二一六頁（平成二二年）。この点に関する議論について、証券取引法研究会・前掲注（1）五〇頁以下参照。

（3）　役員が用いるべき「相当の注意」の程度は、各役員の職務内容および地位に応じて異なる。かかる役員の民事責任は、役員に対して、相当な注意と慎重な配慮をもって、開示書類の完全かつ正確な記載を確保しようとするためのものであることから、「相当の注意」として要求されるべき程度を引き下げ、安易に責任の免除を認めるべきではない。東京地判平成二一年五月二一日判例時報二〇四七号三六頁は、「相当な注意」を用いたかどうかはそれぞれの役員の役割や地位に照らして判断するとしながら、結論的には、発行者の取締役・監査役であった者について、すべて「相当の注意」を用いたことを否定している。なお、取締役就任前に職務上虚偽記載について知りうる機会がなかった者について、就任前に有価証券報告書等のチェックをしなかったことで「相当な注意」を用いなかったとして責任を負わせることは妥当ではない。黒沼悦郎＝永井智亮＝中村慎二＝石塚洋之「座談会・不適切開示をめぐる株価の下落と損害賠償責任（上）」商事法務一九〇六号一八頁（黒沼・中村）。

（4）　東京地判平成二一年五月二一日判例時報二〇四七号三六頁では、監査法人の責任以外に、監査を担当した個々の監査法人社員に対する責任追及もなされている点が注目される（当該監査法人は解散しており、損害賠償責任を果たすことができないという事情があった）。そこでは、「監査報告書の記載についての市場の投資家に対する直接の責任は、一義的には監査報告書の作成者にある」として、監査報告書に署名押印をした者について監査法人との連帯責任（不法行為責任）を肯定している（署名押印をしなかった社員が責任を負うのは、署名押印をしたと同視できる程度に監査意見の形成に関与したと認められる場合に限られるとした）。

二　公開買付けに関する虚偽記載

1　発行者以外の者による公開買付け

有価証券の公開買付けに関しては、金融商品取引法は、公開買付届出書の提出および公衆縦覧、公開買付届出書の主要内容の公告および公開買付説明書の投資者への交付による情報の開示を要求している。公開買付届出書および説明書は、有価証券の募集・売出しのための有価証券届出書および目論見書に対応する。有価証券届出書または目論見書に重大な虚偽記載があるときは、それらを通じて有価証券の募集・売出しを行った有価証券の発行者は、有価証券の取得者に対して原状回復的な責任を負担する。それとの対応で考えれば、公開買付届出書または説明書に重大な虚偽記載があるときは、公開買付けによって有価証券を取得した公開買付者がその虚偽記載についての故意・過失を問うことなく、有価証券の提供者に対して責任を負担するのが合理的である。

重要な事項について虚偽の記載があり、または表示すべき重要な事項もしくは誤解を生じさせないために必要な重要な事実の表示が欠けている公開買付開始公告等を行った者、同様の虚偽記載がある公開買付届出書を提出した者、同様の虚偽記載がある公開買付説明書を作成した者は、株券等を取得した者に対して、損害賠償の責任を負う（金商法二七条の二〇・一八条）。

取得者に対して損害賠償の責任を負うこれらの者の特別関係者(1)、これらの者が法人その他の団体である場合は、その団体の公開買付開始公告等、公開買付届出書の提出または公開買付説明書の作成を行ったときにおける取締役、執行役、監査役、理事もしくは監事またはこれらに準じる者も、連帯して損害賠償の責任を負う（金商法二七条の二〇第三項）。もっとも、記載が虚偽でありまたは欠けていることを知らず、かつ相当な注意を用いたにもかかわらず知ることができなかったことを証明したときには、責任を免れる（金商法二七条の二〇第三項ただし書）。

公開買付届出書および公開買付説明書の虚偽記載のうち、公開買付終了後に株券等の買付け等を公開買付けによらないで行う契約があるにもかかわらず、それを公開買付届出書等に記載せず、その契約による買付け等を行った場合の損害額が法定されている。すなわち、公開買付者がその買付けを行った価格(2)から公開買付価格を控除した金額が損害額となる（金商法二七条の二〇第二項）。

損害賠償の請求は、公開買付開始公告等、公開買付届出書または公開買付説明書の虚偽表示を知ったときまたは相当な注意をもって知ることができるときから一年間、公開買付買付期間の末日の翌日から起算して五年間、これを行わないときは時効により消滅する（金商法二七条の二一第二項）。

重要な事項について虚偽の記載があり、または表示すべき重要な事項もしくは誤解を生じさせないために必要な重要な事実の表示が欠けている公開買付説明書その他の表示を使用して、株券等の売付け等をさせた者も、取得者に対して損害賠償の責任を負う（金商法二七条の一九・一七条本文）。虚偽記載を知らずかつ相当の注意を用いたにもかかわらず知ることができなかったことを証明した場合には、責任は負わない（金商法二七条の一九・一七条ただし書）。

（1）　金融商品取引法二七条の二第七項二号に掲げる者、すなわち、実質基準による特別関係者に限られる。

(2)　これに相当する利益の供与を含み、当該価格が均一でない場合には、その最も有利な価格とされる。

2　発行者による公開買付け

発行者が、重要な事項について虚偽記載がありまたは表示すべき重要な事項もしくは誤解を生じさせないために必要な重要な事実の表示が欠けている公開買付説明書を使って公開買付けを行った場合、これに応じて売付け等をした者に対して損害賠償の責任を負う（金商法二七条の二二の二第一〇項・一一項・一七条・一八条）。

さらに、発行者による公開買付けの場合、特別の開示が要求される。すなわち、内部者取引規制にかかる重要事実で、その公表がなされていないものがあるときは、公開買付届出書を提出する日前に、その重要事実を公表しなければならない（金商法二七条の二二の三第一項）。また、公開買付届出書を提出した日以降、買付期間の末日までに、重要事実が発生したときは、直ちに、その事実を公表し、買付け等の申込みに対する承諾等を行った者に対して、内容を通知する義務がある（金商法二七条の二二の三第二項）。かかる公表または通知を行わず、または虚偽の公表または通知を行った会社は、公開買付けに応じて株券等の売付けをした者に対して、損害賠償の責任を負う（金商法二七条の二二の四第一項本文）。もっとも、重要事実が発生していること、公表または通知の内容が虚偽であることを知っていたとき、それらを知らず、かつ公開買付け当時において相当な注意を用いたにもかかわらず知ることができなかったことを証明したときは責任を免れる（金商法二七条の二二の四第一項ただし書）。

公開買付け当時の役員も、会社と連帯して損害賠償の責任を負う（金商法二七条の二二の四第二項）。公開買付け当時、重要事実が発生していること、公表または通知の内容が虚偽であることを知らず、かつ公開買付け当時において相当な注意を用いたにもかかわらず知ることができなかったことを証明したときは責任を免れる（金商法二七条の二二の四第二項ただし書）。

第三款　刑事責任と課徴金の納付命令

一　刑事責任

1　発行開示における虚偽記載

金融商品取引法は、情報開示の内容の正確性を担保するために、虚偽表示に対して刑事制裁を規定している。すなわち、発行開示に関しては、有価証券届出書、訂正届出書、発行登録書、訂正発行登録書、発行登録追補書類、これらの添付書類において、重要な事項に虚偽の記載があるものを内閣総理大臣に提出した者は、一〇年以下の懲役もしくは一〇〇〇万円以下の罰金に処せられまたはこれらが併科される（金商法一九七条一項一号）。さらに、有価証券届出書等の書類の写しは、金融商品取引所または認可金融商品取引業協会に提出または送付される（金商法六条）。これに関して、重要な事項について虚偽の記載があり、かつ、写しのもととなった書類と異なる内容の記載をした書類をその写しとして提出または送付した者は、五年以下の懲役もしくは五〇〇万円以下の罰金に処せられまたはこれらが併科される（金商法一九七条の二第二号）。

発行会社の代表者は右の規定により虚偽表示の責任を負う。これに加えて、発行会社自体にも、両罰規定により刑事責任が法定されている。虚偽記載のある有価証券届出書等を内閣総理大臣に提出した場合には、七億円以下の罰金刑、虚偽記載のある有価証券届出書等を証券取引所または認可金融商品取引業協会に提出または送付した場合には、五億円以下の罰金刑に処せられる（金商法二〇七条一項一号・二号）。

目論見書に虚偽記載がある場合の金融商品取引法上の罰則規定は存在しない。もっとも、目論見書に虚偽記載がある場合、有価証券届出書にも虚偽記載があることが通常である。なお、目論見書に虚偽記載がある場合には、会社法上の虚偽文書行使等の罪の適用がある。[1]

（1）　取締役、監査役等が、株式・社債などの募集にあたり、重要な事項について虚偽の記載のある目論見書を使用したときは、五年以下の懲役または五〇〇万円以下の罰金に処せられる（会社法九六四条）。

2　その他の開示における虚偽記載

流通市場における投資者の投資判断に資するため、金融商品取引法は継続開示を要求している。[1]公開買付けや大量保有の場合にも一定の開示が義務づけられる。[2]かかる開示書類に虚偽記載がある場合に刑事罰が科せられる。[3]

まず、有価証券報告書およびその訂正報告書に、重要な事項について虚偽の記載があるものを提出した者は、一〇年以下の懲役もしくは一〇〇〇万円以下の罰金に処せられ、またはこれらが併科される（金商法一九七条一項一号）。発行会社は七億円以下の罰金が科せられる（金商法二〇七条一項一号）。また、有価証券報告書の添付書類、半期報告書、四半期報告書、臨時報告書およびこれらの訂正報告書に、重要な事項について虚偽の記載があるものを提出した者は、五年以下の懲役もしくは五〇〇万円以下の罰金に処せられ、またはこれらが併科される（金商法一九七条の二第六号）。発行会社は五億円以下の罰金に処せられる（金商法二〇七条一項二号）。自社の財務報告にかかる内部統制が有効でないにもかかわらず、それを有効であるとするなど、内部統制報告書の重要な事項につき虚偽のあるものを提出した場合も、同様の罰則が適用される（金商法一九七条の二第五号・六号、二〇七条一項二号）。

さらに、公開買付届出書、公開買付撤回届出書、公開買付報告書、訂正報告書であって、重要な事項につき虚偽の記載のあるものを提出した者は一〇年以下の懲役もしくは一〇〇〇万円以下の罰金に処せられ、またはこれらが併科される（金商法一九七条一項三号）。発行会社は、七億円以下の罰金に処せられる（金商法二〇七条一項一号）。重要な事項につき虚偽の記載がある公開買付説明書を交付した者は、五年以下の懲役もしくは五〇〇万円以下の罰金に処せられ、またはこれらが併科される（金商法一九七条の二第八号）。加えて、自己株券買付状況報告書・その訂正報告書、大量保有報告書・変更報告書・訂正報告書であって、重要な事項につき虚偽の記載のあるものを提出した者は五年以下の懲役もしくは五〇〇万円以下の罰金に処せられ、またはこれらが併科される（金商法一九七条の二第六号）。発行会社は五億円以下の罰金に処せられる（金商法二〇七条一項二号）。

公衆縦覧される有価証券報告書等の写しについて、重要な事項について虚偽があり、かつ、写しのもととなった書類と異なる内容の記載をした書類をその写しとして公衆に縦覧した者は、五年以下の懲役もしくは五〇〇万円以下の罰金に処せられ、またはこれらが併科される（金商法一九七条の二第七号）。発行会社は五億円以下の罰金に処せられる（金商法二〇七条一項二号）。

なお、公開買付けにおいて、何人も、公開買付届出書、公開買付撤回届出書、公開買付報告書または意見表明報告書の受理があったことをもって、内閣総理大臣が当該受理にかかるこれらの書類の記載が真実かつ正確であり、またはこれらの書類のうちに重要な事項の記載が欠けていないことを認定したものとみなすことができない（金商法二七条の一五第一項）。公開買付者およびその対象者は、右の規定に違反する表示をすることが禁止され、違反した場合、六月以下の懲役もしくは五〇万円以下の罰金に処せられ、またはこれらが併科される（金商法二〇五条四号）。

有価証券報告書などに記載された内容の適正性について経営者において作成する確認書を提出しなかった場合、過料の対象となる（金商法二〇八条・二〇八条の二）。有価証券報告書などの内容について虚偽記載がある場面で、それを適正と記載した確認書を提出した場合、虚偽記載のある確認書を提出したことになる。もっとも、この場合、有価証券報告書などに虚偽の記載があり、虚偽の有価証券報告書を提出したことで刑事罰の制裁を受けるため、虚偽の確認書を提出したことについて罰則は規定されていない。

（1）　開示義務を怠った者には、刑事罰が定められ、五年以下の懲役もしくは五〇〇万円以下の罰金に処せられまたはこれらが併科される（金商法一九七条の二第五号）。両罰規定により、発行会社にも五億円以下の罰金に処せられる（金商法二〇七条一項二号）。

（2）注（1）と同様の刑事罰が科せられる。なお、公開買付公告を怠った者についても同様の刑事罰が科せられる（金商法一九七条の二第四号）。

（3）東京証券取引所市場第一部に株式を上場していた山陽特殊製鋼は、昭和四〇年三月一〇日を支払期日とする一八億四〇〇〇万円の約束手形の支払見込みがないことを直接の理由として、同年三月六日、神戸地方裁判所姫路支部に会社更生法の適用申請を行い、事実上倒産した。その後、同社の大規模な粉飾決算の疑いが濃厚となり、大蔵省（当時）の検査の結果、昭和三九年九月期までの数事業年度にわたる有価証券届出書等に累計一三一億九〇〇〇万円余にのぼる虚偽記載を行っていたことが判明した。大蔵省は、有価証券届出書・有価証券報告書の重要な虚偽記載を理由として、山陽特殊製鋼および同社社長を神戸地方検察庁に告発し、有罪判決が下された（神戸地判昭和五三年一二月二六日商事法務八二九号二五頁）。本件は、大蔵省が証券取引法違反で会社とその代表者を告発した最初の事例となった。山陽特殊製鋼の粉飾決算事件は、その内容が長期にわたる重大なものであり、しかも、戦後最大といわれる企業倒産の結果明らかになったことから、社会的に大きな関心をもたれるようになり、その後の企業内容開示制度の充実、強化に対して大きな影響を与えた。神崎克郎「粉飾決算と開示制度の充実」証券取引の法理二四二頁（昭和六二年）。

その後、特に、注目された事件に、日本熱学工業事件があった。同社も、東京証券取引所市場第一部に株式を上場しており、成長性のある有望企業とみられていたものの、昭和四九年五月一七日、約八・五億円にのぼる約束手形の不渡りを出して事実上倒産した。その負債総額は、先の山陽特殊製鋼のそれに匹敵するものといわれた。日本熱学工業は、昭和四六年一二月期、昭和四七年一二月期および昭和四八年一二月期の三事業年度にわたり累計四一億円あまりの粉飾決算を行い、有価証券届出書・有価証券報告書にこれに対応する重要な虚偽記載を行っていた。これに対して、同社の副社長などの役員が証券取引法違反で刑事罰が科せられた（大阪地判昭和五二年六月二八日商事法務七八〇号三〇頁）。

また、東京証券取引所上場会社の不二サッシは、調査の結果、昭和五一年六月三〇日、五一年三月期の有価証券報告書に、同期の決算の実際は当期未処理損失金が二六九億二六九四万四千円であったのに、架空売上げを計上しあるいは固定資産を仮装売却するなどの方法により二六〇億二九三一万七千円を過少に計上して当期未処理損失金が八億九七六二万七千円であったように内容虚偽の記載をした財務書類を掲載し、もって同社の経理状況等のうち重要な事項につき虚偽の記載をした有価証券報告書を作成して提出した事実、さらに、昭和五二年六月三〇日、五二年三月期の有価証券報告書に、同期の決算の実際は当期未処理損失金が三三一億五二六八万五千円であったのに、先行売上げを計上しあるいは棚卸資産を過大計上するなどの方法により三三億四八三四万三千円を過大に計上して当期未処分利益金が一億九五六五万八千円であったように内容虚偽の記載をした財務書類を掲載し、もって同社の経理状況等のうち重要な事項につき虚偽の記載をした有価証券報告書を作成して提出した事実が判明した、この事件は、かかる巨額の粉飾決算を行ったことで関係者に衝撃を与えた。東京地方裁判所は、同社の取締役等に刑事責任を認める判決を下している（東京地判昭和五七年二月二五日判例時報一〇四六号一四九頁）。

このほか、粉飾決算で有罪判決が下された事例として、代表取締役が、二度にわたり、配当可能利益は皆無であったのに、粉飾決算の上、違法配当をした事例（ヤオハンジャパン事件）（静岡地判平成一一年三月三一日資料版商事法務一八七号二一六頁）、破綻した大手証券会社の代表取締役社長が、同社の幹部らと共謀の上、含み損が発生した有価証券の簿外処理等で当期未処分損失を圧縮して計上した事例（山一證券事件）（東京地判平成一二年三月二八日判例時報一七三〇号一六二頁、東京高判平成一三年一〇月二五日判例集未登載）、日本長期信用銀行の頭取等が、共謀の上、多額の不良債権を隠蔽し、監督官庁による早期是正措置を回避する意図から通達・実務指針等の許容する範囲を逸脱した自己査定基準を策定して不良債権額を過少に積算した上、未処理損失を過少に計上するなどした虚偽の有価証券報告書を提出した事例（東京地判平成一四年九月一〇日判例集未登載）などがある。

二　課徴金の納付命令

1　発行開示書類の虚偽記載と不提出

平成一六年の改正で、発行開示書類における虚偽記載に課徴金の納付制度が定められた。すなわち、重要な事項につき虚偽の記載のある発行開示書類（有価証券届出書、発行登録書、発行登録追補書類等（金商法一七二条の二第三項参照））を提出した発行者が、その開示書類にもとづく募集または売出しにより有価証券を取得させ、または売り付けるときは、内閣総理大臣は発行者に対して課徴金を国庫に納付することを命じなければならない（金商法一七二条の二第一項）。課徴金額は、①募集により有価証券を取得させた場合、当該有価証券が株券等（株券、優先出資証券等）以外のときには募集価額の総額の二・二五パーセント、当該有価証券が株券等のときは募集価額の総額の四・五パーセント、②売出しにより発行者が所有する有価証券を売り付けた場合、当該有価証券が株券等以外のときは売出価額の総額の二・二五パーセント、当該株券等のときは売出価額の総額の四・五パーセントに相当する額となる。

課徴金の納付命令の性格は発行会社の経済的利得の剥奪と考えられてきた。(1) 株券の時価発行においては、虚偽記載により本来よりも高い価格での発行が可能になり、虚偽記載により形成された株価と虚偽記載がなかった場合に形成されたであろう株価との差額が経済的利得と考えられる。社債の発行においては、虚偽記載により本来よりも低い利率での発行が可能になり、虚偽記載がなかった場合に市場が要求する利率と虚偽情報を基礎に市場が要求する利率との差が経済的利得となる。もっとも、かかる基準による経済的利得の算出は困難である。平成一六年の改正で導入された発行開示の虚偽記載についての課徴金制度では、発行価額または売出価額の一定割合を形式的に納付させるものとなっている。(2)

重要な事項につき虚偽の記載がある目論見書を使用した発行会社が、その目論見書にかかる売出しにより発行会社が所有する有価証券を売り付けた場合にも同様の課徴金の納付命令が下される（金商法一七二条の二第四項）。かかる規制の適用がある目論見書は、すでに開示された有価証券の売出しにかかる目論見書に限られる。

虚偽記載に関与した役員等がそれによる高値で保有株式を売り付けた場合に、高値による利得を保持させておく必要はない。そこで、重要な事項について虚偽の記載がある開示書類を提出した発行者の役員等（役員、代理人、使用人その他の従業員）であって、開示書類に虚偽の記載のあることを知りながら、開示書類の提出に関与した者が、当該開示書類にもとづく売出しにより当該役員等が所有する有価証券を売り付けた場合は、役員等に対して、課徴金の納付命令が下される（金商法一七二条の二第五項）。この場合の課徴金の金額は、有価証券が株券等以外のときは売出価額の総額の二・二五パーセント、有価証券が株券等であるときは売出価額の総額の四・五パーセントに相当する額となる（金商法一七二条の二第六項）。

なお、必要な発行開示書類を提出せずに有価証券の募集・売出し等を行った場合にも、同様に課徴金の対象となる（金商法一七二条の三）。かかる発行開示書類の不提出による募集・売出しは、虚偽記載の場合と同様に、投資者を欺く重大な違法行為であるため、(3) 平成二〇年の改正で課徴金の対象とされた。

（1）岡田大＝吉田修＝大和弘幸「市場監視機能の強化のための証券取引法改正の解説―課徴金制度の導入と民事責任規定の見直し」商事法務一七〇五号四五頁等参照。

（2）平成一六年の制度導入の際は、株券等の場合は募集・売出し価額の一パーセント、株券等以外の場合は二パーセントと規定されていた。この数値は、過去の決算発表を行った会社の変動率のデータ等を踏まえて算出された。岡田他・前掲注（1）四七頁。平成二〇年の改正で、二・二五パーセントまたは四・五パーセントという数値に引き上げられた。証券取引法の改正附則では、「政府は、おおむね二年を目途として、この法律による改正後の課徴金に係る制度の実施状況、社会経済情勢の変化等を勘案し、課徴金の額の算定方法、その水準及び違反行為の監視のための方策を含め、課徴金に係る制度の在り方等について検討を加え、その結果に基づいて所要の措置を講ずるものとする。」とされていた（平成一七年改正法付則六条一項）。また、金融審議会第一部会「我が国金融。資本市場の国際化に関するスタディグループ」中間論点整理（平成一九年六月一三日）、「経済財政政策の基本方針二〇〇七について」（平成一九年六月一九日閣議決定）においても、課徴金制度の見直しの提言がなされていた。金融審議会金融分科会第一部会法制ワーキング・グループ報告「課徴金制度のあり方について」（平成一九年一二月一八日）は、「発行開示書類・継続開示書類に係る課徴金については、違反行為を実効的に抑止するためにより適切な水準に引き上げるべきである」と提言している。これらの動きを受けて、平成二〇年の改正で、課徴金の額の引き上げが行われた。

（3）金融審議会金融分科会第一部会法制ワーキング・グループ報告・前掲注（2）。

2　継続開示書類の虚偽記載と不提出

平成一七年の改正で、継続開示書類における虚偽記載に対して課徴金制度が導入された。(1) 発行者が、重要な事項につき虚偽の記載がある有価証券報告書およびその添付書類またはこれらの訂正報告書を提出したときは、内閣総理大臣は、その発行者に対して、課徴金の納付を命じなければならない（金商法一七二条の四第一項）。課徴金の額は六〇〇万円、または発行者の発行する株券等の市場価額の総額の一〇万分の六に相当する額が六〇〇万円を超えるときは、その額となる。(2)

発行者が重要な事項につき虚偽記載のある半期報告書、四半期報告書もしくは臨時報告書またはこれらの訂正報告書を提出したときにも、課徴金の納付が命じられる（金商法一七二条の四第二項）。この場合の課徴金の額は、有価証券報告書等の虚偽記載の場合の二分の一に相当する額とされている。(3)

有価証券報告書などについて、重要な事項につき虚偽記載のあるものを提出した者には刑事罰が科せられる（金商法一九七条等）。平成一七年の改正において、課徴金を課すべき虚偽記載のある継続開示書類の提出と同一事件について、罰金の確定判決があるときは、課徴金の額から当該罰金の額を控除した額を課徴金の額とする規定が設けられた（金商法一八五条の七第四項・一八五条の八）。発行開示書類における虚偽記載も刑事罰の対象となるものの、課徴金との調整規定は存在しない。(4) 発行開示における虚偽記載に対する課徴金の額はそれにより得た不当な経済的利得の額である。一方で、継続開示における虚偽記載に対する課徴金の額は、その設定にあたって経済的利得を考慮要素の一つとして勘案しながらも、基本的に違法行為の抑止のために必要かつ合理的と思われる額と解されている。(5)

課徴金と刑事罰との関係は、独占禁止法の領域で問題とされてきた。独占禁止法の課徴金制度は、昭和五二年の改正で導入された。改正以来、課徴金は、競争制限的な行為によって事業者が得た不当利得に相当するとみなされた金額を国庫に納入させる制度として理解されてきた。(6) 課徴金の納付命令により、違反者は不当な経済的利益は剥奪されるものの、違法行為前よりも不利益な状態に置かれることはない。このような考え方を採用することで二重処罰の議論を回避しようとしてきた。平成一六年の改正で、発行開示書類の虚偽記載について課徴金制度が導入された際にも、同様の立場が採られていたものと考えられる。

平成一七年に独占禁止法が改正され、課徴金の額は大幅に引き上げられ、それは経済的な利得の範囲を超える可能性が生じた。(7) そのため、課徴金の性格は行政上の制裁に変更された。その上で、課徴金は、その趣旨・性質・目的を比較しても、刑事罰とは基本的に異なるもので、二重処罰の問題は発生しないとされた。(8) このような動向が、平成一七年の改正に少なからず影響したものと考えられる。もっとも、このことは、課徴金の納付を無制限に命じることができることを意味しない。課徴金が制裁の性質を有している以上、課徴金と刑事罰の両者を合わせた制裁の厳しさと犯罪とが均衡（罪刑均衡）していることが求められる。この点の配慮から、金融商品取引法において、課徴金と刑事罰の調整規定が設けられている[9][10]。

有価証券報告書などの提出義務があるにもかかわらず、それを怠った場合にも課徴金の対象となる（金商法一七二条の三第一項）[11]。課徴金の額は、前事業年度の監査報酬額（金融商品取引法一九三条の二第一項に規定する監査証明の対価として支払われ、または支払われるべき金銭その他の財産の価額として内閣府令で定める額）とされる。前事業年度の監査がない場合等には四〇〇万円となる。また、四半期報告書または半期報告書の場合は、課徴金の額は半額と規定されている（金商法一七二条の三第二項）。金融商品取引所に上場されている有価証券の発行者は、金融商品取引法により提出が義務づけられる貸借対照表および損益計算書等について、発行者と特別の利害関係のない公認会計士または監査法人による監査証明等を受けなければならない（金商法一九三条の二第一項）。有価証券報告書、半期報告書・四半期報告書には、右の監査証明等を添付しなければならない[12]。有価証券報告書等を提出しない場合には、かかる監査証明等も受けていないことが推定される。以上のことから、有価証券報告書等の不提出の場合の課徴金は、本来負担すべき監査費用に相当する額と定められている[13]。

臨時報告書については監査費用との関連性を観念できない。そのため、臨時報告書の不提出の場合の課徴金額は、臨時報告書の虚偽記載に関する課徴金の規定が準用されることとなっている（金商法一七二条の四第三項）。

（1）平成一六年の改正では、継続開示違反の場合の課徴金制度は設けられなかった。岡田大＝吉田修＝大和弘幸「市場監視機能の強化のための証券取引法改正の解説―課徴金制度の導入と民事責任規定の見直し」商事法務一七〇五号四五頁は、「継続開示違反の場合、経営状況等を偽ることにより発行会社にも間接・無形の経済的なメリットが発生していることはうかがえるものの、それを一義的な形で定量化することは困難であることから、今回の課徴金制度では、まずは課徴金額を一義的・機械的に算出できる発行開示について導入することにし、継続開示違反については今回は対象とされなかった」としている。金融審議会第一部会ディスクロージャー・ワーキング・グループ報告「ディスクロージャー制度の信頼性確保に向けて」（平成一六年一二月二四日）では、「最近のディスクロージャーをめぐる不適正な事例の多くはいずれも継続開示に関するものであり、また、発行市場と流通市場における取引数量や取引金額等を比較すれば、継続開示義務違反を抑止する必要性は、発行開示義務違反に比べて劣るものではないと考えられる。継続開示義務に違反した会社は、①上場の維持等を通じて、当該会社の有価証券について価格水準や流動性の確保が可能になる他、②財務状況が実際より健全に見えることによるレピテーションの上昇およびそれに伴う取引拡大、人材確保の容易化、③会社の格付等の上昇による借入金等のスプレッド改善等、様々な形で利得を得ているのであり、発行開示義務違反の場合とバランスのとれた形で適切な金銭的な負担を課すことなしに、違反行為を的確に抑止することは困難であるということができる。国際的にみても、米国、英国、ドイツ、フランス等主要な証券市場においては、発行開示義務違反、継続開示義務違反のいずれもが課徴金制度の対象とされており、発行開示義務違反のみが課徴金制度の対象とされている例はない。これらの点を踏まえれば、我が国においても継続開示義務違反を課徴金制度の対象とするべきことは明白であり、このための法制面の詰めが早急に進められるべきである。」としていた。

(2)　平成一七年の制度導入の際には、課徴金の額は三〇〇万円、または発行者の発行する株券等の市場価額の総額の一〇万分の三に相当する額が三〇〇万円を超えるときは、その額とされていた。一〇万分の三という数値は、虚偽記載によって、外見上財務内容が改善され、資金調達コストが低下することを想定し、会社の格付け上昇による社債の利回り低下幅に関するデータなどを用いて、資金調達コスト低下の株式時価総額に対する比率を試算したものと説明されている（参議院財政金融委員会（平成一七年六月一六日）議事録参照）。また、三〇〇万円という金額については、継続開示会社の発行する株式の平均的な時価総額を一〇〇〇億円程度として、右の比率である一〇万分の三を乗じた額として算出されていた（同）。

金融審議会第一部会ディスクロージャー・ワーキング・グループ報告・前掲注（1）では、継続開示書類の虚偽記載による発行者に生じる経済的利得は、少なくとも、①財務状況が実際よりよく見えることによる会社の格付けの上昇等による借入れコストの低下、②レピュテーションの上昇およびそれに伴う取引の拡大、人材確保の容易化、③上昇の維持等を通じた当該会社の有価証券の価格水準や流動性の確保といった要因によって生じるとしていた。このうち、①および②において一年あたりの経済的利得の株式時価総額に対する割合は、①について、格付けが一段階上昇した場合の資金調達金利の平均的な低下率から、利得の株式時価総額に対する割合を算出し、②について、東京証券取引所に上場した企業の上場前後の売上げの平均上昇率から、利得の株式時価総額に対する割合を算出するとされた。

継続開示書類の虚偽記載という違反行為を実効的に抑止するためおよびより適切な水準に引き上げるため平成二〇年の改正で課徴金の水準が引き上げらた。

（3）　有価証券報告書の記載対象事項やその期間が半期・臨時報告書と比較して広範であること、虚偽記載の場合の罰金が有価証券報告書の場合は半期・臨時報告書の場合よりも重いという理由から、このような差が設けられた。吉田尚弘「継続開示義務違反に対する課徴金制度の概要―証券取引法の一部改正に係る衆議院修正」ＪＩＣＰＡジャーナル一七巻九号二八頁。この点について有価証券報告書と半期報告書の虚偽記載の悪性（市場への影響）は変わらないという指摘もある。証券取引法研究会「継続開示における課徴金制度の導入」平成一七年・一八年の証券取引法等の改正〔別冊商事法務二九九号〕三九頁（川口）（平成一八年）。

（4）　継続開示書類の虚偽記載について、複数の違反について課徴金の調整規定が定められているのは、異なる開示継続開示書類の虚偽記載の内容が同一である場合には、開示の目的は同じであり、利得額を二重に評価するが適切でないといった背景にあるものと考えられる。これに対して、有価証券報告書と有価証券届出書において、開示の目的は異なり、発行者が虚偽記載によって得る利益も異なることから、両者の課徴金の間で調整がなされていないものと思われる。もっとも、現行法の下では、複数の発行開示書類に虚偽記載があった場合は、これらの違反事実については、課徴金の調整規定は置かれてない。さらに、継続開示書類についても、虚偽記載がなされる書類が異なる以上、虚偽記載がある継続開示書類を提出することを抑止する必要性から、課徴金の調整規定を不要とする見解も述べられている。芳賀良「課徴金制度に関する若干の考察」岡山法学五五巻三・四号八一頁。課徴金の額が調整されるのは、継続開示書類に同一の虚偽記載があることを想定したものである。しかし、継続開示書類の間で虚偽記載の内容が異なることも考えられる。特に、臨時報告書については、他の継続開示書類と虚偽記載の内容が異なるのが通常である。これらの場合には、利得相当額の剥奪という側面からも、調整規定によって課徴金の額が過少に評価されることになる。

（5）　参議院財政金融委員会・前掲注（2）参照。

（6）　正田彬「独占禁止法改正案と課徴金制度の考え方」ジュリスト一二七四号一八五頁。

（7）　金額が二倍に引き上げられ（独禁法七条の二第一項）、繰り返しの違反行為に対する加算制度が設けられた（独禁法七条の二第六項）。

（8）　課徴金の目的は、カルテル・入札談合の防止という行政目的を達成するため不当利得相当額以上の金額を徴収する行政上の措置であるのに対して、刑事罰は、過去の違法行為の反社会性・反道徳性に着目し、違法行為に対する応報の観点から、違法行為者に対して道徳的・社会的非難を加えることを本旨とし、これに伴う違反行為の抑止効果も期待するものであるとされた。公正取引委員会「独占禁止法改正（案）の概要及び独占禁止法改正（案）の考え方に対して寄せられた主な意見と公正取引委員会の考え方」。さらに、近年では、憲法三九条が定める二重処罰の禁止は、二重訴追の禁止であり、行政上の制裁と刑事罰を併科することが直ちに違憲となるものでないとの見解が有力となっている。佐伯仁志「二重処罰の禁止について」刑事法学の現代的状況二七五頁（平成六年)。

(9) 独占禁止法においても、課徴金と刑事罰の調整規定が設けられ、課徴金額から罰金額の二分の一に相当する額を控除するものとされた(独禁法七条の二第一九項・二〇項)。この点についての批判として、郷原信郎「課徴金と刑事罰の関係をめぐる問題と今後の課題」ジュリスト一二七〇号二六頁参照。

(10) アメリカ憲法修正五条は、「何人も、同一の犯罪について重ねて生命または身体の危険にさらされることはない」と規定している。この規定は、一般的に、「二重処罰」を禁止する規定と解されてきた。米国では、いわゆる業法において、刑事罰が定められていることが多い。さらに、行政当局が、裁判所の命令により、または行政手続で、民事制裁金(civil penalty)を課すことを認めている場合もある。かかる刑事罰(罰金)と民事制裁金は同じ構成要件の下で課せられることから、対象者は同一の事件で、多額の金銭の支払いを余儀なくされることが考えられ、この点で上記の二重処罰の禁止に抵触しないかが議論されてきた。判例の動向については、佐伯仁志「アメリカにおける二重処罰の禁止」田宮裕博士追悼論集(下)(平成一五年)所収参照。現在では、民事制裁金が刑事罰と同様の抑止効果をもつことを是認しながら、それは行政目的のために賦課されるものであり、制裁が過度でない限り、憲法上の二重処罰の問題を生じさせないと考えられている。川口恭弘「民事制裁金の賦課と二重処罰」商事法務一八四六号五一頁。

なお、課徴金制度は、刑事罰を科すには至らない程度の違反行為を抑止するためのものとして導入された。実務上も、金融商品取引法に違反する行為があった場合、行為の悪性によって、刑事告発と課徴金の納付命令との使い分けがなされている。大証金融商品取引法研究会「市場監視の実際(インサイダー取引を中心に)」一二頁・一四頁(大森)、川口恭弘「課徴金制度の見直し」ジュリスト一三九〇号六〇頁注(45)。もっとも、条文上は、課徴金の納付命令の対象となる違反行為があった場合には、課徴金の納付を命じなければならない仕組みとなっている(金商法一七二条等参照)。起訴便宜主義が妥当する刑事責任との区別化が理由の一つと考えられるが、その必要性はなく、硬直的な規定の見直しが求められる。川口恭弘「証券取引等監視委員会の意義と課題」金融法務事情一九〇〇号一五頁。

(11) 平成二〇年の改正で、継続開示書類の不提出が課徴金の対象とされた。

(12) 企業内容等開示府令第三号様式・記載上の注意(47)c、同第五号様式・記載上の注意(25)c、同第四号の三様式・記載上の注意(25)f(四半期報告書については四半期レビュー報告書)。

(13) 平成一九年の公認会計士法の改正で、公認会計士・監査法人に対する課徴金制度が創設された。これは、粉飾決算やそれに続く経営破綻が増加したことを背景に、財務諸表の適正性を確保する目的で導入されたものである。公認会計士・監査法人は、財務書類に、故意にまたは相当の注意を怠ったことにより、虚偽証明をした場合、課徴金の納付を命じられる。公認会計士・監査法人が、虚偽記載のある財務書類を、虚偽のないものとして証明した場合、業務停止命令等の処分が下される。もっとも、これらの処分が下された場合、当該公認会計士・監査法人の被監査会社への影響が懸念される。このため、行政上の責任を追及する手段を多様化するものとして、課徴金制度が導入された。大来志郎「公認会計士法等の一部を改正する法律の概要」商事法務一八〇六号二二頁。

課徴金額は、監査報酬額基準となる。すなわち、虚偽の監査証明を行うことで、公認会計士・監査法人は監査報酬額を不当に得たと考え、その金額を課徴金額の水準とすることとされた。なお、虚偽の監査証明が故意になされた場合は、課徴金額は監査報酬額の一・五倍とされていることに留意が必要である。金融商品取引法上の課徴金制度では、その金額の算定にあたり、行為の悪性は考慮されない。また、違反行為が認められる場合でも、業務停止命令等、一定の場合に課徴金の納付命令を行わないことも可能である。この点でも、金融庁に裁量のない金融商品取引法上の課徴金制度とは異なる制度として設計されている。川口・前掲注(10)ジュリスト五五頁。

3　公開買付開始公告の虚偽表示と不実施および大量保有報告書の虚偽記載と不提出

虚偽表示のある公開買付開始公告を行った者および必要な公開買付開始公告を行わず株券等の買付け等を行った場合にも課徴金が課せられる（金商法一七二条の五・一七二条の六）。(1) 課徴金の額は、買付総額の二五パーセントに相当する額と規定されている。(2) さらに、虚偽記載のある大量保有報告書を提出した場合および必要な大量保有報告書を提出しなかった場合にも課徴金の対象となる（金商法一七二条の七・一七二条の八）。この場合、対象株券等の発行者の時価総額の一〇万分の一に相当する額が課徴金の額となる。(3)

(1)　金融審議会金融分科会第一部会法制ワーキング・グループ報告「課徴金制度のあり方について」（平成一九年一二月一八日）は、「近時、企業の合併・買収等に係る事案の増大やその態様の多様化が進展する中、公開買付届出書や大量保有報告書等の開示書類が適正に提出されることの重要性が一層高まっている。このような状況を踏まえて、公開買付届出書・大量保有報告書等の虚偽記載・不提出を課徴金の対象とすべきである。」と述べている。かかる提言を受けて、平成二〇年の法改正で制度が導入された。

(2)　公開買付けでは、市場価格に一定のプレミアムを上乗せした価格を買付価格とするのが一般的である。金融商品取引法が定める公開買付けに関する手続を行わず、または、虚偽の情報を開示して、株券等の買付けを行う場合、右のプレミアム分を支払うことを回避できる。公開買付けがなされる場合の一般的なプレミアムを市場価格の二五パーセントと考え、このようなプレミアム分を経済的利得として課徴金の対象とすることが考えられた。

(3)　大量保有報告書・変更報告書の提出は、市場における株券等の大量の取得または大量の処分を伝える情報であるため、これに応じて、市場価格が変動することが考えられる。たとえば、大量取得の場合、さらに需要が増えるとの見込みから、株価は上昇する。これによって、大量保有者のさらなる株券等の取得コストが上昇する。大量保有報告書・変更報告書の不提出や虚偽情報の開示によって、大量保有者はかかる取得コストの上昇を回避することが可能である。このようなコストの抑制分の金額を経済的利得と考え、課徴金の対象とすることが考えられた。大来志郎＝鈴木謙輔「課徴金制度の見直し」商事法務一八四〇号三六頁。かかる類型の違反事例は少なく、一〇万分の一という基準の妥当性は明らかではない。課徴金は利得相当額を基準とするものの、現実には、正確な利得額を決定することは困難であり、バーチャルな金額を設定せざるをえない。もっとも、大量保有報告の虚偽記載に関する課徴金の額については、それまでの開示書類の虚偽記載の場合と比べても、「超」がつくバーチャル式の設定であることは否定しがたい。川口恭弘「課徴金制度の見直し」ジュリスト一三九〇号五七頁。

4　課徴金の加算および減算

課徴金制度は、金融・資本市場における違反行為を的確に抑止し、規制の実効性を確保するとの観点から、金銭的な負担を課す行政上の措置である(1)。違反行為を的確に抑止するためには、同一人により違反行為が繰り返し行われる場合は、厳格な態度で臨むことが必要である。そこで、違反者が過去五年以内に同じ違反行為により課徴金納付命令を受けたことがある場合には、課徴金の額は法定の金額の一・五倍に増額される(金商法一八五条の七第一三項)(2)。他方で、違反行為を未然に防止するためには、企業内の予防体制の整備が不可欠である。かかる体制の整備を企業自身が行う動機づけをすることで、違法行為を企業自身が自律的に防止・発見する体制の構築を促すことも重要である(3)。以上のことから、発行開示書類・継続開示書類の虚偽記載、大量保有報告書・変更報告書の不提出、虚偽ある特定証券等情報・発行者等情報の提供・公表があった場合で、違反者が行政当局による調査が入る前に違反行為を報告したときには、課徴金の額は半額とされる(金商法一八五条の七第一二項)(4)。

平成一七年の独占禁止法の改正で、カルテルにつき、違反事業者が自ら違反事実を申告すれば、一定の範囲の申告者に限り、課徴金を減免する制度を導入した（独禁法七条の二第七項～一三項）。これは、カルテルは秘密裏に行われ発見が困難であるという特性があるため、カルテル参加者間に攪乱要因を導入し、事業者の法令遵守へのインセンティブを高めることを目的とするものである。(5) このように、独占禁止法上の課徴金減免制度は、カルテルの摘発を容易にするために創設された。これに対して、金融商品取引法上の課徴金減算制度は、企業内の違反行為予防措置の構築を目的とするもので、独占禁止法上の制度とは異なる趣旨で設けられている。

（1）金融審議会金融分科会第一部会法制ワーキング・グループ報告「課徴金制度のあり方について」（平成一九年一二月一八日）。

（2）五年間という期間は、金融商品取引業の登録要件において、過去の違反歴を考慮する際にさかのぼれる期間を参考に定められた。大来志郎＝鈴木謙輔「課徴金制度の見直し」商事法務一八四〇号三八頁。また、一・五倍という加算率については、独占禁止法が、同様の制度において、五割の加算としている例にならったものと思われる。

（3）金融審議会金融分科会第一部会法制ワーキング・グループ報告・前掲注（1）は、「企業による違反行為に対する課徴金について、違反行為を企業自身が自律的に防止・発見する体制の構築を促すとともに、将来に向けて再発を防止することが重要と考えられる。例えば、自社株売買等に係るインサイダー取引や発行開示書類・継続開示書類等の虚偽記載など、違反行為が繰り返される可能性があるものについては、自ら早期に発見し、当局に申告した場合などに限定して、減算措置を導入すべきである。」としていた。これを受けて、平成二〇年の改正で、課徴金の減算制度が創設された。

（4）内閣総理大臣は、公益または投資者保護のため必要かつ適当であると認めるとき、発行者等に対して、参考となるべき報告・資料の提出を命じ、またはその職員をして帳簿書類その他の物件を検査させることができる（金商法二六条・二七条の三〇・二七条の三五）。課徴金の減算措置を受けるためには、このような調査が行われる前に報告を行うことを要する（金商法一八五条の七第一二項・第三欄）。二以上の書類について課徴金納付の決定をしなければならない場合は、最も遅いものにかかる額に限定される（金商法一八五条の七第一二項・第四欄）。

（5）根岸哲＝舟田正之・独占禁止法概説〔第四版〕三五七頁（平成二二年）。制度創設時には、三番目までの申請者につき、課徴金が減免されるものとなっていた。平成二一年の改正で、課徴金減免制度の適用範囲の申請適格者は、最大三社から最大五社に拡大された。また、グループによる申請も可能となった。同制度の下では、公正取引委員会の調査開始前における最初の申請者には課徴金が免除され、二番目の申請者には課徴金額の五割が減額され、さらに、三番目から五番目までの申請者には課徴金額の三割が減額される。

第三章

金融商品取引業者等の規制

第一節　金融商品取引業者の開業規制

第一款　金融商品取引業の意義

一　金融商品取引業の定義

1　証券業から金融商品取引業へ

平成一八年改正前の証券取引法は「証券業」の定義を定めていた（平成一八年改正前証取法二条八項）。その上で、証券業は、内閣総理大臣の登録を受けた者でなければこれを営むことができないとされていた（平成一八年改正前証取法二八条）。このように、証券取引法は、「証券業」を営む者を規制する法律であった。さらに、平成一八年改正前までは、金融先物取引法、有価証券に係る投資顧問業の規制等に関する法律（証券投資顧問業法）、抵当証券業の規制等に関する法律（抵当証券業法）および外国証券業者に関する法律（外国証券業者法）が、それぞれ、金融先物取引業、投資顧問業・投資一任契約にかかる業務、抵当証券業および外国証券業者の行う証券業を規制していた。平成一八年の改正で、証券取引法が金融商品取引法に改組されるとともに(1)、右の四本の法律が廃止され(2)、各業規制は、金融商品取引法において行われるものとなった(3)。

金融商品取引法は、「金融商品取引業」を規制する法律である。同法では、「有価証券」の範囲が拡大された。また、規制対象となるデリバティブ取引の範囲も拡大されている。加えて、前述のように、金融先物取引法などの業者規制が同法に取り込まれることとなった。これらのことから、金融商品取引法上の「金融商品取引業」は、証券取引法上の「証券業」よりも広い概念として規定されている。

（1）証券取引法等の一部を改正する法律（平成一八年法律六五号）三条。
（2）証券取引法等の一部を改正する法律の施行に伴う関係法律の整備等に関する法律（平成一八年法律六六号）一条。
（3）金融審議会金融分科会第一部会報告「投資者サービス法（仮称）に向けて」（平成一七年一二月二二日）は、「投資サービス法は、現在の縦割り業法を見直し、幅広い金融商品を対象とした法制を目指すことが必要である。投資サービス法を金融商品の販売や資産の運用に関する一般的な性格を有するものと位置付け、同じ経済的機能を有する金融商品にはその行為規制を業態を問わず適用することが適当である。また、外国証券業者に関する法律、有価証券に係る投資顧問業の規制等に関する法律や金融先物取引法などを含め、同種の性格を有する法律を可能な限り投資サービス法に統合すべきである。」と述べていた。なお、投資信託法、信託業法、商品ファンドについては、投資信託委託業および投資法人資産運用業、信託収益金販売業、商品投資販売業にかかる規制部分を削除した上で、これらの業規制を金融商品取引法に取り込む改正がなされている。

2　金融商品取引業の定義

金融商品取引業は、つぎの業務のいずれかを業として行うことをいう（金商法二条八項）。

①　有価証券の売買、市場デリバティブ取引または外国市場デリバティブ取引
②　有価証券の売買、市場デリバティブ取引または外国市場デリバティブ取引の媒介、取次ぎまたは代理
③　つぎに掲げる取引の委託の媒介、取次ぎまたは代理
　(i)　取引所金融商品市場における有価証券の売買または市場デリバティブ取引
　(ii)　外国金融商品市場における有価証券の売買または外国市場デリバティブ取引
④　店頭デリバティブ取引またはその媒介、取次ぎもしくは代理
⑤　有価証券等清算取次ぎ
⑥　有価証券の引受け

⑦　つぎに掲げる有価証券の募集または私募
(i)　投資信託の受益証券のうち委託者指図型投資信託の受益権にかかるもの
(ii)　外国投資信託の受益証券
(iii)　抵当証券
(iv)　外国・外国の者が発行する証券・証書で抵当証券の性質を有するもの
(v)　(i)もしくは(ii)の有価証券に表示されるべき権利または(iii)もしくは(iv)の有価証券のうち定義府令で定める権利であって、みなし有価証券とされるもの
(vi)　みなし有価証券のうち、集団投資スキーム持分または外国の法令にもとづく権利であって集団投資スキーム持分に類するもの
(vii)　(i)から(vi)のほか、政令（金商令一条の九の二）で定める有価証券
⑧　有価証券の売出し
⑨　有価証券の募集もしくは売出しの取扱いまたは私募の取扱い
⑩　有価証券の売買またはその媒介、取次ぎもしくは代理であって、電子情報処理組織を使用して、同時に多数の者を一方の当事者または各当事者としてつぎに掲げる売買価格の決定方法またはこれに類似する方法により行うもの
(i)　競売買の方法
(ii)　金融商品取引所に上場されている有価証券について、当該金融商品取引所が開設する取引所金融商品場における当該有価証券の売買価格を用いる方法
(iii)　店頭売買有価証券の登録を受けた有価証券について、当該登録を行う認可金融商品取引業協会が公表する当該有価証券の売買価格を用いる方法

(iv)　顧客の間の交渉にもとづく価格を用いる方法
(v)　(i)から(iv)までに掲げるもののほか、定義府令で定める方法
⑪　つぎに掲げるものに関し投資顧問契約を締結し、当該投資顧問契約にもとづき助言を行うこと
(i)　有価証券の価値等
(ii)　金融商品の価値等
⑫　つぎに掲げる契約を締結し、当該契約にもとづき、金融商品の価値等の分析にもとづく投資判断にもとづいて有価証券またはデリバティブ取引にかかる権利に対する投資として、金銭その他の財産の運用を行うこと
(i)　投資法人と締結する資産の運用にかかる委託契約
(ii)　投資一任契約
⑬　投資顧問契約または投資一任契約の締結の代理または媒介
⑭　金融商品の価値等の分析にもとづく投資判断にもとづいて有価証券またはデリバティブ取引にかかる権利に対する投資として、投資信託または外国投資信託の受益証券に表示される権利その他政令（金商令一条の一一）で定める権利を有する者から拠出を受けた金銭その他の財産の運用を行うこと
⑮　金融商品の価値等の分析にもとづく投資判断にもとづいて主として有価証券またはデリバティブ取引にかかる権利に対する投資として、つぎに掲げる権利その他政令（金商令一条の一二）で定める権利を有する者から拠出を受けた金銭その他の財産の運用を行うこと
(i)　受益証券発行信託の受益証券または外国・外国の者の発行する証券・証書で受益証券発行信託の受益証券の性質を有するものに表示される権利
(ii)　信託の受益権または外国の者に対する権利で信託の受益権の性質を有するもの
(iii)　集団投資スキーム持分または外国の法令にもとづく権利で集団投資スキーム持分に類するもの

⑯　①から⑩の行為に関して、顧客から金銭または証券・証書の預託を受けること
⑰　社債等の振替を行うために口座の開設を受けて社債等の振替を行うこと
⑱　①から⑰に類するものとして政令（金商令一条の一二）で定める行為

金融商品取引業は、右の①から⑱までの行為のいずれかを「業として」行うことである。証券取引法では、列挙された業務を「営業として行う」場合に証券業となると規定していた（平成一八年改正前証取法二条八項）。すなわち、列挙された業務に該当する行為をしても、それが営業として行われないときは、証券業に該当しないものとされていた。ここにいう「営業として行う」の意味について、「営利の目的をもって」「同種の行為を継続反復して行う」ことを意味すると解する見解のほか、証券業との関係で営業として行うというためには、投資者の保護の必要性から、「対公衆性」を要するとの見解も有力に述べられていた。(1)

金融商品取引法では、金融商品取引業を定義するにあたって、「営業」の要件を不要とした。金融審議会金融分科会第一部会「中間整理」（平成一七年七月七日）は、「詐欺的な金融商品の販売を行っている者の多くが無登録業者であり、その販売行為が『営業』に該当するか明らかではない場合が多いのではないかとの指摘を踏まえれば、業として規制の対象をする範囲について、営利性などを要件とせず可能な限り広く捉えるなどの措置を検討していくことが望ましい。」としていた。さらに、証券取引法は、金融機関の証券業を禁止していたところ（平成一八年改正前証取法六五条）(2)、金融機関のなかには、労働金庫など、営利を目的として事業を行うことが禁止されている主体もあり、証券取引法の各規定との関係で整理する必要があったとの見解も述べられている。(3)

「業として行う」というためには、「同種の行為を継続反復して行う」ことが必要な点では異論はないと思われる。(4)立案担当者は、これに加えて、「対公衆性」を要求するものとしている。(5)対公衆性を必要とすることで、リスク管理の一環としてデリバティブ取引を行う事業会社などに金融商品取引業者としての登録を要しないとすることができる。(6)他方で、対公衆性を必ずしも見出すことのできない、少人数私募を行う者も金融商品取引業者としての規制を受

けることについて説明が困難になるという問題もある。(7)

形式上、金融商品取引業の定義に該当するものであっても、その内容等を勘案し、投資者の保護のため支障を生ずることがないと認められるものとして政令（金商令一条の八の六第一項）で定めるものは金融商品取引業とはならない（金商法二条八項本文括弧書）。また、銀行、協同組織金融機関その他政令で定める金融機関(8)が行う一定の行為も金融商品取引業にはならない。

（1）鈴木竹雄＝河本一郎・証券取引法〔新版〕一二三五頁（昭和五九年）、河本一郎＝大武泰南・証券取引法読本〔第七版〕一四七頁（平成一七年）。行為に対公衆性を要求する見解からも、日本相互証券（証券会社、金融機関等を株主として昭和四八年に設立）などのように証券会社等のみを相手方とする者の行為（債券の業者間売買の仲介業務）については、例外的に証券業となるとしていた。河本＝大武・右掲一四七頁。神田秀樹監修・野村證券株式会社法務部＝川村和夫編・注解証券取引法四五頁注（20）（平成九年）は、このことを理由として、「この見解は批判を受けるまでもなく自ら破綻している」としている。例外の存在を指して、理論が「破綻している」と解することは行きすぎであろう。なお、河本一郎＝関要監修・逐条解説証券取引法〔新訂版〕三三頁（平成一四年）は、証券会社のみを相手とする場合でも、間接的に対公衆性が認められるとしていた。

（2）金融商品取引法では三三条に規定されている。

（3）尾崎輝宏＝中西健太郎「業規制・登録金融機関制度等」商事法務一七七六号二〇頁。

（4）完全親会社が新株発行をする際に、子会社の役職員が募集の取扱いを行うことが、法（平成一八年改正前証券取引法六五条）に違反するか否かが論じられた。河本一郎＝今井宏・鑑定意見会社法・証券取引法二〇五頁（平成一七年）参照。金融商品取引法の下でも、「業として」行うという要件が維持されているため、対象者が数千人に及ぶものであっても、それが反復継続して行う行為でない以上、業者規制は及ばないと解される。証券取引法研究会「定義規定（その二）」金融商品取引法の検討〔I〕〔別冊商事法務三〇八号〕五七頁（前田）（平成一九年）。

（5）三井秀範＝池田唯一監修、松尾直彦編著・一問一答金融商品取引法〔改訂版〕二一七頁（平成二〇年）。

（6）事業会社などにも、デリバティブ取引に参加する以上、マーケットの維持の視点から、財務規制などの業者規制を及ぼす必要があるとの立場も考えられる。証券取引法研究会・前掲注（4）五六頁（龍田）。

（7）　本書では、証券取引法の時代から、多数の一般投資者であれ、特定の少数の者であれ、証券業に属する業務を営業として行う場合、それを証券取引法上の証券業として、投資者の保護と証券市場の公正の確保から特別の規制をすることが妥当であることを理由に、少数特定の者を相手とする場合であっても、営利の目的をもって継続反覆される限り、それは証券業とすべきという立場を採っていた。本書旧版三九四頁。加藤貴仁「金融商品取引業」金融商品取引法の理論と実務〔別冊金融・商事判例〕五六頁（平成一九年）は、私募の取扱いは証券取引法と金融商品取引法を通じて業規制の対象となっていたこと、金融商品取引法では、一般投資者の間で広く流通することが想定されていない集団投資スキーム持分等が有価証券に含まれていることから、対公衆性を要件にすることに疑問を提起する。川村正幸編・金融商品取引法〔第三版〕二六三頁（平成二二年）も同旨。

（8）　①株式会社商工組合中央金庫、②保険会社、③無尽会社、④証券金融会社、⑤主としてコール資金の貸付けまたは貸借の媒介を業として行う者のうち金融庁長官の指定するもの、が指定されている（金商令一条の九）。

3　有価証券の売買等

有価証券の売買、市場デリバティブ取引または外国市場デリバティブ取引を業として行えば金融商品取引業となる（金商法二条八項一号）。

有価証券の売買は、自己売買業務に属する行為である。有価証券の売買には、自己の計算で行うものと他人の計算で行うものが考えられる。金融商品取引業の対象となる行為の態様として問題とする有価証券の売買は、自己の計算で行うものに限られる。(1) 自己売買業務においては、これを行う者は相場の変動による危険を負担する。自己の計算で行う売買であれば、金融商品取引所が開設する金融商品市場におけるものであるか否かを問わない。(2) ただし、金融商品取引業の基礎となる有価証券の売買は、長期投資の目的で有価証券を取得しまたはかかる目的で取得した有価証券を処分する行為を含まない。

金融商品取引法におけるデリバティブ取引は、「市場デリバティブ取引」、「店頭デリバティブ取引」および「外国市場デリバティブ」に分けられる（金商法二条二〇項）。(3) これらの取引を業として行えば金融商品取引業となる。店頭デリバティブ取引を業として行う場合も金融商品取引業となる（金商法二条八項四号）。

（1）他人の計算による有価証券の売買は、代理または取次ぎの実行として行われるものであり、有価証券の売買の代理または取次ぎは、受託売買業務に属するものとして別に掲げられている。したがって、金融商品取引業に関して金融商品取引法が定める有価証券の売買は、自己の計算によるもののみを意味すると解するべきである。
（2）鈴木竹雄＝河本一郎・証券取引法〔新版〕一三九頁（昭和五九年）。
（3）証券取引法では、有価証券指数等先物取引、有価証券オプション取引または外国市場証券先物取引を営業として行う場合に証券業になるとしていた（平成一八年改正前証取法二条八項一号）。金融商品取引法は、有価証券に関連するデリバティブ取引以外の取引も広く規制する法律となった。そのため、これらの取引を業として行う場合も同法上の業規制が適用されるものとなっている。

4　有価証券の売買等の媒介、取次ぎ、代理

有価証券の売買等の媒介、取次ぎまたは代理は、受託売買業務に属する行為で、いずれも、他人の計算による有価証券の売買等に関与するものである。業として行うのは、取引の委託の媒介、取次ぎまたは代理を引き受けることであり、引き受けた行為の実行として取引の委託の媒介、取次ぎまたは代理をする。業として有価証券の売買等の媒介、取次ぎ、代理を行うことは金融商品取引業となる（金商法二条八項二号）。

取引の媒介は、他人間の取引の成立に事実上尽力することである。取引の取次ぎは、自己の名でしかし他人の計算で取引をすることである。取引の代理は、他人の名でかつ他人の計算で取引をすることである。

受託売買業務においては、それを行う者は、媒介、取次ぎまたは代理を実行してその委託者から手数料を受け取る。(1) それにかかる取引自体は、他人の計算で行われるため、相場の変動による危険を負担しない。受託売買業務は、投資者に対する投資勧誘または投資助言を伴って行われることがあり、この場合、かかる勧誘または助言を基礎に有価証券の売買等の媒介、取次ぎもしくは代理が引き受けられる。

つぎに掲げる取引の委託の媒介、取次ぎまたは代理も金融商品取引業である（金商法二条八項三号）。

① 取引所金融商品市場における有価証券の売買または市場デリバティブ取引
② 外国金融商品市場における有価証券の売買または外国市場デリバティブ取引

これらの取引は、自らは、取引所金融市場における売買取引をすることができない者が、取引所金融市場における売買取引等の委託を受けた場合に、取引所金融市場で売買取引等をすることができる者にその委託の媒介、取次ぎまたは代理をさせるものである。

なお、店頭デリバティブ取引の媒介、取次ぎもしくは代理を業として行う場合も金融商品取引業となる（金商法二条八項四号）。(2)

（1） 受託売買業務を行う者は、他人の計算による売買が成立したときは、委託者から委託手数料の支払いを受ける。委託手数料には、通常、有価証券の売買等の媒介、取次ぎもしくは代理または取引所金融市場における売買取引の委託の媒介、取次ぎもしくは代理を実行するのに直接に必要な費用、これらの行為の委託者に対する投資助言の費用、一般営業費用および営業利益を含むものとして計算される。ところで、受託売買業務を行う者は、委託手数料のこのような構成からもうかがえるように、一般に、その行為の委託者に対して投資助言を行うのが通常であったところ、取引の委託の実行のみを行い、投資助言をすることなく、したがって通常の受託売買業者が徴収する委託手数料に比較して相当に低い委託手数料によってその業務を行うディスカウント・ブローカーと呼ばれる業者が現れた。近年、いわゆる、オンライン・トレーディングが一般的なものとなり、諸費用の節約によって、大幅に手数料を割り引くところも出てきている。特に個人投資家の多くがオンラインで取引を行うようになり、この点で、金融商品取引業者の委託売買業務のあり方が大きく変容している。

（2） 有価証券等清算取次ぎを業として行えば金融商品取引業となる（金商法二条八項五号）。金融商品取引法においては、有価証券等清算取次ぎは、金融商品取引業者または登録金融機関が金融商品取引清算機関（当該金融商品取引清算機関が金融商品債務引受業務（金商法一五六条の二〇の一六第一項参照）を行う場合には、連携清算機関等を含む）または外国金融商品取引清算機関の業務方法書の定めるところにより顧客の委託を受けてその計算において行う対象取引であって、この対象取引にもとづく債務を当該金融商品取引清算機関または外国金融商品取引清算機関に負担させることを条件として、かつ、①当該顧客が当該金融商品取引業者または登録金融機関を代理して成立させるものであること、または②当該顧客がその委託に際しあらかじめ当該対象取引にかかる相手方その他内閣府令で定める事項を特定するものであること、のいずれかに該当するものと定義されている（金商法二条二七項）。②において特定すべき事項として、たとえば、有価証券の売買については、売買の別、有価証券の銘柄、数または金額、価格および受渡日が規定されている（定義府令二二条一号）。平成二一年の改正で、外国金融商品取引清算機関および金融商品取引清算機関と他の金融商品取引清算機関等との連携による清算の規定の整備がなされ、これに伴い、外国金融商品取引清算機関および連携清算機関等が行う清算に関して取次ぎを行う行為を有価証券清算取次ぎの定義に加えるものとされた。

5　有価証券の引受け

金融商品取引法は、引受人の定義を定めている（金商法二条六項）。そこでは、引受人を、有価証券の募集・売出しまたは私募・特定投資家向け売付け勧誘等に際し、①当該有価証券を取得させることを目的として、当該有価証券の全部または一部を取得すること、または②当該有価証券の全部または一部につき、他にこれを取得する者がいない場合、その残部を取得することを内容とする契約をすることまたは③有価証券が新株予約権証券である場合において、当該新株予約権証券を取得した者が当該新株予約権証券の全部または一部につき新株予約権を行使しないときに、当該行使しない新株予約権にかかる新株予約権証券を取得して、自己または第三者が当該新株予約権を行使することを内容とする契約をすることのいずれかを行う者と定めている。これらの行為のいずれかを行うことが引受けとなる（金商法二条八項六号）。①を買取引受け、②を残額引受けという。新たに発行される有価証券の取得の申込みの勧誘がなされる場合、それが募集に該当する場合であっても、私募に該当する場合であっても、それを取得させることを目的として全部または一部を取得すること、または他に取得する者がいない場合に残部を取得することは引受けとなる(1)。他方で、すでに発行された有価証券に関する行為については、それが売出しに該当する場合に引受けとなる。さらに、特定投資家向け売付け勧誘等に該当する場合にも、引受けとなる。平成二〇年改正前まで、金融商品取引法上、既発行有価証券について、私募に対応する概念が存在しなかった。同年の改正で、いわゆるプロ向け市場の創設に関連して、特定投資家向売付け勧誘等（いわゆる特定投資家私売出し）の概念が新設された（金商法二条四項二号）。特定投資家向け売付け勧誘等も、募集・売出し、私募と同様に、引受リスクを負担するものである。そのため、引受人の定義の改正で、特定投資家向け売付け勧誘等に際して引受行為を行う者を引受人の定義に含めるものとされた。

③は、いわゆるライツ・オファリングに関する制度整備をはかる一環として、平成二三年の改正で規定された。ライツ・オファリングは、株主全員に新株予約権を割り当てることによる増資方法である。ライツ・オファリングでは、権利行使がなされなかった新株予約権について、発行会社が取得条項にもとづき取得した上で金融商品取引業者に譲渡し、当該金融商品取引業者が権利行使をして取得した株式を市場等で売却するスキームがある（コミットメント型ライツ・オファリング）。右の①②の定義のみでは、このようなコミットメント型ライツ・オファリングにおいて、発行会社から新株予約権を取得するという金融商品取引業者を「引受人」に含めることは困難である。(2) ①は、ある有価証券を取得させることを目的として「当該」有価証券の全部または一部を取得するものである。しかし、コミットメント型ライツ・オファリングにおいては、金融商品取引業者が行う行為は、「株式」を売りさばくため、「新株予約権証券」を取得するもので、有価証券の種類が異なる。また、②は、ある有価証券を取得する者がいない場合にその残部を取得するものである。この点でも、コミットメント型ライツ・オファリングにおいては、発行された新株予約権はまずは株主にすべて取得されてしまうため、「その残部」を取得するものとはならない。他方で、かかるスキームは、発行する新株予約権について、権利行使がなかったものについてその残部を取得するというもので、発行会社のために、売れ残りのリスクを負担するものである。そのため、②の残額引受けに性格が類似することから、投資者保護および資本市場の健全性確保等の観点から、金融商品取引業者の行為を「引受け」に該当するものとして、これにかかる規制の適用を及ぼすものとした。(3)

有価証券の引受けは、有価証券の発行者または所有者に対して、有価証券の消化を請け負う行為である。有価証券の引受けは、かかる有価証券を他の者に取得させることができないときは、これをみずからかかえ込まなければならないことから、有価証券の分売の危険を負担する。このような危険（引受リスク）は、有価証券が有する投資価値の正確な判定および証券市場の状況についての正確な予測等によって軽減することができる。

金融商品取引法は、元引受けについて定義を定めている。そこでは、右の引受けの定義に該当するものであり、①当該有価証券を取得させることを目的として、当該有価証券の全部または一部を発行者または所有者（金融商品取引業者および登録金融機関を除く）から取得すること、または、②当該有価証券の全部または一部につき、他にこれを取得する者がいない場合に、その残部を発行者または所有者から取得することを内容とする契約をすることと定められている（金商法二八条七項一号・二号）。引受けのうち、買取引受けが金融商品取引業者によってなされ、その金融商品取引業者から分売を目的として有価証券を取得する行為（下引受け）がここで除外されている。また、③当該有価証券が新株予約権証券である場合において、当該新株予約権証券を取得した者が当該新株予約権証券の全部または一部につき新株予約権を行使しないときは、当該行使しない新株予約権にかかる新株予約権証券を発行者または所有者から取得して、自己または第三者が当該新株予約権を行使することを内容とする契約をすることも元引受けに該当する（金商法二八条七項三号）。これは、コミットメント型ライツ・オファリングにおいて、有価証券の引受けのうち、新株予約権を発行者等から取得して行使することを内容とする契約を締結する行を元引受けと位置づけ、最低資本金の上乗せ規制（金商法二九条の四第一項四号、金商令一五条の七第一項）、不適切な引受審査の禁止（金商法四〇条二号、金商業等府令一二三条一項四号）といった規制を適用するためのものである。(4) さらに、かかる契約は元引受契約となるため、有価証券届出書の虚偽記載に関する損害賠償責任（金商法二一条一項四号）も適用される。(5)

有価証券の売出しを業として行う場合、それは金融商品取引業となる（金商法二条八項八号）。ここにいう売出しは、金融商品取引法二条四項に定義されるものと異なるものと解釈すべきという見解が有力に主張されてきた。すでに発行された有価証券の所有者が、それについて売付けの申込みを行いまたは買付けの申込みの勧誘をすることは、結局、金融商品取引法二条八項一号にいう有価証券の売買に該当し、したがって、ことさら、別個に金融商品取引業の定義として掲げる必要がないということを理由とする。その上で、ここでの売出しは、すでに発行された有価証券の全部または一部を、売出しの目的をもって取得し、または売出しに際して他に有価証券を取得する者がいない場合に残部を取得する契約を締結することをいうと解し、これにより、新規発行に関する引受けとあわせて、広義の引受け概念が構成されるといわれた。(6) 平成一〇年改正前においては、引受けの定義を、有価証券の発行に関するものとして定めていた。(7) しかし、現行法では、既述のように、引受けの定義として、既発行の有価証券に関する業務を含めるものとした。したがって、金融商品取引法二条八項八号にいう売出しを右のように解する必要はなくなった。なお、平成二〇年の改正で、有価証券の売出しとともに、有価証券の特定投資家向け売付け勧誘等を行うものについても、金融商品取引業になる旨が定められた（金商法二条八項八号）。

（1）　私募の場合は、有価証券の募集と異なり、そのための発行開示は要請されない。しかし、かかる場合に有価証券の買取引受けまたは残額引受けに対応する行為を行う者は、いわゆる引受危険を負担することになるので、金融商品取引業との関係では、そのような行為もまた有価証券の引受けとして捉えるべきである。この点については、神崎克郎「証券業務と銀行業務」証券取引の法理三四八頁（昭和六二年）、川村裕介＝出村康孝「私募債取扱をめぐる基本問題」資本市場四号一一頁参照。なお、私募債については、かつて、通達によって、その取扱業者が発行時にそれを買い受けた場合には、発行後二年間の転売が禁止され、さらに、取扱業者が大型私募社債の発行に際して買い受けることができる量が制限されていた。そのため、私募の取扱業者が、社債の発行の際に、他に取得させる目的で当該社債の全部または一部を取得することが事実上できず、私募にかかる引受業務は存在しなかった。しかし、右の通達が平成一〇年六月に廃止され、私募の取扱業者は買取直後に転売が可能となり、私募発行に際しても買取引受けが成立し得ることとなった。日興證券法務部編「有価証券に関する定義規定等」商事法務一五二八号三五頁。

（2）　金融庁・開示制度ワーキング・グループ報告「新株予約権無償割当てによる増資（いわゆる『ライツ・オファリング』）に係る制度整備について」（平成二三年一月一九日）。

（3）　規制の趣旨について、野崎彰＝有吉尚哉＝齊藤将彦＝滝琢磨「開示制度等の見直し（上）」商事法務一九三六号二九頁参照。このほか、改正前の定義では、証券会社以外の者がコミットメントを行うことも可能であったが、仮に人的構成の整備が不十分である者や財務基盤の脆弱な者等によってコミットメントが行われた場合には、投資者保護および資本市場の健全性確保等の観点から問題が生じるおそれがあるため、こうした者によってコミットメントが行われることのないよう、第一種金融商品取引業としての登録を必要とするとともに、著しく不適切な引受条件の禁止規制、最低資本金の上乗せ規制等を課す必要があるとされている。

（4）野崎他・前掲注（3）三〇頁。

（5）元引受契約を締結した金融商品取引業者等は、記載が虚偽でありまたは欠けていることを知らず、かつ、財務計算に関する書類にかかる部分以外のものについては、相当な注意を用いたにもかかわらず知ることができなかったときには、損害賠償の責任を負う（金商法二一条二項）。

（6）鈴木竹雄＝河本一郎・証券取引法〔新版〕二四五頁（昭和五九年）。本書の旧版でもこの見解を支持していた。神崎克郎・証券取引法〔新版〕三三二頁（昭和六二年）。

（7）平成一〇年改正前の証券取引法二条六項では、引受人の定義を、有価証券の発行に際し、①これを売り出す目的をもって当該有価証券の発行者からその全部もしくは一部を取得する者、②他に当該有価証券を取得する者がいない場合にその残部を取得する契約をする者、③発行者のために当該有価証券の募集もしくは売出しの取扱いをする者その他直接または間接に有価証券の募集または売出しを分担する者で、通常有価証券の売捌人に支払われる手数料を超える額の手数料、報酬その他の対価を受けるものと定めていた。このように、引受けは、新規発行の有価証券に関するものとして規定されていた。

6　有価証券の募集・売出しの取扱いまたは私募・特定投資家向け売付け勧誘等の取扱い

有価証券の募集・売出しの取扱いまたは私募・特定投資家向け売付け勧誘等の取扱いは、売捌業務に属する行為である。これらのものは、発行者または所有者による有価証券の募集・売出しまたは私募・特定投資家向け売付け勧誘等に際して、その者のために当該有価証券の取得の申込みを勧誘することである[1]。それは、有価証券の消化を請け負うためのものではなく、金融商品取引業の類型的な行為としての有価証券の引受けと異なり、有価証券の売れ残りの危険を負担しない。

有価証券の募集・売出しの取扱いまたは私募・特定投資家向け売付け勧誘等の取扱いは、いわゆる有価証券の取得の斡旋業務である。金融商品取引法は、有価証券の売買の媒介を金融商品取引業と定めている（金商法二条八項二号）。有価証券の売買は、すでに発行された有価証券の金銭を対価とする有償の取引を意味する。そのため、有価証券の発行にあたり、新規発行証券を取得させることについての斡旋は、有価証券の売買の斡旋には該当しない。しかし、これは、募集または私募の取扱いとして、金融商品取引業に該当する（金商法二条八項九号）。一方、既発行証券を取得させることについての斡旋は、その勧誘が売出しの定義に該当する形でなされる場合には、売出しの取扱いとなり、金融商品取引業となる（金商法二条八項九号）。それに該当しない場合でも、有価証券の売買の媒介として、金融商品取引業となる（金商法二条八項二号）。

なお、発行者または証券の所有者自身が行う勧誘行為（いわゆる自己募集）については、開示規制を適用する必要はあるものの、原則として、それを金融商品取引業として規制することは不要と考えられる。したがって、証券取引法時代には、開示規制の適用にあたっては、それらは募集または売出しに該当するものの、業規制については、適用がないものと解されてきた[2]。もっとも、金融商品取引法においては、つぎの有価証券については、その募集または私募を業として行う場合に金融商品取引業となる旨が規定された（金商法二条八項七号）。

① 投資信託の受益証券（委託者指図型投資信託の受益権にかかるもの）
② 外国投資信託の受益証券
③ 抵当証券
④ 外国・外国の者の発行する証券・証書で③の性質を有するもの
⑤ ①②③に表示されるべき権利であって、みなし有価証券となるもの
⑥ みなし有価証券のうち、集団投資スキーム持分（外国の法令にもとづく権利を含む）
⑦ 信託の受益権（金商令一条の九の二）[3]

①および②については、平成一八年改正前の投資信託法が証券取引法を準用する形で規制対象としていた行為である（平成一八年改正前投信法二七条）。また、③および④についても、かつての抵当証券業法において「抵当証券業」として規制対象とされていた行為である（平成一八年改正前抵当証券業法二条一項）。平成一八年の改正で、これらの行為は金融商品取引法の規制対象に統合された[4]。なお、⑥および⑦については、証券取引法の時代では規制の対象外とされ

ていた。金融商品取引法では、利用者保護の観点から規制の隙間を埋めるため、金融商品取引法の業規制の対象とされることとなった(5)。①および②の有価証券、さらに、これらの有価証券に表示されるべき権利であって、金融商品取引法二条二項の規定により有価証券とみなされるものについては、自己募集を行った者による転売を目的としない買取りも金融商品取引業となる（金商法二条八項一八号、金商令一条の一二）。

（1）有価証券の募集または売出しは、有価証券の発行開示の基礎となる概念である。それは、原則として、「多数の者」を相手として行うものとして規定されている（金商法二条三項・四項）。募集または売出しの定義では、「この法律において」と定められている。したがって、金融商品取引業の定義においても、同一の意味をもつものとなる。私募はあらたに発行される有価証券の取得の申込みの勧誘であって、有価証券の募集に該当しないものをいう（金商法二条三項）。

（2）近藤光男＝吉原和志＝黒沼悦郎・証券取引法入門〔新訂第二版〕三七頁（平成一五年）。

（3）①受益証券発行信託の受益証券、②外国・外国の者が発行するもので①の性質を有するもの、③①②の有価証券に表示されるべき権利でみなし有価証券とされるもの、④みなし有価証券とされるもののうち、信託の受益権（外国の者の発行するものを含む）で、商品投資または物品の取得（金商令三七条一項二号参照）等をすることにより運用することを目的とするものに該当するものが規定されている。

（4）第二種金融商品取引業としての登録が要求される。

（5）小島宗一郎＝松本圭介＝中西健太郎＝酒井敦史「金融商品取引法の目的・定義規定」商事法務一七七二号二三頁。金融審議会金融分科会第一部会報告「投資サービス法（仮称）に向けて」（平成一七年一二月二二日）は、「証券取引法では発行者自身による販売・勧誘行為（自己募集）が業規制の対象とされていない。他方、商品ファンド法や不動産特定共同事業法において自己募集を業規制の対象としている例があること、最近の問題事案においては集団投資スキーム（ファンド）の自己募集の形式が採られていたことなどを踏まえれば、少なくとも組合などによるファンドの持分については、商品組成と販売が一体化して行われることが多いことなども勘案し、自己募集を規制対象とすることが適当であると考えられる。」としていた。

この場合も、第二種金融商品取引業としての登録が要求される。なお、⑥についてプロ向けファンドの自己募集については、登録は不要であるものの、届出が必要となる（適格機関投資家等特例業務）（金商法六三条一項・二項）。

7　私設取引システムによる有価証券の売買またはその媒介、取次ぎ、代理

コンピュータ・ネットワークを利用した証券取引の普及は、証券取引を物理的・地理的な制約から解放した。平成一〇年の改正で、取引所集中義務が撤廃された。(1) これとともに、電子情報処理システムを利用して、同時に多数の顧客を相手として有価証券の売買またはその媒介等を行うことが事業として可能になった。かかる取引は金融商品取引業として規制される（金商法二条八項一〇号）。(2)(3) 電子情報処理組織を使用した取引は、大口の投資者の売買を容易にし、また、流動性の低い有価証券の流通を促進することで、投資者の利便性の向上に寄与するものといえる。(4)

私設取引システムにおける売買価格の決定方法には制限がある（金商法二条八項一〇号イ～ホ）。そこでは、①競売買方式、②金融商品取引所に上場されている有価証券について、当該金融商品取引所が開設する取引所金融商品市場における当該有価証券の売買価格を用いる方法（市場価格売買方式）、③店頭売買有価証券の登録を受けた有価証券について、当該登録を行う認可金融商品取引業協会が公表する当該有価証券の売買価格を用いる方法（市場価格売買方式）、④顧客の間の交渉にもとづく価格を用いる方法（顧客間交渉方式）、⑤①から④までに掲げるもののほか、内閣府令で定める方法に限られる。①については、有価証券の売買高が政令で定める基準を超えてはならない。⑤について、内閣府令では、(i)顧客の提示した指値が、取引の相手方となる他の顧客の提示した指値と一致する場合に、当該顧客の提示した指値を用いる方法（顧客注文対当方式）、(5) (ii)金融商品取引業者が、同一の銘柄に対し自己または他の金融商品取引業者等の複数の売付けおよび買付けの気配を表示し、当該複数の売付けおよび買付けの気配にもとづく価格を用いる方法（売買気配提示方式）(6) が定められている（定義府令一七条）。

(1)　証券取引所上場株式等の需給をことごとく取引所有価証券市場に集約する取引所集中は、取引所有価証券市場に厚みを与えるとともに上場株式等について公正な価格形成を確保することを目的とするものであった。神崎克郎「取引所集中義務の撤廃」金融システム改革と証券取引制度一四六頁（平成一一年）。証券取引所の会員である金融商品取引業者は、証券取引所の定款によって、証券取引所上場株式等の取引所有価証券市場外での取引を禁止されており、証券取引所の非会員である金融商品取引業者は、規制当局による業務方法の規制を通じて、証券取引所上場株式等の取引については、会員金融商品取引業者に委託して、取引所有価証券市場において執行されるようにすべきものとされていた。

証券取引審議会「証券市場の総合的改革―豊かで多様な二一世紀の実現のために」（平成九年六月一三日）は、「投資家の取引ニーズの多様化等に対応する観点から……取引所集中義務を撤廃し、上場銘柄の取引所外取引を認めることとする。」と勧告していた。平成一〇年の各証券取引所定款（上場有価証券については、取引所の会員が取引所市場外で売買を行うことを原則として禁止していた）の改正等で、取引所集中義務が撤廃された。しかし、その後も、平成一六年改正前証券取引法三七条は、証券会社は、顧客から証券取引所に上場されている株券等の売買に関する注文を受けたときは、当該顧客の指示が取引所有価証券市場外で取引を行う旨の指示であることが明らかである場合を除き、取引所有価証券市場外で売買を成立させてはならない旨を規定していたことに留意が必要である。これは、顧客が特に明示的に取引所外取引を希望した場合にのみ、証券会社は取引所外取引を許容されるものであった。この点について、近藤光男＝吉原和志＝黒沼悦郎・証券取引法入門〔新訂第二版〕一九二頁（平成一五年）は、かかる指示がない場合には、取引所外取引の方が有利なときであっても、取引所取引で執行されるという顧客に不利な事態が生じうるとしていた。平成一六年の改正において、一方で、証券会社（金融商品取引業者）の最良執行義務が定められる（金商法四〇条の二）とともに、他方で、証券取引法三七条に相当する規定は削除された。

（2）　わが国では、私設取引システム（Proprietary Trading System、ＰＴＳ）といわれるが、アメリカでは、一九九五年五月の証券取引委員会によるコンセプト・リリース以降、代替的取引システム（Alternative Trading System、ＡＴＳ）との用語が使われている。伝統的な取引所が必ずしも「公設」でない以上、電子取引システムを「私設」と呼ぶのは適切ではなく、むしろ伝統的取引所に代替するシステムという意味でかかる用語が選ばれた。淵田康之「取引所規制と私設取引システムの規制」ジュリスト一一五五号一八八頁。

（3）　アメリカの一九三四年証券取引所法三条a項一号は、同法にいう「取引所」（exchange）を「法人形態であろうと否とにかかわらず、証券の売主と買主を出会わせるため、または、その他、証券に関して、株式取引所により一般に果たされるべき機能を行うための市場または施設を提供する機関、組織、個人のグループ」と定義している。証券取引委員会は規則三b―一六において、同定義の解釈を、「（1）多数の買主と売主の注文を結びつけ、（2）かかる注文が相互に影響しあい、取引を行う売主と買主が取引条件に合意するところの、確立され、裁量の認められない方法（取引施設の提供や規則の設定にかかわらず）を利用する機関、組織または個人のグループ」と定めている。この定義は、きわめて広く、ＡＴＳなど、従来、取引所の定義に含まれないと考えられていたものが、規制の対象に含まれることとなった。もっとも、ATSは、レギュレーションATSの下でATSとして登録が許され、かかるATSは取引所としての登録が免除される。したがって、ATSは、ATSとしての登録（ブローカー・ディーラー）と取引所としての登録を選択することができる。ただし、自主規制機関の機能を有するATSは取引所としての登録を行う必要があり、ATSとしての登録は認められない。The Securities and Exchange Commission, Regulation of Exchanges and Alternative Trading Systems, 63 Fed. Reg. 70843（1998）; 64 Fed. Reg. 13,065（1999）. 同レギュレーションに対する批判として、Klock, The SECS New Regulations: Placing The Myth of Market Fragmentation Ahead of Economic Theory and Evidences, 51 Fla. L. Rev. 753（1999）参照。

（4）　投資者の間で、取引所外で相対取引を行うこと自体は禁止されていなかったが、取引所に類似する施設の開設が禁止されていたために、投資者間の取引を集団的に仲介するシステムを市場外で開設することには問題があった。このため、機関投資家が大口取引などを行う場合に、その取引をすべて取引所市場で行わなければならず、希望どおりの価格、時間で売買を執行できないなどの不便があった。川口恭弘・現代の金融機関と法〔第三版〕六四頁（平成二二年）。

（5）　この方法は、顧客の指値を付け合わせる点において一定の価格形成機能を有するものの、成行注文や板寄せという手法が行われないという点において、取引所有価証券市場ほどには高度な価格形成機能を有しないものと整理されていた。金融庁「私設取引システム（PTS）開設等に係る指針について」（平成一二年一〇月二六日）。

（6）　この方法は、マーケットメイカーが自らの提示気配にもとづき売買を行う点において一定の価格形成機能を有するものの、店頭売買有価証券市場ほどには高度な価格形成機能を有しないものと整理されていた。金融庁・前掲注（5）。

8　投資助言・代理業

有価証券の価値等または金融商品の価値等の分析にもとづく投資判断に関する投資顧問契約を締結し、その契約にもとづき助言を行うことを業とすることは金融商品取引業となる（金商法二条八項一一号）。

投資顧問契約とは、有価証券の価値等または金融商品の価値等に関し、口頭、文書その他の方法により助言を行うことを約し、相手方がそれに対して報酬を支払うことを約する契約をいう。右の文書からは、新聞、雑誌その他不特定多数の者に販売することを目的として発行されるもので、不特定多数の者により随時に購入可能なものは除かれる。新聞等の不特定多数の者を相手に販売される文書によって助言がなされる場合には、助言内容の秘匿性がなく、その価値が相対的に小さいと考えられることから規制の対象外とされている。(1)

有価証券の価値等とは、有価証券の価値、有価証券関連オプションの対価の額または有価証券指標の動向をいう。また、金融商品の価値等とは、金融商品の価値、オプションの対価の額または金融商品の動向をいう。金融商品の価値等の分析にもとづく投資判断とは、投資の対象となる有価証券の種類、銘柄、数および価格ならびに売買の別、方法および時期についての判断または行うべきデリバティブ取引の内容および時期についての判断をいう。

平成一八年の改正以前には、有価証券の価値等またはその分析にもとづく投資判断に関して助言をすることは有価証券に係る投資顧問業の規制等に関する法律（証券投資顧問業法）によって規制されていた。(2)証券会社は届出を行うことで投資顧問業を営むことができた（平成一八年改正前証取法三四条二項一号）。平成一八年の改正で、証券投資顧問業法が廃止され、金融商品取引法に統合されたことを受けて、投資顧問業が金融商品取引法上の金融商品取引業と規定されることとなった。なお、証券投資顧問業法の下では、投資顧問業者は、有価証券の価値等または有価証券の価値等の分析にもとづく投資判断に関し助言を行う者とされていたため、有価証券以外の財産の価値または有価証券以外の財産の価値の分析にもとづく投資判断に関し助言をする者は、そのことのゆえに投資顧問業者となるものではなかった。ここにいう有価証券は、証券取引法上のそれを意味するので、証券取引法上の有価証券でないものに関して投資助言をする者は投資顧問業者とはされていなかった。金融商品取引法では、有価証券の価値等以外に、金融商品の価値等の分析にもとづく投資判断に関する契約にもとづく助言も規制の対象としている。

有価証券の価値、有価証券関連オプションの対価の額または有価証券指標の動向についての助言を行う場合には金融商品取引業となる。これに対して、有価証券に関連しないデリバティブ取引については、単にその原資産である金融商品の価値や参照指標である金融指標の動向について助言したのみでは金融商品取引業には該当しない。この場合でも、投資判断に関する助言を伴った場合には金融商品取引業となりうることに注意が必要である。(3)

平成一八年の改正までは、投資顧問契約の締結の代理または媒介については、その位置づけが必ずしも明確でなかった。金融商品取引法の下では、投資顧問契約の締結の代理または媒介も業として行えば金融商品取引業となる旨が明確にされている（金商法二条八項一三号）。

（1）　証券取引審議会報告書「証券投資顧問業の在り方について」（昭和六〇年一一月二五日）は、つぎのように述べている。
「広範な読者層を対象にした出版物を媒介とする場合には、個々の投資家にとって個別・相対の投資助言に比べ、情報の秘匿性、ひいては情報価値が相対的に小さいと考えられる。そのような媒体が提供する助言を自己の投資活動に結びつけ、これを実現させるかどうかは投資家の自由に委ねられる。つまり、この分野は明らかに投資家の自己責任が妥当する世界である。そこでそれらに対しては法規制の対象外とすべきであると考えられる。」

（2）　投資顧問業は、顧客に対して投資顧問契約にもとづき助言を行う営業と規定されていた（平成一八年改正前投顧法二条二項）。ここにいう投資顧問契約は、当事者の一方が相手方に対して有価証券の価値等または有価証券の価値等の分析にもとづく投資判断に関し、口頭、文書その他の方法により助言を行うことを約し、相手方がそれに対し報酬を支払うことを約する契約とされていた（平成一八年改正前投顧法二条一項）。

（3）　したがって、たとえば、単に今年の日本の夏の平均気温について助言をするのみでは、金融商品取引業に該当しない。尾崎輝宏＝中西健太郎「業規制・登録金融機関制度等」商事法務一七七六号一八頁。

9　投資運用業

投資法人と資産運用契約を締結し、当該契約にもとづき、金融商品の価値等の分析にもとづく投資判断にもとづいて有価証券またはデリバティブ取引にかかる権利に対する投資として、金銭その他の財産の運用を行うことを業とすることは金融商品取引業となる（金商法二条八項一二号イ）[1]。

投資法人とは、資産を主として特定資産に対する投資として運用することを目的として、投資信託法にもとづき設立された社団である（投信法二条一二項）。投資法人は、内閣総理大臣の登録を受けなければ、有価証券、不動産の取得・譲渡・貸借等による資産の運用（投信法一九三条一項）を行うことができない（投信法一八七条）。かかる登録を受けた投資法人を登録投資法人という（投信法二条一三項）。登録投資法人では、その機関が基本的に意思決定を行うが、その業務の実施は外部に委託される。資産の運用については、資産運用会社に業務を委託しなければならない（投信法一九八条一項）。登録投資法人の出資者の利益は、資産の運用を行う資産運用会社の行動に左右される。このため、投資法人における投資者を保護するために、資産運用会社の規制が必要となる。

平成一八年の改正前まで、投資法人のための資産運用業は投資信託法で規定されていた。同法では、業として登録投資法人の委託を受けてその資産の運用にかかる業務を行うことを投資法人資産運用業と定義し（平成一八年改正前投信法二条一七項）、当該業務を行うためには認可が必要としていた（平成一八年改正前投信法六条二号）。

平成一八年の改正にあたっては、顧客との高い信頼関係を前提として当該顧客の資産形成に継続的に関与するものについて共通の性格を有する業務は「投資運用業」として横断的に規制することになった。その一環として、金融商品取引法では、投資法人のための資産運用業を金融商品取引法上の金融商品取引業と位置づけた。これに伴い、投資信託法で規定されていた関連条文は削除されている。

つぎに、投資一任契約にもとづき、金融商品の価値等の分析にもとづく投資判断にもとづいて有価証券またはデリバティブ取引にかかる権利に対する投資として、金銭その他の財産の運用を行うことを業とすることは金融商品取引業となる（金商法二条八項一二号ロ）。投資一任契約とは、当事者の一方が、相手方から、金融商品の価値等の分析にもとづく投資判断の全部または一部を一任されるとともに、当該投資判断にもとづき当該相手方のため投資を行うのに必要な権限を委任されることを内容とする契約である。

投資一任業務は、証券投資顧問業法で規制されていた。すなわち、投資一任業務は、内閣総理大臣の登録を受けて投資顧問業を営む者（平成一八年改正前投顧法二条三項）が行う業務と規定され、投資顧問業者が投資一任業務を営むためには、その行おうとする業務の内容および方法を定めて内閣総理大臣の認可を受けなければならなかった（平成一八年改正前投顧法二四条一項）。金融商品取引法では、投資一任業務についても、金融商品取引業として規制することにしている。

投資一任業務は、顧客との契約にもとづき、金融商品の価値等の分析にもとづく投資判断を基礎に顧客のために投資を行う業務である。投資助言業務においては、金融商品取引業者は、金融商品の価値等の分析にもとづく投資判断に関して顧客に助言することはあっても、その助言にもとづき投資をするか否かの決定は顧客にまかされる。これに対して、投資一任業務においては、金融商品の価値等の分析にもとづく投資判断を基礎に、金融商品取引業者自身が顧客のために投資の決定をする。そこでは、金融商品取引業者に顧客のためにする投資決定の裁量権が与えられている。裁量権の幅は、金融商品取引業者が顧客との間で締結する投資一任契約によって定まる。(2) このような差異があることから、投資運用業と投資助言業との間には、兼業などの規制に差が存在する（金商法三五条と三五条の二参照）。(3)

また、投資信託の受益証券の権利者から拠出を受けた金銭その他の財産を、金融商品の価値等の分析にもとづく投資判断にもとづいて主として有価証券またはデリバティブ取引にかかる権利に対する投資として運用を行うことも投資運用業として金融商品取引業となる（金商法二条八項一四号）。

投資信託のうち、委託者指図型投資信託とは、信託財産を委託者の指図にもとづいて主として有価証券、不動産その他の資産で投資を容易にすることが必要であるものとして政令で定めるもの（特定資産）に対する投資として運用することを目的とする信託であって、投資信託法にもとづき設立され、かつ、その受益権を分割して複数の者に取得させることを目的とするものをいう（投信法二条一項）。委託者指図型投資信託は、投資運用の専門家である金融商品取引業者に対する信頼を基礎に一般投資者から広く資金を集める仕組みである。したがって、受益権を取得して委託者指図型投資信託に投資をする投資者の利益は、金融商品取引業者の行動に大きく依存することになる。そこで、委託者指図型投資信託の投資者を保護するための、当該業務を金融商品取引業として規制することが必要となる。これらの業務は、平成一八年改正前の投資信託法で、投資信託委託業として規制されていたものである。

金融商品取引法において金融商品取引業となるのは、投資の対象が有価証券またはデリバティブ取引にかかる権利に対するものに限定されている。もっとも、それ以外の資産を運用対象とする場合にも、顧客保護の必要性は変わらない。そこで、投資信託法では、投資信託委託会社が、業として有価証券またはデリバティブ取引にかかる権利以外の資産に対する投資として委託者指図型投資信託の信託財産の運用の指図を行う場合における金融商品取引法の規定の適用については、当該指図は、金融商品取引法上の投資運用業にかかる行為（金商法二条八項一四号に掲げる行為）に該当するものとみなす旨が規定されている（投信法二二三条の三第二項）。

これまで述べてきた、投資法人資産運用業、投資一任契約にかかる業務および投資信託委託業は、平成一八年の改正前までは、投資信託法、証券投資顧問業法で規制されていたものである。金融商品取引法では、これらに加えて、あらたに、集団投資スキーム等を組成して主として有価証券またはデリバティブ取引にかかる権利に対する投資として運用する業務（自己運用）も金融商品取引業と定めている（金商法二条八項一五号）(4)。すなわち、金融商品の価値等の分析にもとづく投資判断にもとづいて主として有価証券またはデリバティブ取引にかかる権利に対する投資として、集団投資スキーム、信託受益権、受益証券発行信託の受益証券を有する者から出資または拠出を受けた金銭その他の財産の運用を業として行うことは金融商品取引業に該当する。このように、金融商品取引法で投資運用業として金融商品取引業となるのは、主として有価証券またはデリバティブ取引にかかる権利に対する投資として運用する場合である。集団投資スキーム等を組成して、主として、有価証券またはデリバティブ取引にかかる権利以外の財産に対する投資として運用する行為は規制の対象外となる。したがって、たとえば不動産を対象として運用するものは、それが業として行われるものであっても、金融商品取引業には該当しない。なお、ファンドの自己運用については、原則として投資運用業として登録が必要である。もっとも、適格機関投資家等特例業務に該当する、いわゆるプロ向けファンド等の自己運用については、届出で足りるものとされている。

（1）①有価証券、②デリバティブ取引にかかる権利、③不動産、④不動産の賃借権、⑤地上権、⑥約束手形、⑦金銭債権、⑧匿名組合出資持分、⑨商品先物取引法二条一項に規定する商品および⑩商品投資等取引が規定されている（投信令三条）。

（2）投資一任契約においては、投資の対象となる有価証券の種類を限定し、投資として行われる取引の金額または態様を限定する等の約定をすることができる。なお、そのような具体的な限定がない場合においても、金融商品取引業者は、顧客の明示した投資目的等に適合するように投資一任業務を遂行する義務を負う（金商法四〇条）。したがって、投資一任業務の遂行における投資裁量権に制約が加えられる。

（3）不動産証券化スキームにおいて不動産信託受益権に投資する特別目的会社（SPC）を相手方として行ういわゆるアセット・マネージャー（AM）の業務について、投資運用業と投資助言業のいずれに該当するかが問題とされている。三井秀範＝池田唯一監修、松尾直彦編著・一問一答金融商品取引法〔改訂版〕二二四頁（平成二〇年）は、SPCからAMに対して、投資運用業の要件である「投資判断の全部または一部の委任」または「投資権限の委任」（金商法二条八項一二号ロ）が存在するか否かによって判断されるとする。

（4）金融審議会金融分科会第一部会報告「投資サービス法（仮称）に向けて」（平成一七年一二月二二日）は、「集団投資スキーム（ファンド）について投資対象に有価証券が含まれているにも係わらず、認可投資顧問業者の関与なく運用を行っているものが見受けられるところ、法令の規定の実効性を担保する観点から、商品ファンド（組合型）について農林水産大臣又は経済産業大臣の許可業者である商品投資顧問業者などによる運用が義務付けられている例も考慮し、集団投資スキーム（ファンド）の運用（投資商品への投資）についても、『投資運用業』の対象とすることが適当と考えられる。」としていた。

10　有価証券等管理業務

有価証券の売買等、有価証券の売買等の媒介・取次ぎ・代理等の取引（金融商品取引法二条八項一号から一〇号までに掲げる行為）に関して、顧客から金銭または証券・証書の預託を受けることは、金融商品取引業となる（金商法二条八項一六号）。社債等の振替を行うために口座の開設を受けて社債等の振替を行うことも金融商品取引業となる（金商法二条八項一七号）。前者に関して、平成一八年の改正までは、金融商品取引業者は、有価証券の保護預かりを付随業務として行うことができた（平成一八年改正前証取法三四条一項一号）。金融商品取引法では、金融商品取引業として本業と位置づけられている。また、後者については、金融商品取引業者等が、他の者のために、その申出により社債等の振替を行うために口座の開設を行うことが認められている（社債等振替法四四条一項）。もっとも、後者の行為も他人の権利についてその所在・移転の管理を行う点で、また、経済的実態の点において保護預かりと類似するものであることから[1]、これについても、金融商品取引法においては、金融商品取引業と位置づけされることとなった。いずれの業務も、業者の財務規制などの業者規制を及ぼすことで、顧客などの権利者の保護を行う必要性が高いことから、金融商品取引業として規制の対象とされている。

（1）　尾崎輝宏＝中西健太郎「業規制・登録金融機関制度等」商事法務一七七六号一八頁。

11　金融商品取引業から除外される行為

形式上、金融商品取引業の定義に該当するものであっても、その内容等を勘案し、投資者の保護のため支障を生ずることがないと認められるものとして政令で定めるものは金融商品取引業とはならない（金商法二条八項本文括弧書）。政令では、つぎのものが規定されている。

①　国・地方公共団体・日本銀行・外国政府等の行為（金商令一条の八の六第一項一号）

前述のように、金融商品取引法は、金融商品取引業の定義において営利性の要件を不要としている。そのため、国・地方公共団体・日本銀行・外国政府等が行う業務も金融商品取引業に該当しうることとなる。これらの者を金融商品取引業者として規制・監督する必要はないことから、これらの者が行う行為全般について、金融商品取引業の定義から除外するものとされている[1]。

②　プロ顧客を相手方とする有価証券関連以外の店頭デリバティブ取引（金商令一条の八の六第一項二号）

金融商品取引法では、有価証券関連以外のデリバティブ取引も金融商品取引業と規定している。このうち、店頭デリバティブ取引であって、取引の相手方である顧客がデリバティブ取引について専門的知識・経験を有する場合（プロ顧客である場合）には、金融商品取引業の定義から除外される。プロ顧客として、第一種金融商品取引業者・登録金融機関、適格機関投資家（以上、外国の法令上、同様に扱われるものを含む）、金融庁長官が指定する者のほか、資本金一〇億円以上の株式会社が規定されている（定義府令一五条）。(2)

③　二層型商品ファンドスキームにおける一の法人への全部出資にかかる投資運用行為（金商令一条の八の六第一項三号）

いわゆる商品ファンドのなかには、投資者が匿名組合等にもとづき営業者等に金銭を出資し、当該営業者等が、その資金を法人に再投資し、当該再投資先が商品投資による運用を行うものがある。営業者等の行為は、集団投資スキーム持分等を有する者から出資・拠出を受けた財産を主として有価証券等への投資として運用する行為として金融商品取引業に該当する（金商法二条八項一五号）。もっとも、商品ファンドは、商品ファンド法において、商品投資顧問業規制が存在し、商品投資運用に関する投資者保護法制が整備されていることから、(3)金融商品取引法上の投資運用業規制を重ねて適用する必要がないと考えられ、一定の要件を満たす場合に、金融商品取引業の定義から除外するものとされている。(4)

④　金融商品取引業者等の代理・媒介により行う信託受益権の販売（金商令一条の八の六第一項四号、定義府令一六条一項一号）

信託受益権の販売のうち、勧誘をすることなく、金融商品取引業者等による代理・媒介により当該販売にかかる契約を締結するものは金融商品取引業から除外される。金融商品取引業から除外される行為は、当該代理・媒介にかかる業務の委託契約書その他の書類において、当該販売を行う者が当該金融商品取引業者等に勧誘の全部を委託する旨が明らかにされているものに限られる。(5)

⑤　「関係外国運用業者」のために行う「委託注文行為」（金商令一条の八の六第一項四号、定義府令一六条一項二号）

外国において投資運用業を行う外国業者（関係外国運用業者）が、取引所金融商品市場における有価証券の売買等の委託の媒介、取次ぎまたは代理を業として行うことは、第一種金融商品取引業に該当する（金商法二八条一項一号）。そのため、国内の業者が関係外国運用業者のために、有価証券の売買等の委託の媒介、取次ぎまたは代理（委託注文行為）を行うためには、第一種金融商品取引業を行う金融商品取引業者としての登録が必要となる。もっとも、関係外国運用業者のための委託注文行為については、グループ内部の行為としてその効率的な実施を許容しても特段の弊害は生じないため、それ以外には委託注文行為を行わない業者に対し、第一種金融商品取引業を行う業者の登録を求めるまでの必要が低いと判断され、これらの行為が金融商品取引業の定義から除外されている(6)。

⑥　商社等の貿易取引等にかかるヘッジ取引または企業グループ内におけるヘッジ取引（金商令一条の八の六第一項四号、定義府令一六条一項三号・四号）

物品の売買、運送、保管または売買の媒介を業とする者がその取引に付随して行うもので、事業者を相手方として、かつ、当該取引により生じる当該事業者が保有する資産および負債にかかる為替変動による損失の可能性を減殺することを目的とする店頭デリバティブ取引（通貨に関するもの）が金融商品取引業の定義から除外される。これは、商社等が国内顧客と外国業者との間の輸出入取引の仲介を行う際に、国内顧客の為替リスクをヘッジする目的で行う通貨オプション取引等を対象とするものである。このような事業者の行為は、輸出入取引の売買価格を円貨で固定する手段として行われるものであることから、実質的に投資性のある金融取引といえないため、金融商品取引業の定義から除外された(7)。

また、企業グループ内で、子会社を相手方として、子会社が保有する資産・負債にかかる為替変動による損失の可能性を減殺することを目的とする店頭デリバティブ取引等も適用除外となる。このような行為についても、業規制の対象とする必要性は低い。なお、金融商品取引業の定義から除外される取引は、有価証券報告書の提出会社で内部統制報告書の提出を義務づけられるものに限定されている（定義府令一六条一項四号、金商令四条の二の七第一項）。

⑦　レバレッジドリース等のリース事業に伴う引受け、二層構造不動産ファンドにおける引受けまたは運用型信託会社等が行う引受け（金商令一条の八の六第一項四号、定義府令一六条一項五号・六号・七号）

形式的に有価証券の引受け（金商法二条六項・八項六号）に該当するものの、取引の性質上、金融商品取引業として投資者を保護する必要性がないものについて、金融商品取引業の定義から除外するものとされている。

まず、匿名組合契約にもとづく権利のうち、当該権利にかかる出資対象事業が機械類その他の物品または物件を使用させる業務であるものについて、その募集または私募を行う場合に、金融商品取引業者が、当該権利を取得させることを目的として、その全部または一部を取得することは、金融商品取引業の定義から除外される。かかる適用除外を受ける金融商品取引業者は、第二種金融商品取引業を行う法人で、資本金の額・出資の総額が五〇〇〇万円以上であるものである。さらに、匿名組合契約の営業者は当該金融商品取引業者によりその発行済株式の全部を所有されている株式会社に限られる。これは、航空機のレバレッジドリース等のリース事業において、リース会社の完全子会社が営業者となり当初リース会社が当該営業者と匿名組合契約を締結し、その後、匿名組合契約にもとづく権利を投資者に地位譲渡の形で売却するケースを想定したものである。このようなスキームは、実質的に匿名組合の持分の募集・私募の取扱いに類似する行為であり、それ自体を有価証券の引受けと位置づける必要性が低いと判断された(8)。

つぎに、匿名組合契約にもとづく権利のうち、当該権利にかかる出資対象事業が不動産にかかる権利に対する投資を行う事業であるものについて、その私募を行う場合、金融商品取引業者が、当該匿名組合契約にもとづく権利を他の一の匿名組合契約の営業者に取得させることを目的として、その全部または一部を取得することは、金融商品取引業の定義から除外される。あるファンド（匿名組合）が他のファンド（匿名組合）の営業者であるファンドは二層構造ファンド（ファンド・オブ・ファンズ）と呼ばれている。右の適用除外は、不動産の証券化における二層構造不動産ファンド（親ファンドおよび子ファンドが匿名組合で、子ファンドが不動産信託受益権に対して投資を行うもの）において、ファンド組成に関与する会社等が子ファンドの匿名組合出資持分をいったん取得し、親ファンドが組成された段階で当該匿名組合出資持分を親ファンド運営者に譲渡する実務に対応するものである。親ファンド運営者のみに取得させるために行うものについて、「引受け」と位置づけて、投資者を保護する必要性は低いと考えられた(9)。

なお、信託会社または外国信託会社が、信託受益権のうち、受託者が当該信託会社または外国信託会社であるものにつき、募集または私募に際して、その全部または一部を取得することも、金融商品取引業の定義から除外される。これは、運用型信託会社等が、流動化目的で受託した資産にかかる信託受益権を委託者兼当初受益者から受託者の固有勘定で取得して投資者に販売する行為を想定したもので、このような行為については、信託業を兼営する金融機関は登録金融機関業務として行うことができること（金商法三三条の二第二号・三三条二項一号）との整合性を確保する観点から、金融商品取引業の定義から除外されている(10)。

⑧「関係外国金融商品取引業者」のために行う投資一任契約にかかる取引または商品投資顧問業者等が為替リスクヘッジ目的で行う投資一任契約にかかる取引（金商令一条の八の六第一項四号、定義府令一六条一項八号）

投資一任契約にかかる取引（金商法二条八項一二号）に該当する行為でも、つぎのいずれかに該当するものは金融商品取引業の定義から除外されている。

(i) 関係外国金融商品取引業者から売買の別および銘柄（デリバティブ取引にあってはこれに相当する事項）について同意を得た上で、数および価格（デリバティブ取引にあってはこれに相当する事項）については金融商品取引業者が定めることができることを内容とする契約にもとづき当該金融商品取引業者が行う有価証券の売買またはデリバティブ取引

(ii) 取引一任契約（関係外国金融商品取引業者の計算による取引に関し、売買の別、銘柄、数および価格（デリバティブ取引にあっては、これらに相当する事項）について金融商品取引業者が定めることができることを内容とする契約）にもとづき、当該金融商品取引業者が行う有価証券の売買またはデリバティブ取引(11)

平成一八年の改正前までは、取引一任勘定取引が禁止され、外国において証券業を営む一定の資本関係を有する関

連外国証券業者のために行う行為について例外が定められていた（平成一八年改正前証取法四二条一項ただし書、行為規制府令一条一項一号・二号、外証府令二四条一七項）。これは、強い資本関係をもつ外国関連業者の間では、幅広い裁量権を与えた注文が行われるのが国際的慣行であり、また、そのような業者間では、ある程度一任的な取引が行われても、投資者保護の観点からの弊害が少ないと考えられたことによる。現行法の下では、取引一任勘定の禁止の例外として許容されていた「関係外国証券取引業者」のための行為は、投資一任業務の定義（金商法二条八項一二号ロ）に該当するものの、投資一任業務の定義から除外されるものとなっている。

商品投資顧問業者等が商品投資に付随して、通貨デリバティブ取引にかかる権利に対する投資として、金銭その他の財産の運用を行う行為も、当該商品投資にかかる為替変動による損失の可能性を減殺することを目的とするものについては、金融商品取引業の定義から除外される（金商令一条の八の六第一項四号、定義府令一六条一項九号）。また、外国の法令に準拠し、外国において投資運用業を行う者が、投資信託委託業として、外国投資信託の受益証券に表示される権利を有する者から拠出を受けた金銭その他の財産の運用を行うものも適用除外となる（金商令一条の八の六第一項四号、定義府令一六条一項九号の二）。

⑨　集団投資スキームのうち運用権限の全部を委託している場合における自己運用行為、二層構造不動産ファンドの子ファンドの自己運用行為または競争用馬ファンドスキームにおける自己運用行為（金商令一条の八の六第一項四号、定義府令一六条一項一〇号・一一号・一二号）

金融商品の価値等の分析にもとづく投資判断にもとづいて主として有価証券またはデリバティブ取引にかかる権利に対する投資として、受益証券発行信託の受益証券、信託の受益権、集団投資スキーム持分を有する者からの出資または拠出を受けた金銭その他の財産の運用を行うものを自己運用という（金商法二条八項一五号）。金融商品取引法の下では、第三者に投資判断等を委託して、間接的に投資運用を行う場合にも、投資運用業の登録が要求される[12]。もっとも、金融商品取引業者等を通じた監督等が可能な場合にまで、登録を求めることは不要と考えられた(13)。そこで、この場合でも、一定の要件を満たす場合には、金融商品取引業の定義から除外するものとされている(14)(15)。

また、二層構造ファンドで子ファンドの投資運用対象が不動産信託受益権である場合（二層構造不動産ファンド）、一定の要件の下で、子ファンド運営者（匿名組合営業者）の自己運用行為が金融商品取引業者の定義から除外される(16)。この場合、親ファンド運営者（匿名組合営業者）による届出が必要である。かかる特例は、従前から不動産証券化実務において多く利用されて定着したスキームに限定したものとして設けられているものであるが、二層構造ファンドについては、子ファンドの運営者に対する適格機関投資家特例業務の特例の適用が制限されている点を踏まえたものとなっている(17)。

なお、競争馬ファンドに関しても、金融商品取引業の定義から除外される行為が定められている。競走馬ファンドとは、投資者から匿名組合契約にもとづく金銭の出資を受けた法人（愛馬会法人）が、当該金銭を充てて競走用馬を調達し、その競争用馬を他の法人（クラブ法人）に対して匿名組合契約にもとづき現物出資し、当該クラブ法人が当該競争用馬をレースに出走させることにより運用する二層構造スキームである。この持分を販売する等の行為は「競走用馬投資関連業務」と規定されている（金商業等府令七条四号ニ）。この場合に、愛馬会法人によるクラブ法人への匿名組合出資は、愛馬会法人にとって自己運用に該当するものの、実質的には、クラブ法人を通じて競走用馬の出走にかかる事業を行うものであることから、金融商品取引業の定義から除外されている(18)。

⑩　外国集団投資スキームの投資運用行為（金商令一条の八の六第一項四号、定義府令一六条一項一三号）

金融商品取引法では、外国集団投資スキーム（外国ファンド）の自己運用行為も規制の対象となる（金商法二条八項一五号ハ・二項六号）。そのため、国内の居住者が出資する外国ファンドの運営者は国内において登録（金融商品取引業者としての登録）または届出（適格機関投資家等特例業務の届出）の対象となる。もっとも、これを厳格に適用すると、優良な外国ファンド運営者が、国内における規制を回避するため国内の機関投資家等からの出資を許容しない等、国内の機関投資家等にとって多様な投資の機会の確保に支障が生じるといった政策的な理由から、[19] 一定の要件を満たすものに限り、当該外国ファンド運営者の行為は金融商品取引業の定義から除外されることとされている。[20] 適用除外を受ける外国ファンドは、出資者が合計一〇名未満の適格機関投資家および特例業務届出者に限られる。また、これらの者の出資額が当該外国ファンドの総出資額の三分の一以下であることが要件となる。[21]

⑪　募集・私募の取扱いに伴う金銭の預託を受ける行為（金商令一条の八の六第一項四号、定義府令一六条一項一四号）

信託受益権および集団投資スキーム持分の募集の取扱いまたは私募の取扱いに関して金銭の預託を受ける行為は、形式的に有価証券等管理業務（金商法二条八項一六号）に該当する。もっとも、資本金等の額が五〇〇〇万円以上である第二種金融商品取引業を行う法人であること、金銭が分別管理されていること（金商法四二条の四に規定する方法に準ずる方法による）を要件として、右の金銭の預託を受ける行為が金融商品取引業の定義から除外される。これは、組合や信託等のビークルを利用するスキームで、当該ビークルではなく、販売業者が顧客から金銭の預託を受けるという実務を反映したものである。

⑫　口座管理機関が行う社債等振替（金商令一条の八の六第一項四号、定義府令一六条一項一五号・一六号）

社債等振替法に規定する社債等の振替を行うために口座の開設を受けて社債等の振替を業として行えば金融商品取引業となる（金商法二条八項一七号）。外国の口座管理機関（グローバルカストディアン）（社債等振替法四四条一項一三号）が行う社債等振替は、金融商品取引業の定義から除外されている。外国において免許・登録等を受けており、かつ主務大臣が指定する者であることから、適切な規制を受けていること、また、外国の投資者の投資を促進する観点からも、有価証券等管理業務としての規制の対象とすることは適当でないと判断された。[22] また、金融商品取引業者が、その発行する投資信託受益権について行うものであって、当該投資信託受益権と自己の固有財産とを分別して管理するものについても、金融商品取引業の定義から除外される。[23][24]

(1) 酒井敦史＝大越有人＝篠宮寛明「金融商品取引法の業規制」商事法務一八一二号三四頁。
(2) 投資者保護の徹底をはかる観点から、金融商品取引業の定義から除外されることとなる範囲は、真に支障がないと認められる範囲に限定されている。酒井他・前掲注（1）三五頁。合同会社は対象とならない。また、個人については、適格機関投資家（外国の法令上これに相当する者を含む）に限り、金融商品取引業の定義から除外される店頭デリバティブ取引の相手方とされることとなる。
(3) 酒井他・前掲注（1）三五頁。
(4) 商品ファンド法二条六項に規定する商品投資受益権を有する者から出資・拠出を受けた金銭その他の財産の全部を充てて行う一の法人への出資（特定投資）であって、つぎに掲げる要件のすべてに該当するものが除外される（金商令一条の八の六第一項三号・二項）。
① 当該商品投資受益権にかかる商品投資契約もしくは信託契約または当該商品投資受益権の販売を内容とする契約のいずれかにおいて当該法人への特定出資が行われる旨および当該法人が特定出資にかかる金銭その他の財産を商品投資により運用する旨が定められていること
② 当該法人が、商品ファンド法三三条一項に規定する商品投資顧問業者等に対して商品投資にかかる同法二条二項に規定する投資判断を一任すること
③ 当該法人が特定出資にかかる金銭その他の財産を主として有価証券・デリバティブ取引にかかる権利に対する投資として運用するものではないこと
(5) 平成一九年改正前の「信託会社等に関する総合的な監督指針」（一〇―二―一⑴）では、「信託受益権の譲渡に際し、信託受益権の保有者となる売主が、勧誘、契約締結等の販売に関する対外的行為の一切を信託受益権販売業者に委任し、その旨を当該委任に係る契約書等に明記した上で、自らは全く販売行為を行わない場合は、当該保有者自体は販売を行わないものとして、信託受益権販売の登録を要しないことに留意する。」とされていた。金融商品取引法では、明示的に金融商品取引業者の定義からこれらの行為を除外している。金融商品取引法上、規定が整備されたことから、右の監督指針の規定は削除されている。なお、同指針（一〇―二―一⑵）では、「信託の委託者兼当初受益者である信託受益権の保有者（オリジネーター）が、当該信託受益権を顧客への販売を目的とする信託受益権販売業者に、当該目的を契約書等に明記した上で買い受けさせる場合、又は当該信託受益権を引当てに実質的な受益者を募ることを目的とする特別目的会社に、当該目的を契約書等に明記した上で譲渡する場合には、当該保有者自体は販売を行わないものとして信託受益権販売業の登録を要しないことに留意する。」とされていた。この点について、委託者等のみが運

用指図権限を有する信託にかかる信託受益権の発行者は、当該信託の委託者とされ、または、それ以外で、自益信託かつ金銭の信託以外の信託にかかる信託受益権の発行者は、委託者および受託者とされることから（金商法二条五項、定義府令一四条三項一号イ・ハ）、委託者（オリジネーター）の行為は、信託受益権の自己募集（私募）と位置づけられ、当該信託受益権がいわゆる商品ファンド持分に該当する場合を除くほか（金商令一条の九の二）、原則として金融商品取引業に該当しないことになる。酒井他・前掲注（1）三五頁。

（6）酒井他・前掲注（1）三五頁。関係外国運用業者が複数の国において投資を行う場合、効率性の観点から、各国のグループ会社に取引所金融商品市場における委託注文行為を分担させたいというニーズが存在すると指摘されている。

（7）酒井他・前掲注（1）三五頁。金融商品取引法施行令等の制定にあたってパブリック・コメントの指摘を受けてこの規定（定義府令一六条一項三号・四号）が挿入された。適用除外となるものは、金融商品取引法二条八項四号に掲げる行為のうち、①売買の当事者が将来の一定の時期において通貨およびその対価の授受を約する売買であって、当該売買の目的となっている通貨の売戻しもしくは買戻しまたは当該売買の当事者がその売買契約を解除する行為をしたときは差金の授受によって決済することができる取引、②当事者の一方の意思表示により当事者間において通貨の売買を成立させることができる権利を相手方が当事者の一方に付与し、当事者の一方がこれに対して対価を支払うことを約する取引またはこれに類似する取引に限られる。

（8）酒井他・前掲注（1）三五頁。当該行為を行う旨は登録申請書の記載事項とされている（金商業等府令七条八号）。

（9）酒井他・前掲注（1）三五頁。松尾直彦＝松本圭介編著・実務論点金融商品取引法五四頁（平成二〇年）は、「引受け」への該当性は、個別事例ごとに実態に即して実質的に判断されるべきとして、たとえば、単に他の者に譲渡するまでの一時的な取得にとどまるような場合には、「引受け」に該当する可能性が高いと考えられる一方、いわゆる「出口」（exit）として数年後に他の者に譲渡することを予定しているような場合には、基本的に「引受け」に該当しないものと考えられるとしている。

（10）酒井他・前掲注（1）三五頁。

（11）当該金融商品取引業者が当該取引一任契約の成立前に、①商号、名称または氏名、②登録年月日および登録番号、③当該取引一任契約の相手方となる関係外国金融商品取引業者の商号・名称および所在地を所管金融庁長官等に届け出ているものに限られる。

（12）自己運用を行う場合に、運用権限を第三者に委託する場合の規定が整備されている（金商法四二条の三参照）。

（13）酒井他・前掲注（1）三五頁。

（14）①対象行為者（ファンド運営者）が運用権限の全部を委託するため、投資運用業登録業者と投資一任契約を締結すること、②対象権利を有する者（投資者）との「出資契約等」において当該投資一任契約の概要等を定めていること、③出資契約等および投資一任契約において当該登録業者が投資者に対して忠実義務および善管注意義務を負う旨を定めていること、④出資契約等および投資一任契約において当該等登録業者が原則として自己取引等を行うことができない旨の定めがあること、⑤運用者が運用財産を分別管理し、当該登録業者がその管理を監督すること、⑥当該登録業者が運営者に関する所要の事項を当局に届け出ていること、⑦当該登録業者が⑥の届出事項に変更があったときは遅滞なく当局に届け出ることのすべてに該当する必要がある（定義府令一六条一項一〇号イ～ヘ）。

(15)　適格機関投資家等特例業務の自己運用行為に関しても、投資運用権限の全部委託による「金融商品取引業」の定義からの除外の対象となることから、ファンド運営者自身による届出は不要となる。松尾＝松本編著・前掲注（9）五六頁（注）。

(16)　①子ファンドの投資運用対象が不動産信託受益権であること、②親ファンドの運営者が投資運用業の登録業者、特例業務届出者または特例投資運用業務（平成一八年法律六五号附則四八条一項参照）を行うものであること、③子ファンドの出資者は一つの親ファンドのみであること、④親ファンドの運営者が子ファンドの運営者に関する所要の事項を、親子ファンド運営者間の匿名組合契約の締結前に届け出ていることといった要件が必要となる（定義府令一六条一項一一号）。

(17)　松尾＝松本編著・前掲注（9）五三頁。集団投資スキーム持分に対する投資事業にかかる匿名組合契約で、適格機関投資家以外の者を匿名組合員とするものの営業者等を相手方とする場合には、適格機関投資家等特例業務の特例が認められない（金商法六三条一項一号ロ）。匿名組合、民法上の組合は、投資事業有限責任組合、有限責任事業組合と比べると、透明性の点で問題が残る面があることから、適格機関投資家等特例業務の特例の潜脱的利用が厳格かつ明確に制限されている（金商法六三条一項一号ロ・ハ、金商業等府令二三五条二号）。松尾＝松本編著・前掲注（9）五三頁（注4）。

(18)　愛馬会法人およびクラブ法人ともに、みなし有価証券（匿名組合出資持分）の募集・私募を行うものとして第二種金融商品取引業の登録が必要となる。

(19)　酒井他・前掲注（1）三五頁。

(20)　外国ファンドの自己募集（金商法二条八項七号へ）については、国内において投資者への投資勧誘を業として行う以上は、わが国の規制に服するべきとされ、金融商品取引業の定義からは除外されてない。松尾＝松本編著・前掲注（9）五七頁。

(21)　当該行為（特定有価証券等管理業務）を行う旨が登録申請書の記載事項となる（金商業等府令七条九号）。また、分別管理の状況の記録が第二種金融商品取引業を行う金融商品取引業者の作成すべき帳簿書類となる（金商業等府令一八一条一項二号ロ）。なお、金融商品取引業者等が投資信託、抵当証券、集団投資スキーム持分の自己募集に伴い顧客から金銭を受領する行為は、第三者性がなく、「預託を受けること」（金商法二条八項一六号参照）に該当しないため、有価証券等管理業務にあたらない。松尾＝松本編著・前掲注（9）五八頁（注2）。

(22) 酒井他・前掲注（1）三五頁。

(23) 当該管理の状況に応じて、公認会計士または監査法人の監査（金商法四三条の二第三項）を受けているものに限る。

(24) このほか、政策金融機関の業務について特別の扱いがなされている。すなわち、独立行政法人住宅金融支援機構、中小企業金融公庫および公営企業金融公庫が行う信託受益権の販売については、金融商品取引業者としての登録は免除される（金商法六五条の五第三項）。他方で、これらの金融機関は、金融商品取引業者とみなすことで、一定の行為規制が適用されることとなっている（金商法六五条の五第四項）。なお、第一六六回通常国会で政策金融機関改革を実施するための関係法律の改正法が成立した（株式会社日本政策金融公庫法（平成一九年法律五七号）、株式会社商工組合中央金庫法（平成一九年法律七四号）および株式会社日本政策投資銀行法（平成一九年法律八五号））。株式会社日本政策金融公庫については、金融商品取引業者としての登録義務が適用除外されるとともに、一定の行為規制がみなし適用される（株式会社日本政策金融公庫法六三条一項～五項）。株式会社日本政策投資銀行については、完全民営化される予定を考慮して、登録金融機関となることができる旨が定められている（株式会社法日本政策投資銀行法四条一項）。株式会社商工組合中央金庫は、これまでと同様に、登録金融機関となることが可能である（金商令一条の九）。

二　金融商品取引業の登録

1　金融商品取引業の分類

金融商品取引業は、「第一種金融商品取引業」、「第二種金融商品取引業」、「投資助言・代理業」および「投資運用業」に分類される。金融商品取引業の内容は多岐にわたるため、金融商品取引業者の財産的基礎等を確保し、投資者の保護をはかるべき必要性の程度が異なることから、業務内容の範囲に応じて金融商品取引業を区分し、各区分に応じた規制を設けることにより、業規制の柔軟化（柔構造化）がはかられている(1)。

第一種金融商品取引業は、①有価証券について、(i)売買、市場デリバティブ取引または外国市場デリバティブ取引、(ii)(i)の取引の媒介、取次ぎまたは代理、(iii)(i)の取引の委託の媒介、取次ぎまたは代理、(iv)有価証券等清算取次ぎ、(v)売出し・特定投資家向け売付け勧誘等、(vi)募集・売出しの取扱いまたは私募・特定投資家向け売付け勧誘等の取扱いを行う行為、②店頭デリバティブ取引またはその媒介、取次ぎもしくは代理または店頭デリバティブ取引についての有価証券等清算取次ぎ、③有価証券の引受け、④私設取引システム業務および⑤有価証券等管理業務を業として行うことをいう（金商法二八条一項）。①にいう有価証券は、金融商品取引法二条一項各号に掲げる証券・証書および同条二項本文により有価証券とみなされる権利に限られる。したがって、同条二項各号に掲げる権利は含まれない点に留意が必要である。これらの業務は、平成一八年の改正前における証券業（保護預かりを含む）、金融先物取引業などに相当するものである。

第二種金融商品取引業は、①有価証券の募集・私募（自己募集）、②有価証券について、(i)売買、市場デリバティブ取引または外国市場デリバティブ取引、(ii)(i)の取引の媒介、取次ぎまたは代理、(iii)(i)の取引の委託の媒介、取次ぎまたは代理、(iv)有価証券等清算取次ぎ、(v)売出し、(vi)募集・売出し・私募の取扱いを行う行為、③(i)有価証券に関連しない市場デリバティブ取引または外国市場デリバティブ取引、(ii)(i)の取引の媒介、取次ぎまたは代理、(iii)(i)の取引の委託の媒介、取次ぎまたは代理、④金融商品取引業に該当するものとして政令で定める行為を業として行うことをいう（金商法二八条二項）。②にいう有価証券は、集団投資スキーム持分など金融商品取引法二条二項各号に掲げる権利に限られる。また、④として、政令は、投資信託・外国投資信託の受益権を自己募集する場合における転売を目的としない買取りを金融商品取引業に追加している（金商令一条の一二）。平成一八年の改正前の商品投資販売業、信託受益権販売業などはこれらの業務に該当する。①の自己募集は金融商品取引法において新たに金融商品取引業に該当する行為として規定されたものである。当該行為を行う業者は、発行者自らが新たに発行する有価証券について取得勧誘を行うものであり、仲介業者として高度な財産要件を課して投資家保護をはかるべき性質のものではないことから、第二種金融商品取引業に分類された(2)。

投資助言業務は、投資顧問契約を締結し、当該投資顧問契約にもとづき、有価証券の価値等または金融商品の価値等の分析にもとづく投資判断に関して助言を業として行うものである（金商法二八条三項一号・六項）。当該業務は、投資助言・代理業として規制を受ける。また、投資顧問契約または投資一任契約の締結の代理または媒介も、投資助言・代理業の一つとして、規制を受ける（金商法二八条三項二号）。これらの業務は、平成一八年の改正前の投資顧問業に該当する。

投資運用業は、①投資一任契約を締結して、金融商品の価値等の分析にもとづく投資判断にもとづいて有価証券またはデリバティブ取引にかかる権利に対する投資として、金銭その他の財産の運用を行うこと、②投資法人と資産の運用にかかる委託契約を締結して、金融商品の価値等の分析にもとづく投資判断にもとづいて有価証券またはデリバティブ取引にかかる権利に対する投資として、金銭その他の財産の運用を行うこと、③投資信託の受益証券などの権利者からの拠出を受けた金銭その他の財産を、金融商品の価値等の分析にもとづく投資判断にもとづいて有価証券またはデリバティブ取引にかかる権利に対する投資として運用を行うこと、④信託受益権や集団投資スキーム持分の権利者から出資または拠出を受けた金銭その他の財産を、金融商品の価値等の分析にもとづく投資判断にもとづいて主として有価証券またはデリバティブ取引にかかる権利に対する投資として運用を行うことをいう（金商法二八条四項）。①は投資一任契約にかかる業務、②は投資法人資産運用業、③は投資信託委託業に相当するものである。

第一種金融商品取引業を行う金融商品取引業者は、自己資本比率規制（金商法二九条の四第一項六号イ・四六条の六参照）などの厳格な財産規制が課せられる。さらに、その主体は株式会社でなければならず、さらに、主要株主規制なども適用される（金商法二九条の四第一項四号・五号・三二条以下参照）。このように、第一種金融商品取引業には、厳格な規制が適用される。これは、その業務の性質から、一般投資家などの保護の必要性が高いことによる。また、投資運用業についても、他人の財産を運用する業務であることから、第一種金融商品取引業と同様の厳格な規制が存在する。もっとも、自己資本比率規制などは存在しない。これに対して、第二種金融商品取引業は、個人でも行うことができる。さらに、財産規制も、最低資本金規制（個人の場合には営業保証金規制）のみ要求されるなど、第一種金融商品取引業および投資運用業と比較して、規制内容は緩和されている。さらに、投資助言・代理業については、最も緩和され

た規制となっている。(3)

（1）　金融審議会金融分科会第一部会「中間整理」（平成一七年七月七日）は、「参入規制については、原則登録制として、財務の健全性の確保、コンプライアンスの実効性、経営者の資質（fit and proper）などに配慮しながら、業務内容に応じた要件を定めるべきである。」とした上で、具体的には、つぎのように参入規制に段階を設けることにより、幅広い業者がその業務の内容に応じた参入規制の適用を受けることとすることが適当であるとしていた。

①　現行の証券会社に対応する幅広い投資商品の勧誘・販売および保護預かりを行う業者については、現行の証券会社と同等の参入規制とする。

②　流動性の低い商品のみを勧誘・販売し、保護預かりを行わない業者、あるいは、顧客資産を預からない投資顧問業者については、自己資本規制などは適用しないこととするなど、現行の法律が定める参入規制に配慮しつつ、これを横断的に整理する。

③　証券仲介業に対応する、他の投資サービス業者の委託を受けて、投資サービスを提供する業者については、財務規制を最低限とするなどその枠組みを維持する。

金融審議会金融分科会第一部会報告「投資サービス法（仮称）に向けて」（平成一七年一二月二二日）は、この点について、「投資商品に関する『販売・勧誘』『資産運用・助言』『資産管理』と横断的なものとしつつ、業務内容の範囲に応じ、次のような三段階の区分（いわゆる第一種業、第二種業、仲介業（仮称））を設け、各区分に応じた参入規制などを設けることにより、業規制を柔構造化することが適当である。」とした。その三段階の区分は、「第一業種」はすべての投資商品を対象とするすべての業務、「第二業種」は投資商品のうち、流通性の低い商品についての売買、売買の媒介・取次ぎ・代理、募集・私募・売出しもしくは売出しの取扱いまたは私募の取扱い（引受業務は含まれない）、投資商品に関する資産運用および投資商品に関する投資助言、「仲介業」は他の投資サービス業者の委託を受けた媒介としていた。このように、第一部会報告では、第一種業と第二種業に区分し、第二種業を「流動性の低い商品の販売・勧誘」、「投資商品に関する資産運用」および「投資商品に関する投資助言」の三つに区分していた。金融商品取引法では、これら三つの業務を「第二種業」として包摂する実質的意義が乏しいことから、流動性の低い商品の販売・勧誘を「第二種金融商品取引業」として、これとは別に「投資運用業」「投資助言・代理業」を定めた。三井秀範＝池田唯一監修・松尾直彦編著・一問一答金融商品取引法〔改訂版〕二一五頁（平成二〇年）。

（2）　三井＝池田監修・前掲注（1）二三二頁。

（3）各規制は、登録拒否要件として法定されている。詳細については、本書六三七頁以下参照。

２　登録の手続

金融商品取引業を営む者が、その業務を公正かつ的確に遂行する組織を有し、健全な財務状態を維持することは、公正な金融商品市場を確保し、投資者を保護するために、きわめて緊要である。金融商品取引業は、金融商品市場を通じての資金配分に関与することによって国民経済の運営に寄与し、多数の投資者の利益に重大な影響をおよぼすものであることから、すべての者に無条件にそれを開放することは適切ではない。そこで、金融商品取引法は、金融商品取引業を行う者に内閣総理大臣への登録を要求している（金商法二九条）。内閣総理大臣は、法定の登録拒否事由がある場合には、登録を拒否しなければならない（金商法二九条の四）。金融商品取引業には参入規制が定められていることから、金融商品取引業者は、自己の名義をもって、他人に金融商品取引業を行わせることは許されない（金商法三六条の三）。

登録制の下では、登録拒否要件に該当しない限り、金融商品取引業者としての登録ができる。もっとも、後述するように、金融商品取引業のうち、私設取引システムにかかる業務は、内閣総理大臣の認可が必要とされる（金商法三〇条一項）。

金融商品取引業の登録を受けようとする者は、内閣総理大臣に登録申請書を提出しなければならない（金商法二九条の二第一項）(1)。登録申請書には、①商号、名称または氏名、②法人であるときは、資本金の額または出資の総額、③法人であるときは、役員の氏名または名称、④政令で定める使用人(2)があるときは、その者の氏名、⑤業務の種別、⑥本店その他の営業所または事業所の名称および所在地、⑦他の事業を行っているときは、その事業の種類、⑧その他内閣府令で定める事項(3)を記載する（金商法二九条の二第一項）。

内閣総理大臣は、金融商品取引業の登録申請があったときは、登録拒否事由がある場合を除いて、右の登録申請書に記載された事項ならびに登録年月日および登録番号を金融商品取引業者登録簿に登録しなければならない（金商法二九条の三第一項）。金融商品取引業者登録簿は公衆の縦覧に供される（金商法二九条の三第二項）。

（1）　登録申請書に、その写し一通、添付書類一部を添付して、申請者の本店の所在地を管轄する財務局長または福岡財務支局長に提出することを要する（金商業等府令五条）。添付書類として、①金商法二九条の四第一項各号（一号ハおよびニならびに五号ハを除く）に該当しないことを誓約する書面、②業務にかかる人的構成および組織等の業務執行体制を記載した書面、③法人であるときは、役員および重要な使用人の履歴書、住民票の抄本（またはこれに代わる書面）、金融商品取引法二九条の四第一項第二号イおよびロに該当しない旨の官公署の証明書（またはこれに代わる書面）、④個人であるときは、登録申請者および重要な使用人の履歴書、住民票の抄本（またはこれに代わる書面）、金融商品取引法二九条の四第一項第二号イおよびロに該当しない旨の官公署の証明書（またはこれに代わる書面）、重要な使用人が、金融商品取引法二九条の四第一項第二号ハからトまでのいずれにも該当しない者であることを当該重要な使用人が誓約する書面、④特定関係者（親法人等、子法人等および持株会社をいい、第一種金融商品取引業を行う場合には、関係会社（金融商品取引法一七七条六項に規定するものをいう）の状況として、商号または名称、資本金の額、基金の総額または出資の総額、本店または主たる事務所の所在地、事業の種類、登録申請者と特定関係者との間の資本関係、人的関係および最近一年間の業務上の関係、親法人等、子法人等または持株会社（第一種金融商品取引業を行う場合は、親法人等、子法人等、持株会社または関係会社）のいずれに該当するかの別、⑤競走用馬にかかる商品投資関連業務を行う場合には、金商業等府令一三条三号に掲げる基準（人的構成の審査基準）に該当しないことを証する書面、⑥不動産信託受益権等売買等業務を行う場合には、金商業等府令一三条四号に掲げる基準（人的構成の審査基準）に該当しないことを証する書面、⑦不動産関連特定投資運用業を行う場合における業務執行能力に関する事項を記載した書面が規定されている（金商業等府令九条）。このほか、申請者が法人である場合には、定款、登記事項証明書、最終の貸借対照表・損益計算書が添付書類となる（金商法二九条の二第二項三号、金商業等府令一〇条一号）。第一種金融商品取引業または投資運用業を行う場合には、さらに、①純財産額を算出した書面、②主要株主の商号、名称または氏名および本店または主たる事務所の所在地ならびにその者が保有する対象議決権の数を記載した書面、③外国法人であるときは、主要株主に準ずる者について金融商品取引法二九条の四第一項五号へに規定する確認（主要株主に準ずる者が金融商品取引業の健全かつ適切な運営に支障を及ぼすおそれがない者であることについて、外国の当局が行う確認）が行われていることを証する書面（またはこれに準ずる書面）の添付が必要である（金商業等府令一〇条一項二号）。加えて、第一種金融商品取引業を行う場合には、④外国法人であるときは、外国の法令に準拠し、当該外国において第一種金融商品取引業と同種の業務を行っている者であることを証する書面、⑤金融商品取引法二九条の四第一項六号イに規定する比率（自己資本規制比率）を算出した書面、⑥店頭デリバティブ取引等、有価証券の元引受業務を行う場合には、当該業務を管理する責任者の履歴書、当該業務に関する社内規則、当該業務に関し顧客と取引を行う際に使用する契約書類も添付書類となる（金商業等府令一〇条一項三号）。なお、右の貸借対照表が電磁的記録で作成されているとき、また、添付書類のうち、定款が電磁的記録で作成されているときは、書類に変えて電磁的記録を添付することができる（金商法二九条の二第三項）。さらに、貸借対照表等について書面に代えて電磁的記録の作成がなされているときは、書類に代えて、電磁的記録を添付することができる（金商業等府令一〇条二項）。

（2）①金融商品取引業に関し、法令等を遵守させるための指導に関する業務を統括する者その他これに準ずる者として内閣府令で定める者、②投資助言業務に関し、助言または運用を行う部門を統括する者その他これに準ずる者として内閣府令で定める者、③投資助言・代理業に関し、営業所または事務所の業務を統括する者その他これに準ずるものとして内閣府令で定める者が規定されている（金商令一五条の四）。①および③について、内閣府令では、部長、次長、課長その他いかなる名称を有する者であるかを問わず、①および③に規定する業務を統括する権限を代行しうる地位にある者、②について、金融商品の価値等の分析にもとづく投資判断を行う者と定められている（金商業等府令六条）。

（3）①指定紛争解決機関の商号または名称、加入する金融商品取引業協会および対象事業者となる認定投資者保護団体の名称、②会員または取引参加者となる金融商品取引所の名称または商号、③有価証券関連業を行う場合には、その旨、および第一種金融商品取引業を行う場合には、加入する投資者保護基金の名称を記載する。その他、商品投資関連業務、不動産信託受益権等売買等業務、不動産関連特定投資運用業、特定引受行為、特定有価証券等管理行為を行う場合に、その旨等を記載することを要する（金商業等府令七条）。

3　登録の拒否

内閣総理大臣は、登録申請書またはその添付書類（電磁的記録）のうちに虚偽の記載（記録）があり、もしくは重要な事実の記載（記録）が欠けているときは、その登録を拒否しなければならない（金商法二九条の四）。さらに、金融商品取引法に定めるつぎの登録拒否事由に該当する場合は、当然に登録は拒否される。

①　一般的拒否事由（金商法二九条の四第一項一号）

(i)　金融商品取引業の登録を取り消され（金商法五二条一項・五三条三項参照）、取引所取引業務の許可を取り消され（金商法六〇条の八第一項参照）、金融商品取引仲介業の登録を取り消され（金商法六六条の二〇第一項参照）もしくは信用格付業の登録を取り消され（金商法六六条の四二第一項参照）、その取消しの日から五年を経過しない者(1)

(ii)　金融商品取引法、担保付社債信託法、信託兼営法、商品先物取引法、投資信託法、宅地建物取引業法、出資法、割賦販売法、貸金業法、特定商品等の預託等取引契約に関する法律、商品ファンド法、不動産特定共同事業法、資産流動化法、金融業者の貸付業務のための社債の発行等に関する法律、信託業法、その他政令で定める法律(2)、またはこれらに相当する外国の法令の規定に違反し、罰金の刑に処せられ、その刑の執行を終わり、またはその刑の執行を受けることがなくなった日から五年を経過しない者

(iii)　他に行う事業が公益に反すると認められる者(3)

(iv)　金融商品取引業を適確に遂行するに足りる人的構成を有しない者

金融商品取引法は金融商品取引業の登録拒否事由について、外形的基準により、形式的な線引きを行っている。もっとも、金融商品取引業を適確に遂行するに足りる人的構成を有していない者は登録が拒否される旨が定められており、ここで、人的構成において実質的な判断が加えられる余地が残されている。

なお、かつて、証券業の免許について、財産的基礎と収支の見込み、人的構成および地理的な合理性の基準に適合する場合に与えられることとなっていた（平成一〇年改正前証取法三一条）。地理的合理性としては、営まれる証券業がその地域における有価証券の取引の状況、金融商品取引業者およびその営業所の数その他その地域における経済の状況に照らし、必要かつ適当であることが必要であった。現行法では、かかる地理的な合理性に関する登録拒否事由は特に定められていない。交通や通信手段の発展によって、かかる合理性を問題とする必要はもはやない。なお、平成二三年の改正前まで、投資助言・代理業については、この登録拒否要件を適用しないものとされていたが、同年の改正で、他の金融商品取引業と同様に、登録拒否要件に加えるものとさ

れている。

② 法人に関する拒否事由（金商法二九条の四第一項二号）

役員または政令で定める使用人(4)が法定の欠格事由(5)に該当する者。ここにいう「役員」には、相談役、顧問その他いかなる名称を有するものであるかを問わず、当該法人に対し、取締役またはこれらに準ずる者と同等以上の支配力を有するものと認められるものが含まれる。

③ 個人に関する拒否事由（金商法二九条の四第一項三号）

②の法人の役員、使用人に関する登録拒否事由と同様のものが定められている。平成一八年の改正前までは、証券業を営むことができるものが株式会社に限られていた関係で、個人に関する登録拒否事由は存在しなかった。

④ 第一種金融商品取引業、第二種金融商品取引業または投資運用業を行う場合の拒否事由（金商法二九条の四第一項四号）

資本金の額または出資の総額が、公益または投資者保護のため必要かつ適当なものとして政令で定める金額に満たない者。政令では、(i)有価証券の元引受けであって、損失の危険の管理の必要性の高いものとして政令で定める(6)ものを行う場合、三〇億円、(ii)(i)以外の有価証券の元引受けを行う場合、五億円、(iii)(i)および(ii)以外の第一種金融商品取引業または投資運用業（適格投資家向け投資運用業を除く）を行う場合、五〇〇〇万円(7)、(iv)第二種金融商品取引業を行う場合、一〇〇〇万円、(v)(i)から(iii)までに掲げる場合を除いて適格投資家向け投資運用業を行う場合、一〇〇〇万円と定められている（金商令一五条の七）(8)。

⑤ 第一種金融商品取引業または投資運用業を行う場合の拒否事由（金商法二九条の四第一項五号）

(i) 株式会社または外国の法令に準拠して設立された取締役会設置会社と同種類の法人でない者(9)

株式会社は、株式発行による資金調達が可能で、大規模な事業を行うために適していること、会社の機関および情報開示の制度が充実していることなどから、公共性の高い業務を安定かつ継続的に行うためには最も適格な事業形態であると考えられる。[10] 金融商品取引法では、金融商品取引業のうち、投資者保護の必要性が特に大きいと考えられる第一種金融商品取引業および投資運用業につき、株式会社で行うことを要求している。

(ii) 純財産額[11]が公益または投資者保護のため必要かつ適当なものとして政令で定める金額に満たない者。政令では、④に規定するものと同じ額が定められている（金商令一五条の九）。

(iii) 他に行っている事業が金融商品取引法三五条一項に規定する業務（付随業務）および同条二項各号に掲げる業務（関連業務）のいずれにも該当せず、かつ、当該事業にかかる損失の危険の管理が困難であるため投資者保護に支障を生じると認められる者

(iv) 個人である主要株主が、(イ)成年被後見人もしくは被保佐人または外国の法令上これらと同様に扱われている者であって、その法定代理人が右②の欠格事由に該当するもの、(ロ)個人である株主自身が②の欠格事由に該当するものである者のある法人

ここにいう主要株主（以下同じ）は、会社の総株主等の議決権の一〇〇分の二〇以上の数の議決権を保有している者をいう。もっとも、会社の財務および業務の方針の決定に対して重要な影響を与えることが推測される事実として内閣府令で定める事実[12]がある場合には、一〇〇分の一五以上の議決権を保有している場合に主要株主となる（金商法二九条の四第二項）。

(v) 法人である主要株主が、(イ)金融商品取引業の登録を取り消され、その取消しの日から五年を経過しない者、(ロ)①(ii)の法律の規定またはこれらに相当する外国の法令の規定に違反し、罰金に処せられ、その刑の執行を終わり、またはその刑の執行を受けることがなくなった日から五年を経過しない者、(ハ)法人を代表する役員のうち、②の欠格事由に該当する者のある法人

前述のように、金融商品取引法では、登録拒否事由として、「金融商品取引業を適確に遂行するに足りる人的構成を有しない者」である旨が定められている。[13] ここにいう「人的構成」を「株主構成」とまで拡大解釈で

きれば、主要株主についてチェックを及ぼすことは可能と考えられる。しかし、このような解釈は難しく、さらに、登録制という比較的緩やかな参入規制においては、実質的基準という行政当局の裁量の認められる範囲はなるべく最小限に制限されるべきであり、主要株主規制についても、他の規制と同様に形式的基準として明確にされていることは評価できる。

(vi)　主要株主に準ずる者が金融商品取引業の健全かつ適切な運営に支障を及ぼすおそれがない者であることについて、外国の当局による確認が行われていない外国法人

⑥　第一種金融商品取引業を行う場合の拒否事由（金商法二九条の四第一項六号）

(i)　自己資本規制比率が一二〇パーセントを下回る者

(ii)　他の金融商品取引業者が現に用いている商号と同一商号または他の金融商品取引業者と誤認されるおそれのある商号を用いようとする者

会社法は、不正の目的をもって他人の会社であると誤認させるおそれのある名称または商号を使用することを禁止している（会社法八条一項）。金融商品引法では、さらに、不正の目的の有無を問わず、他の金融商品取引業者と誤認されるおそれのある商号の使用を禁止する[14]。また、金融商品取引業者でない者は、その商号のうちに金融商品取引業者という商号または名称またはこれに紛らわしい商号または名称を用いてはならない（金商法三一条の三）。この禁止規定に違反した者は、三〇万円以下の罰金が科せられる（金商法二〇五条の二の三第二号）。なお、平成一八年改正前では、金融商品取引業者はその商号のうちに「証券」という文字を使用しなければならないとされていた（平成一八年改正前証取法三一条一項）。金融商品取引法では、金融商品取引業の範囲が証券業より広がり、広範な業務範囲を示す商号として適切な用語がないことから、右の商号規制は規定されなかった[15]。

金融商品取引法は、金融商品取引業を第一種金融商品取引業、第二種金融商品取引業、投資運用業および投資助言・代理業の四つに分類している。金融商品取引業の登録拒否要件については、四類型に共通のものとして①②③を

規定している。その上で、第一種金融商品取引業、第二種金融商品取引業または投資運用業を行う場合に④、第一種金融商品取引業または投資運用業を行う場合に⑤、第一種金融商品取引業を行う場合に⑥の登録拒否要件を追加的に定めている。したがって、第一種金融商品取引業を行う場合には、すべての登録拒否事由が適用される。他方で、投資助言・代理業のみを行う場合については、①②③の要件のみが適用される。

ところで、右の四類型の金融商品取引業のいずれを行う場合でも、一つの登録で行うことが可能である。もっとも、このことは、金融商品取引業者として登録すればすべての金融商品取引業を行うことができることを意味しない。金融商品取引業の登録を受けるためには、登録申請書に「業務の種別」の記載を行う必要がある（金商法二九条の二第一項五号）。業務の種別には「流動性の高い有価証券を取り扱う業務」、「店頭デリバティブ取引等を行う業務」、「元引受契約の内容を確定するための協議を行う元引受業務」、「それ以外の元引受業務」、「元引受以外の引受業務」、「私設取引システム業務」、「有価証券等管理業務」、「第二種金融商品取引業」、「投資助言・代理業」および「投資運用業」が規定されている。他の類型の業務を行う場合には、「業務の種別」の変更手続が必要であり、その際に、新たな類型の業務に関する登録拒否要件に該当するか否かの審査が行われる。[16]

（1）　さらに、金融商品取引法に相当する外国の法令の規定により当該外国において受けている同種類の登録・許可を取り消され、その取消しの日から五年を経過しない者も登録が拒否される。なお、信用格付業の取消しに関する規定は、平成二一年の改正で追加された。

（2）　政令では、①特許法、②実用新案法、③意匠法、④商標法、⑤著作権法、⑥半導体集積回路の回路配置に関する法律、⑦金融機関等の更生手続の特例等に関する法律、⑧種苗法、⑨民事再生法、⑩外国倒産処理手続の承認援助に関する法律、⑪一般社団法人及び一般財団法人に関する法律、⑫公益社団法人及び公益財団法人の認定等に関する法律、⑬会社更生法、⑭破産法、⑮会社法が規定されている（金商令一五条の六）。

（3）　平成一八年の改正前まで、「他に営む事業が証券取引法三四条一項に規定する業務および同条二項各号に掲げる業務のいずれにも該当せず、かつ当該事業を営むことが公益に反すると認められる株式会社」が登録拒否事由と定められていた（平成一八年改正前証取法二八条の四第一項八号）。この点について、付随業務や法定他業は法が規定するもので、それが公益に反するものとは考えられないため、条文で、付随業務や法定他業のいずれにも該当せず、かつ当該事業を営むことが公益に反すると定める必要はなく、他に営む業務を行うことが公益に反するということを登録拒否事由にすれば足りるとする見解が述べられていた。証券取引法研究会「平成一〇年証券取引法の改正について⑶―金融商品取引業者・外国証券業者法について」インベストメント五二巻五号六四頁（洲崎）。さらに、同改正前まで、「当該事業にかかる損失の危険の管理が困難であるため、投資者保護に支障を生ずると認められる株式会社」も登録拒否事由となっていた。この点についても、他に行う事業について損失発生の可能性が相対的に高い会社が該当すると考えられるが、具体的にどういう事業をどの程度の規模で行えば登録拒否事由となるのか明確ではなかった。証券取引法研究会・右掲六五頁（洲崎）参照。平成一八年の改正で、本文記載の規定に改められた。

（4）①金融商品取引業に関し、法令等を遵守させるための指導に関する業務を統括する者その他これに準ずる者として内閣府令で定める者、②投資助言業務に関し、助言または運用を行う部門を統括する者その他これに準ずる者として内閣府令で定める者、③投資助言・代理業に関し、営業所または事務所の業務を統括する者その他これに準ずるものとして内閣府令で定める者が規定されている（金商令一五条の四）。①および③について、内閣府令では、部長、次長、課長その他いかなる名称を有する者であるかを問わず、①および③に規定する業務を統括する権限を代行しうる地位にある者、②について、金融商品の価値等の分析にもとづく投資判断を行う者と定められている（金商業等府令六条一項・二項）。

（5）つぎのものが規定されている（金商法二九条の四第一項二号）。

① 成年被後見人もしくは被保佐人または外国法令上これらと同様に取り扱われている者

② 破産手続開始の決定を受けて復権を得ない者または外国の法令上これと同様に扱われている者

③ 禁錮以上の刑（これに相当する外国の法令による刑を含む）に処せられ、その刑の執行を終わり、またはその刑の執行を受けることがなくなった日から五年を経過しない者

④ 金融商品取引業の登録を取り消された場合、取引所取引許可業の許可を取り消された場合、金融商品取引仲介業の登録を取り消された場合、信用格付業の登録を取り消されたことがある場合または金融商品取引法に相当する外国の法令の規定により外国において受けていた同種の登録・許可を取り消されたことがある場合において、その取消しの日前三〇日以内にその法人の役員であった者で、その取消しの日から五年を経過しない者

⑤ 金融商品取引業者であった個人が金融商品取引業の登録を取り消されたことがある場合、個人が金融商品取引仲介業の登録

を取り消されたことがある場合または金融商品取引法に相当する外国の法令の規定により外国において受けていた同種の登録・許可を取り消されたことがある場合において、その取消しの日から五年を経過しない者

⑥　金融商品取引法の規定にもとづき解任・解職を命じられた役員、または金融商品取引法に相当する外国の法律の規定により当該外国において解任を命じられた役員でその処分を受けた日から五年を経過しない者

⑦　金融商品取引法二九条の四第一項ロに規定する法律、暴力団員による不当な行為の防止等に関する法律の規定もしくはこれらに相当する外国の法令の規定に違反し、または、刑法もしくは暴力行為等処罰に関する法律の罪を犯し、罰金の刑に処せられ、その刑の執行を終わり、またはその刑の執行を受けることがなくなった日から五年を経過しない者

(6)　元引受契約の締結に際し、有価証券の発行者または所有者と当該元引受契約の内容を確定するための協議を行うもので、①当該元引受契約にかかる有価証券の発行価額・売出価額の総額のうち金融商品取引業者・外国証券業者の行う有価証券の引受けにかかる部分の金額（引受金額）が一〇〇億円を超える場合において他の者（資本金の額、基金の総額または出資の総額が三〇億円以上である者に限る）と共同して当該協議を行うものであって、当該引受総額のうち自己の行う有価証券の引受けにかかる部分の金額が一〇〇億円以下であるもの、②引受総額が一〇〇億円以下である場合において当該協議を行うものが該当する（金商令一五条、金商業等府令四条）。

(7)　平成一八年の改正前において、金融先物取引業者についての最低資本金額は五〇〇〇万円と定められていた。また、平成一八年の改正前において、投資信託委託業者および認可投資顧問業者の最低資本金は五〇〇〇万円とされていた。なお、平成二三年の改正で、投資運用業のうち、適格投資家向け投資運用業については、最低資本金の額が一〇〇〇万円に引き下げられている。これは、一定の投資判断能力を有するプロ投資家を相手とする場合に、一般投資家と比較して保護の必要性が低いこと、さらに、最低資本金の金額が投資運用業への新規参入の障壁になっているとの指摘に対応するものである。古澤知之他・逐条解説・二〇一一年金融商品取引法の改正四二頁（平成二三年）。

(8)　平成一八年の改正前において、信託受益権販売業者の営業保証金の額や商品投資販売業者の基本的な最低資本金の額は一〇〇〇万円とされていた。なお、第二種金融商品取引業を行う法人であっても、金融商品取引業の定義から除外される一定の引受行為および一定の有価証券等管理行為を行う者については、除外の要件として、資本金等が五〇〇〇万円以上であることが必要であることに留意を要する。定義府令一六条一項五号・一四号参照。

(9)　第一種金融商品取引業を行おうとする場合にあっては、当該外国の法令に準拠し、当該外国において第一種金融商品取引業と同種類の業務を行っている者であって、国内に営業所・事業所を有する者に限られる。

(10) 川口恭弘・現代の金融機関と法一一九頁〔第三版〕一五三頁（平成二二年）。

(11) 純財産額は、貸借対照表の資産の部に計上されるべき金額の合計額から、負債の部に計上される金額の合計額（金融商品取引責任準備金および他に行っている事業に関し法令の規定により負債の部に計上することが義務づけられている引当金または準備金のうち利益留保性のある引当金または準備金の性質を有するものがある場合には、当該引当金・準備金の合計額を除く）を控除して算出する（金商業等府令一四条）。

(12) ①役員・使用人または役員・使用人であった者であって会社の財務・営業または事業の方針の決定に関して影響を与えることができるものが、当該会社の取締役・執行役またはこれらに準ずる役職に就任していること、②会社に対して重要な融資を行っていること、③会社に対して重要な技術を提供していること、④会社との間に重要な営業上・事業上の取引があること、⑤その他会社の財産・営業または事業の方針の決定に対して重要な影響を与えることができることが推測される事実が存在することが規定されている（金商業等府令一五条）。この主要株主の定義は、財務諸表等規則八条六項二号の「関連会社」に関する規定と同様のものが定められている。

(13) 平成一八年の改正前にも、同様の規定があった。この点については、「暴力団等が実質的に支配しているような会社や証券業に携わった者が一人もいない会社が考えられる」とされていた。河本一郎＝関要監修・逐条解説証券取引法〔新訂版〕三九四頁（平成一四年）。

(14) 免許制の下では、免許付与に関して類似商号の使用についての規定はなかった。免許制の下では、商号の誤認の危険性を考慮して、監督官庁の裁量により、免許を付与しないという扱いが可能であった。しかし、現行法では、登録拒否事由として定めない限り、登録拒否ができないため、このように明文の規定が必要である。証券取引法研究会・前掲注（3）六三頁（洲崎）。

(15) このほか、金融商品取引法に統合された法律のうち、旧証券取引法以外には商号規制が存在せず、仮に商号規制を設けるとすると、金融商品取引法の適用を受ける多数の業者に名称変更を強いることになって負担が大きいことも考慮された。三井秀範＝池田唯一監修・松尾直彦編著・一問一答金融商品取引法〔改訂版〕二三〇頁（平成二〇年）。金融商品取引法の施行日において、従前の証券取引法二八条の登録を受けていた証券会社は、金融商品取引法二九条の登録を受けたものとみなされる（みなし登録第一種業者）（平成一八年金商法改正附則一八条）。みなし登録第一種業者は、その商号中に「証券」という文字を使用しなければならない（同改正附則二五条一項）。なお、その商号中に「証券」という文字を用いるみなし登録第一種業者（特例金融商品取引業者）は、商号中に「証券」という文字を使用しない商号へ変更することができる（同改正附則二六条）。そのため、従前の証券会社は、商号変更をすることで、「金融商品取引業者」という名称を使用しないこともできる。

(16) 平成二三年の改正で、適格投資家向け投資運用業で、その総額が一定の金額を超えないものについて、投資運用業の登録要件の一部が緩和されている（金商法二九条の五）。

三　登録制度の特例

1　外国証券業者の特例

外国業者であっても、わが国の居住者のためまたはわが国の居住者を相手方として金融商品取引業を行う場合には登録が必要である(1)。第一種金融商品取引業を行おうとする外国法人は、国内における代表者を定めて登録申請書を提出しなければならない（金商法二九条の二第一項柱書）(2)。このほか、登録申請書の記載事項について、外国法人の特例が定められている(3)。また、登録拒否事由についても、法人の機関構成に関するもの等につき特例が設けられている(4)。

外国業者が、金融商品取引法上の外国証券業者に該当すれば、一定の場合に登録が不要となる。ここにいう外国証券業者は、金融商品取引業者および銀行、協同組織金融機関その他政令で定める金融機関以外の者で、外国の法令に準拠し、外国において有価証券関連業を行う者をいう（金商法五八条）。有価証券関連業とは、金融商品取引法二八条八項に掲げる行為のいずれかを業として行うことである(5)。外国証券業者は、国内にある者を相手方として有価証券関連業に該当する行為を行うことが禁止される（金商法五八条の二本文）。もっとも、金融商品取引業者のうち、有価証券関連業を行う者を相手方とする場合その他政令で定める場合には、この限りではない（金商法五八条の二ただし書）。したがって、外国証券業者は、これらの場合に、金融商品取引業の登録を受けることなく、有価証券関連業を行うことができる(6)。金融商品取引業者など十分な知識・経験を有すると認められる者を相手方とする場合には（金商法五八条の二ただし書、金商令一七条の三第一号）、登録を求めないとしても投資者保護に支障はないと考えられる。

また、外国証券業者が、勧誘をすることなく、外国から、①国内の顧客の注文を受けて当該顧客を相手方として行う行為、②有価証券関連業を行う金融商品取引業者（第一種金融商品取引業の登録を受けた者に限る）の代理・媒介により、国内の顧客を相手方として行う行為にも登録は不要である（金商法五八条の二ただし書、金商令一七条の三第二号）。この場合、有価証券関連店頭デリバティブ取引に関する行為については、相手方となる国内の顧客は、金融商品取引業者等、適格機関投資家、資本金の額が一〇億円以上の株式会社等に限られる（金商令一条の八の六第一項二号イ・ロ、定義府令一五条一項・二項）[7]。

このほか、外国において投資助言業務（金商法二条八項一一号参照）を行う者は、金融商品取引業者のうち投資運用業務を行う者および登録金融機関のうち投資運用業を行う者のみを相手方とする場合に、登録をすることなく投資助言業務を行うことができる（金商法六一条一項、金商令一七条の一一第一項）[8]。外国において投資運用業（投資一任業務）（金商法二条八項一二号ロ参照）を行う者は、金融商品取引業者のうち投資一任業務以外の投資運用業を行う者、金融商品取引業者のうち投資一任業務を行う者および登録金融機関のうち投資運用業を行う者のみを相手方とする場合にも、登録を要することなく、投資一任業務を行うことができる（金商法六一条二項、金商令一七条の一一第二項）[9]。外国において集団投資スキーム持分の自己運用業務（金商法二条八項一五号参照）を行う者は、金融商品取引業者のうち投資運用業を行う者および登録金融機関のうち投資運用業を行う者のみを相手方とする場合には、登録をすることなく自己運用業務を行うことができる（金商法六一条三項、金商令一七条の一一第一項）[10]。さらに、外国において投資運用業を行う者が、右のような金融商品取引業者等を相手方として投資運用業を行う者を相手方として行う投資運用業を行うことが認められる場合で、当該外国投資運用業者が投資助言・代理業のみについて登録を受けた場合、投資運用業に適用されるべき規定の適用が免除される（金商法六一条四項）。

なお、外国証券業者または外国で投資助言業務もしくは投資運用業を行う者は、有価証券および有価証券にかかる金融指標の市場に関する情報の収集および提供その他金融商品取引等に関連のある業務で内閣府令で定めるものを行うため、内閣総理大臣に届け出ることで、国内において駐在員事務所その他の施設を設置することができる（金商法六二条一項）。右の外国証券業者には、有価証券関連業と密接な関係を有する業を行う者が含まれる。(11) 情報収集および情報提供のための駐在員事務所等の実態を監督当局が把握することができるように、その設置には事前届出制が採用されている。(12)

外国証券業者は、内閣総理大臣の許可を受けて、その行う有価証券の引受けの業務のうち、元引受契約への参加等（引受業務）を行うことができる（金商法五九条一項）。許可を受けようとする者は、①商号または氏名、②本店または主たる事務所の所在の場所、③資本金の額または出資の総額、④代表権を有する役員の役職名および氏名、⑤当該申請にかかる行為を行う者の氏名および国内の住所または居所その他の連絡場所、⑥当該申請にかかる行為にかかる有価証券に関し予定されている発行者または所有者、種類、数量および金額等ならびに⑦許可申請者が引き受けようとする額を記載した許可申請書を内閣総理大臣に対し提出しなければならない（金商法五九条の二第一項）。(13)

許可の基準として、①外国において、その許可を受けようとする業務と同種類の業務について政令で定める期間以上継続して業務を行っていること、(14) ②資本金の額または出資の総額が、許可を受けようとする業務の態様に応じ、公益または投資者保護のために必要かつ適当なものとして政令で定める金額以上の法人であること、(15) ならびに③純資産額が②の金額以上であることが法定されている（金商法五九条の三）。内閣総理大臣は、許可申請者が、(i)金融商品取引業の登録取消処分、引受業務の許可取消処分、金融商品仲介業の登録取消処分、本国において金融商品取引業もしくは金融商品取引仲介業の登録取消処分を受け、その取消しの日から五年を経過していない者であるとき、(ii)金融商品取引法、投資信託法、商品先物取引法等もしくはこれらに相当する外国の法令に違反し、罰金刑（これに相当する外国の法令による刑を含む）に処せられ、その刑の執行を終わり、またはその執行を受けることがないこととなった日から五年を経過するまでの者であるとき、(iii)役員等が欠格事由に該当する者であるとき、(iv)許可申請書もしくはその添付書類のうちに虚偽の記載もしくは重大な事実の記載が欠けているときは、許可申請者に通知し、当該職員に審問を行わせた上で、許可を拒否しなければならない（金商法五九条の四）。また、いったん許可を与えても、外国証券業者が(i)もしくは(ii)に該当することとなったとき、法令（外国の法令を含む）、当該法令にもとづく行政官庁の処分もしくは当該許可もしくは本国において受けている登録等に付された条件に違反した場合において、公益または投資者保護のために必要かつ適当であると認められるとき、ならびに(iii)役員等が欠格事由に該当することとなった場合または(iv)の行為をした場合において、当該許可にかかる行為が公正に行われないこととなるおそれがあると認められるときは、許可を取り消すことができる（金商法五九条の五）。

引受業務の許可を受けた外国証券業者は、誠実義務、禁止行為などの行為規制の適用がある（金商法五九条の六）。

（1）　金融商品取引法二九条は、金融商品取引業は、内閣総理大臣の登録を受けた者でなければ、行うことができないとのみ規定する。さらに、同法二九条の二以下の登録手続において、外国業者について特別の定めが置かれている。なお、平成一八年の改正前までは、外国証券業者の規制は、外国証券業者に関する法律（外国証券業者法）（昭和四六年法律五号）が定めていた。外国証券業者に知する規制の沿革については、松尾健一「外国証券業者」金融商品取引法の理論と実務〔別冊金融・商事判例〕八四頁（平成一八年）参照。

（2）　この代表者は、外国法人が第一種金融商品取引業を行うために国内に設けるすべての営業所・事務所の業務を担当する者に限られる。

（3）　登録申請書には、国内における主たる営業所・事業所その他の営業所・事業所の名称および住所を記載しなければならない（金商法二九条の二第一項六号括弧書）。さらに、外国法人については、資本金に対応する資産のうち国内に持ち込むもの（持込資本金）の額を記載するものとされている（金商法二九条の二第一項二号括弧書）。持込資本金の額の計算にあたって、国内に持ち込む資産のうち外国通貨をもって金額を表示するものがある場合には、当該資産について外国為替相場により本邦通貨に換算し、合計して計算することを要する（金商法二九条の二第四項、金商令一五条の五）。

（4）　第一種金融商品取引業または投資運用業を行う場合には、外国の法令に準拠して設立された法人については、取締役会設置会社と同種類の法人でない者は登録が拒否される（金商法二九条の四第一項五号イ）。さらに、第一種金融商品取引業を行う場合には、その法人が当該外国の法令に準拠し、当該外国において第一種金融商品取引業と同種類の業務を行っている者（これに類するものとして政令で定める者を含む）であって、国内に営業所・事務所を有するもの限られる。このほか、主要株主に関する拒否要件について外国法人の特例が存在する（金商法二九条の四第一項五号ニ・ホ・ヘ）。

(5) 平成一八年改正前証券取引法上の「証券業」に該当するものが「有価証券関連業」として規定されている（有価証券に関連しない業務を含むものに拡大されている）。有価証券関連業については、本書九〇五頁参照。

(6) 平成一八年の改正前においても、外国証券業者が、金融商品取引業者を相手方とする場合等に、外国金融商品取引業者としての登録が不要とされていた（平成一八年改正前外証法三条二項ただし書）。

(7) 平成一八年の改正前までは、外国証券業者が勧誘を行わないことのみならず、勧誘類似行為を行わないことも要件とされていた（平成一八年改正前外証法三条二項ただし書、外証令二条二号、外証府令七条）。金融商品取引法では、勧誘を行わないことのみが要件となる。また、②は金融商品取引法で新たに特例として規定されたものである。なお、平成二三年の改正で、外国証券業者が、その有する有価証券の元引受契約の内容を確定するための協議のみを当該元引受契約にかかる有価証券の発行者または所有者と国内において行う場合についても、登録が免除されることとなった（金商令一七条の三第三号）。これは、コミットメント型ライツ・オファリングに関する規定の整備の一環による。

(8) 平成一八年の改正前までは、外国において投資顧問業を営む者は、認可投資顧問業者および投資信託委託業者のみを相手方として投資顧問業を営む場合に、登録を不要としていた（平成一八年改正前投顧法四条ただし書、投顧令二条）。

(9) 平成一八年の改正前までは、外国において投資一任業務を営む法人は、認可投資顧問業者および投資信託委託業者のみを相手方として投資一任業務を営む場合に、認可が不要とされていた（平成一八年改正前投顧法三条ただし書、投顧令二条）。

(10) プロ向けファンドの特例業務届出者（自己運用業務を行う者）を相手方とする場合には、当該特例は認められない。松尾直彦＝松本圭介編著・実務論点金融商品取引法七一頁（平成二〇年）。

(11) ①外国の法令に準拠し、外国において自己募集業（金商法二条八項七号）または社債等振替業（金商法二条八項一七号）を行う者、②外国の法令に準拠し、外国において金銭・有価証券等の預託を受ける業務（有価証券関連業以外の業務にかかる金銭の預託を受ける業務を除く）（金商法二条八項一六号）を行う者および③外国の法令に準拠し、外国において信託会社が営む業務と同種類の業務を営む者が規定されている（金商業等府令二三三条一項）。

(12) 無届出または虚偽の届出を行った場合には、一〇万円以下の過料が科せられる（金商法二〇九条八号）。

(13) 許可申請書には①業務の内容を記載した書類、②最近一年間における引受業務の概要を記載した書類、③許可申請者が金融商品取引業の登録取消し等の処分を受けた者ではなく、かつ役員が欠格事由に該当しない者である旨の誓約書、ならびに④最近一年間に終了する各事業年度に関する貸借対照表および損益計算書の添付が要求される（金商法五九条の二第三項）。

(14) 原則三年とされている（金商令一七条の六第一項）。
(15) 五億円とされている（金商令一七条の七第一項）。

2 適格機関投資家特例業務の特例

金融商品取引法では、集団投資スキーム持分が同法上の「有価証券」と規定されている（金商法二条二項五号・六号）。そのため、集団投資スキーム持分の「自己募集」（私募）および「自己運用」は、原則として同法上の金融商品取引業となる（金商法二条八項七号・一五号）。もっとも、集団投資スキーム持分の業規制として、プロ向けのファンドの業務（適格機関投資家等特例業務）については、金融商品取引業としての登録を要求せず、届出で足りるものとされている（金商法六三条一項・二項）[1][2]。

適格機関投資家および適格機関投資家以外の者（適格機関投資家等）を相手方として行う集団投資スキーム持分にかかる私募について右の特例が適用される（金商法六三条一項一号柱書）。適格機関投資家以外の者は四九名以下でなければならない（金商法六三条一項一号柱書（括弧書）、金商令一七条の一二第二項）。適格機関投資家のように自衛能力の備わったと考えられる投資者を相手とする場合、一般の投資者に適用される規制を課す必要性は低い。他方で、基本的に適格機関投資家が出資者となるファンドであっても。当該ファンドと関係の深い一般投資家（たとえば、ファンド運営会社の役員等）も出資している場合が多いとの実態を踏まえ、[3]適格機関投資家以外の者が少数の場合についても、プロ向けファンドとして簡素な規制を適用するものとされた。[4]なお、この場合でも、適格機関投資家以外の者のみを相手方とすることは許されず、適格機関投資家が一名以上相手方として存在することが必要である。[5]

適格機関投資家等特例業務の特例の人数要件が満たされているとしても、その後の持分の譲渡を自由に認めると、金融商品取引法の規制が潜脱される。そこで、①取得者が適格機関投資家である場合には、当該権利にかかる契約等で適格機関投資家以外の者への譲渡制限が付されていること、②取得者が一般投資家である場合には、契約等により一括譲渡以外の譲渡が禁止されていることおよび六か月以内に当該権利と同一種類の権利が有価証券として発行されている場合にあっては、これらの取得者をあわせて一般投資家の人数が四九名以下となることが要件となる(6)（金商法六三条一項一号柱書（括弧書）、金商令一七条の一二第三項）。

また、二層式ファンドの場合、子ファンドにおいて、みかけ上は適格機関投資家等特例業務の特例の人数要件が満たされていても、子ファンドの運営者に対して、多数の一般投資家が出資を行っているものが考えられる。このように実質的に多数の一般投資家が出資を行うようなスキームには、特例を認めることは適切ではない。そこで、①その資産対応証券を一般投資家が取得している資産流動化法上の特定目的会社、②一般投資家が匿名組合員となっている匿名組合の営業者は、「適格機関投資家等」に含まれず、したがって、届出は許容されない（金商法六三条一項一号イ・ロ）。さらに、子ファンドの出資者のうちに、③その株式・社債等を一般投資家が取得している特定目的会社を相手方として行う場合も特例は認められない（金商法六三条一項一号ハ、金商業等府令二三五条一号）(7)。加えて、一般投資家が持分を取得している親ファンドの運営者がある場合にも、当該子ファンドの運営者には、特例の適用は認められない（金商法六三条一項一号ハ、金商業等府令二三五条二号）(8)。

集団投資スキーム持分（当該権利を有する者が適格機関投資家等のみであるものに限る）を有する適格機関投資家等から出資・拠出された金銭等を有価証券またはデリバティブ取引にかかる権利に対して投資運用する行為（自己運用行為）についても、金融商品取引業の登録を要せず、届出で行うことができる（金商法六三条一項二号）。自己運用行為では、「当該権利を有する者」が常に「適格機関投資家一名以上」および「一般投資家四九名以下」であることが明らかで、規制の潜脱を防止する必要性がないため、前述の譲渡制限は規定されていない(9)。

適格機関投資家等特例業務を行う場合には、あらかじめ内閣総理大臣に届出を行う必要がある（金商法六三条二項（当該届出を行った者を「特例業務届出者」という）。その場合、①商号、名称または氏名、②法人であるときは、資本金の額または出資の総額、③法人であるときは、役員の氏名または名称、④政令で定める使用人があるときは、その者の氏名、⑤業務の種別、⑥主たる営業所または事務所の名称および所在地、⑦他に事業を行っているときは、その事業の種類、⑧その他内閣府令で定める事項[10]を届け出なければならない（金商法六三条二項）[11]。

金融商品取引業者等が適格機関投資家等特例業務を行う場合にも、内閣総理大臣に対して、その旨および業務の種別（金商法六三条二項五号に規定する業務の種別）、その他内閣府令で定める事項を届け出なければならない（金商法六三条の三第一項）。適格機関投資家等特例業務は、プロ向け業務であることから、規制の緩和が認められるものである。特例業務としての要件を満たさなくなった後も、引き続き、同様の規制緩和を続けることは、投資者保護の観点から妥当ではない。そこで、特例業務届出者は、その業務が適格機関投資家等特例業務に該当しなくなったときは、遅滞なく、その旨を内閣総理大臣に届け出なければならない（金商法六三条六項）。さらに、内閣総理大臣は、特例業務届出者の業務が適格機関投資家等特例業務に該当しなくなったときは、当該特例業務届出者に対し、三か月以内の期間を定めて、必要な措置をとることを命じることができる。[12]

なお、特例業務届出者の業務はプロ向けのものであることから、特例業務届出者には、原則として、一般投資者を対象とするファンドを取り扱う業者（金融商品取引業者等）に適用される行為規制は適用されない（金商法六三条四項）。もっとも、取引の公正性等を確保するための規制については、特例業務届出者も遵守すべきである。そのため、虚偽告知の禁止（金商法三八条一号）および損失補てん等の禁止（金商法三九条）にかかる規制は、適格機関投資家等特例業務についても適用される（金商法六三条四項・六三条の三第三項）。

（1）　金融審議会金融分科会第一部会報告「投資サービス法（仮称）に向けて」（平成一七年一二月二二日）は、「一般投資家（アマ）を対象とするファンドについては利用者保護の観点から十分な規制を課すこととしつつ、もっぱら特定投資家のみを対象とするファンドについては、一般投資家を念頭においた規制を相当程度簡素化し、金融イノベーションを阻害するような過剰な規制とならないよう、十分な配慮が必要と考えられる。」としていた。

(2) 無届出の場合または虚偽の届出を行った場合には、一年以下の懲役もしくは三〇〇万円以下の罰金に処せられまたはこれらが併科される（金商法一九八条の六第七号）。また、かかる特例が認められない場合は金融商品取引業の登録が必要となる（金商法二九条）。無登録で金融商品取引業を行った場合には五年以下の懲役もしくは五〇〇万円以下の罰金に処せられまたはこれらが併科される（金商法一九七条の二第一〇号の四）。

(3) 人数要件については、持分の取得の勧誘対象者の数ではなく、当該持分を実際に取得した者の人数による。松本圭介＝松下美帆＝館大輔「集団投資スキームの業規制」商事法務一八一三号一九頁。

(4) 花水康「集団投資スキームの規制」商事法務一七七八号一九頁。

(5) 四九名以下という基準は、少人数私募の要件を参考にしたものと考えられる。

(6) 有価証券としての当該権利と発行者および出資対象事業が同一である有価証券としての権利と規定されている（金商業等府令二三四条）。したがって、発行者および出資対象事業が同一である場合は、当該権利の優先劣後関係にかかわらず、出資者の人数が通算されることとなる。松本他・前掲注（3）二〇頁。

(7) 子ファンドの持分を取得している特別目的会社が適格機関投資家以外の者から出資を受けていても、それが出資額を超えて財産の給付を受けることがないことを内容とするものである場合には、適格機関投資家向特例業務の特例の対象となる（金商業等府令二三五条一号）。これは、特定目的会社に出資している一般投資家に投資目的がない場合にまで、その者を保護する必要性は低いと考えられたことによる。松本他・前掲注（3）二〇頁。倒産隔離の観点から適格機関投資家でない他の特別目的会社が当該目的会社の株式や社員権を保有する場合があるとの実態を考慮したものである。松尾直彦＝松本圭介編著・実務論点金融商品取引法六五頁（注一）（平成二〇年）。

(8) 一般投資家が持分を取得している親ファンドが投資事業有限責任組合または有限責任事業組合の場合には、子ファンドおよび親ファンドの出資者を合計して特例が認められる人数を満たすものであれば、子ファンドの運営者は特例の対象となる（金商業等府令二三五条二号イ）。これは、投資事業有限責任組合および有限責任事業組合は、各根拠法において登記制度が整備されているなど、民法上の組合等と比較して一定の透明性が確保されていることが理由とされている。松本他・前掲注（3）二〇頁。親ファンドの運営者が金融商品取引業（投資運用業）の登録業者である場合には、当該親ファンドの出資者数を除いて、右の人数要件への該当性が判断される。なお、子ファンドと親ファンドの運営者が同一である場合でも、両スキームの出資者数を合計して、人数要件への該当性が判断される（金商業等府令二三五条二号ロ）。

(9) 松尾＝松本編著・前掲注（7）六四頁。

(10)　金融商品取引法一九四条の六第三項各号に掲げる行為を業とする場合には、その旨を届け出る必要がある（金商業等府令二三八条一号）。このほか、当該業務にかかる出資対象事業持分の名称なども届出事項となる（金商業等府令二三八条二号・三号）。

(11)　届出は、金商業等府令の第二〇号様式により作成した届出書に、当該届出書の写しを添付して、その者の本店等の所在地を直轄する財務局長等に提出することを要する（金商業等府令二三六条）。

(12)　たとえば、当該ファンドの投資運用にかかる業務を登録業者に移管させること等が考えられる。花水・前掲注（4）一九頁。

3　適格投資家向け投資運用業の特例

金融商品取引業のうち投資運用業の登録を受けようとする者に対しては、相手方の投資家の属性や業務の規模にかかわらず、一律に、厳格な登録拒否要件が定められていた。平成二三年の改正で、登録拒否要件が緩和された。(1)さらに、第一種金融商品取引業に該当する行為のうち、投資運用業を行う金融商品取引業者が行う一定の有価証券の取得勧誘について、特例が設けられた。

投資運用業にかかる有価証券のうち、投資信託の受益証券等のいわゆる第一項有価証券の私募の取扱いを行うためには、本来、第一種金融商品取引業に該当する業務と位置づけられている。(2)しかし、当該有価証券にかかる運用財産の運用を行う権限のすべてを有する者が私募の取扱いを行う場合で、かつ取得勧誘の相手方が一定の範囲に限定されている場合には、このような高度な参入規制を課す必要はないと考えられる。(3)

そこで、適格投資家向け投資運用業を行う金融商品取引業者が、投資一任契約にもとづき、投資信託の受益証券等(4)に表示される権利を有する者から出資または拠出を受けた金銭その他の財産の運用を行う権限の全部の委託を受けた者である場合に、適格投資家を相手方として行う当該有価証券の私募の取扱いを、第二種金融商品取引業とみなすこととしている（金商法二九条の五第二項）。適格投資家向けに行う投資信託の自己募集は第二金融商品取引業である。右の改正で、投資一任契約にもとづき、運用権限の全部の委託を受けた適格投資家向け投資運用業者が行う私募の取扱いは、第二金融商品取引業とみなされることとなった。

適格投資家向け投資運用業は、金融商品取引法二八条四項に規定する投資運用業のうち、①すべての運用財産にかかる権利者が適格投資家のみであり、かつ、②すべての運用財産の総額が投資運用業の実態およびわが国の資本市場に与える影響その他の事情を勘案して政令で定める金額を超えないものをいう（金商法二九条の五第一項）。①の適格投資家は、特定投資家[5]その他その知識、経験および財産の状況に照らして、特定投資家に準ずる者として内閣府令で定める者[6]または金融商品取引業者と密接な関係を有する者として政令で定める者をいう[7]（金商法二九条の五第三項）。後者[8]は、投資運用業を行う場合、当該投資運用業を行う金融商品取引業者と関係の深い者が投資家から出資を求められることがあるとの実態を踏まえたものである。[9]②の政令で定める額は二〇〇億円と定められている（金商令一五条の一〇の三）。

適格投資家向け投資運用業は、すべての運用財産にかかる権利者が適格投資家のみでなければならない。取得勧誘の相手方である適格投資家が、取得した有価証券を適格投資家以外の者に譲渡することを防止するため、私募の取扱いで特例が許容される有価証券は、当該有価証券がその取得者から適格投資家以外の者に譲渡されるおそれが少ないものとして政令で定めるものでなければならない（金商法二九条の五第二項）。政令では、当該有価証券の発行者と所得勧誘に応じて当該有価証券を取得しようとする者（取得者）との間および当該取得勧誘を行う者と当該取得者との間において、当該取得者が取得した有価証券を適格投資家以外の者に譲渡しない旨その他の内閣府令で定める事項[10]を定めた譲渡にかかる契約を締結することを取得の条件として行われることと定めている（金商令一五条の一〇の四）。

（1）　本書六四四頁参照。投資運用業を行うためには、取締役会および監査役または委員会を置く株式会社でなければならない（金商法二九条の四第一項五号イ）。

（2）　発行者以外の者が行う取得勧誘であること、および多数の者が取引関係に関与することが想定されるため、高度な財産要件等を課して投資者保護をはかるべきものとしている。古澤知之他・逐条解説・二〇一一年金融商品取引法の改正四三頁（平成二三年）。

（3）　古澤他・前掲注（2）四三頁は、①取得勧誘を行う者が、発行者と同様に当該有価証券に表示された権利の内容やリスク等に関する十分な情報を有しており、投資者に対する十分な説明が期待できる上、当該有価証券に表示された者に対して、運用財産の運用を行う者としての義務を負うこと（金商法四二条の三第三項・四二条参照）、②当該有価証券の流動性が一定の範囲に制限され、多数の一般投資家が取引関係に関与することが想定されていないとしている。

（4）　①投資信託または外国投資信託の受益証券（金商法二条一項一〇号）、②投資証券もしくは投資法人債券または外国投資証券（金商法二条一項一一号）、③受益証券発行信託の受益証券または外国もしくは外国の者の発行する証券もしくは証書で受益証券発行信託の受益証券の性質を有するもの（金商法二条一項一四号・一七号）、④政令指定の有価証券（金商法二条一項二一号）のうち、金融商品取引法二条八項一四号または二条八項一五号に規定する政令で定める権利を表示すること、⑤①から④の有価証券に表示されるべき権利であって、みなし有価証券とされるものが規定されている（金商法二九条の五第二項）。

（5）　本書八四四頁参照。なお、特定投資家制度では、特定投資家と一般投資家との間の移行が可能な場合がある。この制度をそのまま、緩和された登録要件の適用を受ける投資運用業に該当するか否かの基準とした場合、法的安定性が害される可能性がある。そこで、適格投資家制度における特定投資家制度の適用にあたっては、投資家からの申出による属性の変更は認められない（金商法三四条の二第五項・八項・三四条の三第四項・六項）。したがって、一般投資家がその申出によって特定投資家に移行した場合でも、適格投資家向け投資運用業における適格投資家には該当しないものとして取り扱われる。また、特定投資家がその申出により一般投資家に移行した場合でも、適格投資家向け投資運用業における適格投資家に該当するものとして取り扱われる。この場合でも、行為規制の適用に関する取扱いについては、移行は有効となる。

（6）　①保有する資産の合計額が一〇〇億円以上である厚生年金および企業年金基金、②保有する資産の合計額が三億円以上である法人等、③資産の合計額が三億円以上であり、金融商品取引業者等に有価証券の取引またはデリバティブ取引を行うための口座を開設した日から起算して一年を経過している個人等が規定されている（金商業等府令一六条の三）。

（7）　①当該金融商品取引業者の役員、②当該金融商品取引業者の使用人（金商令一五条の四に該当する者）、③金融商品取引業者の親会社等（金商令一五条の一六第三項参照）が規定されている（金商令一五条の一〇の五）。

（8）　投資家の範囲を適格投資家に限定した場合でも、適格投資家以外の者が出資する特定目的会社、適格投資家以外の者が出資する集団投資スキームの業務執行組合員等を適格投資家として扱えば、実質的に適格投資家以外の者が投資をしているにもかかわらず、投資家保護のために金融商品取引法が定める厳格な規制が適用されないおそれがある。古澤他・前掲注（2）三九頁。そのため、このような潜脱的な取扱いを防止する観点から、特定投資家以外の者が出資する特定目的会社等を、原則として適格投資家から除外するものとしている（金商法二九条の五第四項、金商業等府令一六条の四）。

(9)　古澤他・前掲注（2）三八頁。

(10)　①当該取得しようとする者が当該取得勧誘に応じて取得した当該有価証券を適格投資家以外の者に譲渡しないこと、②当該取得しようとする者が当該取得勧誘に応じて取得した当該有価証券を譲渡する場合には、その相手方に対し、当該有価証券の売付け勧誘等を行う者と当該売付け勧誘等に応じて当該有価証券の買付けを行おうとする者との間において、当該買付けを行おうとする者が買い付けた当該有価証券を適格投資家以外の者に譲渡しない旨を定めた譲渡にかかる契約を締結することが買付けの条件とされていることを告知すべきことが定められている（金商業等府令一六条の二）。

第二款　金融商品取引業者のその他の業務

一　認可業務

1　認可の意義

有価証券の売買またはその媒介、取次ぎもしくは代理であって、電子情報処理組織を利用して、同時に多数の者を一方の当事者または各当事者として、①競売買の方法、②金融商品取引所に上場されている有価証券について、当該金融商品取引所が開設する取引所金融商品市場における当該有価証券の売買価格を用いる方法、③店頭売買有価証券市場への登録を受けた有価証券について、当該登録を行う認可金融商品取引業協会が公表する当該有価証券の売買価格を用いる方法、④顧客の間の交渉にもとづく価格を用いる方法、⑤その他内閣府令（定義府令一七条）で定める方法またはこれに類似する方法により行う業務を行う場合には内閣総理大臣の認可が必要である（金商法三〇条一項）。[(1)]

右の業務は、私設取引システム（PTS）とよばれるもので、私設取引システムは、有価証券の売買を成立させるための、売買の媒介、取次ぎ、代理であるため、金融商品取引業として規制される（金商法二条八項一〇号）。もっとも、業務形態が金融商品取引所に近く、私設取引システムを認可制として、金融商品取引所に類似するものにならないように監視するため、このような参入規制が課せられた。(2) もっとも、その後、平成一六年の改正で、私設取引システムにも取引所同様のオークション（競売買）方式が導入され、その果たすべき機能は、取引所と変わらなくなった。私設取引システムにおける競売買方式は、有価証券売買高が政令で定める基準を超えてはならないとされる（金商法二条八項一〇号イ括弧書）。そこで、私設取引システムと取引所との差異は取引量の違いに求められることとなった。すなわち、一定の売買取引量を超えたところで取引所としての市場開設の免許が求められることとなる。(3)

金融商品取引法八〇条一項は、金融商品市場は内閣総理大臣の免許を受けた者でなければ開設してはならないと定めている。もっとも、同条二項は、金融商品取引業者等が、金融商品取引法の定めるところに従って、有価証券の売買、市場デリバティブ取引またはこれらの取引の媒介、取次ぎもしくは代理を行う場合には、かかる禁止規定を適用しない旨を定めている。(4)

内閣総理大臣は、これらの業務の認可にあたって条件を付することができる（金商法三〇条の二第一項）。(5) かかる条件は、公益または投資者保護のため、必要な最小限度のものでなければならない（金商法三〇条の二第二項）。(6)

（1）平成一八年の改正前までは、金融商品取引業者は、有価証券先渡取引、有価証券店頭指数等先渡取引、有価証券店頭オプション取引もしくは有価証券店頭指数等スワップ取引（有価証券店頭デリバティブ取引）またはこれらの取引の媒介、取次ぎもしくは代理を営む場合には、内閣総理大臣の認可を受けなければならないものとされていた（平成一八年改正前証取法二九条一項一号）。また、金融商品取引業者は、有価証券の元引受業務を営む場合にも、認可を受けることを必要としていた（平成一八年改正前証取法二九条一項二号）。有価証券店頭デリバティブ取引および有価証券の元引受けにかかる業務は、とりわけ高度の専門性を有し、リスクを伴うことから、十分な管理体制を必要とすることを理由とする。茶谷栄治「金融システム改革のための関係法律の整備等に関する法律の解説」商事法務一五〇三号二二頁。もっとも、金融商品取引法の下では、これらの業務は登録制となった。この点で規制緩和が実現している。

(2)　茶谷・前掲注(1)一三頁は、価格形成機能をもつこととなると、取引の公正の確保等のために自主規制としての取引管理、売買審査等の義務を課すことが必要になるので、取引所の免許が要求されることとなるとしていた。このように、取引所市場と私設取引システムとは、価格形成の有無が大きな相違と考えられていた。この点について、黒沼悦郎「新規参入・組織・業務の自由化」ジュリスト一一四五号一八頁は、私設取引システムについて、顧客の間の交渉にもとづく価格を用いて取引を成立させることも可能であり、価格形成機能が高まることも予想され、十分な監視が必要となると指摘していた。金融法委員会「『有価証券市場』概念に関する中間論点整理」ジュリスト一二二五号四二頁は、「私設取引システムでは、顧客注文対当方式（顧客の提示した指値と取引の相手方となる他の顧客の指値が一致したときに取引が成立するとする方式）が認められるが、これが認められた際の金融庁のコメントは、『この方法は、顧客の指値を付け合せる点において一定の価格形成機能を有するものの、成行注文や板寄せという手法が行われないという点において、取引所有価証券市場ほどには高度な価格形成機能を有しないものと整理される』としている。一般に『競争』売買といわれるオークション市場では、時間優先の原則、価格優先の原則のもと、『板寄せ方式』とともに『ザラバ方式』と呼ばれる方法がとられており、指値の注文も出されているわけであるから、顧客注文対当方式によれば、この『競争』売買の一部の要素はすでに取り入れられているということになり、仮に上記法文上の『競売買』が競争売買の趣旨であれば、その概念が明確に維持されているか定かでない。」と批判していた。大崎貞和「わが国の新しいPTS（私設取引システム）規制」資本市場クウォータリー二〇〇一年冬号六八頁は、「『競売買』という文言の解釈次第では、PTSの仕組みが大きな制約を受ける可能性」が生じるとしている。

(3)　金融審議会金融分科会第一部会報告「市場機能を中核とする金融システムに向けて」（平成一五年一二月二四日）は、「取引所外取引の拡大は、取引所自身の効率経営に向けたインセンティブを高め、市場間競争を実効あらしめることが期待される。このため、制度面でビッグバン改革を一歩進め、取引所とPTSの競争条件のイコールフッティングを確保する必要がある。具体的には、取引所取引原則を見直して金融商品取引業者の最良執行義務を導入するとともに、PTSに取引所と同じオークションによる価格決定方法を認めることが望ましい。」としていた。また、金融審議会金融分科会第一部会「取引所のあり方に関するワーキング・グループ」報告（平成一五年一二月二四日）は、「PTSについて、一定以上の取引量となる場合に取引所の免許取得を義務付けることとし、取引所市場とPTSは取引量という量的基準による区別の導入が適当である。」と述べていた。

(4)　吉野維一郎「講演録我が国における私設取引システム（PTS）等の開設に係る現状と課題」資本市場一八八号五八頁は、「いわゆるスズカケの木の下で金融商品取引業者が集まって取引し、取引所になったものが昔の取引所であるとすれば、証券業もIT技術を駆使して集団的に取引すれば取引所になり得ます。そういう意味では、証券業も本来は市場なのかもしれないということを視野に置いて、証券業を適用除外としているのです。」としている。

(5)　免許制の下では、公益または投資者の保護のために必要な最小限度の条件をつけることが認められていた(平成一〇年改正前証取法二九条)。これは、金融商品取引業者が種類の異なる業務を併営することに伴う弊害に対処するためのものであった。たとえば、昭和四〇年の証券取引法改正当時においては、「引受業務を行なう金融商品取引業者の自己売買業務の免許には、引受対象となる銘柄の手持量、手持期間を制限する条件を付けること」、「委託売買業を行なう金融商品取引業者の自己売買業務の免許には、委託売買を円滑に執行するための必要最小限度のものに限定する」との説明が行われた。なお、宮下鉄巳「改正証券取引法政省令の解説」別冊商事法務研究一号四頁参照。また、平成四年の金融制度改革において、銀行の証券子会社の保有を認めるにあたって、例外を除き、株券等について委託売買業務をしてはならないとの条件を付するものと規定していた(平成四年改正証取法改正付則一九条一項)。これは、既存の金融商品取引業者の経営に配慮した、激変緩和措置の一つであった。

(6)　私設取引システムの認可に際しては、金融商品取引業者監督指針Ⅳ―四―二―一③は、(i)価格情報等の外部公表、(ii)取引量にかかる数量基準、(iii)取引量にかかる報告について認可の条件を付している。(i)に関しては、最良気配・取引価格等を他の私設取引システムと比較可能な形で、リアルタイムで外部から自由にアクセスすることが可能な方法により公表することを求めている。(ii)に関しては、競売買以外の方法により価格決定を行う私設取引システム業務において株券・新株予約権付社債券を対象とする場合、過去六か月において、一日平均売買代金の取引所等における売買代金の合計額に対する比率が、個別銘柄のいずれかについて一〇パーセント以上、かつ、全体について五パーセント以上となった場合には、(イ)取引の公正性を確保するため、売買管理および審査を行う体制を拡充・整備すること、(ロ)決済履行の確実性を確保するため、取引所における違約損失準備金制度と同様の制度を整備すること、(ハ)システムの容量等の安全性・確実性を確保するため、十分なチェックを定期的に行うことを求めている。さらに、過去六か月において、当該比率が、個別銘柄のいずれかについて二〇パーセント以上かつ全体について一〇パーセント以上となった場合には、金融商品取引市場開設の免許の取得を行うことを求めている。また、(iii)に関しては、(イ)競売買の方法により価格決定を行う私設取引システムの場合、金融商品取引業者は、金融商品取引法施行令一条の一〇第一号・二号に定める比率等について、毎月末現在の状況を翌月二〇日までに、当該金融商品取引業者を所管する金融庁長官または財務局長宛てに報告すること、(ロ)競売買以外の方法により価格決定を行う私設取引システムの場合、金融商品取引業者は、上記(ii)の比率等について、毎月末現在の状況を翌月二〇日までに、当該金融商品取引業者を所管する金融庁長官または財務局長宛てに報告することとする条件を付している。

2　認可の手続

認可業務について認可を受けようとする金融商品取引業者は、①商号、②登録年月日および登録番号を記載した認可申請書を内閣総理大臣に提出しなければならない（金商法三〇条の三第一項）。この認可申請書には、損失の危険の管理方法、業務分掌の方法その他の業務の内容および方法として内閣府令で定めるもの[1]を記載した書類その他内閣府令で定める書類[2]を添付しなければならない（金商法三〇条の三第二項）。

（1）　私設取引システム運営業務において行う取引の種類、管理責任者の氏名・役職名等、詳細なものが規定されている（金商業等府令一七条）。

（2）　①私設取引システム運営業務を管理する責任者の履歴書、②私設取引システム運営業務に関する社内規則、③私設取引システム運営業務に関し顧客と取引を行う際に使用する契約書類、④私設取引システム運営業務において使用する電子情報処理組織の概要等に関する認可申請者と特別利害関係のない者の評価書が規定されている（金商業等府令一八条）。

3　認可の基準

内閣総理大臣は、認可業務の認可をしようとする場合、つぎに掲げる基準に適合するかどうかを審査しなければならない（金商法三〇条の四）[1]。

① 損失の危険の管理に関し、適切な体制および規則の整備を行っていること
② 資本金の額が、公益または投資者保護のため必要かつ適当なものとして政令で定める金額以上であること
政令では、三億円と規定されている（金商令一五条の一二）。
③ 純財産額が②に規定する金額以上であること
④ 自己資本規制比率が一二〇パーセントを下回らないこと
⑤ 認可申請者の売買価格の決定方法、受渡しその他の決済の方法、顧客との取引開始基準および顧客の管理方

法、電子情報処理組織の運営の方法、取引記録の作成および保存の方法（金商業者等府令一九条）が、公益または投資者保護のため必要かつ適当なものであること

（1）　金融商品取引業者監督指針Ⅳ―四―二―一②は、認可にあたっては、つぎの点に留意するものとするとしている。

①　内部管理

当該業務にかかる内部管理の体制について、つぎの事項が整備されていること。(i)当該業務を管理する責任者が有価証券関連の経験を原則として五年以上有する者であり、当該業務を行う部署が業務の遂行に必要な組織および人員配置となっていること、(ii)当該業務において顧客の本人確認を行う方法が確立していること、(iii)当該業務において信用取引を取り扱わず、また、インサイダー取引、相場操縦、作為的相場形成、取引所金融商品市場で行えば空売り規制に抵触することとなる空売り等の取引の公正を害する売買等を排除する方法および態勢が確立していること。また、当該方法および態勢が、金商業等府令一七条一二号に規定する「取引の公正の確保に関する重要な事項」として、認可にかかる業務の内容および方法に記載されていること。(iv)当該業務において特定投資家向け有価証券を取り扱う場合は、金融商品取引法四〇条の四において制限されている取引を禁止する方法および態勢が確立していること。また、この場合においては当該事項が金商業等府令一七条五号に規定する「顧客との取引開始基準および顧客の管理方法」として認可にかかる業務の内容および方法に記載されていること。(v)当該業務に関し、金融商品取引法等の法令および諸規則に則った社内規則が整備されていること。

②　顧客への説明義務等

当該業務にかかる顧客への説明にあたり、つぎの事項について、事前に十分な説明を行うことのできる体制が整備されていること。(i)売買価格の決定方法、(ii)注文から約定および決済に至るまでの取引ルール、(iii)決済不履行の場合の取扱い、(iv)提示された価格による約定可能性。

③　システムの容量等の安全性・確実性の確保

当該業務にかかるシステムの容量等の安全性・確実性の確保について、つぎの事項が整備されていること。(i)将来の注文、約定等の件数を合理的に見込み、それに見合ったシステムの容量を確保すること、(ii)(i)の見込みにもとづいて、十分なテストを実施すること、(iii)システムの容量の超過や障害等について、その発生を防止し、かつ、早期に発見するための監視手法およびその態勢が確立されていること、(iv)システムの異常発生時における対処方法（顧客への説明・連絡方法等）およびその体制

が確立されていること、(v)システムが二重化（バック・アップ）されていること、(vi)上記事項について、第三者（外部機関）の評価を受け、システムの容量等の安全性・確実性が確認されていること。

④　取引情報の機密保持のための予防措置

当該業務にかかる顧客の取引情報の機密の保持について、つぎの事項を含む十分な方策が講じられていること。(i)当該業務部門とその他の部門で、業務に従事する者を明確に区別すること、(ii)当該業務に従事する者がその他の業務に関する情報を利用して当該業務を行い、またはその他の業務に従事する者が当該業務に関する情報を利用してその他の業務を行うことが禁止されていること、(iii)顧客の取引情報について、外部に漏洩しない措置が的確に講じられていること、(iv)上記方策について、社内規則が整備されていること。

二　付随業務と兼業業務

1　付随業務

金融商品取引業者のうち、第一種金融商品取引業または投資運用業を行う者は、金融商品取引業以外の業務であっても、金融商品取引業を行う上で、これに派生して必然的に行われるものは、金融商品取引業の付随業務として、当然に行うことができる。付随業務として金融商品取引法が列挙する業務にはつぎのものがある（金商法三五条一項）。

①　有価証券の貸借またはその媒介もしくは代理

②　信用取引に付随する金銭の貸付け

③　顧客から保護預かりをしている有価証券を担保とする金銭の貸付け(1)
付随業務として認められるものは、顧客に貸し付ける金額が、保護預りをしている有価証券を担保としてすでに貸し付けている金銭の額と合計して五〇〇万円を超えないものに限られる（金商業等府令六五条一号）。

④　有価証券に関する顧客の代理

⑤　投資信託の収益金、償還金または解約金の支払いにかかる業務の代理

⑥　投資法人について金銭の分配、払戻金もしくは残余財産の分配または利息もしくは償還金の支払いにかかる業務の代理

⑦　累積投資契約の締結

累積投資契約とは、金融商品取引業者が顧客から金銭を預かり、その金銭を対価としてあらかじめ定めた期日において、顧客に有価証券を継続的に売り付ける契約をいう。比較的少額の資金で投資が可能となる。(2) 平成一〇年改正前の証券取引法六六条の五は、「割賦販売の方法により有価証券を売り付け、又は顧客からあらかじめ金銭を預かり、若しくは借り受け、当該金銭を対価として有価証券を売り付けることを営業としようとする者は、政令の定めるところにより、大蔵大臣の承認を受けなければならない。」としていた。有価証券の売付け自体は証券業であるものの、その方法として金銭を顧客からあらかじめ預かり、その金銭を対価とするもの、すなわち、累積投資業務を行うには特別の承認を必要としていた。累積投資業務の遂行には相当の経費負担が必要であることから、財務の健全性、適正な業務遂行のための事務処理体制の整備が要求された。(3) 現行法では、証券取引法六六条の五に相当する規定が廃止され、累積投資業務は金融商品取引業者の付随業務として、監督官庁の承認を得ることなく行うことができる。

⑧　有価証券に関連する情報の提供または助言

⑨　他の金融商品取引業者等の業務の代理

金融商品取引業および金融商品取引業に付随する業務（①から⑧）のうち、代理する金融商品取引業者が行うことができる業務に限定される。

⑩　登録投資法人の資産の保管

⑪　他の事業者の事業の譲渡・合併・会社分割・株式交換・株式移転に関する相談に応じ、またはこれらに関し仲介を行うこと

⑫　他の事業者の経営に関する相談に応じること

⑬　通貨その他デリバティブに関する資産として政令で定めるものの売買またはその媒介、取次ぎもしくは代理

⑭　譲渡性預金その他金銭債権の売買またはその媒介・取次ぎ・代理

⑮　特定資産（投資信託法二条一項に規定する特定資産）または政令で定める資産に対する投資として、運用財産（投資運用業を行う金融商品取引業者等が金融商品取引法四二条一項に規定する権利者のため運用を行う金銭その他の財産）の運用を行うこと

金融商品取引業者の付随業務については、明文の規定が存在せず、その範囲が明確ではなかった。平成一〇年の改正前までは、証券会社は、証券業への専業義務があり、それ以外の業務を行うためには内閣総理大臣の承認が必要であった。証券業の付随業務であれば、かかる承認を得ることなく、当然に営むことができるはずである。しかし、実際は、兼業の承認を受けて行う例が多かった。現行法では、右のように、付随業務の範囲が法律で明らかにされている。平成一八年の法改正では、⑩から⑮の行為が、新たに金融商品取引業者の付随業務として規定されることとなった。(4)

（1）　昭和五八年に、銀行の公共債に関する窓口販売が解禁された際に、証券会社も、公共債を担保とした融資を行うことができなければ、競争上、不利な立場に置かれることを懸念して、証券会社に認められた経緯がある。現行法では、公共債等に限らず、株券、社債券を含めた幅広い有価証券を担保とする貸付けが認められる。金商業等府令六五条一号に列挙された有価証券を参照。

（2）　つぎに掲げる要件のすべてを満たす必要がある（金商業等府令六六条）。

①　有価証券の買付けの方法として、当該有価証券の種類および買付けのための預り金の充当方法を定めていること

②　預り金の管理の方法として、顧客からの払込金および顧客が寄託している有価証券の果実ならびに償還金の受入れにもとづいて発生した金融商品取引業者の預り金を累積投資預り金として他の預り金と区分して経理することを定めていること

③　他の顧客または当該金融商品取引業者と共同で買い付ける場合には、顧客が買い付けた有価証券につき回記号および番号が特定されたときに共有が終了し、当該顧客に当該有価証券の所有権が移転することを定めていること

④　有価証券の保管の方法として、預託を受けた有価証券（当該金融商品取引業者と顧客が共有しているものに限る）が他の有

価証券と分別して管理されるものであること
⑤　顧客から申出があったときには解約するものであること

（3）　証券法制研究会・逐条解説証券取引法三八七頁（平成七年）参照。

（4）　平成一八年の改正前までは、「有価証券の保護預かり」が金融商品取引業者の付随業務と規定されていた（平成一八年改正前証取法三四条一項一号）。売買に伴う一時的な保管は、有価証券に付随する業務といってよい。かかる行為が許されなければ、委託売買業務を営むことができない。さらに、一時的な保管ではなく、顧客がつぎの売買まで、証券会社に有価証券を預託することも、有価証券は流動性が高く、常に売却の可能性があること、顧客の側で潜在的に売却の意図を有していると認められることから、証券業への付随性が肯定されると考えられていた。鈴木竹雄＝河本一郎・証券取引法〔新版〕三四三頁（注二）（昭和五九年）。金融商品取引法では、これを「有価証券等管理業務」として本来業務と位置づけしている（金商法二条八項一六号）。また、社債等振替法にもとづく振替制度では、社債等の権利移転は、振替機関や口座管理機関に置かれる振替口座簿の記載・記録によって行われる（振替法六六条・一二八条一項等）。その譲渡は、譲受人が口座における保有欄に譲渡対象となった数の増加の記載・記録を受けるのでなければ、効力を生じない（社債等振替法七四条・一四〇条等）。したがって、投資者がこれらの有価証券を売買するには、口座管理機関等に口座を開設する必要がある。証券会社は、他の者のために、その申出により社債等の振替を行うための口座を開設することが認められてきた（社債等振替法四四条一項一号）。このような口座管理機関として行う振替業も、証券取引法上付随業務とされてきた（平成一八年改正前証取法三四条一項一号の二）。金融商品取引法は、このような口座管理機関として行う振替業についても、有価証券等管理業務として本来業務と位置づけした（金商法二条八項一七号）。これらの業務は、金融商品取引業者の財務状況等によって、本来の権利者が権利を喪失する危険性がある。そこで、有価証券等管理業務は第一種金融商品取引業に該当する業務とされ（金商法二八条一項五号）、財産規制等を課すものとしている。

2　兼業業務

平成一〇年の改正までは、証券業は免許制で、免許を受けた証券会社は、原則として、証券業およびそれに付随する業務以外の業務を営むことができなかった。証券業の免許制の下では、証券会社が証券業以外の業務を広範に営む場合、免許制の意義は事実上大きく失われる。また、兼業業務の失敗が、証券会社の経営の基礎を危うくし、その結果、投資者の利益が侵害される危険がある。

平成一〇年の改正で、証券業が免許制から登録制に移行し、証券業への参入の道が拡大された。さらに、登録制の下、証券業の競争を促進させるために、証券会社の専業義務を廃止することとした。これにより、顧客の側も多種のサービスを同一の業者から受けることが可能となった。(1) もっとも、業者が兼業する業務が、結果として、投資者に損害を与えるようなものであってはならない。そこで、内閣総理大臣への届出を条件として、法定の業務を兼業できるものとした。かかる規制は金融商品取引法にも引き継がれている。第一種金融商品取引業者または投資運用業を行う者が届出による兼業できる業務はつぎのとおりである（金商法三五条二項・三項）。(2)

① 商品市場における取引等にかかる業務
①商品市場における取引、②①の委託の媒介、取次ぎまたは代理、③商品清算取引の委託の取次ぎ、④③の委託の媒介、取次ぎまたは代理（商先法二条二二項）が該当する。(3)

② 商品の価格その他の指標にかかる変動、市場間の格差等を利用して行う取引として内閣府令で定めるものにかかる業務
内閣府令では、①外国商品市場取引、②店頭商品デリバティブ取引が規定されている（金商業等府令六七条）。内閣府令では、差金の授受によって決済される取引に限定する旨の定めはない。したがって、現物決済取引も可能となる。(4) また、従前は、本業務は承認業務として規定されていたが、現行法の下では、届出業務とされている。

③ 貸金業その他金銭の貸付けまたは金銭の貸借の媒介にかかる業務(5)
貸金業法にもとづく貸金業のみならず、金銭の貸付けまたは金銭の貸借の媒介にかかる業務であれば、届出業務として行うことができる。

④ 宅地建物取引業または宅地もしくは建物の賃貸にかかる業務
従前は承認業務として規定されていたが、現行法の下では、届出業務となっている。

⑤ 不動産特定共同事業

⑥　商品ファンド法二条一項に規定する商品投資等により他人のため財産の運用を行う業務

金融商品取引業者（第一種金融商品取引業者および投資運用業者）が主として商品の現物やデリバティブへの投資として他人の財産を運用する業務は、後述する⑧の届出業務に含まれる。もっとも、今後、ＥＴＦ（上場投資信託）の多様化などによって、商品投資等による運用の重要性が増加することが予想されることから、平成二〇年の改正で、金融商品取引業者による商品投資等運用業務について、法律上、直接に規定を置くことにより、届出業務としての位置づけが明確にされた[6]。①②に該当する商品デリバティブ取引等は金融商品取引業者による自己売買を想定したものである。もっとも、⑥の運用業務による商品投資等と規定の重複が生じうることを防ぐため[7]、⑥に該当する業務から①②に該当する業務が除外される旨が規定されている。

⑦　有価証券またはデリバティブ取引にかかる権利以外の資産に対する投資として、運用財産の運用を行う業務

ここにいう「運用財産」は、投資運用業を行う金融商品取引業者等が契約の相手方等の権利者（金商法四二条一項参照）のため運用を行う金銭その他の財産をいう（金商法三五条一項一五号）。運用資産を、特定資産（投資信託法二条一項に規定するもので不動産等を除く）に対する投資として運用する行為は付随業務と位置づけされている（金商法三五条一項一五号参照）。それ以外の資産に対して運用する業務は、届出業務となる。なお、特定資産のうち不動産等への投資運用を行う業務は届出では足りず、承認が必要となる。内閣総理大臣は、この承認にあたって、国土交通大臣の意見を聞かなければならない（投信法二二三条の三第一項）。

⑧　その他内閣府令で定める業務[8]

金融商品取引業者は、これらの法定の業務を行うこととなったときは、内閣府令で定めるところにより、遅滞なく、その旨を内閣総理大臣に届け出なければならない（金商法三五条三項）[9]。

第一種金融商品取引業者または投資運用業を行う金融商品取引業者が兼業として行うことができる業務はこれに限られない。金融商品取引業、その付随業務および届出業務以外の業務については、承認を受けることで行うことがで

きる（金商法三五条四項、金商業等府令七〇条）[10]。内閣総理大臣は、兼業の申請があった場合、兼業業務を営むことが、公益に反すると認められる場合、または業務の損失の危険の管理が困難であるため投資者保護に支障を生ずると認められる場合を除いて、承認をしなければならない（金商法三五条五項）。この規定により、事実上、金融商品取引業は他業を行う企業に開放されたといえる[11][12]。

なお、かつては、証券会社の専業義務が定められており、これに関連して、証券会社の常務に従事する取締役の兼職が原則として禁止されていた時代があった。証券会社の常務に従事する取締役が自由に他の会社の常務に従事しまたは事業を行うときは、証券会社の兼業の原則的な禁止が容易に潜脱されることになるからである。現在では、既述のように、金融商品取引業者の兼業の範囲が拡大されたことに伴い、金融商品取引業者（第一種金融商品取引業者または投資運用業者）の取締役または執行役の兼職規制が緩和され、届出によって[13]、他の会社の取締役、会計参与、監査役または執行役を兼ねることが可能となった（金商法三一条の四第四項参照）[14]。

（1）　証券取引審議会「証券市場の総合的改革─豊かで多様な二一世紀の実現のために」（平成九年六月一三日）は、「多様なサービスの提供のためには、証券会社が様々なサービスを組み合わせ、あるいは切り離し、また従来証券業務に関連していると位置付けられてきた業務以外の業務とも組み合わせ、提供していけるような法的な枠組みが必要である。どのような業務が証券業務の一層効果的な遂行に役立つか、あらかじめ見通すことは困難である。したがって、証券業務の遂行に特段の支障を生じるおそれが大きくない限り、どのような業務展開も可能となるよう規制の見直しを行い、専業業務を廃止し、業務の多角化を認めるべきである。」としていた。

（2）　第二種金融商品取引業または投資助言・代理業のみを行う者については、かかる規制は存在していない。

（3）　外国の商品市場における取引等を行う業務は含まれない。

（4）　平成一八年改正前の証券取引法の下では、差金決済取引に限定する旨の定めがあった（平成一八年改正前証取法三四条二項、同改正前証券会社府令二四条五号）。金融商品取引業者等に関する内閣府令の原案でも、同様に規定されていたが、パブリックコメントを踏まえ、差金決済取引に限定する規定は削除された。

（5）　兼業規制の緩和は、顧客が一つの営業所で多様な投資サービスを受けることができることを目的の一つとしている。列挙された他の多くの業務が、顧客による余剰資金の投資の多様化に資するものといえるのに対して、貸金業は、資金不足を顧客が補うもので、この点で性格を異にする。顧客が資金を借り入れ、これを金融商品取引業その他に利用することを想定しているものと思われる。

（6）　池田唯一他・逐条解説・二〇〇八年金融商品取引法改正二五六頁（平成二〇年）。

（7）　池田他・前掲注（6）二五七頁。

（8）　つぎの業務が規定されている（金商業等府令六八条）。

①　金地金の売買またはその媒介、取次ぎもしくは代理にかかる業務

②　組合契約の締結またはその媒介、取次ぎもしくは代理にかかる業務

③　匿名組合契約の締結またはその媒介、取次ぎもしくは代理にかかる業務

④　貸出参加契約の締結またはその媒介、取次ぎもしくは代理にかかる業務（ここにいう貸出参加契約は、金融機関等貸出債権にかかる権利義務関係を移転させずに、原貸出債権にかかる経済的利益および損失の危険を原債権者から第三者に移転させる契約をいう）

⑤　保険募集にかかる業務

⑥　自ら所有する不動産の賃貸にかかる業務

⑦　物品賃貸業

⑧　他の事業者の業務に関する電子計算機のプログラムの作成または販売を行う業務および計算受託業務

⑨　確定拠出年金運営管理業

⑩　国民年金基金連合会から委託を受けて行う業務（確定拠出年金法六一条一項一号、二号または五号に掲げる事務をいう。なお、五号に掲げる事務にあっては個人型年金にかかる届出の受理に関する事務に限る）

⑪　信託契約代理業

⑫　信託業務を兼営する金融機関が行う遺言執行および遺産整理に関するものにかかる契約の締結の媒介にかかる業務

「全国規模の規制改革・民間開放要望」（平成一八年一〇月）を踏まえて追加された。酒井敦史＝大越有人＝篠宮寛明「金融商品取引業の業規制」商事法務一八一二号四一頁。

⑬　金融機関代理業

⑭　不動産の管理業務
　平成一八年の法改正前までは、投資信託委託業者が行うことのできる不動産の管理業務は、投資信託委託業者がその運用の指図を行う投資信託財産または資産運用を行う投資法人の資産に属する不動産の管理を行うものに限られていた（平成一八年改正前投信法三四条の一〇第一項二号）。現行法の下では、かかる制限は存在しない。
⑮　不動産にかかる投資に関し助言を行う業務
⑯　算定割当量の取得もしくは譲渡に関する契約の締結またはその媒介、取次ぎもしくは代理を行う業務
　排出量自体の取引やその媒介・取次ぎ・代理が届出業務とされている。ここにいう排出量は、「地球温暖化対策の推進に関する法律……第二条第六項に規定する算定割当量その他これに類似するもの」と規定されている。したがって、京都メカニズムによる削減量はこれに含まれる。また、これに類似するものとして、欧州排出量取引制度の排出権が考えられる。酒井他・右掲四一頁。
⑰　つぎに掲げる取引またはその媒介、取次ぎもしくは代理を行う業務
　(i)　当事者が数量を定めた算定割当量について当該当事者間で取り決めた算定割当量の相場にもとづき金銭の支払いを相互に約する取引その他これに類似する取引
　(ii)　当事者の一方の意思表示により当事者間において⑯の契約にかかる取引および(i)に掲げる取引を成立させることができる権利を相手方が当事者の一方に付与し、当事者の一方がこれに対して対価を支払うことを約する取引その他これに類似する取引
　これによって、排出量自体の取引等のみならず、排出量のデリバティブ取引等が届出業務となる。
⑱　投資法人から委託を受けて投資信託法一一七条一項四号に掲げる事務を行う業務または特別目的会社から委託を受けてその機関の運営に関する事務を行う業務
⑲　有価証券またはデリバティブ取引にかかる権利以外の資産に対する投資として、他人のため金銭その他の財産の運用を行う業務
　投資運用業として運用を行う金銭その他の財産（運用資産）を有価証券・デリバティブ取引以外の資産に対して投資運用する業務は、付随業務または届出業務となる（金商法三五条一項一五号・二項六号）。これに対して、「運用財産」以外の財産を有価証券・デリバティブ取引以外の資産に対して投資運用する業務も、ここで届出業務となる（たとえば、主として金銭債権、商品先物取引や不動産に投資運用するファンド運用業務が該当する）。

⑳　債務の保証または引受けにかかる契約の締結またはその媒介、取次ぎもしくは代理にかかる業務
㉑　その行う業務にかかる顧客に対し他の事業者のあっせんまたは紹介を行う業務
㉒　他の事業者の業務に関する広告または宣伝を行う業務
㉓　資金移動業（資金決済法二条二項に規定する資金移動業）
㉔　金融商品取引法三五条二項一号から六号までまたは①ないし㉓に掲げる業務に附帯する業務

(9)　金融商品取引業者は、届出業務を廃止したときは、遅滞なく、その旨を内閣総理大臣に届け出なければならない（金商法三五条六項）。兼業業務の届出またはその廃止の届出を行う金融商品取引業者は、当該届出にかかる業務の種類ならびに当該業務の開始・廃止の年月日および理由を記載した届出書を、所定の添付書類とともに提出することを要する（金商業等府令六九条）。

(10)　兼業の承認を受けようとする金融商品取引業者は、商号、登録年月日・登録番号および当該業務の開始予定年月日を記載して承認申請書を所定の添付書類とともに提出しなければならない（金商業等府令七〇条一項・二項）。

(11)　平成一八年の改正前までは、証券業を営むためには、会社の商号のうちに「証券」という文字を用いなければならなかった（平成一八年改正前証取法三二条一項）。そのため、他の会社が証券業を兼業するには、その商号を変更する必要があった。したがって、従来から、周知されている商号を用いて取引を行ってきた会社では、事実上、本体で証券業を兼営することは難しいという問題があった。商号の変更を伴わず、証券業に参入するには、持株会社または子会社等を利用するしかなかった。証券取引法研究会「平成一〇年証券取引法の改正について(3)―金融商品取引業者等・外国証券業者法について（その1）」インベストメント五二巻五号七三頁（洲崎）参照。現行法の下では、金融商品取引業者についてのかかる商号規制は存在せず、右の問題は発生しない。

　なお、有価証券関連業を行う金融商品取引業者は、社債管理者または担保付社債信託法上の受託会社となることが禁止される（金商法三六条の四第一項）。

(12)　平成一八年の改正前までは、証券会社が投資一任契約にかかる業務を行うためには、内閣総理大臣の認可を受けなければならなかった（投顧法二四条一項）。認可を受けた投資顧問業者には兼業規制が存在していた。すなわち、投資顧問業、投資一任契約にかかる業務、投資信託委託業、投資法人資産運用業、証券業および信託業務のほか、他の業務を営むことが禁止されていた（投顧法三一条一項本文）。したがって、証券業と投資一任契約にかかる業務を兼任する者は、金融先物取引業、商品取引業、貸金業などを営むことができない可能性があった。もっとも、認可投資顧問業者が投資顧問業および投資一任契約にかかる業務を営むにつき、公益または投資者保護のために支障を生ずることがないと認められるものについては、内閣総理大臣の承認を受けたときは、兼業規制の適用はないものとされていた（投顧法三一条一項ただし書）。平成一八年の改正で、証券投資顧問業法が廃止された。また、

金融商品取引法では、投資一任業は投資運用業と位置づけられた。現行法の下では右の兼業規制に関する問題は存在しない。

(13)　①氏名、②金融商品取引業者の商号、③金融商品取引業者における役職名、④兼職先の商号、⑤兼職先における役職名および代表権の有無、⑤就任年月日・任期を記載した兼職届出書を提出することを要する（金商業等府令三一条一項前段）。兼職先や兼職先における役職名などに変更があった場合、退任した場合も、届出が必要である（金商法三一条の四第一項後段、金商業等府令三一条二項・三項）。

(14)　もっとも、親銀行や子銀行の役職を兼務することについては制限がある（金商法三一条の四第三項・四項）。

第三款　重要事項の届出

金融商品取引業者は、つぎのいずれかに該当することとなったときは、遅滞なく、その旨を内閣総理大臣に届け出なければならない（金商法五〇条一項）。

①　業務を休止しまたは再開したとき

業務は金融商品取引業または登録金融機関業務にかかるものに限る。また、認可業務の認可を受けた金融商品取引業者にあっては、かかる認可にかかる業務の営業を休止または再開したときも届出を要する。金融商品取引業の公共性にもとづき行政としてその業務の実態を把握しておく必要があることによる。(1) 金融商品取引業を廃止したときは、当該金融商品取引業者が、その日から三〇日以内にその旨を届け出ることを要する（金商法五〇条の二第一項二号）。金融商品取引業を廃業した場合、その登録は効力を失う（金商法五〇条の二第二項）。

②　認可業務を廃止したとき

①と同様の趣旨によるものと考えられる。これらの業務は、開始にあたっては認可が必要であるものの、廃止については、届出で足りる。

③　金融商品取引業者である法人が、他の法人と合併したとき、分割により他の法人の事業の全部もしくは一部を承継したときまたは他の法人から事業の全部または一部を譲り受けたとき

平成一〇年の改正前までは、これらの事項は認可事項であり、認可がなければ、効力が生じないものとされていた（平成一〇年改正前証取法三四条一号）。証券会社の組織上の大きな変動であり、証券会社と取引がある顧客に大きな影響を及ぼすと同時に、証券取引に関する既存の秩序を変えることとなるので、投資者の保護、証券行政の円滑な執行のために認可事項とされていた。もっとも、金融商品取引業を登録制にし、金融商品取引業者の専業義務を廃止した現行法の下では、これらは、届出事項として規定されている。金融商品取引業者が合併により消滅したときは、その法人を代表する役員であった者が、その日から三〇日以内に、その旨を内閣総理大臣に届け出なければならない（金商法五〇条の二第一項三号）。また、分割により事業の全部または一部を承継させたとき、事業の全部または一部を譲渡したときは、その法人は、その日から三〇日以内に、その旨を内閣総理大臣に届け出なければならない（金商法五〇条の二第一項六号）。合併、分割による事業の全部の承継、事業の全部の譲渡がなされた場合は、金融商品取引業の登録の効力は消滅する（金商法五〇条の二第二項）。

④　有価証券関連業を行う金融商品取引業者が、銀行その他の金融機関などについて、その総株主等の過半数を取得しまたは所有したとき

有価証券関連業を行う金融商品取引業者は、銀行などの金融機関を子会社として保有することができる。(2) かかる子会社の状況は、金融商品取引業者の経営において重要な影響を与えるものである。さらに、これらの会社との間には、役員の兼職制限が定められ（金商法三一条の四第一項・二項）、さらに、一定の取引が禁止される（金商法四四条）。そのため、内閣総理大臣は、このような金融機関との関係を常に把握しておく必要がある。

⑤　有価証券関連業を行う金融商品取引業者が、その総株主等の議決権の過半数を保有している銀行その他の金融機関などについて、その議決権の過半数を保有しないこととなったとき、または、当該銀行等が合併し、解散

し、もしくは業務の全部を廃止したとき

子会社である金融機関が子会社でなくなった場合、その子会社が合併、解散または業務の廃止をしたときも、同様の理由から届出が必要となる。(3)

⑥ 第一種金融商品取引業者または投資運用業を行う金融証券取引業者の総株主等の議決権の過半数が他の一つの法人その他の団体によって所有されることとなったとき

金融機関との親子関係の創設は、金融商品取引業者がそれらを子会社化する場合に限られない。これらの会社が金融商品取引業者を子会社とした場合に届出が要求される。(4)

⑦ 破産手続開始、再生手続開始または更生手続開始の申立てを行ったとき

破産手続開始の決定によって解散したときは、その破産管財人は、その日から三〇日以内に、その旨を内閣総理大臣に届け出なければならない（金商法五〇条の二第一項四号）。破産手続開始の決定により解散したときは、金融商品取引業の登録はその効力を失う（金商法五〇条の二第二項）。(5)

⑧ その他内閣府令で定める場合に該当するとき(6)

なお、金融商品取引業者は、金融商品取引業を廃止し、合併をし、合併および破産手続開始の決定以外の理由による解散をし、分割による業務の全部もしくは一部の承継をさせ、または業務の全部もしくは一部の譲渡をしようとするときは、その日の三〇日前までに、その旨を公告するとともに、すべての営業所・事業所の公衆の目につきやすい場所に掲示をすることを要する（金商法五〇条の二第六項）。金融商品取引業から退出するにあたって、投資者が不測の損害を受けることのないようにするためのものである。この公告をしたときは、その旨をただちに内閣総理大臣に届け出なければならない（金商法五〇条の二第七項）。さらに、金融商品取引業の廃止をした場合は、公告の後、金融商品取引業者が行った有価証券の売買その他の取引等を速やかに結了し、かつ、金融商品取引業に関して顧客から預託を受けた財産およびその計算において自己が占有する財産を、遅滞なく、返還しなければならない（金商法五〇条の二第

八項）。(7)

（1）河本一郎＝関要監修・逐条解説証券取引法〔三訂版〕六五一頁（平成二〇年）。
（2）平成一〇年の改正前までは、証券会社が子会社をもつことには認可が必要であった。同年の改正で認可を要しないものとなる一方、それを届出事項とすることとなった。
（3）平成一〇年の改正前においても、届出が要求されていた（平成一〇年改正前証取法三七条六号）。
（4）平成一〇年の改正前においても、届出が要求されていた（平成一〇年改正前証取法三七条七号）。
（5）破産手続開始の決定以外の理由により解散した場合も、清算人が届出を行うことを要する（金商法五〇条の二第一項五号）。この場合も、金融商品取引業の登録はその効力を失う（金商法五〇条の二第二項）。
（6）金融商品取引業者については、つぎに掲げる事項が定められている（金商業等府令一九九条）。
①　金融商品取引法二九条の四第一項一号イ・ロ、三号または四号（登録拒否事由）に該当することとなった場合
②　役員または重要な使用人が金融商品取引法二九条の四第一項二号イからトまで（登録拒否事由）のいずれかに該当することとなった事実を知った場合
③　他の法人その他の団体が、親法人等または子法人等に該当し、または該当しないこととなった場合
④　他の法人その他の団体が、持株会社に該当し、または該当しないこととなった場合
⑤　破産手続開始、再生手続開始、更生手続開始または整理開始の申立てが行われた事実を知った場合
⑥　定款を変更した場合
⑦　役職員に法令等に反する行為があったことを知った場合
⑧　⑦の詳細が判明した場合
⑨　訴訟もしくは調停の当事者となった場合または当該訴訟もしくは調停が終結した場合
⑩　外国法人または外国に住所を有する個人にあっては、外国の法令にもとづく行政官庁の不利益処分を受けた場合
⑪　第一種金融商品取引業または投資運用業を行う者にあっては、登録拒否事由に該当することとなった場合、純資産額が資本金の額に満たなくなった場合、主要株主が登録拒否事由に該当することとなった事実を知った場合等
⑫　第一種金融商品取引業を行う者にあっては、劣後特約付借入金を借り入れた場合または劣後特約付社債を発行した場合、劣

後特約付借入金について期限前弁済をした場合または劣後特約付社債について期限前償還をした場合
なお、特定金融商品取引業者またはその子法人等について、特別の規定が定められている（金商業等府令一九九条一三号）。

（7）顧客資産は分別して保管されることとなっているため（金商法四三条の三参照）、金融商品取引業者はすみやかにこの分別された顧客資産を返還することを要する。円滑な返還がなされない場合の顧客の保護として、投資者保護基金がある。

第二節　金融商品取引業者の経営の健全性と顧客財産の保護

第一款　金融商品取引業者の経営の健全性

一　金融商品取引業者の財産の健全性維持

1　金融商品取引責任準備金と国内資産保全命令

金融商品取引業のうち、第一種金融商品取引業を行う場合、資本金の額または出資の総額が、公益または投資者保護のため必要かつ適当なものとして政令で定める金額を満たさない場合、登録が拒否される（金商法二九条の四第一項四号）。また、第一種金融商品取引業を行うには、公益または投資者保護のため必要かつ適当なものとして政令で定める純財産額を有していなければならない（金商法二九条の四第一項五号ロ）。金融商品取引業の登録後も、かかる要件を維持する必要がある。法定の資本金の額および純財産額を欠くに至った場合には、登録の取消し、業務の停止、業務方法の変更等の行政処分を受ける（金商法五二条一項二号・三号）。

これらに加えて、金融商品取引法は、第一種金融商品取引業を行う金融商品取引業者について、準備金の積立てにつき特別の要請をし、内閣総理大臣に金融商品取引業者に対する資産の国内保有命令の権限を与えている。
準備金の積立てについては、金融商品取引責任準備金の積立てが要請される(1)。金融商品取引責任準備金は、金融商品取引業者が有価証券の売買その他の取引またはデリバティブ取引等の取引量に応じ、内閣府令で定める基準に従って積み立てることを要するものである(金商法四六条の五第一項)。この準備金は、内閣総理大臣の承認を受けた場合を除き、右の取引に関して生じた事故による損失の補てんにあてるためにのみ使用することができる(金商法四六条の五第二項)(3)。

金融商品取引業者の資産が国外で多く保有されるときは、国内でその財産状況につき規制が加えられても、それを引当とする投資者の救済が容易に行われず、金融商品取引業者に対する財務規制が十分の実効性をもたない危険が生じる。そこで、内閣総理大臣は、公益または投資者の保護のため必要かつ適当であると認める場合は、金融商品取引業者に対し、その資産のうち政令で定める部分を国内で保有することを命ずることができる(金商法五六条の三)。この資産の国内保有命令は、外国の会社がわが国で金融商品取引業を行う者を設立した場合または金融商品取引業者の海外進出や海外投資がきわめて大規模に行われる場合等に重要性を有する(4)。

金融商品取引業者のうち、第二種金融商品取引業を行う個人および投資助言・代理業のみを行う者は、営業保証金を主たる営業所または事務所の最寄りの供託所の供託しなければならない(金商法三一条の二第一項)。平成一八年の改正前まで、投資顧問業者に営業保証金規制が存在していた(投顧法一〇条一項)。投資顧問業者については、証券投資顧問業の開業の自由をできるだけ広く認める趣旨から財務要件が課されていなかった。もっとも、顧客の投資顧問業者に対する権利の実行を容易にすることが投資者の保護のために有益であることから、投資顧問業者がその営業を開始するためには、営業保証金を供託していることが要求されていた(5)。平成一八年の改正前まで、信託受益権販売業者についても、営業保証金制度が定められていた(平成一八年改正前信託業法九一条一項)。
金融商品取引法の下では、第二金融商品取引業を行う個人および投資助言・代理業のみを行うものには、最低資本金制度は適用されない。もっとも、顧客の保護のためには、一定の営業保証金を供託することが適切と考えられた。供託すべき営業保証金は、第二種金融商品取引業を行う個人の場合は一〇〇〇万円で、投資助言・代理業を行う者の場合は五〇〇万円と定められている（金商法三一条の二第二項、金商令一五条の一二）。(6)

銀行等の一定の金融機関との間で、金融商品取引業者のために所要の営業保証金が内閣総理大臣の命令に応じて供託される旨の契約を締結し、(7)その旨を内閣総理大臣に届け出たときは、その契約の効力の存する間、その契約において供託されることとなっている金額につき営業保証金の全部または一部を供託しないことができる（金商法三一条の二第三項）。この場合に、内閣総理大臣は、投資者の保護のため必要があると認めるときは、その金融機関または金融商品取引業者に対し、その金額の全部または一部を供託すべき旨を命ずることができる（金商法三一条の二第四項）。

右の金融商品取引業者は、営業保証金の供託を行い、その旨を内閣総理大臣に届け出た後でなければ、金融商品取引業を開始することができない（金商法三一条の二第五項）。金融商品取引業者と投資顧問契約を締結した者、金融商品取引業者による投資顧問契約または投資一任契約の代理・媒介により投資顧問契約または投資一任契約を締結した者および金融商品取引業者による有価証券の売買等により有価証券の売買契約を締結した者は、これらの契約により生じた債権に関し、当該金融商品取引業者にかかる営業保証金について、他の債権者に先立ち弁済を受ける権利を有する（金商法三一条の二第六項）。(8)

(1)　平成一〇年の証券取引法改正前までは、証券会社は、資本の額に達するまで、毎決算期に、金銭による利益の配当額の五分の一以上を利益準備金として積み立てなければならなかった。平成一三年の商法改正前までは、一般の株式会社は、資本の額の四分の一に達するまで、毎決算期に、金銭による利益の配当額の一〇分の一以上を、そして中間配当をするときは、その分配額の一〇分の一を利益準備金として積み立てることを要した。そのため、証券会社についての右の要請は、利益準備金の積立限度額および利益配当をする場合の利益準備金の最低積立要件の商法の規定に対する特則であった。平成一〇年の証券取引法の改正は、かかる利益準備金の積立てについての特別の規制を排除した。

(2) 金融商品取引責任準備金として積み立てる金額は、事業年度ごとに、つぎの①と②に掲げる金額のうち、いずれか低い金額とされる（金商業等府令一七五条）。

① 以下の金額の合計額。(i)当該事業年度の売買等にかかる株式の総売買金額の万分の〇・二に相当する金額、(ii)当該事業年度において受託等をした株式にかかる市場デリバティブ取引（金商法二条二一項二号）の総取引契約金額の万分の〇・〇〇六に相当する金額、(iii)当該事業年度において受託等をした株式にかかる市場デリバティブ取引（金商法二条二一項三号）の対価の額の合計額の万分の〇・三に相当する金額、(iv)当該事業年度において受託等をした債券にかかる市場デリバティブ取引（金商法二条二一項一号・二号）の総取引契約金額の万分の〇・〇〇一六に相当する金額、(v)当該事業年度において受託等をした債券にかかる市場デリバティブ取引（金商法二条二一項三号）の対価の額の合計額の万分の〇・三に相当する金額の合計額、(vi)当該事業年度において受託等をした通貨にかかる市場デリバティブ取引（金商法二条二一項一号）の取引高を取引所が取引単位として定める金額に乗じて算出した金額の万分の〇・〇〇九六に相当する金額、(vii)当該事業年度において受託等をした預金契約にもとづく債権の利率によって算出した金融指標にかかる市場デリバティブ取引（金商法二条二一項二号）の取引高を取引所が取引単位として定める金額に乗じて算出した金額の万分の〇・〇〇一二に相当する金額、(viii)当該事業年度において受託等をした手形割引率によって算出した金融指標にかかる市場デリバティブ取引（金商法二条二一項二号）に掲げる取引の取引高を取引所が取引単位として定める金額に乗じて算出した金額の万分の〇・〇〇二四に相当する金額。

② 以下の(i)から(viii)の合計額から(ix)を控除した金額。(i)当該事業年度および当該事業年度開始の日前二年以内に開始した各事業年度のうち売買等にかかる株式数の総売買金額の最も高い事業年度における当該総売買金額の万分の〇・八に相当する金額、(ii)当該事業年度および当該事業年度開始の日前二年以内に開始した各事業年度のうち受託等をした株式にかかる市場デリバティブ取引（金商法二条二一項二号）の取引の総取引契約金額の最も高い事業年度における当該総取引契約金額の万分の〇・〇二四に相当する金額、(iii)当該事業年度および当該事業年度開始の日前二年以内に開始した各事業年度のうち受託等をした株式にかかる市場デリバティブ取引（金商法二条二一項三号）の対価の額の合計額の最も高い事業年度における当該合計額の万分の一・二に相当する金額、(iv)当該事業年度および当該事業年度開始の日前二年以内に開始した各事業年度のうち受託等をした債券にかかる市場デリバティブ取引（金商法二条二一項一号・二号）の総取引契約金額の最も高い事業年度における当該総取引契約金額の万分の〇・〇〇六四に相当する金額、(v)当該事業年度および当該事業年度開始の日前二年以内に開始した各事業年度のうち受託等をした債券にかかる市場デリバティブ取引（金商法二条二一項三号）の対価の額の合計額の最も高い事業年度における当該合計額の万分の一・二に相当する金額、(vi)当該事業年度および当該事業年度開始の日前二年以内に開始した各

事業年度のうち受託等をした通貨にかかる市場デリバティブ取引（金商法二条二一項一号）の取引高を取引所が取引単位として定める金額に乗じて算出した金額の最も高い事業年度における当該金額の万分の〇・〇三八四に相当する金額、(vii)当該事業年度および当該事業年度開始の日前二年以内に開始した各事業年度のうち受託等をした預金契約にもとづく債権の利率によって算出した金融指標にかかる市場デリバティブ取引（金商法二条二一項二号）の取引高を取引所が取引単位として定める金額に乗じて算出した金額の最も高い事業年度における当該金額の万分の〇・〇〇四八に相当する金額、(viii)当該事業年度および当該事業年度開始の日前二年以内に開始した各事業年度のうち受託等をした手形の割引率によって算出した金融指標にかかる市場デリバティブ取引（金商法二条二一項二号）の取引高を取引所が取引単位として定める金額に乗じて算出した金額の最も高い事業年度における当該金額の万分の〇・〇〇九六に相当する金額、(ix)すでに積み立てられた金融商品取引責任準備金金額で金融商品取引法四六条の五第二項の規定により使用された金額がある場合はその金額を控除した金額。

（3）　平成一〇年の改正前においては、有価証券の売買による利益の額がその損失の額を超える場合に、売買損失準備金を積み立てるべきものとしていた。この準備金は、内閣総理大臣の承認を受けた場合を除き、有価証券の売買による損失の額がその利益の額を超える場合の差額の補てんにあてるためにのみ使用できた。証券取引審議会総合部会の仲介者ワーキングパーティー報告書「顧客ニーズに対応した多様な投資サービス」（平成九年五月一六日）は、「十分なリスク管理や自己資本規制による健全性のチェックが行われる場合には、自主的な経営方針に従った資本の利用を可能とするため、廃止することが適当である。」と述べていた。平成一〇年の改正で、かかる準備金制度も廃止された。

（4）　平成一八年の改正前まで、外国証券業者法は、外国証券業者の国内における最終的な支払能力を担保して投資者の保護を実質的に確保するために、外国証券業者に対して一定資産の国内保有を義務づけていた（外証法一九条）。現行法では、金融商品取引法が同様の規制を定めている（金商法四九条の五）。金融商品取引業者に対する資産の国内保有命令の制度は、同一の配慮によるものである。

（5）　証券取引審議会報告書「証券投資顧問業の在り方について」（昭和六〇年一一月二五日）は、投資顧問業者の登録につき財務要件を課さないこととした場合、投資顧問業者の営業により被害が生じた場合の被害者への損害賠償の簡易迅速な履行を確保することおよび顧客の中途解約の自由を確保し、前払手数料の返還を容易にすることなどの配慮から、開業にあたり営業保証金の供託を義務づけるのが望ましいとしていた。

（6）　平成一八年の改正前までは、投資顧問業者が供託すべき営業保証金の額は、投資一任業務の認可を受けていない投資顧問業者の場合は、主たる営業所につき五〇〇万円、その他の営業所につき営業所ごとに二五〇万円の割合による金額の合計額とされていた

（投顧法一〇条二項、同投顧令四条一号）。他方、認可投資顧問業者の場合は、右の金額に主たる営業所につき二〇〇〇万円、その他の営業所につき営業所ごとに一〇〇〇万円の割合による金額の合計額を加えた金額となっていた（投顧法一〇条二項、投顧令四条二号）。金融商品取引法の下では、営業所ごとに金額が加算される制度は廃止された。

（7）　契約の内容は、つぎの要件に適合するものであることを要する（金商令一五条の一三）。

①　金融商品取引法三一条の二第四項の規定による命令を受けたときは、その金融商品取引業者のためにその命令にかかる額の営業保証金が遅滞なく供託されるものであること

②　一年以上の期間にわたって有効な契約であること

③　金融庁長官の承認を受けた場合を除き、契約を解除しまたは契約の内容を変更することができないものであること

（8）　多数の顧客を相手方として継続的に取引を行う業者に、顧客保護を目的として、営業保証金の供託を義務づける例が他にも見られる。現行法では、宅地建物取引業法、旅行業法、割賦販売法などが営業保証金制度を設けている。これらの法律では、顧客の有する還付対象債権については、「その取引により生じた債権」（宅建業法二七条一項・六四条の八第一項）、「その取引によって生じた債権」（旅行業法一七条・二二条の一六）、「その契約によって生じた債権」（割賦販売法二一条一項）などとほぼ同じ用語が使用されている。金融商品取引法では、「契約によりて生じた債権」という用語が使われている。このような規定の下、営業保証金にかかる権利の実行が許される範囲が問題となる。

宅地建物取引業法に定める「取引により生じた債権」について、学説は、①宅地建物取引業に関連した取引であって、当該取引と相当な因果関係が存在する債権と解する説、②当該取引と相当な因果関係が存在する債権と解する説、③宅地建物取引契約内容の履行を求める債権およびその代償としての性質を有する債権と解する説などが存在していた。明石三郎他・宅地建物取引業法〔改訂版〕五〇六頁（平成七年）、明石三郎＝岡本正治「弁済業務保証金制度（宅地建物取引業第六四条の八第一項）をめぐる法律上の問題」関西大学法学論集四九巻二・三号二二頁、升田純「弁済業務保証金の裁判実務（上）」判例時報一四九五号一六頁参照。最判平成一〇年六月一一日判例時報一六四九号一一〇頁は、「『その取引により生じた債権』とは、宅地建物取引業に関する取引を原因として発生した債権を意味し、売買契約上の債務不履行に基づく損害賠償債権も含まれると解されるところ、売買契約における損害賠償額の予定や違約金に関する定めは、売買契約上の債務不履行により実際に生じた損害の主張、立証の困難を回避し、紛争を予防することを目的とする特約であって、このような特約は法の是認するものであるから（法三七条一項八号、三八条）、右特約に基づき発生した損害賠償債権又は違約金債権は、特段の事情がない限り、『その取引により生じた債権』に該当することは明らかである。」と判示した。本判決は、「その取引により生じた債権」について、「宅地建物取引業に関する取引を原因として発生した債

権」と述べているに過ぎず、上記の学説上の論争に決着をつけるに至ってはいない。伊藤壽英「弁済業務保証金の対象となる債権の範囲」商法（総則・商行為）判例百選〈第三版〉〔別冊ジュリスト一六四号〕一六九頁。

2　情報の開示

金融商品取引業者は、事業年度ごとに、内閣府令で定める様式により、事業報告書を作成し、毎事業年度経過後三か月以内に、これを内閣総理大臣に提出しなければならない（金商法四六条の三第一項・四七条の二）(1)。金融商品取引業者のうち第一種金融商品取引業者の事業年度は、四月一日から翌年三月三一日までとされている（金商法四六条）。金融商品取引業者のうち会社である者が事業報告書を作成する場合には、一般公正妥当と認められる企業会計の慣行に従わなければならない（金商業等府令一七二条二項・一八二条二項）。会社でない金融商品取引業者では、一般に公正妥当と認められる会計の慣行に従う（金商業等府令一八二条三項）。

金融商品取引業者のうち第一種金融商品取引業を行う者は、事業報告書のほか、金融商品取引業者の業務または財産の状況に関する報告書を内閣総理大臣に提出しなければならない（金商法四六条の三第二項）(2)。内閣総理大臣は、公益または投資者の保護のため必要かつ適当であると認めるときは、金融商品取引業者に対して、政令で定めるところにより、事業報告書の全部または一部の公告を命ずることができる（金商法四六条の三第三項）。第一種金融商品取引業者は不特定かつ多数の投資者と取引するものであることから、投資者に金融商品取引業者の業務および財産の状況を知らしめ、その金融商品取引業者と取引するか否かの判断をなさしめうるようにするものである(3)。

金融商品取引業者のうち第一種金融商品取引業を行う者は、事業年度ごとに、業務および財産の状況に関する事項として内閣府令で定めるもの(4)を記載した説明書を作成し、毎事業年度終了の日以降三か月間を経過した日から一年間、これをすべての営業所または事業所に備え置き、公衆の縦覧に供しなければならない（金商法四六条の四、金商令一六条の一七、金商業等府令一七四条）。第一種金融商品取引業を行わない金融商品取引業者は、事業年度ごとに、事業報告書に記載されている事項のうち投資者保護のため必要と認められるものとして内閣府令で定めるもの(5)を記載した説明書を作成し、毎事業年度経過後三か月間を経過した日から一年間、これをすべての営業所または事業所に備え置き、公衆の縦覧に供しなければならない（金商法四七条の三、金商令一六条の一七、金商業等府令一八三条）(6)。

金融商品取引業者は、内閣府令で定めるところにより、その業務に関する帳簿書類を作成し、これを保存しなければならない（金商法四六条の二・四七条）(7)。これらの書類は、金融商品取引業者の内部統制を可能ならしめるとともに、金融庁の職員による金融商品取引業者の検査を実効的に行わせるのに役立つものである(8)。

なお、内閣総理大臣は、公益または投資者保護のため、必要かつ適当であると認めるときは、金融商品取引業者等、これと取引をする者、当該金融商品取引業者の子会社（総株主等の議決権の過半数を保有する銀行等）、金融商品取引業者等を子会社とする持株会社もしくは金融商品取引業者等から業務の委託を受けた者に対し、その金融商品取引業者等の業務もしくは財産に関し参考となるべき報告もしくは資料の提出を命じ、または、その職員をしてその金融商品取引業者などの業務もしくは財産の状況もしくは、帳簿その他の物件を検査させることができる（金商法五六条の二第一項）。さらに、内閣総理大臣は、公益または投資者保護のため、必要かつ適当であると認めるときは、金融商品取引業者（第一種金融商品取引業または投資運用業を行う者に限り、外国法人を除く）の主要株主または金融商品取引業者を子会社とする持株会社の主要株主に対しても、報告の徴取または検査を実施することが認められている（金商法五六条の二第二項）。金融商品取引業者の登録取消しなどの処分等の行政処分をするための資料を得ることを目的として、これらの権限が行使される(9)。

（1）　事業報告書の作成については、金商業等府令第一二号様式により作成しなければならない（金商業等府令一七二条一項・一八二条一項）。事業報告書には、「業務の状況」（①登録年月日および登録番号、②行っている業務の種類、③苦情処理および紛争解決の体制、④加入している投資者保護基金、金融商品取引業協会および金融商品取引所ならびに対象事業者となっている認定投資者保護団体、⑤当期の業務概要、⑥株主総会決議事項の要旨、⑦役員および使用人の状況、⑧営業所の状況、⑨株主の状況、⑩業務の状況（有価証券の売買の状況、有価証券の売買の媒介等の状況、有価証券に関連する市場デリバティブ取引の状況、店頭デリバティブ取引等の状況、有価証券に関連する外国市場デリバティブ取引の状況、有価証券の引受け・売出しならびに特定投資家向け売付け勧誘等ならびに有価証券の募集・売出しおよび私募の取扱いならびに特定投資家向け売付け勧誘等の取扱いの状況、有価証券の貸借等の状況）、⑪自己資本規制比率の状況、⑫分別管理の状況、⑬区分管理の状況、⑭特定有価証券等管理行為にかかる分別管理の状況、⑮自ら行った委託者指図型投資信託および外国投資信託の受益証券等の募集等にかかる業務の状況、⑯みなし有価証券の売買等の状況、⑰有価証券に関連しない市場デリバティブ取引および外国市場デリバティブ取引の状況、⑱金融商品取引法施行令一条の一二にかかげる業務の状況、⑲投資運用業にかかる内部管理の状況、⑳投資一任契約にかかる業務の状況、㉑投資信託、外国投資信託および投資法人に関する資産の運用にかかる業務の状況、㉒金融商品取引法二条八項一五号に掲げる行為にかかる業務の状況、㉓投資助言業務の状況、㉔代理・媒介業務の状況）と「経理の状況」（①貸借対照表、②損益計算書、③株主資本等変動計算書、④附属明細書）を記載しなければならない。

（2）　①関係会社に関する報告書（金商業等府令第一三号様式）、②国際業務に関する報告書（同第一四号様式）を、毎事業年度経過後の四か月以内に金融庁長官等に提出することを要する（金商業等府令一七三条）。

（3）　金融商品取引業者は、定時総会の会日の二週間前から、計算書類・事業報告およびこれらの附属明細書等を本店および支店に備え置いて、株主および会社債権者の閲覧または謄写に供しなければならない。計算書類は定時総会の招集の通知に際して株主に提供されなければならない（会社法四三七条）。これらの要請は、株主および会社債権者のためのものである。金融商品取引法が定める事業報告書の新聞紙に掲載して行う公告命令は、金融商品取引業者と取引することがある投資者の利益の保護を目的とする。

（4）　金融商品取引業者の概況および組織に関する事項（商号、登録年月日および登録番号、沿革および経営の組織、大株主の状況等）、金融商品取引業者の業務の状況に関する事項（直近の事業年度における業務の概要、直近の三事業年度における業務の状況に関する事項）、金融商品取引業者の直近の二事業年度における財産の状況に関する事項（貸借対照表、各事業年度終了の日における借入先・借入金額、保有する有価証券の取得価額・時価・評価損益、デリバティブ取引の契約価額・評価損益等）、金融商品取引業者の管理の状況に関する事項（内部管理の状況の概要等）、金融商品取引業者の子会社、関連会社の状況に関する事項（集団の構成、子会社等の商号・名称、本店、主たる事業所の所在地・資本金の額等）を記載することを要する（金商業等府令一七四条）。

（5）　内閣府令では、事業報告書に記載されている事項を説明書類として公衆縦覧するものとされている（金商業等府令一八三条二項）。

(6)　これらの説明書類については、常に、顧客の求めに応じ閲覧できる状態でなければならない。また、説明書類については、各金融商品取引業者が店舗に備え置いた日を確認するものとされている。なお、説明書類について法令に規定する事項に、各金融商品取引業者の判断で、開示すべき事項を追加することは妨げられない。金融商品取引業者監督指針Ⅲ―二―三―四(2)。

(7)　第一種金融商品取引業を行う金融商品取引業者は、金融商品取引法上作成が要求される書面等（①金融商品取引法三四条の二第三項、三四条の四第二項、三七条の三第一項、三七条の四第一項、四〇条の二第五項、四〇条の五第二項に規定する書面、②上場有価証券等書面、③金融商品取引法八〇条第一項三号に規定する目論見書、④契約変更書面、の写し、①金融商品取引法三四条の三第二項に規定する書面、②四三条の四第一項に規定する書面、③一五三条第一項七号イに規定する書面、注文伝票、決済措置の確認にかかる記録、決済措置適用除外取引の確認にかかる記録、取引日記帳、媒介または代理にかかる取引記録、有価証券等清算取次ぎにかかる取引記録、募集もしくは売出しまたは私募もしくは特定投資家向け売付け勧誘等にかかる取引記録、募集もしくは売出しの取扱いまたは私募もしくは特定投資家向け売付け勧誘等の取扱いにかかる取引記録、顧客勘定元帳、受渡有価証券記番号帳、保護預かり有価証券明細簿、分別管理監査の結果に関する記録、トレーティング商品勘定元帳、現先取引勘定元帳を作成しなければならない（金商業等府令一五七条一項）。また、私設取引システム運営を行う者は、当該業務にかかる取引記録、投資助言・代理業務を行う者は、投資顧問契約の内容・助言の内容を記載した書面、契約の解除があった場合の解除を行う旨の書面、投資顧問契約・投資一任契約の締結の代理・媒介にかかる取引記録、投資運用業を行う者は、契約の内容を記載した書面、運用報告書の写し、運用明細書、発注伝票等を作成しなければならない（金商業等府令一五七条一項）。第一種金融商品取引業を行わない金融商品取引業者が作成すべき帳簿書類の内容も規定されている（金商業等府令一八一条）。

(8)　金融商品取引業者が顧客の有価証券の売買等その他の取引に関し、受渡状況その他の顧客に必要な情報を適切に通知していないと認められる状況は監督官庁の是正命令の対象となる（金商法四〇条二号、金商業等府令一二三条八号）。

(9)　内閣総理大臣は、その他に、金融商品取引法一九二条に定める緊急停止命令の申立てに関し、報告もしくは資料の提出命令または検査権を行使することができるものと解される。

二　自己資本規制比率

1　自己資本規制比率の意義

金融商品取引業者の経営の健全性を監視するための指標として自己資本規制比率が用いられる。これは、金融商品取引業者の経営に伴うリスクに備え、将来生じうる損失に対応できるだけの自己資本を維持させようとするものである。金融商品取引業（第一種金融商品取引業に限る）への参入規制だけでなく、監督当局による監督命令の発動の際にも用いられる。(1)

自己資本規制比率は、①資本金、準備金その他の内閣府令で定めるものの額の合計額（自己資本）から②固定資産その他の内閣府令で定めるものの額の合計額（控除項目）を控除した額の、③保有する有価証券の価格の変動その他の理由により発生しうる危険に対応する額として内閣府令で定めるものの合計額（リスク相当額）に対する比率である（金商法四六条の六条一項）。すなわち、①自己資本の額から②控除項目を差し引いた額を分子に、③リスク相当額を分母として計算した比率（(①―②)／③）を一定以上に維持することを要求するものである。

金融商品取引業者の自己資本規制比率は、当初、大蔵省証券局の事務連絡として導入され、大蔵省の通達によって実施されてきた。平成四年の改正に際して、証券取引法上の制度とされた。そこでは、自己資本規制比率が一二〇パーセントを下回った場合に、業務の是正命令が発せられることとなっていた。(2) 平成一〇年の法の改正で、証券業の登録の要件として、一定の自己資本規制比率以上であることが求められた（平成一八年改正前証取法二八条の四第一項四号）。さらに、開業後、自己資本規制比率が低下した場合、法定の区分に応じて、監督官庁による命令が出されることとなっていた（平成一八年改正前証取法五六条の二）。金融商品取引法でも基本的に同様の規律が定められている。

（1）　銀行経営の健全性を判断する指標の一つとして自己資本比率規制がある。これは、保有する資産の額に応じ、一定割合の自己資本を確保するように求める規制である。銀行の場合には、自己資本比率規制とよばれ、金融商品取引業者の場合には、自己資本規制比率とよばれる。

（2）　通達の内容と証券取引法の改正については、証券取引法研究会「平成四年証券取引法の改正について(5)証券業務の規制（2）」インベストメント四六巻五号七一頁（山田）参照。

2　自己資本規制比率の算出方法

自己資本は、基本的項目と補助的項目からなる。前者は、資本金、新株申込証拠金、資本剰余金、利益剰余金(1)、その他有価証券評価差額金(2)、自己株式の合計額である（金商業等府令一七六条一項一号〜六号）。後者は、①有価証券評価差額金(3)、②金商業等府令一四条一項各号に掲げるもの(4)、③一般貸倒引当金(5)、④長期劣後債務(6)、⑤短期劣後債務(7)で、その合計額が基本的項目の額に達するまでのものをいう（金商業等府令一七六条一項七号）(8)。

自己資本から控除すべき項目は、貸借対照表の科目その他のもので、①固定資産(9)、②繰延資産、③流動資産のうち、預託金、顧客への立替金(10)、関係会社に対する短期貸付金(11)、前払金、前払費用(12)、④保有する有価証券(13)のうち、関係会社が発行した有価証券(14)、他の会社または第三者が発行したコマーシャル・ペーパーまたは社債券(15)、特別の法律により設立された法人の発行する出資証券（金商法二条一項六号）、協同組織金融機関の発行する優先出資証券または優先出資引受権証書（金商法二条一項七号）、資産流動化法に規定する優先出資証券または新優先出資引受権を表示する証券（金商法二条一項八号）、株券または新株予約権証券（金商法二条一項九号）、新株予約権付社債券および外国または外国法人の発行する証券または証書（金商法二条一項一七号）でこれらの有価証券の性質を有するもの(16)、⑤第三者のために担保に供されている資産である（金商業等府令一七七条一項）。

自己資本規制比率を算定する際の分母を構成するリスク相当額は、有価証券の価格の変動その他の理由により発生し得る危険に対応する額であり、市場リスク相当額、取引先リスク相当額および基礎的リスク相当額がある（金商業等府令一七八条一項）。

市場リスク相当額は、保有する有価証券等の価格の変動その他の理由により発生しうる危険に相当する額をいう（金商業等府令一七八条一項一号）。これは、保有する有価証券等について、標準的方式または内部管理モデル方式により算出される（金融庁告示「金融商品取引業者の市場リスク相当額、取引先リスク相当額及び基礎的リスク相当額の算出の基準等を定める件」（以下、「告示」という）三条一項）。金融商品取引業者は、合理的な理由がある場合には、リスク・カテゴリーごと、[17]業務の種類ごとまたは一般市場リスクおよび個別リスクごとに、標準的方式または内部管理モデル方式を選択して、市場リスク相当額を算出することができる。この場合においては、それぞれの方式により算出した額の合計額をリスク相当額としなければならない（告示三条四項）。

標準的方式を用いて算出する市場リスク相当額は、株式リスク相当額[18]、金利リスク相当額[19]、外国為替リスク相当額[20]およびコモディティ・リスク相当額の合計額である（告示四条一項）。内部管理モデル方式を用いて算出する市場リスク相当額[21]は、バリュー・アット・リスク（VaR）に乗数（告示一〇条に掲げる超過回数の区分に応じ同表に定める率）を乗じて得た額である（告示一〇条一項）[22]。金融商品取引業者は、内部管理モデル方式を用いようとするときは、金融庁長官の承認を受けなければならない（告示一一条）[23]。

取引先リスク相当額は、取引の相手方の契約不履行その他の理由により発生しうる危険に相当する額をいう（金商業等府令一七八条一項二号）。それは取引または資産等の区分に応じ、与信相当額として定める額にリスク・ウエイトとして定める率を乗じて得た額の合計額として算出される（告示一五条一項）。

基礎的リスク相当額は、事務処理の誤り等日常的な業務の遂行上発生しうる危険に相当する額をいう（金商業等府令一七八条一項三号）。基礎的リスク相当額は、計算を行う日の属する月の前々月以前一年間の各月の営業費用（販売費・一般管理費および金融費用（現先取引費用を除く））の額の合計額に四分の一を乗じて得た額とする（告示一六条一項）。

（1）　社外流出予定額（配当および役員賞与の予定額）を除く。

（2）貸借対照表の純資産の部に計上されるその他有価証券の評価差額が負となる場合における当該評価差額をいう。
（3）貸借対照表の純資産の部に計上されるその他有価証券の評価差額が正となる場合における当該評価差額をいう。
（4）他に行っている事業に関し法令の規定により負債の部に計上することが義務づけられている引当金または準備金のうち利益留保性の引当金または準備金の性質を有するものがある場合は、当該引当金または準備金。
（5）流動資産に属する資産にかかるものに限る。
（6）劣後特約付借入金または劣後特約付社債であって、①担保が付されていないこと、②契約時または発行時における借入期間または償還期間が五年を超えるものであること、③期限前弁済または期限前償還の特約が付されている場合には、当該期限前弁済が債務者である金融商品取引業者の任意によるものであり、かつ、当該金融商品取引業者が当該期限前弁済等を行うことについて金融庁長官の承認を受けたときに限り、当該期限前弁済等を行うことができるものであること、④金融商品取引業者がその利金を支払うことにより、金融商品取引法四六条の六第二項の規定（自己資本規制比率が一二〇パーセントを下回ることを禁止する規定）に違反することとなる場合には、当該利金の支払いを行わない旨の特約が付されていることという性質をすべて有するものをいう（金商業等府令一七六条二項）。なお、残存期間が五年以内になったものにあっては、毎年、残存期間が五年になった時点における額の二〇パーセントに相当する額を累積的に減価したものに限る（金商業等府令一七六条一項七号ニ）。
（7）劣後特約付借入金または劣後特約付社債であって、①担保が付されていないこと、②契約時または発行時における借入期間または償還期間が二年以上のものであること、③期限前弁済等の特約が付されている場合には、当該期限前弁済等が債務者である金融商品取引業者の任意によるものであり、かつ、当該金融商品取引業者が当該期限前弁済等を行うことについて金融庁長官の承認を受けたときに限り、当該期限前弁済等を行うことができるものであること、④金融商品取引業者がその利金を支払うことにより、金融商品取引法四六条の六第二項の規定（自己資本規制比率が一二〇パーセントを下回ることを禁止する規定）に違反することとなる場合には、当該利金の支払いを行わない旨の特約が付されていることという性質をすべて有するものをいう（金商業等府令一七六条三項）。
（8）④にあっては、基本的項目の額の五〇パーセントに相当する額を限度とし、⑤にあっては、基本的項目の額から控除資産の額を控除した額の二〇〇パーセントに相当する額を限度とする（金商業等府令一七六条一項七号）。この規制は、平成一三年の法改正で定められた。それまでは、劣後債務について長期債務と劣後債務の区別はなかった。また、劣後債務は、基本的項目と同額まで取り入れることが可能であった。しかし、一部の業者で、リスクを伴う取引をするたびに短期間で劣後債務を取り入れてすぐに返済する行為が多く見られたため、現行法のように規制が改められた。河本一郎＝関要監修・逐条解説証券取引法〔第三版〕六四二頁

（平成二〇年）。

(9)　その他有価証券のうち、①金融商品取引所（これに類似するもので外国に所在するものを含む）に上場されている有価証券、②店頭売買有価証券登録原簿（これに類似するもので外国に備えられるものを含む）に登録されている有価証券、③国債証券を除く（金商業等府令一七七条一項一号）。

(10)　期間が二週間未満のものを除く。

(11)　連結会社を除く。

(12)　金融機関、信託会社、金融商品取引業者へのコール資金の貸付けおよび国内の金融機関または金融商品取引業者が振り出した為替手形の購入にかかるものを除く。

(13)　信託財産をもって保有する有価証券を含む。

(14)　連結会社が発行した短期社債、コマーシャル・ペーパー、引受けにより取得したもので保有期間が六か月を超えないものおよび売買の状況にかかわらず意図的に関係会社への資金提供を目的とした保有でないことが明らかなものを除く。

(15)　金融商品取引業者が当該他の会社から資本調達手段を受け入れている場合であって、当該金融商品取引業者が意図的に保有しているものに限る。

(16)　上場有価証券、店頭売買有価証券および引受けにより取得したもので保有期間が六か月を超えないものを除く。

(17)　ここにいうリスク・カテゴリーは、株式リスク、金利リスク、外国為替リスクおよびコモディティ・リスクに分けられる（告示三条五項）。株式リスクは、株価の変動による株券、新株予約権付社債券その他の有価証券等およびこれらの派生商品ならびにこれらのオフ・バランス取引にかかるポジション（以下、株券等）の価格の変動により発生しうる危険をいう。金利リスクは、金利の変動による債券、譲渡性預金の預金証書、普通株式への転換権のない優先株式にかかる株券その他の有価証券等およびこれらの派生商品ならびにこれらのオフ・バランス取引にかかるポジション（以下、債券等）の価格の変動により発生しうる危険をいう。外国為替リスクは、外国為替相場の変動による外国為替、金、外貨建ての有価証券等およびこれらの派生商品ならびにこれらのオフ・バランス取引にかかるポジション（以下、外国為替等）の価格の変動により発生しうる危険をいう。コモディティ・リスクは、石油、金属（金を除く）、農林水産物およびこれらの加工物ならびにこれらの派生商品ならびにこれらのオフ・バランス取引にかかるポジション（以下、コモディティ等）の価格の変動により発生しうる危険をいう。

(18)　株式リスク相当額は、株券等について、それぞれの国ごとに算出した一般市場リスク相当額ならびに個別リスク相当額および告示五条五項により算出した額の合計額である（告示五条一項）。この場合、同一の銘柄のロング・ポジションとショート・ポジションは相殺することができる（告示五条二項）。右の一般市場リスク相当額は、すべてのロング・ポジションの時価額とすべてのショート・ポジションの時価額との差の絶対値に八パーセントを乗じて得た額とする（告示五条三項）。また、個別リスク相当額は、銘柄ごとのロング・ポジションまたはショート・ポジションの時価額に、告示六条四項に掲げる区分に応じ同表に定める率を乗じて得た額の合計額とする（告示五条四項）。

(19)　金利リスク相当額は、債券等について、それぞれの通貨ごとに算出した一般市場リスク相当額および個別リスク相当額の合計額である（告示六条一項）。発行者、表面利率、通貨および満期が等しい同一の債券等のロング・ポジションとショート・ポジションは相殺することができる（告示六条二項）。右の一般市場リスク相当額は、①すべてのロング・ポジションにかかるリスク相当額とすべてのショート・ポジションにかかるリスク相当額との差の絶対値、②ⅰ各期間帯内のロング・ポジションにかかるリスク相当額とショート・ポジションにかかるリスク相当額の対当額（ロング・ポジションにかかる額またはショート・ポジションにかかる額のいずれか少ない額）、ⅱ各ゾーン内のネット・ポジションの額（期間帯ごとのロング・ポジションにかかるリスク相当額とショート・ポジションにかかるリスク相当額との差）の対当額、ⅲ各ゾーン間のネット・ポジションの額（ゾーンごとのロング・ポジションにかかるリスク相当額とショート・ポジションにかかるリスク相当額との差）の対当額に、表に掲げる区分に応じ同表に定める率を乗じて得た額の合計額である（告示六条三項）。一般市場リスク相当額は、マチュリティ法またはデュレーション法により算出されなければならない（告示六条四項）。マチュリティ法により算出されたリスク相当額は、個々の債券等ごとに、ロング・ポジションまたはショート・ポジションの時価額に、表に掲げる期間帯（債券等を残存期間又はつぎの金利更改日までの期間により分類したものをいう）の区分に応じ同表に定める率を乗じて得た額で、デュレーション法により算出されたリスク相当額は、個々の債券等ごとに、ロング・ポジションまたはショート・ポジションの時価額に、価格感応度（債券等ごとに、表に掲げるデュレーション（キャッシュ・フローが発生するまでの期間についてキャッシュ・フローの現在価値により加重平均することにより得られる期間をいう）の区分に応じ同表に定める想定金利変動幅に対する当該債券等の価格感応度として計測したものをいう）を乗じて得た額となる（告示六条四項）。なお、個別リスク相当額は、発行者ならびに配当および残余財産の分配にかかる順位が同一の債券等ごとのロング・ポジションまたはショート・ポジションの時価額に、表に掲げる区分に応じ同表に定める率を乗じて得た額のうちいずれか多い額の合計額とする（告示六条六項）。

(20)　外国為替リスク相当額は、外国為替等について、①通貨ごとのネット・ポジションの額（ネット直物ポジションの額（未収利息および未払利息を含む通貨ごとの資産と負債の差額）とネット先物ポジションの額（通貨スワップの元本のうち直物ポジションに含まれないものを含む先物外国為替取引の将来の受取額と将来の支払額の差額）、保証債務および保証予約の額の取引先リスク相当額の合計額）について、すべてのロング・ポジションの額またはすべてのショート・ポジションの額のいずれか多い額、②金のネット・ポジションの額（標準的な測定単位で表示し円貨に換算するもの）の合計額に八パーセントを乗じて得た額とする（告示八条）。

(21) コモディティ・リスク相当額は、コモディティ等について、コモディティ等ごとに算出した①ネット・ポジションの額に一五パーセントを乗じて得た額および②ロング・ポジションの額およびショート・ポジションの額の合計額に三パーセントを乗じて得た額の合計額とする（告示九条一項）。コモディティ・リスク相当額の算出にあたっては、同一のコモディティ等のロング・ポジションおよびショート・ポジションについて、直近の一年間またはそれ以上の期間の価格変動の間の相関係数が一〇分の九以上である場合には当該ポジションの対当額を相殺することができる（告示九条二項）。

(22) ＶａＲ（バリュー・アット・リスク）は、ある期間および危険率を前提として推定した資産価値変動分布において損失額がある値以上となる確率が危険率に等しくなるときの当該値をいう（告示一条四三号）。確率的な考え方を用いて算出される予想損失額の範囲を意味する。ポジションをある一定の期間保有すると想定した場合の予想損益は、確率的な分布を示すが、ＶａＲは、この予想損失額がＶａＲ値を超えてしまう確率が危険率と等しくなるように設定された予想損失額の範囲である。河本＝関監修・前掲注(8)六四七頁。

(23) 承認の基準については、告示一三条参照。

3　自己資本規制比率の維持と監督命令

金融商品取引業者は、毎月末の自己資本規制比率に関する届出書を、翌月二〇日までに内閣総理大臣（金融庁長官）に提出することを要する（金商法四六条の六第一項、金商業等府令一七九条二項）[1]。金融商品取引業者は、毎年三月、六月、九月および一二月の末日における自己資本規制比率を記載した書面を作成し、当該末日から一か月を経過した日から三か月間、すべての営業所に備え置き、公衆の縦覧に供しなければならない（金商法四六条の六第三項）。

金融商品取引業者は、自己資本規制比率が一二〇パーセントを下回ることがないようにしなければならない（金商法四六条の六第二項）。内閣総理大臣は、これに違反している場合において、公益または投資者保護のため必要かつ適当であると認めるときは、その必要の限度において、業務の方法の変更を命じ、財産の供託その他監督上必要な事項を命じることができる（金商法五三条一項）。さらに、内閣総理大臣は、金融商品取引業者の自己資本比率規制が一〇〇パーセントを下回る場合は、公益または投資者保護のため必要かつ適当であると認めるときは、その必要の限度において、三か月以内の期間を定めて、業務の全部または一部の停止を命じることができる（金商法五三条二項）。その上で、内閣総理大臣は、自己資本規制比率が一〇〇パーセントを下回り、右の業務停止命令の後、三か月を経過した日における同比率が引き続き一〇〇パーセントを下回り、かつ、その金融商品取引業者の自己資本規制比率の状況が回復する見込みがないと認められるときは、金融商品取引業の登録を取り消すことができる（金商法五三条三項）。

（1）　自己資本規制比率が、一四〇パーセント以下になった場合、そのつど、ただちに、内閣総理大臣に届出を要する（金商法四六条の六第一項、金商業等府令一七九条一項一号）。この場合、自己資本規制比率を維持するために自らとるべき具体的措置に関する計画書を添付しなければならない（金商業等府令一七九条四項一号）。なお、自己資本規制比率が、一四〇パーセント以上に回復した場合も届出を行う必要がある（金商法四六条の六第一項、金商業等府令一七九条一項二号）。

三　金融商品取引業者の主要株主規制

1　主要株主規制の意義

金融商品取引業者のうち、第一種金融商品取引業または投資運用業を行う者は株式会社でなければならない（金商法二九条の四第一項五号イ）。株式会社組織により業務が行われることで、株主の監視の下、適切な業務の運営が期待される。金融商品取引業に参入規制が課せられているのは、国民経済の観点からみた金融商品市場の重要性や投資者保護の必要性から、金融商品取引の仲介を行う金融商品取引業者の資質を確保するためのものである。同様の観点から、金融商品取引業者の資質をより向上させ、経営の健全性をはかるために、金融商品取引業者の株主に特別の規制が定められている。

平成一八年改正前の証券取引法の下では、証券会社について主要株主規制が規定されていた(1)。証券会社に先駆けて、銀行について、平成一三年の銀行法の改正で、主要株主規制が定められた。これは、異業種からの銀行業への参入の動きに対応して整備されたものである。(2)銀行株式の保有については、いわゆる「機関化」現象が懸念される。すなわち、銀行は大衆から預金を集めることができるため、大株主は、その影響力を行使して、預金を自らの事業資金に転用する危険性がある。このような資金の転用により、銀行経営が破綻した場合、信用秩序が害されることが考えられる。預金者保護のために預金保険制度が存在する。銀行制度の濫用はかかるセーフティ・ネットの悪用、すなわち、モラル・ハザードを引き起こすこととなる。これらのことから、銀行の主要株主について行政によるチェックが行き届くことには合理性がある。

同様に、金融商品取引業者の主要株主が金融商品取引業者を悪用する危険性の有無が検討されなければならない。金融商品取引業者は預金の取扱いを行わない。しかし、金融商品取引業者に預託された証券や資金の流用を、大株主が影響力を行使して行う危険性は存在している。この点については、分別保管の制度やその不備の場合に備えるものとして投資者保護基金の制度が存在している。セーフティ・ネットの悪用についても預金保険制度ほど深刻ではない。経営破たんの場合の影響が銀行と金融商品取引業者で異なることは、参入規制で、免許制と登録制に区別されていること、兼業規制の違いからも明らかである。したがって、金融商品取引業者の経営に影響を与える大株主のチェックは必要ではあるものの、銀行ほどに厳しくする必要性はない。このことから、株主規制については、金融商品取引業者の規制は銀行と比べて軽減されている。(3)

(1)　証券会社の主要株主規制は、「経営に実質的に影響力を有する主要株主について、適格性を確認する制度を導入すること」で、「国民からの一層の信頼確保を図る」ために制定された（金融審議会第一部会報告「証券市場の改革促進」（平成一四年一二月一六日）。

(2)　金融審議会第一部会報告「銀行業等における主要株主に関するルール整備及び新たなビジネス・モデルと規制緩和等について」

（平成一二年一二月二日）では、かかる主要株主規制は、「銀行機能を悪用することを意図する不適格な者を排除することにより、銀行業への信認、ひいては金融システムの安定性の向上にも役立つ」としている。

（3）　銀行の議決権の一〇〇分の五を超える議決権の保有者には届出が要求されている（銀行法五二条の二の一一）が、金融商品取引業者の株主についてはかかる規制は存在しない。また、銀行の議決権の一〇〇分の二〇を超える保有には監督官庁の認可が要求される（銀行法五二条の九）が、金融商品取引業者の同量の議決権の保有については届出で足りる。さらに、銀行の議決権の一〇〇分の五〇を超える議決権の保有者に対しては、内閣総理大臣は、銀行の業務の健全かつ適切な運営を確保するために特に必要があると認めるときは、その必要の限度において、当該銀行の経営の健全性を確保するための改善計画の提出、提出された改善計画の変更、その必要の限度において監督上必要な措置を命じることができる（銀行法五二条の一四）。金融商品取引業者の主要株主については、かかる規定は存在しない。もっとも、後述するように、平成二一年の改正で、金融商品取引業者の議決権の一〇〇分の五〇を超える議決権の保有者（特定主要株主）について、改善措置命令等が規定されることとなった。

2　主要株主の定義

金融商品取引法は、第一種金融商品取引業または投資運用業を行う金融商品取引業者（会社）の株主のうち、総株主等の議決権の一〇〇分の二〇以上を保有している者について特別の規制を定めている（金商法二九条の四第二項）。一〇〇分の二〇という保有基準は、「会社の財務及び業務の方針の決定に対して重要な影響を与えることが推測される事実として内閣府令で定める事実」がある場合は一〇〇分の一五となる。内閣府令では、①役員もしくは使用人である者（またはこれらであった者）で、会社の財務および営業・事業の方針の決定に関して影響を与えることができるものが、当該会社の取締役・執行役またはこれらに準ずる役職に就任していること、②会社に対して重要な融資を行っていること、③会社に対して重要な技術を提供していること、④会社との間に営業上・事業上の重要な取引があること、⑤その他会社の財務および営業・事業の方針の決定に対して重要な影響を与えることができることが推測される事実が存在することが定められている（金商業等府令一五条）。これらは、財務諸表等規則に規定している、「他の会社等の財務及び営業又は事業の方針の決定に対して重要な影響を与えることができる場合」（財務諸表規則八条六項二号）

とほぼ同じ内容である。

「保有の態様その他の事情を勘案して内閣府令で定めるもの」に該当すれば、その議決権数は、保有割合の計算において除かれる（金商法二九条の四第二項）。この点について、内閣府令が詳細を規定している（金商業等府令一六条）。これらを除外して計算される議決権は「対象議決権」とよばれる。

主要株主の定義における対象議決権について、①金銭の信託契約その他の契約または法律の規定にもとづき、会社の対象議決権を行使することができる権限または当該議決権の行使について指図を行うことができる権限を有する場合の当該対象議決権、②株式の所有関係、親族関係その他政令で定める特別の関係にある者が会社の対象議決権を保有する場合の当該特別の関係にある者が保有する当該対象議決権については、これを保有しているものとみなす旨が規定されている（金商法二九条の四第四項）。②は、他の者が保有している議決権についても、その者との親密な関係から、共同に保有しているとみなすものである。株式の所有関係、親族関係のほか、「特別の関係」は、(i)対象議決権をその者と共同で保有し、または対象議決権をその者と共同で行使することを合意している者（共同保有者）、(ii)その配偶者、(iii)その被支配会社（会社の総株主等の議決権の一〇〇分の五〇を超える議決権を保有している者）、(iv)その支配株主等、(v)その支配株主等の他の被支配会社との関係とされている（金商令一五条の一〇第一項）。これにより、(i)AとBとが共同で議決権を保有または行使することに合意している場合、(ii)CとDが夫婦である場合、(iii)EがFの子会社である場合、(iv)GがHの親会社である場合、(v)IがJとKの親会社である場合、AB、CD、EF、GH、JKとが「特別の関係」にあることとなり、それぞれが保有する対象議決権の数が合算される。[1] かかる共同保有の考え方については、株券等の大量保有報告制度（五パーセント・ルール）でも採用されているものである（金商法二七条の二三第五項・六項、金商令一四条の七）。

証券取引法では、他の主要株主規制は、平成一五年の改正で導入された。もっとも、平成一五年以前から、主要株主の概念を使用していた。すなわち、たとえば、証券取引法（金融商品取引法）一六三条では、「総株主の議決権の一〇〇分の一〇以上の議決権を保有している株主」を「主要株主」としている。平成一五年の改正後も、この規定は維持されている。したがって、金融商品取引法では、「主要株主」という場合、二つのものが存在することに留意が必要である。(2)

(1)　AとBが合計で一〇〇分の五〇を超える議決権を保有している場合は、それぞれ支配株主等とみなされる（金商令一五条の一〇第二項・四項）。大量保有報告書を提出すべき保有者の判定（金商法二七条の二三第三項）等では、他人名義、仮設人名義のものが含まれる旨が明記されているが、ここでは、そのような規定は定められていない。高橋康文編・詳解証券取引法の証券仲介業者、主要株主制度等一七九頁（平成一六年）は、「これは、他人名義や仮設人名義のものを含めないとする趣旨ではなく、他人名義、仮設人名義であっても実際に保有している者が保有者であることを前提に条文が設けられていることが一般的であるから、確認的な規定としても明文の規定が設けられなかったに過ぎない。」と述べている。

(2)　銀行法においても、証券取引法に先駆けて主要株主規制が導入された。同法で使用する「銀行主要株主」については、統一の定義規定が定められている（銀行法二条一〇項）。証券取引法（金融商品取引法でも同様）の定義規定（二条）に主要株主の定義が定められなかったのは（金商法二九条の四第二項に規定がある）、従来の主要株主の概念と整理が問題になるからと推察される（銀行法には、金融商品取引法一六三条のような別の主要株主の概念は存在しない）。

3　主要株主の届出

第一種金融商品取引業または投資運用業を行う金融商品取引業者の主要株主となった者は、内閣府令に定めるところにより、対象議決権保有割合、保有の目的その他内閣府令で定める事項を記載した対象議決権保有届出書を、遅滞なく、内閣総理大臣に提出しなければならない（金商法三二条一項）。(1) 大量保有報告制度における大量保有報告書の提出が、原則として、「大量保有者となった日から五日以内」とされている（金商法二七条の二三第一項）のに対して、対象議決権保有届出書は、主要株主となったとき、「遅滞なく」提出が要求される。この点、臨時報告書と同じ書きぶりとなっている（金商法二四条の五第四項参照）。

主要株主となった者は、先に述べた主要株主に関して定められている金融商品取引業の登録拒否事由（金商法二八条の九第一項五号ニ・ホ）に該当しないことを誓約する書面を対象議決権保有届出書に添付しなければならない（金商法三二条二項）。金融商品取引業の登録のときに拒否事由は存在しなかった（したがって、登録は認められた）が、開業後、登録拒否事由が発生した場合に、当然に、登録が取り消されるわけではない。(2) したがって、後日、登録拒否事由のある者が金融商品取引業者の主要株主になったとしても、登録の取消し等の行政処分を行うことはできない。対象議決権保有届出書の提出の際に、登録拒否事由があるにもかかわらず、それがない旨の宣誓書を提出した場合は、刑事制裁がある（金商法二〇五条九号）。(3) また、登録拒否事由があるために、それがない旨の宣誓書を提出しない場合にも、同様の刑事制裁がある（金商法二〇五条九号）。金融商品取引法は、このような方法で、拒否事由がある者が主要株主になることを防止しているものと考えられる。

なお、金融商品取引業者の主要株主となった段階では登録拒否事由が存在していなかったものの、その後、当該事由が発生した場合が問題となる。金融商品取引法は、内閣総理大臣は、三か月以内の期間を定めて、主要株主でなくなるための措置その他必要な措置をとることを命じることができると定めている（金商法三二条の二）。主要株主でなくなるための措置としては、保有する株式の売却命令が考えられる。(4)

金融商品取引業者の主要株主が主要株主でなくなったときは、遅滞なく、その旨を内閣総理大臣に届け出なければならない（金商法三二条の三）。

内閣総理大臣は、公益または投資者保護のため、必要かつ適当と認めるときは、金融商品取引業者の主要株主または金融商品取引業者を子会社とする持株会社の主要株主に対して、金融商品取引法三二条から三二条の三までの届出もしくは措置もしくは当該金融商品取引業者の業務もしくは財産に関し参考となるべき報告もしくは資料の提出を命じることができる（金商法五六条の二第二項）。さらに、主要株主の書類その他の物件の検査権限も付与している。

（1）平成一五年の改正では、条文では、「証券会社の株主」が主要株主となったときに、届出が要請されていた。これを厳格に読めば、それまで証券会社の株式を保有していなかった者（株主ではない）が、主要株主になった場合には届出が不要と解される余地があった。かかる問題の指摘については、証券取引法研究会「平成一五年の証券取引法等の改正Ⅳ—金融商品取引業者・証券取引所の規制」平成一五年の証券取引法等の改正〔別冊商事法務二七五号〕五七頁・六三頁（川口）（平成一六年）。平成一六年の改正で現行法のように改められた。

（2）金融商品取引法五二条一項は、登録拒否事由が発生した際に、監督上の処分ができる場合を列挙しており、そこには、主要株主に関するものは存在しない。

（3）六か月以下の懲役もしくは五〇万円以下の罰金、またはこれらが併科される。

（4）「その他必要な措置」としては、主要株主としての地位を維持させたまま、登録拒否事由を治癒するための措置を命じるというものが考えられる。たとえば、個人である主要株主が被後見人で、その法定代理人が禁錮刑以上の刑に処せられた場合、登録拒否要件が発生する（金商法二九条の四第一項五号ニ）。この場合、すぐに株式の売却を命令するのではなく、法定代理人の変更を命じることが考えられる。また、法人である主要株主が出資法違反で罰金刑に処せられた場合（金商法二九条の四第一項五号ホに該当する）、株式の売却命令に代えて、担当者の処分や、業務の改善命令などを出すことが考えられる。証券取引法研究会・前掲注（1）五七頁（川口）。

4　特定主要株主の規制

これまで述べてきた主要株主の規制は、原則として、一〇〇分の二〇以上の議決権を保有する者に対するものである。そこでは、主要株主としての届出義務と、主要株主としての適格性を満たさなくなった場合の株式売却命令等が定められている。金融商品取引業者の主要株主は、当該金融商品取引業者の業務運営に大きな影響を与えうるものである。たとえば、主要株主の財務悪化により傘下の金融商品取引業者の資金繰りが困難となるおそれや、主要株主における法令違反や利益相反行為が金融商品取引業者の経営に影響を及ぼす危険性がある。さらに、実際に、金融商品取引業者の経営を支配する株主による不適切な影響力行使にもとづき、金融商品取引業者が顧客資産を流用し、当該株主の関係会社に対して資金提供を行っていた等の例も見られた（1）。そのため、平成二二年の改正で、金融商品取引業者の主要株主規制を強化することとなった。具体的には、金融商品取引業者の議決権の過半数を保有する主要株主に届出義務を課すとともに、内閣総理大臣に業務運営または財産状況の改善に必要な措置を命じる権限が与えられた。

第一種金融商品取引業者および投資運用業者の総株主等の議決権の一〇〇分の五〇を超える対象議決権を保有している者は「特定主要株主」となる（金商法三二条四項）。金融商品取引業者の特定主要株主以外の主要株主が特定株主となったときは、遅滞なく、その旨を内閣総理大臣に届け出なければならない（金商法三二条三項）。主要株主は、はじめて主要株主となった時点でその届出を要する。さらに、その後、議決権の過半数を保有するに至った段階で、改めて特定主要株主となった旨の届出が必要となる。(2) なお、はじめて主要株主として届出を行った時点ですでに議決権の過半数を保有していた者については、議決権の過半数を保有しなくなった場合を除き（金商法三二条の三第二項参照）、その後の、議決権保有割合の変動について、改めて届出を行う必要はない。

主要株主のうち、特定主要株主について新たに届出義務を課すのは、金融商品取引業者の議決権の過半数を保有する株主は、当該金融商品取引業者の経営を支配していると考えられ、それに対する不適切な影響力の行使が懸念されるためである。内閣総理大臣は、特定主要株主の業務・財産の状況またはその子法人等の財産の状況に照らして公益または投資者保護のため特に必要があると認めるときは、その必要の限度において、特定主要株主に対して、金融商品取引業者の業務運営または財産状況の改善に必要な措置を命じることができる（金商法三二条の二第二項）。これにより、内閣総理大臣は、特定主要株主による金融商品取引業者に対する不適切な影響力の行使を止めるように命令することができる。(3)

改善措置命令が出されたにもかかわらず、特定主要株主がそれに従わない場合、内閣総理大臣は、当該特定主要株主に対して、三か月以内の期間を定めて、(4) 当該金融商品取引業者の主要株主でなくなるための措置その他必要な措置をとることを命じることができる（金商法三二条の二第三項）。(5) そこでは、特定主要株主でなくなるための措置ではなく、主要株主でなくなるための措置が命じられる。したがって、特定主要株主は、金融商品取引業者に関する保有議決権が総議決権の一〇〇分の二〇未満となるように、保有株式の売却等を行わなければならない。

特定主要株主については、金融商品取引業者への影響力が大きいことから、監督当局による特別の監視が行われる。保有株式の売却等により、金融商品取引業者に対する影響力が縮減されたならば、さらなる監視は不要となる。そのため、金融商品取引業者の特定主要株主は、特定主要株主以外の主要株主となったときは、遅滞なく、その旨を内閣総理大臣に届け出ることが義務づけられる（金商法三二条の三第二項）。なお、特定主要株主が一〇〇分の二〇以上の議決権を保有しなくなった場合には、特定主要株主でなくなった旨の届出（金商法三二条の三第二項）ではなく、主要株主でなくなった旨の届出（金商法三二条の三第一項）を行うことになる。

（1）　寺田達史他・逐条解説・二〇一〇年金融商品取法改正四五頁（平成二二年）。
（2）　対象議決権の過半数を「保有」するかどうかの判定は、主要株主についての規定（金商法二九条の四第四項）が準用される（金商法三二条五項）。したがって、株主と特別の関係にある者が保有する対象議決権等は当該株主が保有するものとみなされる。
（3）　対象議決権の保有の計算において、子会社の保有する議決権は、自らが保有するものと見なされることから、金融商品取引業者を子会社とする持株会社の特定主要株主は、金融商品取引業者自身の特定主要株主にも該当する。そのため、金融商品取引業者を子会社とする特定主要株主は、金融商品取引業者自身の特定主要株主として改善措置命令の対象となる。
（4）　「三か月」という期限は、特に、非上場の金融商品取引業者について、その株式の売却先を選定するために一定の時間を要することを考慮して設けられた。寺田他・前掲注（1）九六頁。
（5）　銀行法においても、議決権の過半数を保有する主要株主に対して、銀行の業務の健全かつ適切な運営を確保するための処置命令が規定されている（銀行法五二条の一四第一項）。保険業法でも同様の規定が定められている（保険業法二七一条の一五第一項）。

四　金融商品取引業者のグループ規制

1　グループ規制の意義

金融商品取引法による金融商品取引業者の規制は、基本的に業者自身に対する単体ベースで行われてきた。もっとも、金融商品取引業者のなかには、組織が巨大化し、さらに、それらがいわゆる金融グループの一部として営まれるものも存在する。金融商品取引業者が大規模かつ複雑な業務をグループ一体として行っている場合、当該金融商品取引業者がグループ内の関係会社の影響を受け、その業務および財務の健全性が害される危険性がある。(1) そのため、平成二二年の改正で、一定規模以上の金融商品取引業者に対する連結規制が導入された。(2)(3)

連結規制の対象は、金融商品取引業者の子会社等に及ぶ（川下連結）。子会社等の財務状況に懸念が生じるときは、金融商品取引業者自身の財務状況にも直接の悪影響が及ぶ危険性が高い。さらに、金融商品取引業者の親会社および兄弟会社等も規制の対象となる（川上連結）。親会社や兄弟会社の財務状況が悪化した場合、金融商品取引業者にも影響が及ぶ可能性がある。さらに、親会社や兄弟会社と一体的に業務を展開している場合には、グループ全体として業務やリスク状況の管理がなされることが必要となる。これらのことから、親会社や兄弟会社を含むグループ全体について連結規制が実施される。

（1）　金融庁「金融・資本市場に係る制度整備について」（平成二二年一月二一日）は、「証券会社の組織の巨大化・複雑化（グループ化）が進み、当局によるグループ全体の経営管理やリスク状況の把握が困難な場合も存在するようになってきている。そのため、証券会社が大規模かつ複雑な業務をグループ一体として行っている場合に、当該証券会社がグループ内の親会社・子会社・兄弟会社からもたらされる財務・業務上の問題等によって突然の破綻に至ることで、証券会社の市場仲介機能が不全に陥り、広範な投資者に悪影響が及び、引いては金融システムへの悪影響が懸念されるおそれがある。」としていた。

（2）　金融庁・前掲注（1）は、「大規模かつ複雑な業務を行う証券会社であって、グループ会社と一体的に活動しているものについては、適切な経営管理の下、グループ・ベースでの強固で包括的なリスク管理を徹底させることが必要である。こうした趣旨にかんがみ、現行の単体ベースの規制・監督ではその業務やリスク等の全体像の把握が困難な証券会社については、連結自己資本規制等、連結ベースの規制・監督を制度として導入することが適当である。」と述べていた。

（3）　銀行については、すでに、連結での自己資本比率規制が定められるなど、グループ規制が導入されている。また、保険会社についても、グループ会社に対する検査などが行われてきたが、平成二二年の改正で、保険契約者等の保護をはかるため、グループに対する連結財務健全性基準（連結ソルベンシー・マージン基準）が規定された（保険業法二七一条の二八の二第二項）。

2　特別金融商品取引業者

平成二〇年、いわゆるリーマンショックを契機とする世界的な金融危機が発生した。これを教訓として、金融商品取引業者を含め、国境を越えて活動する大規模な金融グループについて、グループ全体の業務・リスク状況の把握が必要であると認識され、さらに、わが国においても金融商品取引業者の組織の巨大化・複雑化が進展している状況を踏まえ、大規模な金融商品取引業者を対象として、連結規制が導入されることとなった(1)。

金融商品取引業者のうち、第一種金融商品取引業を行う者は、その総資産の額が金融商品取引業者およびその子法人等の集団について業務の健全かつ適切な運営を確保することが必要となる総資産の規模を示す金額として政令で定める金額（総資産基準額）を超えることになったときは、その日から二週間以内に、その旨ならびに当該総資産の額およびその算出の基礎を内閣総理大臣に届け出なければならない（金商法五七条の二第一項）。政令では、右の総資産額を一兆円と定めている（金商令一七条の二の二）(2)。総資産の額は、貸借対照表の資産の部に計上されるべき金額を合計して算出される（金商業等府令二〇八条の二）。かかる届出を行った者を特別金融商品取引業者という（金商法五七条の二第二項）。

金融商品取引業者が、総資産の額が一兆円を超えた旨の届出を行った後、当該総資産の額が一兆円以下となったとしても、二年間は、特別金融商品取引業者に関する規制の適用を受ける（金商法五七条の二第三項）(3)。

外国法人である金融商品取引業者は、特別金融商品取引業者としての登録は不要である（金商法五七条の二第一項）。

外国法人である金融商品取引業者は、法人自体は外国の法令にもとづいて設立され、外国において金融業務を営んでいる。このような業者は、一義的には、母国当局による規制・監督がなされるべきであり、さらに、わが国の法規制を及ぼすことはこれらの業者に二重の規制を強いることになり妥当ではないと考えられた。(4)

特別金融商品取引業者の届出をした日において、特別金融商品取引業者に親会社がある場合、当該特別金融商品取引業者は、届出日から起算して一か月以内に、特別金融商品取引業者の所属するグループの状況に関する以下の書類を内閣総理大臣に提出しなければならない（金商法五七条の二第二項、金商令一七条の二の三第一項）。(5)(6)

① 特別金融商品取引業者の親会社の商号または名称その他内閣府令で定める事項を記載した書類(7)

親会社にかかる基本情報の提出が求められる。

② 特別金融商品取引業者の親会社のうちその親会社がない会社にかかる直近の四半期報告書その他の当該特別金融商品取引業者の親会社およびその子法人等の業務および財産の状況を内閣府令で定めるところにより記載した書類(8)

特別金融商品取引業者の親会社のうちその親会社がない会社は、グループ最上位の親会社を意味する。かかる親会社の四半期報告書の提出が求められる。また、特別金融商品取引業者の属するグループの業務および財産の状況として、グループ最上位の親会社およびその子法人等の業務および財産の状況を記載した書類の提出が義務づけられる。これには、「資金調達に関する支援の状況等に関する報告書」および「親会社及び子会社等の業務及び財産の状況に関する報告書」がある（金商業等府令二〇八条の五）。(9)

③ 特別金融商品取引業者の親会社およびその子法人等の集団が、その業務の運営および財産の状況について、他の法令にもとづいて行政機関の監督を受けている場合（外国の法令にもとづいて外国の行政機関その他これに準ずるものの監督を受けている場合を含む）には、その旨を説明する書類

④ 特別金融商品取引業者の親会社が当該特別金融商品取引業者の経営管理を行っている場合または当該特別金融

商品取引業者の親会社もしくはその子法人等が当該特別金融商品取引業者に対して資金調達に関する支援を行っている場合には、当該経営管理または支援の内容および方法を内閣府令で定めるところにより記載した書類[10]これらの書類の提出は、規制当局が、特別金融商品取引業者を通じて、親会社を含むグループ全体の状況を把握するために行われる。

特別金融商品取引業者は、届出日に親会社が存在しなかった場合でも、その後、親会社が存在することとなったときには、その日から起算して一か月以内に、右の書類を内閣総理大臣に提出しなければならない（金商法五七条の二第三項、金商令一七条の二の三第二項）[11]。これらの提出書類の記載事項に変更があった場合には、遅滞なく、その旨を届け出ることを要する（金商法五七条の二第四項）[12]。

特別金融商品取引業者は、届出日に、グループ最上位の親会社の四半期報告書その他親会社およびその子法人等の業務および財産の状況を記載した書類を内閣総理大臣に提出しなければならない（金商法五七条の二第二項二号）。さらに、これらの書類については、その後、四半期ごとに定期的に提出することを要する（金商法五二条の二第五項）[13]。なお、特別金融商品取引業者は、①親会社がないこととなったとき、②その総資産の額が総資産基準額以下となった日から起算して総資産基準額を超えることなく二年を経過したとき、その旨を内閣総理大臣に届け出なければならない（金商法五七条の二第六項）[14]。②によって、総資産の額が総資産基準額以下となった場合でも、その状態が二年間継続しない限り、連結規制の対象となる。

子法人等を有する特別金融商品取引業者は、届出日から起算して一か月が経過した日の属する事業年度以降[15]、当該特別金融商品取引業者およびその子法人等の業務および財産の状況を連結して記載した事業報告書を作成し、毎事業年度経過後三か月以内に、内閣総理大臣に提出しなければならない（金商法五七条の三、金商令一七条の二の五第一項）[16]。内閣総理大臣は、公益または投資者保護のため必要かつ適当であると認めるときは、特別金融商品取引業者に対し、事業報告書の全部または一部の公告を命じることができる（金商法五七条の三第三項）[17]。さらに、特別金融商品取引業者は、届出日から一か月が経過した日の属する事業年度以降、当該特別金融商品取引業者およびその子法人等の業務および財産の状況に関する事項として内閣府令で定めるものを連結して記載した説明書類を作成し、毎事業年度経過後四月を経過した日から一年間、これをすべての営業所または事務所に備え置き、公衆の縦覧に供しなければならない（金商法五七条の四、金商令一七条の二の六第一項・二項）。

金融商品取引業者は、事業年度ごとに、事業報告書を作成し、毎事業年度経過後三か月以内に、内閣総理大臣に提出しなければならない（金商法四六条の三第一項）。また、金融商品取引業者は、事業年度ごとに、業務および財産の状況に関する事項を記載した説明書類を作成、公衆の縦覧に供しなければならない（金商法四六条の四）。金融商品取引業者は、特別金融商品取引業者となった場合には、さらに、子会社等を含む連結ベースでの事業報告書および説明書類の作成と提出が義務づけられることとなる。

内閣総理大臣は、特別金融商品取引業者の業務の健全かつ適切な運営に資するため、特別金融商品取引業者がその経営の健全性を判断するための基準として、当該特別金融商品取引業者およびその子法人等の保有する資産等に照らし当該特別金融商品取引業者およびその子法人等の自己資本の充実の状況が適当であるかどうかの基準その他の当該特別金融商品取引業者およびその子法人等における経営の健全性の状況を表示する基準を定めなければならない（金商法五七条の五第一項）。特別金融商品取引業者は、届出日から一か月が経過した日の属する四半期以降、四半期ごとに、当該四半期の末日における右の基準を用いて表示される経営の健全性の状況を記載した書面を内閣総理大臣に届け出なければならない（金商法五七条の五第二項、金商令一七条の二の七第一項）。特別金融商品取引業者は、届出日から一か月が経過した日の属する四半期以降[18]、四半期ごとに、当該四半期の末日から起算して二か月を経過した日から三か月間、右の書面をすべての営業所または事務所に備え置き、公衆の縦覧に供しなければならない（金商法五七条の五第三項、金商令一七条の二の七第二項・三項）。

内閣総理大臣は、特別金融商品取引業者およびその子法人等の経営の健全性の状況に照らして公益または投資者保護のため必要かつ適当であると認めるときは、その必要の限度において、当該特別金融商品取引業者に対し、三か月以内の期間を定めて業務の全部もしくは一部の停止を命じ、または業務の方法の変更、財産の供託その他監督上必要な事項を命ずることができる（金商法五七条の六第一項）。特別金融商品取引業者のみならず、その子法人等の経営の健全性に問題がある場合にも、当該特別金融商品取引業者に対して監督処分をすることができる。監督処分の命令は、特別金融商品取引業者およびその子法人等の経営の健全性の状況にかかる区分に応じて行う（金商法五七条の六第二項）。内閣総理大臣は、当該区分およびこれに応じた命令の内容をあらかじめ定め、これを公示しなければならない（金商法五七条の六第二項）[19]。内閣総理大臣は、特別金融商品取引業者に対しその業務の全部または一部の停止を命じた場合において、その日から三か月を経過した日において当該特別金融商品取引業者およびその子法人等の経営の健全性の状況が改善せず、かつ、改善する見込みがないと認められるときは、当該特別金融商品取引業者の登録を取り消すことができる（金商法五七条の六第三項）[20]。

内閣総理大臣は、公益または投資者保護のため必要かつ適当であると認めるときは、特別金融商品取引業者の子会社等に対し当該特別金融商品取引業者の財産に関し参考となるべき報告もしくは資料の提出を命じ、または当該職員に当該子会社等の業務もしくは財産の状況もしくは帳簿書類その他の物件の検査をさせることができる（金商法五七条の一〇第一項）。かかる検査は、当該特別金融商品取引業者の財産に関し必要なものに限られる。内閣総理大臣は、金融商品取引業者等がその総株主の議決権の過半数を保有する銀行等（子銀行等）に対して報告の徴求および検査を行う権限を有している（金商法五六条の二第一項）。さらに、特別金融商品取引業者については、その子会社等の業務および財務内容の悪化が経営に与える影響を懸念して、内閣総理大臣の報告徴取および検査の権限が子会社等一般にまで[21]拡大されている。

(1)　寺田達史他・逐条解説・二〇一〇年金融商品取法改正一〇一頁（平成二二年）。

（2）総資産基準額は、①わが国金融システムの安定に資する観点から、市場の取引規模にかんがみ、大規模・広範な取引を行っていると認められる証券会社を対象とする必要性、および、②グループとして国際的に活動する大規模な証券会社を対象とする必要性を踏まえて、決定された。寺田他・前掲注（1）一〇一頁参照。

（3）特別金融商品取引業者の定義では、特別金融商品取引業者としての届出をした後、金融商品取引法五七条の二第六項二号に該当することになった者が除外されている（金商法五七条の二第二項）。金融商品取引法五七条の二第六項二号は、特別金融商品取引業者が、その総資産の額が総資産基準額以下となった日から起算して総資産基準額を超えることなく二年を経過したとき、遅滞なく、内閣総理大臣にその旨を届け出ることを要求するものである。したがって、総資産の額が総資産額基準を超えた旨の届出をした後、総資産の額が総資産基準額以下となり、そのまま総資産基準額を超えることなく二年間を経過した者は特別金融商品取引業者の定義から除外されることとなる。

（4）寺田他・前掲注（1）一〇二頁。

（5）「親会社」は、他の会社を子会社（金商法二九条の四第三項にいう子会社をいう）とする会社をいう（金商法五七条の二第八項）。ある会社とその子会社の保有議決権を合算して他の会社の議決権の過半数を保有する場合、また、ある会社の子会社が他の会社の議決権の過半数を保有する場合は、当該会社は当該他の会社の親会社とみなされる（金商法二九条の四第三項参照）。

（6）提出すべき書類のうち、四半期報告書その他当該期間内に提出することが困難である書類として内閣府令で定めるものにあっては三か月以内に提出することを要する。内閣府令では、金商業等府令に定める第一七号の三様式で作成された子会社等の業務および財産の状況を記載した書類（金商業等府令二〇八条の五第二号）が規定されている（金商業等府令二〇八条の三第一項）。特別金融商品取引業者が外国会社である場合、当該親会社に本国の法令または慣行その他やむをえない理由により、届出日から起算して三か月以内に提出することができないと認められるときは、金融庁長官の承認を受けた期間内に提出すればよい。金融庁長官の承認を受けるためには、①商号、②登録年月日および登録番号、③当該親会社の商号または名称、④承認を受けようとする期間、⑤届出日、⑥承認を必要とする理由を記載した承認申請書とともに、⑦当該親会社の定款またはこれに代わる書面、⑧⑥の理由が、当該親会社の本国の法令または慣行によるものである場合は、申請書に記載された法令または慣行に関する事項が真実かつ正確であることについての法律専門家の法律意見書および当該法律意見書に掲げられた関係法令の関係条文、⑨⑥の理由が当該親会社の本国の法律または慣行によるものである場合以外の場合には、当該理由を証する添付書類を提出する必要がある（金商業等府令二〇八条の三第二項・三項）。

内閣総理大臣は、届出を受理したときは、当該届出を行った金融商品取引業者が特別金融商品取引業者である旨を当該金融商品取引業者の登録に付記しなければならない（金商法五七条の二第七項）。

(7) 内閣府令で定める事項として、資本金の額または出資の総額、本店または主たる事務所の名称および所在地および事業の内容が規定されている（金商業等府令二〇八条の四）。

(8) 「子法人等」は、他の会社の子会社その他の当該他の会社と密接な関係を有する法人その他の団体として政令で定める要件に該当する者をいう（金商法五七条の二第九項）。政令では、特定主要株主の子法人等（金商令一五条の一六の二第一項一号・二号）をいうと定めている（金商令一七条の二の四）。

(9) 前者は、金商業等府令第一七号の二様式による。そこでは、資金調達に関する支援の状況に加え、営業上の取引および業務提携等の状況が記載される。後者は同第一七号の三様式による。そこでは、①最終親会社の商号・名称および本店・主たる事務所の所在地、②最終親会社の子法人等の状況（商号・名称、所在地、資本金の額等、主な事業の内容、最終親会社および他の子法人等の議決権保有割合）、③最終親会社およびその子法人等にかかる資本関係図、④最終親会社およびその子法人等の経理の状況、⑤最終親会社およびその子法人等の自己資本の充実の状況等が記載される。ここにいう最終親会社は、親会社のうち親会社がない会社、すなわち、グループ最上位の親会社をいう。

(10) 「経営管理または支援の内容および方法」としては、①経営管理を行っている親会社の商号または名称、②経営管理の方法、③経営管理にかかる体制、④親会社の役員または使用人が当該特別金融商品取引業者の役員を兼ねるときは、その氏名ならびに当該親会社および当該特別金融商品取引業者における役職名および就任年月日、「資金調達に関する支援の内容および方法」として、①資金調達に関する支援の方針および方法、②資金調達に関する支援の実施基準が規定されている（金商業等府令二〇八条の六）。

(11) この場合も、四半期報告書その他当該期間内に提出が困難である書類については三か月以内に提出すればよい。さらに、特別金融商品取引業者の親会社が外国会社である場合には特別の規定がある。

(12) 親会社にかかる書類の変更の届出を行う特別金融商品取引業者は、変更の内容、変更年月日および変更の理由を記載した届出書に、内容に変更があった書類を添付して、金融庁長官に提出しなければならない（金商業等府令二〇八条の九）。なお、指定親会社またはその子法人等に関する書類であって、内閣府令で定めるものについては、変更の届出は不要である。内閣府令では、金融商品取引法五七条の二第二項三号および四号に掲げる書類（本文③④）を規定している（金商業等府令二〇八条の八）。これらの書類は、指定親会社から直接に取得することが可能であるため、特別金融商品取引業者からの報告は不要と考えられた（金商法五七条の一三第一項参照）。寺田他・前掲注（1）一〇四頁。

(13) 最終指定親会社またはその子法人等に関する書類であって、内閣府令で定めるものは除かれる。内閣府令では、金融商品取引法五七条の二第二項二号に掲げる書類（様式第一七号の二・同第一七号の三によるもの）と規定されている（金商業等府令二〇八条の一〇第一項・二項）。これは、最終指定親会社から当該親会社およびその子法人等の経営の健全性の状況について四半期ごとの届出がなされていることによる。寺田他・前掲注（1）一〇五頁。

(14) 内閣総理大臣は、金融商品取引業者からその総資産の額が総資産基準額を超えた旨の届出を受理した場合、その旨を当該金融商品取引業者の登録に付記しなければならないが（金商法五二条の二第七項）、総資産の額が総資産基準額以下となったまま二年が経過した旨の届出を受理した場合には、この付記を抹消しなければならない（金商法五七条の八第二項）。

(15) たとえば、届出日が事業年度の終了間近であった場合、当該届出日が属する事業年度分について連結事業報告書の作成・提出を求めることは現実的でない場合も考えられるため、一か月という調整期間が設けられている。寺田他・前掲注（1）一〇八頁。

(16) 事業報告書は、金商業等府令第一七号の四様式により作成する（金商業等府令二〇八条の一二第一項）。特別金融商品取引業者は、事業報告書を作成する場合には、一般に公正妥当と認められる企業会計の慣行に従うものとされる（金商業等府令二〇八条の一二第二項）。このほか、特別金融商品取引業者は、内閣府令で定めるところにより、当該特別金融商品取引業者およびその子法人等の業務または財産の状況を内閣総理大臣に報告しなければならない旨が規定されている（金商法五七条の三第二項）。

(17) 公告は、時事に関する事項を掲載する日刊新聞紙に掲載して行う（金商令一七条の二の五第二項）。

(18) 金融商品取引業者の総資産額が総資産基準額を超え、特別金融商品取引業者となってから、連結自己資本規制比率等の算出に必要な社内体制の整備等が完了するまでには一定の準備期間がかかることが予想されることから、今後策定される連結自己資本規制等の内容等を踏まえ、一定の調整期間が設けられている。寺田他・前掲注（1）一一一頁。

(19) 「特別金融商品取引業者及びその子法人等の経営の健全性の状況に係る区分及びこれに応じた命令の内容を定める件」（平成二二年一二月二七日金融告一二九号）が詳細を規定している。

(20) 内閣総理大臣は、①業務の全部または一部の停止を命じたとき、②金融商品取引業の登録を取り消したときは、その旨を公告しなければならない（金商法五七条の七）。この公告は官報によって行う（金商業等府令二〇八条の一六）。内閣総理大臣は、②の場合、当該登録を抹消しなければならない（金商法五七条の八第一項）。

(21) 「子会社等」は、親会社等（他の会社等（会社、組合その他これらに準ずる事業体をいい、外国におけるこれらに相当するものを含む）の財務および営業または事業の方針を決定する機関（株主総会その他これに準ずる機関をいう（意思決定機関））を支配している会社等として内閣府令で定めるもの）によりその意思決定機関を支配されている他の会社等をいう（金商法五七条の一〇第二項）。この場合において、親会社等および子会社等または子会社等が他の会社等の意思決定機関を支配している場合における当該他の会社等は、その親会社等の子会社等とみなされる（金商法五七条の一〇第二項）。内閣府令では、財務諸表等規則八条三項に規定する親会社等を規定している（金商業等府令三八条の三・二〇八条の一七）。

3　指定親会社

大規模な金融商品取引業者が親会社や兄弟会社と一体として業務を運営している場合には、金融商品取引業者単体での規制のほか、グループ全体に規制を及ぼすことが妥当である。そのため、金融商品取引法は、内閣総理大臣が一定の要件に該当する親会社を指定して、当該親会社およびその子法人等からなるグループ全体を連結規制の対象とする枠組みを採用している。

内閣総理大臣は、特別金融商品取引業者の親会社[1]またはその子法人等が、つぎに掲げる要件のいずれかに該当する場合において、当該親会社およびその子法人等の業務の健全かつ適切な運営を確保することが公益または投資者保護のため特に必要であると認められるときは、特別の規制を受ける者として指定する（金商法五七条の一二第一項）[2]。かかる指定を受けた親会社を「指定親会社」という。

①　当該親会社が当該特別金融商品取引業者の経営管理を事業として行っていること

②　当該親会社またはその子法人等が当該特別金融商品取引業者に対し、その業務の運営のために必要な資金の貸付け、債務の保証その他これらに類する資金調達に関する支援であって、その停止が当該特別金融商品取引業者の業務の健全かつ適切な運営に著しい支障を及ぼすおそれがあると認められるものを行っていること

①は、親会社の事業として子会社の経営管理を行うことを定めている。持株会社などが典型例として考えられる[3]。②は、資金調達の面で、全面的または相当部分につき、特別金融商品取引業者が親会社に依存している場合が考えられる。

内閣総理大臣は、特別金融商品取引業者の親会社およびその子法人等の集団が、その業務の運営および財産の状況

について、他の法令にもとづいて行政機関の適切な監督を受けていると認められる場合には、指定親会社の指定をしないことができる旨が規定されている（金商法五七条の一二第二項）。銀行持株会社のなかには、子会社として大規模な金融商品取引業者を有するものがある。銀行法では、連結規制が導入されており、金融商品取引法において連結規制を導入する目的がすでに達成されているとも考えられる(4)。そのため、重複規制を回避するため、他業法による規制が存在する場合は、改めて、指定親会社制度の適用を行わないことができるものとされている。なお、外国の法令にもとづいて外国の行政機関その他これに準ずるものの適切な監督を受けていると認められる場合も同様に指定親会社の指定を行わないことができる。外資系証券会社グループについては、一義的にはその母国当局により適切な規制・監督が行われるべきであり、母国当局によってグループ全体の健全性を確保するための規制・監督が適切に行われている場合にまで、わが国の規制を及ぼすことは、規制の重複となり、業者の過剰な負担ともなることから、かかる例外が認められている(5)。なお、これらの例外に該当する場合、金融商品取引業者の親会社は連結自己資本規制等の対象とはならない。もっとも、既述の「特定主要株主」についての規制が及ぶことに留意が必要である。

指定親会社は、指定親会社の指定を受けた日から起算して一か月を経過する日までに、内閣総理大臣に届出を行わなければならない（金商法五七条の一三、金商令一七条の二の八）(6)。最終指定親会社は、最終指定親会社になった日から起算して一か月が経過した日の属する事業年度以降、当該最終指定親会社およびその子法人等の業務および財産の状況を連結して記載した事業報告書を作成し、毎事業年度経過後三か月以内に、内閣総理大臣に提出しなければならない（金商法五七条の一五第一項、金商令一七条の二の九第一項）(7)。さらに、最終指定親会社は、当該最終指定親会社およびその子法人等の業務または財産の状況を内閣総理大臣に報告しなければならない（金商法五七条の一五第二項）(8)。最終指定親会社は、最終指定親会社になった日から起算して一か月が経過した日の属する事業年度以降、当該最終指定親会社およびその子法人等の業務および財産の状況に関する事項として内閣府令で定めるものを当該最終指定親会社およびその子法人等につき連結して記載した説明書類を作成し、毎事業年度経過後四か月を経過した日から一年間、対象特別金融商品取引業者のすべての営業所または事務所に備え置き、公衆の縦覧に供しなければならない（金商法五七条の一六、金商令一七条の二の一〇）[9]。

右の事業報告書および説明書類の提出をする者は、最終指定親会社、すなわち、グループ内で最上位の親会社である。最終指定親会社は、グループ全体の経営状態および業務運営の状況を包括的に把握できる立場にあることから、これらの提出義務を負うものとされている[10]。

内閣総理大臣は、対象特別金融商品取引業者の業務の健全かつ適切な運営に資するため、最終指定親会社が当該最終指定親会社およびその子法人等の経営の健全性を判断するための基準として、当該最終指定親会社およびその子法人等の保有する資産等に照らし当該最終指定親会社およびその子法人等の自己資本の充実の状況が適当であるかどうかの基準その他の最終指定親会社およびその子法人等の経営の健全性の状況を表示する基準を定めなければならない（金商法五七条の一七第一項）[11]。最終指定親会社は、最終指定親会社になった日から起算し一か月が経過した日の属する四半期以降、四半期ごとに、当該四半期の末日における右の基準を用いて表示される経営の健全性の状況（経営の健全性の状況）を記載した書面を内閣総理大臣に届け出なければならない（金商法五七条の一七第二項）[12]。最終指定親会社は、最終指定親会社になった日から起算して一か月が経過した日の属する四半期以降、四半期ごとに、当該四半期の末日から起算して二か月を経過した日から三か月間、経営の健全性の状況を記載した書面を対象特別金融商品取引業者のすべての営業所または事務所に備え置き、公衆の縦覧に供しなければならない（金商法五七条の一七第三項、金商令一七条の二の一二第二項・三項）。書面の公衆縦覧が、最終指定親会社になった日から起算して一か月が経過した日の属する四半期以降とされているのは、連結自己資本比率規制等を算出するための社内体制の整備等に一定の準備期間を要することを考慮したものである[13]。

内閣総理大臣は、指定親会社の業務または当該指定親会社およびその子法人等の財産の状況に照らして公益または投資者保護のため必要かつ適当であると認めるときは、その必要の限度において、当該指定親会社に対し、対象特別金融商品取引業者の業務の運営または財産の状況の改善に必要な措置をとるべきことを命じることができる（金商法五七条の一九第一項）。さらに、内閣総理大臣は、指定親会社に対し右の業務改善命令をした場合において、当該命令にかかる措置の実施の状況に照らして特に必要があると認めるときは、対象特別金融商品取引業者に対しても、その業務の運営または財産の状況の改善に必要な措置をとるべきことを命じることができる（金商法五七条の一九第二項）。(14)

さらに、内閣総理大臣は、指定親会社がつぎのいずれかに該当する場合においては、当該指定親会社に対し三か月以内の期間を定めて対象特別金融商品取引業者の親会社でなくなるための措置その他必要な措置をとるべきことを命じることができる（金商法五七条の二〇第一項）。

① 役員のうちに金融商品取引業者の登録拒否要件（金商法二九条の四第一項二号イ〜ト）に該当する者があるとき

② その行う事業が公益に反すると認められるとき

③ 指定親会社の人的構成に照らして、対象特別金融商品取引業者の業務の健全かつ適切な運営を損なうおそれがあるとき

④ 内国会社である場合においては、株式会社（取締役会設置会社、監査役設置会社または委員会設置会社に限る）でないとき

このように、指定親会社が右の要件に該当する場合、当該親会社に対して、一定の措置がとられることとなる。もっとも、この場合、対象特別金融商品取引業者に対して業務停止命令等が出されることはない。これは、指定親会社が右の要件に該当することとなっても、直ちに対象特別金融商品取引業者の業務を停止する必要が生じることはないと考えられたことによる。(15) ただし、内閣総理大臣は、指定親会社がつぎのいずれかに該当する場合においては、当該指定親会社に対し三か月以内の期間を定めて対象特別金融商品取引業者の親会社でなくなるための措置その他必要な措置をとるべきことを命じることに加えて、対象特別金融商品取引業者に対し六か月以内の期間を定めて業務の全部もしくは一部の停止を命ずることができる（金商法五七条の二〇第二項）。

⑤　法令または法令にもとづいてする内閣総理大臣の処分に違反したとき。
⑥　業務または財産の状況に照らし支払不能に陥るおそれがあるとき。
これらの要件に該当する場合は、対象特別金融商品取引業者の顧客保護をはかる必要性が高いこと、さらに、指定親会社に対する命令の実効性を確保する必要があることから、[16]対象特別金融商品取引業者に対する業務停止命令も可能とされている。

なお、内閣総理大臣は、指定親会社の役員[17]が、金融商品取引業の登録拒否要件（金商法二九条の四第一項二号イ〜ト）に該当することとなったとき、また右①に該当することとなったときは、当該指定親会社に対して、当該役員の解任を命ずることができる（金商法五七条の二〇第三項）。

内閣総理大臣は、最終指定親会社およびその子法人等における経営の健全性の状況に照らして公益または投資者保護のため必要かつ適当であると認めるときは、その必要の限度において、当該最終指定親会社に対し、監督上必要な事項を命ずることができる（金商法五七条の二一第一項）。指定親会社に対する業務改善命令は、指定親会社の業務または当該指定親会社およびその法人等の財産の状況に照らして公益または投資者保護のため必要かつ適当であると認めるときに出すことができる（金商法五七条の一九第一項）。これに対して、最終指定親会社に対する右の監督処分は、最終指定親会社およびその法人等における経営の健全性の状況に照らして公益または投資者保護のため必要かつ適当であると認めるときに出される。たとえば、これらに関する連結自己資本規制比率が悪化した場合に、それを改善する措置が命じられることとなる。内閣総理大臣は、最終指定親会社に対し右の命令をした場合において、当該命令にかかる措置の実施の状況に照らして特に必要があると認めるときは、子会社である対象特別金融商品取引業者に対し、監督上必要な措置をとるべきことを命ずることができる（金商法五七条の二一第四項）。

最終指定親会社に対する命令の日から三か月を経過した日において当該最終指定親会社およびその子法人等の経営の健全性の状況が改善せず、かつ、改善する見込みがないと認められるときは、内閣総理大臣は当該最終指定親会社に対し三か月以内の期間を定めて対象特別金融商品取引業者の親会社でなくなるための措置その他必要な措置をとるべきことを命ずることができる（金商法五七条の二一第二項）。[18]

内閣総理大臣は、公益または投資者保護のため必要かつ適当であると認めるときは、①指定親会社、②①と取引をする者、③当該指定親会社の子会社等もしくは④当該指定親会社から業務の委託を受けた者に対し、対象特別金融商品取引業者もしくは当該指定親会社の業務もしくは財産に関し参考となるべき報告・資料の提出を命じることができる（金商法五七条の二三）。③に対して提出を求めることができる報告・資料は、当該対象特別金融商品取引業者または当該指定親会社の財産に関し参考となるべきものに限られる。さらに、内閣総理大臣は、その職員をして、①③④の業務・財産の状況・帳簿書類その他の物件の検査をさせることができる（金商法五七条の二三）。この立入検査の対象は、③については、当該対象特別金融商品取引業者または当該指定親会社の財産に関し必要なものに、④については、当該対象特別金融商品取引業者または当該指定親会社の業務・財産に関し必要なものに限られる。

なお、金融商品取引業者を子会社とする持株会社の主要株主には、金融商品取引業者の主要株主に対する規制が準用される（金商法五七条の二六第一項）。[19]同様に、指定親会社の主要株主にも金融商品取引業者の主要株主規制が準用される（金商法五七条の二六第二項）。[20]

（1）　ここにいう「親会社」は金融商品取引法五七条の二第八項に規定する親会社をいう。

（2）　内閣総理大臣は、当該指定をしたときは、書面により、その旨ならびに当該指定にかかる特別金融商品取引業者（対象特別金融商品取引業者）の商号および当該指定を受けた者（指定親会社）が最終指定親会社（指定親会社であって、その親会社のうちに当該指定親会社と同一の対象特別金融商品取引業者にかかる指定親会社である会社がないもの）であるか否かの別を当該指定親会社に通知しなければならない（金商法五七条の一二第三項）。また、内閣総理大臣は、指定親会社の商号または名称および本店または主たる事務所（外国会社にあっては、国内に事務所があるときは、国内における主たる事務所を含む）の所在地ならびに対象特別金融商品取引業者の商号を官報で公示しなければならない（金商法五七条の一二第四項）。内閣総理大臣は、指定親会社について指定を受けるべき事由が消滅したと認めるときは、当該指定を解除するとともに、書面により、その旨を当該指定を解除されることとなる指定親会社に通知しなければならない（金商法五七条の一二第五項）。この場合、指定解除した旨を官報で公示しなければならない（金商法五七条の一二第六項）。

（3）寺田達史他・逐条解説・二〇一〇年金融商品取法改正一一八頁（平成二二年）は、「通常の株主権の行使として証券会社の経営に参画し、またはその取締役等の行為を監督・是正するといった関与にとどまらず、例えば、親会社自身の事業として、一体的な経営戦略の策定、リスク管理・コンプライアンス態勢の整備、積極的な人事権の行使、日常的な業務の監督等、子証券会社の業務・財務運営の管理を継続的に行っているような場合を想定している。」と述べている。

（4）寺田他・前掲注（3）一二〇頁。もっとも、銀行法上の監督規制は、銀行経営の健全性維持の観点からなされるものであるのに対して、金融商品取引業上の監督規制は、金融商品取引業者の健全性維持の観点から行われる。二重規制の懸念に配慮する必要はあるものの、上記の観点の違いから、規制に隙間が生じるおそれもあるように思われる。

（5）寺田他・前掲注（3）一二〇頁。

（6）届出は、①商号または名称、②資本金の額または出資の総額、③役員の氏名または名称、④本店または主たる事務所の名称および所在地、⑤当該指定親会社およびその子法人等の集団が、その業務の運営および財産の状況について、他の法令にもとづいて行政機関の監督を受けている場合には、その旨、⑥当該指定親会社による対象特別金融商品取引業者の経営管理または当該指定親会社もしくはその子法人等による対象特別金融商品取引業者に対する資金調達に関する支援の内容および方法として内閣府令で定める事項、⑦その他内閣府令で定める事項を記載した書類により行う（金商法五七条の一三第一項）。⑥の内閣府令で定める事項として、(イ)経営管理の内容および方法として、経営管理の方法、経営管理にかかる体制、当該指定親会社の役員または使用人が対象特別金融商品取引業の役員を兼ねるときは、当該役員の氏名ならびに当該指定親会社および当該対象特別金融商品取引業者における役職名および就任年月日、(ロ)資金調達に関する支援の内容および方法として、資金調達に関する支援の方針および方法、資金調達に関する支援の実施基準が規定されている（金商業等府令二〇八条の一八）。また、⑦のその他内閣府令で定める事項として、(イ)事業の内容、(ロ)当該指定親会社が保有する対象特別金融商品取引業者の議決権の数が、当該対象特別金融商品取引業者の総株主等の議決権の数に占める割合、(ハ)当該指定親会社およびその一の対象特別金融商品取引業者以外の子法人等が保有する当該一の対象特別金融商品取引業者の議決権の数が、当該一の対象特別金融商品取引業者の総株主等の議決権の数に占める割合が規定されている（金商法五七条の一三第二項二号、金商業等府令二〇八条の一九）。さらに、届出に際して必要な添付書類についても詳細が規定されている（金商業等府令二〇八条の二〇）。

(7)　事業報告は、金商業等府令第一七号の五様式により作成する（金商業等府令二〇八条の二三第一項）。事業報告書を作成する場合には、一般に公正妥当と認められる企業会計の慣行または指定国際会計基準に従うものとされる（金商法業等府令二〇八条の二三第二項）。

(8)　資金調達に関する支援状況等に関する報告書（金商業等府令第一七号の六様式）を毎四半期経過後一か月以内に、四半期連結財務諸表を毎四半期経過後三か月以内に金融庁長官に提出することを要する（金商業等府令二〇八条の二五第一項）。四半期連結財務諸表を作成する場合には、一般に公正妥当と認められる企業会計の慣行または指定国際会計基準に従うものとされる（金商業等府令二〇八条の二五第二項）。なお、内閣総理大臣は、公益または投資者保護のため必要かつ適当であると認めるときは、最終指定親会社に対し、時事に関する事項を掲載する日刊新聞紙に、事業報告書の全部または一部の公告を命ずることができる（金商法五七条の一五第三項、金商令一七条の二の九第二項）。

(9)　説明書類には、①最終指定親会社の概況および組織に関する事項、②最終指定親会社およびその子法人等の概況に関する事項、③最終指定親会社およびその子法人等の業務の状況に関する事項、④最終指定親会社およびその子法人等の直近の二連結会計年度における財産の状況に関する事項として内閣府令で定める事項を記載することを要する（金商業等府令二〇八条の二六）。

(10)　寺田他・前掲注（3）一二五頁。

(11)　金融庁告示一三〇号「最終指定親会社及びその子法人等の保有する資産等に照らし当該最終指定親会社及びその子法人等の自己資本の充実の状況が適当であるかどうかを判断するための基準を定める件」（平成二二年一二月二七日）が詳細を規定している。

(12)　届出は、原則として、毎四半期経過後五〇日以内に、金商業等府令一八〇条の規定（金融商品取引法四六条の六第三項の規定により作成する自己資本規制比率に関する書面）に準じて記載した書面を金融庁長官に提出して行う（金商業等府令二〇八条の二八第一項）。最終指定親会社が外国会社である場合は、特別の規制が定められている。

(13)　寺田他・前掲注（3）一二八頁。

(14)　銀行法の下でも、銀行持株会社に対して改善計画の提出等を命じた場合に、この子会社である銀行に対する措置命令を出すことが認められている（銀行法五二条の三三第三項）。

(15)　寺田他・前掲注（3）一三一頁。

(16)　寺田他・前掲注（3）一三二頁。

(17)　外国会社にあっては、国内における事務所に駐在する役員に限る。

(18)　最終指定親会社に対するこれらの命令は、最終指定親会社およびその子法人等の経営の健全性の状況にかかる区分に応じて行われる（金商法五七条の二二第三項）。内閣総理大臣は、当該区分およびこれに応じた命令の内容をあらかじめ定め、これを公示しなければならない。また、監督処分を行ったときは、その旨を官報に公告しなければならない（金商法五七条の二二第三号、金商業等府令二〇八条の三四）。

(19)　このほか、内閣総理大臣は、公益または投資者保護のため必要かつ適当であると認めるときは、指定親会会社の主要株主に対して、当該対象特別金融商品取引業者の業務・財産に関し参考となるべき報告・資料の提出を命じることができる（金商法五七条の二六第二項）。また、公益または投資者保護のため必要かつ適当であると認めるときは、当該主要株主の書類その他の物件の検査を行うことが認められている（金商法五七条の二六第二項）。この立入検査は、当該主要株主が適用を受ける主要株主規制に関し必要な検査、指定親会社または対象特別金融商品取引業者の業務・財産に関し必要な検査に限られる。

(20)　特別金融商品取引業者の親会社が外国会社である場合、金融商品取引法の規定の適用にあたって技術的読み替え等が必要となるが、これに関して必要な事項は政令（金商令一七条の二の一二）が定めている（金商法五七条の二七）。

第二款　顧客の財産の保護

一　分別保管

金融商品取引業者は、有価証券に関する取引等に関連し、投資者から金銭または有価証券の預託を受けることがある。銀行などの金融機関は、預金者から預託された預金を原資に貸出しを行う。そのため、預金者の預金を銀行固有の資産と分別して保管することは不可能である。これに対して、投資者は、その便宜のために、金融商品取引業者に金銭または有価証券を一時的に預託しているに過ぎない。投資者の保護のためには、それらの金銭または有価証券が健全な状態で確実に保管され、金融商品取引業者の財産状態が悪化した場合にも、それらの金銭または有価証券につき、投資者が物権的な保護を受けうることが必要である。

金融商品取引業者に金銭または有価証券を預託した投資者は、金融商品取引業者に対してその金銭または有価証券の返還につき債権的な権利を有する。しかし、金融商品取引業者の資産状態が悪化した場合、とりわけ債務超過の状態に至った場合、このような債権的な権利は、投資者の保護のために十分な機能を発揮することができない。また、金融商品取引業者が破綻した場合、投資者は破産財団に対する債権者となり、他の債権者と平等の立場で、配当を受けるに過ぎない。これに対して、投資者が預託した金銭または有価証券の上に排他的な物権的権利を主張しうる場合、金融商品取引業者の資産状態が悪化しても、投資者の利益は十分に保護される。投資者が金融商品取引業者の保管する金銭または有価証券の上に物権的権利を行使しうるためには、その金銭または有価証券が投資者のために保管されていることが明確となるよう特定していることを要する。

有価証券の売買、その媒介・取次ぎ・代理等の取引に関して、顧客から金銭または証券・証書の預託を受ける行為は有価証券等管理業務となる（金商法二条八項一六号）。金融商品取引業者は、以下の有価証券を、確実にかつ整然と管理する方法として内閣府令で定める方法により、自己の固有財産と分別して管理しなければならない（金商法四三条の二第一項）。

①　有価証券関連デリバティブ取引に関して預託を受けた取引証拠金または信用取引の保証金代用証券として預託を受けた有価証券

②　有価証券関連業または有価証券関連業に付随する業務として内閣府令で定めるものにかかる取引[1]（対象有価証券関連取引）に関し、顧客の計算において金融商品取引業者が占有する有価証券または金融商品取引業者が顧客から預託を受けた有価証券[2]

②について、店頭デリバティブ取引に該当するその他政令で定める取引は分別管理の対象から除外される。有価証券店頭デリバティブ取引は、主として機関投資家等のプロを相手とするものであった[3]。しかし、近年は、個人の顧客を相手とする取引もみられるようになり、平成二一年の改正で、投資者保護の観点から、店頭デリバティブのうち、

金融機関間の取引その他投資者保護に支障がないと認められる取引以外については、分別管理が要求されるようになった(4)。

金融商品取引業者が分別保管しなければならない有価証券には、顧客が売付けのために金融商品取引業者に一時的に預託した有価証券、顧客が買い付けた有価証券で、引渡しまでの間に一時的に金融商品取引業者が保有しているもの、保護預かりにより金融商品取引業者が顧客から預託されたものなどが含まれる(5)。

確実にかつ整然と保管する方法とは、有価証券の区分に応じて、つぎのように定められる（金商業等府令一三六条一項）。

① 金融商品取引業者が自己で保管する有価証券（混蔵して保管される有価証券を除く）

顧客有価証券の保管場所について、自己の固有財産である有価証券その他の顧客有価証券以外の有価証券（固有有価証券等）の保管場所と明確に区分し(6)、かつ、顧客有価証券についてどの顧客の有価証券であるかが直ちに判別できる状態で保管する方法(7)

② 金融商品取引業者が第三者をして保管させる有価証券（混蔵して保管される有価証券を除く）

その第三者において、顧客有価証券の保管場所について、固有有価証券等の保管場所と明確に区分させ、かつ、その顧客有価証券について、どの顧客の有価証券であるかが直ちに判別できる状態で保管させる方法

③ 金融商品取引業者が自己で保管する有価証券（混蔵して保管される有価証券）

顧客有価証券の保管場所について、固有有価証券等の保管場所と明確に区分し、かつ、その顧客有価証券にかかる各顧客の持分が自己の帳簿により、直ちに判別できる状態で保管する方法

④ 金融商品取引業者が第三者をして保管させる有価証券（混蔵して保管される有価証券）

その第三者における金融商品取引業者の顧客のための口座について、自己の取引のための口座と区分する等の方法により、顧客有価証券にかかる持分が直ちに判別でき、かつ、顧客有価証券にかかる各顧客の持分が、自己

の帳簿により、直ちに判別できる状態で保管させる方法

⑤　金融商品取引法二条二項の規定により有価証券とみなされる権利

(i)　当該権利を行使する際に必要となる当該権利証する書類その他の書類がある場合は、当該書類を有価証券とみなして①から④の区分に応じて管理する方法

(ii)　(i)以外の場合は、第三者をして当該権利を顧客有価証券として明確に管理させ、かつ、その管理の状況が自己の帳簿により直ちに把握できる状態で管理する方法

金融商品取引業者は、顧客から預託を受けた金銭については、自己の固有財産と分別して保管しなければならない（金商法四三条の二第二項）。分別して保管すべき金銭は、以下のもので、金融商品取引業者が金融商品取引業を廃止した場合その他金融商品取引業を行わないこととなった場合に、顧客に返還すべき額として内閣府令で定めるところにより算定したもの[8]に相当する金銭である（顧客分別金）[9]。

①　有価証券関連デリバティブ取引に関して預託を受けた取引証拠金としての金銭

②　対象有価証券関連取引に関し、顧客の計算に属する金銭または金融商品取引業者が顧客から預託を受けた金銭

顧客から預託を受けた金銭には、顧客が有価証券の買付けのために預託した金銭、信用取引委託保証金、発行日取引保証金などが含まれる。顧客の計算に属する金銭には、受渡しを過ぎた売却代金、配当金、利子などが含まれる。

有価証券と異なり、金銭には特定性がない。そのため、顧客分別金については、顧客に返還すべき額に相当する金銭を管理することを目的として、国内において、信託会社等に信託しなければならない（金商法四三条の二第二項）。顧客の資産を金融商品取引業者の固有資産から切り離し、受託者である信託銀行等の名義によって分別保管し、その信託目的に従って受益者である顧客のための管理が行われる。これにより、金融商品取引業者が支払不能に陥った場合でも、顧客が信託財産から払戻しを受けることができる仕組みがとられている[10]。分別保管義務に違反した場合、金融商品取引業者は、六か月以内の業務停止処分のほか、三億円以下の罰金に処せられる（金商法一九八条の五第一号・二〇

七条一項三号)。

　このように、顧客が預託する資産については高度な分別保管義務が金融商品取引業者に課せられている。さらに、平成二一年の改正で、金融商品取引業者に対して、これらの分別管理の状況についての外部監査が義務づけられることとなった(金商法四三条の二第三項、金商業等府令一四二条一項)。すなわち、金融商品取引業者は、顧客資産の管理状況について、その所属する金融商品取引業協会の規則の定めるところにより[11]、毎年一年以上、定期的に、公認会計士または監査法人[12]の監査を受けなければならない。

　このほか、有価証券関連デリバティブ取引以外のデリバティブ取引等についても、区分管理義務が規定されている(金商法四三条の三、金商業等府令一四五条)。これは、金融先物取引法の下で金融先物取引業者に課せられた義務(金先法九一条)の内容を基本的に受け継ぐものとして定められている。

(1)　店頭デリバティブ取引に該当するものその他政令で定める取引を除く。政令は、除外される取引として、店頭デリバティブ取引に類するものとして金融庁長官が指定する取引に該当するものを定めている(金商令一六条の一五)。「分別管理の対象から除かれる有価証券関連取引を指定する件」(平成一九年八月一七日金融告示五六号)は、「当事者の一方が受渡日を指定できる権利(以下「選択権」という。)を有する債券売買取引であって、当該選択権を有する当事者が、当該選択権を行使できる一定の期間または一定の日に受渡日の指定を行わない場合には、当該債券売買取引に係る契約が解除される取引」を指定している。

(2)　契約により金融商品取引業者が消費できる有価証券その他政令で定める有価証券が除外される。

(3)　平成二一年改正前に有価証券店頭デリバティブ取引が分別管理の対象とされていなかったことについては、主として機関投資家等のプロを相手としていたことに加えて、①顧客が証券会社に対して預託する金銭または有価証券は、おおむね顧客との契約において証券会社が自由に使用できることになっていたこと、②通常、相手方がデフォルトした場合には、お互いのポジションを一括清算することになっており、一括清算に加え、分別管理義務を課すことは、証券会社に過剰な負担となり、顧客に対しても本来期待すべきでない保護を与えることにもなりかねないことが理由とされていた。池田唯一他・逐条解説・二〇〇九年金融商品取引法改正二三一頁(平成二一年)。

(4) 店頭デリバティブ取引に該当するもののうち、有価証券関連業を行う金融商品取引業者であって第一種金融商品取引業を行うことにつき登録を受けた者を相手方として行う取引その他の取引の相手方の特性を勘案して内閣府令で定めるもの（金商令一条の八の六第一項二号イ・ロ）を相手方とする取引に限り、分別管理義務の対象から除外される（金商業等府令一二三七条の二）。具体的には、デリバティブ取引に関する専門的知識および経験を有すると認められる者（①金融商品取引業者または登録金融機関、②適格機関投資家（定義府令一〇条一項に掲げる者（同項二五号に掲げるものを除く））、③外国の法令上、これらの者に相当する者、④金融庁長官が指定する者）（定義府令一五条一項）、⑤資本金の額が一〇億円（定義府令一五条二項）以上の株式会社のいずれかに該当する者が該当する。

(5) 兼業業務にかかる顧客の財産は、分別保管の対象とはなっていない。

(6) 保管の金庫を別にする、あるいは金庫内の保管キャビネットを別にするなどが必要となる。

(7) 有価証券を顧客別に整理して保管するか、証券を記番号順に整理して保管するが、顧客ごとに証券の記番号を帳簿により特定しておくことなどが必要となる。

(8) 顧客分別金は、顧客ごとに算定され、算定の対象となる金銭の額および有価証券の時価を合計した額となる（金商業等府令一三八条）。

(9) 分別保管の対象となる有価証券のうち、信用取引などの委託保証金代用有価証券で金融商品取引業者が担保に供したものも含まれる。金融商品取引業者が自己の運転資金を借り入れるような場合、銀行などの金融機関に、顧客から受け入れた委託保証金代用有価証券を担保として差し入れる場合がある。その場合に、時価相当額を顧客分担金として計算する。

(10) 委託者である金融商品取引業者が受託者である信託銀行等と信託契約を締結する。信託の目的は、顧客分別金の管理と、信託財産による顧客分担金の顧客への返還である。分別金信託の信託財産に属する金銭の運用は、①国債その他金融庁長官の指定する有価証券の保有、②金融庁長官の指定する銀行その他の金融機関への預金、③その他金融庁長官の指定する方法で行うことを要する（金商業等府令一四一条一項四号）。元本受益者は顧客、収益受益者は金融商品取引業者となる（金商業等府令一四一条一項一号・一三号）。この信託では、多数の受益者が存在し、その利益は日々変動する。そのため、かかる受益者の利益を保護するために、信託契約では、受益者代理人を選定する（金商業等府令一四一条一項二号）。受益者代理人の役割は、金融商品取引業者の破綻が生じる前と後とでは異なる。日常の業務のなかでは、受益者代理人は、要保金額（信託期間の途中で実際に保全されている金額）に対して、実保金額（保全しなければならない額）に過不足が生じた場合、不足の場合は、追加信託を金融商品取引業者に行わせ、余剰の場合は、金融商品取引業者のために一部解約を行う。さらに、受益者に代わって、信託の運用報告、決算報告等を受領する。

通常は、要保金額と実保金額を把握している内部管理統括責任者等が受益者代理人となるといわれている。もっとも、顧客のための独立性を要求するという立場からは、利益相反の問題が生じる。つぎに、金融商品取引業者が破綻した場合（通知金融商品取引業者となる）、受益者代理人は、顧客への預り金等の返還といった事務を行う。投資者保護基金が受益者代理人と定められる（金商業等府令一四一条一項三号）。受託者である信託銀行等が受益者に信託財産の交付を行うのではなく、投資者保護基金がその交付を行うこととなる（金商業等府令一四一条一項一一号参照）。信託制度を利用した分別保管については、証券取引法研究会「分別管理について・投資対象にかかる問題点」インベストメント五二巻四号九四頁以下参照。

(11)　協会規則には、つぎに掲げる事項が定められていなければならない（金商業等府令一四二条二項）。

①　分別管理監査の基準および手続に関する事項
②　分別管理監査の結果にかかる報告に関する事項
③　金融商品取引業協会の会員が法令等に違反した場合の措置等に関する事項
④　協会規則の変更に関する事項
⑤　①から④のほか、分別管理監査の実施に関し必要な事項

日本証券業協会は「会員における顧客資産の分別管理の適正な実施に関する規則」を定めている。これによれば、①について、会員である金融商品取引業者は、日本公認会計士協会「業種別委員会報告第四〇号『金融商品取引業者における顧客資産の分別保管の法令遵守に関する検証業務の取扱いについて』（平成二三年三月一五日）」および「業種別委員会研究報告第七号『証券会社における顧客資産の分別管理に関する合意された手続業務について』（平成二三年三月一五日）」に定めるところにより、公認会計士または監査法人（監査法人等）による、分別管理の法令遵守に関する検証業務または合意された手続業務にかかる分別管理監査を受けなければならないとされている（同規則二条一項）。②については、会員である金融商品取引業者は、監査法人等による監査が開始されたときおよびその結果にかかる報告書を受領したときは、速やかに、「監査法人等による分別管理監査等に関する報告書」を協会に提出することを求めている（同規則二条二項）。

(12)　分別管理監査をすることができない者（欠格事由）が法定されている（金商業等府令一四二条三項）。

二　投資者保護基金

1　投資者保護基金の意義

金融商品取引業者が破綻した場合、顧客が預託した有価証券および金銭が円滑に顧客に返還されることが必要である。金融商品取引業者の破綻により、一般投資者が財産的損害を被ることは、金融商品取引業者や証券市場に対する投資者の信頼を失わせ、その結果、証券市場の健全な発展を阻害する要因となる。

顧客の資産を保護するために、金融商品取引業者にはそれらを分別して保管する義務が課せられている（金商法四三条の二）。しかし、金融商品取引業者の破綻の際には、分別保管が徹底されず、金融商品取引業者が顧客の資産を流用する危険性がある。また、分別保管される顧客分担金の信託においては、その計算は一週間に一度行われることとなっていることから、破綻の時期によっては、すべての金銭が確保されるとは限らない。さらに、金融商品取引業者の破綻処理手続において、自己の財産で顧客に返済が可能であるとしても、迅速な返還を行うことは、投資者保護にとって有益であり、証券市場に対する不安を解消することに役立つ。これらの理由から、金融商品取引法は、金融商品取引業者が顧客に対する円滑な資産の返還を行うことが困難な状況にあるときに、その金融商品取引業者に代わって、顧客に対し、金銭の支払いを行う投資者保護基金の制度を設けている(1)。

投資者保護基金は、一般顧客に対する支払いその他の業務を行うことにより、投資者の保護をはかり、もって証券取引に対する信頼性を維持することを目的に設立される（金商法七九条の二一）。投資者保護基金は法人であり（金商法七九条の二二第一項）、その名称に「投資者保護基金」という文字を用いることを要する（金商法七九条の二三第一項）。投資者保護基金でない者は、その名称のうちに、投資者保護基金という文字を使用することが許されない（金商法七九条の二三第二項）。

投資者保護基金の会員は金融商品取引業者に限られる（金商法七九条の二六第一項）。金融商品取引業者は、かならず投資者保護基金に加入しなければならない（金商法七九条の二七第一項）[2]。投資者保護基金は、金融商品取引業者が加入しようとするとき、業務の種類に関する特別の事由その他の正当な事由による場合を除き、その加入を拒み、加入について不当な条件を付することが禁止される（金商法七九条の二六第二項）。金融商品取引業者は投資者保護基金に加入した場合または所属する投資者保護基金を変更した場合は、遅滞なく、その旨を内閣総理大臣に届け出なければならない（金商法七九条の二七第四項）。投資者保護基金の会員となった金融商品取引業者は、原則としてその所属する投資者保護基金を脱退できない（金商法七九条の二八第三項）。もっとも、①金融商品取引業の廃止または金融商品取引業者の解散、②金融商品取引業の登録の取消しがあった場合には、当然、その所属する投資者保護基金を脱退するものと規定されている（金商法七九条の二八第一項）。さらに、内閣総理大臣および財務大臣の承認を得て他の投資者保護基金の会員となる場合にも脱退が許される（金商法七九条の二八第三項・五項）。

このように、金融商品取引法は、金融商品取引業者の投資者保護基金への加入を強制している。加入を自由として、顧客に金融商品取引業者を選択させる方法も考えられる。長期的にみて、投資者保護基金に加入していない金融商品取引業者は顧客の信頼を失うことから、事実上、投資者保護基金に加入していなければ業務を継続して行うことが困難となるからである。しかし、投資者保護基金が設立された趣旨についての理解が一般国民に浸透しているとはいい難く、国民が合理的に金融商品取引業者を選択するとは限らない。短期的に見ると、投資者保護基金に加入していない金融商品取引業者との取引で投資者が被害を被る危険性は無視できない。このようなことから、強制加入により、投資者保護をはかろうとしている[3]。

（1）　証券取引における顧客保護のために、昭和四四年に寄託証券補償基金が創設された。これは法律に根拠規定をもたない寄付行為による財団法人であった。証券会社の加入は任意とされ、補償は顧客を直接の保護とせず、一社あたり二〇億円に限られていた。これらのことから、証券取引における顧客保護としては、不十分なものであった。

（2）　規定上、投資者保護基金は複数設立することが可能である。当初、日本投資者保護基金と証券投資者保護基金の二つの基金が創設された。投資者保護基金が二つ以上設立されることが適切であるかは議論のあるところである。複数の投資者保護基金を設立させ、そのサービスを競い合わせる必要は必ずしもない。一つの投資者保護基金に、独占的な地位を与えたとして、利用者に著しい不利益があるとは考えられない。また、加入する金融商品取引業者が分散することで、投資者の保護のための十分な基金の額を集めることができなくなることも懸念される。北村雅史「金融機関の破綻時における顧客保護—セーフティーネットの諸問題」金融法研究（資料編）一六号二一七頁は、資産状態が健全で破綻の可能性が少ない金融商品取引業者だけで第一基金を作り、それよりも安全性の点で劣る金融商品取引業者が第二基金を作るという形で、二重三重の基金構成をとることも制度上可能となり、このことは、証券業界の信用維持の観点から好ましいとはいえないとする。

（3）　このほか、強制加入・強制拠出にしなければ、顧客保護に必要な基金を集めることができないという実際上の理由も指摘されている。近藤光男＝吉原和志＝黒沼悦郎・金融商品取引法入門〔第三版〕四六九頁（平成二三年）

2　組織と監督

投資者保護基金の設立は、二〇以上の金融商品取引業者が発起人となって行われる（金商法七九条の二九第一項）。発起人は、定款および業務規程を作成した後、会員を募集する（金商法七九条の二九第二項）[1]。定款および業務規程の承認その他設立に必要な事項の決定は、創立総会の議決による（金商法七九条の二九第三項）。創立総会の議事は、その開会までに発起人に対して会員となる旨を申し出た金融商品取引業者および発起人の二分の一以上が出席して、その出席者の議決権の三分の二以上の多数で決せられる（金商法七九条の二九第五項）。

発起人は、創立総会終了後、遅滞なく、①名称、②事務所の所在の場所、③役員の氏名および会員の名称を記載した認可申請書を内閣総理大臣および財務大臣に提出して、設立の認可を受けなければならない（金商法七九条の三〇第一項）。認可申請書には、定款、業務規程、役員の略歴書、住民票の抄本などを添付することを要する（金商法七九条の三〇第二項、保護基金令一条）。

内閣総理大臣および財務大臣は、①設立の手続ならびに定款および業務規程の内容が法令に適合していること、②

認可申請書、定款および業務規程に虚偽の記載がないこと、③役員のうちに、一定の金融商品取引業の登録拒否事由（金商法二九条の四第一項二号イ～ト）に該当する者がいないこと、④申請にかかる投資者保護基金が、その業務を遂行するために必要な資産を備えていると認められることまたは備えることが確実であると認められること、⑤業務の運営が適正に行われることが確実であると認められること、⑥申請にかかる投資者保護金の組織が、金融商品取引法の規定に適合するものであること、について審査しなければならない（金商法七九条の三一第一項）。内閣総理大臣および財務大臣は、審査の結果、その申請が基準に適合していると認めるときは、設立の認可をしなければならず（金商法七九条の三二第二項）、認可が適当でないと認めるときは、認可申請者に通知して、その職員をして審問を行わせることが必要である（金商法七九条の三一第三項）。

投資者保護基金は、その主たる事務所の所在地において設立の登記をすることによって成立する（金商法七九条の三三第一項）。投資者保護基金は、設立の登記をしたときは、遅滞なく、その旨を内閣総理大臣および財務大臣に届け出なければならない（金商法七九条の三三第二項）。内閣総理大臣および財務大臣は、投資者保護基金が法令、法令にもとづく行政官庁の処分もしくは投資者保護基金の定款もしくは業務規程に違反した場合、または業務もしくは財産の状況によりその業務の継続が困難であると認める場合、公益または投資者保護のため必要かつ適当であると認めるときは、その設立の認可を取り消すことができる（金商法七九条の七六）。

投資者保護基金の役員として、理事長一名、理事二名以上および監事一名以上を置くことを要する（金商法七九条の三五第一項）。投資者保護基金の業務は、法令、定款に別段の定めがあるものを除き、理事長および理事の過半数をもって決せられる（金商法七九条の三五第二項）。投資者保護金の代表権は理事長にある（金商法七九条の三六第一項）。理事長は、投資者保護基金の業務を総理する（金商法七九条の三六第一項）。理事は、定款の定めがある場合、投資者保護基金を代表し、理事長を補佐して、その業務を掌理する（金商法七九条の三六第二項）。理事長に事故があるときは、その職務を代理し、理事長が欠員のときはその職務を行う（金商法七九条の三六第二項）。監事は、投資者保護基金の業務を監査する（金商法七九条の三六第三項）。[2] 監事は、理事長、理事、運営審議会の委員または職員を兼務することができない（金商法七九条の三八）。投資者保護金と理事長または理事の利益が相反する事項については、これらの者は代表権をもたず、監事が投資者保護基金を代表する（金商法七九条の三九）。

投資者保護基金の役員は、定款の定めるところにより、総会において選任され、解任される（金商法七九条の三七第一項）。[3] 役員の選任と解任は、内閣総理大臣および財務大臣の認可を受けなければ効力を生じない（金商法七九条の三七第二項）。一方、内閣総理大臣および財務大臣は、不正の手段により役員となった者があることが判明したとき、または役員が法令、法令にもとづく行政処分もしくは定款に違反したときは、投資者保護基金に対して、その役員の解任を命じることができる（金商法七九条の三七第五項）。[4] 役員の任期は二年以内において定款の定める期間となる（金商法七九条の三七第三項）。再任は妨げられない（金商法七九条の三七第四項）。

理事長は、定款の定めるところにより、毎事業年度一回通常総会を招集しなければならない（金商法七九条の四一第一項）。理事長は、必要があると認めるときは、臨時総会を招集できる（金商法七九条の四一第二項）。投資者保護基金は、総会の議決を内閣総理大臣および財務大臣に報告しなければならない（金商法七九条の四一第三項）。総会では、役員の選任など金融商品取引法が要求するもののほか、①定款の変更、②予算および資金計画の決定または変更、③業務規程の変更、④決算、⑤解散、⑥定款の定める重要事項を議決する（金商法七九条の四二第一項）。

総会の議事は、総会員数の二分の一以上が出席し、その出席者の議決の過半数で決し、可否が同数のときは、議長が決する（金商法七九条の四三本文）。ただし、右の①③⑤の議事は、出席者の議決権の三分の二以上の多数で決する（金商法七九条の四三ただし書）。総会における議決権について、各会員は平等とされる（金商法七九条の四四の四）。もっとも、定款で別段の定めをすることができる（金商法七九条の四四の四第三項）。そのため、たとえば、会員が納付した負担金の額にもとづいて、定款で議決権の数を定めることが認められる。[5]

投資者保護基金には、その業務の適正な運営をはかるため、運営審議会が置かれる（金商法七九条の四五第一項）。運営審議会は、委員八名以内で組織され、その委員は、投資者保護基金の業務の適正な運営に必要な学識経験を有する者のうちから、内閣総理大臣および財務大臣の認可を受けて、理事長が任命する（金商法七九条の四五第三項・四項）。理事長は、破綻金融商品取引業者の認定など、投資者保護基金の重要な決定に際して、運営審議会の意見を聞かなければならない（金商法七九条の四五第二項）。

投資者保護基金の職員は、理事長が任命する（金商法七九条の四六）。役員もしくは職員もしくは運営審議会の委員またはこれらの職にあった者は、その職務に関して知りえた秘密を漏らし、または盗用してはならない（金商法七九条の四七第一項）。

なお、投資者保護基金は、その業務を行うために、必要があるときは、会員金融商品取引業者に対して、その金融商品取引業者の業務または財産の状況に関して、参考となるべき報告および資料の提出を求めることができる（金商法七九条の五二第一項）。かかる報告または資料の提出を求められた金融商品取引業者は、遅滞なく、これに応じなければならない（金商法七九条の五二第二項）。

内閣総理大臣および財務大臣は、公益または投資者保護のため、必要かつ適当であると認めるときは、投資者保護基金に対して、定款または業務規程の変更その他その業務に関して監督上必要な命令をすることができる（金商法七九条の七五第一項）。この場合には、聴聞を行うことを要する。同様に、内閣総理大臣は、投資者保護基金に対して、業務もしくは財産に関し参考となるべき報告および資料の提出を命じ、その職員に投資者保護基金の事務所に立ち入り、帳簿書類その他の物件を検査させることができる（金商法七九条の七七）。

（1）　定款には、つぎの事項を記載しなければならない（金商法七九条の三四第一項）。①目的、②名称、③事務所の所在地、④会員に関する事項、⑤総会に関する事項、⑥役員に関する事項、⑦運営審議会に関する事項、⑧業務およびその執行に関する事項、⑨負担金に関する事項、⑩財務および会計に関する事項、⑪定款の変更に関する事項、⑫解散に関する事項、⑬公告の方法。定款の変更は、内閣総理大臣および財務大臣の認可を受けなければ、その効力を生じない（金商法七九条の三四第二項）。

（2）監事は、監査の結果にもとづき、必要があると認めるときは、理事長または内閣総理大臣および財務大臣に意見を提出することができる（金商法七九条の三六第四項）。

（3）設立当時の役員は、創立総会において選任する（金商法七九条の三七第一項ただし書）。

（4）投資者保護基金と同様に、その設立にあたり内閣総理大臣の認可を要する認可金融商品取引業協会についても、同様の規制がある（金商法七九条の九参照）。

（5）日本投資者保護基金定款二一条の二第一項は、会員は、総会の会日の属する事業年度の前事業年度までに納付した負担金の累計額に応じて、五、四、三、二または一票の議決権を有すると定めている。

3　保護の方法と範囲

投資者保護基金の会員である金融商品取引業者は、①金融商品取引業の登録を取り消されたとき（金商法五二条一項・五三条三項・五四条・五七条の六第三項による）、②破産手続開始、再生手続開始、更生手続開始または特別清算開始の申立てを行ったとき、③金融商品取引業の廃止をしたときもしくは解散をしたとき、または金融商品取引業の廃止もしくは解散の公告をしたとき、④業務の全部または一部の停止命令（金商法五二条一項による）を受けたときは、直ちに、その旨を所属する投資者保護基金に通知しなければならない（金商法七九条の五三第一項）。かかる金融商品取引業者（通知金融商品取引業者）から通知を受けた投資者保護基金は、投資者の保護に欠けるおそれがないことが明らかであると認められるときを除き、顧客資産の返還にかかる債務の円滑な履行が困難であるかどうかの認定を、遅滞なく、行わなければならない（金商法七九条の五四）。投資者保護基金は、顧客資産の返還にかかる債務の円滑な履行が困難であるとの認定を行った場合、速やかに、請求の届出期間、届出場所などの事項を定め、これを公告しなければならない（金商法七九条の五五第一項）。

投資者保護基金は、右の認定を受けた金融商品取引業者（認定金融商品取引業者）の一般顧客の請求にもとづいて、一般顧客が金融商品取引業者に対して有する債権であって、その一般顧客の顧客資産にかかるもののうち、投資者保護基金が認定金融商品取引業者による円滑な弁済が困難であると認めるものにつき、認定金融商品取引業者に代わって、金銭の支払いを行う（金商法七九条の五六第一項）。

ここにいう一般顧客は、有価証券関連業（金商法二八条八項）を行う金融商品取引業者の本店その他の国内の営業所・事業所の顧客であって、その金融商品取引業者と対象有価証券関連取引をする者をいう（金商法七九条の二〇第一項）。したがって、金融商品取引業者の兼業業務にかかる取引をした者は、投資者保護基金の保護の対象とはならない。投資者保護基金の目的が、投資者の保護をはかり、もって証券取引に対する信頼性を維持することにあることによる（金商法七九条の二一参照）。外国金融商品取引業者にあっては、国内に設けられた支店の顧客に限られる。外国の営業所における顧客の保護は、その外国の法制に委ねられることとなっている。

さらに、①適格機関投資家、[1]②国もしくは地方公共団体または特別の法律により特別の設立行為をもって設立された法人、[2]③投資者保護基金、④外国政府その他外国の法令上①②③に掲げる者に該当する者、⑤金融庁長官および財務大臣が指定する者は一般顧客から除外される（金商法七九条の二〇第一項、金商令一八条の五）。また、①認定金融商品取引業者の役員、②認定金融商品取引業者の親法人等[3]および子法人等、[4]③他人の名義をもって顧客資産を有している一般顧客、④顧客資産のうちに、振替機関等の誤記載等によって受けた損害にかかる債権で、破産直近上位機関等（社債等振替法五八条参照）に対して有する債権を有している振替機関等、⑤金融庁長官および財務大臣が指定する者に対しては、支払いはなされない（金商法七九条の五六第二項、金商令一八条の一二）[5]。

適格機関投資家が適用除外とされていることについては、証券投資に精通しており、自衛能力があるからと説明される。[6]しかし、投資者保護基金による顧客保護が発動されるのは、分別保管が十分に守られていなかった場合など、金融商品取引業者の不正な行為を原因とする。熟練した投資者にも、金融商品取引業者の不正行為を見抜く能力を期待することは適切ではない。したがって、投資者保護基金からの支払いを受ける対象を限定すべきではない。この点について、投資者保護基金の資金に限界があるため、生活資金を確保する必要のある者のみを保護し、それ以外の者については、適用を除外していると考えることもできる。しかし、大企業も一般顧客とされていることから、現行法の規定は、生活資金を基準とするものとは考えられない。(7)

認定金融商品取引業者の役員なども投資者保護基金からの支払いを受けることができない。破綻の防止と分別保管の徹底を怠った責任がある役員は、保護の対象とする必要性がないとの配慮によるものと考えられる。

保護の対象とされる顧客資産は、①有価証券関連デリバティブ取引の取引証拠金・その代用有価証券（金商法一一九条）、信用取引の委託保証金・その代用有価証券（金商法一六一条の二）、②有価証券関連業にかかる取引に関し、一般顧客の計算に属する金銭または金融商品取引業者が一般顧客から預託を受けた金銭、③金融商品取引業にかかる取引に関し、一般顧客の計算に属する有価証券または金融商品取引業者が一般顧客から預託を受けた有価証券、④付随業務等に関し、一般顧客の計算に属する金銭もしくは有価証券または一般顧客から預託を受けた金銭もしくは有価証券である（金商法七九条の二〇第三項、金商令一八条の六）。

②としては、顧客が買付けの委託のために預託した代金、売付けの委託注文が執行され、金融商品取引業者が顧客のために受領し、顧客に引き渡される前の代金などが該当する。(8)②③については、店頭デリバティブ取引その他政令で定める取引に関するものが除かれる。(9)これらの取引は変動が激しく、益勘定が短期間に損勘定となる可能性があり、資産として安定性に欠けることが理由として考えられる。(10)③としては、顧客が売付けの委託のために預託した有価証券、買付けの委託注文が執行され、金融商品取引業者が顧客のために受領し、顧客に引き渡される前の有価証券などが該当する。金融商品取引業者が保護預かりをするために一般顧客から預託を受けた有価証券も含まれる一方、契約により金融商品取引業者が消費できる有価証券は除かれる（金商法七九条の二〇第三項三号）。④の付随業務は、金融庁長官および財務大臣が指定した業務に関するものに限定される。(11)

なお、破綻した金融商品取引業者において顧客資産が安全に管理されていた場合でも、顧客資産の換金などで時間がかかり、迅速な返還が実現しないことがある。金融商品取引業者自らは迅速な履行はできないものの、履行が困難なほど財務状態が悪くない場合、投資者保護基金が一般顧客の保護のために、破綻金融商品取引業者に融資を行う制度がある。[12] これを返還資金融資制度という。投資者保護基金は、通知金融商品取引業者または通知金融商品取引業者の信託管理人の申込みにもとづき、必要と認められる金額の範囲内で、顧客資産の返還にかかる債務の迅速な履行に必要な資金の貸付けを行うことが認められている（金商法七九条の五九第一項）。かかる融資を受けるには、①融資が行われることが、顧客資産の返還にかかる債務の迅速な履行のために必要であると認められること、②貸付金が、顧客資産の返還にかかる債務の迅速な履行のために使用されることが確実であると認められることについて、内閣総理大臣の認定を受けなければならない（金商法七九条の五九第二項）。

このほか、投資者保護基金は、金融機関等の更生手続の特例に関する法律の規定による行為を行うほか、一般顧客が通知金融商品取引業者に対して有する債権の実現を保全するために必要であると認めるときは、一般顧客のため、債権の実現を保全するために必要な一切の裁判上または裁判外の行為を行う権限を有する（金商法七九条の六〇第一項）。[13] 投資者保護基金は、一般顧客のために、公平かつ誠実に右の行為をしなければならない（金商法七九条の六〇第二項）とともに、一般顧客に対し、善良な管理者の注意をもってこれらの行為を行うことを要する（金商法七九条の六〇第三項）。

顧客資産が金銭である場合は、その顧客資産の金額が支払いの対象となる（金商法七九条の五六第一項、保護基金令三条一項一号）。もっとも、証券金融会社から借り受けた有価証券を顧客に貸し付ける形の信用取引の場合、有価証券の売付け代金である金銭で、金融商品取引業者が顧客に供与した信用にかかる債権の担保として提供されている金銭の額については、金額の算定にあたって控除される（保護基金令三条二項）。顧客資産が、金融商品取引所に上場されている有価証券である場合は、投資者保護基金による公告の日の金融商品取引所における最終価格にもとづき算出した金額、それが店頭売買有価証券である場合は、公告の日に金融商品取引業協会が公表する最終価格にもとづき算出した金額が支払の対象となる（保護基金令三条一項二号・三号）。[14] 顧客資産がこれ以外の金銭、有価証券である場合は、公表されている最終価格にもとづき算出した金額またはこれに準ずるものとして合理的な方法により算出された金額となる(15)（保護基金令三条一項四号）。

投資者保護基金が支払いを行う金額の算定にあたっては、顧客資産の全部または一部を担保の目的として提供している場合、顧客が預託した金銭および有価証券の価額（補償対象債権）から、その担保権の目的として提供している顧客資産の全部または一部の金額が控除される（金商法七九条の五七第一項一号）。認定金融商品取引業者に対して債務を負っている場合、その債務の額も控除される（金商法七九条の五七第一項二号）。

投資者保護基金は、顧客に支払うべき金額が政令で定める額を超える場合、その政令で定める金額を支払えばよいことによって（金商法七九条の五七第三項）。その額は一〇〇〇万円と定められている（金商令一八条の一二）。補償を一定限度に限定することによってモラル・ハザードを防ぐ必要があるため、かかる上限が定められた(16)。預金保険制度においても、保護の上限が定められている。これは保護の上限を超える預金を行う預金者に、預金先の経営のモニタリングをさせることで、銀行等を選別させ、これによる市場の規律を働かせることが目的である。これに対して、投資者保護基金は、基本的に、顧客資産が分別保管されていれば発動されることはなく、顧客は、金融商品取引業者が分別保管義務を履行しているかどうかをモニタリングしなければならない。しかし、このような違法行為を顧客が監視することは実際上不可能である。金融商品取引業者のディスクロージャーでもって担保できるという性格の問題ではない。投資者保護基金による保護の上限は、かかるモラル・ハザードを防止するというよりは、投資者保護基金の枯渇を懸念する政策的なものであると解するべきである(17)。

（1）　有価証券に対する投資にかかる専門的知識および経験を有するもので、内閣府令に定めるものをいう（金商法二条三項一号、定義府令一〇条）。

（2）　公団、公社、公庫などが該当する。日本電信電話株式会社は、日本電信電話株式会社等に関する法律にもとづき設立された会社で、その設立については同法附則三条に規定がある。これを特別の設立行為をもって設立されたものとみるかについては疑問が提起されている。証券取引法研究会「平成一〇年証券取引法の改正について(5)―投資者保護基金」インベストメント五三巻一号二二頁（龍田）。いずれにせよ、投資者保護基金の保護を受けることができるどうかについて、特別の設立行為をもって設立されたかどうかを基準とする理由は明らかではない。

（3）　親法人等は、金融商品取引業者の過半数の株式を所有していることその他金融商品取引法施行令一五条の一六第一項に規定する金融商品取引業者と密接な関係を有する者をいう（金商法三一条の四第三項）。

（4）　子法人等は、金融商品取引業者が過半数の株式を所有していることその他金融商品取引法施行令一五条の一六第二項に規定する金融商品取引業者と密接な関係を有する者をいう（金商法三一条の四第四項）。

（5）　「一般顧客から除かれる者を指定する件」（平成一九年八月一七日金融庁・財務省告示一号）は、①日本銀行、②預金保険機構、③農水産業協同組合貯金保険機構、④保険契約者保護機構、⑤外国の法令上①から④に掲げる者に該当する者と定めている。

（6）　近藤光男＝吉原和志＝黒沼悦郎・金融商品取引法入門〔第三版〕四七〇頁（平成二三年）。

（7）　証券取引法研究会・前掲注（2）二二頁（龍田）参照。

（8）　投資者保護基金の支払対象は、「有価証券関連業にかかる取引」に限られる。この点に関して、証券取引を仮装した詐欺的取引において（実体のない会社について社債発行を仮装した）、顧客が業者に払い込んだ金銭が、投資者保護基金の支払対象となる「顧客資産」に含まれるかが問題となった。最判平成一八年七月一三日民集六〇巻六号二三三六頁は、顧客と業者の取引は社債募集取扱契約とは別個の取引であり、同契約が不成立・無効であったとしても、そのことから当然に社債取引が「証券業にかかる取引」への該当性は否定されないとした上で、補償対象債権の支払いによって投資者の保護、ひいては証券取引に対する信頼性の維持をはかるという投資者保護基金の趣旨にかんがみて、証券取引を仮装した取引についても支払対象とすることが相当であると判示した（もっとも、顧客側で仮装の事実につき悪意・重過失があるときは、支払対象とならないとしている）。投資者保護基金が設けられた趣旨が顧客資産の分別保管を補完することにあったことを考慮すると、分別保管を観念しがたい詐欺的行為について、その被害者を救済するために投資者保護基金による支出を認めることは困難なように思われる。さらに、投資者保護基金の支払資金に限界があり、支払対象を拡大することは、本来支払いを受けるべき投資者の資産の返還を困難にする危険性がある。川口恭弘「判批」私法判例リマークス三七号二〇〇八年（下）八八頁。

（9）　①店頭デリバティブ取引、②外国市場デリバティブ取引、③これらの取引に類するものとして金融庁長官および財務大臣が指定する取引が規定されている（金商令一八条の六）。③として、「顧客資産から除かれる取引を指定する件」（平成一九年八月一七日金融庁・財務省告示二号）は、「当事者の一方が受渡日を指定できる権利（以下「選択権」という。）を有する債券売買取引であって、当該選択権を有する当事者が、当該選択権を行使できる一定の期間または一定の日に受渡日の指定を行わない場合には、当該債券売買取引に係る契約が解除される取引」を定めている。

(10)　証券取引法研究会・前掲注（2）一二三頁（龍田）。

(11)「金融商品取引業に付随する業務であって当該業務に関する金銭又は有価証券が顧客資産に含まれるものを指定する件」（平成一九年八月一七日金融庁・財務省告示三号）によれば、金融商品取引法三五条一項に規定される業務のうち、①有価証券の貸借またはその媒介もしくは代理（金商法三五条一項一号）、投資法人の資産の保管（金商法三五条一項一〇号）、他の事業者の事業譲渡等に関する相談・仲介（金商法三五条一項一一号）、他の事業者の経営に関する相談（金商法三五条一項一二号）、通貨その他デリバティブ取引に関連する資産の売買等（金商法三五条一項一三号）、譲渡性預金等の売買等（金商法三五条一項一四号）、特定資産に対する投資としての運用財産の運用（金商法三五条一項一五号）、②他の金融商品取引業者の業務の代理（金商法三五条一項九号）のうち、有価証券関連業以外の業務、有価証券関連業のうち、金融商品取引法施行令一八条の六各号に掲げる取引にかかる業務（注(9)参照）または①に掲げる業務、③①②に掲げる業務に類似する業務以外の業務について投資者保護基金の適用がある。②が除外されたのは、元になる取引が除外されているため、①の除外は、それらが通常プロの取引によるためと考えられている。証券取引法研究会・前掲注（2）二四頁（龍田）。ここでは、行為者の属性ではなく、行為の性質を問題としている。行為者の属性は、一般顧客の定義で判断される（適格機関投資家について除外されている）。

(12)　したがって、認定金融商品取引業者には適用されない（金商法七九条の五九第一項）。

(13)　裁判上の行為をする場合には、代理する一般顧客に対して、あらかじめ行為の内容を通知しなければならない（金商法七九条の六〇第四項）。通知を受けた一般顧客は、投資者保護基金に代理権を消滅させる旨を通知することで、代理権を消滅させ、自ら裁判上の行為をすることができる（金商法七九条の六〇第五項）。

(14)　上場証券の場合、同日の最終価格がないときは、金融商品取引業協会が発表する同日の気配相場またはその前日における直近の取引所の最終価格のうち、投資者保護基金が指定するものとなる。

(15)　投資者保護基金は、これらの支払いをしたときは、その支払いを行った金額に応じ、それにかかる補償対象債権を取得する（金商法七九条の五七第四項）。

(16)　証券取引審議会総合部会・市場仲介者ワーキングパーティー報告書「顧客ニーズに対応した多様な投資サービス」（平成九年五月一六日）。

（17）　証券取引法研究会・前掲注（2）三四頁（川口、神崎）、北村雅史「金融商品取引業者破綻時のセーフティーネット」金融法研究（資料版）一五号二一八頁。なお、経営の状態が悪化した金融商品取引業者が分別保管を怠るという関係を考えると、ディスクロージャー等で経営の悪化を監視することに一定の意味があるともいえる。証券取引法研究会・前掲注（2）三四頁（龍田）参照。

4　財源の確保

投資者保護基金には、一般顧客への支払い、返還資金の融資などに要する費用にあてるための投資者保護資金が設けられる（金商法七九条の六三第一項）。この資金は、投資者保護基金の業務に関する費用のみにあてるのでなければ、これを使用することができない（金商法七九条の六三第二項）。投資者保護資金は、会員である金融商品取引業者の負担金によって賄われる（金商法七九条の六四第一項）[1]。

負担金の額は、業務規程の定める算定方式により算定される額となる（金商法七九条の六五第一項）[2]。この算定方式は、①投資者保護基金の業務に要する費用の予想額に照らし、長期的に基金の財政が均衡するものであること、②特定の金融商品取引業者に対して差別的取扱いをしないものであることを要する（金商法七九条の六五第二項）。もっとも、①については、負担金の納付によって会員金融商品取引業者の経営の健全性が維持されなくなった場合、一時的に均衡基準を外れるものを定めることが認められる（金商法七九条の六五第三項）。

金融商品取引業者は、負担金を納付しない場合は、延滞金を支払わなければならない（金商法七九条の六六第一項）。延滞金は、未納の負担金の額に納付期限の翌日からその納付の日までの日数に応じて年一四・五パーセントの割合を乗じて計算した金額となる（金商法七九条の六六第二項）。

投資者保護基金は、毎事業年度の剰余金の全部を準備金として積み立てることを要する（金商法七九条の七一第一項）。この準備金は、前事業年度から繰り越した欠損のてん補にあて、また投資者保護資金に繰り入れるほか、取り崩すことが許されない（金商法七九条の七一第二項・三項）。なお、投資者保護基金の事業年度は、四月一日から翌年三月三一日までで（金商法七九条の六八）、毎事業年度、予算および資金計画を作成し、事業年度開始前に、内閣総理大臣および財務大臣に提出しなければならない（金商法七九条の六九）。また、投資者保護基金は、事業年度の開始の日から、三か月以内に、前事業年度の貸借対照表および損益計算書、財産目録ならびに事業報告書および予算の区分に従う決算報告書（財務諸表等）を内閣総理大臣および財務大臣に提出し、その承認を受けなければならない（金商法七九条の七〇第一項）。かかる承認を受けた財務諸表は、投資者保護基金の事務所に備え置き、公衆の縦覧に供される（金商法七九条の七〇第三項）。

投資者保護基金は、その業務に必要な資金を金融機関等から借り入れることができる[3]（金商法七九条の七二）[4]。借入れを行うためには、内閣総理大臣および財務大臣の認可が必要である。投資者保護基金の業務上の余裕金および投資者保護資金の運用方法は、①国債その他内閣総理大臣および財務大臣の指定する有価証券の保有、②内閣総理大臣および財務大臣の指定する金融機関への預金、③金銭信託に限定される（金商法七九条の七三、保護基金令二一条）[5]。

（1）　定款の定めにより、通知金融商品取引業者の負担金を免除できる（金商法七九条の六四第二項）。日本投資者保護基金の定款では、業務規程の定めるところにより、通知金融商品取引業者の負担金の免除を認めている（日本投資者保護基金定款五九条二項参照）。

（2）　日本投資者保護基金の業務規程では、定額負担金額と定率負担金額を定めている（日本投資者保護基金業務規程二六条）。

（3）　①証券金融会社、②保険会社（外国保険会社）、③その他金融庁長官および財務大臣が指定する金融機関と規定されている（保護基金令一九条）。「投資者保護基金が保有できる有価証券及び預金することができる金融機関を指定する件」（平成一九年八月一七日金融庁・財務省告示五号）では、③について、銀行および金融庁長官および財務大臣の承認を受けた金融機関と定めている。

（4）　借入れの総額は八〇〇億円と定められている（金商法七九条の七二、金商令一八条の一五）。

（5）　前掲注（3）の告示では、①地方債、②政府保証債、③農林中央金庫、株式会社商工組合中央金庫、長期信用銀行および全国を地区とする信用金庫連合会の発行する債券、④金融機関の合併及び転換に関する法律に従って発行される債券、⑤貸付信託の受益証券で元本補てん契約のあるもの、⑥担保付社債、⑦その他確実な有価証券であって、その保有について金融庁長官および財務大臣の承認を受けたものを指定している。

三　その他の規制

1　投資者の有価証券の使用制限

金融商品取引業者が預託を受けた有価証券を他に貸し付けまたは担保に供する場合、金融商品取引業者以外の者がその有価証券につき、実際上の支配を及ぼしうることとなり、有価証券についての投資者の利益が侵害される危険が大きい。投資者は、特定の金融商品取引業者を信頼し、有価証券を預託しまたはその者が有価証券を保有することを認めているのであり、金融商品取引業者以外の者が有価証券を実際上支配する場合、かかる投資者の信頼が損なわれる。金融商品取引業者は、投資者から預託を受けまたは投資者のために占有する有価証券を他に貸し付けまたは担保に供するにつき、投資者保護のために特別の制限に服する。

金融商品取引業者は、顧客から預託を受けまたは顧客の計算で自己が占有する有価証券を他に貸し付けまたは担保に供する場合、顧客から、そのつど、書面による同意を受けなければならない（金商法四三条の四第一項、金商業等府令一四六条一項）(1)。右の同意については、書面の交付に代えて、顧客の同意を得た上で、電子情報処理組織を利用する方法で提供することができる（金商法四三条の四第二項、金商業等府令一四六条二項）。預託を受けた有価証券は、預託の原因が保護預かりのためか(2)、有価証券の売付委託に関してか、信用取引の委託保証金の代用としてか、を問わない。

顧客の同意は、金融商品取引業者が有価証券の所有権を取得し、これを自由に処分することができる消費寄託の場合、必要ではない(3)。この場合、顧客は、有価証券につき支配権を有せず、金融商品取引業者がそれを他に貸付けまたは担保に供するのに、顧客の同意はそもそも問題とならない。金融商品取引業者が顧客の計算で占有する有価証券としては、顧客の買付委託の実行として第三者から取得した有価証券がある。

金融商品取引業者が、顧客から、その同意を得ることなく、顧客から預託を受けまたは顧客の計算で占有する有価証券を他に貸し付けまたは担保に供しても、貸付けまたは担保の提供が、当然には無効になることはない(4)。

民法では、担保権者は、担保設定者の同意があれば、担保の目的物を被担保債権の額を超える債務の担保に供することができる。さらに、債務者の同意がなくても、担保権者は、その権利の存続期間中、自己の責任において担保の目的物を転質することができる（民法三四八条）。しかし、金融商品取引業者が顧客に対する債権の担保として占有している有価証券を、被担保債権の額を超える債務の担保に供した場合、顧客がその債務を金融商品取引業者に履行しても、自己の有価証券を取り戻すことができない危険がある。そこで、金融商品取引法では、顧客の同意を必要として、さらに、原則として所定の様式で同意をすることを求めている。

（1）　金融商品取引業者は、金商業等府令一四〇条一項にかかげる要件をすべて満たすときは、あらかじめ、顧客から包括的に同意を得ることができる（金商業等府令一四六条二項）。

（2）　鈴木竹雄＝河本一郎・証券取引法〔新版〕三六六頁（昭和五九年）は、証券取引法上の記述として、保護預かり有価証券については、証券会社は、これを他に貸し付けまたは担保に供することができず、したがって、証券取引法の規定は、保護預かりによって預託された有価証券を含まないとしていた。もっとも、同書は、投資者が保護預かり有価証券について貸付けまたは、担保供与の同意を与えた場合、有価証券の預託関係は、保護預かり以外の性質を有することとなり、その段階で証券取引法の規制に服することとなるとしていた。

（3）　昭和四三年以前に、証券会社が対価を支払って不特定多数の投資者から有価証券の消費寄託を受ける運用預かり業務が証券会社の兼業業務として認められていた。運用預かり業務は、証券会社の資金調達の重要な一部をなすものであったが、その運用に不健全なものが認められたところから、昭和三五年以降、運用預かりにかかる有価証券については、これを「売却し、又は、これについて譲渡担保借入金を行なわないものとすること」が要請された（大蔵省理財局・運用預り業務の兼業承認の取扱いについて（昭和三五年七月五日蔵理五五二三号））。

（4）　石塚一正・改正証券取引法要論一九〇頁（昭和四一年）、田中誠二＝堀口亘・全訂コンメンタール証券取引法三二八頁（平成二年）。もっとも、鈴木＝河本・前掲注（2）三六四頁は、当時の証券取引法五一条一項が取締規定でなく効力規定であるとして、それに違反する取引が当然に無効となるかのように述べていた。

2　照合通知書の交付義務

顧客が金融商品取引業者に預託された金銭および有価証券につき容易に権利を主張しうるためには、金銭および有価証券の金融商品取引業者への預託を示す証拠書類が顧客に交付されていることが重要である。日本証券業協会の自主規制規則（有価証券の寄託の受入れ等に関する規則）は、協会員である金融商品取引業者が、顧客から金銭または有価証券の預託を受けるときは、顧客に対し、債権債務の残高について、照合通知書による報告を行うべきものとしている。(1) ①有価証券の売買その他の取引のある顧客は、一年に一回以上、②有価証券関連デリバティブ取引（金商法二八条八項六号）、店頭デリバティブ取引（金商法二条二二項）のある顧客は、一年に二回以上、③有価証券の残高がある顧客で売買その他の取引が一年以上行われていない顧客は、随時、照合通知書が交付されなければならない。(2) 金融商品取引業者は顧客から金銭または有価証券の残高について照会があるときは、遅滞なくその顧客の金銭または有価証券の預託残高について回答しなければならない。

照合通知書または回答書は、顧客に対し金銭または有価証券の預託の残高を知らせるとともに、金融商品取引業者による顧客の金銭または有価証券の預託についての事故を防止することを目的とする。

照合通知書または回答書は、顧客の金融商品取引業者への金銭または有価証券の預託残高についての一つの証拠方法に過ぎない。その記載と金銭または有価証券の預託の残高とが相違する場合、金融商品取引業者および顧客は、真実の預託残高を立証してその権利を行使することができる。(3) 照合通知書には、顧客が照合通知書の記載内容を確認することならびにその記載内容が真実と合致しておらずまたはそれに疑義があるときは、金融商品取引業者の検査、監査または管理の責任者に通知すべきことが記載される。照合通知書の記載が真実と合致しておらず、顧客がその旨を遅滞なく金融商品取引業者に通知しない場合、金銭または有価証券の預託残高が照合通知書の記載内容どおりに変更されることはない。(4)

（1）日証協・有価証券の寄託の受入れ等に関する規則九条以下。
（2）当該顧客が取引残高報告書（金商業等府令九八条一項三号イ）を定期的に交付している顧客であり、当該取引残高報告書に一定事項の記載がある場合は、この限りでない。日証協・有価証券の寄託の受入れ等に関する規則九条一項。
（3）東京地判昭和四二年一二月二二日判例時報五一〇号九頁は、金融商品取引業者が売買一任勘定の運用成績を知らせることを目的として投資者に交付した残高照合通知書の記載の効力について、それが真実の残高と合致していない場合において、残高が残高照合通知書の記載どおりに変更されるものでないとした。
（4）東京高判昭和五〇年一〇月八日判例時報七九七号一四一頁は、顧客が金融商品取引業者の送付した残高照合通知書に承諾をする旨の返答をしたとしても、それによって、顧客の金融商品取引業者に対する証券取引に関する債権金額が通知書の記載どおりに変更されるものでないとした。なお、東京高判昭和三六年六月二九日金融法務二八〇号九頁は、銀行が交付した当座勘定残高通知書に対して預金者が内容を承認した旨の表示をしても、それによって預金残高が通知書の記載どおりに変更されるものでないとした。照合通知書に、顧客がその受領後一定期間内に異議を述べないときは、その記載どおりの残高があるものとして取り扱う旨の記載がなされていても、その記載は、特別の効力を有しない。

第三節　金融商品取引業者等の行為規制

第一款　誠実・公正の原則

金融商品取引業者等ならびにその役員および使用人は、顧客に対して、誠実かつ公正に、その業務を遂行しなければならない（金商法三六条一項）。金融商品取引業者等ならびにその役員および使用人の業務遂行における誠実・公正の原則は、証券監督者国際機構（IOSCO）が平成二年一一月のサンチャゴ総会において提起した行為規範原則（第一）を証券取引法に取り込んだものである[1]。同原則は、金融商品取引法にも引き継がれている。

金融商品取引法では、誠実・公正の原則は、各行為規制（金商法三六条の二以下）の直前に置かれており、同原則に各行為規制の一般規定としての位置づけが与えられている。(2)

金融商品取引業者等またはその役員および使用人の業務の遂行にあたっての誠実性および公正性は、許容される範囲内で、顧客の最大の利益を確保し、市場の健全性を確保する観点から判断されるべきものである。(3)(4)

金融商品取引業者等とは、金融商品取引業者または登録金融機関をいう（金商法三四条一項）。金融商品取引業者は、内閣総理大臣の登録（金商法二九条参照）を受けた者である（金商法二条九項）。銀行、協同組織金融機関その他政令で定める金融機関は、原則として、有価証券関連業または投資運用業を行うことができない（金商法三三条一項本文）。(5)もっとも、書面取次ぎ行為、金融商品取引法三三条二項に規定する業務等については、内閣総理大臣の登録を受けることを条件に行うことができる（金商法三三条の二）。このように、内閣総理大臣に登録を受けて特定の有価証券関連業等を行う金融機関を登録金融機関という。金融商品取引法が定める業者の行為規制の多くは、金融商品取引業者等を名宛人として定められている。(6)

（1）　ＩＯＳＣＯ（International Organization of Securities Commissions and Similar Agencies）の行為規範原則第一「誠実・公正」では、「業者は、その業務に当たっては、顧客の最大の利益及び市場の健全性を図るべく、誠実かつ公正に行動しなければならない」としている。証券取引審議会不公正取引特別部会報告「証券監督者国際機構（ＩＯＳＣＯ）の行為規範原則の我が国への適用について」（平成三年六月一九日）では、以下のように述べて、誠実・公正の原則の証券取引法への取込みを勧告した。
「証券取引法においては、いわば裏から業者の禁止行為を規定し、顧客利益の保護を図る形をとっているが、顧客に対する業者の誠実・公正についての直接的規定はない。このため、証券取引法全般の見直しの際には、本原則について規定を設けることを検討すべきであると考えられる。」

（2）　平成一八年の改正前までは、誠実・公正の原則は、第三章の第一節「総則」に規定されていた（平成一八年改正前証取法三三条）。金融商品取引法では、これを第二節「業務」に移動させている。金融商品取引法は、第三章第二節の第一款から第四款まで、金融商品取引業者等に対する行為規制を定める。そこでは、第一款「通則」にはすべての業務を行う者に適用される規制を置き、第二款から第四款にかけて、投資助言業務、投資運用業、有価証券等管理業務を行う場合の特則を定めている。なお、投資助言業務および投資運用業については、顧客に対する忠実義務・善管注意義務（金商法四一条・四二条）、有価証券等管理業務については、善管注意義務（金商法四三条）が定められている。そのため、一般原則である誠実義務と善管注意義務等との関係をどのように解せばよいかが問題となる。立案担当者の見解として、「投資助言業務と投資運用業につきましては、これは現行法を踏まえたものですけれども、別途お客さんからの委託を受けるものですから、忠実義務と善管注意義務を明記しているということです。」との見解が述べられている。神田秀樹他「座談会・新しい投資サービス法制―金融商品取引法の成立」商事法務一七七四号二七頁（松尾）。この点については、委託は有価証券の売買の受託業務においても生じうるとの指摘がある。証券取引法研究会「金融商品取引業者の行為規制」金融商品取引法の検討〔I〕（別冊商事法務三〇八号）一二〇頁（梅本）（平成一九年）。金融商品取引業者と顧客との間に委任関係等（委託関係）があれば、金融商品取引業者に善管注意義務が発生する（民法六四四条）。もっとも、金融商品取引業者が、顧客との間に、単に勧誘を行うだけであれば、当然に善管注意義務は生じない。誠実義務は、このような場合に意義を有するものと考えられる。

なお、金融商品取引法は、誠実・公平の原則を具体化した適合性の原則を定めている（金商法四〇条一号）。特定投資家には、適合性の原則は適用されない（金商法四五条一号）。他方で、誠実・公正の原則の適用は排除されない。具体化された規定を適用除外としておきながら、その基礎となる一般規定を適用することとしている点について批判がある。神田他・前掲二八頁（神田）。

（3）　誠実・公正の原則は、詐欺的な行為をしてはならないという程度の意味しか有さないという見解がある。証券取引法研究会・前掲注（2）一二八頁（洲崎）。もっとも、この見解も、明文の規定があることで、不法行為責任や使用者責任の追及が容易になるという効果はあるとする。なお、誠実・公正の原則は、単なる訓示規定ではなく法的義務であるので、その違反があれば法令違反となり行政処分の対象となる。神田他・前掲注（2）二八頁（松尾）。

（4）　証券取引等監視委員会は、平成一二年三月二四日、当時の金融監督庁長官に対して、金融商品取引業者が証券投資信託の償還・乗換えの際の優遇措置の未利用取引および同一外貨建て商品間の売買にかかる不適正な証券取引に関して、それらの取引が顧客に対し誠実かつ公正に業務を遂行するという金融商品取引業者の営業姿勢に関して問題を惹起させるものであるとして、投資者の保護に資するため、証券業協会の自主規制機関としての機能を活用することによって、必要かつ適切な措置を講じるよう建議した。証券投資信託の償還・乗換えの際の優遇措置の未利用取引として、「顧客が証券投資信託の償還金をもって、償還金の支払を行った証券会社で一定期間内に新たな証券投資信託を買い付ける場合には、その買付けに係る手数料を減免するという証券投資信託の償還乗換え時の優遇措置を、営業員の認識不足等により顧客に十分説明せず、その措置を利用することなく、顧客が本来負担する必要のない手数料を負担させている事例」が多数の証券会社に認められた。さらに、同一外貨建て商品間の売買にかかる不適正な取扱いとして、「同一外貨建て商品間で乗換えをする場合に、いったん円貨で換算決済することの不利益について、営業員の認識不足等により顧客に十分説明せず、特定の外貨建て商品に係る売却代金の外貨を売却して円貨を購入した後、新たに買い付ける同一外貨建て商品の買付代金に充当するために再度円貨を売却して外貨を購入することにより、顧客に無用な為替手数料を負担させている事例」が多数の証券会社において認められた。証券取引等監視委員会・証券取引等監視委員会の活動状況五九頁（平成一二年）。日本証券業協会の「協会員の従業員に関する規則」七条三項二六号は、「投資信託受益証券等……の乗換え……を勧誘するに際し、顧客（……）に対して、当該乗換えに関する重要な事項について説明を行わないこと」を禁止行為と定めている。

（5）　この点については、本書九〇五頁以下参照。

（6）　平成一八年改正前の証券取引法では、登録金融機関が行う証券業務に関する行為規制は、証券会社の行為規制を準用する形で定めていた（平成一八年改正前証取法六五条の二第五項以下）。平成一八年の改正で、金融商品取引業者等を金融商品取引業者または登録金融機関と定義し、規定の上でも、これについて、同一の規制を及ぼすものとした。

第二款　投資勧誘に関する規制

一　違法な表示を伴う勧誘の禁止

1　虚偽または誤解を生じる表示による勧誘

金融商品取引業者等またはその役員もしくは使用人は、金融商品取引契約の締結またはその勧誘に関し、虚偽のことを告げてはならない（金商法三八条一号）。また、金融商品取引業者等またはその役員もしくは使用人は、金融商品取引契約の締結またはその勧誘に関して、虚偽の表示または重要な事項につき誤解を生ぜしめるべき表示をしてはならない（金商法三八条七号、金商業等府令一一七条二号）(1)。

表示された事実そのものがたとえ正確でも、投資者が合理的な投資判断をするのに必要な重要な事実が欠けているため、その表示された事実のみでは、投資者に誤解をもたらす場合も禁止の対象となる。(2) また、金融商品取引業者等が金融商品取引に関する専門的な機関であることから考えて、金融商品取引業者等が相当な調査をせず、虚偽または誤解を生じさせる表示をして投資勧誘をすることは違法と解される。(3) 金融商品取引業者等が市場の噂等で知った内容を表示して投資勧誘をした場合、その内容が虚偽でありかつ相当な調査をすればそのことが判明するときは、その表示の内容が噂により知ったものであることにより違法性を排除されない。(4)

なお、金融商品取引業者が本店その他の営業所を銀行、協同組織金融機関、信託会社等の本店その他の営業所・事務所またはその代理店と同一の建物に設置してその業務を営むことがある（共同店舗）。かかる場合に、顧客が金融商品取引業者の商品と金融機関の商品とを誤認する危険性がある。特に、銀行等の預金者などが、銀行等が取り扱うことのできない金融商品や役務を銀行等が販売していると誤認することが懸念される。そこで、このような場面では、金融商品取引業者は顧客がかかる誤認を防止するための適切な措置を講じる必要がある（金商法四〇条二号、金商業等府令一二三条一二号）。(5)

さらに、金融商品取引業者が取り扱うことのできない金融商品の販売について、インターネットのリンクや検索を利用することで、利用者がかかる商品の提供を金融商品取引業者が行うものと誤認することを防止することも重要である。そのため、金融商品取引業者が、電気通信回線に接続している電子計算機を利用してその業務を行う場合において、顧客が当該金融商品取引業者を他の者と誤認することを防止するための適切な措置を講じなければならないものとされている（金商法四〇条二号、金商業等府令一二三条一三号）。

(1)　平成一八年の改正前までは、有価証券の売買その他の取引等に関し、虚偽の表示をし、または重要な事項につき誤解を生ぜしめるべき表示をする行為が禁止行為とされていた（平成一八年改正前証取法四二条一項一〇号、行為規制府令四条一号）。そこでは、虚偽のことを告げる行為は禁止行為として規定されていなかった。「表示」のなかに「告知」を含むものと解すれば、虚偽表示の禁止のみを規定しておけば、特に、虚偽告知を禁止行為として列挙する必要はない。金融商品取引法の下では、虚偽告知は、法律上の禁止行為と位置づけされることとなり（内閣府令上の禁止行為ではなく）、その結果、違反の場合には、刑事罰の対象となることに留意が必要である（違反者には、一年以下の懲役または三〇〇万円以下の罰金、またはこれらが併科される（金商法一九八条の六第二号）。法人の場合は二億円以下の罰金が科せられる（金商法二〇七条一項四号））。銀行法は、銀行が顧客に対して虚偽のことを告げる行為をした場合には、一年以下の懲役または一〇〇万円以下の罰金またはこれらが併科される旨規定している（銀行法六三条の二）（保険業法にも同様の規定がある（保険業法三一七条の二第七号））。金融商品取引法の規定はこれらのものに合わせたと考えられる。

ライツ・オファリングにおいて、権利行使が未行使の新株予約権証券を発行会社から取得する行為は引受けとなる（金商法二条六項三号参照）。当該行為を行う金融商品取引業者は、取得しなければならない未行使新株予約権証券の数を少なくするため、新株予約権無償割当てを受けた株主に新株予約権の行使の勧誘を行うことが考えられる。かかる勧誘にあたり、虚偽のことを告げる行為が禁止行為として定められている（金商法三八条七号、金商業等府令一一七条一項三三号イ）。金融商品取引業者は、金融商品取引契約の締結またはその勧誘に関して虚偽のことを告げることが禁止されるが、新株予約権の行使の勧誘は金融商品取引契約の締結またはその勧誘にあてはまらないため、平成二三年の改正で右の規定が定められた。なお、虚偽告知のみならず、重要な事項につき誤解を生ぜしめるべき表示を行うことなども禁止行為として定めるべきと思われる。

（2）　たとえば、最近五年間の配当が、最初の決算期二〇円、つぎの二決算期各一五円、直近の二決算期が無配の会社について、五年平均一〇円の配当をしている会社とのみ表示した場合には、その数字は誤りではないものの、通常の人は、直近の決算期にも相当の配当をしているものと考えやすい。そのため、このような場合には、最近の決算期は無配である旨を明示しておかなければ、一般投資者に誤解を生ぜしめる表示となる。鈴木竹雄＝河本一郎・証券取引法〔新版〕三三四頁（注六）（昭和五九年）。

（3）　金融商品取引の専門機関である金融商品取引業者等が、特定の有価証券について投資勧誘をするときは、投資者は、それが証券投資の観点から合理的な根拠を有するものと推認しがちである。このことからも、金融商品取引業者等の投資勧誘においては、勧誘の根拠が示されることが重要であり、理由を示すことなく、合理的な根拠のない有価証券の取引を勧誘する行為は、それ自体、投資者に誤解を生じさせる投資勧誘であるともいえる。

（4）　有価証券の発行会社の新製品の開発、業務提携、受注の確保等に関する噂の真偽は、発行会社に照会すれば容易に確認することができ、金融商品取引所の上場会社は、取引所の適時開示の要請により、有価証券の投資判断に影響を及ぼす重要な事態が生じたときは、その事態を迅速に公表することを要求されているので、有価証券の発行会社に関する虚偽の噂を表示して投資勧誘をした場合、金融商品取引業者に故意または過失があることが多いと考えられる。

(5)　金融商品取引業者監督指針Ⅳ―三―一―五(1)①は、金融商品取引業者が本店その他の営業所を他の金融機関と同一の建物に設置して業務を行う場合、①当該金融機関は別法人であること、②提供する有価証券関連業にかかる商品・サービスは、当該金融機関が提供しているものではないことを、顧客に対して十分に説明していることを検証することを求めている。

かつては、両者の間に窓口の区分を行うことや、業者名が適切に表示されていることが必要であった。もっとも、現在では、かかる誤認防止策は廃止されている。さらに、金融商品取引業者の営業部門の職員がその親子法人等と兼職することもできる。この場合、右の監督指針(1)②では、①職員が同一の店舗内で取扱い商品・サービスの内容およびその提供主体である法人名を、当該店舗に掲示するなどにより、来訪した顧客が容易に認識できるようにすること、②当該職員が、顧客に対して、兼職する親法人等の範囲をわかりやすく明示すること、③特に、当該職員が新規顧客に対して勧誘を行う場合や、顧客に対して新たな商品・サービスの勧誘を行う場合には、その兼職状況および取り扱う商品・サービスの範囲について、十分に説明を行うこと、④顧客と契約を締結する際には、書面等による確認を行うなど、当該契約の相手方である法人名を顧客が的確に認識できる機会を確保することを求めている。

2　断定的判断の提供による勧誘

金融商品取引業者等またはその役員もしくは使用人は、不確実な事項について断定的判断を提供し、または確実であると誤解させるおそれのあることを告げて金融商品取引契約の締結の勧誘をすることが禁止される（金商法三八条二号）。

有価証券の価格等は正確に予測することができない。それにもかかわらず、金融商品取引業者等がその騰落等につき断定的判断を提供して勧誘する場合、投資者は、それを理由づける相当な根拠があると信頼して取引を行い、その結果、損害を被る危険がある。価格が騰貴しまたは下落することの断定的判断は、騰貴・下落する価格もしくは価格帯またはその時期を具体的に指示して行うことを要しない。また、「必ず」、「きっと」、「間違いなく」等の副詞、「請け負う」、「保証する」、「断言できる」等の動詞を伴うことを要しない。自己または関係者の取引活動により有価証券

の価格が騰貴しまたは下落する旨を表示することも要しない。(1)

断定的判断を信じて取引を行った場合、その取引の効果が問題となる。判例・学説は、取引の効果は有効であると考えている。(2)この点について、消費者契約法は、断定的判断の提供による投資勧誘に応じて取引を行った場合、顧客が、提供された断定的判断の内容が確実であるとの誤認をしたときには、顧客の側で契約を取り消すことを認めている(消費者契約法四条一項二号)。(3)契約を取り消すには、投資勧誘において断定的判断の提供がなされたことを原告の側で立証する必要がある。もっとも、断定的判断の提供と損害の因果関係を立証する必要はない。

断定的判断の提供を受けて損害を被った投資者が、不法行為による損害賠償を求める場合、不法行為の要件についての立証責任は原告側にある。平成一八年に改正された金融商品販売法では、断定的判断の提供を同法上の違法行為と規定し(金販法四条)、同規定違反の場合の顧客への業者の損害賠償責任を法定した(金販法五条)。その上で、顧客の元本欠損額は金融商品販売業者等が断定的判断を提供等を行ったことによって当該顧客に生じた損害額と推定する旨の定めを置いた(金販法六条)。(4)これによって、顧客が断定的判断の提供と元本欠損額を立証すれば、両者の間の因果関係を否定できない限り、金融商品取引業者が損害賠償の責任を負うこととなる。

(1)　有価証券の価格が自己または第三者の取引によって変動する旨を多数の者に表示し、その有価証券の取引を勧誘することは、違法な相場操縦として禁止される(金商法一五九条二項二号)。有価証券の価格の騰落についての断定的判断の提供による投資勧誘の禁止は、その価格の騰落がいずれかの者の売買取引によってもたらされることに言及することを要しない。したがって、たとえば、ある業界に属する会社の株価収益率の平均が四〇であるから、その業界に属する特定の会社の株価が少なくとも株価収益率で三五となる一四七〇円まで上昇すると表示し、その会社の株式の一三〇〇円での買付けを勧誘することは、この禁止に違反する。

ライツ・オファリングにおいて、金融商品取引業者が、新株予約権証券を取得した者に対して、不確実な事項について断定的判断を提供し、または確実であると誤解させるおそれのあることを告げて新株予約権の行使の勧誘をする行為も禁止される(金商法三八条七号、金商業等府令一一七条一項三二号ロ)。この規定は平成二三年の改正で定められた。本書七五一頁参照。

（2）　商品先物取引法二一四条一号は、商品先物取引業者に関して、顧客に対し、不確実な事項について断定的判断を提供し、または確実であると誤認させるおそれがあることを告げて勧誘行為を行うことを禁止している。平成二二年改正前までは、同法（商品取引所法）二一四条一号は、商品市場における取引等につき、顧客に対し、利益を生ずることが確実であると誤解させるべき断定的判断の提供をしてその委託をすることを禁止していた。同規定に違反した行為の私法上の効力について、最判昭和四九年七月一九日判例時報七五五号五八頁は、当該規定（当時は九四条一号）に違反して不当な委託勧誘をし、それによって顧客との間に取引委託契約が行われた場合であっても、右契約が商品取引に経験のある顧客との自由な判断ないし意思決定の下に行われたときは、契約の効力に影響がないとした。同判決について、神崎克郎「商品取引所法違反の委託契約と私法上の効力」消費者取引判例百選〔別冊ジュリスト一三五号〕二四頁参照。

（3）　虚偽表示の場合も同様である（消費者契約法四条一項一号）。消費者契約法の適用は、消費者と事業者との間の契約に関するものに限られる。同法では、「消費者」は、個人を意味し、事業としてまたは事業のために契約の当事者となる者は除外される（消費者契約法二条一項）。また、「事業者」は、法人その他の団体および事業としてまたは事業のために契約の当事者となる場合における個人と定義される（消費者契約法二条二項）。

（4）　金融商品販売法は、金融商品販売業者等の行為を規制する法律である。金融商品販売業者等は、金融商品の販売等を業として行うものをいう（金販法二条三項）。金融商品の販売等には、金融商品取引法上の有価証券を取得させる行為のほか、同法上の市場デリバティブ取引またはその取次ぎ等が含まれる（金販法二条一項）。

3　損失保証・利益保証を伴う勧誘

金融商品取引業者等またはその役員もしくは使用人は、有価証券の売買その他の取引またはデリバティブ取引について、顧客に損失が生ずることとなった場合またはあらかじめ定めた額の利益が生じないこととなった場合に、自己または第三者がその全部または一部を補てんしまたは補足するために財産上の利益を提供する旨を、当該顧客またはその指定した者に対し、申込みもしくは約束してはならない（金商法三九条一項一号）。第三者をして申し込ませもしくは約束させる行為も禁止される。(1)

これらは、金融商品取引に関する契約の前に、その取引で顧客に損失が発生した場合や利益が予定額に達しなかった場合に、業者側で財産上の利益を提供することを違法とするもので、損失保証、利益保証を伴う投資勧誘がここで禁止されることとなる。このような約束は、投資者の自己責任を妨げ、安易な投資決定を促すとともに、その約束の履行のため金融商品取引業者等の経営を不健全ならしめる危険性がある。(2)

損失保証や利益保証の要求を顧客から行うことも認められない。有価証券の売買その他の取引等につき、金融商品取引業者等または第三者との間で、損失保証や利益保証の約束をしまたは第三者をして当該約束をさせる行為は違法となる（金商法三九条二項一号）。

勧誘において、顧客を金融商品取引に誘引する行為は、損失保証や利益保証の約束に限られない。たとえば、金融商品取引業者等が扱う他の商品で、顧客の損失を補てんするというような約束をした場合、同様に、顧客の側で、投資判断を狂わせる危険性がある。そこで、金融商品取引業者等または役員もしくは従業員は、金融商品取引契約につき、顧客もしくはその指定した者に対し、特別の利益を提供することを約し、または顧客もしくは第三者に対し特別の利益を提供することが禁止される（金商法三八条一項七号、金商業等府令一一七条三号）。ここにいう特別の利益は、金融商品取引業における公正な競争として許容される範囲を超えた利益を意味する。(3) 市場価格より有利な価額で発行または売り出される有価証券を割り当てることを約束して他の有価証券の取引を勧誘することなどがこれに含まれる。(4)

なお、金融商品取引業者等がこの禁止に違反し、不当な約束の下に投資勧誘をして取引を成立させた場合、金融商品取引業者等の投資者に対する約束の効果がどのようなものになるかが問題である。かつては、学説は、損失保証や利益保証を伴う勧誘を行ったとしても、金融商品取引業者等に行政処分が課せられるものの、その約束の私法上の効果を否定するまでもないと解していた。(5) しかし、平成三年の改正で、損失保証や利益保証の約束を行うことは、刑事罰をもって禁止されることとなった。(6) 刑事罰を課せられる行為と認識されるほど悪性の強い行為を私法上は有効であると考えることは難しい。(7) そのため、現行法の下で、これらの契約を締結したとしても、それは無効と解される。(8)

(1)　日本証券業協会の「協会員の従業員に関する規則」は、同様の規制を自主規制で定めることに加えて（日証協・従業員規則七条三項一号）、有価証券の売買その他の取引等について、顧客と損益を共通にすることを約束して勧誘することを禁止している（同項八号）。

(2)　バブル経済の時代、株式投資によって顧客に含み損が生じた場合、証券会社が、評価損の生じた株式を他の者に高い値段で買い取って一定期間保有してもらい、その期間経過後にはさらに一定の利回りを加算した金額で別の者に株式の売却を斡旋することを約束している取引が行われた。その転売は、決算期の異なる会社の間で次々と行われ、「飛ばし」とよばれていた。このような、いわゆる「飛ばし」の約束が、証券取引法で禁止される損失保証や利益保証の約束に該当するかどうかが問題となった。東京高判平成一〇年四月二七日判例時報一六五一号七一頁は、このような取引は損失保証または利益保証に該当するとした。しかし、「飛ばし」では、当初から市場の相場とはかけ離れた高い価格で取引が行われていた点に特徴がある。相場の状況とはまったく無関係に、取引価格が決定されていた。法形式上は株式の売買という形をとっていたものの、実際には、当事者は、一時的な金融取引という認識が強かったものと思われる。市場価格を無視した取引は、株式投資における投資家の投資判断を損なわず、さらに、証券市場の価格形成を歪める結果にもならないと考えられる。川口恭弘「いわゆる『飛ばし』取引の私法上の効力」商事法務一六一五号二七頁。

(3)　証券界における公正な競争として許容される範囲内の利益を提供することを約束して投資勧誘をすることは、この禁止に違反しない。日本証券業協会の「広告等の表示及び景品類の提供に関する規則」は、「顧客に対して景品類の提供を行うときは、不当景品類及び不当表示防止法その他の法令等に違反する又はそのおそれのある景品類の提供を行ってはならない。」としている（日証協・広告規則四条二項）。

(4)　金融商品取引業者等がある有価証券の販売を促進するため、その有価証券と投資者が希望どおりに買い付けられない有価証券とをセットにして買付けを勧誘することは、投資者が希望どおりには買い付けられない有価証券を売り付けることを約束して、販売促進の対象となる有価証券の買付けを勧誘するもので、この違反に該当する。

特定の顧客にのみ株式売買の委託手数料を割り引く行為も、これにつき合理的な説明ができない場合、ここにいう「特別の利益」の提供に該当すると考えられる。金融商品取引法研究会「顧客との個別の取引条件における特別の利益提供に関する問題」金融商品取引法研究会研究記録三三号九頁・一八頁（松尾）。金融商品取引業に付随する業務の手数料を割り引くような場合でも、それが金融商品取引契約の締結に影響を与えるものであれば、違法な特別利益の提供となる。この点の議論については、金融商品取引法研究会・右掲三一頁以下参照。

(5)　損失保証契約は公序良俗に反しており無効と解する立場もあった。上村達男「損失保証・損失補塡の法律問題」商事法務一二五七号一六頁、清水俊彦・投資勧誘と不法行為一〇六頁（平成一一年）参照。

(6)　三年以下の懲役もしくは三〇〇万円以下の罰金、またはこれらが併科される（金商法一九八条の三）。顧客が損失保証や利益保証を約束させた場合は、一年以下の懲役もしくは一〇〇万円以下の罰金またはこれらが併科される（金商法二〇〇条一四号）。

(7)　公序が変わり、損失保証や利益保証の約束がその効果を否定するほど悪性の強いものと認識されるようになったと解するしかない。

(8)　刑事罰が用意されていなかった時点で締結された契約の履行が、改正法施行後に許されるのかという困難な問題がある。通説は、損失保証契約自体は有効であるとしつつ、法改正で、その実行行為である補てんが禁止されることになったため、その履行請求はできなくなったと解している。河本一郎「損失補塡に関する改正証券取引法運用上の諸問題」金融法務事情一三一九号一四頁、神崎克郎・「判批」判例評論四三四号（判例時報一五一八号）三〇頁、磯村保「損失保証ないし利益保証約束をめぐる裁判例の批判的検討」民商法雑誌一一三巻四・五号五五九頁など参照。平成三年の改正前から無効と解する立場からは、改正法施行後の履行も当然に認められないこととなる。この点について、最高裁判所は、損失保証契約は法改正前にも証券市場における価格形成機能を歪めるとともに、証券取引の公正および証券市場に対する信頼を損なう反社会性の強い行為であったとして、法改正前でも、遅くとも、契約が締結された平成二年八月一五日当時においては、許容されない反社会性の強い行為であるとの社会的認識が存在していたと判示した（最判平成九年九月九日民集五一巻八号三六一九頁）。公序は一時期に突然変わるものではなく、社会常識とともに、徐々にその内容に変化が生じるものである。したがって、平成四年の改正法施行日を境に、損失保証に対する公序が変わったとはいえない。法改正がなされるに至った過程で公序の変化があったと考えるべきである。その点で、この最高裁判決の立場は肯定される。

かかる最高裁の見解では、平成二年八月以前に締結された契約の履行請求が法改正後可能かどうかという問題が取り残されていた。この点については、最判平成一五年四月一八日民集五七巻四号三六六頁が最高裁判所としての見解を明らかにした。そこでは、昭和六〇年六月一四日に締結された損失保証・利益保証契約が問題となった。最高裁判所は、この当時の契約は公序良俗に反して無効とはいえないとした。その上で、平成三年の改正でも、従前の契約を例外とする規定が定められなかったことから、改正前の契約であっても、その履行が禁止されるとしている。このように考えると、立法によって有効な契約の履行が求められないことになり、憲法違反の疑いが生じる。

この点については、右の最高裁判所判決は、「財産権に対する規制が憲法二九条二項にいう公共の福祉に適合するものとして是認されるべきものであるかどうかは、規制の目的、必要性、内容、その規制によって制限される財産権の種類、性質及び制限の程度等を比較考量して判断すべきものである。」とした上で、改正法が、「利益提供行為の禁止を規定したのは、証券会社による利益提供行為を禁止することによって、投資家が自己責任の原則の下で投資判断を行うようにし、市場の価格形成機能を維持するとともに、一部の投資家のみに利益提供行為がされることによって生ずる証券市場の中立性および公正性に対する一般投資家の信頼の喪失を防ぐという経済政策に基づく目的を達成するためのものであると解されるが、このような目的は、正当なものであるということができる。」と述べた。

その上で、①改正前に締結された契約にもとづく利益提供行為を認めることは投資家の証券市場に対する信頼の喪失を防ぐという改正法の目的を損なう結果となりかねないこと、②損失保証等を内容とする契約にもとづく履行請求が禁止される場合であっても、一定の場合には顧客に不法行為法上の救済が認められる余地があること、③私法上有効であるとはいえ、損失保証等は、元来、証券市場における価格形成機能をゆがめるとともに、証券取引の公正および証券市場に対する信頼を損なうものであって、反社会性の強い行為であるといわなければならず、もともと証券取引法上違法とされていた損失保証等を内容とする契約によって発生した債権が、財産権として一定の制約に服することはやむをえないことなどを理由に、規制内容は、右の立法目的達成のための手段として必要性または合理性に欠けるものであるとはいえないと判示した。

4　無登録の信用格付けの提供による勧誘

金融商品取引業者等またはその役員もしくは使用人は、顧客に対して、信用格付業者以外の信用格付業を行う者の付与した信用格付けについて、当該信用格付けを付与した者が信用格付業者の登録を受けていない者である旨および当該登録の意義その他の事項として内閣府令で定める事項を告げることなく提供して、金融商品取引契約の締結の勧誘をしてはならない（金商法三八条三号）。

信用格付けとは、金融商品または法人の信用状態に関する評価（信用評価）の結果について、記号または数字を用いて表示した等級をいう（金商法二条三四項）。(1)金融商品への投資は、投資者の自己責任によって行われるものである。もっとも、特に一般投資家が発行体の状態や将来の元利金の支払いの確実性を評価することは難しい。そこで、民間の格付機関が、投資者のために、これらのリスクの評価を行い、投資情報として公表している。信用格付けは、投資者が金融商品に対する投資判断を行う際の信用リスク評価の参考として広範に利用されている。

このように、格付機関は投資判断のために重要な情報を提供するものであるものの、金融商品取引に関して個別に投資者と契約を締結するものではないことから、従来から、業者規制を及ぼすことは行われてこなかった。しかし、企業会計の不正事件や、いわゆるサブプライム・ローン問題を契機として、格付機関への公的規制の導入・強化に向けた動きが世界的に加速した。(2) わが国でも平成二一年の改正で、右の格付機関に関する規制が強化された。すなわち、同年の改正により、格付機関について登録制度が採用された。(3) 信用格付業は、信用格付けを付与し、かつ、提供しまたは閲覧に供する行為を業として行う者をいい（金商法二条三五項）、信用格付業者は、内閣総理大臣の登録を受けた者と規定されている（金商法二条三六項）。登録格付業者は、誠実義務、情報開示義務、適正な業務管理態勢の整備が義務づけられ、さらに、一定の行為が禁止される（金商法六六条の三二～三六参照）。

ところで、金融商品取引法の下、金融商品取引業は、内閣総理大臣の登録を受けた者でなければ行うことができない（金商法二九条）。無登録で金融商品取引業を行った場合は罰則の適用もある（金商法一九七条の二第一〇号の四）。これに対して、金融商品取引法は、信用格付業については、信用格付業を行う法人は、内閣総理大臣の登録を受けることができるとのみ規定している（金商法六六条の二七）。したがって、信用格付業は、内閣総理大臣の登録を受けなくても行うことができる。これは、記号や数字を用いたランク付けにより、信用リスク評価の結果を提供するサービスは、格付機関に限らず広く行われており、こうしたサービスを行う事業者に対して一律に参入規制を課すことは適当でないと考えられたことによる。(4)

右の登録制度の下では、無登録業者が付与する信用格付けが、登録格付業者に課せられる情報開示義務等の義務が課せられないまま、投資者に提供されることとなる。そのため、金融商品取引法では、投資者と直接に接する機会の多い金融商品取引業者等に対して、投資勧誘の際に、登録格付機関（信用格付業者）以外が行う信用格付けについては、それが登録を受けていない者によるものであることおよび信用格付けの登録の意義その他内閣府令で定める事項を告げることなく提供することを禁止している（金商法三八条三号）[5]。内閣府令では、①登録の意義のほか、②信用格付けを付与した者に関する(i)商号、名称または氏名、(ii)役員の氏名または名称（法人の場合）、(iii)本店その他の主たる営業所または事務所の名称および所在地、③信用格付けを付与した者が当該信用格付けを付与するために用いる方針および方法の概要、④信用格付けの前提、意義および限界を告げることを求めている（金商業等府令一一六条の三）[6]。①としては、登録格付業者であれば課せられる義務の内容（登録を受けていないため、かかる義務がないこと）、さらに、監督官庁による規制（報告徴求・立入検査、業務改善命令などの行政処分）を受けないことなどが考えられる。④の信用格付けの限界としては、信用格付けは格付時点における意見であり、格付けの正確性等を保証するものではないこと、外部環境の変化等によって格付けが変動する可能性があること、格付けのために発行体等から入手した情報の正確性・有効性等を保証するものではないことなどが考えられる[7]。

無登録の信用格付けが付された金融商品について勧誘をする場合、それが無登録の格付けである等を告げることなく投資勧誘をすることが禁止される。告知が義務づけられる内容は、格付手法、格付けの限界など詳細に及ぶ。そのため、かかる義務は説明義務として位置づけされることが多い[8]。

（1）①法人でない団体、②事業を行う個人、③法人または個人の集合体、④信託財産も、法人に類するものとして信用格付けの対象となる（定義府令二四条一項）。また、順序を示す簡易な文章または文字も、記号または数字に類するものと規定されている（定義府令二四条二項）。

（2）この点について、池田唯一他・逐条解説・二〇〇九年金融商品取引法改正二五頁（平成二一年）参照。

（3）金融審議会金融分科会第一部会報告「信頼と活力のある市場の構築に向けて」（平成二〇年一二月一七日）は、「格付会社は、投資者の投資判断に大きな影響を与えており、金融・資本市場における情報インフラとして重要な役割を担っているとの点に照らせば、格付会社に対する公的規制は、資本市場の機能の十全な発揮や投資者保護を目的とするものと整理することができ、金融商品取引法に位置付けることが適当である。」とした上で、「公的規制の実効性確保のための法的枠組みとしては、金融商品取引法上、金融商品取引業者などについて登録制度が用いられていること、信用格付業への新規参入への大きな障壁とならないようにする観点から、登録制度を採用することが適当である。」と述べていた。

登録信用格付業者であるかどうかは、信用格付業者登録簿（金商法六六条の二九）によって確認することができる。

（4）池田他・前掲注（2）三九頁。この点について、登録拒否事由は非常に限定的であり（金商法六六条の三〇第一項参照）、登録を義務づけても、業者の参入を抑制するものにはならないとして、立法を疑問視する見解がある。大証金融商品取引法研究会報告「格付会社とその規制」二八頁（前田）。これに対して、登録拒否事由はむしろ参入規制としてハードルが高いとの見解もある（たとえば、必要な体制整備がなされていない場合は登録が拒否される）。大証金融商品取引法研究会報告・前掲二八頁（黒沼）。後者の立場からは、登録を義務づけると、言論の自由との関係で、ハードルを引き下げなければならないことから、ハードルを上げた上で、登録を可能とする制度にしたのではないかと説明されている。

なお、登録をすれば、信用格付業者としての誠実義務（金商法六六条の三二）が課せられる。規定上は、無登録業者についてはは同様の義務が発生しない。このようなギャップを是正する方法として、信用格付業を行う者すべてに誠実義務を課すことも考えられる。金融商品取引法研究会「最近の金融商品取引法の改正について」金融商品取引法研究会研究記録三一号二三頁（藤田）。業登録は任意とした上で、行為規制を未登録業者にも適用することは立法論としてありうるものの、これまでの金融商品取引法の行為規制の体系と異質なものとなるとの指摘がある。金融商品取引法研究会・右掲二五頁（松尾）。

（5）金融審議会金融分科会第一部会報告・前掲注（3）は、つぎのように述べている。

「『登録できる』との制度を導入する場合には、登録を受けた格付会社の付与する格付と、その他の格付について、前述のような格付プロセスの公正性、中立性、独立性の確保や、格付手法、前提、格付の限界等について、投資者の適切な理解を確保する観点から、法律上適切な枠組みを整備していくことが必要である。

この点、登録制度による公的規制の導入に伴い、これらの規制を受けていない者（登録を受けていない未登録者）による格付が、規制の枠組みの下での格付プロセスを経たものであるか否か、格付手法、前提、格付の限界などについて明らかにされないまま投資者に提供され、投資者の投資判断を歪めるなど、公的規制の導入の意義が損なわれないよう、一定の工夫が必要である。

このため、格付の意義や限界等を投資者に明確に認識させることを促す観点から、多数の投資者の利益に重大な影響を及ぼし得る立場にある金融商品取引業者や登録金融機関等が、金融商品の契約の締結の勧誘において、未登録者の付与する格付を利用するに当たり、それが公的規制において定める格付プロセス等の枠組みに則っていないことや、格付手法、前提、データ、格付の限界等について、具体的に説明しない限り、当該格付を利用してはならないこととすることが適当である。」

（6）　立法当初、海外の有力格付け機関についても、実際上、海外本社が格付けの意思決定を行っているとして、わが国における登録を要求することが検討された。しかし、これらの格付機関から、日本法人による登録拒否を含めて、強力な反対があった。日本経済新聞平成二二年八月一四日付け。結局、海外の格付機関の日本法人が登録を行う場合に、無登録の本社が格付けを行った金融商品でも勧誘時の告知義務を軽減することで妥協が成立した。

海外格付機関の日本法人がわが国で登録を行った場合、その関係法人で、金融長官が指定した者（特定関係法人）の付与した信用格付けについては、告知事項は、①登録の意義、②当該信用格付業者の商号または名称および登録番号、③当該特定関係法人が信用格付業を示すものとして使用する呼称、④信用格付を付与した特定関係法人が当該信用格付を付与するために用いる方針および方法の概要または当該概要に関する情報を当該信用格付業者から入手する方法、⑤信用格付の前提、意義および限界となる（金商業等府令一一六条の三第二項）。特定関係法人は、金融庁長官が、当該信用格付業者の関係法人による信用格付業の業務の内容および方法、信用格付けに関する情報の公表状況その他の事情を勘案して、有効期間を定めて指定する（金商業等府令一一六条の三第二項柱書）。

金融商品取引業者等が、特定関係法人の付与する格付けを提供して勧誘を行う場合、無登録業者について、「商号、名称または氏名」、「代表者の氏名または名称」、「主たる営業所または事務所の名称および所在地」および「信用格付けを付与した者が当該信用格付けを付与するために用いる方針および方法の概要」に代わり、「信用格付業者の商号または名称および登録番号」「特定関係法人が信用格付業を示すものとして使用する呼称」および「格付け付与のために用いる方針、方法の概要または当該概要に関する情報を当該登録業者から入手する方法」を告知すれば足りる。このように、金融商品取引業者等は、「格付け付与のために用いる方針、方法の概要に関する情報を入手する方法」を伝えることで右の告知義務を満たすことができる。情報の入手方法の告知は、当該情報が信用格付業者のウエッブサイトに掲載されている旨および当該掲載場所を伝えることでもよい。これらは、無登録業者に関する情報が顧客に提供されることが必要であることを前提としながら、グループ指定制度の適用を受ける無登録業者については、一定の範囲で、金融商品取引業者等が直接説明を行う代わりに、信用格付業者を通して情報の提供を可能にするものである。なお、アメリカ本社（無登録業者）による格付けがなされている日本国債を販売する際、金融商品取引業者等が無登録格付けに関する告知を行わなければならないことについて、その必要性に疑問が提起されている。金融商品取引法研究会・前掲注（4）二八頁（永井）。

（7）　投資者の保護に欠けるおそれが少ないと認められるものとして内閣府令で定めるものについては、告知義務が免除される。内閣府令では、①金融商品取引契約にかかる資産証券化商品の原資産の信用状態に関する評価を対象とする信用格付け、②金融商品取引契約にかかる有価証券以外の有価証券または金融商品取引契約にかかる有価証券の発行者以外の者の信用状態に関する評価を主たる対象とする信用格付けが規定されている（金商業等府令一一六条の二）。

（8）　近藤光男＝吉原和志＝黒沼悦郎・金融商品取引法入門〔第二版〕二三七頁（平成二三年）、川村正幸編・金融商品取引法〔第三版〕三八五頁（平成二二年）、池田他・前掲注（2）二二六頁参照。なお、既述のように、金融審議会金融分科会第一部会報告・前掲注（3）では、「具体的に説明をしない限り、当該格付けを利用してはならないこととすることが適当である。」としていた。

二　投資者に不適合な勧誘の禁止

1　適合性の原則

金融商品取引は、投資経験、投資目的、資力等、投資者の意向と実情に適合したものであることが最も望ましい。投資者にとっていかなる取引が適当かは、投資者の意向、財産状態および投資経験等に応じて異なる。しかし、金融商品取引業者等から金融商品取引に関し、投資勧誘を受ける投資者は、金融商品取引業者等の取引についての専門機関である地位から、勧誘を受ける取引が自己の投資意向、財産状態および投資経験等に適合したものと考えがちである。そこで、金融商品取引業者等の投資勧誘が妥当なものであるためには、それが投資者の投資意向、財産状態および投資経験等に適合していることが必要である。

金融商品取引業者等は、金融商品取引行為について、顧客の知識、経験、財産の状況および金融商品取引契約を締結する目的に照らして不適当と認められる勧誘を行って投資者の保護に欠けること、または欠けることとなるおそれがないようにその業務を行わなければならない（金商法四〇条一号）。これが、一般に、適合性の原則とよばれているものである。(1) 日本証券業協会の規則でも、協会員が、顧客の投資経験、投資目的、資力等を十分に把握し、顧客の意向と実情に適合した投資勧誘を行うように努めることを要請している（日証協・投資勧誘規則三条二項）。(2)

適合性の原則に違反した投資勧誘がなされた場合、金融商品取引業者等に対して行政処分がなされる（金商法五二条一項六号)[3]。違反行為についての刑事罰は定められていない。裁判例では、一般論として適合性の原則遵守を掲げるものが多いものの、同原則に違反したことのみをとらえて、私法上も違法とするものは多くなかった[4]。しかし、学説においては、著しく適合性を欠く投資勧誘については、私法上も違法となると解するものがあった[5]。近年になって、最高裁は、適合性の原則から著しく逸脱した証券取引の勧誘をした場合には、当該行為は不法行為上も違法となる旨の判断を初めて明らかにした[6]。

日本証券業協会の規則は、特に危険性の大きい金融商品取引につき、適合性の原則の具体的内容を定めている。すなわち、①信用取引、②新株予約権証券の売買その他の取引、③有価証券関連デリバティブ取引等、④特定店頭デリバティブ取引等、⑤店頭取扱有価証券の売買その他の取引、⑥その他各協会員において必要と認められる取引等を行うにあたっては、投資者の投資経験および投資者からの預かり資産等を配慮した取引開始基準を定め、その基準に適合した投資者からのみ取引を受託することを要請する(日証協・投資勧誘規則六条一項・二項)[7]。

平成一二年の金融商品販売法の制定にあたって、適合性の原則に違反した場合の投資勧誘について、損害賠償の民事責任を法定するかどうかが議論となった。最終的には、適合性の原則違反についての民事責任の法定は見送られた[8]。もっとも、これに代わって、金融商品販売法では、金融商品販売業者等に対して、勧誘の適正の確保に関する指針を定めて、顧客に対して、それをあらかじめ公表することを義務づけている(金販法九条一項・三項)[9]。その勧誘方針には、勧誘の対象となる者の知識、経験、財産の状況および金融商品の販売にかかる契約を締結する目的に照らして、配慮すべき事項を記載することを要求している(金販法九条二項)。したがって、各金融商品販売業者等では、適合性の原則を踏まえた、社内規程を整備し、それを公表し、かつそれを遵守することが要求されている[10]。

投資勧誘に際し、顧客の投資経験、投資目的、資力等を慎重に勘案し、その意向と実情に適合した取引が行われるよう努めるために、金融商品取引業者等は、事前に、顧客の投資経験、投資目的、資力等を知っておくことが必要である[11][12]。日本証券業協会の規則は、協会員である金融商品取引業者が、顧客を熟知するために、有価証券の売買その他の取引等を行う顧客について顧客カードを備え置くことを義務づけている（日証協・投資勧誘規則五条一項）[13][14]。なお、日本証券業協会の規則は、さらに、金融商品取引業者の従業員が顧客カードによって知りえた投資資金の額その他に照らし、過当な数量の取引を勧誘しないようにしなければならないものとしている（日証協・従業員規則七条三項七号）。ここでいう過当な数量の取引とは、過当な金額の取引および過当な頻度の取引の両者を指すものと解される。

（1）大蔵省証券局「投資者本位の営業姿勢について」（昭和四九年一二月二日蔵証二二一一号）は、証券会社が投資者に対して投資勧誘をするにあたって、「投資者の意向、投資経験及び資力等に最も適合した投資が行われるよう十分配慮すること」および「証券投資に関する知識、経験が不十分な投資者及び資力の乏しい投資者に対する投資勧誘については、より一層慎重を期すること」を要請していた。平成二年、証券監督者国際機構（ＩＯＳＣＯ）、は、その行為規範原則（第四）のなかで、「業者は、そのサービスの提供に当たっては、顧客の資産の状況、投資経験及び投資目的を把握するよう努めなければならない」と定めた。これは、適合性の原則を遵守するための前提条件として、顧客に関する情報を把握するように要求するものである。
　証券取引審議会不公正取引特別部会報告「証券監督者国際機構（ＩＯＳＣＯ）行為規範原則の我が国への適用について」（平成三年六月一九日）は、この行為規範原則の制定を受けて、適合性の原則について法令上の根拠を明確にすることが適当であるとした。そのため、平成四年の改正により、適合性の原則違反は、明文により、大蔵大臣（当時）の行政処分の対象とされることとなった。すなわち、「有価証券の買付け若しくは売付け又はその委託について、顧客の知識、経験及び財産の状況に照らして不適当と認められる勧誘を行って投資者の保護に欠けることとなっており、又は欠けることとなるおそれがある場合」が経営保全命令の対象として法制化された（平成一〇年改正前証取法五四条一項一号）。平成一〇年の改正で、適合性の原則は、四三条に移され、さらに、それとともに、証券取引法上の禁止行為として位置づけられることとなった。金融商品取引法では四〇条一号に規定されている。

　なお、前述の証券取引審議会不公正取引特別部会の報告書では、ＩＯＳＣＯの行為規範原則（第四）を証券取引法において定めたのが五四条（現行金商法四〇条）であると述べている。しかし、ＩＯＳＣＯの行為規範原則は、「顧客を知る義務」を業者に課すもので、いわゆる know your customers rule とよべるものである。これに対して、証券取引法で立法されたものは、「不適合な顧客への勧誘を禁止する義務」を業者に課するもので、いわゆる suitability rule とよべるものである。

（2）日本証券業協会の他の規則でも同様の要請をしている。外国証券の取引に関する規則五条、海外証券先物取引等に関する規則六条参照。平成一八年改正前の証券取引法四三条では、顧客の属性として配慮すべき事項として「顧客の知識、経験及び財産の状況」が掲げられていた。一方で、日本証券業協会の規則では、これらに加えて、証券会社等が配慮すべき事項として「投資目的」が規定されていた。かかる「投資目的」との文言は、平成一〇年の改正で付け加えられたものである。先に述べたＩＯＳＣＯの原則（第四）では、「投資目的」が業者の把握すべき項目として挙げられていたが、証券取引法の下では、これについての言及はなかった。しかし、裁判例では、投資目的を違法性判断の基準とすることが定着していた。平成一八年の改正で、適合性の原則で考慮すべき顧客の属性に「金融商品取引契約を締結する目的」が追加された（金商法四〇条一号）。

顧客の知識、経験および財産の状況は、客観的に評価・判断することが比較的容易である。これに対して、「投資目的」は、主観的なものであり、外から判断することは難しい。金融商品取引業者等の説明は、販売する金融商品についての正しい理解に役立つかもしれない。しかし、それは、投資者が数ある金融商品のなかから、自らの意向（投資目的）に合致したものを選択するための手段としては十分ではない。保険商品の販売勧誘のあり方に関する検討チーム「中間論点整理―適合性原則を踏まえた保険商品の販売・勧誘のあり方」（平成一八年三月一日）三頁。平成一八年の改正にあたって、金融商品が投資者の意向に合致しているかどうかを顧客が契約締結前に最終的に確認する機会を確保するため、当該金融商品が投資者の意向に合致することを確認する書面（いわゆる「適合性レター」）を金融商品取引業者等が作成し、交付・保存する制度の導入が検討されたが、商品販売において支障を来たすとの理由で立法化は見送られた。

（３）　実際に、適合性の原則違反で行政処分が行われた例は極めて少ない。平成一五年度の経営計画において、日経平均株価（日経二二五）を対象とする日経二二五オプション取引（オプション取引）の顧客への勧誘を全店で推進する旨の計画を策定し、取締役社長以下経営陣主導の下に、顧客にオプション取引の勧誘を積極的に行っていたなか、内部管理面では、オプション取引の口座開設にかかる社内基準を実質的に緩和して取引対象顧客の範囲を広げたほか、オプション取引の知識が不十分なまま顧客にオプション取引を勧誘している営業員が多数いたにもかかわらず、これらの営業員に対してオプション取引の仕組みについての十分な知識の付与を行わずにいるなど、営業員により顧客に適合しない不適当な勧誘が行われることを未然に防止するための管理体制の整備をしていなかった事例で、証券取引等監視委員会が行政処分の勧告を行い（平成一六年三月五日）、当該勧告に従い、関東財務局により、全店舗の業務停止命令および業務改善命令が下された例がある。

金融商品取引法上の適合性の原則は、顧客に不適合な投資勧誘自体を禁止するのではなく、金融商品取引業者等に業務の運営の状況が適合性の原則に違反しないように要請するものである。したがって、金融商品取引法違反で行政処分が行われるのは、右の事例のような全社的に適合性の原則違反が生じる営業体制が取られた場合に限定せざるをえない。もっとも、金融商品取引業者の外務員が独断で適合性の原則に違反する勧誘を行った場合には、顧客への誠実義務（金商法三六条）に違反するものとして行政処分の対象となると考えられる。なお、他の業法においても、顧客に適合した社内体制の整備を義務づけるものがある。たとえば、銀行法では、「その営む業務の内容及び方法に応じ、顧客の知識、経験、財産の状況及び取引を行う目的を踏まえた重要な事項の顧客に対する説明その他の健全かつ適切な業務の運営を確保するための措置……に関する社内規則等……を定めるとともに、従業員に対する研修その他の当該社内規則等に基づいて業務が運営されるための十分な体制を整備しなければならない。」と定めている（銀行法一二条の二、銀行法施行規則一三条の七）（なお、保険業法一〇〇条の二の二、保険業法施行規則五三条の七第一項など参照）。

（4）　裁判例については、神崎還暦・逐条・証券取引法―判例と学説一八八頁以下（志谷執筆）（平成一一年）を参照。

（5）　この点については、森田章「投資勧誘と適合性の原則―金融商品の販売等に関する法律の制定の意義について」民商法雑誌一二二巻三号三一一頁、山田誠一「勧誘規制」ジュリスト一二三九号四七頁（注三三）参照。

（6）　最判平成一七年七月一四日民集五九巻六号一三二三頁。もっとも、具体的な事例のあてはめにおいて、適合性の原則から著しく逸脱する行為はなかったとして、業者の不法行為責任は否定された。大阪地判平成二二年八月二六日金融・商事判例一三五〇号一四頁は、高齢者が合計四回にわたり投資信託（ノックイン型）を購入し、その後元本の減少による損害を被った事例で、当該投資信託を販売した地方銀行に対して、適合性の原則による不法行為責任を認め、損害賠償請求を認めた（二割の過失相殺がなされている）。

適合性の原則違反の勧誘が不法行為を構成するためには、金融商品取引業者等やその役職員の行使が社会通念上許容しうる範囲を超えるものであることが必要との見解がある。鈴木竹雄＝河本一郎・証券取引法〔新版〕三三七頁（昭和五九年）。最高裁判決が、「著しく」の要件を課していることは、かかる見解と親和的である。これに対して、明白かつ著しい不適合がある場合は錯誤無効を認定すべきとして、損害賠償責任の要件として明白性・重大性要件を課すことは顧客保護の観点から「過重」とする見解もある。川地宏行「投資取引における適合性原則と損害賠償責任（二・完）」法学論叢八四巻一号四九頁。なお、宮坂昌利「最高裁判所判例解説」法曹時報六〇巻一号二三二頁は、「著しく」の要件は、「単なる取締法規の違反と不法行為上の違法との二元的理解を踏まえたレトリックという意味合いが強いものと思われ、実質的なハードルの高さを必ずしも意味しないものと解される。」としている。黒沼悦郎「判批」平成一七年度重要判例解説一二〇頁も、適合性の原則は幅のある概念であることから、結論に大差はないとする。

なお、最高裁判決の補足意見で、才口裁判官は、「経験を積んだ投資家であっても、オプションの売り取引のリスクを的確にコントロールすることは困難であることから、これを勧誘して取引し、手数料を取得することを業とする証券会社は、顧客の取引内容が極端にオプションの売り取引に偏り、リスクをコントロールすることができなくなるおそれが認められる場合には、これを改善、是正させるため積極的な指導、助言を行うなどの信義則条の義務を負うものと解するのが相当である」として、業者に指導・助言義務を認めている。

金融商品取引業者等と顧客との間に緊密な関係があり、顧客が業者に対して厚い信頼を寄せている場合に、信義則上、取引を中止させるなどの積極的助言義務が肯定されうると思われる。

(7)　協会員は、顧客から信用取引の注文を受ける際は、そのつど、制度信用取引、一般信用取引の別等について当該顧客の意向を確認することが求められる（日証協・投資勧誘規則七条）。

(8)　金融商品取引業者は、業として行う金融商品の販売等にかかる勧誘をするに際し、その適正の確保に努めなければならないと規定されるにとどまった（現行金販法八条）。これに違反した場合の制裁規定はない。金融審議会第一部会「中間整理（第二次）」によると、適合性原則を、顧客に不適合な勧誘の禁止の形態をとる業者ルール、あるいは違反に対して民事上の効果を伴う取引ルールとして位置づけて制度化することについては意見が分かれた。しかし、報告書を読む限り、なぜ制度化が行われなかったのかという点について必ずしも理由が明らかにされていない。

(9)　勧誘方針の策定を定めず、またこれを公表しない場合には、金融商品取引業者は五〇万円以下の過料に処せられる（金販法一〇条）。もっとも、勧誘方針を策定し、公表したものの、それを遵守しない場合については、過料の制裁は定められていない。

(10)　これにより、コンプライアンスに関する業者間の競争が促され、業法にもとづく行政当局の監督と合わせて、適切な勧誘のためのコンプライアンスの充実に向けた環境が整うことが期待されている。高田英樹「金融サービス法―金融の自由化に対応した包括的な顧客保護について」資本市場一七四号三二頁。このような方法で、コンプライアンスに関する業者間の競争が促進されるかどうか注意深く見守る必要がある。勧誘方針の公表方法は政令で定められる。投資家が業者間の規程を容易に比較できるような形での情報開示でなければ、十分な競争は生まれない。

なお、平成一八年の改正に際しても、立案担当者から、立法で適合性の原則違反に一律に損害賠償責任等の民事効を付与することについて、適合性の原則は、ここの事例における顧客の属性を考慮する必要があり、要件の明確化等の観点から困難を伴うことを理由に、消極的な見解が述べられている。池田和世「金融商品販売法の改正」商事法務一七八二号二〇頁。

(11)　証券監督者国際機構（ＩＯＳＣＯ）は、その行為規範原則（第四）のなかで、「業者は、そのサービスの提供に当たっては、顧客の資産の状況、投資経験及び投資目的を把握するよう努めなければならない」と定めている。

(12)　金融商品取引業者監督指針Ⅲ―二―三―一(1)は、金融商品取引業者は、顧客の投資意向、投資経験等の顧客属性等について、顧客カード等の整備とあわせ適時の把握に努めるとともに、投資勧誘にあたっては、当該顧客属性等に則した適正な勧誘に努めるよう役職員に徹底しているか、内部管理部門においては、顧客属性等の把握の状況および顧客情報の管理の状況を把握するように努め、必要に応じて、顧客属性等に照らして適切な勧誘が行われているか等についての検証を行うとともに、顧客情報の管理方法の見直しを行う等、その実効性を確保する態勢構築に努めているか、について検証することとしている。

(13)　顧客カードには、顧客についての以下の情報が記載される（日証協・投資勧誘規則五条一項）。①氏名または名称、②住所または所在地および連絡先、③生年月日（顧客が自然人の場合）、④職業（顧客が自然人の場合）、⑤投資目的、⑥資産の状況、⑦投資経験の有無、⑧取引の種類、⑨顧客となった動機、⑩その他協会員において必要と認める事項。顧客カードは電磁的方法により作成および保存することができる（日証協・投資勧誘規則五条三項）なお、金融商品取引業者は、顧客について顧客カード等により知りえた情報を他に漏らしてはならない（日証協・投資勧誘規則五条二項）。

(14)　平成一四年に、金融機関等による顧客等の本人確認等に関する法律（平成一四年四月二六日法律三二号）が制定された（平成一六年の改正で金融機関等による顧客等及び預金口座等の不正な利用の防止に関する法律となり、平成一九年三月一日より、犯罪による収益の移転防止に関する法律が規制するところとなっている）。これは、テロリズムに対する資金供与の防止に関する国際条約等の的確な実施、組織的な犯罪の処罰および犯罪収益の規制等に関する法律の規定による「疑わしき取引」の届出等についての実効性の確保、公衆等脅迫目的の犯罪行為のための資金提供等の処罰に関する法律に規定する公衆等脅迫目的の犯罪行為のための資金の提供等が金融機関等を通じて行われることの防止に資する金融機関等の顧客管理体制の整備の促進を目的とするため、金融機関に本人確認を義務づけるものであった（犯罪収益移転防止法一条）。金融機関は、本人確認の後、本人確認記録を作成しなければならない。個人顧客に関する情報については、個人情報保護法、金商業等府令、金融分野における個人情報保護に関するガイドラインおよび金融分野における個人情報保護に関するガイドラインの安全管理措置等についての実務指針の規定にもとづく適切な取扱いが確保される必要がある。金融商品取引業者監督指針Ⅲ―二―四。

２　説明義務

金融商品取引は投資者の自己責任によって行われるものである。一般投資者としての顧客は、専門家である金融商品取引業者等の助言や投資勧誘に依拠して投資判断をすることが考えられる。そのため、金融商品取引業者等は顧客への勧誘にあたり、積極的に説明をすることが望ましい。

金融商品取引法は、金融商品取引業者等が金融商品取引契約を締結しようとするときは、内閣府令で定めるところにより、あらかじめ、顧客に対して一定の事項を記載した書面を交付しなければならないと定めている（契約締結前交付書面の交付義務）（金商法三七条の三）。金融商品取引業者等は、当該書面の交付に関し、顧客の知識、経験、財産の状況および金融商品取引契約を締結する目的に照らして、当該顧客に理解されるために必要な方法および程度による説明をすることが義務づけられる（金商法三八条七号、金商業等府令一一七条一号）(1)。これにより、金融商品取引業者等は、顧客に対して適合性の原則を踏まえた説明を行うことが必要となる(2)。

平成一八年の改正前の証券取引法においては、証券会社等の顧客に対する説明義務を直接に定める規定はなかった。同年の改正にあたり、契約締結前交付書面の交付義務が金融商品取引法において規定されたが、この規定に説明義務が含まれると解する見解が述べられていた(3)。これに対して、条文上は契約締結前交付書面の交付を義務づけたものに過ぎず、書面交付に際して説明がなかった場合にまで行政処分を下すことは難しいことなどを理由に、説明義務まで含むと解釈する立場に反対する意見もあった(4)。この点について、内閣府令により、契約締結前交付書面等の交付に関し、あらかじめ、顧客に対して、書面記載事項を説明することなく、金融商品取引契約を締結する行為が禁止行為として定められることとなった。もっとも、内閣府令による禁止行為の追加という形ではなく、端的に、契約締結前書面交付に際して説明を要する旨の規定を置くという立法も考えられた(5)。

金融商品取引業者等の営業員と一般投資家との間には、情報の格差が存在する。したがって、かかる情報の格差がある状況で締結された契約は、信義則違反（民法一条二項）によるものとなり、民法上の不法行為責任が肯定されうる。金融商品取引業者等は、取引を勧誘する時点において、一般的な危険性を超えて具体的な危険要因がある場合に説明義務を負う。

ところで、説明義務については、金融商品販売法において説明義務が法定されていることにも留意が必要である。

民法上の不法行為責任を追及する場合、説明義務違反が何らかの法律違反であることを顧客側で証明する必要がある。しかし、金融商品販売法では、業者側の説明義務が法定され（金販法三条一項）、さらに、説明義務違反があった場合の損害賠償責任が規定されている（金販法五条）。したがって、法律違反であることを証明する必要はない。さらに、民法上の責任の要件（民法七〇九条）は、①故意または過失、②権利の侵害、③①と②の因果関係である。これらを顧客側で証明する必要がある。この点、金融商品販売法では、③について立証責任を転換（推定規定）している。すなわち、顧客が損害賠償を請求する場合、元本欠損額(6)は、業者側の説明義務違反によって生じた損害の額と推定する旨の規定を定めている（金販法六条一項）(7)。したがって、業者側は、顧客の損害が説明義務違反を理由とするものでないことを証明できなければ責任を負うこととなる(8)。

投資信託受益証券等(9)の乗換え(10)を勧誘する際、顧客に対して、かかる乗換えに関する重要な事項について説明を行っていない状況は監督官庁の是正命令の対象となる（金商法四〇条二号、金商業等府令一二三条九号）(11)。投資信託商品は長期保有を前提としているものが多く、その乗換えについては、十分な説明の下でなされることを確保する必要がある。売出し、募集・売出しの取扱いまたは私募の取扱いによる債券を取得させまたは売り付けようとする際に、当該債券の取得または買付けの申込みの期間中に生じた投資判断に影響を及ぼす重要な事象について、個人である顧客に対して説明を行っていない状況も是正命令の対象と規定されている（金商法四〇条二号、金商業等府令一二三条一一号）(12)。

（1）　条文では、説明は「書面の交付に関し」行うべきものとされている。そのため、説明は必ずしも「書面の交付の際に」行われる必要はない。契約の締結にあたり、必要な情報が顧客に対して適切に提供されていれば、説明義務を果たしたことになると考えられる。

（2）　金融商品取引業者監督指針三―二―三―四(1)は、金融商品取引業者に対して、契約締結前交付書面の交付の際等において、顧客の知識、経験、財産の状況および取引の目的に照らして当該顧客に理解されるために必要な方法および程度を適切に選択し、適合性原則を踏まえた適切な説明がなされる態勢を整備することを求めている。

（3）　松尾直彦＝澤飯敦＝酒井敦史「金融商品取引法の行為規制（上）」商事法務一八一四号二五頁、神田秀樹他「座談会・新しい投資サービス法制―金融商品取引法の成立」商事法務一七七四号二九頁（黒沼発言）参照。

（4）　証券取引法研究会「金融商品取引業者の行為規制」金融商品取引法の検討〔1〕〔別冊商事法務三〇八号〕一三三頁（川口）（平成一八年）。

（5）　証券取引法研究会・前掲注（4）一三四頁（川口）。なお、証券取引法研究会「金融商品取引法の政令・内閣府令について」証券取引法研究会研究記録一八号二三頁（前田・松尾）参照。なお、商品先物取引法二一八条一項は、商品先物取引業者は、商品取引契約を締結しようとする場合には、主務省令で定めるところにより、あらかじめ、当該顧客に対し、受託契約締結前交付書面の記載事項について説明をしなければならないとしている。

（6）　ここにいう「元本欠損額」は、金融商品の販売が行われたことにより顧客の支払った金銭および支払うべき金銭の合計額から、当該金融商品の販売により当該顧客の取得した金銭および取得すべき金銭の合計額と当該金融商品の販売により当該顧客等の取得した金銭以外の者または権利であって当該顧客等が売却その他の処分をしたものの処分価額の合計額とを合算した額を控除した金額をいう（金販法六条二項）。

（7）　金融商品販売法上、業者が説明すべき程度について議論があった。平成一八年の改正で、顧客への説明が、顧客の知識、経験、財産の状況および当該金融商品の販売にかかる契約を締結する目的に照らして、当該顧客に理解されるために必要な方法および程度によるものでなければならないこととなった（金販法三条二項）。適合性の原則は、広義のものと狭義のものとがある。前者は「顧客の意向と実情に適合した形で勧誘・販売を行わなければならない」というもので、後者は「特定の顧客には、販売・勧誘を行ってはならない」というものである。平成一八年の改正で、広義の適合性の原則について民事責任が規定されることとなった。

顧客に対して説明をしなければならない「重要事項」は法定されている（金販法三条一項）。平成一八年の改正では、「金融商品の販売にかかる取引の仕組みのうち重要な部分」につき説明が必要となった（金販法三条一項六号ハ）。さらに、「元本欠損が生じるおそれ」のほか、「当初元本を上回る損失が生じるおそれ」がある場合にも説明義務が課せられる（金販法三条一項二号・四号・六号）。デリバティブ取引において、損失額が顧客が支払うべき委託証拠金その他の保証金の額を上回ることとなるおそれがあれば、説明義務が生じる。

（8）　金融商品取引法では、金融商品取引業またはこれに付随する業務に関し「法令」に違反したとき、行政処分を行うことが認められている（金商法五二条一項六号）。金融商品販売業者等が金融商品販売法に定める説明義務に違反した場合に、行政処分の対象となるかが問題となる。右の「法令」の範囲は、金融商品取引法の保護法益に関連づけて判断されるべきである。金融商品販売法の説明義務は民事責任を発生させるものとして定められたものであることを考えると、同法違反が直ちに行政処分の対象になると解することは難しいように思われる。神田他・前掲注（３）二五頁では、金融商品取引法では、「やはり端的にいわゆる業者ツールとして行為規範を設けて、違反があれば行政処分ですという整理なのではないでしょうか」との見解が述べられている（神田）。本文記載のように、金融商品取引法上も内閣府令で説明義務が規定されたため、これに違反した場合、当然に、行政処分の対象となる。

重要事項について説明を要しない旨の顧客の意思表明があった場合、説明義務に関する規定は適用されない（金販法三条七項二号）。金融商品取引法上、特定投資家に対して、契約締結前交付書面の交付義務の免除が定められているものの（金商法四五条一号）、顧客から説明不要の申出があった場合に説明義務を免除する規定は存在しない。

(9)　投資信託法に規定する投資信託もしくは外国投資信託の受益証券、投資証券または外国投資証券で投資証券に類するものをいい、金融商品取引所に上場されているものが除かれる（金商業等府令一一三条九号）。

(10)　現に保有している投資信託受益証券等にかかる投資信託契約の一部解約もしくは投資口の払戻しまたは投資信託受益証券等の売付けもしくはその委託等を伴う投資信託受益証券等の取得または買付けもしくはその委託等をいう（金商業等府令一一三条九号）。

(11)　適格機関投資家は自らの判断で乗換えを行うことができるため、規制の適用が除外される。

(12)　説明義務は、対面取引に限らず、インターネット取引等の非対面取引にも課せられる。このような非対面取引において、どのような措置を講じれば、対面取引で直接になされる説明と同程度の説明（「当該顧客に理解されるために必要な方法及び程度による説明」）をしたといえるかが問題となる。金融商品取引業者監督指針Ⅲ—二—三—四(1)④は、「金融商品取引をインターネットを通じて行う場合においては、顧客がその操作する電子計算機の画面上に表示される説明事項を読み、その内容を理解した上で画面上のボタンをクリックする等の方法で、顧客が理解した旨を確認することにより、当該説明を行ったものと考えられる。」としている。

３　大量推奨販売の禁止

金融商品取引業者等またはその役員もしくは使用人は、不特定かつ多数の顧客に対し、特定かつ少数の銘柄の有価証券の買付けもしくは売付もしくはデリバティブ取引またはその委託等を、一定期間継続していっせいにかつ過度に勧誘し、公正な価格・それに価格に相当する事項（市場デリバティブ取引の場合）の形成を損なうおそれのある行為を行ってはならない（金商法三八条七号、金商業等府令一一七条一七号）。

金融商品取引業者等が、大量の証券を売り捌くために、特定の銘柄を選定し、一定期間継続して、その販売力を集中して、顧客に売却する行為は、顧客の能力あるいは資金力を無視した強引な販売となりやすく、投資者保護の観点から問題がある。また、このような推奨販売が順調に行われるためには、その期間中株価が上昇傾向にあることが必要であり、そのため相場操縦が行われる危険性が高い。一方で、かかる勧誘を契機として、買付けが集中した銘柄は、その販売期間中、株価が高騰する。かかる不自然な相場形成は、人為的なものであり、公正な価格形成を損なうものといえる。[1]

このような弊害のゆえに、平成四年の改正前においては、「営業の方針として、特定かつ少数の銘柄の株式について、不特定かつ多数の顧客に対し、その買付けを一定期間継続していっせいにかつ過度に勧誘し、公正な価格形成を損なうおそれがある行為をした場合」、大蔵大臣が是正命令を発することができるものとしていた（平成四年改正前証取法五四条一項三号、健全性省令九条七号）。しかし、公正な価格形成を損なうおそれの強いこのような行為については、その発生原因である業者の業務執行体制の改善を求めるより、行為自体を禁止するのが適当と考えられる。そのため、平成四年の改正で右のように禁止行為として規定されることとなった。[2]

現行法では、特定かつ少数の銘柄の株式の買付けまたは売付けは、公正な価格形成を損なうおそれがある限り、営業の方針としてなされなくても禁止される。もっとも、かかる推奨が個々の外務員により行われることは考えにくい。そのような推奨があっても、「いっせいに」という要件を満たすものは少なく、さらに価格に影響を与えるものは多くない。一方で、本店の営業方針がない場合でも、支店単位で大量の株式の売買を推奨した場合には規制が及ぶ可能性がある。[3]

なお、平成一八年改正前の証券取引法では、証券会社がまたはその役員もしくは使用人が、現に保有している特定の銘柄の有価証券の売付けを目的として、不特定かつ多数の顧客に対し、当該有価証券または当該有価証券の売買にかかるオプションの買付けまたはその委託等を、一定期間継続して、いっせいにかつ過度に勧誘することを禁止していた（平成一八年改正前証取法四二条一項一〇号、行為規制府令四条一一号）。[4]

この規制については、公正な価格形成を損ねる危険性があることから禁止の対象にしたとする見解が多かった。(5) もっとも、右で規制される行為は、少数の銘柄の推奨に限られない一方で、業者が保有している有価証券の売付けを目的とした買付け推奨に限定されていた。さらに、条文上は、「公正な価格形成を損なうおそれ」という要件が定められていなかった。以上のことから、かかる規定は、公正な価格形成を損なうまでいかないような場合でも、業者として短期に処分したほうがよいと考える有価証券を顧客に売捌くような、投資リスクを顧客に転嫁する行為を禁止するものと考える見解があった。(6)

平成一八年の改正で、顧客の取引にもとづく価格、指標、数値または対価の額の変動を利用して自己または当該顧客以外の顧客の利益をはかることを目的として、不特定かつ多数の顧客に対し、有価証券の買付けもしくは売付けもしくはデリバティブ取引またはこれらの委託等を一定期間継続して一斉にかつ過度に勧誘する行為が禁止行為とされた（金商法三八条七号、金商業等府令一一七条一項一八号）。この規定は先の証券取引法の規定を引き継ぐものとも考えられるが、ここでは、「顧客の取引に基づく価格、指標、数値または対価の額の変動」を利用することが要件となっており、従前より規制の対象が限定されたものとなっている点に留意が必要である。(7)

（1）　証券取引審議会不公正特別部会中間報告「相場操縦的行為禁止規定のあり方の検討について」（平成四年一月二〇日）は、「証券会社の社内誌や株式懇談会において、当該株式を推奨したことに加え、広範な支店において、当該株式に集中した継続的かつ過度な投資勧誘を行った結果、多数の投資者から大量の買い注文が行われた」としている。

（2）　平成四年の改正前証券取引法五四条一項三号は、大蔵省令に違反した場合で、「公益又は投資者保護のため業務又は財産の状況につき是正命令を加えることが必要な場合」に、是正命令を認めていた。実際には、行き過ぎた勧誘があった後に、大蔵省令違反を理由に営業停止などの行政処分を課せられることとなっていた。もっとも、現在の行為ではなく、過去に行われた行為について「是正」を加えることには論理的な矛盾を生じるおそれがあった。現行法のように禁止行為として規定することは、この点でも合理性がある。

(3) ここで規制される行為は、一般的に過当推奨販売または大量推奨販売といわれる。平成四年の改正までは、特に買付けの勧誘を問題としてきた。もっとも、現行法では、有価証券の買付けだけでなく売付けにも規制が適用される。平成四年の改正では、公正な価格形成を歪めるという、一種の相場操縦の規制としての側面を重視したため、その要因となりうる売付けも規制の対象に含めることとなった。証券取引法研究会「平成四年証券取引法改正について(4)」インベストメント四六巻五号六〇頁（龍田）。なお、平成四年の改正で、規制の対象も、「株式」から「有価証券」全般に拡大された。これにより、新株予約権付社債などの販売にも規制が及ぶこととなった。

(4) 現に保有している特定の銘柄の有価証券の売買にかかるオプションの付与を目的として、不特定かつ多数の顧客に対し、当該有価証券または当該オプションの買付けもしくは売付け（オプションにあっては、取得または付与）またはその委託等を一定期間継続していっせいかつ過度に勧誘することも禁止されていた（平成一八年改正前証取法四二条一項一〇号、行為規制府令四条一二号）。

(5) 河本一郎＝関要監修・逐条解説証券取引法〔三訂版〕五五九頁（平成二〇年）、神田秀樹監修・野村證券株式会社法務部＝川村和夫編・注解証券取引法五九七頁（平成九年）参照。

(6) 証券取引法研究会・前掲注（3）六一頁（龍田）、神崎克郎他・証券取引法（本書旧版）四九一頁参照。

(7) 他方で、業者が自己のみならず第三者の利益をはかることを目的とした行為も禁止の対象となる。なお、平成一八年の改正で、証券投資顧問業法が廃止され、その規制は金融商品取法に統合された。証券投資顧問業法二二条一項六号は、「特定の有価証券等に関し、助言を受けた顧客の取引に基づく価格、指数、数値又は対価の額の変動を利用して自己又は当該顧客以外の第三者の利益を図る目的をもって、正当な根拠を有しない助言を行うこと。」を禁止行為と定めていた。金融商品取引法上の禁止行為は、かかる規定ぶりを参考にしたとする見解もある。岸田雅雄監修・注解金融商品取引法第二巻三四〇頁（澤飯敦＝大越有人）（平成二一年）。しかし、証券投資顧問業法の規定は、正当な根拠を有しない助言を問題とするものである。これに対して、金融商品取引法の規制は、手持ちの有価証券を自らの推奨行為によって顧客販売しようとするものであり、顧客との利益相反を問題とするものである。この点で、本規定のように改めた点には疑問がある。

4　非上場有価証券の投資勧誘規制

金融商品取引所に上場されている有価証券以外の有価証券に関する投資勧誘について、日本証券業協会の規則が特別の規制を行っている。

わが国の法人が国内において発行する取引所金融商品市場に上場されていない株券（特別の法律により設立された法人の発行する出資証券を含む）、新株予約権証券および新株予約権付社債券（店頭有価証券、日証協・店頭有価証券規則二条一項）については、投資判断に必要な情報が適切に開示されているとはいえないため、金融商品取引業者が投資者に対して投資勧誘を行うことが原則として禁止される（日証協・店頭有価証券規則三条）。もっとも、有価証券に対する投資に関する専門的知識および経験を有する者については、自ら投資判断を行う能力やリスクの受容力が高いと考えられる。そこで、取得した店頭有価証券に譲渡制限を付すことを条件として適格機関投資家のみに対して行われる投資勧誘は許容される（日証協・店頭有価証券規則四条一項）。(1)

店頭有価証券のうち、①金融商品取引法の規定にもとづき、有価証券報告書を継続的に提出している会社、(2)②会社内容説明書を作成している会社が発行するものは「店頭取扱有価証券」と定義される（日証協・店頭有価証券規則二条四号）。店頭取扱有価証券等のうち、所定の手続を経て、日本証券業協会によって指定を受けたものが「グリーンシート」とよばれる（日証協・グリーンシート銘柄規則二条五号）。グリーンシート銘柄を金融商品取引業者が扱うには、取扱会員としての指定を受ける必要がある。グリーンシート銘柄について投資勧誘が許容される。(3)

グリーンシート銘柄の投資勧誘にあたっては、金融商品取引業者は、グリーンシート銘柄の取引をはじめて行う顧客に対して、グリーンシート銘柄の性格、取引の仕組み、取引方法、情報の周知方法、投資にあたってのリスク等についてわかりやすく記載した説明書を交付し、これらについて十分に説明しなければならない（日証協・グリーンシート銘柄規則一九条一項）。さらに、投資者から、所定の確認書を徴求することが必要とされる（日証協・グリーンシート銘柄規則一九条二項）。また、投資勧誘を行うに際しては、原則として、直近の会社内容説明書を用いて、その銘柄およびその発行会社の内容を十分に説明して行うことを要する（日証協・グリーンシート銘柄規則二〇条）。

グリーンシート銘柄の募集・売出しの取扱いまたは売出しを行う際には、投資者に対して、法定目論見書を交付するだけでなく、その銘柄および発行会社の内容を十分に説明することが求められる（日証協・グリーンシート銘柄規則二一条)。

(1)　日証協・店頭有価証券規則四条二項に、譲渡制限についての詳細が規定されている。

(2)　有価証券報告書・有価証券届出書とともに、総合意見が適正である旨の監査報告書が添付されているものに限る(日証協・店頭有価証券規則二条四号)。

(3)　グリーンシート以外の店頭取扱有価証券は、一定の基準以上の情報開示を行っており、つぎの要件を満たせば、適格機関投資家以外の投資者への勧誘が許容される。①募集等に際しての投資勧誘であること、②募集等で取得した店頭取扱有価証券に譲渡制限を付すことを条件とすること、③日本証券業協会に届出があり、かつ、協会が適当であると認めたものであること(日証協・店頭有価証券規則六条一項)。

5　無登録業者による勧誘等の規制

金融商品取引業を業として行うためには登録が必要である(金商法二九条)。金融商品取引業の登録を受けないで金融商品取引業を行った者には罰則の適用がある(金商法一九七条の二第一〇号の四)[1]。さらに、金融商品取引業者等、金融商品仲介業者その他の規定により金融商品取引業を行うことができる者以外の者は、金融商品取引業を行うことを目的として、金融商品取引契約の締結について勧誘をすることが禁止される(金商法三一条の三の二第二号)[2]。本規定に違反した場合には、刑事罰が科せられる(金商法二〇〇条一二号の三)。これらの規定は平成二三年の改正で定められた。無登録業者による違違反行為を抑止し、早期の取締りを可能にするため、右の改正がなされた。

さらに、平成二三年の改正で、金融商品取引業の登録を行っていない者(無登録業者)が、未公開有価証券の売付け等を行った場合、その売買契約等を無効とする規定が定められた(金商法一七一条の二第一項)[3]。これは、未公開株式等について、上場間近であるかのような勧誘を行い、高齢者等に対して不当な高値で売り付けていた事例が多発したことを受けたものである[4]。対象となる有価証券は、社債券、株券、新株予約権証券その他の適正な取引を確保することが特に必要な有価証券として政令で定める有価証券である。[5] これらの有価証券が、①金融商品取引所に上場されている有価証券、②店頭売買有価証券または取扱有価証券、③①②のほか、その売買価格または発行者に関する情報を容易に取得することができる有価証券として政令で定める有価証券[6]以外のものであれば、右の規制が適用される。

売買契約等の無効が認められるのは、未登録業者が未公開有価証券の売付け等を行った場合に限られる。右の改正は、既述のように、上場前の有価証券であるということをセールストークに行われる勧誘に対処するためのものであった。さらに、有価証券が上場されている場合などでは、投資者はその価格や発行者に関する情報を比較的容易に入手することができる。以上のことから、投資者の保護がより強く求められる未公開有価証券について売買契約等の無効が認められる規定が定められた。

無登録業者による未公開有価証券の売買契約等を無効とする規定は、金融商品取引法において、第三章「金融商品取引業者等」ではなく、第六章「有価証券の取引等に関する規制」のなかに定められた。第三章の規定は、金融商品取引業者等に対する業者規制を定めるものであり、民事ルールにはなじまないものである。[7] これに対して、第五章には、相場操縦に関する損害賠償責任（金商法一六〇条）や短期売買差益の提供義務（金商法一六四条）などの民事ルールが存在する。もっとも、この規定は、損害賠償責任を規定するものではなく、契約の効果を否定するものである点で、金融商品取引法制全体のなかでも異質なものである。業者が登録を受けずに、未公開有価証券の売付け等を行う場合、投資者の利益を犠牲にして、不当な利益を得る蓋然性が極めて高い。そこで、このような行為は、公良俗違反の一類型である暴利行為にあたる可能性が認められるとして、契約を無効とする立法がなされた。[8]

無登録業者または無登録業者による契約にかかる未公開有価証券の売主もしくは発行者（契約の当時者である場合に限られる）が、当該売付け等が、顧客の知識、経験、財産の状況および当該契約を締結する目的に照らして、顧客の保護に欠けるものでないこと、または当該売付け等が不当な利得行為に該当しないことを証明したときは、売買契約等は無効とならない（金商法一七一条の二第一項）。[9]

(1) 平成二三年の改正前までは、三年以下の懲役もしくは三〇〇万円以下の罰金またはこれらが併科されるものとされていた(平成二三年改正前金商法一九八条一号)。同年の改正で、罰則が五年以下の懲役もしくは五〇〇万円以下の罰金またはこれらが併科されるものとなった(金商法一九七条の二第一〇号の四)。これにより、無登録業罪が法人重課の対象となり、法人は五億円以下の罰金が科されるようになった(金商法二〇七条一項二号)。

(2) 外国証券業者(金商法五八条)、適格機関投資家等特例業務届出者(金商法六三条三項)等は、法令に許容された範囲内で金融商品取引業を行うことができる。

(3) 売付けまたはその媒介もしくは代理、募集または売出しの取扱いその他これらに準ずる行為として政令で定める行為に適用される。政令では、売出しまたは私募の取扱いが規定されている(金商令三三条の四の二)。

(4) 国民生活センターによると、このような被害の例は、二〇〇七年度は二六一六件、二〇〇八年度は三〇七一件、二〇〇九年度は六一一五件、二〇一〇年度は八五二七件に及んでいた。さらに、最近では、複数の業者が計画的に投資者の勧誘を行う、いわゆる「劇場型」の事例も多く発生していた。大証金融商品取引法研究会「『資本市場及び金融業の基盤強化のための金融商品取引法等の一部を改正する法律』の概要について」四頁(藤本)参照。投資者が民法上の不法行為や金融商品の販売等に関する法律に基づき損害賠償請求をする場合、錯誤無効や消費者契約法に基づき取消し主張をする場合と比べて、立証責任が大幅に緩和される。

(5) ①社債券、②株券、③新株予約権証券のほか、④外国の者の発行する証券または証書で、①②③の性質を有するもの、⑤①から④の有価証券に表示されるべき権利であって、有価証券とみなされるものが規定されている(金商令三三条の四の三第一項)。

(6) (i)社債券(新株予約権付社債券を除く)、(ii)外国の者の発行する証券または証書で(i)の性質を有するもの、(iii)(i)(ii)の有価証券に表示されるべき権利であって、有価証券とみなされるもののうち、有価証券届出書または有価証券報告書が公衆縦覧されているものの提出者が発行者であるもの、および指定外国金融商品取引所(売出規制が免除される)に上場されている有価証券が規定されている(金商令三三条の四の三第二項)。

(7) 業者による説明義務を規定し、違反の場合の損害賠償責任を設ける際、このことを理由の一つとして、証券取引法とは別に、金融商品販売法が制定された。

(8) 大証金融商品取引法研究会・前掲注(4)七頁(藤本)。大審院昭和九年五月一日大審院民事判例集一三巻八七五頁は、相手方の窮迫、軽率または無経験に乗じて著しく過当の利益を取得する行為は、公序良俗に反し無効と判断した。無登録業者に関する民事功を創設することにより、つぎの効果が期待されている。古澤知之他・逐条解説・二〇一一年金融商品取引法改正七四頁（平成二三年）。

① 無登録業者に対する代金返還交渉のあっせんや仲介が容易となる
② 投資者側の立証責任が緩和されるため、裁判において迅速な本案審理や民事保全法上の保全命令の迅速な発出が期待できる
③ 約定後であっても、代金支払い前の段階では、契約の拘束力から離脱することで出損を回避できるため、被害の発生を止めることができる
④ 無登録業者による未公開株等を利用した不当な行為をやりにくくするという一般的な抑止効果や被害の未然防止効果が期待できる。

（9） 注（8）の判決では、相手方の窮迫等といった主観的要素と、著しく不当な利得という客観的要素の双方を満たす場合に、契約が無効となるとしている。これと同様に、金融商品取引法上も、適合性の原則に照らして投資者の保護に欠けるという主観的要素と、不当な利得行為という客観的要素の両者を満たす場合に無効となる。すなわち、そのどちらかが欠けていることについて反証ができれば、無効とはならない。大証金融商品取引法研究会・前掲注（4）九頁（藤本）。

三　顧客の意思に反する投資勧誘

1　不招請勧誘・再勧誘の規制

金融商品取引業者等またはその役員もしくは使用人は、①金融商品取引契約の締結の勧誘の要請をしていない顧客に対して、訪問しまたは電話をかけて、金融商品取引契約の勧誘をする行為、②金融商品取引契約の締結につき、その勧誘に先立って、顧客に対し、その勧誘を受ける意思の有無を確認することをしないで勧誘する行為、③金融商品取引契約の締結の勧誘を受けた顧客が当該金融商品取引契約を締結しない旨の意思を表示したにもかかわらず、当該勧誘を継続する行為を行ってはならない（金商法三八条四号～六号）。①が不招請勧誘規制を定めるもので、③は再勧誘規制を定めるものである。②は③の再勧誘規制を前提として、顧客から勧誘の受諾につき確認を得る旨を定める規制である。

右の規制は、平成一八年の改正で導入された。(1) 再勧誘を禁止する立法はそれまでも他の法律で存在していた。たとえば、特定商取引法では、電話勧誘販売につき、「電話勧誘販売に係る売買契約又は役務提供契約を締結しない旨の意思を表示した者に対して、当該売買契約又は当該役務提供契約の締結について勧誘してはならない。」と定めている（特商法一七条）。さらに、平成一六年の商品取引所法の改正により、再勧誘を規制する制度が法定された（現在の商先法二一四条五号）。(2)

他方で、平成一七年の金融先物取引法の改正で、再勧誘規制に加えて不招請勧誘をも禁止する立法がなされた（金先法七六条四号・五号）。(3) 金融先物取引法の廃止に伴い、不招請勧誘の規制が金融商品取引法で定められることとなった。不招請勧誘や再勧誘に関する規制が適用される金融商品取引契約はそれぞれ政令で定められる。平成一八年の改正にあたり、不招請勧誘が禁止される取引は、店頭金融先物取引に限定されていた（平成二二年改正前金商令一六条の四第一項）。これは、右の金融先物取引法の規制に対応するものであった。(4) 金融先物取引法では、金融先物取引全般にわたり不招請勧誘を禁止する措置がとられていた。しかし、取引所金融先物取引は、顧客の証拠金の保全措置等の取引制度がより整備されており、店頭金融先物取引に比べ利用者保護に手厚いことなどから、金融商品取引法では、不招請勧誘禁止の対象から除外した上で、再勧誘規制を適用するものとされた（平成二二年改正前金商令一六条の四第二項）。(5)

その後、平成二三年一月から施行された商品先物取引法の改正で、勧誘の要請をしていない顧客に対して、訪問・電話による勧誘が禁止されることとなった（商先法二一四条九号）。規制の対象は、個人を相手とするものに限られるものの、取引所取引にかかる商品先物取引にも適用されるものとなっている。

さらに、金融商品取引法においても、平成二二年の改正で、不招請勧誘規制の対象が、個人に対する店頭デリバティブ取引（金商法二条八項四号）一般に拡大された（金商令一六条の四第一項）。これは、いわゆる、サブプライム・ローン問題を契機とする金融危機を教訓に、投機的で投資リスクの高い店頭デリバティブ取引についての勧誘を禁止することで、投資者保護をはかる必要があるとの認識にもとづくものである。(6) なお、市場デリバティブ取引については、不招請勧誘規制の対象とはならないものの、再勧誘規制の対象とされている（金商法三八条五号・六号、金商令一六条の四第二項）。

不招請勧誘規制では、継続的取引関係にある顧客に対する勧誘等について適用除外が規定されている（金商業等府令一一六条一号・四号・五号）(7)。ここにいう継続的取引関係にある顧客とは、勧誘の日前一年間に、二以上の取引があった者および勧誘の日に未決済の取引残高を有する者に限られる。

不招請勧誘規制は顧客の被害を未然に防止するための方策として有用なものである。他方で、販売業者にとっては、販売機会が大幅に減少し、営業に与える影響は甚大である。そのため、制度を導入するにあたっては、顧客側の不利益と業者側の不利益を慎重に比較考量しなければならない(8)。

顧客の不利益にはつぎの二つの観点からのものが考えられる。

第一は、勧誘の不意打ち性、執拗性などから、生活の安静を害されるという不利益である。電話勧誘について、かかる利益を重視して再勧誘規制を許容することが多い。この観点からは、プライバシーを害さない勧誘であれば許容されることとなる。金融商品販売法は、勧誘の方法および時間帯に関し、勧誘の対象となる者に対し配慮すべき事項を「勧誘方針」として定め、公表することを義務づけている（金販法九条参照）。商品先物取引法では、迷惑な仕方での勧誘を禁止行為と定めている（商先法二一四条六号）。不招請勧誘規制は、このような規制で実効性が確保できない場面で導入の合理性が認められる。

第二は、顧客の自己決定権が侵害されるという不利益である。この観点からは、顧客の意向と実情に適合した勧誘がなされている場面では、不招請勧誘規制を特に定める必要性は生じない。したがって、適合性の原則が遵守されない業者または業界に限り、不招請勧誘の禁止という措置が必要になる。

顧客のプライバシーや自己決定権を守らない悪質な業者から自衛能力を有さない顧客を保護する必要性は他の商品・サービスの販売・提供の場面にも生じうる。顧客が自己決定権を侵害される場面は、金融商品の販売に特有のものとはいえないことに留意が必要である。もっとも、金融商品のなかには、取引の仕組みが複雑で、かつ、リスクのきわめて高いものがあり、かかる商品の勧誘にあたっては、特に、投資者保護の必要性は高い。

不招請勧誘規制は業者側にとって極めて厳格な行為規制である。この点で、不招請勧誘規制ではなく、再勧誘規制で足りるのではないかの意見も考えられる。わが国でも、これまで再勧誘を禁止する規制を採用するものがほとんどである。一度勧誘を受けた後に、再勧誘を拒否できる顧客は、自衛能力が備わった顧客である。したがって、自己決定権の観点からは、行為規制による保護を受ける必要性は少ない。しかし、投資勧誘により被害を受ける顧客は、かかる自衛能力を有さない者が大半であることを考慮すると、不招請勧誘規制の途は残されておくべきと考えられる。(9)

(1)　平成一二年の金融商品販売法の制定にあたって、不招請勧誘を規制すべきか議論されたことがある。改正を審議した金融審議会でも、「そもそも業者からの顧客への接触や情報提供自体が否定されるべきではないとの指摘も多く、禁止されるべき問題かどうかについては意見が分かれた」。結局のところ、金融商品販売法では、不招請勧誘の禁止は規定されず、金融商品販売業者が策定する勧誘方針に、勧誘の方法および時間帯に関し、勧誘の対象となる者に対し配慮すべき事項を記載させることとし（金販法九条二項二号）、迷惑な時間帯における勧誘の自制、リスクの高い商品を取り扱う際の電話、訪問による対応等については、金融商品販売業者のコンプライアンス体制に委ねられることとなった。

(2)　同年の改正で、勧誘を希望しない意思表示をした顧客に対する勧誘が禁止された（商取法二一四条五号）。そこでは、勧誘を希望しない意思表示を受けない限りは、不招請勧誘は可能であった。ただし、勧誘に先立ち、勧誘を受ける意思の有無の確認義務が規定されていた（商取法二一四条七号）。これらの規制により、勧誘意思の確認後、勧誘を希望しない者については勧誘ができなくなった。

(3)　その当時、外国為替証拠金取引の勧誘による被害が社会問題となり、これに対応するため、金融先物取引法の改正がなされた。金融審議会金融分科会第一部会報告「外国為替証拠金取引に関する規制にあり方について」（平成一六年六月二三日）。

(4)　金融審議会金融分科会第一部会報告「投資サービス法（仮称）に向けて」（平成一七年一二月二二日）は、「適合性原則の遵守をおよそ期待できないような場合に、利用者保護の観点から機動的に対象にできる一般的な枠組みを設けることが適当と考えられる。」として、政令指定で適用範囲を拡大できる形で、不招請勧誘規制について一般的な枠組みを整備した。

（5）　三井秀範＝池田唯一監修・松尾直彦編著・一問一答金融商品取引法〔改訂版〕三〇二頁（平成二〇年）。

（6）　平成一八年改正の際、衆議院財務金融委員会は、附帯決議において、「不招請勧誘禁止の対象となる商品・取引については、利用者保護に支障をきたすことのないよう、店頭金融先物取引に加え、レバレッジが高い等の商品性、執拗な勧誘や利用者の被害の発生という実態に照らし必要な場合には、迅速かつ機動的に追加指定を行うこと。」を求めていた（平成一八年五月一二日）。参議院財政金融委員会の附帯決議（平成一八年六月六日）も同旨のものを定めている。

（7）　①継続的取引関係にある顧客に対して店頭金融先物取引にかかる金融商品取引契約の締結を勧誘する行為（金商業等府令一一六条一号）、②継続的取引関係にある個人である顧客に対して有価証券関連店頭デリバティブ取引にかかる金融商品取引契約の締結を勧誘する行為（金商業等府令一一六条四号）、③継続的取引関係にある個人である顧客に対して一定の店頭デリバティブ取引（(i)当事者の意思表示を行った時期における現実の当該金融指標の数値の差にもとづいて算出される金銭を授受することとなる取引を成立させることができる権利を相手方が当事者の一方に付与し、当事者の一方がこれに対して対価を支払うことを約する取引またはこれに類似する取引、(ii)当事者が元本として定めた金額について当事者の一方が相手方と取り決めた金融商品の利率等もしくは金融指標の約定した期間における変化率に基づいて金銭を支払い、相手方が当事者の一方と取り決めた金融商品の利率等もしくは金融指標の約定した期間における変化率に基づいて金銭を支払うことを相互に約する取引またはこれに類似する取引、(iii)当事者の一方の意思表示により当事者間において②の取引を成立させることができる権利を相手方が当事者の一方に付与し、当事者の一方がこれに対して対価を支払うことを約する取引またはこれに類似する取引）にかかる金融商品取引契約の締結を勧誘する行為（金商業等府令一一六条五号）が規定されている。個人に対する勧誘であって、有価証券関連店頭デリバティブ取引（金商法二八条八項四号）のうち、一定のもの（(i)金融商品取引法二八条八項四号イに掲げる取引のうち、当該個人が、将来の一定の時期におけるその所有にかかる有価証券の売付けを約するとともに、当該有価証券を当該売付けの相手方となる金融商品取引業者等に貸し付け、または担保に供するもの、(ii)同法二八条八項四号ハに掲げる取引のうち、当該個人が、その所有にかかる有価証券の買付けを成立させることができる権利を金融商品取引業者等に付与するとともに、当該有価証券を当該金融商品取引業者等に貸し付け、または担保に供するもの）については、継続的取引関係にかかわらず適用除外を受ける（金商業等府令一一六条三号）。

（8）　わが国の憲法二二条一項は、国民に対して職業選択の自由を保障している。職業選択の自由は、自己の選択した職業を自由に行うことを認めるものであり、これには、営業の自由が含まれると解される。このことから、業者は、自由に営業活動を行うことが憲法上保障されていることになる。もっとも、営業の自由がすべての場合に保障されているわけではない。わが国の憲法は、「公共の福祉に反しない限り」職業選択の自由を認めているに過ぎない。すなわち、公益に反するようなものであれば、営業の自由も制約されるということになる。そのため、業者による不招請勧誘が、どのような公益を害するかの検討が不可欠となる。

(9)　勧誘規制に違反した場合には、当該規制を定める業法にもとづき、監督官庁の行政処分がなされる。勧誘規制違反の例としては、特定商取引法一七条が定める電話勧誘販売に関する再勧誘規制違反のものが見られる。これらのなかには、過去の他の業者との取引歴を入手した者が、職場にいきなり電話をし、商品・サービスの購入を勧誘し、契約締結の意思がない旨の意思表示をした者に対して、その後も、執拗に勧誘を行った業者に対して業務停止命令が出されたものがある。また、商品取引員についても、再勧誘規制に違反したものとして行政処分がなされた例もある。

金融商品取引法は、既述のように、外為証拠金取引について不招請勧誘規制を定めていた。過去には、かかる規制に違反したものとして、日本ファースト証券株式会社（平成一九年）（業務停止命令）、インターブラスト株式会社（平成一九年）（業務停止命令）、フェニックス証券株式会社（平成一九年）（業務改善命令）、朝日ユニバーサルＦＸ株式会社（平成一九年）（業務改善命令）など、相当数に及ぶ。なお、不招請勧誘規制違反のみであれば、業務改善命令で済むものが多いように見受けられる。これに対して、不招請勧誘以外に、悪質な勧誘行為が行われている場合に、業務停止命令が出される傾向がある。

なお、いわゆる業法に定める業者規制に違反した場合、直ちに、損害賠償責任が認められるわけではない。法律上に民事責任が規定されてない場合は、行為の悪質性や、業者側の帰責性などを勘案して、民法上の不法行為責任および使用者責任が追及される。不招請勧誘規制のみに違反した場合の損害の立証は難しいものの、不招請勧誘に執拗な勧誘が加わることで、相手に被害が生じることが考えられる。

過去の裁判例では、商品取引所法に定める再勧誘規制違反について、業者の損害賠償責任が認められたものがある。たとえば、比較的最近の例では、秋田地判平成一七年一一月一〇日先物取引裁判例集四三号一頁が、商品取引員（西友商事株式会社）が、職場に無差別に電話をかけ、執拗な勧誘を行ったことについて、これは、社会通念上に照らし、迷惑勧誘との評価を免れないとして、被告の不法行為責任と被告会社の使用者責任を肯定した（この事例では、三割の過失相殺がなされている）。また、大阪高判平成一五年一月二九日先物取引裁判例集三四号二三頁は、同じく商品取引員（東京ゼネラル）の勧誘に関して、原告が断っていた勤務先への連日の電話および勤務先への訪問が執拗な勧誘として違法であること、さらに、その他、説明義務違反、無断売買等を含めた一連の行為は、全体として違法性を有しているとして、業者の使用者責任を肯定している（この事例でも、三割の過失相殺がなされている）。不招請勧誘がなされる場合、通常は、これに伴い、過剰で執拗な勧誘がなされることが多く、さらに、適合性原則違反や説明義務違反を伴うことも少なくないと考えられる。このような違法要素が積み重なり、不法行為責任が認められる可能性が高くなる。

2　迷惑時間勧誘の禁止

金融商品取引法では、証券取引法上では存在しなかった禁止行為が定められている。その一つに金融商品取引契約の締結または解約に関し、顧客に迷惑を覚えさせるような時間に電話または訪問により勧誘する行為がある（金商法三八条七号、金商業等府令一一七条一項七号）。同様の規制は、平成一八年に廃止された抵当証券業法に存在していた。金融商品取引法では、個人について、この規制がすべての金融商品取引契約に適用される。既述の不招請勧誘規制および再勧誘規制は、個人や法人の区別なく適用される。これに対して、迷惑時間勧誘規制は、法人については、抵当証券、商品ファンド関連受益権の売買その他の取引にかかるもの等に適用が限定される(1)。

貸金業法において、取立行為の規制が定められ、その中に、「社会通念に照らし不適当と認められる時間帯として内閣府令で定める時間帯に、債務者等に電話をかけ、若しくはファクシミリ装置を用いて送信し、又は債務者等の居宅を訪問すること。」が規定されている（貸金業法二一条一項一号）。内閣府令では、この時間帯を「午後九時から午前八時までの間」と規定する（貸金業法施行規則一九条一項）。金融商品取引法上の迷惑時間帯勧誘の禁止は、「社会通念に照らして不適当と認められる時間帯」との限定はない。人の生活習慣は様々であることから、上記の時間帯以外であっても、顧客が迷惑を覚える時間である限り、その時間での勧誘は違法行為となると解される。

なお、金融商品取引契約の締結または解約に関し、偽計を用い、または暴行もしくは脅迫する行為も禁止行為として定められている（金商法三八条七号、金商業等府令一一七条一項四号）。これも抵当証券業法の規制を引き継ぐものである（抵当証券業法一九条一号）。もっとも、不招請勧誘・再勧誘規制や迷惑時間勧誘規制と異なり、規制の対象を政令指定する規定はない。

(1)　迷惑時間勧誘の弊害は法人でも変わらないため、個人であるか法人であるかを問わず、一律に禁止する方法でよかったのではないかとの意見もある。川口恭弘「金融商品取引業者等の行為規制」ジュリスト一三六八号三四頁。

第三款　証券取引等に関する規制

一　顧客との利益相反の防止

1　取引態様の明示義務

金融商品取引業者等が投資者の相手方となる取引においては、金融商品取引業者等は、投資者と対立する立場に立ち、その収益は、投資者が支出または受領する価格に直接に影響を受ける。これに対し、金融商品取引業者等が媒介、代理または取次ぎによって売買または取引を成立させるときは、金融商品取引業者等の利益は、それについて投資者と対立することなく、その収益は、手数料収入として算定される。注文の取引が金融商品取引業者等の自己売買として執行されるか、委託売買によって執行されるかは、金融商品取引業者等に注文を出す投資者の利益に重大な影響をおよぼす。

そこで、金融商品取引業者等は、顧客から有価証券の売買または店頭デリバティブ取引に関する注文を受けたときは、その注文を受諾する前に、自己が投資者の相手方となって売買もしくは取引を成立させるか、媒介、取次ぎまたは代理によって売買もしくは取引を成立させるかを投資者に明らかにしなければならない（金商法三七条の二）(1)。

(1)　金融商品取引業者等が取引態様を明示することなく、投資者の注文につき取引を成立させても、そのことのゆえにその取引が当然に無効となることはない。

2　最良執行義務

金融商品取引業者等が投資者の注文による取引を媒介、代理または取次ぎによって成立させるときは、投資者に最も有利な条件でこれを成立させることを要する。投資者の注文にかかる有価証券が複数の市場で取引されている場合、投資者が特に市場を指定したときを除き、金融商品取引業者等は、投資者にとって最も有利な条件で取引できる市場で売買を成立させなければならない(1)。

平成一〇年の改正で、取引所集中義務を撤廃し、私設取引システムが導入された。もっとも、顧客にとって最良の条件となる市場に注文を自動回送するシステムが存在しておらず、顧客が取引所外と明示しない限り、取引所において執行するものとされていた（取引所取引の原則）。このことが、私設取引システムにおける株式取引が低迷している一因となっていると指摘された(2)。そこで、平成一六年の改正で、取引所と私設取引システムの競争上の条件を平等にするとともに(3)、金融商品取引業者等に最良執行義務を法定することで、右の取引所取引の原則を撤廃した(4)。

金融商品取引業者等は、有価証券の売買、デリバティブ取引に関する顧客の注文(5)について、政令で定めるところにより、最良の取引の条件で執行するための方針および方法（最良執行方針等）を定めなければならない（金商法四〇条の二第一項）(6)。金融商品取引業者等は、かかる最良執行方針等に従い、取引に関する注文を執行することを要する（金商法四〇条の二第三項）。さらに、金融商品取引業者等は、金融商品取引所に上場されている有価証券および店頭売買有価証券の売買その他の取引で政令で定めるものに関する顧客の注文を受けようとするときは、あらかじめ、顧客に対して、内閣府令で定めるところにより、当該取引にかかる最良執行方針等を記載した書面を交付しなければならない（金商法四〇条の二第四項本文）(7)。事前にこの書面を交付しているときは、あらためて交付する必要はない（金商法四〇条の二第四項ただし書）。なお、金融商品取引業者等は、有価証券取引に関する顧客の注文を執行した後、三か月以内に当該顧客から求められたときには、請求の日より二〇日以内に、その注文が最良施行方針等に従って執行された旨を説明した書面を、顧客に交付することを要する（金商法四〇条の二第五項、金商業等府令一二四条四項・六項）(8)。

最良執行義務について、執行価格、執行スピード、執行の確実性等が重要な要素となる。このうち、価格が最も重要な意味を有すると考えられるが、価格のみに着目して、事後的に最良になっていなかったとしても、必ずしも金融商品取引法に定める最良執行義務に対する違反になるとは限らない。(9) しかし、投資者との間で別段の約定がある場合を除き、金融商品取引業者等は、有価証券についての現在の市場価格と合理的な関連のある価格で取引を成立させる義務を負う。(10) 現在の市場価格と合理的な関係をもつ適正な価格と大きくへだたる価格で取引を成立させるときは、投資者に対し、それによる損害を賠償する責任を負うものと解される。

（1）　投資者の注文にかかる有価証券につき複数の市場が存在する場合、投資者から特定の市場で注文を執行することの指定を受けた場合を除き、媒介、代理または取次ぎによって売買を成立させるべき金融商品取引業者等は、投資者にとって最も有利な条件で売買できる市場で売買を成立させるべき善良な管理者の注意義務を負う（民法六四四条）。したがって、いずれの市場で売買を成立させるのが投資者にとり最も有利であるかを調査せず、投資者にとって不利な市場で注文にかかる売買を成立させたときは、それによる損害を賠償する責任を負う。

（2）　金融審議会金融分科会第一部会報告「市場機能を中核とする金融システムに向けて」（平成一五年一二月二四日）。

（3）　私設取引システムについても取引所と同じ競売買による価格決定が認められた。

（4）　金融審議会金融分科会第一部会・前掲注（2）は、最良執行義務について、「大多数の投資家にとって取引所で執行することが利益に合致している実情を踏まえ、価格のみならず、コスト、スピード、執行可能性などさまざまな要素を総合的に勘案して執行する義務」とし、「具体的な執行方法は金融商品取引業者自らが定めて顧客に示す、そしてその通りに執行されているかどうかを検証するための報告・公表を一層充実させることが考えられる。」と述べている。

（5）　政令で定めるものが除かれる。有価証券の売買については、上場株券等の売買、店頭売買有価証券の売買、取扱有価証券の売買が適用除外となる（金商令一六条の六第一項）。このほか、デリバティブ取引についても適用が除外される。

（6）　有価証券等取引について銘柄ごとに最良の取引の条件で執行するための方法およびその方法を選択する理由を記載して定めることを要する（金商令一六条の六第二項）。

（7）　金融商品取引業者等の本店において最良執行方針等を見やすいように掲示する方法または最良執行方法等を閲覧に供する方法のほか、①金融商品取引業者等が、その営業所、事務所その他の場所において有価証券等取引に関する顧客の注文を受ける場合には、顧客の注文を受ける営業所等ごとに、最良執行方針等を見やすいように掲示する方法または最良施行方針等を閲覧に供する方法、②金融商品取引業者等が、公衆によって直接受信されることを目的として公衆からの求めに応じ自動的に無線通信または有線電気通信の送信を行うこと（自動送信）により顧客の注文を受ける場合、最良執行方針等を自動送信する方法を定めること等を要する（金商業等府令一二四条第二項）。

（8）①注文にかかる有価証券等取引の銘柄、数量および売付けまたは買付けの別、②受注日時、③約定日時および執行した金融商品市場その他執行の方法を記載することを要する（金商業等府令一二四条第五項）。なお、最良執行方針等を記載した書面の事前交付および事後の説明書の交付については、電子交付が認められる（金商法四〇条の二第六項・三四条の二第四項）。

（9）金融審議会金融分科会第一部会・前掲注（2）。田原泰雄＝端本秀夫＝谷口義幸＝吉田修「証券取引法等の一部改正の概要」商事法務一七〇三号一一頁は、「米国のニュートン対メリル・リンチ事件において問題となったように、ＰＴＳを利用することにより良い価格を示すことが技術的に可能であるにもかかわらず、顧客に対してこれより不利なＮＡＳＤＡＱ市場の最良気配を示して自らが相手方となり、かつ、自らのポジションについてはＰＴＳを利用してより良い価格で解消することによりリスクをとることなくスプレッドを享受するような執行方法を定めることは、本条に違反するものと考えられる。」と述べている。

（10）金融商品取引業者等が負う善良なる管理者の注意義務（民法六四四条）のなかに、もっとも有利な条件で売買を執行するよう合理的な注意を尽くすべき義務が含まれている。神崎克郎「投資者の注文の最良執行の確保」インベストメント五〇巻四号六頁、神崎克郎・証券取引規制の研究一六九頁（昭和四三年）参照。

３　過当取引の禁止

金融商品取引業者等が投資者と利益相反の関係にある取引の多くは、前述のように、金融商品取引業者等が投資者の直接の相手方となる場合である。もっとも、金融商品取引業者等が媒介、代理または取次ぎによって売買または取引を成立させるときでも、手数料目当てに過大な取引がなされる場合は、投資者の利益に反するものとなる。

金融商品取引業者等の役員や使用人が顧客に対して金銭または数量において過当な取引を行うことは許されない。過当取引は、顧客に対する誠実義務（金商法三六条一項）に違反する。さらに、私法上も違法と評価される。過当取引に該当するかどうかは、①取引の過度性、②口座支配、③悪意性が判断基準となる（1）。①では、顧客の資産状況、投資目的、投資傾向、投資知識、経験に照らして過当な頻度、数量の取引であるかどうかが問題となる。②は、取引が一任されていた場合に認められやすい。③は、「欺罔の意図」の存在が問題となり、そこでは、取引の合理性が個別に検討される。勧誘が投資者の利益と対比して金融商品取引業者の手数料収入の獲得が大きな動機となっているかどうかが重要なポイントとなる。(2)

金融商品取引業者等が、あらかじめ顧客の意思を確認することなく、頻繁に顧客の計算において有価証券の売買その他の取引またはデリバティブ取引等をしている状況は監督官庁の是正命令の対象となる（金商法四〇条二号、金商業等府令一二三条一号）。

(1)　過当取引の認定基準についての詳細な分析について、今川嘉文・過当取引の民事責任二六五頁（平成一五年）参照。

(2)　たとえば、大阪高判平成一二年九月二九日判例タイムズ一〇五五号一八一頁は、買付時に買付価額の二パーセントの手数料が必要であるから、買付単価よりも二パーセントを超える価格上昇がないと、顧客は利益をあげることができない商品について、証券会社の担当者が、約一か月ごとに連続して三回、単価が下がり続けているのに、当該売買を繰り返していたことについて、投資者の利益を無視した証券会社の手数料稼ぎというほかないとして、③を認定している。

4　フロント・ランニングの禁止

金融商品取引業者等が有価証券について受託売買業務のほか自己売買業務を併営する場合、金融商品取引業者等は、自己売買業務にかかる利益をはかるために、受託売買業務にかかる顧客の利益を犠牲にしてはならない。

金融商品取引業者等またはその役員もしくは使用人は、顧客から有価証券の買付け・売付けまたは市場デリバティブ取引・外国市場デリバティブ取引の委託等を受け、当該委託等にかかる売買・取引を成立させる前に、自己の計算において、その有価証券と同一銘柄の有価証券の売買または当該市場デリバティブ取引・当該外国市場デリバティブ取引と同一の取引を成立させることを目的として、顧客の委託等にかかる価格（価格に相当する事項）と同一またはそれよりも有利な価格で、有価証券の買付け・売付けまたは市場デリバティブ取引・外国市場デリバティブ取引をしてはならない（金商法三八条七号、金商業等府令一一七条一項一〇号）。ここにいう金融商品取引業者等にとって有利な価格とは、買付けについては、顧客の出した価格より低い価格、売付けについては、顧客の出した価格より高い価格をいう。これは、顧客の売買の成立前に、金融商品取引業者等が売買を先取りしてしまう行為を規制するものである。このような顧客の利益を先取りしてしまう行為をフロント・ランニングといい、投資者保護のために、金融商品取引法で禁止される。(1) 自己の計算による売買のみならず、取引一任契約にもとづく取引も同様に禁止の対象とされる。

金融商品取引業者等は、顧客からの注文の委託を実行するため、買付けまたは売付けの注文を金融商品取引所市場へ出すとともに、その有価証券に関し、自己の計算でする売付けまたは買付けの注文を、金融商品取引所市場に出し、他に顧客の委託にかかる買付けまたは売付けと対応する売付けまたは買付けの注文がないときは、その買付けまたは売付けの注文と自己の計算での売付けまたは買付けの注文を対当させて売買を成立させることができる。(2)(3)

なお、金融商品取引業者等またはその役員もしくは使用人は、顧客の信用取引を自己の計算においてする買付けまたは売付けと対当させ、かつ、金銭または有価証券の受渡しを行わない方法で成立させた場合、その買付けまたは売付けにかかる未決済の勘定を決済するため、これと対当する売付けまたは買付けをしてはならない（金商法三八条七号、金商業等府令一一七条一項二四号）。

金融商品取引業者等が顧客の信用取引の委託の実行として行う取引につき、自己の計算による信用取引を対当させ、その結果生じた自己の未決済の勘定を反対売買で決済するときは、信用取引という投機性の強い取引において、金融商品市場の専門家である金融商品取引業者が、委託者である顧客と市場の動向につき対向しあうことになる。(4) このことは、投資者保護上、好ましくない結果が生ずる危険がきわめて大きい。そこで、金融商品市場の専門家が、金融商品市場の専門家でない顧客と、市場の動向につき「勝負する」性質の信用取引の自己向いは、一般的に禁止される。(5)

（1）　規制の沿革については、中曽根玲子「フロントランニングに対する法規制」ジュリスト一二五六号一四五頁参照。

（2）　委託注文が取引所有価証券市場に出された場合、その注文は、市場における競争売買にさらされ、時間優先および価格優先の原則に従って執行されるので、それらの原則および委託優先の原則に従う限り、委託注文の取引の相手方が委託実行をする金融商品取引業者等自体であっても、委託をした顧客がそのことのゆえに特に不利な取扱いを受けることはない。そこで、かかる取引は、取引所有価証券市場で執行することが認められている。

（3）　平成一六年の改正前まで、証券会社は、顧客から有価証券の売買の委託を受けた場合、委託の実行として行う売買につき、みずから相手方となることができないと定められていた（平成一六年改正前証取法三九条）。また、取引所有価証券市場における売買の委託を受けた会員等または会員等に対する売買の委託を媒介し、取次ぎしもしくは代理することを引き受けた者は、取引所有価証券市場において売付けもしくは買付けをせず、または会員等に対し、その媒介、取次ぎもしくは代理をしないで、自己が相手方となって売買を成立させてはならないとされていた（平成一六年改正前証取法一二九条一項）。最良執行方針にもとづいて有価証券の売買等が行われれば、呑み行為により顧客の利益が害されるおそれは少ないと考えられることから、平成一六年の改正でこれらの禁止規定が削除された。田原泰雄＝端本秀夫＝谷口義幸＝吉田修「証券取引法等の一部改正の概要」商事法務一七〇三号一一頁。

（4）　顧客の信用取引による買付けに、金融商品取引業者等の信用取引による売付けを対当させた場合、有価証券の価格が上昇すれば、顧客が利益を受ける反面、金融商品取引業者等が損失を被る。他方、有価証券の価格が下落すれば、金融商品取引業者等が利益を受ける反面、顧客が損失を被る。鈴木竹雄＝河本一郎・証券取引法〔新版〕三三二頁（昭和五九年）参照。

（5）　金融商品取引業者等が顧客の信用取引に自己向いをするときは、顧客の利益が害される危険があるのみならず、金融商品取引業者等が担保を要することなく取引を行うことによってその資産内容を不健全化させる危険があるので、金融商品取引業者の資産内容の健全性を確保するためにも、このような取引が禁止される。宮下鉄巳「改正証券取引法政省令の解説」別冊商事法務研究一号一一頁（昭和四〇年）参照。

5　引受業務に関する規制

有価証券の引受人となった金融商品取引業者は、その有価証券を売却する場合において、引受人となった日から六か月を経過するまでは、その買主に対して買入代金につき貸付けその他信用供与をすることが禁止される（金商法四四条の四)(1)。これは、有価証券の引受人となった金融商品取引業者が信用供与の利益を提供することによって、そうでなければ容易に処分できない引受有価証券を投資者に取得させ、それによって引受けの危険を不当に投資者に転嫁することを防止しようとするものである(2)。

登録金融機関が金融商品取引業者の親法人等または子法人等となる場合に、当該親法人等または子法人等が金融商品取引業者の顧客に信用供与をする行為も禁止される(金商法四四条の三第二項四号、金商業等府令一五四条三号)。かかる規制は、親法人等または子法人等が金融商品取引業者を支援する行為を禁止するものであるが、金融商品取引法四四条の四の規制を潜脱する行為を防止するために役立つものである。

なお、引受けに関する自己の取引上の地位を維持しまたは有利にするため、著しく不適当と認められる数量、価格その他の条件により、有価証券の引受けを行っている状況は監督官庁の是正命令の対象となる(金商法四〇条二号、金商業等府令一二三条三号)。金融商品取引業者は発行会社との取引関係を維持するため、有価証券の引受主幹事の地位を争い、金融商品取引業者の能力等に照らして無理な引受けを行う場合が考えられる。このような行為は、投資者に対する不適合な量や質の有価証券の販売を誘発するのみならず、金融商品取引業者の経営の健全性を損なうおそれがあるため、是正命令の対象とされている。

(1)　平成二三年の改正で、引受人の定義に、新株予約権証券を取得した者が当該新株予約権証券の全部または一部につき新株予約権を行使しないときに、当該行使しない新株予約権にかかる新株予約権証券を取得して、自己または第三者が当該新株予約権を行使することを内容とする契約をする者が加えられた(金商法二条六項三号)。これは、いわゆるコミットメント型ライツ・オファリングのスキームを想定したものである。このような行為を行う金融商品取引業者にあっては、新株予約権を行使することにより取得する有価証券を売却する場合に、信用供与が制限される。

(2)　山下元利・改正証券取引法解説五七頁(昭和二三年)参照。

6　利益相反管理体制の整備

特定金融商品取引業者等は、当該特定金融商品取引業者等またはその親金融機関等もしくは子金融機関等が行う取引に伴い、当該特定金融商品取引業者等またはその子金融機関等が行う金融商品関連業務にかかる顧客の利益が不当に害されることのないように、内閣府令で定めるところにより、当該金融商品関連業務に関する情報を適切に管理し、かつ、当該金融商品関連業務の実施状況を適切に監視するための体制の整備その他必要な措置を講じなければならない（金商法三六条二項）。

特定金融商品取引業者等とは、有価証券関連業を行う金融商品取引業者または登録金融機関をいう（金商法三六条三項、金商令一五条の二七）。金融商品取引業者は、第一種金融商品取引業を行うにつき登録を受けた者に限られる。有価証券関連業については、金融商品取引法二八条八項に定義がある[1]。本規定は、有価証券関連業を行う金融商品取引業者等に対して、それが含まれる金融グループが行う取引に伴い、顧客の利益が不当に害されることのないように、適切な体制の整備を求めるものである。

平成四年改正前の証券取引法では、証券業を営む証券会社の専業義務が規定されていた。さらに、証券会社の常務に従事する取締役の兼職が禁止されていた。同年の法改正で、証券会社の専業義務が廃止され、さらに兼業が広く認められることとなった。これに伴い、証券会社の取締役・執行役の兼職規制が緩和され、届出によって、他の会社の取締役、会計参与、監査役または執行役を兼ねることが可能となった。かかる規制は、金融商品取引法に受け継がれている（金商法三一条の四第一項）。もっとも、有価証券関連業を営む金融商品取引業者の取締役、会計参与、監査役または執行役は、当該金融商品取引業者の親銀行等の取締役、会計参与、監査役もしくは執行役または使用人を兼ねてはならないと定められていた（平成二〇年改正前金商法三一条の四第一項）。また、金融商品取引業者の取締役、会計参与、監査役もしくは執行役または使用人は、当該金融商品取引業者の子銀行等の取締役、会計参与、監査役または執行役を兼ねることも禁止されていた（平成二〇年改正前金商法三一条の四第二項）。平成二〇年の改正で、右の兼職規制が廃止された。現行法の下では、届出によって兼職が可能となる（金商法三一条の四第一項・二項）。

さらに、平成二〇年の改正前は、有価証券関連業を行う第一種金融商品取引業者が、①有価証券の発行者または顧客に関する非公開情報を、書面による事前の同意なく親法人等または子法人等との間で授受すること、②親法人等・子法人等から取得した顧客に関する非公開情報を、書面による事前の同意なく利用して取引等を勧誘することを禁止していた（平成二〇年改正前金商法四四条の三第一項四号、同改正前金商業等府令一五三条七号・八号）。平成二〇年の改正で、右の顧客の非公開情報の授受規制が緩和された。すなわち、個人情報については、従来とおり、顧客の同意を得た上での情報の授受を認め（いわゆるオプトインを維持する）、法人情報については、顧客側に不同意の機会を与えることを前提に（いわゆるオプトアウトの機会を付与する）、情報授受を原則として許容した（金商法四〇条二号、金商業等府令一二三条一項一八号・二項）。

以上の規制緩和がなされると同時に、平成二〇年の改正では、金融グループとしての統合的な内部管理体制の構築を促進する観点から、適正な利益相反管理体制の整備を義務づけることとした。

利益相反管理体制の整備は顧客の利益を保護するためのものである。利益相反体制の整備が求められる金融商品取引業者等の業務は、当該特定金融商品取引業者等またはその子金融機関等が行う金融商品関連業務である。金融商品関連業務は、金融商品取引行為にかかる業務その他の内閣府令で定める業務と規定されている。内閣府令では、①金融商品取引業または登録金融機関業務、②金融商品取引業に付随する業務（金商法三五条一項）が規定されている（金商業等府令七〇条の二）(2)。親金融機関等の金融商品関連業務が対象とされてないのは、特定金融商品取引業者等に、当該特定金融商品取引業者等から見て親会社等にあたる金融機関等およびその顧客との取引まで管理させることは困難と考えられたことによる(3)。

特定金融商品取引業者等が顧客の利益を保護するために整備するべき利益相反管理体制としてはつぎのものが規定されている（金商業等府令七〇条の三第一項）。

① 対象取引[4]を適切な方法により特定するための体制の整備[5]

② つぎに掲げる方法その他の方法により当該顧客の保護を適正に確保するための体制の整備[6]

(i) 対象取引を行う部門と当該顧客との取引を行う部門を分離する方法

(ii) 対象取引または当該顧客との取引の条件または方法を変更する方法

(iii) 対象取引または当該顧客との取引を中止する方法

(iv) 対象取引に伴い、当該顧客の利益が不当に害されるおそれがあることについて、当該顧客に適正に開示する方法[7]

③ ①②の措置の実施の方針の策定およびその概要の適切な方法による公表[8]

④ つぎに掲げる記録の保存[9]

(i) ①の体制の下で実施した対象取引の特定にかかる記録

(ii) ②の体制の下で実施した顧客の保護を適正にするための措置にかかる記録[10]

社内管理体制の内容は、規制当局による詳細な関与にはなじまないものである。右は欧米における例を参考として原則を提示するもので[11]、具体的な内容については、各金融グループの創意工夫による自発的な取組みに委ねられている[12]。

(1) 「親金融機関等」は、特定金融商品取引業者等の総株主等の議決権の過半数を保有している者その他の当該特定金融商品取引業者等と密接な関係を有する者として政令で定めるもののうち、金融商品取引業者、銀行、協同組織金融機関その他政令で定める金融業を行う者をいう（金商法三六条四項）。また、「子金融機関等」とは、特定金融商品取引業者等が総株主等の議決権の過半数を保有している者その他の当該特定金融商品取引業者等と密接な関係を有する者として政令で定める者のうち、金融商品取引業者、銀行、協同組織金融機関その他政令で定める金融業を行う者をいう（金商法三六条五項）。密接な関係を有する者として政令で定める者については、親法人等および子法人等の定義（金商令一五条の一六第一項・二項）が適用される（金商令一五条の二八第一項・

三項）。また、政令で定める金融業を行う者は、①金融商品取引法施行令一条の九に掲げる者、②外国の法令に準拠して外国において、金融商品取引業、銀行業、保険業を行う者と規定されている（金商令一五条の二八第二項）。

（2）特定金融商品取引業者等が、有価証券関連業を行う金融商品取引業者である場合（金商令一五条の二七）、②の付随業務には、当該特定金融商品取引業者等の子金融機関等が行う当該業務に相当する業務が含まれる（金商業等府令七〇条の二第一号）。

（3）池田唯一他・逐条解説・二〇〇八年金融商品取引法改正二六〇頁（平成二〇年）。その場合でも、親金融機関等は、それぞれの業法により同様の規制を受けることに留意が必要である。なお、銀行・銀行持株会社、保険会社・保険持株会社についても、同様に利益相反管理体制の構築が求められている（銀行法一三条の三の二・五二条の二一の二、保険業法一〇〇条の二の二・二七一条の二一の二）。

（4）「対象取引」は、特定金融商品取引業者等またはその親金融機関等もしくは子金融機関等が行う取引に伴い、当該特定金融商品関連業にかかる顧客の利益が不当に害されるおそれがある場合における当該取引をいう（金商業等府令七〇条の三第三項）。

（5）金融商品取引業者監督指針Ⅳ―一―三⑵は、監督指針としてつぎのものを定めている。

①　あらかじめ、利益相反のおそれのある取引を特定し、類型化しているか

②　利益相反のおそれのある取引の特定にあたり、証券会社等およびその親金融機関等または子金融機関等の行う業務の内容・特性・規模等を適切に反映できる態勢となっているか

③　特定された利益相反のおそれのある取引について、たとえば新規業務の開始等に対応して、その妥当性を定期的に検証する態勢となっているか

イギリスの金融サービス機構（ＦＳＡ）は、そのハンドブック（監督指針）(Senior Management Arrangement Systems and Controls, SYSC) において、同様に、顧客の利益を損なうリスクのある利益相反の特定を金融機関に求めているが、利益相反の特定にあたり、金融機関等に以下の点に留意するものとしている。FSA, SYSC 10.1.4.

①　顧客の犠牲によって、経済的利益を得るかまたは経済的損失を回避できる可能性があるかどうか

②　顧客に提供したサービスの結果または顧客のために行った取引の結果、顧客の利益と区分される利益を有するかどうか

③　特定の顧客の利益を上回る他の顧客または顧客群の利益を優先する経済的またはその他の動機があるかどうか

④　顧客と同一の業務を行っているかどうか

⑤　顧客以外の者から、当該顧客へ提供するサービスに関連して、当該サービスに対する通常の手数料または費用以外に、金銭、財貨またはサービスの形で、誘因を受け取るまたは将来受け取ることになるかどうか

なお、金融機関が利益を得るときであっても、顧客に不利益が生じる可能性がない場合、また、金融機関が義務を負う顧客が利益を得るかまたは損失を回避できるときでも、他の顧客に損失が生じる可能性がない場合は、「利益相反」のある状況には該当しないとしている。FSA. SYSC 10.1.5.

(6)　金融商品取引業者監督指針Ⅳ—一—三(3)は、監督指針としてつぎのものと定めている。

特定された利益相反のおそれのある取引の特性に応じ、たとえば以下のような点に留意しつつ、適切な利益相反管理の方法を選択し、または組み合わせることができる態勢となっているか

①　部門の分離による管理を行う場合には、当該部門間で厳格な情報遮断措置（システム上のアクセス制限や物理上の遮断措置）が講じられているか

②　取引の条件もしくは方法の変更または一方の取引の中止の方法による管理を行う場合には、親金融機関等または子金融機関等の役員等が当該変更または中止の判断に関与する場合を含め、当該判断に関する権限および責任が明確にされているか

③　利益相反のおそれがある旨を顧客に開示する方法による管理を行う場合には、想定される利益相反の内容および当該方法を選択した理由（他の方法を選択しなかった理由を含む）について、当該取引にかかる契約を締結するまでに、当該顧客に対して、顧客の属性に応じ、当該顧客が十分理解できるような説明を行っているか

④　情報を共有する者を監視する方法による管理を行う場合には、独立した部署等において、当該者の行う取引を適切に監視しているか

このほか、自社および子金融機関等が新規の取引を行う際には、当該取引との間で利益相反が生じることとなる取引の有無について、必要な確認がはかられる態勢となっているか、利益相反管理の方法について、その有効性を確保する観点から、定期的な検証が行われる態勢となっているかが規定されている。

なお、イギリスのFSAは、情報遮断のために構築した隔壁（チャイニーズ・ウォール）の効果を明らかにしている点が注目される。そこでは、二〇〇〇年金融サービス市場法における市場濫用行為（market abuse）に該当しないこと、さらに、誤解を招く表示等で訴追された場合における抗弁となること、情報開示義務違反による行政処分等に対する抗弁となることなどが規定されている。FSA.SYSC 10.2.2,10.2.3. わが国では、右の情報隔壁を構築した場合の効果については必ずしも明らかではない。

(7)　イギリスのFSAは、金融機関による利益相反の管理体制が、合理的な確信の下、顧客の利益を損なうリスクを防止することを保証するものとして十分であるといえない場合に、顧客との取引を開始する前に、利益相反の一般的な内容や原因について開示することを求めている。FSA.SYSC 10.1.8.

(8)　金融商品取引業者監督指針Ⅳ―一―三(4)は、監督指針として、つぎのものを定めている。

①　利益相反管理方針（金商業等府令七〇条の三第一項三号）は、証券会社等およびその親金融機関等または子金融機関等の業務の内容・特性・規模等を勘案した上で、利益相反のおそれのある取引の類型、主な取引例および当該取引の特定のプロセス、利益相反管理の方法（利益相反管理の水準・深度に差異を設ける場合は、その内容および理由を含む）、利益相反管理体制（利益相反のおそれのある取引の特定及び利益相反管理に関する全社的な管理体制を統括する者（利益相反管理統括者）の職責およびその独立性ならびに利益相反のおそれのある取引の特定および利益相反管理の方法についての検証体制）ならびに利益相反管理の対象となる会社の範囲を記載したものとなっているか。この場合において、利益相反のおそれのある取引の類型、取引例および利益相反管理の方法は、対応して記載されているか、

②　公表すべき利益相反管理方針の概要は、証券会社等およびその親金融機関等または子金融機関等の業務の内容・特性・規模等を勘案した上で、利益相反のおそれのある取引の類型、利益相反管理の方法、利益相反管理体制および利益相反管理の対象となる会社の範囲をわかりやすく記載したものとなっているか

③　利益相反管理方針の概要は、店舗での掲示・閲覧やホームページへの掲載等の方法により、適切に公表されているか

なお、公表されている利益相反の類型・内容は各社様々である。

たとえば、利益相反の類型としてつぎのものを公表しているものがある。

（ＳＢＩ証券）

・「お客様と当社または当社グループ会社の利害が対立する取引」および「お客様と当社または当社グループ会社の他のお客様の利害が対立する取引」〔利害対立型〕

・「お客様と当社または当社グループ会社が同一の対象に対して競合する取引」および「お客様と当社または当社グループ会社のお客様とが競合する取引」〔競合取引型〕

・「当社がお客様との関係を通じて入手した情報を利用して当社または当社グループ会社が利益を得る取引」および「当社がお客様との関係を通じて入手した情報を利用して当社または当社グループ会社の他のお客様が利益を得る取引」〔情報利用型〕

（ＳＭＢＣ証券）

・「お客様と当社グループが直接の当事者となる状況・状態」および「お客様と他のお客様が直接の当事者となる状況・状態」〔直接取引型〕

・「お客様と当社グループが、相互に排他的なまたは競合する利害を有している状況・状態」および「お客様と他のお客様が、

相互に排他的なまたは競合する利害を有している状況・状態」〔間接取引型〕

・「当社グループがお客様から入手した非公開情報を利用することにより、当社グループの利益を図ることが構造的に可能な状況・状態」および「当社グループがお客様から入手した非公開情報を利用することにより、他のお客様の利益を図ることが構造的に可能な状況・状態」〔情報利用型〕

また、より具体的な例を挙げるものとしてつぎのものがある。

（大和証券）

・当社または当社グループが、競合関係または対立関係にある複数のお客様に対し、M&Aにかかる助言を同一の案件に関して提供する場合

・当社またはグループ会社が、お客様に対してM&A等にかかる助言を提供する一方で、同じお客様に対する自己投資を行う場合

・当社が運用を受託しているお客様の資産に関して、グループ会社等と取引が行われる場合

・当社またはグループ会社が保有する有価証券を推奨・販売する場合

・当社が資金調達にかかる助言を提供しているお客様に関する投資レポートを提供する場合や、そのお客様が発行する有価証券を他のお客様に推奨する場合

・お客様から売買注文をお受けした有価証券、またはお客様の委託注文にかかる取引意向を知った有価証券に対して、自己売買部門が関与する場合

（野村証券）

・有価証券にかかる顧客の潜在的な取引情報を知りながら、当該有価証券について自己勘定取引を行う場合

・不良資産にかかる情報を有しながら、当該資産について自己勘定取引を行う場合

・運用を受託している顧客資産にかかる売買注文をグループ内の証券部門等他の部門を用いて発注する場合

・顧客から売買注文を受けた有価証券等について、自己勘定取引、引受けへの参加または受託者・運用者等を通じ、何らかの関与をしている場合

・顧客に対し資金調達やM&Aにかかる助言等を提供する一方で、当該顧客に対するプリンシパル投資、当該顧客から資産の購入その他の取引を行う場合

・自社発行の有価証券または自己勘定において保有する有価証券を、顧客に推奨・販売する場合または自己が運用を受託してい

る顧客資産に組み入れる場合
・利害関係者が発行または組成する有価証券を、顧客に推奨・販売する場合または自己が運用を受託している顧客資産に組み入れる場合。さらに、これらについて自己がバック・ファイナンスを行っている場合
・競合関係または対立関係にある複数の顧客に対し、資金調達やM&Aにかかる助言等を提供する場合。
・顧客に引受けまたは有価証券発行に関する助言等を行いながら、他の顧客に当該有価証券の取引の推奨を行う場合
・資金調達にかかる助言の提供先または与信先等である顧客に関する投資リサーチを提供する場合
・証券会社等の従業員が、顧客の利益と相反するような影響を与えるおそれのある贈答や遊興（非金銭的なものを含む）の供応を受ける場合

(9) 記録は、その作成の日から五年間保存しなければならない（金商業等府令七〇条の三第二項）。

(10) このほか、金融商品取引業者監督指針Ⅳ—一—三(5)は、監督指針として、人的構成および業務運営体制につき、つぎのものを定めている。

① 証券会社等およびその子金融機関等の役員は、利益相反管理の重要性を認識し、その実践に誠実にかつ率先垂範して取り組んでいるか
② 利益相反管理方針を踏まえた業務運営の手続が書面等において明確化されているか。また、当該証券会社等およびその子金融機関等の役職員に対し、利益相反管理方針および当該手続に関する研修の実施等により、利益相反管理についての周知徹底がはかられているか
③ 利益相反管理統括者を設置するなど、利益相反のおそれのある取引の特定および利益相反管理を一元的に行う体制となっているか
④ 利益相反管理統括者等は、利益相反管理方針に沿って、利益相反のおそれのある取引の特定および利益相反管理を的確に実施するとともに、その有効性を適切に検証しているか
⑤ 利益相反管理統括者等は、営業部門からの独立性を確保し、営業部門に対し十分な牽制を働かせているか
⑥ 利益相反管理統括者等は、その親金融機関等または子金融機関等の取引を含め、利益相反管理に必要な情報を集約し、適切な利益相反管理を行う態勢を整備しているか
⑦ 利益相反管理にかかる人的構成および業務運営体制について、定期的に検証する態勢となっているか

(11) 池田他・前掲注（3）九三頁。

(12) 金融商品取引業者監督指針Ⅳ―一―三(6)では、「各証券会社等においては、自社及びその子金融機関等の業務の内容・特性・規模等に応じ、それぞれ適切な利益相反管理体制を整備することが求められる。」とするものの、「証券会社等による利益相反管理体制の整備状況に関わらず、顧客の利益が不当に害されるおそれがあると認められる場合であって、公益又は投資者保護のため必要かつ適当であると認めるときは、深度あるヒアリングを行い、必要な場合には、金商法第五六条の二第一項又は第三項の規定に基づく報告を求めることとする。また、報告徴求の結果、証券会社等の利益相反管理体制に重大な問題があると認められる場合であって、公益又は投資者保護のために必要かつ適当と認められる場合には、金商法第五一条の規定に基づく業務改善命令及び金商法第五二条第一項の規定に基づく業務停止命令等の発出も含め、必要な対応を検討するものとする。」としている。

二　広告等の規制

1　広告等の意義

金融商品取引法では、広告に関する規制が定められている。そこでは、広告等を行う場合、一定事項につき、積極的な表示を要求するとともに、表示を行うことを禁止する事項を規定している。証券取引法において広告規制は存在しなかった。(1) もっとも、金融先物取引法や証券投資顧問業法に広告規制が存在していた（金先法六八条・六九条、投顧法一三条）。平成一八年の改正で、証券取引法を金融商品取引法に改組する際に、これらの法律は廃止され、改めて広告規制が金融商品取引法で規定された。(2) その適用範囲は、金融商品取引業者等一般に拡大されることとなった。

金融商品取引法では、広告と勧誘という二つの用語を使用している。ここにいう広告と勧誘について特に定義は存在しない。両者の区別について、行為規制の適用場面では、従来、相手方である顧客が特定されているかどうかを基準としてきた。(3) すなわち、業者と投資者が一対一の関係に立つ場合は勧誘、一対不特定多数の関係に立つ場合は広告と整理されてきた。(4) 一般的に、不特定多数の者に対して同一内容の情報を広く提供する行為は広告に該当すると考えられる。典型的な例として、新聞広告、チラシ、電車・バスのつり革広告などこれにあてはまる。他方で、相手方が特定されているものでも、多数の者に対する情報提供であれば、広告と同様の規制を及ぼすことが適切である。そのため、金融商品取引法では、広告に類似するものとして内閣府令で定める行為（広告類似行為）も広告と同様の規制を及ぼすものとしている[5]。これには、郵便、親書便、ファックス、電子メール、ビラまたはパンフレットを配布する方法が規定されている（金商業等府令七二条）[6]。

（1）日本証券業協会の規則において広告規制は存在していた。「広告及び景品類の提供に関する規則」（公正慣習規則七号）四条一項は「証取法その他の法令等に違反する表示のあるもの」、「恣意的または過度に主観的な表示のあるもの」、「判断、評価等が入る場合において、その根拠を明示しないもの」に該当しまたは該当するおそれのある広告等を禁止していた。現在でも、「広告等の表示及び景品類の提供に関する規則」が存在するが、金融商品取引法において広告規制が導入されたことを受けて、大幅な改正がなされている。

（2）平成一八年には、商品取引所法（現在の商品先物取引法）の改正も行われ、同様の広告規制が定められた（商取法二一三条の二）。

（3）広告と勧誘の相違は、開示規制の適用の有無の観点で問題とされてきた。金融商品取引法の下では、募集・売出しは、勧誘行為と定義される（金商法二条三項・四項）。募集・売出しに該当すれば、原則として、有価証券届出書の提出などの発行開示が要求される（金商法四条参照）。学説には、発行開示規制の適用場面において、従来から継続的に行ってきたものであるかどうか、特定の企業または特定の有価証券に関するものであるかどうかによって、広告と勧誘を区別しようとするものがある。

（4）神田秀樹「投資サービス法への展望」投資サービス法への構想三九六頁（平成一七年）。もっとも両者の区別は必ずしも明確ではない。イギリスでは、二〇〇〇年金融サービス市場法においては、勧誘と広告を合わせて、「金融販売促進（financial promotion）」とよび統一的な規制を行うものとされた（二一条参照）。

（5）広告類似行為という概念の採用は、広告媒体が多様化していることや、広告と勧誘とが境界領域で接近しあるいは重なりあってきたことを反映したものとする指摘もある。桜井健夫＝上柳敏郎＝石戸屋豊・新・金融商品取引法ハンドブック〔第三版〕一〇二頁（平成二三年）。

（6）多数の者に対して同様の内容で行う情報の提供である必要がある。なお、法令・法令にもとづく行政官庁の処分にもとづき作成された書類（目論見書・運用報告書等）を配布する方法、個別の企業の分析および評価に関する資料であって（アナリスト・レポート等）、金融商品取引契約の締結の勧誘に使用しないものを配布する方法は広告類似行為から除外されている（金商業等府令七二条一号・二号）。金融商品取引業者監督指針Ⅲ―二―三―三（注）では、「広告等には、勧誘資料やインターネットのホームページ、郵便、信書便、ファックス、電子メール、ビラ、パンフレット等による多数の者に対する情報提供が含まれるが、実際に広告等に該当するか否かの判断は、投資者との電子メール等のやり取り、イメージCM、ロゴ等を記載した粗品の提供などの外形ではなく、実態をみて個別具体的に判断する必要がある。」としている。

2　表示すべき事項

広告等において、積極的な表示が要求される事項は、①金融商品取引業者等の商号、名称または氏名、②金融商品取引業者等である旨、その登録番号、③金融商品取引業の内容に関する事項であって、顧客の判断に影響を及ぼすこととなる重要なものとして政令で定めるものである（金商法三七条一項）。

政令では、(i)金融商品取引契約に関して顧客が支払うべき手数料・報酬等[1]、(ii)金融商品取引契約に関して顧客が預託すべき委託証拠金その他の保証金等の額・計算方法、(iii)デリバティブ取引等の額が顧客の預託すべき委託保証金その他の保証金等の額を上回る可能性がある場合には、その可能性、当該デリバティブ取引等の額の当該保証金等の額に対する比率、(iv)金融商品取引契約について金利、通貨の価格、金融商品市場における相場その他の指標にかかる変動を直接の原因として損失が生じるおそれがある場合にあっては、当該指標、当該指標にかかる変動により損失が生じるおそれがある旨およびその理由、(v)(iv)の損失の額が保証金等の額を上回るおそれ（元本超過損が生ずるおそれ）がある場合、元本超過損が生じるおそれを生じさせる直接の原因、元本超過損が生じるおそれがある旨およびその理由、(vi)店頭デリバティブ取引について、金融商品取引業者等が表示する金融商品の売付けの価格と買付けの価格とに差がある場合には、その旨、(vii)金融商品取引契約に関する重要な事項について顧客の不利益となる事実、(viii)金融商品取引業者等が金融商品取引業協会に加入している場合には、その旨および当該金融商品取引業協会の名称が規定されてい

る（金商令一六条、金商業等府令七六条）。

金融商品取引業者等がその業務について広告等を行う場合には、右の事項について明瞭かつ正確に表示することが求められる（金商業等府令七三条一項）。[2] また、(iv)(v)については、その文字・数字は最も大きなものと著しく異ならない大きさで表示しなければならない（金商業等府令七三条二項）。なお、後述する契約締結前交付書面等のように、文字・数字の具体的な大きさについて定めはない。これらの書面と異なり、広告等は様々な形体でなされることから、文字・数字の大きさについては、具体的な数値ではなく、重要事項について、他の表示に紛れることのないような形で表示することを義務づけている。[3]

なお、テレビやラジオによる広告さらに屋外広告等[4]に関しては、その性質や時間・スペースを考慮して、表示事項は限定されている。[5] しかし、「金融商品取引契約について金利、通貨の価格、金融商品市場における相場その他の指標にかかる変動を直接の原因として損失が生じるおそれがある場合にあっては、当該おそれがある旨」および「契約締結前交付書面等の書面の内容を十分に読むべき旨」は必ず表示しなければならない（金商法三七条一項三号、金商令一六条二項、金商業等府令七七条一項・二項・七二条三号ニ）。

広告規制では、「金融商品取引業の内容に関する事項」（金商法三七条一項三号）「金融商品取引行為を行うことによる利益の見込みその他内閣府令で定める事項」（金商法三七条二項）についての表示が規制される。個別の金融商品の販売に関する表示は同規制の対象とはならない。もっとも、特定の金融商品について顧客を取引に誘引する行為については、金融商品取引法三八条に定める行為規制が適用されることに留意が必要である。

（1）　手数料、報酬、費用その他いかなる名称によるかを問わず、金融商品取引契約に関して顧客が支払うべき対価の種類ごとの金額もしくはその上限額またはこれらの計算方法の概要および当該金額の合計もしくはその上限額またはこれらの計算方法の概要を表示しなければならない（金商業等府令七四条一項）。これらを表示できない場合は、その旨およびその理由を表示することとなる。

金融商品取引業者監督指針三―二―三―三⑴①では、「顧客が支払うべき手数料、報酬、その他の対価又は費用が無料又は実際のものよりも著しく低額であるかのように誤解させるような表示をしていないか。」に留意するものとしている。

（2）日証協・広告等規則三条一項は、「協会員は、広告等の表示を行うときは、投資者保護の精神に則り、取引の信義則を遵守し、品位の保持を図るとともに、的確な情報提供及び明瞭かつ正確に表示を行うよう努めなければならない。」としている。

（3）金融商品取引業者監督指針三―二―三―三⑴②では、具体的に、①当該広告等に表示される他の事項にかかる文字と比較して、使用する文字の大きさ、形状および色彩において、不当に目立ちにくい表示を行っていないか。特に、金利や相場等の指標の変動を直接の原因として損失が生ずることとなるおそれのある場合の当該指標、損失が生ずるおそれがある旨・その理由、および元本超過損が生ずるおそれがある場合の、その直接の原因、元本超過損が生ずるおそれがある旨・その理由は、広告上の文字又は数字の中で最も大きなものと著しく異ならない大きさで表示しているか、②取引の長所にかかる表示のみを強調し、短所にかかる表示が目立ちにくい表示を行っていないか、③当該広告等を画面上に表示して行う場合に、表示すべき事項のすべてを判読するために必要な表示時間が確保されているかに留意すべきとしている。

（4）常時または一定の期間継続して屋内または屋外で公衆に表示させる方法であって、看板、立看板、はり紙およびはり札ならびに広告塔、広告板、建物その他の工作物等に掲出させ、または表示させるものならびにこれらに類するものに適用がある（金商業等府令七七条一項三号）。

（5）短時間のCM等でリスク情報を顧客に伝えることが困難であるならば、本来、そのような広告はすべきでないとする批判もある。桜井健夫＝上柳敏郎＝石戸屋豊・新・金融商品取引法ハンドブック〔第三版〕九三頁（平成二三年）。

３　禁止される表示

金融商品取引業者等は、その行う金融商品取引業に関して広告等をするときは[(1)]、金融商品取引行為を行うことによる利益の見込みその他内閣府令で定める事項について、著しく事実に相違する表示をし、または著しく人を誤解させるような表示をしてはならない（金商法三七条二項）。これにより、いわゆる誇大広告が禁止されることとなる。誇大広告をしてはならない事項として、内閣府令ではつぎのものを定めている（金商業等府令七八条[(2)]）。

①　金融商品取引契約の解除に関する事項

② 金融商品取引契約にかかる損失の全部もしくは一部の負担または利益の保証に関する事項
③ 金融商品取引契約にかかる損害賠償額の予定（違約金）に関する事項
④ 金融商品取引契約にかかる金融商品市場または金融商品市場に類似する市場で外国に所在するものに関する事項
⑤ 金融商品取引業者等の資力または信用に関する事項
⑥ 金融商品取引業者等の金融商品取引業（登録金融機関業務）の実績に関する事項
⑦ 金融商品取引契約に関して顧客が支払うべき手数料等の額またはその計算方法、支払いの方法および時期ならびに支払先に関する事項
⑧ 抵当証券等の売買その他の取引について広告等をする場合にあっては、(i)抵当証券等に記載された債権の元本および利息の支払いの確実性または保証に関する事項、(ii)金融商品取引業者等に対する推薦に関する事項、(iii)利息に関する事項、(iv)抵当証券等に記載された抵当権の目的に関する事項
⑨ 投資顧問契約について広告等をする場合にあっては、助言の内容および方法に関する事項
⑩ 投資一任契約また自己運用（金商法二条八項一五号）を行うことを内容とする契約について広告等をする場合にあっては、投資判断の内容および方法に関する事項
⑪ 金商業等府令七条四号ニ(1)に掲げる権利にかかる募集または私募について広告等をする場合にあっては、競走用馬の血統および飼養管理の状況に関する事項(3)

右の事項につき、「著しく」事実と相違する広告等が規制の対象となる。他の広告規制でも、誇大広告を規制する際、同様に「著しく」を要件とする場合が多い(4)。業者が行う広告には顧客を引きこむための宣伝文言が不可欠であり、わずかな事実との相違をもって行政処分等を行うことは妥当でない。なお、金融商品取引法では、「勧誘」に関して、「顧客に対し虚偽のことを告げる行為」を禁止している（金商法三八条一号）。この場合、「著しく」との要件は

定められていない。(5)(6)

なお、金融商品取引業者等など、金融商品取引業を行うことができる者以外の者は、金融商品取引業を行う旨の表示を行うことが禁止される（金商法三一条の三の二第一号）。これにより、無登録業者による取引の誘引行為が禁止されることとなる。ここにいう「表示」には、言語、動作、文字その他の表現手段によって事柄を他人に分かるように示す行為が広く含まれる。(7) 本規定に違反した場合には刑事罰の適用がある（金商法二〇〇条一二号の三）。

（1）　日本証券業協会の規則は、平成一八年改正前まで、「広告等」を、「広告、勧誘資料、説明資料、宣伝物その他いかなる名称であるかを問わず、協会員がその営業に関し、有価証券の売買……を誘引する手段として行う表示」と広く規定していたが、現在では、金融商品取引法上の広告等と同様のものを定めている（日証協・広告等規則二条二号）。

（2）　誇大広告以外にも広告としてふさわしくない事項がある。日本証券業協会の規則では、①取引の信義則に反するもの、②協会員としての品位を損なうもの、③金商法その他の法令等に違反する表示のあるもの、④脱法行為を示唆する表示のあるもの、⑤投資者の投資判断を誤らせる表示のあるもの、⑥協会員間の公正な競争を妨げるもの、⑦恣意的または過度に主観的な表示のあるもの、⑧判断、評価等が入る場合において、その根拠を明示しないものについて、広告等の表示を禁止している（日証協・広告等規則四条一項）。

（3）　金融商品取引業者監督指針Ⅲ―二―三―三⑴③は、誇大広告について、①有価証券等の価格、数値、対価の額の動向を断定的に表現したり、確実に利益を得られるように誤解させて、投資意欲を不当に刺激するような表示をしていないか、②利回りの保証もしくは損失の全部もしくは一部の負担を行う旨の表示またはこれを行っていると誤解させるような表示をしていないか、③申込みの期間、対象者数等が限定されていない場合に、これらが限定されていると誤解させるような表示を行っていないか、④登録を行っていること等により、内閣総理大臣、金融庁長官、その他の公的機関が、金融商品取引業者を推薦し、またはその広告等の内容を保証しているかのように誤解させるような表示をしていないか、⑤不当景品類及び不当表示防止法、屋外広告物法に基づく都道府県の条例その他の法令に違反するまたは違反するおそれのある表示をしていないか、⑥社会的に過剰宣伝であるとの批判を浴びるような表示をしていないかについて留意するものとしている。

なお、金融商品取引業者監督指針Ⅲ―二―三―三⑴④では、このほか、セミナー等（講演会、学習会、説明会等の名目のいかんを問わない）を開催して、一般顧客等を集め、当該一般顧客等に対して金融商品取引契約の締結の勧誘（勧誘を目的とした具体的商品の説明を含む）を行う場合には、当該セミナー等にかかる広告等および送付する案内状等に、金融商品取引契約の締結を勧誘する目的があることをあらかじめ明示しているかに留意するものとしている。右の「金融商品取引契約の締結を勧誘する目的があることをあらかじめ明示」することには、セミナー等の名称が、金融商品取引に関連するものであることを明確に表していることのみでは足りず、勧誘する目的がある旨を明確に表示している必要がある。

（4）　特定商取引法は、「著しく事実に相違する表示をし、または実際のものよりも著しく優良であり、若しくは有利であると人を誤認させるような表示」を禁止する（特商法一二条）。

（5）　平成一八年改正前の証券取引法および「証券会社に関する行為規制府令」では、「虚偽の表示」「重要な事項につき誤解を生ぜしめるべき表示」が禁止行為とされていた（平成一八年改正前証取法四二条一項一〇号、行為規制府令四条一号）。これに対して、金融商品取引法では、虚偽のことを「告げる行為」が規制対象となる。この点で、証券取引法時代よりも、規制対象が限定されているように思われる。

（6）　特定商取引法は、通信販売についての広告を行う際、「電磁的広告の提供を受けることを希望しない旨の意思表示をするための方法」を表示することを義務づけている（特商法一二条の三第四項）。その上で、電磁的方法による広告の提供を受けることを希望しない旨の意思表示を受けたときは、その者に対して、電磁的方法による広告が禁止される（特商法一二条の三第二項）。これは電子商取引の普及に伴い、制度化されたものである。近年、株式取引については、インターネット取引が著しく普及している。金融商品取引法でも、電磁的方法による広告の提供について規制を定める余地があると思われる。川口恭弘「金融商品取引業者等の行為規制」ジュリスト一三六八号三四頁。

（7）　古澤知之他・逐条解説二〇一一年金融商品取引法改正七六頁（平成二三年）。

三　書面の交付義務

1　契約締結前の書面交付

金融商品取引業者等は、金融商品取引契約を締結しようとするときは、あらかじめ、顧客に対して、一定の事項を記載した書面（契約締結前交付書面）を交付しなければならない（金商法三七条の三第一項）。契約締結前交付書面に記載すべき事項は、つぎのとおりである。

① 金融商品取引業者等の商号、名称または氏名および住所

② 金融商品取引業者等である旨および登録番号

③ 金融商品取引契約の概要

④ 手数料、報酬その他の金融商品取引業契約に関して顧客が支払うべき対価(1)

⑤ 金利、通貨の価格、金融商品市場における相場その他の指標にかかる変動により損失が生じることとなるおそれがあるときは、その旨

⑥ ⑤の損失の額が顧客が預託すべき委託証拠金その他の保証金等の額を上回るおそれがあるときは、その旨

⑦ ①から⑥のほか、金融商品取引業の内容に関する事項であって、顧客の投資判断に影響を及ぼすこととなる重要なものとして内閣府令で定める事項(2)

平成一八年改正前の証券取引法でも書面の事前交付義務が定められていたが、その内容は、取引の概要その他内閣府令で定める事項に限られていた（平成一八年改正前証取法四〇条一項）。(3) ①と②は、金融商品取引法において新たに定められたものである。もっとも、既述の広告において表示すべき事項とほぼ同様の事項となっている。⑤と⑥に関しては、金融先物取引法において、「通貨等の価格又は金融指標の数値の変動により損失が生じることとなるおそれがあり、かつ、当該損失の額が委託証拠金その他の保証金の額を上回ることとなるおそれがある旨」を記載した書面の交付が要求されており（金先法六八条四号）、これを引き継ぐものである。

④については、顧客から業者に直接・間接に支払われる手数料は、その額の多寡によって顧客へのリターンに直接影響するものであることを理由に、金融商品取引法で導入された。(4) 金融先物取引法で、「顧客から手数料を徴収する場合にあっては、その手数料の料率又は額」の記載が義務づけられていた（金先法六八条二号）。したがって、この点でも、金融先物取引法の規制を受け継いだものといえる。もっとも、金融商品取引法では、手数料等の記載は、金融

先物取引に限定されるものではなく（政令で指定するという方法は採用されていない）、この点で、証券取引法下より規制は強化されている。

右の①から⑦の事項は、日本工業規格Z八三〇五に規定する八ポイント以上の大きさの文字・数字を用いて明瞭かつ正確に記載しなければならない（金商業等府令七九条一項）。また、「当該契約締結前交付書面の内容を十分に読むべき旨」（金商業等府令八二条一号）および右の①から⑦の事項のうち、顧客の判断に影響を及ぼすこととなる特に重要なものについては、一二ポイント以上の大きさの文字・数字で、書面の最初に平易に記載することが義務づけられている（金商業等府令七九条三項）（5）。

契約締結前交付書面の交付が不要な場合が認められている（金商法三七条の三第一項ただし書、金商業等府令八〇条）。まず、金融商品取引所に上場されている有価証券の売買等については、過去一年以内に包括的な書面（上場有価証券等書面）を交付していれば契約締結前交付書面を交付する必要はない。これは、上場商品等は、商品性が定型化されて一定程度の社会的周知性があること、取引所による上場審査等を経ていること、公衆縦覧型開示が行われていること等を考慮したものである（6）。つぎに、過去一年以内に顧客に対して「同種の金融商品取引契約」について契約締結前交付書面を交付している場合も契約締結前交付書面の交付が不要となる（7）。このような顧客はすでに必要な情報を入手していると考えられるため、費用と効果の観点から、このような例外が定められている。また、顧客に対し、契約締結前交付書面に記載すべき事項のすべてが記載されている目論見書を交付している場合にも契約締結前交付書面の交付が免除される（8）。

金融商品取引業者等は、契約締結前交付書面の交付に関し、あらかじめ、顧客に対して、右の③から⑦までの事項について、顧客の知識、経験、財産の状況および金融商品取引契約を締結する目的に照らして当該顧客に理解されるために必要な方法および程度による説明をすることなく、金融商品取引契約を締結することが禁止される（金商法三八条七号、金商業等府令一一七条一項一号）（9）。

金融商品取引業者は、顧客の承諾を得れば、書面に記載すべき事項を電子情報処理組織を使用する方法その他の情報通信の技術を利用する方法で提供することができる（金商法三七条の三第二項・三四条の二第四項）。この場合は、金融商品取引業者は、その書面を交付したものとみなされる。

日本証券業協会の規則では、協会員である金融商品取引業者に対して、①有価証券関連デリバティブ取引等、②特定店頭デリバティブ取引等、③店頭デリバティブ取引に類する複雑な仕組債、④店頭デリバティブ取引に類する複雑な投資信託の販売にかかる契約を締結しようとするときは、あらかじめ、当該顧客に対して、注意喚起文書を交付しなければならないとしている（日証協・投資勧誘規則六条の二第一項本文）[10]。注意喚起文書には、(i)不招請勧誘規制がある場合には、その旨、(ii)リスクに関する注意喚起、(iii)指定紛争解決機関による苦情処理および紛争解決の仕組みの利用が可能である旨およびその連絡先を明瞭かつ正確に表示しなければならない（日証協・投資勧誘規則六条の二第二項）。金融商品取引業者は、顧客と右の契約を締結しようとするときは、あらかじめ、顧客の知識、経験、財産の状況および契約を締結する目的に照らして、当該顧客に理解されるために必要な方法および程度による説明を行うことが求められる（日証協・投資勧誘規則六条の二第三項）[11]。

なお、日本証券業協会の規則では、新株予約権証券もしくはカバードワラントの売買その他の取引または有価証券関連デリバティブ取引もしくは特定店頭デリバティブ取引等をはじめて締結しようとしているときは、契約締結前交付書面に記載された金融商品取引行為についてのリスク、手数料等の内容を理解し、当該顧客の判断を責任において当該取引等を行う旨の確認を得るため、当該顧客から当該取引等に関する確認書を徴求するものとされる（日証協・投資勧誘規則八条一項）[12]。

（1）　手数料、報酬、費用その他いかなる名称によるかを問わず、金融商品取引契約に関して顧客が支払うべき手数料等の種類ごとの金額もしくはその上限額またはこれらの計算方法および当該金額の合計額もしくはその上限額またはこれらの計算方法が規定されている（金商業等府令八一条一項）。これらの記載ができない場合は、その旨およびその理由を記載することとなる。

（2）金商業等府令八二条では、以下のものが規定されている。

① 契約締結前交付書面の内容を十分に読むべき旨

② 金融商品取引契約に関して顧客が預託すべき委託証拠金その他の保証金その他内閣府令で定めるものがある場合にあっては、その額・計算方法（金商令一六条一項二号）

③ 金利、通貨の価格、金融商品市場における相場その他の指標にかかる変動を直接の原因として損失が生ずることとなるおそれがある場合にあっては、(i)当該指標、(ii)当該指標にかかる変動により損失が生ずるおそれがある理由

④ ③の損失の額が顧客が預託すべき委託証拠金その他の保証金の額を上回ることとなるおそれ元本超過損が生ずるおそれ）がある場合にあっては、(i)③の指標のうち元本超過損が生ずるおそれを生じさせる直接の原因となるもの、(ii)(i)に掲げるものにかかる変動により元本超過損が生ずるおそれがある理由

⑤ 金融商品取引業者等その他の者の業務・財産の状況の変化を直接の原因として損失が生ずることとなるおそれがある場合にあっては、(i)当該者、(ii)当該者の業務・財産の状況の変化により損失が生ずるおそれがある旨およびその理由

⑥ ⑤の損失の額が顧客が預託すべき委託証拠金その他の保証金の額を上回ることとなるおそれ（元本超過損が生ずるおそれ）がある場合にあっては、(i)⑤の者のうち元本超過損が生ずるおそれを生じさせる直接の原因となるもの、(ii)(i)の業務・財産の状況の変化により元本超過損が生ずるおそれがある旨およびその理由

⑦ 金融商品取引契約に関する租税の概要

⑧ 金融商品取引契約の終了の事由がある場合にあっては、その内容

⑨ 金融商品取引契約への書面による解除（クーリング・オフ）（金商法三七条の六）の適用の有無

⑩ 金融商品取引契約が書面による解除の規定が適用されるものである場合にあっては、その規定の内容（金商法三七条の六第一項から四項まで）に関する事項

⑪ 金融商品取引業者等の概要

⑫ 金融商品取引業者等が行う金融商品取引業（登録金融機関業務）の内容および方法の概要

⑬ 顧客が当該金融商品取引業者等に連絡する方法

⑭ 金融商品取引業者等が加入している金融商品取引業協会および対象事業者となっている認定投資者保護団体の有無。加入し、または対象事業者となっている場合にあっては、その名称

⑮ (i)指定紛争解決機関が存在する場合、指定紛争解決機関の商号または名称、(ii)指定紛争解決機関が存在しない場合、苦情処理措置および紛争解決措置の内容

さらに、有価証券の売買その他の取引にかかる契約締結前交付書面の共通記載事項（金商業等府令八三条）のほか、信託受益権等の売買その他の取引等について、それぞれ詳細な記載事項の特則が規定されている（金商業等府令八四条～九四条）。また、投資顧問契約等、投資一任契約等について記載事項が規定されている（金商業等府令九五条・九六条）。

（3）証券会社に関する内閣府令二八条二項は、「内閣府令で定める事項」を、「取引（……）に係る損失の危険に関する事項及び顧客の注意を喚起すべき事項」と定めていた。

（4）手数料の他の類型として、商品の組成業者（投資信託委託会社、保険会社）が販売業者（証券会社や保険募集人）に対して支払う販売手数料があり、平成一八年の改正の際には、これを開示すべきかどうかが議論された。結局のところ、「販売手数料の多寡が販売業者の販売・勧誘に影響を与える可能性について否定できない面はあるものの、このような開示義務をどこまで徹底するか（例えば、販売員の給与の一部としての販売報酬の取扱い）など、引き続き検討すべき課題がある」として立法化は見送られた。金融審議会金融分科会第一部会報告「投資サービス法（仮称）に向けて」（平成一七年一二月二二日）。

（5）このほか、本文記載の④の概要、⑤⑥、さらに注（2）記載の③から⑥および⑨についても、一二ポイント以上の大きさの文字・数字を用いて明瞭かつ正確に記載し、これらのつぎに記載するものとしている（金商業等府令七九条二項）。

（6）松尾直彦＝澤飯敦＝酒井敦史「金融商品取引法の行為規制（上）」商事法務一八一四号二七頁。

（7）上場有価証券等書面を交付した日から一年以内に、当該顧客が上場有価証券等売買等を行った場合は、その時点において上場有価証券等書面を交付したものとみなされる（金商業等府令八〇条三項）。実務的には、書面交付の間隔が一年を超えないように顧客に対して定期的に書面を交付するという対応が可能とされる。松尾他・前掲注（6）二八頁。

（8）これらの目録見書の交付を受けないことに同意している場合も（金商法一五条二項二号）、同様に契約締結前交付書面の交付は不要である。なお、目論見書に契約締結前交付書面記載事項のすべてが記載されていない場合にあっては、当該目論見書および当該事項のうち当該目論見書に記載されていない事項のすべてが記載されている書面を一体のものとして交付している場合、同様の扱いとなる。

このほか、すでに成立している金融商品取引契約の一部を変更することを内容とする金融商品取引契約を締結しようとする場合、有価証券の売付け等、特定の行為にかかるものである場合、契約締結前交付書面の交付が不要となる旨が規定されている（金商業等府令八〇条一項四号・五号）。

(9)　この点については、本書七七〇頁参照。
(10)　契約の締結前一年以内に当該顧客に当該有価証券等と同種の内容の有価証券等の販売にかかる注意喚起文書を交付している場合、当該顧客が目論見書の交付を受けないことについて同意している場合は、注意喚起文書の交付は不要である。
(11)　さらに、顧客から信用取引の注文を受ける際は、そのつど、制度信用取引、一般信用取引の区別等について顧客の意向を確認しなければならない（日証協・投資勧誘規則七条）。
(12)　店頭デリバティブ取引等、店頭デリバティブ取引に類する複雑な仕組債・店頭デリバティブ取引に類する複雑な投資信託の販売にかかる契約を締結しようとするときにも確認書の徴求が求められる（日証協・投資勧誘規則八条二項・三項）。

2　契約締結時等の書面交付

金融商品取引業者等は、金融商品取引契約が成立したときその他内閣府令で定めるときは、遅滞なく、内閣府令で定めるところにより、書面（契約締結時交付書面）を作成し、これを顧客に交付しなければならない（金商法三七条の四）。内閣府令では、①投資信託・外国投資信託の解約、②投資法人の投資口の払戻し、③有価証券取引契約が成立し、または有価証券等の受渡しがあった場合に取引残高報告書の交付請求があったとき、④商品ファンド関連取引にかかる金融商品取引契約を締結しているときが規定されている（金商業等府令九八条一項）。[1][2]

契約締結時交付書面は、顧客が成立した金融商品取引契約の内容を確認することができるように、金融商品取引業者等に交付を義務づけるものである。[3]金融商品取引業者等は、顧客の承諾を得れば、契約締結前交付書面に記載すべき事項を電子情報処理組織を使用する方法その他の情報通信の技術を利用する方法で提供することができる（金商法三七条の四第二項・三四条の二第四項）。

平成一八年改正前の証券取引法では、証券会社は、顧客の注文にもとづく証券取引が成立したときは、自己売買または委託売買の区別、売付けまたは買付けの別、取引の種類、顧客名、約定月日、銘柄、数量、単価、金額、手数料、営業所名を記載した取引報告書を、遅滞なく、顧客に交付しなければならないものとしていた（平成一八年改正前証取法四一条、同改正前証券会社府令三〇条）。証券会社は、顧客の委託注文を執行して取引を成立させたときは、問屋として、遅滞なく、その旨を顧客に通知することを要する（商法五五七条・二七条）。さらに、有価証券が価格変動の激しいものであることから、証券会社と取引をする顧客を保護するため、証券会社が自己売買により取引を成立させたか委託売買により取引を成立させたかを問うことなく、取引の内容を詳細に記載した書面を、取引後遅滞なく、顧客に交付すべきものとしていた。平成一八年の改正で、契約締結前交付書面の制度が創設されるとともに、契約締結時交付書面の制度が整備された。契約締結時交付書面は、証券取引法時代の取引報告書に相当するものである。契約締結時交付書面は、金融商品取引法が定める要件を充足するように作成されなければならないものの、必要な要件さえ満たせば、これに実務上定着している「取引報告書」の名称を使用することは許される。

契約締結時交付書面の交付義務は、金融商品取引契約が成立したときその他内閣府令で定めるときに要求されるものである。みずから取引を成立させず、顧客の取引を媒介したに過ぎない場合は、契約締結交付書面の交付を要しない(4)。金融商品取引業者が取引を媒介するに過ぎない場合、媒介によって取引を成立させるか否かは、媒介を委託した顧客が決定するもので、顧客が金融商品取引業者等の不正行為により被害を受ける危険があるとはいえない。

契約締結時交付書面にはつぎのものを記載しなければならない（金商業等府令九九条一項）。

① 金融商品取引業者等の商号、名称または氏名
② 金融商品取引業者等の営業所または事務所の名称
③ 金融商品取引契約、投資信託契約の解約（金商業等府令九八条一項一号）、投資口の払戻し（金商業等府令九八条一項二号）の概要
④ 金融商品取引契約の成立、③の解約または払戻しの年月日
⑤ 金融商品取引契約、③の解約または払戻しにかかる手数料等に関する事項
⑥ 顧客の氏名または名称
⑦ 顧客が金融商品取引業者等に連絡する方法

また、有価証券の売買その他の取引またはデリバティブ取引等にかかる金融商品取引契約が成立したときは、つぎの記載が必要となる（金商業等府令一〇〇条一項）[5]。

① 自己または委託の別ならびに委託の場合[6]にあっては、相手方の商号、名称または氏名および住所または所在地

② 売付け[7]等または[8]買付け等の別

③ 銘柄（取引の対象となる金融商品、金融指標その他これらに相当するもの）

④ 約定数量（数量がない場合にあっては、件数または数量に準ずるもの）

⑤ 単価、対価の額、約定数値その他取引一単位あたりの金額または数値

⑥ 顧客が支払うこととなる金銭の額および計算方法

⑦ 取引の種類

⑧ ①から⑦のほか、取引の内容を的確に示すために必要な事項

金融商品取引契約の内容その他の事情を勘案し、契約締結時交付書面を交付しなくても公益または投資者保護のため支障を生じることがないと認められるものとして内閣府令で定める場合には、交付は義務づけられない（金商法三七条の四第一項ただし書）[9]。

契約締結前交付書面は、金融商品取引業者等が行った金融商品取引の内容を明確にするものである。しかし、それは、金融商品取引業者等が顧客の注文にもとづいて取引を行ったことを証明する唯一の証拠ではない[10]。金融商品取引業者等のみならず顧客も、契約締結前交付書面以外により金融商品取引業者等が顧客の注文にもとづいて行った取引を証明することができる[11]。また、契約締結前交付書面の交付は、顧客の注文にもとづく金融商品取引業者の取引の有効要件でなく、それがないため、金融商品取引業者等の取引が無効となることはない[12]。

なお、金融商品取引業者等は、顧客が預託すべき保証金を受領したときは、顧客に対して、直ちに、内閣府令で定めるところにより、その旨を記載した書面を交付しなければならない（金商法三七条の五第一項）。かかる書面は、電磁

的方法による提供も許される（金商法三七条の五第二項・三四条の二第四項）。保証金の受領にかかる書面交付は金融先物取引法において規定されていた（金先法七二条）。平成一八年の改正で、金融先物取引法が廃止されその内容が金融商品取引法に組み込まれた際、本規定も金融商品取引法において定められた。

契約締結時交付書面は、金融商品取引契約が成立したとき、「遅滞なく」、顧客に交付しなければならない。「遅滞なく」とは、「できるだけ速やかに」ということを意味する。[13]投資者保護の見地から、正当な事由なく遅滞した場合には、これに違反することとなる。これに対して、保証金の受領にかかる書面の交付は、保証金の受領後、「直ちに」行うこととされている。そのため、金融商品取引業者等は一両日中での交付を行う必要があり、この点で、投資者保護の一層の充実がはかられている。

（1）　取引残高報告書は、金融商品取引契約が成立し、または有価証券・金銭の受渡しを行った場合に、顧客が交付を請求した場合にはそのつど交付が必要となる（金商業等府令九八条一項三号イ）。さらに、右の請求をした顧客以外の者に対する場合、または一定の記載（有価証券・金銭の残高等）を省略した取引残高報告書を交付している場合には、契約が成立しまたは当該受渡しを行った日の属する報告対象期間（三月以下の期間で業者が定めることができる）の末日ごとに、交付が必要となる（金商業等府令九八条一項三号ロ）。かかる取引残高報告書の交付に関して、契約締結時交付書面の提出が規定されている。なお、取引残高報告書については、一年間にわたり、契約成立も有価証券等の受渡しのない場合、有価証券等の残高がある場合に限り、業者が定める一年以下の期間の末日ごとに交付すれば足りる。したがって、一年間にわたり、契約の成立等がない場合には、取引残高報告書の交付は不要である。取引残高報告書の記載事項は法定されている（金商業等府令一〇八条）。

（2）　商品ファンド関連取引にかかる商品ファンドの運用にかかる計算期間の末日以後遅滞なく、当該商品ファンドの運用の状況について説明した報告書を作成し、交付しなければならない（金商業等府令九八条一項四号）。

（3）　契約締結時交付書面は、顧客に対し、その注文にもとづく取引が執行されたことを知らせるとともに、顧客の注文にもとづく取引の執行に関連し、金融商品取引業者等が不正行為を行うことを防止するために役立つものである。顧客は、有価証券等の価格が急激に変動することから、自己の注文にもとづく取引が執行されたか否かをすみやかに知る利益を有するとともに、金融商品取引業者等が有価証券の価格の変動の状況に応じ、顧客の注文にもとづく取引の成否を自己に有利に悪用することを防止するため、契約締結時交付書面の顧客へのすみやかな交付が要請される。

(4)　石塚一正・改正証券取引法要論一八二頁（昭和四一年）は、商法五四六条が、仲立人に、その媒介によって商行為が成立した場合の結約書の交付義務を命じている趣旨にかんがみ、金融商品取引業者の媒介によって投資者の有価証券についての取引が成立した場合にも、金融商品取引業者が売買報告書を交付すべきものとしている。

(5)　このほか、取引の種類ごとに、契約締結時交付書面の記載事項に関する特則が定められている（金商業等府令一〇一条～一〇七条）。

(6)　店頭デリバティブ取引等に限られる。

(7)　売付けその他の有償の譲渡または解約もしくは払戻しをいう。

(8)　買付けその他の有償の取得をいう。

つぎの①から④までの取引にあっては、それぞれ①から④までに定めるものの別となる。

①　金融商品取引法二条二一項二号の取引（これに類似する外国市場デリバティブ取引）および同条二二項二号の取引では、顧客が現実数値が約定数値を上回った場合に金銭を支払う立場の当事者となるものまたは金銭を受領する立場の当事者となるもの

②　金融商品取引法二条二一項三号の取引（これに類似する外国市場デリバティブ取引）ならびに同条二二項三号および四号の取引では、顧客がオプションを付与する立場の当事者となるものまたはオプションを取得する立場の当事者となるもの

③　金融商品取引法二条二一項四号の取引（これに類似する外国市場デリバティブ取引）および同条二二項五号の取引では、顧客が相手方と取り決めた金融商品の利率等または金融指標が約定した期間に上昇した場合に金銭を支払う立場の当事者となるものまたは金銭を受領する立場の当事者となるもの

④　金融商品取引法二条二一項五号（これに類似する外国市場デリバティブ取引）および同条二二項六号の取引では、当事者があらかじめ定めた事由が発生した場合に顧客が金銭を支払う立場の当事者となるものまたは金銭を受領する立場の当事者となるもの

(9)　内閣府令では、以下のものを規定している（金商業等府令一一〇条一項）。

①　顧客に対し当該金融商品取引契約の内容を記載した書面を定期的に交付し、かつ、当該顧客からの個別の取引に関する照会に対して、速やかに回答できる体制が整備されているとき（金商業等府令一一〇条一項一号イ～ハに規定される契約に限る）

② 金融商品取引契約が成立した場合であって、契約するごとに当該取引の条件を記載した契約書を交付するものであるとき（金商業等府令一一〇条一項二号イ〜リの契約に限る）
③ 清算参加者が行う有価証券等清算取次ぎにかかる金融商品取引契約が成立した場合
④ 事故処理である場合
⑤ 顧客が自己または他の金融商品取引業者等（投資運用業を行う者）と投資一任契約を締結している場合であって、当該投資一任契約にもとづく有価証券の売買その他の取引またはデリバティブ取引等について要件（金商業等府令一一〇条一項五号イ〜ハ）のすべてを満たすものであるとき
⑥ すでに成立している金融商品取引契約の一部の変更をすることを内容とする金融商品取引契約が成立した場合において、当該変更に伴いすでに成立している金融商品取引契約にかかる契約締結時交付書面の記載事項に変更すべきものがないとき等
⑦ 金融商品取引契約が市場デリバティブ取引であって顧客の指示にもとづき注文・清算分離行為が行われたものである場合であって、契約締結時交付書面を注文執行会員等が当該顧客に対して交付することに代えて清算執行会員等が交付することにつき、あらかじめ顧客、注文執行会員等および清算執行会員等の間で書面により合意しているとき。

(10) 大阪地判昭和三〇年一一月八日下民集六巻一一号二三四〇頁は、「大阪の証券業者と顧客との株式売買取引においては、顧客は、売買報告書によって取引の成立を証明することを要し、……証券業者は、顧客が売買報告書によって証明しなければ取引の成立を否認し得べ（き）……慣習の存在することが……認められる」と述べる。
(11) 金融商品取引業者が投資者の注文にもとづく取引を成立させたか否か、その内容等は、契約締結時交付書面以外にも、金融商品取引業者等が業務に関して作成する、整備された顧客勘定元帳や金融商品取引業者等の使用人が顧客に交付した投資者の注文にもとづく取引に関するメモ類等によっても証明されうる。
(12) 石塚・前掲注（4）一八一頁。
(13) 河本一郎＝関要監修・逐条解説証券取引法〔三訂版〕五四九頁（平成二〇年）。

四　禁止される取引

1　取引一任勘定

平成一八年改正前の証券取引法は、証券会社またはその役員もしくは使用人が、投資一任業務として行う場合を除き、有価証券の売買もしくはその受託等、有価証券指数等先物取引もしくは有価証券オプション取引の受託、有価証券店頭デリバティブ取引もしくはその受託等につき、顧客の個別の取引ごとの同意を得ないで、売買の別、銘柄、数または価格について定めることができることを内容とする契約を締結することを、原則として禁止していた（平成一八年改正前証取法四二条一項五号）。このような売買の別、銘柄、数または価格について一任する取引を取引一任勘定という。

証券投資は、投資者が自らの判断と責任において行うべきものである。さらに、取引一任勘定では、手数料目当てに過当な取引がなされる危険性もある。また、取引が業者に一任されることから、投資結果が投資者に好ましくないような状況では、顧客との間に紛争が頻発するおそれがある。その結果、業者の信用が害されることが懸念される。加えて、投資の結果が失敗に終わったときに、かかる顧客をつなぎとめるために損失の補てんを余儀なくされる危険がある。取引一任勘定の禁止は、損失保証、損失補てんの温床になりやすいという教訓から、平成三年の改正で禁止行為として定められた(1)。

もっとも、顧客との間で取引一任勘定取引の契約を締結することは、投資一任業務として行う場合のほか、一定の場合には、例外的に認められていた（平成一八年改正前行為規制府令一条一項）。かかる例外的に許容される取引一任勘定取引を行うためには、当該取引が投資者の保護に欠け、取引の公正を害し、または証券業の信用を失墜させることのないよう、十分な社内管理体制をあらかじめ整備することが必要であった（平成一八年改正前行為規制府令一条四項）。

平成一八年の改正で、取引一任勘定取引を禁止する右の規定が削除された。金融商品取引業者等が顧客との取引一任勘定取引をするには、原則として、投資運用業についての登録を受けて行うこととなる。さらに、投資運用業に関する登録を受けずに行う場合に、当該行為が投資者の保護に欠けて、取引の公正を害し、または金融商品取引業等の信用を失墜させることとなることを防止するため十分な社内管理体制をあらかじめ整備しない状況が、禁止行為として規定された（金商法四〇条二号、金商業等府令一二三条一項一三号）。これら適切な社内管理体制の整備を前提に行うことができる取引の内容は、改正前の例外的に許容されていたものと同様のものが定められている。

十分な社内体制を整備することで許容される行為はつぎのとおりである。

第一に、外国において金融商品取引業を行う一定の資本関係を有する関連外国金融商品取引業者(2)から、売買の別および銘柄（デリバティブ取引にあっては、これらに相当する事項（以下、同様）について同意を得た上で、数および価格（デリバティブ取引にあっては、これらに相当する事項。以下、同様）について定めることができる契約にもとづき金融商品取引業者等が行う有価証券の売買またはデリバティブ取引について、取引一任勘定取引が認められる（金商業等府令一二三条一三号イ、定義府令一六条一項八号イ）。外国の投資者は、時差のために日本の金融商品市場の動向に即応した注文を出すことが困難である。そのため、国内の投資者に比べて、不利にならないように、注文を受ける金融商品取引業者等が相当程度の裁量をもって注文を執行できるようにする必要がある。また、強い資本関係をもつ外国関連金融商品取引業者の間では、幅広い裁量権を与えた注文が行われるのが国際的慣行であり、そのような金融商品取引業者の間では、ある程度一任的な取引が行われても、弊害が少ないと考えられている。また、関連外国金融商品取引業者の計算による取引に関して、売買の別、銘柄、数および価格について金融商品取引業者等が定めることができることを内容とする契約にもとづき当該金融商品取引業者等が行う有価証券の売買またはデリバティブ取引を締結することができる（金商業等府令一二三条一三号イ、定義府令一六条一項八号ロ）。この場合、当該取引一任契約の成立前に、①商号、名称または氏名、②登録年月日および登録番号、③取引の相手方となる関係外国金融商品取引業者の商号または名称および所在地を所管金融庁長官等に届け出なければならない(3)。

第二に、顧客から売買の別、銘柄および数について同意を得た上で、価格については、当該同意の時点における相場を考慮して適切な幅を持たせた同意（特定同意）の範囲内で金融商品取引業者等が定めることを内容とする契約にもとづき行う有価証券の売買またはデリバティブ取引を行うことができる(4)（金商業等府令一二三条一三号ロ）。平成一四年の改正で、価格に関しては、顧客の同意があれば、一定の範囲で金融商品取引業者等に委ねることが認められた。これにより、取引一任勘定取引規制が大幅に緩和されたこととなる。

金融商品取引業者監督指針Ⅳ―三―一―三⑵は、ここにいう「特定同意」はつぎの同意を含むとしている。(5)
①　特定の価格（あらかじめ定める方式により決定される価格を含む）以上（売り注文の場合）または以下（買い注文の場合）
たとえば、売り注文であれば、「一一〇〇円以上、できるだけ高い値段で」、買い注文であれば、「一〇〇〇円以下、できるだけ安い値段で」という同意を得て、金融商品取引業者がその範囲で裁量により売買をすることが許される。(6)売値の最低金額、買値の最高金額について顧客が同意をしているため、この点での顧客の損害は問題とならない。また、あらかじめ定める方式により決定される価格を認めるため、「前場の引値以上で後場発注すること」が可能となる。
②　特定の価格を基準値として適切な幅を特定したもの
たとえば、前日の終値である一〇〇〇円を基準値として、これの一五パーセント以内の値、すなわち、「八五〇円から一一五〇円の間の値段であればよい」といった同意を得て、この範囲で金融商品取引業者等の裁量で売買することができる。
③　金融商品取引業者等に一日の取引の中で最良執行を要請した上で価格について当該金融商品取引業者等が裁量で定めること（いわゆるＣＤ（careful discretion）注文をいう）
たとえば、「本日中、できるだけ安く買付けをしてほしい」、「本日中、できるだけ高い売付けをしてほしい」といった注文が可能となる。かかる注文では、結局のところ、一日の値幅制限の範囲で同意を与えていることになる。(7)また、取引一任勘定の例外のうち、③のみについて最良執行を要請している。金融商品取引業者等は問屋として、顧客に対する善管注意義務を負う（商法五五二条二項、民法六四四条）。したがって、どの類型についても最良執行義務が存在するはずである。③については、金融商品取引業者に広い幅を持たせた取引であるので、特に

注意を喚起する意味でかかる文言が挿入されたものと考えられる。(8)

④　一日の出来高加重平均価格等あらかじめ定める方式により決定される価格を目標とすること（いわゆるＶＷＡＰターゲット注文が含まれる）。(9)

第三に、例外が認められるものとして、顧客から、売買の別、銘柄、個別の取引の総額および数または価格の一方について同意を得た上で、同意のない価格または数について定めることができることを内容とする契約にもとづき行う有価証券の売買またはデリバティブ取引がある（金商業等府令一二三条一三号ハ）。この場合の価格の同意は右の特定同意を含む。たとえば、ある程度の多額の注文を、市場の状況をみながら金融商品取引業者が順次執行するような場合、執行する価格がすべて同一ではなく、数量の絶対値についてもあらかじめ特定することが難しい。そこで、資金総額について顧客の同意があれば、金融商品取引業者の裁量の働く余地が限定されるために、例外として認められている。

第四に、顧客から資金総額について同意を得た上で、売買の別、銘柄、数および価格のうち、同意が得られないものについては、一定の事実が発生した場合、あらかじめ定められた方式に従って決定され、これらに従って取引を執行することを内容とする契約にもとづき行う有価証券の売買またはデリバティブ取引がある（金商業等府令一二三条一三号ニ・一一七条一項二一号）。これは、いわゆるシステム売買を想定したものである。時価総額上位順等の銘柄選定基準にもとづいて、コンピューターにより機械的に投資対象銘柄を選定し、選定された銘柄への投資額が等金額になるように資金を配分するシステムなどでは、売買等の内容が一定の事実の発生によって自動的に定まるものであり、そのようなシステム売買によることが書面で顧客との間で確認されていれば、損失補てんなどの弊害が発生する危険性がないと判断され、適用除外とされている。

第五に、当該金融商品取引業者等の役員および使用人の配偶者、二親等内の血族および姻族から、売買の別、銘柄および数について同意を得た上で、価格については当該金融商品取引業者等が定めることができることを内容とする契約を締結する場合、これにもとづく取引が認められる（金商業等府令一二三条一三号ホ）。

（1）　証券取引法は、制定当初から、証券取引委員会（大蔵大臣）が証券取引所の会員の行う売買一任勘定での取引を制限するため、公益または、投資者保護に必要かつ適当と認める事項を証券取引委員会規則（大蔵省令）で定めることができるものとしており、これをうけて有価証券の売買一任勘定に関する規則（昭和二三年七月二四日証取委規一五号）が制定された。そこでは、証券取引所の会員である証券業者が、顧客から有価証券の売買取引について、売買の別、数および価格の決定を一任されている勘定で、その勘定についての委任の本旨または勘定の金額に照らし過当な数量または頻度の売買取引を行うことを禁止していた。つづいて、大蔵省理財局は、「有価証券の売買一任勘定取引の自粛について」（昭和三九年二月七日蔵理九二六号）で、証券業者と顧客との間の紛争には、売買一任勘定取引に起因するものが多いところ、「この種の取引は、その方法いかんによっては、自己の判断と責任で投資するという健全な投資態度を歪めるばかりでなく、顧客との間の紛争を招き、証券業者の信用をそこなうおそれもあるので、一般に証券業者は、顧客のために、この種の取引を行うことを自粛」することを求めるとともに、顧客の強い要請により売買一任勘定をやむをえず特別に行う場合には、取引に先だって一定の事項を記載した書面によって売買一任勘定の契約を顧客と締結することを要請した。平成三年の証券取引審議会報告「証券監督者国際機構（ＩＯＳＣＯ）の行為規範原則の我が国への適用について」（平成三年六月一九日）は、法律の改正により、売買の別、銘柄、数および価格のすべてを一任する取引一任勘定を取引所会員、非会員を問わず禁止するように提言を行い、これを受けて、同年、証券取引法が改正された。

（2）　外国の法令に準拠し、外国において第一種金融商品取引業または第二種金融商品取引業を行う法人その他の団体であって、①当該金融商品取引業者の子会社等、②当該金融商品取引業者の親会社等、③当該金融商品取引業者の親会社等の子会社等が該当する（定義府令一六条三項）。

（3）　金融商品取引業者監督指針Ⅳ—三—一—三⑴は、届出の受理に関して、①当該契約にかかる取引を執行する部門と他の委託取引を受託・執行する部門が、明確に分離されているか、②帳簿書類の作成において、当該契約にかかる取引であることが判別可能な方法により処理されることとなっているかについて留意して行うものとするとしている。

（4）　平成一四年の改正前は、外国為替及び外国貿易法六条一項六号に定める非居住者である顧客から、売買の別、銘柄および数について同意を得た上で、価格については時差を考慮して必要な幅をもたせた同意の範囲内で定めることができる契約を締結する場合に取引一任勘定を許容していた。金融庁「証券市場の改革促進プログラム」（平成一四年八月六日）は、投資家の期待に応える業務運営の確保の一環として、「顧客の利便性の向上を図るために、取引価格の弾力化など取引一任勘定取引の範囲の見直しを行う。」とされていた。これを受けて、平成一四年九月に内閣府令が改正された。

(5) 店頭デリバティブ取引業者、みなし有価証券販売業者等、市場デリバティブ取引業者の特定同意については、金融商品取引業者監督指針Ⅳ―三―三―三(2)、同Ⅴ―二―一―二(2)、同Ⅴ―二―二―三(2)参照。

(6) 金融商品取引所の受託契約準則では、委託の際の指示事項が規定されており、顧客が売買のつど、取引参加者に指示すべき事項の一つとして「値段の限度」がある。ここでは五〇〇円での買付け注文があった場合、四九九円で買付けすることは可能と考えられている。この点で、あえて特定同意の考え方を持ち出す必要性（その結果、厳しい内部管理体制を整える必要がある）について疑問が提起されている。証券取引法研究会「平成一五年の証券取引法等の改正―取引一任勘定の規制緩和等」平成一五年の証券取引法等の改正〔別冊商事法務二七五号〕八五頁（片桐）（平成一六年）。

(7) 証券取引法研究会・前掲注（6）八一頁（川口）

(8) 証券取引法研究会・前掲注（6）八一頁（前田・川口）。

(9) ＶＷＡＰ（Volume Weighted Average Price）は、当日の証券取引所のオークション市場で成立した価格を価格ごとの売買高で加重平均した価格（売買高加重平均）を意味する。たとえば、一日の取引について、六五〇円で二〇〇〇株、七五〇円で一〇〇〇株、七〇〇円で三〇〇〇株の売買があった株式については、ＶＷＡＰは（650 × 2000 + 750 × 1000 + 700 × 3000）／（2000 + 1000 + 3000）＝六九二円となる。取引実態により近い平均価格として取引に利用される。ここでは、「午後一時から大引けまでのＶＷＡＰ価格」を目標とする条件が付された注文が許されることとなる。

２　損失補てん

金融商品取引業者等は、有価証券の売買その他の取引またはデリバティブ取引（有価証券売買取引等）について、損失保証や利益保証を約束して顧客を勧誘することはできない（金商法三九条一項一号）。損失保証、利益保証を伴う投資勧誘は、取引前の禁止行為である。これに加えて、金融商品取引業者等が有価証券売買取引等の後に、顧客が取引によって被った損失を補てんあるいは利益を追加することが考えられる。金融商品取引法は、事前の約束を履行することだけでなく、事後的に行う損失補てんについても、つぎの規制を定めている。

まず、金融商品取引業者等は、有価証券売買取引等につき、自己または第三者が顧客の損失の全部もしくは一部を補てんし、またはこれについて生じた顧客の利益に追加するために、当該顧客または第三者に、財産上の利益を提供する旨を、当該顧客またはその指定した者に対して、申し込み、もしくは約束し、または第三者をして申し込ませもしくは約束させることはできない（金商法三九条一項二号）。これは、取引の後に、金融商品取引業者等が、顧客に対して、損失負担や利益追加を申し込みあるいは約束する行為を禁止するものである。

つぎに、金融商品取引業者等は、有価証券売買取引等につき、顧客の損失の全部もしくは一部を補てんし、またはこれらについて生じた顧客の利益に追加するため、当該顧客または第三者に対し、財産上の利益を提供し、または第三者に提供させることができない（金商法三九条一項三号）。これは、金融商品取引業者等が取引後の損失負担や利益追加の実行行為を行うことを規制するものである。[1]

事後的に損失負担や利益追加の約束をした場合、または損失負担や利益追加の実行行為をした場合、金融商品取引業者等またはその代表者、代理人、使用人その他の従業員は、三年以下の懲役もしくは三〇〇万円以下の罰金、あるいは、その両者が科せられる（金商法一九八条の三）。これらの規定に反する違法行為をしたときは、さらに、金融商品取引業者等も三億円以下の罰金刑に処せられる（金商法二〇七条一項三号）。[2]

一方、金融商品取引業者等の顧客についても、取引後に金融商品取引業者等または第三者との間で、損失負担や利益追加の約束をし、第三者にその約束をさせること、さらに、金融商品取引業者等または第三者から、損失負担や利益追加の実行行為を受け、第三者をしてその利益を受けさせることが禁止される（金商法三九条二項二号・三号）。かかる禁止規定に違反した場合、顧客に罰則が科せられるが、市場の仲介者ではないということから、金融商品取引業者等の場合よりも刑罰は軽減され、一年以下の懲役もしくは一〇〇万円以下の罰金またはそれらが併科される（金商法二〇〇条一四号）。なお、この場合、顧客または情を知った第三者が受けた財産上の利益は没収される。その全部または一部を没収することができないときは、その価額を追徴する（金商法二〇〇条の二）。

損失補てんや利益追加を禁止する立法は、平成三年の改正で行われた(3)。同改正以前においては、条文上は、証券会社による損失負担や利益追加は、投資勧誘の際にそれを約束することが禁止されていたに過ぎなかった(4)。平成三年の改正で、これらの取引前の行為に加えて、取引後の行為も禁止されることとなった。

既述のように、金融商品取引法が、損失保証や利益保証を伴う投資勧誘を規制するのは、それにより、投資者が十分な投資判断をせずに取引を行うことを防止するためである。損失保証がなされて形成される安易な投資判断は、市場での公正な価格形成を歪めるものといえる。これに対して、取引の後に行われる損失補てんや利益追加については、その投資判断はすでになされており、この点で、公正な価格形成を直接に歪めるものとはいえない(5)。もっとも、継続的取引において、損失補てんや利益追加がなされると、顧客が次回の取引においてもそれを期待するのが通常と思われる。そのため、この点で、間接的ではあるものの、公正な価格形成を歪めるものと評価することができる(6)。さらに、損失補てんや利益追加は、大口の投資者に対してのみなされるのが通常であり、これらの恩恵を受けない一般投資者に不公平感を与え、金融商品への投資に対する信頼を損なうものとなる。投資者が取引から撤退すれば、金融商品市場は衰退し、効率的な資源配分という金融商品取引法の目的の達成を著しく阻害するものとなる。さらに、損失保証や利益保証の約束を立証することは事実上困難な場合が多い。そこで、その実行行為である損失補てんや利益追加を禁止しなければ、法の目的が達成できないとの考慮も働いたと考えられる(7)。

なお、証券事故があった場合、金融商品取引業者等がその損失を償うことが必要である。これを損失補てんに該当するとして禁止することは妥当ではない。一方で、証券事故での損失の償いと偽って、損失補てん等の禁止規定が脱法されてはならない。そのため、証券事故による損失の補てんを行う行為を、損失補てんを禁止する既述の規定の適用除外とするとともに、証券事故となりうるものを限定している（金商法三九条三項本文）。さらに、一定の場合を除き、損失が証券事故により生じたものであることについて、内閣総理大臣の確認を受けることを義務づけている（金商法三九条三項ただし書）(8)。

証券事故の確認は、有価証券売買取引等の後に、損失負担や利益追加を申し込みもしくは約束する行為（金商法三九条一項二号）および有価証券売買取引等の後に、損失負担や利益追加を実行する行為（金商法三九条一項三号）の場合に認められる（金商法三九条三項ただし書）[9]。

証券事故として、金融商品取引法に定める損失補てんの禁止が適用除外とされるものとしては、①顧客の注文内容について確認をしないで、当該顧客の計算により有価証券売買取引等を行うこと、②有価証券等の性質、取引の条件、金融商品の価格などについて、顧客を誤認させるような勧誘を行うこと、③顧客の注文の執行において、過失により事務処理を誤ること、④電子情報処理組織の異常により、顧客の注文の執行を誤ること、④その他法令に違反する行為を行うことが列挙されている（金商法三九条三項、金商業等府令一一八条）。

もっとも、①裁判所の確定判決を得ている場合、②裁判上の和解が成立している場合[10]、③民事調停法に定める調停が成立している場合、④金融商品取引業協会もしくは認定投資者保護団体のあっせんまたは指定紛争解決機関の紛争解決手続による和解が成立している場合、⑤弁護士法三三条一項に規定する会則等に規定する機関におけるあっせんによる和解が成立している場合または当該機関における仲裁手続による仲裁判断がされている場合、⑥消費者基本法一九条一項もしくは二五条に規定するあっせんによる和解が成立している場合または同条に規定する合意による解決が行われている場合、⑦認証紛争解決事業者が行う認証紛争解決手続による和解が成立している場合、⑧和解が成立している場合で、和解手続について弁護士または司法書士が顧客を代理しており、顧客に対して支払うこととなる額が一〇〇〇万円を超えず、かつ、その支払いが事故による損失の補てんであることを弁護士・司法書士が調査し、確認したことを証明する書面が金融商品取引業者等に交付されている場合、⑨事故による損失について、金融商品取引業者等と顧客の間で顧客に対して支払いをすることとなる額が決まっている場合で、支払いをする額が一〇〇〇万円を超えず、かつ、支払いが事故による損失を補てんするために行われるものであることが、金融商品取引業協会の内部に設けられた委員会において調査され、確認されている場合、⑩金融商品取引業者等の代表者等が、顧客の注文内容を確認しないで取引等を行った場合で（金商業等府令一一八条一号イ～ホ参照）、一日の取引において顧客に生じた損失が一〇万円相当額を上回らない場合、⑪金融商品取引業者等の代表者等が過失により事務処理を誤った場合等で（金商業等府令一一八条一号ハ・ニ参照）、帳簿書類や記録により事故であることが明らかである場合には、証券事故の確認は不要とされる（金商法三九条三項ただし書、金商業等府令一一九条）。

（1）　金融商品取引業者等の禁止行為を定める金融商品取引法三八条が、金融商品取引業者等またはその役員もしくは使用人を名宛人としているのに対して、損失保証の約束や補てんの実行行為などを規制する同法三九条は、「金融商品取引業者等」を名宛人としている。会社が組織的に行うことを決めた場合など、外務員の行為が金融商品取引業者等の行為であるとみることができる場合は、外務員の行為についても金融商品取引法三九条の適用がある。そのような場面ではなく、外務員がポケット・マネーで顧客の損失を補てんする行為については、他の条文との比較や、当該条文の文言上、金融商品取引法の規制を適用することは難しいと考えられる。

（2）　法令違反として、行政処分の対象にもなる（金商法五二条一項六号・五二条の二第一項三号）。刑事罰と行政処分を課す場合に条文（要件）を同一に解釈すべきか検討に値する問題である。証券取引法研究会「損失補てん等の禁止に関する証券取引法の改正について（上）」インベストメント四五巻三号四九頁（龍田）。

（3）　平成三年に税務調査を契機として、証券会社による大口顧客に対する多額の損失補てんが明らかにされた。

損失補てんや利益追加は、証券会社が顧客に現金で支払う方法のほか、多くは、証券会社と顧客との取引における売買価格差を利用するもので、顧客に証券を安値で売却し、顧客から高値で買い戻す手法がとられていた。特に、証券取引所の市場外で、証券会社と顧客との間の相対取引によって顧客に利益が提供された。その場合には、国債および新株引受権付社債が取引に利用された。この方法による損失補てんは明らかにされたもののうち六一・二パーセントを占めていたといわれている。証券取引法研究会「金融商品取引業者の損失補てんに対する金商法上の対応」インベストメント四四巻六号六二頁（神崎）。証券会社は、顧客との将来の取引を確保するために損失補てんや利益追加を行ったとされる。当時は、証券取引所での委託売買手数料が固定化されていた。その制度の下では、大口注文に対する手数料は高く設定されていた。損失補てんは、過剰な委託売買手数料または引受手数料の割戻しの性格があった。「座談会・損失保証・損失補てんの経済的・法的位置づけをめぐって」資本市場七五号二四頁（河本、神崎）。

補てん行為により、将来の委託売買の受託や将来の証券の発行に関する引受幹事証券会社の地位を得ることが目的であったといわれている。一方で、証券会社の不当勧誘や無断売買などの証券事故によって顧客が被った損害を償うために損失補てんがなされるという側面も指摘されている。証券取引法研究会・右掲六三頁（神崎）、江頭憲治郎他「座談会・損失補塡問題と証券取引法」ジュリスト九八九号一八頁（竹居）。

（4）　平成三年の改正前、大蔵省証券局長通達「証券会社の営業姿勢の適正化および証券事故の未然防止について」（平成元年一二月二六日蔵証二二五〇号）は、「法令上の禁止行為である損失保証による勧誘……はむろんのこと、事後的な損失の補償や特別の利益提供も厳にこれを慎むこと」を証券業界に申し渡していた。結果として、かかる通達は守られなかった。また、日本証券業協会は、その規則である投資勧誘規則で、協会員は損失保証による勧誘、特別の利益提供による勧誘を行わないことはもとより、事後的な損失の補てんや特別の利益提供も厳にこれを慎むものとし、取引の公正の確保につとめるものとした。さらに、同じく従業員規則では、協会員は、その従業員が証券取引につき損失負担を実行することがないようにしなければならないものとし、さらに、かかる行為が判明したときは、厳正に処分し、遅滞なく、その顛末を協会に報告するように要請した。

（5）　上村達男「損失保証・損失補塡の法律問題」商事法務一二五七号一二頁は、「市場が決定した最終的な結論を、市場機構の担い手たる証券会社が勝手に左右し、そのことにより資金配分ひいては資源配分を歪曲したこと」に取引の悪性を見出すべきとする。証券市場における資源配分の問題ではなく、証券会社と顧客との間の資金移転の問題とする見解もある。証券取引法研究会・前掲注（2）四六頁（川濱）。この批判に関しては、上村達男「証券会社の損失補塡」ジュリスト一〇三〇号二六頁は、市場の担い手である証券会社が、市場の命じるとおりに顧客を扱わず、投資家の真摯な投資判断に見合う投資成果を市場メカニズムに従って配分していないことが違法であると反論する。

（6）　黒沼悦郎「損失補塡の禁止」証券市場の機能と不公正取引の規制一八一頁（平成一四年）は、損失保証や損失補てんは、その危険が大きすぎることから、実質的な投資判断が業者に委ねられているときのみ実行されることを前提とし、その場合、業者は、利益とリスクを判断して投資を行うために、真摯な投資判断が市場に反映するとして、価格形成を歪めるという論拠を批判する。

（7）　河本一郎「損失補塡等の禁止」法学教室一六〇号八七頁。証券取引法研究会・前掲注（2）三六頁（前田）も同旨。平成三年の改正が、損失保証と損失補てんとを同等に評価し、同一の刑罰を科していることを論拠としている。

（8）　証券事故の確認を受けようとする者は、確認を受けようとする事実に加えて、①金融商品取引業者等の商号、名称または氏名および登録番号、②事故の発生した本店その他の営業所または事務所の名称および所在地、③(i)事故となる行為に関係した代表者等の氏名または部署の名称、(ii)顧客の氏名および住所（法人の場合は、商号または名称および主たる営業所または事務所の所在地ならびに代表者の氏名)、(iii)事故の概要、(iv)補てんにかかる顧客の損失が事故に起因するものである理由、(v)申込みもしくは約束または提供しようとする財産上の利益の額、(vi)その他参考となるべき事項(金商業等府令一二一条)を記載した申請書を提出することを要する(金商法三九条五項)。かかる申請書には、顧客が①から⑥の事項を確認したことを証明する書類およびその他参考となる書類(金商業等府令一二二条)を添付しなければならない(金商法三九条五項)。なお、日本証券業協会はその規則で、協会員がその役員や従業員が証券事故により、顧客に対して財産上の利益の提供を申し込み、約束しまたは提供する場合の確認申請手続を定めている(日証協・証券事故の確認申請、調査及び確認等に関する規則)。また、証券事故があったと判明した場合の事故連絡書の提出、処分を行った場合の事故顛末報告書の提出が求められている(日証協・従業員規則九条・一〇条)。

(9)　損失保証や利益保証の約束(金商法三九条一項一号)は、損害の発生前に行われるものであり、生じていない損害について、証券事故として内閣総理大臣が確認することはできず、事故確認が認められる場合から外されている。証券取引法研究会「損失補てん等の禁止に関する証券取引法の改正について(下)」インベストメント四五巻三号五九頁(前田)。

(10)　和解のうち、訴え提起後の和解があった場合のみ事故確認を不要とし、訴え提起前の和解(即決和解)には事故確認と同様の効果を認めていない(金商業等府令一一九条二号)。これについては、両者の間に、裁判所による関与の違いのあることが指摘されている。すなわち、訴え提起後の和解では、原則として、当事者双方が主張をつくし、かつ証拠調べも行った上で、裁判所のイニシアティブによって和解がなされる。この場合、事実関係や法律判断ともに裁判所の実質的な関与が期待できる。これに対して、訴え提起前の和解では、当事者がすでに合意している和解の内容を和解条項として、裁判所に提出し、これについて、裁判所は、特別な事情がない限り、それにもとづく和解調書を作成する。このような違いがあることから、訴えの提起前の和解を、内閣総理大臣の確認に代わるものと位置づけることができないと指摘されている。証券取引法研究会「証取法改正に関する具体的な諸問題について(上)」インベストメント四五巻五号四八頁(河合)。一方で、公益を保護する証券取引法上の規制を、当事者が自己の利益を追求する民事訴訟の制度で代価させることに疑問が提起されている。証券取引法研究会・前掲五三頁(龍田・河合)。

3　作為的相場形成

金融商品市場における価格形成が公正であることは、わが国の経済の適正な運営のためにも、また、投資者の保護のためにも、不可欠である。金融商品取引業者等の業務にあたっては、相場操縦に加担することはもちろんのこと、金融商品市場の仲介者として、公正な価格形成を損なうこととなる取引の勧誘を行い、または作為的な相場を形成することとなる取引を行い、またはこれを受託するようなことがあってはならない。

そこで、金融商品取引業者等またはその役員もしくは使用人は、金融商品取引所が上場する金融商品、金融指標またはオプション（上場金融商品等）の相場もしくは取引高にもとづいて算出した数値を変動させ、もしくは釘付けし、固定し、もしくは安定させ、または取引高を増加させる目的をもって、当該上場金融商品等にかかる買付けもしくは売付けもしくはデリバティブ取引またはこれらの申込みもしくは委託等をする行為が禁止される（金商法三八条七号、金商業等府令一一七条一項一九号）。さらに、上場金融商品等の相場もしくは取引高にもとづいて算出した数値を変動させ、もしくは釘付けし、固定し、もしくは安定させ、または取引高を増加させることにより実勢を反映しない作為的なものとなることを知りながら、当該上場金融商品等の受託等をする行為も禁止される（金商法三八条七号、金商業等府令一一七条一項二〇号）。

「何人」にも適用される相場操縦の規制では、有価証券の売買、市場デリバティブ取引または店頭デリバティ取引について、取引を誘引する目的で、相場を変動させるべき一連の有価証券売買等の申込み、委託等もしくは受託等を行うことを禁止する（金商法一五九条二項本文）。しかし、金融商品取引業者等またはその役員もしくは使用人を名宛人とする右の作為的相場形成の禁止規定では、誘引目的を規制の要件とはしていない。そのため、金融商品取引業者等が、自己の売買取引によって相場が変動するとの認識があったものの、それによって他人を売買取引に誘引するつもりはなかった場合には、相場操縦の責任は問えないとしても、作為的相場を形成したとして、行政処分の対象となる。(1)

一連の金融商品取引が、相場を変動させ、または釘付けし、固定し、もしくは安定させる実勢を反映しないものであるかは、当該銘柄についての需給の状況、取引の態様、取引の価格と数量等を総合的に勘案して判定される。(2)

このような作為的相場形成を防止するための売買管理が十分でないと認められる状況は監督官庁の是正命令の対象となる（金商法四〇条二号、金商業等府令一二三条一二号）。(3)

(1) 他社株転換条件付社債(EB)に関して、償還対象銘柄の株価をいわゆるボーナス・クーポン支払判定価格を下回る価格にまで下落させた売買取引につき、対象株式につき時勢を反映しない作為的相場を形成させるべき一連の取引を行ったとして、行政処分が下された事例がある。たとえば、平成一三年、「U証券会社東京支店株式本部トレーディング部ディレクターは、特定の株式を対象とするEBに関し、当該銘柄の上場銘柄の株価の水準によりボーナス・クーポン(追加利息)を支払うか否かを判定する日である平成一二年五月一〇日の一四時五九分から大引けにかけて、当該銘柄の株式について、当該銘柄の株価を引き下げる目的をもって、顧客から受託した当該銘柄の株式の売付注文を利用して成行または低い指値の一連の売付けを行い、株価を下落させた。なお、この結果、当該銘柄の株価は、ボーナス・クーポンの支払判定株価を下回ることとなり、当該EBについては、ボーナス・クーポン総額約七〇〇〇万円が支払われないこととなった。」として、同証券会社東京支店に対して行政処分が下された。証券取引等監視委員会勧告「他社株券償還特約付社債券(以下「EB」という。)に関連して行われた金融商品取引業者における不適正な取引に対する検査結果に基づく勧告について」(平成一三年二月一六日)。EBについて、志谷匡史「他社株券償還特約付社債に係る法的諸問題」商事法務一六一四号二七頁、和仁亮裕＝山中眞人＝熊谷貴之「証券会社の行為規制府令の実証的検討―EB債・特別の利益提供に関する金融庁処分事例の分析」商事法務一六五七号一六頁参照。

(2) 平成一六年一二月の内閣府令(行為規制府令)の改正前までは、特定の銘柄の有価証券、有価証券指数またはオプションについて、実勢を反映しない作為的相場を形成させるべき一連の有価証券の売買取引もしくはその受託等をする行為または実勢を反映しない作為的相場が形成されることとなることを知りながら、一連の有価証券の売買取引の受託等をする行為が禁止されていた。この点について、和仁他・前掲注(1)一九頁は、実勢を反映しない作為的相場の定義が必ずしも明確ではなく、規制を受ける証券会社にとって、予見可能性が著しく損なわれると批判していた。なお、一連の取引という要件が存在していた当時は、大引け間際に一度に大量に売り注文を出す行為が、これに該当するかが問題となっていた。一度の注文であっても、それが大量になされれば、相場の固定や釘付けなどを行うことが可能である。そのため、このような注文であっても、作為的相場形成に該当すると考えられてきた。現行法では、かかる要件は削除されている。

(3) さらに、自主規制機関により処分がなされることもある。たとえば、平成二二年四月、東京証券取引所は、東洋証券の大阪支店の営業部長の行為が、内閣府令に規定する「実勢を反映しない作為的なものであることを知りながら、上場金融商品等……にかかる買付けもしくは売付けの受託等をする行為」(金商業等府令一一七条一項二〇号)に該当するとして、同社に対して二〇〇〇万円の過怠金を賦課した。同様の事件で、大阪証券取引所も七〇〇万円の過怠金を課している。作為的相場形成は、公正な価格形成を害する行為であり、市場に対する信頼を大きく損なうものである。さらに、それが市場の仲介者である金融商品取引業者等の使用人等によりなされる点も重要である。以上のことから、金融商品取引所は、市場の開設者として、日常の市場監視とともに、違反行為があった場合には、厳しい処分を課すことが求められる。

五　証券取引の信用供与

1　信用取引の委託保証金

金融商品取引業者は、投資者に信用を供用して有価証券の売買その他の取引（信用取引）を行い[1]、または、投資者のために発行日から一定の日が経過した日までに決済をする未発行の有価証券の売買その他の取引（発行日取引）を行った場合には、その取引の日から三営業日以内に、その投資者から、その取引にかかる有価証券の時価に一〇〇分の三〇を乗じた額の委託保証金の預託を受けなければならない（金商法一六一条の二第一項、信用取引府令二条一項）[2]。委託保証金は有価証券によって代用することができる。有価証券の代用価格は、預託する日の前日の時価に株式については一〇〇分の八〇、その他の有価証券については、たとえば、取引所有価証券市場においては取引所が金融庁長官の認可を得て定める率を乗じた額を超えない額である（金商法一六一条の二第一項、信用取引府令六条一項）[3]。

金融商品取引業者が投資者のために信用取引または発行日取引を行った場合に、その投資者から一定額の委託保証金またはその代用有価証券の預託を受けなければならないものとされているのは、委託保証金ないしその代用証券によって金融商品取引業者の投資者に対する債権を担保して、投資者が信用取引または発行日取引にかかる債務を履行しない場合に金融商品取引業者の財産状態が悪化する危険を予防するためである[4]。また、投資者の信用取引または発行日取引による過当な投機を抑制することによって証券市場が過熱化するのを防止するためである[5]。さらには、比較的に投機性の高い信用取引または発行日取引に薄資の投資家が参加することを防止することを目的とする[6]。これらのうち、第一の目的は、直接には金融商品取引業者の利益を配慮したものである。第二の目的は、直接には金融商品市場の健全性を配慮したものである。そして、第三の目的は、投資者の保護を直接の目的とするものである。

これらに加えて、委託保証金の預託に関して、金融商品取引所の受託契約準則は、取引参加者（または会員）である金融商品取引業者が投資者のために信用取引または発行日取引の勘定を維持する場合の委託保証金の追加預託義務を定めている。すなわち、金融商品取引業者は、投資者が信用取引または発行日取引によって買付けまたは売付けをした有価証券の相場が変動して計算上の差損額が生じた場合、投資者が預託している委託保証金の額からその差損額と信用取引または発行日取引による負担額とを差し引いた残額が信用取引または発行日取引による買付けまたは売付けにかかる有価証券の約定価額の二〇パーセントを下まわるときは、この二〇パーセントを維持するのに必要な金銭を追加委託保証金として、その損失計算が生じた日から起算して三日目の日の正午までに、投資者に預託させなければならない(7)。

金融商品取引業者が委託保証金を受けることなく行った信用取引または発行日取引を行ったとしても、その取引の効果は無効でない(8)。そのため、投資者が所定の期日までに委託保証金または追加委託保証金を預託しない場合にも金融商品取引業者は直ちに反対売買によって投資者の信用取引または発行日取引の勘定を決済する義務を負うものではない(9)。したがって、信用取引または発行日取引の委託をした投資者は、委託保証金または追加委託保証金の預託を怠った後に有価証券の価格が自己に不利に変動して損失を被った場合にも、その損失を金融商品取引業者に負担させることができない(10)。

もっとも、投資者は、信用取引または発行日取引に関して金融商品取引業者に委託保証金を預託することを怠る場合にも、いつでも、金融商品取引業者に対して当該信用取引または発行日取引に関する売買取引につき反対売買の委託をすることができる。かかる委託があるときは、金融商品取引業者はそれに応ずる義務を負う(11)。そして、かかる反対売買の委託は明示的なものである必要はなく、諸般の状況から反対売買の委託があったものと認められる場合は、金融商品取引業者はそれに従わなければならない(12)。

(1)　有価証券の引受人となった金融商品取引業者は、自己が引き受けた有価証券の売却につき、引受人となった日から六か月の期間が経過するまでは、その買主に対して買入代金につき貸付けその他の信用を供与することができない（金商法四四条の四）。これは、有価証券の引受人となった金融商品取引業者が信用供与の利益を提供することによって、そうでなければ容易に処分できない引受有価証券を投資者に取得させ、それによって引受けの危険を不当に投資者に転嫁するのを防止することを目的とするものである。山下元利・改正証券取引法解説五七頁（昭和二三年）参照。

(2)　ただし、信用取引の委託保証金の額は、預託を受ける際、当該金融商品取引業者に当該顧客の信用取引について現に受け入れている保証金（受入保証金）がない場合で、その預託を「受けるべき信用取引に係る通常の最低限度額が三〇万円に満たないとき」は、保証金の額は三〇万円となる。受入保証金がある場合において、信用取引にかかる有価証券の時価に一〇〇分の三〇を乗じた額（通常の最低限度額）が金融商品取引業者のその投資者から預託を受けているすべての信用取引の委託保証金の額と合算して三〇万円に満たないときは、当該合計額と三〇万円との差額に相当する額をその預託を受けるべき信用取引にかかる通常の最低限度額に加算した額となる（信用取引府令三条）。これらは、信用取引を行う投資者に三〇万円以上の委託保証金を預託させることによって、薄資の投資家が投機的危険の大きい信用取引を行わないようにしようとするものである。

(3)　昭和二八年の証券取引法改正前の証券業者による証券取引についての信用供与の規制は、「証券業者が有価証券の売買その他の取引についてその顧客に供与することができる信用の額は、当該取引に係る有価証券の時価に大蔵大臣の定める率を乗じた額を超えてはならない。」（昭和二三年改正証取法四九条一項）として、金融市場から短期資金が無制限に証券市場に流入することを制限して産業資金を確保することを目的としていた。しかし、わが国では、金融市場から多額の短期資金が証券市場に流入して産業資金に困窮するという事情が存在しないことから、証券取引の信用供与の規制につき昭和二八年に抜本的な改正が行われた。小田寛＝三輪力＝角政也・改正証券取引法・証券投資信託法解説一〇一頁（昭和二九年）。

(4)　金融商品取引業者の財産状態の健全性を確保することは、多数の投資者を相手とする金融商品取引業者の業務の性質から、法律によって強制する価値のある利益である。したがって、委託保証金の預託が法律によって要請されていることは、委託保証金の預託がかかる目的に出ることと矛盾するものではない。

(5)　金融商品取引所は、その市場における売買取引に異常があると認める場合またはそのおそれがあると認める場合は、信用取引または発行日取引の委託保証金の率を引き上げ、委託保証金の有価証券による代用を制限しまたはその代用の価格の計算において時価に乗ずべき率を引き下げることとするものとしているが、このことは、信用取引および発行日取引における委託保証金の預託が過当取引の抑制の一機能を有することを前提とするものである（東証・信用取引に係る委託証拠金の率の引上げ措置等に関するガイドライン参照）。

（6）石塚一正・改正証券取引法要論一九二頁（昭和四一年）、鈴木竹雄＝河本一郎・証券取引法〔新版〕五〇〇頁（昭和五九年）、田中誠二＝堀口亘・コンメンタール証券取引法〔増訂版〕二三二頁（昭和六〇年）。

（7）たとえば、東証・受託契約準則三七条・四八条参照。

（8）最判昭和四〇年四月二二日民集一九巻三号七〇三頁。鴻常夫「信用取引の委託保証金未徴収と委託契約の効力」証券・商品取引判例百選〔別冊ジュリスト二〇号〕七三頁、堀口亘「証券取引法第四九条違反の信用取引」田中古稀・現代商法学の諸問題七八三頁（昭和四二年）も同旨。

（9）東京高判昭和五九年六月二一日判例時報一一二六号二四頁、竹内昭夫「信用取引における保証金の追加差入拒絶と強制手仕舞義務の有無」証券・商品取引判例百選〔別冊ジュリスト二〇号〕一五一頁。商品清算取引の委託保証金の預託に関して最判昭和四三年二月二〇日民集二二巻二号二五七頁、最判昭和四四年二月一三日民集二三巻二号三三六頁は同旨。なお、東京地判昭和三四年一月二四日下民集一〇巻一号一一三頁は、信用取引の追加委託保証金に関して反対の見解をとる。

（10）もっとも、田中＝堀口・前掲注（6）二三二頁は、「委託保証金の預託がなかったことにつき証券会社側に責めのある場合には、その受けた損失について委託者に対して責任を追及することは許されない」とする。

（11）最判昭和五〇年七月一五日判例時報七九〇号一〇五頁は、委託者のために商品先物取引の建玉をした商品取引員は、委託者がたとえ委託証拠金の預託を怠る場合であっても、その建玉についての委託者の反対売買の委託に従う義務を負うものと判示した。

（12）東京高判昭和五二年一月一七日判例時報八五一号二二七頁は、投資者が信用取引につき手仕舞によってこれを解消したい意向を示しており、委託保証金の追加預託が必要であるにもかかわらずこれを拒絶していた状況の下で、その取引関係を解消する旨およびその取引の決済に伴う損金の弁済のため委託保証金のほか一定の株式を提供すると述べた場合は、たとえ委託保証金および提供株式以外をもっては損金の負担をしないと述べていても、金融商品取引業者は反対売買の委託があったものとしてそれに従う義務を負うものと判示した。

また、東京高判昭和五九年六月二一日判例時報一一二六号一一四頁は、信用取引による売付委託をめぐってその成否につき争っていた投資者が、その決着は後に留保せざるをえないとしても、ともかくその取引につき清算をしたい旨を証券会社に通知したときは反対売買の委託をしたものと解すべく、証券会社はそれに従う義務があるとした。この点については、神崎克郎「株式信用取引における証券会社の手仕舞義務」判例評論三一八号（判例時報一一五四号）五四頁参照。

2　証券金融会社

金融商品取引業者は、有価証券の売買その他の取引につき投資者に信用を供与するためには、そのための金銭または有価証券を用意しなければならない。しかし、証券担保金融や貸株の市場が十分に発達してこなかったわが国では、金融商品取引業者がその業務の一環として投資者に対し有価証券の売買その他の取引についての信用の供与を行うためには専門的な証券金融機関を必要とした。そこで、昭和二四年から二五年にかけて、証券取引所の会員である証券会社に対して信用取引の決済に必要な金銭または有価証券を貸し付けることを業務とする証券金融機関が各地に設立された。昭和三〇年の証券取引法の改正で、信用取引の育成強化のため、現在の証券金融会社の規定が定められた。

証券金融会社の活動は、金融商品取引業者が投資者に対して行う有価証券の売買その他の取引についての信用の供与に、ひいては有価証券の流通市場に重要な影響を及ぼす。そこで、金融商品取引法は、金融商品取引所の取引参加者（もしくは会員）または金融商品取引業協会の協会員である金融商品取引業者に対して、信用取引の決済に必要な金銭または有価証券を、その決済機能を利用して貸し付ける業務を行うには内閣総理大臣の免許を要するものとしている（金商法二条三〇項）。このような業務につき内閣総理大臣の免許を受けた者を証券金融会社という（金商法一五六条の二四）。

内閣総理大臣は、申請者の人的構成、信用状態および資金調達の能力に照らし、証券金融会社としての業務を行うにつき十分な適格性を有するものであるかを審査しなければならない（金商法一五六条の二五第一項）。証券金融会社は、資本金の額が一億円以上の株式会社でなければならない（金商法一五六条の二三、金商令一九条の五）。そのため、それ以外の者は証券金融会社の免許が付与されない（金商法一五六条の二五第二項一号）。内閣総理大臣は、審査の結果、右の基準に適合すると認めたときは、法定の免許拒否事由に該当しない限り、免許を与えなければならない（金商法一五六条の二五第二項）。

証券金融会社の役員については、その業務の適正な運営を期するために、特別の規制が定められている。第一に、証券金融会社の代表取締役または代表執行役は、金融商品取引業者の役員または使用人以外の者でなければならない（金商法一五六条の三〇第一項）。第二に、証券金融会社の役員が証券金融会社の役員に関する登録拒否事由に該当することになったときはその職を失う（金商法一五六条の三一第二項）。第三に、証券金融会社の役員が不正の手段によりその職につき、または証券金融会社もしくはその役員が金融商品取引法もしくはそれにもとづく命令もしくはそれらにもとづく処分に違反したときは、内閣総理大臣が証券金融会社に対しその役員の解任を命ずることができる（金商法一五六条の三一第三項）。

証券金融会社は、金融商品取引所の取引参加者（もしくは会員）または金融商品取引業協会の協会員に対する金銭または有価証券の貸付けに関する業務のほか、当該業務を妨げない範囲で、①有価証券の貸借または有価証券の貸借の媒介もしくは代理、②金融商品取引業者に対する金銭の貸付け、③金融商品取引業者の顧客に対する金銭の貸付け、④その他内閣府令で定める業務を行うことができる（金商法一五六条の二七第一項）。これらの業務を行おうとするときには、内閣総理大臣に届出することを要する（金商法一五六条の二七第二項）。さらに、内閣総理大臣の承認を受ければ右の業務以外の業務を行うことができる（金商法一五六条の二七第三項）この場合、内閣総理大臣は、承認を受けようとする業務が本業を妨げるものであると認めるときは、当該証券金融会社に通知して、当該職員に審問を行わせた後、承認を与えないことができる（金商法一五六条の二七第四項）。

証券金融会社が業務の内容もしくは方法を変更しようとするとき、または資本の額を減少しようとするときは、内閣総理大臣の認可を受けなければならない（金商法一五六条の二八第一項）。金銭・有価証券の貸付けの条件を決定もしくは変更しようとするとき、資本の額を増加しようとするとき、または商号を変更しようとするときは、内閣総理大臣に届け出ることを要する（金商法一五六条の二八第二項）。

内閣総理大臣は、証券金融会社の行う金銭または有価証券の貸付けの方法または条件につき、それらが一般の経済状況にかんがみ適正を欠くに至ったと認められる場合または取引所金融商品市場・店頭売買有価証券市場における売買を公正にし、または有価証券の流通を円滑にするため特に必要があると認めるときは、その変更を命ずることができる（金商法一五六条の二九）。

証券金融会社が法令または法令にもとづく処分に違反したときは、内閣総理大臣は、証券金融会社の免許を取り消しまたは六か月以内の期間を定めてその業務の全部もしくは一部の停止を命ずることができる（金商法一五六条の三二第一項）。さらに、内閣総理大臣は、金融商品取引業者の業務の運営または財産の状況に関し、公益または投資者保護のため必要かつ適当であると認められるときは、その必要の限度において、当該証券金融会社に対して、業務の内容もしくは変更その他業務の運営または財産の状況の改善に必要な措置をとるべきことを命じることができる（金商法一五六条の三三第一項）。

なお、証券金融会社の監督に関連して、内閣総理大臣は、公益または投資者保護のために必要かつ適当であると認めるときは、証券金融会社に対し、その業務または財産に関し参考となる報告もしくは資料の提出を命じ、またはその職員にその業務もしくは財産の状況もしくは帳簿書類その他の物件を検査させることができる（金商法一五六条の三四）。

証券金融会社の業務の廃止・解散の決議および証券金融会社を当事者とする合併・分割・営業の全部もしくは一部の譲渡・譲受けは、内閣総理大臣の認可を受けなければ効力を生じない（金商法一五六条の三六）。

第四款　特定投資家

一　特定投資家制度の意義

1　特定投資家の定義

金融商品取引法が定める金融商品取引業者等の行為規制は、投資者保護を目的とするものであり、特に、一般投資家を想定して定められている。しかし、投資経験が豊富で、投資知識もある投資者にとって、これらの規制が不要である場合もある。他方で、このような過剰な規制は金融商品取引業者等にとってもコストの負担となる。そこで、金融商品取引法は、投資者を「特定投資家」と一般投資家に区分し、この区分に応じた行為規制の適用を行っている。(1)(2)

特定投資家は、①適格機関投資家、②国、③日本銀行、④投資者保護基金その他の内閣府令で定める「法人」と規定されている（金商法二条三一項）。

①の適格機関投資家は、有価証券に対する投資にかかる専門的知識および経験を有する者として内閣府令で定める者である（金商法二条三項一号、定義府令一〇条一項）。(3) 事業会社については、投資有価証券残高が一〇億円以上であれば、届出によって適格機関投資家となる。個人も同様の要件を満たすことで適格機関投資家となることができる。もっとも、個人の場合、口座開設後一年を経過したものであることが要求される。(4) ②国および③日本銀行については、一般投資家として分類することは適当ではなく、機械的に特定投資家に含められたものと考えられる。(5) ④については、(i)特別の法律により特別の設立行為をもって設立された法人、(ii)投資者保護基金、(iii)預金保険機構、(iv)農水産業協同組合貯金保険機構、(v)保険契約者保護機構、(vi)特定目的会社、(vii)金融商品取引所に上場されている株券の発行者である会社、(viii)取引の状況その他の事情から合理的に判断して資本金の額が五億円以上であると見込まれる株式会社、(6) (ix)金

融商品取引業者または特例業務届出者である法人、(x)外国法人が規定されている（定義府令二三条）。[7]このように、上場会社、資本金が五億円以上の株式会社は特定投資家に分類されるが、これは、内部統制システムが整備されていることが理由とされる。[8]これらの会社については、投資有価証券残高の有無にかかわらず特定投資家となる。もっとも、後述するように、その申出により、一般投資家に移行することが可能である（金商法三四条の二第一項）。[9]

（1）　金融審議会金融分科会第一部会「中間整理」（平成一七年七月七日）は、規制の基本的方向性として、「これまでの規制全体について点検を行い、機関投資家などを中心とするプロに投資商品を販売する場合についての規制緩和など、規制緩和を推進する」、「一方、個人投資家を中心とするアマに投資商品を販売する場合については、適正な投資家保護を確保する観点から、必要な規制の見直しを行う」ことが適当であるとしていた。さらに、同部会報告「投資サービス法（仮称）に向けて」（平成一七年一二月二二日）は、特定投資家（プロ）と一般投資家（アマ）の区分を行うことを提言した。このような区分を設ける趣旨・目的として、同報告書は、「特定投資家と一般投資家の区別により、適切な利用者保護とリスク・キャピタルの供給の円滑化を両立させる必要があること」、「特定投資家は、その知識・経験・財産の状況などから、適合性原則の下で保護が欠けることとならず、かつ当事者も必ずしも行政規制による保護を望んでいないと考えられること」、「特定投資家については、行政規制ではなく市場規律に委ねることにより、過剰規制による取引コストを削減し、グローバルな競争環境に置かれている我が国金融・資本市場における取引の円滑を促進すること」の三点を挙げている。

（2）　法律上は、「特定投資家」と「特定投資家以外の顧客」という用語が使用されている。

（3）　適格機関投資家は、情報開示規制における概念として規定されている。証券取引法研究会「プロ・アマ投資者の区分」証券取引法研究会研究記録七号六頁（青木）は、立法技術として節約できるものは節約し、同じ言葉を使った方が効率的であるとしながら、適格機関投資家の定義が本来（情報開示規制）の目的に従った改正がなされたときに、別の目的（行為規制）で使っている箇所が振り回されることになるとして、このような概念の転用を批判する。

（4）　個人は法人に比べて、投資有価証券残高の基準額は同一であるものの、口座開設から一年の経過が必要であることから、その保護の必要性が高いと判断されている。わが国で適格機関投資家制度が創設された当初、個人はこれに含まれないものとされていた。現行法の下では、個人も法人と同様に適格機関投資家となることが可能であるものの、依然として、右のような差が存在している。

（5）日本銀行は、外国為替取引のプロといえても、株式取引のプロとはいいがたい。証券取引法研究会「特定投資家・一般投資家について」証券取引法研究会研究記録一九号四四頁（川口）。日本銀行は、例外的に、金融機関が保有する株式の買取りを行ってきた。その内容については、川口恭弘・現代の金融機関と法〔第三版〕三四頁（平成二二年）。これらは、金融機関経営における株価変動リスクを軽減し、金融機関の経営、さらには、金融システム全体への信認を確保するためのものである。日本銀行は、日本銀行法の規定により日本銀行の業務とされた業務以外の業務を行うことを禁止されている（日本銀行法四三条一項本文）。日本銀行法は、通常業務として、「国債その他の債券又は電子記録債券の売買」「有価証券その他の財産権に係る証券又は証書の保護預り」を規定しているものの（日本銀行法三三条一項）、株式の購入は、通常業務に含まれない。もっとも、日本銀行は、日本銀行の目的達成上必要がある場合には、財務大臣および内閣総理大臣（金融庁長官）（日本銀行法六一条の二）の認可を受けたときは、他業禁止が解除される（日本銀行法四三条一項ただし書）。右の株式買取りは、この例外規定を適用して行われた。日本銀行による株式の買取りは、このように、銀行が保有する株式を買い取るもので、金融商品取引業者を介して行われるものではない。なお、日本銀行は、平成二二年一二月から、株価指数連動型上場投資信託（ＥＴＦ）および不動産投資信託（ＲＥＩＴ）等の購入を開始している。これは、金融緩和を一段と推進するために行われているものである。

（6）金融商品取引業者等の側で顧客である株式会社の資本金の額を常時把握することは困難である。そのため、顧客の資本金について定期的に確認をしているにもかかわらず、減資により資本金の額が五億円未満となった事情を知ることが困難であった場合には、当該事情が明らかになるまでは、「取引の状況その他の事情から合理的に判断して」資本金の額が五億円以上であると見込まれると判断される。松尾直彦＝松本圭介編著・実務論点金融商品取引法一八四頁（平成二〇年）。

（7）金融商品取引法が保護すべき投資家は、基本的には国内投資家である。しかし、外国投資家を相手とする場合でも、わが国の金融商品取引業者等と取引を行うときは、わが国の金融商品市場の公正性確保の観点から、一定の行為規制を適用することが望ましい。以上のことから、外国法人については、特定投資家と位置づけされることとなった。この点については、松尾＝松本・前掲注（6）一八四頁参照。国内会社については、資本金の額や上場の有無によって特定投資家となる者が判断される。これに対して外国法人についてはそのような基準は存在せず、すべて特定投資家となる。この点については、国によって会社法制が異なり、日本の株式会社の資本金五億円以上に相当する会社であるかどうかを業者が判断することが難しいとの見解も述べられている。証券取引法研究会「金融商品取引法の政令・内閣府令について」証券取引法研究会研究記録一八号三九頁（松尾）。

（8）財務にかかる内部統制が整備されている会社ということで、会社法において内部統制システムの構築義務がある大会社を念頭に、資本金五億円以上の株式会社とされた。証券取引法研究会・前掲注（7）三二頁（三井）。なお、負債総額が二〇〇億円以上の会社も大会社となり、内部統制システムの構築義務が発生するが、負債を基準とする点は捨象されている。上場会社は、さらに、金融商品取引法上の内部統制報告制度の適用を受ける。

（9）　平成二二年一二月の定義府令二三条の改正で、地方公共団体が特定投資家の範囲から除外された。適格投資家向け投資運用業の対象となる相手方として特定投資家が規定されている（金商法二九条の五第三項）。この場合には、特定投資家と一般投資家の間の移行が制限される。本書六五七頁注（5）参照。

2　特定投資家から一般投資家への移行

特定投資家は、①適格機関投資家、②国、③日本銀行、④投資者保護基金その他の内閣府令で定める「法人」と規定されている（金商法二条三一項）。このうち、④投資者保護基金その他の内閣府令で定める「法人」は、一般投資家への移行が可能である（金商法三四条の二第一項）。これに対して、①適格機関投資家、②国、③日本銀行は、一般投資家への移行が認められない(1)。

一般投資家への移行が禁止される特定投資家以外の特定投資家は、金融商品取引業者等に対して、自己を一般投資家として取り扱うように申し出ることができる（金商法三四条の二第一項）。金融商品取引業者等は、申出が可能であることを特定投資家に「事前に」告知する義務がある（金商法三四条）。過去に同じ種類の契約を締結したことがある場合には告知義務はない。顧客から一般投資家として取り扱うように申出があった場合、金融商品取引業者等はこれを承諾しなければならない（金商法三四条の二第二項）。この場合、顧客の意向が尊重される(2)。特定投資家が一般投資家に移行する場合、①承諾日、②契約の種類、③承諾日以降、当該申出者を一般投資家として取り扱う旨、④申出者は、承諾を行った金融商品取引業者等のみから一般投資家として取り扱われることとなる旨、⑤金融商品取引業者等が申出者を代理して他の金融商品取引業者等との間で承諾日以降に締結する金融商品取引契約については、当該他の金融商品取引業者等からも一般投資家として取り扱われる旨を記載した書面を交付しなければならない（金商法三四条の二第三項、金商業等府令五五条）。かかる書面の交付に代えて、電子情報処理組織を使用する方法等により提供することができる（金商法三四条の二第四項）[3]。

金融商品取引業者等による承諾は、特定投資家が申し出た後、当該申出にかかる契約の種類に属する金融商品取引契約の締結の勧誘または締結を最初に行うまでに行わなければならない（金商法三四条の二第二項）。このため、金融商品取引業者等は、承諾を行うことなく、同種の契約の締結の勧誘や契約の締結を行うことができない。平成二一年の改正前まで、特定投資家から一般投資家への移行を申し出て、金融商品取引業者等から承諾書の交付を受けた場合、承諾日から一年間、当該投資家は一般投資家と見なされることとなっていた（平成二一年改正前金商法三四条の二第三項）[4]。そこでは、移行から一年経過後は、再び申請を行わない限り、特定投資家に戻る扱いとなっていた。もっとも、自らの申出により、特定投資家から一般投資家への移行した者は、そのまま一般投資家としての扱いを受けることを希望することが通常と考えられる[5]。そのため、平成二一年の改正で、一般投資家への移行の効果は無期限とされた[6]。この場合でも、顧客の申出およびこれに対する金融商品取引業者等の承諾により、特定投資家に移行することができる。

特定投資家から一般投資家へと移行した顧客は、いつでも、金融商品取引業者等に対して、自己を再び特定投資家として取り扱うように申し出ることができる（金商法三四条の二第一〇項）。金融商品取引業者等は、特定投資家への復帰の申出を承諾する場合、あらかじめ、当該申出をした者の書面または電子情報処理組織を通じた方法による同意を得なければならない（金商法三四条の二第一一項・一二項）[7]。特定投資家は金融商品取引法上の行為規制の一部が適用されない。そのため、右の同意は、自らが特定投資家に戻ったことを顧客に明確に意識させるために要求されている[8]。

特定投資家から一般投資家への移行は、①有価証券の取引等を行う契約、②デリバティブ取引等を行う契約、③投資顧問契約・その締結の代理・媒介を行う契約、④投資一任契約・その締結の代理・媒介を行う契約といった「契約の種類」ごとに行われる（金商法三四条、金商業等府令五三条）[9][10]。

（1）　適格機関投資家が一般投資家に移行できないことについて、適格機関投資家はプロ中のプロであり、特定投資家はプロと位置づけられるので、プロ中のプロは一般投資家に移行できないのは当然という見解が述べられている。証券取引法研究会「金融商品取引法の政令・内閣府令について」証券取引法研究会研究記録一八号（証券取引法研究会①）三九頁（松尾）。これに対して、適格機関投資家の範囲は拡大され、必ずしもプロとはいえないものも含まれており、一律に一般投資家に移行できない現行制度に疑問を提起する見解も述べられている。証券取引法研究会「特定投資家・一般投資家について」証券取引法研究会研究記録一九号（証券取引法研究会②）五頁以下（青木）参照。

（2）　特定投資家に対して、一般投資家へ移行できる旨を告知し、特定投資家が一般投資家への移行を希望した場合、金融商品取引業者等はかかる顧客を一般投資家として扱わなければならない。金融商品取引業者等が特定投資家のみを相手とする業務を行っている場合、一般投資家への移行を承諾しつつ、その後の契約を打ち切ることも許される。証券取引法研究会「業者の禁止行為・特定投資家」金融商品取引法の検討〔1〕（別冊商事法務三〇八号）一六四頁（森田・龍田）（平成一八年）。なお、申出を承諾しておきながら、その後の取引を拒否することは、事実上、申出をさせないに等しい効果をもつことから、法の趣旨に反する可能性があるとの指摘もある。証券取引法研究会・前掲②二七〜二八頁（松尾）。

（3）　金融商品取引業者等は、申出者の承諾があれば、承諾書の交付を電磁的方法で行うことができる。これには、①金融商品取引業者等の使用にかかる電子計算機と顧客等の使用にかかる電子計算機とを接続する電気通信回線を通じて記載事項を送信し、顧客等の使用にかかる電子計算機に備えられた顧客ファイルに記録する方法（電子メール等で記載事項を送信する方法）、②金融商品取引業者等の使用にかかる電子計算機に備えられたファイルに記録された記載事項を電気通信回線を通じて顧客の閲覧に供し、顧客等の使用にかかる電子計算機に備えられた当該顧客ファイルに当該記載事項を記録する方法（金融商品取引業者等のウエッブサイト等から、記載事項をダウンロードさせる方法）、③金融商品取引業者等の使用にかかる電子計算機に備えられた顧客ファイルに記録された記載事項を電気通信回線を通じて顧客の閲覧に供する方法（顧客専用にウエッブサイトで記載事項を閲覧させる方法）、④閲覧ファイルに記録された記載事項を電気通信回線を通じて顧客の閲覧に供する方法（③と異なり、同一ファイルを複数の顧客が閲覧することが可能）に加えて、⑤磁気デスク、CD―ROMその他これに準ずる方法により一定の事項を確実に記録しておくことができる物をもって調製するファイルに記載事項を記録したものを交付する方法が認められる（金商業等府令五六条一項）。①②では、記載事項を顧客ファイル・閲覧ファイルに記録する旨・記録した旨を顧客に通知しなければならない。③④では、最後に取引を行った日以降五年間、一定事項を消去・改変することができないものであることが必要である。

（4）　金融商品取引業者等が一般投資家への移行の承諾をする場合に交付する書面に、当該申請者を一般投資家として扱う期間の末日

（期限日）の記載が要求され、この期限日は、承諾日から起算して一年を経過する日としなければならないと定められていた。

（5）　齊藤将彦＝高橋洋明＝西史香「取引所の相互乗入れ・特定投資家と一般投資家の移行手続の見直し等の概要」商事法務一八七五号二八頁。

（6）　金融審議会金融分科会第一部会報告「信頼と活力のある市場の構築に向けて」（平成二〇年一二月一七日）は、「顧客の意思の確認の徹底や迅速な取引の妨げになりかねないことから、顧客から申出があるまで、原則として、移行の効果が持続することを検討することが適当である。」としていた。平成二一年の改正で、注（4）で述べた承諾書の記載事項から、期限日の記載が削除された。なお、平成二一年の改正までは、特定投資家が一般投資家へ移行する申出について、金融商品取引業者等は、「正当な理由がある場合を除き」承諾しなければならない旨が規定されていたが、このような、正当理由による例外規定も削除されている。

（7）　特定投資家への復帰を申し出た者が同意を行う書面の記載事項として、①承諾日、②契約の種類、③復帰申出者が、金商法四五条各号に掲げる規定が適用されない旨、その知識、経験および財産の状況に照らし適当でない者が特定投資家として取り扱われる場合には、当該者の保護に欠けることとなるおそれがある旨、④承諾日以降、対象契約の締結の勧誘または締結をする場合において再び特定投資家として取り扱う旨、⑤金融商品取引業者等が復帰申出者を代理して他の金融商品取引業者等との間で承諾日以降に締結する契約については、当該他の金融商品取引業者等からも再び特定投資家として取り扱われる旨、⑥復帰申出者は、承諾日以降いつでも、一般投資家への移行の申出ができることが規定されている（金商業等府令五七条の二）。

（8）　齊藤他・前掲注（5）二九頁。

（9）　銀行法が定める特定預金等契約、保険業法が定める特定保険契約等および信託業法が定める特定信託契約については、金融商品取引法の行為規制の一部が適用される（銀行法一三条の四、保険業法三〇〇条の二・九九条八項、信託業法二四条の二）。これらの契約に関する特定投資家制度の適用については、それぞれ一種類のみとして扱われる（銀行法施行規則一四条の一一の五、保険業法施行規則二三四条の三・五二条の一三の二、信託業法施行規則三〇条の三）。根拠法令の異なる「契約の種類」は、異なる「契約の種類」となることから、たとえば、銀行等の窓口で販売する投資信託と外貨預金・デリバティブ預金は、異なる「契約の種類」となる。もっとも、実務的には、複数の「契約の種類」について一つの書面を使用して一括して顧客に説明することも可能との見解が述べられている。松尾直彦＝松本圭介編著・実務論点金融商品取引法一八七頁（平成二〇年）。

（10）　有価証券の種類によっても、たとえば、国債と株式さらに集団投資スキーム持分とで投資リスクが異なる。このため、金融商品によってもプロとアマとを区別することが考えられる。証券取引法研究会「プロ・アマ投資者の区分」証券取引法研究会研究記録七号三四頁（川口）。しかし、あまりに詳細な区分は、実務上の混乱と負担を課すものであることから、比較的簡素な分類にとどめ置かれたものと考えられる。

3　一般投資家から特定投資家への移行

法人で特定投資家とされる者以外は、一般投資家となる。これらの投資家は、特定投資家に移行することが可能である（金商法三四条の三）。さらに、個人も適格機関投資家とならない限り、一般投資家に分類される。個人については、投資産額が三億円以上と見込まれること、投資性のある金融資産の合計額が三億円以上と見込まれることなどの要件を満たした場合に、特定投資家に移行することが認められる（金商法三四条の四、金商業等府令六二条）。(1)

一般投資家で上記の要件を満たす者は、金融商品取引業者等に対して、自己を特定投資家として取り扱うように申し出ることができる（金商法三四条の三第一項・三四条の四第一項）。申し出を受けた金融商品取引業者等は、個人の投資家に対して、移行リスクを記載した書面を交付しなければならない（金商法三四条の四第二項）。(2) その上で、当該投資家が、特定投資家の要件に該当していることを確認する義務がある。(3) さらに、法人または個人の一般投資家において移行リスクを理解していることを記載した書面により、顧客から同意を得る義務も定められている（金商法三四条の三第二項・三四条の四第六項）。(4) 同意書面は、電磁的方法でも可能である（金商法三四条の三第三項・三四条の四第六項・三四条の二第一二項）。

金融商品取引業者等は、特定投資家に対し、特定投資家から一般投資家への移行が可能である旨の告知を行わなければならない（金商法三四条）。これは、特定投資家に対して、一般投資家への移行が可能である旨を伝えることにより、行為規制による保護を全面的に受ける機会を与えるためである。他方、一般投資家は、金融商品取引法上の行為規制の適用を受ける立場にある。そのため、その保護がはかられていることから、金融商品取引業者等は、一般投資家に対して、特定投資家への移行が可能であることについて告知する義務は規定されていない。もっとも、金融商品取引業者等が、一般投資家に対して、特定投資家への移行を勧めることも考えられる。この場合、特定投資家としての知識・経験を十分にもっていない投資家に対しては、特定投資家への移行の可能性を伝えるべきではない[5]。

一般投資家から特定投資家に移行した投資家は、期限日以降も、その効果を維持するには、更新の申出を行う必要がある。かかる更新の申出は、承諾日から起算して、一一か月を経過する日以降に行わなければならない（金商法三四条の三第七項・三四条の四第四項、金商業等府令六〇条一項）。事務手続を円滑に進めるために、更新の承諾は事前に可能とすべき反面、投資者保護の観点から、更新の申出を無制限に認めることは適切ではなく[6]、期限日前の一定の期間内でなければその申出をすることができないものとされている。

一般投資家から特定投資家への移行の効果は一年となる（金商法三四条の三第二項）。もっとも、一年を経過する前でも、顧客からの申出により一般投資家に戻ることができる（金商法三四条の三第九項）。

一般投資家から特定投資家への移行手続に瑕疵があった場合、特定投資家への移行の効力は発生しない。したがって、金融商品取引業者等は、当該顧客に対して一般投資家に適用される行為規制を遵守する必要がある。これに違反した場合、行政処分の対象となる[7]。

一般投資家から特定投資家への移行も、①有価証券の取引等を行う契約、②デリバティブ取引等を行う契約、③投資顧問契約・その締結の代理・媒介を行う契約、④投資一任契約・その締結の代理・媒介を行う契約といった「契約の種類」ごとに行われる（金商法三四条、金商業等府令五三条）。

（1）一般投資家から特定投資家へ移行するインセンティブがあるかどうかが議論されている。後述するように、特定投資家には、書面交付義務や説明義務が免除される。これに伴うコスト削減が金融商品取引業者側のメリットといえる。このようなコストを削減した見返りに、取引の手数料を割り引くことが考えられる。これに対しては、特定投資家であれば、一般投資家向けに販売しない金融商品を購入することができるメリットがあり、特定投資家になるメリットはこれに尽きるとの見解がある。証券取引法研究会「特定投資家・一般投資家について」証券取引法研究会研究記録一九号二四頁（青木）。

（2）①特定投資家が金融商品取引業者等から対象契約の締結の勧誘を受け、または当該金融商品取引業者等に対象契約の申込みをし、もしくは契約を締結する場合における金融商品取引法上の規定の適用の特例の内容（金融商品取引法四五条の規定は適用されない旨（金商業等府令五九条一項））、②特定投資家として取り扱われることがその知識、経験および財産の状況に照らして適用でない者が特定投資家として取り扱われる場合には、当該者の保護に欠けることとなるおそれがある旨を記載した書面の交付が要求される（金商法三四条の四第二項・三四条の三第二項四号イ・ロ）。

（3）　金融商品取引業者等は、一般に顧客である個人の資産状況を正確に把握する手段をもたない。そこで、業者への預かり資産や業者との取引状況、顧客から自己申告の内容や顧客が任意に提供した資料等を活用して、全体として「合理的に判断して」「承諾日において」三億円以上と「見込まれる」と認めた場合には、当該確認義務を果たしたことになるとの見解が述べられている。松尾直彦＝松本圭介編著・実務論点金融商品取引法一八七頁（平成二〇年）。

（4）　書面には、①承諾日、②対象契約の締結の勧誘または締結をする場合において、申出者を特定投資家として取り扱う期間の末日（期限日）、③対象契約の属する契約の種類、④(i)特定投資家が対象契約の締結の勧誘を受け、または対象契約の申込みをし、もしくは契約を締結する場合における金融商品取引法上の規定の適用の特例の内容（金融商品取引法四五条の規定は適用されない旨（金商業等府令五九条一項））、(ii)特定投資家として取り扱われることがその知識、経験および財産の状況に照らして適用でない者が特定投資家として取り扱われる場合には、当該者の保護に欠けることとなるおそれがある旨を理解している旨、⑤期限日以前に対象契約の締結の勧誘または締結をする場合において、当該申出者を特定投資家として扱う旨、⑥期限日以降に対象契約の締結の勧誘または締結をする場合において、当該申出者を一般投資家として取り扱う旨、⑦期限日以降に締結した対象契約に関して法令の規定または契約の定めにもとづいて行う行為については、期限日後に行うものであっても、申出者を特定投資家として取り扱う旨、⑧契約の種類が投資顧問契約・投資一任契約である場合にあっては、対象契約に関して法令の規定または契約の定めにもとづいて行う行為については、期限日以前に行うものに限り、申出者を特定投資家として取り扱う旨、⑨申出者は、承諾を行った金融商品取引業者等のみから対象契約に関して特定投資家として取り扱われることになる旨、⑩金融商品取引業者等が対象契約にもとづき申出者を代理して他の金融商品取引業者等との間で期限日以前に締結する金融商品取引契約については、当該他の金融商品取引業者等からも特定投資家として取り扱われる旨、⑪申出者は、承諾日以後いつでも、金融商品取引業者等に対して、対象契約に関して自己を再び特定投資家以外の顧客として取り扱うように申し出ることができる旨を記載しなければならない（金商法三四条の三第二項、金商業等府令五九条二項）。

（5）　三井秀範＝池田唯一監修、松尾直彦編著・一問一答金融商品取引法〔改訂版〕二七三頁（平成二〇年）は、適合性の原則（金商法四〇条一号）が適用されるとする。この点について、金融商品取引法上の適合性の原則は、「金融商品取引行為」についての勧誘について適用されるものであり、特定投資家への移行の勧誘が直接これに該当しうるかが問題となるが（証券取引法研究会「業者の禁止行為・特定投資家」金融商品取引法の検討〔1〕〔別冊商事法務三〇八号〕（証券取引法研究会①）一六四頁（川口）（平成一八年））、移行の勧誘と取引行為の勧誘は一体として見るべき（証券取引法研究会・前掲①一六四頁（龍田））、「金融商品取引行為についての勧誘」の「についての」という文言の意味を広くとらえれば、特定投資家への移行の勧誘も包含できる（証券取引法研究会「特定投資家―政令・内閣府令を受けて」金融商品取引法の検討〔3〕〔別冊商事法務三二三号〕（証券取引法研究会②）一五四頁（伊藤）（平成二〇年））との見解が述べられている。なお、金融商品取引業者等からの勧誘がなく、投資家の自らの意思で特定投資家への移行を希望する場合もある。証券取引法研究会「特定投資家・一般投資家について」証券取引法研究会研究記録一九号三三頁（前田）は、金融商品取引業者等からの勧誘がなかった場合でも、特定投資家として適当でない投資家を特定投資家とすることは、金融商品取引法三六条の定める誠実義務違反となりうるとする。証券取引法研究会・前掲②一五四頁（伊藤）も同旨。これに対しては、特定投資家への移行の段階で規制をかける必要はなく、取引段階の行為を問題にすれば足りるとの見解もある。証券取引法研究会・前掲②一五七頁（龍田）。たとえば、特定投資家としての要件を満たしていないにもかかわらず、特定投資家として扱い、契約締結前交付書面を交付しなかった場合に違法とすることが考えられる。証券取引法研究会・前掲②一五八頁（洲崎）。

（6）齊藤将彦＝高橋洋明＝西史香「取引所の相互乗入れ・特定投資家と一般投資家の移行手続の見直し等の概要」商事法務一八七五号二九頁。

（7）三井＝池田監修・前掲注（5）二七八頁。

二　特定投資家に対する行為規制

特定投資家は、その知識、経験、財産の状況から、取引にかかる適切なリスク管理を行うことが可能と考えられる。そこで、以下の規定については、適用が除外される（金商法四五条本文）。

まず、取引の勧誘相手が特定投資家である場合、広告規制（金商法三七条）、不招請勧誘・再勧誘規制（金商法三八条四号～六号）、適合性の原則（金商法四〇条一号）の適用はない（金商法四五条一号）(1)。

さらに、特定投資家が契約締結の相手方である場合、取引態様の事前明示義務（金商法三七条の二）、契約締結前の書面交付義務（金商法三七条の三）、契約締結時の書面交付義務（金商法三七条の四）、保証金の受領にかかる書面交付義務（金商法三七条の五）、書面による解除（クーリング・オフ）（金商法三七条の六）の適用はない。さらに、最良執行方針等に関する書面交付義務（金商法四〇条の二第四項）、顧客の有価証券を担保に供する行為に関する書面の同意（金商法四三条の四）についても適用が除外される（金商法四五条二号）。(2)変わらない。

他方で、市場の公正確保を目的とする規制（虚偽表示・断定的判断の提供の禁止など）については、行為規制は適用除外とはならない。(3)情報提供義務などと異なり、これらの違法行為から投資家を保護する必要性は特定投資家であっても変わらない。

特定投資家について適用が除外される規定であっても、公益または特定投資家の保護のため支障を生じるおそれがあるものとして内閣府令で定めるものについては、適用が除外されない（金商法四五条ただし書）。すなわち、①契約締結時の書面交付義務（金商法三七条の四）、②保証金の受領にかかる書面交付義務（金商法三七条の五）および運用報告書の交付義務（金商法四二条の七）に関して、顧客から個別の照会に対して速やかに回答できる体制が整備されていない場合には、適用除外とならない（金商業等府令一五六条一号・二号・四号）。また、金銭または有価証券の預託の受入れ等の禁止（金商法四一条の四・四二条の五）については、預託を受けた金銭・有価証券を分別管理する体制が整備されていなければ、特定投資家向けの取引であっても、適用除外とならない（金商業等府令一五六条三号）。

なお、金融商品販売法では、「特定顧客」については、金融商品の販売等に関する専門的知識および経験を有する者として、同法の定める説明義務等に関する規定は適用されない（金販法三条七項）。特定顧客として、金融商品取引業者等のほか、金融商品取引法上の特定投資家が規定されている（金販令一〇条一項）。(4)したがって、金融商品取引法上の特定投資家に該当すれば、金融商品販売法上の説明義務の規定（立証責任の転換を含めて）の適用もなくなることに注意が必要である。(5)

（1）適合性の原則に著しく違反した勧誘を行った場合には、金融商品取引業者等に不法行為責任が発生しうる。最判平成一七年七月一四日民集五九巻六号一三二三頁。特定投資家に対する勧誘には適合性の原則は適用されない。そのため、投資家に不適合な金融商品の勧誘・販売を行ったとしても行政処分の対象とはならない。しかし、著しく不適合な勧誘によって投資者に損害を与えた場合には、不法行為責任が発生するものと考えられる。神田秀樹他「座談会・新しい投資サービス法制—金融商品取引法の成立」商事法務一七七四号二八頁（黒沼）。この場合、特定投資家であるために、一般投資家よりも大幅な過失相殺がなされる可能性はある。

（2）特定投資家が、投資顧問契約の相手方である場合、金銭・有価証券の預託の受入れ等の禁止（金商法四一条の四）および金銭・有価証券の貸付け等の禁止（金商法四一条の五）が適用除外となる（金商法四五条三号）。また、投資一任契約の相手方である場合、さらに、金銭・有価証券の預託の受入れ等の禁止（金商法四二条の五）および金銭・有価証券の貸付け等の禁止（金商法四二条の六）および運用報告書の交付義務（金商法四二条の七）が適用されない（金商法四五条四号）。

（3）特定投資家については適合性の原則が適用除外となるものの、誠実義務（金商法三六条）は適用除外とはならない。このため、適合性の原則に違反する勧誘がなされた場合、誠実義務違反を根拠として、行政処分を行うことができるかが議論されている。神田他・前掲注（2）二八頁（神田）は、具体的条項が適用除外とされる場合に、その上に位置づけされる一般条項を適用することに疑問を提起する。なお、証券取引法研究会「業者の禁止行為・特定投資家」金融商品取引法の検討〔1〕〔別冊商事法務三〇八号〕一五七頁（梅本）（平成一九年）は、現行法では、具体的な法令違反行為の存在を前提とせずとも業務改善命令が可能であることから（金商法五一条参照）、誠実義務の規定を持ち出す以外にも、これを使って処分を行うことが可能とする。

（4）当初、金融商品販売法の特定顧客のなかに特定投資家を含めることは予定されていなかった。それは、私的自治の観点から、説明を要しない旨の顧客の意思の表明があった場合を別にすれば、民事ルールである金融商品販売法にもとづく説明義務の適用範囲については、画一的であることが望ましいことを理由としていた。池田和世「金融商品販売法の改正」商事法務一七八二号二一頁。もっとも、平成一八年の改正では特定投資家を含めるものとされた。この点については、金融商品取引法も金融商品販売法も、適合性の原則を踏まえた説明義務が規定され、両者の融合が進むなか、同一の者について両者の間で規制の適用の有無を違えることは整合的でないとの判断があったと説明されている。証券取引法研究会「特定投資家・一般投資家について」証券取引法研究会研究記録一九号三〇頁（松尾）。

（5）一般投資家から特定投資家へ移行する際、金融商品取引業者等は、書面による同意を得なければならない（金商法三四条の三第二項）。当該書面には、「対象契約に関して特定投資家として取り扱われることがその知識、経験及び財産の状況に照らして適当でない者が特定投資家として取り扱われる場合には、当該者の保護に欠けることとなるおそれがある旨」が記載されるが（金商法三四条の三第二項四号ロ）、金融商品販売法の規定の適用を受けなくなることまでの記載は要求されていない。投資者保護の観点から、立法的解決が望まれる。

第五款　投資助言業務および投資運用業務についての特則

一　投資助言業務に関する特則

1　顧客に対する義務と禁止行為

有価証券の価値等または金融商品の価値等の分析にもとづく投資判断に関して、口頭、文書その他の方法により助言を行うことを約して、相手方がそれに対して報酬を支払うことを約する契約（投資顧問契約）を締結し、当該投資顧問契約にもとづき、助言を行うことは金融商品取引業となる（金商法二条八項一一号）。金融商品取引業者等は、投資顧問契約を締結し、有価証券の価値等または金融商品の価値等の分析にもとづく投資判断に関する助言業務（投資助言業務）（金商法二八条六項）を行う場合、顧客のために忠実に行わなければならない（金商法四一条一項）。

このように、金融商品取引業者等は、投資顧問業を行うに際して、自己または第三者の利益をはかることを目的として顧客に対して投資助言を行うことを禁止される。(1) 金融商品取引法は、投資助言業務に関して、さらに、具体的に、顧客の利益を害するつぎの行為を禁止している（金商法四一条の二）。

まず、金融商品取引業者等は、他の顧客の利益をはかるため特定の顧客の利益を害することとなる取引を行うことを内容とする助言を行うことが禁止される（金商法四一条の二第一号）。これは、顧客相互間の利益が相反することとなる助言を禁止するものである。典型的には、値下がりが見込まれる銘柄を保有する顧客について当該有価証券の売却を推奨し、他方で、その売却を可能にするため、他の顧客に、同一銘柄の有価証券の買付けを推奨する行為が考えられる。また、自己または第三者の利益をはかるため、顧客の利益を害することとなる取引を行うことを内容とした助言を行うことも禁止されている（金商法四一条の二第六号、金商業等府令一二六条一号）。

つぎに、金融商品取引業者等は、特定の金融商品、金融指標またはオプションに関し、顧客の取引にもとづく価格、指標、数値または対価の額の変動を利用して、自己または当該顧客以外の第三者の利益をはかる目的をもって、正当な根拠を有しない助言を行うことが禁止される（金商法四一条の二第二号）。金融商品取引業者等がかかる助言を行うときは、三年以下の懲役もしくは三〇〇万円以下の罰金に処せられまたはそれらの刑を併科される（金商法一九八条の三）。助言にもとづく顧客の売買によってもたらされた価格の変動を利用して自己または第三者の利益をはかることを目的として、顧客のために助言をすることは、当然に顧客に対する忠実義務に反するものである。金融商品取引法は、その行為の悪質さのゆえに、特にそれをとり出して犯罪行為とした。かかる行為をスキャルピングという(2)。

ここで禁止されるのは、金融商品取引業者等が、投資顧問業に関して、特定の有価証券に関し、助言を受けた顧客の売買にもとづく価格の変動を利用して自己もしくはその顧客以外の第三者の利益をはかる目的をもって、正当な根拠を有しない助言を行うことである。そこでは、問題の助言が、助言を受けた顧客の売買にもとづく価格の変動を利用して自己またはその顧客以外の第三者の(3)利益(4)をはかる目的で行われ、かつ、正当の根拠を有しないことが要件とされる(5)。この要件がみたされる限り、助言を受けた顧客が売買をしたか否か、金融商品取引業者等または第三者が利益を得たか否か、さらに、金融商品取引業者等または第三者が価格の変動を利用して金融商品の売買等を行ったか否かを問わない。

さらに、金融商品取引業者等は、通常の取引の条件と異なる条件で、かつ、当該条件での取引が顧客の利益を害することとなる条件での取引を行うことを内容とした助言を行うことが禁止される（金商法四一条の二第三号）。

金融商品取引業者等は、助言を受けた顧客が行う取引に関する情報を利用して、自己の計算において有価証券の売買その他の取引またはデリバティブ取引を行うことが禁止される（金商法四一条の二第四号）。また、助言を受けた顧客が行う有価証券の売買その他の取引等に関する情報を利用して、有価証券の売買その他の取引等の媒介、取次ぎまたは代理の申込み（委託等）を勧誘することも禁止される（金商法四四条一号）。前述の第二の禁止行為（金商法四一条の二第二号）は、助言にもとづく金融商品の価格等の変動を利用して利益をはかる目的で行う助言そのものを禁止するものであった。さらに、これに加えて、金融商品取引法は、助言にもとづく取引に関する情報を利用して有価証券の売買その他の取引等またはその委託等の勧誘を行うことを禁止する。(6) さらに、金融商品取引業者等またはその役員もしくは使用人は、投資助言業務以外の業務による利益をはかるため、その行う投資助言業務に関して取引の方針、取引の額もしくは市場の状況に照らして不必要な取引を行うことを内容とした助言を行うことが禁止される（金商法四四条二号）。(7)

ところで、金融商品取引業者等は、顧客に対して、善良なる管理者の注意をもって投資助言業務を行わなければならないと規定されている（金商法四一条二項）。平成一八年に廃止された証券投資顧問業法では、右の義務は法定されていなかった。もっとも、投資顧問業者と顧客との間の契約から解釈として、かかる注意義務が導かれるとの見解が述べられていた。(8) 金融商品取引業者等の善管注意義務が法定されたことにより、これに違反した場合には、金融商品取引法上の監督上の処分が可能となった。(9)

金融商品取引業者等の投資助言が善良なる管理者の注意義務をもって行われたといえるためには、その顧客の投資目的および財産状態に適したものであることが必要である。(10)

金融商品取引業者等は、投資助言にあたっては、重要な事項について虚偽もしくは誤解を生じさせる表示をしてはならない。また、投資顧問契約により約定された投資分析または投資判断の方法にかんがみ合理的な根拠のない内容の助言をしてはならない。(11)

金融商品取引業者等が投資顧問契約の勧誘に関して重要な事項につき虚偽の表示または誤解をもたらす表示をする

ことは禁止される（金商法三八条七号、金商業等府令一一七条一項二号）。投資顧問契約の下での投資助言において重要な事項につき虚偽または誤解をもたらす表示をすることは、投資顧問契約の勧誘に関して虚偽表示等をすることにはあたらない。もっとも、このような助言は、投資顧問契約の本旨に反するものである。(12) 同様に、金融商品取引業者等が投資顧問契約で約定した投資分析または投資判断の方法にかんがみ合理的な根拠のない内容の助言をすることは、投資顧問契約の本旨に従うものでない。

なお、金融商品取引業者等は、法令の規定に従い投資助言業務を行うことを要する。したがって、有価証券の投資判断に影響を及ぼす重要な未公表の情報を入手した場合、その情報を基礎に顧客に対して投資助言をしてはならない。なぜなら、そのような助言または投資は、金融商品取引法一六六条が禁止する内部者取引を顧客をして行わせるものだからである。(13)

(1)　助言業務における顧客に対する忠実義務は、平成一八年に廃止された証券投資顧問業法においても規定されていた（投顧法二一条）。同年の法改正で証券投資顧問業法が廃止され、金融商品取引法に統合された際、当該義務が同法上にも規定された。

証券取引審議会報告書「証券投資顧問業の在り方について」（昭和六〇年一一月二五日）は、投資顧問業者と顧客との利益相反について、つぎのように述べていた。

「顧客と投資顧問業者とがひとたび投資顧問契約（または投資一任契約）を締結すれば、以後、投資顧問業者は顧客のために最善を尽すことは当然である。投資顧問業者にとって、顧客からの投資顧問業がその収入となるのであるから、顧客の信頼を失えば営業が危くなるわけであり、それだけに通常の状況であれば、顧客の利益のために最善を尽し、より良い実績を挙げようと努力することになる。言い換えれば、通常、顧客の利益と投資顧問業者の利益とは同じ方向にある。しかし、つぎのような状況の下では、投資顧問業者と顧客との間で利益相反（利益が双方で相反する状況、conflict of interest）の状態に陥る。

①　投資顧問業者と証券会社、銀行等が親会社、子会社などの関係により、人的、資本関係を有している場合。例えば、これらの親会社は大量に有価証券を保有しているが、その保有している有価証券が常に優良のものとは限らない。そこで子会社である投資顧問業者を通じて、顧客に不利な銘柄を売り込む可能性がないとはいえない。

②　後述の投資一任業務を行う投資顧問業者が顧客の相手方となって売買を行う場合……、また、二人の顧客双方の代理人の立場に立ち、その顧客間で売買を成立させようとする場合。

③　投資一任業務を行う投資顧問業者の関係会社（親会社など）が証券会社である場合に、当該投資顧問業者が売買の委託を専ら関係証券会社に対して行い、不必要な売買頻度を重ねることにより、関係証券会社の売買委託手数料を増やす手段として利用されるおそれがないとは言えない。」

証券投資顧問業法は、投資一任契約についても顧客に対する忠実義務を規定していた（投顧法三〇条の三）。平成一八年の改正後は、金融商品取引法上、当該義務は、投資運用業を行う者についての義務として定められている（金商法四二条一項）。

（2）　アメリカ合衆国の連邦最高裁判所は、SEC v. Capital Gains Research Bureau, Inc., 375 U. S. 180（1963）事件の判決において、投資顧問業者が、顧客に対して長期投資の対象として推奨した銘柄の有価証券をその推奨の直前に買い付けるとともに推奨にもとづく顧客の買付けによってその有価証券の価格が上昇した段階でこれを売却して利益を得ることは、投資助言に際して、自己が行った買付けおよび自己が行う売付けの意図を開示していない限り、詐欺的な行為にあたると判示した。この判決については、神崎克郎・証券取引規制の研究二三一頁（昭和四三年）参照。

（3）　その顧客以外の第三者には、金融商品取引業者等と投資顧問契約を締結した顧客で問題の助言を受ける顧客以外の者はこれに含まれる。

（4）　利益は、有価証券の売買差益の拡大または売買差損の縮小のみならず有価証券の担保価値の増大等によるものも含まれる。

（5）　助言が正当な根拠を有するものであるときは、それが助言を受けた顧客の売買にもとづく価格の変動を利用して自己またはその顧客以外の利益をはかる目的で行われても、この禁止に違反しない。したがって、金融商品取引業者等が長期投資の対象として合理的と考えられる銘柄の有価証券について、顧客の助言に従った買付けによって騰貴した価格で売却をして利益を得ることを目的に、まずその銘柄の有価証券を多量に購入し、その直後に多くの顧客に対してその有価証券が長期投資の対象として適当である旨の助言をし、その助言に従った顧客の買付けによって騰貴した価格で助言の直前に購入した有価証券を売却しても金融商品取引法四一条の二第二号に違反しない。しかし、このような金融商品取引業者等の助言活動を、それが「正当な根拠を有しない」ものではないとして許容することが合理的であるかは疑わしい。

（6）　このほか、金融商品取引業者の関係外国法人等が有価証券の募集または私募を行っている場合において、当該関係外国法人等に対する当該有価証券の取得または買付けの申込みの額が当該関係外国法人等が予定していた額に達しないと見込まれる状況の下で、当該関係外国法人等の要請を受けて、当該有価証券を取得し、または買い付けることを内容とした助言を行うことも禁止される（金商法四一条の二第六号、金商業等府令一二六条三号)。なお、二以上の種別の業務を行う場合の規制として、有価証券の引受け等を行っている場合において、当該有価証券の取得または買付けの申込みの額が当該金融商品取引業者等が予定していた額に達しないと見込まれる状況の下で、その行う投資助言業務に関して当該有価証券を取得し、もしくは買い付けることを内容とした助言を行うことが禁止されている(金商法四四条三号、金商業等府令一四七条四号)。

(7) さらに、有価証券の引受けにかかる主幹事会社(引受幹事会社)である場合において、当該有価証券の募集・売出しまたは特定投資家向け取得勧誘・特定投資家向け売付け勧誘等の条件に影響を及ぼすために、その行う投資助言業務に関して実勢を反映しない作為的な相場を形成することを目的とした助言を行うこと、また、有価証券の引受け等を行っている場合において、当該有価証券の取得・買付けの申込みの額が当該金融商品取引業者等が予定していた額に達しないと見込まれる状況の下で、その行う投資助言業務に関して当該有価証券を取得し・買い付けることを内容とした助言を行うことが禁止される(金商法四四条三号、金商業等府令一四七条三号・四号)。

(8) 証券取引法研究会「有価証券に係る投資顧問業の規制等に関する法律について(6)」インベストメント四〇巻四号五三頁(神崎)、神崎克郎「投資顧問業者の助言・運用活動の規制」金融法研究(資料編)(3)(シンポジウム「投資顧問業の法的規制」)三五頁。

(9) 平成一八年の改正における投資サービス業者の行為規範を律する横断的なルールの中心となる概念は「受託者責任」である。ここにいう受託者は、信託法上の受託者よりも広い概念であり、一般的に、「他人のために仕事をする者」として捉えられている。かかる意味で使用される受託者の責任として、「注意義務」、「忠実義務」、「自己執行義務」、「分別管理義務」がある。神田秀樹「投資サービス法における基本概念」投資サービス法への構想二〇頁(平成一七年)。金融商品取引業者等の投資助言業務に関して、民法上の委任の受任者が負う善管注意義務(民法六四四条)が認められるとして、それは、任意規定と解されている。金融商品取引法で善管注意義務を定めることで、業者に義務違反があった場合、業法的効果(行政処分の発動事由になるなど)が生じることに加えて、私法的な効果(特に損害賠償責任)が生じると解されている。神田・右掲二九頁。

なお、平下美帆・実務のための金融商品取引法三七八頁(平成一九年)は、「投資助言業務は顧客に対して投資顧問契約に基づく助言を行うことであると定義されており、顧客から助言業者に『委任』を行うものではないため、善管注意義務を課す必要はない、との考えもありえるが、投資助言契約において、投資判断に係る資料の収集、分析等を助言業者に委託しているとも考えられるため、助言業者に対しても課すことが適当であることから、善管注意義務が規定されている。」と述べている。しかし、他人のために、専門家としての立場から助言を行うことに善管注意義務の根拠を見出すべきと思われる。

(10) 金融商品取引業者等の助言にもとづく投資が一定割合以上の投資成果を収めなかったことあるいは損失をもたらしたことは、当然に業者の顧客に対する助言が善良なる管理者の注意をもってなされたものでないことを意味しない。

(11)　顧客に対する注意義務を果たしたといえるためには、まず顧客の投資目的、財産状態等を調査することを要する。そして、その調査によって明らかにされた顧客の投資目的、財産状態に適合しない投資の助言をしないようにしなければならない。

(12)　顧客のための善管注意義務にもとづく投資助言業務の遂行は、顧客に対する投資助言のための資料についての合理的な調査を当然に要求する。したがって、業者として尽すべき調査をすればそれが事実でないことが判明したであろうと合理的に判断されるような虚偽の事実の表示をすることも、ここにいう虚偽の表示にあたる。

(13)　金融商品取引業者等が有価証券の投資判断に影響を及ぼす未公表の重要な情報を有する場合、それを基礎に顧客に対し投資助言をするときは、顧客の利益がはかられる。それをしないときは、顧客からそのような利益の機会を奪うことになる。金融商品取引業者等は、顧客に対する忠実義務を負っている。しかし、金融商品取引業者等が「顧客のため忠実に」その業務を行わなければならないことは、法令に違反しても「顧客のために忠実」に行動すべきことを要請するものとは到底解しえない。

2　投資助言業務に関するその他の禁止業務

これまで述べてきた規制は、投資助言業務の顧客に対する善管注意義務や忠実義務に違反する行為を禁止するものであった。他方で、金融商品取引業者等が投資助言業務以外の業務を兼業する場合、これらの業務の顧客等の利益を犠牲にして、投資助言業務の顧客の利益をはかることが考えられる。そこで、金融商品取引法は、このような利益相反が生じる取引についても規制を及ぼしている。

まず、金融商品取引業者等またはその役員もしくは使用人は、投資助言業務にかかる助言にもとづいて顧客が行った有価証券の売買その他の取引を結了させ、または反対売買を行わせるために、その旨を説明することなく、当該顧客以外の顧客に対して、有価証券の売買取引その他の取引等を勧誘することが禁止される（金商法四四条三号、金商業等府令一四七条一号）。これは、有価証券に関する取引での顧客の利益を犠牲にして、投資助言業務の顧客の利益をはかる行為を規制するものである。

つぎに、金融商品取引業者等またはその役員もしくは使用人は、投資助言業務に関して、非公開情報にもとづいて、顧客の利益をはかることを目的とした助言を行うことが禁止される（金商法四四条三号、金商業等府令一四七条二号）。もっとも、非公開情報にかかる有価証券の発行者や顧客が同意をしている場合には禁止は解除される。

このほか、金融商品取引法は、投資助言業務について、つぎの行為を禁止する。

金融商品取引業者等は、助言を受けた取引により生じた顧客の損失の全部または一部を補てんし、またはその助言を受けた取引により生じた顧客の利益に追加するため、当該顧客または第三者に対し、財産上の利益を提供し、または第三者に提供させることが禁止される（金商法四一条の二第五号）。これは、投資助言を受けて行われた取引について、事後的に、その損失を補てんする行為、または利益提供を行うことを禁止するものである。また、金融商品取引業者等は、投資助言業務に関する顧客の勧誘に際して、損失の全部または一部を補てんする旨を約束することも禁止される（金商法三八条の二第二号）。[1] 投資助言業務の勧誘に際して損失保証または利益提供の約束がなされる場合、投資者は慎重な判断をすることなく、助言に関する契約を締結することとなる危険がある。また、損失負担または利益提供の約束は、それが約束どおりに履行されることとなるときは金融商品取引業者等の健全な経営を圧迫することになり、実際上は履行されない危険がある。したがって、それを信頼した投資者の利益が害されることとなる。事後的な損失の補てんについても、投資者を安易な投資判断に誤導する危険性がある。そこで、かかる契約の勧誘および事後の損失補てんは、金融商品取引業者等の契約の不当な勧誘または投資者の安易な投資判断を誘引するものとして禁止される。

損失保証・利益提供の約束および損失補てん・利益提供の実行行為は、金融商品取引法三九条で禁止される。もっとも、そこでは、有価証券の売買その他の取引またはデリバティブ取引（有価証券売買取引等）について規定されるもので、投資助言契約について適用されるものとはなっていないことに留意が必要である。

金融商品取引業者等は、法令の規定に従って投資助言業務を行うことを要する。したがって、投資助言業務を行うにあたって、金融商品取引法一五七条三号または同法一五九条に違反して相場操縦を行ってはならない。金融商品取引法一五七条三号および一五九条は、「何人も」そこに規定する行為を行ってはならないものとして、その行為の主体を限定していない。そのために、その規定する行為は、抽象的かつ限定的に定められている。これに対して、金融商品取引業者等の行う相場操縦の規制については、その営業活動の態様に応じてより具体的に定められている。すなわち、金融商品取引業者等は、有価証券の売買その他の取引等について、不当に売買高を増加させ、または作為的に値付けをすることとなる取引を行うことを内容とした助言を行うことが禁止されている（金商法四一条の二第六号、金商業等府令一二六条二号）。[2][3]

なお、金融商品取引業者等は、投資顧問契約または投資一任契約の解除に関し、偽計を用いまたは暴力もしくは脅迫をしてはならない（金商法三八条の二第一号）。これを行うときは、三年以下の懲役もしくは三〇〇万円以下の罰金に処せられまたはこれらの刑を併科される（金商法一九八条の三）。投資顧問契約または投資一任契約の解約に関し偽計を用いる典型的な例に、顧客が投資顧問契約または投資一任契約を解除しないように虚偽の表示をしまたは重要な事項につき誤解を生じさせる表示をすることが挙げられる。なお、顧客による投資顧問契約または投資一任契約の解除に社会通念上きわめて不当な違約金を課す特約は、公序良俗に反するものとして無効である（消費者契約法九条一号）。

（1）　これは、投資助言業務の勧誘に限らず、投資運用業の勧誘についても禁止行為として規定されている。

（2）　金融商品取引業者等は、「取引所金融商品市場における上場商品等又は店頭売買有価証券市場における店頭売買有価証券の相場若しくは相場若しくは取引高に基づいて算出した数値を変動させ、若しくはくぎ付けし、固定し、若しくは安定させ、又は取引高を増加させることにより実勢を反映しない作為的なものとなることを知りながら、当該上場金融商品等又は店頭売買有価証券にかかる買付け若しくは売付け又はデリバティブ取引の受託等をする行為」を禁止される（金商法三八条七号、金商業等府令一一七条二〇号）。さらに、「不特定かつ多数の顧客に対して、特定かつ少数の銘柄の有価証券の買付け若しくは売付け若しくはデリバティブ取引又はこれらの委託等を一定期間継続して一斉にかつ過度に勧誘する行為……で、公正な価格（市場デリバティブ取引にあっては、価格に相当する事項）の形成を損なうおそれがあるもの」が禁止される（金商法三八条七号、金商業等府令一一七条一七号）。

（3）金融商品取引業者等の投資助言業務の営業活動における相場操縦の禁止は、個々の顧客ごとではなく、当該業務におけるすべての顧客のための助言を全体として観察して規制すべきである。

3　金銭・有価証券の受託・貸付けの禁止

金融商品取引業者等は、いかなる名目によるかを問わず、その行う投資助言業務に関して、顧客から金銭もしくは有価証券の預託を受けまたは金融商品取引業者等と密接な関係を有する一定の者に、顧客の金銭もしくは有価証券を預託させてはならない（金商法四一条の四）。(1)

過去において、投資顧問業や投資一任業務において、投資顧問業者またはその関係者が顧客から預託を受けた金銭または有価証券を横領しまたはその返還を拒否したことによる被害が発生していた。さらに、投資助言業務の遂行にあたって業者またはその関係者が顧客から金銭または有価証券の預託を受ける必要はない。そのため、証券投資顧問業法の規定で、かかる行為が禁止され、現行法に引き継がれている。

右の禁止は、有価証券等管理業務として行う場合その他政令で定める場合は適用されない。政令では、①信託業務を営む金融機関である登録金融機関が信託業務として行う場合、②預金、貯金または銀行法二条四項に規定する定期積金等の受入れを行う場合が規定されている（金商令一六条の九）。

また、金融商品取引業者等は、その行う投資助言業務に関して、顧客に対し金銭もしくは有価証券を貸し付けまたは顧客への第三者による金銭もしくは有価証券の貸付けにつき媒介、取次ぎもしくは代理をしてはならない（金商法四一条の五本文）。もっとも、金融商品取引業者等が、信用取引に付随して顧客に対し金銭または有価証券の貸付けを行う場合、その媒介、取次ぎまたは代理をすることは許される（金商法四一条の五ただし書、金商令一六条の一一）。

これも、過去における投資顧問業に関する投資者の被害が金銭または有価証券の貸付けと結びついて大型化したこと、および、投資顧問業に金銭または有価証券の貸付業務が必要でないことから証券投資顧問業法において禁止行為とされたもので、現行法に引き継がれている。

顧客への第三者による貸付けにつき媒介、取次ぎまたは代理をするとは、金融商品取引業者等が第三者の委託者または代理人として顧客への貸付けを媒介、取次ぎまたは代理することのみならず金融商品取引業者等が顧客の委託者または代理人として第三者からの借入れを媒介、取次ぎまたは代理することも含む。

ただし、①第一種金融商品取引業を行う金融商品取引業者が、(i)付随業務（金商法三五条一項、以下同じ）として行う顧客への金銭・有価証券の貸付け、(ii)他の金融商品取引業者が信用取引に付随して行う顧客への金銭または有価証券の貸付けの媒介または代理、(iii)他の金融商品取引業者が付随業務として行う顧客への金銭または有価証券の貸付けの媒介または代理、②金融商品仲介業者である金融商品取引業者が、(i)所属金融商品取引業者等（金商法六六条の二第一項四号）が信用取引に付随して行う顧客への金銭または有価証券の貸付けの媒介、(ii)所属金融商品取引業者等が付随業務として行う顧客への金銭または有価証券の貸付けの媒介、③信託業務を営む金融機関である登録金融機関が、(i)顧客への金銭または有価証券の貸付け、(ii)他の金融機関による顧客への金銭または有価証券の貸付けの媒介または代理を行う場合には、禁止が解除される（金商令一六条の一一）。

投資助言業務に関するこれらの禁止規定に違反した場合、一年以下の懲役もしくは一〇〇万円以下の罰金に処せられまたはそれらの刑を併科される（金商法二〇一条四号）。

（1）　金融商品取引業者等の親族（配偶者ならびに三親等以内の血族および姻族）、役員または使用人、親法人等または子法人等、特定個人株主が規定されている（金商令一六条の一〇）。金融商品取引業者等と密接な関係を有する者であっても、その者が銀行、有価証券等管理業務を行う金融商品取引業者、協同組織金融機関、保険会社、信託会社、株式会社商工組合中央金庫であれば除かれる（金商令一〇条の一〇第五号、金商業等府令一二七条）。なぜなら、これらの者は、業務の一部として他人から金銭または有価証券の預託を受けるものであり、かつ、そのような業務につき主務大臣の監督・規制に服しているからである。

4　契約解除の規制

投資顧問契約は、委任契約の一種であり、顧客はいつでもこれを解除して、その効力を将来に向って消滅させることができる（民法六五一条・六五二条・六二〇条）。金融商品取引業者等と顧客との間で合意するときは、顧客の解除権を制限し、または顧客が契約を解除するときは、顧客に対して一定の不利益を課すことができるのを原則とする。しかし、顧客の保護のためには、顧客が契約の内容を熟知してから一定期間内は無条件に契約を解除する権限を有するものとするクーリング・オフの制度を採用することが望ましい(1)。

金融商品取引法は、金融商品取引業者等と金融商品取引契約を締結した顧客は、内閣府令で定める場合を除き、契約締結時等交付書面を受領した日から起算して一〇日を経過するまでの間、書面により当該金融商品取引契約の解除を行うことができると定めている（金商法三七条の六第一項、金商令一六条の三第二項）。右の制度は、金融商品取引契約の内容その他の事情を勘案して政令で定めるものに限り認められる。政令では、投資顧問契約のみが規定されている（金商令一六条の三第一項）。投資顧問契約の書面による解除は、証券投資顧問業法に規定されていた（投顧法一七条）。同年の法改正で、証券投資顧問業法が廃止されたことに伴い、同様の規律が金融商品取引法に規定された。金融商品取引法上、金融商品取引契約であって政令指定を受ければクーリング・オフが認められるものとなっている。この点で、平成一八年の改正前より、同制度の適用範囲が拡大されるものとなっている。もっとも、有価証券の売買等のように、将来の価格が変動し、投資者が投資リスクを負うべき取引については、クーリング・オフ制度は適切ではない。

書面による契約の解除は、解除を行う旨の書面を発した時に効力を生ずる（金商法三七条の六第二項）(2)。右の期間内に顧客が書面によって契約を解除した場合、金融商品取引業者等は、解除までの期間に相当する報酬額として内閣府令で定める金額を超えて、契約の解除に伴う損害賠償または違約金の支払いを請求することができない（金商法三七条の六第三項）。契約にかかる報酬の前払いを受けているときは、解除以降の期間に相当する報酬額として内閣府令で定める金額を顧客に返還しなければならない（金商法三七条の六第四項）。

解除までの期間に相当する報酬額として内閣府令で定める金額は、解除時までに助言を行わなかった場合は、契約の締結のために通常要する額である（金商業等府令一一五条一項一号）。他方、報酬額を助言の回数に応じて算定するものと約定している場合は、解除時までに行った助言の回数に応じて算定した額である（金商業等府令一一五条一項二号）。それ以外の場合は、一日平均の報酬額に契約の内容を記載した書面を受領した日から解除時までの日数を乗じた額である（金商業等府令一一五条一項三号）。もっとも、後二者の額がその投資顧問業者の助言に対する報酬として社会通念上相当と認められる額を超えるときは、その超える部分を控除した額がその額とされる。

金融商品取引法が定めるこれらの規定は、顧客の保護のために定められたものであることから、これらの規定に反する特約をしても、顧客に不利なものは無効となる（金商法三七条の六第五項）。

（1）　金融商品取引法は、金融商品取引業者等が投資顧問契約を締結しようとするときは、契約締結前交付書面の交付を義務づけている（金商法三七条の三）。しかし、それは必ずしも、顧客が契約を締結する前にその書面の記載内容・提供情報の内容を十分に検討して契約を締結するか否かを熟慮する期間を有するほどに「事前」にその書面を交付・情報提供することを要求していない。したがって、投資者が投資顧問契約の内容を熟慮した上でその契約に拘束されることを確保するためには、クーリング・オフの制度が必要となる。

（2）　クーリング・オフの制度は、投資顧問契約についてのみ認められ、投資一任契約には認められない。これは、投資一任契約においては、金融商品取引業者等は、契約の効力発生とともに顧客のために投資にかかる取引行為を行うことがあり、顧客がこの制度によって契約を解除した場合の事後処理が複雑になることによる。

二　投資運用業に関する特則

1　顧客に対する義務と禁止行為

金融商品取引業のうち、①投資法人と締結する資産運用にかかる委任契約、当事者の一方から、金融商品の価値等の分析にもとづく投資判断の全部または一部を委任されるとともに、当該投資判断にもとづき当該相手方のため投資を行うのに必要な権限を委任されることを内容とする契約（投資一任契約）を締結し、当該契約にもとづき金融商品の価値等の分析にもとづく投資判断にもとづいて有価証券・デリバティブ取引にかかる権利に対する投資として、金銭その他の財産の運用を行うこと（投資法人の資産運用業務および投資一任業務）、②金融商品の価値等の分析にもとづく投資判断にもとづいて有価証券・デリバティブ取引にかかる権利に対する投資として、投資信託・外国投資信託の受益証券に表示される権利等を有する者から拠出を受けた金銭その他の財産の運用を行うこと（投資信託の資産の運用業務等）、③金融商品の価値等の分析にもとづく投資判断にもとづいて主として有価証券・デリバティブ取引にかかる権利に対する投資として、集団投資スキーム持分等の権利を有する者から出資・拠出を受けた金銭その他の財産の運用を行うこと（集団投資スキームの自己運用等）は、投資運用業となる（金商法二八条四項）。

金融商品取引業者等は、これらの契約の勧誘・締結、販売を行うについて、金融商品取引業者に適用される行為規制（金商法三六条～四〇条の三）のほか、資産の運用について、特別の規制が課せられる。

金融商品取引業者等は、①投資法人の資産運用および投資一任業務を行う場合の契約の相手方、②投資信託の資産の運用業務を行う場合の投資信託の受益者等、③集団投資スキームの自己運用等を行う場合の集団投資スキーム持分等を有する者のため、忠実に投資運用業を行わなければならない（金商法四二条一項）[1]。このように、投資運用業を行う場合、金融商品取引業者等は、顧客や投資信託の受益者の利益を犠牲にして、自己または第三者の利益をはかってはならないものとされている。

さらに、金融商品取引業者等は、権利者に対して、善良なる管理者の注意をもって投資運用業を行なわなければならない（金商法四二条二項）。平成一八年改正前の投資信託法では、投資信託委託業者は委託者指図型投資信託の受益者に対して、善良なる管理者の注意をもって、投資信託財産の運用の指図その他の業務を遂行しなければならないと定めていた（平成一八年改正前投信法一四条二項）。さらに、同法では、投資信託委託業者は、投資法人に対して、善良なる管理者の注意をもって、当該投資法人の資産の運用にかかる業務を遂行しなければならないとしていた（平成一八年改正前投信法三四条の二第二項）。

金融商品取引法は、投資運用業務に関して、さらに、具体的に、顧客の利益を害するつぎの行為を禁止している（金商法四一条の二）。

第一に、金融商品取引業者等は、自己またはその取締役・執行役と投資信託財産との間における取引を行うことが禁止される。投資運用業において、自己またはその取締役・執行役との間で行う、いわゆる自己取引は利益相反が生じるおそれが高いことから、原則として禁止されている（金商法四二条の二第一号）。もっとも、第一種金融商品取引業、第二種金融商品取引業または登録金融機関業務として、運用財産にかかる有価証券の売買またはデリバティブ取引の取次ぎを行うことはできる（金商法四二条の二ただし書、金商業等府令一二八条一号）。また、権利者の同意がある場合にも一定の取引が可能である（金商法四二条の二ただし書、金商業等府令一二八条二号）。(2)

なお、同様の趣旨から、金融商品取引業者等は、自己の監査役（監査委員）、役員に類する役職にある者または使用人との取引を内容とする運用も禁止される（金商法四二条の二第七号、金商業等府令一三〇条一項一号）。

第二に、金融商品取引業者等は、その運用を行う財産相互間において取引を行うことが禁止される。

金融商品取引業者等は、投資運用業において運用する財産について、それぞれの権利者に対して忠実義務を負っている。複数の財産を運用する際に、それらの財産間で取引を行う場合、ある財産の権利者にとって有利であるものの、他の財産の権利者に不利益となる取引がなされる危険性が高いため、かかる取引が禁止される。もっとも、投資者の保護に欠け、もしくは取引の公正を害し、または金融商品取引業の信用を失墜させるおそれのない行為については、禁止が解除される(3)。

第三に、投資助言業務における利益相反取引と同様の行為が規制される(4)。すなわち、まず、特定の金融商品、金融指標またはオプションに関し、取引にもとづく価格、指標、数値または対価の額の変動を利用して自己または権利者以外の第三者の利益をはかる目的をもって、正当な根拠を有しない取引を行うこと（スキャルピング）が禁止される（金商法四二条の二第三号）。財産の運用のために行う投資によってもたらされた価格の変動を利用して自己または第三者の利益をはかることを目的として資産の運用をすることは、当然に権利者のために忠実に投資運用業務を行うべきとする規定に違反するものである。また、通常の取引の条件と異なる条件で、権利者の利益を害することとなる取引、運用として行う取引に関する情報を利用して自己の計算で行う有価証券の売買等が禁止される（金商法四二条の二第四号・五号）。加えて、取引により生じた権利者の全部もしくは一部を補てんしまたは財産上の利益を提供することが禁止される（金商法四二条の二第六号）。

第四に、投資者保護に欠け、もしくは取引の公正を害し、または金融商品取引業の信用を失墜させるものとして内閣府令で定める行為が禁止される。そこでは、自己または第三者の利益をはかるため、権利者の利益を害する取引を内容とする運用、第三者の利益をはかるため、運用方針・運用財産額・市場状況に照らして不必要な取引を行うことを内容とした運用などが禁止されている（金商法四二条の二第七号、金商業等府令一三〇条一号・三号）。

（1）　証券投資顧問業法では、認可投資顧問業者は顧客のために忠実に投資一任契約にかかる業務を行わなければならないと規定していた（投顧法三〇条の三）。また、同年改正前の投資信託法は、投資信託委託業者は、委託者指図型投資信託の受益者のために忠実に信託財産の運用の指図その他の業務を遂行しなければならないとしていた（平成一八年改正前投信法一四条一項）。加えて、同法では、投資信託受託者について、投資法人に対する忠実義務も規定していた（平成一八年改正前投信法三四条の二第一項）。

(2) 自己取引等が例外的に認められるためには、まず、個別の取引ごとに運用財産のすべての権利者（権利者が投資法人であるときは、投資主）に当該取引の内容およびその理由の説明を行った上で、当該すべての権利者の同意を受ける必要がある（金商業等府令一二八条二号イ）。なお、集団投資スキーム持分については、権利者全体の利益の確保を目的とした自己取引を行う必要性があることから、要件が緩和されている。つぎに、公正価額での取引であることが要件となる（金商業等府令一二八条二号ロ）。

(3) ①運用財産の運用を終了させるため、②解約金・返戻金の支払いに応じるため、③投資の対象とする資産の保有額・保有割合にかかる制限を超えることを避けるために行うものであるとき、④双方の運用財産について、運用の方針、運用財産の額および市場の状況に照らして当該取引を行うことが必要かつ合理的と認められるものである場合が規定されている（金商業等府令一二九条一項一号イ）。このような例外が認められるには、当該取引が上場有価証券等の売買等（対象有価証券売買取引等）であって、公正な価額により行うものである必要がある（金商業等府令一二九条一号ロ）。さらに、権利者の同意がある場合における一定の取引が適用除外となる（金商業等府令一二九条二号）。かかる適用除外を受けるには、個別の取引ごと双方の運用財産のすべての権利者に当該取引の内容およびその理由の説明を行った上で、すべての権利者の同意を得る必要がある。もっとも、集団投資スキームの自己運用については、要件が緩和されている。このほか、金融庁長官等の承認を受けた場合も、禁止が解除される（金商業等府令一二九条一項三号）。

(4) 投資助言業務における禁止行為については、本書八五八頁以下参照。

2　投資運用業に関するその他の禁止行為

金融商品取引業者等が投資運用業以外の業務を兼業する場合、これらの業務の顧客等の利益を犠牲にして、投資運用業の顧客の利益をはかることが考えられる。そこで、金融商品取引法は、このような利益相反が生じる取引についても規制を及ぼしている。

金融商品取引業者等またはその役員もしくは使用人は、投資運用業に関して運用財産の運用として行った有価証券の売買その他の取引を結了させ、または反対売買を行わせるために、その旨を説明することなく、当該運用財産の権利者以外の顧客に対して、有価証券の売買取引その他の取引等を勧誘することが禁止される（金商法四四条三号、金商業等府令一四七条一号）。これは、有価証券に関する取引での顧客の利益を犠牲にして、投資運用業の権利者の利益をはかる行為を規制するものである。

金融商品取引業者等またはその役員もしくは使用人は、投資運用業に関して、非公開情報にもとづいて、権利者の利益をはかることを目的とした運用を行うことが禁止される（金商法四四条三号、金商業等府令一四七条二号）。もっとも、非公開情報にかかる有価証券の発行者や顧客が同意をしている場合には禁止は解除される。

このほか、金融商品取引業者等は、運用財産の運用として行った取引により生じた権利者の損失の全部または一部を補てんし、または運用財産の運用として行った取引により生じた顧客の利益に追加するため、当該顧客または第三者に対し、財産上の利益を提供し、または第三者に提供させることが禁止される（金商法四二条の二第六号）。これは、投資運用業における資産運用に関して行われた取引について、事後的に、その損失を補てんする行為、または利益提供を行うことを禁止するものである。かかる規制の趣旨は、投資助言業務におけるものと同様である。[1] 投資運用業に関して、勧誘に際して、顧客に対して、損失の全部または一部を補てんする旨を約束する行為も禁止される（金商法三八条の二第二号）。

また、他人から不当な取引の制限その他の拘束を受けて行う運用、有価証券の売買その他取引等について、不当に取引高を増加させ、または作為的な値付けをすることを目的とした取引、第三者の代理人となって当該第三者との間における取引を行うこと、運用財産の運用に関し、取引の申込みを行った後に運用財産を特定すること、公募投資信託の運用財産に関し、金利等の指標にかかる変動その他の理由により発生しうる危険に対応する額としてあらかじめ金融商品取引業者等が定めた合理的な方法により算出した額が当該運用財産の純資産額を超えることとなる場合において、デリバティブ取引を行い、または継続することを内容とした運用、関係外国法人等その他の一定の者が有価証券等の引受け等を行っている場合において、当該有価証券の取得・買付けの申込額が予定額に達しないと見込まれる状況の下で、それらの者の要請を受けて、当該有価証券を取得し、または買い付けることを内容とした運用、運用権限の委託を行う場合において、委託を受けた者が権限の再委託をしないことを確保するための措置を講ずることなく、当該委託を行うこと、取引の決済のため顧客から金銭・有価証券を自己名義の口座に預託を受ける場合において、当該取引決済以外の目的で当該口座を利用し、または、取引決済のため必要な期間を超えて当該口座に滞留させることが禁止されている（金商業等府令一三〇条一項四号～一一号）。

なお、金融商品取引業者等は、投資法人と締結する資産運用にかかる委託契約（金商法二条八項一二号イ）の解除に関し、偽計を用いまたは暴力もしくは脅迫をしてはならない（金商法三八条の二第一号）。これを行うときは、三年以下の懲役もしくは三〇〇万円以下の罰金に処せられまたはこれらの刑を併科される（金商法一九八条の三）。

（1）　本書八六四頁参照。

3　金銭・有価証券の受託・貸付けの禁止

金融商品取引業者等は、有価証券等管理業務として行う場合その他政令で定める場合をのぞき、その行う投資運用業に関して、いかなる名目によるかを問わず、顧客から金銭もしくは有価証券の預託を受け、または金融商品取引業者等と密接な関係を有する一定の者に[(1)]、顧客の金銭もしくは有価証券を預託させてはならない（金商法四二条の五）。

投資顧問業と同様に、過去に、投資一任業務において、投資顧問業者またはその関係者が顧客から預託を受けた金銭または有価証券を横領しまたはその返還を拒否したことによる被害が問題となった。さらに、投資助運用業の遂行にあたって、業者またはその関係者が顧客から金銭または有価証券の預託を受ける必要はない。

右の禁止は、有価証券等管理業務として行う場合その他政令で定める場合は適用されない。政令では、①信託業務を営む金融機関である登録金融機関が信託業務として行う場合、②預金、貯金または銀行法二条四項に規定する定期積金等の受入れを行う場合が規定されている（金商令一六条の九）。

また、金融商品取引業者等は、その行う投資運用業に関して、顧客に対し金銭もしくは有価証券を貸し付けまたは顧客への第三者による金銭もしくは有価証券の貸付けにつき媒介、取次ぎもしくは代理をしてはならない（金商法四二条の六本文）。[2] もっとも、金融商品取引業者等が、信用取引に付随して顧客に対し金銭または有価証券の貸付けを行う場合、その媒介、取次ぎまたは代理をすることは許される（金商法四二条の六ただし書、金商令一六条の一三）。

顧客への第三者による貸付けにつき媒介、取次ぎまたは代理をするとは、金融商品取引業者等が第三者の委託者または代理人として顧客への貸付けを媒介、取次ぎまたは代理することのみならず金融商品取引業者等が顧客の委託者または代理人として第三者からの借入れを媒介、取次ぎまたは代理することも含む。

ただし、①第一種金融商品取引業を行う金融商品取引業者が、付随業務（金商法三五条一項、以下同じ）として行う顧客への金銭または有価証券の貸付け、信用取引に付随して行う顧客への金銭または有価証券の貸付の媒介または代理、他の金融商品取引業者が付随業務として行う顧客への金銭または有価証券の貸付けの媒介または代理、②金融商品仲介業者である金融商品取引業者が、所属金融商品取引業者等が信用取引に付随して行う顧客への金銭または有価証券の貸付けの媒介、所属金融商品取引業者等が付随業務として行う顧客への金銭または有価証券の貸付けの媒介、③信託業務を営む金融機関である登録金融機関が、顧客への金銭または有価証券の貸付け、他の金融機関による顧客への金銭または有価証券の貸付けの媒介または代理を行う場合には、禁止が解除される（金商令一六条の一三）。また、右の禁止は、投資法人資産運用業および投資一任業務について定められている（金商法四二条の六）。そのため、投資信託運用業務および集団投資スキーム自己運用業務については適用されない。

投資運用業に関するこれらの禁止規定に違反した場合、一年以下の懲役もしくは一〇〇万円以下の罰金に処せられまたはそれらの刑を併科される（金商法二〇一条四号）。

なお、金融商品取引業者等は、集団投資スキームの自己運用（金商法二条八項一五号）を行う場合、運用財産と自己の固有財産および他の運用財産とを分別して管理しなければならない（金商法四二条の四）。[3] 分別管理が求められるのは、投資運用業のうち、集団投資スキームの自己運用に限られる。右のように、投資運用業のうち、投資一任業務および投資法人の資産運用業務を行う場合には、原則として、顧客の金銭または有価証券の預託の受入れが禁止される。また、投資信託委託業務では、受託者が投資信託財産の管理を行う。以上のことから、運用財産について、分別管理を求める必要はない。なお、投資一任業務などを行う金融商品取引業者等で、有価証券管理業務として顧客の資産の管理を行う者は、有価証券管理業務にかかる分別管理義務が規定されていることに留意すべきである（金商法四三条の二）。(4)

（1）金融商品取引業者等の親族（配偶者ならびに三親等以内の血族および姻族）、役員または使用人、親法人等・子法人等、特定個人株主が規定されている（金商令一六条の一〇）。金融商品取引業者等と密接な関係を有する者であっても、その者が銀行、有価証券等管理業務を行う金融商品取引業者、協同組織金融機関、保険会社、信託会社、株式会社商工組合中央金庫であれば除かれる（金商令一六条の一〇、金商業等府令一二七条）。なぜなら、これらの者は、業務の一部として他人から金銭または有価証券の預託を受けるものであり、かつ、そのような業務につき主務大臣の監督・規制に服しているからである。

（2）過去に、顧客に借入れを行わせ、その一割に相当する担保として顧客の金銭等を預かるという方法（いわゆる「一〇倍融資」）により、投資顧問業者による貸付けをめぐって顧客の取引額が拡大し、被害が多額に及ぶ事例が多発した、これを契機に、投資顧問業者による有価証券の貸付け等が禁止された（投顧法二〇条）。平成一八年の改正で、かかる禁止は、投資運用業にかかるものとして規定された。

（3）分別管理の方法は、運用資産が金銭である場合と有価証券等である場合とに分けて、詳細に規定されている（金商業等府令一三二条）。

（4）金融商品取引業者等は、①投資法人の資産の運用にかかる委託契約、投資一任契約、②投資信託契約、③集団投資スキーム持分にかかる契約その他の法律行為において内閣府令で定める事項の定めがある場合に限り、権利者にために運用を行う権限の全部または一部を他の投資運用業を行う金融商品取引業者等その他政令で定める者（金商令一六条の一二）に委託することができる（金商法四二条の三第一項）。投資運用業者は、顧客資産の受託者として、本来は自らが責任をもって運用資産の運用にあたるべきものである。神田秀樹「いわゆる受託者責任について―金融サービス法への構想」フィナンシャル・レビュー五六号九九頁は、受託者責任の中心的義務は、①注意義務、②忠実義務、③自己執行義務、④分別管理義務であるとする。しかし、他の資産の運用者としてふさわしい者が存在する場合、当該他者に運用を再委託することは権利者の利益にもなることが考えられる。もっとも、金融商品取引業者等は、すべての運用財産につき、その運用にかかる権利の全部を委託することはできない（金商法四二条の三第二項参照）。なお、平成一八年の改正前までは、投資信託の資産運用および投資法人の資産運用について、前者は運用権限の全部または一部の再委託が可能とされ（平成一八年改正前投信法一七条一項）、後者はその一部の再委託が可能であった（平成一八年改正前投信法三四条の五）。これは、前者の場合、業務内容が投資の仕組みの設計、受益証券の発行、資産の運用指図と広範囲にわたり、それぞれ別の業者に委託するという分業を認めることに合理性があるものの、後者の場合、資産運用のみがなされ、その権限の全部の再委託を認める必要に乏しいことが理由とされていた。乙部辰良・詳解投資信託法一九九頁（平成一三年）。

4　運用報告書の作成・交付

金融商品取引業者等は、運用財産について、内閣府令で定めるところにより、運用報告書を作成し、当該運用財産にかかる知れたる権利者に交付しなければならない（金商法四二条の七第一項本文）[1]。書面による運用報告書の交付に代えて、権利者の承諾を得て、電磁的方法により提供することもできる（金商法四二条の七第二項・三四条の二第四項）。この運用報告書は、顧客に対して投資運用業による投資の成果を明らかにして、顧客に契約を存続させるべきか否かの判断資料を提供することを目的とする。

金融商品取引業者等がこれに違反して、運用報告書を交付せずまたは記載すべき事項を記載せずもしくは虚偽の記載をした報告書を交付した（電磁的方法による情報の提供を含む）ときは、六か月以下の懲役もしくは五〇万円以下の罰金に処せられまたはこれらの刑を併科される（金商法二〇五条一四号）。

運用報告書は、定期的に作成・交付することが必要である。運用報告書は対象期間経過後遅滞なく作成・交付しなければならないが、この対象期間は六か月を超えてはならない（金商業等府令一三四条二項・三項）[2]。

もっとも、①権利者の同居者が確実に運用報告書の交付を受けると見込まれる場合であって、かつ、当該権利者が当該運用報告書の交付を受けないことについてその基準日までに同意している場合、②運用財産にかかる受益証券が特定投資家向け有価証券に該当する場合であって、運用報告書に記載すべき事項にかかる情報が対象期間経過後遅滞なく発行者情報（金商法二七条の三二第一項）が提供され、または公表される場合、[3]③他の法令の規定により、六か月に一回以上、運用財産にかかる知れている権利者に対して運用報告書に記載すべき事項を記載した書面が交付され、または当該事項を記録した電磁的記録が提供される場合には、運用報告書の作成・交付は免除される（金商法四二条の七第一項ただし書、金商業等府令一三四条四項）[4]。

また、金融商品取引業者等は、集団投資スキームの自己運用業務に関して、運用報告書を作成したときは、遅滞なく、内閣総理大臣に届け出なければならない（金商法四二条の七第三項本文）。もっとも、権利者の数が四九九名以下の集団投資スキームについては、運用報告書の届出は不要である（金商法四二条の七第三項ただし書、金商令一六条の一四）。さらに、運用報告書に記載すべき事項が記載されている有価証券報告書が提出されている場合にも、運用報告書の届出は免除される（金商法四二条の七第三項ただし書、金商業等府令一三五条）。したがって、集団投資スキーム持分に関する運用報告書は、権利者の数が五〇〇名以上の場合で、運用報告書の記載事項が記載されている有価証券報告書の提出がなされてない場合に限り、内閣総理大臣への提出が義務づけられる[5]。

（1）　運用報告書には、つぎの事項を記載しなければならない（金商業等府令一三四条一項）。
① 運用報告書の対象期間（直前の基準日（作成の基準とした日）の翌日から当該運用報告書の基準日までの期間）
② 運用報告書の基準日における運用財産の状況（金銭の額、有価証券の銘柄、数および価額、デリバティブ取引の銘柄、約定数量および単価等）
③ 運用報告書の対象期間における運用の状況（取引を行った日、取引の種類および金融商品取引行為の相手方の商号、名称または取引の内容（有価証券の売買その他の取引にあっては、取引ごとに有価証券の銘柄、数、価額および売付け等または買付け等の別、デリバティブ取引にあっては、取引ごとにデリバティブ取引の銘柄、約定数量、単価等および売付け等または買付け等の別）

④　運用報告書の対象期間において支払いを受けた運用財産の運用にかかる報酬の額

⑤　運用報告書の対象期間において運用財産にかかる取引について第一種金融商品取引業、第二種金融商品取引業または登録金融機関業務に該当する行為を行った場合にあっては、当該運用報告書の対象期間における当該行為にかかる手数料、報酬その他の対価の額

⑥　運用報告書の対象期間において(イ)自己またはその取締役、執行役、監査役、役員に類する役職にある者もしくは使用人、(ロ)他の運用財産、(ハ)自己の親法人等または子法人等との間における取引を行ったときは、その内容

⑦　運用報告書の対象期間において行った金融商品取引行為にかかる取引総額に占める⑥(イ)から(ハ)に掲げる者を相手方とする金融商品取引行為にかかる取引総額の割合

⑧　運用報告書の対象期間における運用財産の運用として行った金融商品取引行為の相手方で、その取引額が当該運用財産のために行った金融商品取引行為にかかる取引総額の一〇パーセント以上である者がいる場合にあっては、当該相手方の商号、名称または氏名ならびに運用報告書の対象期間において行った金融商品取引行為にかかる取引総額に占める当該相手方に対する金融商品取引行為にかかる取引総額の割合

（2）　証券投資顧問業法では、認可投資顧問業者は、投資一任契約を締結している顧客に対して、六か月に一回以上、①その顧客の資産を構成する金銭ならびに有価証券等の種類、銘柄、数および価格、ならびに、②その報告書の作成日および前回の報告書の作成日を記載した報告書を作成して交付・情報を提供しなければならないと定めていた（投顧法三二条、投顧規三一条）。平成一八年の法改正で、証券投資顧問業法は廃止され、その規制は金融商品取引法に引き継がれている。さらに、同年の法改正で、投資一任業務のみならず、投資法人資産運用業務および集団投資スキームの自己運用業務も投資運用業と規定されているが、運用報告書の制度は、これらの業務にも適用されるものとして規定されている。

（3）　当該受益証券にかかる契約その他の法律行為において、運用報告書の交付に代えて当該情報の提供・公表が行われる旨の定めがある場合に限られる。

（4）　委託者指図型投資信託運用については、投資信託法が固有の運用報告書の交付義務を規定している（投信法一四条）。

（5）　口座に預けた資産の運用・管理を金融商品取引業者等に任せ、個別の取引ごとではなく、運用された資産残高に応じた手数料（預かり資産の〇パーセント）を一括して支払う口座を「ラップ（wrap）口座」という。一般に、ラップ口座は、資産分散に関するアドバイス、運用業者の紹介または投資信託の選択、注文の執行、証券の保護預かり、定期的な報告などのサービスを包みこんで（ラップして）提供するものである。

わが国においては、ラップ口座は、一九九八年のいわゆる金融ビッグバンの一環として導入がはかられた。証券取引審議会報告「証券市場の総合的改革―豊かで多様な二一世紀の実現のために」（平成九年六月一三日）では、「証券会社についても資産運用サービスの充実が求められる。特にラップ・アカウントは、証券会社の手数料獲得目的の短期売買の危険が少ないなど、投資家のメリットが大きく、米国においても広く利用されるようになっている。また、証券会社にとっても、ラップ・アカウント方式の資産運用サービスは、営業の多様化につながり、手数料自由化後の証券会社の提供サービスの高付加価値化を支える業務の一つになり得ると期待される。したがって、証券会社の投資一任勘定が禁止された経緯等を踏まえ、不正行為防止及び利益相反防止等のためのルールを整備しつつ、ラップ・アカウントを導入していくことが適当であると考える。」と述べていた。かかる提言を受けて証券取引法および証券投資顧問業法の改正が行われた。平成一〇年の改正で、証券会社は、投資一任業務を営むことができることとなり、これによってラップ口座の提供が可能な体制が整った。

もっとも、このような立法措置がなされて以降も、証券投資顧問業法では、証券会社が投資顧問業を兼業する場合、自己売買にかかる書面の顧客への交付義務が課せられており、このことが過大な負担になるといわれた。投資顧問業者は、投資顧問契約を締結している顧客に対して、内閣府令に定めるところにより、六か月に一回以上、①当該投資顧問業者が自己の計算で行った有価証券の売買、有価証券指数等先物取引等、有価証券オプション取引、有価証券店頭オプション取引または有価証券店頭指数等スワップ取引のうち、当該顧客に対して助言を行ったものと同一の銘柄について取引を行った事実の有無、②この場合、取引の事実があったときは、その売買の別、③その他内閣府令で定める事項を明らかにする書面を交付しなければならないと定めていた（投顧法一六条一項）。投資顧問業を営む証券会社は、事前に買い付けていた有価証券を投資顧問業の顧客に対して、買付けを推奨することで、在庫処分や損失回避を目論むことが考えられる。さらに、投資顧問業の顧客に特定の銘柄を推奨しておき、かかる推奨により価格が上昇した段階で、事前に安値で買い付けていたものを売却して利益を得る行為（スキャルピング）が行われる危険性がある。かかる弊害に対処するために、情報開示が要請されている。

さらに、投資一任契約にかかる業務を行う業者（認可投資顧問業者）については、証券投資顧問業法三三条が同法一六条を準用していた。もっとも、そこでは、書面の交付は三か月に一回以上とされ、さらに、「当該顧客に対して助言を行ったもの」とあるのは、「当該顧客から一任されて投資を行ったもの」と読みかえられていた。したがって、認可投資顧問業者は、一任勘定取引を行った銘柄について、自己売買を行ったものがあれば、その詳細を一任勘定の顧客に知らせる必要があった。証券会社の手持ちの証券を、投資一任勘定にはめ込む弊害が問題とされてきた。しかし、一方で、かかる通知は、非常に煩瑣であり、ラップ口座を積極的に売り込むことができない理由とされていた。

平成一八年の改正前でも、投資顧問業者は、法令および投資顧問契約の本旨にしたがい、顧客のため忠実に投資顧問業を行わなければならなかった（投顧法二一条）。したがって、証券会社として自己の利益をはかるために、投資顧問業の顧客に不利益を与えることが許されない仕組みとなっていた。さらに、平成一五年の証券投資顧問業法の改正で、投資顧問業者が証券業を営む場合、既述の同法一六条一項の書面交付義務について、当該書面を顧客に交付しなくても公益または投資者保護のために支障を生ずることがないと認められるものとして内閣総理大臣の承認を受けたときは、免除されることとなった（投顧法二三条の二第一項）。これにより、内閣総理大臣の承認を受けたものについて、書面の交付が不要となった。認可投資顧問業者についても同様の規定が置かれていた（投顧法三一条の二第一項）。平成一八年の改正で、証券投資顧問業法が廃止された、その規制を引き継いだ金融商品取引法では、右の規制は規定されていない。

第四節　金融商品仲介業者の規制

第一款　金融商品仲介業の登録制

一　金融商品仲介業の意義

幅広い国民の資金が有価証券に投資されることで証券市場に厚みをあたえ、市場機能を中核とした金融システムを構築するためには、質の高い金融サービスの提供が、投資者にとって、アクセスが容易な形で行われる必要がある。(1) 投資者による金融商品取引の仲介は主として金融商品取引業者が担っている。もっとも、金融商品取引業者の店舗の数は限られており、金融商品取引業者による有価証券の販売チャネル機能の拡充をはかるために金融商品仲介業制度が存在する。(2)

金融商品仲介業は、金融商品取引業者、登録金融機関（以下「金融商品取引業者等」という）の委託を受けて、①有価証券の売買の媒介、②取引所有価証券市場・外国有価証券市場における有価証券の売買・デリバティブ取引の委託の媒介、取次ぎ、代理、③有価証券の募集・売出しの取扱い、私募・特定投資家向け売付け勧誘等の取扱い、④投資顧問契約・投資一任契約の締結の代理または媒介のいずれかを、当該金融商品取引業者等のために行う業務をいう（金商法二条一一項）。

これらの業務は、金融商品取引業であり、本来は、登録を受けた金融商品取引業者のみが業として行うことができる（金商法二八条）。しかし、金融商品仲介業としての登録を受けることで、金融商品取引法二八条の規定にかかわらず、金融商品取引業者以外の者もこれを行うことができる。金融商品取引法においては、金融商品仲介業者は、金融商品仲介業の登録（金商法六六条）を受けた者をいう（金商法二条一二項）。

（1）　金融審議会第一部会報告「証券市場の改革促進」（平成一四年一二月一六日）。
（2）　銀行の店舗を利用した販売チャネルの拡充がはかられてきた。投資信託商品の窓口販売が実施され、金融商品取引業者との共同店舗規制の緩和が実現している。また、特に、個人投資家については、インターネットを通じた証券取引が活発に行われている。金融審議会第一部会・前掲注（1）は、「証券会社の営業店を通じた取引にも引き続き根強いニーズがある」としている。

二　金融商品仲介業の登録

1　登録の手続

金融商品仲介業者は、投資者と金融商品取引業者の取引を仲介する者であり、金融商品取引の公正を確保し、投資者の信頼を維持するためには、参入規制が必要である。(1) 参入規制として、金融商品取引業者と同様に登録規制が課せられる。

金融商品仲介業の登録を受けようとする者は、内閣総理大臣に登録申請書を提出しなければならない（金商法六六条の二第一項）。登録申請書には、①商号、名称または氏名、②法人であるときは、その役員の氏名または名称、③金融商品仲介業を行う営業所または事務所の名称および所在地、④委託を受ける金融商品取引業者等（所属金融商品取引業者等）の商号または名称、⑤他に事業を行っているときは、その事業の種類、⑥個人である場合において、他の会社の常務に従事しているときは、当該他の会社の商号および事業の種類、⑦法人である場合において、その役員が他の会社の常務に従事し、または事業を行っているときは、当該役員の氏名ならびに当該他の会社の商号および事業の種類、⑧所属金融商品取引業者等が二以上あるときは、登録申請者の事故につき、当該事故による損失の補てんを行う所属金融商品取引業者等の商号または名称、⑨本店等の名称および所在地を記載しなければならない（金商法六六条の二第一項、金商業等府令二五八条）。

登録申請書類には、つぎに掲げる書類を添付しなければならない（金商法六六条の二第二項、金商業等府令二六〇条）。

① 金商法六六条の四第一号または二号に該当しないことを誓約する書面

金商法六六条の四第一号または二号は、登録拒否事由を定めるものであり、これらに該当すれば、登録が拒否される（金商法六六条の四本文）。さらに、右の誓約書面の提出義務を定めることで、登録時に登録拒否事由があったにもかかわらず、その旨の記載を行わなかった者に刑事制裁を科するものとしている（金商法一九八条の六第一号）。

② 金融商品仲介業の業務の内容および方法として内閣府令で定めるものを記載した書類

申請者が法人であるときは、業務分掌の方法の記載が必要とされる（金商業等府令二五九条二号）。

③ 法人であるときは、定款および会社の登記事項証明書（これらに準ずるもの）

定款が電磁的記録で作成されているときは、書類に代えて電磁的記録を添付することができる（金商法六六条の二第三項）。(2)

④　法人であるときは、役員の履歴書および住民票の抄本（またはこれに代る書面）、役員が金商法二九条の四第一項二号イ・ロに該当しない旨の官公署の証明書（またはこれに代わる書面）ならびに役員が金商法二九条の四第一項二号ハからトまでのいずれにも該当しない者であることを当該役員が誓約する書面

⑤　個人であるときは、履歴書および住民票の抄本またはこれに代わる書面、金商法二九条の四第一項二号イ・ロに該当しない旨の官公署の証明書（またはこれに代わる書面）

⑥　所属金融商品取引業者等との間の金融商品仲介業にかかる業務の委託契約にかかる契約書の写し

⑦　金融商品取引業等府令二五八条三号に掲げる事項にかかる契約書の写し

前述のように、申請者は、所属金融商品取引業者等が二以上あるときは、登録申請者の事故につき、当該事故による損失の補てんを行う所属金融商品取引業者等の商号または名称を登録申請書類に記載する必要がある。かかる金融商品仲介業者と所属金融商品取引業者等との損失補てん契約の写しを申請書類に添付することが要求される。

内閣総理大臣は、金融商品仲介業の登録の申請があったときには、登録を拒否する場合を除いて、金商法六六条の二第一項各号に掲げる事項、登録年月日および登録番号を金融商品仲介業者登録簿に登録しなければならない（金商法六六条の三第一項）。内閣総理大臣は、金融商品仲介業者登録簿を公衆の縦覧に供しなければならない（金商法六六条の三第二項）[3]。

（1）「市場仲介者のあり方に関するワーキング・グループ」報告（平成一四年一二月一六日）。

（2）許容される電磁的記録の規格等の詳細が定められている（金商業等府令二六一条）。

（3）金融商品仲介業者の本店等の所在地を管轄する財務局または福岡財務支局に備え置き、公衆の縦覧に供される（金商業等府令二五七条）。

2　登録の拒否

第一種金融商品取引業者・投資運用業が株式会社組織で行われる必要があるのに対して（金商法二九条の四第一項四号参照）、金融商品仲介業者は、個人、法人を問わずに行うことができる。資本金等の財務規制も存在しない。これは、金融商品仲介業者が自ら顧客口座をもたず、また、金融商品取引の契約当事者とならないことによる。一方で、投資者保護のため、金融商品仲介業者の法令遵守は確保されなければならず、そのための適格性が審査される。

内閣総理大臣は、登録申請者が、つぎのいずれかに該当するときは、その登録を拒否しなければならない（金商法六六条の四）。

①　登録申請者が個人であるとき、金融商品取引法二九条の四第一項二号イからトまでのいずれかに該当する者

金融商品取引法二九条の四第一項二号は、金融商品取引業の登録拒否事由のうち、登録申請者の取締役、会計参与、監査役または執行役に関する欠格事由を定めるものである。

②　登録申請者が法人であるとき、(イ)金融商品取引法二九条の四第一項一号イまたはロに該当する者、(ロ)役員のうち、金融商品取引法二九条の四第一項二号イからトまでのいずれかに該当する者のある者

金融商品取引法二九条の四第一項二号は、金融商品取引業の登録拒否事由のうち、登録申請者の主要株主（法人）に関する欠格事由を定めるものである。

③　他に行っている事業が公益に反すると認められる者

第一種金融商品取引業・投資運用業の登録拒否事由が、事業にかかる損失の危険の管理が困難であるために投資者保護に支障を生じると認められるときに、登録が拒否されるものの（金商法二九条の四第一項五号ハ参照）、金融商品仲介業についてはかかる規制は定められていない。兼業する業務が公益に反する場合には、金融商品取引業への信頼を損なう危険性がある。そこで、③の規制が存在する。もっとも、公益に反する事業として金融商品仲介業との兼業が禁止されるものは考えにくく、この点で金融商品仲介業はすべての事業者に開放されているとい

える。

④　金融商品仲介業を適確に遂行することができる知識および経験を有しないと認められる者

金融商品仲介業者については、証券外務員に関する規定（金商法六六条の二五）が準用される（金商法六四条〜六四条の九）。外務員登録の要件として、外務員資格試験の合格者等でなければならず（日証協・外務員規則四条参照）、ここで、金融商品取引業についての知識の具備が要求される。知識に加えて経験も必要とされる。ここでの経験は、金融商品仲介業や金融商品取引業での経験に限らず、金融商品仲介業を適確に遂行できるための経験であれば足りる。(1)

⑤　登録申請者の所属金融商品取引業者等のいずれかが金融商品取引業協会に加入していない者

金融商品取引業者の金融商品取引業協会への加入は任意である。金融商品取引業協会への加入は金融商品取引業の登録要件とはされていない。(2)これに対して、金融商品仲介業を行うには所属金融商品取引業者等が金融商品取引業協会に加入していなければならない。金融商品取引業者は、金融商品取引業協会に加入しているのでなければ、金融商品仲介業者を通じた業務を行うことができないこととなる。金融商品仲介業者を利用した業務に金融商品取引業協会の自主規制を及ぼすことが目的とも考えられる。

⑥　金融商品取引業者

金融商品仲介業は、金融商品取引業の一つであり（金商法二条一一項参照）、既に金融商品取引業者として登録を受けている者がさらに登録を受けて金融商品仲介業者となる必要性はない。

登録申請書、添付書類等に虚偽の記載または記載漏れがあり、重要な事実の記載・記録が欠けているときは、その登録が拒否される（金商法六六条の四）。

金融商品仲介業者は、金融商品取引法六六条の二第一項各号に掲げる事項（登録申請書の記載事項）について変更があったときは、その日から二週間以内に、その旨を内閣総理大臣に届け出なければならない（金商法六六条の五第一項)。内閣総理大臣は、この届出を受理したときは、届出事項を金融商品仲介業者登録簿に登録しなければならない(金商法六六条の五第二項)。また、金融商品仲介業者は、金融商品取引法六六条の二第二項二号に掲げる書類(申請書類の添付書類)に記載した業務の内容または方法に変更があったときは、遅滞なく、その旨を内閣総理大臣に届け出なければならない(金商法六六条の五第三項)。

(1)「金融商品仲介業を適確に遂行することができる知識及び経験」という抽象的規定にとどまっていることから、運用次第では、認可制に近い取扱いが可能との指摘もある。証券取引法研究会「平成一五年証券取引法等の改正Ⅲ—証券仲介業制度の創設について」平成一五年の証券取引法等の改正(別冊商事法務二七五号)四四頁(洲崎)(平成一六年)。

(2)金融商品取引業の登録申請書類の記載事項として、加入する金融商品取引業協会の名称が規定されている(金商法二九条の二第一項八号、金商業等府令七条一号)が、金融商品取引業協会に加入していない場合に、当該記載事項を欠いても、登録拒否事由には該当しないと解される。もっとも、現在は、すべての第一種金融商品取引業者が日本証券業協会に加入している。

第二款　金融商品仲介業者の業務

一　金融商品仲介業者の義務

1　標識の掲示

金融商品仲介業者は、営業所または事務所ごとに、公衆の見やすい場所に、内閣府令で定める様式の標識を掲示しなければならない(金商法六六条の八第一項)。[(1)] 金融商品仲介業者以外の者は、かかる標識またはこれに類似する標識を掲示してはならない(金商法六六条の八第二項)。[(2)]

金融商品仲介業者は、独立の商人として、所属金融商品取引業者と投資者との取引の媒介を行う。もっとも、投資者側で、金融商品仲介業者と所属する金融商品取引業者を誤認する危険性がある。そこで、金融商品仲介業者には、金融商品仲介業者であることを示す標識を掲示することが義務づけられる。

(1)　金融商品仲介業者登録票の様式は、金商業等府令第二五号様式が定める（金融商品業等府令二六五条）。登録票は、縦二〇センチ以上、横三〇センチ以上でなければならず（営業所等の無人の端末である場合は、縦五センチ以上、横七センチ以上）、「金融商品仲介業者登録票」との文字の下に、所属金融商品取引業者等の商号または名称、登録番号、金融商品仲介業者の商号、名称または氏名が記載されなければならない。

(2)　金融商品取引仲介業者でない者は、金融商品取引仲介業者という商号もしくは名称またはこれに紛らわしい商号もしくは名称を用いることが禁止される（金商法六六条の六）。

2　広告等の規制

金融商品仲介業者は、その行う金融商品仲介業の内容について広告その他これに類似するものとして内閣府令で定める行為をするときは、内閣府令で定めるところにより、①金融商品仲介業者の商号、名称または氏名、(1)②金融商品仲介業者である旨およびその登録番号、③金融商品仲介業の内容に関する事項であって、顧客の判断に影響を及ぼすこととなる重要なものとして政令で定めるものを表示しなければならない(2)（金商法六六条の一〇第一項）。平成一八年の改正で、金融商品取引業者等の広告規制が定められた（金商法三七条参照）。これと同様に、同年の改正で、金融商品仲介業者についても広告規制が導入された(3)。

金融商品仲介業者は、その行う金融商品仲介業に関して広告その他これに類似するものとして内閣府令で定める行為をするときは、金融商品取引行為を行うことによる利益の見込みその他内閣府令で定める事項(4)について、著しく事実に相違する表示をし、または著しく人を誤認させるような表示をすることが禁止される（金商法六六条の一〇第二項）。

これにより、いわゆる誇大広告が禁止される。本規定も、平成一八年の改正で規定された。

(1)　①については、明瞭かつ正確に表示しなければならない（金商業等府令二六七条一項）。

(2)　政令では、①金融商品仲介行為にかかる金融商品取引契約に関して顧客が支払うべき手数料、報酬その他の対価に関する事項であって内閣府令（金商業等府令二六八条一項）で定めるもの、②金融商品仲介行為にかかる金融商品取引契約に関して顧客が預託すべき委託証拠金その他の保証金その他内閣府令で定めるものがある場合にあっては、その額または計算方法、③顧客が行うデリバティブ取引等の額が、保証金等の額を上回る可能性がある場合にあっては、(イ)当該デリバティブ取引等の額が当該保証金等の額を上回る可能性がある旨、(ロ)当該デリバティブ取引等の額の当該保証金等の額に対する比率、④顧客が行う金融商品取引行為について金利、通貨の価格、金融商品市場における相場その他の指標にかかる変動を直接の原因として損失が生ずることとなるおそれがある場合にあっては、(イ)当該指標、(ロ)当該指標にかかる変動により損失が生ずるおそれがある旨およびその理由、⑤④の損失の額が保証金等の額を上回ることとなるおそれ（元本超過損が生ずるおそれ）がある場合にあっては、(イ)④の指標のうち元本超過損が生ずるおそれを生じさせる直接の原因となるもの、(ロ)(イ)に掲げるものにかかる変動により元本超過損が生ずるおそれがある旨およびその理由、⑥①から⑤に準ずるものとして内閣府令で定める事項（金商業等府令二六九条）が規定されている（金商令一八条一項）。

④および⑤の事項の文字または数字は、当該事項以外の事項の文字または数字のうち最も大きなものと著しく異ならない大きさで表示しなければならない（金商業等府令二六七条二項）。なお、金融商品仲介業者がその行う金融商品仲介業の内容について、一般放送事業者の放送設備により放送させる方法等により広告するときは、①の文字または数字を当該事項以外の事項の文字または数字のうち最も大きなものと著しく異ならない大きさで表示しなければならない（金商業等府令二六七条三項）。

(3)　金融商品取引業者等の規制と同様に、広告その他これに類似するものとして内閣府令で定める行為（広告類似行為）も規制対象となる。内閣府令では、郵便、信書便、ファクシミリ装置を用いて送信する方法、電子メールを送信する方法、ビラまたはパンフレットを配布する方法その他の方法により多数の者に対して同様の内容で行う情報の提供が規定されている（金商業等府令二六六条）。

(4)　内閣府令では、①金融商品仲介行為にかかる金融商品取引契約の解除に関する事項、②金融商品仲介行為にかかる金融商品取引契約にかかる損失の全部もしくは一部の負担または利益の保証に関する事項、③金融商品仲介行為にかかる金融商品取引契約にかかる損害賠償額の予定（違約金を含む）に関する事項、④金融商品仲介行為にかかる金融商品取引契約にかかる金融商品市場または金融商品市場に類似する市場で外国に所在するものに関する事項、⑤所属金融商品取引業者等の資力または信用に関する事項、⑥所属金融商品取引業者等の金融商品取引業（登録金融機関にあっては、登録金融機関業務）の実績に関する事項、⑦金融商品仲介行為にかかる金融商品取引契約に関して顧客が支払うべき手数料等の額または計算方法、その支払いの方法および時期ならびにその支払先に関する事項、⑧金融商品仲介業者が金融商品仲介行為にかかる抵当証券等の売買その他の取引について広告等をする場合にあっては、(イ)金融商品仲介行為にかかる抵当証券等に記載された債権の元本および利息の支払いの確実性または保証に関する事項、(ロ)所属金融商品取引業者等に対する推薦に関する事項、(ハ)利息に関する事項、(ニ)金融商品仲介行為にかかる抵当証券等に記載された抵当権の目的に関する事項、⑨金融商品仲介業者が金融商品仲介行為にかかる投資顧問契約について広告等をする場合にあっては、助言の内容および方法に関する事項、⑩金融商品仲介業者が金融商品仲介行為にかかる投資一任契約について広告等をする場合にあっては、投資判断の内容および方法に関する事項、⑪金融商品仲介業者が金商業等府令七条四号ニ(1)に掲げる権利にかかる募集・私募について広告等をする場合にあっては、競走用馬の血統および飼養管理の状況に関する事項が規定されている（金商業等府令二七一条）。

3　顧客に対する義務

金融商品仲介業者ならびにその役員および使用人は、顧客に対して、誠実かつ公正に、その業務を遂行しなければならない（金商法六六条の七）。同様の規定は金融商品取引業者およびその役職員についても定められている（金商法三六条）。

金融商品仲介業者は所属金融商品取引業者等から委託を受けて業務を行う。所属金融商品取引業者等は一社に限られない。そのため、複数の金融商品取引業者等から委託を受けている金融商品仲介業者が、顧客に最も有利な条件を提示する金融商品取引業者等を選択して注文を媒介する義務を顧客に対して負うかが問題となる。金融商品仲介業者は、保険仲立人のような、中立の立場にたって顧客のための業務を行うものではなく、金融商品取引業者等から媒介を委託されたに過ぎない。したがって、特別の事情がある場合を除いて、一般的に、金融商品取引法六六条の七の規定をもって、かかる義務を負うと解することはできない(1)。

この点に関連して、所属金融商品取引業者等が二以上ある場合は、金融商品仲介業者は、顧客が行おうとする取引について顧客が支払う手数料の違いを顧客に明らかにすることが義務づけられる（金商法六六条の一一第四号、金商業等府令二七二条一号）。手数料の違いを顧客に提示した上で、顧客の注文を確認し、顧客がこれに異議をとなえなかった場合は、金融商品仲介業者は誠実・公正義務違反の責任を負うことは原則としてないと考えられる。(2)

金融商品仲介業者は、所属金融商品取引業者等の商号または名称を顧客に明らかにしなければならない（金商法六六条の一一第一号）。これに加えて、所属金融商品取引業者等が二以上ある場合は、顧客の取引の相手方となる所属金融商品取引業者等の商号または名称を明示する義務がある（金商法六六条の一一第四号、金商業等府令二七二条三号）。

金融商品仲介業者は、有価証券の売買の媒介等を行うのみで、契約締結の代理権を有さない。この点を顧客に確認をさせるために、所属金融商品取引業者等の代理権がない旨を顧客に明示することが要求される（金商法六六条の一一第二号）。加えて、金融商品仲介業者は、いかなる名目であっても、金融商品仲介業に関して、顧客から金銭・有価証券の預託を受けることが禁止される（金商法六六条の一三）。顧客からの金銭または有価証券の受託が禁止されるのは、金融商品取引業者との違いを明確にして、金融商品取引業者との誤認を防止することで、投資者保護をはかるためである。(3) 金融商品仲介業者は、顧客との取引に際して、かかる禁止の趣旨を明らかにしなければならない（金商法六六条の一一第三号）。

なお、金融商品仲介業者が投資助言業務を行う場合で、投資助言業務の顧客に対して金融商品仲介行為を行うとき、当該仲介行為により得ることとなる報酬の額を、顧客に明示する必要がある（金商法六六条の一一第四号、金商業等府令二七二条二号）。かかる規制は、金融商品仲介行為による取引回数を増加させることで、過剰な報酬を顧客から得ることを防止するためのものである。したがって、一定期間における金融商品仲介行為の報酬が、当該行為の回数にかかわらず一定に定められている場合で、その報酬の形態や額が顧客に明示されている場合は、かかる規制の適用はない。

（1）　証券取引法研究会「平成一五年証券取引法等の改正Ⅲ―証券仲介業制度の創設について」平成一五年の証券取引法等の改正（別冊商事法務二七五号）四四二頁（洲崎）（平成一六年）は、顧客が希望する取引に照らして明らかに顧客に不利な条件の金融商品取引業者を選んで注文をつなぐようなケース、顧客が最も条件のよい金融商品取引業者と取引をしたいと明示的に求めているにもかかわらず、その希望を無視したようなケースについては、理論的には誠実・公正義務違反があったとして、不法行為責任を認める余地があるとする。金融商品仲介業は、商人である金融商品取引業者のために継続的にその営業の部類に属する取引の媒介をなす者であり、商法上の代理商（媒介代理商）である。かかる代理商契約の性質は準委任であることから、金融商品仲介業者と金融商品取引業者との間の法律関係は、別段の定めがない限り、委任に関する規定が適用される（民法六五六条）。したがって、金融商品仲介業者は所属金融商品取引業者に対しては善管注意義務を負う（民法六四四条）。

（2）　証券取引法研究会・前掲注（1）四三頁（洲崎）。

（3）「市場仲介者のあり方に関するワーキング・グループ」報告（平成一四年一二月一六日）。

二　金融商品仲介業者等の禁止行為

1　金融商品仲介業者の禁止行為

金融商品仲介業者は、自己の名義をもって、他人に金融商品仲介業を行わせてはならない（金商法六六条の九）。金融商品仲介業には参入規制が存在するため、かかる参入規制の潜脱に利用される危険性がある名義貸しは許されるべきではない。

金融商品仲介業者は、その行う金融商品仲介業の顧客を相手方とし、所属金融商品取引業者等の委託を受けて行う金融商品仲介行為以外の金融商品取引法二条八項各号に掲げる行為を行うことが禁止される（金商法六六条の一二本文）。金融商品取引法二条八項各号に掲げる行為を業として行えば金融商品取引業となり（金商法二条八項）、内閣総理大臣への登録が必要である（金商法二九条）。金融商品仲介業者については、金融商品仲介行為以外の金融商品取引業

に該当する行為であれば、それを業として行わない場合も、禁止される。(1)

金融商品仲介業者は、顧客から金銭もしくは有価証券の預託を受け、または、当該金融商品仲介業者と密接な関係を有する者として政令で定める者に顧客の金銭もしくは有価証券を預託させてはならない（金商法六六条の一三）。金銭または有価証券の預託は、いかなる名目によるかを問わない。

顧客資産の預託を受けることができないため、金融商品仲介業者は、自ら顧客口座をもつこともできない。金融商品取引業者は、顧客から、売付け注文の際には売付け株券、買付け注文の際には買付け代金を受け取ることがある。金融商品仲介業者がこのように一時的に顧客の資産を預かることもできないのかどうかが問題となる。

金融商品取引法において「預託」という場合、顧客口座を設ける形を前提としているものがある。(2) 金融商品取引法六六条の一三にいう「預託」を同様に解すれば、一時的な預りは許容されることとなる。一方で、監督が十分に行き届かない可能性がある金融商品仲介業者については、金銭や有価証券の受渡しを一律に禁止することで投資者保護をはかることも考えられる。この場合、「預託」の範囲を拡大して解釈する必要がある。

内閣府令では、業務の状況について是正を加えることが必要な場合として、委託を行った金融商品仲介業者に顧客に対する金銭または有価証券の受渡しを行わせている状況が挙げられている（金商業等府令一二三条一項一七号）。同内閣府令は、保管を伴わない単純預りも金融商品仲介業者は認められないことを前提としている。(3)

（1）　平成一八年改正前までは、投資一任契約にかかる業務についてはこの限りではないと規定されていた（平成一八年改正前証取法六六条の一一ただし書）。証券取引法研究会「平成一五年証券取引法等の改正Ⅲ―証券仲介業制度」平成一五年の証券取引法等の改正〔別冊商事法務二七五号〕四四頁〔洲崎〕（平成一六年）は、金融商品仲介業者は、金融商品取引業者ではなく、顧客の委託を受けた金融商品仲介業をすることもあるので、それが許されることを示すためにかかるただし書が挿入された可能性を示唆している。平成一八年の改正で、かかるただし書は削除された。

（2）　金融商品取引業者の分別管理を定める金融商品取引法四三条の二第一項にいう「預託」は、口座を設けることを前提にしたものと考えられる。証券取引法研究会・前掲注（1）（川口）参照。

（3）　証券取引法研究会・前掲注（1）（洲崎）は、金融商品取引業者の支店のない地域で販売チャネルを拡充することが金融商品取引仲介制度創設の目的であることから、かかるサービスを行えない状況に疑問を呈する。

2　金融商品仲介業者またはその役職員の禁止行為

金融商品仲介業者またはその役員もしくは使用人は、契約の勧誘にあたって、顧客に虚偽のことを告げる行為が禁止される（金商法六六条の一四第一号イ・三八条一号）。また、断定的判断を提供して取引契約の締結を勧誘する行為、信用格付業者以外の信用格付業を行う者の付与した信用格付けについて、信用格付けを付与した者が登録を受けていないことを告げずに取引契約の締結を勧誘する行為も禁止される（金商法六六条の一四第一号ロ・三八条二号・三号）。

投資助言業務を行う場合、当該投資助言にもとづいて顧客が行う有価証券の売買その他の取引等に関する情報を利用して、投資運用業を行う場合、当該業務にもとづいて顧客のために行う有価証券の売買その他の取引等に関する情報を利用して、これらの顧客以外の顧客に対して勧誘する行為も禁止される（金商法六六条の一四第一号ハ）。投資助言業務や投資運用業における顧客の売買情報を用いて、金融商品仲介業における勧誘を行うといった利益相反行為を禁止するものである。金銭を貸し付けることを条件として勧誘する行為も禁止される（金商法六六条の一四第一号ホ）。金融商品仲介業以外の業務を行う場合、当該業務によって知りえた有価証券の発行者に関する情報を利用して勧誘を行う[1]行為も禁止の対象となる（金商法六六条の一四第一号ニ）。

また、金融商品仲介業により知りえた金融商品仲介業にかかる顧客の有価証券の売買その他の取引等にかかる注文の動向その他特別の事情を利用して、自己の計算において有価証券の売買その他の取引等を行う行為が禁止される（金商法六六条の一四第二号）。

このほか、投資者の保護に欠け、もしくは取引の公正を害し、または金融商品仲介業の信用を失墜させるものとして内閣府令で定める行為が禁止行為として定められている[2]。なお、金融商品仲介業者およびその顧客について、損失補てん等の禁止の規定（金商法三九条）が準用される（金商法六六条の一五）。

（1）有価証券の発行者の運営、業務または財産に関する公表されていない情報であって、金融商品仲介業にかかる顧客の投資判断に影響を及ぼすものに限る。

（2）内閣府令では、つぎの行為を禁止行為としている（金商業等府令二七五条一項）。

①金融商品仲介行為に関し、虚偽の表示をし、または重要な事項について誤解を生ぜしめるべき表示をする行為。これは、金融商品取引業者の禁止行為についての金商業等府令一一七条一項二号に対応する。

②金融商品仲介行為につき、顧客もしくはその指定をした者に対し、特別の利益を提供を約し、または顧客もしくは第三者に対して特別の利益を提供する行為。これは、金融商品取引業者の禁止行為についての金商業等府令一一七条一項三号に対応する。

③金融商品仲介行為に関し、偽計を用い、または暴行もしくは脅迫をする行為。これは、金融商品取引業者の禁止行為についての金商業等府令一一七条一項四号に対応する。

④金融商品仲介行為にかかる金融商品取引契約にもとづく金融商品仲介行為を行うことの全部または一部の履行を拒否し、または不当に遅延させる行為。これは、金融商品取引業者の禁止行為についての金商業等府令一一七条一項五号に対応する。

⑤金融商品仲介行為に関し、顧客に迷惑を覚えさせるような時間に電話または訪問により勧誘する行為。これは、金融商品取引業者の禁止行為についての金商業等府令一一七条一項七号に対応する。抵当証券等および商品ファンド関連受益権の売買その他の取引にかかるもの等以外では、対象は個人に限定されている。

⑥金融商品取引法三八条四号（不招請勧誘規制）に規定する契約の締結の勧誘をする目的があることを顧客（特定投資家を除く）にあらかじめ明示しないで当該顧客を集めて当該金融商品取引契約の締結の勧誘を行う行為。これは、金融商品取引業者の禁止行為についての金商業等府令一一七条一項八号に対応する。

⑦金融商品取引法三八条六号（再勧誘規制）に規定する契約の締結につき、顧客にあらかじめ契約の締結をしない旨の意思を表示したにもかかわらず、当該金融商品取引契約の締結を勧誘する行為。これは、金融商品取引業者の禁止行為についての金商業等府令一一七条一項九号に対応する。

⑧あらかじめ顧客の同意を得ずに、当該顧客の計算による有価証券の売買その他の取引、市場デリバティブ取引または外国市

場デリバティブ取引をする行為。これは、金融商品取引業者の禁止行為についての金商業等府令一一七条一項一一号に対応する。

⑨　個人である金融商品仲介業者または金融商品仲介業者の役員もしくは使用人が専ら投機的利益の追求を目的として有価証券の売買その他の取引等をする行為。これは、金融商品取引業者の禁止行為についての金商業等府令一一七条一項一二号に対応する。金融商品取引業者の行為規制では、自己の職務上の地位を利用して、顧客の有価証券の売買その他の取引等にかかる注文の動向その他職務上知りえた特別の情報にもとづいて取引をすることも禁止されている。しかし、金融商品取引業者は、かかる情報を入手する立場にないことから、このような規制は定められていない。

⑩　顧客の有価証券の売買その他の取引・市場デリバティブ取引もしくは外国市場デリバティブ取引が内部者取引規制に違反することまたは違反するおそれのあることを知りながら、当該有価証券の売買の媒介その他の取引もしくは取引所金融商品市場もしくは外国金融商品市場における当該有価証券の売買の委託の媒介または市場デリバティブ取引もしくは外国市場デリバティブ取引の委託の媒介の申込みを受ける行為。これは、金融商品取引業者の禁止行為についての金商業等府令一一七条一項一三号に対応する。

⑪　有価証券の売買の媒介その他の取引もしくは取引所金融商品市場もしくは外国金融商品市場における有価証券の売買の委託の媒介または金融商品取引法二八条八項三号に掲げる取引もしくは同法二条二一項五号に掲げる取引（有価証券にかかるものに限る）の委託の媒介につき、顧客に対して当該有価証券の発行者の金融商品取引法二七条の二第一項に規定する公開買付け、これに準ずる株券等の買集めおよび金融商品取引法二七条の二第一項に規定する公開買付けの実施または中止の決定にかかる公表されていない情報を提供して勧誘する行為。

⑫　金融商品仲介業者またはその役員もしくは使用人が、当該金融商品仲介業者またはその親法人等もしくは子法人等の役員もしくは使用人が職務上知りえた顧客の有価証券の売買または市場デリバティブ取引もしくは外国市場デリバティブ取引にかかる注文の動向その他の特別の情報を、その親法人等もしくは子法人等から受領する行為もしくはその親法人等もしくは子法人等に提供する行為または親法人等もしくは子法人等から取得した当該特別の情報を利用して有価証券の売買その他の取引、市場デリバティブ取引または外国市場デリバティブ取引を勧誘する行為。事前の書面による同意があった場合には適用除外となる。

⑬　不特定かつ多数の顧客に対し、特定かつ少数の銘柄の有価証券の買付けもしくは売付けの媒介もしくは委託の媒介または市場デリバティブ取引の委託の媒介の申込みを一定期間継続して一斉にかつ過度に勧誘する行為で、公正な価格の形成を損なう

おそれがあるもの。これは、金融商品取引業者の禁止行為についての金商業等府令一一七条一項一七号に対応する。

⑭　顧客の取引にもとづく価格、指標、数値、または対価の額の変動を利用して自己または当該顧客以外の顧客の利益をはかることを目的として、不特定かつ多数の顧客に対し、有価証券の買付けもしくは売付けの媒介もしくは委託の媒介または市場デリバティブ取引の委託の媒介の申込みを一定期間継続して一斉にかつ過度に勧誘する行為。これは、金融商品取引業者の禁止行為についての金商業等府令一一七条一項一八号に対応する。

⑮　取引所金融商品市場における上場金融商品等または店頭売買有価証券市場における店頭売買有価証券の相場もしくは相場もしくは取引高にもとづいて算出した数値を変動させ、もしくはくぎ付けし、固定し、もしくは安定させ、また取引高を増加させることにより実勢を反映しない作為的なものとなることを知りながら、当該上場金融商品等または当該店頭売買有価証券にかかる買付けもしくは売付けの媒介もしくは委託の媒介または市場デリバティブ取引の委託の媒介をする行為。これは、金融商品取引業者の禁止行為についての金商業等府令一一七条一項二〇号に対応する。

⑯　顧客（特定投資家を除く）に対して、有価証券にかかる外国会社届出書等が英語により記載される旨の説明を行わず、またはその旨を記載した文書を交付しないで買付けの媒介または取引所金融商品市場もしくは外国金融商品市場における当該受益証券の買付けにかかる委託の媒介を行うこと。ただし、当該行為の日前一年以内に当該顧客に当該説明を行い、かつ、当該文書を交付した場合は除かれる。これは、金融商品取引業者の禁止行為についての金商業等府令一一七条一項二五号に対応する。

⑰　裏書以外の方法による抵当証券等の売買の媒介をする行為。

⑱　投資助言業務を行う場合には、当該投資助言業務にかかる助言にもとづいて顧客が行った有価証券の売買その他の取引、市場デリバティブ取引または外国市場デリバティブ取引を結了させ、または反対売買を行わせるため、当該顧客以外の顧客に対して有価証券の売買その他の取引、市場デリバティブ取引または外国市場デリバティブ取引を勧誘する行為。これは、金融商品取引業者の禁止行為についての金商業等府令一四七条一項一号に対応する。

⑲　投資運用業を行う場合には、当該投資運用業に関して運用財産の運用として行った有価証券の売買その他の取引、市場デリバティブ取引または外国市場デリバティブ取引を結了させ、または反対売買を行わせるため、当該運用財産の権利者以外の顧客に対して有価証券の売買その他の取引、市場デリバティブ取引または外国市場デリバティブ取引を勧誘する行為。これは、金融商品取引業者の禁止行為についての金商業等府令一四七条一項一号に対応する。

⑳　確定拠出年金運営管理業を行う場合において、当該確定拠出年金運営管理業にかかる加入者等による運用の指図（有価証券の売買にかかるものに限る）に関する情報を利用して、当該加入者等以外の顧客に対して有価証券の売買その他の取引、市場

デリバティブ取引または外国市場デリバティブ取引を勧誘する行為。

㉑　確定拠出年金運営管理業を行う場合において、当該確定拠出年金運営管理業にかかる加入者等による運用の指図にもとづいて行った有価証券の売買を結了させるため、当該加入者等以外の顧客に対して有価証券の売買その他の取引、市場デリバティブ取引または外国市場デリバティブ取引を勧誘する行為。

㉒　信託業等を行う場合において、当該信託業等にもとづく信託財産の管理または処分にかかる有価証券の売買その他の取引、市場デリバティブ取引または外国市場デリバティブ取引に関する情報を利用して、当該信託財産にかかる顧客以外の顧客に対して有価証券の売買その他の取引、市場デリバティブ取引または外国市場デリバティブ取引の委託等を勧誘する行為。

㉓　信託業等を行う場合において、当該信託業等にもとづく信託契約または委託者の指図にもとづいて行った有価証券の売買その他の取引、市場デリバティブ取引または外国市場デリバティブ取引を結了させ、または反対売買を行わせるため、当該信託契約にかかる顧客以外の顧客に対して有価証券の売買その他の取引、市場デリバティブ取引または外国市場デリバティブ取引を勧誘する行為。

㉔　金融機関代理業を行う場合において、資金の貸付けまたは手形の割引を内容とする契約の締結の代理または媒介を行うことを条件として、金融商品取引法二条一一項に掲げる行為を行うこと。

㉕　金融機関代理業を行う場合において、金融商品仲介業に従事する金融商品仲介業者またはその役員もしくは使用人が、有価証券の発行者である顧客の非公開融資等情報を金融機関代理業務に従事する金融商品仲介業者もしくはその役員もしくは使用人から受領し、または金融機関代理業務に従事する金融商品仲介業者もしくはその役員もしくは使用人に提供する行為。

㉖　金融機関代理業を行う場合において、金融機関代理業務に従事する金融商品仲介業者またはその役員もしくは使用人が、職務上知りえた公表されていない情報であって有価証券の投資判断に影響を及ぼすと認められるものにもとづいて、有価証券の売買その他の取引、市場デリバティブ取引または外国市場デリバティブ取引をする行為。

㉗　委託金融商品取引業者（金融商品仲介業者に金融商品仲介業務の委託を行う第一種金融商品取引業を行う金融商品取引業者）が当該委託金融商品取引業者の親法人等または子法人等に対して借入金にかかる債務を有する者が発行する有価証券または処分する自己株式の引受人となる場合において、当該有価証券にかかる手取金が当該借入金にかかる債務の弁済に充てられることを当該金融商品仲介業者が知りながら、その事情を顧客に告げることなく当該有価証券にかかる金融商品取引法二条一一項一号に掲げる行為。当該有価証券の引受けを行った当該委託金融商品取引業者が引受人となった日から六か月を経過する日までの間に当該有価証券を売却するものにかかるものに限られる）または同項三号に掲げる行為を行うこと。

三　金融商品仲介業者の経理

1　事業報告書の開示

金融商品仲介業者は、事業年度ごとに、内閣府令で定めるところにより、金融商品仲介業に関する報告書を作成し、毎事業年度経過後三か月以内に、これを内閣総理大臣に提出しなければならない（金商法六六条の一七第一項）(1)。

金融商品仲介業者は、内閣府令で定めるところにより、事業年度ごとに、右の事業報告書に記載されている事項のうち投資者の保護に必要と認められるものとして内閣府令で定めるものを記載した書面を作成し、これを金融商品仲介業を行うすべての営業所または事務所に備え置き、公衆の縦覧に供しなければならない（金商法六六条の一七第二項）(2)。

（1）　金商業等府令第二六号様式によって作成されなければならない（金商業等府令二八四条一項）。報告書には、金融商品仲介業者の商号または名称、代表者氏名、代表者の役職（法人の場合）、本支店等の所在地のほか、①登録年月日および登録番号、②所属金融商品取引業者等、③役員および使用人の状況、④金融商品仲介業にかかる口座の状況、⑤媒介手数料の状況の開示が求められている。

（2）　金融商品仲介業者は、毎事業年度経過後四か月を経過した日から一年間、報告書の写しをすべての営業所または事務所に備え置く方法その他の方法により公衆縦覧に供しなければならない（金商業等府令二八四条二項）。平成一八年の改正前までは、内閣総理大臣が、報告書のうち、顧客の秘密を害するおそれのある事項および当該金融商品仲介業者の業務の遂行上不当な不利益を与えるおそれがある事項を除き、投資者の保護に必要と認められる部分を公衆の縦覧に供しなければならないとしていた（平成一八年改正前証取法六六条の一五第二項）。

2　説明書類の開示

金融商品仲介業者は、所属金融商品取引業者等の事業年度ごとに、所属金融商品取引業者等が作成する説明書類を、金融商品仲介業を行うすべての営業所または事務所に備え置き、公衆の縦覧に供しなければならない（金商法六六条の一八）。開示すべき説明書類は、金融商品取引法四六条の四または四七条の三の規定にもとづき金融商品取引業者が作成・公衆供覧に供するものである。所属金融商品取引業者等は、取引の委託を行った金融商品仲介業者が顧客に加えた損害を賠償する責任がある（金商法六六条の二四）。したがって、顧客にとって、金融商品仲介業者の所属金融商品取引業者等の商号や名称を知るだけでなく、所属金融商品取引業者の業務および財産の状況に関する事項を記載した説明書類を縦覧できる体制の整備が求められている。

公衆縦覧に供すべき期間は法定されていない。もっとも、金融商品取引業者は、毎事業年度終了日以降、政令で定める期間を経過した日から一年間、すべての営業所において当該説明書類を公衆縦覧に供しなければならないことから（金商法四六条の四・四七条の三）、同様の期間の公衆縦覧が必要と考えられる。

（1）　銀行法二一条一項および二項その他政令で定める規定を含む。金融商品取引法施行令一八条の四では、①長期信用銀行法一七条、信用金庫法八九条一項、協同組合による金融事業に関する法律六条一項、労働金庫法九四条一項において準用する銀行法二一条一項および二項、②農林中央金庫法八一条一項および二項、③株式会社商工組合中央金庫法五三条一項および二項、④農業協同組合法五四条の三第一項および二項、⑤水産業協同組合法五八条の三第一項および二項、⑥保険業法一一一条一項および二項が定められている。

四　所属金融商品取引業者との関係

金融商品仲介業者の所属金融商品取引業者等は、その委託を行った金融商品仲介業者が金融商品仲介業につき顧客に加えた損害を賠償しなければならない（金商法六六条の二四本文）。金融商品仲介業者は、競争の促進や投資者の選択肢の拡大をはかる観点から、一社専属を義務づけられない。所属金融商品取引業者が複数存在する場合、どの金融商品取引業者との取引において証券事故が生じたのか、必ずしも明らかでないものもある。そこで、所属金融商品取引業者等が二以上あるときは、証券事故による損失の補てんを行う金融商品取引業者を決めることが求められている。(1) 責任を負う金融商品取引業者等の商号または名称は金融商品仲介業の登録書類に記載され（金商法六六条の二第一項六号、金商業等府令二五八条三号）、損失補てん契約の写しが添付されなければならない（金商法六六条の二第二項四号、金商業等府令二六〇条四号）。(2)

顧客に生じた損害賠償責任については、所属金融商品取引業者が金融商品仲介業者を利用して事業を行っているという関係および顧客に対する賠償資力の観点から、その所属金融商品取引業者が負うべきものとされている。(3) これによって、投資者の保護をはかり、あわせて、所属金融商品取引業者の金融商品仲介業者の監督を強化させる狙いがあると考えられる。(4) なお、当該所属金融商品取引業者等がその金融商品仲介業者への委託につき相当の注意をし、かつ、その者の行う金融商品仲介行為につき顧客に加えた損害の発生の防止に努めたときは、右の責任は発生しない（金商法六六条の二四ただし書）。所属金融商品取引業者が賠償責任を免れるには、これらの免責事由を完備していることを立証しなければならない。民法七一五条に定める使用者責任と同様、所属金融商品取引業者の免責を認めることは通常難しいと思われる。

(1)　「市場仲介者のあり方に関するワーキング・グループ」報告（平成一四年一二月一六日）は、「証券代理店が複数の証券会社に所属する場合には、例えば取引証券会社を明確にするための措置や、証券代理店の業務から生じた損害の賠償責任を負う証券会社が不明確な場合に所属証券会社が連帯して責任を負うなどの措置をあわせて講じることにより、投資者保護上支障が生じない仕組みとすべきである。」と述べていた。金融商品取引法では、連帯責任を負うシステムを採用しているかどうかは定かでない。

(2)　金融商品仲介業者は所属金融商品取引業者の媒介代理商である。代理商は、本人である会社の許諾がなければ会社の事業の部類に属する取引を行うことができない（会社法一七条一項）。金融商品仲介業者が他の金融商品取引業者との媒介取引において生じた事故についても、損害賠償責任を負わなければならないシステムでは、競業に関する許諾を得ることが難しくなるとの指摘がある。証券取引法研究会「平成一五年証券取引法等の改正Ⅲ―証券仲介業制度の創設について」平成一五年の証券取引法等の改正〔別冊

商事法務二七五号〕五二頁（川口・洲崎）（平成一六年）。

（3）　保険業法においても、所属保険会社は、生命保険募集人または損害保険募集人が保険募集につき保険契約者に加えた損害を賠償する責任を認めている（保険業法二八三条一項）。これらの規定は、民法七一五条に定める使用者責任の規定の特則と解されている。保険研究会編・最新保険業法の解説二六四頁（平成八年）。

（4）　金融商品仲介業者が不適格な外務員を雇用している場合、所属金融商品取引業者は債務不履行を理由に業務委託契約を解除することができると解される。証券取引法研究会・前掲注（2）四八頁（洲崎・龍田）。

五　金融商品仲介業者の監督

1　届出義務

金融商品仲介業を営む個人または法人は、金融商品仲介業を廃止したとき、その旨を、三〇日以内に、内閣総理大臣に届け出ることを要する（金商法六六条の一九第一項一号）。分割により、金融商品仲介業の事業の全部を承継させたとき、金融商品仲介業の事業の全部を譲渡したときも同様に届出義務が生じる。

金融商品仲介業を行う個人が死亡したとき、金融商品仲介業を行う法人が合併により消滅したときも、前者は相続人が、後者は法人を代表する役員であった者が、その旨の届出をする必要がある（金商法六六条の一九第一項二号・三号）。金融商品仲介業を行う法人について破産手続開始の決定があったとき、その破産管財人はその旨の届出を要する（金商法六六条の一九第一項四号）。金融商品仲介業を行う法人が合併および破産手続開始の決定以外の理由によって解散したときは、その清算人が届出義務を負う（金商法六六条の一九第一項五号）。

金融商品仲介業者に、右の各事由が生じたとき、所属金融商品取引業者等がなくなったとき、または、金融商品仲介業者が金融商品取引業の登録を受けたとき、外国証券業者の登録を受けたとき、その金融商品仲介業者の登録は効力を失う（金商法六六条の一九第二項）。

2　内閣総理大臣による行政処分と検査権限

金融商品仲介業者は内閣総理大臣の監督下にあり、その行政処分に服する。内閣総理大臣は、つぎに該当する場合には、金融商品仲介業者の登録を取り消し、六か月以内の期間を定めて業務の全部または一部の停止を命じ、業務の方法の変更を命じ、その他監督上必要な事項を命じることができる（金商法六八条の二〇第一項）。

① 金融商品仲介業の登録拒否要件（金商法六六条の四第一号〜五号）に該当することとなったとき

② 不正の手段により金融商品仲介業の登録を受けたとき

③ 金融商品仲介業に関し、法令または法令にもとづいてする行政処分に違反したとき

内閣総理大臣は、法定の事由が発生したために金融商品仲介業の登録が効力を失ったとき（金商法六六条の一九第二項）、または、行政処分による登録の取消しがなされたとき（金商法六六条の二〇第一項）、その登録を抹消しなければならない（金商法六六条の二一）。

内閣総理大臣は、公益または投資者保護のために必要かつ適当と認めるときは、金融商品仲介業者もしくはこれと取引する者に対して、参考となるべき報告もしくは資料の提出を命じ、またはその職員をして金融商品仲介業者の金融商品仲介業務の状況または書類その他の物件を検査させることができる（金商法六六条の二二）。

内閣総理大臣は、金融商品仲介業者を監督するにあたっては、業務の運営についての金融商品仲介業者の自主的な努力を尊重するよう配慮しなければならない（金商法六六条の二三・六五条の六）。

なお、内閣総理大臣は、金融商品仲介業者の役員が、金融商品取引業の登録拒否要件（金商法二九条の四第一項九号イ〜ト）までのいずれかに該当したとき、右③に該当する行為を行ったとき、その金融商品仲介業者に対して、その役員の解任を命じることができる（金商法六六条の二〇第二項）。

第五節　金融機関の有価証券関連業の規制

第一款　金融機関本体による有価証券関連業

一　原則的な禁止

1　金融商品取引法三三条一項本文

銀行[1]、協同組織金融機関その他政令で定める金融機関は[2]、原則として、有価証券関連業または投資運用業を行うことを禁止される（金商法三三条一項本文）。

ここにいう有価証券関連業は、つぎに掲げる行為のいずれかを業として行うことをいう（金商法二八条八項）。

① 有価証券の売買またはその媒介、取次ぎもしくは代理
② 取引所金融商品市場または外国金融商品市場における有価証券の売買の委託の媒介、取次ぎまたは代理
③ 有価証券関連デリバティブ取引[3]
④ 有価証券関連デリバティブ取引の媒介、取次ぎもしくは代理等
⑤ 有価証券等清算取次ぎ（金商法二条八項五号）であって、有価証券の売買、有価証券関連デリバティブ取引その他政令（金商令一五条の三）で定める取引にかかるもの
⑥ 有価証券の引受け（金商法二条八項六号）、有価証券の売出しまたは特定投資家向け売付け勧誘等（金商法二条八項八号）または有価証券の募集・売出しの取扱いまたは私募・特定投資家向け売付け勧誘等の取扱い（金商法二条八

項九号）

平成一八年改正前の証券取引法六五条一項は、銀行、協同組織金融機関その他政令で定める金融機関が、同法二条八項各号に掲げる行為を行うことを営業とすることを禁止していた。証券取引法二条八項は、同法にいう「証券業」を定義するものであった。そのため、証券取引法六五条一項は、銀行等の金融機関による証券業を禁止するものとなっていた。金融商品取引法三三条一項は、この規制を引き継ぐものである。

金融商品取引法二条八項は、「金融商品取引業」の定義を定めている。金融商品取引法における「金融商品取引業」の範囲は、証券取引法における「証券業」の範囲よりも広い(4)。そのため、銀行等の金融機関について、証券取引法と同様に、二条八項各号に規定する行為を禁止すれば、禁止される業務範囲が従来よりも拡大することとなる。このなかには、銀行等の金融機関が従来から行ってきたものも含まれる(5)。以上のことから、金融商品取引法は、銀行等の金融機関の証券業務を規制するために、証券取引法における「証券業」に相当するものとして「有価証券関連業」という概念を設け、銀行等の金融機関が当該業務を行うことを規制する方法を採用した(6)。

金融商品取引法三三条一項本文は、銀行、協同組織金融機関その他政令で定める金融機関が「投資運用業」を行うことも禁止している。投資運用業は、投資一任契約にかかる業務、投資法人資産運用業、投資信託委託業などをいう（金商法二八条四項）。これらの業務は、有価証券の売買の代理といった証券取引行為が随伴することから、金融商品取引法において、銀行等の禁止行為とされた(7)。なお、平成一八年の法改正前においても、信託業務を兼営する銀行等については、証券投資顧問業法にもとづき、認可を受けて、投資一任業務を行うことができた。そのため、金融商品取引法の下でも、信託業務を兼営する銀行等については、投資運用業を行うことができるものとされている（金商法三三条の八第一項）(8)。

(1)　銀行は、銀行法上の銀行のみならず、長期信用銀行法上の長期信用銀行を含む（長銀法一八条）。

（2）　その他の金融機関として、①株式会社商工組合中央金庫、②保険会社、③無尽会社、④証券金融会社、④主としてコール資金の貸付けまたは貸借の媒介を業として行う者のうち金融庁長官の指定するものが規定されている（金商令一条の九）。

（3）　これには、有価証券に関連する市場デリバティブ取引、店頭デリバティブ取引、外国金融商品市場において行う取引で市場デリバティブ取引と類似の取引が規定されている（金商法二八条八項三号〜五号）。

（4）　有価証券に関連しないデリバティブ取引など、証券取引法の下で証券業とされていなかったものについても金融商品取引業に含まれる。

（5）　たとえば、金融商品取引業のうち、金融先物取引業等の有価証券に関連しないデリバティブ取引等の販売・勧誘を行う行為については、金融先物取引法等にもとづき、銀行等の金融機関が登録を受けて行うことが当然に認められていた。三井秀範＝池田唯一監修・松尾直彦編著・一問一答金融商品取引法〔改訂版〕二四九頁（平成二〇年）。

（6）　なお、金融商品取引業の定義において、銀行、協同組織金融機関その他政令で定める金融機関が有価証券関連業を行っても金融商品取引業にはならない旨が規定されている（金商法二条八項）。

（7）　尾崎輝宏＝中西健太郎「業規制・登録金融機関制度等」商事法務一七七六号二五頁。

（8）　投資助言・代理業（金商法二八条三項）は、それ自体が証券取引行為に随伴するものではなく、銀行等にこれを許容しても弊害が小さいと考えられることから、これを禁止業務とはしなかった。三井＝池田監修・前掲注（5）二五〇頁。なお、このことは、金融商品取引法の禁止行為とならないことに過ぎず、実際に、銀行等が行うことができるためには、各業法で当該業務が許容されていることが必要である。

2　分離規制の趣旨

銀行、協同組織金融機関その他政令で定める金融機関が有価証券関連業を原則として禁止されるのは、大きく分けて二つの目的による。

第一の目的は、預金の受入れを業務とする金融機関が危険の大きい有価証券関連業を併営することによって、その財産状態を悪化させることにより、預金者の利益を害することを未然に防止することである。(1)　広汎な預金者を基礎として成立している金融業においては、預金者の保護のために、その財産状態が健全であることが不可欠である。有価証券関連業、とりわけ有価証券の引受業務は大きな危険を伴うものであり、預金者の保護のために資産の安全かつ確実な運用をはからなければならない金融機関にとっては、このような危険を伴う業務はできる限り避けるべきものである。(2)

また、有価証券の自己売買業務を行う銀行等の金融機関は、有価証券の相場の変動の危険を負担する。銀行等の金融機関は、独占禁止法等の許す範囲で、投資の目的で有価証券を保有することができる。しかし、有価証券の日々の相場変動の危険を直接に被る有価証券の売買業務が金融機関の経営の健全性に及ぼす影響は、有価証券投資に内在するものの比ではない。

さらに、有価証券の受託売買業務や売捌き業務では、有価証券の投資の価値や投資の可否について顧客に助言を行い、勧誘がなされる場合がある。これらが、結果として、顧客の利益と合致しなかったときには、公衆の金融機関に対する信頼を損なうことも懸念される。(3)

銀行等の金融機関による有価証券関連業を禁止する第二の目的は、銀行等の経済への過度の支配を排除することである。

金融業と有価証券関連業を併営するときは、国民および企業による資金の運用ならびに調達が銀行等を介して行われ、これらの金融機関が経済全般について過度の支配を及ぼす危険性がある。これに対して、金融業と有価証券関連業を分離するときは、国民および企業による資金の運用ならびに調達が銀行等の金融機関および金融商品取引業者にわけて行われて、銀行等による経済全般への過度の支配が排除される。さらに、銀行等の金融機関が金融業のみならず有価証券関連業をも併営するところでは、個人または企業による資金の調達は、資金の借入れのみならず有価証券の発行によるものも銀行等の金融機関の関与の下に行われる。そこで、銀行等の金融機関としては、企業から資金調達の相談を受けたときは、金融商品取引業者がその相談を受けたときと異なり、必ずしも有価証券の発行を強く勧めることなく、資金の借入れの方法を勧めることが考えられる。また、個人または企業による資金の運用にあたって、預金のみならず有価証券への投資も銀行等の金融機関の関与の下に行われる。この場合、預金業務を営む金融機関は、資金の運用手段として、個人および企業に対して有価証券への投資を強く勧めないことが考えられる。個人および企業による資金の調達および運用が有価証券を通じて活発に行われないところでは資本市場は大きな発展を期待できない。資本市場の大きな発展をみないところでは、有価証券による資金調達および有価証券への資金運用が不当に制約されることになる。銀行等の金融機関による有価証券関連業の併営の禁止は、このような弊害を防止するのに役立つ。(4)(5)

銀行等の金融機関による有価証券関連業の併営の禁止は、これらの金融機関が有価証券関連業を併営する場合に得られる競争、顧客の便宜および専門知識の活用という効用を犠牲にするものである。すなわち、銀行等の金融機関が有価証券関連業を併営することができるときは、金融機関の有価証券関連業への参入が広く期待され、それによる競争が高まり、顧客は金融機関で金融業務のみならず有価証券関連業のサービスを受けることができ、銀行等の金融機関が金融業の過程で得られた専門的な知識を有価証券関連業にも活用することができる。(6)しかし、金融商品取引法は、銀行等の金融機関の有価証券関連業の併営によるこのような効用を犠牲にしても、金融機関の経済全般への過度の支配の排除および預金者の保護をはかるために、金融機関が有価証券関連業を原則として行いえないものとしている。(7)(8)

(1)　金融商品取引法三三条は、平成一八年改正前の証券取引法六五条を引き継ぐものである。証券取引法六五条は、第二次世界大戦後の証券取引法制定の最終段階で、連合軍司令部の強い要求によって挿入されたものであった。同条の制定経緯については、阿部康二・銀行・証券・垣根論争覚え書五一頁以下（昭和五五年）、後藤新一・銀証自由化の経済学一七頁以下（平成二年）参照。アメリカでは、一九三三年の銀行恐慌を教訓として、一九三三年銀行法（一般的にグラス＝スティーガル法とよばれている）により、銀行の証券業が厳しく規制された。同法制定以前の銀行の証券業の動向については、川口恭弘・米国金融規制法の研究―銀行・証券分離規制の展開（平成元年）、高月昭年・米国銀行法（平成一三年）参照。その他の研究業績については、神崎還暦・逐条・証券取引法―判例と学説二五三頁（川口執筆）（平成一一年）を参照。したがって、アメリカでの銀行業と証券業の分離は金融機関の健全性維持の観点から採用されたといえる。なお、一九三三年銀行法の規定とわが国の証券取引法六五条の規定の類似・相違点については、鈴木竹雄＝河本一郎・証券取引法〔新版〕二六〇頁（昭和五九年）、川口恭弘・現代の金融機関と法〔第三版〕二七四頁（平成二二年）を参照。

（2）鈴木＝河本・前掲注（1）二六〇頁、龍田節「金融業務と証券業務」現代の経済構造と法五四六頁（昭和五〇年）は、金融機関の証券業（有価証券関連業）を禁止する目的の第一は、証券会社が証券業務の分野で健全に発展できる制度的基盤を提供することにあるとしている。これらの見解は、アメリカ法と異なり、日本法では、金融機関が独占禁止法の制限を超えなければ、投資のための有価証券の取得が制限されていないことを理由とする。そこでは、預金者保護は副次的な効果に過ぎないこととなる。金融機関が投資の目的で有価証券を取得することが独占禁止法一一条の制限に服する以外は禁止されていないことは、預金者の保護の点で必ずしも十分でないとしても、有価証券の引受けを含む有価証券関連業を禁止されていることは、なお、預金者の保護の上で重要な意味を有する。

この点について、預金者保護は、金融商品取引法で実現すべき目的であるかが問題となる。前述のように、金融商品取引法の前身である証券取引法六五条は、アメリカの影響を受けたものである。アメリカでは、分離規制は預金者保護のために定められた（アメリカでは銀行法に規定がある）。この点で、証券取引法六五条の立法趣旨に預金者保護の視点があったことに疑いはない。また、当時のわが国の銀行法の条文は規定数も少なく、銀行の業務の健全性を維持するための立法として十分なものとはいえなかった。以上のことから、証券取引法上の分離規制が、銀行の預金者保護に一定の役割を果たしたことに間違いはない。しかし、金融商品取引業を含め、銀行等にリスクをもたらすと考えられる弊害は、本来的には、各業法において対処すべき課題である。現在では、銀行の業務の健全性に対する関心は格段に高まり、銀行業務の内容も銀行法で厳格に規定されるようになった。このような状況下、預金者保護を目的として制定された分離規制を金融商品取引法上維持する意義が問われている。川口恭弘「業際規制」商事法務一九〇七号三八頁。

なお、金融商品取引法において有価証券関連業が禁止されるのは預金取扱金融機関に限らない。すなわち、保険会社、無尽会社、証券金融会社、短資会社も有価証券関連業が原則として禁止される（金商令一条の九）。預金者保護の必要性は、これらの金融機関には妥当しない。もっとも、保険会社は、預金取扱金融機関と同様に間接金融の担い手であり、保険契約者の保護の必要性が高い。

（3）有価証券の受託売買業務または売捌き業務を行う場合、金融機関はそれらの業務による手数料収入の増大に営業上の利益をもつことから、顧客の有価証券の取引が促進されることを期待して、そのための資金を貸し付けることが考えられる。かかる資金の貸付けは、顧客に有価証券に対する投機熱をあおる危険性がある。

（4）　鈴木＝河本・前掲注（1）二六〇頁は、証券取引法六五条（当時）の目的は、証券業者がその業務分野において健全な発展を遂げるための制度的な基礎を提供することを挙げるが、それは、究極的には、資本市場の健全な機能発揮をはかることを目的とするものと考えられる。証券業者がその業務分野で健全な発展を遂げることは、立法の政策目的としては、証券業が健全に発展し、証券市場が国民経済のために十分の機能を発揮することにつながるべきものだからである。

（5）　なお、分離規制が制定されて半世紀以上が経過し、わが国の企業や証券市場の状況は大きく変化している。企業の資金調達に対する銀行の関与の弊害が現在にも妥当するか、再検討の余地があるように思われる。この見解は、銀行は、企業に証券発行ではなく、融資を勧めることで、また、投資者に証券投資ではなく、預金を勧めることで、結果として、証券市場の発展が阻害されるとするものである。もっとも、銀行が企業に対して圧倒的な影響力を有していた時代と異なり、現在では、少なくとも大規模企業は、資金調達の方法を選択できる立場にある。また、預金を主たる資金運用手段としてきた日本国民も、証券投資への関心が高まっている。さらに、販売窓口の拡充により、むしろ、証券市場の活性化に繋がることも考えられる。川口・前掲注（2）三九頁。

（6）　銀行業の遂行の過程で知りえた情報を有価証券関連業に利用することは、それが内部者取引にかかわる場合には、それ自体不当なものとして禁止されなければならない。銀行等の金融機関が有価証券関連業を兼営する場合には、内部者取引を防止するために、有価証券関連業以外の業務で得られた情報を有価証券関連業に活用する危険性を防止するための配慮はより大きくなる。いわゆるシナジー効果は、これ以外の情報に関して発揮されるべきことに留意が必要である。内部者取引の問題は、有価証券関連業の内部での引受業務により得られる情報を自己売買業務または委託売買業務に利用する場合にも問題となるのであり、銀行等の金融機関による有価証券関連業の併営に特有の問題ではない。なお、後述するように、平成二〇年の改正で、銀行と金融商品取引業者の間の情報の授受が大幅に緩和された。これは、金融グループの国際競争力を向上させるための改正であった。

（7）　金融商品取引業者監督指針Ⅷ—二—五(1)は、①取引先企業に対し株式公開等に向けたアドバイスを行い、または引受金融商品取引業者に対し株式公開等が可能な取引先企業を紹介する業務、②勧誘行為をせず、単に顧客を金融商品取引業者に紹介する業務は、金融商品取引法三三条一項により行ってはならないとされる行為には該当しないとしている。②の紹介には、当該銀行等の店舗に、金融商品取引業者が自らを紹介する宣伝媒体を据え置くことまたは掲示すること、または当該銀行等と金融商品取引業者の関係または当該金融商品取引業者の業務内容について説明を行うことが含まれる。

（8）　既述のように、金融商品取引法三三条一項が定める業際規制の今日的意義について再検討する余地がある。近年では、金融商品取引法の業際規制意義を、利益相反の防止に求める見解がある。後述するように、平成四年以降、業態別子会社や金融持株会社による業務の相互参入が進んでいる。その際にも、利益相反取引を未然に防止しようとするため弊害防止措置が講じられてきた。銀行本体による業務についても同様のことがあてはまる。もっとも、近年、弊害防止措置の緩和の条件として、各金融機関に利益相反防止体制の整備が義務づけられた。銀行等の本体業務についても、実効性のある利益相反の管理が可能であれば、この点に配慮して、あえて分離規制を維持する必要性はなくなるものと思われる。

これまでの金融制度改革にあたっては、日常的な銀行業務から生じる企業との関係が、金融商品取引業（証券業）を行う上で有利に作用することが懸念されてきた。特に、銀行に有する情報の利用が問題視され、非公開情報の授受が厳格に規制されてきた。しかし、この点については、グループ内の情報共有が有益との判断から、規制が大幅に緩和されたことが注目される。他方で、銀行等は、融資業務を通じて、依然として企業に影響力を有していることも事実で、かかる影響力のゆえに、競争上の優位性が認められる。しかし、企業が、自らの判断で、銀行との関係を重視し、銀行との取引（証券取引）を選択することは、合理的な経営判断とも考えられる。もっとも、銀行等が優越的地位を濫用して、取引を強制する行為は許されるべきでない。このような行為は、独占禁止法に抵触するものであり、各業法においても禁止されるべき行為といえる。

なお、このように、現在においては、金融商品取引法において業際規制を定める意義は大きく後退していると考えた場合でも、このことは、銀行等の本体での有価証券関連業務が解禁されるべきことを意味しない。この問題については、参入業務の性質が、銀行等の財務の健全性に与える影響によって、各業法において、より慎重に検討されなければならない。川口・前掲注（２）三八頁。

二　許容される業務

1　有価証券への投資

銀行、協同組織金融機関その他政令で定める金融機関は、他の法律の定めるところにより、投資の目的で、有価証券の売買もしくは有価証券関連デリバティブ取引をすることができる（金商法三三条一項ただし書）。

金融商品取引法三三条一項本文は、銀行等の金融機関が有価証券関連業を行うことを禁止する。有価証券の売買は同法二条八項一号に規定されている。もっとも、これには、長期投資の目的で有価証券を取得しまたはかかる目的で取得した有価証券を処分する行為は含まれないと解される(1)。したがって、銀行等の金融機関が投資の目的をもって行う有価証券の売買等について規定する金融商品取引法三三条一項ただし書は、同条三三条一項本文の例外を定めるものとはいえない。本条ただし書の規定は、有価証券への投資は、銀行等の金融機関の許容業務であることを明確にする注意的な規定と位置づけされる。

銀行法においても、有価証券の売買または有価証券関連デリバティブ取引のうち、投資の目的をもって行うものを銀行の付随業務として認めている（銀行法一〇条二項二号）(2)(3)。

なお、信託業を営む金融機関が、信託業法の定めるところにより、信託契約にもとづいて信託をする者の計算で有価証券の売買または有価証券関連デリバティブ取引を行うことも認められる（金商法三三条一項ただし書）。

これら金融商品取引法三三条一項ただし書で規定される業務は、内閣総理大臣への登録を要せずに行うことができる。

（1）　このような解釈をすることで、一般投資者が有価証券への継続的な投資を行ったとしても金融商品取引業の登録を要しないこととなる。

（2）　銀行が、かかる銀行法の規定のないまま、有価証券への投資を行うことができるかが問題となる。小山嘉昭・詳解銀行法一七〇頁（平成一六年）は、銀行が一般の企業と同じ立場に立って投資の目的をもって有価証券の売買をすることは、特に規定がなくても行為能力としてできることなので、注意的に規定されたものといえるとしている。しかし、銀行は、一般企業が行う業務をすべてできるわけではないことに注意を要する。銀行は、その業務の公共性から、行うことのできる業務範囲が銀行法で制限されている。このため、業務としてかかる行為を行うためには、明文の規定を銀行法上定める意義と必要性が存在していると思われる。川口恭弘「株式保有の規制」河本古稀・現代企業と有価証券の法理二二〇頁（平成六年）。

（3）　銀行の株式投資を無制限に認めるべきかどうかについて十分な議論が必要である。銀行の株式投資は、貸付業務を補完するために認められた。本来、銀行の資金は貸付けで運用されるべきところ、適当な貸付先が見つからない場合に、資金を寝かしておくよりは、株式を含めた有価証券で運用することが有利であると考えられたことによる。そこでは、貸付業務の付随的役割が期待されているに過ぎなかった。歴史的な経緯については、川口・前掲注（2）二一三頁参照。銀行の業務の公共性にかんがみて、過度な株式投資が銀行にとって健全な資金運用方法であるかどうかが論じられなければならない。株価は変動するため、投資者は株価の値下りという投資リスクを負担する。銀行は、本業である貸付けにおいて、株式を担保に貸付けを行う。この点で、株価変動リスクを本業でも負担している。しかし、株式担保の貸付けでは、貸付債権がデフォルトになった場合にはじめて銀行に株価変動リスクが及ぶいわば二次的なリスクである。これ対して、株式投資のリスクは、株価変動を直接に受けるいわば第一次的なリスクである。M. Malloy, The Corporate Law of Banks 663 (1988). さらに、銀行の業績は株式の含み益に左右される。このような株式の含み益に頼る銀行経営の姿勢は見直される必要がある。川口恭弘・現代の金融機関と法〔第三版〕二七七頁（平成二二年）。平成一三年に銀行等の株式等の保有の制限等に関する法律（平成一三年一一月二八日法律一三一号）が制定され、銀行等（銀行、長期信用銀行、農林中央金庫および信金中央金庫）およびその子会社等は、当分の間、株式その他これに準ずるものについては、合算して、その自己資本に相当する額を超える額を保有してはならないこととなった（銀行持株会社および長期信用銀行持株会社についても同様）。

2　書面取次ぎ行為

銀行もしくは協同組織金融機関その他政令で定める金融機関は、書面取次ぎ行為を行うことができる（金商法三三条二項）。書面取次ぎ行為とは、顧客の書面による注文を受けてその計算において有価証券の売買または有価証券関連デリバティブ取引を行うことをいう。ここでいう有価証券の売買は、顧客の計算によるものであることから、取次ぎの実行として行うものである。

金融商品取引法三三条一項ただし書は、有価証券の投資の目的をもって行う有価証券の売買等について、同条一項本文の禁止規定を適用しないと定めている。書面取次ぎ行為は、同条二項により一項本文の適用除外と規定されている。平成一八年改正前の証券取引法六五条では、書面取次ぎ行為は、同条二項ではなく、同条一項ただし書で一項本文の適用除外となる旨が規定されていた。平成一八年改正前の証券取引法六五条の二第一項は、同法六五条二項各号に掲げる有価証券等を行う場合に内閣総理大臣の登録を要求していた（金融商品取引法三三条の二も同様）。したがって、証券取引法六五条一項ただし書で同条一項本文の適用除外とされている書面取次ぎ行為については、登録は不要であった。これに対して、金融商品取引法の下では、金融機関が書面取次ぎ行為を業として行おうとするときは、内閣総理大臣の登録を受けなければならない（金商法三三条の二第一号）。金融商品取引法は、「金融商品取引業者等」について行為規制を定めている。金融商品取引業者等には、金融商品取引業者のみならず登録金融機関も含まれる（金商法三四条一項）。したがって、登録金融機関による書面取次ぎ行為について、金融商品取引法に定める行為規制が適用されることとなる。書面取次ぎ行為は、顧客と直接の接点があることから、投資者保護のための行為規制を適用することが必要と考えられる。(1)

銀行等の金融機関が行うことのできる書面取次ぎ行為には、「当該注文に関する顧客に対する勧誘に基づき行われるもの」が除かれる（金商法三三条二項）。これによって、銀行等の金融機関からの勧誘にもとづきなされる書面取次ぎ行為は、金融商品取引法三三条一項本文により禁止されることとなる。銀行等の金融機関に書面取次ぎが認められるのは、これらの金融機関が顧客から預金として受け入れている資金等で有価証券の買付けあるいはその売付けをしたいとの注文を受けた場合、本来の業務に付随するサービスとして、これに応じることを可能にするためである。(2)平成一八年改正前の証券取引法の下でも、明文の規定はないものの、銀行等の金融機関の書面取次ぎ行為は受動的なもののみが認められると解されており、金融商品取引法は、この点を明確にしたものと考えられる。(3)(4)銀行等の金融機関が従来から取引のない者より有価証券の売買の注文を受けた場合に、その者から預金を受け入れた上で売買注文の執行として、顧客の計算で、有価証券の売買を行うことは脱法行為として許されないものと解される。(5)

また、「当該金融機関が行う投資助言業務に関しその顧客から注文を受けて行われるもの」についても書面取次ぎは認められない。顧客に投資助言業務を行い、それに伴い注文を受ける行為については、有価証券関連業を行うことと同視されるとの理由から、金融商品取引法において、銀行等の金融機関が行うことができる書面取次ぎ行為から除外された。(6)

顧客の注文によりその計算で行う有価証券の売買が銀行等の金融機関の勧誘にもとづくものでないときは、かかる業務に関しては、勧誘行為に際しての投資助言は問題とならない。そのため、銀行等の金融機関は、自己の投資助言が結果として、顧客の有価証券の取引に利益をもたらさないことによる評判の低下をおそれるがために、その助言にかかる有価証券の発行会社に特別の資金援助をすること、広く有価証券の取次業務による収益を増大させるために、有価証券投資のための資金を顧客に積極的に貸し付けるインセンティブを有しない。このことは、銀行等の金融機関が有価証券関連業を兼営することによって懸念される弊害・危険をその限りで取り除くものである。(7)

なお、顧客の計算による有価証券の売買は、顧客の書面による注文にもとづくことを要する。したがって、直接の口頭または電話による注文によっては、銀行等の金融機関はかかる売買をすることができない。受注を慎重ならしめる趣旨と解されるため、この書面は、有価証券の売買ごとに個別的に作成されるものであることを要し、包括的な約定を記載するだけでは不十分である。(8)

なお、平成一八年改正前の証券取引法の下では、書面取次ぎ行為は、銀行もしくは協同組織金融機関に限り認められていた。これは、顧客から預金を受け入れている金融機関が、預金業務に付随するサービス（預金者へのサービス）として、有価証券の売買注文を受けることを許容するためと説明されてきた。(9) 金融商品取引法では、書面取次ぎ行為が、同法三三条二項による登録金融機関の行為と規定され、その対象は、「その他政令で定める金融機関」にも拡大され、預金取扱金融機関以外にも当該行為が許容されている。これらの金融機関に書面取次ぎ行為を認めたことについては、従来とは異なる根拠が示されなければならない。なお、金融商品取引法の規制が適用除外とされても、金融機関が当該業務を行うためには、各業法でそれを許容する規定が必要になる場合があることに留意が必要である。(10)

(1)　金融審議会金融分科会第一部会「中間整理」（平成一七年七月七日）は、「金融機関による書面取次ぎの特例については、行為規制が適用されないといった問題があることから、投資サービス法の制定に併せ、販売・勧誘業務に一本化すべきである。」としていた。

（2）　衆議院の財政および金融委員会での証券取引法の法案審議において、政府説明委員である岡村峻氏は、銀行にかかる証券業務を認める趣旨として、つぎのように述べている。「銀行は御承知のように、現金にいたしましても当座預金というような非常に短期の預金を扱っております。しかもその当座預金で、ついでにそれを社債とか、株式の資金にまわしてもらいたいというような注文を受けました場合に、附随するサービスと申しますか、仕事として銀行がそういう注文を受けるということだけは最小限度認めよう、こういう趣旨からでございます。」（衆議院財政及び金融委員会議録一二号（昭和二三年三月二六日））。なお、銀行業に付随する業務として行うものであることは、銀行がそれにより有償で行うことを妨げない。

（3）　平成一八年改正前の証券取引法では、公共債に関する証券業務などについて、証券会社の行為規制を登録金融機関に準用していたものの（平成一八年改正前証取法六五条の二第五項）、書面取次ぎ行為については、かかる準用規定が存在しなかった。有価証券のうち、比較的安全性の高い公共債にかかる証券業務について勧誘規制が準用されているにもかかわらず、株式および社債を含む有価証券一般についての書面取次ぎ行為にかかる規定が準用されていないことは、証券取引法が、金融機関の書面取次ぎ行為について勧誘を許容しない立場を示しているとの見解があった。本書旧版五六七頁。しかし、金融商品取引法では、書面取次ぎ行為について行為規制が適用されることとなったため、同法の下このような見解は書面取次ぎ行為で勧誘を禁止する根拠とならなくなった。

一方で、鈴木竹雄＝河本一郎・証券取引法〔新訂版〕二六八頁（昭和五九年）は、分離規制条項の目的は、金融機関をして証券業務から手を引かせることにあるとの立場から、顧客への投資勧誘を許し、同条の規制の例外を広範に認める結果となるような見解には賛成できないとしている。

（4）　米国の一九三三年銀行法一六条も、わが国の金融商品取引法三三条一項ただし書と同様に、顧客の注文および顧客の計算による（upon the order, for the account of, customers）証券の売買業務を銀行に認めている。ここにいう「顧客」の意義が裁判で争われた。そこでは、「既存の顧客への便益を図る目的でかつ利得の目的のない場合」にこれを限定すべきとする証券界の主張が裁判所で否定されている。川口恭弘・米国銀行規制法の研究―銀行・証券分離規制の展開八六頁以下参照（平成元年）。なお、本文で述べたとおり、現在では、条文で、銀行等の金融機関による勧誘が禁止されるものの、平成一八年の改正前までは、かかる明文の規定はなかった。そのため、銀行等の金融機関は証券取引法の規定を利用して有価証券の売買の取次業務を行うことができたものの、実際上は、積極的に当該業務への参入を行うことはなかった。これは、既述のように、条文の解釈によって、業務が受動的なものに制限されていたことに加えて、参入のメリットが少ないことも理由として考えられた。すなわち、上場証券については、顧客の注文を証券取引所の会員に取り次ぐ必要があったが、固定手数料体系の下で、証券会社は委託売買手数料を割り引くことができず、その結果、銀行は顧客の注文を無償で取り次ぐことを余儀なくされていた。この問題については、川口恭弘「銀行の書面による有価証券の売買取次業務」神戸学院法学二五巻三号六八頁以下参照。

(5)　かつては、狭義の勧誘のほか、新聞、雑誌、テレビ、ラジオ等による広告、説明会の開催、口頭、文書、電話等の通信手段による有価証券投資に関する情報提供等が勧誘に該当するとしていた。河本一郎＝関要監修・逐条解説証券取引法〔新訂版〕五八二頁(平成一四年)。しかし、現行の金融商品取引業者監督指針Ⅷ―2―5⑵は、取引の勧誘を禁止するとした上で、書面取次ぎ行為について、①当該業務内容の説明を顧客に対して行うこと、②当該業務内容について、新聞、雑誌、文書、ダイレクトメール、インターネットのホームページ、放送、映画その他の方法を用いて紹介すること、③当該業務にかかる注文用紙および②の文書を当該銀行等の店舗に据え置くこともしくは顧客に送付すること、またはその文書を店舗に掲示することは勧誘行為にあたらないとしている。

(6)　尾崎輝宏＝中西健太郎「業規制・登録金融機関制度等」商事法務一七七六号二六頁。

(7)　換言すると、銀行の株式等の委託売買業務を認める場合には、これらの弊害に十分に配慮する必要がある。

(8)　アメリカ法では、わが国のように「書面による」との要件は課せられていない。この点について、鈴木＝河本・前掲注(3)二六八頁は、顧客の注文意思をより明確にし、受注を慎重ならしめるために挿入したものとする。

(9)　平成一五年の改正まで、書面取次ぎ行為の許容は「銀行」に限定されていた。この点については、立法過程において、信託業界から異論が出され、政府答弁としてつぎのことが述べられている。「銀行は当座預金をもっており、この当座預金で社債とか株式を買ってくれというお客があった場合に、銀行がその注文に応じてサービスすることは必要かつ便宜であると考えられるから銀行についてこれを認めた。信託会社は理論的にいえば財産の管理が業務であって投資の代理業務はその本業ではないから一応規定の上で除外した」。田中弘一「金融機関の証券業務の禁止について(上)証券取引法第六五条の施行」財務経済弘報九八号四頁。もっとも、平成一五年の改正までは、右のように、銀行以外で預金を取り扱う金融機関は銀行と同様の適用除外は定められていなかった。このような取扱いの差は、大規模な金融機関で、顧客のニーズが多様な銀行に適用除外を認める必要性があるとの政策的判断とも考えられた。平成一五年の改正により、協同組織金融機関にも、書面取次ぎ行為が認められることとなった。

(10)　たとえば、銀行法一〇条二項二号は、有価証券の売買または有価証券関連デリバティブ取引(投資の目的をもってするものまたは書面取次ぎ行為に限る)を付随業務と規定している。なお、保険業法ではこのような規定が存在しない。

3　公共債にかかる業務

銀行、協同組織金融機関その他政令で定める金融機関が、国債、地方債ならびに政府が元本の償還および利息の支払いについて保証している社債その他の債券（以下「公共債」という）について有価証券関連業を行う場合は、金融商品取引法三三条一項本文の規定は適用されない（金商法三三条二項一号）。[1] これらの有価証券は安全性が高く、銀行等の金融機関がそれについて有価証券関連業を行っても預金者の保護に欠けることがないと認められたことによる。また、公共債の流動性を高めるためにはその太宗を引き受けてきた銀行が公共債についての売買業務を行いうることが適切であることもその理由として挙げられる。[2] さらに、銀行等の金融機関のもつ広い販売網を利用して、公共債を国民に売り捌くことが、国民の資産形成に資するだけでなく、公共債の消化に役立つという政策的配慮も窺うことができる。[3]

昭和五六年の改正前までは、公共債に関する証券業務は、他に取得させる目的をもってするものでない引受け以外については、一般にこれをなしえないものと解されていた。[4] 昭和二三年の証券取引法の制定当初から、同法六五条二項は、金融機関の証券業を禁止する同法六五条一項の規定は、公共債については適用がないものと定めていた。しかし、この規定は、銀行等の金融機関による証券業の禁止を公共債について解除するのみで、これらによる公共債にかかる証券業を積極的に許容するものではなかった。その上、証券取引法自体、金融機関の証券業についての投資者保護のための規定を完全に欠いており、証券取引法においても金融機関による公共債にかかる証券業を認める体制を備えていなかった。昭和五六年の証券取引法の改正で、かかる体制を整える規定が定められ、金融機関の各業法の改正で、公共債に関する業務についての規定を定めることとなった。

銀行法は、公共債の残額引受けまたは当該引受けにかかる募集の取扱いを銀行の付随業務と規定している（銀行法一〇条二項四号）。残額引受けは、公共債の発行予定額の満額消化を下支えすることを内容とする業務である。したがって、その業務は、銀行の代表的な付随業務である債務の保証（銀行法一〇条二項一号）に準じるものとして、付随業務と規定されている。(5) また、残額引受けと一体として行う募集の取扱いについては、①残額引受けは募集の取扱いと一体不可分に行われるべきものであり、制度上これらを分離することは業務の実際に照らして不自然であること、②残額引受けと併せて行う募集の取扱いは、残額引受けの結果としての残部取得額を減少させる行為であり、この意味で、残額引受けに付随するものであると考えられることなどから、銀行の付随業務として規定されている。(6) 公共債に関するその他の業務は銀行業務に対する付随性を見いだすことはできない。そのため、政策的見地から、本業および付随業務とは区別した形で、銀行法一一条二号によって、銀行業の遂行を妨げない限度において、銀行に認められている。(7)

銀行が公共債に関する業務を行う場合には、内閣総理大臣の登録を受けなければならない（金商法三三条の二第一項二号）。ただし、残額引受けの場合には、一般投資家を相手方とするものではないため、投資者保護の必要がなく、金融商品取引法上の登録を受ける必要はない。もっとも、残額引受けと一体として行われる募集の取扱いは、その性質が多数の投資家を相手とするものであるために、金融商品取引法における登録が必要となる。(8)

（1）　金融商品取引法二条八項一号から三号まで、六号、八号および九号に掲げる行為が許容される。

（2）　金融制度調査会「普通銀行のあり方と銀行制度の改正について」（昭和五四年六月）は、「金融機関の資産に占める公共債の比重が高まるに伴い、公共債の流動性を高めることが一層重要となる。そのためには、金融機関の運用資産の適正な管理を図っていくという見地から、銀行が自己の資産運用の一環として公共債の売買を行っていくことが必要であり、これが円滑になされるような環境が整備されることが望ましい。」としていた。

（3）　金融制度調査会・前掲注（2）は、「公共債の安定的な消化を促進するため、その個人消化を一層拡大するとともに、国民の資産選択に資するという見地から、銀行が、その店舗を活用して新発公共債の募集取扱いおよびそれに関連する業務を行うことが有益である。また、銀行が総合的な取引の一環として顧客との間で公共債を売買することは、銀行が顧客に対し多様なサービスを提供するという銀行業務のあり方の観点からみて、適当なことと考える。」としている。なお、そこでは、「新発公共債の銀行による募集取扱い及び既発公共債の銀行による売買の問題については、以上のような多数意見のほか、個人は安定的保有層といえるかどうか疑問であること、証券業の経営基盤が確立されたとはいまだいい難いこと並びに企業等との間で公共債の売買と貸出等とが組合わせで行われるおそれ及び公共債の価格形成に好ましくない影響を与えるおそれがあるのではないかということ等の見地から、これを認めることは好ましくないという意見があった」ことを明らかにしている。

(4) 昭和五六年の銀行法の制定前においては、それは証券業務の一般的禁止を解いているだけで、当該業務が法律上できるかどうかは、各業法にどのように規定されているかにより判断すべきという見解と、証券業の禁止の免除には、銀行の証券業務に関する業法上の解釈が込められているとの見解が対立していた。谷村裕「銀行業務と証券業務」金融財政事情昭和五四年一〇月一日号一六頁以下、井上薫「銀行の国債窓販・ディーリングは法律・実体両面から問題なし・谷村論文に対する批判的一試論」金融財政事情昭和五四年一〇月二二日・二九日号一六頁以下参照。矢澤惇「銀行による国債売買業務の法律問題（上・下）」商事法務八一一号四頁以下・八一二号七頁以下は、銀行の公共債に関する証券業務の根拠を証券取引法六五条二項に求めること、昭和五六年改正前銀行法五条にいう付随業務に含める解釈を否定し、立法による解決を提案している。

(5) かつて、国債の発行は銀行を中心とするシンジケート団が引き受けていた。もっとも、銀行は引き受けた国債を市中に売却しなかった。しかし、国債の大量発行時代となり、銀行は、引き受けた大量の国債の販売を希望するようになり、さらに、既発行国債のディーリング業務への進出を主張することとなった。これが、昭和五六年の証券取引法、銀行法の改正へとつながった。

(6) 金融法令研究会編・新銀行法精義一六六頁（昭和五八年）。

(7) 川口恭弘「銀行の付随業務―銀行の証券業務規制に関する一考察」インベストメント四四巻一号三一頁以下参照。

(8) 金融機関の国債等の証券業務は、段階を経て拡大された。昭和五八年四月から長期利付国債、政府保証債および地方債の募集の取扱いが開始された（大蔵省証券局長・銀行局長「銀行等の証券業務に係る認可事務等の取扱いについて」（昭和五七年一二月一五日蔵証一八三六号、蔵銀二八五五号））。昭和五八年一〇月からは中期利付国債の販売および割引国債の募集の取扱いが認められ（大蔵省証券局長・銀行局長「銀行等の証券業務関係通達の一部改正について」（昭和五八年八月二六日蔵証一〇七八号、蔵銀二〇六九号）、昭和五九年からは国債等の売買業務が広く認められた（大蔵省証券局長「銀行等のディーリング業務に係る承認事務等の取扱いについて」（昭和五九年四月二八日蔵証五六五号））。

4　私募の取扱い

有価証券の私募は、新たに発行される有価証券の取得の申込みの勧誘（取得勧誘）で、有価証券の募集に該当しないものである（金商法二条三項）。私募の取扱いを業として行うことは金融商品取引業となる（金商法二条八項九号）。銀行等の金融機関は、金融商品取引法三三条一項本文の規定にかかわらず、有価証券の私募の取扱いを行うことができる（金商法三三条二項一号～四号）。(1) 銀行法等においても、有価証券の私募の取扱いを付随業務として認めている（銀行法一〇条二項六号参照）。(2)

私募債の取扱いについては、それが発行企業にとっては融資と同様の効果をもつことから、融資業務の変形として、銀行が主として行ってきた。もっとも、平成四年の証券取引法の改正前までは、私募の定義が法律上明確ではなく、銀行が私募の取扱いを行うことのできる根拠についても不明確であった。(3) そこで、平成四年の法改正で、私募の定義が明確にされ、私募の取扱いを証券取引法上の証券業とした上で、それを銀行に認めるために証券取引法六五条二項の改正がなされた。このような取扱いは、金融商品取引法にも引き継がれている。

私募の取扱いを行うことができる有価証券の範囲については、社債券のみならず、株券も含まれる。(4) 平成四年の証券取引法の改正では、「募集」の概念が改められた。そこでは、株券について、上場株券、店頭登録株券については、少人数を相手に発行された場合でも、募集となり、届出が必要とされている。すなわち、これらの株券の取得勧誘は、すべて募集と位置づけられ、私募が存在しないこととなる。そのため、株券についての私募がなされたとしても、銀行が取り扱う有価証券の範囲は未公開株式に限られる。

（1）　株券等にかかるオプションを表示するカバード・ワラントについては私募の取扱いは認められない（金商法三三条二項四号、金商令一五条の一八）。

（2）　ここにいう「有価証券の私募の取扱い」の定義は、金融商品取引法二条三項と同じであるとされている（銀行法一〇条八項）。

（3）　当時の大蔵省の見解は、私募の取扱いは、証券取引法二条八項二号にいう「有価証券の売買の媒介」に該当するというものであった。大蔵省証券局年報（昭和五三年版）一二六頁。しかし、この業務を「有価証券の売買の媒介」という証券取引法上の証券業の一つとみた場合、証券会社は本業としてこれを行うことができるものの、銀行は証券取引法六五条一項本文により当該業務を行うことが禁止されることとなる。この点について、河本一郎「私募債の仲介業者をめぐる法律上の問題」証券取引に係る基本的制度の在り方について（証券取引審議会報告書所収）（平成三年）は、「銀行が、取引先のために私募債の斡旋を行うことは、それが独立の業務と認められる程度に達しない限りにおいて許され、実際の、その枠内に留まっている」としていた。しかし、現実問題として、広範に私募債の発行がなされ、その取扱業務を銀行が独占して行ってきた状況からして、それは営業の域に達していたと考えられる。この点で、私募の取扱業務については、銀行と証券会社の相乗りを実現するために超法規的な行為を認めていたといわざるをえない。川口恭弘「金融制度改革の法的構造」神戸学院法学二四巻三・四号二六八頁。したがって、法改正による解決が不可欠であった。

（4）　証券取引審議会報告「証券取引に係る基本的制度の在り方について」（平成三年六月）は、「私募債については、融資の変形であるという面もあり、これまでの銀行等がその発行に関与してきたことをも踏まえると、銀行等が私募業務を行うことができるようにすることが適当である」と述べ、社債の私募の取扱いを念頭に置いていたように見える。この点について、法改正は、証券取引審議会報告を大きく逸脱したものとの批判がある。西條信弘「金融制度改革に関する証取法改正法案の諸問題」資本市場八〇号二九頁。

5　金融の証券化による有価証券に関する業務

コマーシャル・ペーパー（以下「CP」という）は、企業が短期の資金を調達するために発行するものである。金融商品取引法は、これを有価証券と規定している（金商法二条一項一五号）。銀行その他の金融機関は、発行日から償還の日までの期間が一年未満のCPに関する行為を行うことを許容される（金商法三三条二項一号）。海外で発行されるCPも同様の扱いを受ける（金商法三三条二項一号、金商令一五条の一七第三項）。CPは、銀行の本業である融資業務の変形であると考えられ、それに関する業務を銀行等に認めるものである[1]。銀行法上は、銀行の付随業務の一つとして、「金銭債権（譲渡性預金証書その他の内閣府令で定める証書をもって表示されるものを含む。）の取得または譲渡」を定めており（銀行法一〇条二項五号）、銀行法施行規則がCPを「金銭債権」に含める規定を置いている[2]。

平成一三年に短期社債等の振替に関する法律（平成一三年法律七五号）が制定され、券面を必要としないCPが実現した。さらに、平成一六年、同法は、社債、株式等の振替に関する法律（社債等振替法）と改められた[3]。券面を必要としないCP（短期社債）は、金融商品取引法においては、いわゆるみなし有価証券となる（金商法二条二項）。かかる短期社債についても、金融商品取引法三三条一項本文の規定は適用されない（金商法三三条二項一号）。

平成一〇年に、資産の流動化に関する法律が制定され、これに伴い、いわゆる特定目的会社に関する特定社債券、優先出資証券または新優先出資引受権を表示する証券および受益証券が金融商品取引法上の有価証券となった（金商法二条一項四号・八号・一三号）。かかる有価証券についての業務も銀行等の金融機関に認められる（金商法三三条二項一号）。これらは、従来の金融の枠組みを超えた新しいものであり、多様な担い手の能力や創意に期待するため、また金融機関としての専門的能力を生かして関与することができるために銀行等の金融機関に許容するものとされた。(4)(5)

（1）　CPに関する証券取引法上の位置づけは変化し、そのために法改正が実施された。これは、銀行と証券会社とが相乗りで、当該業務への参入を可能にするためのもので、有価証券の定義が、銀行等と証券会社の業務範囲をも決定する、いわゆるワンセット方式の規制方法の問題点を浮き彫りにした。本書一一一、一一三〇頁参照。

（2）　新規に発行されたCPを引き受ける場合または既発行のCPのディーリングを行う場合、金融商品取引業者の根拠は、「有価証券の引受け」または「有価証券の売買」となる。銀行であれば、その根拠は、「金銭債権の取得または譲渡」となる。CPの売買の斡旋を行う場合、金融商品取引業者は、「有価証券の売買の媒介等」に該当するものの、銀行については、それが「金銭債権の取得または譲渡」といえるかが問題となる。この点で、当該業務の法的根拠は不明確であった。平成四年の銀行法改正で、「第二項第五号に掲げる業務には、同号に規定する証書をもって表示される金銭債権のうち有価証券に該当するものについて、証券取引法第二条第八項各号に掲げる行為を行う業務を含むものとする」との規定が定められ（銀行法一〇条五項）、問題の決着がはかられている。当該規定は、現行銀行法においては一〇条六項に定められている。

（3）　同法が対象とする短期社債は、①各社債の金額が一億円を下回らないこと、②元本の償還について、社債の総額の払込みのあった日から一年未満の日とする確定期限の定めがあり、かつ、分割払いの定めがないこと、③利息の支払期限を、②の元本償還期限と同じ日とする旨の定めがあること、④担保付社債信託法の規定により担保が付されるものでないことと定義される（社債等振替法六六条一号）。短期社債については、社債券を発行することができない（社債等振替法六七条一項）。

（4）　近藤光男＝吉原和志＝黒沼悦郎・金融商品取引法入門〔第二版〕四二四頁（平成二三年）。

（5）　このほか、貸付信託の受益証券（金商法二条一項一二号）、信託法に規定する受益証券発行信託の受益証券（金商法二条一項一四号）、抵当証券法に規定する抵当証券（金商法二条一項一六号）、外国の者が発行する証券・証書で銀行業を営む者等の貸付債権を信託する信託の受益権・これに類する権利を表示するもの（いわゆるＣＡＲＤｓ）（金商法二条一項一八号）、外国法人が発行する譲渡性預金等（金商法二条一項二一号、金商令一五条の一七第四項）についても、銀行等の金融機関の有価証券関連業が認められる（金商法三三条二項一号）。

6　投資信託の窓口販売

銀行、協同組織金融機関その他政令で定める金融機関は、投資信託または外国投資信託の受益証券（金商法二条一項一〇号）および投資法人の投資証券、投資法人債券または外国投資証券（金商法二条一項一一号）に関する業務を行うことができる（金商法三三条二項二号）。

投資信託の受益証券は、投資信託委託会社が直接販売を行うか、金融商品取引業者（証券会社）を介して販売されていた。平成九年一二月から、投資信託委託会社が銀行の店舗を借りて顧客に投資信託の販売を開始した（いわゆる、間借り方式）[1]。これに続き、平成一〇年の改正で、このような業務が銀行等の金融機関の本体で認められることとなった。銀行や保険会社の根拠法として、銀行法一一条、保険業法九九条が定められている。

投資信託等の窓口販売は、投資者の利便性を向上するためと、投資家層の拡大を通じた証券市場の活性化を目的に解禁された[2]。多くの店舗をもつ金融機関で投資信託等の販売を認めることで、新たな投資家層の開拓を企図した改正であった。これまで証券市場に無縁であった預金者等が、投資信託等に投資をすることで、間接的に、証券市場に資金が流れ込むことが期待された。銀行等の金融機関は、投資信託等の販売を行うに過ぎない。金融商品取引法三三条の制定趣旨を預金者保護と解した場合でも、この点について弊害の発生は生じない[3]。もっとも、これまで、一般預金者には、元本保証のついた金融商品しか販売してこなかった金融機関が、元本割れのリスクのある商品を販売することで、投資者の側で、預金と誤認する危険性がある。この点については、店舗等で、誤認を防止するための詳細な開

示が要求されている。(4)

投資信託の受益証券は、市場の動向によって投資者が受け取る金額が変動するものである。かかる投資リスクの存在する商品を一般投資者に販売することを銀行等に許容したことで、銀行と証券の分離規制は、大きな転換期を迎えたこととなる。(5)

銀行等の金融機関による投資信託の受益証券の販売の全体に占める割合は、その後、激増している。すなわち、平成一七年には、登録金融機関による株式投信の販売割合は過半数を超過し、平成一九年には、全体でも過半数を超えるに至った。現在では、投資信託の受益証券の主要な販売チャネルとして銀行等は重要な位置を占めている。(6)

(1)　この点については、証券取引法研究会「金融システム改革法について(4)―銀行による投資信託商品の販売」インベストメント五一巻六号六三頁以下（川口）参照。

(2)　証券取引審議会報告「証券市場の総合的改革―豊かで多様な二一世紀の実現のために」（平成九年六月一三日）は、「投資対象の中でも投資信託は、広範な層の投資家が証券市場へ参加することをより容易にし、投資家の資産運用に厚みと幅を与えるという点で重要な商品である。しかしながら、我が国の個人金融資産に占める投資信託の比率は、米国等と比べて低い現状にある。投資信託を従来にも増して魅力あるものとするためには、投資信託の利便性の向上、商品の多様化、販売チャネルの拡充等、その制度の整備を図る必要がある。」と述べている。その上で、「投資家の利便性の向上と新たな投資家層の拡大を通じた証券市場の活性化といった観点からは、投資信託の販売チャネルを拡充することが必要であり、銀行等の金融機関による投資信託の販売を導入することが適当である。」とされた。さらに、金融制度調査会答申「我が国金融システムの改革について―活力ある国民経済への貢献」（平成九年六月一三日）も、「銀行等による投資信託の販売を行えるようにすることにより、投資信託の販売チャネルを拡充していくことは、顧客が投資信託にアクセスするルートが拡大されるため、利用者利便の向上に資することが期待される。また投資信託の販売における競争も促進されよう。」と述べていた。

(3)　金融商品取引法三三条（証券取引法六五条）の制定趣旨を証券会社の育成と解する見解に立ったとしても、証券市場に資金が流入し、市場が活性化するというメリットが証券会社にあると考えることもできる。なお、投資信託は株券等への間接の投資である。そのため、投資信託等の窓口販売を認めたことは、金融商品取引業者の本業である株券の委託売買業務への銀行の参入に道を開くものとなったといえる。なお、銀行は多くの預金者情報を保有している。かかる情報を利用して、投資信託等の販売を行うことができるかどうかが問題となる。顧客の同意があれば、利益相反の防止、顧客の利益保護の観点からは、特に弊害は生じない。かかる情報を保有しない金融商品取引業者と比較して、銀行は投資信託の販売にあたって有利な立場に立つことができる。平成四年の金融制度改革にあたっては、このような銀行の優位性が問題にされた。しかし、現在では、優越的地位の濫用を除き、かかる競争上の優位性は問題とされない。証券取引法研究会・前掲注（1）八〇頁（川口、河本）。

（4）　預金との誤認は、顧客とのトラブルの原因となり、金融制度への国民の信頼を損ねる結果が懸念される。そこで、預金などと誤認するおそれのある商品については、①預金等ではないこと、②預金保険の対象ではないこと、③元本保証がないこと、④契約の主体その他預金等との誤認防止に関し参考となる事項を、顧客に対して説明することが義務づけられている（銀行法施行規則一三条の五第二項）。顧客への説明は、顧客の知識、経験、財産の状況を踏まえ、書面の交付その他適切な方法で行わなければならない（同条一項柱書）。また、銀行の店舗においては、特定の窓口で取り扱うことが要請され、さらに、窓口において、非金融証券の種類、および上記①ないし③の事項を掲示しなければならない（同条三項・四項）。保険契約との誤認を防止するため、同様の説明義務が課せられる（保険業法施行規則五三条の二）。なお、店内で売り場を別にしておきながら、店舗外で同一人物が預金と投資信託を販売することは、誤認防止の観点から好ましくない。この点についての議論は、証券取引法研究会・前掲注（1）七八頁参照。

（5）　銀行等の金融機関に株式・社債の受託売買業務（ブローカレッジ業務）を許容すべきかどうかという問題がある。これらの業務は、顧客の計算によってなされるもので、銀行の財務の健全性を直接に害することはなく、この点で、それを禁止する理由は乏しい。証券投資の勧誘行為が、結果として、顧客の利益と合致しなかったときは、銀行はこれらの投資家の信用を失うことが考えられる。また、投資リスクのある商品について、元利金が保証される預金との誤認を招く心配もある。銀行に対する信用の喪失は、預金業務などに大きな影響をもたらす可能性がある。しかし、これらの問題は、すでに銀行に解禁されている投資信託の受益証券の販売においても生じうることに留意が必要である。川口恭弘「業際規制」商事法務一九〇七号三九頁。

（6）　登録金融機関による投資信託の販売実績は、平成一二年三月末では、全体の八パーセント（株式投信では八・六パーセント）に過ぎなかったが、平成一九年三月末には、五一・四パーセントと過半数を超え（株式投信については、平成一七年三月末に五三・七パーセントと過半数を超えている）、平成二二年三月末時点では、五一・二パーセント（株式投信では五七・七パーセント）となっている。投資信託協会のウェブサイトより。

7　有価証券店頭デリバティブ取引

平成一〇年の証券取引法の改正で、有価証券先渡取引、有価証券店頭指数等先渡取引、有価証券店頭オプション取引もしくは有価証券店頭指数等スワップ取引（有価証券店頭デリバティブ取引）が証券業と位置づけられ、これらの取引について、銀行等の金融機関も営むことができることとなった（平成一八年改正前証取法六五条二項六号）。金融商品取引法もこれを引き継いでいる（金商法三三条二項五号）。銀行法においても、これらを付随業務と規定している（銀行法一〇条二項一六号・一七号）。

有価証券店頭デリバティブ取引は、原資産の価格変動にもとづくキャッシュ・フローを投資者のニーズに合わせて適切に組み替えることを可能とする取引である。顧客の利便をはかりまた競争を促すために、金融機関もこれらの業務を行うことが認められた(1)。もっとも、金融機関が本体では扱えないような株式等の有価証券を原資産とする店頭デリバティブ取引については、無条件で認めることは適切ではない。そこで、均一の条件で五〇名以上の者を相手方とするものが除外され、それの決済が差金の授受に限られるものに制限される（金商法三三条二項五号ロ、金商令一五条の一九）。

なお、有価証券の売買および有価証券関連デリバティブ取引その他政令で定める取引に関して、銀行等の金融機関は有価証券等清算取次ぎを行うことができる（金商法三三条二項六号）。

(1)　内閣総理大臣は、有価証券店頭デリバティブ取引を銀行に認可するにあたって、株券にかかる取引の公正の確保のため必要な範囲で内閣府令で定める一定の条件を付するものとされる（金商法三三条の五第二項）。これは、わが国では銀行等が大量の株式を保有しており、銀行等が株式関連の店頭デリバティブ取引を営業として行う場合は、投資者としての立場と担い手としての立場の間で利益相反が生じることを懸念したものである。

8　金融商品仲介業

金融商品仲介業は、金融商品取引業者または登録金融機関の委託を受けて、①有価証券の売買の媒介、②取引所金融商品市場における有価証券の売買・市場デリバティブ取引等の媒介、③有価証券の募集・売出しの取扱いまたは私募・特定投資家向け売付け勧誘等の取扱い、④投資顧問契約または投資一任契約の締結の媒介を行うものである（金商法二条一一項）。銀行等の金融機関はこのうち①ないし③の業務を行うことができる（金商法三三条二項三号ハ・四号ロ）。(1)

平成一五年の改正で、証券仲介業制度が導入された。(2)その際、銀行、協同組織金融機関、信託会社その他政令で定める金融機関はその対象から除外された。(3)金融機関が証券仲介業を営むことができないとされたのは、証券取引法六五条一項本文により、原則として証券業務が禁止されていることによる。(4)

証券仲介業者制度の導入を規定する証券取引法の規定の施行日は平成一六年四月一日であった。改正法の施行日前に、はやくも、金融審議会金融分科会第一部会が「市場機能を中核とする金融システムに向けて」（平成一五年一二月二四日）と題する報告書において、金融機関による証券仲介業への参入を認める提言を行っている。そこでは、銀行による証券仲介業の導入は、①顧客にとって、ワンストップショッピングのニーズに応え、利便性が高まる、②投資経験のない銀行顧客層の市場参加を促し、新たな裾野の拡大が期待できる（銀行による株式投資信託の販売は、総残高の約半分に到達）、③さまざまな規模の銀行と証券会社による、さまざまなタイプの連携は、それ自体顧客の利便性を高めるが、とりわけ証券会社の店舗が少ない地域におけるアクセスの改善になる、といったメリットが指摘された。(5)かかる提言を受けて、平成一六年の改正で、必要な弊害防止措置を条件に、証券仲介業の業種制約が廃止された。

①から③までのメリットは、過去の金融制度改革の際にも指摘されてきたものであり、平成一六年の改正にあたって新たに認識されるようになったものではない。また、平成一五年の改正の際に言及された金融機関の証券業務を規制する規定（現行法では金商法三三条一項）は現行法でも存在している。いずれにせよ、国民の資金を証券市場に取り込むための証券の販売チャネルの拡充という政策の下、投資リスクの存在する投資信託商品の窓口販売を金融機関に解禁した段階で、証券売買の仲介業務を禁止する理由はなくなったといえる。

（1）　登録金融機関は、金融商品取引業者の委託を受けて、当該金融商品取引業者のために金融商品仲介業を行うことができる。したがって、登録金融機関は、金融商品仲介業を行う他の登録金融機関からの委託を受けて、当該他の登録金融機関のために金融商品仲介業を行うことは認められない。

（2）　金融商品仲介業については、本書八八二頁以下参照。

（3）　平成一八年改正前証券取引法六六条の二は、「銀行、協同組織金融機関、信託会社その他政令で定める金融機関以外の者……は、第二八条の規定にかかわらず、内閣総理大臣の登録を受けて、証券仲介業を営むことができる」と定めていた。現行法も、この規定を引き継いでいる（金商法六六条）。もっとも、その後、平成一六年の改正で、銀行等の登録金融機関は、内閣総理大臣の登録を受けて証券仲介業務を営むことができる旨が規定された。金融機関の金融商品仲介業は、これらが金融商品取引法三三条二項において行うことができる金融商品取引業として規定されている。

（4）　一松旬「証券取引法等の一部改正の概要」商事法務一六六六号一九頁（注二）は、「銀行等の金融機関は、企業に対する過度の影響力の排除、利益相反の防止等の観点から、もとより証券業務が原則として禁止されており（証券取引法六五条）、顧客に対し個別銘柄の推奨等の勧誘行為を行うこととなる証券仲介業についても、同様の観点からこれを営むことが認められていない。」としている。また、高橋康文編・詳解証券取引法の証券仲介業者、主要株主制度等九五頁（平成一六年）は、「銀行、協同組織金融機関、信託会社その他政令で定める金融機関については、企業に対する影響力にかんがみ、有価証券の公正な取引を阻害するおそれがあること等から、六五条において原則として証券業務を行うことが禁止されている。証券仲介業についても金融機関が融資先の発行する株式を媒介する場合などには同様の懸念が生じ得ることから、金融機関については証券仲介業が認められなかったものである。」としている。

（5）　金融審議会金融分科会第一部会「市場機能を中核とする金融システムに向けて」（平成一五年一二月二四日）では、「銀行を除く形で導入し、未だ施行に至っていない証券仲介業の範囲を現段階で見直して銀行を加えることは、政策として拙速すぎるとの指摘がある。また、これまで、銀行が行えないことを前提に証券仲介業への参入するプランを立ててきた者にとって、前提条件の変更になってしまうことも事実である。」とも述べている。しかし、本文記載のメリットに加えて、「貸出先中小企業に対し市場調達や株式公開に向けたアドバイスを行うとか、公開可能な貸出先企業を引受証券会社に紹介するといった市場誘導業務……を行うことにより、銀行と証券会社が連携して、市場機能を中核とする金融システムに向けた大きな流れを造り出せるのではないかと考えられる。換言すれば、一般事業会社にできることを、銀行にだけ制度的にできないままにしておくことは、もはや国民に対して説明できない段階にきていると考えられる。」と述べている。「換言すれば」以下の記述が意味するところは不明である。銀行はその業務の特殊性から他業への参入が厳格に規制されており、一般事業会社ができる業務をすべて行いうるものではない。

三　登録金融機関の規制

1　登録手続

銀行等の金融機関は、金融商品取引法三三条二項で許容される行為のいずれかを業として行おうとするときは、内閣総理大臣の登録を受けなければならない（金商法三三条の二第一項二号）。投資助言・代理業務もしくは有価証券管理業務を行おうとするときも、登録が必要である（金商法三三条の二第一項本文）。金融商品取引法において登録を要求するのは、金融商品取引業者の登録制とのバランスをとる必要があること、さらに、金融商品市場の秩序維持および投資者保護の観点から、金融商品取引法による一元的なチェックの必要性を考慮したものである(1)。

銀行等の金融機関が登録を受けるには、法定の登録申請書および添付書類を提出し（金商法三三条の三）、登録簿への登録（金商法三三条の四）を行わなければならない。これらの記載事項に変更があった場合には、二週間以内に届出を行うことを要する（金商法三三条の六）。

登録申請書もしくは添付書類のうちに虚偽の記載・記録があり、または重要な事実の記載・記録が欠けているときは、登録が拒否される（金商法三三条の五第一項）。金融商品取引業の登録が取り消され、その取消しの日から五年を経過しないもの(2)、金融商品取引法、担保付社債信託法、信託兼営法、商品先物取引法、投資信託法、宅地建物取引業法、出資法、割賦販売法、貸金業法、特定商品等の預託等取引契約に関する法律、商品ファンド法、不動産特定共同事業法、資産流動化法、金融業者の貸付業務のための社債の発行等に関する法律、信託業法その他政令で定める法律(3)またはこれらに相当する外国の法令の規定に違反し、罰金の刑に処せられ、その刑の執行を終わり、または、その刑の執行を受けることがなくなった日から五年を経過しないものは登録が拒否される（金商法三三条の五第一項）。さらに、登録にかかる業務（登録金融機関業務）を適確に遂行するに足りる人的構成を確保している必要がある（金商法三三条の五第一項三号）(4)。

登録を受けた金融機関（登録金融機関）に、有価証券店頭デリバティブ取引についての登録を行う場合は、株券にかかる取引の公正の確保のため必要な範囲において、内閣府令で定める条件を付してするものとされている(5)（金商法三三条の五第二項）(6)。

銀行その他の金融機関は、内閣総理大臣の登録を受けて金融商品仲介業務を業として行うことができる（金商法三三条の二第二号・三三条二項三号ハ・四号ロ）。金融商品取引法三三条二項各号に掲げる業務として金融商品仲介業を行うため、登録金融機関としての登録に加えて、金融商品仲介業者としての登録（金商法六六条）を別途受ける必要はない(7)。金融機関以外のものが登録を受けて行う金融商品仲介業（金商法六六条）とは異なる体系として規定されていることに留意が必要である(8)。登録金融機関以外の金融商品仲介業者については、顧客に与えた損害につき所属証券会社に損害賠償責任を定めている（金商法六六条の二四）(9)。登録金融機関が金融商品仲介業を行う場合については、かかる賠償責任は法定されていない。登録金融機関が免許制の下で厳格な規制に服していることで顧客に損害を与える危険性が少ないこと、さらに、登録金融機関に直接損害賠償を行う能力があることが理由と考えられる。

（1）　証券法制研究会編・逐条解説証券取引法〔旧版〕五〇五頁（平成七年）。なお、金融機関の証券業務は認可制が採用されていたが、証券業の登録制への移行に伴い、登録制に改められている。

（2）　金融商品取引法に相当する外国の法令の規定によりその外国において受けている同種類の登録を取り消され、その取消しの日から五年を経過しない金融機関も同様の扱いとなる。

（3）　政令では、特許法、実用新案法、意匠法、商標法、著作権法、半導体集積回路の回路配置に関する法律、金融機関等の更生手続の特例等に関する法律、種苗法、民事再生法、外国倒産処理手続の承認援助に関する法律、一般社団法人及び一般財団法人に関する法律（一般法人法）、公益社団法人及び公益財団法人の認定等に関する法律、会社更生法、破産法、会社法が規定されている（金商令一五条の六）。

(4)　金融商品取引業者監督指針Ⅷ―二―一(2)は、①行おうとする業務の適確な遂行に必要な人員が各部門に配置され、内部管理等の責任者が適正に配置される組織体制、人員構成となっているか、②行おうとする業務について、帳簿書類・報告書等の作成、ディスクロージャー、顧客資産の分別管理、リスク管理、電算システム管理、売買管理・顧客管理、苦情・トラブル処理、内部監査の体制整備が可能な要員の確保がはかられているか、③常勤役職員の中に有価証券関連業を三年以上経験した者が複数確保されているか、④国債証券等のディーリング業務全般、短期有価証券の売買等の業務全般または資産金融型有価証券の売買等の業務全般のうち、いずれかまたは複数の業務全般を行う金融機関の営業所等にあっては、当該業務を担当する部門にかかる組織、業務分掌および職務権限を、当該業務にかかる有価証券の投資目的の売買業務等および融資業務から明確に分離、独立させているか、また、当該業務の担当職員が投資目的の売買業務等および融資業務と兼任していないかについて審査するとしている。なお、先物取次業務または金融商品仲介業務を行う金融機関について特別の項目が規定されているほか、金融商品取引業協会に加入しない金融機関にあっては、行おうとする業務の種類に応じ、金融商品取引業協会の定款および規則を考慮し、適切な業務運営が行われるよう社内規則を整備しているかが審査される。

(5)　内閣府令では、株券関連店頭デリバティブ取引を特定取引勘定、それに準ずる勘定において経理することが条件として規定されている（金商業等府令五〇条）。

(6)　平成一八年改正前の証券取引法では、登録金融機関が有価証券の元引受けまたは有価証券店頭デリバティブ取引を行うには内閣総理大臣の認可が必要とされていた（平成一八年改正前証取法六五条の二第三項）。その上で、有価証券店頭デリバティブ取引の認可にあたっては、株券にかかる取引の公正の確保のため必要な範囲内において内閣府令で定める条件を付してするものとされていた（平成一八年改正前証取法六五条の二第九項）。証券取引法の下では、証券会社についても、認可制度が採用されていた（平成一八年改正証取法二九条一項）。平成一八年の改正で、これらの業務が認可制から登録制となり、これとともに、登録金融機関についても、認可制から登録制に変更された。金融商品取引法では、有価証券店頭デリバティブと取引の登録に際して、内閣総理大臣が内閣府令で定める条件を付すものとされている。

(7)　金融商品取引業の登録を受けて投資信託の販売等の業務を行っている登録金融機関は、登録申請書記載事項の変更、業務方法書の変更等の変更の届出を行うことで金融商品仲介業を開始することができる。登録申請書類の事項の変更が生じるため、金融商品仲介業務を開始した日から二週間以内に内閣総理大臣に届け出る必要がある（金商法三三条の六第一項）。金融機関が登録金融機関となっていない場合は、登録を申請する必要がある（金商法三三条の二第一項）。金融商品仲介業を営むためには、委託金融商品取引業者の商号を記載し（金商法三三条の三第一項七号、金商業等府令四四条五号）、親法人等、子法人等その他の関係会社の状況を記載した書類を添付することを要する（金商法三三条の三第二項三号）。

（8）　登録金融機関は、平成一六年の証券取引法改正前から、公共債に関する証券業を行うことができた。公共債等について金融商品取引業者等の委託を受けて行う金融商品取引法二条一一項に掲げる業務を行うことは、以前から可能であった業務を含むものとなる。これらの業務は金融商品取引業として行うことができるのであり、それを行ったとしても金融商品仲介業とは解されない。尾崎輝宏＝遠藤晃＝芳賀裕司「改正証券取引法の一二月施行に伴う関係政省令改正の概要」商事法務一七一八号二一頁。

（9）　本書九〇一頁参照。

2　行為規制

金融商品取引法は、金融商品取引業者または登録金融機関を金融商品取引業者等と規定し（金商法三四条参照）、許容される有価証券関連業を行う登録金融機関について、原則として、金融商品取引業者と同様の行為規制を及ぼしている。[1]

登録金融機関は、金融商品取引行為を行うに際して、顧客の知識、経験、財産の状況および契約締結の目的に照らして不適当と認められる勧誘を行って投資者の保護に欠けることとなっており、または欠けることとなるおそれがないようにしなければならない（適合性の原則）（金商法四〇条一号）。これに加えて、業務の運営の状況が公益に反し、または投資者の保護に支障を生ずるおそれがあるものとして内閣府令で定める状況にないように、業務を行うことが要請される（金商法四〇条二号）。これら業務是正命令の対象となる行為についてもその名宛人は、金融商品取引業者等であり、登録金融機関について金融商品取引業者と同様の規制が適用される。

登録金融機関は、複数の金融商品取引業者のために金融商品仲介業を行うことができる。もっとも、この場合、顧客が行おうとする取引につき、顧客が支払う金額または手数料が委託金融商品取引業者により異なる場合は、その旨を明らかにしなければならない。さらに、顧客に対しては、顧客の相手方となる委託金融商品取引業者の商号を明らかにしなければならない。また、投資助言・代理業を行う場合において、その顧客に対して金融商品仲介業を行う場合、当該金融商品仲介行為により得ることとなる報酬の額を明らかにしなければならない。右の事項を明らかにしない状況は是正命令の対象となる（金商業等府令一二三条一項二五号）。[2] これらの規制は、金融機関以外の者が金融商品仲介業を行う場合にも顧客に対する明示義務として規定されている（金商法六六条の一一第四号、金商業等府令二七二条）。

このほか、登録金融機関が登録金融機関業務以外の業務（登録金融機関のその他業務）を行う場合に、登録金融機関またはその役員もしくは使用人を名宛人とする規制がある。

登録金融機関またはその役員もしくは使用人は、金銭の貸付けその他信用の供与をすることを条件として有価証券の売買の受託等をする行為が禁止される（金商法四四条の二第二項一号）。これは、融資との抱き合わせ取引を規制するものである。融資の実行を条件として有価証券の売買取引等を勧誘することが典型的なものである。さらに、融資を引き揚げないことを条件とする場合も、ここにいう「信用の条件として」に該当する。同様の規制は、金融商品取引業者またはその役員もしくは使用人についても規定されている（金商法四四条の二第一項一号）。銀行等の金融機関は融資を本業とするものであり、融資との抱き合わせ取引を行う危険性は金融商品取引業者と比べて大きい。[3] なお、投資者の保護に欠けるおそれが少ないものとして内閣府令で定めるものは除かれる（金商業等府令一四九条の二参照）。

登録金融機関その他業務に関連して行う登録金融機関業務にかかる行為で投資者の保護に欠け、もしくは取引の公正を害し、または登録金融機関業務の信用を失墜させるものとして内閣府令で定める行為が禁止される（金商法四四条の二第二項三号）。内閣府令では、つぎの禁止行為を定めている。

第一に、資金の貸付けもしくは手形の割引を内容とする契約の締結の代理・媒介または信用の供与の条件として、金融商品取引契約の締結またはその勧誘を行う行為が禁止される（金商業等府令一五〇条一号）。かかる規制は、金融商品取引業者の禁止行為としても規定されている（金商業等府令一四九条一号）。

第二は、資金の貸付けもしくは手形の割引を内容とする契約の締結の代理・媒介または信用の供与を行うことを条件として、金融商品取引契約の締結またはその勧誘を行う行為が禁止される（金商業等府令一五〇条二号）。前述の禁止行為（金商法四四条の二第二項一号）が有価証券の売買の受託等に関するものであったのに対して、ここでは、金融商品取引契約に関する抱き合わせ行為が禁止の対象とされる。

第三は、右に規定する行為のほかであっても、自己の取引上の優越的な地位を不当に利用して金融商品取引契約の締結またはその勧誘を行う行為が禁止される（金商業等府令一五〇条三号）。

第四は、金融商品仲介業を行う場合のもので、①自己に対して借入金にかかる債務を有する者が当該有価証券を発行する場合であって、当該有価証券にかかる手取金が当該債務の弁済に充てられることを知っているとき、②自己が借入金の主たる借入先である者が当該有価証券を発行する場合、その旨を顧客に説明することなく行う有価証券の売買の媒介が禁止される（金商業等府令一五〇条四号前段）。これは、当該有価証券の引受けを行った委託金融商品取引業者が引受人となった日から六か月を経過する日までの間に当該有価証券を売却するものにかかるものに限られる。さらに、同様の規制は、有価証券の募集もしくは売出しの取扱いもしくは私募の取扱いもしくは特定投資家向け売付け勧誘等についても適用される（金商業等府令一五〇条四号後段）。①は、登録金融機関が、自己が貸出先である者が有価証券を発行する場合、当該有価証券の手取金が貸出債務の弁済に充てられていることを知っている場合に、顧客への説明が求められる。これに対して、②では、自己が主たる貸出先である場合に、当該有価証券の発行による手取金の使途が弁済に充てられることを知らない場合にも、顧客への説明が必要となる。すなわち、手取金が借入金の返済に充てられていない場合であっても説明が要求される(4)。主たる貸出先であるかどうかは、登録金融機関が貸出先である事実が当該有価証券にかかる有価証券届出書の開示書類に記載されているかで判断される。

金融商品取引業者の親法人等または子法人等から企業が借入れをしている場合、金融商品取引業者は、その企業に証券発行により資金調達を行わせ、その手取金で借入金の返済をさせることが考えられる。このような行為は、貸付リスクを有価証券の投資者に転嫁させるもので、投資者保護の観点から問題がある。かかる弊害は、貸出業務を本業とする金融機関が証券子会社等を保有する場合の利益相反の典型例としても重要視されてきた。(5) 金融商品仲介業を営む登録金融機関と委託金融商品取引業者とは密接な関係にあることが通常である。したがって、登録金融機関の金融商品仲介業においても弊害を防止するための措置を講じることが適当と考えられた。

金融商品取引業者は、その親法人等または子法人等に対して借入金にかかる債務を有する者が発行する有価証券の引受人となる場合においては、その有価証券の手取金がその借入金にかかる債務の弁済に充てられることを知りながら、その事情を顧客に告げることなく当該有価証券を売却することが禁止される（金商法四四条の三第一項四号、金商業等府令一五三条一項三号）。したがって、登録金融機関がその媒介を行う際には、かかる事情を、委託証券会社が登録金融機関に告げ、さらに、登録金融機関が顧客に告げるのでなければ行うことができない。

第五に、金融商品仲介業務に従事する役員もしくは使用人は、有価証券の発行者である顧客の非公開融資等情報を融資業務もしくは金融機関代理業務に従事する役員もしくは使用人から受領し、または融資業務もしくは金融機関代理業務に従事する役員もしくは使用人に提供してはならない（金商業等府令一五〇条五号）。これにより、登録金融機関において、融資業務に従事する者と金融商品仲介業に従事する者との間で、公開されていない重要な情報の授受が規制される。

かかる非公開融資等情報の提供につき例外が存在する。すなわち、①事前に顧客の書面による同意を得て提供される場合、②登録金融機関業務にかかる法令を遵守するために、融資業務または金融機関代理業務に従事する役員もしくは使用人から非公開融資等情報を受領する必要があると認められる場合、③非公開融資等情報を金融機関仲介業務を実施する組織の業務を統括する役員または使用人に提供する場合には、適用が除外される（金商業等府令一五〇条五号イ〜ハ）。登録金融機関は自らが融資を行う者が発行する有価証券にかかる手取金が、その借入金の弁済に充てられることを知りながら、その事情を顧客に告げることなく、当該有価証券にかかる金融商品仲介業を行うことができない。かかる規制を遵守するためには、金融商品仲介業務に従事する役員もしくは使用人は、融資業務担当者から当該情報を受領する必要がある。③は、組織の長として双方の情報を把握する必要性を重視するものである。(6)したがって、それ以外の目的でこれらの情報の利用は認められない。金融商品仲介業務を実施する組織の業務を統括する役員・使用人が、有価証券の発行者である顧客の非公開融資等情報を自ら取得し、または融資業務もしくは金融機関代理業務に従事する役員・使用人から受領して、当該有価証券にかかる金融商品仲介業務の勧誘を行っている状況があれば是正命令の対象とされる（金商業等府令一二三条一項一九号）。(7)

なお、金融商品仲介業者は、顧客の金銭・有価証券の預託を受けることができない（金商法六六条の一三）。登録金融機関の金融商品仲介業にはかかる規制は存在しない。銀行等の金融機関は、日常的に預金の取扱い等を行っており、顧客から金銭等の預託を受けることが当然になされていることが理由と考えられる。(8)

（1）　平成一八年改正前の証券取引法では、登録金融機関について、証券会社に関する禁止行為を定める証券取引法四二条の規定を準用する形で行為規制を定めていた（平成一八年改正前証取法六五条の二第五項）。そこでは、断定的判断の提供による勧誘規制（平成一八年改正前証取法四二条一項一号～四号）、取引一任勘定取引の規制（平成一八年改正前証取法四二条一項五号・六号）、大量推奨販売規制（平成一八年改正前証取法四二条一項七号）、フロント・ランニング規制（平成一八年改正前証取法四二条一項八号）、相場の釘付け規制（平成一八年改正前証取法四二条一項九号）が登録金融機関およびその役職員に準用されていた。さらに、平成一八年改正前証取法四二条一項一〇号は、禁止行為について内閣府令に委ねていたが、登録金融機関については、「金融機関の証券業務に関する内閣府令」がその詳細を定めていた（平成一八年廃止前金融機関府令二一条）。これらの規制の多くは、証券会社に関する禁止行為を定める「証券会社の行為規制等に関する内閣府令」に規定されているものと同じであった（平成一八年廃止前行為規制府令四条参照）。

（2）　尾崎輝宏＝遠藤晃＝芳賀裕司「改正証券取引法の一二月施行に伴う関係政省令改正の概要」商事法務一七一八号二三頁は、つぎの方針に従い明示を行えばよいとしている。①当初に勧誘する際に、すべての委託会社の手数料体系を示す、②「顧客が行おうとする取引」について示す。別途の取引を行う際には、当該取引について再度明示義務がある。また、顧客が行おうとする取引について委託を行うことができる証券会社（金融商品取引業者）の手数料をすべて示さなければならない、③ある委託証券会社（委託金融商品取引業者）の手数料の体系が変更された場合には、すべての証券会社（金融商品取引業者）の手数料体系について知らせる必要がある、④それぞれの取引でそのつど示す必要はない、⑤顧客から求められた場合には必ず示す。

（3）登録金融機関またはその役員もしくは使用人は、登録金融機関その他業務による利益をはかるため、その行う投資助言業務に関して取引の方針、取引の額もしくは市場の状況に照らして不必要な取引を行うことを内容として助言を行い、またはその行う投資運用業に関して運用の方針、運用財産の額もしくは市場の状況に照らして不必要な取引を行うことを内容とした運用を行うことが禁止される（金商法四四条の二第二項二号）。かかる規制も、金融商品取引業者と同様のものとして規定されている（金商法四四条の二第一項二号参照）。

（4）尾崎他・前掲注（2）二三頁は、「主たる貸出先である者は融資金額が（相対的に）大きいことから、手取金を借入金にかかる債務返済に充てることを明示しているかどうかにかかわらず、発行した有価証券の手取金が間接的に返済に充てられる可能性があるため、潜在的な利益相反となり得る状態である。」と述べている。

（5）本書九五五頁参照。

（6）尾崎他・前掲注（2）二五頁。組織の長としては、たとえば幹部役員や支店長クラスが想定されている。

（7）金融商品取引業者監督指針Ⅷ―一―一⑻は、登録審査項目として、金融商品仲介業務と融資業務を併せて実施する組織を統括する役員・使用人等が、①融資業務に従事する者から受領した非公開融資等情報を金融商品仲介業務に従事する者に提供しないこととなっているか、②金融商品仲介業務に従事する者から受領した非公開融資等情報を融資業務に利用しまたは融資業務に従事する者に提供しないこととなっているかを挙げている。さらに、金融商品仲介業務に従事する者が法令を遵守するために顧客に告知しなければならない融資業務にかかる情報や、金融商品仲介業務を行うためまたは委託金融商品取引業者の法令遵守のために行われる当該委託金融商品取引業者との間での顧客情報の授受について、内部管理責任者等が適切に管理を行っているかも審査される。

（8）田原泰雄＝端本秀夫＝谷口義幸＝吉田修「証券取引法等の一部改正の概要」商事法務一七〇三号五頁。

第二款　子会社等による証券業務

一　業態別子会社

1　子会社の保有

銀行、協同組織金融機関その他政令で定める金融機関については、有価証券関連業を本体で行うことは原則として禁止されている（金商法三三条一項本文）。もっとも、これらの金融機関は、金融商品取引業者を子会社として保有することができる（銀行法一六条の二第一項三号参照）。

銀行等の金融機関の子会社を通じての証券業務への参入は、平成四年の金融制度改革によって実現した(1)。それは、証券市場への新規参入を行わせ、有効で適正な競争を促す目的で行われた(2)。わが国の金融・証券市場の内外の利用者にとって一層使いやすい制度の構築も望まれた(3)。子会社方式での参入は、リスクの遮断、預金者保護、利益相反による弊害の防止といった金融秩序の維持の視点から最も優れた方式と考えられたことによる(4)(5)。

銀行等の金融機関が保有できる金融商品取引業者は、有価証券関連業のほか、金融商品取引法三五条一項一号から八号までに掲げる業務その他内閣府令で定める業務をもっぱら営む会社（証券専門会社）に限定される（銀行法一六条の二第一項三号参照）(6)。

平成四年の改正前において、銀行が子会社で証券業務を営むことができるかについては明文の規定がなかった。各業法で、金融機関が証券子会社の保有を認めていても、証券取引法では、銀行本体で証券業務を行うことは原則として禁止されるため、証券取引法の下で、銀行が証券子会社を保有できるかどうか明確にする必要があった(7)。そこで、平成一八年改正前の証券取引法六五条の三では、銀行等の金融機関による証券業務を禁止する六五条の規定は、内閣総理大臣が、銀行等の金融機関が過半数の株式を所有する株式会社に、証券業の登録および認可をすることを妨げない旨が規定された(8)。右の条文は、金融商品取引法三三条の七に引き継がれている(9)。このように、銀行等の金融機関による金融商品取引業者の保有が金融商品取引法に違反しないことが明らかにされている。もっとも、子会社形式により参入する場合に、金融商品取引法三三条を脱法的に逸脱するような行為が行われないように、金融商品取引法に必要な弊害防止措置を規定し、それにより、銀行等の金融機関が金融商品取引業者を子会社で保有することが、金融商品取引法三三条の趣旨を逸脱することのないような枠組みが整備されている(10)。

(1)　金融制度及び証券取引制度の改革のための関係法律の整備等に関する法律（平成四年六月二六日法律八七号）によって改正された。これは、一五の関係法律の改正と一つの法律（相互銀行法）の廃止を一括して行うものであった。わが国の金融制度改革論議は、一九九〇年代から本格化した。そこでは、①利用者の立場（利便性）、②国際性、③金融秩序の維持の観点から、金融制度の見直しが検討された。①利用者の立場と②国際性は、規制緩和による金融制度改革の推進要因である。これに対して、③金融秩序の維持は、規制緩和の抑制要因であり、この最後の問題をいかにして克服することができるかが、その後の一連の議論の大きな争点となった。川口恭弘・現代の金融機関と法（第三版）二八四頁（平成二二年）。

(2)　証券取引審議会報告「証券取引に係る基本的制度の在り方について」（平成三年六月）は、「(イ)発行市場においては、大手証券会社間では競争が行われているものの、引受高に占める大手証券会社のシェアは依然高水準にある。また、大手以外の証券会社の主幹事実績は少なく、主幹事が大手証券会社から大手以外の証券会社に移動した例も限られている。(ロ)海外市場においては、多様化かつ高度化している発行者は投資者のニーズに対応して様々な金融商品の開発が行われている。我が国市場においても、発行者、投資者のニーズの多様化、高度化は進んでいる。こうしたニーズに適切に対応していくため、多様な市場仲介者の創意工夫が求められている。(ハ)このような状況を考慮すると、発行市場においては、発行手続の簡素化、引受方式の見直し、既存証券会社の機能の充実等発行市場の改善が図られるとともに、有効で適正な競争促進という観点から、新規参入の途を開くことが必要と考える。」と述べていた。

(3)　金融制度調査会答申「新しい金融制度について」（平成三年六月）参照。

(4)　金融機関による証券業務の参入の方式については、つぎの方式が検討された。

相互乗り入れ方式は、従来の業態別業務分野規制をそのまま維持しながら、個別分野ごとに必要に応じて業態間の相互乗り入れをさらに推し進め、それぞれの垣根を低くしていくというものである。これについては、業際問題の解決として可能なものはすでにこの方式で行われ、証券会社の本業への参入という問題をこの方式で解決することは、利害の対立の調整に手間取り、実際上困難であるなどの理由で、採用が否定された。

ユニバーサル・バンク方式は、各金融機関が本体で、すべての金融・証券業務を行うことができるようにする方式である。これについては、制度として簡明であり、最も効率的であるとされたものの、価格変動の影響を受ける証券業務を兼営することは、預金者保護の観点から問題があること、情報を悪用することによって、顧客の利益を害する危険性があること、金融機関による産業支配の危険性が拡大されること、規模の経済が進展した結果、大手金融機関による業務の寡占化が進む危険性があること、株式市場の低迷を招くおそれがあること、証券会社よりも競争上の優位点が銀行にあることなど弊害が大きいことを理由に採用が否定された。

特例法方式は、各業態の業務を総合して行うことのできる金融機関を創設し、個々の業態の金融機関が一〇〇パーセント出資をするという形で当該金融機関の保有を認めるというものである。この金融機関の業務は大口取引であるホールセール業務に限定される。これについては、シナジー効果を得ることができること、内外の利用者の利便性が向上されるなど、効果が大きいために、検討に値するとしながら、ホールセール分野の区分の方法に困難が予想されること、銀行業務と証券業務を一つの組織で行うことによる利益相反問題があることから、採用は見送られた。

このほか、持株会社方式も検討された。これは、各業態の金融機関が持株会社を設立し、その持株会社に他業態の業務を行う子会社の保有を認めるものである。これについては、当時の独占禁止法九条が、純粋持株会社の設立を禁止していたことから、当時の法制度の下において同方式の採用は不可能であり、また、産業全体についての規定である独占禁止法九条を金融制度の見直しのために改正することは適当ではないとされた。金融制度調査会第二委員会「新しい金融制度について」（平成二年五月）参照。平成九年の独占禁止法の改正で持株会社が解禁されたことで、業際規制のあり方は大きく変化することとなった。

（5）　業態別子会社方式は、監督規制の効率性および実効性の確保という政策的な見地から意義を見出すべきとの批判がある。神田秀樹「銀行子会社による証券業務」金融法務事情一二九五号七頁。リスクの遮断は、証券子会社が破綻した場合、親金融機関は、保有する子会社株式の価値を失うものの、損失はそれに限定されることを意味すると解される。確かに、株主有限責任の原則から、法的には、親金融機関のリスクは限定される。しかし、証券子会社を破綻させることは親金融機関の信用の失墜につながる可能性がある。そのため、親金融機関は、実際上、その負担で、証券子会社の破綻を回避すべく援助を行うことを余儀なくされることも考えられる。

(6)　本書九五〇頁参照。

(7)　証券取引法研究会「平成四年証券取引法の改正について(7)―金融制度の改革（2）」インベストメント四六巻六号六四頁（前田・上柳）は、親会社と子会社とは一体であることから、当時の証券取引法六五条の解釈からして、証券子会社を保有することはできなかったとしている。証券取引法六五条の三が規定された後の六五条は、子会社に関しては変質したと考えるほかない。証券取引法研究会・右掲六四頁（龍田）。

(8)　金融商品取引法三三条の七は、「第三三条の規定は、内閣総理大臣が、銀行、協同組織金融機関その他政令で定める金融機関が総株主等の議決権の過半数を保有する者に、第二九条の登録および第三〇条第一項の認可をすることを妨げるものではない。」と規定する。

(9)　銀行が証券専門会社を子会社として保有をするには内閣総理大臣の認可が必要である（銀行法一六条の二第四項）。

(10)　金融機関の証券子会社保有については、既存の証券会社の経営に配慮して、漸進的・段階的な参入が推進された。これらは、激変緩和措置といわれる。証券子会社を設立できる親金融機関が制限された。この点については、川口恭弘「金融制度改革と業態別子会社の業務分野規制」ジュリスト一〇八二号七四頁参照。さらに、金融機関の証券子会社の業務範囲も制限され、例外を除き、株券等について免許を付与する際に、株券等についてのブローカレッジ業務等をしてはならないとの条件が付された。このほか、大蔵省の方針に従った形で、金融機関側が業務を自粛していたものもあった。外国からは、かかる政府主導型の規制緩和は、剪定により自らが望む植木を作るわが国の伝統文化をもじって「BONSAI（盆栽）自由化」と形容され、速度が遅いと非難された。Cargill & Todd, Japan's Japan's Financial System Reform Law: Progress Toward Financial Liberalization, 19 Brook. J. Int'l L. 47, 81 (1993). しかし、かかる激変緩和措置の採用は全面的に否定されるべきものではない。急激な参入は市場の混乱をもたらす場合がある。神田秀樹「金融市場の業務分野規制」講座・公的規制と産業第五巻金融一二一頁（平成六年）、神崎克郎他「座談会・金融制度改革を巡って（下）―二一世紀の資本市場を見据えて」資本市場九六号三二頁（神崎）。金融制度改革が検討された時期と比べて金融・証券市場をとりまく環境に大きな変化が生じたことも考慮に入れなければならない。証券業におけるより自由な競争に向けて、証券会社が体制を整えるための時間が与えられたともいえる。吉原和志「金融機関の証券業務」鴻古稀・現代企業立法の軌跡と展望九二一頁（平成七年）。もっとも、激変緩和措置の永久的な継続は許されない。金融機関の証券子会社の業務範囲の制限は、現在では廃止されている。

2　兼職の規制

平成一〇年改正前の証券取引法では、証券会社の専業義務が規定されていた。さらに、証券会社の常務に従事する取締役の兼職が禁止されていた。同年の法改正で、証券会社の専業義務が廃止され、さらに兼業が広く認められることとなった。これに伴い、証券会社の取締役・執行役の兼職規制が緩和され、届出によって、他の会社の取締役、会計参与、監査役または執行役を兼ねることが可能となった。かかる規制は、金融商品取引法に受け継がれた（金商法三一条の四）。(1)

もっとも、平成二〇年改正前の金融商品取引法は、有価証券関連業を行う金融商品取引業者の取締役、会計参与、監査役または執行役は当該金融商品取引業者の親銀行等の取締役、会計参与、監査役もしくは執行役または使用人を兼ねることができないと定めていた（平成二〇年改正前金商法三一条の四第一項）。さらに、金融商品取引業者が子銀行を保有する場合にも同様の兼職規制が定められていた。すなわち、金融商品取引業者の取締役、会計参与、監査役もしくは執行役または使用人は、当該金融商品取引業者の子銀行等の取締役、会計参与、監査役または執行役を兼ねることができないとされていた（平成二〇年改正前金商法三一条の四第二項）。

これらは、金融機関本体での有価証券関連業が規制されるため、かかる分離規制の原則を維持する目的で、兼職規制が定められたものである。当該規制は、平成一八年改正前の証券取引法に規定されていたものであるが（平成一八年改正前証取法三二条一項・二項）、同年の改正で金融商品取引法に引き継がれた。

平成二〇年の改正で、右の金融商品取引業者の親銀行等および子銀行等の兼職規制が廃止され、届出によって兼職が可能となった（金商法三一条の四第二項）。かかる改正は、①規制が本来のねらいとする行為を抑止する措置としては、目的に照らし過大な規制となっている、②金融グループとしての総合的なサービスの提供の障害となり、利用者の利便性がかえって損なわれている、③金融グループとして要求される統合的リスク管理やコンプライアンスの障害となっている、④わが国金融機関の競争力の観点から見たとき、欧米の金融グループとの競争条件を不利なものとしているこことを理由とする。(2)既述のように、兼職規制は、本体での業務禁止の潜脱を防止するために定められたものである。しかし、取締役の選任を親会社（持株会社）が事実上決定できることを考えると、兼職禁止は形式上のものになっていた可能性が高い。

なお、平成二〇年の改正前まで、金融商品取引業者の常務に従事する取締役・執行役は、銀行、協同組織金融機関その他政令で定める金融機関の常務に従事することが禁止されていた（平成二〇年改正前金商法三一条の四第三項）。銀行の常務に従事する取締役・執行役も他の会社に常務に従事することが禁止される（銀行法七条一項）。もっとも、銀行法では、内閣総理大臣の認可を受けた場合は兼職が認められることになっているものの、金融商品取引法はかかる例外を認めない。銀行法の規制は、銀行業の公共性のゆえに、取締役はその職務に専念すべきという考え方を基礎にしている。さらに、情実貸付けの弊害を防止することを目的として定められている。(3)これに対して、金融商品取引法の規制は、金融商品取引業者と銀行等の金融機関の兼職を対象とするものであり、金融機関と金融商品取引業者の分離規制の理念から定められていると解されていた。(4)右のように、金融商品取引法で、金融商品取引業者と銀行等の兼職規制が廃止されたことに伴い、右の兼任規制も廃止された。

(1)　これらについては、本書六七〇頁参照。
(2)　池田唯一他・逐条解説・二〇〇八年金融商品取引法改正二五二頁（平成二〇年）。金融商品取引法では、親法人等または子法人等との間での通常の取引条件と異なる条件での取引の禁止等（金商法四四条の三）、金融商品取引業者がその関連会社と共同または共謀して不正な行為が行われることを防止するための規制が引き続き存置されるほか、平成二〇年の改正により、金融グループ内における利益相反管理体制の整備も求められるようになった（金商法三六条二項）。これらの規制を実効性のあるものとするためには、問題を惹起しやすい役員の兼職状況について、あらかじめ監督当局が把握することにより、監督等の執行をより効率的に行うこと期待して、届出制が採用されている。池田他・右掲二五三頁。
(3)　小山嘉昭・詳解銀行法九六頁（平成一六年）。

（4）平成一〇年の改正前までは、証券取引法においても、証券会社の常務に従事する取締役は、大蔵大臣の承認を受けた場合を除き、他の会社の常務に従事し、または事業を営んではならないと定めていた（平成一〇年改正前証取法四二条）。同年の改正で、証券会社の専業義務が廃止されたこととの関係で、かかる規定は廃止された。

二　金融持株会社

1　独占禁止法の規制

持株会社は他の会社の株式を保有することでその会社を支配下に置き、その被支配会社がさらにその下の会社の株式を所有することで、ピラミッド型の支配関係を可能にする。そのため、わが国の独占禁止法においては、少額の資金による産業の独占的支配を懸念して、持株会社が規制されてきた。平成四年の金融制度改革では、独占禁止法が純粋持株会社の設立・保有を禁止していたため、金融機関の証券業務参入にあたって、持株会社方式の採用は見送られた。(1)

その後、わが国企業の構造改革が必要という産業界からの強い要望にこたえる形で、平成九年に、独占禁止法を改正し、純粋持株会社が解禁された。これによって、持株会社方式を否定する根拠はなくなり、金融持株会社の創設が行われることとなった。すなわち、銀行、証券会社、保険会社といった会社を子会社として持株会社が保有する形での金融業務の融合（コングロマリット化）が可能となった。(2)

独占禁止法九条一項は、他の国内の会社の株式（社員の持分を含む）を所有することにより「事業支配力が過度に集中すること」となる会社の設立を禁止している。(3) さらに、同条二項は、会社は、他の国内の会社の株式を取得し、または所有することにより「事業支配力が過度に集中すること」となる会社となることができないと定めている。(4)

ここにいう「事業支配力が過度に集中すること」とは、会社および子会社その他当該会社が株式の所有により事業活動を支配している他の国内の会社の総合的事業規模が相当数の事業分野にわたって著しく大きいこと（第一類型）、これらの会社の資金にかかる取引に起因する他の事業者に対する影響力が著しく大きいこと（第二類型）、またはこれらの会社が相互に関連性のある相当数の事業分野においてそれぞれ有力な地位を占めていること（第三類型）により、国民経済に大きな影響を及ぼし、公正かつ自由な競争の促進の妨げになることをいう（独禁法九条三項）。公正取引委員会は、独占禁止法九条の解釈・運用を示すガイドラインを公表している（事業支配力過度集中ガイドライン）(5)。

このうち、第三類型は、相互に関連性を有する事業分野にまたがる諸企業を傘下に置くことを規制対象とするものである。すなわち、①相互に関連性を有する、②相当数の、③主要な事業分野のそれぞれにおいて、④別々の有力な会社を有する場合の要件を満たす持株会社が禁止される。①については、個別の事業分野ごとに実際の取引依存度やユーザーの選択状況も参考にしつつ合理的に判断される。金融業の場合に、相互に関連性を有する事業として、銀行業、証券業、生命保険業、クレジット・カード業・割賦金融業、貸金業、損害保険業が例示されている。②については、五以上で、規模がきわめて大きい事業分野に属する有力な会社を有する場合は、会社の有力性の程度により三以上とされる。さらに、③については、日本標準産業分類三桁分類のうち、売上高六〇〇〇億円超の業種、④については、当該事業分野における売上高のシェアが一〇パーセント以上の会社をいう。

これらはユーザーから見て代替関係にある事業分野である。代替関係にある事業分野の有力企業の結合は、異業種間の競争を不当に制限する危険性がある。かかる業種が規制の対象とされる理由としては、①生命保険会社は銀行に、銀行は証券会社に融資を行い、また、証券会社は生命保険会社や損害保険会社から有価証券の売買取引の委託を受けているなど、事業者間の取引関係が密接であること、②銀行、生命保険会社および損害保険会社は貸出しを通じて、証券会社は社債、株式の引受けを通じて一般事業会社に資金供給を行っているほか、銀行は預金、保険会社は貯蓄型の保険商品、証券会社は株式や投資信託を資金運用手段として消費者や一般事業会社に提供するなど、各金融会社の金融サービスは相互に類似性が強いことが指摘されている(6)。

「第二類型」は、持株会社の傘下に大規模金融会社が入るような持株会社に大規模な一般事業会社が加わることを規制している。事業支配力過度集中ガイドラインは、①金融会社の単体総資産が一五兆円を超えること、②統合される事業会社の単体資産三〇〇〇億円を超える場合に規制の対象とすることを定めている[7]。

(1) わが国の戦前の財閥が持株会社形態をとって、経済の重要な部分を支配していたことから、持株会社の禁止は「経済の民主化」という理念を象徴的に表わしていると考えられてきた。根岸哲＝舟田正之・独占禁止法概説〔第四版〕一三一頁（平成二一年）。前述のように、産業全体についての規定である独占禁止法九条を金融制度の見直しのために改正するのは適当ではないとされた。

(2) 金融持株会社解禁の背景と実務の動向について、高木仁「金融持株会社と金融再編」金融持株会社研究会編・日本の金融持株会社一頁（平成一三年）参照。

(3) 平成九年改正前の独占禁止法九条は、持株会社の設立を禁止していた。平成九年の同条の改正で、持株会社を一律に禁止するのではなく、事業支配力が過度に集中する持株会社が禁止されることとなった。すなわち、平成九年改正後独禁法九条一項は、「事業支配力が過度に集中することとなる持株会社は、これを設立してはならない」と定めていた。ここでの持株会社は、会社の総資産に対する子会社株式の取得価額の合計の割合が五〇パーセントを超える会社と定義されていた（平成九年改正後独禁法九条三項・四項）。その後、これに該当しない非持株会社を頂点とする企業グループも、同様に事業支配力が過度に集中する可能性があり、持株会社と同様の規制が必要であるとの考え方が有力となり、平成一四年の改正で現行法のように改められた。

(4) 独占禁止法九条一項および二項にいう「事業支配力が過度に集中することとなる会社」であるかどうかは、当該会社のみならず、その傘下の子会社を含めて判断される。すなわち、当該会社、子会社および実質子会社を含めた会社グループについて判断される。根岸＝舟田・前掲注（1）一三三頁。ここにいう「子会社」は、会社が総株主の議決権の過半数を有する他の国内の会社であり（独禁法九条五項）（当該会社とその子会社が保有する間接保有分を含めて議決権の過半数になる会社も子会社とみなされる（独禁法九条六項））、実質子会社は、会社の株式所有比率が間接所有分を含めて二五パーセント超・五〇パーセント以下であり、かつ、当該会社が筆頭株主である会社をいう（事業支配力過度集中ガイドライン）。

(5) 公正取引委員会・事業支配力が過度に集中することとなる会社の考え方（平成二二年一月一日）。

(6) 諏訪園貞明「独占禁止法改正案の概要―金融持株会社に関する点を中心に」金融法務事情一四八〇号三二頁。

(7) 「第一類型」の規制では、事業支配力過度集中ガイドラインでは、①会社グループの総資産規模が一五兆円を超えること、②単体総資産三〇〇〇億円を超える子会社を、おおむね五社以上の主要事業分野のそれぞれにおいて所有するものを規制対象としている。

２　子会社の業務範囲

金融持株会社については、各業法により、その形態が限定されることに留意が必要である。まず、銀行法は、銀行を子会社とする銀行持株会社が保有できる子会社の範囲を定めている。すなわち、①長期信用銀行、②資金移動専門会社、③証券専門会社、④証券仲介専門会社、⑤保険会社、⑥少額短期保険業者、⑦信託専門会社、⑧銀行業を営む外国の会社、⑨有価証券関連業を営む外国の会社、⑩保険業を営む外国の会社、⑪信託業を営む外国の会社、⑫銀行または①から⑪の会社の営む業務に従属する業務をもっぱら営む会社、または金融関連業務をもっぱら営む会社、⑬新たな事業務分野を開拓する会社以外の会社、⑭銀行または①から⑬までの会社を子会社とする持株会社以外の会社を子会社とすることが禁止されている（銀行法五二条の二三第一項）。

さらに、保険業法は、保険会社を子会社とする保険持株会社が保有できる子会社の業務について定めている。すなわち、保険持株会社は、①生命保険会社、②損害保険会社、③少額短期保険業者、④銀行、⑤長期信用銀行、⑥資金移動専門会社、⑦証券専門会社、⑧証券仲介専門会社、⑨信託専門会社、⑩保険業を行う外国の会社、⑪銀行業を営む外国の会社、⑫有価証券関連業を営む外国の会社、⑬信託業を営む外国の会社、⑭保険会社または③から⑬の会社の営む業務に従属する業務をもっぱら営む会社または金融関連業務をもっぱら営む会社、⑮新たな事業分野を開拓する会社、⑯①から⑮の会社のみを子会社とする持株会社以外の会社を子会社とするときには、内閣総理大臣の承認を受ける必要がある（保険業法二七一条の二二第一項）。銀行持株会社は法定業務を行う子会社しか保有が認められないものの、保険持株会社はそれ以外の業務であっても、内閣総理大臣の承認を受ければ営むことが可能となる。もっとも、同時に、銀行持株会社として銀行法の規制の適用を受けるものであれば、法定業務以外の業務を営む子会社を保有することができなくなると考えられる。

金融商品取引業者は、内閣総理大臣の承認を受けて、法定業務以外の業務を兼業することが認められる（金商法三五条四項）。この場合に、「当該申請に係る業務を行うことが公益に反すると認められるとき、又は当該業務に係る損失の危険の管理が困難であるために投資者の保護に支障を生ずると認められるときに限り」承認を拒否できる（金商法三五条五項）。これによって、金融商品取引業者は多様な業務を行う会社となりうる。そこで、かかる多様な業務を行う金融商品取引業者を金融持株会社が子会社として保有することは、上記の子会社の業務を制限している立法の趣旨に反することとなる。そのため、銀行法および保険業法では、金融持株会社が保有できる金融商品取引業者は、有価証券関連業をもっぱら営む「証券専門会社」に限定されている。

なお、金融商品取引業者の持株会社の子会社の業務範囲は法定されていない。したがって、当該持株会社が銀行持株会社や保険持株会社にならない限り、一般事業者会社を子会社として保有することができる。

三　弊害防止措置

1　弊害防止措置の意義

金融機関が子会社方式または持株会社方式で証券業務への参入を行うにあたって、従来の分離制度においては生じる余地のなかった弊害が発生する危険性が問題となる。この弊害の防止措置が、いわゆるファイアー・ウォールとよばれているものである(1)。

金融機関の証券業務参入に際して懸念される問題の一つは、金融機関の健全性が阻害されるというものである。特に、銀行、協同組織金融機関について、預金者の保護の必要性、決済機能の維持の必要性といった観点から、その財務および業務の内容が害されることのないようにすることが重要である。懸念される第二の問題は、利益相反の発生である。一般に一経済主体が業務を多様化させるほどに、発生する利益相反の危険性は増大する。そこでは、金融業における利益が優先される場合と、証券業における利益が優先される場合とがある。後者の場合には、利益相反取引は、証券市場における公正な競争を阻害するものとなり、また、それが金融業の利益を犠牲にして行われるものであるならば、金融機関の健全性の問題を生じさせることとなる。さらに、懸念される第三の問題は、金融機関間の競争上の公正性が損なわれるというものである。金融機関は豊富な資金量および多数の店舗を保有している。そのため、これらのものを証券会社が利用できれば、金融機関の関連証券会社がその他の証券会社に比べて競争上の優位に立つことができる。関連証券会社の証券業に金融機関が信用供与をすることも考えられる。さらに、金融機関は、融資業務、役員派遣、株式所有などを通じて、企業と密接な関係にあり、これらの企業との証券取引において、そのような関係を有さない証券会社よりも有利な立場に立つことができる。(2)

第一の弊害については、基本的に、金融機関を規制する各業法が対処する問題である。第三の弊害については、弊害防止措置が定められた当初の時期からそのあり方が大きく変貌したことが注目される。競争上の公正性に関する弊害防止措置は二つに大別できる。金融機関が積極的に関連証券会社を支援することで、当該証券会社が他の証券会社よりも競争上優位な立場に立つものと、外見上は積極的に支援はしないものの、金融機関が企業に対して有している影響力のゆえに、当該証券会社に競争上の優位性がもたらされるというものである。後者に関連して、共同訪問の規制(3)およびいわゆるメインバンク・ファイアー・ウォール(4)が定められていた。平成一一年四月にこれらの規制が廃止された。(5)今後、金融機関が信用供与などを利用して競争制限的な行為を行うならば、優越的地位の濫用の問題として、独占禁止法および各業法が対処する問題として処理される。なお、企業は金融機関の信用供与等を期待して、金融機関の関連証券会社を利用することが考えられる。このような競争上の優位性は現行法の下では問題とされない。(6)

弊害防止措置の必要性は、銀行が金融商品取引業者を子会社として保有する場合および金融商品取引業者が銀行を子会社として保有する場合（金融機関と金融商品取引業者商品に親子関係がある場合）のほか、金融持株会社が銀行と金融商品取引業者を子会社として所有する場合（金融機関と金融商品取引業者が兄弟会社である場合）にも生じる。金融商品取引法の定める弊害防止措置は、銀行等の金融機関と金融商品取引業者との間に親子関係がある場面のみならず、それら

に兄弟関係が存在する場面にも適用される。(7)

(1)　ファイアー・ウォールは、日本語では「防火壁」となる。多くの業務を兼営する場合に、一つの業務で生じた問題（火事）が、他の業務に悪影響を与えること（類焼）を防止するための方策がファイアー・ウォールといえる。ファイアー・ウォールの語源については、高木仁「一九三三年銀行法と銀行持株会社規制―アメリカにおけるファイアー・ウォールの考え方の原点」証券研究九六号四一頁以下参照。金融制度改革を検討した大蔵大臣の二つの諮問機関においては、この弊害防止措置についての考え方に相違が見られた。金融制度調査会答申「新しい金融制度について」（平成三年六月）では、相互参入による弊害防止に関して、現行法規制、自主規制の活用ならびに行政当局の監視によって弊害への対応が可能としている。その上で、これらの措置で十分に対応できない場合には、新たな措置を講じることが必要としながら、その際には、制度見直しの意義を減殺しないように必要最小限のものとすることを強調していた。他方、証券取引審議会基本問題研究会報告「証券取引に係る基本的制度の在り方について」（平成三年五月）は、証券市場への新規参入により、市場機能が歪められることのないように実効性のある措置を講ずる必要があるとして、証券会社以外の者が別法人で証券業への参入を行う場合に一〇項目の弊害防止措置を提唱し、参入者が銀行である場合にさらに一項目の弊害防止措置の必要性を指摘していた。

(2)　川口恭弘「ファイアー・ウォール」ジュリスト一〇二三号一六頁。なお、たとえば、金融機関が親子関係にある金融商品取引業者を支援する行為は、その金融商品取引業者を競争上優位な立場に置くものである。一方で、かかる行為が金融機関の犠牲の下で行われるときは、金融機関の健全性を害するものとなる。弊害防止措置は、金融機関の健全性、利益相反、競争上の優位性に関するものに大別することができるが、このように、それぞれが密接に関連しているものである。

(3)　共同訪問の規制は、金融機関の関係者が同席することで、証券子会社のサービスを受けることについて顧客が圧力を受けることを懸念して、共同訪問を原則として禁止するものであった。

(4)　企業が社債の発行を行う場合に、メインバンクに受託業務を依頼すると考え、その受託会社の関係する証券会社が当該社債発行の主幹事会社になることを制限するものであった。川口・前掲注（2）一九頁参照。

(5)　共同訪問の規制の抜け道は無数に考えられ、極めて実効性の低い規定であった。また、メインバンク・ファイアー・ウォールが定められた当初、規制は受託会社という概念を使って行われた。しかし、平成五年の商法改正で受託会社は社債管理会社に改められた。社債管理会社（会社法の下では社債管理者）は一定規模の社債発行には義務づけられない。そこで、社債管理会社不設置債の発行が増加している状況で、メインバンク・ファイアー・ウォールを継続する意義は薄れていた。
（6）　川口恭弘「業務分野規制の新展開」あたらしい金融システムと法〔ジュリスト増刊〕一〇五頁（平成一二年）。
（7）　金融商品取引法は、金融商品取引業者とその親法人等および子法人等またはそれらの顧客との取引について規制を行う（金商法四四条の三参照）。ここにいう親法人等は、金融商品取引業者の総株主等の議決権の過半数を保有していることその他の当該金融商品取引業者と密接な関係を有する法人その他の団体として政令（金商令一五条の一六第一項）で定める要件に該当するものをいう（金商法三一条の四第三項）。また、子法人等は、金融商品取引業者が総株主等の議決権の過半数を保有していることその他当該金融商品取引業者と密接な関係を有する法人その他の団体として政令（金商法一五条の一六第二項）で定める要件に該当する者をいう（金商法三一条の四第四項）。

2　弊害防止措置の内容

銀行等の金融機関が親子関係または兄弟関係にある金融商品取引業者（関連金融商品取引業者という）を積極的に支援することによって、当該金融商品取引業者が他の金融商品取引業者よりも競争上優位に立つことが規制される(1)。金融商品取引業者を支援する方法として、金融商品取引業者と直接に取引する方法と金融商品取引業者社の顧客と取引をする方法とがある。

銀行等の金融機関と関連金融商品取引業者との取引についてはつぎの規制がある。まず、金融商品取引業者またはその役員もしくは使用人は、通常の取引の条件と異なる条件であって、取引の公正を害するおそれのある条件で、親法人等または子法人等と有価証券の売買その他の取引または店頭デリバティブ取引を行うことが禁止される（金商法四四条の三第一項一号）。また、通常の取引の条件と著しく異なる条件で、金融商品取引業者またはその役員もしくは使用人がその親法人等または子法人等と資産の売買その他の取引を行うことも禁止される（金商法四四条の三第一項四号、金商業等府令一五三条一項一号）(2)。前者における規制の対象は、「有価証券の売買その他の取引又は店頭デリバティブ取引」であり、後者では、「資産の売買その他の取引」を規制の対象としている。加えて、前者が「通常の取引の条件と異なる条件」での取引を禁止しているのに対して、後者では、「通常の取引の条件と著しく異なる条件」での取引を禁止する。金融商品取引については、その担い手である金融商品は、特に、「著しく異なる条件」でなくても、「通常の取引の条件と異なる条件」での取引を慎むべきであることを理由とする。

金融商品取引業者またはその役員もしくは使用人は、当該金融商品取引業者が引き受けた有価証券を、親法人等または子法人等に売却することが一定期間禁止される（金商法四四条の三第一項四号、金商業等府令一五三条一項六号）。禁止期間は六か月と定められている。これは、引受けにより売れ残った証券を金融機関が買い取ることで、関連金融商品取引業者を支援することを防止しようとするものである。

銀行等の金融機関が金融商品取引業者の顧客と取引をすることで、間接的に金融商品取引業者を支援する行為についてはつぎの規制がある。まず、金融商品取引業者またはその役員もしくは使用人が、当該金融商品取引業者との間で、金融商品取引業に関する契約を締結することを条件として、親法人等または子法人等がその顧客に信用供与をしていることを知りながら、当該顧客と契約を締結することが禁止される（金商法四四条の三第一項二号）。銀行等の金融機関が、関連金融商品取引業者の営業を支援するために、融資の条件として当該金融商品取引業者との取引を条件とすることを規制するものである。(3) さらに、金融商品取引業者またはその役員もしくは使用人は、当該金融商品取引業者との間で金融商品取引業に関する契約を締結することを条件として親法人等または子法人等がその顧客に対して、通常の条件よりも有利な条件で資産の売買その他の取引をしていることを知りながら、当該顧客と金融商品取引契約を締結することが禁止される（金商法四四条の三第一項四号、金商業等府令一五三条一項二号）。前者の場合には、信用供与すべてが対象となるが、後者の場合は、他の条件よりも有利な条件で行う取引が規制の対象となる。さらに、前者では、取引の条件は考慮されず、全面的に規制の対象に置かれる。この違いは、信用供与の場合には、融資自体が抱き合わせ取引を誘発する強力な手段となりうるのに対して、資産の売買は、その条件が有利な場合に抱き合わせ取引の手段となりうるためである。

つぎに、利益相反に関する規制が定められている。金融商品取引業者の親法人等または子法人等に対して、借入金による債務を負っている者が、有価証券の発行によって資金を調達する場合で、当該金融商品取引業者がその引受人となるときは、金融商品取引業者またはその役員もしくは使用人は、有価証券の発行によって取得する手取金が親法人等または子法人等に対する借入金の返済に充てられることを知りながら、その事情を顧客に告げることなく、当該有価証券を売却することができない（金商法四四条の三第一項四号、金商業等府令一五三条一項三号）。(4) これは、金融機関が企業に貸付けを行っている場合で、その企業の業績が悪化し、債権の回収が困難となったときに、当該企業に証券を発行させ、その手取金で金融機関の債権の回収をはかる行為を防止するものである。このような行為は、本来金融機関が負担すべき貸付リスクを、有価証券の投資者に転嫁させるものである。右の規制は、投資者に不当な損失を与えることを防止するためのものである。そのため、手取金の使途についての説明がなされている場合には、適用が除外される。

さらに、金融商品取引業者の親法人等または子法人等が有価証券の発行を行う場合に、その有価証券につき、当該金融商品取引業者が引受けに関する主幹事会社(5)となることが禁止される（金商法四四条の三第一項四号、金商業等府令一五三条一項四号）。金融商品取引業者が親子関係等のある会社の発行する証券の主幹事会社となる場合には、引受審査が甘くなり、その結果、最終的に投資家が損失を被ることが懸念される。もっとも、金融商品取引所に上場されている会社で、発行済みの株券につき、一定の売買金額・時価総額等を有しているものについては、市場が当該株式の価値を把握していると考えられることから、規制の適用除外が認められる。(6) また、金融商品取引業者が引受幹事としてその引受けにかかる発行価格の決定に適切に関与しているものとして内閣府令で定める場合も、(7) 適用が除外される。(8)

金融商品取引業者が有価証券の引受けを行った場合に、金融商品取引業者またはその役員もしくは使用人は、一定期間（六か月）は、親法人等または子法人等がその顧客に買入代金を貸し付けていることを知りながら、当該金融商品取引業者が有価証券を売却することが禁止される（金商法四四条の三第一項四号、金商業等府令一五三条一項五号）。これは、金融商品取引業者の引受リスクを回避させるために、信用供与という好条件で顧客に有価証券を押しつけ、投資者に引受リスクを転嫁する行為を防止しようとするものである。引受リスクの少ない証券であっても、金融機関からの信用供与は顧客の証券の購入を容易にするための手段となり、競争上の公正性の問題が生じる。

ところで、金融商品取引業者とその親法人等または子法人等との間の非公開情報の授受について規制がある。顧客は、金融機関との取引のために当該金融機関に情報を提供することがある。かかる情報が顧客の意図する範囲を超えて、他の業務に利用されることは適切でない。そこで、有価証券関連業を行う金融商品取引業者が、発行者等に関する非公開情報を当該金融商品取引業者の親法人等または子法人等から受領し、または、当該親法人等もしくは子法人等に提供することが禁止される(9)（金商法四四条の三第一項四号、金商業等府令一五三条一項七号）。もっとも、これには例外が規定されている。まず、情報の提供が発行者等の書面による同意がある場合には情報の授受が許される（金商法四四条の三第一項四号、金商業等府令一五三条一項七号イ）。さらに、内部管理に関する業務(10)の全部または一部を行うために必要な事項を受領し、または提供することも可能である（金商法四四条の三第一項四号、金商業等府令一五三条一項七号リ）(11)。

また、有価証券関連業を行う金融商品取引業者が、その親法人等または子法人等から、顧客の書面による同意を得ずに取得した非公開情報を利用して金融商品契約の締結を勧誘する場合には、顧客の同意が必要である（金商法四四条の三第一項四号、金商業等府令一五三条一項八号）。

平成二〇年の法改正で、顧客の非公開情報の授受規制の一部が緩和された。既述のように、非公開情報の授受は、非公開情報の提供につき発行者等の同意がある場合は認められる。同年の法改正で、法人に関する非公開情報について、その提供の停止を求める機会を適切に提供している場合は、当該発行者等が当該停止を求めるまでは、当該非公開情報の提供について発行者等の書面による同意があるものとみなすものとされた（金商業等府令一五三条二項）。これにより、個人情報については、顧客の同意を得た上での情報の授受を認めるものの（いわゆるオプトインを維持する）、法人情報については、顧客側に不同意の機会を与えることを前提に（いわゆるオプトアウトの機会を付与する）、情報授受を原則として許容することとした(12)(13)。

銀行等の金融機関は、その本業を通じて、取引先と密接な関係にあることが多い。特に、融資業務を通じて、銀行等が貸付先等の企業に対して有利な立場に立つことがある。かつては、金融商品取引業者の役員または使用人が、その親法人等または子法人等の役員または使用人と顧客に対して共同訪問を行うことが禁止されていた。共同訪問の規制は、銀行関係者が同席することで、関連証券会社（金融商品取引業者）のサービスを受けることについて顧客が圧力を受けることを懸念するものであった。しかし、規制の抜け道は無数に考えられ、極めて実効性の低い規定であり、平成一一年の改正で、かかる規制は廃止された(14)。

これまで述べてきたように、親法人等または子法人等に銀行等の金融機関が存在する金融商品取引業者は、それ以外の金融商品取引業者に比べて競争上優位な立場に立つことができる。しかし、その地位を濫用して、業務を行うことは許されるべきではない。そこで、有価証券関連業を行う金融商品取引業者商品取引業者は、その親銀行等または子銀行等の取引上の優越的な地位を不当に利用して金融商品取引契約の締結またはその勧誘を行うことが禁止される（金商法四四条の三第一項四号、金商業等府令一五三条一項一〇号）(15)。

（1）　金融機関の業務を犠牲にしてこれらの行為がなされる場合には、当該金融機関の健全性が害される。各業法では、これらの行為を規制する規定を定めている。たとえば、銀行は特定関係者（子会社、主要株主、銀行持株会社、銀行持株会社の子会社等）またはそれらの顧客との間で、その取引の条件が当該銀行の取引の通常の条件に照らして当該銀行に不利益を与える取引を行うことが禁止される（銀行法一三条の二第一号）。銀行の主たる業務である貸付取引において、特定関係者への貸出しの金利、担保の徴求額などの条件が通常のものよりも銀行に不利な場合が該当する（銀行法施行規則一四条の一〇）。また、銀行が特定関係者およびそれらの顧客との間の取引などにおいて、当該銀行の業務の健全かつ適切な遂行に支障を及ぼすおそれのあるものが禁止される（銀行法一三条の二第二号）。銀行に不利な条件で取引を行うだけでなく、銀行の適切な業務遂行の観点から、銀行に不当に利益を与える条件で取引を行うことも規制の対象となる。このように関係会社と一定の距離を置くこと（独立当事者間取引）を要求する規制をアームズ・レングス・ルールという。

（2）　かかる規制は、証券会社からみたアームズ・レングス・ルールといえる。

(3) 手取金が債務の弁済に充てられることについて、金融商品取引業務の委託を行う登録金融機関・金融商品仲介業者に説明することなく、当該登録金融機関または金融商品取引業者に、当該有価証券の売買の媒介等を行わせることも禁止行為と規定されている(金商法四四条の三第一項四号、金商業等府令一五三条一項三号ロ)。

(4) 金融商品取引法上の弊害防止措置は、金融商品取引業者の行為の観点から規制が定められている。したがって、このようなわかりづらい規定となっている。

(5) 元引受契約の締結に際し、当該元引受契約にかかる有価証券の発行者と当該元引受契約の内容を確定させるための協議を行う会社(引受幹事会社)であって、当該有価証券の発行価格の総額のうちその引受けにかかる部分の金額が他の引受幹事会社の引受額より少なくない会社、またはその受領する手数料、報酬その他の対価が他の引受幹事会社が受領するものより少なくない会社をいう(金商業等府令一四七条三号)。

(6) 金融商品取引所において六月以上継続して上場されている株券で、当該親課法人等または子法人等の発行済株券について、一年間の平均売買金額および時価総額が一〇〇億円以上である場合が規定されている。

(7) ①有価証券の元引受けにかかる業務を行うことについて登録を受けていること、②有価証券の引受けにかかる業務に関する十分な経験を有すること、③主幹事会社または当該株券の発行者(主幹事会社等)の親法人等または子法人等でないこと、④主幹事会社等またはその親法人等もしくは子法人等の総株主等の議決権の五パーセント以上の議決権を保有していないこと、⑤その総株主等の議決権の五パーセント以上の議決権を主幹事会社等またはその親法人等もしくは子法人等が保有していないこと、⑥その役員および主要株主等が、主幹事会社等の取締役および執行役ならびにその代表取締役および代表執行役の過半数を占めていないこと、⑦その取締役および執行役ならびにその代表取締役・代表執行役の過半数を主幹事会社等についての役員および主要株主等が占めていないことなどが規定されている(金商業等府令一五三条一項四号ニ)。

(8) 平成二二年の内閣府令の改正前まで、格付機関による格付けが付与されているものについても、規制の適用除外が認められていた。同年の改正で、かかる規定は削除された。

(9) 発行者等とは、非公開情報にかかる有価証券の発行者または顧客をいう(金商業等府令一四七条二号)。

(10) ここにいう内部管理に関する業務とは、①法令遵守管理に関する業務、②損失の危険の管理に関する業務、③内部監査および内部検査に関する業務、④財務に関する業務、⑤経理に関する業務、⑥税務に関する業務をいう(金商業等府令一五三条三項)。

(11) このほか、①親法人等または子法人等に金融商品仲介業務委託する場合の例外、②親銀行等または子銀行等に金融商品仲介業務委託する場合の例外、③親銀行等または子銀行等である所属銀行より金融機関代理業を受託する場合の例外、④親銀行等または子銀行等に顧客への信用供与額を提供する場合、⑤内部統制報告書を作成する場合、⑥電子情報処理組織の保守・管理のためにする場合、⑦法令等にもとづく場合が規定されている（金商業等府令一五三条一項七号ロ〜チ）。

(12)　金融商品取引業者監督指針Ⅳ—三—一—四(1)は、法人顧客に対するオプトアウトの機会の提供の適切性について、以下の点に留意すべきとしている。

①　法人顧客に対し、あらかじめ親子法人等との間で授受を行う非公開情報の範囲、非公開情報の授受を行う親子法人等の範囲、非公開情報の授受の方法、提供先における非公開情報の管理の方法、提供先における非公開情報の利用目的および親子法人等との間での非公開情報の授受を停止した場合における当該非公開情報の管理方法を通知しているか。なお、これらの事項の詳細について店舗での掲示・閲覧やホームページへの掲載を行っている旨および問合せ先を法人顧客に対する通知において明らかにするなど、法人顧客が必要な情報を容易に入手できるようにしていれば、当該通知においてこれらの事項の詳細が含まれていなくても、適切に通知が行われていると認められる場合があると考えられる。

②　法人顧客に通知した内容に軽微な変更があった場合は、そのつど通知を行う必要まではないが、たとえば、最新の情報をホームページに常時掲載するとともに、その旨を法人顧客に適切に説明するなど、法人顧客が必要な情報を入手できるようにしているか。

③　オプトアウトの機会の通知は、契約締結時に書面等により行うなど、法人顧客がオプトアウトの機会について明確に認識できるような手段を用いて行っているか。なお、長期の契約を締結している場合など、たとえばおおむね一年以上にわたり法人顧客に対してオプトアウトの機会の通知を行っていない場合は、当該法人顧客との取引の状況に関わらず、改めて当該通知を行っているか。

④　法人顧客にオプトアウトの機会の通知を行ってから、親子法人等との間で当該法人顧客にかかる非公開情報の授受を開始するまでの間に、当該法人顧客がオプトアウトするか否かを判断するために必要な期間を確保しているか。

⑤　個別の通知と併せて、オプトアウトの機会に関する情報について店舗での掲示・閲覧やホームページへの掲載を常時行うとともに、たとえば、ホームページにおいて法人顧客が常時オプトアウトできるようにすることや、法人顧客がオプトアウトする場合の連絡先を内部管理部門に常時設置することなどにより、法人顧客に対し、オプトアウトの機会が常時提供されていることを明確にしているか。

⑥　証券会社等において、オプトアウトの機会を提供せず、オプトインした場合にのみ親子法人等との間でその非公開情報の授受を行う取扱いとする法人顧客がある場合には、どのような属性の法人顧客に対してオプトアウトの機会を提供するのか（ま

たは提供しないのか）の情報の店舗での掲示・閲覧やホームページへの掲載等を通じて、各法人顧客において、自己がオプトアウトの機会の提供を受ける顧客に該当するかを容易に認識できるようにしているか。

(13)　このほか当該金融商品取引業者が、その親法人等または子法人等から取得した発行者等に関する非公開情報を電子情報処理組織の保守および管理ならびに内部管理に関する業務を行うための以外の目的で利用することも許されない（金商法四四条の三第一項四号、金商業等府令一五三条一項九号）。

(14)　現行法の下でも、金融商品取引業者が、その親法人等または子法人等とともに顧客を訪問する際に、当該金融商品取引業者がその親法人等または子法人等を別の法人であることの開示をせず、同一の法人であると顧客に誤認させるような行為をすることは禁止される（金商法四四条の三第一項四号、金商業等府令一五三条一項一一号）。

金融商品取引業者監督指針Ⅳ―三―一―五(1)は、顧客が証券会社等を他の金融機関と誤認することを防止する観点から、以下の点に留意するとしている。

①　証券会社等が、本店その他の営業所を他の金融機関と同一の建物に設置してその業務を行う場合には、以下の点について、顧客に対して十分に説明しているか。

(イ)　当該証券会社等と当該金融機関または親子法人等は、別法人であること。

(ロ)　当該証券会社等が提供する有価証券関連業にかかる商品・サービスは、当該金融機関または親子法人等が提供しているものではないこと。

②　証券会社等の営業部門の職員が、その親子法人等の営業部門との間で兼職をしている場合には、以下のような措置が適切に講じられているか。

(イ)　職員が同一の店舗内で取り扱う商品・サービスの内容およびその提供主体である法人名を、当該店舗に掲示することなどにより、来訪した顧客が容易に認識できるようにすること。

(ロ)　当該職員が、顧客に対し、その兼職する親子法人等の範囲をわかりやすく明示すること。特に、たとえば窓口業務のように、不特定多数の顧客を相手にする業務を行う場合は、当該職員が取り扱う主な商品・サービスの範囲や当該職員の兼職の状況について、当該窓口への掲示等により、顧客に対し常時明示されていることが望ましい。

(ハ)　特に、当該職員が新規顧客に対し勧誘を行う場合や、顧客に対し新たな商品・サービスの勧誘を行う場合には、その兼職状況および取り扱う商品・サービスの範囲について、十分な説明を行うこと。

(ニ)　顧客と契約を締結する際には、書面等による確認を行うなど、当該契約の相手方である法人名を顧客が的確に認識できる機会を確保すること。

平成二〇年の改正前までは、同監督指針は、証券会社等と金融機関の窓口等が区別されており、かつ、証券会社等名が適切に表示されているなど、適切な措置が講じられていることを求めていた。このように、金融商品取引業者と銀行等が共同店舗で業務を行う場合には、窓口等の区別、会社名等の表示といった物理的な誤認防止措置が必要であった。既述のとおり、改正後は、かかる物理的誤認防止措置は不要となった。これにより、兼職職員が窓口で複数の金融機関のサービスを提供できるようにするための体制が整えられた。

(15)　金融商品取引業者監督指針Ⅳ―三―一―四(4)は、金融商品取引業者の役職員が、親銀行等または子法人等の営業部門の職員を兼職し、非公開情報の授受を行う場合には、取引上の優越的地位を不当に利用する行為が禁止されていることを踏まえ、以下の点に留意するものとしている。

①　親子銀行等との兼職者が、顧客に対して、金融商品取引契約の締結に応じない場合には、融資等にかかる取引を取りやめる旨または当該取引にかかる不利な取扱いをする旨を示唆し、当該金融商品取引契約を締結することを事実上余儀なくさせていないか。

②　顧客が競争者（他の金融商品取引業者等）との間で金融商品取引契約を締結する場合には、兼職する親子銀行等固有の業務にかかる取引を取りやめる旨または当該取引に関し不利な取扱いをする旨を示唆し、競争者との契約締結を妨害していないか。

③　優越的地位を不当に利用する行為を防止するための措置を講じる責任を有する部署を設置し、または担当者を配置し、かつ、それらの部署または担当者によって当該行為の防止措置が適切に講じられているかを検証するための内部管理態勢が整備されているか。

④　優越的地位を不当に利用する行為を防止するため、銀行業務に関する知識および実務経験を有するものにより、定期的かつ必要に応じて適宜研修が実施されているか。

⑤　優越的地位を不当に利用する行為にかかる顧客からの苦情受付窓口の明示、苦情処理担当部署の設置、苦情案件処理手順等の策定等の苦情対応体制が整備されているか。

第六節　外務員の規制

第一款　外務員の登録

一　外務員の意義

1　外務員の規制の必要性

金融商品取引業者と投資者との取引は、その役員または使用人を介して行われることが多い。金融商品取引業者の役員または使用人と投資者との接触は、投資勧誘、売買注文の受理ならびに有価証券および金銭の受渡しに及ぶ。これらの行為が適正性を欠く場合、金融商品取引業者に対する投資者の信頼を損なうこととなる。金融商品取引業は投資者の信頼を基礎とするものである。投資者の離反を招く行為は、金融商品取引業者の経営に大きな打撃を与えることとなる。さらに、投資者の健全な投資判断の確保は、資本市場における公正な価格形成に不可欠である。金融商品取引業者に与えられたこれらの社会的使命を果たすためには、金融商品取引業者のみならず、金融商品取引業者の役員または使用人を監督官庁が正確に把握し、不適格者の迅速な排除など、適切な規制を及ぼす必要がある。そこで、金融商品取引法は、金融商品取引業者のために一定の取引を行う者につき、外務員としての登録を要求する。

登録金融機関の役員または使用人は、公共債、投資信託の受益証券の販売などで、投資者との取引に直接関与している。金融商品取引法は、金融商品取引業者および登録金融機関を併せて金融商品取引業者等と定義している（金商法三四条）。このため、登録金融機関の役員および使用人も、一定の業務を行うために、金融商品取引業者等の役員および使用人として、外務員の登録が必要となる。他方で、金融商品仲介業者は、金融商品取引業者等には含まれない（金商二条一二項参照）。しかし、金融商品仲介業者の役員または使用人も、金融商品取引業者または登録金融機関のために、有価証券の売買の媒介等を通じて、投資者と直接に取引を行うことがある。そのため、金融商品仲介業者の役員および使用人についても、金融商品取引業者等の役員および使用人と同様の規制を及ぼすことが適当である。そこで、金融商品取引法は、金融商品仲介業者について、同法が定める外務員に関する規定を準用する旨を定めている（金商法六六条の二五）。

登録が必要な外務員は、勧誘員、販売員、外交員その他いかなる名称を有する者であるかを問わない（金商法六四条一項）。金融商品取引業者等の役員または使用人のうち、その金融商品取引業者等のために、つぎの行為を行う者が外務員として登録が必要である。(1)

有価証券にかかる行為については、①有価証券の売買、市場デリバティブ取引または外国市場デリバティブ（金商法二条八項一号）、②有価証券の売買、市場デリバティブ取引または外国市場デリバティブ取引の媒介、取次ぎまたは代理（金商法二条八項二号）、③取引所金融商品市場における有価証券の売買または市場デリバティブ取引または外国金融商品市場における有価証券の売買・外国市場デリバティブ取引の委託の媒介、取次ぎまたは代理（金商法二条八項三号）、④有価証券等清算取次ぎ（金商法二条八項五号）、⑤有価証券の売出しまたは特定投資家向け売付け勧誘等（金商法二条八項八号）、⑥有価証券の募集もしくは売出しの取扱いまたは私募もしくは特定投資家向け売付け勧誘等の取扱い（金商法二条八項九号）について登録が必要である（金商法六四条一項一号イ）。

また、有価証券にかかる行為については、さらに、⑦売買またはその売買の媒介、取次ぎもしくは代理の勧誘、⑧市場デリバティブ取引もしくは外国市場デリバティブ取引またはその媒介、取次または代理の申込みの勧誘、⑨市場デリバティブ取引または外国市場デリバティブ取引の委託の勧誘についても規制が及ぶ（金商法六四条一項一号ロ）。

ここにいう有価証券は、金融商品取引法二条一項で列挙されたものに限られ、同条二項各号により有価証券とみなされる権利は除かれる（金商法六四条一項一号）。したがって、集団投資スキーム持分（金商法二条二項五号）の取引の媒介等の行為を行う場合には外務員登録は必要とされない。

つぎに、①店頭デリバティブ取引またはその媒介、取次ぎもしくは代理（金商法二条八項四号）、②有価証券の引受け（金商法二条八項六号）および③有価証券の売買またはその媒介、取次ぎもしくは代理であって、電子情報処理組織を使用して、同時に多数の者を一方の当事者または各当事者として、一定の方法により行うもの（私設取引システム）（金商法二条八項一〇号）、④店頭デリバティブ取引等の申込みの勧誘を行う場合に外務員登録が必要となる（金商法六四条一項二号）。ここでも有価証券に関する行為が規定されているが、上記の場合と異なり、みなし有価証券に関する例外は認められていない。

このほか、政令で定める行為について外務員規制が及ぶ（金商法六四条一項三号）。政令では、①市場デリバティブ取引もしくは外国市場デリバティブ取引またはその媒介、取次ぎもしくは代理、②市場デリバティブ取引または外国市場デリバティブ取引の委託の媒介、取次ぎまたは代理、③市場デリバティブ取引もしくは外国市場デリバティブ取引またはその媒介、取次ぎもしくは代理の申込みの勧誘、④市場デリバティブ取引または外国市場デリバティブ取引の委託の勧誘が規定されている（金商令一七条の一四）。

金融商品取引業者等の使用人のほか、役員も、上記の行為を行う場合には外務員の登録が必要である。役員には、取締役、会計参与、監査役もしくは執行役またはこれらに準ずる者が含まれる（金商法二九条の二第一項一号）。もっとも、会計参与や監査役は、その職務内容から、通常は、外務員の行為を行うことは考えにくい。代表取締役や代表執行役も、上記の行為を行う場合には外務員の登録が必要となる。なお、以下に述べるように、店内業務を行うもののみについても、外務員の登録が必要となることに注意が必要である。

金融商品取引業者等の役員または使用人であれば、営業所の内外を問わず、金融商品取引業者等のために右の行為を行う場合に外務員の登録が必要となる。平成一〇年の改正前までは、営業所以外の場所で証券会社のために行為を行う場合に外務員の登録を要求していた。外務員の登録制度は、業者の営業所外で監督が行きとどかない使用人等に規制を及ぼすために定められた。(2) しかし、その後、デリバティブ取引や電子媒体を利用した取引等の新しい取引手法が取り入れられたこと等により、営業所外のほか、営業所内でも対人的な取引について規制を及ぼす必要がでてきた。(3) さらに、証券業の免許制から登録制への移行に伴い証券会社の店舗設置が自由化され、一人店舗の出現も予想される等店舗の外と内とで規制を区別することが適切ではなくなった。そのため、平成一〇年の改正で、現行法のように、店舗内の役員または使用人についても、外務員としての登録が必要とされることになった。(4)

金融商品取引業者等は、外務員として登録を受けずに、その役員または使用人に外務員の職務を行わせてはならない（金商法六四条二項）。さらに、当該業務を行わせた金融商品取引業者等の代表者、代理人、使用人その他の従業者は一年以下の懲役もしくは一〇〇万円以下の罰金に処せられ、またはこれらが併科される（金商法二〇一条一項七号）。また、これらの者が所属する法人に対しても一〇〇万円以下の罰金が科せられる（金商法二〇七条一項六号）。

（1）　昭和四〇年の改正前までは、証券会社の使用人だけが外務員になれるような定め方であったが、同年の改正で役員も含まれる内容となった。

（2）　日野正晴・詳解金融商品取引法五五五頁〔第三版〕（平成二三年）参照。

（3）　河本一郎＝関要監修・逐条解説証券取引法〔三訂版〕六九〇頁（平成二〇年）。

（4）　金融商品取引業者監督指針Ⅳ—四—三(1)は、金融商品取引業者の店内業務（店頭業務を含む。）に従事する役員または使用人のうち、外務員登録を必要とするものは、以下のいずれかの業務を行う者としている。

① 勧誘を目的とした金融商品取引等の内容説明
② 金融商品取引等の勧誘
③ 注文の受注
④ 勧誘を目的とした情報の提供等（バックオフィス業務に関することおよび顧客の依頼にもとづく客観的情報の提供を除く）
⑤ 金融商品取引法六四条一項一号または二号に掲げる行為を行う者

なお、日本証券業協会の規則では、外務員と別に、従業員の定義を定めている。そこでは、①会員の使用人（出向により受け入れた者を含む）で国内に所在する本店その他の営業所または事務所に勤務する者、②店頭デリバティブ取引会員の使用人で国内に所在する本店その他の営業所または事業所において特定店頭デリバティブ取引等にかかる業務に従事する者、③特別会員の使用人で国内に所在する本店その他の営業所または事務所において登録金融機関業務に従事する者（特定金融商品取引業務に従事する者を含む）、④派遣労働者にあっては、外務員の登録を受けている者、としている（日証協・従業員規則二条六号）。日本証券業協会の規則は、外務員以外の金融商品取引業者の役員または使用人にも適用されるが、その最も重要な規制の対象は、投資者と接する外務員である。

2　外務員の種類

金融商品取引法上、外務員の種類は規定されていない。この点については、外務員の登録に関する委任事務を行う日本証券業協会が、その規則により、つぎのものを定めている（日証協・外務員規則四条・二条）。

① 一種外務員　外務員のうち、外務員の職務のすべてを行うことができる者

② 信用取引外務員　外務員のうち、二種外務員の外務員の職務および信用取引等（信用取引および発行日取引）にかかる外務員の職務を行うことができる者(1)

③ 二種外務員　外務員のうち、新株予約権証券（金商法二条一項九号）、カバードワラント（金商法二条一項一九号）および新株予約権証券およびカバードワラントの預託を受けた者が当該証券・証書の発行された国以外の国において発行する証券・証書で、当該預託を受けた証券・証書にかかる権利を表示するもの（金商法二条一項二〇号）以外の有価証券にかかる外務員の職務、ならびに有価証券の売買および有価証券関連デリバティブ取引その他政令で定める取引に関する有価証券等清算取次ぎにかかる外務員の職務を行うことができる者

③は、現物株式などの外務員の職務を行うことができるものの、信用取引、先物・オプション取引などの外務員の職務を行うことはできない。信用取引、先物・オプション取引を含めたすべての有価証券取引にかかる外務員の職務を行うことができる①は③の上級資格と位置づけされる(2)。

外務員については、外務員試験に合格したものに資格が与えられる。外務員試験については、金融商品取引業者等の役員・使用人に限らず、誰でも、受験することができる。(3)

（1）平成一八年四月一日改正前の「証券外務員等資格試験規則」による信用取引外務員資格試験合格者をいう。現在は、当該試験は行われていない。

（2）登録金融機関の役員および使用人も外務員規制に服する。登録金融機関は、日本証券業協会の特別会員となることができる。特別会員の外務員の種類として、④特別会員一種外務員、⑤特別会員二種外務員および⑥特別会員四種外務員がある。④は、外務員のうち、登録金融機関業務にかかる外務員の職務を行うものをいう。⑤は、外務員のうち、金融商品取引法三三条二項一号・二号・三号ロおよび四号イに掲げる業務（有価証券関連デリバティブ取引等および選択権付債券売買取引にかかる業務を除く）ならびに同項六号に定める行為にかかる外務員の職務を行うことができる者をいう。⑥は、外務員のうち、金融商品取引法三三条の八第二項に規定する特定金融商品取引業務にかかる外務員の職務を行うことができる者をいう。登録金融機関の役員または使用人で取得できる資格は上記のうち①、③ないし⑥である。①と③については、金融商品取引業者の役員または使用人と同様である。しかし、④ないし⑥については、国債、投資信託など限定された有価証券に関する取引しか行うことができない。

（3）平成一二年八月の事務ガイドラインの改訂で、証券会社の派遣労働者も外務員資格を取得できることとなり、また、持株会社や関連会社の役職員、証券会社の入社内定者の入社三月前からの受験を認めた。さらに、平成一六年には、証券会社等の役職員以外の一般人にも、二種外務員資格試験の受験が認められた。さらに、平成二三年の改正で、第一種外務員資格試験の受験資格が一般に開放された。そのため、第二種外務員資格試験の合格者でなくても、直接に当該試験を受験することができることとなった。

二　登録の手続

1　登録の申請

金融商品取引業者等は、その役員または使用人に外務員の職務を行わせるには、その者について外務員登録原簿に登録を受けなければならない（金商法六四条一項）。金融商品取引業者等は、外務員登録を受けた者以外の者に外務員の職務を行わせてはならない（金商法六四条二項）。金融商品取引業者等は、役員または使用人を有価証券外務員の職務に従事させるには、委任または雇傭期間の長短、固定給または歩合給等の報酬の形態、職務内容の広狭、さらにはもっぱら金融商品取引業者の営業所外で職務に従事するか金融商品取引業者の営業所内で職務を行う者であるかを問うことなく、その者につき、外務員の登録を受けなければならない。

外務員の登録は、金融商品取引業者の登録申請にもとづいて行われる。登録申請は、①登録申請者の商号、名称または氏名、②登録申請者が法人であるときは、その代表者の氏名、③登録申請にかかる者の氏名および生年月日、役員または使用人の別、外務員の経験の有無ならびに外務員として所属した金融商品取引業者等または金融商品仲介業者の商号、名称または氏名およびその期間、④金融商品仲介業を行ったことの有無および金融商品仲介業を行ったことのある者については、その期間、を記載した登録申請書に添付書類を付して行われなければならない（金商法六四条三項・四項）。その際には、金融商品取引業者等は、政令に定めるところにより、登録手数料を納めなければならない（金商法六四条の八第一項）。

外務員の登録申請がなされた場合、内閣総理大臣は、登録申請にかかる者が、①金融商品取引業の登録拒否事由（金商法二九条の四第一項二号イ〜ト）に該当する者、②外務員の登録を取り消され、その取消しの日から五年を経過しない者、③登録申請者以外の金融商品取引業者等または金融商品仲介業者に所属する外務員として登録されている者、④金融商品取引法六六条の規定により登録されている者であるときは、登録を拒否しなければならない（金商法六四条の二第一項）。③および④は、外務員の二重登録を防止するためのものである。登録にかかる外務員が、すでに登録申請者以外の金融商品取引業者等または金融商品仲介業者に所属する外務員として登録されている場合、新たな登録はできない。外務員が二社以上の金融商品取引業者等の使用人として投資者に接することは、その外務員の行為が帰属する金融商品取引業者等が不明確となり、投資者保護のために好ましくないことから、かかる規制が定められている(1)。また、金融商品仲介業の登録は個人でも可能である。金融商品仲介業者は所属金融商品取引業者等のために顧客との間で有価証券の売買の媒介等を行う。このような者が、同時に他の金融商品取引業者等の外務員として取引を行うことも、投資者保護のために好ましくない(2)。そのため、金融商品仲介業の登録を受けている者も、外務員としての登録を受けることができない。

なお、登録申請書またはその添付書類に虚偽記載があり、もしくは重要な事実の記載が欠けているときは、登録の可否に関する適正な判断ができない。そのため、このような事実がある場合には登録拒否事由となる（金商法六四条の二第一項）。

金融商品取引業者は、外務員登録原簿に登録された外務員に、①登録申請書に記載した氏名および生年月日、役員または使用人の別に変更があった場合、②登録拒否事由（金商法二九条の四第一項二号イ～ト）のいずれかに該当することとなったとき、③退職その他の理由により外務員の職務を行わないこととなった場合、遅滞なくその旨を内閣総理大臣に届け出なければならない（金商法六四条の四）。外務員が、①登録拒否事由（金商法二九条の四第一項二号イ～ト）に該当することになり、または、登録の当時、登録拒否事由（金商法六四条の二第一項各号）に該当していたことがあきらかになった場合、②法令に違反しもしくはその他外務員の職務に関して著しく不適当な行為をした場合(3)、③過去五年間に登録を抹消された場合に、当該登録を受けていた間の行為が②に該当していたことが判明したとき、内閣総理大臣は、外務員の登録を取り消しまたは二年以内の期間を定めてその職務の停止を命ずることができる（金商法六四条の五第一項）。

（1）　河本一郎＝関要監修・逐条解説証券取引法〔三訂版〕六九六頁（平成二〇年）。
（2）　河本＝関・前掲注（1）六九七頁。
（3）　日証協・従業員規則に定める禁止行為などに違反するものが該当する。

2　登録事務の委任

内閣総理大臣は、外務員の登録申請につき、認可金融商品取引業協会に登録事務の委任をすることができる（金商法六四条の七第一項）(1)。内閣総理大臣は、同協会に登録事務を行わせるときは、その登録事務を行わない（金商法六四条の七第三項）。協会は、登録事務を行うときは、定款で外務員の登録に関する事項を定め、内閣総理大臣の認可を受ける必要がある（金商法六四条の七第四項）。

登録事務を金融商品取引業協会（証券業協会）に委任できる旨の規定は、平成四年の改正で規定された。平成四年以前から、日本証券業協会の規則で、同協会の協会員である証券会社の外務員の登録事務は日本証券業協会を経由して行うものとされていた。平成四年の改正は、かかる制度を法律上のものに昇格させたものといえる(2)。

現在では、認可金融商品取引業協会である日本証券業協会が内閣総理大臣に代わって、登録事務を行っている(3)。そのため、金融商品取引業者等は、同協会を通じて外務員の登録を行わなければならない。同協会は、協会員である金融商品取引業者等の従業員については、金融商品取引についての知識および経験に関する一定の要件をみたす者のみが外務員としての資格を有するものとしている(4)。金融商品取引業者等は、その要件をみたさない者を外務員として内閣総理大臣に登録し、外務員の職務を行わせることができない(5)。

日本証券業協会は、登録（金商法六四条五項）、登録の変更（金商法六四条の四）、処分（金商法六四条の五）（登録の取消しを除く）、登録の抹消（金商法六四条の六）をした場合、遅滞なく、内閣総理大臣に届出をしなければならない（金商法六四条の七第五項）。内閣総理大臣は、日本証券業協会が、所属する金融商品取引業者の外務員が、処分を受ける事由（金商法六四条の五第一項）に該当しているにもかかわらず、その処分を行わない場合、公益または投資者保護のために必要かつ適当であると認めるときは、その処分を行うことを命じることができる（金商法六四条の七第七項）。

（1）　内閣総理大臣が金融商品取引業協会に委任することができる事務は、金融商品取引法六四条、六四条の二、六四条の四、六四条の五および六四条の六に規定する登録に関する事務である（金商法六四条の七第一項）。登録事務は内閣府令で規定される（金商法六四条の七第一項）。内閣府令では、①登録申請書の受理（金商法六四条三項）、②外務員登録原簿への登録（金商法六四条五項）、③登録申請者への登録、登録拒否、処分の通知（金商法六四条六項・六四条の二第三項・六四条の五第三項）、④登録の拒否（金商法六四条の二第一項）、⑤登録拒否の場合の審問（金商法六四条の二第二項）、⑥登録事項の変更等の届出の受理（金商法六四条の四）、⑦登録の取消しおよび職務の停止の命令（金商法六四条の五第一項）、⑧登録の取消し等の処分の場合の聴聞（金商法六四条の五第二項）、⑨登録の抹消（金商法六四条の六）を定めている（金商業府令二五四条）。

（2）神田秀樹監修・野村證券株式会社法務部＝川村和夫編・注解証券取引法六八七頁（平成九年）。また、平成四年の改正で、証券業協会の性格が、民法上の社団法人から証券取引法上の法人に改組され、自主規制機関としての位置づけが明確にされたことに伴い、証券業協会に所属する協会員の外務員にかかる外務員登録については、外務員の資格試験制度や研修制度を運営している証券業協会に移管することが適当であると考えられたとする見解も述べられている。河本一郎＝関要監修・逐条解説証券取引法〔三訂版〕七〇八頁（平成二〇年）。

（3）日本証券業協会は、外務員に関する届出をしようとする場合は、①外務員の所属する金融商品取引業者等の商号、名称または氏名、②外務員の氏名および生年月日、③処理した登録事務の内容および処理した年月日、④登録事務の内容が職務の停止の命令または登録の抹消である場合は、その理由を、その外務員が所属する金融商品取引業者等の本店等の所在地を管轄する財務局長に提出しなければならない（金商業等府令二五五条）。

（4）日本証券業協会はその規則で、外務員の種類ごとに、つぎの資格を定めている（日証協・外務員規則四条）。

①　一種外務員　外務員等資格試験に関する規則（試験規則）による一種外務員資格の合格者
②　信用取引外務員　平成一八年改正前の試験規則による信用取引外務員資格試験の合格者
③　二種外務員　試験規則による二種外務員資格試験の合格者または本協会の新任外務員課程研修の修了者
④　特別会員一種外務員　試験規則による一種外務員資格試験または特別会員一種外務員資格試験の合格者
⑤　特別会員二種外務員　試験規則による二種外務員資格試験もしくは特別会員二種外務員資格試験の合格者または本協会の新任外務員課程研修の修了者
⑥　特別会員四種外務員　試験規則による一種外務員資格試験、二種外務員試験、特別会員一種外務員資格試験、特別会員二種外務員試験もしくは特別会員四種外務員資格試験の合格者または本協会の新任外務員課程研修の修了者

（5）外務員になろうとする者がいかに誠実であり、一般教養に優れ、接客態度がよくても、金融商品取引業の複雑さにかんがみると

きは、その者が自己の取り扱う有価証券および証券市場について十分の知識がないときは外務員としてその職務を的確に行うことができない。そのため、日本証券業協会による規制は適切なものと考えられる。

第二款　外務員の権限と監督

一　外務員の権限

外務員は、所属する金融商品取引業者に代わって、金融商品取引法六四条一項各号に掲げる行為に関し、一切の裁判外の行為を行う権限を有するものとみなされる（金商法六四条の三第一項）。金融商品取引業者等は、外務員が有価証券の売買その他の取引等に関して行った行為につき契約上の責任を負うこととなる。外務員を介して取引を行う金融商品取引業者等に、外務員の行った取引につき責任を負わせることにより、外務員と取引する投資者を保護することを目的とする。(1)

外務員が金融商品取引業者等のためにする権限を有するものとみなされるのは、金融商品取引業者等が現実に営む業務に関するものに限られる。(2)金融商品取引業者等の業務範囲に属さない行為は、たとえそれが金融商品取引業に属するものでも、外務員が金融商品取引業者等のためにする権限を有するものとはみなされない。一方で、金融商品取引業者等の業務範囲に属する行為であれば、金融商品取引業に関連する行為または金融商品取引業者等の付随業務に属するものも、外務員は、その属する金融商品取引業者等のためにすることができる。外務員は、有価証券の売買またはその委託に関連し、投資者から金銭または有価証券の引渡しを受け、有価証券の保護預かりを受け、名義書換の代行の委託を受ける権限を有するものとみなされる。(3)外務員の金融商品取引業者等のためにする権限は、その者につき内閣総理大臣に外務員の登録がなされているか否かにかかわらず認められる(4)。

外務員と取引をした相手方が、取引に関し外務員が金融商品取引業者等のためにする権限を有しないことを知っている場合、外務員の金融商品取引業者等のためにする権限は擬制されず、その行為の効果は金融商品取引業者等に帰属しない（金商法六四条の三第二項）。この場合には、投資者の保護のため、外務員の行為の効果を金融商品取引業者等に帰属させる必要がない。外務員と取引をした相手方が外務員の金融商品取引業者等のためにする権限の欠如を知らないことに重大な過失があっても、外務員の権限は擬制される(5)。

外務員が投資者との特別の信頼関係のゆえに、金融商品取引業者等の代理人としてではなく、投資者個人の代理人として行動したと認められるときは、その行為につき金融商品取引業者等が責任を負わない。外務員が投資者との特別の信頼関係のゆえにその代理人として行動したといえるためには、投資者が外務員に金銭を預けて、その利殖を依頼するような特別の関係が存在することが必要である。投資者が金融商品取引業者等の営業所へ出向くことなく、もっぱら外務員を介して取引をしていたことなどは、そのような事情に該当しない(6)。

（1）　昭和四〇年の改正前においては、外務員の権限について特別の規定はなく、それについて多くの争いがあった。判例の大勢は、外務員は、証券業者の業務に関して証券業者を代理する権限を有するものと解していた。この点に関しては、龍田節「有価証券外務員と投資者保護」インベストメント一八巻二号一五頁以下参照。

（2）　神崎克郎「有価証券外務員—投資者保護と制度の健全性の向上」経済法八号四頁、龍田節「証券取引法と外務員」ジュリスト五〇〇号五六六頁、小島孝「有価証券外務員」河本還暦・証券取引法大系三六四頁（昭和六一年）。

（3）　外務員の権限が法定される前の判決である最判昭和三八年一二月三日民集一七巻一二号一五九六頁は、外務員の金融商品取引業者のためにする権限に関して、つぎのように述べていた。「外務員は、特別の事情の存しないかぎり、営業所の内外において証券業者の使用人として、顧客から株式の売買取引の委託を受け、顧客との間に受渡のため株券又は金銭を授受することについてのみならず、保護預り又は名義書換のために株券の預託を受け、さらに、名義貸し契約をし、これに伴い株券を授受し、新株払込金を受領する等の事項につき……一般に、証券業者を代理する権限を有するものと解するのが相当である。」

（4）　神崎・前掲注（2）三頁、田中誠二＝堀口亘・コンメンタール証券取引法〔増訂版〕二七四頁（昭和六〇年）。

（5）　金融商品取引法六四条の三第二項の条文では、「相手方が悪意であった場合においては、適用しない」と規定する。判例は分かれている。重過失を悪意に含める立場として、高松高判昭和五八年四月一二日判例タイムズ四九八号一〇六頁、大阪高判平成元年三月三〇日判例タイムズ七〇一号二六五号、悪意に含めない立場として、名古屋高判昭和五一年一二月二七日判例タイムズ三四九号二五一頁、東京地判昭和五七年二月二六日判例タイムズ四七四号一三二頁がある。学説のなかでは、堀口亘・最新証券取引法〔新訂第四版〕四〇八頁（平成一五年）は、この規定が平成一八年改正前商法四四条から外務員に拡張されて規定したものであること、商法では悪意に重過失を含ませるのが最近の傾向であることから、重過失を悪意に含めるべきとし、近藤光男＝吉原和志＝黒沼悦郎・金融商品取引法入門〔第二版〕二四五頁（平成二三年）は、金融商品取引業者対投資者という関係において、投資者に多少とも調査を要求することとなる結果は適切ではなく、重過失は含まないと解している。

（6）　龍田・前掲注（2）五六七頁参照。

二　外務員の監督

金融商品取引法三八条の禁止行為は、金融商品取引業者等のみならず、その役員もしくは使用人も対象とされる。日本証券業協会は、協会員である金融商品取引業者の従業員につき、金融商品取引に関する多数の不公正行為を定め、これを禁止している(1)。これらの禁止は、行為の性質から、監督者の直接の監視に服さない場所で投資者と直接に接触する外務員につき特に問題となる(2)。

外務員の行為に関し、投資者の保護がはかられるためには、外務員に対し金融商品取引に関する不公正な行為が禁止されるだけでは十分ではない。外務員が不公正な行為を行わないよう十分監督されるとともに、不公正な行為をした外務員に対し適切な処分が行われることにより、不公正な行為につき一般予防がはかられる必要がある。

金融商品取引業者等は、運用財産について、定期的に運用報告書を作成し、当該運用財産にかかる知れたる権利者に交付しなければならない（金商法四二条の七第一項）。かかる報告書は、外務員の不公正な行為を予防する効果を有する。日本証券業協会が定める規則では、協会員である金融商品取引業者が「顧客管理に関する体制を整備し、顧客の有価証券の売買その他の取引等の状況及び営業員の事業活動の状況について的確な把握に努め」ることを要求している（日証協・投資勧誘規則二四条二項）。

外務員が法令に違反し、または、その他外務員の職務に関して著しく不適当な行為をした場合、内閣総理大臣は、外務員の登録を取り消しまたは二年内の期間を定めて外務員の職務の停止を命じることができる（金商法六四条の五第一項）。日本証券業協会の規則は、外務員の所属する金融商品取引業者が外務員を厳正に処分し、遅滞なくその顛末を同協会に報告すべきものとしている（日証協・従業員規則一〇条一項）(3)。

（1）　禁止行為には、職務上知りえた情報にもとづきまたは投機的利益を得る目的で有価証券の売買をすることのように法令上の禁止行為と同じものもあるが、その多くは、法令上は、明確に禁止されていないものである。日証協・従業員規則九条参照。

（2）　禁止行為の多くは、投資者に対する取引の勧誘、投資者からの取引の注文の受託、または、投資者からの金銭または、有価証券の受領に関連するものである。

（3）　日本証券業協会の自主規制規則は、協会員である金融商品取引業者に対し、法令違反等の不適切行為（事故）の内容が、金融商品取引業の信用を著しく失墜させるものと認めたときは、事故顛末報告書にその旨を付記すべきものとしている（日証協・従業員規則一〇条二項）。日本証券業協会は、審査によって、かかる行為の事実を認め、その行為が証券業の信用を著しく失墜させると認めるときは、その者を不都合行為者とし、外務員資格ならびに営業責任者資格および内部管理責任者資格を剥奪する（日証協・従業員規則一二条一項）。その上で協会員に通知するとともに、不都合行為者の名簿に記載する（日証協・従業員規則一三条の二・一三条の三）。

第七節　投資信託と投資法人の規制

第一款　委託者指図型投資信託

一　投資信託契約

1　委託者指図型投資信託の意義

投資信託と投資法人は、投資者以外の者が投資者の資金を主として有価証券等に対する投資として集合して運用し、その成果を投資者に分配する制度である（投信法一条参照）。(1)

投資信託のうち委託者指図型投資信託は、投資者の信託財産を委託者の指図にもとづいて、主として有価証券、不動産その他の資産（特定資産）に対する投資として運用することを目的とする信託である（投信法二条一項）。これに対して、委託者非指図型投資信託は、一個の信託契約にもとづいて、受託者複数の委託者との間に締結する信託契約により受け入れた金銭を、合同して、委託者の指図にもとづかず、主として特定資産に対する投資として運用することを目的とする信託で、投資信託法にもとづき設定されるものをいう（投信法二条二項）。これに対して、投資法人は、資産を主として特定資産に対する投資として運用することを目的として、投資信託法にもとづき設立される社団である（投信法二条一二項）。(2)

投資信託および投資法人は、主として特定資産に対する投資として運用することを目的としている。ここにいう特定資産には、①有価証券、②デリバティブ取引にかかる権利、③不動産、④不動産の賃借権、⑤地上権、⑥約束手形、⑦金銭債権、⑧匿名組合出資持分、⑨商品先物取引法上の商品、⑩商品投資取引等にかかる権利等が規定されている（投信令三条）。

委託者指図型投資信託契約は、金融商品取引業者を委託者として、信託会社等を受託者として締結しなければならない（投信法三条）。投資の対象とする資産に、建物または宅地（宅建業法二条一号）が含まれる投資信託契約については、宅地建物取引業法による免許を受けている金融商品取引業者のみが委託者となれる（投信法三条一号）。委託者指図型投資信託の信託財産を主として不動産に対する投資として運用することを目的とする投資信託契約では、宅地建物取引業法による認可を受けている金融商品取引業者のみが委託者となれる（投信法三条二号）。

何人も、証券投資信託を除くほか、信託財産を主として有価証券に対する投資として運用することを目的とする信託契約を締結することが禁止される（投信法七条本文）。証券投資信託とは、投資信託財産の総額の二分の一を超える額を有価証券に対する投資として運用することを目的とする委託者指図型投資信託をいう（投信法二条四項、投信令六条）。これは、有価証券投資に関して、悪質な業者が法律の規制を受けずに、有価証券投資信託と類似の金融商品を組成・販売することを禁止することで、投資者の保護をはかるためのものである。もっとも、投資信託法では、不動産など、有価証券以外を投資対象とする投資信託を可能としているものの、これらの資産については、有価証券に関する規制と同様の規制は定められていない(3)。

委託者指図型投資信託の受益権は、均等に分割し、その分割された受益権は、受益証券をもって表示しなければならない（投信法六条一項）(4)。受益証券の交付による譲渡により、受益権の譲渡が容易になされることとなっている。受益証券は原則として無記名式とする（投信法六条四項）。もっとも受益者の請求により記名式とすることができる（投信法六条四項ただし書）(5)。分割された受益権の譲渡および行使は、記名式の受益証券をもって表示されるものを除くほか、受益証券をもって行うものとされる（投信法六条二項）。受益者は、信託の元本の償還および収益の分配に関して、受益者の口数に応じて均等の権利を有する（投信法六条三項）。これにより、元本の償還および収益の分配について権利の内容の異なる種類の受益権の発行が禁止される。

委託者指図型投資信託は金銭信託でなければならないと定められている（投信法八条）。信託財産が金銭である信託を「金銭の信託」という。これには、元本である信託財産を受益者に返還するときに、ふたたび金銭をもって交付するものと、そのときの財産状態（たとえば、有価証券、不動産）のまま交付するものとに分けられる。前者が金銭信託とよばれるものである。したがって、投資信託では、信託の引受けに際して金銭を受け入れ、信託期間終了後に信託財産を換金して受益者に交付することを要する。投資信託の投資者は多数の者が予定されており、金銭以外の投資資産で払戻しを行う場合、各投資者を拠出資金の額に応じて平等に取り扱うことが困難となる(6)。このような投資者保護の要請から、金銭に換金した上での払戻しを求めている(7)。

（1）政令で定める者と指図にかかる権限の全部または一部を委託する場合における当該政令で定める者の指図を含む。政令では、指図権限の全部または一部を委託する先として、①金融商品取引法施行令一六条の一二各号に掲げる者、②信託会社等（当該信託会社等による運用の指図が有価証券・デリバティブ取引にかかる権利以外の資産のみに対する投資として行われる場合に限る）、③商品投資顧問業者または外国の法令により同種の許可を受けている法人（運用の指図が商品等に対する投資として行われる場合に限る）が規定されている（投信令二条）。

（2）投資信託法は、投資信託制度として、委託者指図型投資信託、委託者非指図型投資信託のほか、外国投資信託、投資法人制度として、投資法人のほか、外国投資法人に関する規定を定めている。外国投資信託の受益者の発行者は、当該受益証券の募集の取扱い等が行われる場合には、あらかじめ、一定の事項を内閣総理大臣に届け出なければならない（投信法五八条一項）。また、外国投資法人またはその設立企画人に相当する者は、当該外国投資法人の発行する投資証券または投資法人債券に類する証券の募集の取扱い等が行われる場合には、あらかじめ、一定の事項を内閣総理大臣に届け出なければならない（投信法二二〇条一項）。平成一八年の改正で、「その内容等を勘案し、投資者の保護のため支障を生ずることがないと認められるものとして政令で定める」（投信法五八条一項・二二〇条一項）場合には、かかる届出義務が免除されることとなった。政令では、金融商品取引所に上場されている受益証券等が規定されている（投信令三〇条・一二八条）。この改正は、一律に届出義務を定める制度は、機関投資家に一定の購入ニーズがある外国上場ＥＴＦ等であっても、発行者が国内で届出を行わない限り、国内の証券会社が売買注文を取り次ぐことができず、投資家の効率的な資産運用が阻害されているという指摘を受けたものであった。三井秀範＝池田唯一監修、松尾直彦編著・一問一答金融商品取引法〔改訂版〕四四九頁（平成二〇年）。

（３）乙部辰良・詳解投資信託法五九頁（平成一三年）は、「平成一二年の法律改正において、主たる投資運用の対象が『有価証券』にとどまらず不動産等にも拡大されたが、これらの追加された主たる投資運用対象資産については、有価証券に関する規制と同様の規制を必要とするような状況にはなかったことから、類似の信託契約を禁止する規定は設けられなかった。」としている。有価証券以外を主たる対象とする投資信託商品の市場が拡大すれば、投資者保護の観点から、規制を行う必要性が増大すると考えられる。

平成一八年の金融商品取引法の改正で、新たに信託受益権や集団投資スキーム持分が同法上の「有価証券」の定義に追加された。このような有価証券を主たる運用対象とする信託についても一般的に禁止されるものとはされなかった。これは、不動産等の場合と同様に、これらの有価証券は流動性が低く、主たる運用対象とする信託を一般的に禁止する必要が認められないと考えられたことによる。松本圭介＝堀弘＝太田昌男「投資運用業の規制」商事法務一七七九号七九頁。このため、平成一八年の投資信託法の改正で、「証券投資信託」の定義につき、主として流動性の高い有価証券（金商法二条二項各号に掲げる権利を除く）に対する投資として運用することを目的とする信託として（投信法二条四項）、証券投資信託を除くほか、主として流動性の高い有価証券に対する投資運用目的とする信託を一般的に禁止するものとしている。

（４）受益証券には、つぎに掲げる事項および当該受益証券の番号を記載し、委託者の代表者がこれに署名・記名押印しなければならない（投信法六条六項、投信規則一三条）。

①　委託者および受託者の商号または名称
②　受益権の口数
③　投資信託契約締結当初の信託の元本の額および受益権の総口数
④　信託契約期間
⑤　信託の元本の償還および収益の分配の時期および場所
⑥　受託者および委託者の受ける信託報酬その他の手数料の計算方法ならびにその支払いの方法及び時期
⑦　公募、適格機関投資家私募、特定投資家私募または一般投資家私募の別
⑧　元本の追加信託をすることができる委託者指図型投資信託の受益証券については、追加信託をすることができる元本の限度額

⑨　委託者が運用の指図にかかる権限を委託する場合においては、当該委託者がその運用の指図にかかる権限を委託する者の商号または名称および所在の場所
⑩　⑨の場合における委託にかかる費用
⑪　委託者が運用の指図にかかる権限を委託する場合におけるその委託の内容
⑫　証券投資信託について、約款に定める買取りまたは償還の価額が当該信託の元本を下回ることとなる場合においても当該価額を超える価額によって買取りまたは償還を行うことはない旨の表示

（5）　乙部・前掲注（3）五七頁は、記名式の受益証券には譲渡制限を付することができることから、機関投資家や少数の投資家向けに限定した投資信託の利用に有用であり、また、他に転々流通しないことが担保されていることで、証券取引法上（当時）の情報開示規制が緩和され、コスト削減が可能となると述べる。

（6）　投資信託の投資対象資産に不動産等を加える平成一二年の法改正の際に、投資信託法八条の条文が定められた。

（7）　このことから、金銭以外の財産での払戻しで投資者に不利益とならないものについては金銭信託以外の形態が認められる（投信法八条一項括弧書）。

第一に、①受益者の請求によりその受益証券をその投資信託財産に属する有価証券または商品（金融商品取引所に上場されている有価証券、商品市場に上場されている商品その他の換価の容易な資産として内閣府令で定めるものに限る）と交換を行う旨、②その受益証券の取得の申込みの勧誘が募集により行われる場合にあっては、当該受益証券が金融商品取引所に上場される旨、③金銭の信託である旨を投資信託約款で定めた証券投資信託が例外として定められている（投信令一二条一号）。

第二に、①その運用の対象を有価証券または商品とし、かつその投資信託財産の一口あたりの純資産額の変動率を適格指数（客観的かつ公正な基準にもとづき算出される指標であって、継続的に公表されるものとして内閣府令で定めるもの）の変動率に一致させるよう運用する旨、②その受益証券の募集に応じる者は、内閣府令で定めるところにより、その運用の対象とする各銘柄の株式の数の構成比率に相当する比率により構成される各銘柄の株式によって当該受益証券・商品を取得しなければならない旨、③その受益証券とその投資信託財産に属する株式との交換を行う場合には、受益者の請求により当該受益証券を当該投資信託財産に属する株式と内閣府令で定めるところにより交換を行う旨および当該受益証券が金融商品取引所に上場される旨のすべてを投資信託約款に定めた証券投資信託も適用除外となる（投信令一二条二号）。

第三に、受益権を他の証券投資信託（いわゆるベビー・ファンド）の投資信託財産に取得させることを目的とする証券投資信託（いわゆるマザー・ファンド）であって、当該受益権を他の証券投資信託（ベビー・ファンド）の投資信託財産に属する上場有価証

券等をもって内閣府令で定めるところにより取得させることができる旨を投資信託契約で定めた証券投資信託も適用除外となる（投信令一二条三号）。

2　投資信託約款

委託者指図型投資信託契約は、金融商品取引業者を委託者として、信託会社等を受託者として締結される（投信法三条）。この投資信託契約は、あらかじめ内閣総理大臣に届け出た投資信託約款にもとづかなければならない（投信法四条一項）。信託約款の変更も、あらかじめ、その旨およびその内容を内閣総理大臣に届け出ることを必要とする（投信法一六条一号）。投資信託委託業者が投資信託契約を解約するには、あらかじめ、内閣総理大臣に届出をしなければならない（投信法一九条）。

金融商品取引業者は、その締結する投資信託契約にかかる受益証券を取得しようとする者に対して、当該投資信託契約にかかる投資信託約款の内容その他内閣府令で定める事項を記載した書面を交付しなければならない（投信法五条一項本文）。当該受益証券を取得しようとする者の承諾を得れば、電磁的方法により同様の情報を提供することができる（投信法五条二項）。

金融商品取引法上の目論見書（金商法二条一〇項）に、投資信託約款の内容等を記載した書面に記載すべき事項が記載されている場合その他受益者の保護に欠けるおそれがないものとして内閣府令で定める場合には、当該書面の交付は不要とされる（投信法五条一項ただし書）。

投資信託委託会社は、投資信託約款を変更しようとするときは、その変更の内容が重大なものとして内閣府令で定めるものに該当する場合は、書面による決議を行わなければならない（投信法一七条一項）。変更の内容が重大なものとは、商品としての同一性を失わせることとなる投資信託約款の内容の変更をいう（投信規則二九条）。投資信託の併合についても、重大な投資信託約款の変更と同様に、受益者の書面による決議による多数決が義務づけられる（投信法一七条一項・八項）。

書面による決議を行うには、投資信託委託会社は、当該決議の日の二週間前までに、知れている受益者に対して、書面をもって通知を発しなければならない（投信法一七条二項）。書面による通知に代えて、受益者の承諾を受けて、電磁的方法により通知を発することができる（投信法一七条三項）。無記名式の受益証券が発行されている場合には、書面決議を行うために、決議の日の三週間前までに、書面決議を行う旨、決議の日、約款変更の内容および理由等を公告しなければならない（投信法一七条五項）。

受益者は、書面による決議において、受益権の口数に応じて議決権を有する（投信法一七条六項）。書面による決議は、議決権を行使できる受益者の半数以上であって、当該受益権の議決権の三分の二以上にあたる多数をもって行う（投信法一七条八項）[6]。そこでは、受益者の議決権による多数決のみならず、受益者の数による多数決も要求されている。受益者による書面決議では、かかる決議要件を満たさない可能性もある。そこで、投資信託委託会社は、投資信託約款において、知れている受益者が議決権を行使しないときは、決議において賛成したものとみなす旨の定めをすることができる（投信法一七条七項前段）。この場合、投資信託委託会社は、受益者への通知で、その定めを記載し、または記録しなければならない（投信法一七条七項後段）。

重大な約款の変更等がなされる場合には、書面による決議において当該重大な約款の変更等に反対した受益者は、受託者に対して、自己の有する受益権を公正な価格で当該受益権にかかる投資信託財産をもって買い取ることを請求することができる（投信法一八条一項）。

（1）　投資信託約款には、①委託者および受託者の商号または名称、②受益者に関する事項、③委託者および受託者としての業務に関する事項、④信託の元本の額に関する事項、⑤受益証券に関する事項、⑥信託の元本および収益の管理および運用に関する事項（投資の対象とする資産の種類を含む）、⑦投資信託財産の評価の方法、基準および基準日に関する事項、⑧信託の元本の償還および収益の分配に関する事項、⑨信託契約期間ならびにその延長およびその期間中の解約に関する事項、⑩信託の計算期間に関する事項、⑪受託者および委託者の受ける信託報酬その他の手数料の計算方法ならびにその支払いの方法および時期に関する事項、⑫公募、適格機関投資家私募、特定投資家私募または一般投資家私募の別、⑬受託者が信託に必要な資金の借入れをする場合においては、その借入金の限度額に関する事項、⑭委託者が運用の指図にかかる権限を委託する場合においては、当該委託者がその運用の指図にかかる権限を委託する者の商号または名称および所在の場所、⑮⑭の場合の委託にかかる費用、⑯投資信託約款の変更に関する事項、⑰委託者における公告の方法、⑱委託者の分割による事業の全部もしくは一部の承継または事業の全部もしくは一部の譲渡に関する事項、⑲受託者の辞任および解任ならびに新受託者の選任に関する事項、⑳追加型投資信託における信託の元本の追加に関する事項、㉑投資信託契約の一部解約に関する事項、㉒委託者が運用の指図にかかる権限を委託する場合における当該委託の内容、㉓委託者から運用の指図にかかる権限の委託を受けた者が当該権限一部をさらに委託する場合においては、当該者がその運用の指図にかかる権限の一部をさらに委託する者の商号または名称および所在の場所、㉔委託者指図型投資信託の併合に関する事項、㉕受益者代理人があるときは、投資信託契約において議決権、受益権買取請求権を行使する権限を当該受益者代理人の権限としていないこと、㉖受益権の買取請求に関する事項を定めなければならない（投信法四条二項一号〜一八号、投信規則七条）。

信託約款の細目として、⑤受益証券に関する事項については、受益証券の記名式または無記名式への変更および名義書換手続に関する事項、記名式受益証券の譲渡の対抗要件に関する事項、受益証券の再交付およびその費用に関する事項、⑥信託の元本および収益の管理および運用に関する事項については、資産運用の基本方針、投資の対象とする資産の種類、投資対象資産の保有の割合または保有制限を設ける場合はその内容、投資信託財産で取得した資産を貸し付ける場合にはその内容、証券投資信託である場合にはその旨、⑦投資信託財産の評価の方法、基準および基準日に関する事項については、運用の指図を行う資産に応じてそれぞれの評価方法、基準および基準日に関する事項、⑧信託の元本および収益の管理および運用に関する事項については、収益分配可能額の算出方法に関する事項、収益分配金、償還金および一部解約金の支払時期、支払方法および支払場所に関する事項、⑨信託契約期間、その延長および信託契約期間中の解約に関する事項については、信託契約の延長・解約事由の説明に関する事項、委託者の登録取消し等に伴う取扱いの説明に関する事項、⑩信託契約期間に関する事項については、計算期間および計算期間の特例に関する事項、⑬借入金の限度額に関する事項については、借入れの目的、借入限度額および借入金の使途に関する事項ならびに借入先を適格機関投資家に限る場合はその旨、⑮委託者が運用の指図にかかる権限を委託する場合における委託にかかる費用については、委託の報酬の額、支払時期および支払方法に関する事項、ならびに⑰公告の方法については、公告を行う日刊新聞紙名または電子公告の登記アドレスの記載が要求される（投信法四条四項、投信規則八条）。

(2)　投資信託約款の法的性質については、証券投資信託約款について、委託者と受託者間の法律関係のみならず、委託者と受益者間の法律関係をも律するものであるとする見解（境野実「証券投資信託約款の考察」商事法務研究二〇九号九頁、鈴木竹雄「証券投資信託約款の法的性質」経済法四号一七頁）と、委託者と受託者を直接に規制するものであり、受益者は信託約款に定められた受益権を享受するにとどまるとする見解（行平次雄「証券投資信託約款の性格」商事法務研究二〇四号七頁）とがある。

(3)　内閣総理大臣への届出は、投資信託約款について必要とされるのであり、ひとたび投資信託約款について内閣総理大臣への届出をすれば、同一の約款にもとづいて投資信託契約を締結するたびごとに内閣総理大臣への届出を要しない。ところで、証券投資信託約款が承認制であった当時、実務においては、「信託約款の承認が証券投資信託を監督指導する上において極めて有効であるとの立場から、信託契約の都度、承認を受けることになってい」た。渡辺豊樹「コンメンタール証券投資信託法」投資信託事情七巻一号一七頁、佐々木功・証券投資信託法九一頁（昭和五一年）。現行法は、承認制から届出制に規制が緩和され、弊害をもたらす場合には、裁判所の緊急停止命令で対処する立場が採用されている。証券取引法研究会「金融システム改革法について(3)」インベストメント五一巻六号五五頁（神崎）。

(4)　内閣府令では、投資信託財産に属する不動産に関する事項が規定されている（投信規則九条）。

(5)　書面交付が不要とされるものとして、内閣府令では、①受益証券の取得の申込みの勧誘が適格機関投資家私募により行われる場合、②受益証券の取得の申込みの勧誘が特定投資家私募により行われる場合であって、その締結する投資信託契約にかかる投資信託約款の内容等の特定証券等情報（金商法二七条の三三）として提供されまたは公表される場合、③受益証券を取得しようとする者が現に当該受益証券にかかる委託者指図型投資信託の受益証券を所有している場合、④受益証券を取得しようとする者の同居者がすでに当該受益証券にかかる書面の交付を受け、または確実に交付を受けると見込まれる場合であって、当該受益証券を取得しようとする者が当該書面の交付を受けないことについて同意したときが規定されている（投信規則一〇条）。

(6)　平成一八年の改正前まで、重要な投資信託約款の変更にかかる受益者の意思決定手続について、異議を述べた受益者の受益権口数が総受益権口数の二分の一を超える場合には変更できないものとされていた（平成一八年改正前投信法三〇条四項）。同年の改正で、書面決議による多数決制度が導入された。

二　投資信託委託会社

1　平成一八年改正前の規制

平成一八年の改正前の投資信託法では、投資信託委託業者が委託者指図型投資信託の委託者となるものとされていた（平成一八年改正前投信法四条）。委託者指図型投資信託は、投資運用の専門家である委託者に対する信頼を基礎に一般投資者から広く資金を集める仕組みである。したがって、受益権を取得して委託者指図型投資信託に投資をする投資者の利益は、委託者の行動に大きく依存することになる。そのため、委託者指図型投資信託の投資者を保護するための委託者指図型投資信託の規制は、投資信託委託業者の規制を中心に行われていた。

また、投資法人の資産の運用にかかる業務も、投資信託委託業者に委託されるものとされていた（平成一八年改正前投信法一九八条一項）。投資法人では、その機関が基本的な意思決定を行う。しかし、その業務の実施は外部の業者に委託される。資産の運用については投資法人からの委託を受けた投資信託委託業者が行うものとされていた。投資信託委託業者は、投資法人の出資者により選択される（平成一八年改正前投信法一九八条二項参照）。もっとも、投資法人の出資者の利益も、資産の運用を行う委託者の行動に左右されるため、投資法人における投資者を保護するためにも、投資信託委託業者の規制が必要であった。

以上のことから、平成一八年改正前の投資信託法では、業として委託者指図型投資信託の委託者となることを投資信託委託業と定義し（平成一八年改正前投信法二条一六項）、業として登録投資法人の委託を受けてその資産の運用にかかる業務を行うことを投資法人資産運用業と定義し（平成一八年改正前投信法二条一七項）、その上で、投資信託委託業または投資法人資産運用業は、内閣総理大臣の認可を受けた投資信託委託業者でなければ営むことができないとされていた（平成一八年改正前投信法六条）。

ところで、平成一八年の改正前には、証券投資顧問業法が、投資一任業務について規制を行っていた。同法の下では、投資一任業務は認可制とされていた（投顧法二四条）。

投資信託法上の投資信託委託業および投資法人資産運用業、さらに、証券投資顧問業法上の投資一任業務は、いずれも、顧客との高い信認関係を前提として当該顧客の財産形成に継続的に関与するものであり、利益相反の防止をはじめとする高度の受託者責任を負うべきものである点で、共通する性格を有する。(1) そのため、平成一八年の改正で、これらの業務を合わせて、金融商品取引法において、金融商品取引業のうちの「投資運用業」（金商法二八条四項）と位置づけ、横断的な規制がはかられた。(2)

右の法改正に伴い、証券投資顧問業法は廃止された。投資信託法については、投資信託委託業者に関する業規制の相当部分が削除されたものの、投資信託法自体は廃止せず、投資信託および投資法人の仕組みに関する規定などが存置されている。

（1）松本圭介＝堀弘＝太田昌男「投資運用業の規制」商事法務一七七九号七二頁。

（2）金融審議会金融分科会第一部会「中間整理」（平成一七年七月七日）は、「信託法の見直しなどによる投資信託のガバナンスの向上に併せて投資信託委託業者についても投資サービス法上の資産運用・助言業者として証券投資顧問業者と規制を一元化することが考えられる」とした上で、「投資（金融）商品を含む、あるいは含みうる、資産の運用や投資信託など投資商品の運用を広く投資サービス法の規制対象とすることが適当である。」と述べていた。同第一部会報告「投資サービス法（仮）に向けて」（平成一七年一二月二二日）は、投資サービス法において業者ルールとして規制の対象とすべき業の対象範囲を、投資商品に関する「販売・勧誘」、「資産運用・助言」および「資産管理」を対象とすることが適当とした上で、「資産運用」には、投資信託委託業、投資法人資産運用業や投資一任業務などが該当するとしている。

2　金融商品取引法上の行為規制

金融商品取引法の下では、委託者指図型投資信託および投資法人における特定資産の運用は、投資運用業として規制される。委託者指図型投資信託および投資法人で運用の対象となる特定資産の範囲は不動産等にも及ぶ（投信令三条参照）。他方で、金融商品取引法上の投資運用業規制の対象は、有価証券またはデリバティブ取引にかかる権利を運用対象とする場合に限られる（金商法二条八項一二号イ・一四号）。そのため、これら以外の資産に対する投資として運用がなされる場合、規制が十分になされない可能性がある。そこで、投資信託法では、有価証券またはデリバティブ取引にかかる権利以外の資産を運用対象とする場合でも、これを投資運用業とみなして、金融商品取引法上の規制を及ぼすものとしている（投信法二二三条の三第二項・三項）

投資運用業を行うためには、内閣総理大臣の登録を受けなければならない（金商法二九条・二八条四項）。(1) 登録を受けるためには、登録拒否事由に該当しないことが必要である。金融商品取引業の登録を取り消され、その取消しの日から五年を経過しない者、金融商品取引法等の法律に違反し、罰金の刑に処せら、その刑の執行を受けることがなくなった日から五年を経過しない者については、登録が拒否される（金商法二九条の四第一項一号）。また、投資運用業は、株式会社組織で行わなければならない（金商法二九条の四第一項五号イ）。(2) 投資運用業を行う株式会社については、最低資本金規制、純資産額規制、兼業規制、主要株主規制が適用される（金商法二九条の四第四号・第五号ロ～へ）。(3)

投資運用業を行う金融商品取引業者は、金融商品取引業のほかに行うことができる付随業務および兼業業務が規定されている（金商法三五条一項・二項）。これらの業務のほかにも、内閣総理大臣の承認を受けた業務を行うことができる（金商法三五条四項）。内閣総理大臣は、申請を受けた業務を行うことが公益に反すると認められるとき、または当該業務にかかる損失の危険の管理が困難であるために投資者の保護に支障を生じると認められるときに限り、承認しないことができる（金商法三五条五項）。(4)

投資運用業を行う金融商品取引業者には、金融商品取引法が定める行為規制（金商法第三章第二節第一款の規制）が適用される。(5) さらに、投資運用業に関する特則が定められている（金商法第三章第二節第三款）。(6) このほか、複数の業務の種別にかかる業務を行う場合に遵守すべき規制がある（金商法第三章第二節第五款）。(7) これらの多くは、平成一八年改正前の投資信託法または証券投資顧問業法の規制を参考に規定されたものである。

（1）　登録手続については、本書六三五頁参照。

（2）　その取締役等の役員が法定の欠格事由に該当する場合は登録が認められない（金商法二九条の四第一項二号）。

(3) 登録欠格事由については、本書六三七頁参照。
(4) 業務範囲については、本書六六九頁参照。
(5) 金融商品取引業者に一般的に適用される行為規制については、本書七四六頁以下参照。
(6) 投資運用業の特則については、本書八七〇頁参照。なお、六五五頁参照。
(7) この点については、本書八七三頁参照。

3　投資信託法上の行為規制

投資信託法では、委託者指図型投資信託の委託者としての投資運用業を行う金融商品取引業者を投資信託委託会社と規定し(投信法二条一一項)、これについて特別の規制を定めている。

投資信託は、機関投資家として大量の有価証券の売買および保有をする。その信託財産による有価証券の取引は有価証券の市場価格に重大な影響を及ぼす。そのことから、信託財産の運用にかかる指図を行う投資信託委託会社は、その指図による有価証券の取引が証券市場に及ぼす影響について特別の注意を必要とされる。

投資信託委託会社がその運用にかかる指図をする信託財産に同一法人の発行する同一銘柄の株式をその発行総額の相当割合にわたって保有するように指図をすることができるときは、その指図を通じて投資信託委託会社が株式の市場価格を操作する危険性がある。そこで、投資信託法は、そのような危険性を伴うおそれのある株式の取得については、投資信託委託会社がこれを一般的に指図することができないものとした。すなわち、投資信託委託会社は、自己が運用の指図を行うすべての投資信託につき、信託財産として有するその株式にかかる議決権の総数が、その株式の議決権の五〇パーセントを超えて保有することとなるような取得を指図することを禁止される(投信法九条、投信規則二〇条)。

このような株式の取得の指図の禁止は、同一発行者の株式への集中投資による危険の回避を趣旨とするものではない(1)。むしろ、投資信託委託会社が同一発行者の株式の一定割合を超えて取得する指図をすることにより株式の市場価格を不当に支配しうることを排除することを目的とする。もっとも、集中投資による危険の回避は、投資信託約款で定められるように、投資信託ごとにその割合を定めるべきである。投資信託委託会社がどれだけの投資信託につき運用の指図をするかにかかわらず同一の基準によって株式の取得の指図を禁止することは、集中投資による危険の回避のためには必要でない。

投資信託委託会社は、投資信託の信託財産の運用の指図を行う者として、信託財産による有価証券の取引につき指図をするのみならず、信託財産として有する有価証券につき議決権の行使等において、その有価証券が受益者の利益に合致する価値を有するように権利を行使する指図をすることが必要である。そこで、投資信託委託会社は、信託財産として有する有価証券につき、議決権、取得請求権付株式の取得請求権（会社法一六六条一項）、株主の募集株式の割当請求権（会社法二〇二条二項）、反対株主の株式買取請求権（会社法四六九条一項）、新株発行・自己株式の処分無効の提訴権（会社法八二八条一項）などの行使について指図をしなければならない（投信法一〇条、投信規則二二条）(2)。

信託財産として有する株式の議決権の行使の指図としては、投資信託委託会社を代理人として議決権を行使するように指図することができる。このことを可能ならしめるように、投資信託法は、会社法に定める一般原則（会社法三一〇条五項）の例外として、投資信託委託会社が投資信託の信託財産として有する株式の議決権の行使については、会社は二人以上の代理人が株主総会に出席することを拒めないものとした（投信法一〇条二項）(3)。

信託財産として有する有価証券にかかる議決権等の権利の行使の指図は、受益者の利益のために忠実に行わなければならない（金商法四二条一項）。したがって、投資信託委託会社は、特定の者の会社支配権の維持等、受益者以外の者の利益をはかるために信託財産として有する有価証券にかかる権利の行使を指図することは許されない。なお、投資信託委託会社は、この権利行使の指図について、投資信託が有価証券の発行会社に対して大株主として重要な発言権を有することから、倫理的な投資者（ethical investor）として行動するように社会的に要請される(4)。

投資信託委託会社は、投資信託の信託財産について、その計算期間の末日ごとに、運用報告書を作成して、信託財産にかかる受益者に交付しなければならない（投信法一四条一項本文）。運用報告書は、投資信託の受益者に対して、信託財産の運用状況を定期的に報告するためのものである。しかも、金融商品取引法に定める有価証券報告書と異なって、受益者に直接に交付されるものとされている点で、きわめて有効なディスクロージャーの手段である。

受益証券の取得の申込みの勧誘が適格機関投資家私募の方法により行われるもので、投資信託約款で運用報告書を交付しない旨を定めている場合、受益者の同居者が確実に当該運用報告書の交付を受けると見込まれる場合であって、受益者が運用報告書の交付を受けないことについて同意をしている場合には運用報告書の交付は免除される（投信法一四条一項ただし書）。投資信託委託会社は、運用報告書の交付に代えて、受益証券を取得しようとする者の承諾を得て、電子情報処理組織を使用する方法等を利用することができる（投信法一四条二項・五条二項）。

金融商品取引法上、投資運用業を行う金融商品取引業者は運用報告書の作成およびその交付が義務づけられる（金商法四二条の七）。もっとも、他の法令により、六か月に一回以上、運用財産にかかる知れている権利者に対して運用報告書に記載すべき事項を記載・記録した書面・電磁的記録が交付・提供される場合、右の規制は適用されない（金商法四二条の七第一項ただし書、金商業等府令一三四条四項三号）。したがって、投資信託法上の運用報告書の交付と提供が義務づけられる投資信託委託会社は、金融商品取引法上の運用報告書の交付・提供は不要となる。(5)

投資信託委託会社は、利益相反が生じるおそれがある取引を行う場合には、当該取引にかかる事項を記載した書面をすべての受益者に交付しなければならない（投信法一三条一項）。(6)

なお、投資信託委託会社は、内閣府令（投信規則二六条）で定めるところにより、投資信託財産に関する帳簿書類を作成し、これを保存しなければならない（投信法一五条一項）。委託者指図型投資信託の受益者は、投資信託委託会社に対し、その営業時間内に、当該受益者にかかる投資信託財産に関する帳簿書類の閲覧および謄写を請求することができる（投信法一五条二項）。したがって、投資信託の受益者は、定期的に信託財産についての運用報告書の交付を受けるほか、いつでも投資信託委託会社に対して信託財産に関するこれらの帳簿の閲覧または謄写を請求することができきる。

投資信託委託会社は、投資運用業を行うものとして、投資信託の権利者（受益者）に対して、忠実義務・善管注意義務を負う（金商法四二条一項・二項）。投資信託委託会社は、受益者である投資家から受益証券の販売により金銭を受け入れるものの、信託契約は受託者である信託銀行・信託会社との間で結ばれるため、受益者に対して直接の契約関係に立たない。したがって、法令で善管注意義務を規定しておく意義がある。(7) 投資信託委託会社の業務には、投資信託財産の運用の指図や収益の計算・分配だけでなく、信託約款の作成・変更のような投資の仕組みの設計も含まれる。(8) これらの業務全般にわたって投資信託委託会社は受益者に対して善管注意義務を負う。投資信託委託会社は、その任務を怠ったことにより運用の指図を行う投資信託財産の受益者に損害を生じさせたときは、その投資信託委託会社は、当該受益者に対して、連帯して、損害を賠償する責任を負う（投信法二一条）。

（1）ただし、戸田嘉穂「改正証券投資信託法および省令の解説」別冊商事法務研究六号一〇頁、佐々木功・証券投資信託法一一六頁（昭和五二年）は、この禁止が受益者の保護のための危険分散の原理にもとづくものとしている。

（2）投資信託法上は、信託財産として有する転換社債型の新株予約権付社債の新株予約権の行使については、取得請求権と異なって、その行使の指図が義務づけられていない。しかし、これら両者を指図義務につき区別すべき理由はない。

（3）会社は、定款をもって株式の議決権行使の代理人をその会社の株主に限ることができる。もっとも、そのような定款規定の下でも、投資信託の投資信託委託会社は、自己が株主となっていない会社の発行した信託財産として有する株式につき、代理人として議決権を行使することができる（鴻常夫「証券投資信託の株主議決権の行使」商事法務研究四四五号五頁）。

（4）投資信託が倫理的な投資者として、その信託財産として有する有価証券について権利を行使することを要求される場合、その権利の行使は、受益者の利益の極大化に反する結果をもたらす可能性がある。しかし、投資信託委託会社は、投資信託の社会的責任の履行を配慮してその権利行使の指図をするときは、その結果が受益者の利益の極大化と反する結果となっても、そのことのゆえに直ちに忠実義務に違反するものとしてその責任を問われるべきではない。

（5）平成一八年の改正で、投資信託法が定める投資信託委託業者の行為規制の多くが金融商品取引法に規定された。もっとも、運用報告書制度は、金融商品取引法上の作成・交付に関する規定が適用されず、この点で、従前の投資信託法の枠組みと同様のものが維持されている。なお、投資信託法上の運用報告書制度については、①受益証券が上場されている場合、②MRF、③受益証券が特定投資家向け有価証券に該当する場合で、運用報告書に記載すべき事項にかかる情報が発行者情報として提供・公表されている場合については適用されない（投信規則二五条）。②については、改正前まで、年に一回の運用報告書の作成・交付が義務づけられていた（平成一八年改正前投信規則五九条一項二号）。なお、MMFについては、六月に一回の運用報告書の作成・交付が義務づけられていたものが、年一回の作成・交付で足りるものとされている（投信法一四条一項、投信財産計算規則五九条一項二号）。外国投信信託の受益証券については、投資信託法の規制の多くが準用されているが（投信法五九条）、運用報告書に関する規定の準用はなく、したがって、運用報告書の作成・交付義務が課せられることはない。

（6）　対象となる取引の当事者と対象となる取引の内容の詳細が定められている（投信法一三条、投信令一九条、投信規則二三条参照）。

（7）　川口恭弘「受託者の注意義務に関する一考察」同志社法学三〇七号一五頁。平成一八年の改正前までは、投資信託法に規定があった（平成一八年改正前投信法一四条）。

（8）　乙部辰良・詳解投資信託法六三頁（平成一三年）。

4　投資信託委託会社の監督

投資運用業を行う金融商品取引業者として投資信託委託会社は、金融商品取引法上、内閣総理大臣の監督を受ける。投資信託委託会社は、投資運用業またはこれに付随する業務に関する法令違反があった場合、登録の取消し、業務の停止命令を受ける（金商法五二条一項六号）。また、投資運用業の運営に関し、投資者の利益を害する事実があったときも、同様の処分を受ける（金商法五二条一項八号）。金融商品取引法においては、金融商品取引業者またはその取引先等に対する調査権が内閣総理大臣に与えられている（金商法五六条の二）。

既述のように、投資信託委託会社については投資信託法においても一定の規制が適用される。内閣総理大臣が投資信託委託会社に対する監督を効果的に行いうるためには、内閣総理大臣が投資信託委託会社の営業および財産の状況を正確に把握していることが必要である。そのため、投資信託法において、内閣総理大臣に立入調査権が与えられている。すなわち、内閣総理大臣は、投資信託法の執行に必要な限度において、投資信託委託会社もしくは投資信託委託会社であった者（投資信託委託会社等）、当該投資信託委託会社等の設定した投資信託財産にかかる受託会社もしくは受託会社であつた者（受託会社等）または当該受託会社等と当該受託会社等にかかる投資信託にかかる業務に関して取引する者に対し、当該投資信託委託会社等もしくは当該受託会社等の業務もしくは財産に関し参考となるべき報告もしくは資料の提出を命じ、または当該職員に当該投資信託委託会社等もしくは当該受託会社等の営業所に立ち入り、当該投資信託委託会社等もしくは当該受託会社等の業務もしくは財産の状況もしくは帳簿書類その他の物件を検査させ、もしくは関係者に質問させることができる（投信法二二条一項）。かかる権限は、証券取引等監視委員会に委任される（投信法二二五条三項）。

裁判所は、委託者指図型投資信託の受益証券の募集の取扱い等、私募の取扱いについて、①行為者が、投資信託法、同法にもとづく命令またはこれらにもとづく処分に違反している場合において、投資者の損害の拡大を防止する緊急の必要があるとき、②受益証券を発行する投資信託委託会社またはその者から運用指図の委託を受けた者の運用の指図が、著しく適正を欠き、かつ、現に投資者の利益が著しく害されており、または害されることが明白である場合において、投資者の損害の拡大を防止する緊急の必要があるときは、内閣総理大臣の申立てにより、その行為を現に行い、または行おうとする者（行為者）に対して、その行為の禁止または停止を命じることができる（投信法二六条一項）。これは、金融商品取引法の定める緊急停止命令に対応するものである（金商法一九二条参照）。

ところで、委託者指図型投資信託契約は、投資信託の委託者としての業務の認可を受けた投資信託委託会社と信託業の免許を受けた信託会社または信託業務を営むことの認可を受けた金融機関との間においてのみ締結することができる（投信法三条）。したがって、投資信託委託会社が金融商品取引業（投資運用業）の登録を取り消され、または信託会社が信託業の免許を取り消されもしくは信託業務を営む金融機関が信託業務の認可を取り消されたときは、それらの者が当事者となっている投資信託契約にかかる業務をそれらの者に継続して行わせるべきでない。もっとも、その投資信託契約を当然に解消させてしまうことも妥当ではない。

そこで、内閣総理大臣は、投資信託委託会社が金融商品取引業の登録を取り消されまたは受託会社が営業の免許もしくは登録または信託業務を営むことについての認可を取り消されることとなる場合において、それらの者が当事者となっている投資信託契約を存続させることが公益または投資者の保護のため必要かつ適当であると認めるときは、その投資信託委託会社または受託会社に対して、投資信託契約に関する業務を他の投資信託委託会社または受託会社に引き継ぐべきことを命ずることができる（投信法二三条一項）。引継ぎの命令は、その投資信託契約にかかる投資信託委託会社または受託会社および業務を引き継ぐこととなる投資信託委託会社または受託会社からあらかじめ同意を得てなされることを要する（投信法二三条一項）。

投資信託委託会社の金融商品取引業の登録が取り消されることとなる場合において、その業務の引継ぎにつき受託会社または業務を引き継ぐこととなるべき投資信託委託会社の同意が得られないときは、内閣総理大臣は、投資信託委託会社に対しその登録が取り消されるおそれがあること、その業務の引継ぎにつき同意が得られないこと、および信託契約の存続の承認の申請期限を通知しなければならない（投信法二三条二項）。この通知を受けた投資信託委託会社は、その期限までに、内閣総理大臣に対して信託契約の存続の承認を申請することができる（投信法二三条三項）。この申請がなされた場合、内閣総理大臣は、登録取消日以後、信託契約の存続期間その他につき条件を付して、信託契約の存続を承認することができる（投信法二三条四項）。

信託契約の存続の承認が行われると、投資信託委託会社は、信託契約の業務の執行の範囲内で認可を取り消されていないものとみなされる（投信法二三条四項）。なお、内閣総理大臣は、信託契約の存続を承認しまたはその承認を拒否した場合は、遅滞なくその旨を書面によって投資信託委託会社に通知しなければならない（投信法二三条五項）。

投資信託委託会社による投資信託の委託者としての業務の離脱は、金融商品取引業の登録の取消しの場合のほか、投資信託の委託者としての業務の廃止もしくは他への事業の譲渡または会社の解散の場合にも発生する。しかし、事業の譲渡の場合には、譲受人によってその業務の引継ぎが当然になされるので、業務の引継ぎの命令を必要としない。これに対して業務の廃止または会社の解散の場合には、信託契約の存続が公益または投資者の保護のために必要かつ適当であると認めるときは、内閣総理大臣は、業務の引継ぎの命令を発することを要する。

第二款　委託者非指図型投資信託

一　委託者非指図型投資信託の意義

委託者非指図型投資信託は、一個の信託契約にもとづいて、受託者が複数の委託者との間に締結する信託契約により受け入れた金銭を、合同して、委託者の指図にもとづかず、主として特定資産に対する投資として運用することを目的とする信託であって、投資信託法にもとづき設定されるものをいう（投信法二条二項）。委託者指図型投資信託が投資信託委託会社の運用力を基礎に投資収益の獲得を期待するものであるのに対して、委託者非指図型投資信託は、投資者が委託者として直接に受託者との間で個別に信託契約を締結して、受託者の運用力を基礎に投資収益の獲得を期待するものである。(1)

信託銀行は、信託兼営法、信託業法、信託法にもとづき、複数の投資者から金銭の信託を受けて、一定の方針に従って合同運用する「合同運用指定金銭信託」に関する業務を営んでいた。合同運用指定金銭信託の運用は有価証券への投資で行われている。もっとも、投資として集合して運用しその成果を分配するのではなく、最初から一つずつ個別に資金を集めてきてそれが合同されて運用されるという解釈により、従来の投資信託との違いが説明されていた。(2)もっとも、投資者の立場から見ると集団的な資金運用のための金融商品という点では従来の投資信託（委託者指図型投資信託）と同様である。そのため、平成一二年の法改正で、委託者指図型投資信託に適用されるルールと同様のものを信託銀行にも適用することを目的として、委託者非指図型投資信託制度が創設された(3)。

委託者非指図型投資信託は、委託者と受託者との間で個別に信託契約を締結するが、受託者が複数の委託者との間に信託契約を締結することにより、個別に運用を委ねられた資金を受託者の手元で合同して運用することを目的とする集団投資スキームである。委託者非指図型投資信託契約は、複数の委託者（投資者）と信託会社等を受託者とするものでなければ締結してはならない（投信法四七条一項）。ここに委託者指図型投資信託と異なる特徴がみられる。委託者である投資者の指図を受けずに受託者である信託会社等が自己の判断において資金運用を行う。

委託者非指図型投資信託のスキームを利用して証券投資信託を営むことは、明文で禁止されている（投信法四八条）。かつての証券投資信託法三条は、「何人も、証券投資信託を除くの外、信託財産を主として有価証券に対する投資として運用することを目的とする信託契約を締結してはならない。但し、信託の受益権を分割して不特定かつ多数の者に取得させることを目的としないものについては、この限りではない。」と定めていた。信託銀行が取り扱う合同指定金銭信託は、個々の委託者と信託銀行が信託契約を締結するものであり、受益権の分割が行われないため、同条但書に該当すると解されてきた(4)。信託銀行は信託兼営法によって認可を受けた上で、受託者として信託法、信託業法の規制下に置かれ、投資信託法の投資者保護の規定がなくても、受益者の保護に欠けることはないとの実質的判断もなされてきた(5)。かかる法制度の下、信託銀行は、合同指定金銭信託の形で、有価証券に対する投資として運用する類似の金融商品を販売することができた。もっとも、この場合、合同指定金銭信託の受益権には有価証券は発行されなかった。

平成一二年の改正で、委託者非指図型投資信託制度が創設され、その受益証券が有価証券として規定されることとなった。もっとも、改正にあたって、有価証券に投資運用する集合投資の仕組みとして、投資者に販売される受益証券が有価証券であるものは投資信託委託会社のみが設定・運用でき、信託会社等は受益権が有価証券でないものを取り扱ってきたという状況を変更しないという方策がとられた(6)。このような事情から、投資信託法四八条が定められた

（平成一八年改正前の投信法四九条の三）。受益権が有価証券でない従来の合同指定金銭信託では、現行法の下においても、主として有価証券に対する投資として運用することは可能とされている。しかし、投資者の利益が害されない制度的な仕組みが整備されているならば、主として有価証券への投資を行う投資信託のスキームを委託者指図型と委託者非指図型とで区別することは適当とは思われない。いわゆる業際問題により、委託者非指図型投資信託の信託財産を主として有価証券で運用することを認めない立法には疑問がある。

委託者非指図型投資信託において、信託会社等は、損失補てん・利益保証契約の締結が禁じられている（投信法四七条二項）。平成一六年に信託業法（平成一六年一二月三日法律一五四号）が制定された。旧信託業法（大正一一年四月二一日法律六五号）九条は、信託会社等は、「運用方法ノ特定セサル金銭信託ニ限リ元本ニ損失ヲ来シタル場合又ハ予メ一定シタル額ノ利益ヲ得サリシ場合ニ於テ之ヲ補塡シ又ハ補足スル契約ヲ為スコトヲ得」と定めていた。これは、信託では実績配当主義を原則としながらも、経済的機能が類似しその商品性が競合する銀行の定期預金との関係に配慮して定められたものである。(7)委託者非指図投資信託は、受託者たる信託会社等が自己の判断により運用する仕組みであることから、「運用方法ノ特定セサル金銭信託」に該当するため、右の元本補てん契約等の締結が可能となる。一方で、委託者指図型投資信託は、信託財産の運用が委託者の指図により行われることから、運用方法の特定した金銭信託に該当し、元本補てん契約等を締結することができない。両者でこのような取扱いに相違が生じることは適当でないとして、委託者非指図型投資信託について、明文で元本補てん等の契約を禁止する条文が定められた。(8)

平成一六年の新信託業法の制定を受けて、現在では、信託兼営法六条が「信託業務を営む金融機関は、第二条第一項において準用する信託業法第二四条第一項第四号の規定にかかわらず、内閣府令で定めるところにより、運用方法の特定しない金銭信託に限り、元本に損失を生じた場合またはあらかじめ一定額の利益を得なかった場合にこれを補てんしまたは補足する旨を定める信託契約（内閣府令で定めるものに限る。）を締結することができる。」と定めている。

委託者非指図型投資信託業務については、投資信託委託業務（投信運用業）と異なり、登録といった形での行政庁の関与は法定されていない。すでに信託業法上の監督がなされていることを理由とする。信託会社等は、委託者非指図型投資信託契約を締結するときは、あらかじめ、委託者非指図型投資信託契約にかかる委託者非指図型投資信託約款の内容を内閣総理大臣に届け出ておくことが要求される(9)（投信法四九条一項）。約款の届出制は、委託者指図型投資信託の場合と同様の規制をするものである。

委託者非指図型投資信託は、金銭信託でなければならない（投信法五二条一項）。その受益権は、受益証券をもって表示される（投信法五〇条一項）。受益証券の記載事項は法定されている（投信法五〇条二項）。受益証券は無記名式とされるが、受益者の請求により記名式とすることができる（投信法五〇条三項・六条四項）。委託者非指図型投資信託の受益権の譲渡および行使は、記名式の受益証券をもって表示されるもののほか、受益証券をもって行われる（投信法五〇条三項・六条二項）。受益証券を取得する者は、その取得により、当該受益証券にかかる投資信託契約の委託者の権利義務を承継する（投信法五一条）。

（1）　政令で定める者に運用にかかる権限の一部を委託する場合における運用を含む。政令では、①金融商品取引法施行令一六条の一二各号に掲げる者、②信託会社等（当該信託会社等による運用の指図が有価証券またはデリバティブ取引にかかる権利以外の資産のみに対する投資として行われる場合に限る）、③商品投資顧問業者または外国の法令の規定により同種の許可を受けている法人（運用の指図が商品等に対する投資として行われる場合に限る）が規定されている（投信令四条）。
（2）　証券取引法研究会「証券投資信託法について」インベストメント五三巻三号七九頁（河本）。
（3）　乙部辰良・詳解投資信託法九六頁（平成一三年）。
（4）　江頭憲治郎「指定金銭信託（ユニット型）コメント」商事信託法制五七頁（平成一〇年）。
（5）　福井修「指定金銭信託（ユニット型）」前掲注（4）商事信託法制五〇頁。
（6）　乙部・前掲注（3）一〇二頁。
（7）　川口恭弘・現代の金融機関と法〔第三版〕一〇五七頁（平成二二年）。

(8) 乙部・前掲注（3）一〇三頁。さらに、乙部・同頁は、委託者非指図投資信託について元本補てん契約の締結を禁止しないと、その商品が預金保険制度の対象となり（預金保険法は、旧信託業法九条の規定により元本の補てん契約を締結した金銭信託にかかる信託契約により受け入れた金銭）を預金保険の対象としていた（平成一二年改正前預金保険法二条二項四号））、このことは、預金のような元本保証の金融商品と株式のような資本市場商品の中間に位置する市場型間接金融商品を創設する仕組みを定める投信法の基本的性格と相容れないものとなるとも述べている。

(9) 委託者非指図型投資信託約款についてはその記載事項が法定されている。すなわち、①受託者の商号または名称、②合同して運用する信託の元本の総額に関する事項、③受益証券に関する事項、④委託者およびその権利義務の承継に関する事項、⑤信託の元本および収益の管理および運用に関する事項（投資の対象とする資産の種類を含む）、⑥投資信託財産の評価の方法、基準および基準日に関する事項、⑦信託の元本の償還および収益の分配に関する事項、⑧投資信託約款にもとづく投資信託契約にかかる投資信託財産の合同運用に関する事項、⑨⑧に規定する投資信託財産と他の信託財産との分別運用に関する事項、⑩信託契約期間、その延長および信託契約期間中の解約に関する事項、⑪信託の計算期間に関する事項、⑫信託報酬その他の手数料の計算方法ならびにその支払いの方法および時期に関する事項、⑬公募、適格機関投資家私募、特定投資家私募または一般投資家私募の別、⑭受託者が信託に必要な資金の借入れをする場合の借入金の限度額に関する事項、⑮受託者が運用にかかる権限を外部委託する場合の委託先の商号または名称および所在の場所、⑯⑮の場合における委託の費用、⑰投資信託約款の変更に関する事項、⑱公告の方法、⑲受託者の辞任および解任ならびに新受託者の選任に関する事項、⑳合同して運用する元本の総額を増加できる委託者非指図型投資信託における信託の元本の追加に関する事項、㉑投資信託契約の解約に関する事項、㉒運用権限を外部委託する場合の委託内容、㉓再委託する場合の再委託先の商号または名称および所在の場所、㉔委託者非指図型投資信託の併合に関する事項、㉕受益者代理人があるときは、投資信託契約において、議決権、受益権買取請求権を行使する権限を受益代理人の権限としていない旨、㉖受益権の買取請求に関する事項である（投信法四九条二項、投信規則七八条）。

投資信託約款の記載事項の細目は、③について、受益証券の記名式または無記名式への変更および名義書換手続に関する事項、記名式受益証券の譲渡の対抗要件に関する事項、受益証券の再交付およびその費用に関する事項、⑤について、資産運用の基本方針、投資の対象とする資産の種類、投資の対象とする資産の保有割合、保有制限を設ける場合にはその内容、投資信託財産で取得した資産を貸し付ける場合のその内容、⑥について、運用する資産の種類に応じてそれぞれの評価方法、基準および基準日に関する事項、⑦について、収益分配可能額の算出方法に関する事項、収益分配金、償還金および一部解約金の支払時期、支払方法および支払場所に関する事項、⑩について、信託契約の延長事由の説明に関する事項、解約事由の説明に関する事項、受託者の認可取消し等に伴う取扱いの説明に関する事項、⑪について、計算期間および計算期間の特例に関する事項、⑭について、借入れの目的、借入限度額および借入金の使途に関する事項ならびに借入先を適格機関投資家に限る場合はその旨、⑯について、委託の報酬の額、支払時期および支払方法に関する事項、⑱について、公告を行う日刊新聞紙名または電子公告の登記アドレスが規定されている（投信法四九条四項、投信規則七九条）。

二　受託者の行為規制

委託者非指図型投資信託では、投資信託契約は、信託会社または信託業務を営む金融機関を受託者としなければならない（投信法四七条一項）(1)。

委託者非指図型投資信託の信託財産は、当該投資信託財産以外の信託財産と分別して運用されなければならない（投信法五三条）。投資信託の受益者の保護のために、分別運用が義務づけられる。また、運用の再委託が規制される（投信法五五条）。このほか、受託者である信託会社等について、委託者指図型投資信託の委託者に関する規制が準用されている（投信法五四条）。すなわち、五条（投資信託約款の内容等を記載した書面の交付）、九条（運用の指図の制限）、一一条（特定資産の価格等の調査）、一三条（利益相反のおそれがある場合の受益者等への書面の交付等）、一四条（運用報告書の交付）、一六条（投資信託約款の変更内容等の届出）、一七条（投資信託約款の変更等）、一八条（反対受益者の受益権買取請求）、二六条（受益証券の募集の取扱い等の禁止または停止命令）の規定が、必要な読み替えがなされた上で、信託会社等に適用される。

現行法の下では、受託者の規制の多くは信託業法に委ねられる。信託会社等は、受益者に対する忠実義務を負う（信託業法二八条一項）。さらに、信託業務についての善管注意義務も規定されている（信託業法二八条二項）(2)。また、信託財産と固有財産との分別管理も要求される（信託業法二八条三項）。このほか、①通常の取引と異なる条件で、かつ、当該条件での取引が信託財産に損害を与えることとなる条件での取引を行うこと、②信託の目的、信託財産の状況または信託財産の管理もしくは処分の方針に照らして不必要な取引を行うこと、③信託財産に関する情報を利用して自己または当該信託財産にかかる受益者以外の者の利益をはかる目的をもって取引を行うこと、④その他信託財産に損害を与え、または信託業の信用を失墜させるおそれがある行為として内閣府令で定める行為が禁止される（信託業法二九条）(3)。信託業法二五条（信託契約の内容の説明義務）、二六条（契約締結時の書面交付義務）、二七条（信託財産状況報告書の交付義務）等は適用されない旨が規定されている（投信法五四条二項）。

信託会社等は、その任務を怠ったことにより運用を行う投資信託財産の受益者に対し損害を生じさせたときは、受益者に対して連帯して損害を賠償する責任を負う（投信法五六条）。

（1）　銀行、協同組織金融機関その他政令で定める金融機関は投資運用業を行うことができない（金商法三三条一項本文）。信託業務を兼営する信託銀行もここにいう銀行に含まれる（銀行法上の銀行）。もっとも、信託業務を兼営する金融機関については、投資運用業を禁止する規定は適用されない（金商法三三条の八第一項）。銀行等の金融機関が投資運用業を行うためには内閣総理大臣への登録が必要である（金商法三三条の二）。信託業務を兼営する金融機関については、委託者非指図型投資信託の受託者として行う投資運用業を行う場合には登録を要しない旨が規定されている（金商法三三条の八第一項）。

（2）　平成一八年の改正前には、投資信託法において、信託会社等は、委託者非指図型投資信託の受益者のため忠実に投資信託財産の運用その他の業務を遂行しなければならないと規定されていた（平成一八年改正前投信法四九条の八第一項）。また、善良な管理者の注意をもって投資信託財産の運用その他の業務を遂行しなければならないとも規定されていた（平成一八年改正前投信法四九条の八第二項）。同年の改正で、これらの義務に関する規定は削除されている。

なお、信託法にも、善管注意義務と忠実義務が規定されている（信託法二九条・三〇条）。信託法二九条二項ただし書は、「信託行為に別段の定めがあるときは、その定めによるところによる注意をもって、これをするものとする。」と規定されている。そのため、信託法上の善管注意義務は任意規定として定められており、注意義務を軽減することもできる。これに対して、信託業法上の善管注意義務の規定には、これを軽減することを認める文言は存在しない。信託業法の改正は平成一六年の改正で行われた。その際、金融審議会金融分科会第二部会「信託業のあり方に関する中間報告」（信託に関するワーキンググループ）（平成一五年七月二八日）は、「信託業を営む者の受託者責任については、信託業への信頼性確保等の観点から、一般的な義務規定を信託業法上も規定することが適当と考えられる。信託業法に受託者責任を明確に位置付けることにより、監督当局が受益者保護のために行動する根拠が信託業法において明確となることや、罰則による義務履行の担保が可能となる等のメリットがあると考えられる。」としていた。かかる立法趣旨からも、信託業法上の善管注意義務は、当事者の合意により軽減が認められる任意法規であるとは考えにくい。川口恭弘「受託者の善管注意義務」新しい信託法の理論と実務〔金融・商事判例増刊一二六一号〕五九頁（平成一九年）。

(3)　内閣府令では、(イ)信託財産の売買その他の取引を行った後で、一部の受益者に対し不当に利益を与えまたは不利益を及ぼす方法で当該取引にかかる信託財産を特定すること、(ロ)他人から不当な制限または拘束を受けて信託財産に関して取引を行うこと、または行わないこと、(ハ)特定の資産について作為的に値付けを行うことを目的とした取引を行うこと、(ニ)信託財産にかかる受益者に対し、取引に関する重要な事実を開示し、書面または電磁的方法による同意を得て行う場合を除き、通常の取引の条件と比べて受益者に不利益を与える条件で、信託財産に属する財産につき自己の固有財産に属する債務にかかる債権を被担保債権とする担保権を設定することその他第三者との間において信託財産のためにする行為であって受託者または利害関係人と受益者との利益が相反することとなる取引を行うこと、(ホ)重要な信託の変更等をすることをもっぱら目的として、受益者代理人を指定することが規定されている（信託業法施行規則四一条二項）。

第三款　投資法人

一　投資法人の意義

1　投資法人の設立

投資法人は、投資者の資金を投資者以外の者が主として有価証券等に対する投資として集合的に運用し、その成果を投資者に分配することを目的として設立される社団法人である（投信法一条参照）。委託者指図型投資信託および委託者非指図型投資信託が信託契約を基礎とする契約型の投資信託であるのに対して、投資法人は、資産を主として特定資産に対する投資として運用することを目的として、投資信託法にもとづき設立された社団であって、投資信託法上の特別の法人である（投信法二条一二項・六一条）。契約型投資信託があらかじめ定められた信託契約約款によって商品設計がなされるのに対して、投資法人は、投資者が株主の立場に立ち、定款に相当する規約に投資方針の大要を定め、役員が関与しながら実際の運用を投資信託委託会社に委託するという点で、オーダーメイド・タイプの集合投資スキームといえる。(1)投資法人の基本的仕組みは、投資者が出資し、その全員がこれに署名し、または記名押印して投資法人を組織し、当該投資法人が資産運用を運用会社に委託して、運用の収益を投資者に対して金銭で分配するというものである。(2)

投資法人を設立するには、一名ないし複数の設立企画人が規約を作成し、その全員がこれに署名しまたは記名押印しなければならない（投信法六六条一項）。これは株式会社の設立手続にたとえれば、発起人による定款の作成にあたる。株式会社の株主に相当する、投資法人の社員は「投資主」、株式会社の株式に相当する、均等の割合的単位に細分化された投資法人の社員の地位を「投資口」という（投信法二条一四項）。

規約の記載・記録事項は法定されている（投信法六七条一項）。株式会社の定款記載事項に類似した項目も見受けられる。もっとも、投資法人に特有の記載事項に注意を要する。たとえば、投資主の請求により投資口の払戻しをするか、またはしないかの別を記載しなければならない（投信法六七条一項三号）。投資主の請求により投資口の払戻しをするタイプをオープン型、投資口の払戻しに応じないタイプをクローズド型とよぶ。投資法人は、設立企画人の判断によりオープン型・クローズド型のいずれかを選択できる。従来の契約型の投資信託においてもオープン型とクローズド型が併存しているため、いずれのタイプに属するかにより投資法人と契約型投資信託を棲み分けるという発想を現行法は採用していない。

さらに、①投資法人が常時保持する最低限度の純資産額、(3)②資産運用の対象および方針、(4)③資産評価の方法、基準および基準日、④金銭分配の方針、⑤決算期、⑥執行役員、監督役員および会計監査人の報酬の額または報酬の支払いに関する基準、⑦資産運用会社に対する資産運用報酬の額または資産運用報酬の支払いに関する基準、⑧成立時の一般事務受託者、資産運用会社および資産保管会社となるべき者の氏名または名称および住所ならびにこれらの者と締結すべき契約の概要、⑨借入金および投資法人債発行の限度額の各記載事項も投資法人に特有の記載事項といえる。

株式会社の発起人には特別の資格要件は課せられていないのに対して、投資法人の設立企画人については積極的資格要件および消極的資格要件が法定されている。

設立企画人の積極的資格要件としては、①設立しようとする投資法人が主として投資の対象とする特定資産と同種の資産を運用の対象とする金融商品取引業者[5]、②信託会社等、③①②の役員もしくは使用人またはこれらの者であったもので、他人の資産運用の事務に従事した期間が五年以上であるもの、④適格機関投資家または有価証券報告書提出会社で資本金の額が一〇〇億円以上の会社の役員もしくは使用人またはこれらであった者で、他人の資産を投資として運用する事務に従事した期間が五年以上の者が定められている（投信法六六条三項、投信令五四条二項）。設立企画人が複数であるときは、少なくとも一名はこれらの積極的資格を有する者でなければならない。

これに対して、設立企画人の消極的資格要件としては、投資法人の執行役員の欠格事由の一部が準用されている（投信法六六条四項・九八条二号〜五号）。このような厳格な資格要件が課せられている理由は、投資法人が生まれながらに高度の特殊性・専門性をもったものとして設立されることに配慮したものと考えられる[6]。

規約は、投資法人の設立に関する届出が内閣総理大臣により受理されたときに、その効力を生じる（投信法六九条五項）。投資法人の設立に関する届出は、あらかじめ、投資法人を設立する旨ならびに執行役員の候補者の氏名および住所等を記載した投資法人設立届出書を内閣総理大臣に対し届け出なければならない（事前届出制）（投信法六九条一項、投信規則一〇七条）。届出には規約その他の添付書類を必要とする[7]（投信法六九条二項）。

設立企画人は、内閣総理大臣に対する届出をした後でなければ、通知、投資口の申込みの勧誘または投資口の引受け等を行うことはできない（投信法六九条四項）。投資口の引受けにかかる払込みは金銭に限定されている[8]。株式会社の募集設立であれば創立総会の招集手続が必要である（会社法六五条）。もっとも、投資法人の場合は、創立総会が開催されるのは、投資口の引受けまたは払込みに瑕疵があったと執行役員が認めた場合等に限定される（投信法七三条三項）。設立手続の簡略化に対応して、設立時の執行役員・監督役員・会計監査人は、その候補者が通知事項とされる（投信法七一条一項六号）。これらの候補者等は投資口の割当てが終了したときにそれぞれ選任されたものとみなされる（投信法七二条）。

（1）　証券取引法研究会「金融システム改革法について(2)」インベストメント五一巻五号八六頁（黒沼）。

（2）　現行法上、投資法人は運用、資産保管のほか、その業務のほとんどを外部委託する仕組みになっており、投資法人役員の裁量の余地は可能な限り小さいものとする配慮がなされている。投資法人は、資産の運用以外の行為を営業としてすることができず、本店以外の営業所を設け、または使用人を雇用することを禁じられる（投信法六三条）。また、投資法人はその名称を商号とし、その商号中に投資法人という文字を使用しなければならず、投資法人でない者は、その商号中に投資法人であることを示す文字を使用してはならない（投信法六四条一項～三項）。何人も不正の目的をもって、他の投資法人であると誤認されるおそれのある名称または商号を使用してはならない（投信法六四条四項）。

（3）　最低限度の純資産額（投信法六七条一項六号）とは、株式会社であれば最低資本金に相当する。現行法は、五〇〇〇万円以上で政令で定める額を下回ることが禁じられている（投信法六七条四項）。政令は五〇〇〇万円としている（投信令五五条）。これに対して、投資法人の成立時の出資総額は、その設立の際に発行する投資口の発行価額の総額とし、その出資総額は、一億円以上で政令で定める額を下回ることが禁じられている（投信法六八条）。政令は一億円としている（投信令五七条）。

（4）　①資産運用の基本方針、②資産運用の対象とする特定資産の種類、目的および範囲、③資産運用の対象とする特定資産以外の資産の種類、④資産運用の対象とする資産について、その種類、銘柄もしくは通貨ごとの保有額もしくは保有割合にかかる制限または取得できる銘柄の範囲にかかる制限その他の運用に制限を設ける場合にあっては、その内容、⑤資産を主として有価証券に対する投資として運用することを目的とする場合は、その旨、⑥組入資産の貸付けを行う場合は、その目的および範囲が内閣府令で細目としてあげられている（投信規則一〇五条一号）。

（5）　特定資産に不動産が含まれる場合、宅地建物取引業法上の免許または認可を受けている金融商品取引業者である必要がある（投信法六六条三項一号イ）。

（6）　前田雅弘「証券投資法人」金融システム改革と証券取引制度二三八頁（平成一二年）。
　もっとも、設立企画人の資格の限定と、成立後の出資総額の下限が一億円という制限が相まって、機関投資家が集まって投資法人を設立することは可能であるが、一般投資家は投資クラブの性質をもった投資法人を設立することは実際上難しいという指摘がある。証券取引法研究会「証券投資信託法について」インベストメント五三巻三号六一頁（黒沼）。

（7）　①設立企画人および執行役員の候補者の住民票の抄本、②設立企画人および執行役員の候補者が成年被後見人もしくは被保佐人または破産者でいまだ復権せざる者に該当しない旨の官公署の証明書、③設立企画人および執行役員の候補者が禁錮以上の刑に処せられその執行を終わりもしくは刑の執行を受けることがなくなった日から五年を経過しない者または投資信託法等の違反により罰金刑に処されその刑の執行を終わりもしくは刑の執行を受けることのなくなった日から五年を経過しない者に該当しない旨の誓約書、④設立企画人および執行役員の候補者の履歴書または沿革、⑤設立企画人が法人の場合は主要株主等の氏名または名称、その所有株式数等を記載した書面、ならびに、定款および登記事項証明書等が添付書類にあたる（投信法六九条二項、投信規則一〇八条二項）。

（8）　実際の投資者の数が非常に少ない契約型の投資信託が多数存在していることを背景に、当該契約型投信を投資法人に移行させることが期待されていたが、同条項の定めおよび移行のための特別規定の欠如を理由に、契約型投信が一体として投資法人に転換することは不可能と解された。証券取引法研究会・前掲注（1）八八頁（黒沼）。

2　投資法人の登録

　投資法人は、設立登記により成立する（投信法七四条）。もっとも、設立された投資法人が資産運用を行うには、内閣総理大臣の登録[1]を受けなければならない（投信法一八七条）。登録申請書には添付書類として、投資信託法一八八条二項に列挙された[2]書類の提出が必要である。内閣総理大臣は、登録申請がなされた場合、投資信託法一九〇条一項にもとづき登録を拒否する場合を除き、登録申請書記載事項ならびに登録年月日および登録番号を投資法人登録簿に登録しなければならない（投信法一八九条一項）。内閣総理大臣は、投資法人の登録をしたときは、遅滞なく、その旨を申請人である投資法人に通知することを要するとともに、投資法人登録簿は公衆の縦覧に供される（投信法一八九条二項・

三項)。

登録拒否事由がつぎのように法定されている(投信法一九〇条一項)。①不法目的をもって資産運用を行おうとするとき、②申請の日の前五年以内に投資信託法一九七条(金融商品取引法三六条等を準用)に違反する行為を行った者を設立企画人としているとき、③欠格事由(投信法九八条・一〇〇条)に該当する者を執行役員または監督役員としているとき、④公認会計士または監査法人以外の者または欠格事由(投信法一〇二条三項)に該当する者を会計監査人としているとき、⑤金融商品取引業者以外の者または利害関係を有する金融商品取引業者に資産の運用を委託しているとき、⑥無資格の者(投信法二〇八条が資格を法定)を資産保管会社としているとき、⑦登録申請書または添付書類に虚偽記載もしくは重要な事項の記載漏れがあるときには登録が拒否される。内閣総理大臣は、登録を拒否したときは、遅滞なく、その理由を示して、その旨を申請人たる投資法人に通知しなければならない(投信法一九〇条二項)。

(1)　登録を受けようとする投資法人は、①目的や商号など規約記載事項(投信法六七条一項一号〜四号・六号〜一〇号、一二号・一三号・一五号)ならびに本店の所在場所、②執行役員、監督役員および会計監査人の氏名または名称および住所、③資産運用会社の名称および住所、④資産運用会社と締結した資産の運用にかかる委託契約の概要、⑤資産保管会社の名称および住所、⑥投資法人の存立期間または解散事由についての定め、⑦その他内閣府令で定める事項を記載した登録申請書を内閣総理大臣に対し提出して登録を申請しなければならない(投信法一八八条一項)。内閣府令で定める事項としては、⑧投資法人の設立にかかる届出受理年月日および受理番号、⑨投資法人の成立年月日、⑩投資法人の成立時の出資総額および投資口の総口数ならびに投資主数、⑪主要な投資主の氏名または名称および住所、⑫執行役員または監督役員が他の法人の業務に従事し、または事業を営んでいるときは、当該執行役員または監督役員の氏名および当該他の法人における役職名ならびに当該他の法人の商号または名称および業務の種類または当該事業の種類、⑬払込取扱機関の名称および住所、⑭一般事務受託者の名称および住所ならびに沿革、⑮一般事務受託者と締結した事務の委託契約の概要、⑯創立総会を開催した場合は、創立総会の開催日およびその理由が挙げられている(投信規則二一四条)。

(2)　登録申請書の添付書類として、①前掲注(1)の①の記載事項が規約記載と異なる場合、その旨およびその理由を記載した書面、②前掲注（1）の②に記載された設立時執行役員が内閣総理大臣に届け出ていたその候補者と異なるときは、その旨およびその理由を記載した書面、③資産運用会社と締結した資産の運用にかかる委託契約書の写し、④その他内閣府令で定める書類が必要である（投信法一八八条二項）。内閣府令で定める書類には、⑤規約、⑥投資法人の登記事項証明書、⑦払込取扱機関の払込金保管証明書、⑧執行役員および監督役員の住民票の抄本、⑨執行役員および監督役員が成年被後見人および破産者で復権を得ないものでない旨の官公署の証明書、⑩執行役員が欠格事由に該当しないことを誓約する書面、⑪監督役員が欠格事由に該当しないことを誓約する書面、⑫執行役員、監督役員および設立企画人の履歴書または沿革、⑬資産運用会社との間で締結した資産運用委託契約書の写し、⑭資産保管会社との間で締結した保管契約書の写し、⑮一般事務受託者との間で締結した事務の委託契約書の写し、⑯運用権限の再委託をした場合、再委託契約書の写し、⑰創立総会を開催した場合は、創立総会の議事録が挙げられている（投信規則二一五条）。

3　投資口と投資証券

投資信託法は、投資主（二条一六項）、投資口（二条一四項）および投資証券（二条一五項）をそれぞれ定義している。これらの定義によれば、投資者は投資法人に対し出資することにより投資主となり、それによって構成員たる地位すなわち投資口を取得し、投資法人は投資主に対して投資口を表章する有価証券として投資証券を発行する。(1) 投資法人が発行する投資口は無額面である（投信法七六条）。投資主の責任は、その有する投資口の引受価額を限度とする有限責任である（投信法七七条一項）。投資主の請求により投資口の払戻しをする旨の定めがある投資法人は、規約によって、投資主の請求あるまで投資証券を発行しない旨を定めることができる（投信法八六条一項）。

投資信託法は、投資法人に対し、一定の資産規模の維持を要求する。(2) 設立時において投資口の発行価額の総額は、最低一億円が必要である（投信法六八条、投信令五七条）。その上、成立後も、規約で定めた最低純資産額（投信法六七条一項六号）の維持が強制される。ここにいう最低純資産額は、五〇〇〇万円以上に設定されなければならない（投信法六七条四項、投信令五五条）。この最低純資産額を下回る事態になると通告処分を受け（投信法二一五条二項）、一定期間内に回復しなければ登録取消しの処分を受ける（投信法二一六条二項）。しかも、登録取消しは、投資法人の解散事由となる（投信法一四三条七号）。

投資信託法は、投資法人に対し一定の資産規模の維持を強制するため、最低純資産額の制約に加えて、基準純資産額の制度を設けている。基準純資産額は、最低純資産額に五〇〇〇万円を加えた額と定められている（投信法一二四条一項三号、投信令九〇条）。したがって、最低一億円が要求されることになる。純資産額は基準純資産額を下回ることとなる投資口の払戻しを禁ずることにより投資口払戻しに対する制限として機能する（投信法一二四条一項）。利益分配は純資産額から基準純資産額を控除した額の範囲内に制限される（投信法一三七条一項ただし書）。純資産額が基準純資産額を下回るおそれは臨時報告書提出事由とされるために（投信法一二五条一項）、投資主に対する警告機能が期待されている。

投資法人が、成立後、投資口を発行するときは、執行役員は、①募集投資口の口数、②募集投資口の払込金額またはその算定方法、③払込期日またはその期間について決定し、発行日ごとに、役員会の承認を受けなければならない（投信法八二条一項）。投資法人が、成立後、投資口を発行するときは、投資口の払込金額その他発行の条件は、発行日ごとに均等に定めなければならない（投信法八二条五項）。発行価額は、当該投資法人の保有する資産の内容に照らして、公正な金額である必要がある（投信法八二条六項）。投資口の発行価額の総額は出資総額に組み入れられる（投信法八二条七項）。

投資口の発行は、株式会社の新株発行に相当する。そのため、関係する会社法の規定が準用されている（投信法八四条）。なお、投資主の請求により投資口の払戻しをする旨を規約に定めた投資法人が、投資口を発行するときは、執行役員は、発行期間を定めて、その発行期間内における発行について、役員会の承認を一括して求めることができる（投信法八二条二項）。この場合、執行役員は、発行期間のほか、①当該発行期間内に発行する投資口の総口数の上限、②当該発行期間内における募集ごとの募集投資口の払込金額および払込期日を定める方法について定め、役員会の承認を受けることを要する（投信法八二条三項）。

投資主の請求により投資口の払戻しをする旨の規約を定めた投資法人においては、投資主は投資口の払戻しを求めることができる。払戻しは、①投資主名簿に関する基準日（株主名簿の基準日に相当。投信法七七条の三第二項）から投資主または質権者として権利行使すべき日（投資主総会日）までの間に請求があったとき、②解散したとき、③純資産額が基準純資産額に五〇〇〇万円以上を加えた額を下回ったとき、④規約に定めた事由に該当するとき、⑤法令または法令にもとづく処分により払戻しを停止するときを除き行われる（投信法一二四条一項）。投資口の払戻しは、投資法人の保有する資産の内容に照らして公正な金額で行われなければならない（投信法一二五条一項）。払戻金額があらかじめ公示されている場合は、公示金額をもって、払戻しをなすことを要する（投信法一二六条）。

なお、平成一二年の法改正で、投資法人に投資法人債の発行が認められた[3]。投資法人債は、投資主の請求により投資口の払戻しをしない旨を規約に定めた投資法人のみが、規約に定める額を限度として、募集することができる（投信法一三九条の二第一項）。投資法人債は金融商品取引法上の有価証券である（金商法二条一項一一号）。投資法人は、投資法人債管理者を定め、投資法人債権者のために、弁済の受領、債権の保全その他の投資法人債の管理を行うことを委託しなければならない（投信法一三九条の八本文）。募集にかかる各投資法人債の金額が一億円以上である場合には、投資法人債管理者の設置は義務づけられない（投信法一三九条の八ただし書）。株式会社の社債管理会社の場合と同様に、大口投資法人債権者の保護の必要性が乏しいことを理由とする。投資法人債管理者は、投資法人債権者のために、投資法人債にかかる債権の弁済を受け、または投資法人債にかかる債権の実現を保全するために必要な一切の裁判上または裁判外の行為を行う権限を有する（投信法一三九条の九第一項）。投資法人債は株式会社の社債に相当するものであるため、関係する会社法の規定が準用されている（投信法一三九条の七）[4]。

平成一八年の改正で、投資法人がコマーシャル・ペーパー（短期投資法人債）の発行をすることができるようになった[5]。①投資法人債の金額が一億円を下回らないこと、②元本の償還について、総額の払込みがあった日から一年未満の日をとする確定期限の定めがあり、かつ、分割払いの定めがないこと、③利息の支払期限を、元本の償還期限と同じ日とする旨の定めがあること、④担保付社債信託法の規定により担保が付されるものでないことといった要件を満たせば、投資法人債原簿の作成を要しない（投信法一三九条の一二第一項）。これは、投資法人の短期資金調達を迅速にするためのものである。

投資法人は、①(イ)不動産その他政令で定める資産の取得に必要な資金の調達、(ロ)保有不動産等の緊急の修繕、(ハ)保有不動産等の賃借人への敷金・保証金の返還、(ニ)投資証券または投資法人債発行までのつなぎの資金調達のいずれかの目的のために発行されるものであること（投信規則一九二条一項）、②規約において短期投資法人債の発行の限度額が定められていること、③①(イ)(ロ)を目的とするときには、当該契約を締結しまたは当該契約の締結の見込みが確実であること、(ハ)を目的とするときは、当該賃借契約の終了の見込みが確実であること、(ニ)を目的とするときは、元本の償還について、当該短期投資法人債の総額の払込みのあった日から六か月未満の日とする確定期限の定めがあること（投信規則一九二条二項）、以上のすべての要件を満たしている場合、または、短期投資法人債の償還のための資金を調達する場合に限り、短期投資法人債を発行することができる（投信法一三九条の一三）。

（1）　投資法人の投資証券は、金融商品取引法上の有価証券である（金商法二条一項一一号）。したがって、その募集および売出しは、金融商品取引法の要求する情報開示規制の対象となる。またその販売・勧誘については、金融商品取引業者およびその役員・使用人は行為規制の対象となる。

（2）　投資法人の資産規模維持の趣旨は、株式会社の場合とは異なり、その債権者の保護にあるというよりも、むしろ投資主保護に力点がある。なぜなら、利益の分配および払戻しが役員会あるいは執行役員の権限とされていることから、その歯止めとしての役割が重要視されているからである。前田雅弘「証券投資法人」金融システム改革と証券取引制度二四九頁（平成一一年）。

（3）　平成一二年の改正で投資法人の投資対象に不動産が追加された。不動産のような個別性の強い資産については、売却のオファーに迅速に対応しないと取得が困難であることから、柔軟な資金調達手段として借入金と投資法人債の発行が認められた。乙部辰良・詳解投資信託法一六〇頁（平成一三年）。

（4）　このほか、投資信託法では、投資法人について、規約の変更（投信法一四〇条〜一四二条）、合併（投信法一四五条〜一五〇条）、解散（投信法一四三条〜一四四条）・清算（投信法一五〇条の二〜一六四条）などについて特別の規定を置いている。

（5）　既述のように、平成一二年の改正で投資法人債の発行が許容されたのは、投資法人の投資対象が不動産等に拡大されたことによる。前掲注（3）参照。もっとも、その後、投資法人が不動産を新規に取得しようとする場合には、当該投資対象にかかる売却情報を入手してから実際の取引までの時間がきわめて限られるケースも多く、①原簿作成等の手続に相当の期間を要する投資法人債の発行や、②審査に相当の期間を要する銀行借入れ等による資金調達では間に合わない旨が指摘された。三井秀範＝池田唯一監修、松尾直彦編著・一問一答金融商品取引法〔改訂版〕四四八頁（平成二〇年）。これを受けて、政府の閣議決定「規制改革・民間開放推進三か年計画（改定）」（平成一七年三月二五日）では、「投資法人のCPの発行について、投資法人のニーズや投資家保護の観点等を踏まえた上で、検討を行い、結論を得る」との方針が示された。かかる事情を背景として、平成一八年の法改正で、投資法人のコマーシャル・ペーパーの発行が解禁された。

二　投資法人の機関

1　投資主総会

投資法人の機関は、投資主総会、執行役員、監督役員、役員会および会計監査人の必須の法定機関からなる。投資主総会は、株式会社の株主総会に相当する機関であって、その基本的権限も投資信託法または規約に定めた事項に限り決議することができる（投信法八九条）。

法的決議事項として、執行役員、監督役員および会計監査人の選任（投信法九六条）、解任（投信法一〇四条）あるいは規約の変更（投信法一四〇条）や合併（投信法一四九条の二）等が挙げられている。(1)したがって投資法人の最高意思決定機関として位置づけられている。ただし、計算書類の承認は、投資主総会の権限からはずされていることに注意を要する。投資法人では役員会が、計算書類の承認権限を有する（投信法一三一条二項）。決算期後、可能な限り速やかな金銭分配を保障する趣旨である。(2)

投資主総会は、原則として、執行役員が招集する（投信法九〇条一項）。監督役員は、会議の目的とする事項および招集の理由を記載した書面を執行役員に提出して、投資主総会の招集を請求できる（投信法九〇条二項）。発行済投資口の一〇〇分の三以上の口数の投資口を六か月前から引き続き有する投資主は、投資主総会の招集を請求でき、内閣総理大臣の許可を得て自ら招集することができる（投信法九〇条三項、投信令七八条、会社法二九七条一項・四項）。

投資主総会を招集するには、会日から二か月前に会日を公告し、会日から二週間前に各投資主に対して書面で通知を発する必要がある（投信法九一条一項）。書面に代えて、電磁的方法による招集通知が認められる（投信法九一条二項）。招集通知には、会議の目的とする事項を記載し、または記録し、議決権の行使について参考となるべき事項を記載した書類を交付または電磁的方法により提供しなければならない（投信法九一条三項・四項）。投資主総会に出席しない投資主は、書面によって議決権を行使することができる（投信法九二条一項）。執行役員は、投資主総会に出席しない投資主が電磁的方法により議決権を行使することができる旨を定めることができる（投信法九二条の二）。かかる定めを行った投資法人は、投資主総会の招集通知に際して、電磁的方法による議決権の行使について参考となるべき事項を記載した書類を交付または電磁的方法により提供しなければならない（投信法九一条五項）。

投資主総会について特徴として指摘されるべき点は、みなし賛成の制度が法定されていることである（投信法九三条）。みなし賛成制度は、投資主総会に出席せず、かつ、議決権行使もしなかった投資主については、議案に賛成したものとみなす旨を規約に定めることができるという制度である。投資法人では、投資者が分散するために投資主総会を開催しにくいという危惧に応えたものである。もっとも、投資法人のガバナンスにおける投資主総会の地位は、このみなし賛成制度により、いわば形骸化が容認されている結果、その形式的な権限にかかわらず、相対的な地位は低い。(3)

なお、投資法人においては、会計監査人監査が強制されている。その選任は投資主総会により行われる（投信法九六条）。

（1）重要な業務の決定に関するもので投資法人に特有の決議事項として、運用会社への委託契約の承認がある。もっとも、創立後最初の委託契約は、原始規約の法定記載事項であり（投信法六七条一項一四号）、したがって投資主総会の決議を要しない（投信法一九八条二項）。

（2）前田雅弘「証券投資法人」金融システム改革と証券取引制度二四七頁（平成一二年）。執行役員および監督役員の報酬についても、規約で具体的な額を定めるか、それとも規約においては支払いの基準を定めるにとどめ、その基準に従って役員会が具体的な金額を定める（投信法六七条一項一二号・一〇九条四項）。投資主総会の報酬決定権限は原則として否定されている。

（3）投資法人における投資主総会の相対的な地位の低さは、行政機関による監督によってある程度補われている。すなわち、投資法人・運用会社・資産保管会社はともに所定の帳簿書類を作成・保存することが義務づけられている（投信法二一一条）。また、投資法人は、営業期間ごとに営業報告書を作成し、内閣総理大臣に対して提出しなければならない（投信法二一二条）。しかも内閣総理大臣には投資法人等に対する立入検査権限および業務改善命令権限が付与されている（投信法二一三条・二一四条）。

2　執行役員

執行役員は、投資法人の業務を執行し、かつ、投資法人を代表する権限を有する（投信法一〇九条一項）。任期は二年を超えることができない（投信法九九条）執行役員の最低員数は法定されておらず、したがって一名でも適法である。兼任規制も存在しない。[1] もっとも、執行役員については欠格事由が法定されている。①法人、②成年被後見人もしくは被保佐人、③破産手続開始の決定を受けて復権を得ない者、④禁錮以上の刑または投資信託法もしくは金融商品取引法等の規定により罰金の刑に処せられ、その執行を終わった後または執行を受けることがないこととなった日から五年を経過するまでの者は執行役員に就任することができない（投信法九八条）。

執行役員は、①投資主総会の招集、②一般事務の委託、③投資法人債の管理にかかる事務の委託、④合併のための投資口の払戻しの停止、⑤合併契約の締結、⑥資産運用または保管にかかる委託契約の締結または保管にかかる費用の支払い、⑦資産運用報酬、資産保管手数料の支払い、⑧資産運用会社との委託契約の解約その他重要な職務を執行しようとするときは、役員会の承認を得なければならない（投信法一〇九条二項）。執行役員は、三か月に一回以上、業務の執行の状況を役員会に報告しなければならない（投信法一〇九条三項）。

執行役員の報酬は、規約にその額を定めない限り、規約に定められた基準に従って役員会がその額を決定する（投信法一〇九条四項）。執行役員については、会社法の取締役の規定が準用されているものがある（投信法一〇九条五項、投信令八二条）。

執行役員は、その任務を怠ったときは、投資法人に対し、これによって生じた損害を賠償する責任を負う（投信法一一五条の六第一項）。かかる投資法人に対する責任について、総投資主の同意による免除（投信法一一五条の六第二項）、投資主総会の特別決議による事後的免除（投信法一一五条の六第三項～六項）、規約の規定にもとづく役員会決議による事後的免除（投信法一一五条の六第七項）の方法が定められている。

投資主は右の責任を追及するために代表訴訟を提起することができる（投信法一一六条、会社法第七編第二章第二節）。さらに、執行役員が職務執行につき悪意または重過失があった場合等について、第三者に対する責任が法定されている（投信法一一五条の七）。

（1）　設立企画人の関係者あるいは運用会社の関係者が執行役員になると予想されていた。証券取引法研究会「金融システム改革法について(2)」インベストメント五一巻五号八八頁（黒沼）・九八頁（森本）・九九頁（龍田）。法人が執行役員になることも可能と解する説もあった。証券取引法研究会・右掲九九頁（森本）。もっとも、投資信託法一六六条二項九号は、投資法人の設立登記の記載事項として、執行役員の氏名および住所を定める。この規定振りからは、執行役員は自然人に限定されると考えられる。なお、設立企画人および運用会社との利害関係の有無および利害関係の内容を、設立の際の投資口申込書の記載内容とすることにより、利益相反の危険性は投資主になろうとする者の判断に委ねられている（投信法七一条一項六号・一〇号、投信規則一一一条）。

3　監督役員

監督役員は、執行役員の職務の執行を監督する（投信法一一一条一項）。監督役員は、執行役員、一般事務受託者、運用会社および資産保管会社に対して報告の徴求・調査権限を有する（投信法一一一条二項）。任期は四年となる（投信法一〇一条一項）監督役員の欠格事由はつぎのように法定されている（投信法一〇〇条）。①執行役員と同じ欠格事由（投信法九八条に規定）、②当該投資法人の設立企画人、③当該投資法人の設立企画人が法人の場合、当該法人の役員、使用人もしくは子会社（当該法人が総株主の議決権の過半数を保有する場合における当該議決権を保有されている株式会社）の役員もしくは使用人またはこれらの者のうち一もしくは二以上であったもの、④当該投資法人の執行役員、⑤当該投資法人の発行する投資口の募集の委託を受けた金融商品取引業者等の役員もしくは使用人、子会社の役員もしくは使用人、個人である金融商品仲介業者またはこれらの者のうちの一もしくは二以上であったもの、⑥その他当該投資法人の設立企画人または執行役員と利害関係を有することその他の事情により監督役員の職務の遂行に支障をきたすおそれがある者として内閣府令で定めるもの(1)は監督役員になれない。

監督役員の報酬は、規約にその額を定めていないときは、規約に定めた基準に従って役員会がその額を決定する（投信法一一一条三項・一〇九条四項）。このほか、監督役員の責任について、執行役員と同様のものが法定されている（投信法一一五条の六・一一五条の七）。

（1）①当該投資法人の設立企画人または執行役員であった者、②当該投資法人の設立企画人もしくは執行役員またはこれらであった者の親族、③当該投資法人の設立企画人等（設立企画人および設立企画人たる法人の役員または過去二年以内に役員であった者）および執行役員が総株主等の議決権の一〇〇分の五〇を超える議決権を保有している法人の役員もしくは使用人またはこれらの者のうちの一もしくは二以上であったもの、④当該投資法人の設立企画人等または執行役員から継続的に報酬を受けている者、⑤当該投資法人の設立企画人たる法人の役員または過去二年以内に役員であった者および執行役員から無償または通常の取引価格より低い対価による事務所または資金の提供その他の特別の経済的利益の供与を受けている者、⑥当該投資法人の設立企画人たる法人の役員または過去二年以内に役員であった者および執行役員が、その取締役、執行役もしくはその代表権を有する取締役もしくは執行役の過半数を占めている法人の役員もしくは使用人またはこれらの者のうちの一もしくは二以上であったもの、⑦当該投資法人の執行役員が、その役員でありもしくは過去二年以内に役員であった法人もしくはその子会社の役員もしくは使用人またはこれらの者のうちの一もしくは二以上であったもの、⑧当該投資法人の発行する投資法人債の募集の委託を受けた登録金融機関もしくは一般事務受託者たる投資信託委託業者の役員、使用人もしくは子会社の役員もしくは使用人またはこれらの者のうちの一もしくは二以上であったもの、⑨③から⑧のいずれかに該当する者の配偶者が挙げられている（投信規則一六四条）。

4　役員会

投資法人には、すべての執行役員および監督役員で構成する役員会が置かれる（投信法一一二条）。役員会は、投信法および規約に定める権限を行うほか、執行役員の職務を監督する（投信法一一四条一項）。役員会は、執行役員が、①職務上の義務に違反し、または職務を怠ったとき、②執行役員たるにふさわしくない非行があったとき、③心身の故障のため、職務の執行に支障があり、またはこれに堪えないときには、解任することができる（投信法一一四条二項）。監督役員の員数は、執行役員の員数に一を加えた数以上でなければならないものとされる（投信法九五条二号）。したがって、役員会では監督役員が常に多数を占めることになる。

解任の結果、執行役員が欠けるときは、監督役員が投資主総会を招集し、監督役員の全員一致で執行役員の選任議案を提出すべきことが規定されている（投信法一一四条三項～七項）。

ところで、投資法人の執行役員が、株式会社の代表取締役、監督役員が監査役、役員会が取締役会に相当すると解する立場がある(1)。これに対しては、監督役員は役員会の構成メンバーとして意思決定に関与すること、執行役員の行為の妥当性についても監督権限が及ぶと解されることを根拠に、監督役員は株式会社における社外取締役に近いと解する見解も有力である(2)。ただし、投資法人は資産運用業務以外の行為を営業として行うことは禁じられている（投信法六三条一項）。しかも投資運用にかかる業務についてはこれを外部委託することが強制されている（投信法一九八条一項・二〇八条一項）(3)。この点でいえば、執行役員の経営能力は株式会社における取締役のそれと比較してそれほど重要視はされてはいないともいえる。もっとも、投資法人の運用成果が向上するためには、運用会社に対する継続的監督および監督の結果としての解約（投信法二〇六条二項）が機動的に行われることが必要である。したがって、執行役員の責務は決して軽視されるものではない。(4)

(1)　西村善嗣「資産運用業の今後の課題―改正投信法と改正顧問業法の解説」資本市場一五六号一四頁。
(2)　証券取引法研究会「金融システム改革法について(2)」インベストメント五一巻五号九九頁（河本）。神作裕之「会社型投資信託の導入―証券投資法人制度」資本市場一六五号四六頁。前田雅弘「証券投資法人」金融システム改革と証券取引制度二四五頁（平成一二年）。ただし、神作論文は、役員会による執行役員の監督は、執行役員の選解任権限が原則として投資主総会にあることを根拠に、違法性の監督に限定されると解している。
(3)　投信法六三条一項にいう資産の運用は、投資証券の募集、資産の運用、資産の保管、運用成果の分配を含んでいる。証券取引法研究会・前掲注（2）八八～八九頁（黒沼）。
(4)　証券取引法研究会・前掲注（2）一〇二頁（神崎）（森本）（龍田）。

5　会計監査人(1)

会計監査人も投資主総会において選任される（投信法九六条一項）。会計監査人は、公認会計士または監査法人でなければならない（投信法一〇二条一項）。投資法人の会計監査人の任期は、就任後一年経過後に最初に迎える決算期後に開催される最初の投資主総会の終結時までとなる（投信法一〇三条一項）。会計監査人は投資主総会において別段の決議がなされなかったときは、その投資主総会で再任されたものとみなされる（投信法一〇三条二項）。

①公認会計士法により、投資信託法一一五条の二第一項各号に掲げる書類について監査することができない者、②投資法人の子会社もしくはその執行役員もしくは監査役員から公認会計士もしくは監査法人の業務以外の業務により継続的な報酬を得ている者またはその配偶者、③投資法人の一般事務受託者、資産運用を行う投資信託委託業者もしくは資産保管会社もしくはこれらの取締役、会計参与、監査役もしくは執行役から公認会計士もしくは監査法人の業務以外の業務により継続的な報酬を受けている者またはその配偶者、④監査法人でその社員の半数以上が②③に掲げ

る者であるものについては、当該投資法人の会計監査人となれない（投信法一〇二条三項）。

会計監査人はいつでも投資主総会の決議で解任される（投信法一〇四条一項）。解任決議は、発行済投資口の過半数の投資口を有する投資主が出席し、出席した当該投資主の議決権の過半数をもって行う（投信法一〇六条）。役員会または清算人会は、会計監査人が、①職務上の義務に違反しまたは職務を怠ったとき、②会計監査人としてふさわしくない非行があったとき、③心身の故障のため、職務の執行に支障があり、またはこれに堪えないとき、その会計監査人を解任することができる（投信法一〇五条一項）。この解任は、役員会または清算人会の構成員の全員の同意によって行わなければならない（投信法一〇五条二項）。

会計監査人は、投資法人の計算書類、資産運用報告書および金銭分配にかかる計算書ならびにこれらの付属明細書、清算投資法人の財務目録書および決算報告書を監査し、会計監査報告を作成しなければならない（投信法一一五条の二第一項）。会計監査人は執行役員や清算執行人の職務の執行に関して不正の行為または法令もしくは規約に違反する重大な事実があることを発見したときは、遅滞なく、これを監督役員または清算監督人に報告しなければならない（投信法一一五条の三第一項）。監督役員および清算監督人は、その職務を行うため必要があるときは、会計監査人に対して、その監査に関する報告を求めることができる（投信法一一五条の三第二項）。

会計監督人の報酬は、規約にその額を定めていないときは、規約に記載された基準にもとづき、役員会または清算人会がその額を決定する（投信法一一五条の五第一項）。会計監査人についても、執行役員、監督役員と同様に、任務懈怠による投資法人への損害賠償責任（投信法一一五条の六）、第三者に対する損害賠償責任が定められている（投信法一一五条の七）。

（1）平成一七年の改正前までは、投資法人の機関は、投資主総会、執行役員、監督役員および役員会であった。同年の改正で、会計監査人も投資法人の機関と位置づけられ、その規定は、「第四節　機関」のなかの「第七款　会計監査人」として定められることとなった。

三　投資法人の業務

1　業務範囲の制限

投資法人は資産の運用以外の行為を営業として行うことができない（投信法六三条一項）。投資法人は、規約に定める資産運用の対象および方針に従い、特定資産について、①有価証券の取得または譲渡、②有価証券の貸借、③不動産の取得または譲渡、④不動産の貸借、⑤不動産の管理の委託、⑥宅地の造成または建物の建築を自ら行うことにかかる取引、⑦商品の生産、製造、加工その他これらに類する行為を自ら行うことにかかる取引以外の特定資産にかかる取引を行うことができる（投信法一九三条一項、投信令一一六条）。このほか、規約に定める資産運用の対象および方針に従い、特定資産以外の資産についてその取得または譲渡その他の取引を行うことができる（投信法一九三条二項）。

投資法人は、同一の法人の総議決権数の二分の一を超えることとなる株式を取得できない（投信法一九四条、投信規則二二一条）。このような株式の取得の禁止は、同一発行者の株式への集中投資による危険の回避を趣旨とするものではない。むしろ、投資信託委託会社が同一発行者の株式を一定割合を超えて取得する指図をすることにより株式の市場価格を不当に支配しうることを排除することを目的とする。委託者指図型投資信託の場合、投資信託委託会社が、同一法人の総議決権数の二分の一を超えることとなる株式保有の指図を行うことを禁止される（投信法九条、投信規則二〇条）。投資法人は、ファンド自体が意思決定ができる主体であるため、投資法人自体に対して他の法人を支配する形での株式保有を禁止している。

投資法人の執行役員、監督役員、投資法人の資産の運用を行う投資信託委託会社と投資法人との間で取引がなされると、投資法人の利益が害される危険性が高い。そこで、かかる取引は禁止される（投信法一九五条一号・二号）。執行役員、監督役員ならびにそれらの者の親族、投資信託委託会社の取締役・監査役、使用人と投資法人との間の取引も禁止される（投信法一九五条三号、投信令一一八条）(1)。

（1）　投資信託法施行令一一七条は、投資法人の投資主の保護に欠けるおそれが少ないものと認められる行為を列挙している。

２　資産の運用業務

投資法人は、資産運用会社に資産の運用にかかる業務を委託しなければならない（投信法一九八条一項）。投資法人の執行役員は、その投資法人が発行する投資証券等にかかる事務を行うことが明文で禁止される（投信法一九六条一項）。さらに、監督役員は投資法人の運営の監督を行う職責を有することから、監督役員との一定の関係を有する金融商品取引業者に対して資産の運用を委託することが禁止される（投信法二〇〇条）(1)。

投資法人は、投資主総会の決議を経なければ、資産運用会社と締結した資産の運用にかかる委託契約を解約することができない（投信法二〇六条一項）。もっとも、①資産運用会社が職務上の義務に違反し、または職務を怠ったとき、②資産の運用にかかる業務を引き続き委託することに堪えない重大な事由があるときは、投資主総会の決議を経ることなく、役員会の決議で解約することができる（投信法二〇六条二項）。投資法人は、資産運用会社が、①金融商品取引業者でなくなったとき、②監督役員との関係により資産運用委託契約の締結が禁止される金融商品取引業者に該当することとなったとき、③解散したとき、のいずれかに該当するときは、資産運用委託契約を解約しなければならない（投信法二〇七条一項）。投資法人の資産にかかる業務の全部または一部を行う投資運用会社が欠けることとなるときは、執行役員は、その業務を承継すべき資産運用会社を定めて、業務の委託をしなければならない（投信法二〇七条二項）。この場合、遅滞なく投資主総会の承認を求めなければならない（投信法二〇七条三項）。

資産運用会社は、投資法人の委託を受けてその資産の運用を行う場合、当該投資法人から委託を受けた資産の運用にかかる権限の全部を他の者に、再委託してはならない（投信法二〇二条一項）。投資法人の場合、資産運用会社は資産運用のみを行う。そのため、その権限の全部の再委託を認める必要性に乏しい(2)。資産運用会社は、金融商品取引業者でなければならない(3)。資産運用業を行う金融商品取引業者は、投資法人のため、忠実に当該投資法人の資産の運用にかかる業務を遂行しなければならない（金商法四二条一項一号）。投資運用業を行う金融商品取引業者は、投資法人に対し、善良なる管理者の注意をもって、当該投資法人の資産の運用にかかる業務を遂行しなければならない（金商法四二条一項二号）。

投資法人は投資者の集団であり、資産運用の専門家である資産運用会社にその資産の運用を委託する。したがって、委託者指図型投資信託において、投資信託委託会社が信託会社等に指図を行う場合と異なり、資産運用会社の行為について投資法人を保護するための特別の規制を要する。この関係は、投資者と金融商品取引業者との関係に類似するものといえる。そこで、資産運用会社の業務について、一定の行為規制を及ぼす必要がある。これらについては、現行法では、金融商品取引法における金融商品取引業者の規制が適用される(4)。

資産運用会社、資産運用会社から資産運用権限の再委託を受けた者が、その任務を怠り、投資法人に損害を与えた場合、当該投資法人に対して連帯して損害賠償の責任を負う（投信法二〇四条一項）。投資主は、かかる責任追及のために代表訴訟を提起できる（投信法二〇四条三項、会社法八四七条）。会社法上の第三者に対する責任も適用される（投信法二〇四条三項、会社法四二九条一項）。

（1）以下の者との取引が禁止される（投信法二〇〇条、投信規則二四四条）。

①　投資法人の監督役員を、その役員もしくは使用人または子会社の役員もしくは使用人としているか、またはその役員等としたことがある金融商品取引業者

②　当該投資法人の監督役員に対して継続的な報酬を与えている金融商品取引業者

③　当該投資法人の監督役員の親族をその役員もしくは使用人または子会社の役員もしくは使用人としている金融商品取引業者

④　当該投資法人の監督役員に無償または通常の取引価格より低い対価による事務所または資金の提供その他の特別の経済的利益を供与している金融商品取引業者

（2）　乙部辰良・詳解投資信託法一九八頁（平成一三年）、証券取引法研究会「金融システム改革法について(3)」インベストメント五一巻六号四五頁（黒沼）。

（3）　投資法人が投資の対象とする資産に不動産が含まれている場合、宅地建物取引業法の免許を受けた金融商品取引業者である必要があり、投資法人が主として不動産に対する投資として運用することを目的とする場合は、同法の認可を受けた金融商品取引業者である必要がある。

（4）　平成一八年の改正前まで、投資信託法において行為規制が定められていた。たとえば、投資信託委託業者（資産運用会社）は、投資法人の資産の運用にかかる業務に関して、①資産運用委託契約の締結または解約に関し、偽計を用い、または暴行もしくは脅迫すること、②資産運用委託契約を締結するに際し、投資法人に対して、損失の全部または一部を負担することを約すること、③資産運用委託契約を締結するに際し、投資法人に対して、特別の利益を提供することを約すること、④投資法人の資産の運用としての取引により生じた当該投資法人の損失の全部もしくは一部を補てんし、または資産の運用としての取引により生じた投資法人の利益に追加するため、当該投資法人または第三者に対して、財産上の利益を提供し、または第三者をして提供させることが禁止されていた（平成一八年改正前投信法三四条の三第一項一号～四号）。平成一八年の法改正で、これらの規定は廃止された。資産運用会社の行為規制は、金融商品取引法における金融商品取引業者の規制として定められている。なお、金融商品取引法では、金融商品取引業者一般に適用される行為規制のほか、投資運用業を行う金融商品取引業者に適用される行為規制を定めている（金商法四二条以下）。

3　資産の保管業務

投資法人は、資産の保管に関する業務を資産保管会社に委託しなければならない（投信法二〇八条一項）。資産保管会社は、①信託会社等、②金融商品取引業者（有価証券等管理業務を行う者に限る）、③投資法人の資産の保管にかかる業務の委託先として適当なものとして内閣府令で定める法人のいずれかでなければならない（投信法二〇八条二項）。③により、不動産、不動産の賃借権・地上権、金銭債権、これらの資産に対する投資運用を目的とする匿名組合の出資持分については、信託会社等に加えて、投資法人の利害関係人等以外の者で、資産の保管にかかる業務を適正に遂行するに足りる一定の財産的基礎および人的構成を有する法人が資産管理会社となることが認められる（投信規則二五二条一項）(1)。

資産保管会社は、投資法人のために忠実にその業務を遂行しなければならない（投信法二〇九条一項）。また、資産保管会社は、投資法人に対して、善良なる管理者の注意義務をもってその業務を遂行しなければならない（投信法二〇九条二項）。

資産運用会社は、投資法人の資産を、確実に、かつ、整然と保管する方法により、自己の固有財産と分別して保管しなければならない（投信法二〇九条の二）。資産が混蔵保管される場合、投資法人資産の保管場所について固有資産の保管場所と明確に区分し、かつ、当該投資法人資産にかかる各投資法人の持分その他の権利が自己の帳簿により直ちに判別できる状態で保管する方法によらなければならない（投信規則二五三条一項三号）。資産管理会社が資産を第三者に保管させる場合、当該第三者における資産保管会社の顧客である投資法人のための口座について自己の取引のための口座と区分する等の方法により、投資法人資産にかかる持分その他の権利が直ちに判別でき、かつ、当該投資法人資産に係る各投資法人の持分その他の権利が自己の帳簿により直ちに判別できる状態で保管させる方法によることを要する（投信規則二五三条一項四号）。

その他の資産については、自己の固有財産である資産その他の投資法人資産以外の資産の保管場所と明確に区分し、かつ、当該投資法人資産についてどの投資法人の資産であるかが直ちに判別できる状態で保管する方法で保管しなければならない（投信規則二五三条一項一号）。資産保管会社が第三者に保管させる場合、当該第三者において、投資法人資産の保管場所について固有資産の保管場所と明確に区分させ、かつ、当該投資法人資産についてどの投資法人の資産であるかが直ちに判別できる状態で保管させる方法によることを要する（投信規則二五三条一項二号）。

資産保管会社がその任務を怠ったことにより投資法人に損害を与えたときは、その資産保管会社は、当該投資法人に対して連帯して損害賠償の責任を負う（投信法二二〇条一項）。この場合、執行役員、監督役員、一般事務受託者、会計監査人またはその資産運用会社もその責任があるときは、連帯して責任を負う（投信法二二〇条二項）。

なお、投資法人は、その資産の運用および保管にかかる業務以外の業務にかかる事務でつぎに掲げるものについては、他の者に委託して行わせなければならない（投信法一一七条）。

① 発行する投資口および投資法人債の募集に関する事務
② 投資主名簿および投資法人債原簿の作成および備置きその他の両名簿に関する事務
③ 投資証券および投資法人債券の発行に関する事務
④ 機関の運営に関する事務
⑤ 計算に関する事務
⑥ 内閣府令で定める事務(2)

投資法人からかかる事務の委託を受けた一般事務受託者は、当該投資法人のため忠実にその事務を行わなければならない（投信法一一八条一項）。さらに一般事務受託者は、当該投資法人に対し、善良な管理者の注意をもってその業務を行わなければならない（投信法一一八条二項）。一般事務受託者の資格について特別の規制はない。

一般事務受託者がその任務を怠ったことにより投資法人に損害を生じさせたときは、その一般事務受託者は、当該投資法人に対し連帯して損害賠償の責任を負う（投信法一一九条一項）。この場合、執行役員、監督役員、清算執行人、清算監督人または会計監査人もその責任を負うべきときは、その一般事務受託者、執行役員、監督役員、清算執行人、清算監督人および会計監査人は連帯債務者となる（投信法一一九条二項）。一般事務受託者の責任については、投資主による代表訴訟が提起できる（投信法一一九条三項、会社法八四七条）。

（1）　投資法人は、その資産の保管にかかる業務を委託する者（受託者）が本文で掲げた③である場合にあっては、当該業務の委託に関する契約には、当該受託者がつぎに掲げる義務を有する旨の条件を付さなければならない（投信規則二五二条二項）。

① 受託者は、当該受託した資産を、自己の固有財産と分別して保管すること
② 受託者は、投資法人の求めに応じ、当該受託した資産の保管にかかる業務の状況について説明しなければならないこと
③ 受託者は、当該受託した資産の保管にかかる業務の状況を記載した書類を主たる事務所に備え置き、投資法人の求めに応じ、これを閲覧させること
④ 受託者は、投資証券等にかかる有価証券届出書等に記載すべき当該受託した資産の保管に関する重要な事項について知った事実を、遅滞なく、投資法人に通知すること
⑤ 受託者は、投資法人の同意なく業務の再委託を行わないこと

（2） つぎの事務が規定されている（投信規則一六九条二項）。

① 投資主に対して分配または払戻しをする金銭の支払いに関する事務
② 投資証券の不発行を定めた投資法人にあっては、投資口の払戻請求の受付けおよび払戻しに関する事務
③ 投資主の権利行使に関する請求その他の投資主からの申出の受付に関する事務
④ 投資法人債権者に対する利息または償還金の支払いに関する事務
⑤ 投資法人債権者の権利行使に関する請求その他の投資法人債権者からの申出の受付けに関する事務
⑥ 会計帳簿の作成に関する事務
⑦ 納税に関する事務
⑧ その他金融庁長官が定める事務

四　投資法人の監督

投資法人は、その業務に関する帳簿書類[1]を作成し、一〇年間保存しなければならない（投信法二一一条一項、投信規則二五四条二項）。また、営業期間ごとに、営業報告書を作成し、営業期間経過後三か月以内に内閣総理大臣に提出することを要する（投信法二一二条）。

資産保管会社は、その業務に関する帳簿書類[2]を作成し、一〇年間保存しなければならない（投信法二一一条二項、投信

規則二五五条二項二項）。

内閣総理大臣は、投資信託法の施行に必要な限度において、投資法人に対して、投資法人にかかる業務に関し参考となるべき報告、資料の提出を命じることができ、さらに、当該職員に当該法人の本店に立ち入り、当該法人にかかる業務もしくは帳簿書類その他の物件を検査させ、もしくは関係者に質問させることができる（投信法二一三条二項）。同様の立入検査権は、投資法人の資産保管会社、一般事務受託者（これらの者であった者）、投資法人の執行役員（執行役員であった者）、監督役員（監督役員であった者）、および投資法人・資産保管会社等の取引先にも及ぶ（投信法二一三条三項～五項）。

内閣総理大臣は、投資法人また当該投資法人の資産運用会社、当該資産運用会社から再委託を受けた者、資産保管会社もしくは一般事務受託者の業務の状況に照らして、投資法人の業務の健全かつ適切な運営を確保し、投資主の保護をはかるため必要があると認めるときは、当該投資法人に対し、その必要な限度において、①業務の方法の変更、②資産の運用を行う資産運用会社の変更、③その他業務の運営の改善に必要な措置をとるべきことを命ずることができる（投信法二一四条一項）。かかる処分を行うには、聴聞を行う必要がある（投信法二一四条二項）。また、内閣総理大臣は、処分を行った場合には、遅滞なく、その旨およびその理由を書面により処分を受ける投資法人に通知することを要する（投信法二一四条三項）。

投資法人は、その純資産の額が基準純資産額を下回るおそれがあるときは、速やかに、臨時報告書を作成し、これを内閣総理大臣に提出しなければならない（投信法二一五条一項）。内閣総理大臣は、投資法人の純資産の額が最低純資産額を下回ったときは、当該投資法人に対して、一定の期間内にその純資産の額が当該最低純資産額以上に回復しない場合には登録を取り消す旨の通告を発しなければならない（投信法二一五条二項）。この期間は、三か月を下回ることができない（投信法二一五条三項）。

内閣総理大臣は、投資法人が、①投資法人の登録拒否事由（投信法一九〇条一項一号または三号から六号までのいずれか）

に該当することとなったとき、②不正の手段により投資法人の登録を受けたとき、③投資信託法、同法にもとづく命令またはこれらにもとづく処分に違反したとき、投資法人の登録を取り消すことができる（投信法二一六条一項）。内閣総理大臣は、右の純資産額に関する通告を発したにもかかわらず、三か月内にその純資産の額が最低純資産額以上に回復しない場合には、当該投資法人の登録を取り消さなければならない（投信法二一六条二項）。

内閣総理大臣は、登録取消しの処分、純資産額が最低純資産額を下回った際の通告を行ったときは、その旨を公告する（投信法二一八条）。公告は官報による（投信規則二五八条）。

裁判所は、投資証券等の募集の取扱い等につきつぎのいずれかに該当すると認めるときは、内閣総理大臣の申立てにより、その行為を現に行い、または行おうとする者に対し、その行為の禁止または停止を命ずることができる（投信法二一九条）。

① 当該行為者がこの法律もしくはこの法律にもとづく命令またはこれらにもとづく処分に違反している場合において、投資者の損害の拡大を防止する緊急の必要があるとき

② 当該投資証券等を発行する投資法人の資産の運用が著しく適正を欠き、かつ、現に投資者の利益が著しく害されており、または害されることが明白である場合において、投資者の損害の拡大を防止する緊急の必要があるとき

なお、投資者の保護をはかるとともに、投資信託および投資法人の健全な発展に資することを目的として投資信託協会が設立されている。投資信託協会は、投資信託委託会社等を会員とする自主規制機関で、金融商品取引法上の認定金融商品取引業協会である（金商法七八条）。平成一八年の改正前までは、投資信託協会は、投資信託法にもとづく民法上の法人であった（平成一八年改正前投信法五〇条）。金融商品取引法において、認定金融商品取引業協会（当初は、公益法人金融商品取引業協会）が創設され、投資信託協会は、金融商品取引法上の自主規制機関となった。(3)

（1）　内閣府令では、以下の書類を規定している（投信規則二五四条一項）。①総勘定元帳、②現金出納帳、③分配利益明細簿、④投資証券台帳、⑤投資証券不発行管理簿、⑥投資証券発行金額帳、⑦投資証券払戻金額帳、⑧未払分配利益明細簿、⑨未払払戻金明細簿、⑩未払報酬明細簿、⑪投資法人債券台帳、⑫特定資産の価格等の調査結果等に関する書類。

（2）　内閣府令では、以下の書類を規定している（投信規則二五五条一項）。①有価証券保管明細簿、②不動産保管明細簿、③その他資産保管明細簿。

（3）　認定金融商品取引業協会については、本書一一四四頁参照。

第四章

金融商品取引所と金融商品取引業協会の規制

第一節　金融商品取引所の規制

第一款　金融商品市場の開設の免許

一　金融商品取引所の意義

1　金融商品取引所の意義

金融商品取引所は、有価証券の売買またはデリバティブ取引のための金融商品市場を開設するものとして、金融商品取引においてきわめて重要な意義を有する。(1)組織的な金融商品市場を通じて行われる売買は、そこで取引する適格を認められた上場金融商品についての需要と供給を集中して競売買の方法で行われるものであって、(2)継続性と厚みを伴った市場におけるものとして、そこで形成される価格は公正さと投資者の保護の点で最も重要なものである。また、そのことのゆえに、多くの投資者によって利用されるものであり、金融商品市場を通じての資金配分に大きく影響を及ぼすものといえる。(3)したがって、公正な金融商品市場を維持し、投資者の保護をはかるために、金融商品市場およびそれを開設する金融商品取引所について適切な規制をし、監督することの重要性は、きわめて大きい。(4)

金融商品取引所は、金融商品取引法八〇条一項の規定により内閣総理大臣の免許を受けて金融商品市場を開設する金融商品会員制法人または株式会社である（金商法二条一六項）。(5)金融商品市場を開設する母体となる組織としては金融商品会員制法人と株式会社の二種類が併存する。これらのうち、取引所金融商品市場を開設する金融商品会員制法人を会員金融商品取引所といい、取引所金融商品市場を開設する株式会社を株式会社金融商品取引所という（金商法八七条の六第一項・二項参照）(6)。

金融商品取引所が有価証券の売買等のために開設する市場を取引所金融商品市場という（金商法二条一七項）。金融商品取引所は、金融商品市場を開設し、そこでの売買等を管理する。

金融商品取引所は、取引所金融商品市場の開設者であって、その開設する金融商品市場とは別のものである。それは、また、金融商品市場における売買等のための建物、土地等の施設とも異なる(7)。

なお、平成一五年の改正により、外国金融商品取引所の規定が新設された。これは、金融商品取引業者または登録金融機関が、その使用にかかる入出力装置と海外の金融商品取引所の使用する電子情報処理組織とを接続することにより、外国金融商品市場における有価証券の売買または外国市場デリバティブ取引を行うことを許容するものである（金商法一五五条一項）。この場合、外国金融商品市場の開設者は、金融商品取引法上の金融商品取引業者の登録または取引所金融商品市場の開設免許を受ける必要はないが、代わって内閣総理大臣の認可を受けなければならない。

さらに、平成二〇年の改正により、特定取引所金融商品市場の規定が新設された。これは、一般投資家等買付けをすることが禁止されている取引所金融商品市場である（金商法二条三二項）。従来は取引所金融商品市場は、一般投資家の投資の場であることを暗黙の前提としていた。しかし、特定取引所金融商品市場は、いわゆるプロ投資家のみが投資をする市場として創設された。特定取引所金融商品市場のみに上場されている有価証券を特定上場有価証券という（金商法二条三三項）。

金融商品取引所は、取引所金融商品市場の開設およびこれに附帯する業務のほか、他の業務を行うことができない（金商法八七条の二第一項本文）。取引所市場の運営という公益性の高い業務を行うことから、当該業務への専業義務が課せられている。ただし、内閣総理大臣の認可を受けた場合には、算定割当量にかかる取引を行う市場の開設の業務、商品先物取引をするために必要な市場の開設の業務（株式会社金融商品取引所に限る）を行うことができる（金商法八七条の二第一項ただし書）。前者は平成二〇年の改正、後者は平成二一年の改正で規定された。

（1）　金融商品市場のうち有価証券市場は、資金需要者による資金調達の場であるとともに、資金提供者による余剰資金の運用の場としても国民経済上重要な地位を占めている。また、金融商品市場のうち市場デリバティブ取引を行う市場は、投資者の余剰資金の運用の場として国民経済上重要な地位を占めている。投資者保護と並んで国民経済の発展を規制目的の一つに掲げる金融商品取引法（金商法一条参照）は、資本市場の機能の十全な発揮による金融商品等の公正な価格形成等を期待して、金融商品市場の開設者に対する特別の規制をおいている。なお、国内の金融商品市場を広義に分類すれば、①金融商品取引所が開設する取引所金融商品市場、②認可金融商品取引業協会が開設する店頭売買有価証券市場、③認可金融商品取引業協会が金融商品取引業者による投資勧誘を規制するに足りるとしてその規則において定める要件を満たす銘柄を扱う制度（グリーンシート）、④金融商品取引業者との相対市場である店頭市場（狭義の店頭市場）、⑤現行法上金融商品取引業務に分類されているＡＴＳ（ＰＴＳ）市場に分けられる。もっとも、その重要性からみて、金融商品取引法は、取引所金融商品市場および店頭売買有価証券市場に特に大きな関心を示し、そのため両市場の開設者である金融商品取引所および認可金融商品取引業協会に対して特別の行政監督を及ぼしている。また、金融商品取引所や金融商品取引業協会は、行政を後ろ盾として金融商品市場および金融商品取引業者に対する自主規制機関として位置づけられ、その意味でも重要な役割を担っている。このような重要な機能や役割にかんがみ、金融商品取引所および金融商品取引業協会は、金融商品取引法において特別の規制の対象となる。

なお、わが国で唯一の店頭売買有価証券市場であったジャスダック市場が内閣総理大臣の免許を得て平成一六年一二月一三日をもって取引所金融商品市場になった（その後、平成二二年一〇月一日、ジャスダック市場は、大阪証券取引所のヘラクレス市場と統合された）。そのため、実態としては、現在、わが国の店頭売買有価証券市場の意義は大きくない。もっとも、法制度上、店頭売買有価証券市場についての規制は残っている。これについては、金融審議会金融分科会第一部会報告「市場機能を中核とする金融システムに向けて」（平成一五年一二月二四日）は、「店頭市場は、その後ジャスダックと呼ばれて認知度が高まり、新興企業の資金調達の場として普及したが、元来、証券会社の店頭での相対取引が発展したものであるため機能面の制約があり、かつ、取引所と重複上場できないため、有力企業にとっては取引所上場までの経過的市場となっている。こうした状況を打開すべく、ジャスダックが自身の取引所化を指向しているのは、既存取引所と重複上場しながら市場間競争を促進していくものとして評価できる。」「制度としての店頭市場は、ジャスダックが取引所化すれば不要になるが、グリーンシートその他の自然発生的相対取引についての一定のルールを備えた受け皿になり得るため、当面存置しておいて差し支えないものと考えられる。」と述べている。

(2) もっとも、平成一六年の改正により上場株券等の売買注文を原則的に取引所金融商品市場につなぐことを強制していた証券取引法三七条、および、取引所金融商品市場における売買の委託を受けた会員等に対して呑み行為を禁止していた同法一二九条がそれぞれ削除された。その意味で、上場銘柄が取引所金融商品市場において集中的に売買されるべきだとする考え方は後退したものといえる。

(3) わが国経済は、第二次世界大戦後のキャッチ・アップの段階を終え、成熟化の度合いを増している。このような経済環境の変化に伴い、金融システムにおいても、価格メカニズムが機能する市場を通じた資金仲介（市場金融モデル）の一層の活用が必要とされる。市場金融モデルの中核的インフラとして有価証券市場は重要な役割を発揮しなければならないが、市場開設者は、発行体企業、市場仲介者と並んで、有価証券市場の担い手としてその信認を高める必要がある。金融審議会答申「中期的に展望した我が国金融システムの将来ビジョン」（平成一四年九月三〇日）は、「価格メカニズムが機能する市場を通ずる資金仲介……においては、市場参加者が各々のリスク・リターンの選好を持って市場に参加し、価格メカニズムを通じて、資金供給と調達のニーズが結び付けられる。市場金融モデルは、多数の市場参加者によってそれぞれの情報をもとにチェックが行われる。経済がキャッチ・アップの段階を終了し、どのようなプロジェクトや企業が資金供給に値するのかあらかじめ判然とせず、人々によって判断が異なるという状況になれば、この面での判断がより重要になることから、市場金融モデルがより一層活用される必要がある。」と述べている。

(4) 金融商品市場における売買は、同時に、それが匿名的であるとともにその売買高および売買価格が公表されてそれらがその後の投資者の投資判断に影響を及ぼすことから、相場操縦あるいは有価証券の買占め等の不公正な目的をもって行われる危険を有している。また、金融審議会第一部会報告「証券市場の改革促進」（平成一四年一二月一六日）は、「我が国の取引所が、グローバルな市場間競争に適切に対応し、積極的な海外展開を行うことに必要となる法的な枠組みを整備していくことが必要である。その際、取引所が市場のインフラとしての高い公共性を有するものであることから、公正性・中立性・信頼性の確保、投資家保護、不公正取引の防止等に配意した制度とする必要がある。」と述べている。

(5) 金融商品取引法八〇条一項が定める金融商品市場の開設規制については、次の二つの重要な例外がある。第一に、認可金融商品取引業協会が開設する店頭売買有価証券市場については、内閣総理大臣による金融商品市場開設の免許は必要ではない（金商法八〇条一項）。認可金融商品取引業協会が店頭売買有価証券市場を開設しようとするときは、所定の監督規制に服しているからと考えられる。堀口亘・最新証券取引法〔新訂第四版〕五一四頁（平成一五年）。第二に、金融商品取引業者もしくは金融商品仲介業者または登録金融機関が、金融商品取引法の定めるところに従って有価証券の売買もしくは市場デリバティブ取引またはこれらの取引の媒介等を行う場合、免許は要求されない（金商法八〇条二項）。これは、いわゆるPTSとよばれる私設取引システムを念頭に置いた例外規定である。この例外については、金融商品取引業者等が所定の監督規制に服していることが考慮されたとされている。堀口・右掲五一五頁。

（6）金融審議会第一部会「証券取引所の組織形態の在り方等に関するワーキンググループ報告書」（平成一二年二月）は、つぎのような認識を示していた。

「情報通信技術の発展、金融証券取引の一層のグローバル化等を背景に、国内外において市場間競争が一段と激化しており、こうした状況の中で、諸外国は技術革新導入のための資金確保や意思決定の迅速化を図り、提供するサービスの魅力を向上させることで、自国市場の国際的地位の確保を実現させようとし、そのために証券取引所の株式会社化ないし非会員組織化を図る動きが急速に広まっている。……わが国としても、証券取引所が市場利用者のニーズの多様化に速やかに対応していくために、その組織形態の在り方を見直す必要がある。」

この提言を受けて、平成一二年の改正で株式会社金融商品取引所制度が創設された。

なお、平成一二年の改正前には、金融商品取引所の免許は設立免許とされていた。その理由として、会員制法人組織という組織形態に株式会社制度のような一般法的な根拠がないために、金融商品取引所の設立自体の免許という発想で捉えるしかなかったことが指摘されている。上村達男「証券取引所・金融先物取引所の組織変更」あたらしい金融システムと法〔ジュリスト増刊〕五五頁（平成一二年）。さらに、株式会社の設立には準則主義が採用されており、その設立に免許を要するものとすることはできない。株式会社金融商品取引所制度の創設とともに、金融商品取引所の設立免許に代えて、金融商品市場の開設免許に改めることとなった。

（7）もっとも、金融商品取引所という用語の使用は、取引所金融商品市場の開設者として、金融商品市場における売買等についての自主規制機関としての意味で使用されるだけではない。一般には、その開設にかかる金融商品市場自体を指すものとして、あるいは、より頻繁には、その開設にかかる金融商品市場における売買等のための建物、土地等の施設を意味するものとして使用される場合がある。

2　免許の基準

金融商品市場開設の免許は、定款、業務規程および受託契約準則の規定の妥当性、人的構成の適切性、および組織の法律適合性の基準に適合する場合にのみ与えられる（金商法八二条一項）。

定款等の規定の妥当性の基準としては、定款、業務規程または受託契約準則の規定が法令に適合し、かつ、取引所金融商品市場における売買等を公正かつ円滑ならしめ、投資者を保護するために十分であることが要求される（金商法八二条一項一号）。

金融商品会員制法人の定款には、目的、(1) 名称、(2) 事務所の所在地、基本金および出資に関する事項、会員等に関する事項、会員等の法令、法令にもとづく行政官庁の処分もしくは定款その他の規則または取引の信義則の遵守の状況の調査に関する事項、信認金に関する事項、経費の分担に関する事項、役員に関する事項、会議に関する事項、業務の執行に関する事項、規則の作成に関する事項、取引所金融商品市場に関する事項、会計に関する事項、および公告の方法（金融商品会員制法人が公告する方法をいう。ただし、金融商品取引法の規定により官報に記載する方法によりしなければならないものとされているものを除く）を定めなければならない（金商法八八条の三第二項）。

株式会社金融商品取引所の定款には、目的、(3) 商号、(4) 本店の所在地、設立に際して出資される財産の価額またはその最低額、発起人の氏名または名称および住所、取引参加者の法令、法令にもとづく行政官庁の処分もしくは定款その他の規則または取引の信義則の遵守の状況の調査に関する事項、規則の作成に関する事項、取引所金融商品市場に関する事項、ならびに、自主規制委員会を設置する場合にあってはその旨を定めなければならない（金商法一〇三条、会社法二七条）。(5)

これらのうち、会員金融商品取引所の場合には会員等に関する事項において、株式会社金融商品取引所の場合には取引参加者に関する事項において、法令、法令にもとづいてする行政官庁の処分もしくは金融商品取引所の規則に違反しまたは取引の信義則に背反する行為をした会員等に対し、過怠金を課し、金融商品市場における売買等の停止もしくは制限を命じ、または除名する（取引参加者にあっては取引資格を取り消す）旨を定めることが要求される（金商法八七条）。これらの規定が金融商品取引所の会員等に対する自主規制の根拠となる。

株式会社金融商品取引所の業務規程には、その開設する取引所金融商品市場ごとに、取引参加者に関する事項、信認金に関する事項、取引証拠金に関する事項、有価証券の売買にかかる有価証券の上場および上場廃止の基準および方法、有価証券の売買等の種類および期限、立会の開閉、立会の停止、有価証券の売買等の契約の締結方法、受渡しその他の決済方法、その他有価証券の売買等に関し必要な事項の細則を定めなければならない（金商法一一七条）。会員金融商品取引所の場合には取引参加者に関する事項および信認金に関する事項を除く事項の細則を定めなければならない（金商法一一七条）。また金融商品取引所の受託契約準則には、会員金融商品取引所あるいは株式会社金融商品取引所を問わず、その開設する取引所金融商品市場ごとに、有価証券の売買等の受託の条件、受渡しその他の決済方法、有価証券の売買の受託についての信用供与に関する事項、その他有価証券の売買等の受託に関し必要な事項の細則を定めなければならない（金商法一三三条二項）。

人的構成の適切性の基準は、免許申請者が取引所金融商品市場を適切に運営するに足りる人的構成を有するものであることを要求する（金商法八二条一項二号）。金融商品取引所の役員については、厳格な欠格事由が規定されている（金商法八二条二項三号）。

組織の法律適合性の基準は、免許申請者が金融商品取引所として金融商品取引法の規定に適合するように組織されていることを要求する（金商法八二条一項三号）。消極的要件として、免許申請者が金融商品取引法または外国の法令で金融商品取引法に相当するものの違反により罰金の刑に処せられその刑の執行を終わりもしくはその刑の執行を受けることがなくなった日から五年を経過していない者であってはならない（金商法八二条二項一号）。さらに、金融商品取引所として免許の取消し、金融商品取引業者として登録の取消し、主要株主または金融商品取引所持株会社として認可の取消しの処分を受けた場合（金融商品取引法に相当する外国の法令により同種類の処分を受けた場合を含む）において、その取消しの日から五年を経過していない者であってはならない（金商法八二条二項二号）。また、積極的要件としては、金融商品取引所は、金融商品会員制法人または資本金の額が一〇億円以上の株式会社であって取締役会、監査役会または委員会および会計監査人を置くものでなければならない（金商法八三条の二、金商令一九条）。金融商品会員制法人は、金融商品取引業者（6）または登録金融機関でなければ設立することができない（金商法八八条の二第一項）（7）。株式会社金融商品取引所については、株主資格に制限はなく（8）、金融商品取引業者以外の者であってもこれを適法に設立することができる。もっとも、何人も原則として株式会社金融商品取引所の総株主の議決権の二〇パーセント以上の議決権を取得・保有することができない（金商法一〇三条の二第一項本文）（9）。

平成一二年の改正前には証券取引所設立免許の基準として地域的合理性の基準が定められていた。これは、証券取引所の設立される地方の証券会社の数、有価証券取引の状況、証券取引所に上場を予定される有価証券の発行会社の本店、支店、その他の事務所または事業所の数、その他その地方の経済の状況に照らし、証券取引所を設立することが公益または投資者の保護のため必要かつ適当であることを要求していた（平成一二年改正前証取法八三条一項三号）。これらの要請については行政による調整を必ずしも要するものではなく、むしろ市場間の競争に任せるべきであり、平成一二年の改正でこの基準は削除された。

なお、取引所金融商品市場の開設の免許申請は、免許申請書またはその添付書類もしくは電磁的記録のうちに重要な事項について虚偽の記載または記録があるときは、当然に拒否される（金商法八二条二項四号）。

（1）　金融商品会員制法人は、営利の目的をもって業務を行い、取引所金融商品市場の開設およびこれに付帯する業務以外のものを行うことを禁止されている（金商法九七条・八七条の二第一項本文）。ただし、平成二〇年の改正により、金融商品会員制法人および株式会社金融商品取引所のいずれも、内閣総理大臣の認可を受けることにより取引所金融商品市場の開設およびこれに附帯する業務の健全かつ適切な運営を損なわない限度において、排出量取引その他金融商品の取引に類似するものとして内閣府令で定める取引を行う市場の開設およびこれに附帯する業務を行うことができることとなった（金商法八七条の二第一項ただし書）。この点について金融審議会金融分科会第一部会報告「我が国金融・資本市場の競争力強化に向けて」（平成一九年一二月一八日）は、つぎのように説明している。

「諸外国においては、排出権等についても、取引所における取引が開始されている状況にある。排出権については、金融商品に近い側面を持つと考えられるものの、現状、その法的な位置付けや価格評価方法等は必ずしも明確となっていない。一方で、今後、我が国においても、排出権取引等、金融取引に類似した性質を持つ取引が活発化することが考えられる。このような取引についても、例えば、公益又は投資者保護上、金融商品取引所グループにおいて取引の場を設けることに問題のない枠組みであれば、関連業務として認めていくことが考えられる。更に、排出権の法的な位置付けや価格評価方法等の明確化が図られる状況が整った場合に、その取引の具体的な態様等も踏まえつつ、金融商品として取り扱うことについても、幅広く検討を行っていく必要がある」。もっとも、内閣総理大臣は、金融商品取引法八七条の二第一項ただし書の認可の申請があった場合において、当該申請にかかる業務を行うことにより、金融商品取引所の業務の公共性に対する信頼を損なうおそれまたは取引所金融商品市場の開設およびこれに附帯する業務の健全かつ適切な運営を損なうおそれがあると認めるときは、当該認可をしてはならないものとされる（金商法八七条の二第二項）。

(2)　金融商品会員制法人は、その名称のうちに「会員制法人」という文字を用いなければならず（金商法八八条二項）、金融商品会員制法人でない者は、その名称のうちに金融商品会員制法人であると誤認されるおそれのある文字を用いることを禁止される（金商法八八条三項）。金融商品会員制法人が設立した金融商品取引所については、その名称のうちに「取引所」という文字を用いなければならない（金商法八六条一項）。金融商品取引所でない者は、その名称または商号のうちに金融商品取引所であると誤認されるおそれのある文字を用いることを禁止される（金商法八六条二項）。

(3)　株式会社金融商品取引所も、金融商品会員制法人と同様に、取引所金融商品市場の開設およびこれに付帯する業務以外のものを行うことが原則として禁止される（金商法八七条の二第一項本文）。もっとも、株式会社である限り、営利の目的をもってその他の業務を行うことは許されるはずである。取引所金融商品市場の開設およびこれに付帯する業務以外の業務が禁じられる（専業主義）趣旨は、金融商品取引所の有する公共的役割に求められる。なお、平成一五年の改正により、専業主義の原則は子会社にも及ぶことが明らかにされた（金商法八七条の三第一項本文）。ただし、内閣総理大臣の認可を受ければ、取引所金融商品市場の開設に関連する業務等を行う会社を子会社とすることが許される（金商法八七条の三第一項ただし書）。

(4)　株式会社金融商品取引所は、その商号のうちに、「取引所」という文字を用いなければならない（金商法八六条一項）。株式会社においては、その商号に「株式会社」なる文字を用いることを要することから（会社法六条）、株式会社金融商品取引所は、「株式会社」「取引所」という文字を商号中に用いる必要がある。株式会社金融商品取引所でないものは、その名称のうちに株式会社金融商品取引所であると誤認されるおそれのある文字を用いることを禁止される（金商法八六条二項）。

(5) たとえば東証・定款は、二条において、取引所の目的として、①有価証券の売買または市場デリバティブ取引を行うための市場施設の提供、相場の公表および有価証券の売買等の公正の確保その他の取引所有価証券市場の開設にかかる業務、②①の業務に付帯する業務を掲げ、四五条において、取引参加者は、金融商品取引法およびその関係法令、法令にもとづいてする行政官庁の処分、当取引所の定款、業務規程、受託契約準則その他の規則ならびに取引の信義則を遵守しなければならない旨、四六条において、当取引所は、取引参加者の法令、法令にもとづいてする行政官庁の処分、当取引所の規則または取引の信義則の遵守状況の調査を行う場合その他の業務規程で定める場合には、その定めるところにより、必要な調査を行うことができる旨、四七条において、当取引所は、取引参加者が法令、法令にもとづいてする行政官庁の処分または当取引所の規則に違反した場合、取引の信義則に背反する行為をした場合その他の業務規程で定める処分事由に該当した場合は、その定めるところにより、過怠金の賦課、当取引所の市場における有価証券の売買等もしくはその有価証券等清算取次ぎの委託の停止または制限、取引資格の取消しその他の処分を行うことができる旨を定めている。

(6) 会員となる金融商品取引業者のうちに、内閣総理大臣により登録を取り消された者が含まれていることが判明すれば、この者はもはや金融商品取引業者ではないから、免許申請者は金融商品会員制法人の要件を充たせなくなる。その結果として、当然に免許拒否事由に該当することとなる。

(7) 金融商品会員制法人の会員資格の制限は、その設立時のみならず、その存立中継続して要求される（金商法九一条）。

(8) 金融商品取引業者でない株式会社であっても、金融商品取引所を設立し金融商品市場の開設免許を受けることによって株式会社金融商品引所になることは可能である。かつて明治二六年制定の取引所法は、取引所を会員組織または株式会社組織のいずれかとしても設立することができると定めていた。それに対して平成一二年改正前の証券取引法の下では、会員組織のものだけが証券取引所として設立を認められていた。

(9) 平成一五年の改正前においては、八七条の二に定める専業主義の採用に加えて、株式会社金融商品取引所の発行済株式総数の五パーセントを超える株式を取得・保有することが禁じられていた（平成一五年改正前証取法一〇三条一項）。これは、証券の発行体である会社が、金融商品取引所の株式を多数保有することで、市場運営に影響を与える弊害を懸念したものであった。しかし、かかる制限は、株式の相互保有を通じた取引所間の提携を困難にするといった批判があった。そこで、平成一五年の改正によって、五パーセントを超える保有を認めるものの、二〇パーセント以上の保有を内閣総理大臣の認可にかからしめることとした（五パーセント・ルールから主要株主規制へと緩和）（平成一五年改正後証取法一〇六条の三第一項）。ただし、この当時は金融商品取引所の総株主の議決権の五〇パーセントを超えて取得することは原則として禁止されていた（平成一五年改正後証取法一〇三条一項）

ので、他業態に属する会社が持株会社形態を利用して金融商品取引所設立に乗り出す機会は大きく制約されていた。現行法は、この制約をさらに厳しくした。

3　免許の手続

取引所金融商品市場の開設の免許は、免許の申請を受けて行われる（金商法八二条一項参照）。免許の申請は、免許申請書(1)および添付書類(2)を内閣総理大臣に提出して行う（金商法八一条）。

免許申請書またはその添付書類に重大な虚偽記載があるときは、免許が拒否される（金商法八二条二項四号）。免許の申請があった場合において、内閣総理大臣は、免許を与えることが適当でないと考えるときは、免許申請者に通知をして、その職員に審問(3)を行わせなければならない（金商法八三条一項）。内閣総理大臣は、取引所金融商品市場の開設の免許を与えまたは与えないこととした場合は、遅滞なくその旨を書面をもって免許申請者に通知しなければならない（金商法八三条二項）。金融商品取引所の提供する機能・役割の国民経済的重要性にかんがみると、金融商品取引法八二条一項各号の審査にあたり、免許を付与するか否かについて内閣総理大臣に裁量が認められる必要がある。免許申請者の申請がかかる基準に適合していると認めるときは、既述の拒否要件（金商法八二条二項）に該当する場合を除いて、免許が付与される。

なお、内閣総理大臣の免許を受けずに、金融商品市場を開設した者には、刑事制裁がある（金商法一九八条四号）。また、免許を受けずに開設された金融商品市場において有価証券の売買等を行うことは禁止され（金商法一六七条の二）、売買等を行えば、同様に刑事制裁がある（金商法二〇〇条一九号）(4)。

(1)　免許申請書には、①名称（金融商品会員制法人の場合）または商号（株式会社金融商品取引所の場合）、②事務所または本店、支店その他の営業所の所在の場所、③役員の氏名または名称および会員または取引参加者の商号、名称または氏名を記載しなければならない（金商法八一条一項）。

（2）　添付書類としては、①取引所金融商品市場を開設する理由を記載した書面、②登記事項証明書、③創立総会の議事録、④役員の履歴書（役員が法人であるときは、当該役員の沿革を記載した書面）および住民票の抄本（本籍の記載のあるものに限り、役員が法人であるときは、当該役員の登記事項証明書）またはこれに代わる書面ならびに役員が金融商品取引法八二条二項三号イからへに定める拒否事由のいずれにも該当しない者であることを当該役員が誓約する書面、⑤会員等の本店その他の主たる営業所または事務所の所在の場所を記載した書面、⑥主要な株主の氏名、住所または居所、国籍および職業（株主が法人その他の団体であるときは、その商号または名称、本店または主たる事務所の所在の場所および行っている事業の内容）ならびにその保有する議決権の数を記載した書類（免許を受けようとする者が株式会社である場合に限る）、⑦最近における財産および収支の状況を知ることができる書類、⑧金融商品取引所の業務に関する知識および経験を有する従業員の確保の状況ならびに当該従業員の配置の状況を記載した書類、⑨金融商品取引所の事務の機構および分掌を記載した書類、⑩取引所金融商品市場を開設する業務において電子情報処理組織を使用する場合には、当該電子情報処理組織の概要、設置場所、容量および保守の方法および当該電子情報処理組織に異常が発生した場合の対処方法を記載した書類、ならびに、⑪その他審査をするため参考となるべき事項を記載した書類を添付しなければならない（金商法八一条二項、取引所府令四条二項）。また、金融商品取引所以外の株式会社が従前の目的を変更して取引所金融商品市場を開設するため免許申請書を提出する場合には、創立総会の議事録を除く右の書類に加えて、⑫従前の目的を変更して取引所金融商品市場を開設することを決議した株主総会の議事録、⑬従前の定款および免許申請の際に現に存する取引の性質を明らかにする書面、および⑭最終の貸借対照表、損益計算書および株主資本等変動計算書が要求される（取引所府令四条三項）。

（3）　内閣総理大臣が金融商品取引法の規定により当該職員をして「審問」を行わせようとする場合には、①審問の相手方が正当な理由なく応じないときは審問抜きで処分を行うことができ、②審問の相手方に通知する場合には審問の事項および期日を通知に明記することを要し、③審問は原則として公開で行われ、④審問の記録を作成し一〇年間保存しなければならない（金商法一八六条）。内閣総理大臣は、必要な調査をするために、当該職員に、⑤関係人もしくは参考人に出頭を命じて意見を聴取し、またはこれらの者から意見書もしくは報告書を提出させること、⑥鑑定人に出頭を命じて鑑定させること、⑦関係人に対して帳簿書類その他の物件の提出を命じ、または提出物件を留置することおよび⑧関係人の業務もしくは財産の状況または帳簿書類その他の物件を検査することができる（金商法一八七条）。

（4）　近藤光男＝吉原和志＝黒沼悦郎・金融商品取引法入門〔第二版〕四五四頁（平成二三年）は、これらに加えて、無免許市場開設による利益を保持させせないためにも、無免許市場における売買取引は、強行法規違反としてすべて無効と解すべきであるとする。

4　免許の取消し

内閣総理大臣は、金融商品市場開設の免許を受けた金融商品取引所が免許の当時において免許拒否事由に該当していたことを発見したときは、その免許を取り消すことができる（金商法一四八条）。行政処分の重大性にかんがみ、事前に当該金融商品取引所に通知をして、その職員に聴聞を行わせた上で、理由を示してでなければ、免許を取り消すことはできないと解される。

金融商品市場開設の免許を取り消すか否かについては内閣総理大臣に相当な裁量権が与えられており、金融商品市場が開設され金融商品取引所がその業務を開始した後においては、諸般の事情を考慮して免許を取り消すか否かの決定がなされる。したがって、①金融商品取引所の役員に免許の拒否事由に該当する者が存在した場合においても、その者がすでに会員金融商品取引所または株式会社金融商品取引所の役員を辞任して、その金融商品取引所の管理に携わっていない場合、あるいは②免許申請者が金融商品取引法の規定にもとづいて罰金の刑に処せられその執行を終った後または執行を受けることがないこととなった日から五年を経過するまでの者であった場合にも、金融商品市場の開設後相当の期間が経過して免許申請者の首脳陣の実質的な変更があり、以前の罰金刑の原因となった犯罪に関係した者が免許申請者に存在しなくなった場合等には、もはや免許を取り消す必要性は消滅したものと考えられる。

内閣総理大臣は、また、金融商品取引所が、法令、法令にもとづく行政官庁の処分もしくは定款その他の規則に違反し、または、当該金融商品取引所の会員等もしくは当該金融商品取引所に上場されている有価証券の発行者が、法令、法令にもとづく行政官庁の処分もしくは当該金融商品取引所の定款、業務規程、受託契約準則その他の規則（法令等）に違反し、もしくは、定款その他の規則に定める取引の信義則に背反する行為をしたにもかかわらず、これらの者に対して、法令等もしくは当該取引の信義則を遵守させるために、金融商品取引法、金融商品取引法にもとづく命令もしくは定款その他の規則により認められた権能を行使せずその他必要な措置をなすことを怠った場合において、公益または投資者の保護のため必要かつ適当であると認めるときは、金融商品市場の開設の免許を取り消すことができる（金商法一五二条一項一号）[(1)]。この場合も処分の重大性にかんがみ慎重な手続が要求されると考えられるので、内閣総理大臣は、金融商品取引所に通知して、その職員に聴聞を行わせた後、理由を示して取消処分を行わねばならないものと解される（金商法一五二条二項・一五三条参照）。

金融商品市場の開設の免許の取消しは、金融商品取引所が開設の免許に際して免許拒否事由に該当した場合または法令違反等の処分要件に該当した場合にのみ認められる。したがって、これらの要件に該当しない場合には、内閣総理大臣は、金融商品取引所の会員等の数の減少、上場証券数の減少または取引数量の減少等を理由に、その開設の免許を取り消すことができない。また、金融商品市場の開設の免許は永久的であって、その取消しがない限り終了しない。

（1）　内閣総理大臣の金融商品取引所に対する監督権限は、金融商品取引所の定款、業務規程、受託契約準則その他の規則に違反した会員等もしくは上場証券発行者に対する不十分な処分を理由とする場合のみならず、法令、法令にもとづく行政官庁の処分に違反した会員等もしくは上場証券発行者に対する不十分な処分を理由とする場合も、発動される。自主規制ルールのみならず法令の違反に対しても厳格な対処が求められている。ここには金融商品取引法が金融商品取引所の自主規制に対してもつ大きな期待が表れている。ここにいう「法令」の範囲が問題となる。金融商品取引法一五二条一項一号は、「法令」と「この法律」（すなわち、金融商品取引法）とを区別して使用している。したがって、「法令」の範囲は「金融商品取引法」およびそれに付属する内閣府令より広い。もっとも、すべての法令をここにいう「法令」に含めることは妥当ではない。金融商品取引法の目的、金融商品取引所の機能を妨げるかどうかという基準で、法令の範囲を限定せざるをえない。証券取引法研究会「平成一五年の証券取引法等の改正Ⅳ―証券会社・証券取引所の株主規制」平成一五年の証券取引法等の改正（別冊商事法務二七五号）六六頁（川口）・六七頁（龍田）（平成一六年）参照。

二　重要事項の認可・承認・届出

1　定款等の変更の認可

免許申請者の定款、業務規程および受託契約準則は、免許申請書の添付書類として、金融商品市場の開設の免許の申請に際して内閣総理大臣に提出される（金商法八一条二項）。免許を受けた金融商品取引所は、定款、業務規程または受託契約準則を変更するには、事前に内閣総理大臣の認可を受けなければならない（金商法一四九条）。(1)(2)

内閣総理大臣は、金融商品取引所の定款、業務規程または受託契約準則の変更を認可するにあたっては、変更される定款、業務規程または受託契約準則が法令に適合すること、および、取引所金融商品市場における有価証券の売買等の公正・円滑を確保し、投資者を保護するために十分であることを認定することを要する（金商法八二条一項一号参照）。

なお、金融商品取引所の定款、業務規程、受託契約準則その他の規則もしくは取引の慣行または業務の運営もしくは財産の状況が取引所金融商品市場における有価証券の売買等の公正・円滑を確保し、投資者を保護するために十分でないにもかかわらず、金融商品取引所がその変更をしないときは、内閣総理大臣は、そのために必要かつ適当な変更を命ずることができる（金商法一五三条）。(3)この場合においては聴聞を行わなければならない。

（1）　定款等の変更は、規定の文言の修正のみならず、その新設および廃止を含む。

（2）　定款、業務規程または受託契約準則の変更の認可を受けるためには、金融商品取引所は、認可申請書に理由書および定款の変更の場合はその決議を行った総会の議事録を添付して金融庁長官に提出しなければならない（取引所府令一一〇条一項一号・二号）。

（3）　定款、業務規程または受託契約準則以外の金融商品取引所の規則ならびに通達その他の自主規制のための慣行は、内閣総理大臣の認可を要することなく変更することができる。もっとも、それらの作成、変更または廃止は内閣総理大臣に届出を要する（金商法一四九条二項後段）。この届出を基礎に、それらについても、取引所金融商品市場における有価証券の売買等の公正・円滑を確保し、投資者を保護するために必要かつ適当であると認めるときは、内閣総理大臣がその変更を命ずることができる。

2 上場・上場廃止の承認・届出

金融商品取引所は、有価証券を金融商品市場における売買のためもしくは金融商品等を市場デリバティブのため上場し、または金融商品市場から上場の廃止をするためには、取引所金融商品市場ごとに、内閣総理大臣に届出をしなければならない（金商法一二一条・一二六条一項）。[1] もっとも、①株式会社金融商品取引所が自己が発行する証券を金融商品市場における売買のため上場する場合（金商法一二二条一項）、[2] ②自己、それを子会社とする金融商品取引所持株会社、その総株主の議決権の五〇パーセントを超える対象議決権を保有する株式会社金融商品取引所、もしくはその子会社である金融商品取引所もしくは金融商品取引所持株会社が発行する証券を金融商品市場における売買のため上場する場合（金商法一二四条一項）、③①および②の有価証券等を市場デリバティブ取引のために上場する場合（金商法一二二条一項・一二四条一項）、④株式会社金融商品取引所が自己、それを子会社とする金融商品取引所持株会社、その総株主の議決権の五〇パーセントを超える対象議決権を保有する株式会社金融商品取引所もしくはその子会社である金融商品取引所もしくは金融商品取引所持株会社が発行する有価証券を金融商品市場から上場の廃止をする場合（金商法一二六条二項）、または、④市場デリバティブ取引のために上場したそれらの有価証券等について金融商品市場の上場を廃止をする場合（金商法一二六条二項）には、内閣総理大臣の承認を受けなければならない。

有価証券等の上場または上場の廃止は、本来、金融商品市場を開設する金融商品取引所がその判断と責任において行うべきものである。もっとも、上場株式等の発行者の新規発行株式等が金融商品取引所に上場されていない場合において、それを金融商品取引所に上場することが公益または投資者の保護のために必要であると認めるときは、内閣総理大臣は金融商品取引所に対しその上場を命ずることができる（金商法一二五条）。内閣総理大臣が上場株式等の発行者の新規発行株式等の上場を命ずるときは、金融商品取引所は、その上場をしなければならない。[3] これは、昭和二四年の証券取引所（当時）再開の数年の間、将来発行される新株式（すなわち、権利株）が投機取引の対象として証券会社の店頭において取引され、ときに受渡し不能等という投資者保護に欠ける事態が生じたことを背景として、未発行証券についても、取引所の管理下において、発行日取引として売買取引を行わせるために、発行会社が希望しない場合でも、内閣総理大臣が金融商品取引所に対して上場を命じることができるものとしたものである。(4) 平成一〇年の改正で、新規発行株券等のみならず、上場会社がすでに発行している株券等についても規制の対象に置かれた。内閣総理大臣の命令にもとづき金融商品取引所が上場を決定した場合には、内閣総理大臣の監督の手段としてその届出を要する。

金融商品取引所が業務規程に違反して金融商品等の上場もしくは上場の廃止を行おうとする場合または行った場合には、内閣総理大臣は、金融商品取引所に対し、その金融商品等の上場の廃止または上場を廃止された金融商品等の再上場その他違反を是正するために必要な措置をとることを命ずることができる（金商法一二七条一項）。さらに、内閣総理大臣は、上場証券の発行者が金融商品取引法、金融商品取引法にもとづく命令または金融商品取引所の規則に違反する場合において、公益または投資者の保護のために必要かつ適当であると認めるときは、その発行者の有価証券の売買の停止または上場の廃止を金融商品取引所に命ずることができる（金商法一二九条一項）。(5) これらの上場・上場廃止の場合にも、内閣総理大臣の命令にもとづくものであるが、内閣総理大臣の命令にもとづき金融商品取引所が上場・上場廃止を決定した場合には、内閣総理大臣に対し届出を要する。

有価証券の上場の廃止は、その発行者の申請にもとづいて行うこともできるが、(6) 発行者の申請にもとづくことなく、金融商品取引所が一方的に決定することができる。なぜなら、金融商品市場の開設者である金融商品取引所は、有価証券の上場の廃止によってその発行者が不利益を受けることがあるとしても、投資者の保護および金融商品市場全般に対する投資者の信頼を確保するために必要な場合には、上場証券の上場の廃止をする権限を有しなければならないからである。したがって、金融商品取引所は、①上場証券の発行者が金融商品取引法または金融商品取引法にもとづく命令または金融商品取引所の規則に違反したことを理由に内閣総理大臣からその発行者の有価証券の上場の廃止を命ぜられた場合（金商法一二七条一項）のみならず、②上場証券の発行者が金融商品取引所の上場廃止基準に該当する場合には、(7) その有価証券の上場の廃止を一方的に行うことができる。(8) 他方、金融商品取引所が業務規程に反して有価証券の上場の廃止を行おうとしまたは行った場合には、内閣総理大臣は、上場を廃止された有価証券の再上場その他違反を是正するために必要な措置をとるように金融商品取引所に対し、命令することができる（金商法一二七条一項）。

金融商品取引所が金融商品等の上場につき内閣総理大臣に届出をするには、上場届出書ならびに上場が金融商品取引所が定める基準および方法に適合していることを示す書類その他金融商品等に関し参考となる資料(9)を金融商品取引所の主たる事務所または本店の所在地を管轄する財務局長に提出しなければならない（取引所府令七〇条）。また、金融商品取引所が金融商品等の上場の廃止につき内閣総理大臣に届出をするには、上場廃止届出書、上場の廃止が金融商品取引所が定める基準および方法に適合していることを示す書類ならびに金融商品等の発行者の上場の廃止についての同意の有無を記載した書類(10)を金融商品取引所の主たる事務所または本店の所在地を管轄する財務局長に提出しなければならない（取引所府令七二条）。

(1) 全国の金融商品取引所においては、株式の取引所金融商品市場として、通常の上場市場に加えて、新興企業向けの市場を開設している。
(2) 大阪証券取引所は、平成一六年四月一日、自己の発行する株式をその開設する取引所金融商品市場であるヘラクレス（現在はジャスダック・スタンダード）に上場した。
(3) 内閣総理大臣の上場命令は、金融商品取引所に対して有価証券の上場を命ずるものであって、それによって当然に有価証券の上場の効果を生じさせるものではない。
(4) 河本一郎＝関要監修・逐条解説証券取引法〔三訂版〕一〇九九頁（平成二〇年）。
(5) 上場廃止命令は、金融商品取引所に対して金融商品等の上場の廃止をすべきことを命ずるものであり、それにもとづく上場廃止の処分によってはじめて上場の廃止の効果が生じる。
(6) 平成一七年七月、ワールド（東京証券取引所一部・大阪証券取引所一部上場）の経営陣（ハーバーホールディングズアルファ）

が同社の株主に対して公開買付け（いわゆるＭＢＯ）を実施し、その発行済株式総数の九四・九九パーセントを所有するに至った。さらに、残りの株式についても、金銭交付による簡易株式交換（産業活力再生特別措置法）がなされ、ワールドは完全子会社化され、その結果、上場廃止基準に従って、上場廃止となった。上場は、会社の資金調達のために有益であり（流通市場をもてば、発行市場での資金調達が容易になる）、さらに、社会的地位も向上すると考えられてきた。他方で、市場での株式の買占めがなされる危険性もある。株主からの短期的利益の追求の要求が長期的な経営の支障になることもある。後者を重視する企業は、非上場化（ゴーイング・プライベート）の道を選択することも考えられる。

（7）　金融商品取引所は、有価証券の発行会社の株主数、株式の分布状況もしくは売買高、および債務超過等が取引所の定める基準に抵触することとなり、その有価証券報告書等に重大な虚偽記載があり、または上場契約等に違反がある場合等に有価証券の上場の廃止をする旨を定めている（東証・有価証券上場規程六〇一条参照）。したがって、内閣総理大臣が上場廃止命令を発することができないような場合においても、金融商品取引所は、一方的に上場証券の上場の廃止をすることができる。もとより、金融商品取引所の上場廃止処分は、司法審査に服するものであり、それが不当であるときは、有価証券の発行会社は、その効力を争うことができる。東京地判昭和四六年二月一六日判例タイムズ二七一号一二六頁参照。最近の事件として東京高決平成二二年八月六日金融法務事情一九〇七号八四頁。

（8）　東京証券取引所は、四〇年以上も大株主の持株比率を過小報告していたことを重視し、平成一六年一二月、西武鉄道（東京証券取引所一部上場）を上場廃止にした。本書五六八頁参照。また、旧経営陣が二〇〇〇億円以上の巨額の粉飾決算をしていたことが明らかになったカネボウ（東京証券取引所一部・大阪証券取引所一部上場）について、東京証券取引所および大阪証券取引所は、平成一七年六月、上場廃止を決定した。一方で、西武鉄道と同様に、大株主の持株比率を過小報告していたことが判明した小田急電鉄については、東京証券取引所は上場廃止にしなかった。この点については、西武鉄道の場合に比べて、悪性が強くないと判断したためと考えられるが、上場廃止の基準が不明確との批判も出された。また、カネボウについては、経営陣が交代し、産業再生機構による再建が進む中での上場廃止であり、その決定に異論も出された。情報開示の正確性は、投資者保護の根幹であり、投資者の信頼を失わないためにも、上場廃止の決定はやむをえなかったと考えられる。他方、平成一八年末に粉飾決算による有価証券報告書の虚偽記載が問題化した日興コーディアル証券の場合は、上場廃止処分にはならず、シティ・グループが筆頭株主となって事実上子会社化された。再び上場廃止基準適用の透明性が問われることとなった。

平成二三年、オリンパスが、金融資産の運用により生じた多額の含み損を隠蔽し、純資産の過大計上を長期間にわたり継続していた事実が判明した。同社は、企業買収の仲介者への手数料を過大に支払うなどの方法で、当該含み損の解消をはかった。一連の行為は、財務諸表への虚偽記載に当たり、東京証券取引所が上場廃止を行うかどうかが注目された。平成二四年一月、同取引所は、当面、上場を維持するとともに（特設注意市場銘柄に指定）、一〇〇〇万円の上場契約違約金の支払いを命じた。上場廃止を行わなかった理由は、不適切な会計処理は、同社の事業規模からして、利益水準や業績トレンドを継続的に大きく見誤らせるものであったとまではいえず、本業における経営成績をよりどころとした市場の評価を著しく歪めたものであったとまでは認められないことにある。

(9)　①上場届出書、②当該金融商品等の上場が当該金融商品取引所が定める基準および方法に適合していることを示す書類および③その他当該金融商品等に関し参考になる資料が規定されている（取引所府令七〇条二項）。なお、当該届出は、原則として、当該金融商品等を上場しようとする日の前日までにしなければならない（取引所府令七〇条三項）。

(10)　①上場廃止届出書、②当該金融商品等の上場の廃止が当該金融商品取引所が定める基準および方法に適合していることを示す書類および③当該金融商品等の上場廃止についての発行者の同意の有無を記載した書類が規定されている（取引所府令七二条二項）。なお、当該届出は、原則として、当該有価証券の上場を廃止しようとする日の七日前までにしなければならない（取引所府令七二条三項）。

3　立会の臨時開閉・売買取引停止等の届出

金融商品取引所は、その開設する取引所金融商品市場ごとに、有価証券の売買または市場デリバティブ取引を臨時に開始しもしくは終了しまたは停止しもしくはその解除をし、または上場金融商品等について当該有価証券の売買または市場デリバティブ取引を停止しもしくはその解除をしたときは、遅滞なくその旨を内閣総理大臣に届け出なければならない（金商法一二〇条・一二八条）。金融商品市場の立会の臨時の開閉もしくは停止・停止解除または金融商品市場における特定の有価証券の売買等の停止もしくはその解除は、取引所金融商品市場の開設者である金融商品取引所が自主的に行いうることである。[(1)] もっとも、内閣総理大臣が公益および投資者の保護のために金融商品市場に対する監督を効果的に行いうるようにするために、これらの事項については、金融商品取引所が遅滞なく内閣総理大臣に届け出なければならない。

上場金融商品等に関する相場が異常に過熱化して公正な売買等が行われない危険がある場合または災害もしくは交

通途絶、労働争議等によって立会を開始することができない場合等には、金融商品市場の立会を臨時に停止する必要がある。さらに、金融商品取引所は、特定の金融商品等につき投資者に重要な情報を知らせて公正な売買等を行わせる必要がある場合[2]またはその売買等の状況が異常であって公正な売買等が行われないおそれがある場合[3]等においては、その売買等を停止する必要がある。立会の臨時開閉もしくは停止・停止解除または特定の有価証券の売買等の停止もしくは停止解除の届出は、内閣総理大臣がこれらの措置の適切な運用を監督するために行われる。

他方、金融商品市場における売買等を停止することが公益または投資者の保護のために必要であるにもかかわらず、金融商品取引所がそれを行わないときは、内閣総理大臣は、金融商品取引所に対して、売買の停止を命ずることができる。すなわち、内閣総理大臣は、①有価証券の売買もしくは市場デリバティブ取引の状況が公益または投資者の保護のために有害であると認めるときは、一〇日以内の期間を定めて売買等の全部もしくは一部の停止を命じることができる（金商法一五二条一項二号）。また、②上場証券の発行者が金融商品取引法、金融商品取引法にもとづく命令または金融商品取引所の規則に違反した場合に公益または投資者の保護のために必要かつ適当であると認めるときは、その発行者に通知をしてその職員に聴聞を行わせた後、理由を示し、その有価証券の売買を停止すべきことを命ずることができる（金商法一二九条一項）。

①の売買等の停止命令は停止期間の上限があるのに対して、②の売買の停止命令にはそれは存在しない。一方で、②の売買の停止命令は、有価証券の発行者に金融商品取引法、金融商品取引法にもとづく命令または金融商品取引所の規則の違反があったことを要するのに対して、①の売買等の停止命令は、そのことを要しない[4]。さらに、売買等の状況が異常で公正な売買等が行われないおそれがありまたは金融商品等に関して投資者に重要な情報を知らせる必要がある場合等においては、売買等を継続させることが公益または投資者保護のため有害であるとして、内閣総理大臣は、有価証券の発行者に通知をすることなくその売買等の停止を金融商品取引所に命ずることができる。これに対して、有価証券の発行者の金融商品取引法、金融商品取引法にもとづく命令または金融商品取引所の規則違反を理由と

する売買停止命令のためには、その発行者に対する通知および聴聞を必要とする（金商法一二九条一項）。発行者に対する通知および聴聞なしには発行者による金融商品取引法等の違反を理由として売買の停止を命ずることができない。このような違いは、明らかに不当である。

金融商品取引所は、また、①その事務所または本店、支店その他の営業所の所在の場所、②役員の氏名または名称および会員等の商号、名称または氏名に変更があったときは、遅滞なくその内容を内閣総理大臣に届け出なければならない（金商法一四九条二項前段）。これらの事項は、金融商品市場の開設の免許の申請書に記載される（金商法八二条一項二号・三号）。そのため開設の免許の審査にあたって内閣総理大臣が考慮していると考えられ、内閣総理大臣が金融商品取引所の監督を効果的に行いうるように変更の届出が要請されている。

(1)　東証・業務規程四条、五条および二九条、大証・業務規程四条、五条および二七条をそれぞれ参照。

(2)　上場証券の投資判断に影響を及ぼす重要な情報が発生したにもかかわらずそれが投資者に広く公表されてその利用可能な状態になっていない場合には、投資者が合理的な投資判断をすることによって公正な市場価格の形成を確保しかつ内部者取引を防止するために、その情報が公表されて投資者が広くその情報を利用しうるまで有価証券の売買等を停止する必要がある。また、有価証券の投資判断に影響を及ぼす噂が金融商品市場に流布しているときは、有価証券の価格形成の公正を確保し投資者を保護するために、その噂の真偽を明確にしてそのことを投資者が広く知りうるようになるまで同様に有価証券の売買等を停止すべきである。神崎克郎「適時開示政策の充実」鈴木古稀・証券取引の法理二八一頁（昭和六二年）。

(3)　金融商品市場において相場操縦が行われている場合には売買等を停止しなければならないのは当然であるが、そうでない場合においても、売買等が過熱化して金融商品等の公正な価格形成が妨げられるおそれがある場合には、それによって投資者が損害を被ることがないように売買等を停止する必要がある。たとえば東京証券取引所は、その業務規程二九条二号において有価証券またはその発行者に関し、投資者の投資判断に重大な影響を与えるおそれがあると認められる情報が生じている場合で、当該情報の内容が不明確である場合または当取引所が当該情報の内容を周知させる必要があると認める場合、同条三号において売買の状況に異常があると認める場合またはそのおそれがあると認める場合その他売買管理上売買を継続して行わせることが適当でないと認める場合を、それぞれ売買停止事由に挙げている。

（4）　売買等を継続させることが公益または投資者の保護のために有害であるときは、内閣総理大臣は、単に売買等の停止を命じうるのみならず、命じなければならない。したがって、これを怠るときは、その後の売買等によって損害を被った投資者は国に対して不法行為による損害賠償を請求することができる。

三　取引所金融商品市場での取引の規制

1　上場有価証券の発行者に対する規制

上場有価証券の発行者に対する規制は、上場有価証券の投資判断に必要な情報の投資者への開示義務および取引所金融商品市場における売買等の取引の管理に必要な情報または資料の金融商品取引所への通告または報告義務をその主要な内容とする。前者に関しては、金融商品取引所は、上場有価証券の発行者に対して、上場有価証券について投資者の投資判断に影響を及ぼす重要な会社情報、すなわち発行者の経営に重大な影響を与える事実の発生または有価証券に関する権利、利益もしくは取扱いにかかる重要な事項の決議もしくは決定を一般投資者に、直ちに発表し、事業年度もしくは四半期累計期間または連結会計年度もしくは四半期連結累計期間にかかる決算の内容が定まった場合にその内容を直ちに発表することを要請している。(3)また、これらに関しては、金融商品取引所は、上場証券の発行者に対して、会社情報の開示を行う場合にはあらかじめ開示の内容を金融商品取引所に説明することを要求する。(4)さらに、会社情報に関し金融商品取引所が必要と認めて行った照会につき直ちに照会事項について正確に報告し、金融商品取引所が上場証券の売買等の取引につき管理をする上で必要と認めて行った照会につき直ちに照会事項について正確に報告することを要求している。(5)

さらに、金融商品取引所は、取引所金融商品市場の開設者として、内閣府令で定めるところにより、その開設する取引所金融商品市場における毎日の総取引高、その上場する金融商品等の銘柄別の毎日の最高、最低および最終の価格、約定数値および対価の額その他の事項をその会員等に通知し、公表しなければならない（金商法一三〇条）。かつては銘柄別の毎日の売買取引成立価格の掲示が要求されていた。現在、金融商品取引所は、銘柄別の毎日の相場表の通知・公表を、電子情報媒体を通じて行っている。相場表の公表は、投資者に翌日以後の売買等の取引の判断資料を提供し、投資者その他の者に金融商品の資産評価の基礎を提供し、国民等に金融商品市場の状況を知らせる効果を有する。

なお、金融商品取引所は、内閣府令で定めるところにより、その開設する取引所金融商品市場における毎日の総取引高、その上場する金融商品等の銘柄別の毎日の最高、最低および最終の価格、約定数値および対価の額その他の事項を内閣総理大臣に報告しなければならない（金商法一三一条）。

（1）　金融商品取引所は、開示を要する経営に重要な影響を与える事実として、災害に起因する損害または業務遂行の過程で生じた損害、主要株主の異動、財産上の請求にかかる訴えの提起または判決があったこと、免許の取消し等の行政庁の法令にもとづく処分、発行した手形もしくは小切手の不渡りまたは銀行取引の停止、破産手続開始、再生手続開始、もしくは更生手続開始の申立て、主要取引先との取引の停止等を例示している。たとえば、東証・有価証券上場規程四〇二条二号、大証・適時開示規則二条一項二号を参照。

（2）　金融商品取引所は、開示を要する有価証券に関する権利、利益または取扱いにかかる重要な決定事項として、募集株式の発行、資本金額の減少、自己株式の取得、株式交換、株式移転、合併、会社分割、剰余金の配当、株式の併合または分割、新製品または新技術の企業化、業務上の提携または提携の解消、代表取締役の異動、商号の変更、決算期の変更等を例示している。たとえば、東証・有価証券上場規程四〇二条一号、大証・適時開示規則二条二項一号を参照。

（3）　これらの要請は、かつては、金融商品取引所の規則または上場証券発行者との上場契約によってではなく、証券取引所から上場証券の発行者あての通達、すなわち「会社情報の適時開示について」（昭和四九年六月七日）、「決算発表に関する要望について」（昭和五一年四月二六日）、「中間財務諸表の制度化に伴う要望等について」（昭和五二年九月二八日）、「連結決算発表に関する要請について」（昭和五三年二月一〇日）等の通達によって行われていた。しかし、現在では、たとえば、東京証券取引所においては有価証券上場規程に組み込まれた形で金融商品取引所の規則として定められている。

（4）　たとえば、東証・有価証券上場規程四一三条、大証・適時開示規則二条の四を参照。

（5）　たとえば、東証・有価証券上場規程四一五条、大証・適時開示規則三条を参照。

2　売買等の取引の規制

金融商品取引所は、会員金融商品取引所であるか株式会社金融商品取引所であるかにかかわらず、その開設する取引所金融商品市場ごとに、その取引所金融商品市場における売買等の取引を規制するための業務規程を定めなければならない（金商法一一七条）。

金融商品取引所の業務規程は、金融商品取引所が開設する取引所金融商品市場における売買等の取引が競争売買によるよう要求する。(1) 競争売買においては、同一の金融商品について多数の買付けまたは売付けの申出がある場合において、それらの申出をした主体が誰であるかを問うことなく、一定のルールに従って売買等の取引が成立する。競争売買のルールとして、業務規程は、価格優先の原則および時間優先の原則を定めている。(2)

価格優先の原則においては、価格を指定しない成行（なりゆき）価格の申出が価格を指定した指値（さしね）価格の申出に優先し、高い価格の買付けの申出が低い価格の買付けの申出に、そして低い価格の売付けの申出が高い価格の売付けの申出に、それぞれ優先する。また、時間優先の原則は、価格優先の原則によって同一順位となる買付けまたは売付けの申出は、時間の前後により、前に行われたものが後に行われたものに優先する。(3) なお、同時または時間の前後が明らかでない買付けまたは売付けの申出の順位は、金融商品取引所が定めることとなっている。(4)

会員等は、顧客の委託にもとづく買付けまたは売付けの申出と自己の計算にもとづくそれとが同一条件であるときは、顧客の委託にもとづくものを優先させなければならない。(5) また、顧客から成行きによる買付けまたは売付けの注文を受けたときは、その注文の執行に先だち自己が直接または間接に利害関係を有する計算で買付けまたは売付けをしてはならない。さらに、顧客から指値による買付けまたは売付けの注文を有するときは、その注文による売買取引の成立に先だち自己が直接または間接に利害関係を有する計算で指値以下の価格で買付けをしまたは指値以上の価格で売付けをしてはならない。顧客から売買等の委託を受けた会員等は、顧客に対して善良な管理者の注意義務を負っており（民法六四四条）、顧客より有利な条件で取引をしてはならず、顧客より先に取引をしてはならない。

取引所金融商品市場における競争売買に参加するための買付けの申出または売付けの申出は、会員等の呼値によって行われる。この呼値は、金融商品の価格が急激に変動することによって投資者が不測の損害を被り、あるいは市場が不当に加熱化して売買等の取引が過当に投機化することを防止するために、原則として、取引所が規則により定める値幅の限度を超える値段により行うことができない。(6) したがって、取引所金融商品市場における価格の変動は、毎日この制限値幅の範囲内で生じることとなり、それを超えて価格が変動するためには複数の日時を必要とする。このような値幅制限は、金融商品市場が加熱化した場合に投資者に冷静な判断の機会を与える。さらに、金融商品の投資判断に影響を及ぼす未公表の情報にもとづく内部者取引が行われる場合にも、そのような内部者取引による不当な利得を限定する効果を有する。(7)

（1）　たとえば、東証・業務規程一〇条一項、大証・業務規程一〇条一項を参照。もっとも、取引所金融商品市場として免許を得たジャスダック市場においては、かつて、業務規程において、従前のマーケット・メイクシステムを利用した売買と同様の方法によることが原則とされていた。そこでは、マーケット・メーカーの発表する売り、買い気配等に対当する注文が付け合わされて売買取引が成立していた。現在は、ジャスダック市場を吸収した大阪証券取引所において、リクイディティ・プロバイダー制度として継承されている。大証・業務規程二八条・三〇条を参照。

（2）　たとえば、東証・業務規程一〇条二項、大証・業務規程一〇条二項を参照。

（3）　時間優先の原則は、昭和二四年における証券取引所の市場開設の条件として、当時の連合軍司令部によって示された証券取引三原則の一つであった。

（4）　このような価格優先の原則および時間優先の原則が金融商品取引所の開設する金融商品市場における競争売買のルールとして厳格に確立したのは、昭和四二年一〇月二日のバイカイ制度の廃止以後である。それ以前においては、自店優先の慣行および数量配分の慣行が存在し、時間優先の原則は完全には実施されていなかった。すなわち、ある会員の買付けまたは売付けの申出が他の会員のそれよりも時間的に後れていても、その会員がその申出に対応する売付けまたは買付けの申出を出した場合には、時間的に先順位にある他の会員の申出を排して、その会員の買付けおよび売付けの申出の間で売買が成立した。また、時間的に先順位の会員の買付けまたは売付けの申出が大量のものであるときは、その全部について売買が成立しなくても、時間的に後順位の申出に売買の成立の機会が与えられた。しかし、そのような自店優先または数量配分の慣行は、現在の業務規程の下では、時間優先の原則に反するものとして認められない。

（5）　したがって、金融商品取引業者は、顧客の委託にもとづく買付けまたは売付けの申出を有する場合には、それにつき売買を成立させた後でなければ、同一条件での自己の計算にもとづく買付けまたは売付けの申出につき売買を成立させてはならない。したがって、顧客は、金融商品取引業者が取引所金融商品市場で成立させた売買について、その委託の範囲内では、まずその委託にもとづく売買であると主張できる。

（6）　たとえば、東証・業務規程一四条五項、大証・業務規程一四条一〇項を参照。

（7）　金融商品の投資判断に影響を及ぼす重要な情報が存在する場合には、その情報にもとづく投資決定に応じて金融商品の市場価格が大きく変動する。そのような情報が存在する場合には、すべての投資者がその情報を基礎に投資決定をする機会が与えられなければならない。したがって、その情報の公表前、あるいはそれが投資者に広く利用されるようになる前に、その情報を知っている者が金融商品の売買をすることは内部者取引として禁止される。内部者取引の事実上の阻止は、一部の者が内部者取引をしようとする場合に金融商品取引所が金融商品市場における売買を一時的に停止することによってよくはかられる。しかし、売買の停止は、その影響が大きく、内部者取引の相当の蓋然性がある場合等を除いては、簡単には行えない。これに対して、値幅制限は、一般的な取引所金融商品市場における売買等の取引のルールであり、つねにその機能を発動させることができる。したがって、内部者取引への対処としては、売買の停止はより有効な手段であるが、その発動は必ずしも十分に行われない可能性がある。それに対して、値幅制限は、内部者取引への対処として十分に有効的ではないが、発動はより効果的に行われる。なお、売買の状況に異常がありまたは異常のおそれがあるときは、金融商品取引所は、売買の停止をなしうるのみならず制限値幅の縮小をなしうる。

３　売買等の取引の受託の規制

金融商品取引所は、その開設する取引所金融商品市場における有価証券の売買または市場デリバティブ取引の受託に関して受託契約準則を定めることを要する。金融商品取引所の会員等は、取引所金融商品市場における売買等の取引の受託につき、金融商品取引所の定める受託契約準則に従わなければならない（金商法一三三条一項）。

金融商品取引所の定める受託契約準則は、金融商品取引所の会員等が取引所金融商品市場における売買等の取引を受託する取引についての普通取引約款である。金融商品取引所の会員等に対して取引所金融商品市場での売買等の取引を委託する者は、別段の意思表示をした場合を除いては、受託契約準則の内容を知っていたか否かにかかわらず、受託契約準則によって取引したものとみなされ、受託契約準則によって拘束される。(1)

金融商品取引所の受託契約準則は、金融商品取引所の会員等およびその顧客は、受託契約準則を熟読し、それを遵守することを同意してすべての取引を処理すべきものとする旨を定めている。(2)さらに、取引所金融商品市場における売買等の取引を受託する金融商品取引所の会員等は、その委託者に対して、受託契約準則の内容を知らしめるように努力することが受託契約準則自体において予定されている。(3)

受託契約準則においては、金融商品取引所の会員等に対して取引所金融商品市場における売買等の取引を委託した者の買付代金もしくは売付証券の会員への支払いもしくは引渡しの時期および信用取引または発行日取引の委託保証金もしくはその代用証券の会員への支払いもしくは引渡しの義務および時期が定められている。(4)委託者がその時期までに買付代金もしくは売付証券または委託保証金もしくはその代用証券の支払いまたは引渡しをしないときは、会員等が任意に、委託者の売買等の取引または信用取引を決済するために、委託者の計算で売付けまたは買付けをすることができる。(5)これによって損害を被った場合、会員等が委託者のために占有する金銭または有価証券をその損害の賠償に充当し、なお不足額があるときは、その支払いを委託者に請求できる。(6)

金融商品取引所の会員等に対して取引所金融商品市場における売買等の取引を委託した者が、所定の時期までに、買付代金もしくは売付証券または委託保証金もしくはその代用証券の支払いまたは引渡しをしない場合、会員等は、委託者の売買等の取引または信用取引を決済するために、その計算で売付けまたは買付けをする権限を有する。もっとも、その義務を負うものではない。(7)したがって、委託者は金銭の支払いまたは有価証券の引渡しの義務を懈怠している間に有価証券の市場価格が自己の売買等に不利となっても、会員等がその売買等の取引を決済しなかったことを理由に、その損害を会員等に負担させることができない(8)。委託者は、いつでも会員等に指図をして売買等の取引を決済することができる。したがって、有価証券の市場価格の変動による不利益は自らの売買等の指図によって回避すべく、会員等がその利益の保護のために行使しうる自助売却権の不行使を理由に、これを会員等に転嫁することを認めることは妥当でない。

なお、かつては、金融商品取引所の受託契約準則において、取引所金融商品市場における売買等の受託に関する手数料について固定手数料体系が採用されていた。金融商品取引所が委託手数料を定め、すべての会員が取引所金融商品市場における売買等の取引の受託について所定の委託手数料を徴収しなければならないこととする場合には、他の価格協定の場合と同様に、会員間の競争を制限し、会員等の経営を堅実ならしめることに貢献する。しかし、それは、同時に、投資者から会員間の競争による利益を奪い(9)、会員等から競争より生じる経営合理化の刺激を排除する効果を伴う(10)。しかも、委託手数料が一括して定められているとすれば、会員等から売買等の取引の委託に関して投資助言を受けない投資者も、売買等の取引の執行のサービスに対するもの以上に、投資助言等のサービスの対価をも含んだ委託手数料を支払わなければならない(11)。したがって、金融商品取引所が委託手数料を決定し、会員等が取引所金融商品市場における売買等の取引を受託するには所定の委託手数料を徴収しなければならないとすることは、投資者の保護に寄与するかははなはだ疑わしいものであった(12)。そのため、平成一一年一〇月より、委託手数料は完全に自由化された(13)。

金融商品取引所の会員等は、取引所金融商品市場における売買等の取引の委託を受けた場合において、委託者が売買等の取引を執行すべき取引所金融商品市場を指定するときは、その市場において売買等の取引を執行しなければならないことは当然である(14)。これに対して、委託者が特定の取引所金融商品市場を指定しないときは、委託者に最も有利な市場において売買等の取引を執行しなければならない。売買等の取引の委託を受けた会員等は、受任者として、善良な管理者の注意を尽くしてその委任事務を処理する義務を負う（民法六四四条）。有価証券が複数の取引所金融商品市場で取引されているときは、委託者にとって最も有利な取引所金融商品市場で売買等の取引をすることは、委任事務を処理するにあたっての善良な管理者の注意義務の内容として要求されるからである(15)。したがって、複数の取引所金融商品市場において取引されている有価証券の売買等の取引の委託を受けた会員等が、それら複数の取引所金融商品市場におけるその有価証券の売買等の取引の状況を調査することなく(16)、特定の取引所金融商品市場でその売買等の取引を執行した場合において、他の取引所金融商品市場において売買等の取引をした方が委託者に有利であったときは、それによる損害を委託者に賠償する責任を負わなければならない。

また、金融商品取引所の会員等は、取引所金融商品市場における売買等の取引の委託を受ける場合、受託契約準則によって、委託者から委託注文の有効期間の指示を受けるべきである。その有効期間内においてのみ、委託者のために売買等の取引をする権限を有する。他方委託者の指示した有効期間内においても、取引所金融商品市場を取り巻く事情が大きく変動したときは、委託者の意思を確認することなく委託者のために売買等の取引を執行する権限を有しない。なぜなら、売買等の取引の委託は、委託当時の状況を背景とするものであり、その状況が委託者の投資判断に大きく影響を及ぼすほどに変更したときは、前になされた委託はその基礎を失うものと解されるからである。したがって、会員等は、取引所金融商品市場における売買等の取引の委託を受けた後、その売買等の取引にかかる有価証券の投資判断に影響を及ぼす重要な情報が発表されたときは、委託者の意思を確認することなくその委託にかかる売買等の取引を執行しても、その経済的効果を委託者に帰属させることができない(17)。

なお、平成一六年の改正で、金融商品取引業者に最良執行義務が法定されたことに留意が必要である（金商法四〇条の二）(18)。

（1）　最判昭和三七年二月六日裁判集民事五八号五一三頁・商事法務二四八号三一頁、東京地判昭和三七年一一月一日判例タイムズ一

三九号一二一頁。商品取引所の定める受託契約準則について、最判昭和四四年二月一三日民集二三巻二号三三六頁、東京高判昭和三九年七月二〇日東高民時報一五巻七・八号一四三頁も同旨の判示をしている。なお、千葉地判昭和四三年一月二二日判例時報五三〇号七二頁は、証券取引所の会員でない証券会社が証券取引所における売買取引の委託を受ける場合にも、証券取引所の受託契約準則がその受託契約につき拘束力を有するものと判示した。

(2)　たとえば、東証・受託契約準則二条、大証・受託契約準則二条を参照。

(3)　したがって、会員等に対して取引所金融商品市場における売買等の取引を委託する者が受託契約準則の内容を知らなくても、その委託契約は受託契約準則によって律されることになる。ただし、会員等が取引所金融商品市場における売買等の取引を受託するにあたって、委託者に受託契約準則の内容を知らせることをせず、それによって委託者が損害を被ったときは、会員等はそれによる損害を賠償する責めを負う。

(4)　たとえば、東証・受託契約準則一〇条以下、大証・受託契約準則一〇条以下を参照。

(5)　たとえば、東証・受託契約準則五三条一項、大証・受託契約準則五三条一項を参照。

(6)　たとえば、東証・受託契約準則五三条二項、大証・受託契約準則五三条二項を参照。

(7)　神崎克郎「証券売買委託者の法的地位（三）」神戸法学雑誌一四巻二号三三九頁。

(8)　最判昭和四四年二月一三日民集二三巻二号三三六頁、最判昭和三三年二月二〇日民集一二巻二号二五七頁参照。もっとも、東京地判昭和三四年一月二四日下民集一〇巻一号一一三頁は、証券取引所の会員は、委託者が所定の時期までに信用取引の委託保証金を預託しないときは、委託者の計算で取引を決済するための売買取引を行うべき義務を負うものであり、その後の有価証券の市場価格の変動による損失は、会員の負担に帰するものと判示した。

(9)　委託手数料についての価格協定は、取引所金融商品市場における売買等の取引を委託する投資者に価格競争がもたらす利益を享受させない。しかも取引所金融商品市場における売買等の取引の対象となる有価証券を信託財産とする投資信託の受益者である投資者からも競争上の利益を奪う効果をもつ。投資信託の信託財産である有価証券の売買等の取引が投資信託の委託会社の関係を有する会員等によって執行されているのも、その委託手数料が売買等の取引を執行する会員等にきわめて有利に定められており、委託手数料について会員間に自由な競争が許されないためであった。

(10)　委託手数料の決定は、すべての会員等の受託業務についての利益を保障しない。しかし、他の価格協定の場合と同様に、多くの会員等の受託業務からの利益を保障し、非効率的な会員等および非効率的な慣行を保持し、擁護するのに役立つ。それは、会員等から、古くさい慣行を排除し、高価な新鋭設備を導入し、外部資金を求め、将来に備えるための計画をする競争的な刺激を奪うことによって、証券業の合理化、効率化を妨げる効果を伴うことになると批判された。Folk, Restructuring the Securities Markets-The Martin Report : A Critique, 57Va. L. Rev. 1315, 1340-1341（1971）参照。

(11)　委託手数料は、売買等の取引を執行する直接の費用、会員等の種々の営業費用、投資助言の費用および会員等の利益を含んだものとして計算される。しかし、会員等に取引所金融商品市場における売買等の取引を委託する者の中には、会員等から投資助言等のサービスを受けない者がいる。そのような者は、一括手数料制度の下では、自己が受けないサービスに対してまでも費用の支払いを強制されることになっていた。

(12)　アメリカでは、委託手数料を金融商品取引所が定めることが投資者の保護のために有害であるとの判断の下に、一九七五年五月一日以後は、金融商品取引所の市場における売買取引の受託については、金融商品取引所が委託手数料を定めることができないものとした。イギリスにおいても、一九八六年のビッグバンにおいて最低手数料制が廃止され、自由化された。

(13)　証券取引審議会報告書「証券市場の総合的改革―豊かで多様な二一世紀のために」（平成九年六月一三日）は、株式売買委託手数料の自由化について、「多様なサービスの提供を促進していくために、法的枠組みを用意することに加え、多様な業務展開のためのインセンティブを提供すべきである。こうした観点から、業務の多角化を認めて業務展開の自由度を保証した上で、手数料の完全自由化を進めるべきである。これにより、顧客は様々なサービスと価格の組み合わせを選べるようになり、投資家の利便も著しく向上することとなる。」と述べた。

(14)　もっとも、委託者が委託にかかる有価証券の取引高が少なく、したがって価格変動の危険の大きい取引所金融商品市場での売買等の取引を指定したような場合には、会員等は、金融商品取引の専門的機関としてそのことを委託者に告げるべきである。それをすることなく、委託者が指定した取引所金融商品市場で売買等の取引を執行して委託者に損害を生じさせたときは、それによる損害を賠償する責めを負う。

(15)　同一の有価証券が複数の金融商品取引所に上場されている場合、各金融商品取引所は、その開設する取引所金融商品市場の厚みと流動性を高めるために、その会員等に対してその取引所金融商品市場で売買等の取引を執行することを要求する大きな利益を有している。しかし、金融商品取引所の会員等は、委託者に対して委託者のために最良の市場でその売買等の取引を執行すべき義務を負っている。この義務は、右のような金融商品取引所の要請に優先するものである。したがって、金融商品取引所の会員等は、金融商品取引所の要請を理由に、委託者の委託による売買等の取引を委託者に不利な取引所金融商品市場で執行することを許されない。金融商品取引所の会員等が特定の金融商品取引所の開設する取引所金融商品市場の厚みと流動性を増大させるために委託者の委託にもとづく売買等の取引を、たとえその市場での執行が委託者に不利であってもその市場で執行するのであれば、委託者からの受託に際してそのことを委託者に明らかにして、委託者の了解を得ておくべきである。そうでないときは、会員等は委託者を欺罔することになり、それによる損害を賠償する責任を負わなければならない。

(16)　金融審議会金融分科会第一部会報告「市場機能を中核とする金融システムに向けて」(平成一五年一二月二四日)は、「最良執行義務の内容としては、大多数の投資家にとって取引所で執行することが利益に合致している実情を踏まえ、価格のみならず、コスト、スピード、執行可能性などさまざまな要素を総合的に勘案して執行する義務とし、具体的な執行方法は証券会社自らが定めて顧客に示す、そしてその通りに執行されているかどうか検証するための報告・公表を一層充実させることが考えられる。こうした義務であるから、例えば、価格のみに着目して事後的に最良になっていなかったとしても、それのみをもって当局から義務違反を指摘されるような性格のものではない。」と述べている。

(17)　金融商品取引所の会員等が取引所金融商品市場における売買等の取引の委託を受けた後それを執行する前に、委託者の売買等の取引に不利な重要な情報を取得したがそれがいまだ一般に発表されていない場合、たとえば、有価証券の売付けの委託を受けてその執行をする前にその有価証券の発行会社が画期的な新製品の開発に成功したことをその発行会社の幹事証券会社として知ったが、その情報が発表されていない場合、会員等は、そのままで委託者の売買等の取引を執行することができるか否か、困難な立場に立つ。

(18)　最良執行義務については本書七八八頁参照。

4　特定取引所金融商品市場の開設

金融商品取引所は、業務規程の定めるところにより、その開設する取引所金融商品市場ごとに、会員等が特定投資家等以外の者(当該有価証券の発行者その他の内閣府令で定める者を除く)の委託を受けて行う有価証券の買付け(一般投資家等買付け)を禁止することができる(金商法一一七条の二第一項)。これは、平成二〇年の改正により、いわゆるプロ投資家に限定した市場を創設することを認めるものである(1)。

金融商品取引所は、一般投資家等買付けを禁止する場合において、その業務規程には特定取引所金融商品市場に関し、つぎに掲げる事項を定めなければならない(金商法一一七条の二第二項)。

①　有価証券の売買の受託の制限に関する事項

② 特定上場有価証券の発行者が提供または公表すべき特定証券情報および発行者情報の内容、提供または公表の方法および時期その他特定上場有価証券にかかる情報の提供または公表に関し必要な事項

（1） 金融審議会金融分科会第一部会報告「我が国金融・資本市場の競争力強化に向けて」（平成一九年一二月一八日）は、つぎのように述べる。

「諸外国においては、英国のＡＩＭや米国のＳＥＣ規則一四四Ａに基づく市場等、プロ投資家を念頭に置いた自由度の高い市場が拡大しており、魅力ある市場の構築に向けて国際的な市場間競争が進展している。我が国では、一般投資家が直接参加する市場においては、法定の情報開示等による厳格な投資者保護の枠組みが設けられているが、海外企業や国内の初期段階の新興企業にとって法定の情報開示等のコストが負担となり、我が国市場へのアクセスを遠ざける要因となっているとの指摘がある。このため、我が国においても、プロ投資家を対象とした自由度の高い取引の場を設けることにより、我が国金融・資本市場の活性化、国際競争力の強化を図っていくことが喫緊の課題となっている。すなわち、金融・資本市場においては、投資者保護の観点から、今後とも、情報開示等の重要性はより一層高まっていくものと考えられるが、情報収集能力・分析能力が十分に備わっているプロの投資家については、自己責任を基本とすることが可能であり、一般投資家とプロの投資家を区別した上で、プロに限定した自由度の高い効率的な取引の場を早急に整備すべきである」。

5　金融商品取引の清算機関の規制

金融商品取引においては、売買の注文を受け付け、約定がなされた後、清算の手続へと移行する。すなわち、約定がなされた取引について、債務の引受け、ネッティング、決済保証、相手方指定、決済指図、決済照合が行われる。その後、有価証券の受渡しや資金の決済が行われ、金融商品取引が完了する。

金融商品取引所における取引は、従来は各取引所が金融商品ごとに清算機関として清算業務を行ってきた(1)。このような売買執行市場または売買の当事者ごとにそれぞれが独立して清算業務を行うことは非効率であり、市場横断的な決済機関の必要性が生じていた。平成一四年、統一清算機関の創設を目的とする改正が実現した。そこでは、清算機

関について法律上の根拠を明確化し、必要な監督規定を設けた(2)。その後、平成二〇年秋のいわゆるリーマン・ショックに始まる世界的な金融危機を受けた国際的な議論や、わが国金融・資本市場においてみられた問題等を背景として、わが国金融システムの強化および投資者等の保護をはかることが重要な課題となった。そのため、店頭デリバティブ取引等の決済の安定性・透明性の向上等をはかるため(3)、平成二二年の改正により、一部の店頭デリバティブ取引について清算集中義務が課せられるとともに、従来の国内金融商品取引清算機関に加えて、外国金融商品取引清算機関の制度が設けられた（金商法一五六条の六二・一五六条の二〇の二）。また、同時に、わが国の清算参加者がわが国の営業時間中に国内金融商品取引清算機関を相手方として海外の清算機関の参加者との取引についての清算を行うことを可能にするため、国内金融商品取引清算機関が他の金融商品取引清算機関等との間で連携金融商品債務引受業務を行うことが可能となった（金商法一五六条の二〇の一六）。

　取引所金融商品市場において取引が成立した後、清算機関が売り方および買い方双方の債務を引き受け、更改その他の方法により負担する(4)。金融商品取引法においては、清算機関は、金融商品債務引受業を行うものとして規制の対象となる(5)。金融商品債務引受業は、金融商品取引業者、登録金融機関または証券金融会社（金融商品取引業者等）を相手方として、金融商品取引業者等が行う対象取引にもとづく債務の引受けを行う営業をいう（金商法二条二八項）。金融商品債務引受業は、内閣総理大臣の免許を受けた者でなければ行ってはならない（金商法一五六条の二）。金融商品清算業務の公共性にかんがみ、金融商品債務引受業を免許制とし、国内の清算機関についてはその営業主体を株式会社に限定している（金商法一五六条の四第二項一号）。平成二二年の改正により、外国清算機関の参入制度として創設された外国金融商品取引清算機関は、国内清算機関と同様に、内閣総理大臣の免許を必要としている（金商法二条二九項・一五六条の二〇の二）。ただし、国内清算機関が自ら負担した清算参加者の債務を連携先の清算機関に負担させる場合には、連携元の国内清算機関が内閣総理大臣の認可を受けて行うことができる(6)（金商法一五六条の二〇の一六第一項）。

　金融商品債務引受業の免許を申請するには、①商号、②資本金の額、③本店その他の営業所の名称および所在地、

④取締役および監査役（委員会設置会社にあっては取締役および執行役）の氏名、⑤会計参与設置会社にあっては会計参与の氏名または名称および⑥金融商品債務引受業および金融商品取引法一五六条の六第一項の業務ならびにこれらに附帯する業務以外の業務を行うときは、その業務の内容を記載した免許申請書を内閣総理大臣に対して提出しなければならない（金商法一五六条の三第一項）。(8) 免許申請書には、①免許申請者が金融商品取引法または金融商品取引法に相当する外国の法令の規定に違反し罰金刑（これに相当する外国の法令による刑を含む）に処せられ、その刑の執行を終わり、またはその刑の執行を受けることがなくなった日から五年を経過するまでの会社、免許申請者が金融商品取引法一四八条等にもとづき免許取消し等の処分を受け、その取消しの日から五年を経過しない会社、および、免許申請者の取締役、会計参与、監査役または執行役のうちに金融商品取引業者の登録拒否事由を定める金融商品取引法二九条の四第一項二号イからトまでに掲げる者、金融商品取引清算機関・外国金融商品清算機関が免許を取り消された場合において、その取消しの日前三〇日以内に当該金融商品取引清算機関の取締役、執行役または監査役であった者でその取消しの日から五年を経過しない者、主要株主が金融商品取引法一五六条の五の九第一項により認可を取り消された場合においてその取消しの日の前三〇日以内に当該主要株主の役員であった者でその取消しの日から五年を経過しない者、主要株主が金融商品取引法一五六条の五の九第一項の規定により認可を取り消された場合において、その取消しの日から五年を経過しない者、金融商品取引法一五〇条等にもとづき内閣総理大臣により解任を命じられた役員で当該処分を受けた日から五年を経過しない者のいずれかに該当する者のある会社、(9) に該当しない旨を誓約する書面、②定款、③会社の登記事項証明書、④業務方法書、⑤貸借対照表および損益計算書、⑥収支の見込みを記載した書類、⑦未決済債務等の決済を行うために必要な担保の徴求の方法その他の当該決済の仕組みおよび当該決済の業務を行うための設備、人員その他の体制の概要を記載した書類、および⑧その他内閣府令で定める書類を添付しなければならない（金商法一五六条の三第二項）。

内閣総理大臣は、金融商品債務引受業の免許申請がなされた場合、①定款および業務方法書の規定が法令に適合しかつ金融商品債務引受業を適正かつ確実に遂行するために十分であること、②金融商品債務引受業を健全に遂行するに足りる財産的基礎を有しかつ金融商品債務引受業にかかる収支の見込みが良好であること、および③その人的構成に照らし金融商品債務引受業を適正かつ確実に遂行することができる知識および経験を有しかつ十分な社会的信用を有すること、④未決済債務等の決済に充当する担保の適切な徴求、当該決済が円滑に行われるための信頼性の高い設備の運用その他当該決済が適正かつ確実に行われるための仕組みおよび体制が十分に整備されていることについて審査しなければならない（金商法一五六条の四第一項）。①は定款、業務方法書の規定内容、②は財産的基礎、③は人的構成に着目した規定であり、④はリスク量に応じた適切な担保の徴求が行われるか等を審査するものとなっている。(10) ④は平成二二年の改正で設けられた。

内閣総理大臣は、①免許申請者が株式会社（取締役会および監査役または委員会を置くものに限る）でないとき、②免許申請者が金融商品取引法または金融商品取引法に相当する外国の法令の規定に違反し罰金刑（これに相当する外国の法令による刑を含む）に処せられ、その刑の執行を終わり、またはその刑の執行を受けることがなくなった日から五年を経過するまでの会社であるとき、③免許申請者が金融商品取引法一五二条等にもとづき免許取消し等の処分を受け、その取消しの日から五年を経過しない会社であるとき、④免許申請者の取締役、会計参与、監査役または執行役のうちに金融商品取引業者の登録拒否事由を定める金融商品取引法二九条の四第一項二号イからトまでに掲げる者、金融商品取引清算機関が免許を取り消された場合において、その取消しの日前三〇日以内に当該金融商品取引清算機関の取締役、会計参与、監査役または執行役であった者でその取消しの日から五年を経過しない者、主要株主が金融商品取引法一五六条の五の九第一項により認可を取り消された場合においてその取消しの日の前三〇日以内に当該主要株主の役員であった者でその取消しの日から五年を経過しない者、主要株主が金融商品取引法一五六条の五の九第一項の規定により認可を取り消された場合において、その取消しの日から五年を経過しない者、金融商品取引法一五〇条等にもとづき内閣総理大臣により解任を命じられた役員で当該処分を受けた日から五年を経過しない者、のいずれかに該当する者のある会社であるとき、⑤免許申請書またはその添付書類もしくは電磁的記録のうちに重要な事項について虚偽の記載または記録があるとき、のいずれにも該当しない場合であって、かつ、前記の基準に適合していると認めるときは、金融商品債務引受業の免許を与えなければならない（金商法一五六条の四第二項）。

内閣総理大臣は、免許申請を受けた場合、その免許を与えることが適当でないと認めるときは、免許申請者に通知して、当該職員をして審問を行わせなければならない（金商法一五六条の五第一項）。また、免許を与えることとし、または与えないこととした場合においては、遅滞なく、その旨を書面により免許申請者に通知しなければならない（金商法一五六条の五第二項）。

金融商品取引清算機関は、業務方法書の定めるところにより、その業務を行うことを要し、業務方法書の必要的記載事項は法定されている（金商法一五六条の七）。すなわち、業務方法書には、①金融商品取引法一五六条の六第一項の業務を行う場合にあっては、その旨、②金融商品債務引受業等の対象とする債務の起因となる取引、③金融商品債務引受業等の相手方とする者（清算参加者）の要件に関する事項、④金融商品債務引受業等として行う引受け、更改その他の方法による債務の負担およびその履行に関する事項、⑤清算参加者の債務の履行の確保に関する事項、⑥有価証券等清算取次ぎに関する事項、⑦連携金融商品債務引受業務を行う場合にあっては、連携金融商品債務引受業務に関する事項、⑧その他内閣府令で定める事項（清算機関府令一七条）を定めなければならない（金商法一五六条の七第二項）。

金融商品取引清算機関の役員（役員が法人であるときは、その職務を行うべき者）もしくは職員またはこれらの職にあった者は、その業務に関して知りえた秘密を漏らし、または盗用してはならない（金商法一五六条の八）。また、金融商品取引清算機関は、特定の清算参加者に対し不当な差別的取扱いをしてはならない（金商法一五六条の九）。

平成二二年の改正により、国内清算機関に対して主要株主規制が導入された(11)。すなわち、金融商品取引清算機関の総株主の議決権の一〇〇分の五を超える議決権を保有することとなった者は、内閣府令で定めるところにより（清算機関府令八条）、対象議決権保有届出書を、遅滞なく内閣総理大臣に対し提出しなければならず（金商法一五六条の五の三第一項)、金融商品取引清算機関の総株主の議決権の一〇〇分の二〇以上の数の対象議決権を取得し、保有しようとする者は、あらかじめ内閣総理大臣の認可を受けなければならない（金商法一五六条の五の五第一項)。対象議決権保有届出書提出者に対する報告の徴取・検査（金商法一五六条の五の四)、保有基準割合以上の数の対象議決権を取得しようとする者の認可基準（金商法一五六条の五の六)、報告の徴取・検査（金商法一五六条の五の八)、監督上の処分（金商法一五六条の五の九）など、規定が整備された。

内閣総理大臣は、公益または投資者保護のため必要かつ適当であると認めるときは、金融商品取引清算機関、その清算参加者もしくは当該金融商品取引清算機関から業務の委託を受けた者に対し、当該金融商品取引清算機関の業務もしくは財産に関して参考となるべき報告もしくは資料の提出を命じ、または職員に、当該金融商品取引清算機関もしくは当該金融商品取引清算機関から業務の委託を受けた者の営業所に立ち入り、その業務もしくは財産の状況もしくは帳簿書類その他の物件を検査させることができる（金商法一五六条の一五)。また、内閣総理大臣は、金融商品取引清算機関の業務の運営または財産の状況に関し、公益または投資者保護のため必要かつ適当であると認めるときは、その必要の限度において、当該金融商品取引清算機関に対し、業務の運営もしくは方法の変更その他業務の運営または財産の状況の改善に必要な措置をとるべきことを命ずることができる（金商法一五六条の一六)。さらに、内閣総理大臣は、金融商品取引清算機関（金融商品取引所が金融商品取引清算機関を行うものを除く）がその免許を受けた当時、免許拒否事由のいずれかに該当していたことを発見したときは、その免許の取消処分ができる（金商法一五六条の一七第一項)。他方、内閣総理大臣は、金融商品取引清算機関が法令または法令にもとづく行政官庁の処分に違反したときは、金融商品取引清算機関の免許の取消し、関連業務もしくは金融商品取引所が金融商品取引清算機関を行う場合の承認の取消し、六か月以内の期間を定めてその業務の全部もしくは一部の停止命令、または、役員の解任命令を発することができる（金商法一五六条の一七第二項)。

金融商品取引清算機関は、金融商品債務引受業の廃止または解散の決議については、内閣総理大臣の認可を受けなければその効力を生じない（金商法一五六条の一八）。

平成二二年の改正により、一定の店頭デリバティブ取引について、金融商品取引清算機関の利用が義務づけられることとなった(12)。すなわち、金融商品取引業者等は、取引にもとづく自己および相手方の債務を、①店頭デリバティブ取引その他の取引のうち、取引高その他の取引の状況に照らして、その取引にもとづく債務の不履行がわが国の資本市場に重大な影響を及ぼすおそれがあるものであって、その特性にかんがみ、わが国において清算する必要があるものとして内閣府令で定める取引では、金融商品取引清算機関に、②店頭デリバティブ取引その他の取引のうち、取引高その他の取引の状況に照らして、その取引にもとづく債務の不履行がわが国の資本市場に重大な影響を及ぼすおそれがあるものとして内閣府令で定める取引（①を除く）では、金融商品取引清算機関（当該金融商品取引清算機関が連携金融商品債務引受業務を行う場合には、連携清算機関等を含む）または外国金融商品取引清算機関に、負担させなければならない（金商法一五六条の六二）。

（1）　清算機関の利用はつぎの点でメリットがある。第一に、金融商品取引の相手方の信用リスクを清算機関が引き受けることによりリスクを削減することができる。第二に、同一の金融商品の取引については売買をネッティングすることで資金決済・有価証券決済ともに数量を圧縮することができる。第三に、清算機関が仲介することで、売り方と買い方の間の秘匿性が確保できる。第四に、メンバーシップ制を採用する清算機関では、メンバーのリスクのモニタリングで足りるため、取引のモニタリングコストを削減することができる。証券取引法研究会「証券清算・決済システムⅡ」証券のペーパーレス化の理論と実務〔別冊商事法務二七二号〕五三頁（平野）（平成一六年）。

（2）　平成一四年七月一日、日本証券業協会や各証券取引所（当時）が出資して、株式会社日本クリアリング機構が設立され、内閣総理大臣の免許を得て、平成一五年一月一四日より、金融商品取引清算機関としての活動を始めた。平成一五年の改正により、金融商品取引清算機関についての規定が、五章の二から五章の三に繰り下げられた。

（3）　金融庁「金融・資本市場に係る制度整備について」（平成二二年一月二一日）は、つぎのように述べている。「今次の金融危機に際して、欧米においては、金融機関が膨大な店頭デリバティブ取引を相対で行っていることに加えて、個々の取引に係るリスク評価や情報の保存・蓄積が必ずしも適正に行われていなかったことから、①個別の取引者の破綻等の懸念により、店頭デリバティブ取引に係るカウンターパーティー・リスクへの懸念が深刻化するとともに、②店頭デリバティブ市場の透明性が欠如する中、金融機関の連鎖破綻（システミック・リスク）への懸念が表面化した。

こうした反省に基づき、店頭デリバティブ取引の清算集中に係る制度整備を行うことにより、

・相対で行われている店頭デリバティブ取引のカウンターパーティー・リスク（個別の金融機関の破綻に伴うカウンターパーティーリスク等）の顕在化が、市場全体のリスクの顕在化に波及することを抑止すること

・清算集中される個々の取引について、個別の金融機関が値洗いや担保管理を適切に行うこと

・清算機関においても、清算集中された取引の値洗いを日々行い、我が国市場の動態を反映したリスク量を適時適切に把握した上で必要なリスク量に応じた担保を金融機関から的確に徴求し、引いては市場全体のリスク管理の適正化を図ること

・清算機関自らが、店頭デリバティブ取引の清算の認定等に必要な情報を適切に取得すること

が必要と考えられる。

また、店頭デリバティブ取引に係る決済リスクへの懸念は、相対による取引・決済により、市場の透明性が欠如し、取引実態の十分な把握が行えなかったことに起因する面がある。このように市場の透明性が欠如していたことにより、監督当局において必要な対応を図る際にも困難な面があった。

従って、当局が清算集中された店頭デリバティブ取引に係る情報を清算機関から適切に取得できる制度を整備するとともに、清算集中されない相対の取引に係る情報も取得できる制度を構築することにより、

・当局による、店頭デリバティブ取引に係る平時のモニタリングを強化するとともに、危機時における迅速・適切な対応を可能とすること

・当局が一部の情報を市場に提供することで、市場の透明性・予測可能性を高めることを可能とすること

が必要であると考えられる。」

（4）　たとえば、A金融商品取引業者が売り方、B金融商品取引業者が買い方で、有価証券の売買契約が成立した場合、Aには有価証券の引渡債務と代金の受領債権、Bには代金の支払債務と有価証券の受領債権が発生する。清算機関は、AからBに対する有価証券の引渡債務を引き受けるとともに、Aから有価証券の受領債権を取得する。また、代金については、BからAに対する支払債務を引き受けるとともに、Bに対して受領債権を取得する。この後、AとBのすべての取引についてネッティングが行われ、決済機関への振替指図等の処理に移行する。証券取引法研究会・前掲注（1）五七頁。なお、平成二二年の改正により、従来の債務引受

方式に加えて、更改方式も認められることとなった。外国の清算機関によるわが国市場における清算業務への参入を認める制度が整備されたが、外国清算機関により、清算行為が、債務者の交代による更改など、国内の清算機関とは異なるスキームにより行われることが想定される。債務引受方式も更改等の他の形式も同一の規制を及ぼすべきであるからである。寺田達史他・逐条解説・二〇一〇年金融商品取引法改正八六頁（平成二二年）。

（5）　取引の状況やわが国の資本市場に与える影響等を勘案し、その清算をわが国の免許等を受けた清算機関が行わなくても、公益または投資者保護に支障がない一定の類型の取引について、必要に応じ、政令で債務引受業の適用除外が認められる（金商法二条二八項括弧書）。金融商品取引法施行令一条の一八の二は、外国の法令に準拠して設立された法人で外国において金融商品債務引受業と同種類の業務を行う者（当該業務を行うことにつき、当該外国の法令の規定により当該外国において金融商品取引清算機関の免許と同種類の免許またはこれに類する許可その他の行政処分を受けている者に限る）が当該業務として引受け等により負担する債務の起因となっている取引のうち、当該取引にもとづく債務の不履行によるわが国資本市場への影響が軽微なものとして金融庁長官が指定するものを定めている。具体的にどのような取引を適用除外として指定するかについては、国際的な店頭デリバティブ取引の規制動向その他の事情等も踏まえて検討される。齊藤将彦「平成二二年金融商品取引法等の一部改正に係る政令・内閣府令等の概要」商事法務一九二二号二五頁。

（6）　平成二二年の改正により、金融商品取引清算機関（金融商品取引所が金融商品取引清算機関を行う場合を除く。金商法一五六条の一九参照）に対して、最低資本金制度が創設された（金商法一五六条の五の二）。清算機関は危機の伝播を遮断する役割を担うシステム上重要なインフラであり、国内に設立された清算機関の基盤強化をはかる必要性が高いことを踏まえ、リスク管理能力の向上を図る観点から、導入された。寺田他・前掲注（4）一五五頁。これを受けて金融商品取引法施行令一九条の四の二は、一〇億円と定めている。もっとも、小出篤「金融商品取引清算機関」ジュリスト一四二二号一七頁は、規制の実効性を疑問とする。

金融商品取引清算機関は、資本金の額を減少しようとするときは、あらかじめ内閣総理大臣の認可を受けなければならず、資本金の額を増加しようとするときは、内閣府令で定めるところにより、内閣総理大臣に届け出なければならない（金商法一五六条の一二の三）。

（7）　金融商品取引清算機関は、金融商品取引法一五六条の六第一項にもとづき、業務方法書の定めるところにより、金融商品取引業者等以外の者を相手方として、金融商品取引業者等以外の者が行う対象取引にもとづく債務の引受けを業として行うことができる。金融商品取引法二条二七項一号は「顧客」が金融商品取引業者等を代理して成立させるものを、有価証券等清算取次ぎ業務の要件の一つに挙げている。この規定にもとづき、金融商品取引所の会員あるいは取引参加者ではない金融商品取引業者が、当該取引所において取引に関与する途が開かれる。すなわち、A金融商品取引業者は取引所の会員あるいは取引参加者として投資家の注文を取引所に取り次ぐことはできるが、金融商品取引清算機関の清算参加者ではない場合では、A金融商品取引業者が取り次いだ金融商品取引を金融商品取引清算機関を通して清算するには、金融商品取引清算機関の清算参加者（他社清算参加者）に取次ぎを依頼しなければならない。金融商品取引法二条二七項一号により、その場合に、当該清算参加者がたとえ当該取引所の会員等ではなくても、会員等であるA金融商品取引業者の「代理人」としての立場で取引所取引を成立させることができる。高橋康文＝長崎幸太郎・証券取引法における清算機関制度二八頁（平成一五年）参照。

金融商品取引清算機関（金融商品取引所が金融商品取引清算機関を行うものを除く）は、金融商品債務引受業務等およびこれに付帯する業務のほか、他の業務を行うことが原則として禁止されている。ただし、内閣府令に定めるところにより（清算機関府令一五条）、内閣総理大臣の承認を受ければ、金融商品債務引受業に関連する業務で、当該金融商品取引清算機関が金融商品債務引受業を適正かつ確実に行うにつき支障を生ずるおそれがないと認められるものについてはこれを行うことができる（金商法一五六条の六第二項）。その場合、内閣総理大臣の承認を受けた業務を廃止したときは、内閣府令に定めるところにより（清算機関府令一六条）、内閣総理大臣に届出を要する（金商法一五六条の六第三項）。

(8)　金融商品取引清算機関（金融商品取引所が金融商品取引清算機関を行うものを除く）は、免許取得後、本店その他の営業所の名称および所在地、取締役および監査役（委員会設置会社にあっては取締役および執行役）の氏名、または会計参与の氏名もしくは名称（会計参与設置会社の場合）のいずれかに変更があったときは、内閣府令に定めるところにより（清算機関府令二四条）、金融商品取引法一五六条の三第二項一号または三号に掲げる書類を添えて、その旨を内閣総理大臣に届け出ることを要する（金商法一五六条の一三）。

(9)　これらの事由は、金融商品取引清算機関（金融商品取引所が金融商品取引清算機関を行うものを除く）の取締役等の欠格事由であり、もし現職の取締役等がそれらの欠格事由に該当することとなったときは、その職を失う（金商法一五六条の一四第一項・二項）。さらに、内閣総理大臣は、不正の手段により金融商品取引清算機関の取締役等となった者のあることを発見したとき、または金融商品取引清算機関の取締役等が法令もしくは法令にもとづく行政官庁の処分に違反したときは、当該金融商品取引清算機関に対し、当該取締役等の解任を命ずることができる（金商法一五六条の一四第三項）。なお、金融商品取引清算機関においては、たとえ株式譲渡制限会社であっても、その取締役、会計参与および監査役の任期を定款によって一〇年まで伸張することは許されず、取締役、監査役、執行役は株主であることを要する旨の定款の定めを置くことも許されない（金商法一五六条の一四第四項）。

(10)　寺田他・前掲注（4）一五三頁。

(11)　清算機関は危機の伝播を遮断する役割を担うシステム上重要なインフラであり、国内に設立された清算機関について特定の大株主により運営に不当な影響力が行使され、清算業務にかかる清算参加者の範囲や取扱商品の幅等の事項が恣意的に策定されることとなった場合には、市場のインフラとしての清算機関の役割を十分に果たすことができなくなるおそれがあるので、国内に設立された清算機関の基盤強化をはかる必要性が高いことが、理由として挙げられている。寺田他・前掲注（4）一五五頁。

(12)　わが国における取引規模が多額で、清算集中による決済リスクの減少がわが国市場の安定に必要と考えられる一定の取引については、清算集中により市場全体へのリスクの波及を防止する必要があることから、本文に述べる義務づけがなされたと説明されている。寺田他・前掲注（4）二三〇頁。なお、和仁亮裕＝大間知麗子＝宇波洋介「清算集中・取引情報蓄積機関」ジュリスト一四一二号二六頁参照。

第二款　会員組織の金融商品取引所

一　会　員

1　会員の地位および資格

取引所金融商品市場を開設する金融商品会員制法人（会員金融商品取引所）は、会員組織の法人である（金商法八八条一項）。会員金融商品取引所の構成員として、会員は、金融商品会員制法人の定款の定めるところにより、出資をすることを要する（金商法九二条一項）(1)。

会員金融商品取引所が開設する取引所金融商品市場における有価証券の売買および市場デリバティブ取引は、その金融商品取引所の会員に限って行うことができる（金商法一一一条一項）。会員金融商品取引所の会員は、その取引所金融商品市場における売買等につき独占的な地位を保障されている。会員でない者が会員金融商品取引所の開設した金融商品市場における売買等に参加するためには、会員金融商品取引所の会員に有価証券の売買等の委託をしなければならない。そのことは、その金融商品市場における売買等に参加しようとする者が金融商品取引業者であるか否かを問わない。そして、会員に対して売買等の委託をする者は、会員に対して委託手数料を支払うことを要することから、会員でない金融商品取引業者は会員である金融商品取引業者に対して競争上不利な立場に立つことになる。(2)このことゆえに会員金融商品取引所の会員の地位は、経済的に有利な価値をもつことになる。(3)

もっとも、有価証券の売買および市場デリバティブ取引については、会員金融商品取引所は、定款に定めるところにより、会員以外の金融商品取引業者および取引所取引許可業者に対して、取引所金融商品市場における取引資格を与えることができる（金商法一一二条一項一号）。また公共債の市場デリバティブ取引、外国国債証券にかかる市場デリバティブ取引については、会員金融商品取引所は、定款の定めるところにより、公共債等にかかる自己売買業務の登録を受けた金融機関に対して取引所金融商品市場における取引資格を与えることができる（金商法一一二条一項二号）。後者は、公共債の先物市場の厚みを増し、現物市場との円滑な裁定を確保するために特に認められたものである。(4)

会員金融商品取引所の会員は、金融商品取引業者等に限られる（金商法九一条）。もっとも、各会員金融商品取引所は、定款によって（金商法八八条の三第二項五号）、その会員の資格をさらに制限することができる。ただし、会員金融商品取引所が国民経済および投資者の保護のために重要な公共的機能を有する組織であって、会員の経済的利益のためだけの私的なクラブではない。また、会員金融商品取引所の会員たる地位が前述のように独占的な性質を有して経済的に有利な価値をもっている。したがって、この会員資格の制限は、その加入手続をも含めて合理的なものでなければならず、公正な取引所金融商品市場の維持と投資者の保護の必要を超えて、会員金融商品取引所の会員加入を閉鎖的にするものであってはならない。(5)

会員金融商品取引所の会員および金融商品取引法一一二条にもとづき取引所金融商品市場での取引資格を与えられた者は、これらの者に対して金融商品市場における売買等の委託をした者および取引所金融商品市場においてこれらの者と売買等をした他の者の保護のために、会員金融商品取引所の定款の定めるところにより、会員金融商品取引所に対して会員信認金を預託しなければならない（金商法一一四条一項）。会員信認金は、定款の定めるところにより、有価証券をもってあてることができる（金商法一一四条二項）。会員金融商品取引所は、定款において、会員信認金の運用方法を定めなければならない（金商法一一四条三項）。

会員または金融商品取引法一一二条にもとづき取引所金融商品市場での取引資格を与えられた者の会員金融商品取引所に対する会員信認金の返還請求権の上に、第一次的には、会員または金融商品取引法一一二条にもとづき取引所金融商品市場での取引資格を与えられた者に対し取引所金融商品市場における有価証券の売買等の委託をした者が、その委託により生じた債権に関し、そして第二次的には、会員もしくは金融商品取引法一一二条にもとづき取引所金融商品市場での取引資格を与えられた者と取引所金融商品市場における売買等をした他の者または金融商品取引所が、その売買等の不履行により生じた損害に関し、それぞれ優先弁済権を有する（金商法一一四条四項・一一五条一項・二項）。この優先弁済権は、一種の先取特権であり、その支払いまたは引渡しの前に差押えをすることを必要とする（民法三〇四条一項ただし書）。(6)

（1）　会員の金融商品会員制法人に対する責任は、金融商品取引所が定款によって定める経費の負担（金商法八八条の三第二項八号参照）およびその会員が金融商品会員制法人に与えた損害のほかは、この出資額を限度とする（金商法九二条二項）。したがって、会員は、金融商品会員制法人に対して有限責任を負うのみで、金融商品会員制法人の債権者に対して直接の責任を負わない。

（2）　会員金融商品取引所の会員の、会員でない金融商品取引業者に対する競争上の有利性は、つぎの二点にあらわれる。一つは、金融商品取引業者が自己の計算で上場証券の売買をする場合に関し、会員は委託手数料の支払いを要しないのに、会員でない金融商品取引業者はそれを必要とされることによって不利な立場に立つ。他の一つは、金融商品取引業者の上場証券についての受託業務に関し、会員でない金融商品取引業者が上場証券の売買等の受託について会員と競争するためには、投資者に対して会員が徴収する額を超えて手数料を徴収することが実際上できない。ところが、その手数料の中からさらに会員への委託手数料を支払うことによって会員でない金融商品取引業者は、会員より経済上不利な立場に立たざるをえない。

（3）　歴史的な沿革および物理的な制約のゆえに、会員金融商品取引所の会員数は事実上限られている。金融商品取引業協会の協会員と異なって、会員金融商品取引所の売買業務を営むのに必要な種類の業務の登録をした金融商品取引業者も、そのすべてが会員金融商品取引所の会員となるわけではない。

（4）　証券取引審議会報告「債券先物市場の創設について」（昭和五九年一二月一一日）は、公共債の先物市場への直接参加者に関して、つぎのように述べている。

「多様な取引を可能にし先物市場の厚みを増すためにも、また、諸外国の先物取引所の事例にもかんがみ、直接参加者の範囲を広げることが望ましい。ただし、その場合、社会的信用度、現物市場における経験等に十分配慮する必要があろう。

そこで、先物市場で直接先物取引を行う者としては、投機家……としての役割が期待できる者にまで広げるべきであるという意見や国債引受シ団メンバーのうち一定の資格要件を満たしている者をすべて含むべきであるとの意見もあるが、現物市場との円滑な裁定を確保する観点から証券業務のうち公共債のディーリング業務の認可を受け、業務遂行能力があると認められる金融機関にまで広げるのが適当であると思われる。」

（5）　会員金融商品取引所の会員数が制限されている場合には、金融商品取引所の会員となろうとする金融商品取引業者がすべて会員となれないことがある。たしかに、そのような事態は、公正な金融商品市場の維持と投資者の保護のために会員金融商品取引所の会員に特別の要請をする結果として生じるものであるときは合理的である。もっとも、既存の会員の経済的な権益を守るためのものあるいはそのような結果を生じさせるものであるときは、合理的なものとは考えられない。なお、Securities and Exchange Commission, Report of Special Study of Securities Markets 88th Cong. 1st Sess. H. Doc. No. 95 Pt. 1, 67-68（1963）参照。

（6）　なお、会員信認金に対する委託者または他の会員の優先権は、国税債権におくれる（国税徴収法八条）（広島地判昭和三一年六月二二日下民集七巻六号一六〇六頁、福岡地判昭和三六年五月一二日訟務月報七巻六号一二三六頁）。また、会員に対して多数の者が取引所金融商品市場における売買等の委託をし、その委託により会員に対して債権を取得している場合においても、会員信認金の返還請求権について転付命令を得た委託者が金融商品取引所に対して会員信認金の支払いを求めたときは、会員金融商品取引所は会員信認金についてのすべての委託者の平等取扱いを理由に、その支払いを拒むことができない（東京地判昭和三六年一〇月二〇日下民集一二巻一〇号二五九九頁）。この点については、神崎克郎「会員信認金に対する転付命令の効力」証券・商品取引判例百選〔別冊ジュリスト二〇号〕四七頁参照。

２　会員の加入および脱退

会員の会員金融商品取引所への加入について、金融商品取引法は、これを具体的に定めず、会員金融商品取引所の定款においてこれを定めるべきものとしている（金商法八八条の三第二項五号）。ただし、会員加入に関する定款の規定は、取引所金融商品市場における売買等の公正・円滑を確保し、投資者を保護するため十分なものであることを必要とする（金商法八二条一項一号）。

会員金融商品取引所の定款は、会員加入には理事会の承認を要する旨を定めている。もっとも、会員加入の承認において、理事会が会員加入の申請にかかる者の会員加入を承認または拒否することが公益および投資者の保護に合致するか否かを審理すべきことを要求していない(1)。したがって、定款に定める多数決の手続で会員加入を拒否された者には、会員加入の拒否を争う余地がない。もっとも、会員金融商品取引所は私的なクラブではなく公益的な性質を有する。したがって、その会員たる地位に独占的な経済的利益が伴っている点にかんがみると、会員金融商品取引所の会員加入が理事会の多数決のみによって決まることの妥当性は再検討の余地がある(2)。

会員の金融商品取引所からの脱退には、会員金融商品取引所の承認を受けて行う任意脱退（金商法九四条）と、会員資格の喪失、解散または除名による法定脱退（金商法九五条）とがある。会員金融商品取引所がその行為によって強制的に会員を脱退させる除名の原因については、金融商品取引法自体は、これを定めておらず、金融商品取引所の定款においてこれを定めるべきものとしている（金商法八八条の三第二項五号）。会員金融商品取引所の定款は、会員の除名事由およびその手続を定めている。会員の除名事由は、会員を除名することが取引所金融商品市場における公正な取引を確保し、投資者を保護するために必要または適当なものであることを要する。したがって、単に、理事会の多数決によって会員を除名することができる旨の定款の規定は、妥当性を欠く。

会員金融商品取引所を脱退しようとする会員は、会員金融商品取引所の承認を受けて、その持分を他に譲渡することができる（金商法九三条）。持分の譲渡は、会員が金融商品取引所を任意脱退する場合のみならず法定脱退する場合にも認められる(3)。したがって、除名によって脱退する場合にも、会員金融商品取引所の承認を受ける限り、会員はその持分を他に譲渡できる。会員金融商品取引所を除名される会員は、取引所金融商品市場における公正な取引の確保および投資者の保護のために会員たる地位を継続して保有することを許されないに過ぎない。その持分を他に譲渡することを排斥されるべきいわれはない。ある者が持分を譲り受けて金融商品取引所の会員に加入できるか否かは、持分を譲り受けようとする者に関して判断されればよい。持分の譲渡人が除名によって脱退する者であるか否かによって左右されるべきでないからである。ただし、脱退する会員は、必ずしもその持分を他に譲渡しなければならないものではない。これを他に譲渡しないときは、会員金融商品取引所に対してその持分の払戻しを請求することができる（金商法九六条）。

会員が金融商品取引所を脱退した場合または取引参加者が取引資格を喪失した場合において、その会員等にその取引所金融商品市場における売買等の未決了のものがあるときは、会員金融商品取引所は、本人もしくはその一般承継人または他の会員等にその売買等を結了させるようにさせなければならない（金商法一一六条一項前段）。本人またはその一般承継人が売買等を結了させるときは、それらの者は売買等の結了の範囲内で会員等とみなされる（金商法一一六条一項後段）。また他の会員等が売買等を結了させるときは、その会員と本人またはその一般承継人との間に委任契約が成立していたものとみなされる（金商法一一六条二項）。

（1）　会員金融商品取引所の定款ではかつては会員の定数が定められていた。それは、取引所金融商品市場における公正な取引の確保または公益もしくは投資者の保護の配慮によって定められているというよりは、既存会員の独占的な経済的利益の保護に重点を置いて定められていた。

会員の除名については、後述のように、会員金融商品取引所の定款は、除名事由を具体的に定めており、したがって、会員が理事会の多数決によって「正当な理由」なしに除名されることがないようにしている。もっとも、会員の加入についてはその拒否事由は具体的に定めてはいない。したがって、加入申請者が理事会の多数決によって「正当な理由」なしに加入を拒否されることを阻止しようとしていない。すなわち、取引所金融商品市場で売買等をすることができるという独占的な利益に関して、既存の会員の利益は保護されているが、会員となろうとする者の利益の保護は十分に配慮されていない。

（2）アメリカの上院の銀行・住宅および都市問題委員会の証券小委員会が発表した証券市場調査報告は、一九七五年改正前の証券取引所法が証券取引所の会員加入の拒否について証券取引委員会の審査制度を定めていなかったことに関して、つぎのように述べた。「取引所が現在の運営において巨大な経済力の準独占体であるというまさにそのことのゆえに、何人もそれへの加入を不当に拒否されないことを確保するより大きな必要性が存在するように考えられる。……自主規制機関のこの加入を規制する規則が会員の適格性を決定するのに公正かつ秩序ある手続を定め、証券取引委員会が、会員加入の拒否が気まぐれであったり差別的であったりしないことを確保するために、自主規制機関の行う不当な行為を審査する権限をもつべきである。」(Subcommittee on Securities of the Committee on Banking, Housing and Urban Affairs, Security Industry Study Report, 154 (1973)).

これを受けて、アメリカの一九七五年の証券取引所法の改正によって、証券取引所への加入の拒否に関しても、会員加入の申請者に対して拒否の明確な理由を通知し、その理由につき審問の機会を与え、記録を作成し、拒否の決定にあたってはその根拠となった理由を述べることを含む「公正かつ秩序ある手続」によることを要し、またその拒否の処分が証券取引委員会の審査に服するものとされることになった。神崎克郎「米国の一九七五年証券諸法改正法」インベストメント二九巻三号一四頁参照。

（3）石塚一正・改正証券取引法要論三〇四頁（昭和四一年）参照。ただし、鈴木竹雄＝河本一郎・証券取引法〔新版〕三九二頁（昭和五九年）は、法定脱退の場合には、会員には持分譲渡の機会が与えられず、会員の出資の回収は、持分の払戻しによってのみ行われるとする。もっとも、そこでは、譲渡の対象となる持分と払戻しの対象となる持分とが区別されており、前者は金融商品取引所の会員たる地位であり、後者は会員が金融商品取引所の財産に対して有する分前である計算上の数額であるとする。

二　役員および会員総会

1　役　員

会員金融商品取引所は、その運営に関する機関として、一人の理事長、二人以上の理事、および二人以上の監事からなる役員を置かなければならない（金商法九八条一項）。

理事長は、対外的には、会員金融商品取引所を代表し、対内的には、その事務を総理する（金商法九九条一項）。理事は、定款の定めるところにより、金融商品取引所を代表し、理事長を補佐して金融商品取引所の事務を掌理し、理事長に事故があるときはその職務を代理し、理事長が欠員のときは、その職務を行う者である（金商法九九条二項）。

理事長の代表権および理事の理事長に事故または欠員がある場合の代表権は、これを内部的に制限しても、善意の第三者に対抗することができない（金商法八八条の一二）[1]。また、監事は、会員金融商品取引所の事務を監査するものである（金商法九九条三項）。理事または監事の職務を行う者がない場合において、必要があるときは、内閣総理大臣は、仮理事または仮監事を選任することができる（金商法八七条の六第一項）[2]。

役員の資格については金融商品取引法に要件が定められている。すなわち、①成年被後見人または被保佐人、②破産手続開始決定を受けて復権を得ない者、③禁錮以上の刑に処せられその刑の執行を終わりまたはその刑の執行を受けることがなくなった日から五年を経過しない者、④金融商品取引業者（法人）、金融商品仲介業者（法人）、および取引所取引許可業者（法人）においてその登録等取消しの日前三〇日以内にその法人の役員（取締役・執行役もしくはこれに準ずる者または国内における代表者）であった者でその取消しの日から五年を経過しない者、⑤金融商品取引業者（個人）および金融商品仲介業者（個人）が登録を取り消された場合において、その取消しの日から五年を経過しない者、⑥内閣総理大臣により解任を命じられた金融商品取引業者（法人）、金融商品仲介業者（法人）の役員でその処分を受けた日から五年を経過しない者、⑦金融商品取引法等の規定に違反し罰金の刑に処せられ、その刑の執行を終わり、またはその刑の執行を受けることがなくなった日から五年を経過しない者、ならびに、会社法等の規定により刑に処せられてその刑の執行を終わった後もしくは執行を受けることがないこととなった日から二年を経過するまでの者は、会員金融商品取引所の役員となることができない（金商法九八条四項）。また、会員金融商品取引所の役員がこれらに該当することとなったときは、その職を失う（金商法九八条五項）。なお、金融商品取引所の役員は、他の金融商品取引所の役員を兼ねることができない（金商法八七条の五）。

理事長は、会員の選挙によって選任された理事の選挙により選任される（金商法九八条二項）。理事は、定款に定めるところにより、会員の選挙によって選任するのが原則であるが（金商法九八条二項）、定款に特別の定めがある場合は、理事長が理事の過半数の同意を得て定款に定める理事を選任することができる（金商法九八条三項）。また、監事は、定款に定めるところにより、会員の選挙によって選任される（金商法九八条二項）。これらの役員の選任には内閣総理大臣の承認を必要としない。ただし、それに変更が生じた場合は、内閣総理大臣に届け出なければならない（金商法一四九条二項前段）。

金融商品取引所の運営については、内閣総理大臣が取引所金融商品市場における公正・円滑な取引の確保ならびに公益および投資者の保護の観点から監督をしている。会員金融商品取引所の役員構成自体においても、このような目的を推進するための配慮がなされることが望ましい。そこで、会員金融商品取引所の定款においては、理事のうち一定数の者は、金融商品取引業または金融商品取引業と直接関係ある業務に従事する者以外で会員金融商品取引所の運営に関して公正な判断をすることができる公益代表者でなければならないものと定めている(3)。

内閣総理大臣は、金融商品取引所の役員が不正の手段によりその地位に就き(4)、または法令、定款もしくは法令にもとづく行政官庁の処分に違反したときは、金融商品取引所に対しその役員の解任を命ずることができる（金商法一五〇条一項）。役員の選任および解任は、金融商品取引所自体が行うべきことであるので、内閣総理大臣は、金融商品取引所に対して役員を解任することを命ずるのであって、この命令によって当然に役員の解任の効果は生じない(5)。解任命令の原因となる法令違反は、金融商品取引所の役員としての適格が問題となりうるような法令違反であり、金融商品取引法の違反に限らない(6)。

内閣総理大臣は、金融商品取引所が法令、法令にもとづく行政官庁の処分もしくは定款その他の規則に違反し、または会員等もしくは上場証券の発行者が法令、法令にもとづく行政官庁の処分もしくは金融商品取引所の定款、業務規程もしくは受託契約準則その他の規則に違反し、もしくは定款その他の規則に定める取引の信義則に背反する行為をしたにもかかわらず、それらの者に対し法令またはそれらの規則を遵守させるために金融商品取引法、金融商品取引法にもとづく命令または定款その他の規則により認められた権能を行使せずその他必要な措置をなすことを怠った場合において、公益または投資者の保護のため必要かつ適当であると認めるときは、金融商品取引所に通知してその職員に聴聞を行わせた後、理由を示して、その役員の解任をなすことができる（金商法一五二条一項一号・二項）。

（1）金融商品取引法八八条の一二は、理事の代表権に加えた制限を善意の第三者に対抗しえない旨を定める。もっとも、会員金融商品取引所の理事は、平時においては、「定款の定めるところにより」金融商品取引所を代表する権限を有するので（金商法九九条二項）、善意の第三者に対する関係でも、定款に定める限りでその範囲内でのみ代表権を有するものである。

（2）理事または監事は、それぞれ二人以上存在することを要するものとされている（金商法九八条一項）。もっとも、それらがそれぞれ一人となっても、なお理事または監事の職務を行う者が存在するので、内閣総理大臣は、仮理事または仮監事を選任することができない。

（3）ニューヨーク証券取引所の改革に関して発表された同証券取引所理事会宛のマーチン・レポートは、同取引所の準公的な性格と公衆、上場会社および証券界の利害の関与にかんがみ、同取引所の理事会は一〇人の公益理事と一〇人の会員理事からなり、公益理事は、上場会社の代表者ならびに投資信託、銀行、信託会社および保険会社等の金融機関を含むすべての一般投資者の代表を含むべきことを勧告した。Martin, The Securities Markets : A Report with Recommendation, 7-8 (1971).

（4）欠格事由を隠して役員に就任した場合、役員選挙に際し、買収などの手段を用いた場合等が考えられる。河本一郎＝関要監修・逐条解説証券取引法〔三訂版〕一一八二頁（平成二〇年）。

（5）株式会社金融商品取引所では、取締役会の決議を経て、代表取締役が、解任を命じられた取締役・監査役の解任決議を得るために株主総会を開催する必要がある。

（6）したがって、金融商品取引所の業務に関連する刑罰法規の違反は解任命令の根拠となるが、単なる交通法規の違反は解任命令の根拠とならない。

2　会員総会

会員金融商品取引所は、会員組織の法人であり（金商法八八条一項）、その基本的な意思決定は、会員よりなる会員総会によって行われる。すなわち、会員総会は、理事および監事を選任し（金商法九八条二項）、定款を変更する（金商法八八条の八）ほか、定款をもって理事に委任したもの以外の会員金融商品取引所の事務につき決議をする権限を有する（金商法八八条の一七）。[1]

会員総会は、毎年一回開催される通常総会と必要があるときに随時開催される臨時総会とからなる（金商法八八条の一四・八八条の一五）。いずれにおいても会日の五日前までに会議の目的たる事項を示して招集されることを要し（金商法八八条の一六）、定款に別段の定めがあるときを除いては、招集通知に示された事項についてのみ決議をすることができる（金商法八八条の一八）。会員総会における会員の議決権は、定款に別段の定めがある場合を除いては、平等であり、代理人によって行使することができ、また、書面によって行使することもできる（金商法八八条の一九）。なお、会員金融商品取引所と特定の会員との関係につき決議するときは、その会員の議決権の行使は認められない（金商法八八条の二〇）。

（1）　会員金融商品取引所の定款においては、理事によって構成される理事会に広範な権限が委ねられており、会員総会の権限として残されているものは、理事および監事の選任ならびに定款の変更のほかは、決算書類の承認、役員報酬の決定、解散の決議等わずかなものに限られている。

第三款　株式会社組織の金融商品取引所

一　株式会社金融商品取引所の許容

金融商品取引所は、内閣総理大臣の免許を受けて金融商品市場を開設する金融商品会員制法人または株式会社である（金商法二条一六項）。平成一二年の改正により、従来の会員制組織の金融商品取引所に加えて株式会社組織の金融商品取引所が許容されるに至った(1)。その背景には、第一に、株式会社組織を採用することで国内外における市場間競争を勝ち抜いていくため意思決定の迅速性が期待されているという事情があった。第二に、株式の発行による資本の集積が見込まれる。第二次世界大戦前には、株式会社組織の証券取引所が認められていた。そのため、理論的に会員組織に限定しなければならないと結論する根拠は見出しがたい。もっとも、株式会社は本来営利を追求する団体であり、金融商品取引所が担うべき公共的使命との間に矛盾が生じないとも限らない(2)。そこで、金融商品取引法は、株式会社組織の金融商品取引所が社会的使命を果たすよう制度的に保障するため、株式会社組織の金融商品取引所に特有の規定を設けている。以下では、会員金融商品取引所に関する規制との重複を避け、株式会社組織の金融商品取引所に特有の規定を中心に扱うことにする。

(1)　金融審議会第一部会報告「証券取引所等の組織形態の在り方について」(平成一二年一二月二一日)は、「諸外国においては、金融自由化の進展の中で、取引所会員の同質性が薄まりつつあり、こうした事情が組織形態の株式会社化への動きを加速させている。我が国においても、金融システム改革により、株式委託手数料の自由化等が図られたことを契機に今後会員の経営スタイル等の多様化が一層進むことが予想される中で、様々な環境変化や多様なニーズに対してより迅速に対応できる組織形態が必要になる……。また、巨額なシステム投資への資金需要に対し、会員組織の下でどこまで対応できるかという問題も生じている。証券取引所の株式会社化には、……、意思決定の迅速化、資金調達方法の多様化・円滑化、関係者の意識変革、証券市場全体の機能強化といったメリットがあると考えられ、諸外国の証券取引所の株式会社化も、これらのメリットの発揮を目指して行われようとしているものと理解することができる。」と述べていた。

(2)　公共性が求められているのは金融商品市場の運営についてであると考えれば、公共性保持のためには、運営主体よりもむしろ運営内容や自主規制の維持・強化を重視する方が妥当であるとの見解も述べられている。証券取引法研究会「証券取引所等の株式会社化」インベストメント五四巻一号四七頁(黒沼)。

二　株主規制

1　総株主の議決権の二〇パーセント以上の取得・保有の原則禁止

何人も、原則として株式会社金融商品取引所の総株主の議決権の二〇パーセント以上にあたる議決権を取得しかつ保有してはならない（金商法一〇三条の二第一項本文）[1]。第一種金融商品取引業者または投資運用業者においては総株主の議決権の二〇パーセント以上の取得について届出制度が採用されているのに対して、金融商品取引所については原則として禁止されている。金融商品市場の開設・運営者という公益性を考慮した違いと考えられる。取得または保有の態様その他の事情を勘案して内閣府令で定めるものは除かれる[2]。一方で、①金銭の信託契約その他の契約または法律の規定にもとづき株式会社金融商品取引所の対象議決権を行使することができる権限または当該議決権の行使について指図を行うことができる場合、②株式の所有関係、親族関係その他の政令で定める特別の関係[3]にある者が株式会社金融商品取引所の対象議決権を取得もしくは所有する場合も、その対象議決権は議決権の二〇パーセント以上取得・所有しているか否かを計算する上で通算される（金商法一〇三条の二第五項、金商令一九条の三）。対象議決権の保有割合を計算する際は株主名簿上の名義を基礎に行うのではなく、実質的に所有者といえるか否かが判断基準となる。

認可金融商品取引業協会、金融商品取引所、金融商品取引所持株会社、商品取引所または商品取引所持株会社が取得し、または保有する場合には、たとえ総議決権の二〇パーセント以上を取得し、または所有することになっても許される（金商法一〇三条の二第一項ただし書）。したがって、これらの者は、金融商品取引所の持株会社となることができる。

さらに、所有する対象議決権の数に増加がない場合その他の内閣府令で定める場合[4]においては、たとえ総議決権の二〇パーセント以上を取得し、または所有することになっても違法ではない[5]（金商法一〇三条の二第二項）。しかし、この場合には、特定保有者になった旨その他内閣府令で定める事項を遅滞なく内閣総理大臣に対し届け出ることを要する（金商法一〇三条の二第三項）。しかも、原則として三か月以内に二〇パーセント未満になるように処分しなければならない（金商法一〇三条の二第四項）。

（1）平成一八年改正前の証券取引法が総議決権の過半数取得を原則として禁止し、二〇パーセント以上の取得を認可制としていたところ、平成一七年、M&Aコンサルティング代表取締役村上世彰氏が、個人として、大阪証券取引所の株式の二〇パーセント以上を取得することについて、金融庁に認可申請を行った。金融庁は、同年八月、村上氏の関係法人である投資顧問業者等の活動と大阪証券取引所の自主規制業務の間に生じる利益相反の可能性を審問によっても払拭することができず、利益相反を回避するような当局としての法的担保手段も存在しないため、申請者による議決権行使が、取引業務の健全かつ適正な運営を損なうおそれがないとの基準に適合しているとの確証が得られなかったとして、かかる認可を行わない旨を通告した。

金融審議会金融分科会第一部会報告「投資サービス法（仮称）に向けて」（平成一七年一二月二二日）は、この点についてつぎのように述べている。

「取引所について世界的な再編が進む中で、取引所株式が上場される場合（とりわけ自市場への上場の場合）に、特定・少数の株主に支配され、取引所の自主規制機能と特定の株主との利益相反の問題が生ずるおそれがあることや、より営利性を意識した運営が行われる可能性についての関心が高まっている。こうした状況を踏まえ、上場された取引所については前述の制度的枠組みに沿って自主規制機能を担う組織の独立性を確保するよう求めるとともに、最近の会社法制改正により株式会社の機関設計の柔軟化が図られていることなどを踏まえ、主要株主規制などの現行制度を点検し、必要に応じ適切な対応を講ずることが適当と考えられる。」

（2）①信託業を営む者が信託財産として取得し、または所有する会社の株式にかかる議決権、②法人の代表権を有する者または支配人が当該代表権またはその有する代理権にもとづき取得し、または所有する会社の株式にかかる議決権、③会社の役員または従業員が当該会社の他の役員または従業員と共同して当該会社の株式の取得（一定の計画に従い、個別の投資判断にもとづかず、継続的に行われ、各役員または従業員の一回あたりの拠出金額が一〇〇万円に満たないものに限る）をした場合において当該取得をした会社の株式を信託された者が取得し、または所有する当該会社の株式にかかる議決権、④相続人が相続財産として取得し、または所有する会社の株式にかかる議決権、⑤会社が自己の株式の消却を行うために取得し、または所有する会社の株式にかかる議決権も除外される（取引所府令四二条）。これらを除く議決権を対象議決権という。

（3）特別な関係としては、①共同で株式会社金融商品取引所の対象議決権を取得し、もしくは保有し、または当該株式会社金融商品取引所の対象議決権を行使することを合意している者（共同保有者）の関係、②夫婦の関係、③会社の総株主等の議決権の一〇〇分の五〇を超える議決権を保有している者（支配株主等）と当該会社（被支配会社）との関係、④被支配会社とその支配株主等の他の被支配会社との関係が挙げられる（金商令一九条の三第一項）。さらに、④共同保有者が合わせて会社の総株主等の議決権の一〇〇分の五〇を超える議決権を保有している場合には、当該共同保有者は、それぞれ当該会社の支配株主等とみなされ、⑤夫婦が合わせて会社の総株主等の議決権の一〇〇分の五〇を超える議決権を保有している場合には、当該夫婦は、それぞれ当該会社の支配株主等とみなされ、⑥支配株主等とその被支配会社が合わせて他の会社の総株主等の議決権の一〇〇分の五〇を超える議決権を保有している場合には、当該他の会社も、当該支配株主等の被支配会社とみなされて、第一項の規定が適用される（金商令一九条の三第二項～四項）。

（4）①保有する対象議決権の数に増加がない場合、②担保権の行使または代物弁済の受領により会社の対象議決権を取得し、または保有する場合、③第一種金融商品取引業を行う者が業務として対象議決権を取得し、または保有する場合、④証券金融会社が当該業務として会社の対象議決権を取得し、または保有する場合が該当する（取引所府令四三条）。

（5）①特定保有者になった日、②特定保有者に該当することとなった原因、③その保有する対象議決権の数が該当する（取引所府令四四条）。

2　金融商品取引所持株会社の規制

株式会社金融商品取引所の対象議決権の過半数の取得・保有は、株式会社金融商品取引所を子会社とする場合には、例外的に許容される。[1] 株式会社金融商品取引所を子会社としようとする者または株式会社金融商品取引所を子会社とする会社を設立しようとする者は、あらかじめ内閣総理大臣の認可を受けなければならない（金商法一〇六条の一〇第一項本文）[2]。内閣総理大臣は、①認可申請者等が、もっぱら株式会社金融商品取引所を子会社として保有することを目的とする者であること、②認可申請者等およびその子会社となる株式会社金融商品取引所の収支の見込みが良好であること、③認可申請者等がその人的構成に照らして、その子会社となる株式会社金融商品取引所の経営管理を適確かつ公正に遂行することができる知識および経験を有すること、④認可申請者が十分な社会的信用を有する者であることといった基準に適合するかどうかを審査する（金商法一〇六条の一二第一項）。

②において、認可申請者等の収支の見込みが良好であることに加えて、子会社となる株式会社金融商品取引所の収支の見込みが考慮されることとなる。金融商品市場の開設免許の要件としてもかかる見込みが要求されておらず（金商法八二条一項参照）、株式会社金融商品取引所を持株会社化するための審査基準として特に必要であるかどうか議論の余地がある。

内閣総理大臣は、審査の結果、審査基準に適合していると認めるときは、原則として認可を与えなければならない（金商法一〇六条の一二第二項）。もっとも、①認可申請者等が株式会社（取締役会および監査役または委員会を置くものに限られる）でないとき、②認可申請者が金融商品取引法（外国の法令で金融商品取引法に相当するものを含む）に違反し、罰金の刑（これに相当する外国の法令による刑を含む）に処せられ、その刑の執行が終わり、またはその刑の執行を受けることがなくなった日から五年を経過するまでの者であるとき、③認可申請者が所定の行政処分を受けたものであるとき、④金融商品市場の開設者の免許基準のうち、役員に関しての欠格事由があるとき、⑤認可申請書・添付書類に重大な虚偽記載または記録があるときには認可を与えないことができる。①により、金融商品取引所持株会社は株式会社組織で営むことが要求されることとなる。(3)

金融商品取引所持株会社の規制については、金融商品取引所に関する規制と同様の規制が定められている。(4) 金融商品取引所持株会社を許容しつつ金融商品取引所規制の脱法を回避しようとする趣旨である。

なお、金融商品取引所は金融商品取引所または金融商品取引所持株会社によって保有されることが認められている（金商法一〇三条の二第一項ただし書）のに対して、金融商品取引所持株会社による金融商品取引所持株会社の保有についての定めはない。(5)

（1）　持株会社が複数の取引所を子会社として保有することで、持株会社を活用した取引所間の提携を認める必要がある。欧州では持株会社ユーロネクストの下でパリ、アムステルダム、ブリュッセル、リスボン、ＬＩＦＦＥが統合され、ドイツ取引所グループでも持株会社を活用した取引所間の統合が進んでいる。金融審議会金融分科会第一部会「取引所のあり方に関するワーキング・グループ報告」（平成一四年一二月一六日）。このような状況を踏まえて、わが国の金融商品取引所もグローバルな競争力の確保に向けた内外取引所との戦略的な提携が行える制度の整備が求められた。かかる事情を背景として、平成一五年の改正で、金融商品取引所持株会社の制度が創設された。

（2）もっとも、認可金融商品取引業協会、金融取引所、商品取引所または商品取引所持株会社が株式会社金融商品取引所を子会社とする場合は、内閣総理大臣の認可を要しない（金商法一〇六条の一〇第一項ただし書）。

（3）株式会社はガバナンスにおいて透明性が高く、公益性をもつ事業を行う企業体にふさわしい。証券取引法研究会「平成一五年の証券取引法等の改正Ⅳ・証券会社・証券取引所の株主規制」平成一五年の証券取引法等の改正〔別冊商事法務二七五号〕八〇頁（川口）（平成一六年）。一方で、外国の株式会社に相当するような会社でも、直接には持株会社になれないこととなり、株式会社に資格を限定する必要性に疑問が提起されている。証券取引法研究会・右掲八七頁（黒沼）。

（4）一〇〇分の二〇を超える議決権保有の禁止（金商法一〇六条の一四（金商法一〇三条の二に対応））、五パーセント・ルール（金商法一〇六条の一五以下（金商法一〇三条の三以下に対応））、主要株主規制（金商法一〇六条の一七以下（金商法一〇六条の三以下に対応））、監督官庁による権限（金商法一〇六条の二七以下（金商法一五一条以下に対応））が存在する。

（5）金融商品取引法一〇六条の一四第一項ただし書は、金融商品取引所が金融商品取引所持株会社の親会社となることを認めているに過ぎない。

3　五パーセント・ルール

平成一五年の改正前までは、何人も、株式会社金融商品取引所の総株主の議決権の一〇〇分の五を超える議決権を取得し、または保有することが禁止されていた（平成一五年改正前証取法一〇三条）。これは、特定の大株主が、取引所金融商品市場の運営に不当な影響力を行使する危険を防止するためのものであり、平成一二年の改正によって株式会社形態の取引所が認められた際に、同時に規定されたものであった。もっとも、かかる規制は、当初から、海外を含めた取引所間の資本関係を通じた提携を困難にするとの批判があった。さらに、株式会社にあっては、大株主の存在は、彼らが保有株式を売却しないように、経営を効率的に行うインセンティブを経営者に与えるものである。先の総株主の議決権の一〇〇分の五を超える株式保有の禁止はかかるインセンティブを疎外する要因となる。以上のことから、平成一五年の改正で、取引所間の提携を可能とするとともに、経営に対する市場のチェック機能が一層有効に働くようにするため、総株主の議決権の一〇〇分の五を超える株式保有の禁止規制が廃止されることとなった(1)。

一方で、取引所金融商品市場の機能には、効率的な資金配分という公益性が存在している点に留意が必要である。また、金融商品取引所には自主規制機関としての機能があり、特定の大株主によって、かかる自主規制の公正性や中立性が損なわれてはならない。以上のことから、株式会社金融商品取引所の株主には一定の規制を及ぼし続けることが適当と考えられた。

株式会社金融商品取引所の株主は、当該株式会社金融商品取引所の総株主の議決権の一〇〇分の五を超える対象議決権保有者となったときは、内閣府令で定めるところにより、対象議決権保有割合、保有の目的その他内閣府令で定める事項を記載した対象議決権保有届出書を、遅滞なく、内閣総理大臣に提出しなければならない（金商法一〇三条の三第一項）。この対象議決権保有届出書の提出により、行政当局が保有目的などを監視できる仕組みとなっている。当該届出書を提出せず、または虚偽の記載をした者は六か月以下の懲役もしくは五〇万円以下の罰金に処せられ、またはこれらが併科される（金商法二〇五条一七号）。内閣総理大臣は、当該届出書のうちに虚偽の記載があり、または記載すべき事項の記載が欠けている疑いがあると認めるときは、提出者に対して参考となるべき報告もしくは資料の提出を命じ、または職員をしてその者の書類その他の物件の検査をさせることができる（金商法一〇三条の四）。

(1)　金融審議会第一部会報告「証券市場の改革促進」（平成一四年一二月一六日）参照。将来的に、取引所の株式が市場で取引されるようになれば、さらに、主要株主の変動を通じて市場メカニズムによる取引所のガバナンスが期待される。

4　主要株主規制

地方公共団体その他の政令で定める者⑴（地方公共団体等）は、金融商品取引法一〇三条の二第一項の規定にかかわらず、内閣府令得で定めるところにより、内閣総理大臣の認可を受けて、株式会社金融商品取引所の総株主の議決権の一〇〇分の二〇以上一〇〇分の五〇以下の数の議決権を取得し、または保有することができる（金商法一〇六条の三第一項）⑵。このような認可を受けた者を、主要株主という。ただし、認可金融商品取引業協会、金融商品取引所、金融商品取引所持株会社、商品取引所または商品取引所持株会社が取得・保有する場合には、たとえ過半数の議決権を取得し、または所有することになっても認可を要しない（金商法一〇三条の二第一項ただし書参照）。

さらに、所有する対象議決権の数に増加がない場合その他の内閣府令で定める場合⑶においては、一〇〇分の五〇を超える数の議決権を取得・所有することができる（金商法一〇六条の三第二項）。もっとも、この場合には、特定保有団体等になった旨その他内閣府令で定める事項⑷を遅滞なく内閣総理大臣に対し届け出ることを要する（金商法一〇六条の三第三項）。

内閣総理大臣は、公益または投資者保護のために必要かつ適当と認めるときは、金融商品取引所の主要株主に対して、当該金融商品取引所の業務もしくは財産に関し、参考となるべき報告もしくは資料の提出を命じ、または職員をして当該主要株主の書類その他の物件の検査をさせることができる（金商法一〇六条の六）。さらに、主要株主が法令に違反したとき、またはその行為が金融商品取引所の業務の健全かつ適切な運営を損なうおそれがあると認めるときは、当該主要株主に対して、主要株主としての認可を取り消し、その他監督上必要な措置をとることを命じることができる（金商法一〇六条の七第一項）。認可が取り消された場合は、三か月以内に、議決権の保有割合を一〇〇分の二〇未満にするために必要な措置をとらなければならない（金商法一〇六条の七第二項）。第一種金融商品取引業者または投資運用業者の主要株主（法人の場合）は、金融商品取引法その他列挙された法律の規定に違反し、罰金刑に処せられた場合にかかる命令が出される（金商法三二条の二・二九条の四第一項五号ホ⑵）のに対して、株式会社金融商品取引所の主要株主は、「法令」に違反した場合のみであっても、同様の命令が出される（金商法一〇六条の七第一項）。「法令」の解釈によっては、厳格な規制となる可能性がある。

主要株主の認可審査の基準が法定されている（金商法一〇六条の四第一項）。そこでは、認可申請者が、①対象議決権を行使することにより、金融商品取引所の業務の健全かつ適切な運営を損なうおそれがないこと、②金融商品取引所の業務の公共性に関し十分な理解を有するものであることが規定されている。

（1）　金融商品取引法一〇六条の三第一項に規定する政令で定める者は、①地方公共団体、②一定の要件を満たす外国金融商品取引市場開設者、③一定の要件を満たす外国金融商品市場開設者持株会社、④一定の要件を満たす外国商品市場開設者、および⑤一定の要件を満たす外国商品市場開設者持株会社とされている（金商令一九条の三の三）。

（2）　認可申請書には①商号もしくは名称または氏名および本店もしくは主たる事務所の所在地または住所もしくは居所、②法人であるときは、代表者の氏名、③地方公共団体であるときは、長の氏名、④保有する対象議決権の数および保有割合ならびに認可後に取得し保有しようとする対象議決権の数および保有割合、ならびに⑤取得理由を記載し、金融庁長官に提出しなければならない（取引所府令五四条一項）。認可申請書の添付書類については、取引所府令五四条二項に列挙されている。なお、認可を受けずに対象議決権の二〇パーセント以上を取得し保有した場合には、一年以下の懲役もしくは一〇〇万円以下の罰金またはそれらを併科される（金商法二〇〇条一七号）。

（3）　①保有する対象議決権の数に増加がない場合、②担保権の行使または代物弁済の受領により対象議決権を取得し、または保有する場合、③第一種金融商品取引業を行う者が業務として対象議決権を取得し、または保有する場合、④証券金融業務を営む者が当該業務として対象議決権を取得し、または保有する場合が該当する（取引所府令四三条）。

（4）　①特定保有団体等になった日、②特定保有団体等に該当することとなった原因、③その保有する対象議決権の数が該当する（取引所府令五六条・四四条）。

三　商品取引所との相互乗入れ

1　取引所の業務範囲

株式会社金融商品取引所は、内閣総理大臣の認可を受けて、商品先物取引をするために必要な市場の開設業務およびこれに附帯する業務を行うことができる（金商法八七条の二第一項ただし書）。これは、平成二一年の改正で規定された。(1) 同年の商品先物取引法の改正で、商品取引所は、主務大臣の認可を受けて、金融商品市場の開設業務およびこれに附帯する業務を行うことができるようになった（商先法三条）。このほか、商品先物取引法では、算定割当量取引の市場開設が認められるなど、金融商品取引所の業務と極めて類似する業務内容が規定されている。

金融商品取引所が、商品先物取引市場を開設するには、金融商品取引法上の認可が必要であるだけでなく、商品先物取引法において、商品取引所としての許可および兼業業務として金融商品市場開設の認可が必要となる。金融商品取引所による商品市場開設業務への参入が認められるのは株式会社組織の金融商品取引所に限られる（金商法八七条の二第一項ただし書括弧書）。商品取引所による金融商品市場開設業務への参入が認められるのも株式会社組織の商品取引所に限定される（商先法三条）。したがって、相互参入は、会員組織の取引所には認められない。(2)

(1)　金融審議会金融分科会第一部会報告「我が国金融・資本市場の競争力強化に向けて」（平成一九年一二月一八日）は、つぎのように述べていた。

「諸外国の状況を踏まえると、我が国取引所の経営基盤を強化し、国際競争力の強化を図っていくためには、我が国の取引所についても、取引所間の資本提携を通じたグループ化等によって、株式、債券や金融デリバティブからコモディティ・デリバティブまでのフルラインの品揃えを可能とする制度整備を早急に行っていく必要がある。この場合、金融商品取引法に商品取引所法を統合していくべきとの意見もあり得る。一方、コモディティ・デリバティブ取引については、引き続き、商品の生産及び流通の円滑化を図るという観点からの規制が必要との指摘もある。このような状況の中で両法を直ちに統合しようとすれば、金融商品取引法の、金融商品及び金融取引に関する横断的な法制としての性格を損なうとの問題が生じると考えられる。こうした現状を考慮すれば、フルラインの品揃えを可能とするグループ化等に向けた制度整備を早急に行っていくためには、金融商品及び金融取引は金融商品取引法で規制し、コモディティ・デリバティブ取引は商品取引所法の下で規制するという、両法制の枠組みの下で、資本提携等を通じた相互参入等を可能としていくことが喫緊の課題であり、以下の法的措置等を早急に講じることが適当である。」「金融商品取引所が本体でコモディティ・デリバティブ市場を開設する場合であっても、通常、金融商品市場の運営を適正かつ確実に行うことに支障が生じるおそれは低いと考えられる。したがって、金融商品取引所本体の業務範囲を拡大し、金融商品取引所等の子会社における場合と同様に、内閣総理大臣の認可を受けて、商品取引所法の枠組みの下、コモディティ・デリバティブ市場を開設することも選択肢として用意することが適当である。」

ところで、平成二一年改正前から、金融商品取引所は、①取引所金融商品市場の開設業務、②①に附帯する業務、③算定割当量にかかる取引を行う市場の開設業務、④その他金融商品の取引に類似するものとして内閣府令で定める取引を行う市場の開設業務、⑤④に附帯する業務を行うことができた（平成二一年改正前金商法八七条の二）。④において、金融商品の取引に類似するものとして、商品先物取引等を内閣府令で規定すれば、金融商品取引所がそれを取り扱うことは、一応可能な法制度となっていた。

この点について、右掲・金融審議会金融分科会第一部会報告は、「コモディティ・デリバティブ市場の開設業務は、その公共性や果たすべき機能、リスク管理等の面で、金融商品市場の開設と極めて類似している。また、取引所グループとして、コモディティ・デリバティブを含めた多様な品揃えを可能とすることは、金融商品市場、コモディティ・デリバティブ市場の双方に相乗効果をもたらし得る。」「このような点を踏まえると、コモディティ・デリバティブ市場の開設は、金融商品取引所の関連業務として整理することが適当である。」としていた。

しかし、内閣府令でこのような取引が指定されることはなかった。このように、改正前でも内閣府令の指定で、商品市場の開設業務を金融商品取引所の業務とする余地があったものの、平成二一年の改正は、この点を明確にした。

なお、商品取引所の業務については、①商品・商品指数について先物取引をするために必要な市場の開設業務、②上場商品の品質の鑑定、刊行物の発行、③その他これに附帯する業務のみが認められていた（平成二一年改正前商取法三条）。ここでは、金融商品取引所のように、「類似する」取引の市場開設が認められる規定はなく、証券取引など金融取引の市場を開設することができる余地はまったくなかった。

（2）　この点、金融商品市場と異なり、必ずしも金融商品取引業者等において専門的な知識・経験を有していることが期待できない商品市場については、商品先物取引法にもとづく厳格な規制の遵守を徹底し、取引の円滑および利用者保護をはかる上で、金融商品取引業者等の自治による適正な業務運営や相互監視が適切に機能しない可能性があることが理由とされている。池田唯一他・逐条解説・二〇〇九年金融商品取引法改正二九四頁（平成二一年）。

2　取引所・取引所持株会社の子会社の範囲

金融商品取引所の子会社や取引所持株会社の子会社（取引所の兄弟会社）の範囲について、平成二一年改正前までは、①取引所金融商品市場の開設業務を行う会社、②①に附帯する業務を行う会社、③取引所金融商品市場の開設に関連する業務を行う会社に限定されていた（平成二一年改正前金商法八七条の三・一〇六条の二四）。平成二一年の改正で、金融商品取引所が子会社として保有できる業務として、「商品先物取引をするために必要な市場の開設業務」（商品市場開設業務）「商品先物取引をするために必要な市場の開設に関連する業務」が追加された（金商法八七条の三第一項ただし書）。子会社の保有には内閣総理大臣の認可が必要である。この改正で、金融商品取引所は商品先物市場を開設する会社を子会社として保有することができることとなった。また、金融商品取引所持株会社も、同様の会社を子会社として保有することができる（金商法一〇六条の二四第一項ただし書・一〇六条の一二第一項一号ハ・ニ）。

すでに内閣総理大臣の認可を受けて商品市場を開設する金融商品取引所が、他に商品取引所や商品市場の開設に附帯する業務を行う会社を子会社とする場合には、あらためて、内閣総理大臣の認可は不要である（金商法八七条の三第二項）。本体で、商品市場を適切に運営することができるとして認可を得ている以上、当該業務を行う子会社の保有につき、さらに認可を必要とするまでもない(1)。

(1)　商品取引所が子会社または持株会社の子会社として金融商品取引所を保有するために法整備もなされている。すなわち、平成二一年改正前の商品取引所法では、子会社の業務範囲についての規定はなかった。同年の改正で、金融商品取引所を子会社化することを可能とするために手当がなされている（商先法三条の二）。さらに、商品取引所持株会社の制度が創設され、その子会社の業務について取引所本体の子会社と同様の業務が規定されている（商先法九六条の三七）。商品先物取引法は、商品取引所の議決権の五パーセント超の取得または保有を禁止するが、その例外として金融商品取引所、金融商品取引所持株会社が取得・保有する場合を定めている（商先法八六条）。

四　会社法の適用とその例外

1　設立手続

株式会社金融商品取引所は、株式会社であるため、会社法の適用を受ける。金融商品取引法は、金融商品市場開設の母体となる株式会社について発起人あるいは株主に特別の資格を求めていない。株式会社を設立する場合の原始定款の記載事項が増える程度で（金商法一〇三条参照）、公証人の認証を得なければならないことも同様である（会社法三〇条）。発起設立、募集設立いずれの方法を用いても構わない。最低資本金は一〇億円と法定されている（金商法八三条の二、金商令一九条）。

2　経営管理機構

株式会社金融商品取引所の経営管理機構として、監査役会設置会社の場合は株主総会、取締役会、代表取締役および監査役会の各機関を設けなければならない。委員会設置会社の場合は株主総会・取締役会に加えて、監査役に代えて指名・監査・報酬の各委員会ならびに代表執行役および執行役の機関を設けなければならない。株式会社金融商品取引所では、会計監査人監査が強制される。

役員の欠格事由は会員金融商品取引所の理事・監事の欠格事由が準用され、会社法三三一条が定めるよりも厳しいものとなっている（金商法一〇五条の二・九八条四項・五項）。また、裁判所による仮取締役、仮会計参与、仮監査役、仮代表取締役、仮執行役および仮代表執行役の選任は行われず、取締役、会計参与、監査役、代表取締役、執行役または代表執行役の職務を行う者のない場合において、必要があると認められるときは、内閣総理大臣が仮取締役、仮会計参与、仮監査役、仮代表取締役、仮執行役または仮代表執行役を選任する（金商法八七条の六第二項・三項）[1]。また、他の金融商品取引所（株式会社組織の取引所に限らず会員金融商品取引所も含まれる）の役員の兼任が禁止されている（金商法八七条の五）。

（1）　内閣総理大臣は、仮取締役、仮会計参与、仮監査役、仮代表取締役、仮執行役または仮代表執行役を選任したときは、株式会社金融商品取引所の本店および支店の所在地を管轄する登記所にその旨の登記を嘱託しなければならない。しかも、その場合には仮取締役、仮会計参与、仮監査役、仮代表取締役、仮執行役または仮代表執行役の選任を行ったことを証する書面を添付しなければならない（金商法八七条の七）。

3　増減資の手続

株式会社金融商品取引所は、資本金の減少を行おうとするときは、内閣総理大臣の認可を受けなければならない（金商法一〇五条一項）[1]。また、株式会社金融商品取引所は、増資を行おうとするときは、内閣府令の定めるところにより、内閣総理大臣に届出をしなければならない（金商法一〇五条二項）[2]。

（1）　株式会社金融商品取引所は、認可申請書に①理由書、②資本減少の方法を記載した書類、③株主総会・取締役会の議事録、④最終の貸借対照表、⑤会社債権者に対する異議申立公告および催告の状況を記載した書類、⑥株券提出公告を記載した書類、⑦その他参考となるべき事項を記載した書類を添付して金融庁長官に提出しなければならない（取引所府令四七条）。

（2）　株式会社金融商品取引所は、届出書に①増資の方法を記載した書類、②取締役会議事録、および③増資後に想定される貸借対照表を添付して金融庁長官に提出しなければならない（取引所府令四八条）。

4　その他の規制

会員制金融商品取引所の場合は金融商品取引所における取引の主体として第一義的には会員が存在している。したがって、たとえ取引資格を他の金融商品取引業者あるいは登録金融機関に対して与えることがなくとも、開設する取引所金融商品市場の運営に直接窮することは少ない。これに対して株式会社金融商品取引所の場合には、出資者である株主とは別に、開設する取引所金融商品市場において取引の主体となるべき者の存在が不可欠である。その意味で株式会社金融商品取引所については取引参加者が必須の存在である。取引参加者になろうとするインセンティブを業者に対して与えることが実際上は重要である。法はこれについては関与せず、取引所の自助努力に委ねている。

なお、裁判所は、株式会社金融商品取引所の清算手続、破産手続、再生手続、更生手続または承認援助手続において、内閣総理大臣に対し、意見を求め、または検査もしくは調査を依頼することができる。内閣総理大臣は、これらの手続において、必要があると認めるときは、裁判所に対し、意見を述べることができる（金商法一〇五条の三）。

第四款　金融商品取引所による自主規制

一　自主規制業務

1　自主規制業務の意義

金融商品取引所は、会員金融商品取引所であるか株式会社金融商品取引所であるかにかかわらず、金融商品取引法および定款その他の規則に従い、取引所金融商品市場における有価証券の売買および市場デリバティブ取引を公正にし、ならびに投資者を保護するため、自主規制業務を適切に行わなければならない（金商法八四条一項）。平成一八年改正前の証券取引法当時から証券取引所は、会員制であるか株式会社形態であるかを問わず、その開設する取引所市場が適正に運営されるよう会員等および上場証券の発行者に対し自主規制を行うことが当然に予定されていた。金融

商品取引法は、金融商品取引所の自主規制業務を明文で定めている。(1)

金融商品取引法上、金融商品取引所が行うことを義務づけられている「自主規制業務」は、①金融商品、金融指標またはオプション（金融商品等）の上場および上場廃止に関する業務、②会員等の法令、法令にもとづく行政官庁の処分もしくは定款その他の規則または取引の信義則の遵守の状況の調査、および③その他取引所金融商品市場における取引の公正を確保するために必要な業務として内閣府令で定めるものとされている（金商法八四条二項）。

①の金融商品等の上場および上場廃止に関する業務のうち、特定市場デリバティブ取引（市場デリバティブ取引のうち業務規程その他の規則において当該市場デリバティブ取引の対象となる金融商品等の銘柄が特定されているもの）のための金融商品等の上場および上場廃止に関する業務は自主規制業務から除外される（金商法八四条二項一号、取引所府令六条一項）。

③の内閣府令で定めるものとしては、(i)会員等が行う取引所金融市場における有価証券の売買または市場デリバティブ取引の内容の審査（取引所金融商品市場における有価証券の売買または市場デリバティブ取引を円滑にするため、これらの取引の状況について即時に行うものを除く）、(ii)会員等の資格の審査、(iii)会員等に対する処分その他の措置に関する業務、(iv)上場する有価証券の発行者が行う当該発行者にかかる情報の開示または提供に関する審査および上場する有価証券の発行者に対する処分その他の措置に関する業務、(v)①および②に掲げる業務ならびに(i)から(iv)に掲げるもの（特定自主規制業務）に関する業務規程その他の規則（金融商品等の上場および上場廃止に関する基準ならびに会員等の資格の付与に関する基準を除く）の作成、変更および廃止、(vi)特定自主規制業務に関する定款の変更（金融商品等の上場および上場廃止に関する基準ならびに会員等の資格の付与に関する基準に関する定款の変更を除く）にかかる総会または株主総会の議案の概要の作成が規定されている（金商法八四条二項三号、取引所府令七条）。

（1）　金融商品取引法が金融商品取引所に対して自主規制業務を明文で定めた趣旨について、「投資者が取引所金融商品市場を通じて金融商品取引を安心して行うためには、金融商品取引所が開設する市場が公正・透明で信頼できるものでなければならない。そのためには、市場開設者である金融商品取引所自身が市場の公正性・透明性・信頼性の確保を図ることが必要である」と説明されている。山口己喜雄＝平下美帆＝西方建一＝尾崎輝宏＝平岡泰幸「金融商品取引業協会・金融商品取引所」商事法務一七八〇号一九頁。

２　自主規制業務の委託

金融商品取引所が自主規制業務を自ら実施することは、金融商品取引法が予定するところである。一方、金融商品取引法は、金融商品取引所が自主規制業務を外部に委託する選択をする余地を認めている。すなわち、金融商品取引所は、内閣総理大臣の認可を受けて、自主規制法人に対し、当該金融商品取引所にかかる自主規制業務の全部または一部を委託することができる（金商法八五条一項）(1)。委託先の自主規制法人は、委託元の金融商品取引所が自ら設立することまでは要求されておらず、他の金融商品取引所が設立した自主規制法人に対し委託することも許される。なお、金融商品取引所は、自主規制業務のうち特定取引所金融商品市場にかかるものであって、その内容等を勘案し、投資者保護の根幹にかかわる事項以外のものを取り扱う業務として内閣府令で定めるものを、他の者に委託することが許され、その場合には内閣府令で定めるところにより、当該特定業務の適正な実施を確保するための措置を講じなければならない（金商法八五条四項・五項）。

金融商品取引所は、自主規制法人に対する自主規制業務の委託について内閣総理大臣の認可を受けようとするときは、①当該金融商品取引所の名称、②委託先の自主規制法人（受託自主規制法人）の名称、③委託する自主規制業務の内容、④委託する費用の額の算出方法、⑤委託契約の終了の事由に関する事項、⑥委託金融商品取引所および受託自主規制法人による自主規制業務の分掌の方法ならびにその他の委託金融商品取引所および受託自主規制法人相互の関係に関する事項および⑦自主規制業務を委託する理由を記載・記録した認可申請書を内閣総理大臣に対し提出することが必要である（金商法八五条の二第一項、取引所府令八条一項）(2)。

内閣総理大臣は、認可申請があった場合、その申請が①受託自主規制法人が金商法一〇二条の一四の認可を受けたものであること、②委託契約において、当該委託をする費用の額の算出方法が、自主規制法人が委託を受けた自主規制業務を行うために適正かつ明確に定められていること、③委託契約において、受託自主規制法人が当該委託にかかる自主規制業務に関して知りえた情報を当該自主規制業務の用に供する目的以外のために利用しない旨が定められていることおよび④①から③のほか、委託契約の内容が受託自主規制法人における自主規制業務の適正な実施を確保するために十分なものであることといった基準に適合するかどうかを審査しなければならない（金商法八五条の三）。内閣総理大臣は、認可を与えることが適当でないと認めるときは、認可申請者に通知して、当該職員に審問を行わせなければならず、認可を与えるかどうかにかかわらず、審査結果を、遅滞なく、書面により認可申請者に対し通知しなければならない（金商法八五条の四）。内閣総理大臣には認可について裁量が与えられている。

（1）　金融審議会金融分科会第一部会報告「投資サービス法（仮称）に向けて」（平成一七年一二月二二日）は、「平成一二年の証券取引法改正において認められた株式会社形態をとる取引所においては、株主による統治を基礎とした営利を目的とする組織であることから、株式会社として株主の利益を追求する局面において、その営利性と、自主規制機能などの取引所における公共的性格を有する業務との間に利益相反が生じるおそれがある。このため、取引所における自主規制機能が他の業務から独立して遂行されることが求められる。他方、自主規制業務の適正な遂行は、取引所取引の公正性・透明性という取引所の提供するサービスの質を向上させることにより、より多くの取引が集まり、取引所の利益増につながるとも考えられる。このように、営利性は自主規制機能の適正な発揮という公共性と両立し得ないことはないとも考えられる。また、自主規制のメリットとして、取引の現場に近いことから市場の実情に即したきめの細かい対応が可能との指摘もある。こうした現場の品質管理といった側面も踏まえると、取引所を取り巻く環境や、市場の開設者が自らの市場をどうデザインしていくかとの方針は、取引所によって異なり得るものであることから、自主規制機能を担う組織については、別法人におくことや、独立性を高めた上で同一法人内におく方式など、市場の開設者が自らの判断により選択できる制度とすることが考えられる」と述べていた。

（2）　認可申請書に添付することが要求されるものとして①受託自主規制法人が受けた設立認可に関する書類の写し、②自主規制業務にかかる委託金融商品取引所および受託自主規制法人の事務の機構および分掌を記載した書類、③自主規制業務にかかる事業計画書および④その他内閣総理大臣が審査をするため参考となるべき事項を記載した書類が挙げられている（金商法八五条の二第二項、取引所府令八条二項）。

二　自主規制法人

1　自主規制法人の設立

自主規制法人は、金融商品取引法を根拠法とする特別の会員制法人である（金商法一〇二条の二第一項）。自主規制法人は、営利目的で業務を行うことが禁じられる（金商法一〇二条の二一）。また、自主規制法人は、自主規制業務およびこれに附帯する業務のほか、他の業務を行うことは許されない（金商法一〇二条の二二）。自主規制法人を設立することができる者は、金融商品取引所、金融商品取引所持株会社または親商品取引所等（金融商品取引所を子会社とする商品取引所または金融商品取引所を子会社とする商品取引所持株会社）に限られ、会員になろうとする金融商品取引所、金融商品取引所持株会社または親商品取引所等が発起人となって設立事務を遂行する（金商法一〇二条の三・一〇二条の一二）。金融商品取引業協会が自主規制法人を設立することはできない。

自主規制法人の設立にあたって発起人が定款を作成するが、その定款の絶対記載事項として①目的、②名称、③事務所の所在地、④基本金および出資に関する事項、⑤会員に関する事項、⑥経費の分担に関する事項、⑦役員に関する事項、⑧会議に関する事項、⑨業務の執行に関する事項、⑩規則の作成に関する事項、⑪委託を受けて行う自主規制業務に関する事項、⑫会計に関する事項および⑬公告方法を記載し、公証人の認証を要する（金商法一〇二条の四）。自主規制法人の定款は創立総会の承認を経なければならない（金商法一〇二条の五第三項）。[1]

（1）　自主規制法人の設立手続や会員に関する規定は、特有の規定を置くほかは会員制金融商品取引法人の規定が多く準用されている

（金商法一〇二条の六・一〇二条の一〇・一〇二条の一三）。金融商品取引法は、自主規制法人の設立自体に関しては準則主義をとる。

２　自主規制法人による自主規制業務

自主規制法人は、自主規制業務を行おうとするときは、内閣総理大臣の認可を受けなければならない（金商法一〇二条の一四）。前述したように金融商品取引所がその自主規制業務の全部または一部を自主規制法人に委託するには内閣総理大臣の認可を要する（金商法八五条一項）。金融商品取引法は、自主規制法人の設立自体については準則主義を採るが、自主規制法人が金融商品取引所から自主規制業務の委託を受けるには内閣総理大臣の認可を要するものとした。

自主規制法人が内閣総理大臣の認可を受けるに際して、①名称、②事務所の所在の場所および[1]③役員の氏名および会員の商号または名称を記載・記録した認可申請書に、定款、業務規程その他内閣府令で定める書類を添付して提出しなければならない（金商法一〇二条の一五、取引所府令三一条）。

内閣総理大臣は、認可申請の審査において①定款および業務規程の規定が法令に適合し、かつ、自主規制業務を適切に運営するために十分であること、②認可申請者が自主規制業務を適切に運営するに足りる人的構成を有するものであることおよび③認可申請者が自主規制法人として金融商品取引法の規定に適合するように組織されるものであることという基準に照らして審査を行わなければならず、これらの基準に適合すると判断される場合には、一定の欠格事由[2]に該当しない限り、認可を与えなければならない（金商法一〇二条の一六・八二条二項）。認可を与えない場合は、職員をして認可申請者の審問を行わせなければならない（金商法一〇二条の一七・八五条の四）。

自主規制法人の目的は、金融商品取引所の委託を受けて、当該金融商品取引所にかかる自主規制業務を行うことである（金商法一〇二条の一八）。したがって、受託自主規制法人が委託を受けた自主規制業務を他の者に再委託することは原則として許されない（金商法一〇二条の一九第一項）。自主規制法人が金融商品取引所から自主規制業務の委託を受けた場合であって、当該自主規制法人が解散する場合には、委託関係の終了が擬制され、その後は改めて他の自主規制法人に自主規制業務を委託しない限り、委託していた自主規制業務については委託金融商品取引所が自ら行わなければならない（金商法一〇二条の二〇）。しかし、いったん自主規制業務を自主規制法人に委託した場合であっても、金融商品取引所は、委託契約を解除して自ら自主規制業務を遂行することは妨げられない。

自主規制法人は、委託を受けた自主規制業務を再委託することは原則として許されない。しかし、自主規制法人に自主規制業務を委託した委託金融商品取引所の同意を条件に、特定業務についてはこれを他の者に対し再委託することは例外的に許される（金商法一〇二条の一九第一項ただし書）。この場合、自主規制法人は、内閣府令で定めるところにより、委託する特定業務の適正な実施を確保するための措置を講じなければならない（金商法一〇二条の一九第二項・八五条五項）。

（1）　添付書類として①登記事項証明書、②創立総会の議事録、③役員の履歴書および住民票の抄本ならびに役員が欠格事由に該当しない旨の誓約書、④会員の本店等の所在の場所を記載した書面、⑤事業計画書、⑥最近における財産および収支の状況を知ることができる書類、⑦自主規制業務に関する知識および経験を有する従業員の確保の状況ならびに当該従業員の配置の状況を記載した書類、⑧自主規制法人の事務の機構および分掌を記載した書類および⑨自主規制業務において電子情報処理組織を使用する場合には、当該電子情報処理組織の概要、設置場所、容量および保守の方法ならびに当該電子情報処理組織に異常が発生した場合の対処方法を記載した書類等が挙げられている（取引所府令三一条一項）。このうち⑤、⑦または⑧に掲げる書類に記載した事項に変更が生じた場合には、自主規制法人は、遅滞なく、その旨（⑤または⑧に掲げる事項に変更が生じたときは、その理由を含む）を記載した届出書を金融庁長官に対し提出しなければならない（取引所府令三一条二項）。

（2）　金融商品取引法一〇二条の一六第二項は、八二条二項を準用しており、金融商品取引所の免許付与の拒絶事由に相当する欠格事由が法定されている。

3　自主規制法人の機関

自主規制法人は、役員として、理事長一人、理事三人以上および監事二人以上を置かねばならない（金商法一〇二条の二三第一項）。理事および監事の選任権は総会にある（金商法一〇二条の二三第二項）。理事の過半数は、外部理事[1]でなければならない（金商法一〇二条の二三第三項）。理事長は、理事の互選により外部理事の中から選任される（金商法一〇二条の二三第六項）。自主規制業務が委託金融商品取引所の経営陣の思惑により適正に運営されないおそれがあるので、そのような利益の衝突を防止する趣旨による。金融商品取引所の役員の欠格事由に相当するものが法定されている（金商法一〇二条の二三第四項・五項）。

自主規制法人の理事長は、自主規制法人を代表し、その事務を総理する（金商法一〇二条の二四第一項）。理事は、定款の定めるところにより、自主規制法人を代表し、理事長を補佐して自主規制法人の事務を掌理し、理事長に事故があるときはその職務を代理し、理事長に欠員があるときはその職務を行う（金商法一〇二条の二四第二項）[2]。監事は、自主規制法人の事務を監査する権限を有する（金商法一〇二条の二四第三項）。理事については任期が法定されており、その任期は、選任後二年以内に終了する事業年度のうち最終のものに関する総会の終結の時までであり、しかも再任は二回に限定されている（金商法一〇二条の二五第一項・二項）。

金融商品取引法は、委託金融商品取引所と受託自主規制法人との間の関係に関連して規定を置いている。すなわち、委託金融商品取引所の業務規程その他の規則に定める事項のうち自主規制業務に関連するものとして内閣府令で定めるもの[3]の変更または廃止をしようとするときは、受託自主規制法人の同意を得なければならない（金商法一〇二条の三二）。受託自主規制法人に拒否権を与える規定である。

また、受託自主規制法人の理事会は、必要があると認めるときは、委託金融商品取引所が開設する金融商品市場における有価証券の売買または市場デリバティブ取引を公正かつ円滑にし、ならびに金融商品取引業の健全な発展および投資者保護に資するために行うべき措置について、委託金融商品取引所に助言をすることができ、理事会がそのような助言を行った場合においては、当該助言を受けた委託金融商品取引所は、当該助言に従って措置を講じたとき、または講じなかったときは、当該措置の内容または措置を講じなかった旨を理事会に対し報告しなければならない（金商法一〇二条の三三）。

さらに、委託金融商品取引所は、業務執行の状況について、内閣府令で定めるところにより、定期的に、理事会に報告することを要し、理事会は、委託金融商品取引所の理事、取締役および執行役ならびに支配人その他の使用人に対し、その職務の執行に関する事項の報告を求めることができる（金商法一〇二条の三四、取引所府令三六条）(4)。

（1）委託金融商品取引所またはその子会社の取締役、理事もしくは執行役または支配人その他の使用人でなく、かつ、過去に委託金融商品取引所またはその子会社の取締役、理事もしくは執行役または支配人その他の使用人となったことがない者より選任された理事をいう。

（2）そのほかに理事は、必要があると認めるときは、委託金融商品取引所の取締役会または理事会に出席し、意見を述べることができる（金商法一〇二条の二六）。

（3）①金融商品等の上場および上場廃止に関する基準（上場等の業務の全部または一部を受託自主規制法人に委託している場合に限る）、②会員等の資格付与に関する基準（会員の資格審査の業務の全部または一部を受託自主規制法人に委託している場合に限る）および③特定自主規制業務（受託自主規制法人に委託しているものに限る）に関連する業務規程その他の規則（受託自主規制法人にその作成・変更および廃止を委託しているものならびに①および②に掲げるものを除く）がこれである（取引所府令三五条一項）。また、取引所府令三五条二項は、④特定市場デリバティブ取引のための金融商品等の上場および上場廃止に関連する業務規程その他の規則の作成、変更および廃止を行おうとするとき、⑤①もしくは②に掲げるものに関連する業務規程その他の規則または③に掲げるものの作成を行おうとするとき、⑥金融商品等の上場および上場廃止に関する基準に関連する定款の変更にかかる総会または株主総会の議案の概要を定めようとするとき、⑦会員等の資格の付与に関する基準に関連する定款の変更にかかる総会または株主総会の議案の概要を定めようとするとき（会員の資格審査の業務の全部または一部を受託自主規制法人に委託している場合に限る）および⑧特定自主規制業務に関連する定款の変更にかかる総会または株主総会の議案の概要を定めようとするとき（当該議案の概要の作成を受託自主規制法人に委託している場合および⑥および⑦に掲げる場合を除く）においても、委託金融商品取引所は受託自主規制法人の同意を得るものとしている。

（4）委託金融商品取引所から受託自主規制法人に対する報告は、受託自主規制法人が行った自主規制業務にもとづいて委託金融商品取引所が行うべき措置の実施の状況を内容とするものでなければならない（取引所府令三六条）。

三　自主規制委員会

1　自主規制委員会の設置

金融商品取引法は、前述した自主規制法人が委託金融商品取引所の組織形態のいかんを問わず採用しうるものであったのに対して、株式会社形態をとる金融商品取引所の自主規制業務の遂行について自主規制委員会方式を定めている。自主規制法人が金融商品取引所とは別個独立の法人であるのに対して、自主規制委員会は、当該株式会社金融商品取引所の内部組織として位置づけられている。

株式会社金融商品取引所が自主規制委員会を設置するには、定款にその旨の定めを置くことが必要である（金商法一〇三条四号）。また、株式会社金融商品取引所が自主規制委員会を内部に設置するには、自主規制業務を自主規制法人に委託していないことが必要である（金商法一〇五条の四第一項）。自主規制法人と自主規制委員会の両形式を併用することが許されていない理由は、株式会社金融商品取引所の自主規制業務部門の組織がいたずらに複雑化することを避けようとする配慮による。

株式会社金融商品取引所であれば、その機関構成が監査役会設置型であるか委員会設置型であるかを問わず、自主規制委員会を設置することができる。

2　自主規制委員会による自主規制業務

自主規制委員会の業務権限は法定されている。すなわち、自主規制委員会は、当該自主規制委員会を設置する株式会社金融商品取引所（特定株式会社金融商品取引所）の自主規制業務に関する事項の決定を行うものとされ、自主規制委員会は、自主規制業務に関する事項の決定について、取締役会から委任を受けたものと擬制される（金商法一〇五条の四第二項・三項）。また、自主規制委員会は、自主規制業務に関する事項の決定ならびに自主規制委員の選定および自主規制委員の解職について、執行役または取締役に委任することは許されない（金商法一〇五条の四第四項）。したがって、自主規制委員会は、自主規制法人と異なり自主規制業務の意思決定に特化したものであって自ら決定を実行することができないが、取締役や執行役から独立した存在として自主規制業務全般について自ら意思決定を行う権限を与えられている(1)。ただし、自主規制委員会を設置している場合であっても、公益または投資者の保護をはかるため特に必要があると認める場合であって、状況に照らし緊急を要するときは、上場の廃止その他の内閣府令で定める自主規制業務に関する事項については、特定株式会社金融商品取引所の代表取締役または代表執行役が代わって決定することができる（金商法一〇五条の九第一項）(2)。この場合は、代表取締役等は、自主規制委員会に対し、速やかに、その旨を報告しなければならない（金商法一〇五条の九第二項）。

特定株式会社金融商品取引所の取締役会は、自主規制委員会の職務のため必要なものとして内閣府令で定める事項を決定しなければならない（金商法一〇六条）(3)。

（1）　自主規制委員は、特定株式会社金融商品取引所の執行役または取締役が自主規制業務に関し自主規制委員会の決定に違反する行為をし、またはその行為をするおそれがある場合において、当該行為によって自主規制業務の適正な運営に著しい支障をきたすおそれがあるときは、当該執行役または取締役に対し、当該行為の差止めを請求することが認められている（金商法一〇五条の一〇第一項）。この自主規制委員の差止請求権は、会社法が監査役や監査委員に法定している差止請求権とは別に、金融商品取引法上の特有の規定である。

（2）　金融商品等の上場廃止に関する業務が掲げられている（取引所府令四九条）。

（3）　①自主規制委員会の職務を補助すべき取締役および使用人に関する事項、②自主規制業務の執行を行う取締役、執行役および使用人に関する事項、③①の取締役または使用人の執行役からの独立性に関する事項（当該特定株式会社金融商品取引所が委員会設置会社である場合に限る）、④②の取締役等による自主規制業務の執行に関する業務の他の業務からの独立性に関する事項、⑤②の取締役等が自主規制委員会に自主規制業務の執行に関する事項を報告するための体制その他の自主規制委員会への報告に関する事項、⑥その他自主規制委員会の自主規制業務に関する事項の決定が実効的に行われることを確保するための体制および⑦自主規制業務以外の業務に関する事項の決定を行う場合における当該決定が適切かつ実効的に行われることが確保されるための体制が掲げられている（取引所府令五三条）。

３　自主規制委員会の組織と運営

金融商品取引法は、自主規制委員会の経営陣からの独立性を確保する趣旨で、つぎの規定を設けている。すなわち、自主規制委員会の構成は、特定株式会社金融商品取引所の取締役の中から取締役会決議により選定された自主規制委員三人以上で組織され、その過半数は、社外取締役(1)でなければならない（金商法一〇五条の五第一項・二項）。自主規制委員選定の決議は、議決に加わることができる取締役の過半数（これを上回る割合を定款で定めた場合にあっては、その割合以上）が出席し、その過半数（これを上回る割合を定款で定めた場合にあっては、その割合以上）をもって行う（金商法一〇五条の五第三項）(2)。また、自主規制委員会には自主規制委員長(3)を置き、自主規制委員の互選によって社外取締役のなかから選出する（金商法一〇五条の五第四項）。自主規制委員の任期は、選定後一年以内に終了する事業年度のうち最終のものに関する定時株主総会の時までであり、再選は四回に限り許される（金商法一〇五条の六）。さらに、自主規制委員の解職に関しては、選定と同様に取締役会決議により解職されるが、当該決議は、議決に加わることができる取締役の過半数（これを上回る割合を定款で定めた場合にあっては、その割合以上）が出席し、その過半数（これを上回る割合を定款で定めた場合にあっては、その割合以上）で、かつ、出席した社外取締役の過半数をもって行う（金商法一〇五条の七第一項・二項）。

自主規制委員会は、原則として自主規制委員長が招集し（金商法一〇五条の一二）、議決に加わることができる自主規制委員の過半数が出席し、その過半数で、かつ、出席した社外取締役である自主規制委員の過半数をもって行う（金商法一〇五条の一五第一項）。自主規制委員会が選定する自主規制委員は、自主規制委員会の決議後、遅滞なく、当該決議の内容を取締役会に報告しなければならない（金商法一〇五条の一五第四項）。議事の手続その他自主規制委員会の運営に関し必要な事項は、自主規制委員会が定める（金商法一〇五条の一五第六項）。

監査役会設置会社である特定株式会社金融商品取引所の監査役または委員会設置会社である特定株式会社金融商品取引所の監査委員会により選定された監査委員は、必要があると認めるときは、自主規制委員会に出席し、意見を陳述する権限を与えられている（金商法一〇六条の二）。

特定株式会社金融商品取引所は、当該取引所の業務規程その他の規則に定める事項のうち自主規制業務に関連するものとして内閣府令で定めるものの変更または廃止をしようとするときは、自主規制委員会の同意を得なければならない（金商法一〇五条の一一）。(4) 自主規制委員会に拒否権を付与するものである。

なお、特定株式会社金融商品取引所は、その特定業務を、(5) 他の者に委託することができる。しかし、その場合には、当該特定株式会社金融商品取引所の自主規制委員会による当該特定業務の委託についての決定を経て行わねばならない（金商法八五条六項）。

（1）　金融商品取引法は、社外取締役の定義を特に置いてはいない。したがって、この場合の社外取締役は、会社法二条一五号の定義によるものと考えられる。したがって、社外性はもっぱら形式的な独立性判断にもとづくものといえる。

（2）　金融商品取引法一〇五条の五第三項の規定は、監査役会設置会社である特定株式会社金融商品取引所の取締役会が株主総会に提出する取締役の選解任議案の内容を決定する場合に準用される（金商法一〇五条の八）。

（3）　自主規制委員長の職務は、自主規制委員会の会務の総理である（金商法一〇五条の五第五項）。また、自主規制委員会は、あらかじめ、自主規制委員のうちから、自主規制委員長に事故がある場合に当該自主規制委員長の職務を代理する者を定めておかねばならない（金商法一〇五条の五第六項）。

（4）①金融商品等の上場および上場廃止に関する基準、②会員等の資格の付与に関する基準および③特定自主規制業務に関連する業務規程その他の規則が掲げられている（取引所府令五〇条一項）。また、④特定市場デリバティブ取引のための金融商品等の上場および上場廃止に関連する業務規程その他の規則の作成、変更または廃止を行おうとするとき、⑤①もしくは②に掲げるものまたは特定自主規制業務に関連する業務規程その他の規則の作成を行おうとするときおよび⑥①もしくは②に掲げるものまたは特定自主規制業務に関連する定款の変更にかかる株主総会の議案の概要を定めようとするときにも、特定株式会社金融商品取引所は、自主規制委員会の同意を得るものとされている（取引所府令五〇条二項）。

（5）特定取引所金融商品市場にかかるものであって、その内容等を勘案し、投資者保護の根幹にかかわる事項以外のものを取り扱う業務として内閣府令で定めるものをいう（金商法八五条四項）。

第五款　金融商品取引所の組織変更・合併・解散

一　金融商品取引所の組織変更

1　会員金融商品取引所から株式会社金融商品取引所への組織変更

会員金融商品取引所は、株式会社金融商品取引所に組織変更をすることができる（金商法一〇一条）。平成一二年の改正により、従来の会員組織の証券取引所に加えて、株式会社組織の証券取引所の設立が認められた。これに伴い、会員証券取引所が株式会社証券取引所に組織形態を変更するために必要な手続が規定された。会員組織の取引所が、いったん解散して、改めて株式会社を設立するのではなく、会社法が定める株式会社へ直接に組織変更が許されるとする特例である。会員組織の取引所の抱える限界を超える方策として株式会社組織の取引所を選択する可能性が認められたことに照らして、[1]従来型の会員組織の取引所が、株式会社組織の取引所へと組織変更することを立法者は促進しようとした。他方、株式会社組織の証券取引所が会員組織の取引所に組織変更するための特別の規制は設けてはいない(2)。かかる方式の組織変更を行うためには、いったん株式会社を解散した後、改めて会員組織の取引所を設立する手続をとることを要する。

(1)　証券取引所の運営における機動的な意思決定や必要な資金の円滑な調達の必要性が強く求められてきたが、会員組織の取引所にとっては、これらのニーズを適確に満たすことは必ずしも容易ではなかった。

(2)　必要性がないと判断されたことと、法案の検討に時間的余裕がなかったことがその理由として指摘されている。証券取引法研究会「証券取引所等の株式会社化」インベストメント五四巻一号三〇頁（神田）。

2　組織変更の手続

会員金融商品取引所が株式会社金融商品取引所へ組織変更するには、まず、理事長または理事が組織変更計画を作成しなければならない(1)（金商法一〇一条の二第一項）。会員金融商品取引所の理事長または理事は、総会の会議開催日の五日前から効力発生日の前日までの間、組織変更計画の内容その他の内閣府令で定める事項を記載または記録した書面または電磁的記録(2)を主たる事務所に備え置くことを要する（金商法一〇一条の三第一項）。会員金融商品取引所の会員または債権者は、その事業時間内に限り、備置き書面の閲覧を請求し、または会員金融商品取引所の定める費用を支払ってその謄本もしくは抄本の交付を請求できる（金商法一〇一条の三第二項）。

会員金融商品取引所が株式会社金融商品取引所へ組織変更するには、総会において、組織変更計画の承認を得なければならない（金商法一〇一条の二第一項）。決議には、定款に別段の定めのない限り、会員の四分の三以上の多数の賛成を要する(3)（金商法一〇一条の二第二項）。なお、総会を招集するには、その会議開催日の五日前までに、会議の目的たる事項のほか、組織変更計画の要領、組織変更後の株式会社の定款を示すことを要する（金商法一〇一条の二第三項）。

会員金融商品取引所の組織変更における債権者保護手続に関しては、金融商品取引法一〇一条の四に定めがある。会員金融商品取引所は、その債権者に対し、組織変更をする旨、組織変更に異議があれば、一定の期間内に述べるべき旨を官報をもって公告し、かつ、知れたる債権者には各別に催告しなければならない（金商法一〇一条の四第二項）。その期間は最低一か月を要する（金商法一〇一条の四第二項）。債権者が異議中立期間中に異議を申し立てないと、組織変更を承認したものとみなされる（金商法一〇一条の四第三項）。債権者が異議を述べたときは、会員金融商品取引所は、弁済をなし、もしくは相当の担保を供し、または債権者に弁済を受けさせることを目的として信託会社に相当の財産を信託しなければならない（金商法一〇一条の四第四項本文）。ただし、組織変更をしても、債権者を害するおそれがないときは、たとえ債権者が異議を申し立てたとしても、弁済等の保護を要しない（金商法一〇一条の四第四項ただし書）。

組織変更後の株式会社金融商品取引所は、組織変更の発生の日から六か月間、①組織変更計画の内容等を記載した書面、②債権者保護手続の経過、③その他の組織変更に関する事項として内閣府令で定める事項を記載した書面を本店に備え置かなければならない（金商法一〇一条の五第一項）。これらの備置き書類に関しては、株主または債権者は、営業時間内に限り、閲覧を求め、株式会社金融商品取引所が定める費用を支払ってその謄抄本の交付を請求できる（金商法一〇一条の五第二項）。[4]

会員金融商品取引所の会員は、組織変更により、組織変更計画の定めに従い、組織変更後の株式会社金融商品取引所の株式の割当てを受け、株主となる（金商法一〇一条の六第一項）。株式の割当てに際して一株に満たない端数が生じれば、会社法二三四条一項等にもとづき処理される（金商法一〇一条の六第二項）。

会員金融商品取引所が株式会社金融商品取引所へ組織変更する場合、株式会社成立時には会員金融商品取引所が有していた資産を引き継ぐことになる。会員の持分は株式に転換される。組織変更後の株式会社金融商品取引所の資本金として計上すべき額については、内閣府令で定められる（金商法一〇一条の七）。取引所府令二一条は、組織変更後株式会社金融商品取引所の資本金として計上すべき額を、組織変更の直前の会員金融商品取引所の基本金の額としている。また、組織変更に際して、資本準備金として計上すべき額その他組織変更に際しての計算に関し必要な事項も、内閣府令で定められる（金商法一〇一条の八）。

会員金融商品取引所は、株式会社金融商品取引所へ組織変更する際に、会員向けの株式割当てとは別に、新株を発行することができる（金商法一〇一条の九第一項前段）。これは株式会社金融商品取引所の財政基盤を充実させるため、本来ならば株式会社への組織変更の効力が発生した後に新株発行を行うべきところを、特例として組織変更時に会員向けの割当てと並行して新株発行手続を前倒しで行うことを許容するものである。会員金融商品取引所が組織変更時に新株発行を行うためには、組織変更計画に、①発行する株式の数、②株式の払込金額またはその算定方法、③金銭以外の財産を出資の目的とするときは、その旨ならびに当該財産の内容および価額、④発行株式と引換えにする金銭の払込みまたは③の財産の給付の期日および⑤増加する資本金および資本準備金に関する事項を定めなければならない（金商法一〇一条の九第一項後段）。(5)

会員金融商品取引所から株式会社金融商品取引所への組織変更が効力を発するためには、内閣総理大臣の認可を要する（金商法一〇一条の一七第一項）。認可を受けようとする者は、(6)組織変更後の株式会社金融商品取引所について、①商号、②本店・支店その他の営業所の所在の場所および③役員の氏名または名称および取引参加者の商号または名称を記載した組織変更認可申請書を提出して申請しなければならない(7)（金商法一〇一条の一七第二項）。

内閣総理大臣が組織変更認可申請を受けた場合、①組織変更後株式会社金融商品取引所の定款、業務規程および受託契約準則の規定が法令に適合し、かつ、取引所金融商品市場における有価証券の売買および市場オプション取引を公正かつ円滑ならしめ、ならびに、投資者を保護するために十分であるかどうか、②組織変更後株式会社金融商品取引所が取引所金融商品市場を適切に運営するに足りる人的構成を有するものであるかどうかおよび③組織変更後株式会社金融商品取引所が金融商品取引所として金融商品取引法の規定に適合するように組織されるものであるかどうかを審査する（金商法一〇一条の一八第一項）。

内閣総理大臣は、組織変更の申請が前記基準を満たしていると認めるときは、①組織変更後株式会社金融商品取引所の役員が欠格事由に該当する者である場合、または②組織変更認可申請書またはその添付書類に重要事項の虚偽記載がある場合のいずれかに該当しない限り、組織変更を認可しなければならない（金商法一〇一条の一八第二項）。

会員金融商品取引所が株式会社金融商品取引所へ組織変更を行ったときは、効力発生の日から主たる事務所および本店の所在地においては二週間以内に、従たる事務所および支店の所在地においては三週間以内に、組織変更をする会員金融商品取引所については解散の登記を、組織変更後株式会社金融商品取引所の本店については設立の登記を、同支店については会社法九三〇条二項各号に掲げる事項の登記をしなければならない（金商法一〇一条の二〇第一項）。(8)

金融商品取引法は、会員金融商品取引所の株式会社金融商品取引所への組織変更の効力が安易に否定されることによって利害関係者に不測の損害が生じないようにするため、組織変更の瑕疵を争う資格、方法および時期を厳格に制限している。すなわち、組織変更の無効は、本店の所在地において効力発生の日から六か月以内に、訴えをもってのみ主張することが許され（金商法一〇二条一項、会社法八二八条一項）、提訴権者は株主、取締役、執行役、監査役等に限定されている（金商法一〇二条一項、会社法八二八条二項）。

（1）　組織変更計画の記載事項として、①組織変更後株式会社金融商品取引所の目的、商号、本店の所在地および発行可能株式総数、②①に掲げるもののほか、組織変更後株式会社金融商品取引所の定款で定める事項、③組織変更後株式会社金融商品取引所の取締役の氏名および会計監査人の氏名または名称、④組織変更後株式会社金融商品取引所が会計参与設置会社である場合には、その会計参与の氏名または名称、それが監査役設置会社である場合、その監査役の氏名、⑤組織変更する会員金融商品取引所の会員が組織変更に際して取得する組織変更後株式会社金融商品取引所の株式の数またはその数の算定方法、⑥組織変更をする会員金融商品取引所の会員に対する⑤の株式の割当てに関する事項、⑦組織変更後株式会社金融商品取引所が組織変更に際して組織変更をする会員金融商品取引所の会員に対して金銭を交付するときは、その額またはその算定方法、⑧⑦に規定する場合は、組織変更をする会員金融商品取引所の会員に対する⑦の金銭の割当てに関する事項、⑨組織変更後株式会社金融商品取引所の資本金および準備金の額に関する事項、⑩組織変更の効力発生日その他内閣府令で定める事項が規定されている（金商法一〇一条の二第四項）。

（2）　①組織変更計画書、②組織変更後株式会社金融商品取引所の債務の履行の見込みに関する事項、③書類備置き後①または②の事項に変更が生じたときは、変更後の当該事項が該当する（取引所府令一五条）。

（3）決議要件を厳格に定めることを担保として、迅速な処理を可能とするため、定款や役員選任を組織変更決議と同じ総会で行えるように配慮したものである。

（4）記載事項として、①組織変更の効力発生日、②債権者保護手続の経過、③組織変更の登記の日が挙げられている（取引所府令一八条一項）。

（5）組織変更時の新株発行について詳細な定めが置かれている（金商法一〇一条の一〇以下）。また、組織変更時の新株発行について、現物出資がなされた場合の不足額補てん責任についても、所要の読み替えを行った上で会社法の規定を準用する等、規定が置かれている（金商法一〇一条の一六）。

（6）組織変更を申請する会員金融商品取引所の理事長または理事を指すものと解される。河本一郎＝関要監修・逐条解説証券取引法〔三訂版〕一〇一五頁（平成二〇年）参照。

（7）組織変更認可申請書には、①組織変更計画の内容を記載した書面、②組織変更後の株式会社金融商品取引所の定款・業務規程・受託契約準則、③その他の内閣府令で定める書類を添付しなければならない（金商法一〇一条の一七第三項）。取引所府令三〇条二項は、添付書類として、①理由書、②組織変更計画書、③組織変更後の株式会社金融商品取引所の定款・業務規程および受託契約準則、④組織変更計画書を承認した総会の議事録、⑤貸借対照表および当該貸借対照表とともに作成された収支計算書、⑥組織変更後の株式会社金融商品取引所の役員の履歴書、住民票の抄本またはこれに代わる書面ならびにその者が欠格事由に該当しないことを誓約する書面、⑦主要な株主の氏名、住所または居所、国籍および職業（株主が法人その他の団体である場合には、その商号または名称、本店または主たる事務所の所在の場所および行っている事業の内容）ならびに保有する議決権の数を記載した書類、⑧現に存する純資産額を証する書面、⑨役員の就任承諾書、⑩組織変更に際して株式を発行するときは、株式の引受けの申込みを証する書面等、⑪債権者保護手続としての公告および催告の状況を記載した書類、⑫金融商品取引所の業務に関する知識および経験を有する従業員の確保の状況ならびに当該従業員の配置の状況を記載した書類、⑬組織変更後の株式会社金融商品取引所の事務の機構および分掌を記載した書類、⑭その他審査をするために参考となるべき事項を記載した書類を添付しなければならないと定めている。

（8）内閣総理大臣の認可を受けたことを証する書面のほか、①組織変更計画書、②定款、③組織変更する会員金融商品取引所の組織変更総会の議事録、④債権者保護のための公告および催告をしたことならびに異議を述べた債権者があるときは、その者に対し弁済し、もしくは相当の担保を提供し、もしくは相当の財産を信託したことまたは組織変更をしてもその者を害するおそれがないことを証する書面、⑤効力発生日における組織変更する会員金融商品取引所に現に存する純資産額を証する書面、⑥役員の就任承諾書、⑦株主名簿管理人との契約を証する書面、⑧組織変更に際して株式を発行するときは、株式の申込み・引受けを証する書面等が添付書類となる（金商法一〇一条の二〇第二項）。

二　金融商品取引所の解散・合併

1　金融商品取引所の解散

金融商品取引所は、内閣総理大臣による金融商品市場の開設免許を受けた者でなければ設立してはならない（金商法八〇条一項）。しかし、取引所金融商品市場開設の免許は、①株式会社金融商品取引所の場合、取引参加者の数が五以下となったとき、②取引所金融商品市場の全部を閉鎖したとき、③解散したとき、④設立、合併（当該合併により設立される者が金融商品取引所であるものに限る）もしくは新設分割（当該新設分割により設立された者が当該金融商品取引所であるものに限る）を無効とする判決が確定したとき、または⑤免許を受けた日から六か月以内に取引所金融商品市場を開設しなかったとき（やむをえない理由がある場合において、あらかじめ内閣総理大臣の承認を受けた場合を除く）その効力を失う（金商法一三四条一項）。①または④に該当する場合には、その代表者または代表者であった者は、遅滞なく、その旨を内閣総理大臣に届け出ることが要求される（金商法一三四条二項）。

会員金融商品取引所は、①定款で定めた解散事由の発生、②総会の決議、③合併（合併により当該会員金融商品取引所が消滅した場合に限る）、④会員の数が五以下になったとき、⑤破産手続開始決定、⑥成立の日から六か月以内に金融商品取引所開設の免許を申請しなかったとき、⑦内閣総理大臣が金融商品取引所開設の免許を与えないこととしたときおよび⑧金融商品取引所開設の免許の取消しまたは失効の場合、解散する（金商法一〇〇条一項）。④について、会員金融商品取引所は、会員組織であり、会員でなければその開設する金融商品市場における売買取引が行えないことから、会員数がある数以下に減少した場合、金融商品取引所としての存在意義がなくなると考えられている(1)。

会員金融商品取引所が解散した場合における残余財産は、定款または総会の決議により別に定める場合のほか、平等に、会員に分配される（金商法一〇〇条の二）。会員金融商品取引所が解散したときは、合併および破産手続開始決定による場合を除き、主たる事務所の所在地において二週間以内に、解散の登記をしなければならない（金商法一〇〇条の三）。(2)

株式会社金融商品取引所の場合、金融商品取引法においては、特に解散事由が法定されていない。したがって、株式会社一般の解散事由を定めた会社法の規定が適用される。したがって、株式会社金融商品取引所は、①定款で定めた存続期間の満了、②定款に定めた解散事由の発生、③合併、④破産手続開始決定、⑤解散判決、および⑥株主総会の決議により解散する（会社法四七一条）。株主総会の解散の決議は、特別決議によって行う（会社法三〇九条二項一一号）。

金融商品取引所の解散についての総会の決議、および、金融商品取引所を全部または一部の当事者とする合併（金商法一四〇条一項の合併を除く）は、内閣総理大臣の認可を受けなければその効力を生じない（金商法一三五条一項）。また、金融商品取引所が、①定款に定めた解散事由の発生、②会員の数が五以下となったこと、または、③解散を命ずる裁判により解散したときは、その代表者であった者は、遅滞なく、その旨を内閣総理大臣に届け出ることが要求される（金商法一三五条二項）。

（1）　河本一郎＝関要監修・逐条解説証券取引法〔三訂版〕九八七頁（平成二〇年）。

（2）　登記の申請書類には、解散の事由を証する書面および理事長または会員金融商品取引所を代表するべき理事が清算人でない場合、会員金融商品取引所を代表すべき清算人であることを証する書面を添付しなければならない（金商法一〇〇条の五第一項）。なお、会員金融商品取引所が、免許の取消しの処分により解散する場合における解散の登記は、内閣総理大臣の嘱託によって行われる（金商法一〇〇条の五第二項）。

2　金融商品取引所の合併

会員金融商品取引所は、他の会員金融商品取引所または株式会社金融商品取引所と合併することができる（金商法一三六条一項）。もっとも、合併後存続する者（吸収合併の場合）または合併により設立される者（新設合併の場合）は、会員金融商品取引所間の合併の場合には会員金融商品取引所、会員金融商品取引所と株式会社金融商品取引所とが合併する場合には株式会社金融商品取引所でなければならない[1]（金商法一三六条二項）。

会員金融商品取引所が合併を行う場合、会員金融商品取引所間の合併および会員金融商品取引所と株式会社金融商品取引所とが合併する場合いずれにしても、合併契約[2][3]を締結して総会の承認を受けなければならない（金商法一三六条一項・一三九条の三第三項・一三九条の四第二項・一三九条の五第三項）。総会の承認には原則として総会員の四分の三以上の承諾[4][5]を要するが、定款に別段の定めがあるときはそれに従う（金商法一三九条の三第四項・一三九条の四第三項・一三九条の五第四項）。

会員金融商品取引所と株式会社金融商品取引所とが合併する場合、当該会員金融商品取引所の会員は、合併契約書[6]の定めるところにより、合併後の株式会社金融商品取引所の株式の割当てを受ける（金商法一三九条二号・三号参照）。

株式会社金融商品取引所の合併には、吸収合併と新設合併がある。株式会社金融商品取引所の間の合併については、会社法の合併に関する規定が基本的に適用される。金融商品取引法においては、会員金融商品取引所と株式会社金融商品取引所の吸収合併で、後者が存続会社である場合に特別の規定を置いている。存続株式会社金融商品取引所では、合併の効力日の前日までに、株主総会の決議による吸収合併契約の承認が必要である（金商法一三九条の八第一項）。株主総会決議は、当該株主総会において議決権を行使することができる株主の議決権の過半数を有する株主が出席し、出席した当該株主の議決権の三分の二以上にあたる多数をもって行う（金商法一三九条の八第四項）。この場合、これらの議決権要件に加えて、一定数以上の株主の賛成を要する旨その他の要件を定款で定めることは妨げられない（金商法一三九条の八第四項）。消滅会員金融商品取引所の会員に対して交付する存続金融商品取引所の株式の数に一株あたり純資産額を乗じた額と当該会員に交付する金銭の額の合計額が、存続株式会社金融商品取引所の純資産額として内閣府令で定める方法により算出される額の五分の一を超えない場合は、存続株式会社金融商品取引所における株主総会決議は不要となる（金商法一三九条の九第一項、取引所等府令八八条）。もっとも、議決権付株式の総数に二分の一を乗じて得た数に三分の一を乗じて得た数に一を加えた数を有する株主がこのような簡易な合併に反対した場合には、株主総会の承認が必要となる（金商法一三九条の九第二項）。このほか、反対株主の買取請求権、債権者異議の手続、合併に関する書面等の備置きおよび閲覧等に関する規定が定められている（金商法一三九条の一一〜一三九条の一四）。このように、金融商品取引法では、会社法の合併手続に類似した規定を定めている。

　金融商品取引所を全部または一部の当事者とする合併（合併後存続する者または合併により設立される者が金融商品取引所であるものに限る）は、その効力を生ずるためには、内閣総理大臣の認可を受けなければならない（金商法一四〇条一項）。内閣総理大臣の認可を受けようとする者は、合併後存続する金融商品取引所または合併により設立する金融商品取引所について、①名称または商号、②事務所または本店、支店その他の営業所の所在の場所、③役員の氏名または名称および会員等の商号または名称を記載した合併認可申請書[7][8]を内閣総理大臣に対し提出しなければならない（金商法一四〇条二項）。

　内閣総理大臣は、合併認可の申請があった場合においては、①合併後金融商品取引所の定款、業務規程および受託契約準則の規定が法令に適合し、かつ、取引所金融商品市場における有価証券の売買および市場デリバティブ取引を公正かつ円滑ならしめ、ならびに投資者を保護するために十分であるかどうか、②合併後金融商品取引所が取引所金融商品市場を適切に運営するに足りる人的構成を有するものであるかどうか、③合併後金融商品取引所が金融商品取引所として金融商品取引法の規定に適合するように組織されるものであるかどうか、および、④合併後金融商品取引所において、合併により消滅する金融商品取引所の開設している取引所金融商品市場における有価証券の売買および市場デリバティブ取引に関する業務の承継が円滑かつ適切に行われる見込みが確実であるかどうかを審査しなければならない（金商法一四一条一項）[9]。内閣総理大臣は、役員のうち金融商品取引法二九条の四第一項二号イからトまでもしくは会社法三三一条一項三号のいずれかに該当する者（欠格者）があるとき、または、合併認可申請書またはこれに添付すべき書類等のうちに重要事項について虚偽の記載等があるとき、を除いて、前記の審査基準に適合していると認めたときは、合併の認可をしなければならない（金商法一四一条二項）。

内閣総理大臣の合併認可を受けて設立された金融商品取引所は、その設立のときに、取引所金融商品市場の開設の免許を受けたものとみなされる（金商法一四二条一項）。合併後の金融商品取引所は、合併により消滅した金融商品取引所の権利義務（当該金融商品取引所がその行う業務に関し、行政官庁の認可その他の処分にもとづいて有する権利義務を含む）を承継する（金商法一四二条二項・四項）[10]。消滅金融商品取引所の会員は、合併後の金融商品取引所から出資の割当てを受ける[11]。なお、合併により消滅した金融商品取引所の開設していた取引所金融商品市場において成立した有価証券の売買および市場オプション取引であって決済を結了していないものは、合併後金融商品取引所の開設する取引所金融商品市場において同一の条件で成立した取引とみなされる（金商法一四二条七項）[12]。

（1）　会員金融商品取引所と株式会社金融商品取引所が合併する場合に、存続するものまたは新設されるものは株式会社金融商品取引所でなければならないことの理論的根拠はかならずしも明らかではない。証券取引法研究会「取引所の合併について」インベストメント五四巻四号八七頁（川口）。会員金融商品取引所はなくすという方針が示唆されている。同右（龍田）。

（2）　合併契約書の記載事項は、効力発生日その他金融商品取引法および内閣府令で定める事項である（金商法一三七条・一三八条・一三九条・一三九条の二第一項、取引所府令七九条・八〇条）。会員金融商品取引所と株式会社証券取引所とが合併する場合にも、株式会社証券取引所に会社法七五三条の適用はなく、金融商品取引法一三九条および一三九条の二第一項の規定による。

（3）　取引所府令七九条は、会員制金融商品取引所同士で合併する場合で吸収合併の場合、①吸収合併消滅会員金融商品取引所の会員が吸収合併に際して吸収合併存続会員金融商品取引所の会員となるときは、当該会員の商号、名称または氏名および住所ならびに出資の価額、②吸収合併存続会員商品取引所が吸収合併に際して吸収合併消滅会員金融商品取引所の会員に対してその持分に代わる金銭を交付するときは、当該金銭の額またはその算定方法、③②の場合には、吸収合併消滅金融商品取引所の会員に対する②の金銭の割当てに関する事項および④吸収合併存続会員金融商品取引所の基本金、基本準備金、基本積立金および剰余金または不足金に関する事項を合併契約書の記載事項としている。また、取引所府令八〇条は、会員制金融商品取引所同士で合併する場合で新設合併の場合、⑤新設合併設立会員金融商品取引所の会員についての当該会員の商号、名称または氏名および住所ならびに出資の価額および②新設合併設立会員金融商品取引所の基本金、基本準備金、基本積立金および剰余金または不足金に関する事項を合併契約の記載事項としている。

（4）　消滅金融商品取引所の上場有価証券については、存続金融商品取引所において引き続き上場される。金融商品取引所の合併では、消滅金融商品取引所と存続金融商品取引所または新設金融商品取引所の上場基準・上場廃止基準が異なる場合がある、この場合、合併契約書において、上場廃止基準につき、上場株式数、株式の分布状況に関するものなどについて、数年間猶予する経過措置が設けられることが合理的である。証券取引法研究会・前掲注（1）八三頁（龍田）。

（5）　金融商品取引所の合併が行われる場合、消滅金融商品取引所の上場会社には大きな影響が及ぶ。特に、地方金融商品取引所上場会社は、他の地方の金融商品取引所の上場会社になることを望まない場合も考えられる。上場会社は取引所の合併決議に反対できない。もっとも、取引所が吸収合併される背景には単独では存続が難しい事情があるのが一般的であり、取引所の合併に反対をしても、取引所がなくなれば、いずれにせよ、その取引所での上場は不可能となる。証券取引法研究会・前掲注（1）八三頁（河本）。

（6）　合併後の株式会社金融商品取引所の株式の割当てを受けた会員は、当該株式会社金融商品取引所の株主となる（金商法一四二条五項）。

（7）　合併認可申請書には合併契約書、合併後金融商品取引所の定款、業務規程、受託契約準則その他の内閣府令で定める書面を添付しなければならない（金商法一四〇条三項、取引所府令九五条）。

（8）　取引所府令九五条二項は、合併認可申請書の添付書類として、①合併契約書、②理由書、③合併後の金融商品取引所の定款、業務規程および受託契約準則、④合併を行う各金融商品取引所の合併総会の議事録、⑤合併を行う各金融商品取引所の貸借対照表および当該貸借対照表とともに作成された損益計算書、⑥合併後存続する金融商品取引所または合併により設立される金融商品取引所の役員の履歴書、住民票の抄本またはこれに代わる書面ならびにその者が欠格事由に該当しないことを誓約する書面、⑦主要株主の氏名、住所または居所、国籍および職業（株主が法人その他の団体である場合には、その商号または名称、本店または主たる事務所の所在の場所および行っている事業の内容）ならびに保有する議決権の数を記載した書類（合併後の金融商品取引所が株式会社金融商品取引所である場合に限る）、⑧合併に際して就任する役員があるときは、就任を承諾したことを証する書面、⑨公告および催告の状況を記載した書類、⑩合併により消滅する金融商品取引所の開設している取引所金融商品市場における有価証券の売買等に関する業務の承継の方法を記載した書類、⑪金融商品取引所の業務に関する知識および経験を有する従業員の確保の状況ならびに当該従業員の配置の状況を記載した書類、⑫合併後の金融商品取引所の事務の機構および分掌を記載した書類、ならびに、⑬その他審査をするため参考となるべき事項を記載した書類を挙げている。

(9)　取引所金融商品市場の開設の免許を与えるときと同様に、金融商品取引所の果たすべき公共的役割の重要性にかんがみ、内閣総理大臣には合併の認可を与えるかどうかについて一定の裁量が認められるべきである。

(10)　過怠金の賦課が決定されており、いまだ履行されていない場合、合併後存続する金融商品取引所は、合併により消滅する金融商品取引所を承継して、過怠金を課せられている金融商品取引業者に対してその支払いを求めることができる。証券取引法研究会・前掲注（1）八四頁（神崎）。

(11)　合併当事金融商品取引所に重複して会員となっているものがある場合、合併後の会員の持分額を同一にする必要性から、消滅金融商品取引所の会員持分について、合併後の金融商品取引所の出資の割当てがなされることは合理的ではない。そこで、重複会員については、消滅金融商品取引所の財産に対する会員持分相当額が払い戻されることとなる。

(12)　平成二三年一一月二二日、東京証券取引所と大阪証券取引所の経営統合契約が締結された。これによれば、東京証券取引所グループ（持株会社）が大阪証券取引所の普通株式の公開買付け（大阪証券取引所の議決権の過半数を下限として、三分の二未満を上限とする）を実施し、大阪証券取引所の子会社化を行う。その後、大阪証券取引所を存続会社、東京証券取引所グループを消滅会社とする吸収合併がなされる（平成二五年一月一日予定）。存続会社である大阪証券取引所は、一〇〇パーセント子会社を設立し、当該子会社と大阪証券取引所の間で、吸収分割が行われる。これらの結果、統合持株会社（日本取引所グループ（仮称））は、自主規制法人、現物市場運営会社、デリバティブ市場運営会社および清算機関の子会社を保有することとなる。

第六款　外国金融商品取引所と許可外国証券業者

一　外国金融商品取引所

1　外国金融商品取引所の出力装置端末の国内設置の認可

わが国金融商品取引所が抱える課題の一つに、グローバルな規模の市場間競争にどのように対処するのかという問題がある。(1) これまで、国内の金融商品取引の公正性・信頼性・円滑化が法規制の中心的課題と位置づけられ、わが国金融商品市場の国際的な競争力を維持・向上させるという戦略的視点が正面から問われることは少なかった。もっとも、国境を越えて資金が本格的に移動する時代を迎え、資金調達者・運用者のいずれを問わず、金融商品市場の効率性や使い勝手のよさが求められる時代となっている。

一方で、不公正取引の防止という法の趣旨が没却されることのないように注意をすることも必要である。国内に開設される取引所金融商品市場に対し厳重な監督を行っても、わが国規制当局の監督の及ばない外国金融商品市場が事実上わが国に進出してきたのと同様の経済的効果を生じさせることになれば、規制のバランスが著しく不均衡となり、投資者保護に欠ける結果となることが懸念される。(2)

国際的な取引所取引を実現するために、海外では、端末を国外に設置し、国外から注文を直接に受注する方法がとられている。海外の取引所から、わが国国内にも同様の端末を設置できるように要求がされてきた。わが国では、これまで、海外取引所からの端末設置の要請に対しては、規制当局が個別の対応を行い、いくつかの取引所の端末の国内設置が認められてきた。端末設置の要請が内外から増加することも考えられ、手続の透明性を確保し、さらに、投資者保護のための枠組みを整備する必要が生じていた。そこで、平成一五年の改正により、ルールの明確化がはかられることとなった。

平成一五年の改正により、外国証券取引所の規定が創設された。これは、金融商品取引業者または登録金融機関が、その使用にかかる入出力装置（外国金融商品取引所入出力装置）と海外の金融商品取引所の使用する電子情報処理組織とを接続することにより、外国金融商品市場における有価証券の売買または外国市場デリバティブ取引を行うことを許容するものである（金商法一五五条一項）。この場合、外国金融商品市場の開設者は、金融商品取引法上の金融商品取引業者の登録または取引所金融商品市場の開設免許を受ける必要はないが、代わって内閣総理大臣の認可を受けな

ければならない。(3)

(1)　金融審議会第一部会報告「証券市場の改革促進」(平成一四年一二月一六日) は、「取引所については、我が国の投資家や資金調達者が市場の持つポテンシャルと利便性を十分に享受できるようにするとともに、我が国の取引所が金融証券取引のグローバル化に伴う市場間競争に適切に対応できるようにしていく必要がある。海外の取引所においては、国外にも会員や取引参加者を募り、その上場商品を国外から直接取引することが可能な端末を設置したり、取引所間で相互に相手方取引所の会員を自取引所の会員として取引を認める (いわゆるクロスメンバーシップ) ことが行われている。また、取引所間の資本提携や統合も進んでいるなど、取引所を中心とした市場間の競争が激化している。このような状況を踏まえると、まずは、我が国の取引所が、グローバルな市場間競争に適切に対応し、積極的な海外展開を行うことが可能となる法的な枠組みを整備していくことが必要である。その際、取引所が市場のインフラとしての高い公共性を有するものであることから、公正性・中立性・信頼性の確保、投資家保護、不公正取引の防止等に配意した制度とする必要がある。」と述べている。

(2)　金融審議会第一部会・前掲注 (1) は、「海外取引所による国内への端末設置については、諸外国において、手続や設置条件等についての枠組みの整備が進められており、今後のニーズの拡大の可能性も踏まえると、我が国においても、国内投資家保護の観点から法令においてルールの明確化を図るべきである。具体的には、国際的なルールの調和に配意しつつ、本国において適切な規制・監督を受けており、自主規制機能が十分に整備されていると認められる海外取引所については、当局と当該海外取引所に係る外国当局との間で必要な情報交換が可能となる体制の整備を前提として、取引量などについて継続的な報告を行うなどの最小限のモニタリング・ルールを課した上で、有価証券市場の開設に係る免許手続を要さずに、国内への端末設置を認める手続きを整備することが適当である。」と述べている。

(3)　金融審議会第一部会「取引所のあり方に関するワーキング・グループ」報告 (平成一四年一二月一六日) は、「証券取引法上、有価証券市場は、内閣総理大臣の免許を受けた者でなければ開設してはならず、これに違反して有価証券市場を開設した場合には、罰則の適用があることとされている。投資者保護の観点からは、多数の当事者を相手として定型化された方法や条件に基づき、継続的に有価証券の取引が行われる可能性がある取引の場が開設される場合には、その開設の主体にかかわらず行政による適切な規制・監督を及ぼすことが必要である。」と述べている。

2　外国金融商品取引所の出力装置端末の設置が許される者

海外金融商品取引所の端末は、①外国金融商品市場における有価証券の売買および外国市場デリバティブ取引については、金融商品取引業者、②外国金融商品市場における外国市場デリバティブ取引（国債証券等にかかるものに限る）については、登録金融機関のうち内閣府令で定める業務を行う者のみが設置できる（金商法一五五条一項）(1)。内閣総理大臣は、認可に際して、条件を付すことができるが、当該条件は公益または投資者保護のため必要な最小限度のものでなければならない（金商法一五五条二項・三〇条の二）。

(1)　金融審議会第一部会「取引所のあり方に関するワーキング・グループ」報告（平成一四年一二月一六日）は、「端末の設置対象については、我が国の証券取引所の会員等の資格が証券会社等に限定されていることや投資家保護の観点、更には当局が監督をしていない者が海外取引所と直接取引することになれば、端末を通じた取引の状況の実態把握等が困難になることを踏まえると、証券会社等に限定することが適当である。」としている。

3　認可の手続

外国金融商品市場を開設する者が、内閣総理大臣の認可を受けるためには、国内における代表者を定めるとともに、認可申請書を内閣総理大臣に提出しなければならない（金商法一五五条の二第一項）。認可申請書には、①商号または名称、②本店または主たる事務所の所在の場所、③国内に事務所があるときは、その所在の場所、④役員の役職名および氏名、⑤国内における代表者の氏名および国内の住所、⑥外国金融商品取引所参加者に外国市場取引を行わせる外国金融商品市場の種類および名称、⑦外国金融商品取引所参加者の商号、名称または氏名および⑧その他内閣府令で定める事項(1)を記載しなければならない。

認可申請書には①定款ならびに外国市場取引にかかる業務規程および受託契約準則（これらに準ずるものを含む）(2)、②外国市場取引にかかる業務の内容および方法として内閣府令で定めるものを記載した書類および③その他内閣府令で定める(3)書類を添付しなければならない（金商法一五五条の二第二項）。

内閣総理大臣は、認可の申請を受理すると、①認可申請者がその本店または主たる事務所が所在する国において金融商品取引所開設免許と同種類の免許またはこれに類する許可その他の行政処分を受けた者であるかどうか、②認可申請者が法令もしくは法令にもとづく行政官庁の処分または業務規則に違反した外国金融商品取引所参加者に対し法令等または業務規則を遵守させるために必要な措置をとることができるかどうか、③認可申請者の業務規則が外国金融商品取引所参加者が行う外国市場取引を公正かつ円滑ならしめ、および投資者を保護するために十分であるかどうか、を審査する（金商法一五五条の三第一項）。

内閣総理大臣は、①認可申請者が外国金融商品取引所参加者に外国市場取引を行わせる外国金融商品市場を開設してから政令で定める(4)期間を経過するまでの者であるとき（政令で定める(5)場合に該当するときを除く）、②認可申請者が金融商品取引法またはこれに相当する外国の法令の規定に違反し、罰金の刑（これに相当する外国の法令による刑を含む）に処せられ、その刑の執行を終わり、またはその刑の執行を受けることがなくなった日から五年を経過するまでの者であるとき、③認可申請者が外国金融商品取引所入出力装置設置認可を取り消され、金融商品取引業者の登録を取り消され、金融商品仲介業者の登録を取り消され、取引所取引の認可を取り消され、またはその本店または主たる事務所の所在する国において受けている金融商品取引業者もしくは金融商品仲介業者の登録もしくは取引所金融商品市場開設、金融商品債務引受業もしくは証券金融業の免許と同種類の登録もしくは免許（当該登録または免許に類する許可その他の行政処分を含む）を取り消され、その取消しの日から五年を経過するまでの者であるとき、④認可申請者の役員または国内における代表者のうちに欠格事由に該当する者があるとき、⑤認可申請者の本店または主たる事務所の所在する国の金融商品取引法に相当する外国の法令を執行する当局の保証(6)またはこれに準ずると認められるものがないとき、⑥認可申請書またはその添付書類のうちに重要な事項について虚偽の記載があるとき、を除いて、認可を与えなければならない（金商法一五五条の三第二項）(7)。

内閣総理大臣は、認可申請を受理した後、その認可を与えることが適当でないと認めるときは、認可申請者に通知して、当該職員をして審問を行わせねばならず、内閣総理大臣が認可を与えることとし、またはこれを与えないこととした場合は、遅滞なく、その旨を書面により認可申請者に通知しなければならない（金商法一五五条の四）。

（1）　金融商品取引所等府令一一四条二項は、①外国金融商品市場を開設した年月日、②外国金融商品取引所参加者が外国金融商品取引所入出力装置を設置する営業所または事務所（外国法人である金融商品取引業者にあっては、国内に有する営業所または事務所）および部署の名称、③資本金の額または出資の総額および④他に業務を行っている場合は、その事業の種類を掲げている。

（2）　金融商品取引所等府令一一五条一項は、①外国金融商品取引所参加者に行わせようとする取引の種類、②外国市場取引にかかる業務を管理する責任者の氏名および役職名、③外国市場取引にかかる業務を行う部署の名称および組織の体制、④外国市場取引の対象となる有価証券の種類、銘柄および売買単位、⑤外国市場デリバティブ取引のうち外国市場取引の対象となる取引の種類、銘柄および取引単位、⑥外国市場取引の参加資格にかかる事項、⑦売買価格の決定方法、⑧気配、売買価格その他の価格情報の公表方法、⑨外国市場取引にかかる有価証券の受渡しその他の決済方法および顧客の契約不履行が生じた場合の対処方法、⑩外国市場取引にかかる取引記録の作成および保存の方法、⑪外国市場取引の執行状況について、検査を行う頻度、部署の名称および体制および⑫その他外国市場取引の公正の確保に関する重要な事項を掲げている。

（3）　金融商品取引所等府令一一五条二項は、①外国市場取引にかかる業務を行うことを決議した役員会等の議事録、②国内における事務所に駐在する役員および国内における代表者の履歴書および住民票の抄本またはこれに代わる書類、③役員および国内における代表者が欠格事由に該当しないことを誓約する書面、④事務の機構および分掌を記載した書類、⑤外国金融商品取引所参加者に外国市場取引を行わせる外国金融商品市場を開設してから三年以上を経過していること等を証する書面、⑥認可申請者が所在する国における外国金融商品市場を開設する業務に関する法制を記載した書類、⑦外国金融商品取引所参加者と取引を行う際に使用する契約書類、⑧外国市場取引にかかる業務において使用する電子情報処理組織の概要、設置場所、容量および保存の方法ならびに当該電子情報処理組織に異常が発生した場合の対処方法および⑨その他審査をするため参考となるべき事項を記載した書類を、添付書類として掲げている。

（4）　金融商品取引法施行令一九条の四第一項は、その期間を三年とする。したがって、認可申請者が外国金融商品市場を開設してから三年を経過するまでの者であるときは、認可が付与されない。三年を経過していない場合でも、政令で定める場合に該当すれば、認可を受ける道が開かれている。金融商品取引法施行令一九条の四第二項が、合併、分割、業務の譲渡などがあった場合、それまでの金融商品市場開設期間を合算することを認め、この合算期間が三年であれば、認可を受けることができる。

(5)　金融商品取引法施行令一九条の四第二項は、①認可申請者に合併された者、②分割により認可申請者に外国金融商品市場を開設する業務の全部または一部（内閣府令で定める場合に限る）を承継させた者、③認可申請者に外国金融商品市場を開設する業務の全部または一部（内閣府令で定める場合に限る）を譲渡した者および④①ないし③に掲げる者に準ずる者として内閣府令で定める者、のいずれかに該当する者が外国金融商品市場を開設してから経過した期間を認可申請者が当該市場を開設してから経過した期間とみなして認可申請者の当該期間を算定した場合に、その期間が引き続き三年以上であれば、政令に定める期間を満たしたものとして取り扱われる旨規定している。

なお、金融商品取引所等府令一一六条は、分割により承継される業務または事業譲渡により譲渡される業務自体で外国金融商品市場を開設する業務を行うことができると認められる場合に限られる旨を規定している。「①ないし③に掲げる者に準ずる者として内閣府令で定める者」については、該当する規定はない。

(6)　ここに「保証」とは、金融商品取引法一八九条二項一号にいう「我が国が行う同種の要請に応ずる旨の当該外国金融商品取引規制当局の保証」を指す。外国金融商品取引所の認可を行う前提としての「本国において適切な規制・監督を受けており、自主規制機能が十分に整備されていると認められる海外取引所については、当局と当該海外取引所にかかる外国当局との間で必要な情報交換が可能となる体制の整備」がこれである。

(7)　金融商品取引法一五五条の三第一項は、認可を行うための積極的な要件を規定しており、同条二項が、認可を認めない消極的な要件を規定している。このような書き振りは、わが国の金融商品市場の開設の免許においても採用されているものである（金商法八二条一項と二項を参照）。

4　内閣総理大臣の監督

内閣総理大臣は、公益または投資者保護のため必要かつ適当であると認めるときは、外国金融商品取引所、外国金融商品取引所参加者もしくは当該外国金融商品取引所から業務の委託を受けた者に対し外国市場取引に関し参考となるべき報告もしくは資料の提供を命じ、または当該職員をして当該外国金融商品取引所の外国市場取引にかかる業務の状況もしくは書類その他の物件を検査させることができる（金商法一五五条の九）。内閣総理大臣のもつ監督権限が適切に行使される前提として、外国金融商品取引所に対しては、内閣府令で定めるところにより、毎年四月から翌年三月までの期間における外国市場取引に関する業務報告書を作成し、当該期間経過後三か月以内に、これを内閣総理大臣に提出するように義務づけられている（金商法一五五条の五）。

金融商品取引法は、わが国の取引所金融商品市場については、内閣総理大臣に、金融商品取引所、その子会社または当該金融商品取引所に上場されている有価証券の発行者に対する資料の提出や物件の検査の権限を与えている（金商法一五一条）。外国市場取引については、上場される有価証券の発行者に対して調査権限が及ばない。一方で、外国金融商品取引参加者に対して直接の調査権限を行使できるという違いがある。

内閣総理大臣は、外国金融商品取引所が、①認可基準に適合しなくなったとき、②認可拒否事由に該当することとなったとき、③認可に付した条件に違反したとき、④法令等もしくは業務規則に違反したとき、または外国金融商品取引所参加者が法令等もしくは業務規則に違反する行為をしたにもかかわらず、これに対し法令等もしくは業務規則を遵守させるために当該外国金融商品取引所に認められた権能を行使せずその他必要な措置をとることを怠ったとき、⑤外国金融商品取引所の行為またはその開設する外国金融商品市場における外国市場取引の状況が公益または投資者保護のため有害であると認めるときで、公益または投資者保護のため必要かつ適当であると認めるときは、当該外国金融商品取引所の認可を取り消し、六か月以内の期間を定めて外国市場取引の全部もしくは一部の停止を命じ、または外国市場取引にかかる業務の変更もしくは一部の禁止を命ずることができる（金商法一五五条の一〇第一項）。

また、内閣総理大臣は、外国金融商品取引所の国内における代表者（国内に事務所がある場合にあっては、当該事務所に駐在する役員を含む）が法令等に違反したときは、当該外国金融商品取引所に対し、当該国内における代表者の解任を命ずることができる（金商法一五五条の一〇第二項）。

なお、いったん外国金融商品取引所の認可が発出されても、認可を受けた当時認可拒否事由に該当していたことが判明したときは、内閣総理大臣には認可の取消権が法定されている（金商法一五五条の六）。

外国金融商品取引所が認可を受けた場合でも、①そこでの外国金融商品取引所参加者がなくなったとき、②市場の全部を閉鎖したとき、③解散したとき、かかる認可は効力を失う（金商法一五五条の八第一項）。認可についての消極要件が判明したときには、認可を取り消すかどうは、内閣総理大臣の裁量となっているのに対して、ここでは、認可の効力が当然になくなる旨が規定されている。(6)

（1）　取引所府令一一七条は、外国金融商品取引所が作成し提出を義務づけられている業務報告書は、同府令第一五号様式により作成しなければならないとしている。

（2）　外国金融商品取引所は、認可申請書記載事項または添付書類に記載した業務の内容もしくは方法について重要な変更があった場合その他内閣府令で定める場合には、その日から二週間以内に、その旨を内閣総理大臣に届け出なければならない（金商法一五五条の七）。取引所府令一一八条は、①外国市場取引にかかる業務を休止し、または再開した場合、②他の外国金融商品市場を開設する者と合併した場合、外国金融商品市場開設者の外国金融商品市場を開設する業務の全部もしくは一部を承継した場合、または外国金融商品市場開設者から外国金融商品市場を開設する業務の全部もしくは一部を譲り受けた場合、③破産手続開始、再生手続開始、更生手続開始もしくは清算開始の申立てを行った場合または本店もしくは主たる事務所の所在する国において当該国の法令にもとづき同種類の申立てを行った場合、④認可申請者が金融商品取引法またはこれに相当する外国の法令の規定に違反し、罰金の刑（これに相当する外国の法令による刑を含む）に処せられ、その刑の執行を終わり、またはその刑の執行を受けることがなくなった日から五年を経過するまでの者、または、認可申請者が外国金融商品取引所入出力装置設置認可を取り消され、金融商品仲介業者の登録を取り消され、金融商品取引業者の登録を取り消され、取引所取引の認可が取り消され、またはその本店または主たる事務所の所在する国において受けている金融商品取引業者もしくは金融商品仲介業者の登録もしくは取引所金融商品市場開設、金融商品債務引受業もしくは証券金融業の免許と同種類の登録もしくは免許（当該登録または免許に類する許可その他の行政処分を含む）を取り消され、その取消しの日から五年を経過するまでの者に該当することとなった場合、⑤役員または国内における代表者が欠格事由に該当することとなった事実を知った場合、⑥国内における事務所に駐在する役員または国内における代表者に法令等に違反する行為があったことを知った場合、⑦⑥の行為の詳細が判明した場合、⑧外国市場取引にかかる業務を行うことを決議した役員会等の議事録、国内における事務所に駐在する役員および国内における代表者の履歴書および住民票の抄本またはこれに代わる書類、役員および国内における代表者が欠格事由に該当しないことを誓約する書面、事務の機構および分掌を記載した書類、外国金融商品取引所参加者に外国市場取引を行わせる外国金融商品市場を開設してから三年以上を経過していること等を証する書面、認可申請者が所在する国における外国金融商品市場を開設する業務に関する法制を記載した書面、外国金融商品取引所参加者と取引を行う際に使用する契約書類、外国市場取引にかかる業務において使用する電子情報処理組織の概要、設置場所、容量および保存の方法ならびに当該電子情報処理組織に異常が発生した場合の対処方法、その他審査をするため参考となるべき事項を記載した書類の内容に重要な変更があった場合を届出事由としている。

（3）　①認可申請者が金融商品取引法またはこれに相当する外国の法令の規定に違反し、罰金の刑（これに相当する外国の法令による刑を含む）に処せられ、その刑の執行を終わり、またはその刑の執行を受けることがなくなった日から五年を経過するまでの者、②認可申請者が外国金融商品取引所入出力装置設置認可を取り消され、取引所取引の認可が取り消され、金融商品仲介業者の登録を取り消され、金融商品取引業者の登録を取り消され、取引所取引の認可が取り消され、またはその本店または主たる事務所の所在する国において受けている金融商品取引業者もしくは金融商品仲介業者の登録もしくは取引所金融商品市場開設、金融商品債務引受業もしくは証券金融業の免許と同種類の登録もしくは免許（当該登録または免許に類する許可その他の行政処分を含む）を取り消され、その取消しの日から五年を経過するまでの者、③認可申請者の役員または国内における代表者のうちに欠格事由に該当する者、または④認可申請者の本店または主たる事務所の所在する国の金融商品取引法に相当する外国の法令を執行する当局の保証またはこれに準ずると認められるものがないこと、のいずれかに該当することとなったとき（金商法一五五条の三第二項二号～五号）をいう。

（4）　内閣総理大臣は、外国市場取引の全部もしくは一部の停止または外国市場取引にかかる業務の変更もしくは一部の禁止を命じようとするときは、聴聞を行わねばならない（金商法一五五条の一〇第三項）。

（5）　認可を受けた外国金融商品取引所が、①外国市場取引を行う外国金融商品取引所参加者がなくなったとき、②外国市場取引が行われる外国金融商品市場の全部を閉鎖したとき、③解散したとき、のいずれかに該当するときは、認可の効力が失効する。認可が失効したときは、国内における代表者または代表者であった者は、遅滞なく、その旨を内閣総理大臣に届出をしなければならない（金商法一五五条の八）。

（6）　たとえば、金融商品取引法一五五条の三第二項六号は、認可申請書の虚偽記載があった場合に認可の取消処分が可能としている。虚偽の申請書を提出した者に制裁として認可の取消しを行うことは考えられる。しかし、虚偽の部分が治癒された場合で、他の要件が十分に満たされている場合、外国金融商品取引所に対する認可を維持することはありうる。これに対して、外国金融商品取引所の実体が消滅した段階で、その海外端末を国内で維持する必然性はない。以上の違いが、認可の効力の違いとして現れているものと思われる。

二　外国証券業者

1　外国証券業者

金融商品取引業者および銀行、協同組織金融機関その他政令で定める金融機関以外の者で、外国の法令に準拠して、外国において有価証券関連業を行う者を外国証券業者という[1]（金商法五八条）。外国証券業者は、原則として金融商品取引法二八条八項各号に掲げる行為（金融商品取引業）を国内にある者を相手方として行うことが禁止される（金商法五八条の二本文）[2]。

（1）　金融商品取引法施行令には該当する政令が見当たらない。

（2）　金融商品取引業者のうち有価証券関連業を行う者を相手方とする場合その他政令で定める場合を除く（金商法五八条の二ただし書）。

2　引受業務の許可

外国証券業者は、金融商品取引法二九条および五八条の二の規定にかかわらず、内閣総理大臣の許可を受けて、その行う有価証券の引受けの業務のうち、元引受契約への参加等（引受業務）を行うことができる（金商法五九条一項）。許可を受けようとする者は、①商号または氏名、②本店または主たる事務所の所在の場所、③資本金の額または出資の総額、④代表権を有する役員の役職名および氏名、⑤当該申請にかかる行為を行う者の氏名および国内の住所または居所その他の連絡場所、⑥当該申請にかかる行為にかかる有価証券に関し予定されている発行者または所有者、種類、数量および金額等および⑦許可申請者が引き受けようとする額を記載した許可申請書を内閣総理大臣に対し提出しなければならない（金商法五九条の二第一項(1)）。

許可の基準として、①外国において、その許可を受けようとする業務と同種類の業務について政令で定める期間以上(2)継続して業務を行っていること、②資本金の額または出資の総額が、許可を受けようとする業務の態様に応じ、公益または投資者保護のために必要かつ適当なものとして政令で定める金額以上(3)の法人であることおよび③純資産額が②の金額以上であることが法定されている（金商法五九条の三）。内閣総理大臣は、許可申請者が④金融商品取引業の登録取消し処分、引受業務の許可取消し処分、金融商品仲介業の登録取消し処分、本国において金融商品取引業もしくは金融商品取引仲介業の登録取消し処分を受け、その取消しの日から五年を経過していない者であるとき、⑤金融商品取引法、投資信託法、商品先物取引法等もしくはこれらに相当する外国の法令に違反し、罰金刑（これに相当する外国の法令による刑を含む）に処せられ、その刑の執行を終わり、またはその執行を受けることがないこととなった日から五年を経過するまでの者であるとき、⑥役員等が欠格事由に該当する者であるとき、⑦許可申請書もしくはその添付書類にうちに虚偽の記載もしくは重大な事実の記載が欠けているときは、許可申請者に通知し、当該職員に審問を行わせた上で、許可を拒否しなければならない（金商法五九条の四）。また、いったん許可を与えても、外国証券業者が④もしくは⑤に該当することとなったとき、⑧法令（外国の法令を含む）、当該法令にもとづく行政官庁の処分もしくは当該許可もしくは本国において受けている登録等に付された条件に違反した場合において、公益または投資者保護のために必要かつ適当であると認められるとき、ならびに役員等が欠格事由に該当することとなった場合または⑧の行為をした場合において、当該許可にかかる行為が公正に行われないこととなるおそれがあると認められるときは、許可を取り消すことができる（金商法五九条の五）。

引受業務の許可を受けた外国証券業者は、誠実義務、禁止行為などの行為規制の適用がある（金商法五九条の六）。

（1）許可申請書には①業務の内容を記載した書類、②最近一年間における引受業務の概要を記載した書類、③許可申請者が金融商品取引業の登録取消し等の処分を受けた者ではなく、かつ役員が欠格事由に該当しない者である旨の誓約書および④最近一年間に終了する各事業年度に関する貸借対照表および損益計算書の添付が要求される（金商法五九条の二第三項）。

（２）原則三年とされている（金商令一七条の六第一項）。

（３）五億円とされている（金商令一七条の七第一項）。

３　取引所取引の許可

外国証券業者は、内閣総理大臣の許可を受けて、金融商品取引所における有価証券の売買または市場デリバティブ取引（取引所取引）を業として行うことができる（金商法六〇条一項）。(1)

前述した外国金融商品取引所の制度では、わが国内に海外金融商品取引所の端末が設置され、それを通じて国内の投資者が海外の金融商品取引所に取引を発注することを可能にした。これに対して、取引所取引の制度は、わが国内に支店をもたない海外の金融商品取引業者が、わが国の金融商品取引所の会員等となって海外からの注文を取り次ぐことを可能にしている。(2)かかるシステムは、わが国の取引所取引の流動性を高めるために有用である。しかし、一方で、海外金融商品取引業者が国内における支店について登録を受けた場合以外にも取引所取引に参加できる外国証券業者が増えることから、その監督のあり方が問題となる。このような海外金融商品取引業者は国内の投資者とは取引を行わないので、投資者保護の必要性は乏しい。しかし、海外からの注文が入ってくることで、わが国の取引所市場における公正な価格形成が損なわれないように、規制のシステムを構築しておく必要がある。(3)(4)

（１）有価証券等清算取次ぎ（金商法二条二七項一号に規定するもの）の委託者として、有価証券等清算取次ぎを行う者を代理してこれらの取引を行う場合を含む。

（２）金融審議会第一部会報告「証券市場の改革促進」（平成一四年一二月一六日）は、「我が国の取引所市場の流動性の向上と国際競争力の強化を図る観点から、不公正取引の防止に配意しつつ、海外の証券業者が、国内に支店を設置することなく、我が国の取引所市場の会員等となって直接発注することを可能とする制度を整備すべきである。具体的には、国内に支店を設置しない海外の証券業者について、当局と当該証券業者に係る外国当局との間で情報交換取決め（ＭＯＵ等）が結ばれていること、我が国の取引所と当該証券業者が加入している海外の証券取引所との間での情報提供等の協調の枠組みが整備されていること、国内に代表者を置くことなどを要件として、我が国取引所市場への直接参加を認めるとともに、これらの証券業者について一定のモニタリング措置により不公正取引の防止を図る仕組みとすべきである。これにより、我が国取引所が遠隔地会員（リモート・メンバーシップ）制度による海外展開やクロス・メンバーシップによる海外取引所との連携を図ることも可能となる。」と述べている。

（3）　わが国の金融商品取引所が、海外の証券業者に端末を設置し、その上場商品を海外の投資家から直接受注するための法整備が平成一五年の改正で実現した。

（4）　わが国の金融商品取引所端末の海外設置については、海外金融商品取引業者に「許可」を要求する。わが国では、金融商品取引業を行うには「登録」が必要である。登録の法的性格は「許可」と解されている。わが国の金融商品取引所の海外端末が金融商品取引業の開業と同視され、金融商品取引業の「登録」に対応して、外国証券業者に「許可」が要求されることとなったと考えられる。証券取引法研究会「平成一五年の証券取引法等の改正Ⅵ・海外取引所端末の国内設置、許可証券業者制度等」平成一五年の証券取引法等の改正〔別冊商事法務二七五号〕九四頁（川口）（平成一六年）。

４　許可の手続

取引所取引の許可を受けようとする者は、国内における代表者を定め、許可申請書を内閣総理大臣に提出しなければならない（金商法六〇条の二第一項）(1)。

許可申請書には、①商号および本店の所在の場所、②資本の額、③役員（取引所取引業務を行う営業所の所在する国（本店の所在する国を除く）における代表者を含む）の役職名および氏名、④取引所取引店の名称ならびにその所在する国および場所、⑤他に事業を行っているときは、その事業の種類、⑥本店および取引所取引店が加入している外国金融商品取引市場開設者の商号または名称、⑦国内に事務所その他の施設があるときは、その所在の場所、⑧国内における代表者の氏名および国内の住所、⑨取引参加者となる金融商品取引所の商号または名称および⑩その他内閣府令で定める事項(2)を記載しなければならない（金商法六〇条の二第二項）(3)。また、許可申請書には、添付書類として、①認可拒否事由に該当しないことを誓約する書面、②取引所取引店における取引所取引業務の内容および方法として内閣府令で定めるもの[4]を記載した書類、③定款および許可申請者の登記事項証明書（これらに準ずるものを含む）ならびに業務の内容および方法を記載した書類、④国内における許可申請者の登記事項証明書、⑤直近三年間に終了した各事業年度に関する貸借対照表および損益計算書および⑥その他内閣府令で定める書類[5]を添付しなければならない（金商法六〇条の二第三項）[6]。

許可が拒否される事由は法定されている。すなわち、許可申請者が①取締役会設置会社と同種類の法人でないとき、②本店または取引所取引店が所在するいずれかの国において登録等を受けていないとき、③いずれかの取引所取引店において取引所取引と同種類の取引にかかる業務を政令で定める期間以上継続していない者であるとき[7]（政令で定める場合に該当するときを除く）、④いずれかの取引所取引店がその所在する国の外国金融商品取引市場開設者（当該国において金融商品市場開設の免許と同種類の免許またはこれに類する許可その他の行政処分を受けたものに限る）に加入していないとき、⑤資本金の額が政令で定める金額[8]に満たない法人であるとき、⑥純財産額が資本金の額に満たない法人であるとき、⑦金融商品取引業者等の登録を取り消され、取引所取引の許可を取り消され、もしくは金融商品仲介業者の登録を取り消され、または本店もしくは取引所取引店が所在する国において受けている登録等が外国金融商品取引法令の規定により取り消され、その取消しの日から五年を経過するまでの者であるとき、⑧金融商品取引法等の規定もしくはそれらに相当する外国の法令に違反し、罰金の刑（これに相当する外国の法令による刑を含む）に処せられ、その刑の執行が終わり、もしくはその刑の執行を受けることがなくなった日から五年を経過していないとき、⑨他に行っている事業が公益に反すると認められる者であるとき、⑩役員、取引所取引店所在国における代表者または国内における代表者のうちに欠格事由のいずれかに該当する者のある法人であるとき、⑪取引所取引業務にかかる人的構成が取引所取引業務を適確に遂行するに足りるものと認められない者であるときは許可申請は拒否される（金商法六〇条の三第一項一号）。

ところで、国内で営業を行う外国の金融商品取引業者と異なり、海外に営業基盤を有する外国証券業者については、監督が行き届かないことが懸念される。そこで、後者については特別の規制が存在する。

第一に、許可申請者の本店および取引所取引店の所在するいずれかの国の外国金融商品取引規制当局の金融商品取引法一八九条二項一号に規定する保証がないとき、申請者の許可は拒否される（金商法六〇条の三第一項二号）。金融商品取引法一八九条一項は、外国金融商品取引規制当局からの調査協力の要請があった場合に、関係者に参考となるべき報告または資料の提出を命じることができる旨を定めるものである。金融商品取引法一八九条二項一号は、わが国の金融商品取引規制当局が同種の要請を行うときに外国金融商品取引規制当局が協力することを求めるもので、かかる協力を行う保証がなければ、外国からの要請にも応じない旨を定めている。したがって、金融商品取引法六〇条の三第一項二号では、このような相互協力体制の下、外国証券業者を監督・監視する外国規制当局から必要な情報の提供を受けられる体制が整備されていることが、許可の要件とされている(9)。

第二に、許可申請者の取引所取引店が加入している外国金融商品取引市場開設者と当該許可申請者が取引参加者となる金融商品取引所との間での情報の提供に関する取決めの締結その他の当該金融商品取引所による金融商品取引法、同法にもとづく命令または定款その他の規則により認められた権能を行使するための措置が講じられていないことが許可拒否要件と定められている（金商法六〇条の三第一項三号）(10)。これは、許可申請者の外国証券業者が加入している海外の金融商品取引所による情報提供などを通じて、わが国の金融商品取引所による自主規制をサポートする仕組みの整備を要求するものである。

外国証券業者によるわが国取引所市場への直接参加を許可制の下で認めるとともに、このような形で、許可を受けた外国証券業者について適切な監督が及ぶものとされている。

なお、許可申請書またはその添付書類のうちに虚偽の記載があり、または重要な事実の記載が欠けているときも許可申請が拒否される（金商法六〇条の三第一項四号）(11)。

取引所取引許可業者の取引所取引業務については、誠実義務、名義貸しの禁止、禁止行為のうち内閣府令委任項目、顧客情報の保護等の体制の整備が要請される（金商法六〇条の一三）。

（1）許可を受けただけでは、当然に金融商品取引所での売買取引が認められることにはならない。取引参加者または会員の資格が金融商品取引所より付与されなければならない。

（2）取引所取引と同種類の取引にかかる業務を開始した日を記載しなければならない（金商業等府令二一九条）。

（3）取引所取引許可業者は、認可申請書記載事項について変更があったときは、その日から二週間以内に、その旨を内閣総理大臣に届け出ることが義務づけられている（金商法六〇条の五第一項）。

（4）①業務運営に関する基本原則、②業務執行の方法、③業務分掌の方法、④業として行う取引所取引の種類、⑤苦情解決のための体制および⑥我が国の金融商品取引法令に関する知識を有する役員および使用人の確保の状況ならびに当該役員および使用人の配置の状況が該当する（金商業等府令二二〇条）。

（5）①取引所取引業務の開始を決議した役員会等の議事録、②本店または取引所取引店が所在するすべての国において登録等を受けていることを証明する書面、③すべての取引所取引店において取引所取引と同種類の取引にかかる業務を三年以上継続して営んでいること等を証する書面、④純財産額を算出した書面、⑤役員、取引所取引店所在国における代表者および国内における代表者の履歴書、⑥役員等の住民票の抄本またはこれに代わる書面、⑦役員等が欠格事由に該当しない旨の官公署の証明書またはこれに代わる書面、⑧役員等が欠格事由に該当しないことを誓約する書面、⑨取引所取引業務を行う際に使用する端末において、不公正な取引を防止するために講じている措置を記載した書面が該当する（金商業等府令二二一条）。

（6）取引所取引許可業者は、取引所取引業務の内容または方法について変更があったときその他内閣府令で定める場合は、内閣府令で定めるところにより、遅滞なく、内閣総理大臣に届け出なければならない（金商法六〇条の五第二項）。内閣府令で定める場合とは、①本店または取引所取引店において業務を休止し、または再開した場合、②合併した場合、分割により事業の一部を承継させ、もしくは事業の全部もしくは一部を承継した場合、または事業の重要な一部の譲渡もしくは事業の全部もしくは重要な一部の譲受けをした場合、③破産手続開始、再生手続開始、更生手続開始もしくは清算開始の申立てを行った場合または本店もしくは主たる事務所の所在する国において当該国の法令にもとづき同種類の申立てを行った場合、④定款を変更した場合、⑤取引所取引業務を開始した場合、⑥取締役会設置会社と同種類の法人でない者、本店もしくは取引所取引店が所在するいずれかの国において登録等を受けていない者、いずれかの取引所取引店がその所在する国の外国金融商品取引所（当該国において金融商品市場開設の免許と同種類の免許またはこれに類する許可その他の行政処分を受けたものに限る）に加入していない者、資本金の額が政令で定める金額に満たない法人、純財産額が資本金の額に満たない法人、本店もしくは取引所取引店が所在する国において受けている登録等が外国金融商品取引法令の規定により取り消され、その取消しの日から五年を経過するまでの者、または、金融商品取引法、投資信託法、商品先物取引法、商品投資事業法、貸金業法もしくは出資法の規定またはこれらに相当する外国の法令の規定に違反し、罰金の刑に処せられ、その刑の執行を終わり、またはその刑の執行を受けることがなくなった日から五年を経過していない者に該当することとなった場合、⑦役員等が欠格事由のいずれかに該当することとなった事実を知った場合、⑧純財産額が資本金の額に満たなくなった場合、⑨金融商品取引法に相当する外国の法令の規定にもとづく行政庁の不利益処分を受けた場合、⑩役職員に法令または規則に反する行為があったことを知った場合、⑪⑩にもとづき届出をした事故等の詳細が判明した場合がこれである（金商業等府令二二三条）。また、届出を行う取引所取引許可業者は、金商業等府令二二四条に定める書類を添付して、金融庁長官に提出しなければならない（金商業等府令二二四条）。

（7）　金融商品取引法施行令一七条の八によりその期間は原則三年であるが、一定の場合には経験年数の通算規定がある（金商令一七条の八第二項）。

（8）　最低資本金額は五〇〇〇万円に相当する金額である（金商令一七条の九）。

（9）　行政間の情報交換の協定の現状については、証券取引法研究会「平成一五年の証券取引法等の改正Ⅵ・海外取引所端末の国内設置、許可証券業者制度等」平成一五年の証券取引法等の改正（別冊商事法務二七五号）九九頁（天野）（平成一六年）参照。

（10）　金融商品取引所は、会員等に法令・諸規則を遵守させるために、金融商品取引法、金融商品取引法にもとづく命令もしくは定款その他の規則により認められた権能を行使せずその他必要な措置をとることを怠ったときは、内閣総理大臣による処分を受ける（金商法一五二条一項一号）。取引所取引許可業者では、金融商品取引法一五二条に定める金融商品取引所に委ねられる自主規制機能を実施するための措置を講じていることを、許可の要件としている。証券取引法研究会・前掲注（9）一〇〇頁（天野）。

（11）　金融商品取引法は、取引所取引許可業者について消極的な意味の許可要件を法定しているが、積極的なそれは法定されていない。それと関連して、許可申請者が許可拒否事由に該当しない場合であってもなお、内閣総理大臣が許可を与えない裁量を有するのか否かについて明確ではない。なお、いったん与えられた許可は、取引所取引許可業者が解散したとき、または取引所取引業務を廃止したとき、失効する（金商法六〇条の七）。さらに、取引所取引許可業者が業務休止等をした場合には、許可取消処分を受けることとなる（金商法六〇条の九）。

第二節　金融商品取引業協会の規制

第一款　金融商品取引業協会の意義

一　金融商品取引業協会の種類

1　認可金融商品取引業協会

認可金融商品取引業協会は、有価証券の売買その他の取引および市場デリバティブ取引等を公正かつ円滑にし、ならびに金融商品取引業の健全な発展および投資者保護に資する目的をもって設立される（金商法六七条一項）。認可金融商品取引業協会は、金融商品取引法にもとづいて内閣総理大臣によって認可された法人である（金商法六七条の二第二項・六七条四項）。(1) また、認可金融商品取引業協会は、店頭売買有価証券市場を開設することができる（金商法六七条二項）。平成二〇年の改正により、さらに認可金融商品取引業協会は、定款に定めるところにより、その開設する店頭売買有価証券市場ごとに、協会員が特定投資家等以外の者（当該有価証券の発行者その他の内閣府令で定める者を除く）の委託を受けて行う有価証券の買付けを禁止することができることとなった（金商法六七条三項）。店頭売買有価証券市場においても、取引所金融商品市場と同様に、いわゆるプロ専用の市場を開設することを許容する趣旨である。

平成四年の改正前には、証券業協会（当時）は民法に従い設立された社団法人であり、大蔵大臣（当時）に登録された団体に過ぎなかった。平成四年の改正により、証券業協会は、証券取引法上の社団法人として位置づけられ、その設立自体に主務大臣の認可を要することになった。この立法態度を金融商品取引法は継承した。

認可金融商品取引業協会は、金融商品取引業者等が組織する自主規制団体である。認可金融商品取引業協会は、その定款において、金融商品取引業者の業務および金融商品仲介業者の金融商品仲介業務に関して、金融商品取引の公正を確保し、投資者を保護するための行為準則を定めなければならない（金商法六八条三項・四項・五項）。さらに、その行為準則等に違反した協会員に制裁を加えることによって、その構成員に自主規制を及ぼすことが要請されている（金商法六八条の二）。

認可金融商品取引業協会は、金融商品取引業者の自主規制団体である点で、金融商品取引所と共通の側面を有する。しかし、金融商品取引所は、会員等のみを対象に、金融商品取引所が開設する金融商品市場における売買取引を中心に自主規制を行うのに対して、認可金融商品取引業協会は、金融商品取引所の会員等のみならず、それ以外の金融商品取引業者等も規制の対象とし、さらに、金融商品市場外の取引についてもひろく自主規制を行う(2)。

認可金融商品取引業協会は、法制上は任意加入の団体であるが、実際上は、強制加入の団体となっている(3)。なお、認可金融商品取引業協会は、営利の目的をもって業務を行うことが禁止される（金商法六七条の七）。

（1）　金融商品取引業者がたとえ自主規制の目的で団体を形成しても、内閣総理大臣の認可を受けるのでなければ、その団体は認可金融商品取引業協会ではない。

（2）　金融商品取引所が開設する金融商品市場における売買そのものについては、金融商品取引所の自主規制との関係で、認可金融商品取引業協会が自主規制を行うことが期待されていない。福光家慶「証券業協会制度序説」神戸法学雑誌一二巻二号二一二頁以下参照。平成一五年の改正により、協会員を所属証券会社（当時）等とする証券仲介業者（当時）に対しても、自主規制を及ぼすこととなった。

（3）　金融商品取引業者は、金融商品取引業の登録の申請にあたり登録申請書を内閣総理大臣に提出することを要する。金融商品取引法二九条の二第一項八号にもとづき金商業等府令七条一号は、この登録申請書に加入する金融商品取引業協会を記載させることによって、金融商品取引業協会への加入を事実上強制的なものとしている。

2　認定金融商品取引業協会

認定金融商品取引業協会(1)は、金融商品取引業者が設立した一般社団法人であって、内閣総理大臣により、政令で定めるところにより(2)、有価証券の売買その他の取引およびデリバティブ取引等を公正かつ円滑にし、ならびに金融商品取引業の健全な発展および投資者保護に資することを目的とすること、金融商品取引業者を会員とする旨の定款の規定があること、金融商品取引業協会の業務を適正かつ確実に行うに必要な業務の実施の方法を定めているものであること、および当該業務を適正かつ確実に行うに足りる知識および能力ならびに財産的基礎を有するものであるといった要件に該当するものであると認定された法人である（金商法七八条一項）。

認定金融商品取引業協会は、金融商品取引法上、認可金融商品取引業協会と並んで、金融商品取引業者の自主規制団体として位置づけられている。両者の形式的な差異は、認可金融商品取引業協会が金融商品取引法を直接の根拠法とするのに対して、認定金融商品取引業協会は、一般法人法を根拠法とするという違いに過ぎない。しかし、実質的には市場開設者になれるかどうかという差異がみられる。すなわち、認可金融商品取引業協会においては、自ら店頭売買有価証券市場を開設することが可能である（金商法六七条二項）とともに、株式会社金融商品取引所を子会社とすることも許されている（金商法一〇三条の二第一項ただし書）。これに対して、認定金融商品取引業協会は、このような権能を有しない(3)。

認定金融商品取引業協会の業務として、①金融商品取引業を行うにあたり、金融商品取引法その他法令の規定を遵守させるために会員および金融商品仲介業者（会員を所属金融商品取引業者等とするものに限る）に対する指導、勧告その他の業務、②会員および金融商品仲介業者の行う金融商品取引業に関し、契約の内容の適正化、資産運用の適正化、その他投資者の保護をはかるため必要な調査、指導、勧告その他の業務、③会員および金融商品仲介業者の金融商品取引法もしくは金融商品取引法にもとづく命令もしくはこれらにもとづく処分もしくは定款その他の規則または取引の信義則の遵守の状況の調査、④会員および金融商品仲介業者の行う金融商品取引業に関する投資者からの苦情の解決、⑤会員および金融商品仲介業者の行う金融商品取引業に関する紛争の解決、⑥外務員の登録事務、⑦会員および金融商品仲介業者の有価証券の売買その他の取引の勧誘の適正化に必要な業務のため必要な規則の制定その他の業務、⑧投資者に対する広報その他認定金融商品取引業協会の目的を達成するため必要な業務、および⑨①から⑧のほか、金融商品取引業の健全な発展または投資者保護に資する業務が規定されている（金商法七八条二項）。

（1）　一般法人法の施行（平成二〇年一二月一日）をもって、公益法人金融商品取引業協会は認定金融商品取引業協会に名称が変更された。

（2）　認定の申請をするには、①名称、②事務所の所在の場所、および③役員の氏名および会員の名称を記載した申請書に、定款その他内閣府令で定める書類を添付して、金融庁長官に提出しなければならない。内閣府令で定めるものは、④認定の申請にかかる業務の実施の方法を記載した書類、⑤認定の申請にかかる業務を適正かつ確実に行うに足りる知識および能力を有することを明らかにする書類、⑥最近の事業年度における財産目録その他の財産的基礎を有することを明らかにする書類、⑦役員の履歴書および住民票の抄本（本籍の記載のあるものに限る）またはこれに代わる書面、⑧その他参考となる事項を記載した書類がこれである（金商令一八条の四の九、協会府令二二条）。

（3）　前述した認可金融商品取引業協会と認定金融商品取引業協会との間の実質的差異は、認可金融商品取引業協会が証券取引法上の証券業協会を継承する自主規制団体であるのに対して、後者の認定金融商品取引業協会は、旧証券投資顧問業法上の証券投資顧問業協会、旧金融先物取引法上の金融先物取引業協会、投資信託法上の投資信託協会等を継承するものであることによる。

二　認可金融商品取引業協会の設立の認可

1　認可の基準

認可金融商品取引業協会の認可申請は、①認可申請者が金融商品取引法違反により罰金の刑に処せられその刑の執行を終わった後もしくは執行を受けることがないこととなった日から五年を経過するまでの者であるとき、②認可申請者の役員のうちに欠格事由に該当する者があるときまたは③認可申請書もしくはその添付書類のうちに重要な事項について虚偽の記載があるときは、拒否される（金商法六七条の四第二項）。右の拒否事由が存在しない場合、内閣総理大臣は、④定款その他の規則の規定が法令に適合し、かつ、有価証券の売買その他の取引およびデリバティブ取引等を公正かつ円滑にし、ならびに金融商品取引業を健全に発展させるとともに、投資者を保護するために十分であることおよび⑤当該申請にかかる認可協会が金融商品取引法の規定に適合するように組織されるものであること、という基準に適合すると認められる限り、認可金融商品取引業協会の設立を認可しなければならない（金商法六七条の四）。

認可金融商品取引業協会の定款の必要的記載事項は法定されており（金商法六七条の八）、法定された必要的記載事項を欠く定款を有する金融商品取引業者の団体は、定款の規定が法令に違反するものとして、認可金融商品取引業協会の設立の認可を受けることができない。これに対し、認可金融商品取引業協会の定款以外の規則については、記載事項が具体的に法定されていない。したがって、金融商品取引業者の団体の定款以外の規則が一定の事項について規定を欠いていることのゆえに、それが法令に違反するものとして認可金融商品取引業協会の設立の認可が拒否されることはない。もっとも、定款以外の規則の内容を定款のそれと総合的に判断して、有価証券の売買その他の取引等の公正・円滑を確保し、金融商品取引業を健全に発展させ、かつ投資者を保護するために十分でないときは、認可金融商品取引業協会の設立の認可が拒否される。

2　認可の手続

認可金融商品取引業協会の設立認可は、認可の申請を受けて行われる（金商法六七条の三第一項参照）。認可の申請は、認可申請書および添付書類を内閣総理大臣に提出して行う（金商法六七条の三第一項・二項）。

認可申請書には、①名称[1]、②事務所の所在の場所および③役員の氏名および協会員の名称を記載しなければならない（金商法六七条の三第一項）。添付書類としては、④認可を受ける認可金融商品取引業協会の定款、⑤役員の履歴書、住民票の写しおよび⑥認可拒否事由に該当しない旨の誓約書が要求される（金商法六七条の三第二項、協会府令二条）。

認可金融商品取引業協会の設立認可をする場合、内閣総理大臣は、遅滞なくその旨を認可申請者に通知することを要する（金商法六七条の五第二項）(2)。他方、認可金融商品取引業協会の認可申請を拒否するには、内閣総理大臣は、前もって、認可申請者に通知をしてその職員に審問を行わせ（金商法六七条の五第一項）、遅滞なく、理由を記載した書面をもって、その旨を認可申請者に通知しなければならない（金商法六七条の五第二項）。

内閣総理大臣は、認可金融商品取引業協会が認可の当時において認可拒否事由に該当していたことを発見した場合には、当然にその認可を取り消すことができる（金商法六七条の六）(3)。

（1）なお、認可金融商品取引業協会は、店頭売買有価証券市場を開設しようとするときは、その規則において、本文に述べるところに加えて①登録およびその取消しの基準および方法、②売買価格の報告および発表に関する事項、③売買その他の取引の契約の締結の方法、④受渡しその他の決済方法、⑤店頭売買有価証券市場において一般投資家等買付けを禁止する場合には、店頭売買有価証券市場における協会員の有価証券の売買の受託の制限に関する事項、および、当該店頭売買有価証券市場において売買が行われる特定投資家向け有価証券（店頭売買特定投資家向け有価証券）の発行者が提供または公表すべき特定証券情報および発行者情報の内容、提供または公表の方法および時期その他店頭売買特定投資家向け有価証券にかかる情報の提供または公表に関し必要な事項および⑥①から⑤に掲げる事項のほか、店頭売買有価証券の売買その他の取引に関し必要な事項を定め、内閣総理大臣の認可を受けなければならない。当該規則の変更または廃止をしようとする場合も同様である（金商法六七条の一二）。

（2）認可金融商品取引業協会は、その主たる事務所の所在地において設立の登記をすることによって成立する（金商法七七条の五第二項）。なお、認可金融商品取引業協会は政令に従い登記を強制されており（金商法七七条の五第一項）、登記事項は組合等登記令一条別表に定められている。

（3）平成四年の改正前の登録制当時は、登録を受けた証券業協会（当時）が登録の当時において登録拒否事由に該当する場合においても、大蔵大臣（当時）は、当然にその登録を取り消すことができなかった。しかし、この点については、合理的な根拠もなく証券取引所（当時）設立の免許における同種事案の扱いと大きく異なるものであった。

三　重要事項の変更の届出

認可金融商品取引業協会は、名称または事務所の所在の場所に変更が生じたときは、遅滞なくその旨を内閣総理大臣に届け出なければならない（金商法六七条の八第三項）。同様に、認可金融商品取引業協会は、定款および店頭売買有価証券市場における有価証券の登録等に関する規則を除き、その規則を作成、変更もしくは廃止したときは、遅滞なくその旨を内閣総理大臣に届け出なければならない（金商法六七条の八第三項）。

認可金融商品取引業協会は、その自主的判断によって、名称、事務所の所在の場所の変更、定款および店頭売買有価証券市場における有価証券の登録等に関する規則を除き、その規則の作成、変更もしくは廃止を自由にすることができる。もっとも、内閣総理大臣が認可金融商品取引業協会につき効果的な監督をなしうるためには、それらの事態を知っていることが必要である。そこで、その届出が必要とされる。ただし、これらの変更は、内閣総理大臣への届出の前においても効力を生じる(1)。

認可金融商品取引業協会は、定款および店頭売買有価証券市場における有価証券の登録等に関する規則を変更しようとするときは、内閣総理大臣の認可を受けなければならない（金商法六七条の八第二項・六七条の一二）。

（1）この点については、証券取引法研究会「証券業協会」インベストメント一八巻別冊一四三頁以下参照。

四　監督上の処分

認可金融商品取引業協会は、金融商品取引業者または登録金融機関の自主規制団体として、協会員である金融商品取引業者または登録金融機関ならびに協会員を所属金融商品取引業者とする金融商品仲介業者に対してその金融商品取引業務および金融商品仲介業務に関して自主規制を行う。内閣総理大臣は、認可金融商品取引業協会による自主規制が有価証券の売買その他の取引等を公正にし、金融商品取引業を健全に発展させ、投資者を保護するために必要かつ適切なものとなるように、認可金融商品取引業協会に対して監督を行い必要な処分をすることができる。認可金融商品取引業協会に対する内閣総理大臣の監督上の処分は、つぎのものからなる。

第一に、内閣総理大臣は、認可金融商品取引業協会の定款その他の規則について、認可金融商品取引業協会に通知をして聴聞を行った後、認可金融商品取引業協会に対し、公益または投資者を保護するため必要かつ適当な変更を命ずることができる（金商法七三条）。定款その他の規則の変更は、認可金融商品取引業協会自体が行うものである。これに対して、内閣総理大臣の変更命令は、認可金融商品取引業協会に対して定款その他の規則を変更することを命ずるものであり、その命令によって当然に変更の効果を生ぜしめない。

定款その他の規則の変更は、定款その他の既存の規則の修正、追加および廃止のほか新たな規則の制定を含むかについては、議論がある。内閣総理大臣は、認可金融商品取引業協会の定款その他の規則が有価証券の売買その他の取引等を公正かつ円滑にし、ならびに金融商品取引業を健全に発展させ、投資者を保護するために十分ではないと判断すれば、協会の設立申請を拒否することができる（金商法六七条の四第一項一号）。もっとも、内閣総理大臣が、認可金融商品取引業協会の定款および既存の規則のみでは、公益または投資者を保護するために十分ではないと判断したときに、有価証券の売買その他の取引等の公正を確保し、金融商品取引業を健全に発展させ、かつ投資者を保護するために必要かつ適切な新たな規則の制定を命じうると即断することには慎重を要する。

第二に、内閣総理大臣は、認可金融商品取引業協会が法令、法令にもとづく行政官庁の処分または協会の定款その他の規則に違反した場合、公益または投資者の保護のために必要かつ適当であると認めるときは、認可金融商品取引業協会に通知をして聴聞を行った後、その設立認可を取り消し、一年以内の期間を定めてその業務の全部もしくは一部を停止し、業務方法を変更し、業務の一部を禁止し、役員の解任、または定款その他の規則に定める必要な措置をすることを命ずることができる（金商法七四条）。ここにいう行政官庁の処分には、内閣総理大臣による定款その他の規則の変更命令および役員の解任命令が含まれる。

第三に、内閣総理大臣は、認可金融商品取引業協会の協会員、協会員を所属金融商品取引業者とする金融商品仲介業者もしくは発行会社が法令、法令にもとづく行政官庁の処分または協会の定款その他の規則に違反し、または、定款その他の規則に定める取引の信義則に違反する行為をしたにもかかわらず、認可金融商品取引業協会がこれらの者に対し法令等で認められている権能を行使しなかった場合には、同様に設立認可取消し等の制裁を課すことができる（金商法七四条）。

なお、内閣総理大臣は、これらの監督上の処分を効果的にすることができるように、公益または投資者の保護のために必要かつ適当であると認めるときは、認可金融商品取引業協会または発行会社に対し、協会の業務もしくは財産に関し参考となるべき報告もしくは資料の提出を命じ、またはその職員に認可金融商品取引業協会の業務もしくは財産の状況もしくは帳簿書類その他の物件を検査させることができる（金商法七五条）。さらに、認可金融商品取引業協会は、毎事業年度の開始の日から三か月以内に、内閣総理大臣に対し、前事業年度の事業概況報告書および当該事業年度の事業計画書、前事業年度末における財産目録ならびに前事業年度の収支決算書および当該事業年度の収支予算書を提出しなければならない（金商法七六条）。後者の規定は、内閣総理大臣による認可金融商品取引業協会に対する一般的監督権限を実効的なものとする趣旨による。

第二款　認可金融商品取引業協会の運営

一　協会員の加入と脱退

1　協会員の加入

認可金融商品取引業協会は、金融商品取引所と異なり、適格を有するすべての金融商品取引業者または登録金融機関に加入の自由が保障された団体である。認可金融商品取引業協会は、金融商品取引業者または登録金融機関に限り協会員になることができ（金商法六八条一項・六七条の二第三項）、つぎの二つの場合を除いては、金融商品取引業者または登録金融機関が協会員として加入することを制限することができない（金商法六八条二項・五項）。金融商品取引業者または登録金融機関の協会員としての加入を制限することができる第一の場合は、金融商品取引業者または登録金融機関の地理的条件または業務の種類に関する特別の事由による場合である。そして、第二に、認可金融商品取引業協会が金融商品取引業者または登録金融機関の協会員としての加入を制限できる事由は、金融商品取引業者または登録金融機関が法令、法令にもとづいてする行政官庁の処分もしくは認可金融商品取引業協会もしくは金融商品取引所の定款その他の規則に違反し、または取引の信義則に反する行為をして有価証券の売買その他の取引もしくはデリバティブ取引等の停止を命ぜられ、または認可金融商品取引業協会もしくは金融商品取引所から除名もしくは取引資格取消しの処分を受けたことである。

金融商品取引業者または登録金融機関は、これらの加入制限事由に該当する場合を除いては、自由に、認可金融商品取引業協会に加入することができ、認可金融商品取引業協会は、金融商品取引業者または登録金融機関の協会員としての加入につき、この自由加入制を実質的に損なうことになる財産的または手続的な制約を加えることはできない(1)。

金融商品取引業者または登録金融機関の認可金融商品取引業協会への加入は任意である。したがって、金融商品取引業者または登録金融機関は、いずれの認可金融商品取引業協会にも加入しないことができる。金融商品取引所の料率割引が廃止された現在、金融商品取引業者等は、認可金融商品取引業協会に協会員として加入し、その自主規制に服する経済的な理由を有しない(2)。

もっとも、金融商品取引業者等の金融商品取引業務についての規制が整合的に行われるためには、適格を有するすべての金融商品取引業者等がいずれかの認可金融商品取引業協会に協会員として加入していることが望ましい。そこで、法律上は、金融商品取引業者の認可金融商品取引業協会への加入強制は要請されていないが、内閣総理大臣は、金融商品取引業者の登録規制の一環として、金融商品取引業者が内閣総理大臣に提出する登録申請書に加入する金融商品取引業協会を記載させることによって、事実上、加入の強制をはかっている。

なお、かつて証券取引法は、協会員の議決権や経費分担について明文の規定を置いていた。しかし、現行法は、これらの規定を削除しており、したがって協会員の議決権や経費分担については協会の自治に委ねている。

（1）　金融商品取引業者または登録金融機関が認可金融商品取引業協会に協会員として加入するのに不当に多額の入会金の支払いを要求し、あるいは一定数以上の協会員の推薦を要求することは認可金融商品取引業協会の自由加入制に反する。

（2）　アメリカの一九三四年証券取引所法は、証券業協会がその規則で、協会員が証券業協会の協会員でない証券業者と取引をする場合は一般投資者と同一の条件で取引をしなければならない旨を定めることができるものとしており、この規定の下でアメリカの全国証券業協会はその旨の規則を有している。もっとも、そのことが、アメリカでは証券業者の証券業協会への加入の大きな理由となっている。Sterling, National Association of Securities Dealers and the Securities Acts Amendments of 1964, 20 Bus. Law. 313 (1965) 参照。

2　協会員の脱退

認可金融商品取引業協会の協会員である金融商品取引業者または登録金融機関は、法律上は、認可金融商品取引業協会への加入が任意であることに対応して、いつでも認可金融商品取引業協会を脱退することができる。ただし、金融商品取引業者の登録規制の下での事実上の加入強制の関係で、協会員の認可金融商品取引業協会からの任意の脱退も事実上抑制される。協会員は、任意の脱退のほか、除名によって認可金融商品取引業協会を脱退する。なお、証券取引法は、かつて、証券業協会（当時）は法令、法令にもとづいてする行政官庁の処分もしくは証券業協会もしくは証券取引所（当時）の定款その他の規則に違反し、または取引の信義則に背反する行為をして有価証券の売買その他の取引の停止を命ぜられ、または証券取引所から除名の処分を受けたことのある者を除名できる旨を定款で定めなければならないものとしていた（平成一八年改正前証取法七九条の六第五項）。もっとも、現行法はこれを削除した。

二　機　関

認可金融商品取引業協会は、その運営に関する機関として、一人の会長、二人以上の理事、および二人以上の監事からなる役員を置かなければならない（金商法六九条一項）。

会長は、対外的には、認可金融商品取引業協会を代表し、対内的には、その事務を総理する（金商法六九条二項）。（1）理事は、定款に定めるところにより、認可金融商品取引業協会を代表し、会長を補佐して認可金融商品取引業協会の事務を掌理し、会長に事故があるときはその職務を代理し、会長が欠員のときは、その職務を行う（金商法六九条三項）。

監事は、認可金融商品取引業協会の事務を監査する者である（金商法六九条四項）。理事または監事の職務を行う者がない場合において、必要があるときは、内閣総理大臣は、仮理事または仮監事を選任することができる（金商法七一条）。

認可金融商品取引業協会の役員が、①成年被後見人または被保佐人、②破産手続開始の決定を受けて復権していない者、③禁錮以上の刑に処せられその刑の執行を終わりもしくはその刑の執行を受けることがなくなった日から五年経過していない者、④金融商品取引業者等が登録を取り消された場合においてその取消しの日前三〇日以内にその会社の役員であった者でその取消しの日から五年経過していない者、⑤金融商品仲介業者が登録を取り消された場合においてその取消しの日から五年を経過していない者、⑥内閣総理大臣により解任された役員でその処分を受けた日から五年経過しない者、⑦金融商品取引法等の規定に違反し罰金の刑に処せられその刑の執行を終わりもしくはその刑の執行を受けることがなくなった日から五年経過していない者に該当することとなったときは、その職を失う（金商法六九条五項）。これらに該当する者は、認可金融商品取引業協会の設立認可の申請において、拒否事由とされている（金商法六七条の四第二項二号）。

内閣総理大臣は、不正の手段により役員となった者のあることを発見したとき、または役員が法令、法令にもとづく行政官庁の処分もしくは定款に違反したときは、認可協会に対し、当該役員の解任を命ずることができる（金商法七〇条）。ただし、内閣総理大臣の解任命令が直ちに当該役員の解任の効果を生ぜしめるものではない。

（1）　会員金融商品取引所の場合には取引所を代表する役員として理事長が法定されている。たとえ金融商品取引法上明文の規定を欠くとしても、「理事長」は通常は理事の中から選任されることが予定されている。他方、認可金融商品取引業協会の代表者は、会長である。会長の選出方法についても金融商品取引法は明文を欠く。「会長」の選出は、「理事長」の場合とは異なり、かならずしも理事の中から行われるとはいえない。したがって、金融商品取引法は、認可金融商品取引業協会の会長の選出に関して、選出方法を含めて協会の自治に委ねているといえる。

第三款　認可金融商品取引業協会による自主規制

一　自主規制権限の配分

金融商品取引業者に対する自主規制[(1)]は、金融商品取引業者の自主規制を目的として組織される認可金融商品取引業協会によるのみならず、取引所金融商品市場の開設者である金融商品取引所によっても行われる。しかも、相当多数の金融商品取引業者が同時に金融商品取引所の会員または取引参加者であるとともに認可金融商品取引業協会の協会員でもある。それらの金融商品取引業者は、金融商品取引所の自主規制に服すると同時に認可金融商品取引業協会の自主規制にも服する。すなわち、金融商品取引所の金融商品取引業者に対する自主規制は、その会員または取引参加者である者にのみ及び、会員でもなく取引参加者でもない金融商品取引業者に及ばない。他方、認可金融商品取引業協会の自主規制は、金融商品取引所の会員でもなく取引参加者でもない金融商品取引業者のみならず、金融商品取引所の会員または取引参加者である金融商品取引業者にも及ぶ。したがって、金融商品取引所の会員でもなく取引参加者でもない金融商品取引業者は、認可金融商品取引業協会の行う自主規制のみに服する。他方、金融商品取引所の会員または取引参加者である金融商品取引業者は、金融商品取引所および認可金融商品取引業協会の両者の自主規制に服する。

金融商品取引所の会員または取引参加者である金融商品取引業者に対する金融商品取引所および認可金融商品取引業協会の自主規制の権限の配分は必ずしも明確でない。金融商品取引所は、取引所金融商品市場の開設者として、会員または取引参加者である金融商品取引業者の取引所金融商品市場における売買につき自主規制を行う。他方、認可金融商品取引業協会も、店頭売買有価証券市場の開設者として、協会員である金融商品取引業者の店頭売買有価証券市場における売買につき自主規制をすることが予定されている。認可金融商品取引業協会は、取引所金融商品市場における売買自体については、協会員に対して直接の自主規制をしない。もっとも、金融商品取引所は、その会員または取引参加者である金融商品取引業者に対して、取引所金融商品市場における売買自体でない事項に関しても自主規制を行うことが予定されている。

すなわち、金融商品取引所は、その会員または取引参加者の役員または他の者との共同関係もしくは支配関係について規制をする(2)。また、会員等の行う広告が金融商品取引所の定める規則に従うことを要求し(3)、取引所金融商品市場における売買等の委託に関して会員または取引参加者に調査義務を課す(4)。

他方、認可金融商品取引業協会は、協会員の営業または財産の状況について協会員に勧告することができる。(5) また、協会員に営業もしくは財産に関する報告もしくは資料の提出を求めまたは営業もしくは財産の状況もしくは帳簿書類その他の物件を監査できる（日証協・定款一九条・二〇条）。さらに、協会員の広告および投資勧誘について規制を行う（日証協・広告規則四条、日証協・投資勧誘規則三条以下）。(6) したがって、金融商品取引所の規制と認可金融商品取引業協会の規制は、広告および売買受託における注意義務について重複しているようにみえる。

これに対して、協会員間の紛争または協会員と顧客との間の有価証券の売買その他の取引に関する紛争の苦情処理等、店頭市場における有価証券の売買その他の取引の規制、有価証券の寄託の受入れの規制および証券従業員の研修その他の規制は、認可金融商品取引業協会のみが自主規制を行い、これらの事項に関しては金融商品取引所は規制を行わない。

金融商品取引所が取引所金融商品市場における売買ならびにそれに関連する事項につき会員または取引参加者である金融商品取引業者を規制し、認可金融商品取引業協会が店頭売買有価証券市場における有価証券の売買ならびにそれに関連する事項につき協会員である金融商品取引業者を規制することは、自主規制権限の分配として十分の合理性を有する。また、有価証券の寄託、証券従業員および金融商品仲介業者のように、それ自体、取引所金融商品市場における売買または店頭売買有価証券市場における売買のいずれかのみに関連するものでない事項について認可金融商品取引業協会がこれを規制することは妥当である。なお、金融商品取引業者の投資勧誘あるいは売買の受託に関する規制の重複は、それぞれの自主規制の本来的なものに関連するものとして相当の根拠を有すると考えられる。

なお、認可金融商品取引業協会は、協会員等が、法令、法令にもとづく行政官庁の処分に違反し、または取引の信義則に違反した場合、協会員等に対して、過怠金を課し、定款の定める協会員の権利の停止もしくは制限を命じ、または除名しなければならない（金商法六八条の二参照）。一方で、金融商品取引所も、会員または取引参加者等が法令、法令にもとづく行政官庁の処分に違反し、取引の信義則に違反した場合、処分を行わなければならない（金商法一五二条一項一号参照)。したがって、金融商品取引業者等が法令違反等の行為を行った場合、金融商品取引所と認可金融商品取引業協会の双方から処分を受ける可能性がある。かかる処分は、それぞれの自主規制の目的が異なることで是認されるものであるが、違反者にとって処分が過大になる危険性を否定できない。

(1) 金融審議会金融分科会第一部会報告「市場機能を中核とする金融システムに向けて」(平成一五年一二月二四日)は、「市場の実情に精通している者が、臨機応変に自らを律していくことにより、投資家からの信頼を確保するという自主規制の理念については、何人も異論はないものと思われる。しかし、現実は理念どおりに機能していないとの指摘もある。株式会社化して営利追求する証券取引所や業界団体でもある証券業協会に有効な規制が可能かという疑問や、行政と、各証券取引所、証券業協会、日本銀行など公的主体の検査業務に重複が多いことへの批判には、真摯に対応すべきである。
まず、自主規制業務の遂行体制としては、他の業務から独立して行われるよう担保すべきである。そのために、資本関係のない別法人とするか、親子・兄弟法人とするか、同一法人内の別組織とするかは、自主規制の現場の品質管理といった側面も踏まえて検討される必要がある。有効な体制を実現するために制度的な手当が必要であれば、選択肢が用意されることが望ましい。いずれにせよ、自主規制業務の独立した遂行体制を確立することは、広報活動や政策提言など、業界団体としての活動を制約なく行っていく上でも有益であることを銘記すべきである。」と述べている。

(2) 金融商品取引所は、役員または他の者との共同関係もしくは支配関係がその金融商品取引所の「市場の運営にかんがみて適当でないと認めるとき」または「目的及び市場の運営にかんがみて適当でないと認めるとき」は、会員等に対してその変更を請求できるものとしている。たとえば、東証・取引参加者規程九条、大証・取引参加者規程五条参照。もっとも、どのような場合が金融商品取引所の目的および組織に関して適当でないかは具体的に明確にしていない。

(3) たとえば、東証・取引参加者規程二〇条を参照。

(4) 売買注文の受託に際しての調査義務として、金融商品取引所は、会員または取引参加者に対して、取引所金融商品市場における有価証券の売買等の委託を受けるときは、あらかじめ顧客の住所、氏名その他金融商品取引所が定める事項を調査するように要求する。たとえば、東証・取引参加者規程二一条、大証・取引参加者規程一九条を参照。

(5) 認可金融商品取引業協会は、協会員の営業または財産の状況が認可金融商品取引業協会の目的にかんがみて適当でないと認めるときは、協会員に対してその変更を勧告できる(日証協・定款二九条)。もっとも、どのような場合が認可金融商品取引業協会の目的にかんがみて適当でないかは具体的に明確にしていない。

(6)　投資勧誘に関する規制は、協会員が顧客から有価証券の売買を受託する際の調査義務を含んでいる（日証協・投資勧誘規則五条一項）。

二　店頭売買の規制

1　店頭有価証券の勧誘

店頭有価証券は店頭取扱有価証券とそれ以外の有価証券に分かれる。店頭取扱有価証券は、①金融商品取引法二四条にもとづき有価証券報告書を提出しなければならない会社、②会社内容説明書を作成している会社が発行するものをいう（日証協・店頭有価証券規則二条四号）。店頭有価証券については、顧客に対して投資勧誘が禁止される（日証協・店頭有価証券規則三条）。もっとも店頭取扱有価証券については、例外的に投資者への投資勧誘が認められる（日証協・店頭有価証券規則六条）。さらに、取得した店頭有価証券に譲渡制限を付することを条件として、適格機関投資家のみに対して投資勧誘ができる（日証協・店頭有価証券規則四条）。

店頭取扱有価証券のうち、金融商品取引業者等が投資勧誘を行うものとして認可金融商品取引業協会である日本証券業協会が指定したものをグリーンシート銘柄という（日証協・グリーンシート銘柄規則二条五号）。グリーンシート銘柄の投資勧誘ができる金融商品取引業者等は取扱会員とよばれる（日証協・グリーンシート銘柄規則二条七号）。グリーンシート銘柄は、①エマージング（成長性を有する等により適当であると判断された企業が発行する株券等を指定する銘柄区分）、②オーディナリー（適当であると判断された企業が発行する株券等を指定する銘柄区分）、③投信、SPC（投資証券および優先出資証券のうち、適当であると判断されたものを指定する銘柄区分）に分けられる（日証協・グリーンシート銘柄規則四条）。また、店頭取扱有価証券のうち、上場廃止となった銘柄で、流通性を確保する必要があると判断された株券等を指定する銘柄区分としてフェニックス銘柄がある（日証協・グリーンシート銘柄規則二条六号）。

金融商品取引業者は、グリーンシート銘柄等の取引をはじめて行う顧客に対して、グリーンシート銘柄等の性格、取引の仕組み、グリーンシート銘柄等の取引方法、グリーンシート銘柄等に関する情報の周知方法、グリーンシート銘柄等への投資にあたってのリスク等について分かりやすく記載した説明書を交付し、これらについて十分に説明しなければならない（日証協・グリーンシート銘柄規則一九条一項）。この場合、説明書を交付した顧客から、取引に関する所定の確認書を徴求することが求められる（日証協・グリーンシート銘柄規則一九条二項）。取扱会員等は、グリーンシート銘柄等の投資勧誘を行うに際しては、顧客に対して、直近の会社内容説明書等を用いて、当該銘柄およびその発行会社の内容を十分に説明しなければならない（日証協・グリーンシート銘柄規則二〇条二項）。顧客からグリーンシート銘柄等の取引の注文を受ける際は、そのつど、当該有価証券がグリーンシート銘柄またはフェニックス銘柄であることおよびグリーンシート銘柄である場合は当該グリーンシート銘柄の銘柄区分を明示しなければならない（日証協・グリーンシート銘柄規則二二条）。

2　公社債の店頭売買

公社債の店頭売買については、日本証券業協会は、一方では、公社債の店頭取引における気配および条件付売買の利回り等を発表し[(1)]、他方では、発表された気配等を基礎に合理的な方法で算出された時価を基準に協会員が行う公社債の店頭売買の仕切値幅を制限する（日証協・公社債店頭規則一二条）。

日本証券業協会は、協会員に対し、公社債の額面一〇〇〇万円未満の取引を行う顧客（機関投資家や上場会社等を除く）との店頭取引に際して、顧客から価格情報の提供を求められた場合には速やかに自社の店頭における取引提示価格を提示することを要求している（日証協・公社債店頭規則一四条）。また、金融商品取引所における直近の上場価格または日本証券業協会が発表する基準気配について顧客から求められた場合にはそれを提示すること、顧客に対して公社債取引の知識についてのリーフレット等を店頭に備え置くなどの方法により公社債店頭取引の知識の啓蒙をはかるよう努めることを要求している（日証協・公社債店頭規則一四条）。

日本証券業協会は、協会員に対し、顧客の損失を補てんしまたは利益を追加する目的をもって顧客または第三者に財産上の利益を提供する行為を禁止する（日証協・公社債店頭規則一六条）。特に、同一銘柄の公社債の店頭取引において、顧客の損失を補てんしまたは利益を追加する目的をもって顧客または第三者に有利となり協会員に不利となる価格での売付けと買付けを同時に行う取引、顧客に公社債を売却しまたは顧客から買い付ける際に、顧客に有利となるように買い戻しもしくは売却すること、または、約定を取り消すことをあらかじめ約束して行う取引等を明示して禁止している（日証協・公社債店頭規則一六条）。

（1）　公社債の店頭気配および条件付売買の参考利回りの発表は、日本証券業協会が指定した協会員の同協会への報告をもとに行われる（日証協・公社債店頭規則三条）。

３　外国証券の店頭売買

外国証券の取引所金融商品市場外における売買については、日本証券業協会は、一般的な規制以外に、外国証券の売買注文を外国市場に取り次ぐ外国取引、外国株式および外国公社債の国内の店頭市場における取引および外国投資信託証券の国内の店頭市場における取引のそれぞれについて特別の規制をしている。

外国証券の取引の一般的規制として、日本証券業協会は、外国証券の投資勧誘に際し、顧客の意向、投資経験等に適合した投資が行われるように十分配慮することを要求する（日証協・外国証券規則五条）。また外国証券の取引の注文を受ける場合は、顧客との間で外国証券の取引に関する契約を締結することを要し、その折には顧客に対し約款を交付してその約款にもとづき契約を締結し、外国証券取引口座を設定することを要求する（日証協・外国証券規則三条）[1]。

なお、日本証券業協会の規則は、顧客に対し売付けの申込みまたは買付けの申込みの勧誘を行わずに外国証券を売り付ける場合には、当該注文が当該顧客の意向にもとづくものである旨の記録を作成のうえ、整理、保存する等適切な管理を要求する（日証協・外国証券規則八条）。

外国証券の売買の外国市場への取次ぎについては、注文主が外国株式または外国公社債の取得または処分等についてて財務大臣の許可を受けている場合を除き、日本証券業協会が指定する外国金融商品取引所に上場されている外国株式もしくは外国公社債またはその他一定のものについてのみ注文を受けることができるものとしている（日証協・外国証券規則七条）。なお、外国株式または外国公社債の国内の店頭市場における取引については、その対象証券を外国取引の注文を受けうるものに限定している（日証協・外国証券規則七条）。そして、その売買価格を合理的な方法で算出された時価を基準として適正な価格で行うように限定している（日証協・外国証券規則一一条）。

外国投資信託証券の販売については、日本証券業協会は、同協会の定める選別基準に適合するもの(2)のみを対象とし、協会員が取り扱った外国投資信託証券がこの選別基準に適合しなくなったときは、顧客からの買戻しまたは解約の取次ぎに応じなければならないものとする（日証協・外国証券規則一九条）。さらに、その発行者等が同協会の定める広告に関する規則に抵触する広告・宣伝を行ったときは、その外国投資信託証券の販売または売買の取次ぎを行ってはならない等の規制をしている（日証協・外国証券規則二三条）。

（1）　日本証券業協会の規則は、協会員が顧客の注文にもとづいて行う外国証券取引の執行等が約款の定めるところにより行われなければならないものとして、協会員の約款に反する処理を単なる契約違反にとどまらず、同協会の規則違反を構成するものとしている（日証協・外国証券規則四条）。

（2）　外国投資信託証券の選別基準として、日本証券業協会は、投資信託の金銭借入れ、集中投資、流動性を欠く証券の組入れ等多くの制限を課し、最低純資産額を定める等、詳細な内容を定めている（日証協・外国証券規則一六条・一七条）。

三　有価証券の取引等の規制

1　海外先物取引等の規制

海外証券先物取引[1]、海外証券先物オプション取引[2]、海外証券オプション取引[3]について、日本証券業協会は特別の規制を行う。

協会員は、顧客または他の協会員から海外証券先物取引等の注文を受ける場合には、あらかじめ、その顧客や協会員と海外証券先物取引等に関する契約を締結しなければならない（日証協・海外証券先物取引規則四条一項）。かかる契約を締結するときは、日本証券業協会が作成した「海外証券先物取引等口座設定約諾書」の提出を受けて行うものとされる（日証協・海外証券先物取引規則四条二項）[4]。さらに、証券先物取引等の執行、差金決済、受渡決済および取引にかかる資金の授受等については、この約諾書に定めるところにより処理しなければならない（日証協・海外証券先物取引規則五条）。取引勧誘するにあたって、適合性の原則の遵守が求められ（日証協・海外証券先物取引規則六条）、取引開始基準に適合した顧客からのみ取引を受託することが認められる（日証協・海外証券先物取引規則七条）。

協会員は、海外証券先物取引等による売付けまたは買付けが成立した場合、受入証拠金の総額（日証協・海外証券先物取引規則一二条に計算方法がある）が、委託証拠金所要額（日証協・海外証券先物取引規則一〇条）の総額を下回っているとき（総額の不足額が生じているとき）、または顧客が委託証拠金として差し入れている金銭の額が、海外証券先物取引にかかる計算上の損失額を下回っているとき（現金不足額が生じているとき）は、顧客から、総額の不足額または現金不足額のいずれか大きい額以上の額を委託証拠金として、差入れを受けることを要する（日証協・海外証券先物取引規則九条）[5]。顧客が転売または買戻しを行った場合において、損失が生じたときは、協会員は、顧客からその損失に相当する額の金銭の差入れを受ける（日証協・海外証券先物取引規則一九条一項）。顧客が、有価証券の受渡しによる受渡決済を委託する場合、協会員は、一定期間内に、顧客より、執行取引所が定める受渡適格銘柄の差入れを受けるものとする

（日証協・海外証券先物取引規則二一条一項）。また、顧客が、有価証券の品受けによる受渡決済を委託する場合、協会員は、一定期間内に、顧客より、品受代金の差入れを受けるものとする（日証協・海外証券先物取引規則二一条二項）。(6)

協会員は、毎月、海外証券先物取引等に関する通知書を、未決済勘定のある顧客に対して、送付しなければならない（日証協・海外証券先物取引規則二五条一項）。(7)

（1）外国金融商品市場において行われる有価証券先物取引または有価証券指数等先物取引と類似の取引をいう（日証協・海外証券先物取引規則三条一号）。

（2）外国金融商品市場において行われる有価証券オプション取引（当事者の一方の意思表示により当事者間において有価証券先物取引または有価証券指数等先物取引を成立させることができる権利を相手方が当事者の一方に付与し、当事者の一方がこれに対して対価を支払うことを約する取引に限る）と類似の取引をいう（日証協・海外証券先物取引規則三条二号）。

（3）外国金融商品市場において行われる有価証券オプション取引と類似の取引をいう（日証協・海外証券先物取引規則三条三号）。

（4）日本証券業協会が作成する雛形には、つぎの文面が記載されている。

「私は、貴社から受けた海外証券先物取引、海外証券先物オプション取引及び海外証券オプション取引（以下「海外証券先物取引等」という。）の特徴、制度の仕組み等取引に関する説明の内容を十分把握し、私の判断と責任において海外証券先物取引等の取引を行います。つきましては、貴社に海外証券先物取引等口座（以下「本口座」という。）を設定するに際し、国内の諸法令、その海外証券先物取引等を執行する海外取引所（以下「執行取引所」という。）及び日本証券業協会の定める諸規則、決定事項及び慣行中、海外証券先物取引等に関連する条項に従うとともに、次の各章各条に掲げる事項を承諾し、これを証するため、本約諾書を差し入れます。」

（5）このほか、委託証拠金についての詳細が定められている。

（6）このほか、受渡しその他決済方法について詳細が定められている。

（7）通知書には、銘柄、限月、売付けまたは買付けの別、取引契約数量、約定価格または約定指数、取引成立日、等の記載が必要である（日証協・海外証券先物取引規則二五条二項）。

2　有価証券の引受けの規制

金融商品取引業者による有価証券の引受業務は、企業の円滑な資金調達に不可欠なものである。一方で、引受業務は売れ残りリスク（引受リスク）を伴うものであり、安易な引受けには、金融商品取引業者の財務の健全性を害する危険性がある。金融商品取引業者がかかる引受リスクを投資者に転嫁しようとする場合には投資者保護に欠ける勧誘行為が懸念される。日本証券業協会は、適正な引受業務の運営と投資者保護をはかるとともに、資本市場の健全な発展を確保するために引受業務についての規則を定めている。

協会員は、引受けを行うにあたっては、必要に応じて、投資需要の調査を行う等、市場実勢を尊重して、適正な募集または売出しの条件を決定しなければならず、著しく不適当と認められる数量、価格、その他の条件により引受けを行うことのないようにしなければならない（日証協・有価証券引受規則二四条）。(1)

引受けの主幹事となる協会員は、株券等の募集の引受けを行うにあたり、当該募集にかかる具体的な資金の使途およびその効果を確認するため、当該発行者に対し、その資金繰り状況等について報告を求めるとともに、調達する資金の使途等について発表資料において公表するように要請しなければならない（日証協・有価証券引受規則二〇条一項）。主幹事となる協会員は、株券等の募集を行おうとする発行者の前回の株券等の募集による資金調達について、その資金使途に著しい変更があり、かつ、その変更理由が合理的でないと認められる場合には、新たに行おうとする株券等の募集について、前回行われた株券等の募集から相当の期間を置くように、当該発行者に対して要請しなければならない（日証協・有価証券引受規則二〇条四項）。

協会員は、引受けを行うにあたって、市場の実勢、投資需要の動向等を十分に勘案し、必要に応じ、引受団または販売団を随時編成する等円滑な消化に努めなければならない（日証協・有価証券引受規則三〇条）。さらに、引受けを行うにあたって、個人投資家等への広く公平な消化を促進し、公正を旨とした配分を行うように努めることが要請される。

会員は、引受けの状況について、細則（「有価証券の引受けに関する規則」に関する細則）で定めるところにより、日本証券業協会に報告をする義務がある（日証協・有価証券引受規則三三条一項）。会員は、審査、確認の手続等の基準等を社内規則で定めることが求められている（日証協・有価証券引受規則六条）。

（1）引受審査を行うにあたって、その発行者が将来にわたって投資者の期待に応えられるか否か、その募集または売出しが、資本市場における資金調達または売出しとしてふさわしいか否か、発行者の情報開示が適切に行われているか否かの観点から、所定の引受審査項目について、厳正に審査、確認するとともに、必要に応じて、発行者の財政状態等および監査の状況について、発行者の公認会計士または監査法人から聴取する等引受証券会社としての総合的な判断と責任の下で行うことを要請する（日証協・有価証券引受規則一二条）。

なお、引受主幹事の協会員の場合、引受審査業務の重要性にかんがみ、証券アナリストの調査結果の活用をはかるとともに、引受審査能力の向上および引受審査体制の組織的独立性の確保に努めなければならない（日証協・有価証券引受規則一二条六項）。

3　有価証券の寄託取引の規制

日本証券業協会は、協会員が行う有価証券の寄託の受入れに関して、詳細な内容の自主規制を行っている。すなわち、日本証券業協会は、協会員が行う顧客からの有価証券の寄託の受入れに関して、それが金融商品取引所に上場された有価証券に関するものか否か、金融商品市場における売買の委託の実行によって協会員の占有に帰したものに関するものか否かにかかわらず、寄託された有価証券についての顧客の利益の保護と協会員の顧客管理の適正化をはかるために、有価証券の保護預かり契約の締結および残高照合通知書の交付義務について定めている。

有価証券の保護預かり契約の締結に関しては、日本証券業協会は、協会員が単純寄託または混蔵寄託により顧客から有価証券の寄託を受ける場合は、同協会が定める保護預かり約款により顧客との間で保護預かり契約を締結することを要求する（日証協・有価証券寄託規則三条）(1)。日本証券業協会が定める保護預かり約款は、保護預かりにかかる有価証券の保管方法および保管場所、混蔵保管等に関する同意事項、保護預かり証券の口座処理に関する事項、保護預かり証券の返還の手続、ならびに保護預かりに関する協会員の免責等について定めている。

残高照合の通知について、協会員は、顧客に対する債権・債務の残高につき一年に一回以上の割合で各顧客に通知をしなければならず（日証協・有価証券寄託規則九条）、この通知のための照合通知書は、協会員の検査、監査または管理を担当する部門において作成することを要し（日証協・有価証券寄託規則一一条一項）、それには、顧客が照合通知書を受け取ったときはその記載内容を確認することおよび照合通知書の内容に相違または疑義があるときは遅滞なく協会員の検査、監査または管理を担当する部門の責任者に直接照会することを記載しなければならない（日証協・有価証券寄託規則一一条二項）。

日本証券業協会は、定期的な残高照合の通知に加えて、顧客が協会員に対してその債権・債務の残高について照会したときは、協会員の検査、監査または管理を担当する部門をして、遅滞なくその残高を回答するように要求する（日証協・有価証券寄託規則一二条）。なお、残高照合通知書の顧客への交付に関しては、その確認を容易にするために、協会員は、それをした場合は、その交付の日および交付の方法を発信簿その他の帳ひょうに記録して、その事実を容易に確認できるようにしなければならない（日証協・有価証券寄託規則一一条六項）。

（1）　協会員は、顧客と保護預かり約款による有価証券の保護預かり契約を締結したときは、その顧客のために保護預かり口座を設定し、その顧客から単純寄託または混蔵寄託のために寄託を受けた有価証券の出納保管はすべてその口座により処理しなければならない（日証協・有価証券寄託規則五条）。

4　反社会的勢力との関係遮断

近年、暴力団や暴力団員などの反社会的勢力による証券取引が問題となっている。日本証券業協会は、これらの反社会的勢力との取引を厳しく規制している。(1)

協会員は、取引の相手方が反社会的勢力(2)であることを知りながら、有価証券の売買その他の取引を行うことが禁止される（日証協・反社会的勢力関係遮断規則三条一項）。さらに、相手方が反社会的勢力であることを知りながら、資金の提供その他の便宜の供与を行うことも禁止される（日証協・反社会的勢力関係遮断規則三条二項）。

協会員は、初めて有価証券の売買その他の取引等にかかる顧客の口座を開設しようとする場合は、あらかじめ、当該顧客から反社会的勢力でない旨の確約を受けなければならない（日証協・反社会的勢力関係遮断規則五条）。その場合、当該顧客が反社会的勢力に該当するか否かをあらかじめ審査するように努めなければならない（日証協・反社会的勢力関係遮断規則七条一項）。審査の結果、反社会的勢力であることが判明した場合は、当該顧客との間で契約を締結してはならない（日証協・反社会的勢力関係遮断規則八条一項）。また、協会員は、すでに口座を開設している顧客についても、反社会的勢力に該当するか否かを定期的に審査するように努めなければならない（日証協・反社会的勢力関係遮断規則七条二項）。審査の結果、顧客が反社会的勢力であることが判明した場合は、可能な限り、すみやかに関係解消に努めなければならない（日証協・反社会的勢力関係遮断規則八条二項）。

（1）　反社会的勢力との関係遮断に関する規則は平成二二年に制定された。

（2）　「反社会的勢力」は、定款の施行に関する規則一五条に規定する反社会的勢力をいう（日証協・反社会的勢力関係遮断規則二条）。そこでは、つぎのものが列挙されている（日証協・定款施行規則一五条）。

①　暴力団（暴力団員による不当な行為の防止等に関する法律二条二号に規定する暴力団）

②　暴力団員（同法二条六号に規定する暴力団員）

③　暴力団準構成員（暴力団員以外の暴力団と関係を有する者であって、暴力団の威力を背景に暴力的不法行為等（同法二条一号に規定する暴力的不法行為等）を行うおそれがあるもの、または暴力団もしくは暴力団員に対し資金、武器等の供給を行うなど暴力団の維持もしくは運営に協力しもしくは関与するもの）

④　暴力団関係企業（暴力団員が実質的にその経営に関与している企業、準構成員もしくは元暴力団員が経営する企業で暴力団に資金提供を行うなど暴力団の維持もしくは運営に積極的に協力しもしくは関与する企業または業務の遂行等において積極的

に暴力団を利用し暴力団の維持もしくは運営に協力している企業）

⑤　総会屋等（総会屋、会社ゴロ等企業等を対象に不正な利益を求めて暴力的不法行為等を行うおそれがあり、市民生活の安全に脅威を与える者）

⑥　社会運動等標ぼうゴロ（社会運動もしくは政治活動を仮装し、または標ぼうして、不正な利益を求めて暴力的不法行為等を行うおそれがあり、市民生活の安全に脅威を与える者）

⑦　特殊知能暴力集団等（①から⑥までに掲げる者以外の、暴力団との関係を背景に、その威力を用いまたは暴力団と資金的なつながりを有し、構造的な不正の中核となっている集団または個人）

⑧　その他①から⑦に準ずる者

四　広告・投資勧誘の規制

日本証券業協会は、協会員が行う広告および投資勧誘につき規制をしている。協会員が行う広告は、不特定かつ多数の者に向けられた投資勧誘であり、したがって、広告および投資勧誘の規制は、広義における投資勧誘の規制である。

広告に関する規制は、協会員がその営業に関し有価証券の売買その他の取引またはデリバティブ取引等を誘引するために広告媒体を使用して行う表示を規制する（日証協・広告規則二条一号）。それは、取引の信義則に反しもしくは協会員の品位を損なう表示、金融商品取引法その他の法令等に違反する表示または脱法行為を示唆する表示、投資者の投資判断を誤らせる表示、または協会員間の公正な競争を妨げる表示を禁止している（日証協・広告規則四条一項）(1)。

日本証券業協会は、店頭売買有価証券または外国証券等に関する特別の投資勧誘規制に加えて、協会員が行う個別的な投資勧誘について一般的な規制をしている。

第一に、協会員に対して、有価証券の売買その他の取引等を行う顧客について、①氏名または名称、②住所または所在地および連絡先、③生年月日、④職業、⑤投資目的、⑥資産の状況、⑦投資の経験の有無、⑧取引の種類、⑨顧客となった動機、⑩その他各協会員が必要と認める事項を記載した顧客カードを備えることを要求する（日証協・投資勧誘規則五条）。協会員が顧客の意向と実情に応じた適切な投資勧誘をなしうるようにするためのものである。(2)

第二に、協会員は、顧客の投資経験、顧客からの預かり資産その他必要な事項につき信用取引または有価証券関連デリバティブ取引等の開始基準を定め、その基準に適合した顧客からのみ信用取引または有価証券関連デリバティブ取引等を受託しなければならない（日証協・投資勧誘規則六条）。資産の状況および投資経験等から信用取引または有価証券関連デリバティブ取引等を妥当としない顧客に信用取引または有価証券関連デリバティブ取引等をさせることを禁止する趣旨である。(3) なお、信用取引または有価証券関連デリバティブ取引等の受託については、協会員の規模および営業の実情に応じて節度を守ることが求められている（日証協・投資勧誘規則一一条一項）。(4)

第三に、顧客への説明義務が強化されている。まず、協会員は、信用取引の注文を受ける際は、そのつど、制度信用取引、一般信用取引の別等について、当該顧客の意向を確認しなければならない（日証協・投資勧誘規則七条）。また、協会員は、顧客と新株予約権証券もしくはカバードワラントの売買その他の取引または有価証券関連デリバティブ取引等もしくは特定店頭デリバティブ取引等の取引をはじめて締結しようとするとき、あらかじめ、金融商品取引のリスク、手数料等の内容を理解し、顧客の判断と責任において当該取引等を行う旨の確認を得るため、当該顧客から確認書を徴求しなければならない（日証協・投資勧誘規則八条）。(5) なお、登録金融機関は、投資信託および外国投資信託の受益証券、投資証券、投資法人債券等の募集もしくは売付けの勧誘を行うことができる。もっとも、これらの金融機関が元本保証の預金等を受け入れる機関であることから、顧客の側で、取得の勧誘を受ける有価証券も元本保証であると誤認する危険性がある。そこで、日本証券業協会は、これらの有価証券と預金等との誤認防止を図るため、顧客に対して、書面の交付その他の適切な方法により、細則で定める事項について十分説明することを求めている（日証協・投資勧誘規則一〇条一項）。(6)

第四に、過当勧誘を防止する趣旨から、協会員は、顧客に対し、主観的または恣意的な情報提供となる特定銘柄の有価証券または有価証券の売買にかかるオプションの一律集中的推奨を行うことを禁止される（日証協・投資勧誘規則一二条一項）。

第五に、仮名取引に関する特別の規制が存在する。協会員は、顧客から有価証券の売買その他の取引等の注文があった場合において、本人名義以外の名義を使用していることを知りながら、その注文を受けることが禁止される（日証協・投資勧誘規則一三条一項）。このように、消極的に顧客の仮名取引に加担することを禁止している。さらに、積極的に仮名取引に関与することも規制される。すなわち、協会員は、顧客が株券の名義書換えを請求する際に、自社の名義を貸与することが禁止される（日証協・投資勧誘規則一三条二項）。(7)

第六に、不正な投資勧誘または証券取引が行われないように、十分な社内体制を整備することが要求されている。協会員は、顧客調査、取引開始基準、過当勧誘の防止、取引一任勘定取引の管理態勢の整備等に関する社内規則を制定して役職員に遵守させなければならない（日証協・投資勧誘規則二四条一項）。さらに、顧客の取引の状況および役職員の営業活動の状況を的確に把握するよう努めることを要求される（日証協・投資勧誘規則二四条二項）。(8)

（1）　認可金融商品取引業協会のほか金融商品取引所もまた金融商品取引業者の広告につき自主規制をしている。もっとも金融商品取引所の規制は、会員または取引参加者が、①会員としての品位を失うおそれのある内容または方法の広告、②金融商品取引法その他の法令等に違反しまたは脱法行為と誤解されるおそれのある内容の広告、③会員等の間の過当競争を招くおそれのある内容または方法の広告、④誇大な内容または投資者の誤解を招くおそれのある内容の広告、⑤その他金融商品取引所の目的および組織にかんがみ適当でない内容または方法の広告を行うことを禁止するものである。したがってその内容は、日本証券業協会が定める一定の広告の禁止と実質的に同一である。

（2）　協会員は、顧客について顧客カード等により知り得た秘密を他に漏らしてはならない（日証協・投資勧誘規則五条二項）。

（3）　平成二三年の改正で、勧誘開始基準の規定が定められた（日証協・投資勧誘規則五条の二）。協会員は、特定投資家を除く個人顧客に対して、店頭デリバティブ取引に類する複雑な仕組債、店頭デリバティブ取引に類する投資信託、レバレッジ投資信託の販売を勧誘するにあたり、勧誘開始基準を定め、この基準に適合したものでなければ、販売の勧誘を行うことができない。勧誘開始基準は、取引の勧誘を要請していない顧客のなかで、訪問、電話、店頭おいて勧誘を行ってよい範囲を定めておくものである。そのため、当該基準を満たさない顧客に対しては、契約締結に至るか否かにかかわらず、勧誘を行うことが禁止される。

(4) 協会員は、顧客の有価証券関連デリバティブ取引等の建玉、損益、委託証拠金、預かり資産等の状況について適切な把握に努めるとともに、当該取引等を重複して行う顧客の評価損益については、総合的な管理を行うものとされる（日証協・投資勧誘規則一一条二項）。

(5) 金融商品取引法は、金融商品取引業者等は、顧客と金融商品取引契約を締結しようとするときは、あらかじめ、当該顧客に対し、取引の概要、取引にかかる損失の危険に関する事項および顧客の判断に影響を及ぼす事項を記載した説明書を交付することを求めているが（金商法三七条の三）、日本証券業協会の規則は、さらに、その内容について顧客が理解するように促す効果が期待される。

(6) ①預金等でないこと、②預金保険の支払対象とならないこと、③投資者保護基金による一般顧客に対する支払いの対象でないこと、④元本の返済が保証されていないこと、⑤契約の主体その他預金等との誤認防止に関し参考となると認められる事項を説明することを要する（日証協・投資勧誘規則一〇条二項）。

(7) なお、かつては、認可金融商品取引業協会の自主規制で、マネー・ロンダリングを防止するために、顧客の本人確認を求める規定が定められていた。平成一五年の本人確認法（現在は、犯罪収益移動防止法）の施行で、かかる本人確認が自主規制から法律上の義務に高められたことに伴い、自主規制での本人確認の規定は削除された。

(8) このほか、マネー・ロンダリング防止にかかる内部管理体制の整備（日証協・投資勧誘規則一四条）、取引一任勘定取引の管理体制の整備（日証協・投資勧誘規則一六条）、内部者取引管理体制の整備（日証協・投資勧誘規則二五条）、社内検査規則の整備（日証協・投資勧誘規則二七条）、顧客からの苦情および紛争処理体制の整備（日証協・投資勧誘規則二八条）などが要求される。

五　従業員の監督・規制・研修

日本証券業協会は、協会員の使用人で、その国内の営業所に勤務する従業員につき、その監督、規制ならびに研修について定めている。

従業員の監督、規制に関しては、日本証券業協会は、従業員が行ってはならない一定の行為を列挙し、協会員に対し、その所属する従業員が列挙された禁止行為や不適切行為を行うことがないように要求する（日証協・従業員規則七条三項・八条）。さらに、その所属する従業員または従業員であった者にそれらの禁止行為または従業員として遵守すべき法令等に違反する行為もしくは不適切行為があったときは、直ちに、その内容を記載した事故連絡書を日本証券業協会に提出することを要求している（日証協・従業員規則九条一項）。

協会員は、その所属する従業員または従業員であった者について禁止行為等の詳細が判明したときは、当該従業員等について当該事故の内容等に応じた適正な処分を行い、遅滞なく、その顛末を記載した事故顛末報告書を日本証券業協会に提出しなければならず、その事故の内容が、金融商品取引業の信用を著しく失墜させるものと認めたときは、事故顛末報告書にその旨の付記が求められる（日証協・従業員規則一〇条）。協会員から事故顛末報告書が提出された場合、日本証券業協会は、審査の結果、当該従業員等が退職しまたは当該協会員より解雇に相当する社内処分を受けた者で、かつ、その行為が金融商品取引業の信用を著しく失墜させるものと認めたときは、その者を不都合行為者とする（日証協・従業員規則一二条）。このうち、金融商品取引業の信用への影響が特に著しい行為を行ったと認められる者は、一級不都合行為者として扱われる。

協会員は、最近五年内に他の協会員の従業員であった者を従業員として採用しようとするときは、その者の不都合行為の有無を日本証券業協会に照会しなければならない（日証協・従業員規則五条）。同協会が過去五年内に二級不都合行為者とした者は、その取扱いが解除されている場合を除いて、従業員として採用しまたはその業務に関与させることが禁止される（日証協・従業員規則四条三項）。これに対して、過去において一級不都合行為者と認定されたものは、その取扱いが解除されている場合を除いて、従業員として採用しまたはその業務に関与させることが禁止される（日証協・従業員規則四条二項）。

日本証券業協会は、協会員に所属する従業員につき、その資質の向上および人格の陶冶をはかるため、定期または臨時にその教育・研修を行っている。この教育・研修は、協会員の従業員のみならず、その役員についても実施される。従業員の研修のうちで制度的に重要なものに有価証券外務員の研修がある。すなわち、協会員は、日本証券業協会がその地位、経歴等からみて適当であると認める場合を除き、その従業員で外務員資格試験の合格者または新任外務課程研修の終了者以外の者を有価証券外務員としてその業務に従事させてはならない（日証協・外務員資格登録規則五条）。

金融商品取引業者の役員や従業員による法令等の遵守を確保するためには、内部管理体制の強化が不可欠である。日本証券業協会は、協会員の役員または従業員に対して、金融商品取引法その他の法令諸規則の遵守の営業姿勢を徹底させ、投資勧誘等の営業活動、顧客管理が適正に行われるように、内部管理統括責任者等の制度を設けている（日証協・協会員の内部管理責任者等に関する規則）(1)。

（1）このほか、協会員の役員または従業員による証券事故により、顧客に対して財産上の利益の提供を申し込み、約束し、または提供する場合の確認申請の手続等について、詳細を定めている（日証協・事故の確認申請、調査及び確認等に関する規則）。

六　証券紛争の処理

金融商品取引業者を一方の当事者とする金融商品取引に関する紛争の処理について、金融商品取引法は金融商品取引業協会による苦情相談およびあっせんの制度を設けている（金商法七七条・七七条の二・七八条の六・七八条の七）。しかし、平成二一年の改正により、協会員等であっても、指定紛争解決機関が存在する場合には、当該指定紛争解決機関との間で紛争解決等業務に関する紛争解決等業務の実施を内容とする手続実施基本契約を締結しなければならないものとされた（金商法三七条の七）。したがって、認可金融商品取引業協会自体が指定紛争解決機関として指定を受けて、指定紛争解決機関として苦情処理や紛争解決手続を行うか（金商法七七条五項・七七条の二第九項参照）、あるいは、指定紛争解決機関に苦情および紛争の解決を委託するか（金商法七七条の三）、いずれかを選択しなければならない。日本証券業協会は後者を選択した。

なお、金融商品取引法は、有価証券の売買その他の取引およびデリバティブ取引等を公正かつ円滑にし、ならびに金融商品取引業の健全な発展および投資者保護に資することを目的とする法人（法人でない団体で代表者または管理者の定めのあるものを含み、金融商品取引業協会を除く）であって、金融商品取引業者または金融商品仲介業者の行う金融商品取引業に対する苦情の解決、金融商品取引業者または金融商品仲介業者の行う金融商品取引業に争いがある場合のあっせん、そのほか、金融商品取引業の健全な発展および投資者保護に資する業務を行うとするものに対して、内閣総理大臣の認定を受けて、当該業務を行わせる途を開いた。これを認定投資者保護団体と呼ぶ（金商法七九条の七・七九条の一〇）。認定投資者保護団体は金融商品取引業者の自主規制団体ではない。しかし、これらを構成員としまたは同意を得て対象者とすることにより、裁判外で紛争処理に貢献するものと期待されている。もっとも、前述したように指定紛争解決機関の制度が創設されたので、認定投資者保護団体自体が指定紛争解決機関として指定を受けるのでない限り（金商法七九条の一二・七九条の一三参照）、指定紛争解決機関が設立・指定される前段階における業界団体等の苦情処理・紛争解決の枠組みとして利用されるものと考えられる[1]。

（1）　池田唯一他・逐条解説・二〇〇九年金融商品取引法改正六九頁（平成二一年）。

第三節　指定紛争解決機関

第一款　裁判外紛争解決制度

一　裁判外紛争解決制度の意義

あっせん、調停、仲裁等、訴訟に代わって当事者の合意にもとづく紛争の解決方法を、一般にＡＤＲ（Alternative Dispute Resolution）とよぶ。ＡＤＲは、事案の性質や当事者の事情等に応じた迅速、簡便、柔軟な紛争解決策として注目されている。司法制度改革の一環として、平成一九年四月一日から、裁判外紛争解決手続についての基本理念等を定めるとともに、民間紛争解決手続の業務に関し法務大臣による認証の制度を設ける裁判外紛争解決の手続の利用の促進に関する法律（ＡＤＲ促進法）が施行された。前述した認定投資者保護団体制度の創設は、このようなＡＤＲに関する取組みのひとつに含まれる。

投資者と金融商品取引業者等との間の金融商品・サービスに関するトラブルは、単なる事務ミスにとどまらず、金融商品の仕組みやリスクについての説明に関するものや、適合性原則に関するものなど、さまざまなトラブルが相当数にのぼっている。これらのトラブルを、民事ルールにもとづき、訴訟により解決することは可能である。しかし、訴訟は利用者にとって負担が大きいケースが少なくない。金融商品・サービスの分野においてトラブルへの事後的な対応として裁判外の紛争解決手段は、利用者保護の観点から、より簡易で迅速なトラブル対応として、重要な制度インフラと位置づけられる。すでに、金融商品取引法においては、認可金融商品取引業協会の業務として、苦情処理やあっせんの制度が存在し、実績を上げていた。もっとも、そのような取組みは、実効性などの観点から必ずしも万全ではなく、信頼感・納得感が十分に得られていないとの指摘がなされた。

平成二一年の改正は、これまで行われてきた苦情処理・紛争解決の取組みをベースとして、金融ＡＤＲ制度に関する規定を新たに設け、金融ＡＤＲ制度を業法上の枠組みとして整備した。[1] それが指定紛争解決機関の制度である。

（1）　金融審議会 金融分科会第一部会・第二部会合同会合報告「金融分野における裁判外紛争解決制度（金融ＡＤＲ）のあり方について」（平成二〇年一二月一七日）は、つぎのように述べていた。

「苦情・紛争解決における利用者の信頼感・納得感を高めるためには、金融ＡＤＲの中立性・公正性及び実効性を確保する必要があるが、金融商品・サービスやその販売チャネルが多様化する中、業界ごとの金融ＡＤＲの取組みでは、利用者利便に欠ける面があり、また、中立性・公正性の観点から利用者の信頼感・納得感にも限界があると考えられる。このため、金融商品・サービスに対する利用者の信頼性を向上させ、信頼・活力のある金融・資本市場の構築のためには、金融商品・サービス全体の法規制のあり方を踏まえつつも、将来的には、専門性・迅速性・実効性等も確保された金融商品・サービス全般を取り扱う権威のある横断的・包括的な金融ＡＤＲが構築されることが望ましい。

横断的・包括的な金融ＡＤＲの構築には解決すべき課題もあることから、横断的・包括的な金融ＡＤＲの構築を目指すためより努力を重ねるとともに、これまでの業界ごとの苦情・紛争解決への自主的な取組みを踏まえ、現時点では、複数のトラブル解決手段の存在を許容しつつ、段階的に金融ＡＤＲ全体の改善を図ることが、過渡的な姿として考えられる。」

第二款　指定紛争解決機関

一　指定紛争解決機関の意義

金融商品取引法における指定紛争解決機関は、一五六条の三九第一項により、内閣総理大臣の指定を受けた者である（金商法一五六条の三八第一項）。これまでの各業態における苦情処理・紛争解決の取組み状況を踏まえ、指定紛争解決機関の設置は業態ごとに任意とした上で、申請にもとづき指定するという制度枠組みが採用されている。[1]

金融商品取引法は、金融商品取引に関する多様な商品・サービスをカバーしている。そのため、金融商品取引業者等の分類に合わせて、指定紛争解決機関が取り扱う紛争解決等業務（苦情処理手続および紛争解決手続にかかる業務ならびにこれに付随する業務）（金商法一五六条の三八第一一項）の種別を六種類に細分化している。すなわち、金融商品取引法においては、紛争解決等業務は、第一種金融商品取引業者、第二種金融商品取引業者、投資助言・代理業者、投資運用業者、登録金融機関および証券金融会社に応じた区分としている（金商法一五六条の三八第一二項）。

たとえば、第一種金融商品取引業者については、当該業者が行う金融商品取引法二八条一項各号に掲げる行為にかかる業務および金融商品取引法三五条一項により行う付随業務ならびに当該業者の委託を受けて金融商品仲介業者が行う金融商品取引法二条一一項一号から三号までに掲げる仲介行為にかかる業務が、(2) 特定第一種金融商品取引業務とよばれ、紛争解決等業務の対象となる（金商法一五六条の三八第二項）。

(1)　金融審議会 金融分科会第一部会・第二部会合同会合報告「金融分野における裁判外紛争解決制度（金融ＡＤＲ）のあり方について」（平成二〇年一二月一七日）は、つぎのように述べていた。

「利用者保護の充実の観点からは、金融ＡＤＲを実施する金融ＡＤＲ機関の設置が義務付けられることが望ましいと考えられる。しかし、業界団体・自主規制機関による自主的な苦情・紛争解決の取組状況は業態によって区々であり、現時点では、一律に金融ＡＤＲ機関の設置を義務付ける状況にはないと考えられる。

このため、業界団体・自主規制機関等の民間団体が金融ＡＤＲを担うこととし、その自主的な申請を受け、金融ＡＤＲの実施体制・能力等を有する者について行政庁が確認（指定等）を行うことにより、金融ＡＤＲの実施主体の中立性・公正性を確保することが適当である。

なお、このような枠組みとする場合には、業態内で複数の金融ＡＤＲ機関が成立し得るものとなるが、複数の金融ＡＤＲ機関間で包括化が進むことや取組みを競い合うことなどを通じて利用者保護の充実・利用者利便の向上が期待される。ただし、金融機関が安易に質の劣る金融ＡＤＲ機関を利用することのないよう、金融ＡＤＲ機関の同質性の確保については十分に留意する必要がある。」

（2）　金融商品取引仲介業者が行う金融商品仲介業に関しては、その法的効果は業務の委託元の所属金融商品取引業者等に帰属し、また、所属金融商品取引業者等が金融商品仲介業者の管理責任を負い、その観点から所属金融商品取引業者等に対して行政上も民事上も責任が追及されうることとなっていること、金融商品取引仲介業者は小規模な事業者や個人事業者であることが多く、所属金融商品取引業者等を通じて苦情処理・紛争解決の対応を求めたほうが、より柔軟かつ実効性のある対応が可能になると考えられたため、金融商品仲介業者の業務に対する苦情・紛争については、所属金融商品取引業者等に対する苦情・紛争として処理される。池田唯一他・逐条解説・二〇〇九年金融商品取引法改正二二三頁（平成二一年）。

二　指定紛争解決機関の指定

指定紛争解決機関の設立は、金融商品取引法上、強制されていない(1)。金融商品取引業者等の業界団体が金融ＡＤＲによる紛争解決を望む場合には、内閣総理大臣に対し申請を行い、紛争解決機関として指定を受けることができる（金商法一五九条の三九第一項）。

指定を受けようとする者は、つぎの事項を記載した指定申請書を内閣総理大臣に提出しなければならない（金商法一五六条の四〇第一項）。

①　指定を受けようとする紛争解決等業務の種別
②　商号または名称
③　主たる営業所または事務所その他紛争解決等業務を行う営業所または事務所の名称および所在地
④　役員の氏名または商号もしくは名称

指定申請書には、つぎに掲げる書類を添付しなければならない（金商法一五六条の四〇第二項、指定紛争解決府令五条）。

①　金融商品取引法もしくは弁護士法またはこれらに相当する外国の法令の規定に違反し、罰金の刑（これに相当する外国の法令による刑を含む）に処せられ、その刑の執行を終わり、またはその刑の執行を受けることがなくなった

日から五年を経過しない者ではなく、かつ、役員（法人でない団体で代表者または管理人の定めのあるものの代表者または管理人を含む）のうちに、金商法一五六条の三九第一項四号に掲げる欠格者がいないことを誓約する書面

② 定款および法人の登記事項証明書（これらに準ずるものを含む）

③ 業務規程

④ 組織に関する事項を記載した書類

⑤ 財産目録、貸借対照表その他の紛争解決等業務を行うために必要な経理的な基礎を有することを明らかにする書類であって内閣府令で定めるもの(2)

⑥ 金融商品取引関係業者の意見の聴取結果を記載した書類等

⑦ その他内閣府令で定める書類(3)

内閣総理大臣は、申請を受けて、つぎの要件を備えているか否かを審査し、当該要件を備える者を、紛争解決機関として指定することができる（金商法一五六条の三九第一項）。

① 法人（法人でない団体で代表者または管理人の定めのあるものを含み、外国の法令に準拠して設立された法人その他の外国の団体を除く）であること

② 紛争解決機関としての指定を取り消され、その取消しの日から五年を経過しない者または他の法律の規定による指定であって紛争解決等業務に相当する業務にかかるものとして政令で定めるもの(4)を取り消され、その取消しの日から五年を経過しない者でないこと

③ 金融商品取引法もしくは弁護士法またはこれらに相当する外国の法令の規定に違反し、罰金の刑（これに相当する外国の法令による刑を含む）に処せられ、その刑の執行を終わり、またはその刑の執行を受けることがなくなった日から五年を経過しない者でないこと

④ 役員（法人でない団体で代表者または管理人の定めのあるものの代表者または管理人を含む）のうちに、成年被後見人もし

くは被保佐人または外国の法令上これらと同様に取り扱われる者、破産者で復権を得ないものまたは外国の法令上これと同様に取り扱われている者、禁錮以上の刑（これに相当する外国の法令による刑を含む）に処せられ、その刑の執行を終わり、またはその刑の執行を受けることがなくなった日から五年を経過しない者、紛争解決機関の指定を取り消された場合もしくは金融商品取引法に相当する外国の法令の規定により当該外国において受けている当該指定に類する行政処分を取り消された場合において、その取消しの日前三〇日以内のその法人の役員（外国の法令上これと同様に取り扱われている者を含む）であった者でその取消しの日から五年を経過しない者または金融商品取引法施行令一九条の七に定める指定もしくは外国において受けている当該政令で定める指定に類する行政処分を取り消された場合において、その取消しの日前三〇日以内にその法人の役員であった者でその取消しの日から五年を経過しない者、金商法もしくは弁護士法またはこれらに相当する外国の法令の規定に違反し、罰金の刑（これらに相当する外国の法令による刑を含む）に処せられ、その刑の執行を終わり、またはその刑の執行を受けることがなくなった日から五年を経過しない者のいずれかに該当する者がないこと

⑤　紛争解決等業務を適確に実施するに足りる経理的および技術的な基礎を有すること(5)

⑥　役員または職員の構成が紛争解決等業務の公正な実施に支障を及ぼすおそれがないものであること

⑦　業務規程が法令に適合し、かつ、金商法の定めるところにより紛争解決等業務を公正かつ適確に実施するために十分であると認められること

⑧　金融商品取引関係業者に意見を聴取した結果、手続実施基本契約の解除に関する事項その他の手続実施基本契約の内容（基本契約の必要的記載事項を除く）その他の業務規程の内容（金商法により内容として定めることが強制されるものの等を除く）について異議（合理的な理由が付されたものに限る）を述べた金融商品取引関係業者の数の金融商品取引関係業者の総数に占める割合が政令で定める割合以下の割合となったこと。(6)

内閣総理大臣は、紛争解決機関の指定を、紛争解決等業務の種別ごとに行う（金商法一五六条の三九第四項）。内閣総

理大臣は、紛争解決機関の指定をしたときは、当該機関の商号または名称および主たる営業所または事務所の所在地、当該指定にかかる紛争解決等業務の種別ならびに当該指定をした日を官報で公示しなければならない（金商法一五六条の三九第五項）。

内閣総理大臣は、①指定紛争解決機関が金融商品取引法一五六条の三九第一項二号から七号までに掲げる要件に該当しなくなったとき、または指定を受けた時点において同項各号のいずれかに該当していなかったことが判明したとき、②不正の手段により指定を受けたとき、③法令または法令にもとづく処分に違反したとき、指定を取り消し、または六か月以内の期間を定めて、その業務の全部もしくは一部の停止を命ずることができる（金商法一五六条の六一第一項）。内閣総理大臣は、紛争解決機関の指定を取り消したときは、その旨を官報で公示しなければならない（金商法一五六条の六一第四項）。

（1）　もっとも、金融商品取引業者等は、指定紛争解決機関が存在しない場合には、それに代わって、それぞれの業務にかかる苦情処理措置および紛争解決措置を講じることが義務づけられている（金商法三七条の七第一項一号ロ・二号ロ・三号ロ・四号ロ・五号ロ・一五六条の三一の二第一項二号）。

（2）　指定紛争解決府令五条一項は、①申請の日の属する事業年度の直前の事業年度の貸借対照表、収支計算書および当該事業年度末の財産目録またはこれらに準ずるもの、②指定後における収支の見込みを記載した書類をあげる。

（3）　指定紛争解決府令五条三項は、①申請者の総株主等の議決権の一〇〇分の五以上の議決権を保有している者の氏名または商号もしくは名称、住所または主たる営業所もしくは事務所の所在地およびその保有する議決権の数を記載した書面、②申請者の親法人および子法人の商号または名称、主たる営業所または事務所の所在地および事業の内容を記載した書面、③役員（役員が法人であるときは、その職務を行うべき者を含む）の住民票の抄本またはこれに代わる書面（役員が法人である場合には、当該役員の登記事項証明書）、および④役員が欠格事由に該当しない旨の官公署の証明書等を掲げている。

（4）　金融商品取引法施行令一九条の七は、銀行法五二条の六二第一項の規定による指定および無尽業法等による指定をあげている。

（5）　経理的な基礎とは、紛争解決等業務がその性質上、安定的かつ継続的に提供される必要があると考えられることから、これを可能とする収支計画等が確実なものとして備わっていることをいう。また、技術的な基礎とは、紛争解決等業務の適確な実施に関し、指定を受けようとする者の組織としての知識および能力が備わっていることをいう。池田唯一他・逐条解説・二〇〇九年金融商品取引法改正三六六頁以下（平成二一年）。

（6）金融商品取引法施行令一九条の八は、この割合を三分の一としている。この割合は、申請を受けようとする紛争解決等業務の種別ごとに算定される（金商法一五六条の三九第四項）。

三　指定紛争解決機関の業務

指定紛争解決機関は、金融商品取引法および業務規程の定めるところにより、紛争解決等業務を行う（金商法一五六条の四二第一項）。業務規程は、内閣総理大臣の認定において添付書類として提出を要するとともに（金商法一五六条の四〇第二項三号）、業務規程の内容は金融商品取引法により詳細に規定されており（金商法一五六条の四四）、その変更の効力発生には内閣総理大臣の認可を要する（金商法一五六条の四四第七項）。

業務規程の必要的記載事項は、つぎのとおりである（金商法一五六条の四四第一項）。

① 手続実施基本契約の内容に関する事項
② 手続実施基本契約の締結に関する事項
③ 紛争解決等業務の実施に関する事項
④ 紛争解決等業務に要する費用について加入金融商品取引関係業者が負担する負担金に関する事項
⑤ 当事者である加入金融商品取引関係業者またはその顧客から紛争解決等業務の実施に関する料金を徴収する場合にあっては、当該料金に関する事項
⑥ 他の紛争解決機関その他相談、苦情の処理または紛争の解決を実施する国の機関、地方公共団体、民間事業者その他の者との連携に関する事項

⑦　紛争解決等業務に関する苦情の処理に関する事項

⑧　①ないし⑦に掲げるもののほか、紛争解決等業務の実施に必要な事項として内閣府令で定めるもの

このほか紛争解決等業務の公正性・信頼性を保持しようとする趣旨から、業務規程に定める手続実施基本契約の必須事項（金商法一五六条の四四第二項）、紛争解決等業務の実施に関する事項が適合すべき基準（金商法一五六条の四四第四項）などが詳細に法定されている。

金融商品取引関係業者は、その業務に応じて、指定紛争解決機関との間で手続実施基本契約を締結する義務を負う（金商法三七条の七第一項一号イ・二号イ・三号イ・四号イ・五号イ・一五六条の三一の二第一項一号）。金融商品取引関係業者は、手続実施基本契約を締結することにより、指定紛争解決機関との間に苦情処理・紛争解決に関する継続的な委託関係をもつことになる。指定紛争解決機関は、加入金融商品取引関係業者の顧客からの金融商品取引業等業務関連苦情の解決の申立てまたは紛争解決手続の申立てにもとづき、苦情処理手続または紛争解決手続を開始する。加入金融商品取引関係業者は、これらの手続が開始されると、これらの手続に応じる義務を負い、正当な理由なく拒んではならず、指定紛争解決機関から求めがあれば、報告または帳簿書類その他の物件を提出しなければならず、正当な理由なく拒んではならない義務を負う（金商法一五六条の四四第二項一号〜三号参照）。このように業者に対して片務的義務を負わせることは、ＡＤＲ一般には見られない特徴である(1)。

指定紛争解決機関は、当事者から紛争解決手続の申立てを受理したときは、紛争解決委員を選任する（金商法一五六条の五〇第一項・二項）。

紛争解決委員は、紛争解決手続において、中心的な役割を果たす。すなわち、紛争解決委員は、紛争解決手続において、金融商品取引業等業務関連紛争の解決に必要な和解案を作成し、当事者に対し、その受託を勧告する権限を有し、また、和解案の受諾の勧告によっては当事者間に和解が成立する見込みがない場合において、事案の性質、当事者の意向、当事者の手続追行の状況その他の事情に照らして相当であると認めるときは、金融商品取引業等業務関連

紛争の解決のために必要な特別調停案を作成し、理由を付して当事者に提示する権限を有する（金商法一五六条の四四第二項四号・五号参照）。紛争解決委員が特別調停案を提示したときは、加入金融商品取引関係業者は、原則として、これを受諾する義務を負う（金商法一五六条の四四第六項）。

金融商品取引法は、紛争解決手続の公正性・信頼性を高めるため、紛争解決委員の資格を厳格に規律する。紛争解決委員は、人格が高潔で識見の高い者であって、①弁護士であってその職務に従事した期間が通算して五年以上である者、②金融商品取引業等に従事した期間が通算して一〇年以上である者、③消費生活に関する消費者と事業者との間に生じた苦情にかかる相談その他の消費生活に関する事項について専門的な知識経験を有する者として内閣府令で定める者、④当該申立てが司法書士法三条一項七号に規定する紛争にかかるものである場合にあっては、同条二項に規定する司法書士であって同項に規定する簡裁訴訟代理等関係業務に従事した期間が通算して五年以上である者、および、⑤①から④に掲げる者に準ずる者として内閣府令で定める者のうちから、選任される。個々の紛争解決手続においては、紛争解決委員のうち少なくとも一人は、①または③（司法書士法三条一項七号に規定する紛争にかかるものである場合は、①、③、または④）のいずれかに該当する者でなければならない（金商法一五六条の五〇第三項）。紛争解決手続には、特別の時効中断効等が認められている（金商法一五六条の五一・一五六条の五二）。

（1）　金融審議会 金融分科会第一部会・第二部会合同会合報告「金融分野における裁判外紛争解決制度（金融ＡＤＲ）のあり方について」（平成二〇年一二月一七日）は、つぎのように述べていた。

「金融ＡＤＲの実効性を確保し、利用者保護の充実を図るため、金融ＡＤＲ機関が設立されている場合には、業界団体・自主規制機関等と加盟・加入事業者との関係に留意しつつ、金融ＡＤＲ機関の対象範囲内にある金融機関は、紛争解決等に関して利用者から求められた場合、行政庁が指定等を行ったいずれかの金融ＡＤＲ機関を利用しなければならないとするなど、金融ＡＤＲ機関と金融機関との一定の関係を規律することが適当である。また、紛争解決にあたって、金融機関に金融ＡＤＲ機関に対する手続応諾義務、事情説明・資料提出義務、結果尊重義務等を課すことが適当である。

ただし、手続応諾義務や結果尊重義務については、金融ＡＤＲの実効性の確保のため重要である一方、憲法上の権利である裁判を受ける権利についても十分に配慮する必要がある。」

第五章

不公正な証券取引等の規制

第一節　詐欺的行為

第一款　詐欺的行為の禁止

一　一般規定

1　雑品入れとしての金融商品取引法一五七条一号

金融商品取引法一五七条一号は、何人も、有価証券の売買その他の取引またはデリバティブ取引等について、不正の手段、計画または技巧を行ってはならないものと定めている。この規定は、証券取引またはデリバティブ取引等に関する詐欺的な行為を包括的に違法とするものである。

もっとも、この規定が証券取引またはデリバティブ取引等にかかる詐欺的行為を禁止する唯一の規定というわけではない。この規定のほかにも金融商品取引法およびそれにもとづく命令は、多くの証券取引またはデリバティブ取引等に関する詐欺的な行為を禁止している。すなわち、金融商品取引法一五七条二号は、証券取引またはデリバティブ取引等一般について、重要な事項につき虚偽の表示がありまたは誤解を生じさせないために必要な重要な事実の表示が欠けている文書その他の表示を使用して財産を取得することを禁止している。同条三号は、証券取引またはデリバティブ取引等を誘引する目的で虚偽の相場を利用することを禁止している。金融商品取引法三八条およびそれにもとづく金商業等府令一一七条は、金融商品取引業者もしくは有価証券関連業務の登録を受けた金融機関またはそれらの役員もしくは使用人の職務上の地位に関連する多様な詐欺的行為を禁止している。

さらに、金融商品取引法一五九条は、各種の相場操縦行為を禁止している。金融商品取引法一六九条は、有価証券の発行者等から対価を受けまたは受ける約束の下に、しかしそのことを示すことなく、広告として行う以外に、有価証券等に関し投資についての判断を提供する意見を一般に表示することを禁止している。金融商品取引法一七〇条および一七一条は、不特定かつ多数の者に対し、それらの者が取得する有価証券につき、あらかじめ特定した価格以上で買付けもしくは売付けをする斡旋をしまたは一定の期間につき一定金額以上の金銭の分配をする旨の表示を違法としている。

そのほかにも、金融商品取引法の多くの規定は、詐欺的な行為について、それに関与した者に対してそれによる損害の賠償責任を課している。すなわち、金融商品取引法一七条は、募集もしくは売出しもしくは適格機関投資家向け証券の一般投資者向け勧誘もしくは特定投資家向け有価証券の一般投資者向け勧誘に該当する有価証券またはすでに開示された有価証券の募集または売出しについて、重要な事項について虚偽の表示がありもしくは記載すべき重要な事項もしくは誤解を生じさせないために必要な重要な事実の表示が欠けている目論見書または資料を使用して有価証券を取得させた者に対してそれによる損害賠償の責任を課している。同法一八条、二一条、二一条の二、二二条、二三条の一二第五項および二四条の四は、有価証券届出書、目論見書、発行登録書、発行登録追補書類または有価証券報告書の重要な事項に虚偽の記載または記載漏れがある場合には、その作成に関与した者にそれによる損害賠償の責任を課している。同様の規定は、四半期報告書に関する二四条の四の七第四項、半期報告書および臨時報告書に関する二四条の五第五項、自己株券買付状況報告書に関する二四条の六第二項、特定証券等情報に関する二七条の三三、特定情報に関する二七条の三四等にも見られるところである。

平成二三年の改正では、内閣総理大臣の登録を受けないで第一種金融商品取引業または第二種金融商品取引業を行う者が未公開有価証券について売付け等を行った場合に、当該対象契約を原則として無効とした（金商法一七一条の二）。これは、金融商品取引法上の登録を受けていない業者が、未公開有価証券について「上場間近で必ず儲かる」

などと勧誘し、高齢者等に不当な高値で売り付けるといった事例が多発したことを受けて規定されたものである。(1)

これらの規定は、証券取引に関する詐欺的な行為を特定の側面から捉えて禁止し、あるいはそれによる損害賠償の責任を定めるもので、証券取引に関するあらゆる詐欺的な行為を包摂するものではない。金融商品取引法一五七条一号は、証券取引またはデリバティブ取引等一般についての「不正の手段、計画又は技巧」を禁止することによって、証券取引またはデリバティブ取引等一般についての詐欺的な行為の「雑品入れ」として、これらの規定によっては、技術的に捉えられない証券取引またはデリバティブ取引等についてのあらゆる詐欺的な行為を禁止するものである。取引の状況に応じて多種多様である証券取引またはデリバティブ取引等についての詐欺的な行為をすべてあらかじめ詳細に列挙しそれに該当するものだけを違法とすることは適当ではない。かかる不当性を避けるための包括的な禁止規定が必要とされる。(2)(3)

(1)　本改正については、本書七七八頁参照。

(2)　神田秀樹監修・野村證券株式会社法務部＝川村和夫編・注解証券取引法一一三六頁（平成九年）は、金融商品取引法一五七条において想定されている取引形態は、組織化された取引所取引やこれに準ずる店頭売買取引というよりは、非組織的な流通市場における相対取引（交換や代物弁済をも含む）であると解するべきとする。本書では、本文記載の趣旨から、この見解を支持しない。なお、最決昭和四〇年五月二五日裁判集刑事一五五号八三一頁は、証券取引法（当時）五八条一号（現行金商法一五七条一号）にいう「不正の手段」について、有価証券の売買取引等に限定して、それに関し、社会通念上不正と認められる一切の手段をいうものと判示している。

(3)　金融商品取引法一五七条に違反した場合、一〇年以下の懲役または一〇〇〇万円以下の罰金に処せられる（またはこれらが併科される）（金商法一九七条一項五号）。平成一八年の改正により刑事罰が大きく引き上げられた。しかし刑事罰が定められていることに関して、金融商品取引法一五七条の抽象的な文言により重い刑事罰を科すことができるかどうかという問題が、同条の発動を消極的にさせているとの見解がある。たとえば、近藤光男＝吉原和志＝黒沼悦郎・金融商品取引法入門〔第二版〕三四七頁（平成二三年）。

2　不正の手段・計画または技巧

証券取引またはデリバティブ取引等についての「不正の手段、計画又は技巧」は、それが何人によって行われるか、いかなる有価証券に関して行われるか、あるいはいかなる証券取引またはデリバティブ取引等について行われるかを問うことなく、違法なものとして禁止される（金商法一五七条一号）。

証券取引またはデリバティブ取引等についての不正の手段、計画または技巧を行うことは、それが金融商品取引業者またはその役員もしくは使用人によって行われるか(1)、それともそれ以外の者によって行われるか、それ以外の者による場合、それが有価証券の発行者またはその役員もしくは使用人によってなされるかを問うことなく(2)、金融商品取引法一五七条一号に違反するものとして禁止される。

また、証券取引についての不正の手段、計画または技巧を行うことは、それが株式または社債に関して行われるか(3)、あるいは国債、地方債、特殊債、特殊法人債または投資信託もしくは貸付信託の受益証券に関して行われるかを問うことなく違法であり、その有価証券が金融商品取引所に上場されているものであるか否かを問うことなく(4)、禁止される。デリバティブ取引についての不正の手段、計画または技巧を行うことは、それが先物取引に関して行われるか、オプション取引に関して行われるか、スワップ取引に関して行われるか、信用デリバティブ取引に関して行われるかを問うことなく違法である。

さらに、証券取引についての不正の手段、計画または技巧を行うことは、それが売買に関するか、有価証券の募集もしくは売出しまたは公開買付けまたはその他の取引に関するか、あるいは金融商品市場における取引または店頭売買有価証券市場の取引に関するかにかかわらず(5)、違法とされる。したがって、会社の取締役が会社の発行した転換社債型新株予約権付社債の新株予約権行使を促進するために、会社の取引先と謀って、その取引先に会社の発行する株式を多量に購入させてその価格を騰貴させることは、転換社債型新株予約権付社債の新株予約権行使が技術的には有価証券の売買に該当するものではないが、金融商品取引法一五七条一号に違反するものである。金融商品市場における売買取引は、相対取引のように特定の者を相手方とするものではない集団的なものについても、それにつき不正の手段等が行われるときは、違法である。デリバティブ取引についての不正の手段、計画または技巧についても、それが市場デリバティブ取引に関するか、店頭デリバティブ取引に関するか、あるいは外国市場デリバティブ取引に関するかを問うことなく違法とされる。(6)

証券取引またはデリバティブ取引等につき不正の手段、計画または技巧を行うとは、証券取引またはデリバティブ取引等について他人を欺罔して錯誤におとしいれる態様の行為をすることである。(7) 証券取引またはデリバティブ取引等について他人を欺罔して錯誤におとしいれる行為をする限り、その行為の態様がいかなるものであるかを問うことなく、この規定の違反を構成する。もっとも、この規定の違反が成立するためには、不正の手段、計画または技巧が証券取引またはデリバティブ取引等について行われることを必要とし、行為者がそのことを認識していることを必要とするものと解される。したがって、不正の手段、計画または技巧が他人の証券取引またはデリバティブ取引等に影響を及ぼし、それによって他人が証券取引またはデリバティブ取引等に関して損害を被っただけでは、この規定に違反したことにはならない。(8)

証券取引またはデリバティブ取引等について不正の手段、計画または技巧がなされる限り、その者が証券取引またはデリバティブ取引等をしたこと、さらにはその行為の被害者を相手方として証券取引またはデリバティブ取引等をしたことを必要としない。金融商品取引法一五七条一号は、証券取引またはデリバティブ取引等について不正の手段、計画または技巧を行うことを要求するのみで、その行為者が証券取引またはデリバティブ取引等を行うことを必要としていない。証券取引またはデリバティブ取引等について不正の手段、計画または技巧が行われるときは、その者が直接に証券取引またはデリバティブ取引等をしない場合においても、投資者の利益が侵害され、公正で自由な金融商品市場の形成が妨げられる危険が存在する。(9)

なお、金融商品取引法一五七条一号に違反した場合、刑事罰が科せられる（金商法一九七条一項五号）。(10)(11) この犯罪行為によって得た財産は没収される（金商法一九八条の二第一項一号）。

（1）　金融商品取引業者またはその役員もしくは使用人の職務上の不公正な行為については、金融商品取引法三八条およびそれにもとづく金商業等府令一一七条に各種の禁止行為が定められている。しかしこれらの規定が、金融商品取引法一五七条一号と排他的関係に立たないことは、金融商品取引法一五七条一号に該当する行為について刑事罰が定められている（金商法一九七条一項五号）のに対して、同法三八条等違反の行為について刑事罰の定めがないことからも明らかである。

（2）　証券取引に関する詐欺的な行為として有価証券についての配当等を表示することを禁止する金融商品取引法一七一条は、有価証券の不特定多数者向け勧誘等を行う者またはその役員もしくは使用人等について特別に規定しており、内部者取引の規制のための金融商品取引法一六六条および一六七条は、発行会社または公開買付等関係者の内部者、準内部者およびそれらの者から内部情報の提供を受けた者について特別の規制をしている。

（3）　有価証券の募集または売出しの届出に関する金融商品取引法第二章の規定は、国債、地方債、特殊債、特殊法人債、貸付信託の受益証券、および政府が元本の償還および利息の支払いについて保証している社債等については適用がなく（金商法三条）、したがって重要な事項につき虚偽の表示等がある文書等を使用して有価証券を取得させた者の損害賠償責任を定める同法一七条の規定は、これらの有価証券に関しては適用がない。しかし、金融商品取引法一五七条一号は、適用有価証券についてそのような限定はなく、たとえば、貸付信託の受益証券についても適用がある。

（4）　したがって、相手が事業を休止している会社の市場性のない株式を金融商品取引所に上場されている他の会社の株式と誤認していることを利用して、その上場株式の時価に近い価格で売り付ける場合には、金融商品取引法一五七条一号の違反が成立する。

（5）　東京高判昭和三八年七月一〇日下刑集五巻七＝八号六五一頁は、「取引所取引たると店頭取引たるとを問わず」証券取引法五八条一項〔金融商品取引法一五七条一号〕の規定の適用があるという。

（6）　相対取引のように特定の者を相手方とする取引の場合には、その被害者が誰であるか明確であるが、金融商品市場における集団的な取引については、市場の公正さが害されることがあっても、それによって被害を被った者が誰であるか明らかでない場合が多い。

（7）　東京高判昭和三八年七月一〇日下刑集五巻七＝八号六五一頁は、「証券取引法五八条〔金融商品取引法一五七条―筆者注〕一号にいう『不正の手段』とは、……有価証券の売買その他の取引について、詐欺的行為、すなわち、人を錯誤におとしいれることによって、自ら、または他人の利益をはかろうとすることであると解するを相当とする」と述べている。しかし、「不正の手段、計画または技巧」を行うことの要素として、自己または他人の利益をはかることは必要ではない。なぜなら、「不正の手段、計画または技巧」は、自己または他人の利益をはかるためになされることが多いとしても、自己または他人の利益をはかることは「不正の手段、計画または技巧」という用語の通常の意味に伴うものではないし、自己または他人の利益をはかることが立証されない場合にも、証券取引またはデリバティブ取引等についての不正の手段、計画または技巧が行われるときは、投資者の利益の侵害または公正な金融商品市場の阻害という金融商品取引法が排除すべき不正な結果を生じさせる危険があるからである。なお、最決昭和四〇年五月二五日裁判集刑事一五五号八三一頁は「証券取引法五八条〔金融商品取引法一五七条〕一号にいわゆる『不正の手段』とは、有価証券の取引に限定して、それに関し、社会通念上不正と認められる一切の手段をいうのであって、文理上その意味は明確であり、それ自体において、犯罪の構成要件を明らかにしていると認められる」と述べている。

(8)　したがって、会社がその営業状況または財産状況につき虚偽の発表をしても、それが有価証券の募集もしくは売出し、公開買付け、売買その他の取引（合併による株式の交付、取得請求権付株式の取得請求権行使等を含む）またはデリバティブ取引等についてのものでないときは、当然に金融商品取引法一五七条一号に違反することにはならないものと解される。

(9)　金融商品取引法一五七条に違反する行為がなされた場合、そのことのみをもって直ちに被害者を民事上救済しうるかは、別途検討されねばならない。河本一郎＝関要監修・逐条解説証券取引法〔三訂版〕一二六五頁（平成二〇年）は、これは被害者のための民事救済のための直接の根拠規定とはならず、当該違反行為が民法七〇九条等の要件を充足する場合に救済が与えられると解すべきとしている。近藤光男＝吉原和志＝黒沼悦郎・金融商品取引法入門〔第二版〕三四八頁（平成二三年）も、金融商品取引法一五七条に違反する行為によって利益を侵害された投資者は、これにより民法の不法行為にもとづいて、損害賠償請求ができるとする。神田秀樹監修・野村證券株式会社法務部＝川村和夫編・注解証券取引法一一三九頁（平成九年）は、その構成要件に該当する行為がなされたことをもって、当該取引の相手方の「権利」が侵害され民法七〇九条の損害賠償請求権が成立するとは決していえないとする。その理由は、この規定は法の具体的法益である「有価証券取引を公正ならしめ、その流通を円滑ならしめる」という「公共」的利益を保護することを目的としたものであって、「私」的利害調整を目的とした私法的請求権の発生原因にはなりえないことを挙げる。

(10)　証券会社の損失補てんに関する代表訴訟判決である東京地判平成一〇年五月一四日判例時報一六五〇号一四五頁は、損失補てん行為が、損失保証による投資勧誘を規制する平成三年改正前証券取引法五〇条一項三号の禁止行為に該当しないとしても、平成三年改正前証券取引法五八条一号〔金融商品取引法一五七条一号〕に違反するとの原告の主張に対して、「規定は抽象的であって、事後の損失補てんが前記のとおり公正な市場価格の形成を阻害し、正常な商慣習に悖るものであることにかんがみれば、事後の損失補てんをもって『不正の手段』を弄するものと評される余地がないでもない」としながら、損失保証による投資勧誘が刑事罰の対象となっていなかったこと、平成三年の法改正により、損失保証による投資勧誘および事後の損失補てんに刑事罰が定められたものの証券取引法五八条〔金融商品取引法一五七条〕違反の刑事罰より軽いものと規定されたことから、事後の損失補てんを証券取引法五八条〔金融商品取引法一五七条〕違反に該当するものと解することはできないとした。

(11)　金融商品取引法一五七条一号に違反した場合でも課徴金の納付命令の対象とはされていない。ここで規定される違法行為を抑止する必要性は、内部者取引、相場操縦その他の課徴金の対象とされる取引と変わらない。悪質な違法行為を防止する方策として課徴金制度の活用が有用であるものの、一五七条のような一般条項は、詐欺的な行為に広く適用可能なものであり、一義的に課徴金額を定めておくことが難しいことにも留意が必要である。

第二款　表示規制

一　不実の表示による財産の取得

1

何人も、有価証券の売買その他の取引またはデリバティブ取引等について、重要な事項につき虚偽の表示があり、または誤解を生じさせないために必要な重要な事実の表示の欠けている文書その他の表示を使用して、金銭その他の財産を取得することは、違法として禁止される（金商法一五七条二号）。

禁止の対象となる行為は、重要な事項についての虚偽の表示または誤解を生じさせないために必要な重要な事実を欠く表示を利用して行う財産の取得である。ここで虚偽の表示が問題とされる「重要な」事項あるいは誤解を生じさせないために必要とされる「重要な」事実は、合理的な投資者の証券取引またはデリバティブ取引等の判断に影響を

及ぼす事項または事実である。(1)

それは、転換社債型新株予約権付社債の新株予約権行使の条件や優先株式の優先的な内容のような有価証券そのものに関するもの、会社の営業または財産の状況のような有価証券の発行者に関するもの、商品の需要状況や設備投資の状況のような有価証券の発行者の属する産業界に関するもの、市場価格や売買高のような有価証券の取引に関するもの、平均株価や信用取引の状況あるいは機関投資家の売買状況のような市場全体に関するもの、さらには、公定歩合や金融引締めのような金融市場に関するもの、特定の国での内乱や戦争のような政治や社会の全般に関するもの、あるいは天候や海洋の観測数値に関するものなど、広範なものからなる。

証券取引またはデリバティブ取引等についての不実の表示による財産の取得の禁止は、証券取引またはデリバティブ取引等についての重要な事項の虚偽の表示による財産の取得を禁止するのみならず、証券取引またはデリバティブ取引等についての誤解を生じさせないために必要な重要な事実を欠く表示による財産の取得をも禁止する。したがって、証券取引またはデリバティブ取引等について表示された事実がすべて真実であっても、投資者が誤解をしないために必要な重要な事実の表示が欠けているときは、なお、金融商品取引法一五七条二号に違反することになる。

たとえば、株式の売付けにあたって、その発行会社の直近の事業年度の営業成績を表示するのみで、現事業年度前半の前事業年度同期とは比較にならない劣悪な営業成績を表示せず、あるいは、その発行会社の属する産業界の全般的な活況と好業績を表示するのみで、その発行会社がその産業界の会社の平均よりもはるかに悪い収益状況にあることを表示しない場合には、誤解を生じさせないために必要な重要な事実の表示を欠くことになる。また、株式の買付けの勧誘に際して、その株式の発行会社の一事業部門の活況と将来の有望性を表示するのみで、その事業部門の売上げが会社の全売上において微々たる地位を占め、主要な事業部門において多大の赤字を出していることの表示を欠く場合などにも、誤解を生じさせないために必要な重要な事実の表示を欠くことになる。

表示が虚偽のものでありまたは誤解を生じさせないために必要な重要な事実の表示を欠くものであるかは、将来のる。

事項に関して表示がなされ、あるいは予想または予測にもとづくものであるとして表示がなされる場合にも問題となる。

したがって、会社の将来の収益力や事業進出計画等の将来に関する表示は、表示の当時において合理的な根拠を有するものでないときは虚偽の表示に該当する。また、「ある会社の直近の事業年度の経常利益がいくばくとなったらしい」とか、「ある会社がある事業分野において画期的な新製品を開発したらしい」等の予想または予測の形態をとる表示も、その予想または予測が根拠のないものであるときは、虚偽の表示として、金融商品取引法一五七条二号に違反するものとなる。そのような将来の事項に関する表示または予想もしくは予測にもとづくものであるとの形態をとる表示も、それが合理的な根拠を欠くときは、投資者の利益を害し、公正で自由な金融商品市場の形成を妨げるものである。さらに、証券取引またはデリバティブ取引等について、将来の事項に関する表示または予想もしくは予測にもとづく形態の表示に合理的な根拠を要求しても、それによって不当な制限または制約を課すことにはならない(2)。

将来の事項に関する表示は、それがなされた時の状況から合理的な根拠を有するときは、結果としてそれが事実と合致しなくても、虚偽の表示であったことにはならない。また、予想または予測にもとづく形態でなされた表示は、その表示をした者の状況を基準(3)としてその内容につき相当の根拠があるものと認められるときは、それが事実と合致しなくても、当然に虚偽のものであったことにはならない。

金融商品取引法一五七条二号に違反する行為が成立するためには、証券取引またはデリバティブ取引等につき不実の表示をして金銭その他の財産を取得することが必要である。金銭その他の財産の取得は、金融商品取引法一五七条二号が証券取引またはデリバティブ取引等に関する不公正な行為を禁止するものであることから、対価を提供して行われるものを含むことはもちろん、対価として提供されるものの価値が取得される金銭または財産の価値より少ないことを要しない。したがって、通常の新株発行や有価証券の売付けの対価として金銭を取得し、有価証券の公開買付けによって有価証券を取得し、会社の合併に際して消滅会社の株主に新株を発行することを対価に消滅会社の財産を取得する等の場合に、対価として提供されたものが取得したものよりも大きな価値を有する場合にも、ここにいう金銭その他の財産の取得があったものとされる。

なお、株主の株式買取請求権の行使に応じて会社が株主から株式を取得し、あるいは、株主の取得請求権に応じて株式を取得する場合等にも、金融商品取引法一五七条二号の定める財産の取得があるものと解される。

（1）合理的な投資者の証券取引の判断に影響を与えるものは、有価証券への長期投資に関するもののみならず、有価証券の投機的取引に関するものも含む。したがって、会社の事業拡張や研究開発の状況等とならんで信用取引の取組状況や大手金融商品取引業者の推奨の事実なども重要な事項である。アメリカにおいては不実表示の「重要性」を判断した主要な最高裁判例として、TSC Industries, Inc. v. Northway, Inc., 426 U. S. 438（1976）および Basic Inc. v. Levinson, 485 U. S. 224（1988）が挙げられる。前者は、委任状説明書の不実表示が問題とされたケースにおいて、「重要性」を判断する基準として「合理的な株主がどのように議決権を行使すべきかを決定するに当たり、重要であると考えるであろう実質的な可能性がある」か否かであるとした。このTSC基準は、証券売買にかかる不実表示のケースにおいても「合理的な投資者がどのように投資判断をすべきかを決定するに当たり、重要であると考えるであろう実質的な可能性があるか否か」と読み替えられて適用されている。後者は、交渉中の合併情報に関する開示のあり方が争われたケースにおいて、「合併の起こる蓋然性と、合併が株主・投資者に与える影響の大きさとを掛け合わせて、その情報の重要性を判断する」という基準を示した。黒沼悦郎・アメリカ証券取引法〔第二版〕一一八頁および一三九頁（平成一六年）。

（2）予想または予測にもとづく形態の表示を金融商品取引法一五七条二号の適用範囲外とするときは、証券取引またはデリバティブ取引等につき詐欺的な表示をして財産を取得しようとする者は、その表示を予想または予測にもとづく形態をとるものとすることによって簡単に同号の規定を潜脱することができるが、そのようなことを許さなければならない合理的な理由はない。一方、予想または予測にもとづく表示が不実表示の危険性があるとしてこれを一切禁止することも妥当ではない。アメリカにおいてもかつては将来指向情報（forward looking information）を法定開示書類に記載することが禁止されていた。しかし現在においては、年次報告書等でレギュレーションS―K三〇三「財務状態および経営成績に関する経営者の議論と分析」に従い、継続的経営から生じる売上高、収入、収益に重大な影響を与えることが合理的に予想される、知られたる傾向あるいは不確実性を記載することが要求されている。また、アメリカの裁判所は、将来指向情報の開示が不実表示になるか否かが問われたケースにおいて、注意表示の法理（bespeak caution doctrine）を用いる立場が次第に有力となっている。注意表示の法理とは、たとえ問題となった将来指向情報の開示が、楽観的なものであったとしても、同時に特定のリスクを開示する十分な注意文言が記載されている場合には不実表示とは評価されない、とする法理である。アメリカの判例については、下中和人「予想の開示が免責されるための注意文言」岸田雅雄＝近藤光男＝黒沼悦郎編著・アメリカ商事判例研究所収一三三頁（平成一三年）参照。さらに、一九九五年の私的証券訴訟改革法（Private Securities Litigation Act）は、将来指向情報が投資者にとって有用であることを認知し、その開示を促進する立場から、将来指向情報の開示が不実表示とならないためのセーフ・ハーバー・ルールを制定した（一九三三年証券法二七A条、一九三四年証券取引所法二一E条）。黒沼・前掲注（1）一四〇頁。

（3）　予想または予測にもとづく形態の表示を受ける相手方は、その表示をする者が予想または予測として表示される事実とどの程度の距離にいるかを基準にその予想または予測の確実性または信憑性を判断する。したがって、表示された内容が虚偽であるか否かも、その表示をした者が表示された事実とどの程度の距離にあるかを基準にその根拠の相当性を考えて判断されるべきである。

2　財産取得を伴わない不実の表示

金融商品取引法一五七条二号は、証券取引またはデリバティブ取引等につき、不実の表示によって財産を取得することを違法としている。したがって、金銭その他の財産の取得を伴うのでなければ、証券取引またはデリバティブ取引等につき不実の表示をしても、この規定に違反しない。もっとも、証券取引またはデリバティブ取引等につき不実の表示をする場合には、それによる財産の取得が伴わないことは、これを適法とするものではない。有価証券の発行者が有価証券の売出しに関して虚偽の記載のある有価証券届出書を提出しあるいは虚偽の記載のある有価証券報告書等を提出する場合、これらを提出する発行者はそれを利用して直接に金銭または財産を取得する者ではないが、その行為は違法である（金商法一八条・二四条の四・一九七条一項一号参照）。また、金融商品取引業者またはその役員もしくは使用人は、証券取引またはデリバティブ取引等に関し、虚偽の表示をしまたは重要な事項につき誤解を生じさせる表示をすることを禁止されており（金商法三八条七号、金商業等府令一一七条一項二号）、この禁止に違反するか否かを判断する際には、彼らがそれによって金銭その他の財産を取得したか否かを問わない。有価証券関連業務の登録を受けた金融機関またはその役員もしくは使用人についても、同様である。

有価証券の発行者または金融商品取引業者もしくは登録金融機関、それらの役員もしくは使用人以外の者も、証券取引またはデリバティブ取引等に関し、重要な事項につき虚偽または誤解を生じさせる表示をすることは、それによる財産の取得を伴うものでない場合においても、証券取引またはデリバティブ取引等につき不正の手段、計画または技巧を行う（金商法一五七条一号）ものとして、違法とされる。証券取引またはデリバティブ取引等についての重要な事項につき虚偽の表示または誤解をもたらす表示をすることは、証券取引またはデリバティブ取引等につき不正の手段、計画または技巧を行うことに該当するものであり、金融商品取引法一五七条一号は、不実表示の態様による不正の行為を同条二号に委ねて、これを適用範囲外のものとしていると解すべき合理的理由が存在しないからである。

二　詐欺的な表示の禁止

1　虚偽公示・虚偽記載の禁止

何人も、有価証券等の相場について、虚偽の公示をし、または公示しもしくは頒布する目的をもって虚偽の記載をした文書を作成しもしくは頒布することを禁止される（金商法一六八条一項）。また、何人も、有価証券の発行者、売出人、特定投資家向け勧誘等をする者、引受人、金融商品取引業者または登録金融機関の請託を受けて、公示しまたは頒布する目的をもってこれらの者の発行、分担または取扱いにかかる有価証券に関し、重要事頃について虚偽の記載をした文書を作成しまたは頒布することを禁止される（金商法一六八条二項）。さらに、有価証券の発行者、売出人、特定投資家向け勧誘等をする者、引受人、金融商品取引業者または登録金融機関は、これらの行為の請託をすることを禁止される（金商法一六八条三項）。ここにいう「公示」は、不特定または多数の者が知りうる状態において表示すれば足り、不特定または多数の者が存在を認識していることまでは必要ではない(1)。

金融商品取引法一六八条は、後述する風説の流布の禁止規定とは異なり、有価証券の募集等の取引のためあるいは相場の変動をはかる目的を要件とはしておらず（金商法一五八条参照）、有価証券等の相場または有価証券の重要事項について虚偽の公示もしくは虚偽記載のある文書の作成もしくは頒布という行為を要件としている。金融商品取引法一六八条一項にいう「有価証券等」は、有価証券もしくはオプション取引またはデリバティブ取引にかかる金融商品（有価証券を除く）もしくは金融指標を指す（金商法一五八条）。これらの相場の動向は、投資者の投資判断にとって重要な判断材料とされるから、相場について虚偽の公示または虚偽の記載は、目的のいかん、請託の有無に関わらず、当然に禁止対象とされる。(2) この規定により違法とされる「相場」の虚偽公示または虚偽文書には、現に金融商品市場において相場が成立している有価証券等についてそれらの相場に関し虚偽公示等をすることのみならず、そのような相場が存在していないにもかかわらず、相場が存在しているかのように虚偽表示等をすることも含まれる。

（1）　河本一郎＝関要監修・逐条解説証券取引法〔三訂版〕一三六八頁（平成二〇年）。

（2）　金融商品取引法一六八条は、有価証券の募集等の取引のためあるいは相場の変動をはかる目的がなくとも違法とされるので、このような目的を要する金融商品取引法一五八条と比較して、違反の場合の刑事罰が軽くなっている。すなわち、金融商品取引法一五八条違反にかかる罰則を定める一九七条一項五号では、一〇年以下の懲役もしくは一〇〇〇万円以下の罰金またはそれを併科すると定めているのに対して、金融商品取引法一六八条違反にかかる罰則を定める二〇〇条二〇号では、一年以下の懲役もしくは一〇〇万円以下の罰金またはこれを併科すると定めている。

2　証券記事の規制

何人も、有価証券の発行者、売出人、特定投資家向け勧誘等をする者、引受人、金融商品取引業者、登録金融機関または金融商品取引法二七条の三第三項（同法二七条の二二の二第二項において準用する場合を含む）に規定する公開買付者等から対価を受け、または対価を受ける約束の下に、しかしそのことを表示することなく、広告以外の方法で、有価証券、有価証券の発行者または同法二七条の三第二項（同法二七条の二二の二第二項において準用する場合を含む）に規定する公開買付者に関し投資についての判断を提供すべき意見を新聞紙もしくは雑誌に掲載しまたは文書、放送、映画その他の方法で一般に表示することが禁止される（金商法一六九条）。金融商品取引法一六九条にいう金融商品取引法二七条の三第三項に規定する公開買付者等とは、公開買付者、その特別関係者その他政令で定める関係者を指し、「特別関係者」とは、株券等の買付け等を行う者と、形式的基準により特別関係者とみなされる者および実質的基準により特別関係を認められる者をいう（金商法二七条の二第七項）。また、「その他政令で定める関係者」とは、公開買付者のために事務を行う金融商品取引業者または銀行等および公開買付者を代理して公開買付けによる買付け等を行う者をいう（金商令一〇条）。さらに、金融商品取引法二七条の二二の二第二項において準用する場合とは、上場株券等の発行者による公開買付けがなされる場合の発行者ならびに発行者のために事務を行う金融商品取引業者または銀行等および発行者を代理して公開買付けによる買付け等を行う者をいう。

有価証券の発行者、特定投資家向け勧誘等をする者、引受人、金融商品取引業者または登録金融機関から対価を受けまたは対価を受ける約束の下に有価証券または有価証券の発行者に関し投資についての判断を提供すべき意見は、対価の収受またはその約束のゆえに有価証券の発行者、特定投資家向け勧誘等をする者、引受人、金融商品取引業者または登録金融機関に都合のよい内容のものになりがちである。また、有価証券の売出人または公開買付者（自社株に対する公開買付けを行う発行者を含む）のように有価証券を大量に売り付けまたは買い付ける者も、有価証券の発行者、特定投資家向け勧誘等をする者、引受人、金融商品取引業者または登録金融機関と同様に第三者に対して有価証券、有価証券の発行者または公開買付者に関し投資についての判断を提供すべき意見を表示させる利益を有しており、これらの者が対価を支払いまたは対価を支払う約束の下に第三者にその意見を表示させる場合にも、同様の危険を伴うおそれがある。(1)(2)そのような意見が客観的な立場に立って表明された外観を呈するときは、これを信頼した投資者が投資判断を誤る危険が大きい。

有価証券、有価証券の発行者または公開買付者に関し投資についての判断を提供すべき意見を一般に表示する場合に、その表示に関し有価証券の発行者、売出人、特定投資家向け勧誘等をする者、引受人、金融商品取引業者、登録金融機関または公開買付者等から対価が支払われる約束があるときは、その表示が客観的な立場からなされるものでないことを知らせて、投資者がその投資判断を誤ることがないようにする必要がある。また、有価証券の発行者、売出人、特定投資家向け勧誘等をする者、引受人、金融商品取引業者、登録金融機関または公開買付者等から対価を受けまたは受ける約束の下に、有価証券、有価証券の発行者または公開買付者に関し投資についての判断を提供すべき意見を一般に公表する場合には、それが広告としてなされる場合を除いては、その表示が対価を受けまたは受けるべき約束の下になされることを明らかにしなければならない。

これは、有価証券、有価証券の発行者または公開買付者に関し投資についての判断を提供すべき意見を有価証券の発行者、売出人、特定投資家向け勧誘等をする者、引受人、金融商品取引業者、登録金融機関または公開買付者等から対価を受けまたは受けるべき約束の下に表示することを禁止または制限するものではない。これは、そのような表示を、対価の収受またはその約束を明らかにすることなく行うことを禁止するものである。

有価証券、有価証券の発行者または公開買付者に関し投資についての判断を提供すべき意見は、有価証券、有価証券の発行者または公開買付者に関して投資判断をするのに参考となるものと考えられるあらゆる意見を含む。したがって、有価証券の市場価格の習性、有価証券の発行者もしくは公開買付者の営業・財産の状況、その経営者の能力または有価証券の発行者もしくは公開買付者の属する産業の状況等の意見がそれに含まれる。

有価証券の発行者、売出人、特定投資家向け勧誘等をする者、引受人、金融商品取引業者、登録金融機関または公開買付者等から対価を受けまたは受けるべき約束の下になされる意見の表示において対価の収受またはその約束を明らかにすることの必要性は、その意見が客観的に公正なものであるか否か、対価を受けまたは受ける約束なしに第三者が同一または類似の意見を表明したか否かを問わない。

金融商品取引法一六八条の名宛人が有価証券の特定投資家向け勧誘等をする者、引受人、売出人または金融商品取引業者等となっていることから、金融商品取引法一六八条が適用対象と考えている有価証券は、すでに流通市場のある有価証券または発行市場に参入しようとする発行者の発行する有価証券が念頭に置かれているように解する見解がある。(3) しかし、金融商品取引業者が取り扱う証券は、公開会社または今後公開を予定している発行者の発行する証券に必ずしも限られない。たとえば金融商品取引業者の店頭で未公開会社の発行する証券を相対で取引する投資者について、客観的な立場に立っているかのような外観を呈することにより、そのような投資者の投資判断を誤らせる危険性のある表示が、金融商品取引法一六八条の規制対象外に置かれるべきであるとする合理的理由はない。

(1)　有価証券の発行者、売出人、特定投資家向け勧誘等をする者、引受人、金融商品取引業者、登録金融機関または公開買付者等以外の者で有価証券の買付けもしくは売付けをする者が、第三者に対して有価証券の投資判断を提供すべき合理的な根拠のない意見を表示させる場合には、その意見を表示させる者および意見を表示する者は、証券取引につき「不正の手段、計画又は技巧をする」（金商法一五七条一号）者に該当する。

(2)　アメリカの一九三三年証券法は、証券記事の規制として、有価証券の発行者、引受人または証券業者から対価を受けまたは受ける約束の下に意見を一般に表示することを規制しているが、これに対してはその適用範囲が狭きに失するという理由で批判がなされた。The American Law Institute, Federal Securities Code 672-673 (1980) 参照。証券取引委員会が一九三四年証券取引所法の下で制定した規則は、公開買付けに関連して、対価を受けまたは受ける約束の下にあるか否かにかかわらず、対象会社の投資者に対する公開買付けの諾否の助言を規制している（規則一四d—9）。

(3)　神田秀樹監修・野村證券株式会社法務部＝川村和夫編・注解証券取引法一二二九頁（平成九年）。

3　投資の回収を保証する表示の禁止

何人も、国債、地方債、特殊債、特定社債、社債、特殊法人債その他内閣府令で定める有価証券(1)を除き、新たに発行される有価証券の取得の申込みの勧誘またはすでに発行された有価証券の売付けの申込みもしくはその買付けの申込みの勧誘のうち、不特定かつ多数の者に対するもの（有価証券の不特定多数者向け勧誘等）を行うに際して、これらの者が取得する有価証券を、自己または他人が、あらかじめ特定した価格もしくはあらかじめ特定した額につき一定の基準により算出される価格またはそれらを超える価格で、買い付けまたは売り付けることをあっせんする旨を表示し、またはその旨の表示と誤認されるおそれのある表示をすることが禁止される（金商法一七〇条）。

株式等の一定の有価証券の不特定多数者向け勧誘等に際し、それらにより取得される有価証券をあらかじめ特定された価格またはそれを超える価格で買い付ける旨の表示または他に売り付けることをあっせんする表示は、有価証券の取得者に対して有価証券の取得のために出捐した投資の全部または一部の回収を保証し、あるいはその回収を容易ならしめようとするものであって、有価証券の不特定多数者向け勧誘等を推進するのに大きな機能を発揮するものである。しかし、株式等の一定の有価証券については、その市場価格が大きく変動する可能性が大きく、多数の者に対してあらかじめ特定した価格またはそれを超える価格で有価証券の買付けをし、あるいは有価証券を第三者に買い取らせるようにする表示の内容を実現することは困難なことが多い。そこで、投資者の有価証券の取得のために行った投資を回収させることが困難であるにもかかわらず、これを保証するかのような表示をして有価証券を取得させた場合において、投資者による投資の回収が現実に行われないときは、投資者が多大の損害を被ることになる。したがって、その内容を実現することが困難なことを表示するのは、詐欺的な行為であるとして禁止される。(2)

禁止される行為は、株式等の一定種類の有価証券の不特定多数者向け勧誘等に際し、不特定かつ多数の者に対して、それらの者が不特定多数者向け勧誘等に応じて取得した有価証券を、あらかじめ特定した価格もしくはあらかじめ特定した額につき一定の基準により算出される価格またはそれらを超える価格で買い付ける旨または第三者に売り付けることをあっせんする旨を表示し、またはそれと誤認されるおそれのある表示をすることである。

有価証券の不特定多数者向け勧誘等に際してこのような表示が行われるときは、その勧誘等が募集または売出しとして内閣総理大臣への届出を要するものであるか否かを問うことなく、その行為は違法である。有価証券の不特定多数者向け勧誘等以外の取引についてこのような表示が行われる場合、有価証券の買付けまたは第三者への売付けのあっせんが予定されていないときは、証券取引についての不正の手段、計画または技巧（金商法一五七条一号）を行うものとして違法である。

表示は、不特定かつ多数の者に対して行われることを要する。不特定かつ多数の者に対する表示は、新聞紙もしくは雑誌に掲載し、または放送もしくは映画で放映する等、一般的に広く行う方法によって行うことを必要とせず、投資者に対して文書または口頭で個別的に行ってもよい。

あらかじめ特定した価格とは、不特定多数者向け勧誘等における価格またはその半分の価格等の意味であり、[(3)] あらかじめ特定した額につき一定の基準により算出される価格とは、不特定多数者向け勧誘等における価格を基準に郵便貯金の金利を乗じた額を付加した価格等の意味である。

（1）　内閣府令には、①元本補てんの約束の存する貸付信託の受益証券、②定義府令二条に規定される金融機関発行のコマーシャル・ペーパー、③外国証券で国債、地方債、特殊債、特定社債、社債、特殊法人債、元本補てんの約束の存する貸付信託の受益証券または金融機関発行のコマーシャル・ペーパーの性質を有するもの、④外国法人が発行したもので、金融機関の貸付債権を信託する信託の受益証券、⑤オプションであって、国債、地方債、特殊債、特定社債、社債、特殊法人債、①から④ならびに⑥から⑨までに掲げる有価証券にかかるもの、⑥預託証券であって、国債、地方債、特殊債、特定社債、社債、特殊法人債、ならびに①から⑤までに掲げる有価証券にかかるもの、⑦外国法人発行の譲渡性預金証書および学校法人債、⑧二項有価証券のうち信託受益権および外国人に対する信託受益権で元本補てん契約のあるもの、ならびに⑨二項有価証券のうち学校法人債にあたるものが掲げられている（有価証券規制府令六四条）。これらの有価証券が適用除外とされている理由は、これらの有価証券が確定利付きの有価証券であって、発行体のデフォルトリスクを除けば、償還時に元本の返済や一定の時期に金利等の支払いが予定されているからであると解される。

（2）　金融商品取引業者が投資者に対して一定の利益の補足または損失保証を約束するならば、それらの約束は適用除外取引に該当しない限り損失保証行為に該当し、刑罰をもって禁止されている（金商法三九条一項）。また金融商品取引業者が特定の投資者間で有価証券の売付けのあっせんをすることは、いわゆる「飛ばし取引」としてかつて社会問題化した。

（3）　時価によって買い付けるまたは時価によって第三者に売り付けることをあっせんする旨を表示することは違法ではない。小田寛＝三輪力＝角政也・改正証券取引法・証券投資信託法解説一九四頁（昭和二九年）。

4　金銭の分配表示の禁止

国債、地方債、特殊債、特定社債、社債、特殊法人債その他内閣府令で定める有価証券を除き、有価証券の不特定多数者向け勧誘等を行う者またはその役員、相談役、顧問その他これらに準ずる地位にある者もしくは代理人、使用人は、株式等一定の有価証券の不特定多数者向け勧誘等に際し、不特定かつ多数の者に対して、これらの有価証券に関し一定の期間につき、一定の額もしくは一定の基準によりあらかじめ算出できる額またはそれらを超える額の金銭（処分することにより一定の額もしくは一定の基準によりあらかじめ算出できる額またはそれらを超える額の金銭が得られるものを含む）の供与が行われることを、それが予測にもとづくことを明示することなく表示し、またはそれと誤認されるおそれがある表示をしてはならない（金商法一七一条）。(1)

株式等一定の有価証券に対する収益の分配は、その発行者の収益状況等に応じて変動するものであり、どれだけの収益の分配が可能であるかは、収益の分配をする事業年度に関して発行者の財務状態等を確定しなければ確言できない。そこで、そのような確言できない事項を有価証券の不特定多数者向け勧誘等に際して、それを容易にするために不特定かつ多数の者に対して表示することは、詐欺的な行為として違法とされる。

金融商品取引法一七一条は、有価証券の不特定多数者向け勧誘等に際し、有価証券の発行者等が有価証券についての一定額またはそれを超える額の金銭の分配が行われることを表示することを禁止している。このような表示も、有価証券の不特定多数者向け勧誘等以外の取引に関して行われ、あるいは、有価証券の発行者等同規定に列挙する者以外の者によって行われるときは、同規定の違反を生じさせない。しかし、金銭の分配が確実に行われないのにそれが行われるがごとくに表示するのは虚偽の表示をすることであり、あるいは不正の手段、計画または技巧を行うことに該当するものであって、それが不特定多数者向け勧誘等以外の証券取引につき行われ、あるいは有価証券の発行者等以外の者によって行われる場合にも違法である（金商法一五七条一号・二号）。

金銭の分配が行われることの表示は、それが予測にもとづくものであることを明示しない場合には、当然に違法とされる。ただ、予想にもとづくものであることを表示する場合であっても、その予想がまったく合理的な根拠を欠く場合には、なお虚偽の表示であり、証券取引についての不正の手段、計画または技巧を行うものであるとして、その行為は違法となりうる（金商法一五七条一号・二号）。また、金銭の分配の表示が予想にもとづくものであることが明示されており、その予想が相当の根拠にもとづくものであっても、表示を全体として観察して合理的な投資者ならば一定額またはそれを超える額の金銭の分配が行われるものと判断するような場合は、なお違法な表示がなされたことになる。

（1）　内閣府令では、①定義府令二条に規定される金融機関発行のコマーシャル・ペーパー、②外国証券で国債、地方債、特殊債、特定社債、社債、特殊法人債または金融機関発行のコマーシャル・ペーパーの性質を有するもの、③外国法人が発行したもので、金融機関の貸付債権を信託する信託の受益証券、④オプションであって、国債、地方債、特殊債、特定社債、社債、特殊法人債、①から③ならびに⑤から⑧までに掲げる有価証券にかかるもの、⑤預託証券であって、国債、地方債、特殊債、特定社債、社債、特殊法人債、ならびに①から④までに掲げる有価証券にかかるもの、⑥外国法人発行の譲渡性預金証書および学校法人債、⑦二項有価証券のうち信託受益権および外国人に対する信託受益権で利益を補足する契約の存するもの、ならびに⑧二項有価証券のうち学校法人債にあたるものが掲げられている（有価証券規制府令六五条）。これらの有価証券が適用除外とされている根拠は、金融商品取引法一七〇条の場合と同様である。

第二節　内部者取引

第一款　会社関係者等による内部者取引

一　内部者取引規制の意義

有価証券の投資判断に影響を及ぼす重要な会社情報に接近できる特別の立場にある者が、その立場のゆえにかかる重要な情報を知って、その公表前に有価証券の取引またはデリバティブ取引を行うことを内部者取引という。内部者取引が放置されるときは、金融商品市場の公正性と健全性が損なわれ、金融商品市場に対する投資者の信頼が傷つけられることとなる。(1) このような内部者取引が盛んに行われれば、投資者の離反を招き、その結果、効率的な資金配分を行うという金融商品市場の役割が阻害される危険性がある。そこで、金融商品市場の公正性と健全性を維持し、金融商品市場に対する投資者の信頼を保持するために、内部者取引を禁止することが強く要請される。(2)

内部者取引の禁止の目的としては、金融商品市場の公正性と健全性の確保および金融商品市場に対する投資者の信頼の保持のほかに、企業情報の保護およびその不正流用の防止ならびに金融商品市場参加者間の平等の確保がいわれることがある。(3) もっとも、企業がその役員または使用人に対し未公表の重要な会社情報を利用して有価証券の取引を行うことを許容する場合にも、なお、金融商品市場の公正性と健全性を維持し、金融商品市場に対する投資者の信頼を保持するために内部者取引を禁止することを要するのであって、企業情報の保護あるいは企業情報の不正流用の防止自体は、内部者取引防止の究極目的でないというべきである。

また、金融商品市場に参加する投資者の間では、有価証券の投資判断に影響を及ぼす情報の利用可能性について種々の差等があるのが当然であり、それがすべて平等でなければならないとすることは不可能である。内部者取引の禁止は、金融商品市場に参加するすべての投資者について、情報の利用可能性についての平等を確保することを目的とするものではない。投資判断の基礎となる情報は、投資者ごとに異なりうる。ある投資者が他の投資者の有しない会社情報を有しているというだけでその金融商品取引を禁止するのは、実際的でもなければ合理的でもない。

金融商品取引法一六六条は、金融商品取引所上場有価証券、店頭売買有価証券または取扱有価証券その他の政令で定める有価証券の発行者（上場会社等）の企業内容にかかる内部者取引を禁止している。また、同法一九七条の二第一三号は、これらの禁止に違反する者を、五年以下の懲役もしくは五〇〇万円以下の罰金に処しまたはこれを併科するものとしている。さらに、内部者取引にかかる財産の没収・追徴制度（金商法一九八条の二）および法人等に対する両罰規定が整備されている（金商法二〇七条一項二号）。

金融商品取引法一六六条では、禁止される内部者取引の主体、基礎となる情報、情報の公表時期、禁止される行為の態様が詳細に定められている。これは、内部者取引の構成要件が明確で、投資者にとって取引を行う時点において、その取引が処罰されるものか否か明確に判断できるようなものとすることが必要であると考えられたことによる。(6)

これらの規定の下では、法令に定める一定の立場にある者が、その立場のゆえに法令に定める一定の情報を知ったときは、法令によって当該情報が公表されたものとする時までは、例外的に許容されるものを除いては、それにかかる有価証券の売買その他の取引をすることを当然に禁止される。その者が問題の情報を利用して取引をしたか、あるいは、問題の情報にもとづき、利益を得または損失を回避する目的で取引をしたかは問うところでない。(7)

金融商品取引法一六六条は、上場会社等の発行する有価証券にかかる内部者取引だけを問題としている。金融商品取引所上場有価証券および店頭売買有価証券については金融商品市場の公正性と健全性の維持および金融商品市場に対する投資者の信頼の保持が問題となり、それについての内部者取引を刑事制裁をもって禁圧する必要があると考えられたことによる(8)。また、取扱有価証券についても、今後その「市場」を育成していくことがベンチャービジネス向けの資金供給の観点から重要視されるゆえに、当該取引の公正性と健全性の維持および当該取引に対する投資者の信頼の保持が問題となり、それについての内部者取引を刑事制裁をもって禁圧する必要があると考えられた。それ以外の有価証券にかかる内部者取引は、一般的な詐欺禁止規定である金融商品取引法一五七条一号において問題となる。

内部者取引を禁止する法理は、有価証券の投資判断に影響を及ぼす重要な未公表の情報を有する者に対して、取引を行う場合はその情報の開示を要求し、その情報を開示しないのであれば取引を断念することを要求する(9)。したがって、それは、内部情報の開示または取引の断念を要求するものであり、内部情報の開示を絶対的に要求したり、取引を絶対的に禁止するものではない。

もっとも、この法理の下でも、有価証券の投資判断に影響を及ぼす重要な未公表情報を有する者は、その情報を有するがゆえになお有利な立場に立つことができる。たとえば、有価証券の売付けをしようとしていた者が、その有価証券の発行会社による画期的な新製品の開発等、その有価証券の継続的な保有を促す重要な未公表の情報を取得したためその売付けを断念することが考えられる。また、有価証券の買付けをしようとしていた者が、その有価証券の発行会社の経営成績の急激な悪化等、その有価証券の買付けを不利とする未公表の情報を取得してその買付けを断念することもありうる。これらの場合、それらの者は、取引に関して内部情報を利用したのであり、内部情報を有さなければ受けていたであろう取引による損失を回避したことになる。

しかし、これらの場合、会社関係者により、取引は行われなかったのであり、内部者取引の禁止の違反は発生しなかったといわざるをえない。重要な内部情報を有する者とこれを有しない者との間の取引に関するこのような地位の不均衡は、取引そのものの規制によってではなく、有価証券の投資判断に影響を及ぼす重要な情報の早期開示によって是正される。金融商品取引所および認可金融商品取引業協会が上場会社等に対して要求するタイムリー・ディスクロージャーは、まさにそのことを目的とするものである。

金融商品取引法は、内部者が未公表の重要事実を知ったときは、その情報が公表されるまで、有価証券等にかかる「売買その他の有償の譲渡もしくは譲受け」を禁止する。ここにいう「売買その他の有償の譲渡もしくは譲受け」は、有償でその所有権を移転することをいう。

有価証券の発行により当該有価証券を原始取得することは、「売買その他の有償の譲渡もしくは譲受け」には含まれないと解されてきた。他方で、会社が自己株式を処分する場合、当該有価証券を取得することが、これに含まれるかどうかが問題となる。前者を規制の対象から除外する理由は、立法当初、有価証券の発行の場面における株主および投資者等の保護については、商法（会社法）による規制、証券取引法（金融商品取引法）上の開示制度が存在するためとされていた(10)。しかし、後者についても、会社法上は、新規発行と自己株式の処分は同一の規制が適用されるものとなっている。さらに、金融商品取引法上の開示制度についても、自己株式の処分が売出し該当すれば、基本的に、新規発行の場合の募集の規制と同様のものが適用される。内部者取引規制が定められた昭和六三年当時は、自己株式の取得が原則として禁止されており、会社が取得した株式を処分することを考える必要はなかった。有価証券につい て、新規発行であるか既発行であるかで、両者に実質的な差異が存在しない以上、内部者取引規制において、異なる扱いをすることは適切ではない(11)。

金融商品取引業者は、取引の仲介者として、内部者取引に関与することは、厳に慎まなければならない。そのため、金融商品取引業者は、顧客の有価証券の売買その他の取引等が内部者取引規制に違反することまたは違反するおそれがあることを知りながら、当該有価証券の売買その他の取引等の受託等をする行為が禁止される（金商法三八条七号、金商業等府令一一七条一項一四号）(12)。さらに、金融商品取引業者またはその役員もしくは使用人は、発行会社等との間の特別の関係ゆえに得られた情報であるか否かを問うことなく、有価証券の売買等につき、顧客に対して法人関係情報(13)を提供して勧誘を行ってはならず、また法人関係情報にもとづき自己の計算で有価証券の売買等を行ってはならないものとされている（金商法三八条七号、金商業等府令一一七条一項一四号・一六号）。

内部者取引の行為の主体としては、会社と特別の関係のある会社関係者および会社関係者から重要な情報の伝達を受けた情報受領者が問題とされる。内部者取引の基礎となる情報としては会社の企業内容にかかる事実が問題とされる。また、内部者取引の内容をなす行為の態様としては、会社の発行にかかる株式等の売買等が問題とされている。したがって、会社情報にかかる内部者取引規制の内容を明確にするためには、行為の主体としての会社関係者およびそれらの者からの情報受領者を、また基礎となる情報としての会社情報を、そして行為の態様としての会社の発行にかかる株式等についての取引を検討することが必要である。(14)

(1)　証券取引審議会「内部者取引の規制の在り方について」（昭和六三年二月一四日）は、内部者取引を規制する必要性について、つぎのように述べている。

「有価証券の発行会社の役員等は、投資家の投資判断に影響を及ぼすべき情報について、その発生に自ら関与し、または容易に接近しうる特別の立場にある。これらの者が、そのような情報で未公開のものを知りながら行う有価証券に係る取引は、一般にインサイダー取引、すなわち内部者取引の典型的なものと言われている。こうした内部者取引が行われるとすれば、そのような立場にある者は、公開されなければ当該情報を知りえない一般の投資家と比べて著しく有利となり、極めて不公平である。このような取引が放置されれば、証券市場に対する投資家の信頼を失うこととなる。内部者取引の規制が必要とされる所以である。」

(2)　この点に関し、神田秀樹監修・野村證券株式会社法務部＝川村和夫編・注解証券取引法一一九八頁（平成九年）は、一六六条の趣旨を、取引の公正性の確保という法益実現の観点から、内部者取引が行われた場合に、たまたまその相手方となった者が、本来形成されるべき公正な価格から乖離した不当に有利な価格で、買付けまたは売付けできてしまうという弊害を防止することにあるとする。

(3)　内部者取引の禁止目的を企業情報の保護あるいはその不正流用の防止におくときは、重要な未公表の情報を知った者につき、有価証券の取引のみならず他の者に対する情報の提供自体も禁止の対象として問題となる。また、証券市場参加者間の情報についての平等の確保を内部者取引禁止の目的とするときは、有価証券の投資判断に影響を及ぼす重要な情報に容易に接近できる特別の立場にある者であるか否かを問うことなく、そのような情報を知った者は、すべて、それが公表されるまで、その情報にかかる有価証券の取引をしてはならないものとするのが合理的である。

アメリカでは、内部者取引は主として一九三四年証券取引所法一〇条b項および証券取引委員会規則一〇b―五によって規制され、その理論的根拠として、信認義務理論または不正流用理論が提唱されてきた。信認義務理論は、会社内部者は会社に対して信認義務を負っているため、それに反する取引が規制されるというものである。もっとも、信認義務理論では、会社に信認義務を負わない者には内部者取引規制を及ぼすことができない。アメリカ連邦最高裁判所は、一九九七年のオへーガン事件において、未公表の重要情報を情報源に対する信認義務に違反して不正に取得した社外者の証券取引を、情報源に対する義務の違反を理由に違法とする判断を初めて示し、いわゆる不正流用理論を採用する立場をとった。U. S. v. O. Hagan, 117S. Ct. 2199 (1997). アメリカ判例法の動向については、黒沼悦郎・アメリカ証券取引法〔第二版〕一六〇頁以下（平成一六年）、D・L・ラトナー＝T・L・ハーゼン〔野村證券株式会社法務部訳（神崎克郎＝川口恭弘監訳）〕・〔最新〕米国証券規制法概説一二〇頁以下（平成一五年）参照。アメリカにおける内部者取引規制の法理は、情報の利用権の保護というアプローチからの説明が容易であると指摘されている。藤田友敬「未公開情報を利用した株式取引と法」竹内追悼・商事法の展望五七六頁（平成一〇年）。仮屋広郷「インサイダー取引規制再考―一〇b―五解釈の背後にある二つの政策目標とそこからの示唆」会社法の現代的課題一五二頁（平成一六年）参照。

（4）　取扱有価証券とは、株券、新株予約権付社債券その他内閣府令で定める有価証券（取引所に上場されている有価証券および店頭売買有価証券を除く）のうち認可金融商品取引業協会の規則において売買その他の取引の勧誘を行うことが禁じられないものをいう（金商法六七条の一八第四号参照）。

（5）　取引所有価証券市場における売買取引または店頭売買有価証券市場における売買取引のみならず、上場証券等の市場外取引についても規制対象となる。

（6）　内部者取引は、金融商品取引法一五七条に違反するものである。証券取引審議会・前掲注（1）は、「内部者取引については、その事案により不公正取引を規制している証券取引法五八条一号〔金融商品取引法一五七条一号―筆者注〕の適用があるものと解される」と述べている。しかし、この点について、横畠裕介・逐条解説インサイダー取引規制と罰則一四頁（平成元年）は、同条が内部者取引の規制そのものを本来の目的としたものではなく、内部者取引の概念自体も明確とはいえないことから、同条の適用は難しいと述べていた。証券取引審議会報告「株主構成の変化と資本市場のあり方について」（昭和五一年五月一一日）も同旨のことを述べている。また、鈴木竹雄＝河本一郎・証券取引法〔新版〕五五五頁（昭和五九年）は、内部者取引にかかる刑事責任を追及するには、規定が漠然とし過ぎるため、摘発を期待することは難しいとしていた。このような事情を背景として、新たに立法を行うという選択肢が選ばれた。

（7）　有価証券の取引をした者がその取引によって現実に利益を得または損失を回避したかは、内部者取引の成否に関係しない。法令に定める一定の事実を知った場合、当然にその事実にかかる取引が禁止されるものであることから、ある取引が違法な内部者取引であるか否かの究明が容易に行われる。そのことは、金融商品取引所上場会社もしくは店頭売買有価証券の発行会社の企業内容にかかる内部者取引または金融商品取引所上場有価証券もしくは店頭売買有価証券の公開買付け等に関する未公表の重要な事実を知りうる特別の地位にある者がその地位により法令に定める一定の事実を知り、その公表前に当該事実にかかる取引をした場合には、違法な内部者取引の摘発が容易に行われることを意味する。神崎克郎「インサイダー取引の禁止（上）」インベストメント四一巻三号四頁（昭和六三年）。

前述のように、アメリカにおいては一九三四年証券取引所法一〇条b項およびその下で証券取引委員会が制定した規則一〇b―五が、内部者取引規制の根拠法規として活用されている。証券取引委員会規則一〇b―五違反に該当するには、未公表の重要な事実にもとづいた証券の売買が要件とされるが、同委員会が規則一〇b五―一は、その者が証券の売買にあたって重要な未公表情報を知っていたならば、その売買は当該重要情報にもとづいてなされたものと推定されるとした。そしてこのような推定が覆される場合として、いわゆる「知る前取引」に該当する場合等が挙げられている。

（8）　平成四年改正前の証券取引法は、内部者取引を禁止する一九〇条の二および一九〇条の三で証券取引所上場有価証券に関するものに限って禁止することとしていた。店頭市場における取引高が証券取引所における取引高の一〇〇〇分の一にも満たない規模であり、一般投資家の保護という観点からは、上場有価証券を中心として規制の対象をとらえることで足りると考えられていた。横畠・前掲注（6）三四頁。しかし、平成四年の改正では、証券取引所上場有価証券に加えて店頭売買有価証券についても内部者取引の禁止を及ぼすことにした。その理由に関して、証券取引審議会報告「店頭市場に対する行為規制の適用について」（平成三年六月一九日）は、つぎのように述べている。

「現行規定は、上場会社が発行する株券等について、上場、非上場を問わず、重要事実の公表前に会社関係者が売買することを禁止しているが、不特定多数の投資者が参加する証券取引における投資者保護を確保する観点から、これを店頭登録会社等の発行する株券等にも適用することが適当であると考えられる。なお、この規定の適用対象を上場会社または店頭登録会社以外の会社が発行する株券等の店頭売買にまで拡大することも考えられる。しかし、この規定［平成四年改正前証券取引法一九〇条の二―筆者注（以下同じ）］は、不正な手段を用いた詐欺的な行為を禁止する法第五八条［金融商品取引法一五七条―筆者注］とは異なり、証券市場の公正性に対する投資者の信頼を確保するために、いわば形式的に、特定者による一定の売買行為それ自体を刑事罰をもって禁止する規定となっている。このため、その適用範囲は、協会による売買管理・審査、発行会社の管理等が行われており、一般投資者が広く参加している店頭登録銘柄等の売買に限定すべきであり、協会によるこのような管理・審査が行われず、一般投資者への投資勧誘も行われない店頭売買にまで適用することは適当ではないと考えられる。」これを受けて、平成四年の改正で現行法のように規定されることとなった。

（9）内部者取引の禁止は、内部情報を有する者がその内部情報を利用して、これを知らない者との間で証券取引を行うことを禁止するものである。したがって、金融商品取引業者の引受部門において有価証券の引受業務に関連して有価証券の発行会社に関する重要な内部情報を取得した場合であっても、その情報が金融商品取引業者の組織上の規律によって有価証券の売買業務または売買受託業務を担当する部門に伝達されていないときは、その金融商品取引業者は、かかる情報を明らかにすることなく、当該有価証券の売買をし、あるいはその売買の勧誘を行うことができる。しかし、そのような売買または売買の勧誘を内部者取引の禁止に違反することなく合法的に行いうるためには、金融商品取引業者内の組織的な規律によって、引受部門で得られた重要な内部情報が他の部門に流れて、それが証券取引に利用されないようにされていること（いわゆる、チャイニーズ・ウォールの構築）が必要である。このことは、保険会社の金銭貸付部門と証券取引担当部門、信託銀行の金銭貸付部門と証券運用部門等の間にも同様に妥当する。Lipton & Mazur, The Chinese Wall Solution to the Conflict Probms of Securities Firms, 50 NYU L. Rev. 459, 499-511（1975）参照。

（10）横畠・前掲注（6）四五頁。

（11）「売買」「有償の譲渡や譲受け」という文言から、これに新規発行による原始取得は含まれないと解するのが一般的である。しかし、会社関係者や情報受領者に第三者割当てがなされるような場合、内部者取引の弊害が発生しうることにも留意が必要である。このため、新規発行と自己株式の処分を内部者取引規制にかからせる立法も検討に値する。そのためには、「売買」「有償の譲渡や譲受け」の文言を修正する必要がある。なお、この点に関して、金融商品取引法一六六条六項一号や二号などは、原始取得の性質を有する行為について内部者取引規制の適用除外を定めており、法は内部者取引規制が原始取得にも適用があることを前提としているとする見解もある。服部秀一・インサイダー取引規制のすべて一九二頁（平成一三年）。

（12）金融商品仲介業者についても、顧客の有価証券の売買その他の取引等が内部者取引規制に違反することまたは違反するおそれがあることを知りながら、取引等の媒介等の申込みを受けることが禁止される（金商法六六条の一四第三号、金商業等府令二七五条一項一〇号）。

（13）法人関係情報とは、金融商品取引法一六三条一項に規定する上場会社等の運営、業務または財産に関する公表されていない重要な情報であって顧客の投資判断に影響を及ぼすと認められるものならびに金融商品取引法二七条の二第一項に規定する公開買付け、これに準ずる株券等の買集めおよび金融商品取引法二七条の二二の二第一項に規定する公開買付けの実施または中止の決定にかかる公表されていない情報をいう（金商業等府令一条四項一四号）。

(14)　会社関係者による内部者取引の禁止は、当初、会社関係者または会社関係者から重要情報の伝達を受けた者が、当該会社にかかる一定の重要情報を知って、その公表前に当該会社の発行にかかる有価証券の売買をする場合にのみ妥当するものとされていたが、平成一〇年一二月からは、親会社の関係者または親会社の関係者から重要情報の伝達を受けた者が、子会社にかかる重要情報を知って、その公表前に当該子会社の発行にかかる有価証券の売買をすることも禁止されるようになった。また、平成一一年七月からは、親会社または子会社の関係者が子会社にかかる重要情報を知って、その公表前に親会社の有価証券の売買をすることも、内部者取引として禁止されることとなった。

二　規制の対象者

1　会社関係者

金融商品取引法一六六条は、金融商品取引所上場会社、店頭売買有価証券または取扱有価証券の発行会社の会社関係者が、その関係においてそれらの会社の企業内容に関する一定の重要な事実を知り、その関係にある間またはその関係が解消した後一年を経過するまでに、その事実の公表前に当該会社の発行にかかる特定有価証券等にかかる売買その他の有償の譲渡もしくは譲受けまたはデリバティブ取引をすることを原則として禁止している(1)。そのような地位にない者が未公表の重要な事実を知っても、あるいは、そのような地位にある者でも、そのような地位によることなく未公表の重要な事実を知った場合、ここでいう内部者取引の禁止の対象とはならない。

まず、会社、その親会社または子会社の役員、代理人、使用人その他の従業員、会社に対し会社法四三三条一項に定める権利を有する株主、優先出資法に規定する普通出資者のうちこれに類する権利を有するものとして内閣府令で定める者、会社法四三三条三項に定める権利を有する社員が会社関係者と定められている。これらの会社関係者を狭義の内部者ということもある。

会社、その親会社または子会社の役員、代理人、使用人その他の従業員（役員等という）は、「その職務に関し」重要な事実を知ったときに株式等の取引を禁止される（金商法一六六条一項一号）。役員は代表取締役、その他の取締役、会計参与（会計参与が法人であるときは、その社員）および監査役（委員会設置会社においては執行役を含む）を意味し、社外取締役、非常勤監査役を含む。臨時的またはパートタイムで会社の職務に従事する者、他からの派遣職員として会社の指揮命令の下にその職務に従事する者も、会社の使用人その他の従業員に該当する。一方、派遣元の指揮・命令の下に会社の業務に関連して職務を行う者は、会社の使用人でない。もっとも、そのような者は、会社との派遣に関する契約を締結している者の使用人であり、金融商品取引法一六六条一項四号に定める会社関係者に該当する。

「職務に関して知る」とは、たとえば、代表取締役または業務担当取締役がその地位において他の取締役から会社の状況または担当業務に関し報告を受け、常務会の構成員である取締役が常務会での報告または審議において知り、取締役が取締役会の報告または審議において知り、監査役が取締役会での報告もしくは審議においてまたは監査のための調査もしくは報告において知る場合が該当する。また、使用人が常務会または取締役会の議事録の作成・整理、監査役の監査の補助、決算書類の草案作成、内部検査、担当取引、上司からの指示または部下からの報告等によって知ることは、使用人としての「職務に関して知る」ことである。(2)

会社法四三三条一項に定める権利を有する株主は、会社に対し帳簿閲覧権を有する株主である。優先出資法に規定する普通出資者のうちこれに類する権利を有するものとして内閣府令で定める者は、中小企業等協同組合法四一条三項に定める権利を得た信用協同組合および同法九条の九第一項一号の事業を行う協同組合連合会の普通出資者ならびに労働金庫法五九条の三に定める権利を得た労働金庫および労働金庫連合会の普通出資者が規定されている（有価証券規制府令四八条）。これらの株主や普通出資者は、帳簿閲覧権を利用して会社等の内部情報を入手できる立場にあるため、金融商品取引法は会社関係者として規制の対象としている。(3)

会社法四三三条三項に定める権利を有する社員は、親会社の社員である。かかる親会社社員は、裁判所の許可を得て、子会社に対し帳簿閲覧権を有する。(4)このような子会社の帳簿閲覧権がある者についても、子会社の内部情報を入手する可能性があるため、内部者取引規制に服する。

当該株主、普通出資者または社員が、法人（法人でない団体で代表者または管理人の定めのあるものを含む）であるときは、その役員等、当該株主、普通出資者または社員が、法人以外の者であるときは、その代理人または使用人も同様の規制に服する。これらの者は、帳簿閲覧権の行使に関して重要な事実を知ったときは特定有価証券等の売買等を禁止される（金商法一六六条一項二号）。

また、株主等が法人であり、その役員等が帳簿閲覧権の行使によって重要な事実を知った場合、その法人の他の役員等は、帳簿閲覧権の行使に関して知った役員等からその職務に関し重要な事実を知ったときは特定有価証券等の売買等を禁止される（金商法一六六条一項五号）。

会社に対する帳簿閲覧権は、単独の株主がその議決権要件を満たす場合のみならず、複数の株主がその所有株式を集めてその議決権要件を満たす場合にも認められるのであり、複数の株主が帳簿閲覧権を行使しようとする場合、内部者取引の禁止に服する。(5) なお、会社法四三三条一項に定める権利の行使については、会社は定款で株主の議決権要件を緩和することができる。定款によって権利行使のための株主の議決権要件が緩和されている場合には、その要件に従いこの権利を行使することができる株主およびその代理人等が会社関係者となる。

会社法四三三条一項に定める権利を有する株主には、潜在的には、単元株を有する株主ならば、そのすべての者が含まれる。しかし、会社法は同法四三三条一項に定める権利を「有する株主」と定めているが、その実質は、その権利を「行使する株主」である。なぜなら、総株主の議決権の一〇〇分の三未満しか有しない株主は、合算して総株主の議決権の一〇〇分の三以上となる他の株主と共同して会社法四三三条一項に定める権利を行使しようとすることによって具体的にこの権利を有する株主となるのであり、権利行使を離れて権利を有する株主を抽象的に考えることは妥当ではないからである。

なお、会社自体を会社関係者に含めるべきかが問題となる。(6) 会社にまさる内部者はいない。たとえば、会社に重要な内部情報が存在している場合、その情報を利用して自己株式の売買で利得する弊害が懸念される。現行の金融商品取引法では、会社は会社関係者とは規定されていない。もっとも、その役員や従業員は内部者として規制に服する。内部者取引の禁止規定では、それが誰の計算でなされるかを問わない。そのため、会社の役員や従業員を規制の対象としておく限り、会社による内部者取引の弊害は問題とならない(7)。

つぎに、金融商品取引法一六六条一項は、金融商品取引所上場会社、店頭売買有価証券または取扱有価証券の発行会社に対し法令にもとづく権限を有する者および当該会社と契約を締結している者または締結の交渉をしている者を会社関係者と定めている。後者については、その者が法人であるときはその役員、代理人、使用人その他の従業員、その者が法人でないときはその代理人または使用人で会社の役員、代理人、使用人その他の従業員以外の者が会社関係者となる。これらの会社関係者を準内部者ということもある。

会社に対し法令にもとづく権限を有する者は、「当該権限の行使に関し」重要な事実を知ったときに株式等の取引を禁止される（金商法一六六条一項三号）。会社に対し法令にもとづく許認可権、調査権、検査権を有する公務員(8)、子会社調査権を有する親会社の監査役および会計監査人、弁護士法二三条の二の規定により会社に対し照会を行う弁護士等が含まれる。

会社と契約を締結している者または締結の交渉をしている者も当該契約の締結もしくはその交渉または履行に関して重要な事実を知ったときは、特定有価証券等の売買等が禁止される（金商法一六六条一項四号）(9)。また、会社と契約を締結している者または締結の交渉をしているもので法人であるものの役員、代理人、使用人その他の従業員は、その契約の締結もしくはその交渉または履行に関して知った役員等からその職務に関し重要な事実を知ったときは特定有価証券等の売買等を禁止される（金商法一六六条一項五号）。これに該当する者による内部者取引の可能性は、このような者がその職務によって法令に定める重要な事実を知ることがなければ問題とならない。したがって、上場会社等と契約を締結している法人が、かかる契約の締結または履行に関して法令に定める重要な事実を知ることがある役員、代理人、使用人その他の従業員がその法人の他の役員、代理人、使用人その他の従業員に対しそのような事実を伝達することがないよう機能上の情報障壁を設定しておくことがかかる類型の準内部者の内部者取引を防止する上できわめて有益である。

会社との契約には、弁護士、税理士、会計士、経営コンサルタント等の専門サービスの提供にかかるもの、銀行、保険会社、金融商品取引業者等の金融取引にかかるもの、原材料の販売、下請取引等の継続的取引にかかるもの、印刷会社、運送会社等のサービス契約にかかるもの、企業提携、事業譲渡、合併等の企業結合にかかるもの等、多種多様なものが含まれる。会社と契約を締結しようとしたが、契約条件等の関係で契約の締結に至らなかった場合、その者は、当該会社と「契約を締結している者」ではない。しかし、そのような場合でも、その者の役員または使用人は、契約締結の交渉過程で当該会社の運営、業務または財産に関する重要な事実を知ることがある。そのため、金融商品取引法は、上場会社等と契約を締結している者のみならず、契約の締結の交渉をしている者についても、内部者取引規制を及ぼしている（金商法一六六条一項四号）。[10]

（1）　ここにいう特定有価証券等は、特定有価証券および関連有価証券からなる（金商法一六三条一項）。
特定有価証券は、①社債券（金商法二条一項五号）、優先出資法に規定する優先出資証券（金商法二条一項七号）、株券または新株予約権証券（金商法二条一項九号）、②外国法人の発行する証券または証書のうち①に掲げる有価証券の性質を有するもので、金融商品取引所に上場されており、または店頭売買有価証券もしくは取扱有価証券に該当するもの、③外国法人の発行する証券または証書のうち①に掲げる有価証券の性質を有するもので、当該有価証券を受託有価証券とする有価証券信託受益証券が、金融商品取引所に上場されており、または店頭売買有価証券もしくは取扱有価証券に該当するもの、④外国法人の発行する証券または証書のうち①に掲げる有価証券の性質を有するもので、これにかかる権利を表示する金商法二条一項二〇号に掲げる有価証券が金融商品取引所に上場されており、または店頭売買有価証券もしくは取扱有価証券に該当するものをいう（金商法一六三条一項、金商令二七条の三）。
また、関連有価証券は、①投資信託法に規定する投資信託または外国投資信託の受益証券で、信託財産を当該上場会社等の特定証券のみに対する投資として運用することを信託約款に定めた投資信託またはこれに類する外国投資信託にかかるもの、②投資信託法に規定する投資証券もしくは投資法人債券または外国投資証券で、資産を当該上場会社等の特定有価証券のみに対する投資として運用することを規約に定めた投資法人またはこれに類する外国投資法人の発行するもの、③上場会社等の特定有価証券にかかるオプションを表示する有価証券、④預託証券で、当該上場会社等の特定有価証券にかかる権利を表示するもの、⑤有価証券信託受益証券で、当該上場会社等の特定有価証券を受託有価証券とするもの、⑥当該上場会社等以外の会社の発行する社債券で、当該上場会社等の特定有価証券により償還することができる旨の特約が付されているもの（社債券を保有する者が当該社債券の発行会社に対し、特定有価証券による償還をさせることができる権利を有しているものに限る）、⑦外国法人の発行する証券または証書で⑥に掲げる有価証券の性質を有するものである（金商法一六三条一項、金商令二七条の四）。

企業内容にかかる内部者取引の禁止は、金融商品取引所上場会社および店頭売買有価証券の発行会社ならば、それが国内の会社であるか否かにかかわらず問題となる。したがって、ここで、株券、新株予約権証券、優先出資証券または社債券という場合も、国内の会社が発行するもののみならず外国の会社が発行するそれらの有価証券の性質を有するものを含む（金商令二七条の二参照）。

(2)「職務に関し」知った時は、会社関係者がその職務自体により重要事実を知った場合に限られず、当該職務と密接に関連する行為によって知った場合も含まれる。横畠裕介・逐条解説インサイダー取引規制と罰則三六頁（平成元年）、三國谷勝範・インサイダー取引規制詳解一七頁（平成二年）。この点について、たとえば、ビルの清掃会社の職員がたまたま清掃にあたるビルの部屋の机に残されていたメモ用紙から当該情報を知り、それを利用して証券取引をした場合など、会社関係者がその職務を行う上で偶然に情報を得たような場合に、「職務に関し」知ったといえるかが問題となる。清掃業者は、物理的アクセスを通じて偶然に内部情報を知ったに過ぎず、また、書類を見ることは清掃の職務とは無関係のものであることから、内部者取引規制の適用に消極的な見解が述べられている。龍田節他「座談会・証券をめぐる不公正取引の検討(1)―インサイダー取引規制の諸問題」商事法務一一六〇号二一頁（神崎）。これに対して、清掃業者は、偶然とはいえ、その職務のゆえ重要情報を知ることができたのであることから、職務との関連性を肯定すべきとの見解もある。龍田他・右掲座談会一九頁（龍田）、黒沼悦郎「インサイダー取引規制と法令解釈」金融法務事情一八六六号四九頁。金融商品取引法における内部者取引規制は、市場の公正性・健全性に対する投資者の信頼を保護するために定められている。前述の行為が規制されるべきか否かは、これにより当該保護法益をどの程度まで侵害するものであるか（刑事罰によって禁圧されるべきものであるか）によって決せられるべきものといえる。なお、公務員は、「その職務に関し」、賄賂を収受しまたはその要求もしくは約束をしたときは、刑事罰に問われる（刑法一九七条一項）。賄賂罪における「職務に関し」という要件はその保護法益（職務行為の公正に対する社会一般の信頼）との関係が直接的であるのに対して、内部者取引規制の保護法益と直接結び付きのあるのは内部情報を知っている関係者が取引を行うことであるため、情報を「職務に関し」知ったかどうかは、保護法益との関係では間接的なものといえ、この観点からは、要件をある程度緩やかに解してもよいとの立場もある（龍田他・右掲座談会二〇頁（芝原））。

日本放送協会（ＮＨＫ）の職員が、上場会社の間で資本提携を伴う業務上の提携を行うことについて決定した旨の重要事実にもとづき、当該重要事実の公表前に当該会社の株式売買を行った事例で、報道情報端末から報道情報システムにアクセスし放送用原稿を閲覧することにより当該重要事実を知った職員（記者・ディレクター）および館内放送により当該重要事実を知った職員について、「職務に関し」知ったとして、課徴金の納付命令が出されている。平成一九事務年度（判）第一五号・一六号・一七号金融商品取引法違反審判事件。

（3）　金融商品取引法は、内部者取引規制の適用を受ける株主を、帳簿閲覧権の行使に関し重要情報を知った者に限っている。もっとも、会計帳簿以外にも、たとえば、取締役会議事録には会社の業務執行の決定に関して重要な事項が記載される。取締役会設置会社の株主は、その権利を行使するために必要があるときは、監査役設置会社または委員会設置会社の場合は、裁判所の許可を得て、取締役会議事録の閲覧または謄写の請求をすることができる（会社法三七一条二項・三項）。このような取締役会議事録の閲覧権は、株主の権利行使のため必要なときに認められる。通説は、この点について、株主が株主としての地位にもとづき有する権利を行使する場合を意味すると解している。たとえば、取締役の責任を追及するために必要な場合などに認められることとなる。もっとも、取締役会の議事録を閲覧することで付随的に会社の内部情報を入手することがありうる。さらに、学説では、株主の権利行使のためという要件を広く解し、持株の売却をすべきかどうかを判断する場合にも取締役会議事録を閲覧できるとするものもある。龍田節・会社法〔第一〇版〕一五九頁（平成一七年）。このような場合には、かかる株主も内部者取引規制に服するべきと考えられる。ＥＵディレクティブおよびイギリス法で、株主が保有する株式の量にかかわらず内部者として取り扱われることは、比較法的に注目される。川口恭弘他「インサイダー取引規制の比較法研究」民商法雑誌一二五巻四・五号四八五頁（前田）・四八九頁（川濱）。

（4）　他方、上場会社等の大株主である法人の役員、代理人、使用人その他の従業員が、上場会社等の大株主である法人の役員等であるがゆえに上場会社等の役員等から法令に定める重要な事実を知らされた場合に、当該大株主の他の役員、代理人、使用人その他の従業員がその職務によりその事実を知っても、当該他の役員等は、ここにいう内部者ではなく、また上場会社等の役員等から直接にその事実を知らされた情報受領者でもないので、内部者取引の禁止に服することはない（金商法一六六条一項五号参照）。なお、会社に対し帳簿閲覧権を有する大株主またはその役員等は、会社の経営陣との友好的関係を基礎に、会社の大株主またはその役員等であることのゆえに会社の未公表の重要な事実を知ることがあると予想される。そのような場合は、後述するように帳簿閲覧権の行使によってではなく、会社の役員等からの伝達を受けた情報受領者として把握されることが多いであろう。なお、平成一一年の商法改正によって、帳簿閲覧権を有する大株主に親会社の大株主が追加され、同年の証券取引法の改正で、かかる大株主も帳簿閲覧権の行使に関して内部者取引規制に服することが明らかとなった。もっとも、平成一七年の会社法制定に伴う証券取引法の改正により、子会社の帳簿閲覧権を行使できる親会社の社員は、必ずしも大株主とは限らなくなった（会社法四三三条三項参照）。

（5）　金融商品取引法の一六六条および一六七条は、内部者取引の禁止を個人について要請しており、したがって、上場会社等の会社法四三三条一項に定める株主が法人である場合、その法人自体についてこれらの規定に定める内部者取引の禁止は問題とならない。これらの規定は、かかる株主については、会社法四三三条一項に定める権利の行使に関し法令に定める重要な事実を「知ったとき」に内部者取引の禁止が及ぶと定めているが、そのような事実を「知る」のは、かかる罰則規定に関しては、個人だけが問題となるからである。

（6）　立法論として、発行会社を会社関係者に含めることを提案するものとして、龍田節「内部者取引に関する法律試案と提案趣旨」商事法務七四六号三頁。

（7）　会社自体を内部者取引規制の対象とする場合とその役員や従業員のみを規制の対象とする場合とでは、つぎの点で異なることに注意が必要である。金融商品取引法一六六条一項一号では、会社の役員や従業員が、重要事実を「その者の職務に関し知ったとき」売買が禁止される。代表取締役が自己株式の売買注文を出す場合、当然に、会社の重要な情報を職務に関して知っていると考えることができる。もっとも、自己株式の売買を財務部門の一担当者が行う場合、この者が、会社内部において存在する重要情報をすべてその職務から知っているとは限らない。このような場合には、内部者取引規制の適用が除外される可能性がある。一方で、会社を内部者として規定した場合、内部情報が存在している間は、会社は自己株式の売買ができなくなる可能性が高い。前田雅弘「自己株式取得とインサイダー取引規制」法学論叢一四〇巻五・六号二五四頁はこの点で、会社を内部者として規制することに反対する。なお、会社は、自己株式の売買について、内部者取引規制を免れるために信託を使ったシステムを利用している。この点についての検討は、川口恭弘「金庫株制度と内部者取引規制」同志社法学二八五号六九頁参照。

（8）　法令にもとづく権限には、能動的に調査をし、検査をする権限のみならず、受動的に届出を受理し、報告を受ける権限も含まれるものと解される。神崎克郎「インサイダー取引の禁止（上）」インベストメント四一巻三号一二頁。

（9）　たとえば、法律上あるいは税務上のアドバイスに関する契約を締結している弁護士あるいは税理士、会計監査に関する契約を締結している公認会計士、証券引受契約を締結している金融商品取引業者、融資契約を締結している銀行、原材料や製品の供給・販売に関して契約を締結している会社等が含まれる。

(10)　平成一〇年の改正において、追加された。

2　情報受領者

金融商品取引法一六六条三項は、金融商品取引所上場会社、店頭売買有価証券または取扱有価証券の発行会社の会社関係者またはそのような関係を解消した後一年を経過するまでの者から、それらの会社の企業内容に関する一定の重要な事実の伝達を受けた者が、その事実の公表前に当該会社の発行にかかる特定有価証券等の売買等をすることを原則として禁止している。

会社関係者から重要な事実の伝達を受けた者とは、会社関係者からの第一次の情報受額者を意味し、会社関係者からの情報受領者から重要な事実の伝達を受けた者を含まない。ただし、会社関係者が他人を介在させて情報を伝達させる場合、その他人を介して情報の伝達を受けた者は、会社関係者からの第一次の情報受領者として内部者取引の禁止に服する。また、会社関係者からの重要な事実の伝達を受けた者は、会社関係者が重要な事実を伝達しようとしてそれを知らされた者であり、会社関係者の伝達意思がなく、それらの者が有する重要な事実を知った者は、それに含まれない。したがって、内部者等の遺失した書類から重要な事実を知りまたは内部者等の会話を偶然に耳にした者は情報受領者でない。(1)

情報受領者は、会社関係者の自己への情報の提供が適正なものであるか否かにかかわらず、その情報の公表まで、その情報にかかる会社の特定有価証券等の売買等をすることを禁止される。たとえば、会社の取締役が事実の公表のため新聞記者に重要な事実を明らかにし、会社の幹部職員が大株主の了解を取りつけるために会社の重要な事業計画を説明することは適正な行為である一方、会社の使用人が友人に内部者取引の機会を与える目的で重要な事実を知らせることは適切さを欠く。しかし、そのいずれにおいても、重要な事実の提供を受けた者は、情報受領者として、内部者取引の禁止に服することになる。(2) 情報受領者が会社関係者から伝達を受けた事実にかかる取引をするときは、情報を伝達した会社関係者の情報提供に関し共犯者として処罰されるのではなく、自己の取引に関し正犯として処罰されることとなる。(3)

情報受領者が自ら内部者取引をすれば処罰されることから、あえて他の者をしてその有価証券にかかる取引をさせるときは、情報受領者自身が正犯として処罰されるとともに、その場合の他の者も場合によって従犯として処罰される。

前述の帳簿閲覧権を行使することができる株主は大株主である。会社の経営者と対立関係にある場合は別として、大株主として法令に定める重要な事実を知るのは、帳簿閲覧権の行使によるというよりもむしろ、会社の役員または使用人である内部者から会社の経営または事情につき事前に了解を求められ、説明を受けまたは報告を受けることによることのほうが多いと考えられる。このような場合には、内部者取引の禁止に関しては、会社の内部者としてではなく、情報受領者として規制対象となる。

現行の金融商品取引法は情報受領者をいわゆる第一次受領者に限定しているから、大株主が会社関係者からの提供により知った会社の法令に定める重要な事実をさらに他の者に知らせても、その相手方は、第二次の情報受領者であって、内部者取引の禁止に服することにはならないと解される。

情報受領者は、会社関係者から法令に定める重要な事実の伝達を受けた者である。したがって、上場会社の会社関係者が法令に定める重要な事実を知った上で、そのことを明らかにせずに、友人に対して当該会社の株式を購入しておけば大きな値上がりが期待できると伝え、友人がその言葉を信頼して当該会社の株式を購入しても、その友人は内部者取引をしたことにならない。もっとも、そのことは、会社関係者が、法令に定める重要な事実を明らかにすることなく他の者に取引の助言をすることが許容されるべきことか否かとは別個の問題である。(4)

（1）　内部者取引の禁止が金融商品市場参加者間の情報についての平等を確保することを目的とするものであれば、偶然の事情から会社の重要な事実を「見た」、「聞いた」、「知った」者も、その事実が公表されるまで取引を禁止されるべきである。しかし、情報の伝達を受ける者は、会社関係者と何らかの特別な関係があるものと考えられることから、このような情報受領者に、金融商品市場の公正性と健全性を確保し、金融商品市場に対する投資者の信頼を保持する観点から特定有価証券等の売買等を禁止することとした。横畠祐介・逐条解説インサイダー取引規制と罰則一二一頁（平成元年）。このような立場では、情報受領者の責任は会社関係者の責任から派生することとなる。もっとも、会社関係者との距離を問題とするならば、伝達の有無のみをもって判断することは適切ではなく、たとえば、家族関係からみて秘密保持の合理的な期待が存するような者にも内部者取引の規制を及ぼすべきとの見解もある。川口恭弘他「インサイダー取引規制の比較法研究」民商法雑誌一二五巻四・五号四八三頁（川口）。

（2）　会社関係者が会社の重要な事実を他の者に伝達すること自体は、内部者取引の関係で犯罪ではない。したがって、重要な事実の伝達が適正な場合、内部者取引の禁止の関係で当該伝達行為自体、格別の問題はない。しかし、他の者をして内部者取引を行わせるべく重要な事実を他の者に伝達する場合、その伝達は、情報受領者の行った内部者取引についての教唆または幇助として犯罪を構成する。

（3）　したがって、情報受領者が内部者取引をしたとして処罰されるためには、提供を受けた事実が法令に定める重要な事実に該当するものであることおよび情報の提供者が会社関係者であることを知っていることのみならず、それらの会社関係者が会社関係者の地位によってその事実を知ったことを認識していることを要する。

（4）　諸外国では、情報の伝達を規制する立法を採用する例もある。たとえば、ＥＵディレクティブは、内部者（第一内部者）が情報伝達を行うことを禁止し、情報の伝達を受けた者（第二内部者）は、かかる情報を利用して証券売買を行うことを禁止する。ドイツでも同様の規制を定めている。川口他・前掲注（1）四八七頁・五一四頁（前田）、五二五頁（洲崎）。

三　重要事実

1　決定にかかる重要事実

金融商品取引法は、会社関係者または情報受領者が、上場会社等にかかる業務等に関する「重要事実」を知った場合に、内部者取引規制を課している。

金融商品取引法一六六条二項一号は、「会社の業務執行を決定する機関」が同号に列挙する事項を行うことについての決定をしたことまたは公表されているかかる決定にかかる事項を行わないことを決定したことの情報を同条に定める内部者取引の基礎となる重要事実としている。

金融商品取引法一六六条二項一号は、つぎの事項を決定にかかる重要事実としている。

① 株式または新株予約権を引き受ける者の募集

募集は有償のみならず、無償発行も含む。募集は、開示規制における「募集」（金商法二条三項）に限られず、いわゆる公募、株主割当てまたは第三者割当てであるかを問わない。また、新規発行に限られず、自己株式の処分の場合も適用される。これらの募集は、株主の株式持分割合に重要な影響を及ぼすゆえに、重要事実とされる。普通社債、コマーシャル・ペーパーの発行、多額の借財等は、株主の株式持分割合に重要な影響を及ぼさないという理由で、株式等と区別されている。ただし、株式等の発行価額の総額が一億円（外国通貨をもって表示される証券の発行の場合には一億円に相当する額）未満であると見込まれる場合等においては、軽微基準に該当し、内部者取引の基礎となる重要な事実に該当しない（有価証券規制府令四九条一号）。

② 資本金の額の減少

資本金の額の減少は、株主・投資者に及ぼす影響が大きいため、軽微基準による適用除外はなく、減少額にかかわらず重要事実とされる。

③ 資本準備金または利益準備金の額の減少

この場合も資本金の額の減少と同様に、株主・投資者に及ぼす影響が大きいため、軽微基準はなく、減少額にかかわらず重要事実とされる。

④ 自己株式の取得

会社法一五六条一項は、株主との合意による自己株式の取得の手続が規定されている。このほか、同法一六三条は、子会社の有する自己株式の取得、一六五条三項は、定款の定めにより取締役会決議による自己株式の取得について、一五六条の規定の読みかえが規定されている。これらの規定にもとづく自己株式の取得の決定が重要事実となる。これらに相当する外国の法令の規定による自己株式の取得も重要情報となる。平成一三年の商法（当時）改正による自己株式取得規制の緩和措置を受けて、証券取引法において重要事実と規定された。(1) 軽微基準はない。自己株式に関する情報が重要情報とされるのは、市場情報としての意味が大きいといわれる。(2)

⑤　株式無償割当てまたは新株予約権無償割当て

平成一七年の会社法で、株式会社が株主に対して新たに払込みをさせないで当該会社の株式の割当てを可能とする規定がおかれた（会社法一八五条）。ただし、この株式無償割当てにより一株に対し割り当てる株式の数の割合が〇・一未満である場合には、軽微基準に該当し、内部者取引の基礎となる重要な事実に該当しない（有価証券規制府令四九条二号イ）。平成二三年の法改正で、ライツ・オファリングの規定の整備に合わせて、新株予約権無償割当てが「重要事実」に追加された。(3)

なお、新株予約権無償割当てを行う場合にあっては、(i)当該新株予約権無償割当てにより割り当てる新株予約権の行使に際して払い込むべき金額の合計額が一億円未満であると見込まれ、かつ、(ii)当該新株予約権無償割当てにより一株に対し割り当てる新株予約権の目的である株式の数の割合が〇・一未満であることも、軽微基準に該当する（有価証券規制府令四九条二号ロ）。(i)は株式の募集にかかる軽微基準と同等のものである。また、(ii)は株式無償割当てにかかる軽微基準と同等のものである。これはライツ・オファリングにかかる内部者取引規制の軽微基準を定めるものであり、平成二三年の改正で規定された。

⑥　株式（優先出資法に規定する優先出資を含む）の分割

株式の分割は、株主の地位に変更をもたらさないが、株式の流動性を増大させ、株価を実質上引き上げる効果を伴う。ただし、株式の分割により一株に対し発行する株式の割合が一・一未満である場合は、軽微基準に該当し、内部者取引の基礎となる重要な事実に該当しない（有価証券規制府令四九条三号）。これに対して、株式の併合は株主の地位に変更をもたらし、したがって株価への影響が大きいと考えられるが、具体的な列挙事項に挙げられていない。

⑦　剰余金の配当

平成一七年改正前は、「利益若しくは剰余金の配当又は商法二九三条ノ五に定める営業年度中の金銭の分配（その一株若しくは一口当たりの額又は方法が直近の利益若しくは剰余金の配当又は金銭の分配と異なるものに限る）」が重要事実とされていた（平成一七年改正前証取法一六六条二項一号ホ）。その後、平成一七年会社法制定に合わせて文言が変更された。その上で、それぞれ直近の配当額で除して得た数値が〇・八を超え、かつ、一・二未満である場合には、軽微基準に該当し、内部者取引の基礎となる重要な事実に該当しないとされている（有価証券規制府令四九条四号）。

⑧　株式交換

上場会社等は株式交換の手法を用いて、他の会社を買収する場合もあれば、逆に他の会社によって買収される場合もある。ここにいう株式交換はいずれの場合も含む。ただし、前者の場合であって、完全子会社となる会社（金商法一六六条五項に規定する子会社を除く）の最近事業年度の末日における総資産の帳簿価額が会社の最近事業年度の末日における純資産の一〇〇分の三〇に相当する額未満であり、かつ、当該完全子会社となる会社の最近事業年度の売上高が会社の最近事業年度の売上高の一〇〇分の一〇に相当する額未満である場合において、当該完全子会社となる会社との間で行う株式交換、または金融商品取引法一六六条五項に規定する子会社との間で行う株式交換は、会社の事業への影響が少ないとして軽微基準に該当し、内部者取引の基礎となる重要な事実に該当しない（有価証券規制府令四九条五号）。

⑨　株式移転

株式移転により上場会社等は完全親会社となる会社の完全子会社となる。株主への影響は大きく、したがって株式交換と異なり、軽微基準はない。

⑩　合　併

上場会社等は合併により、存続会社となる場合もあれば、消滅会社となる場合もある。ここにいう合併は、いずれの場合も含む。ただし、前者の場合であって、会社の事業への影響の観点から、合併による資産の増加額が最近事業年度の末日における総資産の一〇〇分の三〇に相当する額未満であると見込まれ、かつ、当該合併の予定日の属する事業年度および翌事業年度の各事業年度においていずれも当該合併による売上高の増加額が最近事業年度の売上高の一〇〇分の一〇に相当する額未満であると見込まれること、または発行済株式の全部を所有する子会社との合併（合併により解散する場合を除く）は、軽微基準に該当し、内部者取引の基礎となる重要な事実に該当しない（有価証券規制府令四九条六号）。甲会社と乙会社が合併する場合に、もし甲会社から見て乙会社との合併が上記軽微基準に該当するものであるならば、甲会社の会社関係者または情報受領者が合併の決定の事実を知ってその公表前に甲会社株式を売買したとしても、そのような売買は内部者取引として禁止されない。もっとも、乙会社から見て軽微基準に該当しないという場合には、たとえば甲会社の役員が合併交渉に関し合併の決定の事実を知ってその公表前に乙会社株式を売買すれば、当該役員は準内部者に該当し、そのような売買は内部者取引の禁止に触れる。

⑪　会社の分割

上場会社等は会社の分割により、分割会社となる場合もあれば、承継会社となる場合もある。ここにいう会社の分割は、いずれの場合も含む。ただし、会社の事業への影響の観点から、会社の分割により事業の全部または一部を承継させる場合であって、最近事業年度の末日における当該分割にかかる資産の帳簿価額が同日における純資産額の一〇〇分の三〇未満であり、かつ、当該分割の予定日の属する事業年度および翌事業年度の各事業年度においていずれも当該分割による売上高の減少額が最近事業年度の売上高の一〇〇分の一〇に相当する額未満であると見込まれる場合、または当該分割により事業の全部または一部を承継する場合であって、当該分割による資産の増加額が最近事業年度の末日における純資産額の一〇〇分の三〇に相当する額未満であると見込まれ、かつ、当該分割予定日の属する事業年度および翌事業年度の各事業年度においていずれも当該分割による売上高の増加額が最近事業年度の売上高の一〇〇分の一〇に相当する額未満であると見込まれる場合は、軽微基準に該当し、内部者取引の基礎となる重要な事実に該当しない（有価証券規制府令四九条七号）。

⑫　事業の全部または一部の譲渡または譲受け

事業の全部または一部を譲渡する場合であって、最近事業年度の末日における当該事業の譲渡にかかる資産の帳簿価額が同日における純資産額の一〇〇分の三〇未満であり、かつ、当該事業の譲渡の予定日の属する事業年度および翌事業年度の各事業年度においていずれも当該事業の譲渡による売上高の減少額が最近事業年度の売上高の一〇〇分の一〇に相当する額未満であると見込まれる場合、事業の全部または一部を譲り受ける場合であって、当該事業の譲受けによる資産の増加額が最近事業年度の末日における純資産額の一〇〇分の三〇に相当する額未満であると見込まれ、かつ、当該事業の譲受けの予定日の属する事業年度および翌事業年度の各事業年度においていずれも当該事業の譲受けによる売上高の増加額が最近事業年度の売上高の一〇〇分の一〇に相当する額未満であると見込まれる場合、または発行済株式総数の全部を所有する子会社からの事業の全部または一部の譲受けは、会社の事業への影響の観点から軽微基準に該当し、内部者取引の基礎となる重要な事実に該当しない（有価証券規制府令四九条八号）。

⑬　解　散

合併による解散は除かれる。これについては軽微基準はない。

⑭　新製品または新技術の企業化

新製品または新技術がいかに画期的なものであっても、それらの開発自体は、いまだ当然に内部者取引の基礎となるものではない。新製品または新技術もそれが企業化されるのでなければ会社の収益力に影響を及ぼすことがないからである。ただし、新製品の販売または新技術を利用する事業の開始予定日の属する事業年度開始の日から三年以内に開始する各事業年度においていずれも当該新製品または新技術の企業化による売上高の増加額が最近事業年度の売上高の一〇〇分の一〇に相当する額未満であると見込まれ、かつ、当該新製品の販売または新技術を利用する事業の開始のために特別に支出する額の合計額が最近事業年度の末日における固定資産の帳簿価額の一〇〇分の一〇に相当する額未満であると見込まれる場合は、軽微基準に該当し、内部者取引の基礎となる重要な事実に該当しない（有価証券規制府令四九条九号）。

⑮　業務上の提携その他の①から⑭に掲げる事項に準ずる事項として政令で定める事項

具体的には業務上の提携または業務上の提携の解消、金融商品取引法一六六条五項に規定する子会社の異動を伴う株式または持分の譲渡または取得、固定資産の譲渡または取得、事業の全部または一部の休止また廃止、金融商品取引所に対する株式（優先出資証券を含む）の上場の廃止にかかる申請、認可金融商品取引業協会に対する株式（優先出資証券を含む）の登録の取消しにかかる申請、認可金融商品取引業協会に対する取扱有価証券である株券の取扱有価証券としての指定の取消しにかかる申請、破産手続開始・再生手続開始または更生手続開始の申立て、新たな事業の開始（新商品の販売または新たな役務の提供の企業化を含む）、防戦買いの要請、金融機関による債務を完済できないまたは預金等の払戻しを停止するおそれがあることの内閣総理大臣への申出が該当する（金商令二八条）。ただし、これらの事項を行うことについての決定またはかかる決定で公表されたものにかかる事項を行わないことの決定であっても、投資者の投資判断に及ぼす影響が軽微なものとして内閣府令で定める基準に該当するものにかかる情報は、重要でないものとして、内部者取引の基礎にならない（有価証券規制府令四九条一〇号）。

これらの事実については、「会社の業務執行を決定する機関」がそれを行うことについての決定をしたこと、または当該機関がその決定にかかる事項を行わないことを決定したときに重要事実となる。「会社の業務執行を決定する機関」は、当該会社において、実質上、会社の業務執行を決定する事項ごとに異なりうる。それは、取締役会であることもあれば、常務会であることもあり、さらに代表取締役社長個人であることもある。(4) 列挙事項を「行うことについての決定」は、列挙事項の内容・条件等を詳細に確定した上で行う決定であることを要しない。(5) たとえば、株式募集の決定は、発行株式数を確定的に定め、発行価格や引受金融商品取引業者等を定めてする必要がなく、合併を行うことの決定は、合併比率、合併期日等を定めてする必要がない。発行株式の規模（発行株式数または調達資金額等についてある程度の範囲が決まっていることを要する）、合併相手会社等を定めてそれを行うことの決定をし、その下で株式発行条件、合併比率等につき調査、交渉をさせることにすれば十分である(6)。

これらの列挙事項を行わないことの決定は、その事項を行うことの決定が公表されている場合にのみ内部者取引の基礎となる。列挙事項を行うことの決定が公表されている場合にのみ、それを行わないことの決定が投資者の投資判断に著しい影響を及ぼすものと考えられることによる。しかし、一定の事項を行うことの決定が金融商品取引法一六六条四項に定める方法で「公表」されていないが、他の方法で多数の投資者に知られ、有価証券の価格にすでに反映されている場合、その事項を行わない決定を知った内部者等は、その公表前にそれにかかる有価証券の売買をできるものとすれば、実質上、特別の地位のゆえに知りえた情報を知って証券取引上有利な立場に立ちうることになる。そのようなことがないようにするためには、重要な事実が多数の投資者に知りうる状態になる場合には、会社はすみやかに法定の「公表」のための手続をとり、そのような事項を行うことの決定を公表されたものとしておくことが要請される(7)。

（1）　平成六年の商法（当時）改正で、取締役等への譲渡のためまたは消却のために、自己株式の取得規制が緩和されたことに伴い、会社の決定した事実として、「商法第二一〇条ノ二又は第二一二条ノ二の規定」にもとづく自己株式の取得が追加されることとなった。その後、商法（当時）で自己株式の取得が認められる範囲が拡大したことに伴い、この規定は、「商法第二一〇条ノ二、第二一二条一項本文若しくは第二一二条ノ二若しくは株式の消却の手続に関する商法の特例に関する法律第三条又はこれらに相当する外国の法令の規定」にもとづく自己株式の取得と改められた。その後、平成一三年の商法（当時）改正に伴う改正を経て、平成一七年会社法制定に関連して、現行の規定に改められた。

（2）　龍田節「自己株式に関する開示」金融システム改革と証券取引制度四五頁（平成一二年）。

（3）　ライツ・オファリングについては本書四六四頁参照。

（4）　最一小判平成一一年六月一〇日刑集五三巻五号四一五頁（日本織物加工株事件）は、平成一〇年改正前証券取引法一六六条二項一号にいう「業務執行を決定する機関」について、商法（当時）所定の決定権限のある機関には限られず、実質的に会社の意思決定と同視されるような意思決定を行うことのできる機関であれば足りるという一般的基準を示した上で、事件へのあてはめにおいては、社長が代表取締役として、第三者割当増資を実施するための新株発行について商法（当時）所定の決定権限のある取締役会を構成する各取締役から実質的な決定を行う権限を付与されていたものと認められるとして、当該社長を「業務執行を決定する機関」に該当するものということができるとした。

（5）　前掲注（4）判例は、平成一〇年改正前証券取引法一六六条二項一号にいう「株式の発行」を行うについての「決定」をしたとは、「業務執行を決定する機関」において、株式の発行それ自体や株式の発行に向けた作業等を会社の業務として行う旨を決定したことをいうものであり、右決定をしたというためには右機関において株式の発行の実現を意図して行ったことを要するが、当該株式の発行が確実に実行されるとの予測が成り立つことは要しないと解するのが相当であるとした。これに対して、黒沼悦郎「インサイダー取引における『決定にかかる重要事実』の意義―日本織物加工株インサイダー取引事件最高裁判決」商事法務一六〇九号二四頁・二七頁は、決定事実にかかる内部者取引の要件から重要性の要素をまったく排除することは誤りであると批判する。さらに、黒沼悦郎「インサイダー取引規制における重要事実の定義の問題点」商事法務一六八七号四〇頁・四二頁は、決定事実の有無の判断に際して重要性の考慮を一切容れず、決定であれば実現可能性がきわめて低くても重要事実になるとすると、投資判断に著しい影響を及ぼすことのない事実をインサイダー取引規制の規制対象に取り込むことになり、過大規制のおそれがあると批判する。

いわゆる村上ファンド事件において、金融商品取引法一六七条二項に規定する「公開買付け等を行うことの決定」がいつの時点でなされたかが争われた。第一審判決（東京地判平成一九年七月一九日判例集未登載）は、実質的な意思決定機関が公開買付け等についての調査、準備、交渉等の諸作業を行う旨を決定したことについて、公開買付け等が確実に実行されるとの予測が成り立つことは要しないとした。すなわち、決定があったと認められるには、実現可能性がまったくない場合は別として、その可能性が存在すれば足り、かつその高低は問題にならないとの解釈を示した。これに対して、第二審判決（東京高判平成二一年二月三日判例タイムズ一二九九号九九頁）は、公開買付け等を行おうとする者が行った当該「決定」が証券取引法一六七条二項〔金融商品取引法一六七条二項―筆者注〕にいう「決定」に該当するか否かは、「当該『決定』が、投資者の投資判断に影響を及ぼし得る程度のものであるか否かを、その者の検討状況……などを総合的に検討して個別具体的に判断すべきであり、『決定』の実現可能性の有無と程度という点も、こうした総合判断の中で検討していくべきものである。」と述べ、実現可能性を、当該決定が投資者の投資判断に影響を及ぼし得るか否かを判断する重要な要素と位置づけた。しかし、上告審である最決平成二三年六月六日（判例集未登載）は、「公開買付け等の実現可能性が全くあるいはほとんど存在せず、一般の投資者の投資判断に影響を及ぼすことが想定されないために」、決定の実質を有しない場合があり得るとしつつも、「決定」をしたというためには、法人の業務執行を決定する機関において、「公開買付け等の実現を意図して、公開買付け等またはそれに向けた作業等を会社の業務として行う旨の決定がされれば足り、公開買付け等の実現可能性があるいことが具体的に認められることは要しない」と判示した。

(6) 合併の実施に向けての調査や準備、交渉等の諸活動を当該会社の業務として行うという決定であっても、投資者の投資判断に影響を及ぼすことがあるからである。横畠裕介・逐条解説インサイダー取引規制と罰則五三頁（平成元年）。なお、石黒徹「自己株式取得と証券取引法―インサイダー取引・相場操縦の関係を中心として」商事法務一四四二号四頁は、議案の提出の決定が一切重要事実にあたらないとするのは行き過ぎとしつつ、議案提出に向けて具体的検討をするように決定された場合というような、非常に早い段階まで、認定の時期を繰り上げる必要について疑問を提起している。

(7) たとえば、東京証券取引所は、金融商品取引法に定める決定にかかる重要事実に相当する事実その他の事実について、会社に適時開示を要求している（東証・有価証券上場規程四〇二条）。

2　発生にかかる重要事実

金融商品取引法一六六条二項二号は、つぎの事実が発生したことを内部者取引の基礎となる重要事実としている。

①　災害に起因する損害または業務遂行の過程で生じた損害

いずれも、その発生につき会社の役員または使用人に故意または過失があったか否かを問わない。業務遂行の過程で生じた損害とは、為替差損、債務者の倒産による取立不能、先物取引の見込み違いによる損害、従業員の財産横領等が含まれる。災害または業務に起因する損害が発生する限り、その損害額が確定的に明確になっていることを要しない(1)。ただし、災害または業務に起因する損害または業務遂行の過程で生じた損害の額が最近事業年度の末日における純資産額の一〇〇分の三に相当する額未満であると見込まれる場合は、会社の財産または事業への影響の観点から軽微基準に該当し、内部者取引の基礎となる重要な事実に該当しない（有価証券規制府令五〇条一号）。取引を行う時点で一〇〇分の三を超えると判断されれば、後に一〇〇分の三を超えないことが判明した場合でもそれは重要事実となると解すべきである。一方で、その時点で一〇〇分の三を超えないと判断されれば、後に一〇〇分の三を超えることが判明した場合でも重要事実とはならない。内部者取引規制を適用するかどうかは、行為時における情報の重要性を問題にすれば足りるからである。また、時間的に後で判明する事実を判断材料に加味することは、適切ではない(2)。

② 主要株主の異動

主要株主とは、自己または他人の名義をもって会社の発行済株式総数の一〇〇分の一〇以上の株式を有する株主である（金商法一六三条一項）。主要株主の異動とは、主要株主であった者が主要株主でなくなり、または主要株主でなかった者が主要株主となることである。主要株主の異動は、会社の経営に影響を及ぼすもので投資者の投資判断に著しい影響を及ぼすものとして重要な事実とされる。軽微基準は定められていない。

③ 特定有価証券または特定有価証券にかかるオプションの上場の廃止または登録の取消しの原因となる事実

有価証券の上場廃止・登録取消しは、有価証券の流動性を実際上大きく低下させ、したがって有価証券の価格を下落させる原因となる。オプションの上場廃止・登録取消しについても同様である。特定有価証券もしくはオプションの上場廃止または登録の取消しの原因となる事実は、金融商品取引所の上場廃止基準に具体的に定められている。社債等にかかる上場の廃止の原因となる事実が生じたことは、軽微基準に該当し、内部者取引の基礎となる重要な事実に該当しない（有価証券規制府令五〇条二号）。

④ ①から③に掲げる事実に準ずる事実として政令で定める事実

具体的には財産権上の請求にかかる訴えが提起されたことまたは当該訴えについて判決があったこともしくは当該訴えにかかる訴訟の全部もしくは一部が裁判によらずに完結したこと、事業の差止めその他これに準ずる処分を求める仮処分命令の申立てがなされたことまたは当該申立てについて裁判があったこともしくは当該申立てにかかる手続の全部もしくは一部が裁判によらずに完結したこと、免許の取消し、事業の停止その他これらに準ずる行政庁による法令にもとづく処分、金融商品取引法一六六条五項に規定する親会社の異動、債権者その他の当該上場会社等以外の者による破産手続開始、再生手続開始、更生手続開始、整理開始または企業担保権の実行の申立てまたは通告、支払資金の不足を事由とする手形もしくは小切手の不渡りまたは手形交換所による取引停止処分、金商法一六六条五項に規定する親会社にかかる破産手続開始の申立て等、債務者または保証債務にかかる主たる債務者について不渡り等、破産手続開始の申立て等これらに準ずる事実が生じたことにより、当該債務者に対する売掛金、貸付金その他の債権または当該保証債務を履行した場合における当該主たる債務者に対する求償権について債務の不履行のおそれが生じたこと、主要取引先（前事業年度における売上高または仕入高が売上高の総額または仕入高の総額の一〇〇分の一〇以上である取引先）との取引の停止、債権者による債務の免除または第三者による債務の引受けもしくは弁済、資源の発見ならびに特定有価証券または特定有価証券にかかるオプションの取扱有価証券としての指定の取消しの原因となる事実が該当する（金商令二八条の二）。

ただし、金融商品取引法施行令二八条の二に定める事実についても軽微基準が別途規定されており、訴えの提起、仮処分申立て、法令にもとづく処分、債務者の債務不履行のおそれ等、主要取引先との取引の停止、債権者による債務の免除等ならびに資源の発見についてそれぞれ軽微基準に該当すれば、内部者取引の基礎となる重要な事実に該当しない（有価証券規制府令五〇条三号～一〇号参照）。

（1）　大武泰南「インサイダー取引における重要事実―日本商事事件に関連して」手形研究四九七号八頁は、「現実に株価が下がって損失をまぬがれた者が内部者にいたことは、それだけでこの事実が重要事実であったということもできる」と述べている。

（2）　神山敏雄「インサイダー取引規制に関する証券取引法一六六条二項一号ないし三号と四号との関係」判例評論四八一号（判例時報一六六一号）五六頁は、「事後的・客観的にも軽微基準額を超えたことを要するものと解しなければならない」としている。しかし、かかる見解には賛成しがたい。

3　業績の変動等

金融商品取引法一六六条二項三号は、会社の売上高、経常利益、純利益、剰余金の配当または会社の属する企業集団の売上高等についての会社が新たに算出した予想値または決算が会社の公表した直近の予想値またはそれがない場合は前年度の実績値と投資者の投資判断に及ぼす影響が重要なものとして内閣府令で定める基準に該当する差異を有することの情報を内部者取引の基礎となる重要事実とする。もっとも、会社またはその会社の属する企業集団の業績として問題とされるものは、売上高、経常利益、純利益、剰余金の配当のみであり、受注高やキャッシュ・フロー等は、当然には問題とされない。

ここでは、会社が新たに算出した予想値または決算の数値が問題となっている。会社の業績予想値であっても、会社が算出したものだけが問題となる。したがって、証券アナリストによる業績予想は、内部者取引の基礎となる情報ではなく、業績予想値が会社が算出したものといえるためには、当該会社において予想値を算出する機関が算出したものであることを要する。決算の数値も、会社の決算を算出する機関が算出したものであればよい。代表取締役がすでにその内容を承認したことあるいは取締役会に対してその内容が報告されたことを要しないし、監査役・会計監査人の監査を受けたものであることも要しないと解される。

会社が新たに算出した予想値は、会社が前事業年度の実績値を公表した後に算出した問題の事業年度の予想値である。「直近の予想値がない場合」という文言からも明らかなように、新たに算出した予想値は、その事業年度について会社が算出した最初の予想値であることもある。しかし、それが「新たに算出した」予想値であるためには、前事業年度の実績値の公表後に算出されたものであることを要する(1)。

会社の業績についての会社が新たに算出した予想値または決算の数値にかかる情報が内部者取引の基礎として問題となるためには、それが会社が公表した直近の予想値またはそれがない場合は会社の前年度の実績値と一定割合以上の差異を有することが必要である。ここで比較されるのは、第一次的には会社が公表した直近の予想値であり、第二次的にはそれがない場合の前事業年度の実績値である。

投資者の投資判断に及ぼす影響が重要なものとして内閣府令で定める基準に該当する差異については、売上高の場合は新たに算出した予想値または当該事業年度の決算における数値を公表された直近の予想値で、当該予想値がない場合は、公表された前事業年度の実績値で除して得た数値が一・一以上または〇・九以下であること、経常利益の場合は新たに算出した予想値または当該事業年度の決算における数値を公表された直近の予想値で、当該予想値がない場合は、公表された前事業年度の実績値で除して得た数値が一・三以上または〇・七以下であり、かつ、新たに算出した予想値または当該事業年度の決算における数値を公表された直近の予想値と、当該予想値がない場合は、公表された前事業年度の実績値とのいずれか少なくない数値から他方を減じて得たものを前事業年度の末日における純資産額と資本金の額とのいずれか少なくない金額で除して得た数値が一〇〇分の五以上であること、純利益の場合は新たに算出した予想値または当該事業年度の決算における数値を公表された直近の予想値で、当該予想値がない場合は、公表された前事業年度の実績値で除して得た数値が一・三以上または〇・七以下であり、かつ、新たに算出した予想値または当該事業年度の決算における数値を公表された直近の予想値と、当該予想値がない場合は、公表された前事業年度の実績値とのいずれか少なくない数値から他方を減じて得たものを前事業年度の末日における純資産額と資本金の額とのいずれか少なくない金額で除して得た数値が一〇〇分の二・五以上であること、剰余金の配当の場合は新たに算出した予想値または当該事業年度の決算における数値を公表された直近の予想値で、当該予想値がない場合は、公表された前事業年度の実績値で除して得た数値が一・二以上または〇・八以下であることとされている。そしてこれらの規定は、会社の属する企業集団の売上高等にかかるものについて準用されている（有価証券規制府令五一条）。

（1）　会社が前事業年度の業績についての決算数値を発表する際に同時に当該事業年度の業績についての予想値を発表することはよく行われ、その予想値が前事業年度の決算値と相当に相違することがある。しかし、この場合の予想値は、会社が「新たに算出した」

ものとは考えられず、また、実質的に考えても、当該事業年度の営業が開始されてあまり期間を経過することなく算出・発表するものであるから、内部者取引の基礎とすることは必ずしも妥当とは考えられない。

4　包括条項

金融商品取引法一六六条二項四号は、既述の会社の決定事実、発生事実、業績の変動についての事項以外であっても、会社の運営、業務または財産に関する重要な事実で投資者の投資判断に著しい影響を及ぼすものにかかる情報を内部者取引の基礎となる重要事実とする。これは、会社の運営、業務または財産に関する重要な事実にかかる情報で内部者取引の基礎となるものを包括的に定めるバスケット条項である。

この包括条項の意義については、二つの立場がある。第一は、将来の経済、証券市場の変化によって新しく生じる事態に対処するためのものと解するものである。第二は、立法の段階においても、一号から三号による個別的な事実の列挙だけでは規定され尽くされない性質のものを規制に含む趣旨と解するものである。この立場は、一号から三号の規定がそれぞれ独立した規定であるのと同様に、四号もそれ自体独立の規定であると解するものである。第二の立場を相当とする。(1)

ある事実が金融商品取引法一六六条二項四号の包括条項の下で重要事実に該当するためには、それが「前三号に掲げる事実を除き」当該会社の運営、業務または財産に関する重要な事実であって投資者の投資判断に著しい影響を及ぼすものであることが必要である。そのため、同条二項の一号から三号に列挙する事実で内閣府令に定める軽微基準に該当するものはそれにあたらないと考えられる。しかし、そのことは、同条二項の一号から三号に列挙する事実に該当するものとされる事実がそれらの規定に列挙する事実以外の側面を有する場合に、その側面に関して同条二項四号の下で重要事実とされることを排斥するものではないと解される。(2)

ここにいう重要事実となるには、まず、会社の運営、業務または財産に関する重要な事実であることを要する。したがって、競争関係にある他社に関わる情報は、当該会社の会社関係者がその地位のゆえに知りうる会社の特別の情報に該当しないから、いかに重要な情報に該当するとしても、内部者取引の基礎となる重要事実に該当しない(3)。「会社の運営、業務又は財産に関する重要な事実」という場合の事実の重要性は、会社の運営、業務または財産それ自体の会社にとっての重要性の観点から判断される。大量契約の受注、多額の含み益を実現する財産の処分、重要な子会社株式の公開、主要な製品についての重大な欠陥の発生、重要な業務についての業務停止処分、他の会社に対する大規模な企業買収等が含まれる(4)。

(1)　神崎克郎「日本商事事件の法的検討」商事法務一四四四号七頁・一〇頁。大阪高判平成九年一〇月二四日判例時報一六二五号三頁（日本商事事件第二審判決）では、「四号の規定の趣旨は、今後の経済、証券市場の発展、変化に対応してすべての事項をあらかじめ列挙しておくことは困難であることから、将来、インサイダー取引規制に抜け穴が生じないようにするために……あくまでも補充的・補足的規定として設けられたもの」と述べている。寺田稔「地方銀行等によるインサイダー取引事件の概要」金融法務事情一四一九号九頁にも同旨の記述が見られる。一方で、横畠裕介・逐条解説インサイダー取引規制と罰則一一九頁（平成元年）は、「重要事実については、第一号から第三号までの規定において、網羅的、具体的に定められたが、さらに、それ以外の会社の運営、業務又は財産に関する重要な事実であって、しかも実際に投資者の投資判断に著しい影響を及ぼすものを重要事実として規定したものである。」としている。最三小判平成一一年二月一六日刑集五三巻二号一頁（日本商事事件最高裁判決）は、新薬の副作用による死亡例の発生によって会社に予想される損害が「業務に起因する損害」に該当しうる面を有していても、なお一六六条二項四号のバスケット条項に該当する余地は否定されないとした。この見解を支持するものとして、芝原邦爾「日本商事株式インサイダー取引事件最高裁判決の検討」商事法務一五二五号五九頁参照。これに対して、黒沼悦郎「インサイダー取引規制における重要事実の定義の問題点」商事法務一六八七号四〇頁・四一頁は、最高裁判決を「アクロバティック」とさえいえる技巧的な解釈であると批判する。

(2)　四号を独立した規定であると解する立場では、すべての事象について、形式基準とは別に、投資判断への影響の有無を実質判断することが要求されると考えられる。すべてについて実質的判断が要求されるのであれば、一号から三号までの形式的基準を設けた意味が大きく減殺されることとなる。芝原・前掲注（1）六〇頁は、内部者取引の犯罪類型は、むしろ四号においてその実体が規定されているとしている。金融商品取引法が定める内部者取引規制に違反した場合の罰則は、立法当初、六か月以下の懲役または五〇万円以下の罰金であった。これは、諸外国と比較して著しく軽いものである。わが国では、内部者取引の規制が、取引の実質的な不正という点にまで立ち入らずに、形式的に処罰するということから、比較的軽いものとされた。横畠・前掲注（1）一八頁。もっとも、その後、内部者取引規制の条文そのものは本質的な改正がなされていないままに、違反の制裁は強化されている点に留意が必要である。この点で、金融商品取引法における形式基準と刑事罰の整合性はすでに崩れている。

現行の内部者取引規制では、犯罪の構成要件を明確にするために、詳細な形式基準が創設された。佐伯仁志「インサイダー取引」西田典之編・金融業務と刑事法二三七頁（平成九年）は、「四号が積極的に使用される傾向が今後も続くとすれば、一号ないし三号は重要事実に関する例示規定であり、それ以外の事実は、原則に帰って四号で判断される、ということになるかもしれない。」と述べている。なお、黒沼悦郎「新薬の副作用情報と内部者取引の重要事実」ジュリスト一一三九号二〇二頁は、一号から三号までの形式基準と四号での実質基準において、重要性の判断基準が異なる可能性がある状況は好ましくないとする。さらに、黒沼・前掲注（1）四三頁は、重要事実を包括条項のみで定義すべきであると主張し、その場合は「有価証券の発行者または有価証券に関する情報」というように、その範囲を広くとる必要性を指摘する。

経済界から内部者取引規制への抵触を懸念して、正当な証券取引が過剰に萎縮することを理由として、包括条項を削除すべきとの主張がなされている。島崎憲明「インサイダー取引規制の明確化のための日本経団連の提言」商事法務一六八七号三〇頁。しかし、包括条項の適用は内部者取引規制の最後の砦になっている。現実にも、それが適用されている事例が存在する。さらに、証券市場の公正性と健全性を維持し、証券市場に対する投資者の信頼を保持するという保護法益の前では、重要情報に容易に接近できる立場にある会社関係者については、その株式売買が一定限度制限されてもやむをえないと考えられる。以上のことから、包括条項の廃止には賛成しがたい。

（3）　包括条項を適用した事例として、注（1）の日本商事事件のほかに、東京地判平成四年九月二五日金融・商事判例九一一号三五頁（マクロス事件）がある。同事件では、営業活動の中心部門である電子機器部門の売上げ約四〇億円が架空のものであったこと、そのため、当面約三〇億円の営業資金不足が生じることなどが重要事実と認定された。また、東京地判平成一七年一〇月二七日判例集未登載（西武鉄道事件）では、継続的に有価証券報告書における大株主の保有割合を少なく記載していた事実を重要事実と認定された。このほか、包括条項を使って刑事責任が問われたものとして、東京地判平成二一年九月一四日（子会社が主力事業として投資を募っていた病院再生事業が架空のものであったことが発覚し、それ以降の償還金の目途が立たなくなった）、さいたま地判平成二一年五月二七日（証券取引等監視委員会の強制捜査を受け、粉飾決算を行っていた事実が公になった）などがある。

近年では、包括条項を用いて、課徴金の納付命令が出される例も見られるようになった。これには、たとえば、栗本鐵工所と取引先社員による内部者取引（平成二一年五月二一日課徴金納付命令）（栗本鐵工が製造・販売する高速道路用ホースラブパイプについて、強度試験の検査数値の改ざんおよび板厚の改ざんが確認されたことが重要事実とされた）、フタバ産業社員からの情報受領者による内部者取引（平成二一年一二月一一日課徴金納付命令）（決算数値に過誤があることが発覚したことが重要事実とされた）、アリサカ社員による内部者取引（平成二二年一月二一日課徴金納付命令）（複数年度にわたる不適切な会計処理が判明したことが重要事実とされた）などがある。

（4）　有価証券の価格に影響を与えうる情報は、その会社から発生したものに限らない。わが国の金融商品取引法は、いわゆる外部情報を重要情報とは規定していない。もっとも、たとえば、公定歩合の変更などの金融政策、経済指標の情報は、有価証券の価格一般に影響を与えるものである。さらに、政局に関する情報にも投資判断において重要な情報が含まれることがある。そこで、このような有価証券の発行企業一般に影響がある情報を規制の対象とするかどうかが問題となる。加えて、金融機関の監督官庁の監督方針に変更があった場合、監督対象である金融機関の株価が変動することがありうる。このように、特定の業界に属する会社の発行する有価証券の価格一般に影響を与える情報も同様に規制すべきかについて検討しなければならない。さらに、特定の企業について、その外部者を発生源とする情報で、その企業の株価に影響を与えるものがある。たとえば、格付機関が公表する格付情報は、格付けを受ける企業の有価証券の相場に少なからず影響を与える。このような情報にも内部者取引規制を適用すべきかどうかが議論されている。川口恭弘他「インサイダー取引規制の比較法研究」民商法雑誌一二五巻四・五号四三八頁以下（川口）。

これまで、外部要因を重要事実とすることを前提に、包括条項の立法として、「発行者またはその発行する有価証券に関する重要な事実であって公知でないもの」（龍田節「内部者取引に関する法律私案と提案趣旨」商事法務七四六号三頁）、「有価証券の発行者または有価証券に関する未公開の事実で、公表された場合に当該有価証券の価格に重大な影響をおよぼすおそれのある事実」（黒沼悦郎「内部者取引規制の立法論的課題—内部情報および内部者の定義を中心として」竹内追悼・商事法の展望三四三頁（平成一〇年））などが提案されている。

5　子会社情報

平成九年の企業会計審議会の意見書を受けて、平成一一年四月より、情報開示について連結情報の開示の充実がはかられることになった。一方、純粋持株会社が解禁され、上場会社の中に純粋持株会社が登場するようになると、上場会社である持株会社にかかる情報だけでは不十分であり、投資者の立場からは、子会社にかかる情報が親会社である持株会社の株式評価にとって重要な情報であると考えられるようになった。このような情勢の変化が、内部者取引の規制にも影響を与えた。すなわち、平成一〇年改正で、連結ベースの情報を内部者取引の規制の基礎である重要事実に追加し、子会社にかかる未公表の重要な事実を知って親会社株式等を取引することも内部者取引の規制に服させることにした。

子会社の会社関係者は、子会社にかかる未公表の重要事実を知って親会社の特定有価証券等の売買等をすることが禁止される（金商法一六六条一項）。さらに、親会社の会社関係者が、子会社にかかる未公表の重要な事実を知って子会社の特定有価証券等の売買等をすることも、同じく禁止される。

ここにいう親会社とは、他の会社（協同組織金融機関を含む）を支配する会社として政令で定めるものをいう（金商法一六六条五項）。政令では他の会社が提出した有価証券届出書、四半期報告書、有価証券報告書または半期報告書で公衆の縦覧に供された直近のものにおいて記載された親会社と規定されている（金商令二九条の三）。これら開示書類において親会社として記載された親会社とは、提出会社の財務および営業または事業の方針を決定する機関を支配している会社をいう（企業内容等開示府令一条二六号）。一方で、子会社とは、他の会社（協同組織金融機関を含む）が提出した公衆の縦覧に供された直近の有価証券届出書、有価証券報告書、四半期報告書もしくは半期報告書または特定証券情報もしくは発行者情報において、当該他の会社の属する企業集団に属する会社として記載されたものをいう（金商法一六六条五項）(1)。具体的には財務諸表等規則八条三項、四項および七項により、持分比率基準および支配力基準が併用されて決定される、連結財務諸表提出会社の子会社とされるものをいう（連結財務諸表規則二条三号）。

子会社にかかる重要事実の定義でも、決定にかかる事実、発生にかかる事実、決算変動に分類列挙され、それらの一部について重要基準および軽微基準を定めるとともに、包括条項もおかれている。ただし、上場会社等自体にかかる重要事実と比較して、子会社にかかる重要事実は範囲が限定されていることに注意を要する。持株会社には純粋持株会社もあれば事業持株会社もある。しかも子会社等が親会社の事業活動に占める影響の大きさも千差万別である。したがって、特に企業グループへの影響の大きさを基準にして共通の重要事実とされるものを絞り込んだものと考えられる。

子会社にかかる重要事実のうち決定にかかる事実は、子会社の業務執行を決定する機関が当該子会社に関して、つぎに掲げる事項を行うことについて決定をしたことまたは当該決定（公表されたものに限る）にかかる事項を行わないことを決定したことである（金商法一六六条二項五号）。

① 株式交換

株式交換を用いて企業グループ内の再編が行われ、あるいはグループ外の企業との間で再編が行われる場合もある。ここにいう株式交換はいずれの場合も含む。ただし、株式交換による当該企業集団の資産の増加額が当該企業集団の最近事業年度の末日における純資産額の一〇〇分の三〇に相当する額未満であると見込まれ、かつ、当該企業集団の売上高の増加額が当該企業集団の最近事業年度の売上高の一〇〇分の一〇に相当する額未満であると見込まれる場合、または、株式交換による当該企業集団の資産の減少額が当該企業集団の最近事業年度の末日における純資産額の一〇〇分の三〇に相当する額未満であると見込まれ、かつ、当該企業集団の売上高の減少額が当該企業集団の最近事業年度の売上高の一〇〇分の一〇に相当する額未満であると見込まれる場合には、企業再編の影響が小さく軽微基準に該当し、内部者取引の基礎となる重要事実に該当しない（有価証券規制府令五二条一項一号）。

② 株式移転

株式移転の場合も同様に企業グループ内外の企業再編に用いられる。ここにいう株式移転はいずれの場合も含む。ただし、株式移転による当該企業集団の資産の増加額が当該企業集団の最近事業年度の末日における純資産額の一〇〇分の三〇に相当する額未満であると見込まれ、かつ、当該企業集団の売上高の増加額が当該企業集団の最近事業年度の売上高の一〇〇分の一〇に相当する額未満であると見込まれる場合、または、株式移転による当該企業集団の資産の減少額が当該企業集団の最近事業年度の末日における純資産額の一〇〇分の三〇に相当する額未満であると見込まれ、かつ、当該企業集団の売上高の減少額が当該企業集団の最近事業年度の売上高の一〇〇分の一〇に相当する額未満であると見込まれる場合には、再編の影響が小さく軽微基準に該当し、内部者取引の基礎となる重要事実に該当しない（有価証券規制府令五二条一項二号）。

③　合　併

合併も企業グループ再編に用いられる有力な手法である。ここにいう合併は、子会社が存続会社、消滅会社いずれにあたる場合も含まれる。ただし、合併による当該企業集団の資産の増加額が当該企業集団の最近事業年度の末日における純資産額の一〇〇分の三〇に相当する額未満であると見込まれ、かつ、当該合併の予定日の属する当該企業集団の事業年度および翌事業年度においていずれも当該合併による当該企業集団の売上高の増加額が当該企業集団の最近事業年度の売上高の一〇〇分の一〇に相当する額未満であると見込まれる場合、または、合併による当該企業集団の資産の減少額が当該企業集団の最近事業年度の末日における純資産額の一〇〇分の三〇に相当する額未満であると見込まれ、かつ、当該合併の予定日の属する当該企業集団の事業年度および翌事業年度においていずれも当該合併による当該企業集団の売上高の減少額が当該企業集団の最近事業年度の売上高の一〇〇分の一〇に相当する額未満であると見込まれる場合には、再編の影響が小さく軽微基準に該当し、内部者取引の基礎となる重要事実に該当しないものとされる（有価証券規制府令五二条一項三号）。

④　会社の分割

会社の分割についても、子会社が分割会社、承継会社いずれに該当する場合も含まれる。ただし、当該分割により事業の全部または一部を承継する場合であって、当該分割による当該企業集団の資産の増加額が当該企業集団の最近事業年度の末日における純資産額の一〇〇分の三〇に相当する額未満であると見込まれ、かつ、当該分割の予定日の属する当該企業集団の事業年度および翌事業年度においていずれも当該分割による当該企業集団の売上高の増加額が当該企業集団の最近事業年度の売上高の一〇〇分の一〇に相当する額未満であると見込まれる場合、または、当該分割により事業の全部または一部を承継させる場合であって、当該分割による当該企業集団の資産の減少額が当該企業集団の最近事業年度の末日における純資産額の一〇〇分の三〇に相当する額未満であると見込まれ、かつ、当該分割の予定日の属する当該企業集団の事業年度および翌事業年度においていずれも当該分割による当該企業集団の売上高の減少額が当該企業集団の最近事業年度の売上高の一〇〇分の一〇に相当する額未満であると見込まれる場合には、再編の影響が小さく軽微基準に該当し、内部者取引の基礎となる重要事実に該当しない（有価証券規制府令五二条一項四号）。

⑤　事業の全部または一部の譲渡または譲受け

これについても子会社が譲渡会社、譲受会社のいずれに該当する場合も含まれる。ただし、事業の全部または一部の譲受けによる当該企業集団の資産の増加額が当該企業集団の最近事業年度の末日における純資産額の一〇〇分の三〇に相当する額未満であると見込まれ、かつ、当該譲受けの予定日の属する当該企業集団の事業年度および翌事業年度においていずれも当該譲受けによる当該企業集団の売上高の増加額が当該企業集団の最近事業年度の売上高の一〇〇分の一〇に相当する額未満であると見込まれる場合、または、当該事業の全部または一部の譲渡による当該企業集団の資産の減少額が当該企業集団の最近事業年度の末日における純資産額の一〇〇分の三〇に相当する額未満であると見込まれ、かつ、当該譲渡の予定日の属する当該企業集団の事業年度および翌事業年度においていずれも当該譲渡による当該企業集団の売上高の減少額が当該企業集団の最近事業年度の売上高の一〇〇分の一〇に相当する額未満であると見込まれる場合には、再編の影響が小さく軽微基準に該当し、内部者取引の基礎となる重要な事実に該当しない（有価証券規制府令五二条一項五号）。

⑥　解　散

解散による当該企業集団の資産の減少額が当該企業集団の最近事業年度の末日における純資産額の一〇〇分の三〇

に相当する額未満であると見込まれ、かつ、当該解散の予定日の属する当該企業集団の事業年度および翌事業年度の各事業年度においていずれも当該解散による当該企業集団の売上高の減少額が当該企業集団の最近事業年度の売上高の一〇〇分の一〇に相当する額未満であると見込まれる場合には、解散の影響が小さく軽微基準に該当し、内部者取引の基礎となる重要な事実に該当しない（有価証券規制府令五二条一項五号の二）(2)。

⑦　新製品または新技術の企業化

これは子会社の業績に大きな変動をもたらしうる事項であって、ひいては親会社株式の投資価値にも大きな変動を与えうるものとして重要事実とされている。ただし、新製品の販売または新技術を利用する事業の開始予定日の属する事業年度開始の日から三年以内に開始する各事業年度においていずれも当該新製品または新技術の企業化による売上高の増加が当該企業集団の最近事業年度の売上高の一〇〇分の一〇に相当する額未満であると見込まれ、かつ、当該新製品の販売または新技術を利用する事業の開始のために特別に支出する額の合計額が当該企業集団の最近事業年度の末日における固定資産の帳簿価額の一〇〇分の一〇に相当する額未満であると見込まれる場合には、企業グループへの影響が小さく軽微基準に該当し、内部者取引の基礎となる重要な事実に該当しないものとされる（有価証券規制府令五二条一項六号）。

⑧　業務上の提携その他の①から⑦までに掲げる事項に準ずる事項として政令に定める事項

具体的には業務上の提携または業務上の提携の解消、孫会社(3)の異動を伴う株式等の譲渡または取得、固定資産の譲渡または取得、事業の全部または一部の休止または廃止、破産手続開始、再生手続開始または更生手続開始の申立て、新たな事業の開始、金融機関による内閣総理大臣への破綻のおそれがある旨の申立て、トラッキング・ストックにかかる剰余金の配当が含まれる（金商令二九条）(4)。

つぎに、子会社にかかる重要事実のうち発生にかかる事実は、災害に起因する損害または業務遂行の過程で生じた損害およびこれに準ずる事実として政令に定める事実が列挙されている（金商法一六六条二項六号）。

災害に起因する損害または業務遂行の過程で生じた損害については、災害または業務遂行の過程で生じた損害の額が当該企業集団の最近事業年度の末日における純資産額の一〇〇分の三に相当する額未満であると見込まれる場合は、企業グループへの影響が小さく軽微基準に該当し、内部者取引の基礎となる重要な事実に該当しない（有価証券規制府令五三条一号）。

発生事実として政令は、①財産権上の請求にかかる訴えが提起されたことまたは当該訴えについて判決があったこともしくは当該訴えにかかる訴訟の全部もしくは一部が裁判によらずに完結したこと、②事業の差止めその他これに準ずる処分を求める仮処分命令の申立てがなされたことまたは当該申立てについて裁判があったこともしくは当該申立てにかかる手続の全部もしくは一部が裁判によらずに完結したこと、③免許の取消し、事業の停止その他これらに準ずる行政庁による法令にもとづく処分、④債権者その他の当該子会社以外の者による破産手続開始の申立て等、⑤不渡り等、⑥孫会社にかかる破産手続開始の申立て等、⑦債務者または保証債務にかかる主たる債務者について不渡り等、破産手続開始の申立て等これらに準ずる事実が生じたことにより、当該債務者に対する売掛金、貸付金その他の債権または当該保証債務を履行した場合における当該主たる債務者に対する求償権について債務の不履行のおそれが生じたこと、⑧主要取引先との取引の停止、⑨債権者による債務の免除または第三者による債務の引受けもしくは弁済ならびに⑩資源の発見を定めている（金商令二九条の二）。(5)

さらに、子会社の売上高等についての当該子会社が新たに算出した予想値または当事業年度の決算が当該子会社の公表した直近の予想値またはそれがない場合は前年度の実績値と投資者の投資判断に及ぼす影響が重要なものとして内閣府令で定める基準に該当する差異を有することの情報を内部者取引の基礎となる重要事実とする（金商法一六六条二項七号）。子会社の業績の変動についても内部者取引の基礎となる重要な情報とするのである。ここでいう内閣府令で定める基準は、有価証券規制府令五五条二項に定められている。

（1）平成二〇年の改正でプロ向け市場の規定が整備された。プロ向け市場に上場されている有価証券（特定上場有価証券）の発行者は内部者取引規制の対象となる「上場会社等」に該当する。特定上場有価証券の発行者については、有価証券報告書等の公衆縦覧型の開示義務は免除される。平成二〇年改正前の金融商品取引法一六六条五項は、「子会社」の定義として、他の会社が提出した有価証券報告書等で公衆縦覧に供された直近のものにおいて当該他の会社の属する企業集団に属する会社として記載されたもののみ規定されていた。かかる規定の下では、プロ向け市場の上場会社には内部者取引規制上の「子会社」は存在しないこととなる。そこで、本文規制のように規定が改められた。

（2）コマツ（小松製作所）は、平成一七年七月四日から一九日にかけて、信託銀行を通じて自己株式の買付けを行った。この買付期間中の七月一三日に、オランダにある完全子会社の解散を公表した。金融庁は証券取引等監視委員会の勧告に従い、四三七八万円の課徴金の納付命令を行った。解散した子会社は、当時の総資産が三四七万四〇〇〇ユーロ（約五億円）に過ぎず、親会社の規模からして、重要なものとはいえなかった。しかし、当時子会社の解散について軽微基準が規定されておらず、すべての子会社の解散が重要事実に該当するものとされていた。この点について批判が強く、平成二〇年の内閣府令の改正で本文記載の軽微基準が定められた。

（3）ここにいう孫会社とは、財務諸表等規則八条三項にもとづき上場会社等の子会社とみなされる会社のうち、同項および同条四項により当該子会社が意思決定機関を支配しているものとされる会社をいう（有価証券規制府令五四条）。

（4）業務上の提携または業務上の提携の解消、孫会社の異動、固定資産の譲渡・取得、事業等の全部または一部の休止等、新事業の開始、およびトラッキング・ストックについてはそれぞれ軽微基準が定められ、それらに該当する場合は内部者取引の基礎となる重要な事実に該当しないものとされる（有価証券規制府令五二条一項七号～一二号・二項参照）。

（5）子会社にかかる発生事実で政令に定められているものについても、軽微基準が内閣府令で定められている（有価証券規制府令五三条）。

6　重要事実の公表

金融商品取引法一六六条に違反したものとして上場会社等の会社関係者等が処分されるためには、それらの者が上場会社等の運営、業務または財産等に関する重要事実を知っているのみならず、該当する取引がその重要事実の公表前に行われたものであることを要する。

重要事実の公表は、金融商品取引所上場会社もしくは店頭売買有価証券の発行会社もしくはその子会社が、その事実を多数の者の知りうる状態におく措置として政令で定める措置がとられ、またはその事実を記載した有価証券届出書、有価証券報告書、四半期報告書、半期報告書、臨時報告書等が公衆の縦覧に供されたことによって行われる（金商法一六六条四項）。ここにいうその事実を多数の者の知りうる状態におく措置として政令で定める措置とは、一つには、上場会社等もしくはその子会社を代表すべき取締役もしくは執行役（協同組織金融機関を代表すべき役員を含む）もしくは当該取締役もしくは執行役から重要事実等の公開を委任された者が、(1) 当該重要事実等を、つぎの二以上を含む報道機関に対して公開し、かつ公開された重要事実等の周知のために必要な期間が経過したこととされている（金商令三〇条一項一号）。(2)

① 国内において時事に関する事項を総合して報道する日刊新聞紙の販売を業とする新聞社および当該新聞社に時事に関する事項を総合して伝達することを業とする通信社

② 国内において産業および経済に関する事項を全般的に報道する日刊新聞紙の販売を業とする新聞社

③ 日本放送協会および基幹放送事業者

金融商品取引所または業界団体の記者クラブにおいて事実を発表することで報道機関への公開がなされる。(3) また、周知のために必要な期間は、右の報道機関のうち少なくとも二つの報道機関に対して公開したときから一二時間と規定されている（金商令三〇条二項）。この規定の硬直性に対しては批判があったが、(4) 平成一五年の政省令改正により、従来の公表措置に加えて、金融商品取引所または認可金融商品取引業協会への通知にもとづく公表措置が認められることとなった。(5)

上場会社等が、その発行する有価証券を上場する各金融商品取引所の規則で定めるところにより、重要事実等または公開買付け等事実（上場株券等の金商法二七条の二二の二第一項に規定する公開買付けにかかるものに限る）を当該金融商品取引所に通知し、かつ、当該通知された重要事実等または公開買付け等事実が、内閣府令で定めるところに従い、当該金融商品取引所において公衆の縦覧に供される場合は、公表措置がとられたものとみなされる（金商令三〇条一項二号）。公衆縦覧の方法として、金融商品取引所または認可金融商品取引業協会が電磁的方法により重要事実等を公衆の縦覧に供することが要求される（有価証券規制府令五六条一項）。ここで電磁的方法とは、金融商品取引所または認可金融商品取引業協会の使用にかかる電子計算機と情報の提供を受ける者の使用にかかる電子計算機とを電気通信回線で接続した電子情報処理組織を使用する方法であって、当該電気通信回線を通じて情報が送信され、当該情報の提供を受ける者の使用にかかる電子計算機に備えられたファイルに当該情報が記録されるもののうち、当該金融商品取引所または認可金融商品取引業協会の使用にかかる電子計算機に備えられたファイルに記録された情報の内容を電気通信回線を通じて当該情報の提供を受ける者の閲覧に供し、当該情報の提供を受ける者の使用にかかる電子計算機に備えられたファイルに当該情報を記録する方法であって、インターネットに接続された自動公衆送信装置を使用する方法をいう（有価証券規制府令五六条二項）。(6)(7)

上場会社等によって公開のための措置がとられていないにもかかわらず、新聞のスクープ記事その他によって法令に定める重要な事実が相当多くの人に知られている場合には、会社関係者等においても、その事実が会社によって公開されていないものであるとは認識していないので、故意に内部者取引をしたものとして処罰されることはない。(8)

（1）　公表を行う者は上場会社等の代表取締役もしくは公開買付者等またはこれらから委任を受けた者でなければならないから、これら以外の者が重要事実等を公開することがあっても、金融商品取引法が要求する「公表」には該当しない。その趣旨は、重要事実等の公開に関して責任の所在を明らかにする必要があると判断されたためである。神田秀樹監修・野村證券株式会社法務部＝川村和夫編・注解証券取引法一二二三頁（平成九年）。もっとも、会社の外部要因による情報を内部情報に含める立法をするとすれば、会社代表者による情報の公開のみでは、公表概念としては不十分である。川口恭弘他「インサイダー取引規制の比較法研究」民商法雑誌一二五巻四・五号四四〇頁（川口）。

（2）　現行法の下では、報道機関は日本国内のものに限定されている。現在では、衛星放送、インターネットの発達で、外国のニュースもリアルタイムで日本国内に報道される。日本の企業が海外で起こした事件を外国の報道機関に伝え、それにもとづき報道がなされた場合、その情報をいまだ内部情報であるとしておく意義は少ない。

(3)　報道機関に情報が公開されたとしても、その報道機関が記事あるいはニュースとして公表するとは限らない。報道機関による「重要性」の判断は、金融商品取引法が投資判断の観点から考える「重要性」と必ずしも一致するものではない。報道がなければ、情報が周知のものとなることはなく、金融商品取引法の規定する情報の公表の概念は、この点で問題がある。川口他・前掲注（1）四四〇頁（川口）。

(4)　公開企業が、金融商品取引所または認可金融商品取引業協会に情報を伝達したことをもって、公表の要件を満たすとする立法も検討課題であるとされた。適時開示された情報は、すぐに市場に吸収される。そのため、この場合には、一二時間後を公表とみなすといった時間的余裕を認める必要はないからである。川口他・前掲注（1）四四四頁注⑽（川口）。

(5)　金融商品取引所での公表制度が導入された後に、なお報道機関への公開という公表概念を存置しておく理由は考えにくい。証券取引法研究会「平成一五年の金融商品取引法等の改正Ⅳ—海外取引所端末の国内設置、許可外国証券業者制度等」平成一五年の金融商品取引法等の改正（別冊商事法務二七五号）一二一頁（伊藤）（平成一六年）。

(6)　電気通信回線を通じた不正なアクセス等を防止するために必要な措置が講じられているものでなければならず、金融商品取引所は、その通知を受けた重要事実等を七日間以上継続して公衆の縦覧に供することが要求されている（有価証券規制府令五六条三項・四項）。

(7)　実務上は、いったん上場会社等は重要事実等をＴＤｎｅｔに登録し、ここに登録された情報は即時に適時開示専用ホームページに伝達されて、公表措置がとられる。適時開示専用ホームページは各取引所や認可金融商品取引業協会のホームページとリンクがはられているので、閲覧を希望する投資家は、各取引所や認可金融商品取引業協会のホームページを通じて適時開示専用ホームページにアクセスが可能である。

(8)　神崎克郎「インサイダー取引の禁止〔1〕—銀行業務との関連において」金融法務事情一一九四号一六頁。

四　適用除外

金融商品取引法一六六条は、上場会社等の会社関係者または情報受領者が、重要事実を知ったときは、原則として、その事実が公表されるまで、その事実にかかる取引をすることを禁止している。しかし、かかる事実を知ったことと無関係に行われる取引については、これを禁止することが必要でないことから、例外的に禁止が解かれ、これを適法になしうるものとしている（金商法一六六条六項、有価証券規制府令五九条）。例外的に許容される取引はつぎのとおりである。

①　株式の割当てを受ける権利（優先出資の割当てを受ける権利を含む）を有する者による当該権利の行使による株券（優先出資証券を含む）の取得

株式の割当てを受ける権利または優先出資の割当てを受ける権利を有する者がその権利を行使し、株式または優先出資証券の引受けをすることで株券または優先出資証券を取得することは、重要事実を知っていることと無関係になされ、証券市場の公正性と健全性に対する投資者の信頼を損なうことがないため、適用除外とされている。(1)

②　新株予約権を有する者による当該新株予約権の行使による株券の取得

新株予約権は、これを有する者が、会社に対して権利を行使したときに、会社が新株を発行する義務を負うものである（会社法二三六条）。株式の割当てを受ける権利が新株発行手続の一環として与えられるのに対して、新株予約権は新株発行とは別に付与または発行される。(2)　新株予約権は、権利行使に際して払込みをすべき金額と目的となる株式の時価を比較考量して行使の適否が検討される。たとえば、時価が行使価格を上回っている状況では、内部情報の有無にかかわらず、新株予約権の行使がなされるため、内部情報を知っていることと無関係になされる株券の取得とされていると考えられる。

③　特定有価証券等にかかるオプションを取得している者による当該オプションの行使による特定有価証券等の売買等(3)

④　会社の事業譲渡、合併もしくは株式の譲渡制限のための定款変更等の決議に反対の株主による会社に対する株式買取請求または法令上の義務にもとづく売買(4)

⑤　公開買付けもしくはそれに準ずる行為に対抗するため、発行会社の取締役会（委員会設置会社の場合は執行役を含む）が決定した要請にもとづき当該会社の特定有価証券等または特定有価証券等の売買にかかるオプションの買付けその他の有償で譲り受けること

発行会社に対する公開買付け等に対抗して行われる、いわゆる「防戦買い」について、一定の要件で、内部者取引規制の適用除外を行うものである。かかる防戦買いを、非常時における企業防衛のための行為と位置づけ、発行会社に未公表の重要事実がある場合にも、会社関係者等による株券等の売買を許容するものである。(5)

⑥　発行会社の株主総会が自己株式の取得を決議しまたは取締役会（委員会設置会社の場合は執行役を含む）が定款の規定にもとづき自己株式取得を決議した場合等に、決議の内容が公表された後に、決議を実行すべく行われる自己株式の買付け

発行会社に業務等に関する重要事実が存在し、それが公表されていない場合は、たとえ右の決議にもとづくものであれ、自己株式の買付けは内部者取引禁止に抵触する可能性がある。さらに、具体的な自己株式の取得は、株主総会の決議をもとに取締役会で決定される。取締役会が自己株式の取得を決定することも、「自己株式の取得を行うことについての決定をしたこと」となるため、内部者取引規制の対象である重要事実となる（金商法一六六条二項一号ニ）。したがって、会社関係者が、この事実の公表前に、当該会社の株式の売買をすることは禁止の対象となるはずである。もっとも、会社が取締役会の決議で自己株式を取得することは、たとえ情報が公表前でも、適用除外として認められる。この適用除外は、自己株式の買付けを行おうとする会社が、その事実を公表すれば、株価が値上がりするため、実際上、株式を買い付けることが困難になることを理由として定められた。(6)

⑦　金融商品取引法一五九条三項の定めるところにより行う安定操作取引またはその委託

⑧　新株予約権付社債以外の社債またはその売買取引にかかるオプションの売買等

株式に関する投資判断に影響を及ぼすと考えられる事実であっても、社債の取引については影響を与えないものが

あると考えられ、このような情報にもとづく社債の売買等を許容している。(7) もっとも、デフォルト情報などのように、社債の投資判断に影響を与えると考えられるものについては、当該適用除外規定を適用しないと定められている（有価証券規制府令五八条参照）。(8)

⑨　内部者取引の基礎となる重要事実を知っている者の間で行われる有価証券市場外の取引で、取引の当事者双方においてさらに違法な内部者取引が行われることとなることを知っていないもの

重要事実を知っている会社関係者あるいは情報受領者の間で、相対で、取引を行う場合には、証券市場の公正性と健全性を害することはない。

⑩　内部者取引の基礎となる重要な事実を知る前に締結された取引に関する契約の履行またはこれを知る前に決定された取引の計画の実行として行われる取引その他これに準ずる特別の事情にもとづく取引であることが明らかなもの。(9)(10)

(1)　横畠裕介・逐条解説インサイダー取引規制と罰則一四七頁（平成元年）。

(2)　平成一三年の改正前までは、転換社債を有する者がその転換の請求によって株券を取得する場合が適用除外とされていた。同年の商法（当時）改正で、転換社債が新株予約権付社債と分類され、さらに、新株予約権それ自体の発行が認められたことから、現行法のように改正がなされた。

(3)　オプションの行使の適否についての判断は、新株予約権の場合と同様に、内部者情報を知っていることと無関係になされるものと考えられる。

(4)　かつて単位未満株主による単位未満株式の買取請求は、許容される例外に該当しないと解されていた。その理由は、かかる権利行使は、株式の売却と同様、特別の手続を要することなくいつでも認められることが指摘されていた。神崎克郎「インサイダー取引の禁止〔1〕―銀行業務との関連において」金融法務事情一一九四号一六頁。単元未満株式の買取請求についても同様に解すべきである。

(5)　発行会社が商法（当時）により自己株式取得が厳しく制限されていたことを前提に、発行会社に対する公開買付けや買い集めに

対抗するためには、発行会社の要請により、その役員をはじめ取引銀行等において株式を買い付ける防戦買いが行われることがあり、一般的にそのような措置をとることは、非常時における企業防衛のための正当な行為であると考えられた。そのような場合、一六六条の規制を適用すれば、発行会社に未公表の重要事実がある場合、会社のために防戦買いを行う者のほとんどが内部者等として株式売買等が禁止されることから、有効な防衛措置をとることができなくなり、会社自身が株式を取得することができる公開買付け等を行う側との間で、被買収側が著しく不利になるという点が強調された。横畠・前掲注（1）一四九頁。内部者取引規制の適用除外となる防戦買いは、当該上場会社等の取締役会が決定した要請（委員会設置会社では執行役の決定した要請を含む）にもとづいて行われることが必要である。防戦買いを口実とした内部者取引規制の潜脱を防止するためである。

（6）　証券取引審議会公正取引特別部会報告「自己株式取得等の規制緩和に伴う証券取引制度の整備について」（平成六年二月二一日）は、「具体的な取得予定日、取得予定数量、取得方法等を公表することは株価に大きな影響を及ぼしかねず、会社が自己株式を円滑に取得することを困難にするおそれがあり、……会社自身が自己株式の取得を行う場合においては、具体的な取得予定日等の公表を行わなくても自己株式取得を行えることが適当である。」としている。これに対して、前田雅弘「自己株式取得とインサイダー取引規制」法学論叢一四〇巻五・六号二六八頁は、適用除外は投資判断への影響が軽微であることを理由とするはずであるのに、反対に、株価に影響を与えることを適用除外の理由とすることは、特異な適用除外であると批判する。その上で、ここで適用除外とされるのは、具体的な自己株式買付けの決定と同時にそれが重要事実となるため、買付けの決定が一般投資家に比べて有利に行われることにはならないからであると述べている。すなわち、株式の買付けの決定をする段階では、情報を利用する余地がないことを理由とする。この点についての議論については、証券取引法研究会・金庫株解禁に伴う商法・金融商品取引法〔別冊商事法務二五一号〕七七頁以下（平成一四年）参照。

（7）　横畠・前掲注（1）一五六頁。

（8）　上場されている社債においても、株式と同様に相場の変動が生じる。そこで、このような狭い範囲でのみ、適用除外規定の適用を排除（すなわち、内部者取引規制を適用する）ことでよいのかは再検討を要する。たとえば、経営不振の会社が画期的な新製品を開発した場合、社債の償還の可能性が高まり、社債の価格が上昇することが考えられる。川口恭弘他「インサイダー取引規制の比較法研究」民商法雑誌一二五巻四・五号五一二頁注（9）（川口）。

（9）　有価証券規制府令五九条は、①重要事実を知る前に締結された契約の履行として売買等をする場合、②信用取引の反対売買、③市場・店頭クレジット・デリバティブ取引、④いわゆる証券会社方式の役員・従業員持株会による買付け、⑤いわゆる信託銀行方式の役員・従業員持株会による買付け、⑥いわゆる証券会社方式の関係会社（有価証券規制府令五九条三項）の従業員持株会による買付け、⑦いわゆる信託銀行方式の関係会社の持株会による買付け、⑧取引先持株会による買付け、⑨累積投資契約にもとづく買付け、⑩知る前計画にもとづく発行者以外の者による公開買付け、⑪知る前計画にもとづく発行者による公開買付け、⑫知る前計画にもとづく売出しまたは特定投資家向け売付け勧誘等、⑬業務等に関する重要事実を知る前に、公表措置により公開され、または公衆縦覧に供された新株予約権無償割当て（新株予約権の内容として発行者が一定の事由が生じたことを条件として当該新株予約権にかかる新株予約権証券の取得をする旨の定めを設けるものに限る）にかかる計画（当該発行者と引受契約を締結した金融商品取引業者に当該取得をした館株予約権証券の売付けをするものに限る）にもとづき当該発行者が、(i)当該計画で定められた当該取得をすべき期日または当該計画で定められた当該取得をすべき期限の一〇日前から当該期限までの間において当該取得をすること、(ii)当該計画で定められた当該売付けをすべき期日または当該計画で定められた当該売付けをすべき期限の一〇日前から当該期限までの間において当該売付けをすることを規定している。⑬は、ライツ・オファリングにおいて、重要事実を知る前に決定した計画・期日にもとづき、(i)未使用分の新株予約権を取得条項により取得することを、または(ii)取得した新株予約権を引受金融商品取引業者に売却することを内部者取引規制御適用除外とするもので、平成二三年の改正で規定された。公開買付け等にかかる適用除外でも同様の改正がなされている（有価証券規制府令六三条一三号参照）。

(10)　わが国では、一定の事実を知ったときは、当然にそれにかかる取引が禁止される。すなわち、重要事実を利用して取引を行うことは要件とされてない。たとえば、事前に株式売却の予定がある場合に、たまたま、その後、内部情報を知ることとなったとき、現行法の下では、適用除外に該当しない限り、売買を中止しなければならない。アメリカでは、内部情報を利用して取引を行った場合にのみ規制の対象となるとの見解（use theory）と、内部情報を利用したのではないものの、取引成立前に内部情報を知って取引をした場合にも規制の対象となるとの見解（knowing possession theory）が対立していた。証券取引委員会は、二〇〇〇年にＳＥＣ規則一〇b五—一を採択し、後者の立場をとることを明らかにした。もっとも、この立場では、情報取得前に取引決定がなされた場合にも取引が禁止されてしまうことに配慮して、行為者に一定の抗弁を認めている。この点については、川口他・前掲注（8）五四〇頁（黒沼）参照。重要事実を利用して取引を行うことを要件とする場合、裁判では、情報利用の有無が争点となり、内部者取引の認定が困難になることが考えられる。その意味で、情報を保有していることを規制の要件とすることに意義がある。しかし、内部情報を入手する前に、すでに決定された投資判断にまで内部者取引規制をかけることは適切ではない。この点で、一定の場合に、内部者取引規制の適用を排除すべく、アメリカにおけるように、内部者による抗弁の機会を認める立法が検討されるべきである。川口他・前掲注（8）五〇九頁（川口）。

五　規制違反による責任

金融商品取引法は、会社関係者等による内部者取引規制に違反した場合の刑事罰を定めている。金融商品取引法一六六条一項もしくは三項に違反した者は、五年以下の懲役もしくは五〇〇万円以下の罰金またはこれが併科される（金商法一九七条の二第一三号）。法人の代表者または法人もしくは人の代理人、使用人その他の従業者が、その法人または人の業務または財産に関し、右の違反をしたときは、その行為者を罰するほか、その法人も五億円以下の罰金刑に処せられる（金商法二〇七条一項二号）。

現行の金融商品取引法は内部者取引の抑圧の手段として刑事罰に大きく依存している。刑事責任を科す場合には、罪刑法定主義の要請を意識せざるをえない。そのため構成要件の明確性を強く意識した規定振りとなっている。すなわち、何が内部者取引の基礎となる重要事実にあたるのか、内部者取引の規制が及ぶ者の範囲、内部者取引規制の対象となる行為について詳細かつ限定的な規定を設けている。「公表」あるいは適用除外取引の規定に見られるように刑事罰の解除あるいは刑事罰が科されない行為についても、同様にきわめて技術的な性質が色濃く反映したものとなっている。したがって、現行の金融商品取引法上の内部者取引規制は、内部者取引の摘発を意図しつつ、むしろ法的安定性という面を強く配慮した体系を採用したものといえる。

内部者取引規制に違反した場合の法定刑については、それが制定された際には、金融商品取引法一五七条が規定するような取引の実質的な不正という点にまで立ち入らず、いわば形式的に、取引を処罰するものであることを前提として、同法における他の罰則との均衡等を考慮して決められた(1)。アメリカなどと比べて、内部者取引規制の違反者に対する制裁が軽い(2)。この点については、金融商品取引法一六六条二項一号から三号に定める形式基準ではなく、四号で実質基準を用いる包括条項の利用が一般的になされる状況では、刑事罰のあり方についても再検討をする必要がある(3)。

内部者取引を厳格に摘発し刑事罰をもって制裁を行うこと、刑事罰を背景にその予防をはかることは、もとより重要であるものの、それのみでは投資者保護に十分であるとは言い切れない。内部者取引が行われると、内部情報を知らずに取引を行った投資者は、公表されれば株価を引き上げる情報を知らずに株式を売却しあるいは公表されれば株価を引き下げる情報を知らずに株式を買い付けることとなる。内部情報を知っていた場合と比較して、投資者は得るべき利益を失い、回避しうべき損失を被ったといえる。内部者取引により得た利益は没収される（金商法一九八条の二）。しかし、現行の金融商品取引法は、内部者取引に伴う一般投資者の被る不利益に対して具体的な対抗手段を与えてはいない。(4)

なお、平成一六年の改正で、内部者取引規制の違反に対して課徴金が課せられることとなった。(5)すなわち、金融商品取引法一六六条一項または三項の規定に違反して、自己の計算において同条一項に規定する売買等をした者があるときは、有価証券の売買等の価額と、重要事実が公表された後二週間における最も高い価額のとの差額が課徴金として徴収される（金商法一七五条一項）。この差額は、①内部者取引として、重要事実の公表前六か月以内に有価証券の売付け等を行っている場合（情報が株価引下げの効果をもたらす情報である場合）、当該売付け等をした価格にその数量を乗じて得た額から、重要事実公表後二週間における最も低い価格に売付け等の数量を乗じて得た額、②内部者取引として、重要事実の公表前六か月以内に有価証券の買付け等を行っている場合（情報が株価引上げの効果をもたらす情報である場合）、重要事実公表後二週間における最も高い価格に買付け等の数量を乗じていた額から当該買付け等をした価格にその数量を乗じて得た控除した金額となる。(6)

内部者取引規制に違反して得た財産は没収される（金商法一九八条の二第一項）。また、財産を没収することができないときは、追徴される（金商法一九八条の二第二項）。課徴金額の算定にあたって、課徴金事件と同一の事件について確定した刑事裁判で必要的な没収・追徴が命じられる場合には、当初算出された課徴金額から右没収・追徴相当額を控除するとの調整がなされる（金商法一八五条の七第一五項）。(7)上場会社の役員や主要株主は短期売買差益の提供が義務づ

けられる（金商法一六四条）。かかる短期売買差益と課徴金との間で金額の調整を行う仕組みは定められていない。(8)

内部者取引規制に違反したことで課徴金納付命令を受けたことがある者が、五年以内に再度同じ違反行為を行った場合、再度の違反行為に対する課徴金の金額は法定金額の一・五倍となる（金商法一八五条の七第一三項）。また、金融商品取引法は、監督当局が調査に入る前に違反行為があったことを報告した場合、課徴金の金額が半減される制度（課徴金の減算制度）を定めている（金商法一八五条の七第一二項）。これは、違反行為が行われた場合に早期に発見できるようなコンプライアンス体制を整備する動機を与えるためのものである。(9)かかる制度趣旨から、内部者取引については、上場会社等による自己株式取得に関するものに適用が限定される。(10)

（1）横畠裕介・逐条解説インサイダー取引規制と罰則一八頁（平成元年）。現行法の下でも、金融商品取引法一五七条違反の場合には、一〇年以下の懲役または一〇〇〇万円以下の罰金、またはこれが併科され（金商法一九七条一項五号）、一六六条違反のほうが軽い罰則となっている。

（2）事件の多くは、低額の罰金を命じる略式命令で事件が終結している。この点で、条文の解釈など重要な争点において裁判所の判断が示される機会が失われているという指摘がある。河本一郎「内部者取引をめぐる最近の諸問題」インベストメント四八巻四号一〇頁。

（3）内部者取引規制が立法された当初は、違反に対する制裁は、六か月以下の懲役もしくは五〇万円以下の罰金と定められていた（昭和六三年の証券取引法二〇〇条四号）。もっとも、その後、内部者取引規制の条文そのものは本質的な改正がなされていないままに、違反の制裁は強化されている。

（4）一般投資者には民法の不法行為規定にもとづいて損害賠償を請求する方法しか見当たらない。しかも、有価証券市場を経た取引であれば、因果関係を立証することはきわめて難しい。民事責任の検討については、龍田節「内部者取引に関する法律私案と提案趣旨」商事法務七四六号五頁、上田真二「公開市場を通じてなされた内部者取引の民事救済」阪大法学五一巻一号二九一頁、前田雅弘「インサイダー取引規制のあり方」商事法務一九〇七号二五頁参照。

（5）平成二〇年の改正は、課徴金制度に対して一定の改正を行った。これについて金融審議会金融分科会第一部会報告「我が国金融・資本市場の競争力強化に向けて」（平成一九年一二月一八日）は、つぎのように述べている。

「我が国金融・資本市場の魅力を高め、『貯蓄から投資へ』の流れを一層確実なものとしていくためには、市場の公正性・透明性を向上させ、我が国市場に対する信頼を確保していくことが重要となる。このためには、金融・資本市場における不公正取引や開示規制への違反行為に対して抑止が十全に図られることが必要である。金融商品取引法上の課徴金制度は、こうした観点から平成一七年に導入がなされ、その後の二年余の期間において一定の実績がみられる。この課徴金制度については、違反抑止の実効性を一層確保する観点から、当部会の下に設置された法制ワーキング・グループがとりまとめた報告『課徴金制度のあり方について』を踏まえ、課徴金の金額水準、対象範囲、除斥期間等につき、所要の見直しを行うことが適当である。」

　金融審議会金融分科会第一部会法制ワーキング・グループ報告「課徴金制度のあり方について」（平成一九年一二月一八日）は、内部者取引にかかる課徴金についてつぎのように見解を示していた。

「インサイダー取引に係る課徴金については、過去の違反事案において、実際に違反者が得た利得が課徴金の金額よりも多い事例が見られたこと等を踏まえ、違反抑止の実効性確保の観点から、より適切な水準へ引き上げるべきである。例えば、現行、課徴金算定の基準は重要事実公表日の翌日の終値とされているが、翌々日以降の価格動向も反映されるような枠組みを検討すべきである。」

　右のように、内部者取引規制違反に対する課徴金制度が導入された際、課徴金の額は、内部者取引を行った価格と、重要事実の公表日の翌日の終値との差額が基準とされた。もっとも、重要事実の公表に伴う市場価格への影響は、必ずしも、重要事実公表日の翌日の株価のみに反映されるわけではない。むしろ、過去の事例からすると、その影響は、公表日翌日以降も数日継続する傾向があることが指摘された。大来志郎＝鈴木謙輔「課徴金制度の見直し」商事法務一八四〇号三四頁。さらに、重要事実の公表の翌日の価格を課徴金算定の基準とした場合、内部者取引による利得がないといった事態も生じえた。たとえば、重要事実の公表が一〇月一二日に行われ、翌日の株価が一三〇〇円であった場合、内部者取引により、一〇月一五日に一一〇〇円で一〇〇〇株買付けしたAについては、課徴金額は、「(一三〇〇円—一一〇〇円) ×一〇〇〇株) ＝二〇万円」となる。これに対して、内部者取引により、一〇月一日に一五〇〇円で一〇〇〇株買付けをしたBについては、課徴金額は、「(一三〇〇円—一五〇〇円) ×一〇〇〇株) ＝マイナス二〇万円」となり、課徴金は課せられないこととなる。このような事態に対処するため、平成二〇年の改正では、内部者取引規制違反の課徴金額は、「重要事実公表前に行った買付価格（売付価格）と重要事実公表後二週間の最高値（最安値）の差額」（金商法一七五条一項）と改められた。したがって、右の例では、最高値が一七〇〇円であれば、「(一七〇〇円—一五〇〇円) ×一〇〇〇株＝二〇万円」が課徴金の金額となる。

（6）　平成二〇年の改正前まで、内部者取引を含む不公正取引にかかる違反行為に対する課徴金は、会社の計算による内部者取引以外は、自己の計算による場合のみを対象としていた。これは、課徴金の性質が不当利得の吐き出しとされていたことから導かれるものであった。しかし、たとえば、個人であれば親族、法人であれば顧客や関係会社の計算による内部者取引がなされうることを考えると、自己の計算による場合のみを規制対象とすることは適切ではない。そのため、平成二〇年の改正では、①違反者がその総株主等の議決権の過半数を保有している会社その他の違反者と密接な関係を有するものとして内閣府令で定める者（密接関係者）および②違反者と生計を一にする者その他の違反者と特殊の関係にある者として内閣府令で定める者（特殊関係者）の行為についても、自己の計算において違反行為を行ったものとみなして課徴金の金額を算出することとした（金商法一七五条一〇項）。内閣府令では、①について、(i)違反者の親会社、(ii)違反者の子会社、(iii)違反者の兄弟会社および(iv)税法に規定する同族会社、②について、(i)違反者の親族、(ii)違反者と事実上婚姻関係と同様の事情にある者、(iii)違反者の役員、代理人、使用人その他の従業者、(iv)違反者から受ける金銭その他の資産によって生計を維持している者、(v)(ii)から(iv)と生計を同一にするこれらの者の親族が定められている（課徴金府令一条の二〇）。

さらに、金融商品取引業者が、その顧客の計算において違法な内部者取引を行った場合、本来行ってはならない違法行為を通じて顧客との契約にかかる報酬相当額を不当に得たことになる。鈴木謙輔「課徴金制度の見直し」商事法務一八五五号一九頁。そこで、金融商品取引業者（登録金融機関）がその顧客の計算において違法行為を行った場合、手数料、報酬等に相当する額の課徴金が賦課される（金商法一七五条一項三号・二項三号）。内閣府令では、投資運用業として違反行為がなされた場合と、それ以外の場合とに分けて、手数料等の額の内容が定められている（課徴金府令一条の二一）。

なお、これらの密接・特殊関係者の計算による違反取引および顧客の計算による違反取引についての規定は、内部者取引規制のほか、風説の流布・偽計取引等にも規定されている（金商法一七三条五項〜七項・一七四条五項〜七項・一七三条一項四号・一七四条一項四号）。

(7)　岡田大＝吉田修＝大和弘幸「市場監視機能の強化のための証券取引法改正の解説―課徴金制度の導入と民事責任規定の見直し」商事法務一七〇五号四八頁は、「必要的没収・追徴規定では、不公正取引により得た財産（およびその対価として得た財産）の没収あるいはそれらの財産の価額の追徴を行うべきこととされており、実際には、不公正取引等により得た有価証券等（またはその売却により得た金銭）の価額（＝グロスの取引額）の追徴が命じられることが多い。このため、通常は、利得を基準とする課徴金額を上回ることがほとんどであり、その場合は、調整規定の適用の結果、課徴金納付命令は行われないこととなる（刑事判決に先行してすでに課徴金納付命令が行われていた場合は取消しを行う）。」としている。

(8)　岡田他・前掲注（7）四七頁は、その理由として、目的・請求金額（賦課額）・請求者を異にするまったく異なる制度であると述べている。しかし、短期売買差益の返還は内部者取引の未然防止のために要求されるもので、課徴金の目的と同様である。また、請求金額が異なることは調整を行わない理由にはならない。請求金額が異なれば、そこで調整を行えばよい。課徴金と罰金とは国家に支払われるものであるので調整は容易であるものの、短期売買差益は会社に提供されるもので、この点で、課徴金との調整が難しいと考えられたことが主たる理由と思われる。負担者の観点からこのような違いに合理性があるかどうか検討の余地がある。

(9)　池田唯一他・逐条解説・二〇〇八年金融商品取引法改正一一〇頁（平成二〇年）。

(10)　課徴金は、監督官庁による内部者取引規制の主要な監督手法として定着している。証券取引等監視委員会「金融商品取引法における課徴金事例集」参照。なお、前述のように、わが国の内部者取引規制は、当初、形式犯として処罰することから、比較的軽微な罰則が規定されていた。しかし、その後、厳罰化の傾向が続き、現在では、個人については五〇〇万円または五年以下の懲役、法人については五億円以下の罰金となっている。この点で、金融商品取引法における形式犯としての位置づけと、違反の制裁としての刑事罰の程度の間の整合性が崩れている。課徴金制度には、このような立法の不具合を補完する役割も期待できる。川口恭弘「課徴金制度の見直し」ジュリスト一三九〇号六一頁。

第二款　公開買付者関係者等による内部者取引

一　内部者取引規制の意義

金融商品取引法一六七条は、金融商品取引所上場証券、店頭売買有価証券または取扱有価証券の公開買付け等に関する内部者取引を禁止する。まず、金融商品取引所上場証券、店頭売買有価証券または取扱有価証券の公開買付け等をする者の会社関係者がその地位において当該公開買付け等の実施または中止に関する未公表の重要な事実を知って当該公開買付け等にかかる株式等の売買等をすることが禁止される（金商法一六七条一項）。さらに、金融商品取引所上場証券、店頭売買有価証券または取扱有価証券の公開買付け等をする者の会社関係者またはその地位を去ってから一年を経過しない者から、それらの者がその地位において知った当該公開買付け等の実施または中止に関する未公表の重要な事実の伝達を受けた情報受領者が当該公開買付け等にかかる株式等の売買等をすることも禁止される（金商法一六七条三項）。

金融商品取引法一六七条の規制対象となる公開買付けは、同法二七条の二第一項に規定する株券等で金融商品取引所に上場されているものまたは店頭売買有価証券もしくは取扱有価証券に該当するものを対象とした公開買付けである。金融商品取引法二七条の二第一項に規定する株券等とは、①株券、新株予約権証券および新株予約権付社債券、②外国法人の発行する証券または証書で①に掲げる有価証券の性質を有するもの、③投資証券および外国投資証券および、④有価証券信託受益証券で、受託有価証券が①②③の有価証券であるもの、⑤①②③に掲げる有価証券にかかる権利を表示する海外預託証券をいう（金商令六条一項）。これらの有価証券を対象とする公開買付けであっても、金融商品取引法二七条の二第一項本文の適用を受けるものに限られる。たとえば、株券を対象とする公開買付けで買付け後の公開買付者およびその特別関係者の株式所有割合の合計が一〇〇分の五を超えない場合には、金融商品取引法一六七条の規制対象となる公開買付けに該当しない（金商法二七条の二第一項一号参照）。公開買付け以外に「これに準ずる行為で政令で定めるもの」も金融商品取引法一六七条の規制対象となる。(1)さらに、金融商品取引法二七条の二二の二第一項に規定する公開買付け行為も規制対象となる。

金融商品取引法一六七条は、株式等の市場における需給に関する情報、いわゆる市場情報といわれるもののうち公開買付けまたは買集めに限って内部者取引禁止の規制対象とした。市場情報に関連しては禁止の対象となる行為を公開買付け等にかかるものに限ったのは、内部者取引禁止の目的にかんがみ、公開買付け等にかかるもの以外については、これを一般的に、刑事制裁によってまで規制することが妥当ではないと考えられたことによる。(2)公開買付け等以外のものにかかる市場情報は、上場会社、店頭売買有価証券もしくは取扱有価証券を発行する会社または金融商品取引所上場証券、店頭売買有価証券もしくは取扱有価証券の公開買付け等をする者の会社関係者としての地位のゆえに得られる情報でない。ただし、金融商品取引法三八条七号および金商業等府令一一七条一項一二号は、個人である金融商品取引業者または金融商品取引業者等の役員または使用人については、「自己の職務上の地位を利用して、顧客の有価証券の売買その他の取引等に係る注文の動向その他職務上知り得た特別の情報に基づいて……有価証券の売買その他の取引等をする行為」を違法としている。顧客の有価証券の売買等にかかる注文の動向は、いわゆる市場情報に属するものであり、「その他職務上知り得た特別の情報」には、金融商品取引業者が特定の銘柄の株式を注目銘柄あるいは参考銘柄に指定すること、有力な証券アナリストが特定の銘柄の株式につき有利または不利な意見を広く発表すること等のその他の市場情報が含まれうる(3)。

(1)　公開買付けに準ずる行為として、その株券が上場されているかまたは店頭売買されている発行会社の発行する株券、新株予約権証券、新株予約権付社債券等の買集め行為であって、自己または他人名義で買い集める株券等にかかる議決権の数が合計で総株主等の議決権の数の一〇〇分の五以上にあたる場合が規定されている。ただし、買集め直前の株券等所有割合が一〇〇分の五未満の場合は、当該買集め行為のうちで所有割合が一〇〇分の五を超える部分にかかるものに限られる（金商令三一条）。なお、単独で総株主の議決権の五パーセント以上に相当する株券等を買い集める場合のほか、他の者と「共同して」五パーセント以上に相当する株券等を買い集める場合も、公開買付けに準ずる行為として規制の対象となる。ここにいう「共同して」については特別の規定は定められていない。この点について、三浦州夫＝吉川純「株式の公開買付け・買集めとインサイダー取引規制〔中〕」商事法務一七二〇号五四頁は、大量保有報告制度における意義（金商法二七条の二三第五項）と統一的に理解すべきと述べる。

(2)　神崎克郎「インサイダー取引の禁止（上）」インベストメント四一巻三号三頁。

(3)　神崎・前掲注（2）。

二　規制の対象者

金融商品取引法一六六条が会社関係者またはその情報受領者による会社の企業内容に関連する重要情報にかかる内部者取引を禁止するものであるのに対して、金融商品取引法一六七条は公開買付者等関係者またはその情報受領者による公開買付け等の実施または中止に関する事実にかかる内部者取引を禁止するものである。

公開買付者等関係者は、①公開買付者等もしくはその親会社の役員、代理人、使用人その他の従業員、公開買付者等が法人以外の者である場合は代理人もしくは使用人がその者の職務に関し知ったとき、内部者取引が禁止される（金商法一六七条一項一号）。②公開買付者等に対する帳簿閲覧請求権を有する株主または親会社、当該株主が代表者または管理人の定めのある団体であるときはその役員、代理人、使用人その他の従業員、当該株主が代表者または管理人の定めのある団体以外の者であるときはその代理人もしくは使用人がその権利行使に関し知ったとき、内部者取引が禁止される（金商法一六七条一項二号）。③公開買付者等に対する法令にもとづく権限を有する者がその権限の行使に関し知ったとき、内部者取引が禁止される（金商法一六七条一項三号）。④公開買付者等と契約を締結している者または締結の交渉をしている者、その者が代表者または管理人の定めのある団体であるときはその役員、代理人、使用人その他の従業員、その者が代表者または管理人の定めのある団体でないときはその代理人または使用人であって、公開買付者等の役員、代理人、使用人その他の従業員以外の者がその契約の締結もしくはその交渉または履行に関し知ったとき(1)、内部者取引が禁止される（金商法一六七条一項四号）。さらに⑤②または④に該当する者が代表者または管理人の定めのある団体であるときはその役員、代理人、使用人その他の従業員、代表者または管理人の定めのある団体以外の者であるときはその代理人もしくは使用人が、その権利の行使もしくはその契約の締結もしくはその交渉または履行に関して知った役員等からその職務に関し重要な事実を知ったときに内部者取引が禁止される（金商法一六七条一項五号）。

金融商品取引法一六七条三項は、公開買付者等関係者または公開買付者等関係者でなくなった後一年を経過するまでの者から、公開買付け等の実施または中止に関する事実の伝達を受けた者が、その事実の公表前に当該公開買付け等にかかる株式等の売買等をすることを原則として禁止している。職務上公開買付け等の実施または中止に関する事実の伝達を受けた者が所属する法人の他の役員等であって、その者の職務に関しその事実を知ったものも同様である。

このように、公開買付者関係者等による内部者取引規制（金商法一六七条）は、会社関係者等による内部者取引規制（金商法一六六条）とほぼ平仄を合わせた形で規定されている。[2] 公開買付者等本人、本人の計算で買付け等を行うその役員等は公開買付者等関係には含まれず、規制の対象外となる。

（1）東京地判平成一五年五月二日判例タイムズ一一三九号三一一頁は、銀行のM&Aに関する仲介、助言業務等を行う部署に所属していた者が、所属部署の取り扱っていた株式購入のための仲介、助言等を内容とするアドバイザリー契約案件に関連して、社内の会議において担当者の報告を聞くなどを通じて公開買付けの実施に関する内部情報を知り、公開買付け対象銘柄の株式を買い付けたという事案において、「公開買付者等関係者が法人であるときは、公開買付け等の実施に関する事実に関わる業務等が、当該法人の特定の部門において組織的に行われ、その内部情報を共有している状況に鑑み、当該法人の『使用人その他の従業員』をも広く処罰の対象としたと解される。」とした上で、「『契約の締結若しくはその交渉又は履行に関し知ったとき』とは、そうすると、契約の締結もしくは交渉または履行行為自体によって知った場合はもとより、これと密接に関連する行為により知った場合も含むと解されるが、それは、契約の締結または交渉について権限を有し、あるいはその履行について義務を負う者がそれらの行為の際に知ったときだけでなく、これを補助する担当者が知ったときを含み、さらに、この担当者等からその職務上当該契約の締結もしくは交渉または履行の状況等について報告を受ける立場にある上司や同僚等がその報告等の機会に知った場合をも含むと解するのが相当である。」と判示し、被告人が公開買付けの実施に関する内部情報を知ったのは、一六七条一項四号にいうアドバイザリー契約の「締結若しくはその交渉又は履行に関し知ったとき」に該当するとした。

（2）公開買付者関係者等の取引も、情報が「公表」された後は、禁止が解除される（金商法一六七条一項）。ここにいう「公表」は、公開買付け等事実について当該公開買付者等により多数の者の知りうる状態に置く措置として政令で定める措置がとられたこと、公開買付開始公告等がなされたことまたは公開買付届出書もしくは公開買付撤回届出書が公衆縦覧に供されたことをいう（金商法一六七条四項）。政令では、会社関係者等による内部者取引規制と同様のものが規定されている（金商令三〇条）（本書一二五五頁参照）。そこでは、上場会社等が、その発行する有価証券を上場する金融商品取引所の規則に定めるところにより、公開買付け等事実を当該金融商品取引所に通知し、かつ、これが金融商品取引所によって公衆縦覧されたことが含まれる。もっとも、かかる措置が認められるのは、発行会社による公開買付けに限定されている（金商令三〇条一項二号）。しかし、他社株に対する公開買付け等の実施についても、金融商品取引所の適時開示により、当該事実が明らかになれば、内部者取引規制を解除することが望ましい。

三　公開買付けにかかる事実

金融商品取引法一六七条二項は、公開買付け等を行う者が公開買付けもしくはそれに準ずる行為を行うことについての決定をし、または公表された公開買付けもしくはそれに準ずる行為を行わないことを決定したことの情報を内部者取引の基礎となる重要な情報としている。もっとも、ここにいう、公開買付け等を行う者とは、それが法人である場合は、その業務執行を決定する機関を意味する。したがって、ある会社が他の会社の株式等について公開買付け等の行為をする場合、その会社の業務執行を決定する機関としての取締役会、常務会あるいは代表取締役社長等が当該公開買付け等の行為を行うことについての決定をしたことの情報が問題となる。業務執行を決定する機関は、実質的に会社の意思決定と同視されるような意思決定を行うことができる機関を意味する。(1) この点は、会社関係者等による内部者取引規制における「決定事実」（金商法一六六条二項一号）と同様である。

公開買付け等の行為の実施の決定は、公開買付け等の行為を「行うことについての決定」であり、その対象会社は具体的に明確になっていることを必要とするが、その行為の条件および方法が具体的に決まっていることを必要としない。会社の業務執行を決定する機関が他の会社の有価証券について公開買付け等の行為を行うこととし、その行為の具体的な条件や方法を社内で検討させ、社外の弁護士や金融商品取引業者の担当者と協議させる場合、社内の検討に参加する役員や従業員、社外の弁護士や金融商品取引業者の担当者は、会社関係者として、当該行為において問題となる対象会社の有価証券の売買をすることを禁止される。(2)

ただし、公開買付け等の行為を行うことの決定または公表された公開買付け等の行為を行わないことの決定をしたことの情報も当該行為が投資者の投資判断に及ぼす影響が軽微なものとして内閣府令に定める基準に該当するときは、内部者取引の基礎とならない（金商法一六七条二項ただし書）。(3)(4)

（1）　いわゆる村上ファンド事件（東京高判平成二一年二月三日判例タイムズ一二九九号九九頁）において、ライブドアがニッポン放送の総株主の議決権の一〇〇分の五以上の株券等を買い集めることについての決定に関して、ライブドアの堀江代表取締役兼最高経営責任者と財務責任者の宮内取締役が「業務執行を決定する機関」に該当すると認定されている。

（2）　村上ファンド事件では、決定の時期が争われた。この点については、本書一二三八頁参照。

（3）　株式等の買集めであって、その買集め行為によって各年において買い集める株式等の数が発行済株式総数の一〇〇分の二・五未満であるものは公開買付け等事実とならない（有価証券規制府令六二条一号）。三年にわたり、各年二パーセントずつ買い集め、合計で六パーセントを保有するに至った場合でも、それぞれの買付けがそのつど決定され、当初から計画的に五パーセント以上を買い集める意思がない場合には、公開買付け等事実が発生したことにはならない。もっとも、買付者の意図を外部から判断することは困難な場合も少なくなく、取引の態様、行為の実質的な継続性等を総統的に勘案して判断せざるをえない。三國谷勝範・インサイダー取引規制詳解一四八頁（平成二年）。なお、有価証券関連業を行う金融商品取引業者が有価証券の流通の円滑をはかるために顧客を相手方として行うものであって、当該買集め行為により買い集めた株券等を当該買集め行為後直ちに転売することについても軽微基準が規定されている（有価証券規制府令六二条二号）。

（4）　例外的に適用除外とされる取引についても、公開買付け等にかかる内部者取引規制の規定振りは、会社情報にかかる内部者取引規制のそれとほぼパラレルなものとなっている（金商法一六七条五項、有価証券規制府令六三条参照）。

ところで、公開買付者等の要請を受けて行う、いわゆる「応援買い」については、公開買付け等関係者による内部者取引規制の適用が除外される（金商法一六七条五項四号）。公開買付者自身による買付けには内部者取引規制は適用されない。応援買いはこれと同視しうるものとして適用除外となる。会社関係者による内部者取引規制の適用除外を受ける「防戦買い」（金商法一六六条六項四号）と同様に、かかる応援買いが許容されるのは、脱法行為を予防するため、公開買付者等からの要請がある場合に限られる。

また、公開買付け等に対抗するため、公開買付け者等の要請を受けて行う、いわゆる「防戦買い」についても適用除外が認められる（金商法一六七条五項五号）。たとえば、A社の役員がB社との何らかの契約締結交渉の際に、B社がA社に対する公開買付け等の決定をしたことを知った場合、A社の役員は公開買付け等関係者（金商法一六七条一項）として内部者取引規制を受ける。その場合、当該公開買付け等に対抗するために、A社の経営陣が取引先に防戦買いを要請する際、B社が公開買付け等の決定をしたことを告げると、当該取引先は情報受領者として同様の規制を受けることとなる。このような場面で、一方において買収者（B社）側の公開買付け等が自由に行われるのに対して、他方で被買収者側（A社）は公開買付け等の事実を公表できないため（公開買付け等の事実の公表主体は買収する側に限られる（金商法一六七条四項）、緊急の防戦買いができなくなるのは、規制上均衡を失する。河本一郎＝三浦州夫＝吉川純「いわゆる『防戦買い』に関する実務対応」商事法務一八一八号五頁。なお、防戦買いは、公開買付け等が現に行われている場合にのみ許容される。公開買付けであれば、公告制度および届出制度により、その存在が明確となる。しかし、買集め行為の場合は、その決定がなされたか否かの判断は容易ではない場合が多い。買集め行為の決定は、買集めの主体が法人である場合は、業務執行を決定する機関が行う（金商法一六七条二項）が、いつの時点で決定があったかの判断は実質的に行われなければならない。河本他・右掲八頁は、防戦買いは、公開買付届出書が提出された場合や買集め者が比較的短期のうちに五パーセント超を買い付けた（買い付ける）旨を明言し大量保有報告書によりそのことが裏づけられる場合等、相当な客観的根拠がある場合に限るべきとして、安易な制度利用に警鐘を鳴らしている。

四　規制違反による責任

会社関係者等による内部者取引規制違反の場合と同じく、公開買付け等者関係者による内部者取引規制違反の場合にも刑事責任が規定されている。すなわち、金融商品取引法一六七条一項もしくは三項に違反した者は、五年以下の懲役もしくは五〇〇万円以下の罰金またはこれが併科される（金商法一九七条の二第一三号）。法人の代表者または法人もしくは人の代理人、使用人その他の従業者が、その法人または人の業務または財産に関し、右の違反をしたときは、その行為者を罰するほか、その法人に対しても、五億円以下の罰金刑に処せられる（金商法二〇七条一項二号）。内部者取引により得た利益は没収される（金商法一九八条の二）。

公開買付け等関係者による内部者取引には課徴金が賦課される。すなわち、金融商品取引法一六七条一項または三項の規定に違反して特定株券等もしくは関連株券等にかかる買付け等または株券等にかかる売付け等をした者があるときは、売付け等の場合、①売付け等をした価格にその数量を乗じて得た額から②公開買付け実施に関する事実または公開買付け等の中止に関する事実当該事実が公表された後二週間における最も低い価格に売付け等の数量を乗じて得た額、買付け等の場合、①公開買付け等の実施に関する事実または公開買付け等の中止に関する事実が公表された後二週間における最も高い価格に買付け等の数量を乗じて得た額から②買付け等をした価格にその数量を乗じて得た額を控除した額が課徴金の金額となる（金商法一七五条二項）。この場合、売付け等または買付け等は、公開買付け等の実施に関する事実または公開買付け等の中止に関する事実の公表がなされた日以前六月以内に行われたものに限られる（金商法一七五条二項）。このほか、課徴金の加算制度など、会社関係者等による内部者取引規制違反の場合と同様のものが定められている（金商法一八五条の七第一三項等）。

内部者取引規制に違反して得た財産は没収される（金商法一九八条の二第一項）。また、財産を没収することができないときは、追徴される（金商法一九八条の二第二項）。課徴金額の算定にあたって、課徴金事件と同一の事件について確定した刑事裁判で必要的な没収・追徴が命じられる場合には、当初算出された課徴金額から右没収・追徴相当額を控除するとの調整がなされる（金商法一八五条の七第一五項）。

第三款　内部者取引の未然防止

一　短期売買利益の提供義務

1　短期売買利益の提供

上場会社等の役員または主要株主は、会社における職務または地位のゆえに会社の発行する有価証券の投資判断に影響を及ぼす重要な未公表の事実を知る可能性が大きい。そこで、これらの者がそのような事実を利用して内部者取引を行うことを防止するために、それらの者が、六か月の期間内に当該上場会社等の特定有価証券等について買付け等をした後売付け等をし、または売付け等をした後買付け等をして利益を得たときは、その利益を会社へ提供すべきものとされる（金商法一六四条一項）(1)。

ここにいう上場会社等は、社債券、優先出資証券、株券、または新株予約権証券で金融商品取引所に上場されているものまたは店頭売買有価証券もしくは取扱有価証券に該当するものその他の政令で定める有価証券（特定有価証券）の発行者をいう（金商法一六三条一項）。主要株主とは、自己または他人名義をもって総株主の議決権の一〇〇分の一〇以上の株式を有している株主をいう（金商法一六三条一項）。ただし、株式の取得または保有の態様その他の事情を勘案して内閣府令で定めるものは除かれる。有価証券規制府令二四条は、①信託業を営む者が信託財産として所有する株式、②有価証券関連業を行う者が引受けまたは売出しを行う業務により取得した株式および③金融商品取引法一五六条の二四第一項に規定する業務を行う者（証券金融会社）がその業務として所有する株式については、たとえ総株主の議決権の一〇パーセント以上にあたっても適用除外とされる旨を明らかにしている。

上場会社等の役員または主要株主による会社への利益の提供義務は、その買付け等または売付け等が会社の発行する有価証券の投資判断に影響を及ぼす重要な未公表の事実を利用して行われたものであるか否かを問わず発生する(2)。

上場会社等の役員または主要株主が、その特権的地位のゆえに会社の重要な未公表の事実を知って会社の特定有価証券等の売買等を行った場合には、その買付けまたは売付けの後六か月以内に反対の売付けまたは買付けを行ったか否かにかかわらず、金融商品取引法一六六条の規定に違反したものとして、刑事罰に服することになる。他方、上場会社等の役員または主要株主が、会社の特定有価証券等について六か月以内に買付けおよび売付けをして利益を得ても、その買付けまたは売付けが会社の重要な内部情報を知って行われたもの等一六六条の規定する内部者取引に該当するものでない限り、その利益の会社への提供義務は発生しても、その買付けおよび売付け自体は、なんら違法なものではない(3)。

上場会社等の特定有価証券等につき六か月の期間内に行った買付け等および売付け等による利益の会社への提供義務は、上場会社等の役員および総株主の議決権の一〇パーセント以上を実質的に所有する主要株主についてのみ妥当する。したがって、上場会社等の役員または主要株主以外の者、たとえば会社の幹部職員または会社の総株主の議決権の一〇パーセント未満を実質的に所有する筆頭株主は、たとえその職務または地位のゆえに会社の重要な未公表の事実を知る可能性を有していても、このような義務を負担しない。もっとも、金融商品取引法一六五条の二は、民法上の組合、投資事業有限責任組合もしくは有限責任事業組合またはこれらの組合に類似する団体で政令で定めるものであって、当該組合等の財産に属する株式にかかる議決権が上場会社等の総株主等の議決権の一〇〇分の一〇以上であるものについては、当該特定組合等の組合員が、当該特定組合等の財産に関して当該上場会社等の特定有価証券等にかかる短期売買を行った場合には特則として、当該特定組合等に対して会社への利益の提供義務を規定している。

金融商品取引法一六四条にいう上場会社等の役員とは、当該会社の取締役、会計参与、監査役もしくは執行役を意味する（金商法二一条一項一号参照）。[4] 六か月の期間内の買付け等または売付け等のいずれかの時に上場会社等の役員である者は、当該会社への利益の提供義務を負担するのであって、この義務が発生するためには買付け等および売付け等の両時期に会社の役員であることを必要としない。これに対して、上場会社等の主要株主による短期売買差益の会社への提供義務は、その者が買付け等および売付け等の両時期において、会社の総株主の議決権の一〇パーセント以上を実質的に所有する者であることを要する（金商法一六四条八項）。[5] ただし、この要件を満たす限り、主要株主がその売付け等によって主要株主の地位を失う場合においても、それによる利益の会社への提供義務は消滅しない。もっとも、会社の総株主の議決権の一〇パーセント以上を所有しない者が株式の買付けによって一〇パーセント以上を所有することになっても、その買付けは会社の主要株主によるものではなく、したがって短期売買差益の提供義務を生じさせるものではない。特定組合等についても同様に解される。

上場会社等の役員または主要株主が短期売買差益の会社への提供義務を負うにもかかわらず、当該会社が任意に当該役員等に対して返還請求をしない場合には、当該会社の株主は、一定の要件を満たせば、会社に代わって会社のために、当該役員に対して短期売買差益の返還請求権を代位行使できる（金商法一六四条二項）。この場合の要件とは、株主が会社に対して返還請求権を行使するよう要求したにもかかわらず、要求した日から六〇日以内に会社が、役員等に対して返還を請求しない場合である。(6)

上場会社等がその役員等に対して有する短期売買差益の返還請求権は、利益の取得のあった日を起算点として二年間行使しないと消滅する（金商法一六四条三項）。すなわち、返還請求権は二年の除斥期間に服することになる。

(1)　特定有価証券等は、特定有価証券および関連有価証券を指す。買付け等は、特定有価証券等の買付けその他の取引で政令で定めるものをいう。これには、①特定有価証券の買付け、②関連有価証券の買付け。特定有価証券の売買にかかるオプションを表示する関連有価証券については、当該オプションの行使により当該行使をした者が当該売買において買主としての地位を取得するものに限る、③特定有価証券の売買にかかるオプションを表示する関連有価証券の売付けであって当該オプションの行使により当該行使をした者が当該売買において売主としての地位を取得するもの、④その他①から③までに掲げる取引に準ずるものとして内閣府令で定めるものをいう（金商令二七条の五）。ここにいう内閣府令として有価証券規制府令二六条が具体的に列挙している。一方で、売付け等は、特定有価証券等の売付けその他の取引で政令で定めるものをいう。これには、①特定有価証券の売付け、②関連有価証券の売付け。特定有価証券の売買にかかるオプションを表示する関連有価証券については、当該オプションの行使により当該行使をした者が当該売買において売主としての地位を取得するものに限る、③特定有価証券の売買にかかるオプションを表示する関連有価証券の買付けであって、当該オプションの行使により当該行使をした者が当該売買において買主としての地位を取得するもの、④その他①から③までに掲げる取引に準ずるものとして内閣府令で定めるものをいう（金商令二七条の六）。ここにいう内閣府令として有価証券規制府令二七条が具体的に列挙している。なお、買付け等および売付け等には該当しないが、内閣府令によりこれらに準ずる行為として掲げられているものには、上場会社等の役員または主要株主が受益者である運用方法が特定された信託について、当該役員等の指図にもとづき受託者が当該上場会社等の特定有価証券等にかかる買付け等または売付け等をする場合が該当する（有価証券規制府令二八条）。

(2)　最大判平成一四年二月一三日民集五六巻二号三三一頁は「個々の具体的な取引について秘密を不当に利用したか否かという事実

の立証や認定は実際上極めて困難であるから、上記事実の有無を同項適用の積極要件又は消極要件とすることは、迅速かつ確実に同項の定める請求権が行使されることを妨げ、結局同項の目的を損なう結果となり兼ねない。このようなことを考慮すると、同項〔旧証取法一六四条一項—筆者注〕は、客観的な適用要件を定めて上場会社等の役員又は主要株主による秘密の不当利用を一般的に予防しようとする規定であって、上場会社等の役員又は主要株主が同項所定の有価証券等の短期売買取引をして利益を得た場合には、前記の除外例に該当しない限り、当該取引においてその者が秘密を不当に利用したか否か、その取引によって一般投資家の利益が現実に損なわれたか否かを問うことなく、当該上場会社等はその利益を提供すべきことを当該役員又は主要株主に対して請求することができるものとした規定であると解するのが相当である」と判示した。また、同判決は、証券取引法一六四条に定める短期売買利益返還義務は、憲法二九条の財産権保障条項に違反するものではないと述べた。後者についての批判的検討として、川口恭弘「短期売買利益の提供規定の趣旨とその合憲性」民商法雑誌一二七巻六号八五〇頁参照。

（3）東京証券取引所は、昭和五三年一一月二四日の会員宛の通知で、同取引所の会員が同証券取引所上場会社の役員および職員による六か月以内の反対売買を含む多数の売買注文を受託執行した事務処理が同取引所の定款で信義則違反の行為として定める「有価証券の売買に関し、詐欺的な行為、不信もしくは不穏当な行為または著しく不注意もしくは怠慢な事務処理を行うこと」に該当するものとしてその会員を戒告処分にしたことを明らかにした。この通知は、会員が「〔旧〕証券取引法第一八九条〔現行金商法一六四条—筆者注〕の規定に該当する売買注文を受託執行したこと」が信義則違反の疑いのある行為であるとしている。しかし、会社の役員または主要株主が六か月の期間内に会社の発行する株式について買付けおよび売付けをする行為自体は違法でも取引倫理に反するものでもなく、その取引を金融商品取引業者が受託して執行することもそれ自体、違法でも信義則に反することでもない。もっとも、問題の事件では、証券取引所の会員である証券会社が発行会社の社長からその会社の株式の買付けの注文を受けてそれを執行した直後に、新聞社の記者を紹介してその新聞に画期的な新製品開発の社長談話を発表させているのであって、むしろ、発行会社の社長の重要な内部情報による証券取引に証券会社が積極的に加担したものとも推測される。しかし、もし後者の推測が正しいのであれば、証券取引所の戒告処分は、あまりにも行為の悪性と不均衡なものであり、他方、そのような内部情報の不当利用が認められないのであれば、いかに戒告とはいえ、処分自体不当なものである。

（4）金融商品取引法一六四条は、会社の重要な内部情報の利用の有無を問うことなく、自動的な短期売買差益の提供義務を定めるものであって、役員は形式的に捉えられることが必要である。

（5）上場会社等の役員または主要株主の短期売買差益の提供義務は、主要株主が買付け等または売付け等を行ったいずれかの時期において主要株主でない場合、および役員または主要株主の行う買付け等または売付け等の態様その他の事情を考慮して内閣府令で定める場合においては生じない。単元未満株の売買、上場会社等の役員または従業員（当該上場会社等が他の会社を直接または間接に支配している場合における当該他会社の役員または従業員を含む）による当該上場会社等の株式の共同買付け（当該買付けが一定の計画に従い、個別の投資判断にもとづかず、継続的に行われたものと認められる場合であって、しかも各役員または従業員の一回当たりの拠出金額が一〇〇万円未満の場合に限られる）等が具体的に列挙されている。短期売買差益提供義務が例外的に生じないとされる事由は、後述する役員等に売買報告義務が生じない事由と同じである（有価証券規制府令三〇条・三三条）。現行制度の下では、役員等の売買報告義務と差益提供義務は表裏一体の関係にある。

（6）　金融商品取引法一六四条は内部者取引の未然防止のために、利益を吐き出させるものである。しかし、現行金融商品取引法は、これとは別に、内部者取引によって得た利益の没収制度（国庫）を定めている（金商法一九八条の二第一項）。また、利益の提供先がなぜ会社であるのであるのかについて説明が難しい。この点に関して、いわゆる契約的アプローチから、情報の利用権を有する会社が、その利用を認めていない役員等に対して利得の返還を求めることができるとの理論構成が述べられている。藤田友敬「未公開情報を利用した株式取引と法」竹内追悼・商事法の展望―新しい企業法を求めて六〇六頁（平成一〇年）。

2　短期売買報告書の提出

ところで、上場会社等の役員および主要株主は、当該上場会社等の特定有価証券等を買付け等または売付け等を行った場合には、内閣府令で定めるところにより、その売買その他の取引に関する報告書を、売買等があった日の属する月の翌月の一五日までに、内閣総理大臣に提出しなければならない（金商法一六三条一項本文）(1)。この売買報告書提出義務が履行されていることを前提に、内閣総理大臣は、売買報告書の記載を基礎に、上場会社等の役員または主要株主が短期売買差益を得ていると認める場合、売買報告書のうち当該利益にかかる部分（利益関係書類）の写しを当該役員または主要株主に対して送付し、当該役員等から異議申立てがない限り、当該利益関係書類の写しを上場会社等へ送付することが規定されている（金商法一六四条四項）。内閣総理大臣によるこのような通告制度は、第一義的には当該役員等による自発的な売買差益提供義務の履行を促がす趣旨であり、上場会社等へも通告することによって二義的には会社による返還請求を促がす意味を有する。したがって、当該役員等が短期売買差益を会社へ提供した場合には、内閣総理大臣は、通告をしないことが許される（金商法一六四条四項ただし書）。

内閣総理大臣からこのような通告を受けた上場会社等の役員または主要株主は、利益関係書類を受領した日から二〇日以内に異議申立てを行うことが許されており、内閣総理大臣が役員等から異議申立てを受けた場合には、異議申立てにかかる部分は、売買報告書に記載がなかったものとみなされる（金商法一六四条五項・六項）。したがって、内閣総理大臣は、異議申立てがあった部分については会社に対する通告をしてはならない(2)。

内閣総理大臣が上場会社等へ当該会社の役員等にかかる利益関係書類の写しを送付した場合には、当該役員等が自発的に短期売買差益を会社へ提供したか、あるいは会社が当該役員等に対し提供請求して提供を受けた場合を除き、利益関係書類の写しを上場会社等へ送付の日から起算して三〇日を経過した日から提供請求権が除斥期間満了により消滅する日までの間（内閣総理大臣が役員等による差益提供を知った場合には、その知った日までの間）、利益関係書類の写しは公衆の縦覧に供される（金商法一六四条七項）。このような公衆縦覧の趣旨は、提供を渋る役員等への一種の威嚇効果が期待されるとともに、株主に対し代位請求権を行使する機会を与えようとするものである。なお、公衆縦覧は、関東財務局において行われることになっている（有価証券規制府令三二条）。

（1）　上場会社等の役員または主要株主は、当該会社の特定有価証券等の買付け等または売付け等を行った場合、原則として、内閣府令に従い、その売買報告書を内閣総理大臣に提出しなければならない。有価証券規制府令二九条は、有価証券規制府令第三号様式により作成した売買報告書を、財務局長または福岡財務支局長に提出するように要求する。上場会社等の役員または主要株主が、当該上場会社等の特定有価証券等にかかる買付け等または売付け等を金融商品取引業者または登録金融機関に委託等をして行った場合においては、それらの者の売買報告書は、当該金融商品取引業者または登録金融機関を経由して提出するものとされ、当該買付け等または売付け等の相手方が金融商品取引業者または登録金融機関であるときも、同様に当該金融商品取引業者または登録金融機関を経由して提出するものとされる（金商法一六三条二項）。
（2）　金融商品取引法一六四条は、昭和二八年の証券取引法改正によりいったんは全面削除された。しかし、会社の役員や主要株主の短期売買差益の提供を担保する報告義務を定めた規定を削除したことについては、学説上強い異論があった。たとえば、鈴木竹雄＝河本一郎・証券取引法〔新版〕五五七頁（昭和五九年）。昭和六三年の証券取引法改正により、本文記載の報告義務があらためて法定されることとなった。

3　短期売買利益の算定

上場会社等の役員または主要株主に生じたと解すべき短期売買差益について、その有無あるいは程度をどのような方法を用いて算出すべきかが問題となる。金融商品取引法一六四条九項は、内閣総理大臣が役員等に対し通告をすべきか否かを判断する際に用いる差益の算出方法という形で、この問題に応えている。この点について、具体的につぎの算定方法を定めている。

①　六か月の期間内に当該上場会社等の特定有価証券等について買付け等をした後売付け等をし、または売付け等をした後買付け等をした場合（六か月の期間内に一つの買付け等と一つの売付け等が行われた場合）には、当該売付け等の単価から当該買付け等の単価を控除した数値に、当該売付け等の数量と当該買付け等の数量のうちいずれか大きくない数量（売買合致数量）を乗じて算出した金額のうち、当該売買合致数量の部分にかかる手数料相当額を差し引いた残額が差益額とされる（有価証券規制府令三四条一項）。

②　六か月の期間内に複数の買付け等または売付け等が行われた場合には、買付け等のうち最も早い時期に行われたものと売付け等のうち最も早い時期に行われたものとを組み合わせ、それについて前号に定める方法で利益を算定する。次に残った買付け等と売付け等について、二番目に早い時期に行われた買付け等と売付け等を選び出し、これらを組み合わせて同様の方法で差益を算定する。このようにして組み合わせるべき買付け等と売付け等がなくなるまで組み合わせを行い、それぞれの組み合わせについて差益を算定する。このようにして算出された金額の合計額が提供すべき差益となる（有価証券規制府令三四条二項）。

③　②において仮に売買合致数量を超える部分が生じたならば、その部分は別個の買付け等あるいは売付け等とみ

なして、組合わせの対象となる（有価証券規制府令三四条三項）。

二　法人関係情報を提供して勧誘する行為の禁止

金融商品取引業者の役員もしくは使用人は、投資勧誘に関連して、内部者取引の未然防止をはかることが要請される。すなわち、金融商品取引業者またはその役員もしくは使用人は、有価証券の売買その他の取引または有価証券にかかるデリバティブ取引もしくはその媒介、取次ぎもしくは代理につき、顧客に対して、当該有価証券の発行者の法人関係情報を提供して勧誘する行為が禁止される（金商法三八条七号、金商業等府令一一七条一四号）。これは、金融商品取引業者の役員もしくは使用人が、内部者取引の基礎となる未公表の重要な情報を知って、これをブローカー業務に利用して、顧客の内部者取引を誘引することを禁止するものである。[(1)](2)

ここにいう法人関係情報とは、上場会社等の運営、業務または財産に関する公表されていない重要な情報であって顧客の投資判断に影響を及ぼすと認められるもの、ならびに公開買付けの実施または中止の決定にかかる公表されていない情報をいう（金商業等府令一条四項一四号）。一方、内部者取引を直接に規制する金融商品取引法一六六条二項四号にいう「重要事実」は、上場会社等の運営、業務または財産に関する重要な事実であって投資者の投資判断に著しい影響を及ぼすものである。後者では、投資判断に「著しい」影響を及ぼすものと規定されているのに対して、前者では、投資判断に影響を及ぼすものと規定されているに過ぎず、前者のほうが規制の適用を受ける範囲が広い。

また、内部者取引を禁止する金融商品取引法一六六条の規制は刑事罰を伴うものである。この点で、謙抑的な運用を余儀なくされる側面も考えられる。しかし、法人関係情報の提供を禁止する金商業等府令一一七条一四号の規制に違反した場合は行政処分の対象となる。したがって、法人関係情報の提供の禁止規定は、行政当局によって効果的な規制手段として利用されている。

金融商品取引業者の役員もしくは使用人は、顧客の取引が金融商品取引法一六六条または一六七条の規定に違反する内部者取引に該当することまたはこれらの規定に違反する内部者取引に該当するおそれがあることを知りながら、その取引の相手方となりまたはその取引の受託をしてはならない（金商法三八条七号、金商業等府令一一七条一三号）。金融商品取引業者の営業員が、顧客が違法な内部者取引を行おうとしていることを知って、これに消極的に加担することが禁止される。

（1）　有価証券オプション取引等または有価証券店頭オプション取引等にあっては、オプションが行使された場合に成立する売買にかかる有価証券の発行者、有価証券店頭指数等先渡取引等にあっては、当事者があらかじめ約定した数値としての価格にかかる有価証券の発行者、有価証券店頭指数等スワップ取引等にあっては、当事者の一方が相手方と取り決めた価格にかかる有価証券の発行者となる。

（2）　金融商品取引業者が発行会社の役員等のその会社の発行する株式についての売買が会社の重要な内部情報の利用によるものであることを知っている場合には、その注文の受託を拒否するのでなければ、金融商品取引業者自体が内部者取引の幇助犯となる。

三　空売りの禁止

金融商品取引法一六二条は、空売り規制についての一般条項を定めている。これに対して金融商品取引法一六五条は、役員または主要株主について、特別の定めを置いている。すなわち、上場会社等の役員および主要株主は、①当該上場会社等の特定有価証券等の売付けその他の取引で政令で定めるもの（特定取引）であって、当該特定取引にかかる有価証券の額（特定有価証券の売付けについてはその売付けにかかる特定有価証券の額を、その他の取引については内閣府令で定める額をいう）が、その者の有する当該上場会社等の同種の特定有価証券の額として内閣府令で定める額を超えるもの、および②当該上場会社等の特定有価証券等にかかる売付け等（特定取引を除く）であって、その売付け等において授受される金銭の額を算出する基礎となる特定有価証券の数量として内閣府令で定める数量が、その者が有する当該上場会社等の同種の特定有価証券の数量として内閣府令で定める数量を超えるものを行うことが禁止される（金商法一六五条）(1)。

金融商品取引法一六五条の趣旨については、当該役員または主要株主が内閣府令で定める額を超える額の空売りを行った場合には、それだけ当該会社の発行する有価証券の価格を低下させる効果を有し、ひいては当該会社の資金調達力を阻害する結果を招く可能性が高いので、このような事態を回避することにあると解するものがある(2)。

もっとも、通説は、本条を内部者取引規制を補完する規定と解している。すなわち、会社に特別の関係を有する役員または主要株主が会社の発行する株式についてこれを所有しないで売付けをすることは異例であり、そのような場合には、それらの者が会社の重要な未公表の情報を利用してこれを行うものと認められる場合が少なくない。内部情報を利用しているか否かにかかわらず形式的に空売りを禁止している点は、前述の短期売買利益の提供義務と同様に、事前予防的に弊害を除去するためと解することができる。

なお、金融商品取引法一六五条は、上場会社等の役員または主要株主に対し、空売り行為を絶対的に禁止してはいない。これは、現に保有する有価証券のヘッジのために行う信用取引等による売付けを行うことや、信用取引等による買付けをした場合にその反対売買を行うことについてまで禁止の対象とする必要が乏しいと考えられたことによる(3)。有価証券取引規制府令三七条および三八条では、取引の区分に応じた額が定められている。

(1)　金融商品取引法施行令二七条の七では、「政令で定めるもの」について、特定有価証券の売付け、関連有価証券の売付け（特定有価証券の売買にかかるオプションを表示する関連有価証券については、当該オプションの行使により当該行使をした者が当該売買において買主としての地位を取得するものに限る）、特定有価証券の売買にかかるオプションを表示する関連有価証券の買付けであって当該オプションの行使により当該行使をした者が当該売買において売主としての地位を取得するもの、およびこれらの取引に準ずるものとして内閣府令で定めるものが掲げられており、有価証券規制府令三五条は、特定有価証券等の売買にかかる市場デリバティブ取引であるオプション取引や店頭デリバティブ取引であるオプション取引のうち、プット・オプションの取得およびコール・オプションの付与等を掲げている。

（2）神田秀樹監修・野村證券株式会社法務部＝川村和夫編・注解証券取引法一一八九頁（平成九年）。

（3）河本一郎＝関要監修・逐条解説証券取引法〔三訂版〕一三一九頁（平成二〇年）。

四　自主規制

1　日本証券業協会による自主規制

証券取引またはデリバティブ取引は、その圧倒的な部分が金融商品取引業者を介して行われる。したがって、内部者取引も金融商品取引業者を介して行われることが多く、金融商品取引業者が内部者取引の可能性の高い取引の受託にあたっては、これを十分にチェックするときは、不公正な内部者取引が相当程度に阻止されることになる。

認可金融商品取引業協会である日本証券業協会は、その規則で内部者取引を未然に防止するための体制整備を協会員である金融商品取引業者に求めている。金融商品取引業者は、内部者取引の未然防止をはかるため、役職員がその業務に関して取得した発行会社にかかる未公表の情報の管理、顧客管理および売買管理等に関する社内規則を制定する等、内部者取引に関する管理体制の整備に努めなければならない（日証協・投資勧誘規則二五条）。

金融商品取引業者は、金融商品取引法一六六条に規定する上場会社等の特定有価証券等の取引を初めて行う顧客が、つぎに規定されている者に該当するか否かにつき届出を行い、当該届出にもとづき、[1] 上場会社等の役員等に該当する者については、内部者登録カードを備えなければならない（日証協・投資勧誘規則一五条）。

① 上場会社等の役員[2]

② 上場会社等の親会社または主な子会社の役員

③ ①および②の役員でなくなった後一年以内の者

④ 上場会社等の役員の配偶者および同居者

⑤　上場会社等の使用人その他の従業員のうち執行役員その他役員に準ずる役職にある者
⑥　上場会社等の使用人その他の従業員のうち金融商品取引法一六六条に規定する重要事実を知りうる可能性の高い部署に所属する者
⑦　上場会社等の親会社または主な子会社の使用人その他の従業員のうち執行役員その他役員に準ずる役職にある者
⑧　上場会社等の親会社または主な子会社の使用人その他の従業員のうち重要事実を知りうる可能性の高い部署に所属する者
⑨　上場会社等の親会社または主な子会社
⑩　上場会社等の大株主[3]

金融商品取引業者は、取引先等から法人関係情報を入手する機会が多い。投資者の証券市場に対する信頼を損なう行為は法人関係情報を利用した取引についても生じる。金融商品取引業者は、法人関係情報（金商業等府令一条四項一四号）に関する管理または顧客の有価証券の売買その他の取引等に関する管理について、法人関係情報にかかる不公正な取引の防止をはかるために必要かつ適切な措置を講じることが求められる（金商法四〇条二号、金商業等府令一二三条五号）。さらに、法人関係情報は売買審査を担当する部門等で管理され、営業員が利用することのできないように、日常的に、十分な管理が行われる必要がある。そのため、金融商品取引業者は、法人関係情報の不当な利用を防止するため、「協会員における法人関係情報の管理態勢の整備に関する規則」による特別の規制に服する。金融商品取引業者は、法人関係情報[4]の管理に関し、その情報を利用した不公正な取引がなされないよう、社内規則を定めなければならない（日証協・法人関係情報規則四条）[5]。金融商品取引業者は、法人関係情報を取得した役職員に対して、当該取得した法人関係情報を直ちに管理部門に報告するなど法人関係情報を取得した際の管理のために必要な手続を定めることを要する（日証協・法人関係情報規則五条）。なお、金融商品取引業者は、主として業務上、法人関係情報を取得する可能性の高い部門（法人関係部門）について、他の部門から物理的に隔離する等、当該法人関係情報が業務上不必要な部門に伝わらないよう管理しなければならない（日証協・法人関係情報規則六条一項）。(6)

（1）　内部者登録カードには、①氏名・名称、②住所・所在地および連絡先、③生年月日、④会社名、役職名および所属部署、⑤上場会社等の役員等に該当することとなる上場会社等の名称および銘柄コードを記載しなければならない（日証協・投資勧誘規則一五条二項）。金融商品取引業者は、顧客カードに記載されている顧客の氏名、生年月日および住所について、年に一回以上、日本証券業許可委の照合システムであるJ―IRISS（Japan-Insider Registration & Identification Support System）に照合しなければならない（日証協・投資勧誘規則一五条の二第一項）。

（2）　取締役、会計参与、監査役もしくは執行役をいう。

（3）　直近の有価証券報告書、半期報告書または四半期報告書に記載されている大株主をいう。

（4）　ここにいう法人関係情報は、金商業等府令一条四項一四号に規定する法人関係情報をいう（日証協・法人関係情報規則二条一号。この規則は、平成二二年四月に制定された）。

（5）　社内規則では、①法人関係情報を取得した際の手続に関する事項、②法人関係情報を取得した者等における情報管理手続に関する事項、③管理部門の明確化およびその情報管理手続に関する事項、④法人関係情報の伝達手続に関する事項、⑤法人関係情報の消滅または抹消手続に関する事項、⑥禁止行為に関する事項、⑦その他金融商品取引業者である協会員が必要と認める事項を定めなければならない（日証協・法人関係情報規則四条）。

（6）　このほか、法人関係情報が記載された書類および法人関係情報になりうるような情報を記載した書類（電子ファイル）について、他の部門から隔離して管理する等（容易に閲覧できない方法をとる等）、法人関係情報が業務上不必要な部門に伝わらないように管理することが求められる（日証協・法人関係情報規則六条二項・三項）。

２　金融商品取引所による自主規制

会社等の役職員等が内部者取引を行った場合、投資者の当該会社等の株価等への信頼が損なわれるだけでなく、会社等自体の信用も失墜する危険性がある。そのため、会社等において内部者取引を未然に防止することはコンプライアンス上の重要な課題の一つといえる。この点、各金融商品取引所が、上場会社に対して、役職員による内部者取引を防止するため、必要な内部管理体制の整備を要請している。たとえば、東京証券取引所は、上場規程により、企業行動規範として、上場会社に対して、その役員、代理人、使用人その他の従業者による内部者取引の未然防止に向けて必要な情報管理体制の整備を行うよう努めることを求めている（東証・上場規程四四九条）。(1)(2)

東京証券取引所は、平成二一年七月の改正で、企業行動規範の整備を行い、そのなかで、「遵守すべき事項」として、上場会社は、当該上場会社の役員等に対し、当該上場会社の計算における内部者取引を行わせてはならない旨の規定を新設した（東証・上場規程四四二条）。これに違反した場合、改善報告書のほか、違反事実が公表され、さらに、上場契約違約金の適用対象となる（東証・上場規程五〇二条一項・五〇八条・五〇九条一項）。

なお、内部者取引は、内部情報が会社に存在する間に行われる。したがって、内部者取引を防止するには、重要な情報が適時に開示されることが有用である。金融商品取引所は、内部者取引を防止することを一つの目的として、タイムリー・ディスクロージャー（適時開示）を上場会社に要求している（東証・上場規程四〇二条以下、大証・上場規程一二条等）。(3)両取引所の適時開示は、ＴＤｎｅｔ（適時開示情報伝達システム）によって行う（東証・上場規程四一四条、大証・適時開示規則二条の五）。

（1）大阪証券取引所は、企業行動規範に関する規則で同様のものを定めている（大証・企業行動規範規則二一条）。

（2）会社の役職員等による自社株式等の売買を管理する方法として、許可制および事前届出制を採用する例が多い。全国の証券会社が合同で行った「第二回全国上場会社内部者取引管理アンケート—調査報告書」（平成二一年八月）（三〇六六社）によると、役員については、六七・九パーセントが許可型で、一八・七パーセントが事前届出型を採用している。社員については、五七・〇パーセントが許可型で、二〇・二パーセントが事前届出型を採用している。なお、同調査報告書によると、七三・七パーセントの上場会社が一元的な情報管理部署を設置している。届出制、許可制および禁止制の比較検討については、木目田裕監修・インサイダー取引規制の実務四七一頁以下（平成二二年）参照。

（3）　適時開示が要求される事実を金融商品取引法の定める重要事実とほぼ一致させていること（適時開示が要請される範囲のほうが広い）については、内部者取引規制では、会社関係者や情報受領者が取引をしない限り、会社は事実を秘匿しておくことができるのに対して、適時開示では、その対象になれば、内部者取引の有無にかかわらず、開示しなければならないこととなる点で、批判がある。黒沼悦郎「取引所・証券業協会によるディスクロージャー規制」インベストメント五四巻三号五五頁。

第三節　相場操縦

第一款　相場操縦の禁止

一　表示による相場操縦

何人も、有価証券の売買[1]、市場デリバティブ取引または店頭デリバティブ取引[2]（有価証券売買等という）のうちいずれかの取引を誘引する目的をもって、取引所金融市場における上場金融商品等または店頭売買有価証券市場における店頭売買有価証券の相場が自己または他人の操作によって変動すべき旨を流布することが禁止される[3]（金商法一五九条二項二号）。また、何人も、有価証券売買等を誘引する目的をもって、有価証券売買等を行うにつき、重要な事項につき虚偽であり、または誤解を生じさせる表示を故意にすることは、違法として禁止される（金商法一五九条二項三号）[4]。

上場金融商品等または店頭売買有価証券の相場が自己または他人の市場操作によって変動する旨を流布することによってする相場操縦は、上場金融商品等または店頭売買有価証券の相場が自己または他人の市場操作によって変動する旨を不特定または多数の者に伝播させることを必要とするが、その表示が上場金融商品の売買等、店頭売買有価証券の売買等に伴うことを必要としない。これに対して、重要な事項につき虚偽または誤解を生じさせる表示をすることによる相場操縦は、その表示が特定かつ少数の者に対してなされてもよいが、その表示が上場金融商品等の売買等、店頭売買有価証券の売買等または取扱有価証券の売買等をなすにあたって行われることを必要とする。不実の表示による相場操縦の場合には、表示は特定かつ少数の者に対してなされても、それに上場金融商品等の売買等、店頭売買有価証券の売買等または取扱有価証券の売買等が伴うことによって、他の者のこれらの取引を誘引しやすくなり、相場操縦の危険性が大きい。

表示による相場操縦の禁止は、上場金融商品等の売買等または店頭売買有価証券の売買等の買付けを誘引するためにこれら有価証券等の相場を上昇させる表示をし、または、上場金融商品等の売買等または店頭売買有価証券の売買等の売付けを誘引するためにこれら有価証券等の相場を下落させる表示をすることを禁止するものである。市場操作によって相場が変動する旨を流布することによる相場操縦の禁止は、上場金融商品等の売買等または店頭売買有価証券の売買等の買付けを誘引するために自己または他人の市場操作によって上場金融商品等または店頭売買有価証券等の相場が上昇する旨を流布し、上場金融商品等または店頭売買有価証券等の売付けを誘引するために自己または他人の市場操作によって上場金融商品等または店頭売買有価証券等の相場が下落する旨を流布することを禁止する。同様に、重要な事項の不実の表示による相場操縦の禁止は、上場金融商品等または店頭売買有価証券等の買付けを誘引するために上場金融商品等または店頭売買有価証券等の買付けにあたってそれら有価証券等の相場を上昇させることとなるべき不実の表示をし、上場金融商品等または店頭売買有価証券等の売付けを誘引するために上場金融商品等または店頭売買有価証券等の売付けにあたってそれら有価証券等の相場を下落させることとなるべき不実の表示をすることを禁止する。(5)

上場金融商品等または店頭売買有価証券等の相場が自己または他人の市場操作によって変動する旨の流布による相場操縦が成立するためには、自己または他人が上場金融商品等または店頭売買有価証券等の相場を変動させる市場操作をする意図を有することも、また自己または他人の市場操作によって上場金融商品等または店頭売買有価証券等の相場がその後現実に変動したことも必要としない。また、自己または他人の市場操作によって上場金融商品等または店頭売買有価証券等の相場がその後現実に変動したことは、相場操縦を適法とするものではない(6)。

上場金融商品等の売買等、店頭売買有価証券または取扱有価証券の売買等を行うにあたって重要な事項につき虚偽または誤解を生じさせる表示をすることによる相場操縦が成立するためには、その表示が上場金融商品等の売買等、店頭売買有価証券または取扱有価証券の売買等の相手方に対してなされることを必要としない。なぜなら、この場合の相場操縦の核心は、上場金融商品等の売買等、店頭売買有価証券の売買等または取扱有価証券の売買等と不実の表示とによって他の者に上場金融商品等、店頭売買有価証券等または取扱有価証券等の相場が上昇または下落する相当の原因があるものと思わせ、その上場金融商品等、店頭売買有価証券等または取扱有価証券等の買付けまたは売付けを誘引することにあるからである(7)。なお、虚偽または誤解を生じさせる表示が禁止される重要な事項とは、上場金融商品等の売買等、店頭売買有価証券の売買等または取扱有価証券の売買等とその表示とによって他の者に上場金融商品等、店頭売買有価証券等または取扱有価証券等の相場が上昇または下落する相当の原因があると思料させる程度に重要な事項である(8)。

（1）金融商品取引所が上場する有価証券、店頭売買有価証券または取扱有価証券の売買に限られる（金商法一五九条一項柱書）。

（2）金融商品取引所が上場する金融商品、店頭売買有価証券、取扱有価証券（これらの価格または利率等にもとづき算出される金融指標を含む）または金融商品取引所が上場する金融指標にかかるものに限られる（金商法一五九条一項柱書）。

（3）金融商品取引所が上場する金融商品、金融指標またはオプションをいう（金商法一五九条二項一号）。

（4）証券取引審議会不公正取引特別部会報告「店頭市場に対する行為規制の適用について」（平成三年四月）は、店頭市場の規模が拡大し不特定多数の投資者が参加する状況となってきている状況を背景に、当時の証券取引法が相場操縦的行為の禁止につき上場有価証券のみを対象としていたことについて、「上場有価証券の他に、証券業協会が管理し、相場を一元的に公表する有価証券にも同規制を適用することが適当である」としていた。もっとも、かつて存在していた店頭売買有価証券市場は取引所に組織変更し（ジャスダック証券取引所（その後、同取引所は大阪証券取引所と統合した））、現時点で、店頭売買有価証券市場は存在しない。

（5）たとえば、上場金融商品等、店頭売買有価証券等または取扱有価証券等の買付けをしようとする者が、上場金融商品等、店頭売買有価証券等または取扱有価証券等の発行者の収益状況が実際よりも悪い旨を表示して他の者にその有価証券等の売付けをさせ、上場金融商品等、店頭売買有価証券等または取扱有価証券等の売付けをしようとする者が、上場金融商品等、店頭売買有価証券等または取扱有価証券等の発行者の収益状況を実際よりも良い旨を表示してその有価証券等の買付けをさせることは、ここにいう不実の表示による相場操縦に該当しない。もっとも、証券取引についての不実の表示は、金融商品取引法一五七条一号または二号に定める詐欺的な行為に該当するものとして違法とされる。なぜなら、金融商品取引法一五九条二項にいう上場金融商品等の売買等、店頭売買有価証券の売買等または取扱有価証券の売買等の誘引は、相場操縦に関して上場金融商品等の売買等、店頭売買有価証券の売買等または取扱有価証券の売買等が行われる場合にも、それらの売買等の相手方として行うものの誘引ではないからである。

（6）表示による相場操縦が禁止される理由は、相場操縦のために行われる表示の真正を確保することにあるのではなく、不当な表示を通じて相場が操縦されること自体を禁止する点にある。したがって、流布の内容どおりに相場が変動させられた場合には、その流布の内容を信じた投資者は欺罔されたことにならず、実際に損害を受けないかもしれないが、なお、資本市場が自由でかつ公正であることへの信頼が損なわれたことになり、不当な結果がもたらされたことにはかわりがない。

（7）他人による上場金融商品等、店頭売買有価証券等または取扱有価証券等の買付けを誘引することを目的として、金融商品取引業者にその上場金融商品等、店頭売買有価証券等または取扱有価証券等の買付けの委託をし、その際、金融商品取引業者に対してその上場金融商品等、店頭売買有価証券等または取扱有価証券等の発行会社が画期的な新製品を開発した旨の虚偽の表示をする場合、たとえ、金融商品取引業者がその買付けの実行に際して売主に対して新製品開発についての虚偽の情報を伝達しないときでも、不実の表示による相場操縦が成立する。なぜなら、この場合には、金融商品取引業者は、その者の上場金融商品等、店頭売買有価証券等または取扱有価証券等の買付行為から画期的な新製品の開発の表示を真実であると信じやすく、金融商品取引業者みずからその上場金融商品等、店頭売買有価証券等または取扱有価証券等の買付けをし、あるいはその顧客にその上場金融商品等、店頭売買有価証券等または取扱有価証券等の買付けを勧誘することが考えられるが、そのような買付けまたは買付けの勧誘は、人為的な相場の変動をもたらすことになり、不当な結果を生じさせるからである。

（8）不実の表示による相場操縦の禁止は、「有価証券売買等」をなすにあたって、重要な事項につき虚偽または誤解を生じさせる表示をすることを禁止している。もっとも、上場金融商品等、店頭売買有価証券等または取扱有価証券等の買付けもしくは売付けの委託または買付けもしくは売付けの申込みを行う際にそのような不実表示をすれば、その委託または申込みの結果として上場金融商品等、店頭売買有価証券等または取扱有価証券等の「売買等」が現実に成立しなくても、表示による相場操縦が成立するものと解すべきである。なぜなら、相場操縦の危険は、このような場合には、その委託または申込みの結果として売買等が成立した場合と同様に存在するからである。なお、ここでの上場金融商品等の売買等、店頭売買有価証券の売買等または取扱有価証券の売買等の誘引が、前述のように、当該取引の相手方として売買等をすることを誘引することではないことは、この関係でも留意すべきである。

二　偽装の取引による相場操縦

有価証券等の売買取引等の状況に関して自己が希望する市場外観を作り出すもっとも単純な方法の一つは、相場操縦をする者が同一の有価証券等について同一の価格で売付けの注文ならびに買付けの注文を行うことである。この場合、市場の外部者からの観察では、独立の売主および買主によってなされる正常な取引から区別することのできない記録上の取引を作り出すことができる。金融商品取引法は、かかる権利の移転を目的としない仮装の売買・取引を禁止する。

何人も、有価証券の売買(1)、市場デリバティブ取引または店頭デリバティブ取引(2)のうち、いずれかの取引が繁盛に行われていると誤解させる等、これらの取引の状況に関し他人に誤解を生じさせる目的で、つぎの行為を行うことが禁止される（金商法一五九条一項一号〜九号）。

①　権利の移転を目的としない仮装の有価証券の売買、市場デリバティブ取引または店頭デリバティブ取引のうち、差金決済取引について、権利の移転を目的としない仮装の取引をすること

②　市場デリバティブ取引または店頭デリバティブ取引のうち、現実数値と約定数値の差額にもとづく差金決済取引、スワップ取引または信用デリバティブ取引等について、金銭の授受を目的としない仮装の取引をすること

③　市場デリバティブ取引または店頭デリバティブ取引のうち、オプション取引について、オプションの付与または取得を目的としない仮装の取引を行うこと
④　自己のする金融商品の売付けと同時期に、それと同価格において、他人が当該金融商品を買い付けることをあらかじめその者と通謀の上、当該売付けをすること(3)
⑤　自己のする金融商品の買付けと同時期に、それと同価格において、他人が当該金融商品を売り付けることをあらかじめその者と通謀の上、当該買付けをすること
⑥　市場デリバティブ取引または店頭デリバティブ取引のうち、現実の数値と約定数値の差額にもとづく差金決済取引について、取引の申込みと同時期に、当該取引の約定数値と同一の約定数値において、他人が当該取引の相手方となることをあらかじめその者と通謀の上、当該取引の申込みをすること
⑦　市場デリバティブ取引または店頭デリバティブ取引のうち、オプション取引について、取引の申込みと同時期に、当該取引の対価の額と同一の対価の額において、他人が当該取引の相手方となることをあらかじめその者と通謀の上、当該取引の申込みをすること
⑧　市場デリバティブ取引または店頭デリバティブ取引のうち、スワップ取引または信用デリバティブ取引等について、取引の申込みと同時期に、当該取引の条件と同一の条件において、他人が当該取引の相手方となることをあらかじめその者と通謀の上、当該取引の申込みをすること
⑨　①から⑧に掲げる行為の委託等または受託等をすること

①から③までを仮装売買・仮装取引といい、④から⑧までを馴合売買・馴合申込みという。

偽装の取引のうちの仮装売買・仮装取引は、単一の者が、同一の有価証券等について同時期に同価格で買付けおよび売付け等の取引をして、資本市場の観察者には、独立の買主および売主によってなされた現実の取引とは区別することができない記録上の取引を作り出すことである。これに対して、馴合売買・馴合申込みは、複数の者があらかじ

め通謀の上で、同一の有価証券等について同時期に同価格で買付けおよび売付け等をして、同様の結果を作り出すものである。

仮装売買・仮装取引も馴合売買・馴合申込みも、ともに記録上の売買等を作り出すものである。このような記録上の売買等が相場操縦の目的の達成にとって有用であるのは、証券取引等にとって金融商品取引業者の利用がきわめて容易であること、および金融商品取引業者を利用して行った取引の結果が金融商品取引業者の店頭での掲示、新聞、テレビ等による報道によって広範囲の投資者に明らかにされることによる。(4)

金融商品取引法は、仮装売買・仮装取引および馴合売買・馴合取引のみならず、その委託等および受託等をも違法として禁止している（金商法一五九条一項九号）。仮装売買・仮装取引および馴合売買・馴合取引のほかに、それらの委託等も独立して禁止されていることから、そのような売買・取引の委託等がなされれば、その委託等にもとづいて売買・取引が現実に行われなくても、相場操縦の禁止に違反することになる。なお、そのような売買・取引の受託者について違法であるためには、受託者が委託による売買・取引が偽装のものであることを知っていることを必要とする。

仮装売買・仮装取引における「権利の移転を目的としない仮装の」売買・取引というのは、実質的な権利帰属主体の間に権利の移転を目的としないで行われる仮装の売買・取引を意味する。したがって、金融商品取引業者が複数の者から同一の上場有価証券について買付けの委託と売付けの委託を受けて、それを実行すべく金融商品市場または市場外で買付けの申込みおよび売付けの申込みをし、あるいは、買付けの委託を受けた上場有価証券について自己の計算で売付けをする場合に、その上場有価証券について金融商品市場または市場外で買付けの申込みおよび売付けの申込みをして売買を成立させることは、仮装売買にあたらない。(5)なぜなら、究極的には、前者の場合は、買付委託をした者と売付委託をした者との間に、そして後者の場合は、買付委託をした者と金融商品取引業者との間に有価証券についての権利の移転が生じるからである。

馴合売買・馴合取引が成立するためには、通謀した複数の者が同一の有価証券等について同時期に同一の価格等で売買・取引することが必要である。もっとも、それらの者の取引の申込みが時間的に若干ずれて市場に出されても、先に市場に出された申込みがそれに対応する申込みの相手方を他に発見できずに市場においてなお有効に存続するときは、それは、後に市場に出された申込みと同時期のものとして馴合売買・馴合取引を構成する。(6)

価格の同一性は、取引の申込みがともに指値によるときは、その指値価格が同一であることを必要とする。その一方が指値により、他方が成行きによる場合にも、なお、市場の状況からこの要件を満たすものとされることがある。(7)馴合売買・馴合取引が成立するためには、売買数量・取引数量が等しいことを必要としない。なぜなら、数量の異なる注文が市場に出された場合にも、その数量の等しい範囲内で売買・取引が成立するからである。(8)

仮装売買・仮装取引もしくは馴合売買・馴合取引またはその委託等もしくは受託等が相場操縦として違法であるためには、それが他人をして売買・取引が繁盛に行われていると誤解させる等、売買・取引の状況に関し他人に誤解を生じさせる目的をもって行われることを必要とする。しかし、仮装売買・仮装取引または馴合売買・馴合取引は、これ以外の目的で行われることは、現実にはほとんど考えられないので、仮装売買・仮装取引または馴合売買・馴合取引の外形が証明されたときは、相場操縦を否定する者の側でそのような目的がなかったことを立証する必要があるものと解される。(9)なお、このような目的がある限り、行為者がそれ以外の目的を有していても、その行為が相場操縦として違法であることに変わりがない。(10)

（1）　金融商品取引所が上場する有価証券、店頭売買有価証券または取扱有価証券の売買に限られる。

（2）　金融商品取引所が上場する金融商品、店頭売買有価証券、取扱有価証券（これらの価格または利率等にもとづき算出される金融指標を含む）または金融商品取引所が上場する金融指標にかかるものに限られる。

（3）　売付けおよび買付けは、有価証券以外の金融商品にあっては、売買の当事者が将来の一定の時期において金融商品およびその対価の授受を約する売買であって、市場デリバティブ取引または店頭デリバティブ取引のうち、当該売買の目的となっている金融商品の転売または買戻しをしたときは差金の授受によって決済することができる取引（金商法二条二一項一号・二二項一号）による売付けまたは買付けに限られる。この点は、つぎの⑤も同様のものとされている。

（4）　神崎克郎「相場操縦の規制」証券取引の法理五四二頁（昭和六二年）。アメリカの証券取引委員会は、つぎのように述べていた。「テッカー・テープおよび新聞で株式取引所での取引の報告を読む投資者は、その報告が正当な取引を反映しているものと通常考える。そうでなくてもし取引が擬制活動を反映しているならば、かかる投資者は、当該証券の市場につき欺罔される。彼らは、誠実な取引である価格でなされたと誤って信じさせられ、本件におけるそのようにその取引量あるいは価格変動によって当該証券を買い付けあるいは売り付けるように誘引されるであろう。もし、証券の価格が擬制の取引により固定させられ、維持されあるいは上昇させられてその事実が明らかにされないならば、買付けをする投資者は、誤解させられ、擬制の取引がない場合よりも詐欺的な方法によって多くの支払いをさせられるであろう。仮装売買および馴合売買は、シカゴ株式取引所を含む諸株式取引所で普遍的に禁止されており、もしそれが証券の繁盛な取引の虚偽または誤解をもたらす外観を作り出しあるいは当該証券の市場に関し虚偽または誤解をもたらす外観を作り出し、または他の者の買付け、売付けを誘引するために価格を上昇、下落させる目的でなされるならば、証券取引所法により違法とされる。」Thornton & Co., 28 SEC 208, 218-219 (1948).

（5）　これらの取引においては、金融商品市場における売買だけをとりだすときは、同一の金融商品取引業者が委託の実行のために買主および売主となり、あるいは委託の実行および自己の計算による売買のために買主および売主となる。しかし、それらの売買は、複数の委託者間の有価証券等の所有権の移転あるいは委託者と金融商品取引業者間の有価証券等の移転のためのものであり、委託をも含めてそれにかかる取引を全体として観察するときは、それは、単なる記録上の取引を作り出すための行為の一環としての売買ではない。

（6）　なぜなら、売付けの申込みが市場に出されたときになお買付けの申込みが有効に存在するときは、それらの買付申込みと売付申込みは市場において売買を成立させうる適格を有するものであり、同時期における買付けおよび売付けとしての性質を有しているからである。

（7）　成行価格での買付けの申出が特定の指値価格での売付けの申出と対応するか否かは、それらの申出がなされた市場の状況によって決まる。そして、市場の状況によって、それらの申出が売買を成立させることを知りながら、通謀した複数の者が同一の有価証券等について、成行価格での買付けの申出と特定の指値価格での売付けの申出を市場に出して売買を成立させるときは、成行価格での買付けの申出は、抽象的には売付けの申出と「同一」価格のものではないが、市場の状況から具体的な取引に関しては、売付けの申出と同一価格のものである。

(8)　仮装取引や馴合取引は、通常は、価格操作を目的にして行われる。この点について、取引所における株式オプション取引の出来高を嵩上げする目的でなされた売りと買いの両建て取引につき、仮装取引・馴合取引の規制が適用されるかが問題となった。最決平成一九年七月一二日刑集六一巻五号四五六頁は、「繁盛等目的の解釈につき、「出来高が操作された場合に生じ得る弊害等にかんがみれば、出来高に関し他人に誤解を生じさせる目的も」繁盛等目的に該当し、相場操縦罪が成立するとした。仮装取引等により流動性の高さについての誤解が生じている場合、投資家はそれによる取引を誘発され、相場操縦行為終了後、そのような流動性が架空であったことから、反対取引が制約されることとなり、不測の損害が発生することも考えられる。すなわち、この場合、オプションの売り手または買い手は、反対売買（買い戻しまたは転売）によって、権利行使日までに建玉を決済することができないリスクが高まることとなる。このように、出来高は市場の流動性をはかる上できわめて重要な指標であることから、投資家にとって、市場の流動性は、投下資本の回収可能性を判断する上で大きな材料となる。黒沼悦郎「判批」金融・商事判例一二九五号二頁。さらに、たとえば、出来高の極端に少ない銘柄は上場廃止基準に抵触する。そこで、出来高を仮装し、上場廃止を免れる行為が考えられるが、このような仮装が続かず、あるいは、発覚した場合、当該銘柄は上場廃止となり、投資者が不測の損害を被ることも考えられる。

　ところで、現物株の仮装取引では、その株式の売りと買いが、注文の時点で相殺され、この時点で取引が完結する。他方、有価証券オプション取引では、取引後も、オプションという予約完結権が当事者に残る点で、現物株の取引とは異なる側面を有している。本件第一審判決（大阪地判平成一七年二月一七日判例タイムズ一一八五号一五〇頁）は、これらの売建玉と買建玉は、同時に処分されなければならないものではなく、それぞれ別個に処分されうるものであることから、現物株の両建取引のように、「両建取引以前の何もなかった状態」と同視することはできないとして、取引の仮装性を否定した。仮に、取引後の権利移転の可能性を捉えて、仮装性を否定するのであれば、すべてのオプション取引にこの可能性が存在していることから、オプション取引について違法な仮装取引を想定することができなくなる。第二審判決（大阪高判平成一八年一〇月六日判例時報一九五九号一六七頁）では、オプション取引は、オプションそれ自体を取引対象として完結するものであるから、その後においてオプション上の権利義務が存続しこれらが各別に処分されうるという事情はオプション取引自体の仮装性の判断に影響しないとした。前述の上告審も「取引の結果として売建玉と買建玉が発生し、これらが後に別々に処分され得ることは、その［条文―引用者注］解釈に影響を及ぼさない」として、原審の立場を支持した。

(9)　龍田節「証券取引の法的規制」現代の経済構造と法五一九頁（昭和五〇年）。

（10）　仮装売買等や馴合売買等を行う者が、有価証券等の取引価格がその正当な価値を反映するものではなく、仮装売買等または馴合売買等によって影響された相場で有価証券の売買等が行われてもその有価証券の正当な価値から判断して投資者が損害を被ることはないと誠実に信じていても、そのような信念は、相場操縦の違法性を排除するものではない。なぜなら、相場操縦の禁止は、人為的な取引を排して、自由な金融商品市場を維持すること自体を目的とするからである。この点に関して、神崎・前掲注（４）一〇頁参照。

三　現実の取引による相場操縦

1　現実の取引の意義

人為的な相場の操縦は、仮装売買・仮装取引や馴合売買・馴合取引のような偽装の売買・取引によってのみならず、現実の売買・取引によっても効果的にこれを行うことができる。すなわち、たとえば、市場において有価証券の買付けの注文を出すときは、その有価証券について取得の関心が存在することが市場の観察者に明らかにされ、反対に有価証券の売付けの注文を出すときは、その有価証券の処分の関心が存在することが市場の観察者に明らかにされる。これらに対して売主または買主となろうとする者が売り向かいまたは買い向かうならば売買が成立し、かかる売買が買付けの注文者あるいは売付けの注文者のいかなる動機にもとづくかを問うことなく、市場の観察者に対して繁盛な市場の外観を与え、相場の変動をもたらすこととなる。そこで、金融商品取引法は、以下のように現実の売買・取引による相場操縦を禁止する。

何人も、有価証券の売買[1]、市場デリバティブ取引または店頭デリバティブ取引[2]（有価証券売買等）のうちいずれかの取引を誘引する目的で、有価証券売買等が繁盛であると誤解させ、または取引所金融商品市場における上場金融商品等[3]もしくは店頭売買有価証券市場における店頭売買有価証券の相場を変動させるべき一連の有価証券売買等またはその申込み、委託等もしくは受託等をすることは、違法として禁止される[4]（金商法一五九条二項一号）。

ある者の一連の有価証券売買等が有価証券等の取引を繁盛とさせあるいは繁盛であると誤解させるものであるかは、その売買等のみならず、その売買等によって誘引される他の者の売買等をも考慮して決定される。

一連の売買等とは、二以上の売買等を意味する。

平成一八年改正前まで、「上場有価証券売買等又はその委託等若しくは受託等」が規制の対象となっていた。同年の改正で、「上場有価証券売買等又はその申込み、委託等若しくは受託等」となり、有価証券売買等の「申込み」が追加された。改正前から、ここにいう売買等に売買契約等の締結に至らない買付け等の申込みまたは売付け等の申込みを含むかについて、これを肯定すべきと解されてきた。(5) なぜなら、買付け等の申込みまたは売付け等の申込みは、有価証券等の価格を上昇させもしくは下落させる効果をもち、有価証券等の売買関心が大きいことの外観を与えるものであって、契約の締結に至った売買等と同様に他の者による有価証券等の売買等を誘引するものだからである。平成一八年の改正で、金融商品取引法一五九条二項一号においてこの点が明確にされた。(6) 有価証券等についての一定の価格での買呼値は、その有価証券等の買付け希望者に対してより高い買呼値をさせ、一定の価格での売呼値は、その有価証券等の売付け希望者に対してより低い売呼値をさせる効果を有する。したがって、その買呼値または売呼値自体は、売買契約等の締結に至らない場合にも、有価証券等の価格を変動させる。

一連の買呼値または売呼値は、それ自体で有価証券等についての大きな取引関心があることの外観を第三者に与えるものであり、それが他の者の売買等を誘引する効果は、現実に売買等が行われた場合と変りがない。(7) そして、一連の売買等が売買契約等の締結に至らない一連の買付け等の申込みまたは売付け等の申込みを含むと明定された結果、違法な相場操縦を構成する委託等または受託等は、それが実行されたか否かを問わないことになる。

大量の有価証券等の一連の売買等は、有価証券等の価格を上昇させもしくは下落させまたは有価証券等の取引を繁盛にしもしくは繁盛であるとの外観を生じさせる。しかし、そのような売買等は、正当な投資のため、有価証券等の処分のため、または正当な投機利益の獲得のためにも行われるものであって、それがすべて違法な相場操縦として禁止されるわけではない。かかる正当な投資のために行われる売買等と現実の取引による相場操縦とは区別される必要がある。

このことから、金融商品取引法は、誘引目的をもって取引が繁盛であると誤解させ、または相場を変動させるべき一連の取引を問題とする。(8) これらの要件のうち、売買取引が繁盛であると誤解させることと、相場を変動させるべき取引の要件は、どちらかが備わればよい。もっとも、実際には、前者だけが問題となることはほとんどなく、後者を検討対象とすれば足りる。

(1)　金融商品取引所が上場する有価証券、店頭売買有価証券または取扱有価証券の売買に限られる。

(2)　金融商品取引所が上場する金融商品、店頭売買有価証券、取扱有価証券（これらの価格または利率等にもとづき算出される金融指標を含む）または金融商品取引所が上場する金融指標にかかるものに限られる。

(3)　金融商品取引所が上場する金融商品、金融指標またはオプションをいう。

(4)　平成四年の改正前においては、証券取引所上場有価証券についてのみ相場操縦を禁止していた。平成四年の改正によって店頭売買有価証券についても相場操縦を禁止することとした。もっとも、現在のところ、店頭売買有価証券市場は存在しない。なお、平成一〇年の改正においては、現物市場と先物市場等の異なる市場にまたがる相場操縦の禁止を明確にするため、「いずれかの取引が繁盛に行われていると誤解させる等」あるいは「いずれのかの取引を誘引する目的をもって」等の規定が明定された。

(5)　龍田節「証券取引の法的規制」現代の経済構造と法五二五頁（昭和五〇年）。

(6)　平成一八年の改正前まで、人為的な市場の形成に重要な影響を与えうることから、買付け等または売付け等の申込みも禁止されるべきものとしながら、それを売買取引に含めて解釈することに消極的な見解も述べられていた。神崎克郎・証券取引の法理五五〇頁（昭和六二年）。そこでは、証券会社が自己の計算で買付申出、売付申出をしても、それが買付け、売付けとして契約成立に至らなければ規制の対象とならないとされていた。平成一八年の改正はまさしくこの点を明確にするために行われた。これは、金融商品取引業者による「見せ玉」に対応するものであった。「見せ玉」とは、市場の株価を誘導するために、約定する意思がないにもかかわらず、市場に注文を出して売買を申し込み、約定する前に取り消す行為をいう。「見せ玉」は、市場における公正性・透明な価格形成を阻害する点で、実際に取引を約定して行われる相場操縦と悪性は異ならない。前田雅弘「不公正取引の規制と罰則」河本一郎＝龍田節編・金融商品取引法の理論と実務〔別冊金融・商事判例〕一二〇頁（平成一九年）。顧客が「見せ玉」目的で、有価証券売買の取次ぎの申込みを金融商品取引業者にすれば、改正前においても、「上場有価証券売買等の委託等」を行ったとして規制の対象となる。しかし、改正前には、金融商品取引業者が自己の計算で「見せ玉」として売買の申込みを行った場合、申込みはあるものの売買等の成立には至らないため、右の見解にあるように、規制の対象にはならないおそれがあった。そこで、証券取引等監視委員会の建議（平成一七年一一月二九日）を受け、現行法のように改正がなされた。なお、同年の改正で、「見せ玉」等の売買の申込み行為による相場操縦が課徴金の納付命令の対象とされている（金商法一七四条の二第一項参照）。

投資者の投資戦略に基づいてあらかじめ構築されたプログラムにもとづき、コンピュータが自動的に注文の数量やタイミングを判断して行う取引を「アルゴリズム取引」という。アルゴリズム取引による発注数量や発注頻度は、一般投資家のものと比べて価格形成に大きな影響を有するようになった。このような取引において、大口注文が瞬時に取り消されることで市場価格形成が歪められることが問題とされている。この点の議論については、大証金融商品取引法研究会「アルゴリズム取引と相場操縦」（平成二三年九月一六日）参照。

(7) アメリカの一九三四年証券取引所法の相場操縦を禁止する規定は、現実の取引による相場操縦に関しては、「一連の取引」（a series of transactions）を違法としているが、証券取引委員会は、立法経過および規制目的にかんがみ、この取引が買付けまたは売付けの申込み（bids or offers）を含むものと解してきた。そして、アメリカ法律協会の連邦証券法典は、このことを明確にするために、現実の取引による相場操縦において問題となる「取引」に「買付けの申込み」および「売付けの申込み」が含まれることを明確にするため、そのことを明文化している。The American Law Institute, Federal Securities Code 676 (1980) 参照。

(8) 金融商品取引業者またはその役員もしくは使用人については、取引所金融商品市場における上場金融商品等または店頭売買有価証券市場における店頭売買有価証券の相場もしくは取引高にもとづいて算出した数値を変動させ、もしくはくぎ付けし、固定し、もしくは安定させ、または取引高を増加させることにより実勢を反映しない作為的なものとなることを知りながら、当該上場金融商品等または店頭売買有価証券にかかる買付けもしくは売付けまたはデリバティブ取引（有価証券等清算取次ぎを除く）の受託等をする行為が違法とされており（金商法三八条七号、金商業等府令一一七条一項二〇号）、そこでは、相場操縦の禁止に関連して、誘引目的の立証は不要とされている。証券取引等監視委員会が金融商品取引業者による作為的相場形成についての監督を厳重に行うならば、たとえ刑事罰を科すことはできなくとも、自由な金融商品市場を維持するために有効な手法となりうる。志谷匡史「現実取引による相場操縦の禁止」高田古稀・現代ビジネス判例三四五頁・三五〇頁以下参照（平成一五年）。

2　誘引目的と変動取引

現実取引による相場操縦を認定するための要件、すなわち、誘引目的と変動取引の内容について、判例上大きく分けて二つの立場が存在する。

第一は、誘引目的は、投資者をして相場の状況について誤認をさせて取引に誘い込む目的であり、変動取引は、相場を変動させる可能性のある取引とするものである。(1) これに対して、第二は、誘引目的は、他のいわゆる目的犯の目的と同じく、実行行為を行う動機であり、それを、有価証券の売買取引をするように第三者を誘い込む意図であると捉えた上で、変動取引は、単に相場が変動する可能性のある取引ではなく、相場を支配する意図をもってする相場が変動する可能性のある取引に限定するものである。(2)(3)

第一の見解では、変動取引は相場を変動させる可能性がある取引と広く解されることとなるので、継続的あるいは大口の取引で、相場を変動させる可能性のある取引のうち正当なものと、相場操縦として違法なものとを分ける決定的な要素としては、市場の実勢や売買の状況に関する第三者の判断を誤らせて、それらの者を市場取引に誘い込む意図あるいは誘い込む目的が問題となる。これが従来の通説であった。(4) これに対して、第二の見解では、変動取引の内容は相場を支配する意図をもってする相場を変動する可能性のある取引ということになり、そこに主観的要素をさらに加え、この要件こそが相場操縦を構成する決定的な要因であると見られることとなる。この見解は、主として刑事法関係者から有力に支持されるようになったものである。(5)

金融商品取引法一五九条二項は、現実の取引による相場操縦についてもまた表示による相場操縦についても、その要件として、有価証券の売買取引、市場デリバティブ取引または店頭売買デリバティブ取引のうちいずれかを誘引する目的を要求している。このような規定の仕方からみて、相場操縦についての人為的な操作の要素は、誘引目的にかかるものとするのがより合理的と解される。(6) 現実の取引による相場操縦について初めて最高裁判所の判断が示された協同飼料事件の最高裁決定(7)では、誘引目的を、「人為的な操作を加えて相場を変動させるにもかかわらず、投資者にその相場が自然の需給関係により形成されるものであると誤認させて有価証券市場における有価証券の売買取引に誘い込む目的」と解釈するとともに、変動取引については、「相場を変動させる可能性のある売買取引等」として、特に限定を加えることをしなかった。かかる解釈の下では、現実の取引による相場操縦の成立のために誘引目的の存在が極めて重要な意味をもつこととなる。もっとも、主観的な要素は、行為者が自白する場合を除いて、諸般の事情からこれを推認するしかない。協同飼料事件の最高裁決定は誘引目的の有無こそが違法取引と適法取引を区別する基準である旨を明らかにしたが、誘引目的であれ変動取引であれ、それらを認定するための状況証拠は同様のものであり、実際上の対応には、両見解で大きな違いは存在しない(8)。

相場操縦を認定するための状況証拠としては、取引の動機、売買取引の態様および売買取引に付随した前後の状況の三つの要素が問題となる(9)。

まず、取引の動機として、裁判例ではつぎのものが認定されている。

協同飼料事件では、株式の公募および株主割当てによって会社が三〇億円の資金を調達するために株価をその当時の一七〇円台から二八〇円近辺にまで引き上げようとしたことが問題となった。これは単に状況として認定されるだけでなく、そのような内容の合意が証券会社の幹部社員と発行会社の経理担当の取締役等との間でなされたことまで認定されている。

日本鍛工事件では、兜町で相場師として知られていた者が取引の仲介をした株式の市場価格が、その取引の直後に急落して、買主から仲介者に対してその株式を買い戻すように迫られていたことから、株式の買主の被害を回避させるため株価を引き上げるという動機が問題とされた。それ以外にも、相場師が自己の兜町における信頼を回復させるためにも、自己が仲介した取引の後株価が大きく急落して、買主が被った損害を回復させる必要があったことが認定されている。

藤田観光事件では、多額の借入金の返済資金を捻出するために、時価が三七〇〇円台で推移していた株式を五二〇〇円で第三者に買い取らせようとした者が、株式の買取先の税務対策の関係から、買取先に贈与税を回避させるために五二〇〇円まで株価を引き上げようとしたことが動機として認定されている。

日本ユニシス事件(10)では、ファイナンス会社の取締役が融資先の経営悪化による不良債権問題を回避するために、仕手筋に融資先の債務を引き受けてもらうかわりに、仕手戦のための資金を当該仕手筋に融資することとし、仕手筋においても、不良会社の債務を引き受ける見返りに、ファイナンス会社から融資を受けて、その資金で株価を人為的に操作して利益を上げる動機をもっていたことが認定されている。

これらのものは、いずれも証券取引における通常の取引概念から考えて異常な動機であったと考えられる。もっとも、相場操縦が問題とされる場合、このような動機が認定されることはよくあるものの、かかる動機の認定ができなければ、相場操縦の要素である誘引目的または変動取引が認定できないわけではない。しかし、このような異常な動機が認められる場合には、相場操縦の主観的要件が認定されやすい。客観的な状況証拠から上場有価証券等の売買等を誘引する動機が推定されるときは、そのような目的がなかったことは、行為者の側で立証する必要が生じるものと解される(11)。

つぎに、売買取引の態様として、協同飼料事件では、寄り付き前から前日終値より高い指値注文を出したり、ザラバの気配を見て直近値より相当高い大量の買注文を出し、指値以下の買注文を買いさらうような行為、指値を一円刻みに高くした買注文を同時刻にまとめて発注する行為、ザラバの気配を見て買注文の残りの指値を高く変更し、または成行買いに変更する等の買付けを行う行為などが問題となった(12)。有価証券を買い付ける者は、できるだけ安い値段で買い付けることを欲する。一方で、それを売り付ける者は、できるだけ高い値段で売り付けたいと思い、かつそのように行動することが通例である。右の各買付けは、できるだけ低い価格で買い付けるというものではなく、少しずつ価格を引き上げるような、価格の値上がりをもたらす、経済的合理性に欠けるものといえる。買手としては、証券の保有ではなく、証券の価格を求めて、かかる行為を行ったといえる(13)。

相場操縦は、直前の市場価格より高い買呼値をし、あるいは低い売呼値によって行われることが多いが、必ずしもそのことを必要としない。すなわち、市場価格の上昇または下落にぴったり追随して、自由な買呼値または売呼値によって上昇または下落する相場につれてそのつど直近の相場で買呼値または売呼値を行って、それ以下の価格で行われる対応する売呼値または買呼値を市場から消滅させるときは、その結果として他の者の買呼値を上昇させまたは売呼値を下落させることにより有価証券等の価格を上昇または下落させることができる。(14) 上昇させまたは下落させる価格の幅は、相場操縦の成立にとり問うところではない。したがって、価格を小幅に上昇させまたは下落させる売買等の取引をする場合にも相場操縦は成立することがある。

日本ユニシス事件では、一三三取引日にわたって、一五の名義を用い、二八の証券会社を介し、成行きおよび高指値注文の連続発注による買い上がり買付けを行っている（一二一取引日にわたって、権利の移転を目的としない仮装売買を反復継続して行っている）。このことに関して、判決では、「長年にわたり仕手相場を手掛けてきたことによって得た株式投資に関する知識・経験を元に分散発注・仮装売買・買付関与・終値関与等多数の手法を巧みに組み合わせて用い、……本件相場操縦行為を展開した。」とされた。

また、一連の有価証券の売買等がその取引を繁盛とさせまたは繁盛であると誤解させるものであるか否かは、従前の取引状況、証券市場の状況、および当該有価証券等の性格等から総合的に判断される。(15) たとえば、協同飼料事件では、市場における売物を買いさらうことで、浮動株を減少させ、これを適宜関係金融機関や事業法人等に引き取らせて資金を回収し、ふたたび市場において買付けをしたことが認定されている。買い付ける者は、通常は証券を取得し、保有するために買付けをするものであるが、買付けしたものを他の者に引き取らせる行為は、通常の取引観念から異常な行為といえる。

藤田観光事件では、買付けがなされた四営業日の最終日となった四月二四日の前場に株価が五一〇〇円をつけると、その後場に二〇万株という大量の買い注文を出させ、五二〇〇円で売買が成立すると、直ちにその後の注文を取り消したことが認定されている。買付けをする者は、当初の意図どおりに買付けをするのが通常であるものの、自己が意図した価格が成立すると、後は買付けをキャンセルするということは、通常の取引概念から判断して異常な行動であるといってよい。

日本ユニシス事件では、買付けをする間、他の者の買付けを誘うために、株式情報紙の記者に同社株を推奨する記事まで書かせていたことが認定されている。

一連の買付けによって有価証券の価格を上昇させてその直後に有価証券を売り付けまたは一連の売付けによって有価証券の価格を下落させてその直後に有価証券を買い付けることも相場操縦を推認させる状況といえる。(16)

（1）　協同飼料事件の東京地方裁判所判決（東京地判昭和五九年七月三一日判例時報一一三八号二五頁）は、誘引目的を定義して、「市場の実勢や売買取引の状況に関する第三者の判断を誤まらせて、それらの者を市場における売買取引に誘い込む目的」をいうものとして、変動取引は、「市場価格を変動させる可能性のある取引を広く指称するもの」と解すべきであるとしている。日本鍛工事件の東京地方裁判所判決（東京地判昭和五六年一二月七日判例時報一〇四八号一六四頁）でも、「市場における取引が頻繁かつ広範に行われていくような外観を呈する……手法を通して株価を上昇させていくことは……一般投資家等に対し日鍛工株が投資対象として有望であるなどと誤解を生じさせ、市場における同株式の売買取引に参加することを誘引する」と説示して、現実取引による相場操縦の成立を規定しているように、この立場に立っている。また、藤田観光事件の東京地方裁判所判決（東京地判平成五年五月一九日判例タイムズ八一七号二二一頁）も、基本的にこのような立場に立つといってよい。

（2）　協同飼料事件の東京高等裁判所判決（東京高判昭和六三年七月二六日高刑集四一巻二号二六九頁）はかかる立場に立っている。金融商品取引法一五九条二項一号は、「有価証券売買等が繁盛であると誤解させ」ることと上場金融商品等の「相場を変動させるべき」こととを並列的に規定している。前者で「誤解」という相当積極的な悪性を問題としていることから、後者でも、単に結果として相場を変動させるというようなものではなく、意図的変動を問題としていると解し、それを相場を支配する意図という形で整理することも可能との見解が述べられている。証券取引法研究会「相場操縦規制の再検討」インベストメント四八巻四号五六頁（森本）。さらに、「誤解」させるというものに匹敵する程度の違法性のある行為であることをはっきりさせるために、立法者は、「変動させる」ではなく、「変動させるべき」という文言を使ったのではないかとの見解も主張されている。証券取引法研究会・右掲五六頁（上柳）。

（3）　かつて、第三の解釈として、誘引目的の要件を、相場を人為的に操作する目的であるとする解釈が試みられたことがある。証券取引法研究会「第五章証券取引所㉖」インベストメント一九巻二号八一頁（福光）。これは、自由市場概念の下で、人為的に相場を変動させること自体が不正な行為であると解する立場であり、その立場では誘引目的は二次的なものに過ぎず、それがなくとも人為的相場変動を目的とする行為がなされる限り、相場操縦行為は成立する。しかし、この見解には、相場操縦の禁止には罰則が付されており、明文の誘引目的を目的解釈によって緩和することは許されないとの反論がなされている。証券取引法研究会・前掲注（2）七六頁（大隅・川又）。

（4）　わが国の相場操縦規制はアメリカの一九三四年証券取引所法の規制を取り入れたものであり、かつわが国では学説が判例に先行したため、主としてアメリカの判例・実務を参考にして、通説が形成された。黒沼悦郎「取引による相場操縦の悪性について」企業の健全性確保と取締役の責任四八五頁（平成九年）。アメリカ証券取引所法九条a項二号は、「他人による買付けまたは売付けを誘引する目的で、単独でまたは他人と共同して、国法証券取引所に登録されている証券について、実際上もしくは外観上活発な取引を作り出しまたは当該証券の価格を騰貴させるような一連の取引を行うこと」を禁止する。アメリカの規制については、今川嘉文・相場操縦規制の法理三七頁（平成一三年）、加賀譲治・証券取引相場操縦規制八七頁（平成一四年）参照。なお、アメリカでは、相場操縦を直接に規制する一九三四年証券取引所法九条の規定のほかに、詐欺的行為を一般的に禁止する同法一〇条b項および証券取引委員会規則一〇b—五によっても相場操縦が規制されている。九条a項は上場証券に関する規定であるため、店頭市場での相場操縦を別途規制する必要がある。もっとも、規則一〇b—五は上場証券の取引に関する相場操縦にも適用されると解されており、両者の関係が問題となる。この点については、黒沼悦郎・アメリカ証券取引法〔第二版〕九六頁（平成一六年）参照。

（5）　古川元晴「相場操縦について」研修四八五号五五頁、黒川弘務「相場操縦罪（変動取引）における誘引目的および変動取引の意義」商事法務一三四二号八頁。なお、証券取引審議会不公正取引特別部会「相場操縦的行為禁止規定等のあり方についての検討について」（平成四年一月）は、違法取引と適法取引とを区別する基準として誘引目的の存在を強調しすぎるのは適当ではなく、その基準は、第一義的には、取引が変動取引に該当するか否かによるべきものと考えられるとしている。もっとも、同報告書は、変動取引を基準とする旨を明らかにした協同飼料事件の控訴審判決が出された時点で公表されたものであることに留意が必要である。そこでは、同判決の考え方に準拠して規定の運用を行うのが実際的である旨が付記されている。

（6）　神崎克郎「現実取引による相場操縦」法曹時報四四巻三号五七四頁。

（7）　最決平成六年七月二〇日刑集四八巻五号二〇一頁。

（8）証券取引法研究会・前掲注（2）三七頁（神崎）・四五頁（龍田）。芝原邦爾「協同飼料相場操縦事件最高裁決定」ジュリスト一〇六三号六六頁は、犯罪の成否の認定にあたって、誘引目的という主観的要件を重視しすぎることは妥当ではないとして、協同飼料事件最高裁決定の立場を批判した上で、従来、実際に刑事訴追がなされ相場操縦罪の成立が認められる事案では、人為的な買付方法等を伴うそれ自体違法性の高い行為、すなわち、当該決定の文言にある「人為的な操作を加えて相場を変動させる」行為が「変動取引」として認定されていることから、かかる行為の存在が認定された場合には、当該定義による誘引目的は実際に容易に認定されると指摘する。

（9）証券取引審議会「株主構成の変化と資本市場のあり方について」（昭和五一年五月）は、つぎのように述べている。「相場操縦の不公正な株式取引を規制するため、証券取引法は、一般的には第五八条〔金融商品取引法一五七条に相当―筆者注〕、特に有価証券市場における取引については第一二五条〔金融商品取引法一五九条に相当―筆者注〕の規定を設けており、これらの違反行為には刑事罰が適用される。さらに、証券会社およびその役職員に対しては、特に第五〇条〔金融商品取引法三八条に相当―筆者注〕の規定が加重して設けられている。しかしながら、第五八条および第一二五条の適用にあたっては、違反行為の成立には売買取引の誘引等の『目的』の存在が必要とされており、これを事後的に立証することは非常に難しいので、これまで実際に適用されることはきわめてまれであった。したがって、相場操縦等の規制にあたっては、状況証拠を有効に活用することにより『目的』の存在を推認するという解釈論を確立すれば、この問題に有効に対処することも可能ではないかと考えられる。もっとも、このような解釈論の妥当性が一般に容認されるためには、通常の取引観念から考えて異常と思われるような要素を有する取引事例について、個別の検討を重ねながら、次第に固めていくほかかない。」

（10）東京地判平成六年一〇月三日判例タイムズ八七五号二八五頁。この事件は、相場操縦の実行行為に直接関与しなかった者についても、相場操縦の罪に共同正犯の成立を認めたものとして注目される。被告Bは、C会社の代表取締役として自己が不良債権問題についての経営責任を追及されることを免れるため、かねて仕手筋として力量を信頼していた被告AにC会社の資金で相場操縦をさせて利益を出させ、それによって債務を返済させようとしてAにその旨を依頼し、Aはこれを了承してBの提供する資金で相場操縦を実行したのであり、最大判昭和三三年五月二八日刑集一二巻八号一七一八頁にいう「他人の行為をいわば自己の手段として犯罪を行〔う〕」謀議が行われたと解される。神崎克郎「日本ユニシス株相場操縦事件」商事法務一四九三号四一頁。

（11）龍田節「証券取引の法的規制」現代の経済構造と法五二五頁（昭和五〇年）、河本一郎「取引所市場の規制」アメリカと日本の証券取引法（下）四〇一頁（昭和五〇年）、竹内昭夫「相場操縦」会社法の理論1（商事法研究第一巻）三三二頁（昭和五九年）。

（12）証券取引審議会不公正取引特別部会・前掲注（5）は、協同飼料事件についての東京高等裁判所判決が出された後に作られた報告書であり、同事件で問題とされた具体的行為をもとに相場操縦が認定される取引の態様について次の五つのものを列挙している。
① 寄り付き前から前日の終値より高い指値で買い注文を出す
② ザラバの気配をみて、直近の値段より高い指値買いの注文を出したり、買い注文の残りの指値を高く変更する
③ 時間を追って順次指値を一円刻みに高くした買い注文を出す
④ 比較的高い値段で仮装の売買をする
⑤ 買い指値注文により株価の値下がりを食い止める売買をする

(13) 藤田観光事件では、「わずかな例外を除いて、すべての注文が直前の約定値と同一か、それより高い値段で発注されており、いわゆる板の上値を追った買い上がりであることが認められ、例外的に直前の約定値より安い値段で発注されたものの中には四月二三日前場における直前の約定価格より五〇円安い四五五〇円での二万株の買注文、同日後場開始後における前場の終値四七三〇円より三〇円安い四七〇〇円での二万株の買注文、二四日後場における直前の約定価格より四〇円安い五〇五〇円での二万株の買注文のように、いわゆるカンヌキとして発注されたものである」ことが認められている。このカンヌキについては、「これらは、直前の約定価格より安い価格で大量の買い注文を出すことによって、一般投資家に買い圧力が強いという印象を与えて、これらの者に安心して買い注文を出させることにより、相場が下がるのを人為的に防ぐことを狙ったものであり、株価を上げる際のテクニックの一種であると理解できる」と説示されている。

(14) 神崎克郎「相場操縦の規制」証券取引の法理五四八頁（昭和六二年）参照。

(15) 人気が離散して売買数量の少ない有価証券等の場合には、比較的少ない売買等の取引においても繁盛な取引または繁盛と誤解させる取引を生じさせる。これに対して、日々の売買数量が多い有価証券等の場合には、少数数量の取引によっても、それがために取引を繁盛にしまたは取引が繁盛であると誤解させることができない。このことは、一連の売買等が有価証券等の価格を上昇または下落させるものであるか否かについても、同様に妥当する。証券取引審議会不公正取引部会・前掲注（5）では、市場関与率の状況、一日のうち最も重要な時間帯である終値付近での関与状況、一日における同一銘柄の売買の反復状況等もあわせて検討の上、総合的に判断すべきとしている。毎日の最終価格は、取引の記録として新聞等を通じて報道される機会が多い。そして、安定操作取引においては、一日の最終価格が特別の意味をもつものとされている（金商令二四条）ように、実務界においても、一日の最終価格は特に重要視されている。そして、一日の売買終了時を狙って有価証券の買付けが行われているかどうかは、売買の委託を受ける金融商品取引業者の段階で容易に判断できる。また、金融商品取引所等においても、毎日の最終価格が特に高くなる有価証券等に関しては、そのような相場操縦が行われているのではないかとのヒントを容易に得ることができる。

(16)　有価証券を多量に買い付けた後、その買付けによって上昇した価格でその有価証券を売り付ける場合、特別の事情のない限り、その買付けの唯一の合理的に考えられうる動機は、相場操縦である。同様のことは、有価証券を多量に売り付けた後、その売付けによって下落した価格で同一の有価証券を買い付ける場合にも妥当する。他方、自己の一連の買付けによって有価証券の市場価格が上昇した後に、第三者の活発な売買によって自己の買付けによって直接影響されたものでない独立の相場が形成された場合に、その相場で有価証券を売り付けても、その買付けは他の者の有価証券の売買を誘引する目的で行われたとの推定を受けない。

四　規制違反による責任

金融商品取引法一五九条に違反した者は、一〇年以下の懲役もしくは一〇〇〇万円以下の罰金に処されまたはこれを併科される（金商法一九七条一項五号）(1)。また、財産上の利益を得る目的で、金商法一九七条一項五号に違反して有価証券等の相場を変動等させ、または変動等させた相場により当該有価証券等にかかる有価証券の売買等を行った者は、一〇年以下の懲役および三〇〇〇万円以下の罰金に処される（金商法一九七条二項）。さらに、金商法一九七条一項五号に違反して得た財産は原則として没収または追徴される（金商法一九八条の二）。なお、両罰規定として、法人もしくは法人でない団体で代表者等の定めのあるものの代表者または法人もしくは人の代理人、使用人その他の従業員が、その法人または人の業務または財産に関し、金融商品取引法一五九条に違反した場合は、当該法人または人に対し七億円以下の罰金が科される（金商法二〇七条一項一号）。

金融商品取引法一五九条で規制の対象とされる取引には、有価証券の売買、市場デリバティブ取引または店頭デリバティブ取引が含まれる。同条では、規制対象となる人的範囲を定めていない。すなわち、「何人も」規制の対象となる。もっとも、取引所金融商品市場における有価証券の売買取引等は、原則として、当該金融商品市場を開設する金融商品取引所の会員等に限り行うことができる（金商法一一一条一項）。金融商品会員制法人である金融商品取引所の会員は金融商品取引業者および登録金融機関に限る（金商法九一条）。株式会社組織の金融商品取引所においても取引参加者に関する事項が業務規程で記載される（金商法一一七条一号）。金融商品取引業者が金融商品取引所で行う委託売買は、顧客の計算で、金融商品取引業者の名前で行われる（取次ぎ）。したがって、顧客が金融商品取引業者を通じて上場証券を売買し、相場操縦をした場合、当該顧客は売買の直接の（法律効果が生じる）当事者ではないために、金融商品取引法一五九条二項一号の規定の適用があるかどうかが問題となる。すなわち、金融商品取引法一五九条二項一号に定める売買取引の罪が金融商品取引所の会員等だけが犯すことのできる、いわゆる「身分によって構成すべき犯罪」（刑法六五条一項）であるかどうかが争点となる。

この点については、法的効果は金融商品取引業者と相手方に生じるとはいえ、経済的効果は取引を依頼した顧客が享受することから、社会的にみても、委託を行った顧客が取引をしたものと考えるべきで、この者が相場操縦を行った者として規制に服すると解すべきである。かかる立場は、「何人も」と相場操縦の規制対象を広く規定する条文の趣旨と合致する。(2)(3)

金融商品取引法一六〇条一項は、金融商品取引法一五九条に違反した者に対し、当該違反行為により形成された価格、約定指数、約定数値もしくは対価の額により、当該有価証券等について、取引所金融商品市場における有価証券の売買、市場デリバティブ取引、店頭売買有価証券市場における有価証券の売買もしくは取扱有価証券の売買をし、またはその委託をした者が当該取引所金融商品市場等における有価証券の売買等または委託につき受けた損害の賠償責任を法定する。右損害賠償請求権は、請求権者が金融商品取引法一五九条違反行為を知ったときから一年または当該行為のあった時から三年間、行使しないと時効消滅する（短期消滅時効）（金商法一六〇条二項）。不正な取引一般について損害を被った者が損害賠償を請求できるのか否かは明確ではないが、相場操縦については明文で民事責任を定めている。違法に操作された相場を信頼して取引をした結果損害を被った投資者の救済をはかるものであり、相場操縦に対する金融商品取引法の厳しい態度を示すものと解される。(4)もっとも、原告被害者が立証責任を負うものと解する限り、訴訟を維持するために必要な証拠を得ることは必ずしも容易ではなく、したがって民事責任規定が存在することをもって直ちに投資者保護に万全であるとはいいがたい(5)。

金融商品取引法一五九条二項一号の規定に違反する、相場を変動させるべき一連の違反行為を自己の計算で行った者に課徴金の納付が命じられる（金商法一七四条の二第一項）(6)。課徴金額は、有価証券の売付け等の価額から買付け等の価額を控除した額に、つぎのものを合計した額となる(7)。

① 有価証券の売付け等の数量が買付け等の数量を超える場合、当該超える数量にかかる売付け等の価額から当該違反行為が終了した日から一か月以内に行われた当該違反にかかる有価証券の買付け等についての相場の最低価額を控除した額(8)(9)

② 有価証券の買付け等の数量が売付け等の数量を超える場合、違反行為が終了した日から一か月以内に行われた当該違反にかかる有価証券の売付け等についての相場の最高価額から当該超える数量にかかる有価証券の買付け等の価額を控除した額(10)(11)

③ 違反行為の開始時から当該違反行為の終了した日から一か月以内に違反者が自己等の発行する当該違反行為に係る有価証券を有価証券発行勧誘等により取得させ、または組織再編成により交付した場合、その間の相場の最高価額から違法行為開始時の価額を控除した額(12)

④ 金融商品取引業者等が違反者であって、その顧客の計算において、違反行為の開始時から当該違反行為の終了した日から一か月以内に違反行為または有価証券の売付け等もしくは買付け等をした場合、当該違反行為または有価証券の売付け等もしくは買付け等にかかる手数料、報酬その他の対価(13)

このように、違反行為による利得に、違反行為への反対売買で違反行為後一か月以内に行われたものによる利得、違反行為により騰貴した相場を利用して行った有価証券発行の手取金、さらに顧客から得た手数料収入を加えた金額が課徴金として国庫に納付するよう命じられる。

①および②については、自己の計算によるものが規制の対象となる。もっとも、他人の計算によるものであって

も、違法な相場操縦行為を行ったことに変わりはない。このような行為についても課徴金を課して、その抑止をはかることが必要である。そのため、違反者がその総株主等の議決権の過半数を保有している会社その他の違反者と密接な関係を有する者として内閣府令で定める者、(14)違反者と生計を一にする者その他の違反者と特殊の関係にある者として内閣府令で定める者の計算(15)による違反行為であっても、自己の計算におけるものとみなして、課徴金の納付命令の対象となる（金商法一七四条の二第六項）。

相場操縦規制違反による利得については没収・追徴が行われる（金商法一九八条の二第一項一号）。かかる没収・追徴金額と課徴金額との調整規定が定められている（金商法一八五条の七第一五項）。

平成二〇年の改正により、仮装売買・取引および馴合売買・取引も課徴金の納付命令の対象となった（金商法一七四条）(16)。仮装売買・取引および馴合売買・取引に対して課せられる課徴金は、現実の取引による相場操縦の場合と同様の方法によって算出される。

仮装売買・取引および馴合売買・取引に対する課徴金の金額は、つぎのものとなる。なお、二以上に該当する場合は、その合計額が課徴金の金額となる。

① 当該違反行為の開始時から終了時までの間（違反行為期間）において、当該違反者が当該違反行為にかかる有価証券等について自己の計算で行った有価証券の売付け等の数量が、自己の計算で行った有価証券の買付け等の数量を超える場合は、超過分にかかる有価証券の売付け価額から当該違反行為終了後一か月以内の相場の最低価額を控除した額

② 違反行為期間において、当該違反者が当該違反行為にかかる有価証券等について自己の計算で行った有価証券の買付け等の数量が、自己の計算で行った有価証券の売付け等の数量を超える場合は、超過分にかかる当該違反行為終了後一か月以内の相場の最高価額を控除した額

③ 当該違反者が当該違反行為の開始時から違反行為終了後一か月以内に自己等の発行する当該違反行為にかかる

有価証券を有価証券発行勧誘等により取得させ、または組織再編成により交付した場合には、当該違反行為終了後一か月以内の相場の最高価額から違反行為開始時における相場による価額を控除した

④　当該違反者が金融商品取引業者である場合で、顧客の計算により当該違反行為の開始時から違反行為終了後一か月以内に違反行為、有価証券の売付け等もしくは買付け等をした場合には、これらにかかる手数料や報酬の額

①および②の場合、自己の計算において行われた売付け等や買付け等を基準としつつ、子会社など密接な経済的関係を有する者、生計を一にする者の計算において行われた売付け等や買付け等は、違反者の自己の計算においてなされたものとみなされる（金商法一七四条五項～七項）[17]。

（1）　相場操縦の禁止違反については、平成九年の改正前は、三年以下の懲役もしくは三〇〇万円以下の罰金またはその併科が定められていた。平成九年の改正で、五年以下の懲役もしくは五〇〇万円以下の罰金またはその併科に引き上げられ、さらに平成一八年改正で現行のように改められた。法人に対する両罰規定も平成九年の改正で実現し、やはり平成一八年改正で現行のように改められた。一九七条一項五号にもとづき刑事責任が実際に問われた事例は、東京時計製造事件（東京地判昭和五一年一二月二四日金融・商事判例五二四号三二頁）、日本熱学事件（大阪地判昭和五二年六月三日商事法務七八〇号三〇頁）、日本鍛工事件（東京地判昭和五六年一二月七日判例時報一〇四八号一六四頁）、藤田観光事件（東京地判平成五年五月一九日判例タイムズ八一七号二二一頁）、協同飼料事件（最決平成六年七月二〇日刑集四八巻五巻二〇一頁）、日本ユニシス事件（東京地判平成六年一〇月三日判例タイムズ八七五号二八五頁）、昭和化学工業事件（大阪地判平成一一年六月二四日資料版商事法務一八七号二〇三頁）、志村化工業事件（東京高判平成一六年七月一四日商事法務一七一二号四六頁）などがある。

（2）　藤田観光事件の東京地方裁判所判決では、「法一〇七条〔金融商品取引法一一七条―筆者注〕は、証券取引所が会員組織であり、証券取引の機能充実と公正確保のため、その開設する証券取引所での取引を会員に限る趣旨と解される。それに対して、同法一二五条〔金融商品取引法一五九条―筆者注〕二項一号では、証券取引所に上場する有価証券について人為的に相場を操作することによって、本来自然で正常な需給関係によって形成されるべき相場形成を乱す行為を禁止しようとするものであって、そうした行為は、なるほど証券取引所での買付け・売付けが必要であってもそれを会員証券会社に委託することによって、現に本件に見られるように、社会的実態として何人もなし得るのであるから、右法条の人為的相場を操作する行為を禁圧しようとするものと解するの

が相当であり、そうであるからこそ同号は『何人も』と規定し、その名宛人を限定していないと解される」と述べている。神崎克郎「藤田観光事件の法的検討」商事法務一三三二号九頁もこの見解を支持していた。

一方で、金融商品取引法一一七条が、金融商品市場における売買取引を金融商品取引所の会員である金融商品取引業者等に限定していることから、金融商品取引所の会員である金融商品取引業者等の代表者その他の従業員によってのみ犯すことのできる犯罪、すなわち、刑法六五条一項にいう身分によって構成すべき犯罪と解する見解もある。協同飼料事件の東京高等裁判所はかかる立場に立っていた（東京高判昭和六三年七月二六日高刑集四一巻二号二六九頁）。この場合、金融商品取引業者等に委託注文を出す投資者は、金融商品取引所の会員でないために、独立して罪を犯すことができないこととなる。そこで、この場合、相場操縦を企てた投資者は、金融商品取引所の会員である金融商品取引業者等の従業員の行為に加功し、その行為を利用することによって、これらの罪を犯したもので、共同正犯になると解している。いずれにせよ、金融商品取引業者等を通じた証券売買を行う投資者が相場操縦を行えば、刑事責任が問われることには変わりはない。

協同飼料事件の最高裁判所の決定は、「証券取引法一二五条〔金融商品取引法一五九条―筆者注〕二項……は……禁止行為の主体を『何人も』と規定しており、証券取引所の会員以外の者は右会員に委託することによって有価証券市場における売買取引を行うことができるのであるから、証券取引所の会員以外の者も、右各条項の保護法益を侵害することができるのである。また、同法一〇七条〔金融商品取引法一一七条―筆者注〕の趣旨は、同法八〇条二項により証券取引所が会員組織であることを要することから、証券取引所の会員に限って有価証券市場における売買取引を行うことができることとしたにすぎず、同法一二五条〔金融商品取引法一五九条―筆者注〕二項……の規制の対象まで証券取引所の会員に限定する趣旨のものであるとは解されない。」として、最高裁判所としてはじめて、金融商品取引業者等に対して売買を委託した投資者にも直接相場操縦罪の適用があることを明らかにした。

（3）　金融商品取引法一五九条二項一号は、相場操縦の取引の「委託等若しくは受託等」も禁止の対象としている。したがって、金融商品取引業者に委託したものの、それが実行されなかった場合でも、相場操縦の罪に問われることとなる。この点について、本書や最高裁判所の見解では、委託の段階で犯罪の成立を認めておきながら、その後それが実行された場合に、売買取引を行ったとして犯罪を成立させることについて不自然であるとの批判がある。証券取引法研究会「相場操縦規制の再検討」インベストメント四八巻四号五八頁（前田）。そこでは、実行された場合を含めて、条文に規定される「委託」の段階で犯罪とする解釈のほうが自然な解釈であると述べられている。相場操縦については、このような委託や受託について刑事罰の適用が定められているものの、内部者取引については、かかる規定が存在しない。そこでは、特定有価証券等にかかる売買その他の有償の譲渡もしくは譲受けが禁止されているに過ぎない（金商法一六六条一項）。先の批判の立場を内部者取引に適用した場合、内部者取引の罪に問われる場合がきわめて限定されることとなり、立法趣旨からみて適切ではない。

(4) 近藤光男＝吉原和志＝黒沼悦郎・金融商品取引法入門〔第二版〕三三三頁（平成二三年）。

(5) 近藤他・前掲注（4）三三三頁参照。相場操縦に関する民事訴訟が提起されたものとして三菱地所事件がある（東京地判昭和五六年四月二七日判例時報一〇二〇号一二九頁）。本件は、相場操縦を行った金融商品取引業者および同社を監督すべき立場にある金融商品取引所に対して損害賠償を請求したものであった。原告は、①三菱地所の株価と三井不動産の株価を比較して、本件株価は不自然な動向を示していること、②地場新聞に本件株式について推奨記事が集中的に掲載されたこと、③金融商品取引業者には本件時価発行を有利にしたいという動機があったことを主張した。これに対して、東京地方裁判所は、原告は、相場操縦に関する具体的な行為者名、行為の日時、態様などについてなんら主張しておらず、その供述は具体性を欠き、主観的な観測を述べているに過ぎないこと、推奨記事の掲載が相場操縦の一環をなしていると主張するには、当該掲載が被告の依頼または指示にもとづいてなされたことを立証する必要があるとして、さらに、株価が不自然な動きを示したとしても、同業他社との比較からのみから直ちに原告主張の相場操縦が存在すると推定することはできないとして、原告の請求を棄却した。同事件については、島袋鉄男「相場操縦と証券取引所の民事責任」ジュリスト八三九号一〇九頁、近藤光男「相場操縦と取引所に対する損害賠償請求」新証券・商品判例百選〔別冊ジュリスト一〇〇号〕一三八頁、加賀譲治・証券相場操縦規制論二三二頁（平成一四年）参照。原告が相場操縦を立証するには、被告側に証拠資料が偏在することが多く、その具体的な立証は困難との指摘もある。今川嘉文・相場操縦規制の法理二八〇頁（平成一三年）。

(6) 平成一八年改正前まで、課徴金の対象となるものは、現実の取引による相場操縦を規制する規定に違反する一連の売買等と規定されていた。同年の改正で、売買等の申込みも規制の対象となった。これは、いわゆる「見せ玉」（本書一三〇一頁参照）について規制を強化するためのものである。

(7) 有価証券の売付け等は、有価証券の売付け、約定数値と現実数値の差にもとづく差金取引（金商法二条二一項二号）（現実数値が約定数値を上回った場合に金銭を支払う立場の当事者になるものに限る）、オプション取引（金商法二条二一項三号）（オプションを付与する立場の当事者となるものに限る）その他政令で定める取引をいう（金商法一七四条の二第二項）。また、有価証券の買付け等は、有価証券の買付け、約定数値と現実数値の差にもとづく差金取引（金商法二条二一項二号）（現実数値が約定数値を上回った場合に金銭を支払う立場の当事者になるものに限る）、オプション取引（金商法二条二一項三号）（オプションを取得する立場の当事者となるものに限る）その他政令で定める取引をいう（金商法一七四条の二第三項）課徴金の金額の算定に際しては、いずれも、当該違反行為にかかる売買対当数量にかかるものに限られる。

(8) 金融商品取引所が毎日公表する最低価格（金商法一三〇条参照）のうち、一か月以内で最も低い価格に当該超える数量を乗じて得た額を意味する。なお、最低価格がない場合には、これに相当するものとして内閣府令で定めるものをいう。また、当該違反行為が終了した日にあっては、課徴金府令で定める額となる。

(9) 当該額が零を下回った場合には、零となる。

(10) 金融商品取引所が毎日公表する最高価格（金商法一三〇条参照）のうち、一か月以内で最も高い価格に当該超える数量を乗じて得た額を意味する。なお、最高価格がない場合には、これに相当するものとして内閣府令で定めるものをいう。また、当該違反行為が終了した日にあっては、課徴金府令で定める額となる。

(11) 当該額が零を下回った場合には、零となる。

(12) 金融商品取引所が毎日公表する最高価格のうち、一か月以内で最も高い価格に当該超える数量を乗じて得た額を意味する。なお、最高価格がない場合には、これに相当するものとして内閣府令で定めるものをいう。また、当該違反行為が終了した日にあっては、課徴金府令で定める額となる。

(13) 金融商品取引所が毎日公表する最低価格（金商法一三〇条参照）のうち、一か月以内で最も高い価格となる。なお、最高価格がない場合には、これに相当するものとして課徴金府令で定めるものをいう。また、当該違反行為が終了した日にあっては、課徴金府令で定める額となる。

(14) 内閣府令では、①違反者の親会社、②違反者の子会社、③違反者と同一の親会社をもつ会社等、④違反者の同族会社（法人税法二条一〇号に規定する同族会社）が規定されている（課徴金府令一条の一七第一項）。

(15) 内閣府令では、①違反者の親族、②違反者と事実上婚姻関係にある者、③違反者の役員等、④①から③以外の者で違反者から受ける金銭その他の資産によって生計を維持しているもの、⑤②から④と生計を一にするこれらの者の親族が規定されている（課徴金府令一条の一七第二項）。

(16) 金融審議会金融分科会第一部会法制ワーキング・グループ報告「課徴金制度のあり方について」（平成一九年一二月一八日）は、「現行制度上は、相場操縦等のうち相場変動型のみが対象となっているが、例えば安定操作取引や仮装売買・馴合売買についても対象に含めるべきである。」と述べていた。かかる提言を受けて、法改正がなされた。

(17) 内閣府令が詳細を定めている（課徴金府令一条の一六）。

五　風説の流布、偽計または暴行・脅迫の禁止

何人も、有価証券の募集、売出しもしくは売買その他の取引もしくはデリバティブ取引等のため、または有価証券等の相場の変動をはかる目的をもって、風説を流布し、偽計を用い、または暴行もしくは脅迫をすることは違法として禁止される（金商法一五八条）。(1)

金融商品取引法一五八条は、風説の流布に関して、①有価証券の募集、売出し、売買その他の取引またはデリバティブ取引等のため風説を流布する行為と、②相場の変動をはかる目的をもってする風説の流布の二類型を禁止行為としている。

ここにいう「風説」には、刑法二三三条のような「虚偽の」という言葉が付されてない。しかし、少なくとも、そこには合理的根拠なくそれを語っているという認識が要求される。(2)「流布」は不特定多数の者に伝達することを意味する。記者会見は、直接には、少数の記者に伝達するものであるが、マス・メディアを経由して、その後不特定多数の者に情報が伝達されるものであり、ここにいう「流布」に該当する。また、インターネット上の、いわゆる掲示板を使った情報の書込みも流布にあたると解される。(3)

風説の流布の罪が成立するためには、証券取引もしくはデリバティブ取引等のためまたは有価証券等の相場の変動をはかる目的をもって、風説を流布することが必要である。虚偽の情報または根拠のない噂を多数の者に伝播させるだけでは十分ではなく、それが証券取引のためもしくはデリバティブ取引等または有価証券等の相場の変動をはかる目的で行われることが必要である。このような目的は、行為者がこれを自白する場合に容易に認定されるほか、行為者の自白がない場合にも、行為者の動機その他諸般の状況から、総合的に認定されるものと解される。(4)金融商品取引法一五九条二項三号の表示による相場操縦の禁止が有価証券売買等を誘引する目的をもって行われる、虚偽であり、または誤解を生じさせる表示を対象としているのに対して、金融商品取引法一五八条に定める風説の流布は、相場を

変動させる目的のみが要求されている点に相違がみられる。[5]

昭和三六年に摘発された日本レアメタル工業事件[6]や平成七年に摘発されたテーエスデー事件[7]では、有価証券の発行会社の役員について風説の流布の罪が問題とされた。[8]しかし、風説の流布の罪は、有価証券の発行会社の関係者のみならず、投資者についても問題となりうる。投資者がその保有にかかる有価証券を有利な価格で処分しあるいは特定の銘柄の有価証券を低廉な価格で取得する企図の下に、その相場の変動をはかる目的で虚偽の情報または根拠のない噂を流す場合等においては、その者につき風説の流布の罪が問題となる。[9][10]

金融商品取引法一五八条については、これまで、風説の流布が問題とされることが多かったが、近年、偽計・暴行に関する規定が適用された事例も見られるようになった。[11]

金融商品取引法一五八条に違反した者は、一〇年以下の懲役もしくは一〇〇〇万円以下の罰金に処されまたはこれを併科される（金商法一九七条一項五号）。また、財産上の利益を得る目的で、金融商品取引法一五八条違反の罪を犯して、風説の流布を行った者は、一〇年以下の懲役および三〇〇〇万円以下の罰金に処される（金商法一九七条二項）。さらに、両罰規定として、法人もしくは法人でない団体で代表者等の定めのあるものの代表者または法人もしくは人の代理人、使用人その他の従業員が、その法人または人の業務または財産に関し、金融商品取引法一五八条に違反した場合は、当該法人または人に対し七億円以下の罰金が科される（金商法二〇七条一項一号）。また、風説の流布により得た財産は原則として没収・追徴される（金商法一九八条の二）。

さらに、風説の流布・偽計による取引には課徴金の納付が命じられる（金商法一七三条）。[12]課徴金の金額はつぎのとおりである。なお、二以上に該当する場合は、その合計額が課徴金の金額となる。

① 違反行為によって有価証券等の相場を騰貴させ、騰貴させた相場によって有価証券の売付け等を行った場合には、違反行為終了後一か月以内に行われた売付け等の価額から当該違反行為直前の価額を控除した額

② 違反行為によって有価証券の相場を下落させ、下落させた相場によって有価証券の買付けを行った場合は、違

反開始前の価額から違反行為終了後一か月以内に行われた買付け等の価額を控除した額

③　違反行為の開始時から当該違反行為の終了した日から一か月以内に違反者が自己等の発行する当該違反行為にかかる有価証券を有価証券発行勧誘等により取得させ、または組織再編成により交付した場合、その間の相場の最高価額から違法行為開始直前の価額を控除した額

④　当該違反者が金融商品取引業者等であって、その顧客の計算において、違反行為の開始時から当該違反行為の終了した日から一か月以内に違反行為または有価証券の売付け等もしくは買付け等をした場合、当該違反行為または有価証券の売付け等もしくは買付け等にかかる手数料、報酬等

①および②の場合、自己の計算において行われた売付け等や買付け等を基準としつつ、子会社など密接な経済的関係を有する者、生計を一にする者の計算において行われた売付け等や買付け等は、違反者の自己の計算においてなされたものとみなされる（金商法一七三条五項～七項）。

かかる課徴金額と右の没収・追徴金額との調整規定が定められ、必要な没収・追徴が命じられている場合には、算出された課徴金額からその没収・追徴相当額が控除される（金商法一八五条の七第一五項）。

（1）　金融商品取引所が上場する有価証券、店頭売買有価証券または取扱有価証券の売買に限られる。

（2）　河本一郎＝関要監修・逐条解説証券取引法〔三訂版〕一二六六頁（平成二〇年）。

（3）　証券取引等監視委員会は、そのホームページで、風説の流布に関する情報を求める専用の窓口を設置している。

（4）　東京地判平成八年三月二二日判例時報一五六六号一四三頁（テーエスデー事件判決）では、①転換社債に繰上償還請求権が付されており、その行使期間の終期および償還請求権にかかる繰上償還日が迫っていたこと、②繰上償還のための資金調達に窮していたこと、③社長の発言を掲載した新聞記事により株価が急騰し、その社長自身が金融商品取引業者に対して、同社転換社債の転換権行使を顧客に勧めるように求めていたこと等の事実から、社長が相場を変動させる目的を有していたことを認定している。

（5）　金融商品取引法は、相場操縦の禁止については、一五八条で風説の流布の禁止を定めるほか、一五九条で表示による相場操縦、

偽装取引による相場操縦および現実取引による相場操縦の禁止を定めている。これらの規定のうち、後者は、アメリカの一九三四年証券取引所法九条の規定をモデルに戦後わが国に導入されたものであるのに対して、前者は、戦前の取引所法の大正三年改正に遡る。神崎克郎「風説の流布」法学教室一八〇号二頁。大正三年改正により新設された取引所法三二条ノ四は、取引所における相場の変動をはかる目的をもって虚偽の風説を流布し、偽計を用いまたは暴行もしくは脅迫をなしたる者は二年以下の懲役または五〇〇〇円以下の罰金に処すと定めていた。取引所法三二条ノ四は、戦後、証券取引法および商品取引所法に引き継がれたのである。取引所法のこの規定に、昭和二二年の旧証券取引法制定の際に有価証券の発行市場における相場操縦を防止するという趣旨で「有価証券の募集若しくは売出しのため」の風説の流布等という別の類型が追加され、この類型の風説の流布が昭和二三年の証券取引法制定時には、「有価証券の募集、売出し若しくは売買その他の取引のため」のものと修正された上で、「虚偽の風説」から「虚偽の」が削除された。この点については、黒沼悦郎「証券取引法上の風説の流布」商事法務一五五七号二五頁。

（6）　業績不振に苦しんでいた同社の代表取締役等が、事業資金を捻出するために、内容虚偽の株券を発行し、これを利用して融資を受けるといった、有価証券虚偽記入、同行使、詐欺の事件を起こした。一方で、同社の将来性がきわめて有望であるかのごとく吹聴して、取引の相場価格を騰貴させようと企図し、一〇数名の証券業者や証券業界紙記者を招致して、事情説明会を開催した。その際に、同社が新規事業のために大手商社と資本提携が実現したなどという架空の内容の説明を行い、この説明が、相場の変動をはかる目的をもって行われた風説の流布にあたるとされた。東京地判昭和四〇年四月五日判例集未登載。鶴田六郎「証券取引をめぐる刑事判例の動向」ジュリスト九二〇号一五頁。

（7）　エイズワクチンの事業化に伴い、実施していない臨床実験を外国で始めたと公表し、店頭登録していた株式の値段を吊り上げた。この事件では、償還期日を迎えた転換社債の株式への転換を促進するために、株価の高騰をねらったものとされている。注（4）参照。

（8）　このほか、メディア・リンクスの社長が、発行予定の新株予約権付社債について、払込みがないにもかかわらず、払込みがなされたという虚偽の公表をしたとして、有罪判決が出されたもの（両罰規定も適用されている）（最判平成一八年二月二〇日判例集未登載）がある。また、クレスベール・インターナショナルが監督当局の承認を得られた商品と偽った資料を使用して、プリンストン債を販売したとして刑事責任が問われた事例もある（東京高判平成一五年一一月一〇日判例集未登載（上告は棄却されている））。

（9）　平成九年に摘発された「ギャンぶる大帝」事件では、株式の推奨記事等を執筆する著述業を営むとともに投資顧問業の登録業者の代表者でもあった者が、特定の株式を購入した上で株価が高騰した後にこれを売り抜けようとして、自らが監修する雑誌を通じて風説を流布したとして、罰金五〇万円の略式命令を受けた。さらに、大手中華レストランの株価を吊り上げるために、仕手筋が共謀して、東京証券取引所内の記者クラブの報道各社に対して、同社株式に公開買付けを行うとの虚偽を記載したファックスを送りつけた東天紅事件などもある。同事件では東京地方裁判所は、「とりわけ、……被告人らの発表した虚偽の情報により、A社株の株価が、いったんいわゆるストップ高になるほどに騰貴した後、まもなく一転して急落し、売り気配のまま取引ができない状態まで生じたことがうかがわれるなど、株式市場が大きく混乱したものであって、その結果、多くの投資者を惑わせたことは推察に難くなく、ひいては証券市場に対する信頼を揺るがせたばかりか、A社の企業イメージをも大きく損わせた点でも、犯情は悪質である。また、……被告人らは、多額の不正な利益を得られるものと期待し、一貫して、そのような思惑の下に行動していたものであり、このような利欲的な犯行の動機についても、酌量の余地はない」と判示して、懲役二年・罰金六〇〇万円、執行猶予四年の有罪判決を言い渡した。東京地判平成一四年一一月八日判例時報一八二八号一四二頁。

(10)　証券市場における価格下落を防止することを目的に、公的資金が投入されることがある。これは、株価維持操作とよばれる。一部の政治家が、株価維持操作の実施を公の場で表明することがある。かかる発言が、株式市場への公的資金の投入計画がない、いわゆる「口先介入」といわれる、相場を上昇させる目的のみでなされるものであれば、風説の流布となり、金融商品取引法違反となる可能性がある。なお、金融商品取引法一五九条二項二号では、「相場が自己又は他人の操作によって変動するべき旨を流布すること」が禁止される。この場合、「自己又は他人の操作」が実際に行われることが予定されているものであっても規制が及ぶ。株価操作を実質的に指示できる有力政治家が、株価維持操作を行って株価水準が一定に維持されるとの内容の発言を行うことがあれば、「自己又は他人の操作によって変動するべき旨を流布すること」にあてはまる危険性が高いといえる。川口恭弘「株価維持操作と相場操縦規制」奥島還暦・近代企業法の形成と展開三七九頁（平成一一年）。

(11)　ライブドアの元代表取締役が他の被告らと共謀し、関連会社ライブドアマーケティング（ＬＤＭ）（当時）の株価をつり上げようと、支配下の投資事業組合がすでに買収済みの会社の企業価値を過大評価した株式交換で完全子会社化するとの虚偽情報を公表した上、ＬＤＭの売上高を水増しして経常黒字に装った虚偽情報を公表した事件で、相場変動を目的とする風説の流布と偽計を認定した判決がある（東京地判平成一九年三月一六日判例時報二〇〇二号三一頁（控訴棄却—東京高判平成二〇年七月二五日判例時報二〇三〇号一二七頁））。また、量販店ドンキ・ホーテの株式の空売りを行っていた者が、同社の株価を引き下げる目的で、同社の店舗に放火を企てたことが、相場変動目的の暴行・脅迫にあたるとされた判決がある（横浜地判平成二一年一一月二四日判例集未登載）。

さらに、近時、経営不振に陥り資金調達に苦しむ上場会社を舞台として不公正ファイナンスを偽計取引として積極的に摘発しようとする動きが取締当局に見られる。たとえば、アレンジャーと称する者が、上場会社に、正体不明の投資ファンド等を引受先とする第三者割当増資やＭＳＣＢの発行等を行うように差し向ける。当該ファンドは当該上場会社の株式を大量に取得してその実質的支配権を得た上で、当該上場会社をしてファンドを引受先とする第三者割当増資等を再度行わせる。そこでは、有効な資金調達が行われたかのような外観が生まれるものの、その裏で、ファンドから上場会社に入金された株式払込金等は直ちにファンドに還流され、さらに、ファンドが引き受けた株式が市場で売却されている。これらの事例について、福田尚司「金融商品取引法一五八条違反の罪の適用事例について」刑法雑誌五一巻一号九四頁以下参照。東京地判平成二二年二月一八日判例タイムズ一三三〇号二一頁は、実際には増資払込金は実体のない売買によって社外に流出しているにもかかわらず、一般の投資者が増資によって資産取得等に使用される相応の資金の確保がはかられたと認識するような開示を行ったことは「偽計」を用いたことにあたるとした。

(12)　金融商品取引法一五八条は、風説の流布のほか、偽計、暴行・脅迫を禁止する。もっとも、このうち、課徴金の対象となるのは、風説の流布と偽計に限られる。山下友信＝神田秀樹編・金融商品取引法概説三三九頁（平成二二年）は、偽計と暴行・脅迫についてのこのような違いは、「暴行・脅迫により影響を受けるのは直接の相手方のみであるのに対して、偽計の影響はより広く市場一般に及びうると考えられていることによるものと思われる。」としながら、脅迫の影響が市場一般に及ばないとは言い切れず、また、市場一般に影響が及ばない偽計もありうるとする。

六　自己株式の売買と相場操縦規制

平成一三年の改正で、商法（当時）は、自己株式の取得の原則禁止の立場を捨て、その代わりに取得・保有を原則として適法とすることとなった。かかる改正は、いわゆる金庫株を解禁するために行われた。改正により、会社は、自己株式を目的・数量の規制を受けずに買い受けることが許されることとなり、子会社が保有する親会社株式を親会社取締役会の判断でこれを買い受けることも可能となった(1)。

株価は会社の経営に対する市場の評価であり、会社の経営者には、自社株式の株価を上昇させる、あるいは下落を防止するために、会社の資金で自社株式を売買しようとする誘惑が生じる。かかる事情を背景として、証券取引法の改正および関連する内閣府令が制定された(2)。証券取引法を引き継いだ金融商品取引法一六二条の二は、自己株式についての相場操縦を防止することを目的として、取引の公正を確保するために必要かつ適当である事項を内閣府令で定

めることを認めるものである。(3)

金融商品取引法一六二条の二が適用される有価証券は、①金融商品取引所に上場されている株券と②店頭売買有価証券に該当する株券（上場等株券）である。不公正取引を一般的に禁止する金融商品取引法一五七条は、金融商品取引法に定める「有価証券」一般を規制の対象とする。また、相場操縦を禁止する金融商品取引法一五九条の規制は、「金融証券取引所が上場する有価証券」や「店頭売買有価証券」に及ぶ。これに対して、一六二条の二は、自己株式の売買に関する規制であるため、その規制の対象が「株券」に限定されている。また、規制の対象となる株券が、金融証券取引所に上場されているものや店頭で売買されているものに限られている。これは、規制の目的が、当該株券の「相場」を変動させることを防止するためにあることから導かれる帰結であり、先の一五九条と同様の立場に立つものといえる。

金融商品取引法一六二条の二は、「上場等株券の取引の公正の確保のため必要かつ適当であると認める事項を内閣府令で定めることができる」と定めている。これを受けて、有価証券規制府令一六条では、自己株式の売買にあたって満たすべき要件を定めている。これらの要素を満たす取引は、「上場等株券の取引の公正の確保のために必要かつ適当なもの」となり、相場操縦が生じることを防止することに有用なものと考えられている。

金融商品取引法一五九条に違反した場合、一〇年以下の懲役もしくは一〇〇〇万円以下の罰金あるいはこれが併科される（金商法一九七条一項五号）のに対して、金融商品取引法一六二条の二違反は、三〇万円以下の過料が科せられるにすぎない（金商法二〇八条の二第三号）。金融商品取引法一六二条の二および有価証券規制府令一六条は、相場操縦になりにくい類型を定めたもので、かりに、ここで定められた事項を遵守しなかった場合でも、相場操縦が必ず認定されるわけではない。そこで、相場操縦ほどの厳しい制裁が用意されていないと考えられる。金融商品取引法一六二条の二は、自己株式の相場を操縦する行為を防止するために、取引の公正の確保のため必要かつ適当であると認める事項を内閣府令で定めさせると規定しているのみで、内閣府令の定める事項をすべて守った場合には相場操縦を認定しないという書き方にはなっていない(4)。

内閣府令では、取引所金融商品市場における上場等株券の買付け、取引所金融商品市場におけるマーケットメイク銘柄である上場等株券の買付け、店頭売買有価証券市場における上場等株券の買付け、店頭売買有価証券市場における店頭マーケットメイク銘柄である上場等株券の買付けに分けて、規定を設けている（有価証券規制府令一七条）(5)。

まず、一日に二以上の金融商品取引業者を通じて買付けを行わないことが要求される（有価証券規制府令一七条一号）。すなわち、一日あたり、一社の金融商品取引業者を通じて買付けをすることを義務づけている。二社以上の金融商品取引業者を利用すれば、仮装売買や馴合売買を行いやすくなる。二社以上の金融商品取引業者を通じた売買では、多方面からの注文が存在するといった外観が生じ、一般投資者にその証券の売買が繁盛であると誤解を与える危険性もある。

つぎに、金融商品取引所の規則の定めるところによる当該取引所金融商品市場における立会い売買の終了すべき時刻の三〇分前から当該時刻までの間以外の時間に、上場等株券の注文を行うことを要求している（有価証券規制府令一七条二号）(6)。これにより、買付けの注文は立会い終了前三〇分までに行わなければならない。また、あらかじめ、立会い終了三〇分内で買付けを行うことを約束した注文は、たとえ、それが直前三〇分より前に出されたものであっても、立会い終了三〇分前以降に行われたものとみなされる。これにより、脱法行為が防止されている。終値は、市場で形成された価格の一つであるものの、それは、種々の基準値段として使用され、また、単独でも市場価格として広く認知されるものである。相場操縦を行おうとする者は、操作した価格が残るという点を意識してこの時間帯に売買を行うことが考えられるため、特に、この時間帯での売買が規制の対象とされている。

さらに、注文の価格についても規制が存在する（有価証券規制府令一七条三号）。第一は、寄付き前、すなわち、始値決定前、条文では、その日の売買立会いの始めの売買の価格が公表されるまで、当該上場等株券の前日の最終の売買の価格を上回らない価格での指値注文でなければならない(7)。成行き注文は認められない。これは、その日最初に成立する売買は、その後の株価の推移に影響を及ぼしやすいと考えられ、前日終値よりも相場を高めに誘導することを防止するものである。第二は、寄付き後、すなわち、その日の売買立会いの始めの売買の価格が公表された後、その日に当該注文を行う時までに公表された売買の価格のうち最も高い価格を上回る価格の当該指値による当該注文を行うものであってはならない。ここでも成行き注文が認められず、さらに、その指値も、買付け委託時における当日の高値を上回るものであってはならない。第二の要件では、直近の公表価格を上回る価格の当該指値による当該注文を反復継続して行うものであってはならないと定められている。したがって、直前の売買の価格を上回る価格で、反復継続して注文を出すことが禁止される。前述した、その日の高値を上回る指値注文と異なる点は、反復継続して行うもののみが規制されるということにある。この点については、流動性の低い銘柄に配慮したものである。したがって、継続反復せずに、しかも高値を上回らなければ、直前の値段を上回っても買付けをすることは許される(8)。

なお、取引所有価証券において、一日に行う上場等株券の買付けの注文の数量に制限がある（有価証券規制府令一七条四号）(9)。大量に注文を出すことは、株価に大きな影響を与えることになるため、その数量に制限を設けることになったと考えられる。

（1）平成一七年改正前商法二一〇条・二一一条参照。平成一五年改正により、商法二一一条ノ三に新たに、定款授権にもとづく取締役会決議による自己株式買受けが許容されることとなった。なお、平成一七年制定の会社法では、自己株式の取得に関する規制は一五六条以下に規定されている。

（2）商法（当時）では、平成六年の改正以降、段階的に自己株式の取得規制が緩和されてきた。しかし、平成一三年の改正までは、相場操縦規制に関する証券取引法の改正は行われなかった。平成一三年の改正前においても、株式を消却するため、あるいはストック・オプションの利用のために、会社は自己の資金で自己株式を購入することができた。もっとも、法が認めた買付目的にしたがい、あらかじめ株主総会で自己株式取得を決議するといった手続が必要であり、株価の変動をはかるために、自己株式の取得を行うことは難しかったといえる。自己株式は原則として保有が許されず、消却目的のための自己株式を買い付けた場合でも、それはすぐに消却される。この点で、自己株式の処分に関して相場操縦を行うということはできなかった。ストック・オプションのために買い付けた場合でも、一〇年など長期にそれを保有することが前提とされた。合併の場合など、やむをえない理由で取得したときには、相当の期間に処分しなければならなかったが、処分が必要な株式はそれほど多くないと考えられた。これらの点から、取得した株式を利用して、意図的に相場を変動させることを心配する必要性は大きくなかったともいえる。

（3）平成一七年改正前において証券取引法一六二条の二が適用される取引は、上場等株券に関する商法（当時）二一〇条・二一一条・二一一条ノ三の規定による売買と定められていた。商法（当時）二一一条は取締役会決議による自己株式の処分について規定をしていた。商法（当時）は自己株式の処分について、新株発行の手続を準用しており、市場価格のある株式であっても市場で売却することは認められない。内閣府令では、商法（当時）二一一条の規定による上場株券等の売買を規制の対象から外していた。しかし、証券取引法一六二条の二では、右のように、商法（当時）二一一条を規制の内容として定めていた。内閣府令のとる態度についてはその理由は明らかではない。証券取引法本体では、将来の市場での処分に対処するために、事前に商法（当時）二一一条を規制の対象とする旨を定めているとの見解もあった。証券取引法研究会「金庫株と証券取引法改正―相場操縦規制」金庫株解禁に伴う商法・金融商品取引法〔別冊商事法務二五一号〕五九頁（川口）・六九頁（黒沼）（平成一四年）。なお、会社法では、法案の段階で、自己株式の市場売却を容認する規定を定めていた（会社法案一七九条一項・二項）。その上で、関連する改正証券取引法では、会社法案一七九条二項の規定による自己株式の売却について一六二条の二の規制を及ぼす旨が規定されていた。もっとも、自己株式の市場売却については、相場操縦の危険を助長する等の理由から、法案審議の過程で、条文から削除された。

（4）証券取引審議会公正取引特別部会報告「自己株式取得等の規制緩和に伴う証券取引制度の整備について」（平成六年二月七日）では、「わが国における相場操縦禁止規定は、『売買取引を誘引する目的』等主観的要素、取引の態様等を総合的に勘案した上でその適用の有無が判断されてきているものであり、取得価格・数量等の外形的な基準によりあらかじめ相場操縦違反とならない行為を類型として法令で定めることは難しい。」と述べている。これに対して、アメリカの証券取引委員会規則一〇b―一八は、自己株式の取得について、①証券会社の数、②取引時間、③取引価格、④取引数量を制限した上で、これら四つの要素をすべて満たした場合、これらの要素にかかる事実のみをもって違法性を認定することはしないと定められている。その点で、アメリカの規則は、セーフ・ハーバー・ルールの一つといえる。D・L・ラトナー＝T・L・ハーゼン〔野村證券株式会社法務部訳（神崎克郎＝川口恭弘監訳）・〔最新〕米国証券規制法概説一〇九頁（平成一五年）。これに対して、わが国の規制を、セーフ・ハーバー・ルールと呼ぶことは正確ではない。

（5）以下では、取引所金融商品市場における上場等株券の買付けの要件について述べることとする。

（6）　証券取引審議会・前掲注（4）では、相場操縦が行われやすい類型の一つとして、「市場における取引終了時間前の一定の時間帯に自己株式の買付けの委託を行うこと」をあげていた。内閣府令では、この「一定の時間帯」というのが「立会い売買の終了すべき時刻の三〇分前」とされた。「一定の時間帯」はおのずから慣行のなかで決まってくるという考えもあったものの、内閣府令違反の場合には過料が科せられるため、その範囲をはっきりさせることが望まれた。アメリカの証券取引委員会規則一〇b―一八では、「立会いが引ける三〇分前」とされており、これを参考にしたものであろうと考えられる。

（7）　前日の終値が一〇〇〇円であれば、翌日は、一〇〇〇円以下の買い指値で注文を出さなければならないこととなる。

（8）　直前の売買価格が一〇〇〇円で、当日の高値が一〇一〇円である場合、その高値である一〇一〇円を上回る値段での売買が認められないものの、直前価格の一〇〇〇円については、継続反復してそれを上回らなければ、「一〇〇〇円以上一〇一〇円未満」の範囲で、たとえば一〇〇五円で注文が出せることとなる。なお、証券取引審議会・前掲注（4）では、「相場が一定の価格を下回ったときに自己株式の買付けの委託を反復継続して行うこと」を好ましくない取引類型であると述べていた。株価の下落を防止するために行う違法な安定操作を念頭に置いたものと考えられる。もっとも、内閣府令ではこの点を明記していない。会社としては、自己株式を買うと決めた以上は、高い株式を買うよりは安くそれを買い付けたほうがよい。そのため、一定の価格基準を設けて、それを下回ったときに、継続して市場で拾っていくということを認めることに合理性がある。

（9）　一日買付注文の数量が、つぎの①または②のいずれか多い方の数量を上回らないことが要求される。

①　買付日の属する週の直前四週間の一日の平均売買高の二五パーセント

②　買付日の属する月の直前六か月の月間平均売買高

a　月間平均売買高四〇〇売買単位以上　　一〇売買単位と直前四週間の一日平均売買高の五〇パーセント（三売買単位を下回る場合は三売買単位）のいずれか少ない数量

b　月間平均売買高二〇〇売買単位以上四〇〇売買単位未満　　五売買単位と直前四週間前の一日平均売買高の五〇パーセント（三売買単位を下回る場合は三売買単位）のいずれか少ない数量

c　月間平均売買高二〇〇売買単位未満　　三売買単位

第二款　安定操作の規制

一　安定操作の意義

取引所金融商品市場における上場金融商品等または店頭売買有価証券市場における店頭売買有価証券の相場をくぎ付けし、固定しまたは安定する目的をもって、一連の有価証券売買等またはその申込み、委託等もしくは受託等をする安定操作取引は、人為的に相場を操縦するものであるが、有価証券の募集または売出しを容易にするために行う場合に限って一定の要件の下に許容される（金商法一五九条三項、金商令二〇条一項）(1)。このように、条文上は、店頭売買有価証券市場における店頭売買有価証券の安定操作が規定されているが、現在では、かかる市場は存在しない。

有価証券の募集または売出しを容易にするために、取引所金融商品市場における上場金融商品等または店頭売買有価証券市場における店頭売買有価証券の相場をくぎ付けし、固定しまたは安定する目的で、一連の有価証券売買等またはその申込み、委託等もしくは受託等をすることは、相場操縦の一形態であり、投資者の保護の上で好ましくない側面を有している。有価証券の募集または売出しを容易にするために行われる安定操作は、当然に募集または売出しの対象となる有価証券の取得、買付けを誘引する目的をもって行われる、有価証券の価格の下落をくいとめる上場金融商品等もしくは店頭売買有価証券の一連の売買またはその委託もしくは受託であり、金融商品取引法一五九条二項一号に定める行為に該当する。

安定操作は、人為的な有価証券等の買付けによって上場金融商品等もしくは店頭売買有価証券の価格の下落を防ぎまたは遅らせるものであることから、安定操作が終了して、価格の下落を防止するための「釘が抜かれる」と、上場金融商品等または店頭売買有価証券の価格が下落する可能性が大きく、その場合には、人為的にくぎ付けされた価格で上場金融商品等または店頭売買有価証券を買い付けた投資者が損失を被る危険性が大きい。また、それは、上場金融商品等または店頭売買有価証券の価格を安定させるために人為的に有価証券売買等をするものであって、それにより上場金融商品等または店頭売買有価証券の取引を繁盛ならしめあるいは繁盛であるとの外観をもたらすが、安定操作が終了すると人為的な買付け等が市場から姿を消すために、その金融商品等の取引量が減少して、安定操作の当時の上場金融商品等についての市場の流動性と厚みを信頼して上場金融商品等の売買をした投資者がそれが失われたことによって損失を被る危険性がある。

他方、有価証券の募集または売出しによって大量の有価証券が金融商品市場に送り出されるときは、金融商品市場に一時的な供給過剰の現象が生じるが、このような一時的な供給過剰の状態を中和するために、人為的な需要を作り出すものとして安定操作が考えられる。また、有価証券の募集または売出しによって大量の有価証券が金融商品市場に送り込まれると、金融商品市場における需給の均衡が崩れて有価証券の価格が下落することになるが、そのような場合に、有価証券の引受業者は、一般投資者が募集・売出価格で有価証券を買い付けるまで自己の資金を寝かせておく十分の資力を有しない場合には、安定操作をするのでなければ、有価証券の発行による産業界への必要資金の流入が困難となる。

そこで、有価証券の募集または売出しによって金融商品市場における有価証券の需要と供給の均衡が一時的に崩れる場合に、これを中和して、有価証券の発行による産業資金の効果的な調達を可能ならしめるために、安定操作が必要なものと考えられる(2)。

金融商品取引法は、有価証券の募集または売出しを容易にするための安定操作が有価証券の発行による産業資金の効果的な調達のために必要であると考える反面、それが自由市場の概念に反し、投資者の利益の保護に関して問題を生じさせるおそれがある点にかんがみて、一方では、安定操作として適法に行いうる取引の内容を厳しく規制するとともに、他方では、それをできるだけ投資者に開示することを要件として、安定操作を許容することにしている(3)。

(1)　安定操作は、有価証券の募集または売出しを容易にするためにのみ許容されるものであって、それ以外の目的、たとえば、担保に供している有価証券の価格を維持したり、有価証券発行者の社会的な信用の下落を防止する目的等のためにすることはできない。もっとも、安定操作が許容される有価証券の募集または売出しは、有価証券の募集については五〇名以上の者を相手方として行うもの、売出しについては適格機関投資家向け私募により発行された有価証券の適格機関投資家向け売出しを除く売出しである（金商令二〇条一項）。すなわち、金融商品市場に供給過剰の現象を生じさせる募集・売出しが対象となる。

(2)　アメリカの証券取引委員会は、一九四〇年の意見書において、安定操作についてつぎのように述べた。

「価格を安定させることは、それが一種の相場操縦であることから、本来的に詐欺的であって、あらゆる状況の下で完全に禁止されるべきであると考える者が多い。委員会は、価格を安定させることが一種の相場操縦であると認める点では意見の一致をみている。法律自体もそう認めている。委員会は、また、価格を安定させることが多くの点で望ましくないことに同意をする。このこともまた法律に暗に示されている。しかし、委員会の多数意見は、価格を安定させることに伴う弊害を指摘するのみでは、問題を提起するのみでこれを解決するものではないと考えている。今日行われている安定操作にいかに対処するかという問題は、理論のみでは答えられない。それは、目下のところ、金融機構との関連で解決されるべき、きわめて実際的な問題である。

委員会は、次の三つの選択に直面している。すなわち、①安定操作を規制しないままに許容しておくか、②規制の欠如のゆえに今日合法的になされている特定の濫用を除去する努力として安定操作を規制する規則を制定するか、それとも③安定操作が投資者の利益に本来的に有害なものとして議会に対してそれを禁止することを勧告するかである。

後述する理由で、委員会の多数意見は、今のところ、現状の下ですべての安定操作が完全に禁止されるべきだというところまでいっていない。しかし、委員会の多数意見は、安定操作が無規制のまま許容されることに満足しない。多数意見は、安定操作の規制のための有効なプログラムを開発することができるかを決定しようとするものである。

委員会のとるべき唯一の方法は、規則を定め、それがいかに実際上機能しているかを検討してそれを改めていくことである。かかる規則は可能な限り、一方においては有価証券の買主を保護し、他方では資本の産業界への円滑な流入を確保するという、しばしば矛盾する目的を調整するものでなければならない。ここでは、人間の活動の他のほとんどの領域でそうであるように、完全性は達成不能な理想である。妥協と調整は避けることができない。投資銀行またはその他の引受機関が十分の資力を有するようになると、今日達成できるものよりも理想により近いアプローチが将来は見つかるかも知れず、そうなると安定操作の必要性を大きく減少させあるいは完全に消滅させてしまうことができるだろう。」（Securities and Exchange Commission, Statement of Policy on the Pegging, Fixing and Stabiling of Security Prices, SEC Release No. 34-2446 (March 18, 1940).

（3）　安定操作の規制は、金融商品取引法の規定にもとづき、金融商品取引法施行令およびその下での内閣府令等によって行われるが、それは、昭和四五年一二月一四日の証券取引審議会の「投資者保護の徹底と証券発行の円滑化に資するため、現行制度についてその改善合理化を図る必要がある」との勧告を受けたものである。

二　安定操作取引の規制

1　安定操作取引をする者の限定

金融商品取引法およびその下での金融商品取引法施行令は、安定操作の取引をすることができる者を一定範囲の者に限定している。安定操作が有価証券の募集または売出しを容易にする目的でのみ行われるものであることから、それに関連する合理的な範囲の者にのみこれを許すことが相当であると考えられたことによる。

安定操作の取引は、取引所金融商品市場または店頭売買有価証券市場における有価証券売買等によって行われるので、自己の計算で安定操作の取引ができる者は、金融商品取引所の会員等である金融商品取引業者であることを要する（金商法六八条一項・一一一条一項）。それらのうち、安定操作取引にかかる有価証券の募集または売出しが内閣総理大臣への届出を要する場合は、有価証券の発行者または売出人と元引受契約を締結する者として有価証券届出書に記載された金融商品取引業者、その他の場合は、募集または売出しにかかる有価証券の発行者が金融商品取引所または認可金融商品取引業協会の規則の定めによって、有価証券の所有者または売出人と元引受契約を締結する金融商品取引業者としてあらかじめ金融商品取引所または認可金融商品取引業協会に通知した金融商品取引業者に限ってこれをすることが許される（金商令二〇条二項）。すなわち、元引受金融商品取引業者として有価証券届出書に記載されずまたは有価証券の発行者もしくは売出人から金融商品取引所または認可金融商品取引業協会に通知された金融商品取引業者以外の者は、自己の計算で安定操作の取引をすることができない。

安定操作の取引を金融商品取引業者に委託等をすることができる者も、①募集または売出しにかかる有価証券の発行者である会社の役員、②有価証券の売出しにかかる有価証券の所有者（その者が売出しにかかる有価証券を所有している者からその売出しをすることを内容とする契約によりこれを取得した場合には、当該契約の相手方）、③募集または売出しにかかる有価証券の発行者と内閣府令に定める密接な関係のある会社の役員、④③の会社（内閣府令で定めるものを除く）、または⑤募集または売出しにかかる有価証券の発行者が金融商品取引所または認可金融商品取引業協会の規則の定めによって、安定操作取引の委託等を行うことがある者としてあらかじめ金融商品取引所または認可金融商品取引業協会に通知した者に限られる（金商令二〇条三項）。

③にいう内閣府令で定める密接な関係のある会社は、当該発行者の関係会社である（有価証券規制府令四条一項、財務諸表等規則八条八項）。ただし、子会社自体は安定操作の委託等は許されない（金商令二〇条三項四号、有価証券規制府令四条二項、財務諸表等規則八条三項）。

何人も、有価証券の募集または売出しを容易にすること以外の目的で安定操作をすることは違法であり、他方、有価証券の募集または売出しを容易にする目的での有価証券の安定操作は、そうすることに利益を有する者によってのみ行われるはずであり、かつそのような利益を有する者がその目的のために法の規制に従って行う限り、それが誰によって行われるかによって異なった効果が生じるものとは考えられないので、安定操作の取引をすることができる者を限定すること自体にはほとんど意味がない。

安定操作の取引をすることをできる者を制限する主たる意図は、安定操作の取引をすることができる者を制限すること自体ではなく、むしろ、安定操作をすることができる期間中に、金融商品取引業者がそれらの者から安定操作の取引外で有価証券の募集または売出しにかかる有価証券の買付けの委託を受けることを禁止する（金商法三八条七号、金商業等府令一一七条一九号参照）ことにあるものと解される。

（1） ところで、金融商品取引法施行令二〇条三項は、募集または売出しにかかる有価証券の発行者が金融商品取引所等に通知した者以外に関しては、安定操作取引の委託等をすることができる者を実質的に限定しているが、有価証券の発行者が金融商品取引所等に通知した者はまったく形式的な概念であり、有価証券の発行者が金融商品取引所等に通知をする限り、通知された者が有価証券の発行者といかなる関係を有するかを問うことなく、安定操作の取引を委託等することができる。

2 安定操作取引の期間の限定

つぎに、安定操作取引をすることができる期間が限定される。株主に新株引受権を与えて行う募集または優先出資法に規定する優先出資者に優先出資引受権を与えて行う募集の場合は、申込期日の二週間前の日から払込期日まで、それ以外の有価証券の募集または売出しの場合は、申込期間の末日の二〇日前の日から申込期間の末日までの間に限って安定操作の取引をすることができる（金商令二二条二項）。ただし、これらの期間の開始前に安定操作取引にかかる有価証券の募集または売出しの発行価格または売出価格等が決定されていないときは、有価証券の発行者が金融商品取引所または認可金融商品取引業協会の規則の定めるところにより、それらの事項を金融商品取引所または認可金融商品取引業協会に通知するまでは、安定操作の取引をすることができない（金商令二二条三項・四項）。

安定操作の取引をすることができる期間を法定した趣旨も、安定操作の取引をすることができる期間を限定することと自体よりも、元引受金融商品取引業者が安定操作の取引によることなく募集もしくは売出しにかかる有価証券の売買等をし、または金融商品取引業者が安定操作取引の委託等をすることができる者から安定操作取引によることなくかかる有価証券の売買等の委託等を受けることを禁止する（金商法三八条七号、金商業等府令一一七条一九号）ことにその中心がある。（1）

安定操作取引の期間の制限は、この期間内においてのみ有効に安定操作の取引をすることができることを定めるものであって、安定操作取引をする者にこの期間中の安定操作取引を義務づけるものではない。安定操作取引は、金融商品市場に人為的な需要を作り出すものであって、自由市場の確保の観点からは、できるだけそれが少ないことがよい。したがって、安定操作取引を開始した者も、安定操作取引をすることができる期間の終了を待つことなくいつでも安定操作取引を中止することができるのであり、投資者の側でも、安定操作期間においては一定価格での有価証券等の価格の安定がはかられることを期待することはできない。

(1) もっとも、後述するように、安定操作取引を開始することができる日の前日の有価証券の最終価格は、安定操作取引の価格を定める重要な基準になっているが、この点でも、安定操作取引の価格の基準設定という観点から安定操作取引をすることができる期間がこのように法定されたことを示唆するものではない。なお、発行価格または売出価格等の条件が未定の場合には、有価証券の発行者が、それを決定してその内容を金融商品取引所に通知をする日まで安定操作の取引をすることができないことについて、渡辺豊樹＝奥村光夫＝長谷場義久＝松川隆志＝田中誠二・改正証券取引法の解説九四頁（昭和四六年）は、「発行価格等が決定していない段階において安定操作取引の開始を認めることとすると、発行価格や売出価格自体が価格操作に基づいて決定されることとなり不適当である」と述べている。

3　安定操作取引の価格の限定

ところで、安定操作取引の規制の中心は、安定操作取引として行う有価証券の売買等の価格の限定である。安定操作取引の価格の限定は、安定操作として行われる取引を三つのものに分けて、それぞれについて行われる。

安定操作取引を開始する日の最初の安定操作取引は、安定操作取引をすることができる期間の初日の前日の主たる取引所金融商品市場もしくは店頭売買有価証券市場におけるその有価証券の最終価格[1]または安定操作開始日の前日の主たる取引所金融商品市場もしくは店頭売買有価証券市場におけるその有価証券の最終価格のうちいずれか低い価格を超えてすることができない（金商令二四条一項一号イ・二項）。[2] 安定操作取引にかかる有価証券の募集または売出しに関する発行価格または売出価格、[2] さらには安定操作取引を行う直前の市場価格等[3]は、安定操作取引の価格を規制する基準とはならない。安定操作をしようとする者は安定操作期間の初日の前日の最終価格および安定操作取引をする日の前日の最終価格を超えるのでなければ、安定操作取引にかかる有価証券の募集または売出しに関する発行価格または売出価格を超えて売買等をすることができ、さらには、直前の価格を超えて有価証券の相場を引き上げる売買等をすることさえ許される。

安定操作期間の初日の前日の最終価格に比してその後有価証券の市場価格が大きく下落しても安定操作取引を開始する日の前日に有価証券の市場価格が相当に回復するときは、その間の下落した市場価格に関係なく、安定操作取引として有価証券の売買等をすることができる。

安定操作取引開始日のその後の安定操作取引は、金融商品取引業者が行った最初の安定操作取引の価格を超えてすることができない（金商令二四条一項一号ロ・二項）。ただし、最初の安定操作取引の価格を超えるのでなければ、直前の価格を超えても安定操作取引としての売買等をすることができる。したがって、安定操作取引をしようとする者は、安定操作取引の開始後に有価証券の市場価格が下落した場合にも、その下落を放置したままで、その日の売買終了時の直前に安定操作取引の開始価格で有価証券の売買等をすることによって、安定操作開始価格と同額の最終価格を形成することができる。

安定操作開始日後の安定操作取引は、安定操作開始価格またはその安定操作取引をする日の前日の主たる取引所金融商品市場もしくは店頭売買有価証券市場におけるその有価証券の最終価格のいずれか低い価格を超えてすることができない（金商令二四条一項二号・二項）。なお、複数の金融商品取引業者が同じ日に安定操作取引を開始した場合には、それらの金融商品取引業者の安定操作開始価格のうち最も低い価格がここにいう安定操作開始価格に該当する。したがって、安定操作開始日後の安定操作取引においても、安定操作開始価格および主たる取引所金融商品市場もしくは店頭売買有価証券市場における前日の最終価格を超えるのでなければ、安定換作開始日後、取引の前日までの間の有価証券の市場価格の下落を考慮することなく、また直前の価格より有価証券の相場を引き上げる形で適法に安定操作取引としての売買等をすることができる。

前日の最終価格は、安定操作取引の開始後、毎日、安定操作開始価格による売買等を市場で行うことによって容易に維持することができるので、安定操作開始日後における安定操作取引の価格を規制する基準となるものは、実質的には、安定操作開始価格の規制の基準となる安定操作期間の初日の前日の最終価格および安定操作取引を開始する日の前日の最終価格である。

安定操作価格の制限は、実質的には、安定操作期間の初日の前日の主たる取引所金融商品市場もしくは店頭売買有価証券市場における有価証券の最終価格および安定操作取引を開始する日の前日の主たる取引所金融商品市場もしくは店頭売買有価証券市場における有価証券の最終価格を基準として行われる。安定操作取引がこれらの価格を基準にした価格制限の下に適法に行われるためには、これらの価格自体は、自由市場において公正に形成されたものであることを必要とし、それが相場操縦の結果としてできあがったものでないことを要する(4)。これらの価格を基準に価格を制限する基準となるものであることから、安定操作取引を行う者は、これらの価格が安定操作する特別の動機を有しうる。したがって、安定操作が公正に行われることを確保するために、安定操作取引を行う者およびその関係者がこれらの価格を人為的に形成することがないよう特に厳格な規制を行うことが必要である(5)。

(1)　その日にその有価証券について売買取引がない場合は、その日の前の売買取引があった直近の日の最終価格がここにいう最終価格であるとされる（金商令二四条一項一号イ括弧書・二項）。

(2)　昭和四六年に廃止された安定操作に関する規則は、有価証券の売出しに関して安定操作が行われる場合には、安定操作取引は売出価格を超えて行ってはならないものと定めていた。アメリカ法律協会の連邦証券法典も有価証券の分売価格を超えては、原則として、安定操作の買付けをしてはならないものとしている。しかし、同規則廃止後の規制においては、売出価格を安定操作取引の上限とすることは、売出しを容易にするためという観点からすると、安定操作取引の意義を甚だしく失なわせることになるとの理由で発行価格または売出価格を超える安定操作取引も許容されるものとされた。渡辺豊樹＝奥村光夫＝長谷場義久＝松川隆志＝田

中誠二・改正証券取引法の解説九八頁（昭和四六年）。

（3） 昭和四六年に廃止された安定操作に関する規則は、安定操作取引は、直前の価格を超えて行ってはならないものとしていた。アメリカ法律協会の連邦証券法典も、直前の価格を超えて安定操作の買付けをすることを禁止している。すなわち、そこでは、相場を引き上げる安定操作は絶対に許されないのである。これに対して、現行法の下では、相場の下落を防止しまたは遅らせるためのみならず、相場を引き上げる安定操作取引さえ一定の条件で許されるが、その理由としては、「わが国の証券流通市場の現状からみて、安定操作取引の目的を達するためには、このような価格制限のほうがより実情に則する」といわれる。渡辺他・前掲注（2）。

（4） 神崎克郎「相場操縦の規制」証券取引の法理五六二頁（昭和六二年）参照。

（5） 安定操作価格の制限は、「最終価格」を基準に行うものとしており、この「最終価格」は最後の「売買取引の価格」を意味するものとされている。しかし、最後の売買取引が成立した後にその売買取引の価格より低い価格で買呼値が行われたにもかかわらず、それに対応する売呼値がない場合に、なおその「最終価格」を安定操作価格の制限の基準とすることが妥当であるかはきわめて疑わしい。なぜなら、この場合には、「最終価格」はもはや有価証券市場の有価証券についての最終の評価を反映していないからである。この点に関しては、Parlin & Everett, The Stabilization of Security Prices. 49. Col. L. Rev. 607.620（1949）参照。

4 元引受金融商品取引業者の買付け等の制限

相場操縦は、有価証券の募集または売出しに関連して行われる危険性がきわめて大きい。金融商品取引法は、有価証券の募集または売出しに関しては、前述のように、相場の人為的な操作をすることとの必要性を認めた上で、投資者の利益を保護するために、一定の要件の下での安定操作取引を適法なものとして認めることにした。しかし、他面では、同法は、有価証券の募集または売出しに関連する相場操縦の危険の大きさにかんがみ、元引受金融商品取引業者に対して、相場操縦を一般的に予防する観点から、安定操作期間中は、安定操作取引以外において、安定操作取引により容易にしようとする募集または売出しにかかる有価証券の発行者の発行する株式等につき、買付けもしくは買付けの委託等をし、または安定操作取引の委託等をすることができる者から買付けの委託等を受けることができないものとした。

有価証券の募集または売出しに関して元引受金融商品取引業者となる者（金商令二〇条二項二号参照）は、募集・売出しまたは特定投資家向け取得勧誘もしくは特定投資家向け売付け勧誘等にかかる有価証券の発行者が発行する株券、優先出資証券または投資証券で、金融商品取引所に上場されており、または店頭売買有価証券に該当するものについて、安定操作期間内における買付けに関連して、つぎの取引が禁止される[1][2]（金商法二八条七号、金商業等府令一一七条一項二二号）。

① 自己の計算による買付けをする行為
② 他の金融商品取引業者等の買付けの委託等をする行為
③ 有価証券の発行者である会社の計算による株券等の買付け等の受託等をする行為
④ 安定操作取引の委託等をすることができる者の計算による買付け等の受託等をする行為
⑤ 取引一任契約にもとづく買付けをする行為

なお、金融商品取引所の自主規制では、有価証券の募集・売出しに関して元引受金融商品取引業者とならない金融商品取引業者についても、安定操作期間内に行う買付けに関して、つぎの行為を行うことは、取引の信義則違反するものとしている（東証・取引参加者規程四二条、東証・取引の信義則に関する規則七条一項）。

① 安定操作取引にかかる有価証券の発行者であることを知りながら、当該発行者から買付けの受託をする行為
② 安定操作取引の委託をすることができる者であることを知りながら、その者から買付けの受託をする行為
③ 安定操作取引にかかる有価証券の発行者と元引受契約を締結した外国において金融商品取引業に類似する業を行う外国法人であることを知りながら、その者から買付けの受託をする行為
④ 安定操作取引にかかる有価証券の発行者により金融商品取引法施行令二〇条三項五号に掲げる者として通知された場合において、自己の計算による買付け、取引一任契約にもとづく買付けおよび買付けの委託をする行為

これらの規制は、金融商品取引業者による有価証券の買付けまたはその委託等もしくは受託等を一定の場合に禁止するものであって、安定操作取引の委託等をすることができる者が安定操作取引の委託等をすることができる期間に

おいて、安定操作取引の対象となる有価証券につき、安定操作取引の委託等以外において買付けの委託等をすること自体を禁止するものではない。しかし、これらの者は、有価証券の募集または売出しを容易にすることに利益を有する者であり、安定操作取引の委託等をすることができる期間中におけるそれらの者のそのような買付けの委託等は有価証券の募集または売出しを容易にするための効果を伴うものであることから、そのような委託等は、有価証券の売買を誘引する目的をもって行われるものとの推認を受け、違法な相場操縦に該当するものとされることが大きい。そのような委託等は、当然に違法とされるものではないが、安定操作取引の委託等と異なって当然に適法なものではなく、相場操縦の禁止の一般的な規制の下でその適法性が慎重に判断される。

（1）　時価または時価に近い一定の価格により株券が発行・移転される新株予約権を表示する新株予約権証券（時価新株予約権証券）または当該新株予約権を付与されている新株予約権付社債券（時価新株予約権付社債券）以外の新株予約権証券、または社債券および時価・時価に近い一定の価格により発行する優先出資証券以外の優先出資証券を除く。

（2）　時価新株予約権証券の募集・売出しまたは特定投資家向け取得勧誘・特定投資家向け売付け勧誘等（いずれも五〇名以上の者を相手方とするものに限る）の場合には、株券または時価新株予約権証券、時価新株予約権付社債券の募集・売出しまたは特定投資家向け取得勧誘・特定投資家向け売付け勧誘等の場合は株券または時価新株予約権付社債券となる。

三　安定操作取引の開示

1　安定操作取引の届出

安定操作取引が開始された日に安定操作取引を行った金融商品取引業者は、自己が最初に行った安定操作取引の後直ちに、安定操作届出書を金融庁長官に提出するとともにその写しを有価証券を上場している各金融商品取引所または認可金融商品取引業協会に提出しなければならない（金商令二三条、有価証券規制府令五条）。

安定操作届出書には、その金融商品取引業者の商号および本店の所在地、その金融商品取引業者と共同して安定操作取引を行う金融商品取引業者がある場合はその商号および本店の所在地、安定操作取引を開始した日時、安定操作取引にかかる有価証券の上場有価証券または店頭売買有価証券の別およびその銘柄、安定操作取引の成立価格、安定操作取引が行われた金融商品市場を開設する金融商品取引所または店頭売買有価証券市場の名称、安定操作取引により容易にする募集または売出しにかかる有価証券の銘柄、発行価格または売出価格および発行価額または売出価額の総額、安定操作取引を行うことができる期間、安定操作取引が行われる金融商品市場または店頭売買有価証券市場および主たる安定操作取引が行われると見込まれる金融商品市場を開設する金融商品取引所または店頭売買有価証券市場を開設する認可金融商品取引業協会の名称ならびにその他参考となるべき事項を記載することを要する（有価証券規制府令五条）。

安定操作届出書の提出は、有価証券の募集または売出しに関して安定操作取引を開始した日に安定操作取引を行った金融商品取引業者について要求される(1)。安定操作取引を開始した日に複数の金融商品取引業者が安定操作取引を行った場合には、その安定操作取引の前後を問うことなく、そのすべての金融商品取引業者が安定操作届出書を提出することを要求される。他方、すでに他の金融商品取引業者が安定操作取引を行った日の後に安定操作取引を行った金融商品取引業者は、もはや安定操作開始日に安定操作取引を行った金融商品取引業者に該当しないので、安定操作届出書を提出することを必要としない。

安定操作開始日に安定操作取引を行った金融商品取引業者は、その取引が自己の計算によるものであるかまたは委託者の計算によるものであるかを問うことなく安定操作届出書を提出しなければならない。これに対して、安定操作開始日に安定操作取引を金融商品取引業者に委託等した者は、みずからは安定操作取引を直接に行った者でないので安定操作届出書の提出を必要としない。

安定操作届出書は、金融庁長官がこれを受理した日から一か月間、その安定操作取引を行った金融商品取引業者の本店の所在地を管轄する財務局、その所在地が福岡財務支局の管轄区域内にある場合にあっては福岡財務支局に備え置いて公衆の縦覧に供され（金商令二六条一項、有価証券規制府令八条一項）、安定操作届出書の写しは、金融商品取引所および認可金融商品取引業協会へ提出された日から一か月間、その事務所またはその本店・支店その他の営業所に備え置いてその業務時間中、公衆の縦覧に供される（金商令二六条二項、有価証券規制府令八条二項）。これらの書類は、最初の安定操作取引が行われた後に公衆の縦覧に供されるものであるが、それは、有価証券における安定操作取引の対象とされる有価証券についての取引に参加する者に対して、その有価証券について安定操作取引が行われたことおよびその後も安定操作取引が行われる可能性が強いことを知らせるものである。(2)

（1）　安定操作取引を開始した日とは、同一の募集または売出しに関して最初の安定操作取引をした日であり、それは、いずれの金融商品取引業者が、いずれの金融商品取引所の開設する金融商品市場または店頭売買有価証券市場で行ったかを問わない。すなわち、安定操作開始日は、すべての金融商品取引業者およびすべての金融商品取引所の開設する金融商品市場または店頭売買有価証券市場につき、有価証券の募集または売出しごとに判定される。

（2）　安定操作届出書は、安定操作開始日に安定操作取引をした金融商品取引業者が最初の安定操作取引をした後に提出するものであることから、安定操作開始日の最初の安定操作取引については、投資者に対する事前の警告的開示は行われない。しかし安定操作取引の開示は、投資者に対して、安定操作取引が行われたこと、すなわち安定操作取引が行われた場合にはその取引が人為的な安定操作取引によって影響されたものであることを知らせることを目的とするので、そのような事前の警告的な開示は必要ではない。

2　安定操作取引の報告

安定操作取引を行った金融商品取引業者は、安定操作取引を行った金融商品市場（取引所金融商品市場または店頭売買有価証券市場）ごとに、自己が最初に安定操作取引を行った日から安定操作取引をすることができる期間の末日までの間における安定操作取引の対象となる有価証券の売買につき、その売買を行った日の翌日までに、自己の計算による買付数、委託者の計算による買付数、それらのうち安定操作取引にかかる数、安定操作取引の成立価格および売付数を記載した安定操作報告書を金融庁長官に提出し、その写しをその金融商品市場を開設する金融商品取引所または認可金融商品取引業協会に提出しなければならない（金商令二五条、有価証券規制府令六条）。

安定操作報告書は、金融商品取引業者が有価証券の募集または売出しに関して一度でも安定操作取引をすればその後に安定操作取引をしたか否かにかかわらず、最初に安定操作取引を行った日から安定操作取引をすることができる期間の末日までの毎日の、安定操作取引の対象となる有価証券についての売買に関して要求される。したがって、安定操作取引をした金融商品取引業者は、安定操作取引の対象となる有価証券につき取引所金融商品市場または店頭売買有価証券市場で売買をしたときは、それを安定操作取引として行ったか否か、それが買付けか売付けかを問うことなく、安定操作報告書によってそれを報告することが要求される（1）。

安定操作報告書は、安定操作取引を行った金融商品取引業者が最初に安定操作取引を行った日以後の安定操作取引の対象となる有価証券についての取引所金融商品市場または店頭売買有価証券市場における売買の状況を報告するものであって、安定操作取引の委託等をした者は、その委託等について特別の報告義務を負っていない。安定操作報告書は、安定操作期間が終了した日の翌日から一か月間、財務局に備え置いて公衆の縦覧に供され、その写しは、安定操作期間が終了した日の翌日から一か月間、それが提出された金融商品取引所または認可金融商品取引業協会の事務所またはその本店・支店その他の営業所に備え置いて、業務時間中、公衆に縦覧される（金商令二六条、有価証券規制府令八条）。安定操作報告書およびその写しは、それに記載する売買が行われている時期には公衆縦覧に供されない（2）。安定操作報告書による売買の開示は、投資者に対して有価証券の投資判断資料を提供することよりも、安定操作取引を行った金融商品取引業者の売買の適法性を確保することを目的とする。

（1）　安定操作報告書は、安定操作取引のみの報告をするものではない。それは、安定操作取引を行った金融商品取引業者が、その後、安定操作期間が終了するまでの間に、安定操作取引の対象となる有価証券について、取引所金融商品市場または店頭売買有価証券市場で行った売買のすべてを報告するためのものである。このような報告書の提出が要求されるのは、自己の計算によるのかあるいは委託等の実行として行うのかを問うことなく、一度でも安定操作取引をした金融商品取引業者は、その後も安定操作取引を行う可能性が大きく、あるいは、有価証券の募集または売出しを容易にするために相場を人為的に操作する可能性が大きいものと考えられるためであろう。

(2)　安定操作報告書を安定操作期間の終了後に公衆縦覧に供する理由として、安定操作期間中にこれを公衆縦覧に供するときは価格形成上かえって弊害を生じるおそれがあるといわれる。渡辺豊樹＝奥村光夫＝長谷場義久＝松川隆志＝田中誠二・改正証券取引解説九八頁（昭和四六年）。

3　金融商品取引業者の個別的表示義務

安定操作取引またはその受託等をした金融商品取引業者は、最初の安定操作取引を行った時から安定操作取引をすることができる期間の末日までに安定操作取引の対象となる有価証券の発行者の発行する株式、時価新株予約権、時価新株予約権付社債、優先出資証券もしくは投資証券について買付けの委託等を受けまたは売付けをするとき、または当該有価証券の売買にかかる有価証券関連デリバティブ取引(1)の委託等を受けるときは、その相手方が金融商品取引業者である場合を除いては、その相手方に対して安定操作取引が行われた旨を表示しなければならない（金商法三八条七号、金商業等府令一一七条二三号）。金融商品取引業者に対して買付けの委託等をしまたは金融商品取引業者から買付けをしようとする者に対し、その有価証券の価格に影響をおよぼす安定操作取引が行われたことを知らせることによって、買付けにつき合理的な判断をする機会を与えることを目的とする。

安定操作取引が行われたことの表示義務は、法律上は、安定操作取引をしまたは安定操作取引の受託等をした金融商品取引業者のみが負担するものとされている。しかし、投資者が安定操作取引の行われたことを知る利益は、投資者が買付けの委託等をしまたは買付けをする相手方である金融商品取引業者がたまたま安定操作取引をしまたは安定操作取引の委託等を受けたものであるか否かによって異ならない。

金融商品取引所は、その会員等または協会員である金融商品取引業者に対して、安定操作取引が最初に行われた時から安定操作期間の末日までの間において、安定操作取引が行われたことを知りながら、その旨を表示しないで、当該有価証券の発行者が発行する株券等についての買付けの受託または売付けもしくは売付けにかかる有価証券等清算取次ぎの委託等を行うことは、取引の信義則に違反するものとしている（東証・取引参加者規程四二条、東証・取引の信義則に関する規則七条二項）。

これらの自主規制は、金融商品取引所の会員等または認可金融商品取引業協会の協会員に対して、それらの者が安定操作取引の行われたことを知っている場合に限ってその表示義務を課すものである。しかし、安定繰作取引が行われた場合は、直ちに安定操作届出書およびその写しが内閣総理大臣または金融商品取引所または認可金融商品取引業協会に提出され、財務局または金融商品取引所または認可金融商品取引業協会の事務所で公衆の縦覧に供されるので、金融商品取引所の会員等または認可金融商品取引業協会の協会員が、安定操作取引の行われたことを知らなかったとして、有価証券の買付けの委託等を受けまたは売付けをする際にその相手方である投資者に対して安定操作取引が行われたことを表示しなかったときは、多くはそれらの者に取引の信義則違反があったことになるものと解される。

（1）　コールの取得またはプットの付与に限られる。

4　目論見書への記載

安定操作取引またはその委託等もしくは受託等は、安定操作取引によって容易にしようとする有価証券の募集または売出しにかかる目論見書に、安定操作取引が行われることがある旨、当該有価証券が上場有価証券である場合には、安定操作取引が行われる取引所金融商品市場、当該取引所金融商品取引所の全部および主たる安定操作取引が行われると見込まれる取引所金融商品市場を開設する金融商品取引所の名称または商号ならびに当該有価証券が店頭売買有価証券である場合には、安定操作取引が行われる店頭売買有価証券市場、当該店頭売買有価証券市場を開設する認可金融商品取引業協会の全部および主たる安定操作が行われると見込まれる店頭売買有価証券市場の名称の記載があるのでなければすることができない（金商令二一条）。

安定操作取引が行われることがある旨等の目論見書への記載は、元引受金融商品取引業者に安定操作取引を行いまたは安定操作取引の委託等をすることができる者に安定操作取引の委託等をする義務を生じさせるものではないが、その記載を欠くときは、いかなる者も適法に安定操作取引をしまたはその委託等もしくは受託等をすることができない。

安定操作取引またはその委託等もしくは受託等を適法に行うための目論見書への安定操作取引が行われることがある旨等の記載の要求は、有価証券の募集または売出しに内閣総理大臣への届出が必要とされ、したがって有価証券の募集または売出しによって有価証券を取得させまたは売り付けるのに目論見書の交付が要求される場合であるか否かにかかわらず妥当する。有価証券の募集または売出しに内閣総理大臣への届出を要しない場合においても、それを容易にするための安定操作取引またはその委託等もしくは受託等を適法に行うためには、目論見書を作成して、それに安定操作取引が行われることがある旨等を記載することを要する。そのための目論見書は、募集または売出しにかかる有価証券の発行者の事業に関する説明を記載したものであれば（金商法二条一〇項参照）、内閣総理大臣への届出を要する募集または売出しのために作成することを要する目論見書に記載すべき事項を記載したものであることを必要とはしない。

この場合に、そのような目論見書に安定操作取引が行われることがある旨等を記載することの要求は、単に有価証券の募集または売出しのために幾部かの目論見書を作成して、それに安定操作取引が行われることがある旨等を記載することによっては満たされない。それは、その募集または売出しに応じて有価証券を取得しまたは買い付けるすべての者に対して、それらの者が有価証券を取得しまたは買い付ける時以前にそのような記載のある目論見書を交付することをも要求するものと解される。(1) なぜなら、目論見書への安定操作取引が行われることがある旨等の記載は、募集または売出しに応じて有価証券を取得しまたは買い付けようとする者に対して、有価証券の発行価格または売出価格に関して合理的な投資判断資料を提供することを目的とするものだからである。

目論見書に安定操作取引が行われることがある旨等を記載することの要求は、募集または売出しに応じて有価証券を取得しまたは買い付けようとする者に対して、有価証券を取得しまたは買い付けるべきか否かの投資判断をするための資料を提供することを目的とする。それは、発行市場の投資者に対する情報開示のために行われるものであって、安定操作取引が行われる取引所金融商品市場または店頭売買有価証券市場における取引に参加する投資者に対して安定操作取引の対象とされる有価証券について買付けをするか否かの投資判断の資料を提供することを直接の目的とするものではない。なぜなら、目論見書は、取引所金融商品市場または店頭売買有価証券市場における取引に参加する投資者に対してその取引につき交付することを要求されるものでないのみならず、安定操作取引が行われる時点においては、いまだ作成されていることを必要としないからである。(2)

(1)　目論見書の交付は、有価証券の募集または売出しに内閣総理大臣への届出が必要な場合と同様に、募集または売出しによって有価証券を取得させまたは売り付ける時までに行われればよいものと解される。ところで、目論見書の交付は、募集または売出しによって有価証券を取得させまたは売り付ける者が行うのであるが、その者と安定操作取引またはその委託等もしくは受託等をする者とは必ずしも同じであるとは限らない。そのような場合、安定操作取引またはその委託等もしくは受託等をする者は、適法な目論見書が作成されてそれが募集または売出しに応じて有価証券を取得または買い付ける者に交付される合理的な手続がとられているものと信じているときは、現実に目論見書を交付することなく募集または売出しによって有価証券を取得または買付けさせる行為が行われても、違法な安定操作取引またはその委託等もしくは受託等の責任を問われるものでないと解される。

(2)　有価証券の募集または売出しに内閣総理大臣への届出を要しないときは、目論見書は、募集または売出しによって有価証券を取得させまたは売り付ける時までに作成されればよい。有価証券の募集または売出しに内閣総理大臣への届出を要するときは、その届出の際に目論見書が有価証券届出書に添付して内閣総理大臣に提出され、その後、有価証券届出書とともに公衆の縦覧に供されることとされている。しかし、この場合でも、安定操作取引が行われることがある旨等の表示は、その当初から記載されていることを要せず、届出の効力発生前の訂正で追加されうるものと解される。

四　規制違反による責任

金融商品取引法一五九条三項に違反して安定操作取引を行った者は、一〇年以下の懲役もしくは一〇〇〇万円以下の罰金に処されまたはこれを併科される（金商法一九七条一項五号）。また、財産上の利益を得る目的で、行った場合は、一〇年以下の懲役および三〇〇〇万円以下の罰金に処される（金商法一九七条二項）(1)。さらに、両罰規定として、法人もしくは法人でない団体で代表者等の定めのあるものの代表者または法人もしくは人の代理人、使用人その他の従業員が、その法人または人の業務または財産に関し、金融商品取引法一五八条に違反した場合は、当該法人または人に対し七億円以下の罰金が科される（金商法二〇七条一項一号）。また、違法な安定操作により得た財産は原則として没収・追徴される（金商法一九八条の二）。

さらに、違法な安定操作には課徴金の納付が命じられる（金商法一七四条の三）。本来変動すべき相場について、法令にもとづかず、釘付け、固定、安定をはかる行為は市場規律に悪影響を与える重大な違反行為である(2)。そのため、かかる行為を抑止する目的で、平成二〇年の改正で、課徴金の納付命令の対象とされた。課徴金額は、有価証券の売付け等の価額から買付け等の価額を控除した額に、つぎのものを合計した額となる。

①　当該違反行為の開始時における当該違反行為にかかる上場金融商品等または店頭売買有価証券についての当該違反者の売付け等数量が買付け等数量を超える場合、当該違反行為後の価格（違反行為終了後一か月経過する間の平均価格）から当該違反行為中の価格（違反行為開始時から終了時までの間の平均価格）を控除した額に、当該超える数量

を乗じて得た額

② 当該違反行為の開始時における当該違反行為にかかる上場金融商品等または店頭売買有価証券についての当該違反者の買付け等数量が売付け等の数量を超える場合、当該違反行為中の価格から当該違反行為後の価格を控除した額に、当該超える数量を乗じて得た額

③ 当該違反行為の開始時から当該違反行為の終了後一か月を経過するまでの間に違反者が自己等の発行する当該違反行為にかかる有価証券を有価証券発行勧誘等により取得させ、または組織再編成により交付した場合、当該違反行為中の価格から当該違反後の価格を控除した額に取得させ・交付した有価証券の数量を乗じて得た額

④ 当該違反者が金融商品取引業者等であって、その顧客の計算において、違反行為の開始時から当該違反行為の終了した日から一か月以内に違反行為または有価証券の売付け等もしくは買付け等をした場合、当該違反行為またはは有価証券の売付け等もしくは買付け等にかかる手数料、報酬その他の対価

①および②については、違反者がその総株主等の議決権の過半数を保有している会社その他の違反者と密接な関係を有する者として内閣府令で定める者、違反者と生計を一にする者その他の違反者と特殊の関係にある者として内閣府令で定める者の計算による違反行為であっても、自己の計算におけるものとみなして、課徴金の納付命令の対象となる（金商法一七四条の三第五項～九項）。

（1）　証券会社（丸八証券）の取締役会長であった者が、共犯者らと共謀の上、自社が主幹事を務めて上場した株式の株価を公募価格以上に維持して相場を固定する目的で、顧客を勧誘し当該株式の買付注文を受託したとして、相場を固定する目的が認定されたものがある。この事件では、第一審では被告に実刑判決が下されたが（名古屋地判平成二〇年九月九日ＬＥＸ／ＤＢ２５４２１４２１Ｉ）、控訴審では、執行猶予付きの実刑判決となった（名古屋高判平成二〇年三月三〇日判例集未登載）。

（2）　池田唯一他・逐条解説・二〇〇八年金融商品取引法三六二頁（平成二〇年）。

第三款　空売り等の規制

一　空売りの意義

有価証券を有しないで売付けをする空売りは、投機取引の一種として、有価証券の価格が不当に上昇しようとする場合は、これをくいとめることによって、有価証券の価格変動を安定化させ、秩序ある市場を維持するのに有用な機能を発揮することができる。空売りのこのような有用性は、つぎのような理論を前提としている。すなわち、空売りが、有価証券の価格が上昇する際に行われる場合、価格上昇に対するブレーキとして機能する。市場における強制的な買付けである買戻しは、有価証券の価格が下落する際に入れられて、価格下落に対する用心深いブレーキとして機能する。

空売りは、金融商品市場の厚みと流動性を高めるのみならず、それが有価証券の価格上昇の際に行われ、その買戻しが価格下落の際に行われるときは、有価証券の価格の平準化および金融商品市場の秩序維持に有用な貢献をすることができる。しかし、空売りは、それが有価証券の価格の下落に際して行われるときは、相場の下落傾向を不当に激化させることになる。そこで、相場の下落傾向を不当に激化させることになる危険のある空売りについては、相場操縦の一般予防的観点から法的規制が行われるべきである(1)。

(1)　もっとも、空売りによって株価の下落に拍車がかかるとしても、そのことが規制の根拠となりうるのか、という点で疑問がないわけではない。政策当局が金融商品市場の相場を直接規制することは正当化が困難であるという見解がある。証券取引法研究会「空売り規制についてⅠ」ＩＴ化の進展と商法・証券取引法の諸問題〔別冊商事法務二六一号〕一〇二頁（伊藤）（平成一五年）。空売りそれ自体が規制対象となるのではなく、むしろ空売りによってもたらされる相場の異常な下落を公正な金融商品市場の維持の見地から規制することが必要と解される。証券取引法研究会・右掲一〇二頁（神崎）。

二　空売りの規制

何人も、政令で定めるところに違反して、有価証券を有しないでもしくは有価証券を借り入れて、その売付けをすることまたは当該売付けの委託等もしくは受託等をすることは違法として禁止される（金商法一六二条一項一号）(1)。空売りを行うには、金融商品取引法施行令および有価証券規制府令の規定に従い行うことを要する。

金融商品取引所の会員等である金融商品取引業者は、その金融商品取引所の開設する取引所金融商品市場において、自己の計算による有価証券の売付けもしくは売付けの受託をした有価証券の売付けまたは有価証券等清算取次ぎの売付けの委託について、当該取引所に対し、これらの有価証券の売付けまたは清算取次ぎの委託が空売りであるか否かの別を明示する義務を負う（金商令二六条の三第一項）(2)。有価証券の売付けの受託においては、右明示義務を実効あるものとするため、当該有価証券の売付けの委託者に対し、当該売付けが空売りであるか否かの別を確認するよう要求される（金商令二六条の三第二項）(3)。

金融商品取引所の会員等である金融商品取引業者は、当該金融商品取引所の開設する取引所金融商品市場において自己の計算による空売りまたは受託した空売りを行うときは、当該空売りにかかる有価証券につき当該金融商品取引所が当該空売りの直近に公表した当該取引所金融商品市場における価格（直近公表価格）以下の価格において当該空売りを行うことが禁止される（金商令二六条の四第一項）(4)。取引所金融商品市場においてする空売りの委託または委託の取次ぎの申込みをする者も、委託または委託の取次ぎの申込みの相手方である金融商品取引業者に対し、直近公表価格以下の価格において空売りを行うよう指示することが禁止される（金商令二六条の四第二項）(5)(6)(7)。

空売りが規制の対象とされるのは、それが売り崩しによる相場操縦に利用される危険性があるためである。相場の下落傾向を激化させることも懸念される。同様の観点からは、相場が上昇傾向にあるときに、空買いをすることで、相場操縦がなされることも考えられる。しかし、現行法上、このような空買いは規制されない。相場の下落は投資者および証券の発行企業に不利益を与える可能性があるのに対して、相場の上昇はこれらの者に不利益を与えることがないことが理由として考えられる。もっとも、現行法上存在する空売りと空買いの規制の不均衡を理論的に説明することは困難である。

また、空売りと信用取引における売付けの区別も微妙である。わが国では、機関投資家等から株式を借りて行う空売りについては、規制を及ぼす一方で、信用取引については、かかる規制の適用除外としてきた。しかし、経済的に見れば、機関投資家等からの借株による空売りと区別する取扱いに合理性はない。そのため、現行法では、信用取引における空売りについては、空売りであることの顧客による明示義務および金融商品取引業者による確認義務が適用されることとなっている。(8)

さらに、適格機関投資家に該当しない者が行う信用取引については、空売りを行う場合の価格制限の適用が除外される。本来、信用取引は主として個人投資者による利用を想定している。しかし、信用取引に価格ルールが適用されないことのみを理由に、これを利用するといった、本来信用取引として行われることを想定していない取引が行われてきたことを踏まえて、平成一四年に現行法のように改正がされた。(9)一方で、信用取引は通常の個人投資者にとっては唯一とも言えるヘッジ手段であり、適格機関投資家とそれ以外の投資者では情報格差もあることなどから、適格機関投資家とそれ以外の投資者とで異なる取扱いとすることには合理性があると判断された。もっとも、個人投資者等が行う空売りについては、売付け一回あたりの数量は、金融商品取引所または認可金融商品取引業協会の定める売買単位の五〇倍以内に制限される（有価証券規制府令一四条二号・一五条二号）。個人投資者の中には、市場に影響を与えるような大規模な投資を行っている者も存在するため、売付け一回あたりの数量の上限が設けられている。売買単位の五〇倍という数値基準が採用されているのは、空売りを行う者が、その注文を行う時点において、その取引がルールに適合したものかどうかを認識できるようにするためと考えられる。(10)(11)

（1）「有価証券を有しないでもしくは有価証券を借り入れて」に準ずる場合として政令で定める場合も同様の規制に服する。政令は、その有している有価証券（借り入れているものを除く）の売付け後遅滞なく当該有価証券を提供できることが明らかでない場合を定めている（金商令二六条の二）。

（2）以下のものは、金融商品取引法の定める空売り規制の適用が除外される（金商令二六条の三第五項、有価証券規制府令一〇条）。①先物取引。先物取引による売付けは空売りを予定するものであり、それによる相場の不当な下落は売買証拠金によって相当程度に阻止される。②発行日取引、③国債、地方債、特殊法人債または普通社債（外国または外国法人の発行する証券または証書で国債等の性質を有するものを含む）にかかる空売りについても規制の適用が除外される。加えて、④金融商品取引所の会員等が当該金融商品取引所に上場されている有価証券（外国法人の発行する証券で株券の性質を有するものおよび外国投資証券に限る）につき自己の計算による空売りを行う取引のうち、外国金融商品市場において当該会員等が当該空売りにかかる有価証券の買付けを行う取引であって、円滑な流通の確保のために売付けの注文と買付けの注文を継続的に行う場合の当該売付けの注文にもとづく取引または買付けの注文に応じて売り付ける取引、⑤マーケットメイカーが、売付けの気配を出す取引所金融商品市場において当該売付けにかかる気配にもとづき自己の計算による空売りを行う取引、⑥買い付けた有価証券であってその決済を結了していない有価証券の売付けを行う取引のうち、当該買い付けた有価証券により当該売付けの決済を行う取引、⑦貸し付けている有価証券（借り入れたものを除く）の売付けであって、その決済前に当該有価証券の返還を受けることが明らかな場合における当該有価証券の売付けを行う取引、⑧取引所金融商品市場における売買のうち、当該取引所金融商品市場を開設する金融商品取引所の業務規程で定める売買立会によらない売買（立会外売買）による空売りを行う取引も適用除外とされる。さらに、いわゆる「つなぎ売り」と呼ばれる取引についても規制の適用が除外される。これは、以下の方法により、有価証券を取得することが確定している場合に、当該有価証券を実際に取得するまでの間に行う当該有価証券と同一銘柄の有価証券の売付けである。⑨交換社債券の交換請求、取得請求権付株式の取得請求、新株予約権付社債や新株予約権の行使、⑩取得条項付株式にかかる発行者による取得、⑪他社株券償還特約付社債券の株式償還決定、⑫株式の分割、合併および会社分割による新株等の割当て、⑬募集・売出の申込み、⑭発行日取引による買付け。このほか、⑮株券の名義書換、株券に記載された株式の数が金融商品取引所の定める売買単位の株式の数である株券への交換、毀損もしくは汚損または商号変更に伴う新たな株券への交換請求により、売付け後遅滞なく当該有価証券を提供できることが明らかでない場合に行う売付け、⑯投資信託法に定める受益証券について、受益証券をその投資信託財産に属する株券に交換する請求を行っており、当該請求の結果取得することとなる株券の数量の範囲内で当該株券と同一の銘柄の株券の売付けを行う取引または受益証券の取得を申し込んでおり、当該申込みの結果取得することとなる受益証券の数量の範囲内で当該受益証券と同一の銘柄の受益証券の売付けを行う取引、⑰金融商品取引所の会員等が当該金融商品取引所に上場されている受益証券または投資証券につき自己の計算による空売りを行う取引のうち、円滑な流通の確保のために売付けの注文と買付けの注文を継続的に行う場合の当該売付けの注文にもとづく取引、または買付けの注文に応じて売り付ける取引が適用除外取引として定められている。

（3）　平成二〇年一〇月、金融庁は、市場の透明性を確保し、市場監視を強化するため、金融商品取引所に対して、従来行ってきた全銘柄合計の空売りの売買代金（月次）の公表を、全銘柄合計および業種（三三分類）別の空売りの売買代金（日次）の公表とするように要請した。各取引所は、同年一〇月一四日から、順次かかる公表を行っている。

（4）　もっとも、当該金融商品取引所が当該直近公表価格の直近に公表した当該取引所金融商品市場における当該直近公表価格と異なる価格を当該直近公表価格が上回る場合には、当該直近公表価格で空売りは許される（金商令二六条の四第一項ただし書）。直前の価格一〇〇円、直近公表価格が一〇一円の場合、一〇一円以上の価格で空売りは許されるが、一〇〇円以下での空売りはできない。直前価格一〇〇円、直近公表価格が一〇〇円の場合、一〇一円以上の価格で空売りは許されるが、一〇〇円以下での空売りはできない。直前の価格が一〇一円、直近公表価格が一〇〇円の場合、一〇一円以上の価格で空売りは許されるが、一〇〇円以下での空売りは禁止される。

（5）　もっとも、当該金融商品取引所が当該直近公表価格の直近に公表した当該取引所金融商品市場における当該直近公表価格と異なる価格を当該直近公表価格が上回る場合には、当該直近公表価格で空売りの指示は許される（金商令二六条の四第二項ただし書）。直前に市場で成立した価格以下で空売り注文を禁止する規制は、アップテック・ルールと呼ばれる。欧州ではかかるルールは採用されていない。また、アメリカにおいても、二〇〇七年に廃止された。もっとも、アメリカでは、二〇一〇年に、急激な株価変動を抑制する措置として、緊急時に限定して発動を認める仕組みが導入された。日本の規制は、恒常的に同ルールを採用するもので、その在り方をめぐって議論がある。

（6）　ＭＳＣＢ（Moving Strike Convertible Bond）（転換価格修正条項付転換社債）は、転換の対象となる株価が下がれば転換価格も下がる（下方修正）という条件で発行される。ＭＳＣＢの引受先が、対象となる株式の空売りをすることで株価を下落させ、利益をあげる行為が問題となった。すなわち、ＭＳＣＢの引受人は、空売りの結果、株価が下落したことで、安価で株式に転換することでより多くの株式を得ることができる。空売りでは、通常、借りた株式を買い戻し、それを返還する必要がある。もっとも、この場合、引受人は、MSCBの転換によって得た株式の一部を返還することで足りる。他方で、既存株主は持株比率の希釈化とともに株価の下落による損害を被ることとなる。このような行為は投資者の市場価格に対する信頼を大きく損なうものである。そのため、規制の強化が行われた。金融商品取引業者は、自己の計算において、価格変動のリスクを減少させるための空売りをする場合、金融商品取引法が定める価格規制の適用が免除される（金商令二六条の四第四項、有価証券規制府令一四条五号）。しかし、日本証券業協会の自主規制で、観察期間中に、自己が保有するMSCB等にかかるヘッジのために空売りをしようとする場合であっても、原則として取引所の直近公表価格以下の価格での空売りが禁止される（日証協・第三者割当増資等の取扱いに関する規則一〇条）。

（7）平成二〇年一〇月、空売り規制が強化された。まず、売付けの際に株式の手当てがされていない場合、空売りが禁止されることとなった（いわゆる、ネイキッド・ショート・セール（Naked Short Selling）の禁止）（金商令二六条の二の二第一項）。また、一定規模（発行済み株式総数の原則〇・二五パーセント）以上の空売りのポジションの保有者に対して、金融商品取引業者を通じた取引所への報告および取引所による当該情報の公表が義務づけられた（有価証券規制府令一五条の二）。これらは、いわゆるリーマンショックを受けて株価が急落したことを受けて、さらなる株価下落を防止するため、政策的に実施されたもので、当初平成二一年三月末までの時限措置であった。もっとも、その後、かかる措置の延長が繰り返されている。なお、右の規制は、行政手続法三九条四項一号で定める「公益上、緊急に命令等を定める必要があるため、手続……を実施することが困難であるとき」に該当するとして、同法に定める意見公募手続（パブリックコメント）は実施されていない。

（8）信用取引を空売り規制の適用範囲に含めようとする政策決定の背景として、①信用取引を使った株価操作事件が多いなか、最近はネット専業の金融商品取引業者が、これまでに比べて破格に近い条件で信用取引を顧客に提供していることによって、ネット証券の提供する信用取引が株価操作に使われるという新たな状況が生じ、信用取引への監視体制を強化する必要に迫られたこと、および、②金融商品取引業者の自己売買部門によって信用取引が利用される傾向が強まり、規制を受けていなかった信用取引の売りに金融商品取引業者の自己売買取引が顕著にシフトするようになったことから、決済リスク対策の必要性が高まったこと、を指摘する見解がある。福光寛「空売り規制の強化」ジュリスト一二五〇号一一二頁以下。

（9）同改正では、有価証券の空売りに関する内閣府令（当時）三条および四条中、「信用取引」および「証券会社が自己の計算による空売りを行う取引のうち、証券金融会社から証券取引所又は証券業協会の決済機構を利用して借り入れた有価証券をもって決済する取引」を削除し、これらの取引についても空売りの価格ルールの対象とされた。

(10)　顧客に対する明示確認義務の必要のない取引（注(2)参照）のほか、取引の性質上、価格ルールの適用を除外すべき取引が有価証券取引規制府令一四条・一五条に列挙されている。

(11)　なお、平成二一年に、日本板硝子、日本石油開発帝石、東京電力等が行った大型公募増資に際して、発表直前に株価が急落し、当該銘柄について、一部投資家により空売りがなされていたことが明らかになった。公募増資という重要事実の漏洩（内部者取引）の問題とともに、これを契機として、増資に絡んだ空売り対策の強化の必要性が指摘されるようになった。アメリカでは、証券取引委員会のレギュレーションＭ（§242.105）によって、価格決定の五営業日前から当日までに空売りした投資家が、増資の対象となった株式を買い付けることが禁止されている。詳細については、セオドア・Ａ・パラダイス＝マイケル・Ｔ・ダン＝杉山浩司「公募に関連する空売りに対する米国の規制―レギュレーションＭルール一〇五」商事法務一九三四号二七頁参照。

空売りでは、貸株の返済を行うために買戻しを行わなければならない。その際、買戻価格によっては損失を被る可能性がある。この点で、真摯な投資判断がなされ、市場の効率的な価格形成に寄与するものと評価できる。しかし、空売りした株式を公募増資により取得する場合、通常、時価発行増資は、市場価格よりディスカウントされた価格でなされることから、右の投資リスクを市場に対して負うことはない。こうした空売りは、公募増資手続中の短期間に、全体として市場に一方的な価格下落圧力を加えるものであり、公正な価格形成を歪めるおそれがある。齊藤将彦＝三宅朋佳「公募増資時の空売り規制に関する金融商品取引法施行令等の改正の概要」商事法務一九四四号三八頁。

以上のことから、わが国でも、平成二三年の金融商品取引法施行令が改正された。すなわち、何人も、有価証券の募集・売出しが行われる旨の公表がなされてから当該有価証券の発行価格・売出価格が決定されるまでの期間として内閣府令で定める期間において、当該有価証券と同一の銘柄について、取引所金融商品市場もしくは店頭売買有価証券市場における空売りまたはその委託もしくは委託の取次ぎの申込みを行った場合には、当該募集・売出しに応じて取得した有価証券により当該空売りにかかる有価証券の借入等の決済を行うことが原則として禁止されることとなった（金商令二六条の六）。ここにいう内閣府令で定める期間は、募集・売出しについて有価証券届出書または臨時報告書が公衆縦覧された日のうち最も早い日の翌日から当該有価証券の発行価格・売出価格を決定したことにかかる当該届出書の訂正届出書または臨時報告書の訂正報告書が公衆縦覧された日のうち最も早い時までとされている（有価証券規制府令一五条の五）。かかる禁止の実効性を確保するため、金融商品取引業者は、あらかじめ、この禁止の旨を顧客に通知するよう要求される（金商業等府令一二三条一項二六号参照）。

三　逆指値注文

何人も、政令で定めるところに違反して、有価証券の相場が委託当時の相場より騰貴して自己の指値以上となったときには直ちにその買付けをし、または有価証券の相場が委託当時の相場より下落して自己の指値以下となったときには直ちにその売付けをすべき旨の委託等をすることは違法として禁止される（金商法一六二条一項二号）。この禁止規定は、市場デリバティブ取引のうちの指数等先物取引およびオプション取引について準用されている（金商法一六二条二項）。

値段が売買注文当時のものより上昇し、自己の指値以上になったときに買い付け、または値段が売買注文当時のものより下落し、自己の指値以下になったときに売り付ける注文を逆指値注文という。かかる注文が金融商品取引法において禁止される趣旨は、かかる注文が多くなると相場の暴落を激化させる要因になりうるということが懸念されたためである。[1] 金融商品取引法は、政令に定めるところに従って逆指値注文を行うことを許容する。もっとも、現在、逆指値注文を規制するための政令は制定されてはいない。[2]

（1）　河本一郎＝大武泰南・金融商品取引法読本〔第二版〕四五六頁（平成二三年）。

（2）　この点については、規制する必要がある程度に顕著な弊害が認められていないためであると考えられている。神田秀樹監修・野村證券株式会社法務部＝川村和夫編・注解証券取引法一一六八頁（平成九年）。河本＝大武・前掲注（1）四五六頁は、昨今、インターネット取引で逆指値による売買手法を開発する動きもあり、これが濫用されることになれば政令で規制する必要が出てくると述べる。

事項索引

あ

か

さ

た

な

は

ま

や

金融商品取引法

2012年4月20日　初版第1刷発行
2013年3月25日　初版第2刷発行

廃検　止印

©著者　神《かん》崎《ざき》克《かつ》郎《ろう》
志《し》谷《たに》匡《まさ》史《し》
川《かわ》口《ぐち》恭《やす》弘《ひろ》

発行者　逸見慎一

発行所　東京都文京区本郷6丁目4の7　株式会社 青林書院

振替口座　00110-9-16920／電話03(3815)5897～8／郵便番号113-0033

印刷・中央精版印刷㈱　落丁・乱丁本はお取り替え致します。

Printed in Japan　ISBN978-4-417-01560-4